«شينجياڭنىڭ قىسقاشا جەرگىلىكتى تارىيحىن» قۇراستىرىپ جازۋ گرۋپپاسى قۇراستىرىپ جازدى

شينجياڭنىڭ قىسقاشا
جەرگىلىكتى تارىيحى

شينجياڭ حالىق باس باسپاسى
شينجياڭ حالىق باسپاسى

图书在版编目(CIP)数据

简明新疆地方史:哈萨克文/《简明新疆地方史》编写组编写;《简明新疆地方史》翻译组译.—乌鲁木齐:新疆人民出版社,2021.3(2021.12重印)

ISBN 978-7-228-20661-2

Ⅰ.①简… Ⅱ.①简…②简… Ⅲ.①新疆—地方史—哈萨克语(中国少数民族语言) Ⅳ.①K294.5

中国版本图书馆CIP数据核字(2021)第061830号

◎ **责任编辑** 司马德里·居坎
◎ **编　　辑** 阿热娜·哈不力哈克
◎ **责任校对** 哈力木拉提·加尔木汗
　　　　　　 多来提·巴吾尔江
◎ **书籍设计** 刘堪海

简明新疆地方史(哈萨克文)

出　版	新疆人民出版总社 新疆人民出版社
地　址	乌鲁木齐市解放南路348号
邮　编	830001
制　作	乌鲁木齐捷迅彩艺有限责任公司
印　刷	乌鲁木齐市一龙祥瑞包装印务有限公司
发　行	新疆新华书店发行有限责任公司
开　本	787 mm × 1092 mm　1/16开
印　张	32.75印张
版　次	2021年4月第1版
印　次	2021年12月第3次印刷
审图号	GS(2021)581号
定　价	62.40元

جۇڭحۋا نازارىنداعى شينجياڭنىڭ وڭىرلىك تاريحى

(العى ٴسوز ورنىنا)

«ٴومىردىڭ ۇلى زاڭى مەن ادىلەتتىڭ اق جولىنان تايماۋ ٴۇشىن، تارلان تاريحقا جۇگىنۋ كەرەك». تاريح — ٴبىر ۇلت، ٴبىر مەملەكەتتىڭ قالىپتاسۋى، دامۋى، گۇلدەنىپ - كوركەيۋى مەن كۇيرەۋىنىڭ شىنايى جازباسى. تاريحي ماسەلە — ماڭىزدى ساياسي پرينسيپتىك ماسەلە. ۇزاق ۋاقىتتان بەرى، ۇلتتىق بولشەكتەۋشى كۇشتەر شينجياڭنىڭ تاريحىن قالاعانىنشا بۇرمالاپ، ويدان ويىستىرىپ، وزگەرتىپ، ۇلتتار اراسىنداعى مادەنيەت ايىرماسىن اسىرەلەپ، ۇلتتىق كىربەڭدىككە، وشپەندىلىككە جەلىكتىرىپ، شينجياڭنىڭ يدەولوگيا سالاسى مەن ادامداردىڭ يدەيالىق كوزقاراسىن بىلىقتىرۋعا سۇقتاندى. مۇنىڭ ٴوزى ٴمانى جاعىنان العاندا، بىزبەن بازاعا، حالىق بۇقاراسىنا تالاسىپ، ادامداردىڭ كوڭىلىن وزىنە تارتۋ ٴۇشىن بولىپ تابىلادى. شينجياڭ تاريحىن دۇرىس تانۋ جانە ٴتۇسىنۋ — ٴار ۇلت كادرلارى مەن بۇقاراسىنىڭ يدەيا - ساياسي جاقتاعى شىنايى مويىنداۋدى كۇشەيتۋى، ۇلتتىق بولشەكتەۋشى كۇشتەرمەن كۇرەس جۇرگىزۋ قابىلەتىن جوعارىلاتۋى، ۇلتتار ىنتىماعى مەن مەملەكەت تۇتاستىعىن سانالى تۇردە قورعاۋى جونىنەن ەرەكشە ماڭىزدى ٴمان الادى.

شينجياڭ تاريحىن تانۋ جانە تۇسىنۋدە مايدان، كوزقاراس، ٴادىس ەرەكشە ماڭىزدى. مايدان مەن ٴادىستىڭ ۇقساماۋى سەبەپتى، ۇقساس ٴبىر تاريح تۋرالى شىعارىلاتىن قورىتىندى دا دەرلىكتەي ۇقساس بولمايدى. ۇلتتىق بولشەكتەۋشى ەلەمەنتتەر شينجياڭ تاريحىن قۇتىرىنا بۇرمالاپ، شينجياڭداعى ۇلتتاردىڭ تاريحىن ويدان ويىستىردى، شينجياڭدى

تارىيحتا «تاۋەلسىز مەملەكەت»، «شينجياڭداعى ۇلتتار جۇڭحۋا ۇلتىنا ٴتان ەمەس» سىياقتى كەرتارتپا ساندىراق تاراتتى، بۇل اماليااتتا شينجياڭداعى ۇلتتار مەن جۇڭحۋا ۇلتىنىڭ ەتەنە بايلانىسىن ٴۇزىپ تاستاعاندىق؛ كەيبىرەۋلەر ەلىمىزدىڭ سولتۇستىك ساحاراسىندا جانە باتىس وڭىرىندە جاساعان بايىرعى ۇلتتاردى تۇگەلدەي تۇركتەرگە جاتقىزدى. ٴتىپتى، تۇركتەر «يەمىز»، «ۇيعۇر قاتارلى ۇلتتار تۇركتەردىڭ ۇرپاعى» دەپ قاراپ، تۇرك تارىيحى تۋرالى جالعان اڭىز جاسادى؛ ال، كەيبىرەۋلەر ٴوز ۇلتىنىڭ تارىيحىن سىڭار جاقتىلىقپەن دارىپتەپ، ٴوز ۇلتىنىڭ مادەنيەتىن اسىرا كوككە كوتەرىپ، تارماق ىعىمدى نەگىزگى ىعىمنىڭ ورنىنا، سىڭارجاقتىلىقتى تۇتاستىقتىڭ ورنىنا، ٴبىر ٴبولىمدى تۇتاس تۇلعانىڭ ورنىنا قويۋداي شەكتەمەلىلىكتىڭ قۇيىنا باتىپ، تارىيحتىڭ قاتپار - قاتپار قويناۋىندا جولدان اداستى. مۇنداي ماسەلەلەردىڭ ٴومىر ٴسۇرۋى، ٴىس جۇزىندە، مەملەكەتكە، ۇلتقا، مادەنيەتكە، دىنگە كوزقاراستىڭ قاتە، ورىن اۋىسقان بەينەلەنۋى بولىپ، ٴبىز وعان باتىل قارسى تۇرۋىمىز جانە ونى جويۋىمىز كەرەك.

تارىيح سەلقوس قاراۋعا جانە تەرىسكە شىعارۋعا جول بەرمەي قويماي، اۋەلى بۇرمالاۋعا، وزگەرتۋگە ٴتىپتى دە جول بەرمەيدى. ٴبىز، ٴسوزجوق، مەملەكەتكە، تارىيحقا، ۇلتقا، مادەنيەتكە، دىنگە ماركسىستىك كوزقاراسپەن قاراۋعا جانە جۇڭحۋا نازارىنا، جۇڭحۋا ۇلتى ورتاق تۇلعا تانىمىنا تاباندى بولۋىمىز؛ جۇڭحۋا مادەنيەتى مايدانىندا بەرىك تۇرىپ، جۇڭگو تارىيحىنىڭ، جۇڭحۋا ۇلتىنىڭ، جۇڭحۋا مادەنيەتىنىڭ جالپى تۇلعالىق بيىگى، جۇڭگو ٴبىر تۇتاس، كوپ ۇلتتى مەملەكەت دەيتىن ماكرولىق كوز ايا، شينجياڭ جۇڭگو تەررىيتورىياسىنىڭ ايرىلماس ٴبىر بولىگى دەيتىن ٴتۇبىرلى العى شارت تۇرعىسىنان، شينجياڭنىڭ بۇگىنگى كۇندە تاپ بولىپ وتىرعان تارىيح، ۇلت، مادەنيەت، ٴدىن سىياقتى ماسەلەلەرىن جۇڭحۋا ۇلتىنىڭ تارىيحي دامۋ ۇردىسىنەن، شينجياڭداعى ۇلتتار مەن جۇڭحۋا ۇلتتارىنىڭ تارىيحي بايلانىسىنان تانۋىمىز، شينجياڭداعى ٴار ۇلت مادەنيەتى مەن جۇڭحۋا ۇلتى مادەنيەتىنىڭ تارىيحي تۋعىستۋىنان تانۋىمىز، شينجياڭ ٴوڭىرى مەن وتانىمىزدىڭ باسقا دا وڭىرلەرى ٴوزارا ٴبىر - ٴبىرىن جەبەپ، ٴوزارا ىقپال جاساپ، ٴبىر - بىرىنە بالداي باتىپ، سۋداي سىڭگەن، ٴبىر - بىرىنەن ايرىلا المايتىن تۇتاس تۇلعا ەكەنىن تەرەڭ تانۋىمىز كەرەك. ورتا جازىق قاتارلى وڭىرلەردىڭ شينجياڭ وڭىرىنە، شينجياڭ ٴوڭىرىنىڭ ورتا جازىق قاتارلى وڭىرلەرگە بولعان ىقپالىن كورە ٴبىلىپ، شينجياڭ ٴوڭىرىنىڭ ورتا جازىق سىندى وڭىرلەرمەن بولعان ٴوزارا بايلانىسىن ىقتى يگەرە ٴبىلۋىمىز كەرەك. وسىنداي ارا قاتىناستى دۇرىس تانىعاندا

انا، شينجياڭنىڭ تارىيحي دامۋىنىڭ جالپى بەتالىسىن، تارىيحي باستى جەلىسىن جانە العا باسۋ بەتالىسىن دالمە ـ ٴدال يگەرۋگە بولادى. جالپى جاعدايلىق، ستراتەگيالىق، جۇيەلىك ويلاۋدى كوشەيتە وتىرىپ، شينجياڭ تارىيحىنىڭ تۇبەگەيلى ٴمانى مەن قۇبىلىستارىن، باستى اعىم مەن تارماق اعىمدى، جالپى تۇلعا مەن ٴىشىنارا بولەكتى انىق پارىقتاپ، ٴبىلىم دەڭگەيىنىڭ تومەندىگىنەن جولدان اداسۋ، بىلمەستىكتەن كورسوقىرلىق ىستەۋ، نادانىدىق كەسىرىنەن بىلىقپالىق تۋدىرۋ جاعدايىنا ۇرىنۋدان باتىل ساقتانىپ، تارىيحتى شينجياڭدى جونگە سالۋ جۇيەسى مەن جونگە سالۋ قابىلەتىن وسىزاماندانىدىرۋدى جۇزەگە اسىرۋعا اناعۇرلىم ويداعىداي قىزمەت ەتىرۋ كەرەك.

ەلىمىز ٴبىر تۇتاس، كوپ ۇلتتى مەملەكەت. كوپ ۇلتتىڭ ۇلى بىرلىگى ەلىمىزدىڭ تارىيحي دامۋىنىڭ باستى جەلىسى ٴارى ەلىمىزدىڭ چين، حان پاتشالىقتارىنان بەرى نەگىزىنەن قالىپتاسقان تارىيحي ٴداستۇر جانە ەرەكشە باسىمدىلىعى. حان پاتشالىعى داۋىرىنەن چيڭ پاتشالىعى ٴداۋىرىنىڭ ورتا، سوڭعى مەزگىلىنە دەيىن، شينجياڭ جانە ونىڭ توڭىرەگىندەگى كەيبىر وڭىرلەر باتىس ٴوڭىر دەپ اتالىپ، ەلىمىزدىڭ ورتالىق بيلىگىنىڭ باسقارۋىنداعى وڭىرگە اينالدى. تارىيح سالاسىنان قاراعاندا، شينجياڭ وڭىرىندەگى ٴار ۇلت حالقى بۇكىل ەلدەگى ٴار ۇلت حالقىمەن بىرلىكتە وتانىنىڭ كوركەم تاۋ ـ وزەنىن، ۇلان ـ بايتاق تەرريتورياسىن اشىپ گۇلدەندىرىپ، تامىرى تەرەڭ جوڭگو تارىيحىن، شۇعىلالى جوڭحوۋا مادەنيەتىن بىرگە جاراتتى؛ شينجياڭ ٴوڭىرى ەجەلدەن بەرى ٴار ۇلت حالقى بىرگە اشىپ، كوركەيتكەن جانە يەلىك ەتكەن جەر، جوڭحوۋا ۇلتى ورتاق مەكەنىنىڭ قۇرامداس بولىگى. حان پاتشالىعىنان كەيىن، ورتالىق پاتشالىق كەيدە كۇشەيىپ، كەيدە السىرەپ، باتىس وڭىرمەن بولعان قارىم ـ قاتىناسى كەيدە سيرەپ، كەيدە جيىلەپ، ورتالىق بيلىكتىڭ شينجياڭ ٴوڭىرىن باسقارۋى، بيلەۋى بىردە نىعايسا، بىردە بوساڭسىپ وتىردى. ٴبىراق، پاتشالىقتار تۇگەلدەي باتىس ٴوڭىردى بايىرعى جەرىمىز دەپ تانىپ، شينجياڭ وڭىرىنە باسقارۋ قاراستىلىعى ۇقىعىن جۇرگىزىپ كەلدى. تارىيحتا شينجياڭ وڭىرىندە دە كوپ رەت بولەكتەنگەن جاعداي جارىقعا شىقتى. الايدا، بولەكتەنگەن ۋاقىتىنىڭ قانشاما ۇزاق، جاعدايدىڭ قانشاما كۇردەلى بولۋىنا قاراماستان، ٴبارى دە ەڭ سوڭىندا قايتادان ٴبىر تۇتاس باسقارىلۋعا ويىستى، بۇل تارىيح دامۋىنىڭ جالپى بەتالىسى؛ شينجياڭ ەجەلدەن «شىعىس تۇركستان» ەمەس، نەندەي ٴبىر «شىعىس تۇركستان مەملەكەتى» ٴتىپتى دە بولماعان، شينجياڭنىڭ باستان ـ اياق ەلىمىز تەرريتورياسىنىڭ ماڭىزدى قۇرامداس بولىگى ەكەندىگى سىندى

شىندىقتا كۇمان كەلتىرۋگە بولمايدى. ۇلت سالاسىنان الىپ قاراعاندا، كوپ ۇلتتىلىق — ٴالىمىزدىڭ ۇلكەن ٴبىر ەرەكشەلىگى، شينجياڭ ٴوڭىرىن قامتىعان ٴالىمىزدەگى ٴارقايسى ۇلت كوپ نەگىزدى، ٴبىر تۇلعالى جۇڭحۋا ۇلتى ۇلى شاڭىراعىن بىرگە كوتەردى؛ شينجياڭداعى ۇلتتاردى قامتىعان جۇڭحۋا ۇلتىنا ٴتان ٴار ۇلت حالقى اراسىندا تارىيحتا كىربەڭدىك، قاقتىعىستار بولعانىمەن، اۋىس - كۇيىس پەن ەتەنە بايلانىس باسىم ورىندا بولعاندىقتان، بەرەكەمەن جۇدىرىقتاي جۇمىلىپ، قاتار العا باسۋ باستان - اياق نەگىزگى اعىمدا تۇردى. ۇيعۇر ۇلتى ۇزاق ۋاقىت قونىس اۋدارۋ بارىسىندا، ۇلتتاردىڭ توعىسۋى ارقىلى قالىپتاسقان. ۇيعۇرلار تۇركتەردىڭ ۇرپاعى ەمەس، شينجياڭداعى ۇلتتار جۇڭحۋا ۇلتى ۇلى شاڭىراعىنىڭ تامىرلاس مۇشەسى. جۇڭحۋا ۇلتىنىڭ ۇلى گۇلدەنۋى سىندى جۇڭگو ارمانىن جۇزەگە اسىرۋ — ٴار ۇلت حالقىنىڭ ورتاق مۇددەسى. مادەنيەت سالاسىنان قاراعاندا، ەجەلدەن بەرى جۇڭحۋا مادەنيەتىندە قورشاعان ورتانىڭ الۋان ٴتۇرلى بولۋىنا بايلانىستى، باي مازمۇندى، كوپ نەگىزدى جاعداي جارىققا شىقتى؛ شينجياڭداعى ۇلتتاردىڭ مادەنيەتى ورتا جازىق مادەنيەتىمەن تامىرلاس، تىنىستاس بولىپ، تارىيحتا ٴوزارا توعىسقان، وعان ٴاۋ باستا - اق جۇڭحۋا مادەنيەتىنىڭ كوپ نەگىزدى، ٴبىر تۇلعالى ٴورى باسىلدى، جۇڭحۋا مادەنيەتى باستان - اقىر شينجياڭداعى ۇلتتاردىڭ سۇيىسپەنشىلىك ارقاۋى، كوڭىل تياناعى جانە رۋحاني مەكەنى؛ جۇڭحۋا وركەنيەتىنىڭ قۋنارلى توپىراعىنا تامىر تارتقان شينجياڭداعى ٴار ۇلت مادەنيەتى باستان - اياق جۇڭحۋا مادەنيەتىنىڭ ايرىلماس ٴبىر بولىگى، جۇڭحۋا مادەنيەتىن شىنايى مويىنداۋدى كۇشەيتۋ شينجياڭداعى ٴار ۇلت مادەنيەتىنىڭ گۇلدەنىپ - كوركەيۋىنىڭ، دامۋىنىڭ جانى بولىپ تابىلادى. ٴدىن سالاسىنان قاراعاندا، شينجياڭ ەجەلدەن كوپ ۇلت شوعىرلى قونىستانعان جانە كوپ ٴدىني سەنىم قاتار ٴومىر سۇرگەن ٴوڭىر، ٴبىر نەمەسە ەكى ٴدىندى نەگىز ەتىپ، كوپ ٴدىننىڭ قاتار ٴومىر ٴسۇرۋى — شينجياڭداعى ٴدىن جاعدايىنىڭ تاريحي ەرەكشەلىگى؛ ٴىسلام ٴدىنى ۇيعۇر ۇلتى قاتارلى ٴارقايسى ۇلت تۇمىسىنان سەنگەن ٴدىن ەمەس ٴارى بىردەن - ٴبىر سەنگەن ٴدىنى دە ەمەس؛ كوپ ٴدىننىڭ جاراسىمدى قاتار تۇرۋى، توعىسىپ، قاتار ٴومىر ٴسۇرۋى — شينجياڭداعى دىندەر قارىم - قاتىناسىنىڭ باستى اعىمى، ٴدىن قاتىناسىنىڭ جاراسىمدىلىعىن جەبەۋ — شينجياڭنىڭ ورنىقتىلىعىنىڭ، گۇلدەنىپ - كوركەيۋىنىڭ تاريحي تاجىريبەسى.

جوعارىداعى نەگىزگى كوزقاراستار تۇگەلدەي ۇلكەن قاعيدا، ۇلكەن لوگيكا، ۇلكەن العى شارت بولىپ، ولار ٴتۇبىرلى نەگىزدى، الىس بولاشاقتى مەڭگەرەدى. جۇڭحۋا ۇلتىنىڭ ٴتۇپ

تامىرى مەن جوڭعوا مادەنيەتىنىڭ جان جۇيەسىن شىنايى مويىنداعاندا عانا، ۇلكەن قاعيدا كىشى قاعيدانى، ۇلكەن لوگيكا كىشى لوگيكانى، ۇلكەن العى شارت كىشى العى شارتتى مەڭگەرە الادى. ٴار ۇلت كادرلارى مەن بۇقاراسىنىڭ جوڭعوا ۇلتى مەن جوڭعوا مادەنيەتى سىندى وسى ٴتۇپ تامىر مەن جان جۇيەنى شىنايى مويىنداۋىن كۇشەيتۋگە دەن قويىپ، وسى ۇلكەن قاعيدا، ۇلكەن لوگيكا، ۇلكەن العى شارتتاردى شينجياڭداعى ٴار ۇلت كادرلارى مەن بۇقاراسىنىڭ ورتاق تانىمىنا، ٴتىپتى، بۇكىل جوڭعوا ۇلتىنىڭ ورتاق تانىمىنا اينالۋىنا كۇش سالۋ كەرەك. تاريحي وڭ ەنەرگياعا دەم بەرىپ جانە ونى قولدانىپ، ٴار ۇلت حالقىن مۇرات ـ سەنىم، قۇن ۇستانىمى، ٴمورالدىق كوزقاراس جاعىنان تىعىز ىنتىماقتاستىرىپ، نامىس، سەنىم، ماقتانىش، تاۋەلدىك سەزىمدەرىن ارتتىرىپ، جوڭعولىق ارىن مەن تەبىندى كۇشەيتىپ، ۇلتتار مەن ازاماتتاردى جوڭعوا ۇلتىنىڭ ۇلى گۇلدەنۋى سىندى جوڭعو ارمانىن جۇزەگە اسىرۋعا ۇلەس قوسىپ، وتانىنىڭ گۇلدەنۋى مەن دامۋ جەتىستىكتەرىنەن بىرگە يگىلىكتەنەتىن ەتۋىمىز كەرەك.

قۇراستىرىپ جازۋ گرۋپپاسى

2020 ـ جىلى 4 ـ اي

مازمۇنى

1 ـ تاراۋ چين پاتشالىعىنا دەيىنگى كەزەڭنەن چين ـ حان پاتشالىقتارى كەزەڭىنە دەيىن

ــ شينجياڭ ٴوڭىرىنىڭ وتانىمىزدىڭ تەررىيتورياسىنا ەنگىزىلۋ بارىسى

ەلىمىز ٴبىر تۇتاس كوپ ۇلتتى مەملەكەت، كوپ ۇلتتى ۇلى بىرلىك جاعدايى ــ ەلىمىز تاريحي دامۋىنىڭ كۇرە تامىرى، سونداي ـ اق ەلىمىزدىڭ چين، حان پاتشالىقتارىنان بەرى نەگىزىنەن قالىپتاسقان تاريحي ٴداستۇرى جانە ەرەكشە باسىمدىلىعى. ٴار ۇلت وتانىنىڭ كوركەم تاۋ ـ وزەندەرىن، بايتاق دالاسىن بىرگە اشىپ، جۇڭگونىڭ ۇزاق تاريحىن، جۇڭحۋانىڭ شۇعىلالى مادەنيەتىن بىرگە تۇلعالادى. تاريحتىڭ بىرتىندەپ كەمەلدەنۋىنە بايلانىستى، ورتا جازىق وڭىرىندە شيا، شاڭ، جوۋ پاتشالىقتارى ىلگەرىندى ـ كەيىندى شاڭىراق كوتەرىپ، توڭىرەكتەرىندەگى ۇلكەن ـ كىشى رۋلارمەن، تايپالارمەن، تايپا وداقتارىمەن بىرتىندەپ توعىسىپ، حۋاشيا ەتنوسىن قالىپتاستىردى. چين پاتشالىعىنا دەيىنگى كەزەڭدە حۋاشيا ەتنوسى مەن ونىڭ توڭىرەگىندەگى ەتنوستار كوپ نەگىزدى توعىسۋ نەگىزىندە ورتا جازىقتا قونىستانعان جان سانى مول حانزۋ ۇلتىن قالىپتاستىردى، ٴوسىيتىپ، ٴبىر تۇتاس كوپ ۇلتتى مەملەكەتتىڭ، جۇڭحۋا ۇلتى ورتاق تۇلعاسىنىڭ جانە كوپ نەگىزدى، ٴبىر تۇلعالى جۇڭحۋا مادەنيەتىنىڭ قالىپتاسۋى ٴۇشىن نەگىز قالادى. چين شىحۋاڭ جۇڭگو تاريحىندا العاش بىرلىككە كەلگەن فەودالدىق پاتشالىقتى ورناتتى، سودان باستاپ ەلىمىزدە ٴبىر تۇتاس كوپ ۇلتتى مەملەكەتتىڭ نەگىزگى جاعدايى جارىققا شىقتى، جۇڭگو سىندى ٴبىر تۇتاس كوپ ۇلتتى مەملەكەتتىڭ دامۋ كەزەڭى باستالدى. حان پاتشالىعى داۋىرىنەن باستاپ، شينجياڭ ٴوڭىرى جۇڭگو تەررىيتورياسىنا رەسمي ەنگىزىلدى، سودان قازىرگە دەيىن 2000

جىلدان استام ۋاقىت ٶتتى. كوپ ۇلتتىڭ ۇلى بىرلىك جاعدايى بارىسىندا، ورتالىق بيلىك شينجياڭ وڭىرىنە باستان - اياق قاراستىلىق ۇقىعىن جۇرگىزدى، شينجياڭ ٶڭىرى ورتا جازىق وڭىرىمەن باستان - اياق تىعىز بايلانىستا بولىپ كەلدى، شينجياڭ ٶڭىرى باستان - اياق ەلىمىز تەرريتورياسىنىڭ ايىرىلماس ٴبىر بولىگى بولدى.

ٴبىرىنشى تاراۋشا ەلىمىزدە كوپ ۇلتتى ۇلى بىرلىك جاعدايىنىڭ جارىققا شىعۋى

كوپ نەگىزدى، ٴبىر تۇلعالى جۇڭحۋا ۇلتى ۇلى شاڭىراعىنىڭ قالىپتاسۋى، كوپ ۇلتتىڭ ۇلى بىرلىگىندەگى جۇڭگو شەكارا اۋماعىنىڭ كەڭەيۋى — جۇڭگو ەكونوميكاسىنىڭ، قوعامىنىڭ دامۋىنداعى تاريحي سوزسىزدىك ەدى. جۇڭگو سىندى بىرلىككە كەلگەن كوپ ۇلتتى مەملەكەتتىڭ ۇزاق ۋاقىتتىق تاريحىنىڭ بىرتىندەپ دامۋى بارىسىندا، شينجياڭداعى ٴارقايسى ۇلتتار بۇكىل ەلىمىزدەگى ٴارقايسى ۇلتتارمەن تىزە قوسا وتىرىپ، جۇڭگونىڭ كەڭ - بايتاق شەكارا ٶڭىرىن بىرگە اشتى، كوپ نەگىزدى، ٴبىر تۇلعالى جۇڭحۋا ۇلتتارىنىڭ ۇلى شاڭىراعىن بىرگە كوتەردى.

ٴبىرىنشى، جۇڭگو تاريحىنىڭ باستالۋى

جۇڭگو ازيا قۇرلىعىنىڭ شىعىس بولىگىنە، تىنىق مۇحيتتىڭ باتىس جاعالاۋىنا ورنالاسقان، توڭىرەگىندە اسقار تاۋلار، شالقار تەڭىزدەر، ٴشول جازيرالار، قۇبا تۇزدەر بار. وسىنداي ەرەكشە جاعراپيالىق قورشاعان ورتا ەلىمىزدىڭ وزىندىك ەرەكشەلىككە يە، ٶزى قالىپتاستىرعان جۇيەلى تاريحي دامۋ بارىسىنا اسا زور ىقپال جاسادى.

سوناۋ العاشقى قوعامدا، ٴبىزدىڭ اتا - بابالارىمىز جۇڭگونىڭ وسىناۋ كەڭ - بايتاق وڭىرىندە ٶسىپ - ٶربىپ، تىرشىلىك ەتتى. حۋاڭحى وزەنى الابىنىڭ كليماتى ىلعالدى، سۋ قايناري مول، توپىراعى قۇنارلى بولعاندىقتان، بۇل ارا ەلىمىز ەكونوميكاسى مەن مادەنيەتى ەڭ ەرتە دامىعان وڭىرگە، جۇڭحۋا ۇلتتارىنىڭ ەڭ ەرتەدە قونىستانعان مەكەنىنە، جۇڭحۋا ۇلتتارىنىڭ نەگىزگى قۇتتى بەسىگىنە اينالدى. وسىدان شامامەن 5000 ~ 6000 جىل بۇرىن، ەگىن شارۋاشىلىعىمەن شۇعىلدانىپ ىرگە تەپكەن الەۋمەتتىك ورتاق تۇلعا حۋاڭحى الابى سەكىلدى وڭىرلەردە بىتىراي بوي كورسەتتى، قوعامدىق شارۋاشىلىق ادەتتەگى بالىق اۋلاۋ، اڭ اۋلاۋ، جەمىس - جيدەك جيىپ - تەرۋ سەكىلدى شارۋاشىلىقتان ەگىنشىلىك،

ٴبىلىم سىلتەمەسى

ادام بەينەسى تۇسىرىلگەن بالىق بەدەرلى ٴتۇستى قىش ىدىس

شانشي ولكەسى شي ـ انداعى بانپو ەسكى جۇرتىنان تابىلعان.

ياڭشاۋ مادەنيەتى ـ حۋاڭحى وزەنىنىڭ ورتاڭعى اعارىندا، جاڭا تاس قۇرالدار داۋىرىندە بولعان ارحەولوگيالىق مادەنيەت، مۇنىڭ ەسكى جۇرتى حىنان ولكەسى ميانچى اۋدانىنىڭ ياڭشاۋ قىستاعىندا بولعاندىقتان، وسى جەردىڭ اتىمەن اتالعان. ول بۇگىنگى حىنان، شانشي، حىبەي، سانشي، گانسۋدىڭ شىعىس بولىگى سەكىلدى جەرلەرگە كەڭىنەن تارالعان. مادەنيەت ٴداۋىرى بۇدان 5000 ~ 7000 جىل بۇرىن بولىپ، مۇنىڭ ىشىندە ەرتە، ورتا، سوڭعى دەپ ٴۇش داۋىرگە بولىنەدى. ياڭشاۋ مادەنيەتى داۋىرىندە ەگىن ـ مال شارۋاشىلىعى، قىش جابدىقتار جاساۋ كاسىبى نەداۋىر دامىعان. ەگىن شارۋاشىلىعى قوناق ەگۋدى نەگىز ەتسە، مال شارۋاشىلىعى شوشقا، ٴيت، تاۋىق باعۋدى نەگىز ەتكەن، ال، قىش جابدىق جاساۋ كاسىبى ٴتۇستى قىش جابدىقتارىن ورتەپ جاساۋمەن ايگىلى بولعان.

باعىمشىلىق ساتىسىنا قاراي بىرتىندەپ وتە باستادى ٴارى جۇڭحۋا وركەنيەتىنىڭ العاشقى مەزگىلدەگى وركەنى بىرتىندەپ قاۋاشاق جايدى.

وسىدان 4000 ~ 5000 جىل بۇرىن، جۇڭحۋانىڭ ۇلان ـ بايتاق وڭىرىندە وركەنيەتتىڭ ساۋلەسى كورىنە باستادى. ياڭشاۋ مادەنيەتىنىڭ، داۋىنكۋ مادەنيەتىنىڭ، لۇڭشان مادەنيەتىنىڭ ارحەولوگيالىق قالدىقتارى، ٴۇش بابالىق، بەس اقساقالدىق، ياۋ ـ شۇن دەرىنىڭ ورنىن بەرۋى، دايۇدىڭ تاسقىن سۋدى تىزگىندەۋى سەكىلدى ەرتەدەگى اڭىزداردا حۋاڭحى الابىن وزەك ەتكەن جۇڭگونىڭ العاشقى كەزدەگى تاريحي سۇلباسى جۇلگەلەنگەن.

بۇدان 3800 جىلدىڭ الدى ـ ارتىندا، حۋاڭحى الابىنداعى ورتا جازىق ٴوڭىرىنىڭ وركەنيەت فورماسى اناعۇرلىم تولىسا ٴتۇسىپ، كوپتەگەن وداق وركەنيەتى قالىپتاستى. تاريحي جازبا دەرەكتەردە ياۋ ـ شۇن كەزەڭىندە جۇڭگودا «ىمىرالى وداقتار» جاعدايى جارىققا شىققان. ىرليتوۋ مادەنيەتىنەن باستاپ، جۇڭحۋا وركەنيەتى تىڭ بەلەسكە قادام تاستادى، جۇڭگو تاريحى شىت جاڭا كەزەڭگە ٴوتتى.

ماتەريال تىزبەگى

ىرليتوۋ مادەنيەتى ــ قولا ٴداۋىرىنىڭ باستاپقى كەزىندەگى ارحەولوگيالىق مادەنيەت، ەسكى جۇرتى حىنان ولكەسى يانشى اۋدانىنىڭ ىرليتوۋ دەگەن جەرىندە بولعاندىقتان، وسى جەردىڭ اتىمەن اتالدى. مادەنيەت ٴداۋىرى بۇدان شامامەن 3500 ~ 3800 جىل بۇرىن، ەسكى جۇرتتا قىرۋار وردا قۇرىلىستارىنىڭ شوعىرى، كولەمدى مولا مەن قولونەركاسىپ شەبەرحانالارى، جاي بۇقارانىڭ تىرشىلىك اۋماعى مەن مولالارى بار، بۇلار شيا

پاتشالىعى تۇسىنداعى تاپتىق جىكتەلۋ مەن دارەجەلىك شەكاراسىن بەينەلەپ بەرەدى. ارحەولوگيالىق تۇراقتاندىرۋلارعا قاراعاندا، ىرليتوۋداعى ەسكى جۇرت شيا پاتشالىعىنىڭ ورتا، سوڭعى مەزگىلىندەگى ۋاڭداردىڭ استاناسى بولعان.

ٴبىلىم سىلتەمەسى

ٴۇش بابالىق، بەس اقساقالدىق ارنايى اتاۋ بولىپ جانگو داۋىرىندە پايدا بولا باستاعان. ول «جوۋلي»، «جۋاڭزى» جانە «لۇيشى ـ چۇنچيۋ» سەكىلدى كىتاپتاردا جازىلعان. ادەتتە مۇنداعى ٴۇش بابالىق: سۇيرىن، فۋشي، شىننوڭدى، ياعني، اسپان بابالىق، جەر بابالىق، ادام بابالىق دەگەندەردى مەڭزەيدى، بەس اقساقالدىق: حۋاڭدي، جۋانشۇي، ديكۋ، تاڭياۋ، يۇيشۇندەردى مەڭزەيدى. جانگو، چين ـ حان پاتشالىقتارى كەزەڭىندە ادامدار «ٴۇش بابالىق، بەس اقساقالدىق» دەگەنىمەن پايدالانىپ ارعى زامانداعى بابالىق ـ اقساقالدىقتاردى جيناقتاي بەينەلەپ، سول ارقىلى تاريحي، قوعامدىق جىلجۋى مەن ىلگەرىلەۋىن بايانداعان، مۇنداي ۇلى بىرلىك تاريحي كوزقاراسىن ميفتىك اڭىزدارعا قوسىپ سۋرەتتەيتىن ٴادىس بەلگىلى ماعىنادان العاندا ارعى زامان كەزەڭىندەگى ەتنوستىق توپتاردىڭ بىرتىندەپ حۋاشيا ۇلتى بولىپ توعىسۋ تاريحي بارىسىن شىنايى بەينەلەپ بەردى.

ەكىنشى، شيا، شاڭ، باتىس جوۋ پاتشالىقتارىنىڭ كوركەيۋى جانە ٴبىرىنىڭ ورنىن ٴبىرى باسۋى

شيا، شاڭ، باتىس جوۋ ٴۇش پاتشالىق ٴداۋىرى ــ جۇڭگونىڭ قۇلدىق قوعامىنىڭ قالىپتاسۋ، دامۋ جانە گۇلدەنىپ ـ كوركەيۋگە قاراي بەت الۋ كەزەڭى، جۇڭحۋا ۇلتتارىنىڭ نەگىزگى تۇلعاسىنىڭ العاش قالىپتاسۋ كەزەڭى، سونداي ـ اق جۇڭحۋا وركەنيەتىنىڭ كۇن سايىن گۇلدەنىپ ـ كوركەيۋ كەزەڭى بولىپ تابىلادى.

شامامەن ٴبىزدىڭ زامانىمىزدان بۇرىنعى 2070 ـ جىلى، شيا تايپاسىنىڭ ىقپالى بىرتىندەپ كۇشەيىپ، جۇڭگو تاريحىنداعى تۇڭعىش قۇلدىق تۇزىمدەگى پاتشالىق ــ شيا پاتشالىعى قۇرىلدى. ونىڭ بيلەگەن كولەمى نەگىزىنەن باتىستا بۇگىنگى حىناننىڭ تۇستىك باتىس بولىگىنە، سانشيدىڭ وڭتۇستىگىنە، شىعىستا حىنان، حىبەي، شاندۇڭ ولكەلەرىنىڭ شەكارالاسقان جەرىنە دەيىن قامتىدى، وڭتۇستىگى حۋبەيعا، سولتۇستىگى حىبەيعا دەيىن جەتتى، ورتالىعى بۇگىنگى حىنان ولكەسىنىڭ باتىسى مەن شانشي

ماتەريال تىزبەگى

«جۇڭحۋا وركەنيەتىنىڭ توركىنىن زەرتتەۋ ينجەنەرياسى» ــ جۇڭحۋا ۇلتىنىڭ 5000 جىلدان استام وركەنيەتىنىڭ توركىنىن جانە ەرتە داۋىردەگى دامۋىن ايگىلەپ بەرەتىن ماڭىزدى عىلىمي زەرتتەۋ ىسىنى. زەرتتەۋلەرگە قاراعاندا وسىدان بۇرىنعى 5800 جىل اينالاسىندا، حۋاڭحى، چاڭجياڭ وزەندەرىنىڭ ورتا، تومەنگى اعارىندا، سونداي ـ اق باتىس لياۋحى وزەنى سەكىلدى وڭىرلەردە وركەنيەتتىڭ وركەنى بايقالدى. وسىدان بۇرىنعى 5300 جىلدان بەرى جۇڭحۋانىڭ ۇلان ـ بايتاق ٴوڭىرى وركەنيەتتى ساتىعا ارت ـ ارتىنان قادام تاستادى. ٴارقايسى جەرلەردىڭ وركەنيەتى ٴوزارا باسەكەلەسۋ، سالىستىرمالى تۇردە دارالانۋداي دامۋ بارىسىن باستان كەشىرىپ، ٴوزارا اۋىس ـ كۇيىس جاساۋ، ٴبىر ـ بىرىنەن ونەگە الۋ ارقىلى ٴبىر تۇلعالانۋعا قاراي بىرتىندەپ بەت الدى. وسىدان بۇرىنعى 3800 جىل اينالاسىندا ٴارقايسى جەرلەر ۇزاق ۋاقىتتىق اۋىس ـ كۇيىس جاساۋ، ٴوزارا ىقپالداس بولۋ، ٴبىرىن ـ ٴبىرى جەبەۋ، ٴبىرىنىڭ ارتىقشىلىعىن ٴبىرى قابىلداپ، كەمدىگىن تولىقتاۋ، قابىلداۋ مەن قورىتۋدى قاتار جۇرگىزىپ، ەڭ سوڭىندا توعىسىپ ـ ۇيىسا كەلە ورتا جازىق وڭىرىندەگى ىرلىتوۋ مادەنيەتىن ۋاكىل ەتكەن، اناعۇرلىم كەمەلىنە كەلگەن وركەنيەت فورماسىن قالىپتاستىردى ٴارى مادەنيەت جاعىنان ٴتورت توڭىرەگىنە ىقپال جاسادى. ورتا جازىق وڭىرىندەگى مادەنيەت ــ جۇڭحۋا وركەنيەتىنىڭ جالپى بەتتىك دامۋىنىڭ وزەگى جانە جەتەكشىسى ەسەپتەلەدى.

ولكەسىنىڭ وڭتۇستىك ٴوڭىرى بولدى. شيا پاتشالىعى استانا سالىپ، ورتالىق اكىمشىلىك قۇرىلىمدارىن قۇردى، جەرگىلىكتى جەرلەردى تۇرلىشە فورمامەن باسقارىپ وتىردى. شيا پاتشالىعى جاساعان كالەنداردى كەيىنگىلەر «شيا پاتشالىعىنىڭ كالەنداری» دەپ اتادى. شيا تايپاسى توڭىرەگىندەگى شىعىس رەي، ٴۇش مياۋ سەكىلدى تايپالارمەن تىعىز بايلانىس جاسادى. شيا پاتشالىعىنىڭ سایاسي ٴتۇزىمى جۇڭگونىڭ ساياسي وركەنيەتى ٴۇشىن ۇلگى جاراتىپ، كەيىنگىلەرگە وتە زور ىقپال جاسادى.

شاڭتاڭ شامامەن زامانىمىزدان بۇرىنعى 1600 ـ جىلى، شاڭ پاتشالىعىن قۇردى. شاڭ تايپاسى شىعىستا كوركەيىپ ـ گۇلدەنىپ، ىقپال كۇشى شىعىستا ۇلى تەڭىزگە، باتىستا شانشيگە، سولتۇستىكتە حىبەيگە، وڭتۇستىكتە چاڭجياڭ دارياسى مەن حانجياڭ دارياسىنا دەيىن جەتتى. شاڭ پاتشالىعى ىلگەرىندى ـ كەيىندى 500 جىلدان استام ۋاقىتقا جالعاسىپ، كولەمى اسا زور بيۋروكراتتىق ۇستەمدىك قۇرىلىم جانە قوسىن قالىپتاستىردى. ونىڭ پاتشاسى بۇكىل ەلدەگى ەڭ جوعارعى ۇستەمدىك ەتۋشى بولدى، قۇل يەلەنۋشى اقسۇيەكتەر ۇستەم تاپ بولدى. شاڭ پاتشالىعى استاناسىنىڭ ەسكى جۇرتىنان تابىلعان بالنامالارعا نەگىزدەلگەندە، شاڭ پاتشالىعىنىڭ سوڭعى مەزگىلىندە رۋلىق ٴتارتىپ پەن بايىبىشەنىڭ تۇڭعىش ۇلى مۇراگەر بولاتىن ٴتۇزىم بىرتىندەپ قالىپتاستى. شاڭ پاتشالىعى شاقپاق اتىز ٴتۇزىمىن جولعا قويدى، ەگىن شارۋاشىلىعى ونىڭ باستى ٴوندىرىس تاراۋى بولدى. قولا بۇيىمدارىن قۇيىپ جاساۋ كاسىبى شاڭ پاتشالىعى تۇسىندا توتەنشە دامىپ، تەحنيكالىق ورەسى بارىنشا جوعارىلادى. اقشانىڭ جارىققا شىعۋى شاڭ پاتشالىعىنىڭ ساۋدا ىستەرىنىڭ دامىپ، گۇلدەنىپ ـ كوركەيگەندىگىنەن دەرەك بەردى. ساۋىت ـ سۇيەك جازۋىنان تارتىپ قولا بۇيىمدارداعى جازۋلارعا دەيىن جۇڭگو جازۋ جۇيەسى كۇننەن ـ كۇنگە كەمەلدەنە ٴتۇستى. حانزۋ جازۋى جۇڭحۋا وركەنيەتىنىڭ ماڭىزدى بەلگىسى ٴارى جۇڭحۋا وركەنيەتىنىڭ

حىزۇن

باتىس جوۋ پاتشالىعىنىڭ قولا بۇيىمى، شانشيدىڭ باۋجي قالاسىنان تابىلعان، ويما ـ قۇيما جازۋدا «中国» دەگەن اتاۋ تۇڭعىش رەت بايقالدى.

جالعاسۋىنداعى ماڭىزدى دانەكەر. ول جوڭگوۋا ۇركەنيەتىنىڭ بوگەنايى بولەك، ءبىر تۇلعالانعان ايقىن ەرەكشەلىگىن قالىپتاستىردى.

ءبىزدىڭ زامانىمىزدان بۇرىنعى 1046 ـ جىلى جوۋ پاتشالىعى قۇرىلدى. جوۋ تايپاسى ەلىمىزدىڭ باتىس سولتۇستىگىندەگى جيڭشۋي وزەنى، ۋيشۋي وزەنى الابىندا، ياعني قازىرگى شانشي ولكەسىنىڭ ورتا بولىگى مەن گانسۋ ولكەسىنىڭ شىعىس بولىگىندەگى سارى توپىراقتى ۇستىرتتە وركەندەدى، يىن ـ شاڭ پاتشالىعىنىڭ سوڭعى مەزگىلىندە ۇستەم تاپتار اراسىنداعى قايشىلىق ۋشىعىپ، ۋۋاڭ جاساق باستاپ شاڭ پاتشالىعىن جويىپ، حاۋجيڭدى (قازىرگى شانشيدىڭ شي ـ انى) استانا ەتىپ، تاريحتا باتىس جوۋ پاتشالىعى دەپ اتالدى. باتىس جوۋ پاتشالىعى بايىبىشەنىڭ تۇڭعىش ۇلى مۇراگەر بولاتىن رۋلاستىق ءتۇزىمدى جولعا قويدى، ەلدەر پاتشانى دازوڭ دەپ قۇرمەتتەگەندىكتەن، جوۋ پاتشالىعى — زوڭجوۋ پاتشالىعى دەپ تە اتالدى. جوۋ پاتشالىعى ەنشىلىك ءتۇزىمىن جولعا قويدى، پاتشا، بەك، چيندافۋ جانە شىدافۋ اراسىندا قاتاڭ دارەجەلى قاراستىلىق بايلانىس ورناتىلدى، ءسويتىپ، «جوۋ پاتشالىعىن قورعاشتايتىن فەودالدىق تۇيىستاستىق»[①] ۇستەمدىك جاعدايى قالىپتاستى . باتىس جوۋ پاتشالىعى جول ـ جوسىن ءتۇزىمىن كەمەلدەندىرىپ، جوڭگونىڭ جول ـ جوسىندى ەلگە اينالۋىن جەبەدى.

باتىس جوۋ پاتشالىعى كەزەڭىندە شيا، شاڭ، جوۋ تايپالارى ۇزاق ۋاقىتتىق دامۋ بارىسىندا توڭىرەكتەرىندەگى ۇلكەندى ـ كىشىلى رۋلارمەن، تايپالارمەن، تايپا وداقتارىمەن بىرتىندەپ توعىسىپ، حۋاشيا ەتنوسىن قالىپتاستىردى. «حۋاشيا» دەگەن ءسوز ەڭ العاشىندا «شاڭشۋدا» بايقالدى. «زوجۋاندا» جازىلعان «حۋاشيا» دەگەن اتاۋدى تاڭ داۋىرىندەگى ۇقىمىستى كوڭ يىڭدا: «شيا دەگەنىمىز ۇلى، ۇلكەن دەگەن ماعىنانى بىلدىرەدى. جوڭگونىڭ جول ـ جوسىنى ۇلى بولعاندىقتان شيا دەپ اتالعان؛ جوڭگونىڭ كيىم ـ كەشەگى ءساندى بولعاندىقتان حۋا دەلىنگەن. سوندىقتان، حۋا مەن شيا قوسىلىپ اتالاتىن بولعان »دەپ تۇسىندىرەدى.[②] بۇل كەزدەگى جوڭگو دەگەن ۇعىم جالپىلاما حۋاڭحى الابىنداعى ورتا جازىق ءوڭىرىن مەڭزەيدى. جوۋ پاتشالىعى ورتا جازىق وڭىرىندەگى حۋاشيا ەتنوسىن وزەك ەتە

① ياڭ بوجۇن: «چۇنچيۋ ـ زوجۋانعا تۇسىنىكتەمە. شيگوڭىنىڭ 24 ـ جىلى» (وڭدەلگەن نۇسقا) ەكىنشى كىتاپشا، بەيجيڭ: جوڭحۋا شۋجۇي باسپاسى، 2016 ـ جىل، 4 ـ باسىلىمى، 459 ـ بەت.

② قۇراستىرۋعا جاۋاپتى لي شۋەچين: « 13كىتاپتىڭ تۇسىندىرمەسى. چۇنچيۋ ـ زوجۋان . ادىلدىك»، بەيجيڭ: بەيجيڭ داشۋە باسپاسى، 1999 ـ جىل، 1587 ـ بەت.

كوزقاراس ٴتۇيىنى

جۇڭگو تارىيحىنداعى ەڭ ەرتەدەگى پاتشالىقتار — شيا، شاڭ، جوۋ ورتا جازىقتا ىلگەرىندى - كەيىندى شاڭىراق كوتەرىپ، توڭىرەگىندەگى ۇلكەندى - كىشىلى رۋلارمەن، تايپالارمەن، تايپالىق وداقتارمەن بىرتىندەپ توعىسىپ قالىپتاستىرعان ەتنوس جالپىلاما شيالار نەمەسە حۋاشيا دەپ اتالدى. چۋنچيۋ داۋىرىنەن جانگو داۋىرىنە دەيىن حۋاشيا ەتنوسى توڭىرەگىندەگى رۋلارمەن، تايپالارمەن، تايپالىق وداقتارمەن ارالاسىپ، توعىسۋ ارقىلى چي، چۋ، يان، حان، جاۋ، ۋي، چين سياقتى 7 ٴوڭىردى بىرتىندەپ قالىپتاستىردى ٴارى جەكە - جەكە شىعىس رەي، وڭتۇستىك مان، باتىس نۇم، سولتۇستىك تيەك سياقتى توڭىرەكتەگى ەتنوستارمەن جەكە - جەكە بايلانىس ورناتتى. چين پاتشالىعىنا دەيىنگى كەزەڭدەگى حۋاشيا ەتنوستارى ۇزاق ۋاقىت بويى توڭىرەكتەرىندەگى ەتنوستارمەن كوپ نەگىزدى توعىسۋ ارقىلى، اسىرەسە، چۋنچيۋ - جانگو داۋىرىندەگى 500 جىلدان استام ۋاقىتتىق الاساپىراندىق بارىسىندا ارالاسۋ - توعىسۋ ارقىلى چين - حان پاتشالىقتارى داۋىرىنە كەلگەندە، توڭىرەكتەرىندەگى ەتنوستارمەن ونان ارى تىعىز توعىسىپ ٴبىر تۇلعاعا ايلانىپ، ورتا جازىقتاعى جان سانى مول حانزۋ ۇلتىن قالىپتاستىردى، سودان باستاپ ول جۇڭگو تارىيحىنداعى نەگىزگى تۇلعالىق ۇلتقا اينالدى.

وتىرىپ، توڭىرەگىندەگى ۇلتتاردى رەي، مان، نۇم، تيەك دەپ اتادى، بۇلار جالپىلاما «بەس توڭىرەك حالقى» دەپ اتالدى، مىنە، بۇل وسى كەزدە ۇلت جونىندەگى تانىمنىڭ تۇتاس تۇلعالىق ۇعىم دارەجەسىنە كوتەرىلىپ بولعاندىعىنان دەرەك بەرەدى. «بەس توڭىرەك حالقى» ىشىندە حۋاشيا ەتنوسى وزەكتى ورىن يەلەدى.

ٴۇشىنشى، چۋنچيۋ - جانگو كەزەڭىندەگى ۇستەمدىككە تالاسۋ جانە قوسىپ الۋ

چۋنچيۋ - جانگو داۋىرىندە (ٴبىزدىڭ زامانىمىزدان بۇرىنعى 770 - جىلدان ٴبىزدىڭ زامانىمىزدان بۇرىنعى 221 - جىلعا دەيىن) مەيلى چۋنچيۋ داۋىرىندەگى بەس شونجاردىڭ پاتشانى قاستەرلەپ، جاتتاردى جولاتپاۋدى جەلەۋ ەتىپ ٴوزارا قىرقىسۋى بولسىن، الدە جانگو ٴداۋىرىنىڭ جەتى مىقتىسىنىڭ باسقا تايپالاردى قوسىپ الۋ ٴۇشىن جۇرگىزگەن سايكەسۋى، الىسپەن استاسىپ، جاقىنداعىعا شابۋىلداۋى بولسىن، وسىلاردىڭ ٴبارى دە جۇڭگو تارىيحىنىڭ بىرلىككە كەلۋگە قاراي دامۋىنا جەبەۋ بولدى. چۋنچيۋ - جانگو ٴداۋىرى جۇڭگونىڭ ەرتە زامانداعى ساياسيىنداعى، ەكونوميكاسىنداعى، قوعامىنداعى ٴىرى بۇرىلىس جاساۋ كەزەڭى ٴارى يدەيا، مادەنيەت، كوركەمونەر جاقتارىنان ۇلكەن دامۋ كەزەڭى بولدى.

چۋنچيۋ كەزەڭىندە چي، جين، سۇڭ، چين، چۋ سىندى ەلدەردى نەگىز ەتكەن ەلدەردىڭ

ٴبىلىم سىلتەمەسى

چۋنچيۋ ـ جانگو كەزەڭىندە قوعامدىق شۇعىل، ۇلكەن وزگەرىستەرگە ٴدۇپ كەلگەن، سۋيەنىشتەرى تۇرلىشە بولعان، تۇرلىشە جىكتەر مەن توپتاردان شىققان ٴبىلىمدارلار ٴوزدى ـ ٴوز تابىنىڭ، جىگىنىڭ نەمەسە توبىنىڭ مۇددەسىنە ۋاكىلدىك ەتىپ، ٴوز تۇرعىلارى مەن كوزقاراستارىن ارت ـ ارتىنان جاريالادى. ٴارقايسى ەلدەردىڭ جاڭا كوركەيگەن ۇستەمدىك ەتۋشىلەرى ٴوز ۇستەمدىگىنىڭ مۇددەسىن كوزدەپ ٴبىلىمپازداردى قۇرمەتتەپ، دارىندىلاردى ىزدەرىنە تارتىپ، ەل باسقارۋ امالدارى مەن يدەيالىق جاقتاعى جارىسىن قاراستىردى، سونىمەن «جالپى جارىسا ٴۇن قاتاتىن» گۇلدەنىپ ـ كوركەيگەن جاعداي قالىپتاستى. حان پاتشالىعى داۋىرىندەگى تاريحشى سىما چياننىڭ اكەسى سىما تاننىڭ «التى اعىمنىڭ نەگىزگى ويى تۋرالى» دەگەن كىتابىندا جانگو داۋىرىندەگى چين پاتشالىعىنا دەيىنگى عىلىمي يدەيالىق توپتاردى يىنياڭشىلدار، رۋجياشىلدار، موزىشىلدار، ۇعىمشىلدار، زاڭشىلدار، داۋجياشىلدار دەپ التى توپقا جىناقتادى. «حانناما. كىتاپتار شەجىرەسى» ليۋ شيننىڭ «جەتى جيناق» دەگەن كىتابىنداعى «ٴبىلىمدارلار جيناعى» دەگەن بولىمىنەن پايدالانىپ: رۋجياشىلدار، داۋجياشىلدار، يىنياڭشىلدار، زاڭشىلدار، ۇعىمشىلدار، موزىشىلدار، قۇراماشىلدار، ٴار تەكتىلەر، ەگىنشىلدەر، ەرتەگىشىلدەر دەپ ون توپقا ٴبولدى.

ۇستەمدىككە تالاسۋ جاعدايى جارىققا شىقتى. چى حۋانگوڭ «پاتشانى قاستەرلەپ، جات ەلدى جولاتپاۋ» دەگەندى جەلەۋ ەتىپ، ون ەلدى قوسىپ الدى، چين باتىستا نۇمدى، تيەكتى باعىندىردى، چين ۋىنگوڭ حۋاشياداعى ۇساق ەلدەردى جانە باتىستا نۇم، تيەكتەر قۇرعان 20 نەشە ەلدى قوسىپ الدى، چۋ جۋاڭۋاڭ حانشۇي وزەنى مەن چاڭجياڭ وزەنى الابىن مەڭگەردى.

ٴارقايسى شونجارلار وزدەرىنىڭ ىقپال كۇش كولەمىن كەڭەيتۋ ٴۇشىن، كوپتەگەن قوسىپ الۋ سوعىسىن تۋدىرىپ، ەڭ سوڭىندا چي، چۋ، يان، حان، جاۋ، ۋي، چين سەكىلدى جەتى ۇلكەن ەل قالىپتاسىپ، تاريحتا «جانگو ٴداۋىرىنىڭ جەتى مىقتىسى» دەپ اتالدى، ولار شىعىستا رەي، وڭتۇستىكتە مان، باتىستا نۇم، سولتۇستىكتە تيەك ەتنوستارىمەن تىعىز بايلانىستا بولدى. وسىدان كەيىن، «سايكەسۋ»، «الىستاعىمەن استاسىپ، جاقىنداعىنى جويۋ» سوعىستارىن جاسادى، وسىنىڭ ىشىندە چي ەلى مەن چين ەلىنىڭ كۇش ـ قۋاتى ۇزدىكسىز ارتىپ، ىقپال كۇش كولەمى ۇزدىكسىز كەڭەيىپ، وڭىرلىك سيپاتتى بىرلىككە كەلۋ جاعدايى بىرتىندەپ قالىپتاستى.

چۋنچيۋ ـ جانگو كەزەڭىندە قوعامدىق جاعداي الاساپىران بولىپ، قوسىپ الۋ سوعىستارى تولاستاماي، حالىق تۇرمىسى اۋىر اپاتقا ۇشىراعانىمەن، ٴىس جۇزىندە، ٴارقايسى

ۇلتتاردىڭ ارالاسۋ، ىشتەسۋ، تونىسۋ جاعدايىن جەبەپ، حۋاشيالار مەن رەيلەردىڭ ٴبىر تۇلعالانۋى جاعىنداعى ۇلتتىق تانىمدى كۇشەيتتى، جۇڭحۋا ۇلتتارىنىڭ بىرلىككە كەلۋ اياق الىسىن جەدەلدەتتى. وسى بارىستا جۇڭحۋا مادەنيەتىنىڭ دامۋى مەن جۇڭحۋا ۇلتتارىنىڭ دامۋى تىعىز ۇشتاسىپ، چين پاتشالىعىنا دەيىنگى عىلىمي يدەيالىق توپتار ٴبىر نيەتكە كەلىپ، اركىم ٴوز پىكىرىن ورتاعا سالىپ، «جالپى جارىسا ٴۇن قاتاتىن» قۇلپىرعان جاعداي جارىققا شىعىپ، ەلىمىزدىڭ ەرتە زامان مادەنيەتىنىڭ گۇلدەنىپ - كوركەيۋ كەزەڭى باستالدى. مىنە، بۇلار ٴبىر تۇتاس كوپ ۇلتتى مەملەكەتتىڭ، كوپ نەگىزدى، ٴبىر تۇلعالى جۇڭحۋا ۇلتىنىڭ جانە كوپ نەگىزدى، ٴبىر تۇلعالى جۇڭحۋا مادەنيەتىنىڭ قالىپتاسۋىنا نەگىز قالادى.

ٴتورتىنشى، چين - حان پاتشالىقتارىنىڭ بىرلىككە كەلىپ، فەودالدىق پاتشالىقتىڭ ورناۋى

ٴبىزدىڭ زامانىمىزدان بۇرىنعى 221 - جىلى، چين ەلىنىڭ بەگى يىڭ جىڭ التى ەلدى بىرلىككە كەلتىرىپ، ورتا جازىق سەكىلدى ولكەلەردە ۇزاق ۋاقىت جالعاسقان الدى - الدىنا بولەكتەنگەن الاسىپىران سوعىس جاعدايىن اياقتاتىپ، جۇڭگو تاريحىنداعى تۇڭعىش بىرلىككە كەلگەن فەودالدىق پاتشالىق — چين پاتشالىعىن قۇردى. ٴبىزدىڭ زامانىمىزدان بۇرىنعى 202 - جىلى، حان گاۋزۋ ليۋ باڭ تاعى ٴبىر بىرلىككە كەلگەن فەودالدىق پاتشالىق — حان پاتشالىعىن قۇردى. چين، حان سىندى وسى بىرلىككە كەلگەن ەكى فەودالدىق پاتشالىقتىڭ قۇرىلۋى — وسىدان كەيىنگى 2000 نەشە جىلدىق جۇڭگو تاريحىنىڭ دامۋىنداعى نەگىزگى ساياسي جاعدايعا جول اشتى جانە نەگىز قالادى.

چين شحۋاڭنىڭ سۋرەتى

چين پاتشالىعى ەلىمىزدەگى كوپ ۇلتتى ۇلى بىرلىك جاعدايىنىڭ قالىپتاسۋىنداعى باستاما بولدى. چين پاتشالىعى التى ەلدى بىرلىككە كەلتىرگەننەن كەيىن، مينيۋە، ليڭنان قاتارلى جەرلەردى قولعا

كەلتىرىپ، مينجۇڭ، گۋيلين، نانحاي، شياڭجۇن ايماقتارىن قۇردى، باتىس سولتۇستىكتە عۇندار دى قۋىپ شىعىپ، ۇلى قورعاندى سالدىردى، ونىڭ شەكاراسى باتىستا گانسۋدىڭ شىعىس بولىگىنە، سولتۇستىكتە حۋاڭحى، يىنشانعا، شىعىس سولتۇستىگى لياۋحىنىڭ شىعىسىنا، شىعىسى ۇلى تەڭىزدەن بۇگىنگى كورەيا تۇبەگىنىڭ سولتۇستىك بولىگىنە، وڭتۇستىگى بۇگىنگى ۆيەتنامنىڭ ورتا بولىگىنە دەيىن جەتتى. چين پاتشالىعى بۇكىل ەلدى بىرلىككە كەلتىرىپ، حۋاشيا، بايىۋە، مياۋ ـ ياۋ، دي ـ چياڭ ۇلتتارى چين پاتشالىعىنىڭ ساناقىناماسىنداعى شاڭىراققا اينالدى. شەكارا ىشىندە تاعى كوپتەگەن ۇلتتار جاسادى. وسىدان باستاپ، جوڭگو حۋاشيا ەتنوستارىن نەگىزگى تۇلعا ەتكەن، كوپ ۇلت بىرگە قونىستانعان ٴبىر تۇتاس مەملەكەتكە اينالدى. ٴبىر تۇتاستىققا يە مەملەكەتتىڭ قاجەتىنە ۇيلەسۋ ٴۇشىن، چين پاتشالىعى ٴبىرقىدىرۋ شارالار قولداندى: ەڭ جوعارى ۇستەمدىك ەتۋشىنى «حاندى» «پاتشا» دەپ وزگەرتىپ، يىڭ جىڭ ٴوزىن «تۇڭعىش پاتشا» دەپ اتادى ٴارى مۇنىڭ ۇرپاقتان ـ ۇرپاققا جالعاسۋىن ٴۇمىت ەتتى، سوندىقتان، بۇل تاريحتا چين شىحۋاڭ دەپ اتالدى، پاتشالىق ٴتۇزىمدى دە سوڭعى پاتشالىقتار جالعاستى قولداندى؛ ورتالىقتا ٴۇش سۇلتان، توعىز مۇشىرلىك ٴتۇزىم ورناتىلدى، جەرگىلىكتى جەرلەردە ەنشىلىك ٴتۇزىمى كۇشىنەن قالدىرىلىپ، ايماق، اۋدان باسقارۋ ٴتۇزىمى جولعا قويىلدى، «بۇكىل پاتشالىق 36 ايماققا ٴبولىندى»، سونىمەن بيلىك ورتالىققا شوعىرلانعان فەودالدىق مەملەكەت ٴتۇزىلىسى

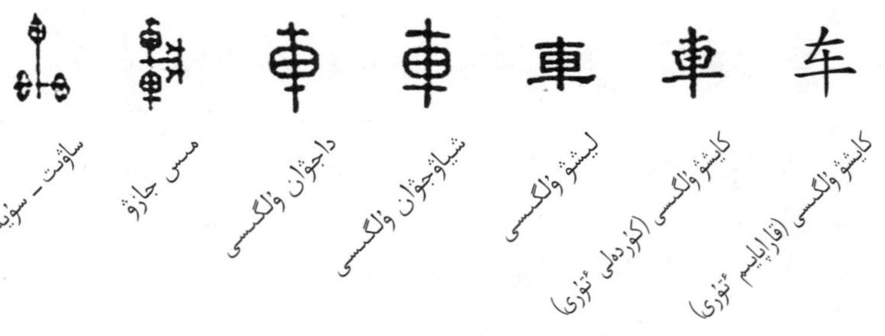

حانزۋ ارىپتەرىنىڭ وزگەرىسى

ورناتىلدى؛ ٴبىر تۇتاس پاتشالىققا ۇيلەسەتىن زاڭ - تۇزىمدەر بەلگىلەنىپ، بۇكىل ەل كولەمىندە اتقارىلدى، ارباناڭ بىلىگىن، جازۋ ۇلگىسىن ولشەمدەندىردى، ٴىس - قيمىلدى جوسىنعا باعىندىردى، مادەنيەت، جول - جوسىن بىرلىككە كەلتىرىلدى، جان - جاققا قاتىنايتىن جول سالىندى. بۇل شارالار جەر - جەردىڭ تۇزىمدىك، مادەنيەتتىك جاقتاعى پارىقتارىن جويىپ، بايتاق وڭىردە ٴونىمدى ۇستەمدىك ىسكە اسىرىلدى، مۇنىڭ ٴوزى بىرلىككە كەلگەن جاعدايدى بەكەمدەۋ، جۇڭحۋا مادەنيەتىن شىنايى مويىنداۋ مەن جۇڭحۋا ۇلتتارىنىڭ ۇيىسۋ قۋاتىن كۇشەيتۋ ٴۇشىن وراسان زور ىقپال جاسادى.

چين پاتشالىعىنىڭ قىسقا مەرزىمدىك بىرلىككە كەلتىرۋىنەن كەيىن، جۇڭگو تاريحى حان پاتشالىعى داۋىرىنە قادام تاستادى. حان پاتشالىعى چين پاتشالىعىنىڭ تۇزىمدەرىنە مۇراگەرلىك ەتتى، «ۋىندي مەن جيڭدي بيلىگىندە» ەس جيىپ قۋاتتانۋ ارقىلى حان پاتشالىعىنىڭ شارۋاشىلىعى شالقىپ، مەملەكەتتىڭ كۇش - قۋاتى بارىنشا جوعارىلادى. حان ۋدي كەزىندە ۋازىرلەردىڭ ۇقىعىن السىرەتىپ، قازىنا ۇقىعىن شوعىرلاندىرىپ، شاپاعات كەڭەيتۋ جارلىعىن جاريالاپ، ەلدەردىڭ قارماعىنداعى جەرلەردى ىقشامدادى، باسقا اعىمداعىلاردىڭ كوزىن جويىپ، رۋجيانى قادىر تۇتتى، بيلىكتى ورتالىققا شوعىرلاندىرۋدى ونان اري كۇشەيتتى. سونىمەن بىرگە، شەكارانى قورعاۋ، ىرگەنى كەڭەيتۋ سىندى مەملەكەت ساياساتىن قولدادى. سولتۇستىكتە عۇندارعا جازالاۋ جورىعىن جاساپ، باتىستا باتىس وڭىرمەن بايلانىس جاساۋ، وڭتۇستىكتە بايىۋەنى تىنىشتاندىرۋ، باتىس وڭتۇستىكتە رەيلەرمەن بايلانىس ورناتۋ، شىعىستا چاۋشياندى ورنىقتىرۋ ارقىلى حان پاتشالىعىنىڭ جەر ۋماعى چين پاتشالىعىنا قاراعاندا ٴبىر ەسەگە تاياۋ كەڭەيدى.

چين - حان پاتشالىقتارى كەزىندە، «ۇلى بىرلىك» يدەياسى جۇڭحۋا ۇلتتارى ماڭىزدى

ماتەريال تىزبەگى

حان ۋدي ۇستەمدىك ەتكەن كەزەڭدە، دۇڭ جۇڭشۋدىڭ «باسقا اعىمداعىلاردىڭ كوزىن جويىپ، رۋجياشىلدىقتى قادىر تۇتۋ» ۇسىنىسىن قابىلداپ، رۋجيا ٴىلىمىن بيلىك باسىنداعىلاردىڭ ٴداستۇرلى يدەياسى ەتىپ، رۋجياشىلداردىڭ پاتشاعا ادال بولىپ، سالت بۇزباۋ يدەياسىن بيلىكتى جالپى بەتتىك بىرلىككە كەلتىرۋدىڭ رۋحاني تىرەگىنە اينالدىردى. سودان باستاپ رۋجيا ٴىلىمى جەتەكشىلىك ورىن يەلەپ، تاريح بويى پاتشالاردىڭ قاستەرلەۋىنە بولەنىپ، ىقپالى توتەنشە زور بولدى.

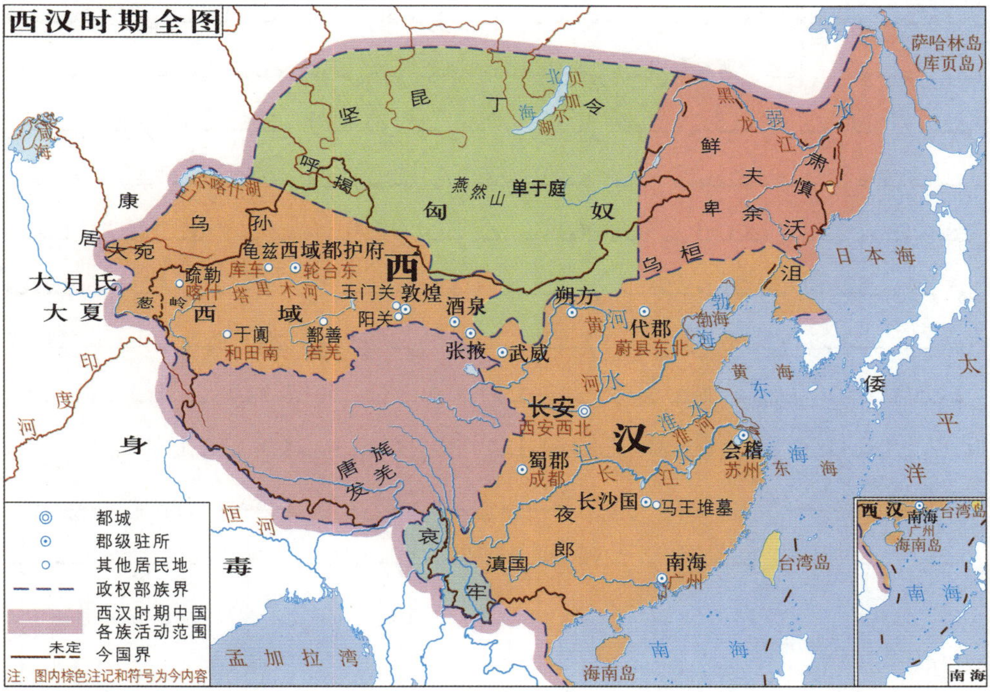

قۇن كوزقاراسىنىڭ باستى بەتالىسىنا اينالدى. «ۇلى بىرلىك» كوزقاراسى وتە ەرتەدە جارىققا شىققان، «مەملەكەتتىڭ قايىسى ٴبىر جەرى پاتشاعا ٴتان ەمەس؛ مەملەكەتتىڭ قايىسى ٴبىر ادامى پاتشاعا باعىنىشتى ەمەس»[1] دەيتىن كوزقاراس ورتاق تانىمعا اينالعان، تەگىندە مىڭزىنىڭ ٴوزى دە «دۇنيە بىرلىككە كەلسە، تىنىشتالادى»[2] دەگەن بايىمداۋدى العا قويعان ەدى. چين شىحۋاڭ تاسقا جازۋ ويدىرىپ، چين پاتشالىعىنىڭ ۇلى ۇلەسىن ماداقتاپ، چين پاتشالىعىنىڭ التى ەلدى بىرلىككە كەلتىرگەندىگىن بۇرىن بولىپ كورىلمەگەن ۇلى ٴىس دەپ قارادى. حان پاتشالىعىنىڭ العاشقى مەزگىلىندە، گۇڭيالڭ اعىمىنداعىلار كلاسسيكالىق شىعارمالاردان پايدالانىپ: «بۇكىل ەل جوۋ ۋىنۋاڭىنىڭ جارلىعىن اتقاردى دەيتىنىمىز نەلىكتەن؟ مۇنىڭ ٴوزى ۇلى بىرلىك دەگەن ٴسوز»[3] دەگەندى ورتاعا قويدى. حان ۋدي ٴداۋىر

① قۇراستىرۋعا جاۋاپتى لي شۋەچين: «ون ٴۇش كىتاپ تۇسىندىرمەسى. ماۋ شى. ادىلدىك. بەيشان»، بەيجيڭ: بەيجيڭ داشۋە باسپاسى، 1999 ـ جىل، 797 ـ بەت.

② قۇراستىرۋعا جاۋاپتى لي شۋەچين: «ون ٴۇش كىتاپ تۇسىندىرمەسى. مىڭزى تۇسىندىرمەسى»، بەيجيڭ: بەيجيڭ داشۋە باسپاسى، 1999 ـ جىل، 17 ـ بەت.

③ قۇراستىرۋعا جاۋاپتى لي شۋەچين: «ون ٴۇش كىتاپتىڭ تۇسىندىرمەسى. چۇنچيۋ گۇڭيالڭ بايانىنا تۇسىنىك»، بەيجيڭ: جۇڭحۋا شۋجۋي باسپاسى، 1999 ـ جىل، 9 ـ ، 10 ـ بەتتەر.

قاجەتىنە قاراي «باسقا اعىمداعىلاردىڭ كوزىن جويىپ، رۋحيانى قادىر تۇتۋ» سىندى مەملەكەت ساياساتىن جولعا قويدى. «ۇلى بىرلىك» يدەياسى «بۇكىل ەلدەگى جول - جوسىن ەرتە زامانىنان قازىرگە دەيىنگى ٴارقانداي ٴبىر ٴداۋىردىڭ بارلىعىنا ۇيلەسۋى كەرەك»[①] دەيتىن جوعارى ورەگە جەتىپ قانا قالماستان، ونىڭ وزىندىك ٴمانى دە سايكەستى تۇردە كەڭەيىپ، بارشا حالىقتىڭ ٴبىر نيەتتە بولا وتىرىپ، مەملەكەتتى بىرلىككە كەلتىرۋىنە دەيىن قامتىدى. بۇل يدەيا ەڭ سوڭىندا جۇڭحۋا ٴداستۇرلى مادەنيەتىنىڭ ەڭ نەگىزگى وي كوزقاراسىنا، سونداي - اق جۇڭگوداعى ٴارقايسى ۇلتتاردىڭ ورتاق رۋحاني ۇمتىنە جانە قۇن بەتالىسىنا اينالىپ، جۇڭحۋا ۇلتىنا كەڭ كولەمدى، اسا تەرەڭ ىقپال جاسادى. حۋاشيا ەتنوسى چين - حان پاتشالىقتارى كەزەڭىندەگى 400 جىلدان استام ۋاقىتتا توڭىرەكتەرىندەگى باسقا دا ەتنوستارمەن ۇزدىكسىز بارىس - كەلىس جاساپ، ٴوزارا توعىسىپ، ٴوسىپ - ٴوربىدى، تولىسىپ - ۇلعايدى، ەڭ سوڭىندا جۇڭحۋا ۇلتىنىڭ نەگىزگى تۇلعاسى بولعان حانزۋ ۇلتىن قالىپتاستىردى.

ەكىنشى تاراۋشا حان پاتشالىعىنىڭ باتىس ٴوڭىردى بىرلىككە كەلتىرۋى جانە باسقارۋى

باتىس حان داۋىرىنەن باستاپ شينجياڭ ٴوڭىرى رەسمي ەلىمىز تەرريتورياسىنىڭ ايرىلماس ٴبىر بولىگىنە اينالدى. باتىس، شىعىس حان پاتشالىقتارىنىڭ جونگە سالۋىمەن «ۇلى بىرلىك» كوزقاراسى ادامدار كوڭىلىنەن بىرتە - بىرتە تەرەڭ ورىن الدى؛ جىبەك جولىنىڭ اشىلۋى شىعىس پەن باتىستىڭ وركەنيەتىنىڭ اۋىس - كۇيىسىن جەدەلدەتتى، مىنە، وسىلاردىڭ ٴبارى دە شينجياڭ ٴوڭىرى تاريحىنىڭ ۇزدىكسىز العا دامۋىن جەبەدى.

ٴبىرىنشى، باتىس وڭىردەگى ەڭ ەرتەدەگى قوعامدىق ۇيىمدار

باتىس حان پاتشالىعى باتىس ٴوڭىردى بىرلىككە كەلتىرۋدەن بۇرىن باتىس وڭىردە ۇلكەندى - كىشىلى ەلدى مەكەندەر ٴومىر ٴسۇردى، حانزۋ تىلىندەگى تاريحي دەرەكتەردە بۇلار

---

① (حان) بان گۋ: «حانناما. دۇڭ جۇڭشۋ بايانى»، بەيجيڭ: جۇڭحۋا شۋجۇي باسپاسى، 1962 - جىل، 2523 - بەت.

كروران بايىرعى قالاسىنىڭ ەسكى جۇرتى

شينجياڭنىڭ چارقىلىعىندا

«باتىس وڭىردەگى 36 ەل» دەپ اتالدى①، بۇلار اۋىل شارۋاشىلىعىن نەگىز ەتىپ قونىستانعان «قالالىق ەلدەردى» جانە كوشپەلى مال شارۋاشىلىعىن نەگىز ەتكەن «كوشپەلى ەلدەردى» قامتىدى. بۇل ارادا ايتىلىپ وتىرعان «قالالىق ەلدەر» دەگەنىمىز شينجياڭ ٴوڭىرىنىڭ وڭتۇستىك بولىگىندەگى شۇراتتاردى، سونداي ـ اق تيانشان، كۇنلۇن تاۋلارىنىڭ اڭعارلارىنا ورنالاسقان نەشە ونداعان قالالىق ەلدەردى، ەلدى مەكەندەردى كورسەتەدى. وسى شۇراتتاعى قالالاردى قۇمدى شولدەر مەن قۇبا تۇزدەر ٴبولىپ تۇرادى، ادام سانى ەڭ كوپ بولعان قالا كۇساندا (قازىرگى شينجياڭداعى كۇشار، باي وڭىرلەرى) 81 مىڭنان استام ادام بولعان؛ ەڭ كىشى بولعان شانحىلىڭ «ەلىندە» (قازىرگى شينجياڭداعى سانجى وبلىسىندا) نە ٴبارى 27 ٴتۇتىن، 194 ادام بولىپ، كولەمى، تەك، ٴبىر شاعىن قىستاقتاي ـ اق بولعان. بۇل ارادا ايتىلىپ وتىرعان «كوشپەلى ەلدەر» دەگەنىمىز تيانشان تاۋىنىڭ وڭتۇستىگى مەن سولتۇستىگىندەگى سايىن ساحارادا تىرشىلىك ەتكەن «سۋدىڭ تۇنىعىن، ٴشوپتىڭ شۇيگىنىن قۋالاي قونىستانعان» كوشپەلى تايپالاردى مەڭزەيدى. باتىس حان پاتشالىعىنىڭ العاشقى مەزگىلىندە، ساقتار، ۇلى رۋجىلار، ۇيسىندەر ىلگەرىندى ـ كەيىندى ىلە وزەنى الابىندا كوشپەلى تۇرمىس كەشىردى، التاي

① (حان) بان گۋ: «حانناما. باتىس ٴوڭىر بايانى»، بەيجيڭ: جۇڭحۋا شۋجۇي باسپاسى، 1962 ـ جىل، 3871 ـ بەت.

تاۋ سىلەمىندە حاگات سەكىلدى كوشپەلى رۋلار قونىستاندى. وسى «قالالىق ەلدەر» مەن «كوشپەلى ەلدەردىڭ» ٴبارى دە ورتا جازىق وڭىرىندەگى ٴار داۋىردە ٴومىر سۇرگەن ەلدەر سەكىلدى بارلىعى دا «تاۋەلسىز مەملەكەتتەر» ەمەس.

سول كەزدەگى باتىس وڭىردە «ٴار ەلدى ٴوز الدىنا امىرلەر بيلەپ تۇرادى .اسكەري كۇشتەرى بىتىراڭقى، ٴالسىز، بىرلىككە كەلە المادى[①]». كەيىن ەلىمىزدىڭ سولتۇستىگىندەگى كوشپەلى ۇلت عۇندار باتىس ٴوڭىر اۋماعىن مەڭگەرىپ، «قۇل - قۇتاندار باس جاساۋىلىن» قۇرىپ، قالالىق ەلدەردەن الىم - سالىق جانە قازىنا - مۇلىك الىپ وتىردى. باتىستاعى قالالىق ەلدەر «عۇندارعا تاۋەلدى بولعاندارىمەن، تىم ىشتەسىپ كەتە المادى .عۇندار ولاردىڭ مال - تۇلىكتەرىن، كيىز - كەشەگىن العانىمەن، ولارعا ٴبىر تۇتاس قولباسشىلىق ەتە المادى[②]». مىنە، بۇدان عۇندار باتىس ٴوڭىردى مەڭگەرگەنىمەن، ٴبىراق، ٴارقايىسى ەلدەردىڭ بايلانىسىنىڭ ٴبىرشاما بىتىراڭقى بولعاندىعىن، جەرگىلىكتى ۇلتتاردىڭ سەنىمىنە يە بولا

كوزقاراس ٴتۇيىنى

تاريحتا شينجياڭ وڭىرىندە كوپ رەت بولەكتەنگەن بيلىك جاعدايى جارىققا شىقتى. الايدا، بۇل بيلىكتەردىڭ بولەكتەنگەن ۋاقىتىنىڭ قانشاما ۇزاق، جاعدايدىڭ قانشاما اۋىر بولۋىنا قاراماستان، بارلىعى دا ەڭ سوڭىندا قايتادان بىرلىككە كەلۋگە ويىستى. شينجياڭ ٴوڭىرىنىڭ جۇڭگونىڭ قۇرامداس ٴبىر بولىگى ەكەندىگى تالاسسىز شىندىق. ورتا جازىقتا ۇقساماعان كەزەڭدە ٴومىر سۇرگەن ەلدەر نەمەسە بيلىكتەردىڭ بولەكتەنۋى سياقتى، باتىس وڭىردەگى تۇرلىشە داۋىرلەردە ٴومىر سۇرگەن ەلدەر قالالىق ەلدەر، كوشپەلى ەلدەر، سۇيىرعالدىقتار، حاندىقتار، قاعاندىقتار، پاتشالىقتار، تاۋەلدى ەلدەر، تارتۋ - تارالعىلى ەلدەر سەكىلدى فورمالاردى قامتيدى، مەيلى حان پاتشالىعى داۋىرىندەگى 36 ەل، الدە سۇڭ پاتشالىعى داۋىرىندەگى قاراحانيلار حاندىعى، گاۋچاڭ بايىرعى ۇيعۇر حاندىعى سەكىلدىلەر، يۋان پاتشالىعى داۋىرىندەگى شاعاتاي حاندىعى، مىڭ پاتشالىعى داۋىرىندەگى جاركەن حاندىعى بولسىن، ولاردىڭ ٴبارى دە جۇڭگو تەرريتورياسىنداعى جەرگىلىكتى بيلىك فورماسى بولىپ، تاۋەلسىز مەملەكەتتەر ەمەس ەدى.

---

① (حان) بان گۋ: «حانناما. باتىس ٴوڭىر بايانى»، بەيجيڭ: جۇڭحۋا شۋجۇي باسپاسى، 1962 - جىل، 3930 - بەت.

② (حان) بان گۋ: «حانناما. باتىس ٴوڭىر بايانى»، بەيجيڭ: جۇڭحۋا شۋجۇي باسپاسى، 1962 - جىل، 3930 - بەت.

الماعاندىعىن كورىپ الۋعا بولادى.

باتىس حان پاتشالىعىنىڭ العاشقى مەزگىلىندە عۇندار ورتا جازىق وڭىرىنە ۇزدىكسىز ارانداتۋشىلىق جاساپ، حان پاتشالىعىنىڭ شەتكەرى ايماقتارىن اۋىر دارەجەدە ٴبۇلدىردى. وسى تۇستا باتىس حان پاتشالىعى ٴدال ويران بولعانىنىڭ ورنىن تولتىراتىن ساتتە تۇرعان بولاتىن، شارۋاشىلىقتى قالپىنا كەلتىرىپ دامىتۋى قاجەت ەدى، سوندىقتان، حان پاتشالىعى عۇندارعا قاراتا ىمىرالاسۋ ساياساتىن قولداندى.

ەكىنشى، حان پاتشالىعىنىڭ باتىس ٴوڭىردى بىرلىككە كەلتىرۋى

باتىس حان پاتشالىعى 60 نەشە جىل بويى ەس جيىپ قۋاتتانۋ ارقىلى، حان ۋدي پاتشا ليۋ چى (ٴبىزدىڭ زامانىمىزدان بۇرىنعى 141 ـ جىلدان ٴبىزدىڭ زامانىمىزدان بۇرىنعى 87 ـ جىلعا دەيىن تاحتا وتىردى) تاحتا وتىرعان كەزدە قامبالار سىقالىپ، مەملەكەتتىڭ كۇش ـ قۋاتى جوعارىلاعانىمەن، ٴبىراق، عۇنداردىڭ قوقان ـ لوقىسىنان قۇتىلا المادى. حان ۋدي «كونە سۇردەكتەگى بوس ساياساتتىڭ» تۇككە سەپتىگى جوق ەكەندىگىن، تۇزىمگە وزگەرىس جاسامايىنشا، دۇنيەدەن ٴۇمىت جوقتىعىن؛ قوسىن اتتاندىرىپ، جازا جورىعىن جاسامايىنشا بۇكىل ەلدە تىنىشتىق ورنامايتىندىعىن تانىپ جەتتى[①]، سوندىقتان، اسكەري جانە ساياسي جاقتان عۇندارعا قايتارما سوققى بەرەتىن ٴبىرقىدىرۋ شارالار قولداندى.

حان ۋدي ٴبىر جاعىنان عۇندارعا اسكەري جاقتان قايتارما سوققى بەرىپ، حىتاۋ ٴوڭىرىن قايتارىپ الدى؛ ەندى ٴبىر جاقتان عۇنداردىڭ قۇلدانۋىنا ۇشىراعان وڭىرلەردىڭ قولداپ ـ قۋاتتاۋىن قولعا كەلتىردى. سوندىقتان، باتىس ٴوڭىردى بىرلىككە كەلتىرۋ مەن عۇندارعا قايتارما سوققى بەرۋدىڭ ٴوزى باستابىندا ـ اق ٴبىر ـ بىرىمەن تىعىز بايلانىستى بولدى. باتىس ٴوڭىردى بىرلىككە كەلتىرۋ ٴۇشىن حان ۋدي باتىس وڭىرگە ەلشى جىبەرۋگە بەكىندى. ٴبىزدىڭ زامانىمىزدان بۇرىنعى 138 ـ جىلى، جاڭ چيان جاناۋىل سالاۋاتىمەن ۇسىنىستى ماقۇلداپ، عۇندارعا ورتاق سوققى بەرۋ ٴۇشىن، عۇندارمەن ەجەلدەن وشەسىپ كەلە جاتقان رووجىلارمەن بايلانىس جاساۋ بورىشىن قابىلدادى. جاڭ چيان قوسشى ـ نوكەرلەرىمەن چاڭ ـ اننان (قازىرگى شانشيدىڭ شي ـ انى) جولعا شىققانى، باتىس وڭىرگە كەتىپ بارا جاتقان جولىندا عۇنداردىڭ قولىنا ٴتۇسىپ، 10 نەشە جىلدان كەيىن ارەڭ قۇتىلعان سوڭ، ول بورىشىن

① (سوڭ) سىما گۋاڭ قۇراستىرعان: «بيلىك ەيبىراتىناماسى . حان ەستەلىكتەرى (14)»، بەيجيڭ: جۇڭحۋا شۋجۇي باسپاسى، 1956 ـ جىل، 726 ـ بەت.

جاڭ چيان (~ زامانىمىزدان بۇرىنعى 113 ـ جىل)

حانجۇڭ، قازىرگى سانشيدىڭ چىڭگۋ ـەگەن جەرىنىڭ ادامى. جاڭ چيان ٴبىزدىڭ ـامانىمىزدان بۇرىنعى 138 ـ جىلى، ٴبىزدىڭ ـامانىمىزدان بۇرىنعى 119 ـ جىلى ەكى رەت ـاتىس وڭىرگە ەلشىلىككە بارىپ، ورتا جازىق ـەن باتىس ٴوڭىردىڭ بايلانىسىن نىعايتىپ، ـجۇڭگو مەن ورتا ازياداعى ٴارقايسى ەلدەرمەن ـوستىق قارىم ـ قاتىناس جاساسۋدىڭ ۇلكەن ـاقپاسىن، شىعىستان باتىسقا قاتىنايتىن، ـقپالى اسا زور جىبەك جولىن اشىپ بەردى.

جالعاستى وتەپ، باتىستا كوكارتتان (قازىرگى پامير ٴۇستىرتى) اسىپ، داۋاننان (قازىرگى ورتا ازياداعى فەرعانا ويپاتى) ٴوتىپ، بۇگىنگى وزبەكستاننىڭ وڭتۇستىك بولىگى مەن اۋعانستاننىڭ سولتۇستىگىندەگى امۋ دارياسىنىڭ ەكى جاعالاۋىنا كوشىپ قونىستانعان ۇلى روۋجىلاردىڭ ەل ىشىنە جەتتى، ٴبىراق، سول كەزدە ۇلكەن روۋجىلاردىڭ شىعىسقا قايتۋ ويى جوق ەدى، سونىمەن، جاڭ چيان ەلگە قايتتى، جولدا عۇندارعا قولدى بولىپ، ٴبىر جىلدان ارتىق ۋاقىت تاعى تۇردى. ٴبىزدىڭ زامانىمىزدان بۇرىنعى 126 ـ جىلى، جاڭ چيان چاڭ ـ انعا قايتىپ كەلدى. جاڭ چياننىڭ ٴبىرىنشى رەتكى باتىس وڭىرگە ساپارى ىلگەرىندى ـ كەيىندى بولىپ 13 جىلعا جالعاستى، ول ساپار بارىسىندا حاۋىپ ـ قاتەرلەردى جانە عۇنداردىڭ كولدەنەڭ بولۋى سىندى قات ـ قابات قيىنشىلىقتاردى جەڭە وتىرىپ، باتىستا تيانشان تاۋىنىڭ وڭتۇستىك، سولتۇستىگىن، كوكارتتىڭ شىعىسى مەن ـاتىسىن تۇگەل باسىپ ٴوتتى. جاڭ چياننىڭ ەلشىلىككە بارۋى كوزدەگەن ماقساتقا جەتە ـلماعانىمەن، ٴبىراق، ورتا جازىق پەن باتىس ٴوڭىردىڭ بايلانىس جاساۋى ٴۇشىن ماڭىزدى جول ـشىپ بەردى، سوندىقتان، ول «باتىس وڭىرگە جول سالۋشى» دەپ اتالدى. جاڭ چياننىڭ جول ـويى كورگەن ـ بىلگەندەرى بويىنشا، حان ۋدي باتىس ٴوڭىردىڭ ەگجەي ـ تەگجەيلى جاعدايىن ـلعاش رەت ٴتۇسىنىپ، باتىس ٴوڭىر تۋرالى: «ەگەر ولاردى سوعىسپاي ـ اق وزىمىزگە قاراتار ـولساق، وندا جۇڭگونىڭ تەرريتورياسى نەداۋىر كەڭەيەدى، سوندا سوناۋ قيىرداعى ولار ـتىلماشتارىن ەرتىپ كەلىپ پاتشامەن ديدارلاسۋلارىنا بولادى، ادەتتەرى ٴار ٴتۇرلى بولعان ـلدەر جۇڭگو قاريتاسىنا ەنگىزىلسە، پاتشانىڭ ايبىنى مەن ادىلەتتىلىگى دۇنيەنىڭ ٴتورت

جاڭ چيانىڭ حان ۋدي پاتشامەن قوشتاسىپ، باتىس وڭىرگە ەلشىلىكپەن اتتانار كەزدەگى سۋرەت
دۇنحۋاڭ موگاۋ ۇڭگىرىندەگى قابىرعا سۋرەت

بۇرىنىنا ايگىلى بولادى»① دەگەن ويعا كەلەدى. وسىدان باستاپ، حان ۋدي باتىس ٴوڭىردى بىرلىككە كەلتىرۋ اياق الىسىن جەدەلدەتە ٴتۇستى.

جاڭ چيان باتىس وڭىرگە ەلشىلىككە بارعان مەزگىلدە، باتىس حان پاتشالىعىنىڭ عۇندارعا قايتارما سوققى بەرۋ سوعىسى ــ ٴبىزدىڭ زامانىمىزدان بۇرىنعى 133 ـ جىلعى ما ـ ي سوعىسى رەسمي باستالدى. وسىدان كەيىن زامانىمىزدان بۇرىنعى 127 ـ جىلدان زامانىمىزدان بۇرىنعى 119 ـ جىلعا دەيىن، باتىس حان پاتشالىعى ۋي چيڭ، حو چۇيبيڭدەرگە بىلگەرىندى ـ كەيىندى ٴۇش رەت جاساق باستاتىپ، عۇندارعا ويسىراتا سوققى بەردى ٴارى ورتا جازىقتان باتىس وڭىرگە قاتىناitەتىن ٴتۇيىندى جول حىشي دالىزىندەگى ۋ ـ ۋي، جاڭيە، جيۋچۋان، دۇنحۋاڭ سىندى جەرلەردە ارت ـ ارتىنان ٴتورت ايماق قۇردى (تاريحتا بۇلار «حىشي دالىزىندەگى ٴتورت ايماق» دەپ اتالدى)، ٴسويتىپ، عۇندارمەن باتىس تەرىستىكتەگى دي، چياڭ تايپالارى اراسىنداعى بايلانىستى ٴۇزىپ تاستادى، ورتا جازىق سەكىلدى جەرلەرمەن باتىس وڭىردەگى ٴارقايسى ۇلتتار اراسىنداعى بارىس ـ كەلىس كەڭەيە ٴتۇستى.

عۇندار ٴبىرقىدىرۋ اۋىر سوققىعا ۇشىراعانىنان كەيىن، ولاردىڭ نەگىزگى كۇشى باتىس سولتۇستىككە قاراي اۋدى، باتىس ٴوڭىر حان پاتشالىعى مەن عۇنداردىڭ تالاس ـ تارتىس تۇيىنىنە اينالدى. ٴبىزدىڭ زامانىمىزدان بۇرىنعى 119 ـ جىلى، باتىس حان پاتشالىعى

① (حان) سىما چيان: «تاريحي جازبالار. داۋان بايانى»، بەيجيڭ: جۇڭحۋا شۋجۇي باسپاسى، 1959 ـ جىل، 3166 ـ بەت.

حو چۇيبيڭ (ٴبىزدىڭ زامانىمىزدان بۇرىنعى 140 ـ جىلدان ٴبىزدىڭ زامانىمىزدان بۇرىنعى 117 ـ جىلعا دەيىن)

حىدۋڭنىڭ پيڭياڭ دەگەن جەرىنىڭ ادامى (قازىرگى شانشيدىڭ لينفىن قالاسىنىڭ باتىس وڭتۇستىگى)، باتىس حان پاتشالىعىنىڭ ايگىلى ساردارى، كورنەكتى اسكەري ىستەر مامانى. حو چۇيبيڭ ەكى رەت جاساق باستاپ حىشيدى شابۋىلمەن يەلەپ، حان پاتشالىعىنىڭ باتىس وڭىرگە قاتىنايتىن جولدى اشۋىنا نەگىز قالاپ بەردى.

ۇيسىندەرمەن ىشكەرىلەي بايلانىس جاساپ، «عۇنداردىڭ وڭ بىلەگىن ٴۇزۋ» ٴۇشىن جاڭ چياندى باتىس وڭىرگە ەلشىلىككە تاعى جىبەردى. بۇل كەزدە حىشي دالىىزى ٴوڭىرىنىڭ قاتىناسى ىركىلىسسىزدەنگەن بولاتىن، جاڭ چيان ۇيسىندەرگە ٴساتتى جەتكەنىمەن، ٴبىراق، سول كەزدە ۇيسىندەر ىشكى جاقتا الاساپىران بولىپ، وزگەگە مۇرشالارى جەتپەي جاتقان بولاتىن. سونىمەن جاڭ چيان كىشى ەلشىلەرىن داۋان، قاڭلى (قازىرگى بالقاش كولى مەن ارال تەڭىزىنىڭ اراسى)، ۇلى رووجىلار، باكتريا (ەجەلگى گرەتسيانىڭ باكتريا حاندىعى، قازىرگى اۋعانستاننىڭ سولتۇستىگى)، ارساك (قازىرگى يران)، سيندۋ (قازىرگى يندىيا) سەكىلدى ەلدەرگە جىبەردى. وسى ەلدەردىڭ جىبەرگەن ەلشىلەرى حان پاتشالىعىنىڭ ەلشىلەرىنە ىلەسىپ چاڭ ـ انعا كەلىپ، حان پاتشالىعىمەن بايلانىس ورناتتى، ال، ٴۇيسىن كۇنبيى دە حان پاتشالىعىنىڭ جاعدايىن ۇعىسۋ ٴۇشىن ەلشى جىبەردى. ٴۇيسىننىڭ ەلشىسى ورتا جازىق وڭىرىنەن قايتقان سوڭ، ٴۇيسىن كۇنبيىنە حان پاتشالىعىنىڭ كەڭ ـ بايتاق ٴوڭىرى مەن ىرعىن تۇرمىس جاعدايىن، ٴۇيسىننىڭ «حان پاتشالىعىن ارداقتاۋىنىڭ ٴوزى ٴتيىمدى»[1] ەكەندىگىن مالىمدەدى ٴارى حان پاتشالىعىمەن بەرەكەلەسۋ ٴۇشىن قۇدا ـ اندالىقتى ۇسىنىستى. ٴبىزدىڭ زامانىمىزدان بۇرىنعى 105 ـ جىلدان باستاپ، حان ۋدي ىلگەرىندى ـ كەيىندى شيجۇن حانشانى، جيەيوۋ حانشانى ٴۇيسىن كۇنبيىنە ۇزاتتى، سونىمەن ۇيسىندەر عۇنداردى تىزگىندەيتىن نەگىزگى كۇشكە اينالدى. ٴبىزدىڭ زامانىمىزدان بۇرىنعى 102 ـ جىلى، حان

① (حان) بان گۋ: «حانناما . باتىس ٴوڭىر بايانى»، بەيجيڭ: جۇڭحۋا شۋجۇي باسپاسى، 1962 ـ جىل، 3902 ـ بەت.

جىلڭ جي (؟ ~ زامانىمىزدان بۇرىنعى 49 ـ جىل)

كۋايجي دەگەن جەردىڭ (قازىرگى جياڭسۋداعى سۋجوۋ) ادامى، باتىس حان پاتشالىعىنىڭ قولباسى. باستابىندا قوسىندا جاساق بولعان، باتىس وڭىرگە تالاي رەت بارىپ، نوكەرلىككە كوتەرىلگەن. حان شۋاندي تۇسىندا جاناۋىل بولىپ، جاساق باستاپ قاعىلدا تىڭ اشىپ، قورعاۋشى سىپالىققا كوتەرىلەدى. زامانىمىزدان بۇرىنعى 60 ـ جىلى، باتىس ٴوڭىردىڭ تۇڭعىش باسقاعى بولىپ تاعايىندالادى، ەڭبەك كورسەتكەندىكتەن الىستى تىنىشتاندىرۋشى بەك دەپ اتالادى.

پاتشالىعى جاساق اتتاندىرىپ، كاسي ەلىن (كەيىن جۇيشى دەپ اتالدى، كاسي ەلىنىڭ اۋماعى قازىرگى لوپنۇر كولىنىڭ شىعىسىنان، سولتۇستىكتە ٴۇرىمجى، شونجى، جەمسارىلارعا دەيىنگى ٴوڭىردى قامتيدى)، كروراندى (قازىرگى شينجياڭداعى لوپنۇر كولىنىڭ باتىسى) باعىندىرىپ، باتىس ٴوڭىر قاقپاسىن مەڭگەردى، كەيىن حان پاتشالىعىمەن ۇدايى جاۋلاسىپ كەلگەن داۋاندى باعىندىرىپ، باتىس وڭىرگە جول اشۋداعى جاڭ چياننىڭ تابىستارىن بەكەمدەپ، حان پاتشالىعىنىڭ ساياسي ىقپالىن باتىستا ورتا ازيا وڭىرىنە دەيىن كەڭەيتتى. وسى ٴبىرقىدىرۋ ساياسي، اسكەري قيمىلدار حان پاتشالىعىنىڭ باتىس وڭىردەگى ٴارقايسى قالالىق ەلدەرگە بولعان ىقپالىن اسىردى، ٴارقايسى قالالىق ەلدەر ارت ـ ارتىنان حان پاتشالىعىنا باعىندى.

ٴبىزدىڭ زامانىمىزدان بۇرىنعى 71 ـ جىلى، حان پاتشالىعى چاڭ حۇيدى ۋيسىنگە ەلشىلىككە جىبەردى، ٴۇيسىن جاساق اتتاندىرىپ، حان پاتشالىعى جاساقتارىنا سايكەسىپ عۇندارعا شابۋىل جاسادى، سونىمەن بۇكىلدەي جەڭىسكە جەتتى، عۇندار سودان باستاپ كۇن سايىن قۇلدىراي باستادى. چاڭ حۇي، جيەيوۋ حانىشا جانە ونىڭ نوكەرى فىڭ لياۋلاردىڭ قۇلشىنۋىمەن ۋيسىندەر ەڭ سوڭىندا ورتالىق بيلىككە تاۋەلدى بولدى.

ٴبىزدىڭ زامانىمىزدان بۇرىنعى 60 ـ جىلى، عۇن بيلەۋشىلەردىڭ ىشكى بولىگىندە بولەكتەنۋ بولدى، شىعىس تيانشان تاۋىنىڭ تەرىستىك باۋرايىن مەڭگەرىپ وتىرعان عۇن نەتۇك حان سەنعاندان بۇقاراسىن باستاپ حان پاتشالىعىنا باعىنىپ، قۇلىقتى بەك دەگەن ٴنام الدى. وسىدان باستاپ باتىس حان پاتشالىعى باتىس ٴوڭىردى بۇكىلدەي بىرلىككە كەلتىردى. سول جىلى باتىس حان پاتشالىعى الۋي قالاسىندا (قازىرگى شينجياڭداعى بۇگىر وڭىرىندە) باتىس ٴوڭىر باسقاقتىعىن قۇرىپ، جىڭ جيدى تۇڭعىش باسقاق ەتىپ تاعايىندادى. وسىدان

باستاپ «حان پاتشالىعىنىڭ جارلىعى باتىس وڭىردە جاريا جۇرگىزىلەتىن بولدى»[1]. باتىس ٴوڭىر باسقاعى حان پاتشالىعىنىڭ باتىس وڭىردە قۇرعان ەڭ جوعارى اسكەري - اكىمشىلىك ۇلىعى بولىپ، دارەجەسى ورتا جازىقتاعى ەڭ جوعارى جەرگىلىكتى ۇلىق — ايماقتىڭ باس ۋاليىمەن قارايلاس بولدى. باتىس ٴوڭىر باسقاقتىعىنىڭ قۇرىلۋى شينجياڭ ٴوڭىرىنىڭ جۇڭگو قاريتاسىنا رەسمي ەنگىزىلگەندىگىنەن، جۇڭگو تەرريتورياسىنىڭ ايرىلماس ٴبىر بولىگىنە اينالعاندىعىنان دەرەك بەردى. وسىدان كەيىن، تاريحتاعى ورتالىق بيلىكتەر تۇگەلدەي باتىس ٴوڭىردى ەجەلگى تەرريتورياسىمىز دەپ قاراپ، بۇل وڭىرگە قاراستىلىق ۇقىعىن جۇرگىزىپ وتىردى.

باتىس حان پاتشالىعىنىڭ سوڭعى مەزگىلىندە، پاتشانىڭ ناعاشى - قايىن جۇراعاتتارى دارا بيلىك جۇرگىزىپ، ۋاڭ ماڭ بيلىكتى تارتىپ الىپ، ٴوزىن پاتشا قويىپ، پاتشالىق اتىن «شين» دەپ اتادى. ۋاڭ ماڭ بۇرىنعىلاردىڭ اتىن جامىلىپ، تۇزىمگە وزگەرىس جاسادى، سونىمەن قوعامدىق قايشىلىقتاردى باسەڭدەتۋ بىلاي تۇرسىن، قايتا، قوعامدىق داعدارىستى ۋشىقتىرىپ جىبەردى. عۇندار وسىنداي السىزدىكتەن پايدالانا وتىرىپ سۇعاناقتىق جاساپ، باتىستاعى قالالىق ەلدەرگە قارۋلى كۇشپەن قوقان - لوقى جاساپ، «مەيىرىمسىزدىكپەن سالىق جيناپ»، باتىس ٴوڭىردى الاساپىران كۇيگە ٴتۇسىردى.

زامانىمىزدىڭ 25 - جىلى، ليۋ شيۋ ٴوزىن پاتشا دەپ اتاپ، لوياڭدى استانا ەتتى، بۇل تاريحتا شىعىس حان دەپ اتالدى. جيان - ۋ جىلدارىنان (25 — 57) يانگۋاڭ جىلدارىنا (122 — 125) دەيىن باتىس وڭىرمەن بولعان بايلانىس ٴۇش رەت ٴۇزىلىپ، ٴۇش رەت قالپىنا كەلدى[2]، مىنە، بۇل شىعىس حان پاتشالىعىنىڭ باتىس ٴوڭىردى بىرلىككە كەلتىرگەندىگىن، باتىس وڭىردەگى ٴار ۇلت حالقىنىڭ باستان - اياق حان پاتشالىعىمەن تىلەۋلەس بولعان شىتىرمان تاريحي بارىستى بەينەلەپ بەردى.

شىعىس حان پاتشالىعى قۇرىلعان العاشقى مەزگىلدە، باتىس وڭىردەگى قالالىق ەلدەر عۇنداردىڭ مەيىرىمسىزدىكپەن جيناعان الىم - سالىعىنىڭ جانە سويقاندى سوعىستىڭ زاردابىن مەيلىنشە تارتتى، باتىستاعى ەلدەر حان پاتشالىعىنىڭ ىقپالى مەن وسكەلەڭ

---

① (حان) بان گۋ: «حاننامانىڭ.جىلدىڭ جي بايانى»، بەيجيڭ: جۇڭحۋا شۋجۇي باسپاسى، 1962 - جىل، 3006 - بەت.

② (وڭتۇستىك پاتشالىقتار، سۇڭ) فان يە: «سوڭعى حاننامانىڭ. باتىس ٴوڭىر بايانى»، بەيجيڭ: جۇڭحۋا شۋجۇي باسپاسى، 1965 - جىل، 2912 - بەت.

ٴبىلىم سىلتەمەسى

شىنجۋەنىڭ 2 ـ جىلى (زامانىمىزدان بۇرىنعى 60 ـ جىلى) 8 ـ ايدا باس سىپا اربالى ـ اتتىلار جياڭجۇنى حان زىڭ مەن تورەشى ابىز بيڭ جي جارلىق بويىنشا، نەتۇك حاندى قارسى الۋ ٴۇشىن دۇنحۋاڭعا، جيۋچۋانعا ارناۋلى ادام جىبەردى.

گۋاڭجى، 11 ـ ايىنىڭ ەسەبىندە التى اعاش، ٴۇش شىڭ استىق بەرىلگەن، جولدا ٴۇش ۋاق تاماققا ٴۇش شىڭ استىق كەتكەن، قالعانىن قالاي شەشەمىز؟ (168 ـ تاقتايشا)

ــ دۇنحۋاڭ شۋانچۋان حان پاتشالىعى تۇسىنداعى تاقتايشا جازۋى

حان پاتشالىعى تۇسىنداعى شۋانچۋان تاقتايشا جازۋى دۇنحۋاڭنىڭ حان پاتشالىعى داۋىرىندەگى شۋانچۋان بەكەتىنىڭ ەسكى جۇرتىنان قازىپ الىنعان. شۋانچۋان جامدارى حان ۋدي پاتشا تۇسىندا سالىنعان، ورتا جازىق پەن باتىس ٴوڭىردى تۇتاستىراتىن ماڭىزدى جامدار بولاتىن. ەسكى جۇرتتان حان پاتشالىعى داۋىرىندەگى 20 مىڭنان استام تاقتايشا جازۋ قازىپ الىندى، مۇنىڭ ىشىندەگى كوپ ساندىلارى حان پاتشالىعى داۋىرىندەگى باتىس ٴوڭىردىڭ ورتا جازىق ٴوڭىرىمەن بولعان تىعىز بايلانىسىن بەينەلەيدى. جوعارىداعى تاقتايشا جازۋدىڭ مازمۇنىندا ٴبىزدىڭ زامانىمىزدان بۇرىنعى 60 ـ جىلى جىڭ جيدىڭ حان پاتشالىعىنا باعىنعان عۇنداردىڭ نەتۇك حانىن چاڭ ـ انداعى حان شۋاندي پاتشانىڭ الدىنا الىپ بارعاندىعىن، شۋانچۋان جامدارىنان وتكەن كەزدە استىق سەكىلدى زاتتىق بۇيىمدارىنىڭ تاۋسىلىپ قالۋ جاعدايى ەستەلىككە الىنعان.

مارتەبەسىنە ٴتانتى بولىپ، باعىنۋعا پەيىل بولدى[1]، ولار تالاي رەت ەلشى جىبەرىپ، تارتۋ ـ تارالعى ۇسىندى، باتىس حان پاتشالىعىنىڭ بۇرىنعى ٴتۇزىمى بويىنشا شىعىس حان پاتشالىعىنىڭ باتىس وڭىرگە باسقاق جىبەرىپ باسقارۋىن تالاپ ەتتى. ٴبىراق، وسى تۇستا ورتا جازىقتىڭ شارۋاشىلىعى قۇلدىراپ، جان سانى كۇرت ازايىدى، قوعامى الاساپىران كۇيگە ٴتۇستى، حالىق تۇرمىسى قيىنشىلىققا تاپ بولدى، گۋاڭ ـ ۋدي پاتشانىڭ باتىس وڭىرگە قاراۋعا مۇرشاسى كەلمەي قالدى، سونىمەن باتىس ٴوڭىر لاجىسىزدان عۇنداردىڭ ۇستەمدىگىنە باعىندى.

29 ـ جىلى، حىشيدىڭ ۇلكەن جياڭجۇنى دوۋ روڭ باتىس حان پاتشالىعىنىڭ ٴتۇزىمى بويىنشا، پاتشا ورداسىنىڭ اتىمەن ساكا حانى كاڭدى ەڭبەك سىڭىرگەن ٴمورالدى حان، باتىس ٴوڭىردىڭ اعا باس جاساۋىلى ەتىپ تاعايىندادى، باتىس وڭىردەگى «ەلۋ بەس ەل تۇگەلىمەن

[1] (حان) بان گۋ: «حاننامانى.باتىس ٴوڭىر بايانى»، جۇڭحۋا شۇجۇي باسپاسى، 1962 ـ جىل، 3930 ـ بەت.

وعان قاراستى بولدى»[①]. 38 ـ جىلى، ساكانىڭ حانى شيان پاتشاعا تارتۋ ـ تارالعى ۋسىنۋ ٴۇشىن ٴوز ادامدارىن، پىشامشاننىڭ ەلشىلەرىمەن بىرگە لوياڭعا جىبەردى، ورتا جازىق ٴوڭىرى مەن باتىس ٴوڭىر قايتادان ساياسي بايلانىس ورناتتى. حان ميڭدي پاتشا تۇسىندا (58 ــ 75)، شارۋاشىلىق قالپىنا كەلدى جانە وركەندەدى، ۇستەمدىك نىعايدى، قوعام ورنىعا باستادى، وسى كەزدە عۇندار وڭتۇستىك عۇندار، سولتۇستىك عۇندار دەپ ەكىگە ٴبولىندى، سولتۇستىك عۇندار باتىس ٴوڭىردى بىرتىندەپ مەڭگەردى. شىعىس حان پاتشالىعى «حان ۋدي پاتشانىڭ جولىنا قۇرمەت ەتىپ، عۇندارعا سوققى بەرۋدى، باتىس وڭىرمەن بايلانىس ورناتۋدى»[②] بەلگىلەپ، باتىس ٴوڭىردىڭ قاراستىلىعىن قالپىنا كەلتىردى.

73 ـ جىلى، شىعىس حان پاتشالىعى عۇندارعا سوققى بەرىپ، ٴۇبىردى (قازىرگى قۇمىل) باعىندىرىپ، تىڭ كوتەرۋ ٴۇشىن استىق باس جاساۋلىن تاعايىندادى، دولىمجى سىپا بان چاۋ باستاعان 36 ەسىل ەردى باتىسقا ەلشىلىككە جىبەرىپ، پىشامشان، شۋرەك (قازىرگى شينجياڭداعى قاشقار)، ۇدۇن (قازىرگى شينجياڭداعى حوتان) سەكىلدى وڭىرلەردى ىلگەرىندى ـ كەيىندى باعىندىردى. 74 ـ جىلى، دوۋ گۋ، گىڭ جۇڭدار جۇيشىنى باعىندىرىپ، باتىس ٴوڭىر باسقاقتىعىن قايتا قۇردى، چىن مۋ باسقاق بولدى، بەستىك ـ التىلىق الامانباسى تاعايىندالدى، گىڭ گۇڭ بەستىك الامانباسى بولىپ، سوڭعى جۇيشىنىڭ جينمان قالاسىندا

بان چاۋ (32 ــ 102)

اتى جۇڭشىڭ، فۋفىڭ ايماعىنىڭ پيڭليڭ (قازىرگى شانشيدەگى شيانياڭ) دەگەن جەرىنىڭ ادامى. 73 ـ جىلى، دوۋ گۋمەن بىرگە باتىس سولتۇستىك عۇندارعا سوققى بەرگەن، جارلىق بوينشا باتىس وڭىرگە ەلشىلىككە بارعان، كەيىن باتىس ٴوڭىردىڭ باسقاعى بولعان. بان چاۋ باتىس وڭىردە 30 جىل قيمىل جاسادى، ونىڭ «قالامدى تاستاپ، قارۋ اسىنۋ» سىندى جانە «جولبارىستىڭ اپانىنا كىرمەيىنشە كۇشىگىن ۇستاي المايسىڭ» دەيتىن رۋحى ۇرپاقتار بويى جۇڭگولىقتاردى جىگەرلەندىرىپ كەلدى.

① (وڭتۇستىك پاتشالىقتار . سۇڭ) فان يە: «سوڭعى حانناما. باتىس ٴوڭىر بايانى»، بەيجيڭ: جۇڭحۋا شۋجۇي باسپاسى، 1965 ـ جىل، 2923 ـ بەت.

② (وڭتۇستىك پاتشالىقتار . سۇڭ) فان يە: «سوڭعى حانناما. دوۋ روڭ بايانى»، بەيجيڭ: جۇڭحۋا شۋجۇي باسپاسى، 1965 ـ جىل، 810 ـ بەت.

(قازىرگى شينجياڭداعى جەمسارى) تۇردى؛ گۋان چۇڭ التىلىق الامانباسى بولىپ، الدىڭعى جۇيشىنىڭ ليۋجۇڭ قالاسىندا (قازىرگى شينجياڭنىڭ ٴپىشان اۋدانىنداعى لۇكچۇن قالاشىعى) تۇردى. سونىمەن شىعىس حان پاتشالىعى باتىس وڭىرگە بولعان ۇستەمدىگىن قالپىنا كەلتىردى.

91 ـ جىلى، حان پاتشالىعى سولتۇستىك عۇندارى ويسىراتا جەڭگەننەن كەيىن، شىعىس حان پاتشالىعى باتىس ٴوڭىر باسقاقتىعىن قايتا قۇرىپ، بان چاۋدى باتىس ٴوڭىردىڭ باسقاعىنا تاعايىندادى، ول كۇسانداعى تاگيان قالاسىندا (قازىرگى شينجياڭنىڭ شينحى اۋدانىنىڭ باتىس وڭتۇستىگى) تۇردى؛ شۇي گاندى زۇرعان ەتىپ تاعايىندادى، ول شۋرەككە ورنالاستى؛ بەستىك ـ التىلىق الامانباسىن قۇردى، الدىڭعى جۇيشىنىڭ گاۋچاڭعا (قازىرگى شينجياڭداعى تۇرپان) ورنالاستى؛ سونىمەن بىرگە، بەستىك بەك تاعايىندادى، ول سوڭعى جۇيشىنىڭ حۋچىڭ قالاسىندا (قازىرگى شونجى وڭىرىندە) تۇردى. 94 ـ جىلى، باتىس وڭىردەگى قالالىق بەكتىكتەر تۇگەلدەي ىشكى وڭىرلەرگە قاراستى بولىپ، شىعىس حان پاتشالىعى باتىس ٴوڭىردى قايتا بىرلىككە كەلتىردى. 97 ـ جىلى، بان چاۋ شىعىس حان پاتشالىعى اتىندا گان يىڭدى داكچينگە (ريم يمپەرياسى) ەلشىلىككە جىبەردى. گان يىڭ تازي ەلىنە (قازىرگى سيريا)، پارسى شىعاناعىنا جەتتى، ول «تازي ەلىنە، پارپيا ەلدەرىنە دەيىن قىرىق مىڭ شاقىرىم جول باسقاندا، كوبىندە ٴتىلماشتىڭ ەڭبەگىنە سۇيەندى»[①]. 102 ـ جىلى، بان چاۋ لوياڭعا قايتىپ كەلدى. بان چاۋدىڭ ەلشىلىككە بارۋى مەن باتىس وڭىرگە باسقاق بولۋىنىڭ ٴوزى ـــ حان پاتشالىعىنىڭ باتىس وڭىردەگى بيلىگىن كۇشەيتىپ قانا

① (وڭتۇستىك پاتشالىقتار . سۇڭ) فان يە: «سوڭعى حانناما. باتىس ٴوڭىر بايانى»، بەيجيڭ: جۇڭحۋا شۋجۇي باسپاسى، 1965 ـ جىل، 2910 ـ بەت.

قالماستان، ونىڭ ۇستىنە، شىعىس پەن باتىستىڭ وركەنيەت الماستىرۋىنا قوسىلعان وراسان زور ۇلەس بولدى.

بان چاۋدىڭ بيلىگىن جالعاستىرۋشىنىڭ بيلىك جۇرگىزۋى ورىنسىز بولعاندىقتان، باتىس وڭىردەگى كوپتەگەن قالالىق ەلدەردىڭ نارازىلىعىن قوزعادى، سولتۇستىك عۇنداردىڭ قالدىعى ورايدان پايدالانىپ ۇبىردى (قازىرگى شينجياڭداعى قۇمىل) باسىپ الىپ، حىشي شەكاراسىنا شابۋىل جاسادى. 123 ـ جىلى، شىعىس حان پاتشالىعى باتىس ۇڭىر باسقاقتىعىن باتىس ۇڭىر زۇرعاندىعىنا وزگەرتىپ، بان چاۋدىڭ ۇلى بان يۇڭدى باتىس ۇڭىردىڭ زۇرعانى ەتىپ تاعايىندادى، ول جاساق باستاپ ليۋجۇڭدا تۇردى. بىرنەشە جىل قۇلشىنىۋ ارقىلى، 127 ـ جىلعا كەلگەندە، بان يۇڭ نەگىزىنەن باتىس وڭىردەگى قالالىق ەلدەردىڭ كۇشىنە سۇيەنە وتىرىپ، عۇنداردى بىرتە ـ بىرتە شەگىندىرىپ، باتىس ۇڭىردى تاعى بىرلىككە كەلتىردى.

حان پاتشالىعى باتىس ۇڭىردى بىرلىككە كەلتىرگەننەن كەيىن، باتىس وڭىردەگى قالالىق ەلدەر عۇنداردىڭ راقىمسىز ۇستەمدىگىنەن قۇتىلىپ، باتىس ۇڭىردىڭ ورتا جازىقپەن شارۋاشىلىق، ساياسي جانە مادەنيەت جاقتارىنداعى بايلانىسىن كۇشەيتىپ، باتىس وڭىردە ٴبىرشاما تىنىش ورتا جاراتىلدى. شينجياڭ وڭىرىندەگى ٴارقايسى ۇلتتار «عۇندارمەن وتاسپاي، حان پاتشالىعىنا ٴتانتى بولدى»، كوپ ۇلتتى ۇلى بىرلىك جونىندەگى مەملەكەت كوزقاراسى شينجياڭ وڭىرىندەگى ٴارقايسى ۇلتتاردىڭ جۇرەك تۇكپىرىنە تەرەڭ ۇيالاي باستادى. حان پاتشالىعى باتىس وڭىردە باسقاق قويماعان، عۇندار قايتا قايىرىلا سوقتىققان كەزدەردە، باتىس وڭىردەگىلەردىڭ ورتا جازىققا اڭسارى اۋىپ، ورتالىق بيلىكتىڭ يۇمىنگۋان، ياڭگۋان قاقپالارىن قايتا اشىپ، باتىس وڭىرگە قاراستىلىق ۇقىعىن جۇرگىزۋىن ٴتورت كوزبەن كۇتتى. مىنە، بۇل شەكارا وڭىردەگى ٴارقايسى ۇلت حالىقتارىنىڭ ورتالىق بيلىككە بولعان بەرەكەلىك تالپىنىسىن تولىق بەينەلەپ بەردى، مۇنىڭ ٴوزى ەلىمىزدىڭ ٴبىر تۇتاس كوپ ۇلتتى مەملەكەتتىڭ ىرگەسىنىڭ بەكەمدەلۋىنە اسا زور ىقپال جاسادى.

ۇشىنشى، باتىس ۇڭىر باسقاقتىعى مەن باتىس ۇڭىر زۇرعاندىعى

باتىس ۇڭىر باسقاقتىعى مەن باتىس ۇڭىر زۇرعاندىعى حان پاتشالىعىنىڭ باتىس وڭىردە قۇرعان ەڭ جوعارى اسكەري ـ اكىمشىلىك قۇرىلىمى ەدى. حان پاتشالىعى باتىس

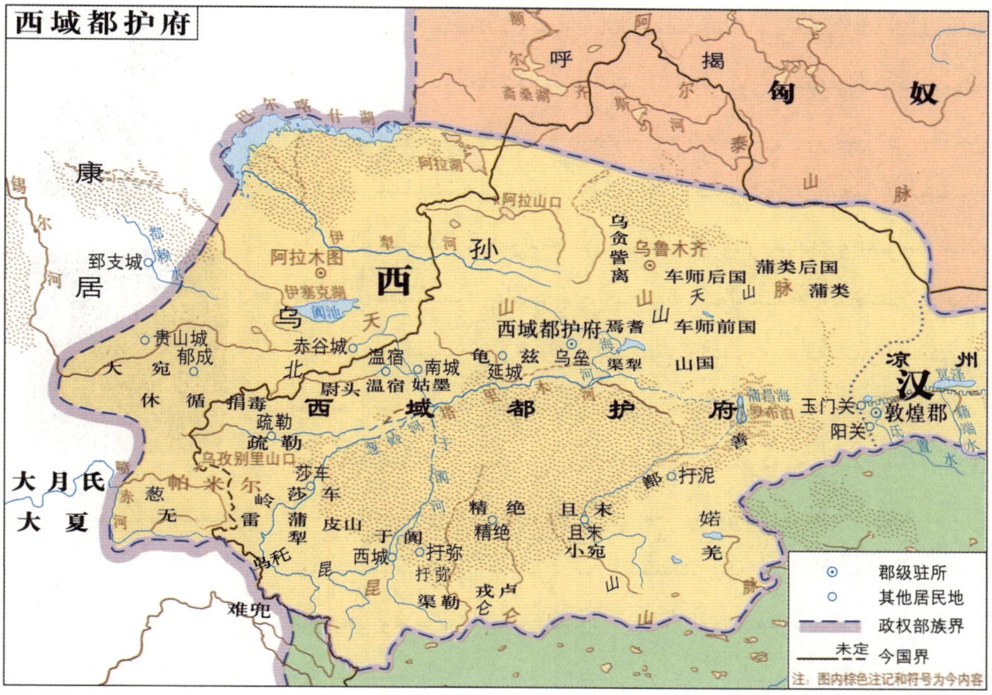

وڭىرده قۇرىلىم قۇرۋ، ٴمانساپتىلاردى جىبەرۋ، جەرگىلىكتى جەرلەردىڭ ۇلىقتارىن تاعايىنداۋ، سونداي ـ اق جاساق تۇرعىزىپ، تىڭ يگەرۋ سەكىلدى شارالار قولدانۋ ارقىلى، تولىق كەمەلدەنگەن باسقارۋ جۇيەسىن ورناتتى.

ٴمانساپتىلاردى تاعايىنداپ، باسقارۋدى كۇشەيتتى. ٴبىزدىڭ زامانىمىزدان بۇرىنعى 101 ـ جىلى، باتىس حان پاتشالىعى ەلشى الامانباسىن قويىپ، تىڭ يگەرۋدى باسقارتتى. بۇل حان پاتشالىعىنىڭ باتىس وڭىرده قويعان ەڭ ەرتەدەگى جەرگىلىكتى ٴمانساپتىلارى بولاتىن؛ ٴبىزدىڭ زامانىمىزدان بۇرىنعى 60 ـ جىلى باتىس ٴوڭىر باسقاقتىعى قۇرىلدى؛ ٴبىزدىڭ زامانىمىزدان بۇرىنعى 48 ـ جىلى بەستىك ـ التىلىق الامانباسى قۇرىلىپ، حان پاتشالىعىنىڭ باتىس وڭىردەگى تىڭگەر قوسىنىن ارناۋلى باسقاردى، ولاردى پاتشا ورداسى تىكە تاعايىندادى، باتىس ٴوڭىر باسقاعىنىڭ مەڭگەرۋىندە بولدى. باتىس حان پاتشالىعى باتىس وڭىردە باتىس ٴوڭىر باسقاعى باسقاراتىن، باتىس ٴوڭىر كەمي الامانباسى سايكەستەتىن، شەكاراشى جاساقتاردى بەستىك ـ التىلىق الامانباسى باسقاراتىن، ٴارقايسى قالالىق ەلدەرىن باسقاراتىن ٴمانساپتىلاردى وردا تاعايىندايتىن اسكەري ـ اكىمشىلىك باسقارۋ جۇيەسىن ورناتتى.

شىعىس حان پاتشالىعى باتىس حان پاتشالىعىنىڭ بۇرىنعى تۇزىمدەرىن جالعاستى

اتقاردى ٴارى شىعىس حان پاتشالىعىنىڭ سوڭعى مەزگىلىندە باتىس ٴوڭىر باسقاقتىعىن باتىس ٴوڭىر زۇرعاندىعىنا وزگەرتىپ، باتىس ٴوڭىردى باسقارۋ ۇقىعىن جالعاستى جۇرگىزدى. باتىس ٴوڭىر باسقاقتىعى نەمەسە باتىس ٴوڭىر زۇرعاندىعى بولسىن، ولاردىڭ باسقارۋ كولەمى تيانشان تاۋىنىڭ وڭتۇستىك، سولتۇستىگىن، پامير مەن بالقاش كولىنىڭ شىعىسىنداعى، وڭتۇستىگىندەگى كەڭ ـ بايتاق ٴوڭىردى قامتىدى. اسكەري ىستەر جاعىندا، باتىس ٴوڭىر باسقاعى نەمەسە باتىس ٴوڭىر زۇرعاندىعى بولسىن ٴبارى دە باتىس وڭىردە تۇراتىن قوسىندى ٴبىر تۇتاس باسقاردى ٴارى پاتشا ورداسىنا ۇسىنىسىن بەكىتتىرگەننەن كەيىن، جەرگىلىكتى جەرلەردىڭ تىنىشتىعىن قورعاۋ ٴۇشىن، باتىس وڭىردەگى قالالىق ەلدەرىنىڭ قوسىندارىن قالاعانىنشا پايدالانۋىنا بولاتىن بولدى. حالىق ىستەرى جاعىندا، باتىس وڭىردەگى قالالىق ەلدەر، ٴسوز جوق، باتىس ٴوڭىر باسقاقتىعىنا نەمەسە باتىس ٴوڭىر زۇرعاندىعىنا باعىناتىن، باسقاقتىڭ جارلىعىن اتقاراتىن بولدى.

«حان پاتشالىعىنا باعىنعان چياڭدار بەگىنىڭ» مىس ٴمورى
شينجياڭنىڭ شينحىسىنان تابىلعان

باتىس ٴوڭىردىڭ «بىرلىككە كەلمەۋى» سىندى ساياسي جاعدايدى وزگەرتۋ، شەكارانى وڭاۋ ٴۇشىن حان پاتشالىعى يكەمدى ساياساتتار قولدانا وتىرىپ، ٴارقايسى قالالىق ەلدەردىڭ ۇيىمدىق قۇرىلىمدارىن ساقتاپ قالدى، ولاردىڭ ٴار دارەجەلى ۇلىقتارىن پاتشا ورداسى تاعايىندادى، ٴارقايسى قالالىق ەلدەردىڭ ۇلىقتارىنا پاتشا ورداسى كۇلگىن زەر ٴجىپ باۋلى التىن ٴمور نەمەسە قارا زەر ٴجىپ باۋلى مىس ٴمور بەردى. باتىس وڭىردەگى قالالىق ەلدەرىنەن «ٴتىلماش، قامالباسى، ٴامىر، باعامدار، اكىم، داتلۇق، ٴجۇزباسى، مىڭباسى، باس جاساۋىل، ساقا، داڭعا، ساردار، ۋازىرلەردەن بەكتەر مەن ۋاڭدارعا دەيىن 376 ادام حان پاتشالىعىنىڭ باۋلى تاڭباسىن اسىندى»①. 1953 ـ جىلى شينجياڭنىڭ شينحى اۋدانىنان قازىپ الىنعان «حان پاتشالىعىنا باعىنعان چياڭدار بەگىنىڭ» مىس ٴمورى حان پاتشالىعى ورتالىق بيلىگىنىڭ چياڭ رۋلارىنىڭ ٴالىم ٴبىر تايپاسىنا بەرگەن بيلىك ٴمورى. حان

① (حان) بان گۋ: «حانناما. باتىس ٴوڭىر بايانى»، بەيجيڭ: جۇڭحۋا شۋجۋي باسپاسى، 1962 ـ جىل، 3928 ـ بەت.

ٴبىلىم سىلتەمەسى

باس ۋازىرلەر مەن ۋازىرلەردىڭ ٴبارى دە چين پاتشالىعىنىڭ ۇلىقتارى بولىپ، كوٴلگىن زەر ٴجىپ باۋلى التىن ٴمور ۇستايتىن ... اكىمشە، اكىمدەر دە چين پاتشالىعىنىڭ ۇلىقتارى بولىپ، ٴوز اۋداندارىن باسقاراتىن. باسقارۋ كولەمى ون مىڭ تۇتىننەن جوعارى بولعاندار اكىم دەلىنىپ، 1000~600 دادان استىق تاپسىراتىن. باسقارۋ كولەمى ون مىڭ تۇتىننەن تومەن بولعاندار اكىمشە دەلىنىپ، 500 ~ 300 دادان استىق تاپسىراتىن ... 600 دادانىنان جوعارى استىق تاپسىراتىنداردىڭ ٴبارى دە قارا زەر ٴجىپ باۋلى مىس ٴمور ۇستايتىن.

ــ «حانناما. ۇلىقتار تىزىمدىگى»

كوٴلگىن زەر ٴجىپ باۋلى التىن ٴمور، ياعني التىن تاڭبا مەن كوٴلگىن زەر ٴجىپ باۋ. چين ـ حان پاتشالىقتارى تۇسىندا باس ۋازىرلەر، ۋازىرلەر، باس قولباسىلار، باس تورەشىلەر، اتامان اتالىقتار، ۇستاز اتالىقتار، تالىمگەر اتالىقتار، الدى ـ ارتقى، سول ـ وڭ قول جياڭجۇندەر جانە گارەم سارايداعى پاتشايىم مەن كىشى حانىمدار كوٴلگىن زەر ٴجىپ باۋلى ٴمور ۇستايتىن.

قارا زەر ٴجىپ باۋلى مىس ٴمور، ياعني مىس ٴمور مەن قارا زەر ٴجىپ باۋ، بۇل مىستان جاسالعان بيلىك ٴمورى مەن قارا زەر ٴجىپ باۋدى مەڭزەيدى. چين ـ حان پاتشالىقتارى تۇسىندا اۋدان امىرشىلەرى قارا زەر ٴجىپ باۋلى مىس ٴمور ۇستايتىن.

پاتشالىعى باۋلى ٴمور بەرىپ، از ساندى ۇلت باسىلارىنا تاعايىنداۋدى جەرگىلىكتى ۇلىقتارعا بيلىك جۇرگىزۋدىڭ ٴتاسىلى ەتتى، ٴسويتىپ، باتىس وڭىردەگى قالالىق ەلدەردىڭ ۇلىقتارىن حان پاتشالىعىنىڭ شەندىلەر جۇيەسىنە ەنگىزدى.

تىڭ يگەرىپ، شەكارانى قورعادى. بەستىك ـ التىلىق الامانباسى قولباسشىلىق ەتەتىن تىڭ يگەرۋشى قوسىندار حان پاتشالىعىنىڭ باتىس وڭىردە تۇراتىن قوسىندارىنىڭ نەگىزگى كۇشى ەدى. باتىس وڭىردەگى ٴار ۇلت حالقىنىڭ اۋىرتپالىعىن جەڭىلدەتۋ، باتىس وڭىردە تۇرعان حان پاتشالىعى قوسىندارى مەن كەلىمدى ـ كەتىمدى ەلشىلەردى استىق، جەم ـ شوپپەن قامداۋ ٴۇشىن، حان پاتشالىعى باتىس وڭىردە تىڭ يگەرۋ ٴتۇزىمىن اتقاردى، ٴبىزدىڭ زامانىمىزدان بۇرىن 105 ـ جىلى حان ۋدي اسكەري قوسىن جىبەرىپ، بۇگىنگى شينجياڭنىڭ ىلە الابى وڭىرىنەن تىڭ يگەرەدى، مىنە، بۇل ەلىمىزدىڭ بۇرىنعى زامانداعى ورتالىق بيلىكتەرىنىڭ باتىس وڭىردە تىڭ يگەرۋىنىڭ باستاماسى ەدى. تىڭ يگەرۋىنىڭ ٴوزى باتىس ٴوڭىردى بىرلىككە كەلتىرۋ بارىسىندا ماڭىزدى رول اتقارعاندىقتان، حان پاتشالىعىنىڭ تىڭ يگەرۋگە بولعان تانىمى ۇزدىكسىز تەرەڭدەپ، تىڭ يگەرۋ حان

استىق باسقارۋ ٴمورى
شينجياڭنىڭ نيەسىنەن تابىلعان

پاتشالىعىنىڭ باتىس ٴوڭىردى بىرلىككە كەلتىرۋدەگى جانە وڭاۋداعى ماڭىزدى شاراسىنا اينالدى. ٴبىزدىڭ زامانىمىزدان بۇرىنعى 60 ـ جىلى، باتىس حان پاتشالىعى باتىس ٴوڭىردى بىرلىككە كەلتىرگەننەن كەيىن، تىڭ يگەرۋ كولەمى بارعان سايىن كەڭەيدى. شينجياڭنىڭ نيە اۋدانىنداعى نيە ەسكى جۇرتىنان قازىپ الىنعان استىق باسقاۋىلدىعىنىڭ تاڭباسى شىعىس حان پاتشالىعىنىڭ نيە وڭىرىندە تىڭ يگەرۋمەن شۇعىلدانعان، تىڭ يگەرۋدى ارنايى باسقاراتىن قۇرىلىمدار قۇرعان تاريحي شىندىقتى دالەلدەدى. تىڭ يگەرۋمەن شۇعىلداناتىن شەكاراداعى اسكەرلەر ٴارى اسكەر، ٴارى ديقان ەدى دە، تىڭ يگەرۋمەن دە شۇعىلداناتىن، سوعىسقا دا قاتىناساتىن، قوسىنداردى استىقپەن، جەم ـ شوپپەن قامداپ، قوسىننىڭ جاۋىنگەرلىك قۋاتىنا كەپىلدىك ەتەتىن ٴارى جەرگىلىكتى بۇقاراعا اۋىرتپالىق سالماي، ٴوندىرىسپەن شۇعىلدانىپ، شارۋاشىلىقتى شالقىتتى، ورتا جازىقتىڭ وزىق ٴوندىرىس تەحنيكاسىن جەتكىزىپ، شەكارا ٴوڭىردىڭ قوعامىنىڭ دامۋىن جانە العا ىلگەرىلەۋىن جەدەلدەتتى. تىڭ يگەرۋمەن شۇعىلدانىپ شەكارانى قورعاۋ — جۇڭگو تاريحىنداعى پاتشالىقتارىنىڭ باتىس ٴوڭىردى جونگە سالۋىنداعى ماڭىزدى تاماشا ٴتاسىلى بولدى.

قاريتا سىزىپ، حالىق سانىن ساناققا الدى. باتىس ٴوڭىر باسقاقتىعى قۇرىلعاننان كەيىن، قالالىق ەلدەر ىشكى وڭىرلەرگە قاراستى بولدى، «ولاردىڭ جەر ـ سۋى، ۇلىقتارى مەن حالىق سانى، جولدارىنىڭ ۇزىن ـ قىسقالىعى ايقىن بولدى»[1]. «حاننامە» مەن «سوڭعى حاننامەداعى»، «باتىس ٴوڭىر باياني» باتىس وڭىردەگى ٴارقايسى قالالىق ەلدەردىڭ جاعراپياسى، حالىق سانى سەكىلدى جاعدايلاردى ەگجەي ـ تەگجەيلى ەستەلىككە العان، مىنە، بۇل حان پاتشالىعىنىڭ باتىس ٴوڭىردىڭ جاعراپياسى مەن حالىق سانى جاعدايىنا ٴبىر تۇتاس تەكسەرۋ جۇرگىزگەندىگىن جانە ونى ەستەلىككە الىپ وتىرعاندىعىن تۇسىندىرەدى. باتىس حان پاتشالىعى چۇليدا تىڭ يگەرۋمەن شۇعىلدانعان كەزدە، «ٴۇش الامانباسى تاعايىندادى، ولار

---

① (حان) بان گۋ: «حاننامە.باتىس ٴوڭىر باياني»، بەيجيڭ: جۇڭحۋا شۋجۇي باسپاسى، 1962 ـ جىل، 3874 ـ بەت.

تاريحي ماتەريالعا قايتا ٴۇڭىلۋ

«حاننامانىڭ.باتىس ٴوڭىر باياندا» جازىلۋىنشا، ساڭ حوڭياڭ باتىس وڭىردە تىڭ يگەرۋمەن شۇعىلدانۋ ۇسىنىسىن ورتاعا قويدى: «لۇنتايدىڭ شىعىسىنداعى جيەجى، چۇلي سەكىلدى ولدەردىڭ جەرى كەڭ، سۋى مول، ٴشوبى شۇيگىن... اۋا رايى جانعا جايلى، ەگىستىككە ورەن قولايلى، توعان قازىپ، سۋ باستاپ، ٴداندى داقىلداردى ەگۋگە اسا ٴتيىمدى ... مەنشە، لۇنتايدىڭ شىعىسىنا قوسىن تۇرعىزىپ، ٴبولىپ قورعانۋعا ٴۇش الامانباسى قويساق، ولار جەر جاعدايىنىڭ قاريتاسىن تۇسىرسە، توعان قازىپ، سۋ باستاسا، جاعدايعا جاراي ٴداندى داقىلدى تاڭداپ ەكسە دەيمىن... سۋارمالى اتىزدارعا ەگىن ەكسەك، قاراۋىلحانالار سالساق، قالالىق ولدەرمەن بايلانىس جاساپ، باتىسقا بەتتەپ، باتىستاعى ولدەرگە قۋاتىمىزدى كورسەتىپ، ۇيسىندەرگە قول ۇشىن بەرسەك جاقسى بولار ەدى».

قاريتا سىزۋعا، توعان قازىپ، سۋ باستاۋعا جاۋاپتى بولدى»[①]، مىنە، بۇل سول كەزدە جاعراپيالىق قاريتالاردىڭ سىزىلعاندىعىن تۇسىندىرەدى.

ليۋ پيڭگونىڭ قاراۋىل وتكەلىن قۇرعانى تۋرالى ەسكەرتكىش تاس ويما قالدىعى

ورنى شينجياڭنىڭ باي اۋدانىندا

تارتۋ ـ تارالعى بۇيىمدارىن ۇسىنىپ، حان پاتشالىعى اۋلەتىنە ادال بولدى. حان پاتشالىعى باتىس وڭىردە الىم ـ سالىق ورنىنا تارتۋ ـ تارالعى بەرۋدى اتقاردى، باتىس وڭىردەگى قالالىق ولدەر تارتۋ ـ تارالعىعا بۇيىم ۇسىنۋ ٴتاسىلى ارقىلى وزدەرىنىڭ مەملەكەتكە باجى تاپسىرۋ بورىشىن وتەدى. ايتەۋ باتىس وڭىردەگى قايسى ٴبىر قالالىق ولدەر ورداعا تارتۋ ـ تارالعى اكەلسە بولعانى، پاتشا ورداسى ولارعا سيلىق بەرىپ وتىردى، ونىڭ ۇستىنە، سيلىق بۇيىمداردىڭ قۇنى ولاردىڭ تارتۋ ـ تارالعىعا اكەلگەن بۇيىمدارىنىڭ قۇنىنان ارتىق بولدى. باتىس وڭىردەگى قالالىق ولدەر وزدەرىنىڭ حان

① (حان) بان گۋ: «حاننامانىڭ.باتىس ٴوڭىر بايانى»، بەيجيڭ: جۇڭحۋا شۋجۇي باسپاسى، 1962 ـ جىل، 3912 ـ بەت.

پاتشالىعىنا بولعان ادالدىقتارى مەن ورتا جازىق مادەنيەتىنە بولعان ىنتىقتارىن ٴبىلدىرۋ ٷشىن، حانزادالارىن ورداعا وزىق زاڭ - جارلىق تٷزىمدەرىن ٷيرەنۋگە جىبەرىپ، باتىس ٶڭىردىڭ ورتا جازىقپەن ساياسي، مادەنيەت جاقتارىنان اۋىس - كٷيىس جاساۋىن جەدەلدەتتى.

قالا قورعاندارىن، ۇران وت تۇرلارىن سالىپ، قاتىناستى قامتاماسىز داندىردى. باتىس ٶڭىر باتىس پەن شىعىستىڭ قۇرلىقتاعى قاتىناس جۇيەسى بولىپ، جولدىڭ ىركىلىسسىز بولۋى جاعىندا توتەنشە ماڭىزدى ەدى. حان پاتشالىعى ٴمانساپتىلاردى قويىپ، قۇرىلىم قۇرۋدى، قوسىن تۇرعىزىپ، تىڭ يگەرۋمەن شۇعىلدانۋدى قاتىناستى قامتاماسىز داندىرۋمەن ٴوزارا ۇشتاستىردى، قالا قورعاندارىن، ۇران وت تۇرلارى مەن قاراۋىلحانالاردى لوپنۇرعا دەيىن سوزىلعان حان پاتشالىعى داۋىرىندەگى ۇلى قورعانمەن ٴوزارا سايكەستىردى، ماڭىزدى جول بولەكتەرىنە قاراۋىل قويىپ، تەكسەرۋ جۇرگىزدى، ٴسويتىپ، جولدىڭ ىركىلىسسىزدىگىن قامتاماسىز داندىردى. قازىرگى شينجياڭداعى باي اۋدانىنىڭ قاراتاع تاۋىنداعى شىعىس حان پاتشالىعىنىڭ «كۇسان سول قول جياڭجۇنى ليۋ پيڭگونىڭ قاراۋىل وتكەلىن قۇرعانى تۋرالى» ەسكەرتكىشىندە، جياڭجۇن ليۋ پيڭگونىڭ مىڭ بوشان، دي حۋبىن، جاۋ داڭبي سەكىلدى چين پاتشالىعىنان (ياعني حانزۋ) 6 ادامدى جانە چياڭدارداڭ قولباسىلارى مەن ساربازدارىن باستاپ وسى ارادا تاس قاشاپ، قاراۋىلحانالار تۇرعىزىپ، وتكەل سالىپ، جۇرگىنشىلەردى، ساۋداگەرلەردى تەكسەرىپ وتىرعاندىعى باياندالعان.

حان پاتشالىعىنىڭ باتىس ٶڭىردى باسقارۋى تاريحتان بەرگى ورتالىق بيلىكتىڭ باتىس ٶڭىردى وڭاۋىنا نەگىز قالاپ، ەلىمىزدىڭ ٴبىر تۇتاس كوپ ۇلتتى مەملەكەت بولۋىن بەكەمدەۋىن جەبەدى.

ٷشىنشى تاراۋشا بىتىراندى، توماعا تۇيىقتىقتان تىعىز بايلانىس جاساۋعا ويىسقان باتىس ٶڭىر ۇلتتارى

جۇڭحۋا ۇلتى ۇزاق ۋاقىتتىق تابيعي تاريحي بارىستا قالىپتاستى. سوناۋ بايىرعى زاماندا، جۇڭحۋا ۇلتىنىڭ اتا - بابالارى جۇڭگونىڭ ۇلان - بايتاق وڭىرىندە ٴوسىپ - ٴوربىپ، تىرشىلىك ەتىپ، تايپالاردى نەمەسە تايپا وداقتارىن قالىپتاستىردى. سونىڭ ىشىندە داڭۋ ورەسى ٴبىرشاما جوعارى، ٴبىرشاما الۋەتتى، ىقپالى ٴبىرشاما زور بولعانى حۋاڭحى وزەنى الابىندا جاساعان حۋاشيا ەتنوسى بولدى. چۋنچيۋ - جانگو داۋىرلەرىن باستان كەشىرۋ ارقىلى،

حۋاشيا ەتنوسى توڭىرەگىندەگى تايپالارمەن سوعىسۋ، قوسىپ الۋ، ەكونوميكالىق قارىم ـ قاتىناس، مادەنيەتتىڭ اۋىس - كۇيىسى سەكىلدى تاسىلدەرمەن ۇزدىكسىز توعىسىپ ـ ٴسىڭىسىپ وتىردى، سونىمەن جۇڭگونىڭ حۋاشيا ەتنوسىن باستى تۇلعا ەتكەن، كوپ ۇلت ۇزدىكسىز توعىسىپ وتىراتىن جالپى جاعدايى، ۇلكەن بەتالىسى نەگىزىنەن قالىپتاستى. چين، حان پاتشالىقتارىنىڭ توعىسىندا، حۋاشيا ەتنوسى توڭىرەگىندەگى ەتنوستارمەن ونان ارى توعىسىپ ٴبىر تۇلعاعا ايلانىپ، ورتا جازىقتا حالىق سانى مول بولعان حانزۋ ۇلتىن قالىپتاستىردى ٴارى سودان باستاپ جۇڭگونىڭ تاريحي دامۋ بارىسىنداعى تۇلعالىق ۇلتقا اينالدى. جۇڭحۋا ۇلتتارىنىڭ ٴۇرتىس، بايانى دامۋى جانە كىرىگۋى بارىسىندا، شينجياڭ وڭىرىندەگى ٴارقايسى ۇلتتار ورتا جازىق وڭىرىندەگى بارلىق ۇلتتارمەن بولعان قارىم ـ قاتىناسى كۇنىنەن ـ كۇنگە نىعايا ٴتۇسىپ، تەرەڭ سۇيىسپەنشىلىك ورناتقان، جاقسىلىق پەن جاماندىقتا بىرگە بولاتىن بايلانىس قالىپتاستىردى. شينجياڭداعى ۇلتتار بۇكىل ەلدەگى ۇلتتارمەن تىزە قوسا وتىرىپ، جۇڭگونىڭ ۇلان ـ بايتاق ٴوڭىرىن ورتاق اشتى، كوپ نەگىزدى، ٴبىر تۇلعالى جۇڭحۋا ۇلتىنىڭ ۇلى شاڭىراعىن بىرگە كوتەردى.

ٴبىرىنشى، شينجياڭ وڭىرىندەگى بايىرعى ۇلتتار

شينجياڭ ٴوڭىرىنىڭ جاعراپيالىق ورنى ەرەكشە بولعاندىقتان، ەجەلدەن بەرى كوپ ۇلتتار كوشىپ ـ قونىپ، شوعىرلى وتىرىقتانعان ٴوڭىر ەدى. چين پاتشالىعىنا دەيىنگى كەزەڭنەن چين ـ حان پاتشالىقتارى داۋىرىنە دەيىن، تيانشان تاۋىنىڭ وڭتۇستىك، سولتۇستىگىندە تىرشىلىك ەتكەن ساقتار، رووجىلار، ۇيسىندەر، چياڭدار، كۇساندىقتار، اگنيلىقتار، ۇدۇندىقتار، شۋرەكتىكتەر، ساكالار، كرورانىدىقتار، جۇيشىلىقتار، عۇندار، حاندار، ت.ب. شينجياڭ ٴوڭىرىن ەڭ ەرتەدە ورتاق اشتى.

ساقتار بۇرىن ەۋروپا ـ ازيا ساحاراسىنا كەڭ كولەمدى قونىستاندى. ٴبىزدىڭ زامانىمىزدان بۇرىنعى 7 ـ عاسىردىڭ سوڭىنان بۇرىن، ٴبىر ٴبولىم ساق رۋلارى ىلە وزەنى الابى مەن شۋ وزەنى الابىنا ىرگە تەپتى. ٴبىزدىڭ زامانىمىزدان بۇرىنعى177 ـ جىلدىڭ الدى ـ ارتىندا ساقتار باتىسقا قاراي اۋعان ۇلى رووجىلاردىڭ قۋعىنداۋىنا ۇشىراپ، ٴبىر ٴبولىمى سىر دارياسىنىڭ سولتۇستىك جاعاسىنا شەگىندى، ەندى ٴبىر ٴبولىمى پامير ٴۇستىرتى مەن پامير ٴۇستىرتىنىڭ وڭتۇستىك وڭىرىنە بىتىراي قونىستاندى دا ٴوزدى ـ ٴوزىنىڭ دامۋ جولىنا ٴتۇستى.

ساق باتىرىنىڭ مىس ٴمۇسىنى
شينجياڭنىڭ كۇنەسىنەن تابىلعان

روۋجىلار ەلىمىزدىڭ ەرتە زامانىندا سولتۇستىككە قونىستانعان كوشپەلى ۇلىس ەدى. ٴبىزدىڭ زامانىمىزدان بۇرىنعى 3 ـ عاسىردىڭ سوڭىندا ولار كۇشەيىپ، موڭعۇل ۇستىرتىندەگى عۇنداردى باعىندىردى، ىقپال كۇشى موڭعۇل ٴۇستىرتىنىڭ باتىس بولىگىنەن التاي تاۋى وڭىرىنە، حىشي دالىزىنىڭ باتىس بولىگى مەن تيانشان تاۋىنىڭ شىعىس شەتىنە دەيىن قامتىدى. ٴبىزدىڭ زامانىمىزدان بۇرىنعى 177 ـ جىلدىڭ الدى ـ ارتىندا عۇندار قالىڭ قول باستاپ، روۋجىلاردى تالقاندادى، سونىمەن روۋجىلار تيانشان تاۋىنىڭ سولتۇستىك باۋرايىنان باتىسقا اۋىپ ىلە وزەنى، شۋ وزەنى القاپتارىنا قاراي اۋىپ، ساقتاردى قۋىپ جىبەرىپ، سولاردىڭ جەرلەرىنە قونىستاندى دا، تاريحتا «ۇلى روۋجىلار» دەپ اتالدى، چيليان تاۋى وڭىرىندە قالعاندارى «كىشى روۋجىلار» دەپ اتالدى. شامامەن ٴبىزدىڭ زامانىمىزدان بۇرىنعى 130 ـ جىلدىڭ الدى ـ ارتىندا عۇندار حىشي دالىزىنىڭ باتىس بولىگىنە ورنالاسقان ۇيسىندەردىڭ ۇلى روۋجىلارعا جاساعان جازا جورىعىن قولدادى، ۇيسىندەر باتىستا ىلە وزەنى القابىنا قاراي كوشىپ، ۇلى روۋجىلاردى جەڭىپ، ىلە وزەنى، شۋ وزەنى القاپتارىن يەلەدى. ۇلى روۋجىلار ىلە وزەنى القابىنان باتىسقا قاراي اۋىپ، امۋ دارياسى القابىنا كەلىپ، امۋ دارياسىنىڭ ەكى جاعالاۋىنداعى باكتريا ەلىن باعىندىرىپ، حان ورداسىن داريانىڭ سولتۇستىك جاعاسىنا ورنالاستىردى.

ٴۇيسىن حىشي دالىزىنىڭ باتىسىنداعى كوشپەلى تايپا ەدى. ولار تاريحي ەسكى كەكتەرىنە بولا ۇلى روۋجىلارعا جازا جورىعىن جاساپ، ىلە وزەنى، شۋ وزەنى القاپتارىن يەلەپ، ول اراداعى كوپتەگەن كوشپەلى تايپالاردى وزدەرىنە ٴسىڭىردى دە، كۇش ـ قۋاتتارى ونان ارى ارتا ٴتۇستى، سونىمەن باتىس وڭىردەگى حالىق سانى ەڭ كوپ، كۇش ـ قۋاتى ەڭ مىقتى تايپاعا اينالدى.

چياڭدار ەلىمىزدەگى بايىرعى ۇلتتاردىڭ ٴبىرى بولىپ، تەگىندە شانشيدىڭ چياڭشۋي وڭىرىندە قونىستانعان، كەيىن ٴبىر ٴبولىمى شىعىسقا قاراي اۋىپ، حۋاشيا ۇلتىمەن ەرتەرەك تۇعىستى؛ ەندى ٴبىر ٴبولىمى بۇرىنعى جەرلەرىنەن قوزعالمادى نەمەسە باتىسقا قاراي اۋىپ،

ـىحۋاڭ، لۋڭنان سەكىلدى جەرلەردەن سىچۋاننىڭ باتىس سولتۇستىگىنە، تارىم ويپاتىنىڭ توڭىرەگىندەگى وڭىرلەرگە دەيىن قونىستاندى. تارىم ويپاتىنىڭ شىعىس وڭتۇستىك، وڭتۇستىك جيەگىنەن پامير ۇستىرتىندەگى اڭعارلارعا دەيىن چياڭنىڭ كەيبىر رۋلارى ىرگە تەپتى. حان پاتشالىعى داۋىرىندە باتىس وڭىردەگى قالالىق ەلدەرىندەگى روچياڭ (ناقيان)، سەياك سەكىلدى قالالاردى چياڭدار سالدى. حان پاتشالىعى باتىس ٴوڭىردى بىرلىككە كەلتىرگەننەن كەيىن چياڭداردىڭ قالالىق ەلدەرىنىڭ بەكتەرى تۇگەلدەي باتىس ٴوڭىر باسقاقتىعىنا قاراستى بولدى.

عۇندار ەلىمىزدىڭ سولتۇستىك ساحاراسىنداعى كوشپەلى ۇلت، ولاردىڭ «اتا ـ بابالارى شيا اۋلەتىنىڭ سوڭعى ۇرپاقتارى بولعاندىقتان، شۇنۋي دەپ اتالدى»، «ولار سولتۇستىك مان وڭىرىنە ورنالاسقان، كوشپەلى مال شارۋاشىلىعىمەن شۇعىلداندى»①، كەيىن كروراندى (كەيىن پىشامشان دەپ اتالعان)، ٴۇيسىندى، حاگاتتى (نەگىزىنەن التاي تاۋىنىڭ وڭتۇستىك باۋرايىنا ورنالاسقان) جانە باتىس وڭىردەگى باسقا دا قالالىق ەلدەردى باعىندىردى. ٴبىزدىڭ زامانىمىزدان بۇرىنعى 51 ـ جىلى، عۇنداردىڭ ٴتاڭىرقۇتى حاعانيا رۋ باسىلارىن باستاپ، چاڭ ـ انعا ٴوزى كەلىپ، حان شۋاندي پاتشامەن ديدارلاستى، سونىمەن عۇندار حان پاتشالىعىنىڭ قاراستىلىعىنا رەسمي ٴوتتى.

سول تۇستا شينجياڭ وڭىرىندەگى حانزۋلار نەگىزىنەن شەكارا كۇزەتىندەگى ۇلىقتار، قوسىن ساربازدارى، تىڭ يگەرىپ، شەكارا قورعايتىن جاساقتار، ساۋداگەرلەر ەدى. ولار باتىس ٴوڭىردى باسقارۋ، ورنىقتىرۋداي كەلەلى مىندەتتى ۇستىلەرىنە الدى، نەداۋىر كوپ ساندى ادامدار باتىس ٴوڭىر باسقاقتىعى نەمەسە باتىس ٴوڭىر زورعانى سەكىلدى اسكەري ـ اكىمشىلىك ورگاندارىندا، سونداي ـ اق جەرگىلىكتى تاراۋلاردا قىزمەت وتەدى. ٴبىزدىڭ زامانىمىزدان بۇرىنعى 105 ـ جىلدان باستاپ، حان پاتشالىعى ىلە وزەنى الابىندا، لۇنتايدا، ۇرلەدە ىركەس ـ تىركەس تىڭ يگەرۋمەن شۇعىلدانىپ، كەيىن شينجياڭنىڭ ٴارقايسى جەرلەرىنە دەيىن تۇگەل كەڭەيتتى. حان پاتشالىعى باتىس ٴوڭىردى بىرلىككە كەلتىرگەننەن كەيىن، شىعىس پەن باتىستىڭ قاتىناسى ىركىلىسسىز دەڭگەيدە بولعاندىقتان، ونىڭ ۇستىنە، پاتشا ورداسى شەكارانى قورعايتىن قىزمەتكەرلەرگە ٴتيىمدى ساياساتتار قولدانعاندىقتان، شينجياڭ وڭىرىنە حانزۋلار تولاسسىز كەلىپ، كۇننەن ـ كۇنگە كوبەيە ٴتۇستى. باتىس حان پاتشالىعىنىڭ سوڭعى

① (حان) سىما چيان: «تاريحناما. عۇن باياني»، بەيجيڭ: جۇڭحۋا شۋجۇي باسپاسى، 1959 ـ جىل، 2879 ـ بەت.

مەزگىلىنە كەلگەندە، حانزۋلاردىڭ شينجياڭنىڭ جەر - جەرىنە بىتىراي قونىستانۋى جانە ٴارقايسى تىلدە يگەرۋ تۋىيندەرىنە شوعىرلانا قونىستانۋى جاعدايى قالىپتاستى.

مۇنان سىرت، تيانشان تاۋىن شەكارا ەتىپ، تيانشان تاۋىنىڭ وڭتۇستىك بولىگىندەگى قالا قورعاندارىندا تۇرىپ ەگىنشىلىكپەن شۇعىلداناتىن ديقاندار تىرشىلىك ەتتى، ولار نەگىزىنەن تارىم ويپاتىنىڭ وڭتۇستىك جيەگىندە شىعىستان باتىسقا قاراي روچياڭ، پىشامشان، سامۋت، سەڭزۇت (قازىرگى شينجياڭنىڭ نيەسى)، ۋاعمە، ۇدۇن، پاسان، ساكا سەكىلدى جەرلەرىنە؛ تارىم ويپاتىنىڭ سولتۇستىك جيەگىندە باتىستان شىعىسقا قاراي شۋرەك، گامۋك (قازىرگى شينجياڭنىڭ اقسۋى)، كۇسان، الۋي، ۇرلە، اگني (قازىرگى شينجياڭداعى قاراشارى اۋدانىنىڭ باتىس وڭتۇستىگى)، جۇيشى سەكىلدى جەرلەرىنە؛ تيانشان تاۋىنىڭ سولتۇستىك باۋرايىندا شىعىس بارىس، باتىس بارىس، شىعىس سامە، باتىس سامە سەكىلدى جەرلەرىنە؛ پاميردىڭ وڭتۇستىك بولىگىندە بالەر، سولتۇستىك بولىگىندە حۋزۇن، ۋاندۇك سەكىلدى جەرلەرىنە ورنالاستى.

ەكىنشى، ٴار ۇلت حالقىنىڭ حان پاتشالىعىن شىنايى مويىنداۋى

تاريحتا شينجياڭ وڭىرىندەگى ۇلتتار قارىم - قاتىناسىنىڭ وزگەرىسى باستان - اياق جۇڭحۋا ۇلتتارىنىڭ قارىم - قاتىناس وزگەرىسىمەن بايلانىستى بولىپ كەلدى. ٴارقايسى ۇلتتاردا ارازداسىپ - قاقتىعىسىپ قالۋ بولعان جەردە، اۋىس - كۇيىس جاساپ توعىسۋدا بولىپ وتىردى، ىنتىماقتاسا ۇيىسۋ، ورتاق العا ۇمتىلۋ باستان - اياق باستى اعىم بولىپ وتىردى. باتىس حان پاتشالىعى حىشيداعى ٴتورت ايماقتا حالىقتى كوشىرىپ، تىڭ يگەرىپ، ورتا جازىقتاعى ۇلتتار مەن شينجياڭ وڭىرىندەگى ۇلتتاردىڭ ٴوزارا ىقپالداستىق كولەمىن كەڭەيتتى، ٴسويتىپ، ٴارقايسى ۇلتتاردىڭ ارالاسۋى، ىشتەسۋى، توعىسۋى كۇننەن - كۇنگە جيىلەي ٴتۇستى.

باتىس حان پاتشالىعىنىڭ الدىڭعى مەزگىلىندە، عۇندار باتىس وڭىردەگىلەردى مەيىرىمسىزدىكپەن ەزىپ - قانادى، تاريحتاعى جازبا دەرەكتەردە جازىلۋىنشا «عۇنداردىڭ ەلشىسى ٴتاڭىرقۇتتىڭ جازعان حاتىن جەر - جەرگە جەتكىزگەن كەزدە، ول ارادا ەلار كەسە - كولدەنەڭ بولۋعا داتتەرى جەتپەي، جىلى - جۇمساعىن ولاردىڭ الدىلارىنا قويىپ، ولاردى بايەك

تاريحي ماتەريالعا قايتا ٴۇڭىلۋ

جيان ـ ۋ جىلناماسىنىڭ 21 ـ جىلى (45) قىستا، الدىڭعى جوۋيشى حانى، پىشامشان، اگنى سەكىلدى 18 ەل باعىنىشتىلىقتارىن ٴبىلدىرۋ ٴۇشىن بەكزادالارىن پاتشا ورداسىنا اق ٴۇيلى امانات قا بەرىپ، ٴىنجۋ ـ مارجاندارىن تارتۋ ەتتى. پاتشا الدىندا باس ۇرىپ، باسقاق جىبەرۋىن ۇسىنىس ەتتى.

ـــ «سوڭعى حاننامالار.باتىس ٴوڭىر بايانى»

چيشۋ (稽首): ەرتە زامانداعى جوگىنىپ تاعزىم ەتۋدىڭ ٴبىر ٴتۇرى، مۇندا باس ۇرۋ ـــ ٴۇش رەت باس ۇرىپ، توعىز رەت تاعزىم ەتۋدەگى ەڭ قۇرمەتتى ٴبىر ٴتۇرى ەسەپتەلەدى.

بولا كۇتتى» دەلىنگەن[①]. باتىس حان پاتشالىعى باتىس ٴوڭىردى بىرلىككە كەلتىرگەننەن كەيىن، عۇنداردىڭ بۇرىنعى قاتىگەز ساياساتىن وزگەرتىپ، المان ـ سالىقتى كەشىرىم ەتىپ، ٴتۇرلى زاتتارمەن قامداۋ، وزىق ٴوندىرىس تەحنيكالارىن جالپىلاستىرۋ سەكىلدى تاسىلدەر ارقىلى حان پاتشالىعىنىڭ باتىس وڭىردەگى ىقپالىن كەڭەيتتى.

ۋاڭ ماڭ كەزەڭىندە، عۇندار ورايدان پايدالانىپ قايتا تاپ بەردى، باتىس وڭىردەگى ۇلتتارعا بولعان ەزگى ٴورشي ٴتۇستى. باتىس حان پاتشالىعىنىڭ سوڭعى مەزگىلى مەن شىعىس حان پاتشالىعىنىڭ العاشقى مەزگىلىندە، عۇندار باتىس وڭىردە «المان ـ سالىقتى جان تۇرشىگەرلىك دارەجەدە اۋىرلاتتى، ەل ـ جۇرت المان ـ سالىقتان مەزى بولدى»[②]. مۇشكىل كۇيگە تۇسكەندىكتەن، ساكا باستاعان كوپتەگەن قالا قورعاندارى حان پاتشالىعىنىڭ ورتالىق بيلىگىن قولداپ، عۇندارداn ات بويىن الا قاشتى. وسىدان سوڭ ٴارقايسى قالا قورعاندارىنىڭ ۇلىقتارى ۇزدىكسىز نىشكەرى جەرلەرگە ەلشى جىبەردى، ٴتىپتى، شىعىس حان پاتشالىعى ورتالىق بيلىگىنىڭ باسقاق جىبەرۋىن «قۇلدىق ۇرا »[③] تالاپ ەتتى.

شۋرەكتى قورعاپ تۇرعان بان چاۋ 76 ـ جىلى پاتشانىڭ جارلىعى بويىنشا شىعىسقا

① (حان) بان گۋ: «حاننامالار.باتىس ٴوڭىر بايانى»، بەيجيڭ: جوڭحۋا شۋجۋي باسپاسى، 1962 ـ جىل، 3896 ـ بەت.

② (وڭتۇستىك پاتشالىقتار . سۇڭ) فان يە: «سوڭعى حاننامالار.باتىس ٴوڭىر بايانى»، بەيجيڭ: جوڭحۋا شۋجۋي باسپاسى، 1965 ـ جىل، 2909 ـ بەت.

③ (وڭتۇستىك پاتشالىقتار . سۇڭ) فان يە: «سوڭعى حاننامالار.باتىس ٴوڭىر بايانى»، بەيجيڭ: جوڭحۋا شۋجۋي باسپاسى، 1965 ـ جىل، 2924 ـ بەت.

قايىتتى، ۇدۇنعا كەلگەندە ۇدۇننىڭ بەگىنەن تومەنگىلەردىڭ بارلىعى كوڭىرەنە كۇيزەلىپ: «ٴبىز حان پاتشالىعىنىڭ ىلشىسىنە بالاشا باۋىر باسىپ كەتىپ ەدىك، سىزدەر كەتە كورمەڭىزدەر دەپ جالبارىندى ٴارى اتتارىنىڭ شىلبىرىنا ورالىپ، جىبەرمەدى»[①]. مۇنى كورىپ اسەرلەنگەن بان چاۋ كەتپەۋگە بەكىنىپ، شۋلەككە قايتا قايتىپ، جەرگىلىكتى حالىق بۇقاراسىمەن بىرگە وپاسىزداردى جەڭدى، سونىمەن شۋلەك حان پاتشالىعىنىڭ قاراستىلىعىنا قايتا ورالدى. وڭتۇستىك جول بويىنداعى باسىم كوپ ساندى قالا قورعاندارىن تىنىشتاندىرۋ بارىسىندا بان چاۋ جەرگىلىكتى ادامداردىڭ حان پاتشالىعىنا ىنتىققان قۇدىرەتتى كۇش - قۋاتىنان اسەر الىپ، حان جاڭدي پاتشاعا داتتەمە جازىپ: «قازىر باتىستاعى بارلىق ەلدەر قيىر شەتتە ەكەندىكتەرىنە قاراماي، حان پاتشالىعىنا ٴتانتى بولۋدا». «ولاردان قالا قورعاندارىنىڭ ۇلكەن - كىشى قالالىق ەلدەردىڭ قاي - قايسىسىنان سۇراساڭىز دا، ولار شەتىنەن حان پاتشالىعىن تىرشىلىگىمىزدىڭ تىرەگىندەي كورەمىز دەسەدى»[②] دەدى. وسىدان كەيىن بان چاۋ جەرگىلىكتى ۇلتتاردى باستاپ، ىلگەرىندى - كەيىندى ساكالاردىڭ بۇلگىنشىلىگىن تىنىشتاندىرىپ، ۇلى روۋجىلاردى ويسىراتا جەڭىپ، اگني قاتارلى جەرلەردى قايتارىپ الىپ، باتىس وڭىردەگى سولتۇستىك جول بويىنداعى قالالىق ەلدەردى بىرىقتى باعىندىردى.

ٴتورتىنشى تاراۋشا ەگىن شارۋاشىلىعى مەن كوشپەلى مال شارۋاشىلىعىنىڭ ٴبىرىن - ٴبىرى تولىقتاۋى، ۇزارا اۋىس - كۇيىس جاساۋى

ەلىمىزدەگى ەجەلگى ادامزات وت جاعۋ، ەڭبەك - ٴوندىرىس قۇرالدارىن جاساۋ ونەرىن وتە ەرتەدە - اق يگەردى ٴارى استىق داقىلدارىن ەگىپ، حايۋاناتتاردى قولعا ۇيرەتە باستادى. وسىدان بۇرىن 10 مىڭ جىلدار اينالاسىندا، ەلىمىزدە ەڭ ەرتەدەگى كۇرىش، قوناق جانە تارى سىندى داقىلداردى باستاپ ەكتى. شيا، شاڭ، جوۋ پاتشالىقتارى كەزەڭىندە ەلىمىزدە ەرتە زامانعى قۇلدىق تۇزىمدەگى ٴوندىرىس ٴتاسىلى قالىپتاستى، دامىدى ٴارى كوركەيىپ - گۇلدەنۋگە

① (وڭتۇستىك پاتشالىقتار . سۇڭ) فان يە: «سوڭعى حانناما.بان چاۋدىڭ ٴومىر بايانى»، بەيجيڭ: جۇڭحۋا شۇجۇي باسپاسى، 1965 - جىل، 1575 - بەت.

② (وڭتۇستىك پاتشالىقتار . سۇڭ) فان يە: «سوڭعى حانناما.بان چاۋدىڭ ٴومىر بايانى»، بەيجيڭ: جۇڭحۋا شۇجۇي باسپاسى، 1965 - جىل، 1575 - ، 1576 - بەتتەر.

قاراي بەت الدى. چۇنچيۋ ٴداۋىرىنىڭ سوڭعى مەزگىلىندە تەمىردەن جاسالعان اۋىل شارۋاشىلىق قۇرالدارى مەن وگىزبەن جەر جىرتۋ جارىققا شىعىپ، اۋىل شارۋاشىلىعىنىڭ دامۋىن جەدەلدەتتى، سونىمەن بىرگە، قولونەركاسىبى مەن ساۋدا كاسىبى دە ۇزدىكسىز دامىدى. چين، حان پاتشالىقتارى داۋىرىندە فەودال جەر يەلەرىنىڭ جەكە مەنشىكتەگى شارۋاشىلىعىن باستى تۇلعا ەتكەن، ەگىنشىلىك پەن توقىماشىلىق ٴوزارا ۇشتاستىرىلعان، جەكەشە ۇساق ديقانداردى نەگىزگى ٴوندىرىستى بىرلىك ەتكەن قوعامدىق شارۋاشىلىق قۇرىلىمى مەن دامۋ ٴتاسىلى قالىپتاستى. ساياسي جاقتاعى ٴبىر تۇتاستىق، اسىرەسە، اقشانىڭ جانە ولشەم بىرلىكتەرىنىڭ بىرلىككە كەلۋى ەلىمىزدەگى تۇرلىشە وڭىرلەر اراسىنداعى ەكونوميكالىق اۋىس ـ كۇيىستى جەبەپ، جۇڭگو سىندى ٴبىر تۇتاس كوپ ۇلتتى مەملەكەتتىڭ شارۋاشىلىعىنا نەگىز قالاپ بەردى. چين پاتشالىعىنا دەيىنگى كەزەڭدە شينجياڭ ٴوڭىرى ورتا جازىق وڭىرىمەن قويۋ بايلانىستى ساقتاپ كەلدى. جىبەك جولىنىڭ اشىلۋىنا جانە حان پاتشالىعىنىڭ باتىس ٴوڭىردى بىرلىككە كەلتىرۋىنە بايلانىستى، شينجياڭ ٴوڭىرىنىڭ ورتا جازىق وڭىرىمەن ەكونوميكالىق بايلانىسى اناعۇرلىم ىنعايا ٴتۇستى.

ٴبىرىنشى، جاسىل القاپتاعى ەگىن شارۋاشىلىعى مەن كوشپەلى مال شارۋاشىلىعى

شينجياڭ وڭىرىندە ادامزات سوناۋ ەرتەدە ـ اق قيمىل جاساعان. شينجياڭنىڭ قوبىقسارى اۋدانىنداعى قوستولاعاي تۇيە تاس ەسكى جۇرتىنان بايقالعان تاس بالتا مەن قايلا سەكىلدىلەردىڭ ٴوزى وسىدان 30 ـ 40 مىڭ جىل بۇرىنعى ەسكى تاس قۇرالدار ٴداۋىرىنىڭ سوڭعى مەزگىلىندە شينجياڭ ٴوڭىرىنىڭ سولتۇستىك بولىگىندە ادامدار توبى اڭ اۋلاۋ، جەمىس ـ جيدەك تەرۋ قيمىلدارىمەن شۇعىلدانعاندىعىن ٴتۇسىندىرىپ وتىر. وسىدان 4000 جىلدىڭ الدىنداعى جاڭا تاس قۇرالدار ٴداۋىرىنىڭ قالدىقتارى تيانشان تاۋىنىڭ وڭتۇستىگى مەن سولتۇستىگىنىڭ بارلىق جەرىنەن تابىلادى، جەتى قۇدىق پەن استانا ۋاكىلدىك ەتكەن مادەنيەت اۋشىلىقتى نەگىز، جەمىس ـ جيدەك تەرۋدى قوسىمشا ەتكەن العاشقى تىرشىلىكتىڭ جالعاسى بولىپ تابىلادى. وسىدان بۇرىنعى 4000 جىل اينالاسىندا قولا قۇرالدار شينجياڭ وڭىرىندە جالپى بەتتىك قولدانىلا باستادى. ادامدار جەرگىلىكتى جاعدايلارعا قاراي وتىرىپ، تۇرلىشە فورماداعى ەكونوميكالىق قيمىلدارمەن شۇعىلداندى، قۇمىل ويپاتىندا اۋىل شارۋاشىلىق ەكونوميكاسى نەگىز ەتىلسە، لوپنۇر شياۋحى ەسكى

جۇرتى ورنالاسقان اۋماق اۋىل شارۋاشىلىعى مەن مال شارۋاشىلىعىن بىردەي جولعا قويعان، تيانشان تاۋىنىڭ سولتۇستىگى مەن پامير ٴۇستىرتى مال شارۋاشىلىعى ەكونوميكاسىن نەگىز ەتكەن. لوپنۇر وڭىرىندەگى مولادان قازىپ الىنعان، وسىدان بۇرىنعى 3800 جىل ىنالاسىنداعى سەمگەن مۇردە باسىنا ۇشكىل كيىز قالپاق، اياعىنا تەرى شاقاي كيگىزىلىپ، ۇستىنە ٴجۇن ٴاديال وراعان، مىنە، بۇل سول كەزدەگى لوپنۇر ٴوڭىرىنىڭ مال شارۋاشىلىعىمەن، وتباسىندىق قولونەركاسىبىمەن شۇعىلدانعاندىعىن بەينەلەپ بەرەدى. وسىدان 3000 جىل ىنالاسىنان ٴبىزدىڭ زامانىمىزدىڭ 3 ـ عاسىرىنا دەيىن، تاپتىق جىكتەلۋگە بايلانىستى، تيانشان تاۋىنىڭ وڭتۇستىك، سولتۇستىگىندە جاساعان ارعى زامان ادامدارىنىڭ الەۋمەتتىك تۇرمىسى جاڭا ساتىعا قادام تاستادى. بايىنعولىنداعى لوپنۇر جانە حوتان، قۇمۇل، ىلە سەكىلدى جەرلەردىڭ بارىنەن وسى داۋىرگە ٴتان اشەكەيلى قىش ىدىستار تابىلىپ وتىر. جانگو، حان پاتشالىعى داۋىرلەرىندەگى ەسكى جۇرتتاردان اشەكەيلى قىش ىدىستار مەن تەمىر قۇرالداردىڭ قاتار ٴومىر سۇرگەن دەرەكتەرى بايقالدى. چاۋىق، يانبۇلاق، سۋباسى جانە ىلە وزەنى الابى سەكىلدى تيانشان تاۋىنىڭ وڭتۇستىگى مەن سولتۇستىگىنە ورنالاسقان ەسكى جۇرتتارداعى قالدىقتار شينجياڭ ٴوڭىرىنىڭ ٴوز توڭىرەگىمەن ٴجيى ەكونوميكالىق بايلانىس جاساعاندىعىنان، ەگىن شارۋاشىلىعىنىڭ، مال شارۋاشىلىعىنىڭ جانە قولونەركاسىپ ٴوندىرىسىنىڭ اناعۇرلىم دامىعاندىعىنان دەرەك بەرەدى.

مۇردەمەن قوسا كومىلگەن ٴبيداي ٴدانى

شينجياڭداعى چارقىلىق گۋمۋگوۋ ەسكى جۇرتىنان تابىلعان

چين پاتشالىعى مەن حان پاتشالىعىنىڭ تۇسىندا، كوپتەگەن تايپالار، ۇلىستار ٴارقايسى جەرلەرگە كوشىپ ـ قوندى، ىرگە تەپتى، ٴوسىپ ـ ٴوربىپ تىرشىلىك ەتتى. تابيعي شارت ـ جاعدايدىڭ تۇرلىشە بولۋىنا بايلانىستى، شينجياڭ ٴوڭىرىنىڭ شارۋاشىلىعى ەكى تۇرگە ٴبولىندى: ٴبىرىنشى، اۋىل شارۋاشىلىق ٴوندىرىسىن نەگىز ەتكەن استىق داقىلدارىنان بەس ٴتۇرلى ٴداندى داقىل جانە ٴجۇزىم، جوڭىشقا سەكىلدى اۋىل شارۋاشىلىق ٴوندىرىسىن نەگىز ەتىپ، ادامدار تارىم ويپاتى توڭىرەگىندەگى پىشامشان، نۇملا، ۋاعمە، ۇدۇن، ساكا،

شۋرەك، قاعلى، اگني، كوسان، گامۋك، سونداي ـ اق تورپان ويپاتىنداعى جويشى، كوكارتتىڭ باتىس سولتۇستىگىندەگى داۋان سەكىلدى جەرلەردەگى قالا ـ قالاشىقتار مەن قىستاقتارعا قونىستاندى؛ ەكىنشى، مال شارۋاشىلىعىن نەگىز ەتىپ، تيانشان تاۋىنىڭ سولتۇستىگىندەگى ٴۇيسىن، اگات، ارتقى جويشى ەلى، پامير ۇستىرتىندەگى بالەر، سەياك، كونلۇن تاۋىنىڭ سولتۇستىك باۋرايىنداعى روچياڭ (ناقيان) سەكىلدى سۋى مول، ٴشوبى شۇيگىن جەرلەردى قۋالاي قونىستاندى. «ساموتتا بەس ٴتورلى ٴداندى داقىل ەگىلەتىن، سۋى مول، ٴشوبى شۇيگىن ەدى، مال شارۋاشىلىعىمەن شۇعىلداناتىن، قارۋ ـ جاراقتى وزدەرى جاسايتىن، بۇل جاقتارىنان حان پاتشالىعىنا ۇقساڭقىراپ كەتەتىن»①، «اگني كولگە جاقىن بولعاندىقتان، بالىق كوپ بولاتىن»②.

حان پاتشالىعى باتىس ٴوڭىردى بىرلىككە كەلتىرگەننەن كەيىن، شينجياڭ وڭىرىندە تىڭ يگەرۋ مەن سۋ يگىلىگى قۇرىلىستارىن كەڭ كولەمدى قانات جايدىرىپ، جەرگىلىكتى جەرلەردىڭ ەكونوميكالىق اۋىرتپالىعىن جەڭىلدەتىپ، ٴار ۇلت حالقىنىڭ بەلسەندى قولداۋىنا يە بولدى. ۇلتتار اراسىنداعى اۋىس ـ كۇيىس، بارىس ـ كەلىس، توعىسۋ كۇننەن ـ كۇنگە جيىلەي ٴتۇسىپ، شينجياڭ ٴوڭىرىنىڭ گۇلدەنىپ ـ كوركەيۋى ٴۇشىن سارقىلماس كۇش ـ قۋات باعىشتادى.

تىڭ يگەرىپ، ەگىن ەكتى. حان پاتشالىعىنىڭ باتىس ٴوڭىردى باسقارۋىنىڭ ٴونىمدى بولۋىن تىڭ يگەرۋدەن بولە قاراۋعا بولمايدى. وسى مەزگىلدە تىڭ يگەرۋ حانزۋ جاساقتارىن نەگىزگى تولعا ەتتى، بۇعان باسقا ۇلتتار دا اتسالىستى. باتىس وڭىردە ەگىنشىلىكتىڭ كوركەيۋى جەرگىلىكتى جەرلەردىڭ اۋىل شارۋاشىلىعىنىڭ جەدەل دامۋىنا مۇرىندىق بولدى. تىڭ يگەرىلگەن جەرلەردە مولشىلىق بولدى، استىق داقىلدارى ٴبيداي، قوناق، تارى، كاۋلەن، جالاڭاش ارپا، بۇرشاق تەكتەستەردى، جەمىس ـ جيدەك، كوكونىستەر، ٴجۇزىم، انار، جاڭعاق، ٴسابىز، ۋسارىمساق سەكىلدىلەردى قامتىدى، بۇدان سىرت، ماقتا، تۇت اعاشى، ت.ب .داقىلدار بار ەدى. شينجياڭ ٴوڭىرىنىڭ ەگۋ تەحنيكاسى مەن ورەكشە ونىمدەرى ورتا جازىق وڭىرىنە تارالىپ، شينجياڭ ٴوڭىرىنىڭ ورتا جازىق وڭىرىمەن ەكونوميكالىق بايلانىسى قويۋلاي

① (حان) بان گۋ: «حاننامە. باتىس ٴوڭىر بايانى»، بەيجيڭ: جوڭحۋا شۋجۇي باسپاسى، 1962 ـ جىل، 3879 ـ بەت.

② (حان) بان گۋ: «حاننامە. باتىس ٴوڭىر بايانى»، بەيجيڭ: جوڭحۋا شۋجۇي باسپاسى، 1962 ـ جىل، 3918 ـ بەت.

حان پاتشالىعى داۋىرىندەگى سۋلاندىرۋ جۇيەسى

ورنى شينجياڭنىڭ چارقىلىق اۋدانىنداعى مىرەن ەسكى جۇرتىندا

ٴتۇستى.

سۋ يگىلىگى قۇرىلىسى. شينجياڭ ٴوڭىرىنىڭ جاۋىن ـ شاشىنى از، كلىماتى قۇرعاق كەلەدى دە، سۋ يگىلىگى قۇرىلىسى اۋىل شارۋاشىلىعىن دامىتۋدى قامتاماسىزداندىرۋدا ماڭىزدى رول اتقارادى. ارحەولوگيالىق زەرتتەۋلەر ارقىلى شينجياڭ وڭىرىنەن حان پاتشالىعى داۋىرىنە قاتىستى سۋ يگىلىگىنىڭ كوپتەگەن ەسكى جۇرتتارى بايقالدى، بۇلار: قازىرگى شايار اۋدانىنداعى حان پاتشالىعى داۋىرىنە ٴتان توعاننىڭ ەسكى ارناسى، ونىڭ ۇزىندىعى 100 نەشە كيلومەتر، كەڭدىگى 8 مەتر، تەرەڭدىگى 2 مەتر بولىپ، نەداۋىر كولەمدى توعان ەسەپتەلەدى؛ حان پاتشالىعى داۋىرىندەگى سۋلاندىرۋ جۇيەسى چارقىلىق اۋدانىنداعى مىرەن ەسكى جۇرتىندا قازىرگە دەيىن ٴبىرشاما كەمەلدى ساقتالعان. بۇل جۇيەنىڭ مىرەن ۇزەنىنەن باستاۋ العان بولىگى بەل توعان ەسەپتەلەدى دە، ونىڭ اياق جاعى جەتى تارماق توعانعا بولىنەدى. مۇنداي كولەمى ٴبىرشاما ۇلكەن، قۇرىلىسى كۇردەلى، تەحنيكالىق ورەسى ٴبىرشاما جوعارى بولعان اۋىل شارۋاشىلىق سۋ يگىلىگى قۇرىلىسىن حالىق سانى از شۇراتتى قالالىق ەلدەردىڭ جاساۋى مۇمكىن ەمەس ەدى. سول كەزدە مىرەن وزەنى سۋ يگىلىگى قۇرىلىسىن سالۋعا حەنشيدىڭ جاساقتارى جانە «پىشامشان، اگني، كۇسان بەكتىكتەرىنىڭ

اربىر ىنەن 1000 نان جاساق قاتىناستى، بۇل قۇرىلىس جۋىين وزەنىن كەسىپ ٴوتتى»[1]. بۇل قۇرىلىس كوپتەگەن جۇتاڭ جەرلەردى قۇنارلى اتىزدارعا اينالدىردى، سۋلاندىرىلاتىن جەر كولەمى شامامەن 45 مىڭ مۋ، مۇنىڭ ىشىندە ەگىستىك جەر 17 مىڭ مۋ بولىپ، ٴۇش جىلعا جەتپەيتىن ۋاقىتتا ميلليون دادان قوناق الىندى.

شىعىس حان پاتشالىعى داۋىرىندەگى ادام، حايۋان، ٴجۇزىم ورنەكتى كەزدەمە

شينجياڭنىڭ نيە ەسكى جۇرتىنان تابىلدى

مال شارۋاشىلىق ٴوندىرىسى. ٴبىزدىڭ زامانىمىزدان بۇرىنعى 10 ـ عاسىردىڭ الدىندا شينجياڭ وڭىرىندە العاشقى مال شارۋاشىلىعى بولدى. قازىرگى ىلە وزەنى الابىندا، تيانشان تاۋ اڭعارلارىندا، التاي تاۋىنىڭ وڭتۇستىك باۋرايىندا جانە ەرتىس وزەنىنىڭ جوعارعى اعارىندا، سونداي ـ اق باركول ساحاراسىنداعى كەڭ ـ بايتاق وڭىردە ٴشوبى شۇيگىن مول جايىلىمدار بار. حان پاتشالىعى داۋىرىندە ساقتار، رۋجىلار، ۇيسىندەر، عۇندار بۇرىندى ـ سوڭدى وسى ارادا كوشپەلى مال شارۋاشىلىعىمەن شۇعىلداندى.

تەمىر قورىتۋ جانە قولونەركاسىپ. شينجياڭ ٴوڭىرىنىڭ كەن بايلىعى مول، حان پاتشالىعىنىڭ العاشقى ٴداۋىرىنىڭ وزىندە ـ اق كوپتەگەن جەرلەردە تەمىر قورىتىلدى. روچياڭنىڭ «تاۋلارىندا تەمىر قورىتىلدى، قارۋ ـ جاراقتى وزدەرى جاسادى»[2]. گامۇكتەن «مىس، تەمىر، كۇكىرتتى مىشياك ٴوندىرىلدى»[3]، كەزەكتە شينجياڭداعى ٴۇش ورىننان حان پاتشالىعى داۋىرىندەگى تەمىر قورىتۋدىڭ ەسكى جۇرتى بايقالدى، مۇندا: نيە اۋدانىنداعى نيە ەسكى جۇرتىنان تەمىر رۋداسى، كەن قوقىسى، تەمىر بالتا، تەمىر كۇرەك، تاس قاشاۋىش

---

① (سولتۇستىك ۋي) لي داۋيۋاننىڭ بۇرىنعى ەسكەرتپەسى مەن چىن چياۋيىدىڭ ەسكەرتپەسى: «وزەن ـ سۋ جونىندەگى ەسكەرتپە»، حاڭجوۋ: جىجياڭ بايىرعى شىعارمالار باسپاسى، 2001 ـ جىل، 18 ـ بەت.

② (حان) بان گۋ: «حاننامە. باتىس ٴوڭىر باياني»، بەيجيڭ: جۇڭحۋا شۋجۇي باسپاسى، 1962 ـ جىل، 3875 ـ بەت.

③ (حان) بان گۋ: «حاننامە. باتىس ٴوڭىر باياني»، بەيجيڭ: جۇڭحۋا شۋجۇي باسپاسى، 1962 ـ جىل، 3910 ـ بەت.

كوزقاراس ٴتۇيىنى

كوپ نەگىزدى، ٴبىر تۇلعالى جۇڭحۋا ۇلتى ۇلى وتباسىنىڭ قالىپتاسۋى، كوپ ۇلتتاردىڭ ۇلى بىرلىگىندەگى جۇڭگو تەرريتورياسىنىڭ كەڭەيۋى ـــ جۇڭگو ەكونوميكاسىنىڭ، قوعامىنىڭ دامۋىنداعى تاريحي قاجەتتىلىك. تاريحتا جۇڭحۋا ۇلتى مەن ولاردىڭ اتا ـ بابالارى ٴوسىپ ـ وربىگەن شىعىس ازيا ۇلى قۇرلىعىندا ەگىنشىلىك وڭىرلەرى دە، كوشپەلى مالشىلىق وڭىرلەرى دە بولدى. وندىرىستىك، تۇرمىستىق تاسىلدەرى تۇرلىشە بولعان ەتنوستاردىڭ اۋىس ـ كۇيىس جاساۋى، ٴبىرىن ـ ٴبىرى تولىقتىرىپ وتىرۋى، كوشىپ ـ قونىپ، باس قوسا قونىستانۋى، قاقتىعىسىپ ـ توعىسۋى ـــ جۇڭگودا ٴبىر تۇتاس، كوپ ۇلتتى مەملەكەتتىڭ قالىپتاسۋىنداعى جانە دامۋىنداعى ماڭىزدى سەبەپ بولدى. كوشپەلى مالشى ۇلتتار مەن ەگىنشى ۇلتتاردىڭ وزىنە ٴتان تۇرلىشە وندىرىستىك، تۇرمىستىق تاسىلدەرى بولدى، كوشپەلى مالشى ۇلتتار «باققان مالدارىنا بولا كوشىپ ـ قوندى، سۋى مول، ٴشوبى شۇيگىن جەرلەرگە قاراي كوشىپ وتىردى»، ولار استىق سەكىلدى وندىرىستىك، تۇرمىستىق ماتەريالدارعا ٴزارۋ بولدى؛ ەگىنشى ۇلتتار اۋىل شارۋاشىلىق ٴوندىرىسىن ۇلعايتۋ، قاتىناس ـ تاسىمال، اسكەري ىستەردى قامتاماسىز داندىرۋ سەكىلدى جاقتاردا مال تۇلىگىن قاجەت ەتتى. ەكى ۇلكەن كاسىپتىڭ، ەكى ۇلكەن ەكونوميكالىق ٴوڭىردىڭ، ەكى ۇلكەن توپتىڭ ٴبىر ـ بىرىنە ٴىسى ٴتۇسىپ، ٴبىرىن ـ ٴبىرى تولىقتىرىپ، بار ـ جوقتا ٴوزارا قاراسىپ، ٴبىر ـ بىرىنەن قول ۇزبەي كەلدى.

سەكىلدىلەر بايقالدى؛ لوپ اۋدانىنداعى اچىق تاۋى ەسكى جۇرتىنان قورىتىلعان تەمىر جانە قىش كورىك بايقالدى؛ كۇشار اۋدانىنداعى اسەن ەسكى جۇرتىنان كىشكەنە بالقىتقىش ىدىس، تەمىر قوقىسى، كەن رۋداسى جانە قىش مورجا (كورىك مورجاسى) سەكىلدىلەر بايقالدى. جوعارداعى ەسكى جۇرتتاردىڭ بارىنەن حان پاتشالىعىنىڭ «بەس مىسقالدىق» اقشاسى تابىلدى، مۇنىڭ ٴوزى وسى رۋدا قورىتۋ ورىندارىنىڭ ٴبارى حان پاتشالىعى باتىس ٴوڭىردى بىرلىككە كەلتىرگەننەن كەيىن سالىنعاندىعىن تۇسىندىرەدى[1]. چين پاتشالىعىنا دەيىنگى كەزەڭدە، ٴتۇبىت تالشىقتان پايدالانىتىن توقىماشىلىق قولونەركاسىبى جارىققا شىعىپ، حان پاتشالىعى كەزىندە جاڭاشا دامۋشىلىقتار بولدى، ٴجۇن توقىما بۇيىمداردىڭ سانى كوپ، ٴتۇرى

① مىڭ چي: «حان پاتشالىعى داۋىرىندەگى باتىس ٴوڭىردىڭ ساياسي شارالارى مەن ەكونوميكالىق قۇرىلىستارىنا شينجياڭداعى تاريحي مۇرالار تۇرعىسىنان كوز جىبەرگەندە»، «مادەني مۇرا» جۇرنالىنىڭ 1975 ـ جىلعى 7 ـ سانى.

مول بولىپ قانا قالماستان، ونىڭ ۇستىنە، مانەرلەۋ شەبەرلىگى دە جوعارى بولدى. ٴجۇن توقىما بۇيىمدارىنىڭ ىشىندە مەشپەت، كەزدەمە، تورعىن، الاشا سەكىلدىلەر ماڭىزدى ورىن يەلەدى. قازىپ الىنعان مۇرالارعا نەگىزدەلگەندە، ولاردىڭ كەيبىرەۋلەرى وتە ٴساندى، مىنە، بۇل سول تۇستا ٴجۇن توقىما ونەرىنىڭ اسا جوعارى دەڭگەيگە جەتكەندىگىنەن دەرەك بەرەدى. ال، نيە اۋدانىنان تابىلعان شىعىس حان پاتشالىعى داۋىرىندەگى بىرنەشە ادام بىرگە جەرلەنگەن مولادان تابىلعان كوكشىل گۇلدى كەزدەمەنىڭ جۇرناعى شىعىس حان پاتشالىعى تۇسىندا شينجياڭ وڭىرىندە ماقتا كەزدەمەنىڭ پايدالانىلعاندىعىن، نەمەسە ماقتا توقىماشىلىعىنىڭ جارىققا شىققاندىعىن تۇسىندىرەدى. نيە اۋدانىنداعى نيە ەسكى جۇرتىنان، لوپ اۋدانىنداعى سامپۇل مولاسىنان قىرۋار ٴجۇن توقىما بۇيىمدارى جانە توقىماشىلىققا قاتىستى قۇرال ـ جابدىقتار تابىلدى. تيانشان تاۋىنىڭ وڭتۇستىك وڭىرىندە اعاش جابدىقتاردى ٴوندىرۋدىڭ ٴوزى دە ماڭىزدى كاسىپكە اينالعان، مۇندا ازىق ـ تۇلىككە پايدالانىلاتىن جابدىقتار باستى ورىندا تۇرعان. اعاش جابدىقتاردى ۇڭگىپ، قىرىپ، جونىپ جاساۋ ٴداستۇرلى ٴادىس بولعان، ال، لوپ اۋدانىنىڭ سامپۇل مولاسىنان اينالمالى كەسۋ، قىرۋ ادىسىمەن جاسالعان اعاش جابدىق تابىلدى، مىنە، بۇل حان پاتشالىعى داۋىرىندە اينالمالى كەسۋ، قىرۋ، مانەرلەۋ شەبەرلىگىنىڭ جارىققا شىققاندىعىن، قاراپايىم جابدىقتار ارقىلى تۇرمىس بۇيىمدارىن مانەرلەۋدىڭ قولدانىلا باستاعاندىعىن تۇسىندىرەدى. سول سياقتى، حان پاتشالىعى داۋىرىندە شينجياڭ وڭىرىندە دە قىش جابدىقتاردى دوڭگەلەكتى ۇيىرىلمە اسپاپ ارقىلى جاساۋ ٴادىسى جارىققا شىققان. ىلە وڭىرىندەگى ۇيسىندەردىڭ سوڭعى مەزگىلدەگى مولاسىنان تابىلعان قىش جابدىقتاردىڭ كوبى دوڭگەلەكتى جابدىقتارمەن جاسالعان، قولمەن جاساعان قىش جابدىقتارعا قاراعاندا بۇلاردىڭ سانى كوپ، ساپاسى دا نەداۋىر جاقسى بولعان.

ەكىنشى، شينجياڭ ٴوڭىرىنىڭ ورتا جازىق وڭىرىمەن ەكونوميكالىق اۋىس ـ كۇيىسى

سوناۋ چين پاتشالىعىنا دەيىنگى كەزەڭدە، شينجياڭ ٴوڭىرى ورتا جازىق وڭىرىمەن تىعىز بايلانىس جاساپ وتىردى. كۇنى بۇگىنگە دەيىن جالعاسىپ وتىرعان «شاڭشۋ»، «شانحايجيڭ»، «مۇتيانزى بايانى»، «بامبۋك بىتىك جىلناماسى» سەكىلدى جازبالاردا باتىس وڭىردەگى گۋمانيتارعا، جاعراپياعا، بايلىققا قاتىستى دەرەكتەر، اڭىزدار جازىلعان، بۇلار ورتا جازىق وڭىرىندەگى مولاداعى بىرگە جەرلەنگەن بۇيىمداردىڭ شينجياڭنىڭ قاس تاسىنان جاسالعان بۇيىمدارى ەكەندىگىن دالەلدەپ، شينجياڭ ٴوڭىرىنىڭ ورتا جازىق وڭىرىمەن سوناۋ

ماتەريال تىزبەگى

«تارىحي جازبالار. وزەن بايانى» دەرەگى: لوشۋي وزەنىنىڭ سۋىن شاڭىيان تاۋىنىڭ ەتەگىنە جەتكىزۋ ٴۇشىن، حان ۋدي پاتشا «توعان قازۋعا ون مىڭداعان جاساق اتتاندىردى. وزەن جاعاسى وڭاي قۇلايتىن بولعاندىقتان، قۇدىق قازۋعا تۋرا كەلدى، قۇدىقتىڭ تەرەڭ جەرى 40 جاڭنان اسىپ كەتتى. سۋدى اعىزۋ ٴۇشىن قۇدىقتار ٴبىر - بىرىمەن تۇتاستىرىلدى. سۋ شاڭىيان تاۋىنىڭ جەر استىمەن اقتى، شىعىسىنداعى سۋ دەڭگەيىمەن تاۋ شوقىسىنىڭ ارالىعى ون نەشە شاقىرىمداي بولىپ، سۋ وسى ارادان باستاۋ الدى».

قۇدىق قازىپ، سۋ باستاۋ ٴادىسى: حان پاتشالىعىنىڭ جەر استىنان قۇدىق جالعاستىرۋ تەحنيكاسىنىڭ دامۋ ناتيجەسى. بۇل جاڭ چيان باتىس وڭىرگە ەلشىلىككە بارعانىنان كەيىن قۇدىق قازىپ، سۋ باستاۋ ٴادىسى باتىس وڭىرگە تارالدى.

ارعى زامانىنىڭ وزىندە - اق ساياسي، ەكونوميكا، مادەنيەت جاقتارىندا اۋىس - كۇيىس جاساپ وتىرعان تاماشا جاعدايىن كورسەتىپ بەردى. ارحەولوگيالىق ماتەريالدار قۇملداعى تيانشان تەرىستىك كوشەسىنەن تابىلعان اشەكەيلى قىش بۇيىمداردىڭ كوبىنىڭ توركىنى ورتا جازىق ٴوڭىرى ەكەندىگىن، ولاردىڭ بىرتە - بىرتە شىعىستان باتىسقا قاراي دامىعاندىعىن تۇسىندىرەدى. ٴۇرىمجىنىڭ نانشان تاۋىنداعى كەن رايونى مەن العوي جىلعاسى سەكىلدى جەرلەردەگى مولالاردان ورتا جازىق وڭىرىنەن كەلگەن سىرلى بۇيىمدار، جىبەك تورعىن - تورقا، سونداي - اق مىس اينا سەكىلدى بۇيىمدار تابىلدى، مىنە، بۇلار تاريحتان بۇرىنعى داۋىردە شينجياڭ ٴوڭىرىنىڭ ورتا جازىق سياقتى وڭىرلەرمەن تىعىز بايلانىستا بولعاندىعىن ايگىلەيدى. چين پاتشالىعىنا دەيىنگى كەزەڭدە شينجياڭنىڭ جەر - جەرىنىڭ ورتا جازىق ٴوڭىرى اراسىنداعى ەكونوميكالىق، مادەني اۋىس - كۇيىستىڭ ٴوزى كەيىن باتىس حان پاتشالىعىنىڭ باتىس ٴوڭىردى بىرلىككە كەلتىرۋى ٴۇشىن نەگىز قالاپ بەردى.

تەمىر تۇرەن

شينجياڭنىڭ موڭعۇلكۇرەسىنەن تابىلدى

حان پاتشالىعى باتىس ٴوڭىردى بىرلىككە كەلتىرگەنىنەن كەيىن،

قوعامنىڭ كۇننەن - كۇنگە ورنىعا باستاۋى مەن وندىرگىش كۇش ورەسىنىڭ ۇزدىكسىز جوعارىلاۋىنا بايلانىستى، ٴارقايسى ۇلتتاردىڭ قوعامدىق قيمىلدارىنىڭ وڭىرلىك ٴورىسى دە ۇزدىكسىز كەڭەيە ٴتۇستى، شينجياڭ ٴوڭىرىنىڭ ورتا جازىق وڭىرىمەن اۋىس - كۇيىسى كۇننەن - كۇنگە جيىلەدى: ورتا جازىق ٴوڭىرىنىڭ وزىق وندىرىستىك تەحنيكاسى شينجياڭ وڭىرىنە تارالىپ، شينجياڭ ٴوڭىرىنىڭ ەكونوميكاسىنىڭ دامۋىن جەدەلدەتتى؛ شينجياڭ ٴوڭىرىنىڭ كوپتەگەن ەرەكشە ونىمدەرى ورتا جازىق سەكىلدى جەرلەرگە تارالىپ، ورتا جازىق وڭىرىندەگىلەردىڭ زاتتىق، رۋحاني تۇرمىسىن بايىتتى.

سۋ يگىلىگىندەگى سۋلاندىرۋ قۇرىلعىلارىنان سىرت، ورتا جازىق ٴوڭىرىنىڭ قۇدىق قازۋ تەحنيكاسى دا باتىس وڭىرگە تارالىپ، سول ارادىعى ادامداردىڭ قوعامدىق تۇرمىسىن بارىنشا جاقسارتتى. ٴبىزدىڭ زامانىمىزدان بۇرىنعى 104 - جىلدان ٴبىزدىڭ زامانىمىزدان بۇرىنعى 101 - جىلعا دەيىن، لي گۋاڭلي داۋانعا جازا جورىعىن جاساعاندا، ولاردىڭ قالاسىن قورشاپ، سۋ قاينارىن ٴۇزىپ تاستاعانىمەن، ٴبىراق، «قالادىعى جاڭا كەلگەن چيندىكتەر قۇدىقتى تۇتاستىرا قازا بىلەتىن»[1]، مۇنداعى «چيندىكتەر» (秦人) دەگەن ٴسوز حانزۋلاردى مەڭزەيدى. ارينە، داۋانداردىڭ قۇدىق تۇتاستىرۋ تەحنيكاسىن شينجياڭ وڭىرىنە جانە ورتا ازيا وڭىرىنە حان پاتشالىعىنىڭ قوسىنىنداعى سۋ قۇرىلىسى شەبەرلەرى اكەلگەن بولاتىن.

حان پاتشالىعى داۋىرىندە تەمىر سوقا ورتا جازىق وڭىرىندەگى اۋىل شارۋاشىلىق وندىرىسىندە پايدالانىلاتىن ەڭ ماڭىزدى قۇرال ەدى. باتىس - شىعىس حان پاتشالىقتارىنان بۇرىن شينجياڭ وڭىرىندە بەلگىلى كولەمدەگى اۋىل شارۋاشىلىق ٴوندىرىسى بولعانىمەن، ٴبىراق، ٴوندىرىس تەحنيكاسى ٴبىرشاما مەشەۋ بولاتىن. كونچى وزەنىنىڭ تومەنگى الابىنداعى گۇمۇگۇ جىلعاسى، قۇمىلداعى قارا ٴدوڭ، موريداعى سىداۋگۇ سەكىلدى ەسكى جۇرتتاردان تاستان، اعاشتان، قولادان جاسالعان اۋىل شارۋاشىلىق قۇرال - جابدىقتارى تابىلعان، ٴبىراق، سوقا تەكتەس قۇرال - جابدىقتار بايقالماعان ەدى، مىنە، بۇل حان پاتشالىعى داۋىرىنەن بۇرىن شينجياڭ وڭىرىندە تەمىر سوقاعا وگىز جەگىپ، جەر جىرتۋدىڭ جارىققا شىقپاعاندىعىن تۇسىندىرەدى. شينجياڭ وڭىرىندە تىڭ يگەرۋمەن شۇعىلدانعان حان پاتشالىعىنىڭ قوسىندارى تەمىردەن جاسالعان وزىق اۋىل شارۋاشىلىق جابدىقتارىن الا كەلگەن سوڭ، ول

① (حان) سىما چيان: «تاريحي جازبالار. داۋان باياني»، بەيجيڭ: جوڭحۋا شۋجۋي باسپاسى، 1959 - جىل، 3177 - بەت.

بۇرىن جالپى بەتتىك اعاشتان جاسالعان ٴتىس اعاشتى اۋىل شارۋاشىلىق قۇرالى ەتىپ كەلگەن جەرلەردىڭ وندىرگىش كۇش ورەسىن كورنەكتى دارەجەدە جوعارىلاتتى. ىلەنىڭ موڭعۇلكۇرە اۋدانىنىڭ شاتى سەكىلدى جەرلەرىندەگى ۇيسىندەردىڭ نەمەسە ساقتاردىڭ مولاسىنان، كونچى وزەنىنىڭ تومەنگى الابىنداعى يىڭپان مولاسى سەكىلدى ورىنداردان ۇلكەن ـ كىشىلىگى مەن ٴپىشىنى گۋانجۇڭ، چاڭ ـ ان سەكىلدى جەرلەردەن قازىپ الىنعان حان پاتشالىعى داۋىرىندەگى تەمىر سوقالارمەن قارايلاس كەلەتىن تەمىر سوقالار تابىلىپ وتىر. مىنە، بۇدان سوقامەن جەر جىرتۋ تەحنيكاسىنىڭ حان پاتشالىعى داۋىرىندە شينجياڭ وڭىرىنە جەتكەندىگىنەن دەرەك بەرەدى.

تەمىر قورىتۋ تەحنيكاسى شينجياڭ وڭىرىندە جالپى بەتتىك كەڭ كولەمدە قولدانىلدى. «تاريحي جازبالاردا»: «داۋاننىڭ باتىسىنان انشيگە دەيىنگى ەلدەر تۇرلىشە تىلدە سويلەگەنمەن، عۇرىپ ـ ادەتتەرى ۇقساستاۋ ەدى». «ولاردىڭ جەرلەرىندە جىبەك، سىر جوق بولاتىن، ولار تەمىر قۇرال ـ جابدىق قۇيىپ جاساۋدى بىلمەيتىن. حان پاتشالىعى جىبەرگەن ەلشىنىڭ قاشقىن جاساقتارى تىزە بۇككەن سوڭ، ولار سول ارادا ولارعا تەمىردەن قارۋ ـ جاراق قۇيۋدى ۇيرەتتى»[①] دەلىنگەن. «حاننامادا» تاعى: باتىس ٴوڭىردىڭ باسقاعى دۋان حۋيزۇڭ ۇيسىندەردىڭ قورشاۋىندا قالعان سوڭ، باتىس ٴوڭىردىڭ جاعدايىن قانىق بىلەتىن چىن تاڭ حان چىڭدي پاتشاعا: «عۇنداردىڭ بەس جاساعى بىزدىڭ ٴبىر جاساعىمىزعا ارەڭ توتەپ بەرە الادى، ويتكەنى، ولاردىڭ قارۋ ـ جاراعى ناشار، قىلىش ـ سەمسەرلەرى دوعال، ساداق جەبەلەرى السىقا جەتپەيدى، ەستۋگە قاراعاندا، ولار ٴبىزدىڭ قارۋ ـ جاراق جاساۋ ونەرىمىزدى ۇرلاپ ۇيرەنىپتى، ٴبىراق، جوعارى ورەگە جەتە العان جوق، قيىن قىلعاندا ولاردىڭ ٴۇش جاساعى ٴبىزدىڭ ٴبىر جاساعىمىزعا تەڭ كەلە الادى»[②] دەپ جازىلعان. مىنە، بۇدان حان پاتشالىعى داۋىرىندە ورتا جازىق ٴوڭىرىنىڭ تەمىر قورىتۋ تەحنيكاسى شينجياڭ وڭىرىنە جەتكەن سوڭ كەڭىنەن قولدانىلعاندىعىن، ٴسويتىپ، وسى جەرلەردىڭ اۋىل شارۋاشىلىق وندىرگىش كۇشتەرىنىڭ ورەسىن بارىنشا جوعارىلاتقاندىعىن، قوعامنىڭ، ەكونوميكانىڭ العا ىلگەرىلەۋىن بارىنشا جەبەگەندىگىن كورىپ الۋىمىزعا بولادى.

شينجياڭ ٴوڭىرىنىڭ ورتا جازىق وڭىرىمەن ساۋدا اۋىس ـ كۇيىسى ٴبىرشاما ٴجيى

① (حان) سىما چيان: «تاريحي جازبالار. داۋان بايانى»، بەيجيڭ: جۇڭحۋا شۋجۇي باسپاسى، 1959 ـ جىل، 3174 ـ بەت.

② (حان) بان گۋ: «حاننامانا. چىن تاڭ بايانى»، بەيجيڭ: جۇڭحۋا شۋجۇي باسپاسى، 1962 ـ جىل، 3023 ـ بەت.

حانزۋشا ـ كحاروشتىشا ەكى جازۋ تۇسىرىلگەن تەڭگەلەرى

شينجياڭنىڭ لوپ اۋدانىنان تابىلعان

بولدى، شينجياڭ وڭىرىنە كەلگەن تاۋارلاردىڭ باستىسى: جىبەكتەن توقىلعان بۇيىمدار، مىس اينا، سىرلى ىدىس، اعاش ىدىس سەكىلدىلەر بولىپ، مۇنىڭ ىشىندە جىبەكتەن توقىلعان بۇيىمدار باسىم كوبىن ۇستادى. لوپ اۋدانىنىڭ سامپۇل ەسكى مولاسى، نيە ەسكى جۇرتى، كروران سەكىلدى جەرلەردىڭ بارىنەن جىبەكتەن توقىلعان قىرۋار بۇيىمدار تابىلدى، سونىمەن بىرگە، مىس اينا، سىرلى ىدىس، اعاش تاراق سەكىلدى كوپتەگەن بۇيىمدار دا قازىپ الىندى. ساۋدانىڭ كۇسەت بولۋى پىشامشان، اگني، كۇسان، شۋرەك، ۇدۇن سەكىلدى كوپتەگەن ساۋدالىق شاعىن قالا ـ قالاشىقتاردىڭ كوركەيۋىنە مۇرىندىق بولىپ، شينجياڭ ٴوڭىرىنىڭ تاۋار ەكونوميكاسىنىڭ دامۋىن جەبەدى، ٴارقايسى ۇلتتاردىڭ اۋىس ـ كۇيىسىن، بارىس ـ كەلىسىن، توعىسۋىن جەدەلدەتتى. شۋرەكتەگى تاۋار الماستىراتىن بازارلاردا ارناۋلى «دۇكەندەر» جارىققا شىقتى[1]، ۇدۇندا «حان پاتشالىعى داۋىرىندەگى حانزۋشا ـ كحاروشتىشا ەكى جازۋ تۇسىرىلگەن تەڭگەلەرى» اينالىمعا ٴتۇستى، بۇل تەڭگەنىڭ ول بەتىنە جۋانتي ۇلگىسىندەگى حانزۋ ارىپتەرى باسىلعان، تەرىس بەتىنە كحاروشتى جازۋى تۇسىرىلگەن. بۇلار ٴارقايسى ۇلتتاردىڭ ەكونوميكالىق جاقتاعى كەڭ كولەمدى اۋىس ـ كۇيىسىن بەينەلەپ بەرەدى.

شينجياڭ وڭىرىندە مولىنان وسەتىن ٴجۇزىم، جوڭىشقالار ورتا جازىق وڭىرىندە كەڭىنەن ەگىلەتىن بولدى، زىعىر، جاڭعاق، ات باس بۇرشاق، ۋسارىمساق، ٴسابىز، انار سەكىلدىلەر شينجياڭ وڭىرىنەن ورتا جازىق وڭىرىنە ارت ـ ارتىنان تارالدى، ال، ورتا جازىق ٴوڭىرىنىڭ ورىك، شابدالى سەكىلدى جەمىس ـ جيدەكتەرى شينجياڭ وڭىرىنە تارالدى. مۇنان سىرت، مال تۇلىگى، مال ونىمدەرى، ٴدارى ماتەريالدارى، قاس تاسىنان جاسالعان بۇيىمدار سەكىلدىلەر دە شينجياڭنان ورتا جازىق وڭىرىنە ەنگىزىلىپ، ورتا جازىق وڭىرىندەگىلەردىڭ تۇرمىسىن بايىتا ٴتۇستى. باتىس ٴوڭىردىڭ تۇلپار وسىرۋىمەن داڭقى شىققان، حان ۋدي پاتشا العاشىندا ۇيسىندەردىڭ جىلقىسىن كورگەندە «تاڭىرلىك

① (حان) بان گۋ: «حانناما. باتىس ٴوڭىر بايانى»، بەيجيڭ: جۇڭحۋا شۋجۇي باسپاسى، 1962 ـ جىل، 3898 ـ بەت.

سايگۇلىك» ەكەن دەگەن، كەيىن داۋىنىڭ جىلقىلارىن كورىپ، سونى «تاڭىرلىك سايگۇلىك» ەكەن دەپ، ۇيسىندەردىڭ جىلقىسىن «قيىر باتىس پىراعى» دەپ اتاعان. قىرۋار مولشەردەگى اسىل تۇقىمدى جىلقىلار ورتا جازىق وڭىرىنە اكەلىنگەن سوڭ حان پاتشالىعىنىڭ جىلقىلارىن اسىلدەندىرۋدە وتە زور رول اتقاردى ٴارى جىلقى شارۋاشىلىعىنىڭ دامۋىن جەدەلدەتتى.

ٴۇشىنشى، جىبەك جولىنىڭ اشىلۋى جانە كوركەيۋى

جاڭ چيان باتىس وڭىرگە ەلشىلىككە بارعان سوڭ ورتا جازىق پەن شينجياڭ ٴوڭىرىنىڭ بايلانىسى اناعۇرلىم نىعايىپ، ەكى جاقتىڭ بارىس - كەلىسى ونان ارى جيىلەپ، حالىق اراسىنداعى ساۋدا دا دامي ٴتۇستى. باتىس ٴوڭىر باسقاقتىعى قۇرىلىپ، ورتا جازىقتان شينجياڭ وڭىرىنە جانە ەۆروپا - ازيادا ٴارقايسى ەلدەرگە قاتىنايتىن جولدار ٴتىپتى دە ىركىلىسسىز دەندى. بۇل جول چاڭ - اننان باستالىپ، باتىسقا قاراي حىشي دالىزىنەن باسىپ وتكەن سوڭ، باتىستا ەكى ايىرىقا ٴبولىندى: ونىڭ ٴبىرى باتىس سولتۇستىككە قاراي بەت الىپ، يۇمىنگۋاننان شىققان سوڭ الدىڭعى جۇيشى بەكتىگىن باسىپ ٴوتىپ، تيانشان تاۋىنىڭ وڭتۇستىك باۋرايىن جاعالاي باتىسقا بەت الادى، شۋرەكتەن شىققان سوڭ باتىستا كوكارتتان اسىپ، داۋاننان ٴوتىپ، قاڭلىعا، الانعا جەتەدى، بۇل سولتۇستىك جول ؛ ەندى ٴبىرى باتىس وڭتۇستىككە قاراي بەتتەپ، ياڭگۋاننان شىققان سوڭ پىشامشاندى باسىپ ٴوتىپ، كۇنلۇن تاۋىنىڭ سولتۇستىك باۋرايىن جاعالاي باتىسقا بەت الادى، ساكادان وتكەن سوڭ كوكارتتان اسىپ، ۇلى رۋۋجىلاردان شىعىپ، پارفياعا جەتەدى، باتىستا ۇرۇمگە تۇتاسادى، نەمەسە ۇلى رۋۋجىلاردىڭ وڭتۇستىگىنەن سيندۋعا بارادى، بۇل وڭتۇستىك جول. مىنە، بۇل دۇنيەگە ايگىلى «جىبەك جولى» بولىپ تابىلادى. حان پاتشالىعى پارفيا، اورس، ۇرۇم، تازي، سيندۋ سەكىلدى ەلدەرگە جىلىنا كوپ بولعاندا ون نەشە رەت، كەم دەگەندە بەس - التى رەت ەلشى جىبەرىپ وتىردى. قاڭلى، ۇلى رۋۋجىلار، پارفيا سەكىلدى ەلدەر دە ەلشى جىبەرىپ، حان پاتشالىعىمەن بارىس - كەلىس جاساپ وتىردى. ٴارقايسى ەلدەردىڭ «وزدەرى وندىرگەن باعالى ونىمدەرىنەن اكەلمەگەنى قالمادى»[1]، سونىمەن «سىرتقى تايپالاردان ەنگىزىلگەن زاتتار

① (وڭتۇستىك پاتشالىقتار . سۇڭ) فان يە: «سوڭعى حانناما.باتىس ٴوڭىر باياني»، بەيجيڭ: جۇڭحۋا شۇجۇي باسپاسى، 1965 - جىل، 2931 - بەت.

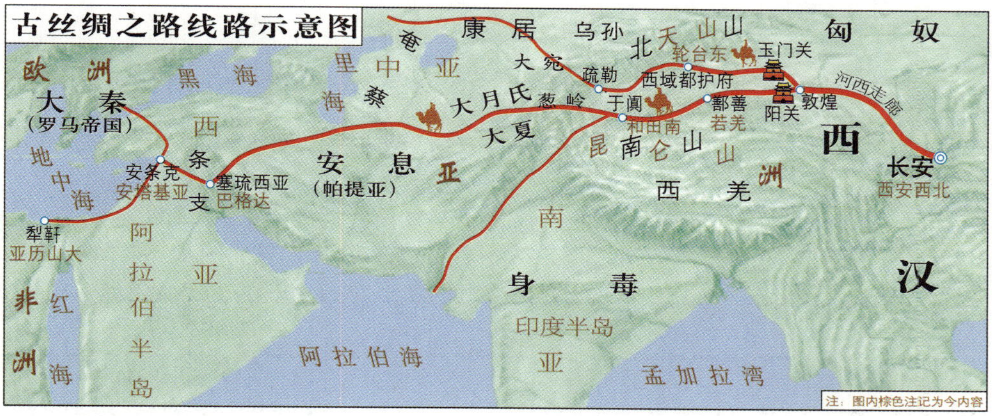

مەملەكەتتىڭ بايلىعىن اسىردى»①، جىبەك جولىنىڭ جاعالاۋلارىندا «ەلشىلەر مەن ساۋداگەرلەر قايشالىسقان»② دىر ـ دۋمان جاعداي جارىققا شىقتى.

حان پاتشالىعى داۋرىنەن كەيىن، جىبەك جولىنىڭ مازمۇنى ٴتىپتى دە بايي ٴتۇستى. جىبەكتەن توقىلعان بۇيىمدار، سىرلى ىدىستار، تەمىر جابدىقتار سەكىلدى تاۋارلار وسى جول ارقىلى باتىسقا جەتكىزىلدى، اسىل تۇقىمدى جىلقىلار، تۇيە، حوش ٴيىستى زاتتار، انار سەكىلدىلەر باتىستان جۇڭگوعا ەنگىزىلدى. باتىس پەن شىعىستىڭ بارىس ـ كەلىسى ۇزدىكسىز قويۋلاي تۇسكەندىكتەن، شۇراتتارداعى، سايىن ساحاراداعى جانە تەڭىزدەگى باستى جەلىلەردى نەگىز ەتكەن تور تارىزدەس قاتىناس جۇيەسى بىرتىندەپ قالىپتاسىپ، تاڭ پاتشالىعى داۋىرىندە ٴتىپتى دە كوركەيە ٴتۇستى. جىبەك جولى جۇڭگو مەن دۇنيەنى تۇتاستىراتىن دانەكەر، ەرتەدەگى جۇڭحۋا وركەنيەتى، ىنديا وركەنيەتى، ەگيپەت وركەنيەتى، گرەك ـ ريم وركەنيەتى، مەسوپوتاميا وركەنيەتى جانە ورتا ازيا وركەنيەتى وسى ارادا قاقتىعىسا توعىسىپ، شىعىس پەن باتىس وركەنيەتىنىڭ الماسۋى مەن كىرىگۋىن جەدەلدەتتى.

① (حان) حىن كۋان جازعان، ۋاڭ ليچي تىنىس بەلگىسىن قويىپ، تۇسىندىرگەن: «تۇز ـ تەمىر تۋرالى. ەگىنشىلىك بايانى»، تيانجين: تيانجين بايىرعى شىعارمالار باسپاسى، 1983 ـ جىل، 26 ـ بەت.

② (حان) سىما چيان: «تاريحي جازبالار . داۋان بايانى»، بەيجيڭ: جۇڭحۋا شۋجۇي باسپاسى، 1959 ـ جىل، 3170 ـ بەت.

بەسىنشى تاراۋشا جۇڭحۋا مادەنيەتىنەن ٴنار الىپ، جەتىلگەن شينجياڭ ٴوڭىرىنىڭ مادەنيەتى

ەجەلدەن بەرى، قورشاعان ورتانىڭ الۋان تۇرلىلىگىنەن جۇڭحۋا مادەنيەتىندە باي، كوپ نەگىزدى جاعداي جارىققا شىقتى. تولاسسىز جاڭالانىپ، ٴورتىس دامىپ وتىرعان تاريحي بارىستا، جۇڭگوداعى ٴارقايسى ۇلتتاردىڭ مادەنيەتى بارىنشا توعىسىپ، مايەكتى دە شۇعىلالى جۇڭحۋا مادەنيەتىن قالىپتاستىردى. حۋاشيا مادەنيەتى — جۇڭحۋا وركەنيەتىنىڭ ماڭىزدى قۇرامداس بولىگى، جۇڭحۋا ۇلتىنىڭ تياناعى ٴارى رۋحى. تاريحتىڭ بىرتالاي داۋىرىنا بايلانىستى 3800 جىلدىڭ الدى ـ ارتىندا ورتا جازىق وڭىرىندە ٴتىپتى دە تولىسقان وركەنيەت فورماسى قالىپتاسىپ، مادەنيەت جاعىنان توڭىرەكتىڭ ٴتورت بۇرىشىنا تۇگەل ىقپال كورسەتىپ، جۇڭحۋا وركەنيەتىنىڭ جالپى ٴوردىسىنىڭ ۇيتقى جەتەكشىسىنە اينالدى. وسىدان كەيىن، شاڭ، جوۋ پاتشالىقتارى تۇسىنداعى وركەنيەت حۋاڭحى وزەنى مەن چاڭجياڭ دارياسىنىڭ ورتاڭعى، تومەنگى الابىنداعى وڭىرلەرگە دەيىن جالپىلاستى. چۇنچيۋ ـ جاڭگو داۋىرىندە وزىندىك ەرەكشەلىككە يە وڭىرلىك مادەنيەت جالپى جاقتان قالىپتاسىپ بولدى. چين ـ حان پاتشالىعى داۋىرىنەن كەيىن، جۇڭحۋادا ۇلى بىرلىك جونىندەگى يدەيالىق ۇستانىم بىرتە ـ بىرتە قالىپتاسىپ، تۇتاس حۋاشيا مادەنيەتى توعىسا كەلىپ، حانزۋ مادەنيەتىن قالىپتاستىردى، جۇڭحۋا مادەنيەتىندەگى جەتەكشى مادەنيەتكە اينالدى ٴارى توڭىرەگىندەگى ۇلتتاردىڭ مادەنيەتىمەن ۇزدىكسىز ارالاسىپ، قارىم ـ قاتىناس جاساپ، توعىسىپ وتىردى. ورتا جازىق مادەنيەتىنىڭ تارالۋى جانە قوردالانۋىنا بايلانىستى، ورتا جازىقتىڭ رەڭدى قىش ىدىستارى، تورعىن ـ تورقالارى، ٴبي ـ مۋزىكالارى، ٴتىل ـ جازۋى سەكىلدىلەر شينجياڭ وڭىرىنە كەڭىنەن تارالىپ، شينجياڭ وڭىرىندەگى ٴارقايسى ۇلتتاردىڭ مادەنيەتىنىڭ دامۋىن جەبەدى ٴارى كوپ نەگىزدى، ٴبىر تۇلعالى جۇڭحۋا مادەنيەتىنىڭ دامۋىن جەبەدى.

ٴبىرىنشى، جۇڭحۋا مادەنيەتىنىڭ بەلگىلەرى

رەڭدى قىش ىدىس مادەنيەتىنىڭ باتىس وڭىرگە تارالۋى. رەڭدى قىش — جۇڭحۋا مادەنيەتىنىڭ ماڭىزدى بەلگىسى. سوناۋ 6000 نەشە جىلدىڭ الدىندا حۋاڭحى وزەنى الابىنداعى

قوس قۇلاقتى شاقپاق جولاقتى
اشەكەيلى ٴتۇستى كوزە
شينجياڭداعى قۇمىلدان تابىلعان

ٴتۇستى قىش شاۋگىم
شينجيـاڭنىـڭ حـىجيك
اۋدانىنداعى چاۋىق قورىمىنان تابىلعان

اۋىل شارۋاشىلىعىمەن شۇعىلداناتىن وڭىرلەردە رەڭدى قىش مادەنيەتى جارىققا شىقتى. حۋاڭحى الابىنداعى رەڭدى قىش ۋيشۋي وزەنى الابىنان باتىسقا قاراي گانسۋ، چيڭحاي، حىچۋي سەكىلدى جەرلەرگە تارالدى، حۋاڭحى وزەنىنىڭ جوعارعى اڭعارىنان حىشي دالىزى ارقىلى شينجياڭ ٴوڭىرىنىڭ شىعىس بولىگىندەگى تيانشاننىڭ وڭتۇستىك باۋرايىنداعى كەڭ القاپقا، بوعدا تاۋلى ٴوڭىرىنىڭ توڭىرەگىنە، تيانشان تاۋىنىڭ وڭتۇستىك باۋرايىنداعى كەڭ القاپقا، ىلە وزەنى القابىنا كەڭىنەن تارالىپ، تاريحقا دەيىنگى داۋىردەگى «رەڭدى قىش جولىنىڭ» ۇزىن ـ ىرعاسىن قالىپتاستىردى. قۇمىل قالاسى تيانشان سولتۇستىك كوشەسىندەگى

قاس تاس ادام
حىنان ولكەسىنىڭ انياڭ
قالاسىنداعى يىنشۇي فۋحاۋ مولاسىنان
تابىلعان

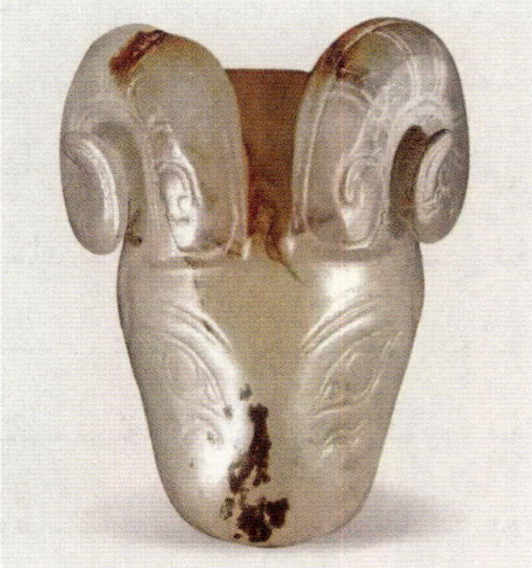

قاس تاس قوي باسى
حىنان ولكەسىنىڭ انياڭ
قالاسىنداعى يىنشۇي فۋحاۋ مولاسىنان
تابىلعان

سامۇرىق ورنەكتى كەستەلى بۇيىم
شينجياڭداعى ۇرىمجىنىڭ العۋي
جىلعاسى ەسكى مولاسىنان تابىلعان

سامۇرىق ورنەكتى كەستەلى بۇيىم
رەسەيدەگى پازىرىق ەسكى
مولاسىنان تابىلعان

ەجەلگى مولادان جانە باسقا دا وڭىرلەردەن قازىپ الىنعان قىش ىدىستاردىڭ كوبىنىڭ توركىنى شىعىس جۇيەسىنە ٴتان ەكەندىگىن، مىسالى، قوس قۇلاقتى، شاقپاق جولاقتى رەڭدى كۇزە گانسۋدىڭ حىشي دالىزى وڭىرىندەگى ماجياياۋ قۇمدانى مادەنيەتىنىڭ ماچاڭ تيپىنە جاتاتىندىعىن ارحەولوگيالىق زەرتتەۋلەر دالەلدەپ وتىر. بۇل قىش ىدىستاردىڭ بەتىندەگى شۇبىرمالى ايشىقتار، كەرەگە كوز جولاقتى، ساۋساق بەدەرلى ورنەكتەر حىشي دالىزىندەگى سىبا مادەنيەتىنە ٴتان قىش ىدىستارىمەن قارايلاس كەلەدى. مىنە، بۇدان سوناۋ 4000 جىلدان بۇرىنعى ماچاڭ جانە سىبا مادەنيەتى سەكىلدى گانسۋدىڭ ورتە داۋىردەگى مادەنيەتىنىڭ شينجياڭنىڭ شىعىس بولىگىندەگى قۇملعا تامىر تارتقاندىعىن ٴارى شىعىستان باتىسقا قاراي بىرتىندەپ دامىعاندىعىن كورىپ الۋىمىزعا بولادى.

قاس تاسىنىڭ شىعىسقا تارالۋى. جۇڭگونىڭ قاس تاسى مادەنيەتىنىڭ تاريحى ۇزاق، سوناۋ العاشقى قوعامنان تارتىپ قاس تاسى بۇيىمدارىن ادامدار جاقسىلىقتىڭ نىشانى دەپ ٴبىلدى. ادامزاتتىڭ ەستەتيكالىق كوزقاراسى جانە رۋحاني دۇنيەسىنىڭ ۇزدىكسىز بايي تۇسۋىنە بايلانىستى، قاس تاسىنان جاسالعان ٴتۇرلى بۇيىمدار ماڭىزدى مادەنيەت دانەكەرىنە اينالىپ، جۇڭگونىڭ ورتە زامانداعى ساياسىنا، جول - جوراسىنا، ساۋدا - ساتىعىنا، ٴتىپتى، الەۋمەتتىك

شىعىس حان پاتشالىعى «ۇرپاقتارعا ۇزاق عۇمىر، باي - باقىت تىلەك ٴسوزى» جازىلعان قامقا جۇرناعى

شينجياڭنىڭ نيە اۋدانىنداعى نيە ەسكى جۇرتىنان تابىلعان

تۇرمىسى مەن ەستەتيكالىق تانىمىنىڭ جارىقشا شىعۋىنا تەرەڭ ىقپال جاسادى. كۇنى بۇگىنگە دەيىن 3200 جىل اينالاسىندا بولعان حىنان ولكەسىنىڭ انياڭ قالاسىنداعى يىنشۇي فۋحاۋ مولاسىنان 1976 - جىلى 756 قاس تاسى بۇيىمى تابىلدى، سارابتاپ تەكسەرۋ ارقىلى بۇلار شينجياڭنىڭ حوتان قاس تاسى بولىپ شىقتى. مىنە، بۇل سوناۋ شاڭ پاتشالىعى ٴداۋىرىنىڭ وزىندە - اق، شينجياڭ وڭىرىندەگىلەر مەن ورتا جازىق سەكىلدى وڭىردەگىلەردىڭ قاس تاسى ساۋداسى ارقىلى ٴوزارا بايلانىس جاساپ وتىرعاندىعىن ٴتۇسىندىرىپ بەرەدى.

جىبەك تورعىن - تورقانىڭ باتىسقا بەت الۋى. دۇنيە ٴجۇزى بويىنشا ەڭ ەرتەدەگى جىبەك توقىماشىلىق وركەنيەتى جۇڭگودا بولعان. جىبەك قۇرتىن باعۋ مەن جىبەكتەن كەزدەمە توقۋ ونەرىن تاپقىرلاۋدىڭ ٴوزى ەرتە زامانداعى جۇڭگونىڭ ادامزات وركەنيەتىنە قوسقان ۇلكەن ۇلەسى بولىپ تابىلادى. سوناۋ جاڭا تاس قۇرالدار داۋىرىندە، حۋاڭحى - چاڭجياڭ وزەندەرى الابىنداعىلار جىبەك قۇرتىن باعىپ، جىبەكتەن توقىما بۇيىمدار توقىدى. تورعىن - تورقا توقۋ ونەرىنىڭ جوعارىلاۋى مەن توقىما توقۋ جابدىقتارىنىڭ دامۋىنا بايلانىستى، شاڭ، جوۋ، چۇنچيۋ - جانگو، چين، حان كەزەڭىنە كەلگەندە جىبەك ٴوندىرىسى مەن ساۋدا - ساتىق ٴوزارا تولىسۋ جانە گۇلدەنىپ - كوركەيۋ ساتىسىنا ٴوتتى. شينجياڭداعى ٴۇرىمجىنىڭ العۇي جىلعاسى ەسكى مولاسىنان تابىلعان چۇنچيۋ داۋىرىندەگى سامۇرىق سۋرەتى تۇسىرىلگەن كەستەلى بۇيىم، سونداي - اق رەسەيدىڭ تاۋلى التاي ولكەسىندەگى پازىرىق ەسكى مولاسىنان تابىلعان چۇنچيۋ - جانگو داۋىرىندەگى سامۇرىق سۋرەتى تۇسىرىلگەن كەستەلى بۇيىمداردىڭ ٴبارى دە ورتا جازىق وڭىرىنەن كەلگەن، مىنە، بۇلار چۇنچيۋ - جانگو داۋىرىندەگى جىبەكتەن توقىلعان بۇيىمداردىڭ ەرتەدە - اق شينجياڭ وڭىرىنە، سونداي - اق ٴتىپتى دە كوپتەگەن وڭىرلەرگە تارالعاندىعىن تۇسىندىرەدى.

«بەس جۇلدىز شىعىستان تۋىپ، جۇڭگوعا جاقسىلىق اكەلسىن» دەگەن جازۋ جازىلعان قامقا بىلەكقاپ

شينجياڭنىڭ نيە اۋدانىنداعى نيە ەسكى جۇرتىنان تابىلدى

حان پاتشالىعى داۋىرىندەگى جىبەك توقىما كاسىبى ارقاۋ، ۇرشىق، توقۋىش سەكىلدى وزىق جابدىق بولەكتەرىنەن پايدالاندى، بۇلارمەن تەگىس شاقپاقتى، ءبىرىڭعاي ءتۇستى، بورتپە گۇلدى، ت.ب. ونىمدەردى وندىرۋگە بولادى. شينجياڭ وڭىرىنەن بايقالعان ورتا جازىق وڭىرىنە ءتان قىرۋار جىبەك توقىما بۇيىمدارىڭ ىشىندە نيە مەن كرورانداعى قالدىقتار ەڭ كوپ، بۇلار نەگىزىنەن: «يۋانحى جىلناماسىنىڭ العاشقى جىلىنداعى» بۇعى جولاقتى قامقا، «بيلەر مەن بەكتەردىڭ باس قۇراۋ سالتىنا ارنالعان ۇرپاقتارعا ۇزاق عۇمىر تىلەك ءسوزى» جازىلعان قامقا، «مەملەكەت مەرەكەسىنە ارنالعان توڭىرەكتىڭ ءتورت بۇرىشىنا باق - داۋلەت، اسقان ابىروي تىلەك ءسوزى» جازىلعان قامقا، «ابىرويىڭ الەمگە تانىلسىن، ۇرپاقتارىڭنىڭ عۇمىر جاسى ۇزاق بولسىن»، «ۇرپاقتارىڭا جاساعان جار بولىپ، ۇزاق عۇمىر كورسىن»، «جانىڭا جاقسىلىق جار بولسىن» دەگەن سەكىلدى تىلەك سوزدەر جازىلعان قامقالاردى قامتيدى، وسى جىبەك توقىما بۇيىمدارى حان پاتشالىعى داۋىرىندەگى جىبەك تورعىن - تورقالاردىڭ ورنەك ۇلگىسىمەن بەرەدي[①]. شينجياڭنىڭ لوپنۇر اۋدانىنداعى

① جيا يىڭ - ي: «شينجياڭنىڭ ەرتە زامانداعى ءجۇن توقىما بۇيىمدارى جونىندە زەرتتەۋ»، شاڭحاي: شاڭحاي بايىرعى شىعارمالار باسپاسى، 2015 - جىل، 263 - بەت.

يىڭپان ەسكى جۇرتىنان حان پاتشالىعى داۋىرىندەگى قىرۋار توقىما بۇيىمدار، كيىم ـ كەشەكتەر تابىلدى. بۇل بۇيىمداردىڭ كوركى كوز تارتادى، ٴتۇرى اسا مول، بۇلاردىڭ ىشىندە: جىبەك، شۇعا، شاعي، قامقا، كەستەلى كەزدەمە، سونداي ـ اق بوياۋلى باتسايى، ەرلى بۇيىمدار سەكىلدىلەر بار، بۇلار نەگىزىنەن سول تۇستاعى جىبەك تورعىن ـ تورقالاردىڭ بارلىق ٴتۇرىن قامتيدى. وسى جىبەك تورعىن ـ تورقالاردىڭ نەگىزىنەن ورتا جازىق سەكىلدى وڭىرلەردەن كەلگەندىگىن زەرتتەۋلەر دالەلدەپ وتىر. 1995 ـ جىلى شينجياڭنىڭ نيە اۋدانىنداعى نيە ەسكى جۇرتىنان «بەس جۇلدىز شىعىستان تۋىپ، جۇڭگوعا جاقسىلىق اكەلسىن» دەگەن جازۋ جازىلعان قامقا جەڭدىك تابىلدى. ول دوعال بۇرىشتى شارشى بولىپ، كوركى كوز تارتادى، باق قۇسى، كيەلى حايۋاندار، اق جولبارىس بۇلت ىشىندە، جۇلدىزدار اراسىندا قالىقتاپ جۇرگەندەي سەزىلەدى، ورنەگىنىڭ وزىندىك ەرەكشەلىگى جاقسىلىق نىشانىن اڭعارتادى. وسى اسەم قامقا جۇڭگونىڭ 20 ـ عاسىرداعى ارحەولوگيالىق زەرتتەۋىندەگى ەڭ ۇلى بايقاۋلاردىڭ ٴبىرى بولدى دەلىنىپ وتىر. قامقاداعى «بەس جۇلدىز»: شولپان، ەسەكقىرعان، بولپان، قىزىل جۇلدىز، قوڭىرقايلاردى مەڭزەيدى، ال، «جۇڭگو» دەگەندە جالپى بەتتىك سول تۇستاعى حۋاڭحى وزەنى الابىنداعى ورتا جازىق ٴوڭىرىن مەڭزەيدى. «بەس جۇلدىز شىعىستان تۋىپ» دەگەن ٴسوز باستى بەس ۇلكەن جارىق جۇلدىز ٴالىم مەزگىلدە كۇن شىعاردان بۇرىن شىعىستان بىردەي كورىنىسىن دەگەندى بىلدىرەدى. مۇنداي استرونوميالىق قۇبىلىس وتە سيرەك كەزىگەدى، ادەتتە نەشە ون جىلدا، ٴتىپتى، ٴجۇز نەشە جىلدا ٴبىر رەت كەزىگەدى، سوندىقتان، بۇرىنعىلار بۇعان قاتتى عاجاپتانىپ جانە باسا ٴمان بەرىپ، بۇل «ٴتاڭىر ەركى»[1]، استىقتان مول ٴونىم الىپ، كوركەيىپ ـ گۇلدەنەتىندىگىن بىلدىرەدى.

ەكىنشى، ورتا جازىق مادەنيەتىنىڭ ىقپالى

حانزۋ ٴتىلى باتىس وڭىردە ۇكىمەتتىك حات ـ قاتىناسىندا ٴبىر تۇتاس قولداناتىن ٴتىل بولدى. چين پاتشالىعى قۇرىلعانىنان كەيىن، ٴارقايسى جەرلەردىڭ ەكونوميكا، مادەنيەت جاقتارىنداعى اۋىس ـ كۇيىستى جانە مەملەكەتتىڭ ساياساتتىق زاڭ ـ جارلىقتارىنىڭ اتقارىلۋىن جەبەۋ ٴۇشىن جازۋ بىرلىككە كەلتىرىلىپ، «چينجۋان» (شياۋجۋان) ۇلگىسى

① قۇراستىرۋعا جاۋاپتى ۋاڭ لي: «جۇڭگونىڭ ەرتە زامان مادەنيەتىنەن جالپى ساۋات» (قىستىرما سۋرەتتەردىڭ وڭدەلگەن نۇسقاسى، 4 ـ باسىلىم)، بەيجيڭ: دۇنيە قاريتا باسپا سەرىكتىگى، 2009 ـ جىل، 1 ـ ، 2 ـ بەتتەر.

حان پاتشالىعىنىڭ شاقاسى

شينجياڭنىڭ حوتانداعى مالىك اۋات بايىرعى قالاسىنىڭ ەسكى جۇرتىنان تابىلدى

ۇكىمەتتىڭ ولشەمدى جازۋ ۇلگىسى بولدى. باتىس حان پاتشالىعى باتىس ٴوڭىردى بىرلىككە كەلتىرگەننەن كەيىن، حانزۋ ٴتىلى باتىس وڭىردە ۇكىمەتتىك ٴبىر تۇتاس قولداناتىن تىلگە اينالىپ، كەڭ كولەمدى تارالدى. باتىس ٴوڭىردىڭ قالالىق ەلدەرىندە ٴتىلماشتىق قىزمەت ورنى بولدى، ولار حانزۋ ٴتىلى مەن جەرگىلىكتى تىلدەردى ٴوزارا اۋدارىپ وتىردى. شينجياڭداعى باي اۋدانىنىڭ قاراتاح تاۋىندا قازىرگە دەيىن ساقتالىپ وتىرعان شىعىس حان پاتشالىعى تۇسىنداعى كۇسان سول قول جياڭجۇنى ليۋ پيڭگونىڭ قاراۋىل وتكەلىن تۇرعىزعانى تۋرالى ەسكەرتكىش تاس ويماسى شىعىس حان پاتشالىعى يۇڭشوۋ جىلناماسىنىڭ 4 ـ جىلى (158) ورناتىلعان، ەسكەرتكىشتەگى جازۋلار تۇگەلدەي حانزۋ ارىبىمەن جازىلعان، بۇل حانزۋ ٴتىلىنىڭ كۇساندا تارالعاندىعىنان دەرەك بەرەدى. نيە ەسكى جۇرتىنان سەڭزۇت بەگىندە پايدالانىلعان حانزۋشا ىقشامدالعان وقۋلىقتىڭ «ساڭجيە جازبالارى» تابىلدى، مۇنداعى قالدىق جازۋلار ورتا جازىق وڭىرىندەگى وقۋلىقتاردىڭ «ساڭجيە جازبالارىنداعى» جازۋلارمەن بىردەي. سەڭزۇت بەگىنىڭ ورداسىنان حان اۋلەتتەرى اراسىندا قوناعاسى بەرۋ، تارتۋ ـ تارالعى ۇسىنۋدا پايدالانىلعان حانزۋشا «بەلگى تاقتايشا» بايقالدى، مىنە، بۇل حان پاتشالىعىنىڭ سەڭزۇت حان ورداسىنا وقىتۋشى جىبەرىپ وتىرعاندىعىنان، سونداي ـ اق ۇستەم جىكتەگىلەر اراسىندا حانزۋ ٴتىلى وقىتۋىن وقۋ ـ وقىتۋ جولعا قويعاندىعىنان، ال، ولاردىڭ حانزۋ ٴتىلى ارقىلى ٴوزارا جاتتىق بايلانىس جاساي العاندىعىنان دەرەك بەرەدى[1].

شينجياڭ وڭىرىنەن باتىس حان پاتشالىعىنىڭ العاشقى مەزگىلىندەگى قىرۋار بانلياڭ اقشالارى مەن حان پاتشالىعىنىڭ ٴارقايسى مەزگىلدەرىندەگى، بەس مىسقالدىق اقشاسى،

① ۋاڭ بيڭحۋا: «جىبەك جولى جونىندە ارحەولوگيالىق زەرتتەۋلەر»، ٴۇرىمجى: شينجياڭ حالىق باسپاسى، 2009 ـ جىل، 209 ـ بەت.

كوزقاراس ٴتۇيىنى

تاريحتا ورتا جازىق پەن ونىڭ توڭىرەگىندەگى جەرلەردىڭ تۇرلىشە شارۋاشىلىعى مەن مادەنيەتى اراسىندا كوشىپ ـ قونۋ، توعىسۋ، سوعىس، قۇدا ـ اندالىق، ٴوزارا ساۋدا جاساۋ، ت.ب. ارقىلى، شارۋاشىلىق، ەكونوميكالىق مادەنيەت جاقتارىندا ٴبىرىن ـ ٴبىرى تولىقتاپ جانە ۇلتتىق جاقتان توعىسىپ وتىردى. تۇرلىشە تيپتەگى شارۋاشىلىق پەن مادەنيەتتىڭ ٴوزارا اۋىس ـ كۇيىس جاساسۋى، كىرىگۋى، توعىسۋى ارقىلى، ەڭ سوڭىندا كەڭ تىنىستى جۇڭحۋا مادەنيەتى قالىپتاستى. جاعراپيالىق قورشاعان ورتانىڭ ۇقساماستىعى جانە ٴتۇرلى شارۋاشىلىق پەن مادەنيەت داميۋىنىڭ بىركەلكى بولماۋى سالدارىنان، جۇڭحۋا مادەنيەتىنىڭ ىشكى بولىگىندە دە وڭتۇستىك ـ سولتۇستىك، شىعىس ـ باتىس وڭىرلەرگە ٴتان وزىندىك ايىرماشىلىقتار دا ٴومىر ٴسۇردى.

ٴتيپتى، ۋاڭ ماڭ تۇسىنداعى «داچۋان ەلۋ»، «شياۋچۋان جىيى»، «حوچۋان» سەكىلدى ٴۇش ٴتۇرلى اقشانىڭ اينالىمعا تۇسكەندىگى بايقالدى. ۇدۇنان قىرۋار مولشەردەگى «حانزۋشا ـ كحاروشتىشا ەكى جازۋ تۇسىرىلگەن اقشا» تابىلدى، بۇل «ۇدۇن جىلقى اقشاسى» دەپ تە اتالادى. ونىڭ ول بەتىنە حانزۋ جازۋىنىڭ جۋانتي ۇلگىسىمەن اقشانىڭ سالماعى جازىلعان، ۇلكەن اقشا «جيىرما ٴتورت مىسقالدىق مىس اقشا» بولىپ، كىشى اقشا «التى مىسقالدىق اقشاعا» بارابار بولعان؛ اقشانىڭ تەرىس بەتىنە ۇدۇن بەگىنىڭ اتى ـ ٴجونى، جىلناماسى كحاروشتى جازۋىمەن جازىلعان، اقشالاردىڭ قۇيىپ جاسالعان ٴداۋىرىن 2 ـ عاسىرعا دەيىن قاراستىرۋعا بولادى. مىنە، بۇدان سول تۇستا حانزۋ جازۋىنىڭ شينجياڭ وڭىرىندە كەڭىنەن تارالعاندىعىن كورىپ الۋعا بولادى.

جول ـ جوسىن ٴتۇزىمىنىڭ شينجياڭ وڭىرىنە جاساعان ىقپالى. جۇڭگو ەجەلدەن بەرى «جول ـ جوسىندى ەل» دەلىنىپ كەلەدى. جول ـ جوسىن مادەنيەتى جۇڭحۋانىڭ ٴداستۇرلى مادەنيەتىنىڭ ماڭىزدى قۇرامداس بولىگى بولىپ، ول ساياسي جاقتاعى بارىس ـ كەلىس پەن حالىق اراسىنداعى بارىس ـ كەلىس ارقىلى شينجياڭ وڭىرىنە جەتتى. ٴبىزدىڭ زامانىمىزدان بۇرىنعى 105 ـ جىلى، ۇيسىندەردىڭ وتىنىشىنە ساي حان ۋدي پاتشا جياڭدۋ ۋاڭى ليۋ جياننىڭ قىزىنا شيجۇن حانشا اتاعىن بەرىپ، ونى ٴۇيسىننىڭ كۇنبيىنە ۇزاتتى. شيجۇن حانشا ۇزاتىلعان كەزدە، حان ۋدي پاتشا «ساۋلەتتى كۇيمە، ۇلدە مەن بۇلدەگە وراپ، داياشى،

اتەك، نوكەرلەردەن نەشە ٴجۇز ادام قوسىپ بەردى، ۇزاتۋ سالتى وتە دابىرالى بولدى»[①]، سونىمەن ورتا جازىقتىڭ زاڭ ـ ٴتۇزىمى، جول ـ جوسىن، مادەنيەتى شينجياڭ وڭىرىنە تارالدى. كۇسان بەگى كۇڭپەن جيەيۋ حانشانىڭ قىزى دەسپەن باس قۇراعان سوڭ، ٴبىزدىڭ زامانىمىزدان بۇرىنعى 65 ـ جىلى جۇبايىمەن ەرتىپ پاتشا ورداسىنا باردى، پاتشا وعان ٴمور سىيلادى. كۇسان بەگى «پاتشا ورداسىنا نەشە دۇركىن بارىپ، حان پاتشالىعىنىڭ كيىم ـ كەشەك تۇزىمىنە ٴتانتى بولدى، بۇل ٴتۇزىمدى ەلىنە الا كەلىپ، وردا اۋلەتىن جونگە سالدى، حان پاتشالىعىنىڭ سالتى بويىنشا جولدارعا قاراۋىل قويۋدى، كىرىپ شىققاندا حابارلاۋدى، قوڭىراۋ قاعىپ، بارابان سوعۋدى تالاپ ەتتى»[②]. بۇل ارادا ايتىلعان حان پاتشالىعىنىڭ كيىم ـ كەشەك ٴتۇزىمى — حان گاۋزۋ تۇسىندا شىيا، شاڭ، جوۋ پاتشالىقتارىنىڭ جول ـ جوسىن ٴتۇزىمى بويىنشا جاسالعان. ياعني «جوۋلي»، «يلي»، «ليجي» سەكىلدىلەردە جازىلعان كيىم ـ كەشەك جۇيەسى بولىپ تابىلادى. ال، مۇندا حان پاتشالىعىنىڭ سالتى دەگەندە حان پاتشالىعى ۇكىمەتىنىڭ جول ـ جوسىن ٴتۇزىمى ايتىلىپ وتىر. نيە ەسكى جۇرتىنان تابىلعان سەڭزۇت بەگى مەن جۇبايى بىرگە قويىلعان قابىردا مۇردەنىڭ بەتىنە ورتا جازىقتىڭ جوسىنى بويىنشا قامقا بەت جاپقىش جابىلعان. كۇسان بەگى مەن سەڭزۇت بەگىنىڭ ورتا جازىقتاعى پاتشالىقتىڭ جول ـ جوسىن ٴتۇزىمىن قاستەرلەپ، وعان ەلىكتەۋىنە قاراپ، ورتا جازىقتىڭ زاڭ ـ ٴتۇزىم مادەنيەتىنىڭ شينجياڭ وڭىرىنە قانشالىق زور ىقپال جاساعاندىعىن كورىپ الۋىمىزعا بولادى.

ٴبي ـ مۋزيكانىڭ شينجياڭ وڭىرىنە كەڭىنەن تارالۋى. ٴبي مەن مۋزيكانىڭ ٴبىرىن ـ ٴبىرى جەبەۋى — شينجياڭ ٴوڭىرىنىڭ ورتا جازىق وڭىرىمەن مادەنيەت الماسترۋىنداعى كورنەكتى ەرەكشەلىك بولىپ تابىلادى. چين پاتشالىعى مەن حان پاتشالىعى كەزەڭىندە، ورتا جازىقتىڭ ٴبي ـ مۋزيكاسى شينجياڭ وڭىرىنە نەداۋىر زور ىقپال جاسادى. شيجۇن حانشا ٴۇيسىنىنىڭ كۇنبيىمەن ۇيلەنگەن كەزدە، حان ۋدي ونى «ساعىنىشتان سارعايماسىن، جول ـ جونەكەي كوڭىل كوتەرىپ، كۇي تارتسىن دەپ، كوپ ىشەكتى كۇي اسپابىن جاساتىپ بەردى.

---

① (حان) بان گۋ: «حانناما. باتىس ٴوڭىر باياني»، بەيجيڭ: جۇڭحۋا شۋجۇي باسپاسى، 1962 ـ جىل، 3903 ـ بەت.

② (حان) بان گۋ: «حانناما.باتىس ٴوڭىر باياني»، بەيجيڭ: جۇڭحۋا شۋجۇي باسپاسى، 1962 ـ جىل، 3916 ـ، 3917 ـ بەتتەر.

شيجۇن حانشانىڭ ءمۇسىنى
شينجياڭنىڭ كۇنەسىندە

ول پيپا دەپ اتالاتىن»[1] . شيجۇن حانشا ورتا جازىق ءوڭىرىنىڭ مۋزىكا اسپابى پيپانى شينجياڭ وڭىرىنە الا كەلىپ، ورتا جازىق ءوڭىرى مەن شينجياڭ ءوڭىردىڭ مۋزىكا اۋىس ـ كۇيىسىن كۇشەيتتى. جيەيوۋ حانشا مەن ءۇيسىن كۇنبيىنىڭ تۇڭعىش قىزى دەس ورتا جازىق مۋزىكالارىن ۇناتاتىندىقتان، جيەيوۋ حانشا ونى ارناۋلى تۇردە استاناعا كۇي ۇيرەنۋگە جىبەردى، دەس پەن كۇسان بەگى كۇڭپەن ۇيلەنگەن سوڭ ولار پاتشا ورداسىنا تاعى كەلدى، ولار كۇسانعا قايتاتىن كەزدە حان شۋاندي پاتشا ارناۋلى تۇردە ولاردى «سالتانپەن اتتاندىرىپ سالۋ ءۇشىن، ءان ايتىپ، كۇي تارتۋعا نەشە ونداعان ادام ورنالاستىردى»[2] . سونىمەن بىرگە، شينجياڭ وڭىرىندەگى مۋزىكالاردىڭ ىرعاعى قۇيقىلجىعان، اسەرلى، ءرىتىم ۇندەستىگى كۇشتى بولعاندىقتان، ورتا جازىقتاعى حالىقتى قاتتى قىزىقتىردى، كەيبىر مۋزىكالار، ءتىپتى، ورتا جازىقتاعى پاتشا ورداسىنىڭ ساراي مۋزىكاسىنا اينالدى. «باتىس استانا ەستەلىكتەرىندەگى» جازبا دەرەكتەرگە نەگىزدەلگەندە، چي حانىمىنىڭ كۇڭشەسى جيا پيلان فۋفىڭدىق دۋان رۋمەن ۇيلەنگەندە... 7 ـ ايدىڭ 7 ـ كۇنى بايزى كولشىگىنىڭ جاعاسىندا ۇدۇن مۋزىكاسىن ورىندادى[3] . مىنە، بۇل سوناۋ حان گاۋزۋ پاتشا تۇسىندا ۇدۇن مۋزىكالارىنىڭ چاڭ ـ انعا تارالىپ، پاتشا اۋلەتى مۋزىكانتتارىنىڭ ءسوزسىز ورىندايتىن مۋزىكالارىنىڭ بىرىنە اينالعاندىعىن تۇسىندىرەدى.

چين، حان پاتشالىقتارى داۋىرىندە، جۇڭگودا فەودالدىق قوعامدىق ءتۇزىمىنىڭ ورناۋىنا ىلەسە، جۇڭحۋا ۇلى بىرلىگى جونىندەگى يدەيالىق ۇستانىمىنىڭ قالىپتاسۋىنا، ورتالىق

---

① (وڭتۇستىك پاتشالىقتار . لياڭ) شىن يۆە: «سۇڭناما. مۋزىكا شەجىرەسى، ءبىرىنشى ءبولىم»، بەيجيڭ: جۇڭحۋا شۋجۇي باسپاسى، 1974 ـ جىل، 556 ـ بەت.

② (حان) بان گۋ: «حانناما.باتىس ءوڭىر بايانى»، بەيجيڭ: جۇڭحۋا شۋجۇي باسپاسى، 1962 ـ جىل، 3916 ـ بەت.

③ (جين) گى حۇڭ: «باتىس استانا ەستەلىكتەرى»، بەيجيڭ: جۇڭحۋا شۋجۇي باسپاسى، 1985 ـ جىل، 19 ـ ، 20 ـ بەتتەر.

پاتشالىقتىڭ باتىس ٴوڭىردى ٴساتتى جونگە سالۋىنىڭ ٴونىم بەرۋىنە جانە ۇلى بىرلىك يدەياسىنىڭ تارالۋىنا بايلانىستى، شينجياڭ وڭىرىندە كوپ نەگىزدى، ٴبىر تۇلعالى جۇڭحۋا مادەنيەتىنىڭ ەرەكشەلىگى ايگىلەنىپ، سان الۋان كوركەيگەن جاعداي جارىققا شىقتى.

التىنشى تاراۋشا العاشقى ٴدىنىنىڭ جارىققا شىعۋى جانە سىرتتان كىرگەن دىندەردىڭ تارالۋى

جۇڭگو كوپ ٴدىندى مەملەكەت، وسى دىندەر قاتىناسى ەجەلدەن تاتۋ ٴوتتى. ەلىمىزدىڭ العاشقى دىندىك كوزقاراسى شامامەن ەرتەدەگى تاس قۇرالدار ٴداۋىرىنىڭ سوڭعى مەزگىلىندە وركەن جايا باستادى دا، جاراتىلىسقا، جانۋارلار مەن وسىمدىكتەرگە، توتەمگە جانە اتا - باباعا تابىنۋ سەكىلدى العاشقى ٴدىن فورماسى جارىققا شىقتى. شيا، شاڭ، جوۋ كەزەڭىندە، اسپان تاڭىرىنە تابىنۋ، جىن - تاڭىرلەرگە تابىنۋ سەكىلدىلەر جارىققا شىعا باستادى. چين، حان پاتشالىقتارىنان كەيىن بۋددا ٴدىنى مەن داۋجياۋ ٴدىنى كەڭىنەن تارالىپ، تۇرلىشە دىندەر جاراسىمدى تۇردە قاتار ٴومىر ٴسۇرىپ، كوپ نەگىزدى باۋىرمال بولدى. چين پاتشالىعىنا دەيىنگى كەزەڭنەن شىعىس - باتىس حان پاتشالىقتارى داۋىرىنە دەيىن شينجياڭ ٴوڭىرى ىلگەرىندى - سوڭدى جاراتىلىسقا، جانۋارلار مەن وسىمدىكتەرگە، توتەمگە، اتا - بابالارعا، سونداي - اق تاڭىرگە، جىن - تاڭىرلەرگە تابىنۋ سەكىلدىلەردى باستان كەشىردى، ال، زاراتۋشترا ٴدىنى، بۋددا ٴدىنى دە ىلگەرىندى - كەيىندى شينجياڭ وڭىرىنە تارالدى. مەيلى جەرگىلىكتى العاشقى دىندەر، الدە سىرتتان ەنگەن دىندەر بولسىن، ٴبارى دە شينجياڭ وڭىرىندە ٴومىر ٴسۇرۋ جانە جالعاستى دامۋ مۇمكىندىگىنە يە بولدى.

ٴبىرىنشى، شينجياڭ وڭىرىندەگى العاشقى دىندەر

ەرتە زامانعى شينجياڭ وڭىرىندە جاراتىلىسقا تابىنۋ قۇبىلىسى ٴومىر ٴسۇردى. سول تۇستا ادامدار كۇللى تىرشىلىكتىڭ بارىندە رۋح بولاتىندىعىنا، جاراتىلىستان تىس كۇشتىڭ بار ەكەنىنە سەنىپ، ٴبىر ٴتۇرلى ٴتىلسىم كۇش ۇلى تابيعاتتى مەڭگەرىپ تۇرادى دەپ ەسەپتەدى. ۇلى تابيعاتتىڭ جارىلقاۋىنا قول جەتكىزۋ ٴۇشىن، ادامدار اي مەن كۇن، تاۋ - تاس، وزەن - سۋ، جاۋىن - شاشىن، ناجاعاي سەكىلدى تابيعي قۇبىلىستار مەن تابيعي زاتتارعا تابىندى. لوپنۇردان رۋلىق قوعامداعى ٴبىر مولا تابىلدى، ونىڭ اينالاسىنا جەتى قاتار

كوزقاراس ٴتۇيىنى

شينجياڭ ەجەلدەن بەرى كوپ ۇلت قونىستانعان جانە كوپ ٴتۇرلى ٴدىني نانىم قاتار ٴومىر سۇرگەن ٴوڭىر. ەرتە زاماندا العاشقى ٴدىن، شامان ٴدىنى، زاراتۋشترا ٴدىنى، نەستوريان ٴدىنى، مانيحەي ٴدىنى سەكىلدى دىندەر ٴومىر ٴسۇردى. ٴبىزدىڭ زامانىمىزدان بۇرىنعى 4 ـ عاسىردان باستاپ، زاراتۋشترا ٴدىنى مەن بۋددا ٴدىنى سەكىلدى دىندەر ىركەس ـ تىركەس جىبەك جولىن بويلاي تارالىپ، كوپ دىندەر قاتار ٴومىر سۇرگەن جاعداي قالىپتاستى. ٴبىر نەمەسە ەكى ٴدىن نەگىز بولۋ، كوپ ٴدىن قاتار ٴومىر ٴسۇرۋ ـــ شينجياڭداعى ٴدىن جاعدايىنىڭ تاريحي ەرەكشەلىگى، توعىسىپ، بىرگە ٴومىر ٴسۇرۋ ـــ شينجياڭداعى دىندەر قارىم ـ قاتىناسىنىڭ باستى اعىمى بولدى.

شەڭبەرشە قادا ورناتىلعان، شەڭبەر سىرتىندا شاشىرامالى فورمادا اعاشتار تىزىلگەن، بۇلاردىڭ ٴپىشىنى بەينە دۇنيەنىڭ ٴتورت بۇرىشىنا نۇر شاشىپ تۇرعان الىپ كۇنگە ۇقسايدى دا، لوپنۇرلىقتاردىڭ سول تۇستا كۇنگە تابىنعاندىقتارىن بەينەلەپ بەرەدى. شينجياڭنىڭ كوكتوعاي اۋدانىنداعى تاڭبالى تاس ۇڭگىرىندە الۋان ٴتۇستى ٴبىر جارتاس سۋرەتى بار، ونىڭ ۇستىڭگى جاعىندا ٴبىرىنىڭ ىشىنە ٴبىرى سىزىلعان ەكى دوڭگەلەك شەڭبەر بار، ونىڭ ٴبىرى كۇنگە، ەندى ٴبىرى ايعا ۋاكىلدىك ەتەدى، ولاردىڭ جانىنا ارايلى بۇلتتار سىزىلعان، سۋرەتتىڭ تومەنگى بولىگىنە ٴتۇرى وزگەشە ادام باسىنىڭ سۋرەتى سىزىلعان. كۇن مەن ايعا تابىنۋدى بەينەلەيتىن وسى تەكتەس جارتاس سۋرەتتەرى شينجياڭنىڭ كوپتەگەن جەرلەرىنەن

لوپنۇرداعى كۇن ٴپىشىندى مولا

شينجياڭنىڭ چارقىلىعىندا

تاڭبالى ۇڭگىرىندەگى جارتاس سۋرەتى

شينجياڭنىڭ كوكتوعايىندا

بايقالىپ وتىر.

شينجياڭ وڭىرىندەگى العاشقى تۇرعىندار جان ـ جانۋارلار مەن وسىمدىكتەرگە دە تابىندى. ەجەلگى لوپنۇرلىقتار قىزىلشا مەن ٴبيداىعا تابىنعان، مۇردەنى جەرلەگەندە وسى ەكى وسىمدىكتى قوسىپ جەرلەگەن. شياۋحە مولاسىنداعى قالدىقتار سول ارادا اۋشىلىق پەن كوشپەلى مالشىلىقتى نەگىز ەتكەن تۇرعىنداردىڭ كوبىنەسە جانۋارلارعا تابىناتىندىعىن بەينەلەپ بەردى.

توتەمگە تابىنۋ شينجياڭ وڭىرىندە توتەنشە كەڭ تارالدى. ەرتە زامانداعى شينجياڭدا جولبارىستى، قابىلاندى، ارىستاندى، قاسقىردى، تۇيەنى توتەم ەتكەن جانە كۇندى، اعاشتى توتەم ەتكەن ۇلىستار بولدى. ادامدار ٴوسىپ ـ ٴوربۋدىڭ ٴجونىن بىلە باستاعاننان كەيىن ٴوربۋ مۇشەسىنە تابىنا باستادى. شينجياڭداعى تەكەس اۋدانىنىڭ ٴۇيسىن تاۋىنداعى اقتاس وڭگەرىنەن بايقالعان جارتاس سۋرەتتەرىندە جانە قۇتىبي اۋدانىنىڭ قىزىل قيا جارتاس سۋرەتىندە شينجياڭنىڭ ەرتە زامانداعى تۇرعىندارىنىڭ ٴوربۋ مۇشەسىنە تابىنعاندىعى وبرازدى تۇردە بەينەلەنگەن.

اتا ـ باباعا تابىنۋ ٴوربۋ مۇشەسىنە تابىنۋدىڭ جالعاسى ٴارى حۋاشيا ۇلتىنىڭ ەڭ باستى تابىنۋى بولىپ تابىلادى. «گويۋي . لۋيۋي» يۋيۋشى رۋى پاتشالارعا، ياۋ پاتشاعا تاساتتىق بەردى، اتا ـ بابالارى جۋان شۇي، شۇندەرگە تاساتتىق بەردى؛ شيا اۋلەتتەرى پاتشالارعا، گۇن پاتشاعا تاساتتىق بەردى، اتا ـ بابالارى جۋانشۇي، يۇيلەرگە تاساتتىق بەردى؛ شاڭ اۋلەتى شۇن، مياڭ پاتشالارعا، اتا ـ بابالارى چي، تاڭدارعا تاساتتىق بەردى؛ جوۋ ەلى پاتشا كۇ، جيلارعا، اتا ـ بابالارى ۋىنۋاڭ، ۋۋاڭدارعا تاساتتىق بەردى دەپ جازىلعان. مۇنداعى، 禘دي ، 郊، 祖، 宗 ارىپتەرى تاساتتىق اتى بولىپ، 禘 ارىپتەرى پاتشانىڭ ارعى اتا ـ بابالارىنا تاساتتىق بەرۋدى، ال، 祖، 宗 تەكتە قانداستىعى بار اتا ـ بابالارعا تاساتتىق بەرۋدى

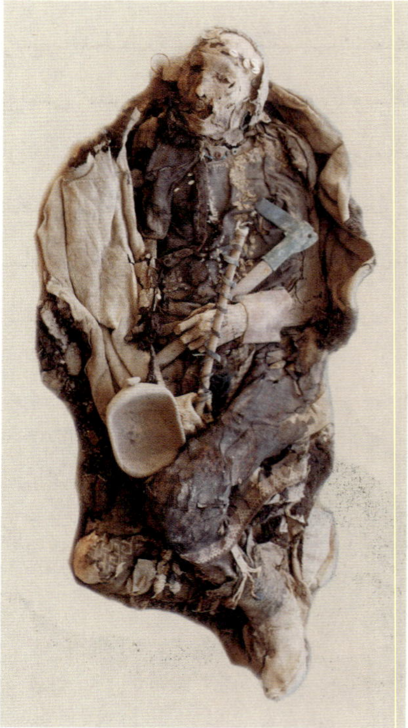

شامان باقسىسىنىڭ سەمگەن مۇردەسى

شينجياڭنىڭ چارقىلىق ياڭحاي ەسكى مولاسىنان تابىلعان

بىلدىرەدى، كەيىن 宗، 祖 وسى ەكى ٴارىپ قوسىلىپ، «اتا ـ بابا» دەگەن ۇعىمعا اينالعان. جۋانشۋي پاتشا تۇسىندا « جەر مەن كوكتى ٴبولىپ قاراۋ» دەيتىن العاشقى ٴدىن جاڭالىعى جارىققا شىقتى، «شاڭشۋ. كۇڭ اۋلەتى باياندالى»: «شي، حىلاردىڭ جەر مەن كوككە، ٴتورت ماۋسىمعا يە بولۋى جونىندە پاتشا جارلىق بەردى، جاي ادامدار مەن تاڭىرلەر بەرەكەلەرىن قاشىرماي، اركىم ٴوز جونىمەن جۇرەتىن بولدى، مىنە، بۇل: «جەر مەن كوكتىڭ ٴبولىنۋى» دەپ جازىلعان. مۇنىڭ شىن ٴمانى — جەر مەن كوكتى ٴبولۋ، ياعني جاي ادامدار مەن تاڭىرلەر ٴبىرىن ـ ٴبىرى مازالاماي، اركىم ٴوز سىباعاسىنا يە بولۋ، ادامدار اراسىندا تۇراقتى ەرەجە ـ ٴتارتىپ ورناتۋ، ادامداردىڭ نيەتىن دۇرىستاۋ، جول ـ جوسىن بەلگىلەۋ.

شينجياڭ وڭىرىندەگى تۇرعىنداردىڭ اتا ـ باباعا تابىنۋى ٴولىم جونەلتۋ جانە تاساتتىق بەرۋ سالتتارىندا شوعىرلى بەينەلەنگەن. عۇندار جىلىنا ەكى رەت قۇرىلتاي شاقىرىپ، اتا ـ بابالارىنا، جەر مەن كوككە جانە جىن ـ تاڭىرلەرىنە تاساتتىق بەرىپ وتىرعان. «ولار ٴولىم جونەلتكەندە، التىن ـ كۇمىس قوسىپ، كوركەبەجىككە سالىپ جەرلەگەن، مولاعا توپىراق ۇيمەگەن، بەلگى تۇرعىزباعان، قارالى كيىم كيمەگەن، ٴولىم جونەلتۋگە پاتشانىڭ قادىرلى ۋازىرلەرىنەن تارتىپ قۇل ـ كۇڭدەرىنە دەيىن قاتىناسقان، ٴولىم جونەلتۋشىلەر ەڭ كوپ بولعاندا مىڭنان استام ادامعا جەتكەن»①. شينجياڭ وڭىرىندەگى كوشپەلى تايپالاردىڭ ٴولىم جونەلتۋ سالتتارىندا ۇقساماستىقتار بولعانىمەن، ٴبىراق، ولاردىڭ رۋحتىڭ ولمەيتىندىگىنە سەنۋ، اتا ـ بابانىڭ ارۋاعىنا تابىنۋ جاقتارىنداعى ٴدىني كوزقاراستارى ۇقساس بولعان، ولار اتا ـ بابالارىمىزدىڭ ارۋاعى ۇرپاقتارىمىزدى قورعايدى، تايپامىزعا جار بولادى دەپ سەنگەن.

العاشقى ٴدىن سوڭعى ساتىعا وتكەننەن كەيىن، العاشقى ٴدىننىڭ جوعارعى فورماسىنداعى شامان ٴدىنى جارىققا شىقتى. «شامان» دەگەن ٴسوز مانجۋ ـ توڭعۇس تىلدەرىندە ٴدىن قىزمەتكەرلەرىن، ياعني حانزۋ تىلىندەگى «باقسى ـ بالگەرلەردى» مەڭزەيدى. مۇنداي نانىمنىڭ نەگىزگى ەرەكشەلىگى — شاماندا تابيعاتتان تىسقارى وزگەشە قۇدىرەت بولادى، ول جىن ـ پەرىلەرمەن تىكە سويلەسە الادى دەپ سەنەدى. شامان رۋ ـ تايپالاردىڭ ٴدىني قيمىلدارىن باسقارىپ، ٴوز رۋلارىنىڭ استىقتان مول ٴونىم الۋىنا، مال ـ جانىنىڭ وسۋىنە رۋ اۋليەلەرىنىڭ جار بولۋىن تىلەيدى، رۋ مۇشەلەرىنىڭ بالالى ـ شاعالى بولۋىن، پالە ـ قالادان،

① (حان) سىما چيان: «تاريحي جازبالار. عۇن باياني»، بەيجيڭ: جۇڭحۋا شۋجۋي باسپاسى، 1959 ـ جىل، 2892 ـ بەت.

اۋرۋ - ىندەتتەن، اپاتتان اراشالاۋ جونىندە بال اشىپ، ساۋەگەيلىك ىستەيدى، ت.ب.

ەكىنشى، سىرتتان ەنگەن دىندەردىڭ تارالۋى

شينجياڭ ٴوڭىرى ازيانىڭ ىشكى بولىگىنە ورنالاسقان، ول شىعىس پەن باتىستىڭ ەكونوميكاسى مەن مادەنيەتىنىڭ الماسۋىنداعى جانە تارالۋىنداعى ماڭىزدى جول بولىپ قالماستان، ونىڭ ۇستىنە، شىعىس پەن باتىس دىندەرىنىڭ تارالۋىنداعى ماڭىزدى جول ەسەپتەلەدى.

قوس حايۋاننىڭ ٴمۇسىنى ورناتىلعان بيىك تۇعىرلى مىس تاباقشا

شينجياڭداعى ٴۇرىمجىنىڭ العۇي ەسكى جۇرتىنان تابىلعان زاراتۋشترا ٴدىنىنىڭ قالدىق بۇيىمى

ەرتە زامانداعى پارسىلاردىڭ زاراتۋشترا ٴدىنى شينجياڭ وڭىرىنە ەڭ ەرتەدە تارالعان سىرتتان ەنگەن ٴدىن ەدى. زاراتۋشترا ٴدىنى ادەتتە وتقا تابىنۋ ٴدىنى دەپ تە اتالادى، ول ىزگىلىك پەن سۇرقيالىق سىندى قوس نەگىزدىلىكتى دارىپتەپ، وتتى ىزگىلىك پەن نۇر - شۇعىلانىڭ نىشانى رەتىندە قارايدى دا، كيەلى وتقا ارناۋلى تاساتتىق بەرۋ

ماتەريال تىزبەگى

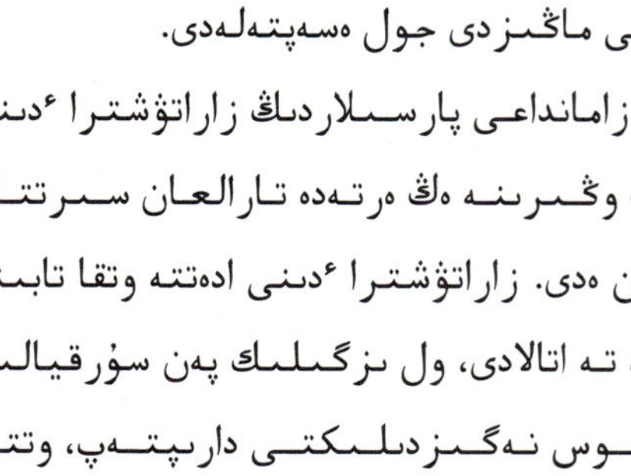

ۇيعۇرلاردىڭ ۇيلەنۋ تويىندا «وتتان ٴوتۋ» سالتى

زاراتۋشترا ٴدىنى وتتى نۇر - شۇعىلانىڭ بەلگىسى دەپ ٴبىلىپ، ارناۋلى تۇردە وتتى كيەلى ساناپ تاساتتىق بەرۋ سالتىن وتكىزەدى. شينجياڭداعى ۇيعۇر، قازاق، قىرعىز، تاجىك سەكىلدى ۇلتتاردىڭ ٴبارى دە تاريحتا زاراتۋشترا دىنىنە سەنگەن، وسى ۇلتتاردىڭ كۇندەلىكتى تۇرمىستارىندا كۇنى بۇگىنگە دەيىن وتقا قاتىستى عۇرىپ - ادەتتەر ساقتالىپ وتىر، مىسالى، جاڭا تۇسكەن كەلىن كۇيەۋ جاقتىڭ ەسىك الدىنا كەلگەندە تەگەنەدەگى وتتان اتتاپ وتەدى؛ قازاق مالشىلارى كوشكەندە وت جاعىپ، وتتىڭ قاسىنان وتەدى ٴارى مالدارىن دا وتتىڭ قاسىنان ايداپ وتەدى.

سالتىن وتكىزەدى. شىعىس حان پاتشالىعى مەن باتىس حان پاتشالىعى داۋىرىندە، تيانشاننىڭ تاۋلى وڭىرلەرىندەگى، ىلە وزەنى القابىنداعى ساقتاردىڭ، سونداي ـ اق تيانشان تاۋىنىڭ وڭتۇستىگىندەگى ۇدۇندىقتار، شۇرەكتىكتەر، ساكالار سەكىلدى تايپالاردىڭ زاراتۋشترا دىنىنە سەنگەندىگىن ارحەولوگيالىق ماتەريالدار مەن زەرتتەۋ ناتيجەلەرى دالەلدەپ وتىر. زاراتۋشترا ٴدىنى كەيىنىرەك شينجياڭ ٴوڭىرى ارقىلى ورتا جازىق وڭىرىنە تارالىپ، ىقپالى ٴبىرشاما زور بولدى.

ٴبىزدىڭ زامانىمىزدان بۇرىنعى 6 ـ عاسىردا ەجەلگى ينديالىق گاۋتاما سيدارتا بۋددا ٴدىنىن جاراتتى، وسىدان كەيىن بۇل بۋددا ٴدىنى توڭىرەگىنە تارالا باستادى. شامامەن ٴبىزدىڭ زامانىمىزدان بۇرىنعى 1 ـ عاسىردا، بۋددا ٴدىنى ىلگەرىندى ـ كەيىندى ۇدۇنعا، شۇرەككە تارالدى. سونان سوڭ بۋددا ٴدىنى جىبەك جولىنىڭ وڭتۇستىك ـ سولتۇستىك جولدارىن بويلاي تارىم ويپاتى توڭىرەگىندەگى ٴارقايسى شۇراتتارعا تارالدى. بۋددا ٴدىنى شينجياڭ وڭىرىنە تارالعان سوڭ جوعارى جىكتەگى ۇستەمدىك ەتۋشىلەر ونى كەڭىنەن جالپىلاستىردى، بۇل دىنگە سەنەتىندەر كۇن ساين كوبەيدى ٴارى جەر ـ جەرگە تەز تارالا باستادى. كەيىن بۋددا ٴدىنى بارا ـ بارا شامان، زاراتۋشترا دىندەرىنىڭ ورنىن يەلەپ، شينجياڭ وڭىرىندەگى باستى دىنگە اينالدى.

جۇڭگونىڭ ٴداستۇرلى ٴدىن كوزقاراسى مەن ورتا جول ديالەكتيكالىق يدەياسى، ٴار ٴتۇرلى دىندەردىڭ شينجياڭ وڭىرىنە تارالىپ، داموۋىنا جانە باسقا دىندەرمەن اۋىس ـ كۇيىس جاساۋىنا شارت ـ جاعداي ازىرلەپ بەردى. شينجياڭنىڭ ەرەكشە جاعراپيالىق ورنى، قونىستانعان ۇلتتاردىڭ كوپ بولۋى، كوپ ٴتۇرلى مادەنيەتتىڭ توعىسۋى سىندى ەرەكشەلىكتەرى شينجياڭ وڭىرىندەگى دىندەردىڭ كوپ نەگىزدىلىگىن بەلگىلەدى.

بايما عيباداتحاناسى
حىناننىڭ لوياڭ قالاسىندا

مەيلى العاشقى ٴدىننىڭ، الدە سىرتتان ەنگەن ٴدىننىڭ تارالۋى بولسىن، سول داۋىردە شينجياڭ وڭىرىندەگى دىندەر

فورما جاعىنان كوپ تۇرلىلىك، وڭىرلىك جانە ۇلاسپالىق ەرەكشەلىگىن ساقتاپ وتىردى. زاراتۋشترا ٴدىنى تارالعان سوڭ جەر - جەرلەردە تابيعاتقا تابىنۋ، شامانعا تابىنۋ سەكىلدىلەر ٴباز - باياعىسىنشا ٴورىس الا بەردى. بۇددا ٴدىنىنىڭ كەڭ تارالۋىنا بايلانىستى، جەر - جەردەگى بەك اۋلەتتەرىنىڭ، اقسۇيەكتەردىڭ كوبى بۇددا دىنىنە سەنە باستادى. بۇددا دىنىنە سەنەتىن ۇلى روۋجىلار حان پاتشالىعىنا تالاي رەت ەلشى جىبەرىپ، تارتۋ - تارالعى ۇسىندى. 64 - جىلى، حان ميڭدي پاتشا باتىس وڭىرگە ادام جىبەرىپ، ٴبىرسىپىرا بۇددا موناحتارىن ورتا جازىققا ۇسىنىس ەتتى. 67 - جىلى، حان ميڭدي وسى ٴۇشىن ارنايى عيباداتحانا سالدىرىپ، ونى بايما عيباداتحاناسى دەپ اتادى. مىنە، بۇل جۇڭگونىڭ ورتا جازىق وڭىرلەرىندەگى تۇڭعىش بۇددا ٴدىنى عيباداتحاناسى ەدى. وسىدان باستاپ، بۇددا ٴدىنى ورتا جازىق وڭىرىنە بىرتىندەپ تارالا باستادى.

چين پاتشالىعىنا دەيىنگى كەزەڭنەن چين، حان پاتشالىقتارى داۋىرىنە دەيىنگى ٴدىني وزگەرىستەر وسىدان كەيىنگى شينجياڭ وڭىرىندە كوپ ٴدىنىنىڭ قاتار ٴومىر سۇرۋىنە نەگىز قالاپ بەردى ٴارى شينجياڭ وڭىرىندەگى دىندەردىڭ ورتا جازىق وڭىردەگى دىندەرمەن قويۋ بايلانىس جاساۋىن جەدەلدەتتى.

2 - تاراۋ

ۋي، جين جانە وڭتۇستىك - سولتۇستىك پاتشالىقتارى كەزەڭى

— شينجياڭ ٴوڭىرىنىڭ ۇلى بىرلىك جاعدايىنداعى اۋمالى - توكپەلىلىگى جانە توعىسۋى

ۋي، جين، وڭتۇستىك - سولتۇستىك پاتشالىقتار كەزەڭى وزىنەن بۇرىنعى چين، حان پاتشالىقتار ٴداۋىرىنىڭ مۇراگەرى، سوڭعى سۋي، تاڭ پاتشالىقتار كەزەڭىنىڭ بۇيداگەرى بولعان كەلەلى تاريحي كەزەڭ بولىپ، بۇرىندى - سوڭدى ۋي، شۋ، ۋ ەلدەرى الدى - الدىنا ەل قۇرعان، باتىس جين پاتشالىعى ۋاقىتشا بىرلىككە كەلتىرگەن، شىعىس جين، 16 ەل مەن وڭتۇستىك - سولتۇستىك پاتشالىق بيلىكتەرى تەكە تىرەس بولعان جاعدايدى باستان وتكىزدى. وسى كەزەڭ ەلىمىزدەگى ۇلتتاردىڭ جاپپاي قونىس اۋدارۋ، كولەمدى توعىسۋ ٴداۋىرى بولدى، 400 جىلعا جۋىق ۋاقىت ىدىراۋ جانە قوسىلۋ ارقىلى بۇكىل ەل بويىنشا ۇلتتاردىڭ بۇرىنعى ورنالاسۋ جۇيەسى ىدىراپ، ۇلتتار ارا ۇشارلاسۋ جانە اۋىس - كۇيىس كۇشەيىپ، شارۋاشىلىق، مادەنيەت بوگەنايلارىنىڭ بىركەلكىلەنۋى ايقىندالا ٴتۇسىپ، سۋي پاتشالىعى تۇسىندا تاعى دا بىرلىككە كەلۋدىڭ نەگىزى قالاندى. ۋي، جين، وڭتۇستىك - سولتۇستىك پاتشالىقتار كەزەڭىندە قوعام الاساپىراندىق كۇيدە بولىپ، پاتشالىقتار ٴجيى اۋىسىپ تۇرعانىمەن، ورتا جازىق سياقتى وڭىرلەردىڭ شينجياڭ وڭىرىمەن بايلانىسى ۇزىلە قويعان جوق، ورتا جازىق سياقتى وڭىرلەردىڭ بيلىكتەرى ايماق - اۋدان ٴتۇزىمىن شينجياڭ وڭىرىندە داقارىپ، شينجياڭ ٴوڭىرىن باسقارۋ ۇقىعىن باستان - اياق جۇرگىزىپ وتىردى. بۇكىل ەل بويىنشا ۇلتتاردىڭ جاپپاي كوشۋ، قونىس اۋدارۋدىڭ ىقپالىندا، سولتۇستىكتەگى ٴبىرسىپىرا كوشپەلى ۇلتتار، سونداي - اق اناعۇرلىم كوپ ورتا جازىق وڭىرىندەگى حانزۋلار

شينجياڭ ولكەسىنە كوشىپ كەلدى. ولار تۇرلىشە ٴوندىرىس، تۇرمىس تاسىلدەرىن الا كەلىپ، ۇلتتار ارا شارۋاشىلىق، مادەنيەت جاقتاعى اۋىس - كۇيىستى، توعىسۋدى تەزدەتتى، اسىرەسە ورتا جازىق سياقتى ولكەلەردىڭ شينجياڭ ولكەمەن ساياسي، شارۋاشىلىق، مادەنيەت جاقتاعى قارىم - قاتىناسى شينجياڭ ٴولكەسىنىڭ ورتا جازىق سياقتى ولكەلەرمەن ٴبىر تۇلعالانۋ بارىسىن جەدەلدەتىپ، سۇي، تاڭ پاتشالىقتارىنىڭ ۇلى بىرلىكتى ىسكە اسىرۋى ٴۇشىن ٴتيىمدى شارت - جاعداي جاراتتى.

ٴبىرىنشى تاراۋشا ەلىمىزدىڭ كوپ ۇلتتى ۇلى بىرلىگى جاعدايىنىڭ ىدىراۋى جانە بىرىگۋى

ۋي، جين، وڭتۇستىك - سولتۇستىك پاتشالىقتارى، جۇيەدەن، ٴۇش ەلدى (220 — 280)، باتىس جين (265 — 317)، شىعىس جين وڭتۇستىك پاتشالىقتارىن (317 — 589) جانە 16

ماتەريال تىزبەگى

چىبەي شايقاسى — ٴۇش ەل كەزەڭىندەگى كەلەلى وقيعا بولىپ تابىلادى. 208 - جىلى ساۋ ساۋدىڭ قوسىنى جيڭجوۋدى باسىپ العاننان كەيىن، ليۋ بەي جاساعىن باستاپ فانچىڭنان شياكوۋ دەگەن جەرگە شەگىنەدى. ول جۇگى لياڭدى ساۋ ساۋعا بىرگە توتەپ بەرۋ ايلاسىن جاساۋعا سۇن چۋانمەن تىلدەسىپ كەلۋگە جىبەرەدى. سۇن چۋان باس جياڭجۇن جوۋ يۇي مەن جۇگى لياڭنىڭ اقىلى بويىنشا ليۋ بەيمەن بىرلەسىپ ساۋ ساۋعا قارسى اتتانۋعا قوسىلادى. ساۋ ساۋ ارمياسىنىڭ كۇشى 200مىڭنان استام ادام، ال، سۇن چۋان مەن ليۋ بەيدىڭ بىرلەسكەن ارمياسىنىڭ سانى 50 مىڭداي عانا ادام ەدى، ساۋ ساۋ ارمياسىنداعىلاردىڭ كوبى سولتۇستىكتىڭ ادامدارى، سۋ ايدىنىندا شايقاس جۇرگىزۋگە شورقاق، قايىقتارى ٴبىرى - بىرىنە ماتاستىرىلعان السىزدىكتەرىنەن پايدالانىپ، حۋاڭ گاي ماي شاشىلعان وتىن تيەلگەن نەشە ونداعان كەمەنى باستاپ، قارسى جاعاعا اتتانادى، ساۋ ارمياسى ولاردى تىزە بۇككەلى كەلە جاتقان ۋ قوسىنى ەكەن دەپ ساقتىعىن بوساڭسىتادى. ۋ ارمياسى تۇتقيىل ٴبىر ۋاقىتتا ٴورت قويىپ، جەل وتىمەن ساۋ ساۋ جاساعىنىڭ كەمەلەرىنە شابۋىل جاسايدى، ساۋ ساۋدىڭ سوعىس كەمەلەرى ٴورت تەڭىزىندە قالادى ٴارى ٴورت جاعاداعى بەكىنىسكە دەيىن شارپيدى، ساۋ ساۋ جاساعىنىڭ ولگەنى ٴولىپ، جارالانعانى جارالانىپ، سۋعا كەتكەنى سۋعا كەتىپ، اۋىر شىعىن بولادى، جوۋ يۇي جاساقتارىن باستاپ ومىراۋلاي شابۋىلدايدى، ساۋ ساۋ جاساعى ويسىراي جەڭىلەدى. ساۋ ساۋ جەڭىلگەن اسكەرلەرىن باستاپ سولتۇستىككە شەگىنىپ كەتەدى. چىبەي شايقاسى ٴۇش ەلدىڭ الدى - الدىنا ەل قۇرۋىنا نەگىز قالايدى.

ەل سولتۇستىك پاتشالىقتارىن (304 ــ 581) قامتىعان ٴۇش تارىحي كەزەڭ جوڭگو تارىحىنىڭ بولەكتەنۋدەن، اۋمالى ـ توكپەلى بولۋدان رەتتەلۋگە، بىرلىككە كەلۋگە، دامۋعا بەتالعان ماڭىزدى تارىحي كەزەڭى بولىپ تابىلادى.

ٴبىرىنشى، ٴارقايسى بيلىكتىڭ گۇلدەنۋى جانە قۇلدىراۋى ٴارى ٴبىرىنىڭ ورنىن ٴبىرى باسۋى

شىعىس حان پاتشالىعىنىڭ سوڭعى جىلدارى، ساۋ ساۋ سارى ورامالدىلار جاساعىنىڭ ٴبىر ٴبولىم ادامىن وزىنە تارتىپ، اسكەري كۇشىن كۇرت مولايتتى. 196 ـ جىلى ساۋ ساۋ حان شياندي پاتشانى استانا لوياڭنان شۇيگە (قازىرگى حىناندىعى شۇيچاڭ) اكەلدىرىپ، پاتشاعا قىسىم جاساپ، ٴوزى ەلدەرگە ٴامىر جۇرگىزەدى. 200 ـ جىلعى گۋاندۋ شايقاسىندا ساۋ ساۋ يۋان شاۋدى ويسىراتا جەڭىپ، سولتۇستىك ٴوڭىردى نەگىزىنەن بىرلىككە كەلتىرەدى. 208 ـ جىلى ساۋ ساۋ ٴوزى قالىڭ قولىن باستاپ وڭتۇستىككە شەرۋ تارتىپ، بۇكىل ەلدى بىرلىككە كەلتىرۋگە ارەكەتتەنەدى. الايدا، چىبىيدە (قازىرگى حۋبەي ولكەسىندەگى پۋجيدىڭ باتىس سولتۇستىگى) سۇن چۋان مەن ليۋ بەيدىڭ بىرلەسكەن قوسىنىنىڭ قارسىلىعىنا

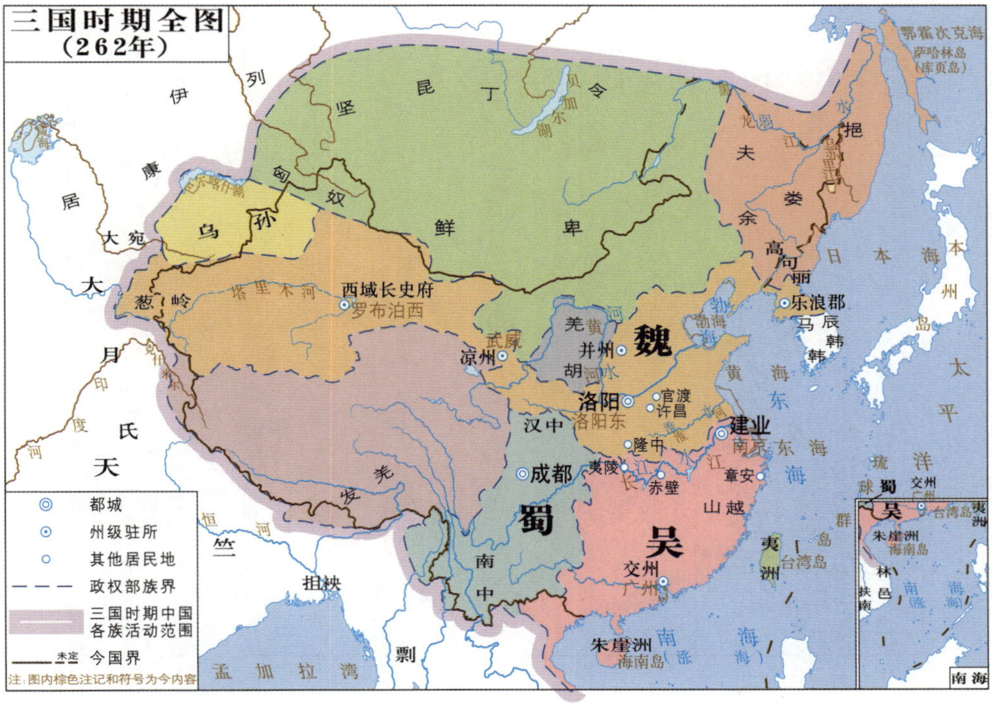

ۇشىراپ، قاتتى جەڭىلىپ كەرى قايتادى. چىبەي شايقاسى دۇنيەنى ۇشكە ٴبولۋ جاعدايىنىڭ العاشقى نەگىزىن قالايدى. ساۋ ساۋ 220 ـ جىلى لويادا اۋىرىپ ولەدى، ۇلى ساۋ پي حان شياندي پاتشانى ورنىنان ٴتۇسىرىپ، ٴوزىن لويادا پاتشا دەپ جاريالاپ، مەملەكەت اتىن ۋي دەيدى، تاريحتا بۇل ساۋ ۋي پاتشالىعى (220 ــ 265) دەپ اتالدى. ساۋ ۋي ٴۇش پاتشالىقتىڭ ىشىندەگى ەڭ كۇشتىسى بولادى، ونىڭ تىكەلەي ىرقىنا كوندىرگەن وڭىرلەرى شىعىستا چاۋشيان تۇبەگىنىڭ سولتۇستىگىنە دەيىنگى، باتىستا پامير ۇستىرتىنە دەيىنگى، تۇستىكتە چينليڭ تاۋى مەن چاڭجياڭ دارياسى الابىنا دەيىنگى جەرلەرگە جەتەدى، ساۋ ۋي بيلىگى قۇرىلعانىنان كەيىن، ليۋ بەي دە 221 ـ جىلى چىڭدۋدا ٴوزىن پاتشا اتاندىرىپ، مەملەكەت اتىن حان دەپ وزگەرتەدى، بۇل تاريحتا شۋ ـ حان پاتشالىعى (221 ــ 263) اتالادى، كوپ وتپەي، 263 ـ جىلى ساۋ ۋي بيلىگى جاعىنان جويىلادى. 222 ـ جىلى سۇن چۋان ٴوزىن ۋ پاتشالىعىنىڭ پاتشاسى اتاپ، مەملەكەت اتىن ۋ دەپ وزگەرتىپ، جيان ـ يەنى (قازىرگى جياڭسۋدىڭ نانجيڭى) استانا ەتەدى، بۇل تاريحتا شىعىس ۋ پاتشالىعى نەمەسە سۇن ۋ (222 ــ 280) دەپ اتالادى، ارتىنان 280 ـ جىلى باتىس جين پاتشالىعى جاعىنان جويىلادى.

265 ـ جىلى سىما يان ۋي پاتشالىعىن جويىپ پاتشا اتانىپ، مەملەكەت اتىن جين دەپ وزگەرتىپ، لويادى استانا ەتەدى، بۇل تاريحتا باتىس جين (265 ــ 316) پاتشالىعى دەپ

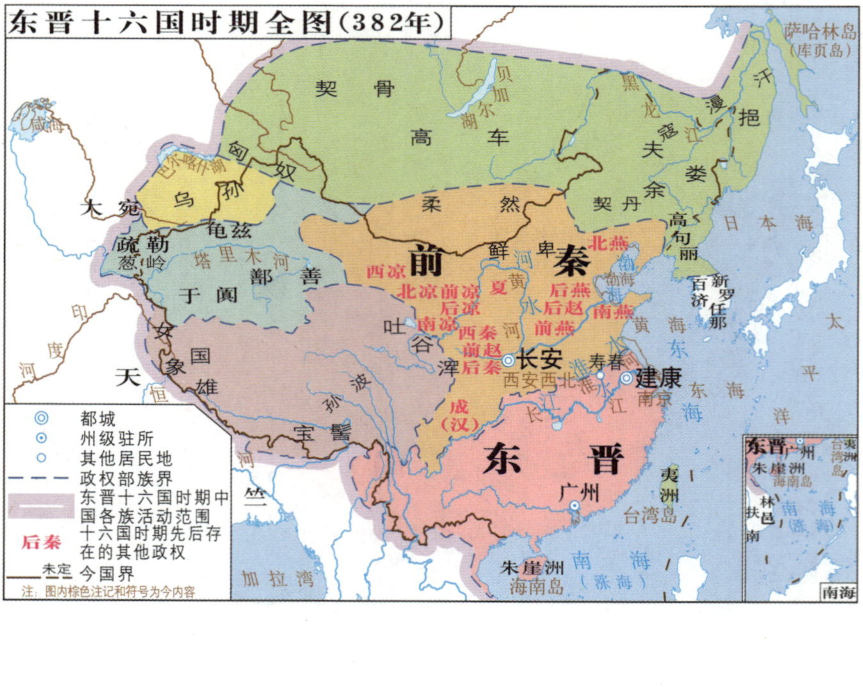

اتالادى. 280 ـ جىلى باتىس جين پاتشالىعى سۋن ۋ بيلىگىن جويىپ، بۇكىل مەملەكەتتى بىرلىككە كەلتىرەدى. باتىس جين كەزەڭىندە ۇستەمدىك ەتكەن وڭىرلەرى شىعىستا، وڭتۇستىكتە تەڭىزگە دەيىن، باتىستا پامير ۇستىرتىنە دەيىن، باتىس وڭتۇستىكتە يۇننان، گۋاڭشيعا دەيىن، سولتۇستىكتە داموعا دەيىن، شىعىس سولتۇستىكتە لياۋحى وزەنىنىڭ شىعىسىنا دەيىن جەتتى. دەسە دە، باتىس جيننىڭ بىرلىككە كەلتىرۋى ۋاقىتتىق عانا بولدى، ونىڭ سوڭعى مەزگىلىندە 16 جىلعا سوزىلعان «سەگىز بەك بۇلىگى» تۋىلدى. 304 ـ جىلى عۇنداردىڭ اقسۇيەگى ليۋ يۋان اسكەر ىن جين پاتشالىعىنا قارسى اتتاندىردى. 316 ـ جىلى باتىس جين جويىلدى.

كوزقاراس ٴتۇيىنى

تاريحتا جۇڭگو ۇزدىك ـ سوزدىق دامۋ جانە بىرىگۋ جاعدايىندا تۇرىپ كەلدى، مەملەكەت تەرريتورياسى دا كەيدە بولەكتەنگەن، كەيدە بىرلىككە كەلگەن داۋىردە تۇرىپ، تۇتاستىق پەن بولەكتەنۋ الما ـ كەزەك اۋىسىپ وتىردى، مەملەكەتتىڭ بىرلىككە كەلۋى، دامۋى قاشان دا نەگىزگى اعىن بولىپ وتىردى. چۇنچيۋدەن جانگو داۋىرىنە دەيىن، ورتا جازىق وڭىرىندە بىرلىككە كەلۋ جانە قوسىپ الۋ سوعىسى تولاسسىز تۋىلىپ، مەملەكەتتىڭ بىرلىككە كەلۋ بارىسىن وبيەكتيۆ جاقتان شاپشاڭداتا ٴتۇستى. ٴبىزدىڭ زامانىمىزدان بۇرىنعى 221 ـ جىلى چين شىحۋاڭ تۇڭعىش بىرلىككە كەلگەن فەودالدىق پاتشالىق قۇردى. ٴبىزدىڭ زامانىمىزدان بۇرىنعى 202 ـ جىلى حان گاۋزۋ ليۋباڭ تاعى ٴبىر رەت بىرلىككە كەلگەن فەودالدىق پاتشالىق قۇرىپ، ەلىمىزدىڭ كوپ ۇلتتى، ۇلى بىرلىكتەگى ساياسي جاعدايىن جاراتتى. وسىدان كەيىن، ەكى رەتكى زور ىنالىمدى باستان كەشىردى، ٴبىرىنشى رەتكى زور ىنالىم — چين، حان پاتشالىقتارىنىڭ بىرلىككە كەلتىرۋىنەن ۋي، جين، وڭتۇستىك ـ سولتۇستىك پاتشالىقتارىنىڭ بولەكتەنۋى، ونان سۋي، تاڭ پاتشالىقتارىنىڭ بىرلىككە كەلتىرۋى بولدى. ەكىنشى رەتكى زور ىنالىم — سۋي، تاڭ پاتشالىقتارىنىڭ بىرلىككە كەلتىرۋىنەن بەس اۋلەت جانە سۇڭ، لياۋ، جين پاتشالىقتارىنىڭ بولەكتەنۋى، ونان يۋان، مىڭ، چيڭ پاتشالىقتارىنىڭ بىرلىككە كەلتىرۋى بولدى. مۇنداي ىنالىم جاي عانا قايتالانۋ ەمەس، قايتا، جۇڭگونىڭ شارۋاشىلىعىنىڭ، قوعامىنىڭ بۇرانداشا ورلەۋ اۋقىمىن ۇزدىكسىز ىلگەرىلەتىپ، ٴبىر تۇتاس، كوپ ۇلتتى مەملەكەتتىڭ ۇدايى بەكەمدەلۋىن جانە دامۋىن جىلدامداتا ٴتۇستى. بىرلىككە كەلگەن مەزگىلدەگى ٴارقايسى جەرگىلىكتى بيلىكتەر جۇڭگو تاريحىنىڭ قۇرامداس بولىگى، ال، بولەكتەنگەن داۋىردەگى ٴارقايسى بيلىكتەر دە جۇڭگو تاريحىنىڭ قۇرامداس بولىگى ەسەپتى. وسى بيلىكتەر بىرلىكتە كەمەلدى جۇڭگو تاريحىن قالىپتاستىردى.

باتىس جين جويىلعانىنان كەيىن، پاتشا اۋلەتىنەن شىققان سىما رۋي 317 ـ جىلى قايتادان بيلىك ورناتىپ، جيانكاڭدى استانا ەتتى (قازىرگى جياڭسۋ نانجيڭى)، بۇل تاريحتا شىعىس جين (317 ــ 420) دەپ اتالدى. شىعىس جين بيلىگى نەگىزىنەن قازىرگى چاڭجياڭ، جۋجياڭ جانە حۋايحى وزەندەرى الابىنا ۇستەمدىك ەتتى. 420 ـ جىلى شىعىس جين جويىلدى. مۇنىڭ ارتىنان سۇڭ، چي، لياڭ، چىن پاتشالىقتارى قۇرىلىپ تاريحتا وڭتۇستىك پاتشالىقتار دەپ اتالدى. 589 ـ جىلى سۋي پاتشالىعى چىن پاتشالىعىن جويىپ، بۇكىل ەلدى قايتادان بىرلىككە كەلتىردى.

باتىس جيننىڭ سوڭعى جىلدارى ليۋ يۋان 304 ـ جىلى حان حاندىعىن قۇرعاننان باستاپ، 439 ـ جىلى سولتۇستىك ۋي پاتشالىعى سولتۇستىكتى بىرلىككە كەلتىرگەنگە دەيىن، بىلگەرى ـ كەيىن عۇن، سيانبي، جيە، دي، چياڭ سەكىلدى 5 از ۇلت جانە حانزۋلار قۇرعان 16 ەل تاريحتا «16 ەل» نەمەسە «بەس حۋ، 16 ەل» دەپ اتالدى. 16 ەل كەزەڭىندە بيلىكتەر ٴوزارا قىرقىستى، الدىڭعى چيننىڭ (351 ــ 394) بيلەۋشىسى فۋجياننىڭ مەزگىلىندە عانا سولتۇستىك ٴبىر مەزەت بىرلىككە كەلتىرىلگەنىمەن ونىڭ باياني بولماي، سولتۇستىك بولەكتەنگەن جاعدايعا تاعى دا كىرىپتار بولدى. فيشۇي شايقاسىنان كەيىن سيانبي ۇلتى تابعاش تايپاسىنىڭ اعاماني تابعاش گۇي 386 ـ جىلى پاتشالىق قۇرىپ، ارتىنان مەملەكەت اتىن ۋي دەپ وزگەرتتى، بۇل تاريحتا سولتۇستىك ۋي پاتشالىعى (386 ــ 534) دەپ اتالدى. سولتۇستىك ۋي پاتشالىعىنىڭ پاتشاسى تاي ۋدي ــ تابعاش شى تاحتا وتىرعان مەزگىلدە (424 ــ 452)، سولتۇستىك يان، سولتۇستىك لياڭ پاتشالىقتارىن جويىپ، 439 ـ جىلى سولتۇستىكتى بىرلىككە كەلتىردى، ىرقىنا كوندىرگەن ٴوڭىرى سولتۇستىكتە موڭعۇل ۇستىرتىنە، باتىستا باتىس وڭىرگە، شىعىس سولتۇستىكتە لياۋحى وزەنىنىڭ باتىسىنا دەيىن جەتىپ، وڭتۇستىكتە حۋايحى وزەنى الابى مەن چينليڭگە دەيىن شەكارا ەتىپ، وڭتۇستىكتەگى ليۋ ـ سۇڭ پاتشالىعىمەن تەكە تىرەس بولىپ تۇردى. 534 ـ جىلى سولتۇستىك ۋي پاتشالىعى شىعىس ۋي (534 ــ 550) جانە باتىس ۋي (535 ــ 556) دەپ ەكىگە ٴبولىنىپ، حۋاڭحى وزەنىنىڭ ەكى جاعىن شەگەلىنە الدى. شىعىس ۋيدىڭ ورنىن كەيىن كەلە سولتۇستىك چي (550 ــ 577) باستى، ال، باتىس ۋيدىڭ ورنىنا كەيىن سولتۇستىك جوۋ (557 ــ 581) شىقتى. 577 ـ جىلى سولتۇستىك جوۋدىڭ پاتشاسى جوۋ ۋدي اسكەر اتتاندىرىپ، سولتۇستىك چيدى جويىپ، سولتۇستىكتى بىرلىككە كەلتىردى. جوۋ ۋدي پاتشا ولگەننەن كەيىن سولتۇستىك جوۋ پاتشالىعىنىڭ ۇلكەن ۇقىعى ناعاشى جۇرت

يالڭ جيانىنىڭ شەڭگەلىنە ٴتۇسىپ، 581 ـ جىلى يالڭ جيان سولتۇستىك جوۋ پاتشالىعىنىڭ ورنىنا سۋي پاتشالىعىن قۇردى.

ەكىنشى، كوپ ۇلتتى، ۇلى بىرلىك يدەياسى ادامدار كوڭىلىنەن ورىن الدى

ۋي، جين، وڭتۇستىك ـ سولتۇستىك پاتشالىقتار كەزەڭىندە، جۇڭگو بولەكتەنگەن جاعدايدا تۇرعانىمەن، ۇزاق ۋاقىتتىق ىدىراۋ جانە قوسىلۋ بارىسىندا بىرىگۋ فاكتورى بارعان سايىن مولايىپ، سۋي، تاڭ كەزەڭىندە مەملەكەت بويىنشا بىرلىككە كەلۋ جاعدايىنىڭ تاعى دا قالىپتاسۋىن جەبەي ٴتۇستى.

ۋي، جين، وڭتۇستىك ـ سولتۇستىك پاتشالىقتار داۋىرىندە «ۇلى بىرلىك» يدەياسى جۇرت جۇرەگىنە ۇيالادى، مەيلى حانزۋلار ياكي از ساندى ۇلتتار قۇرعان بيلىك بولسىن ٴبارى دە جۇڭحۋانىڭ مۇراگەرلىك جۇيەسىنە قول جەتكىزىپ ٴارى ٴتاڭىردىڭ القاۋىن، ٴارى حالىقتىڭ رازىلىعىن الىپ، وزدەرىنىڭ بيلىك ورنىن نىعايتۋعا تىرىستى. 16 ەل مەزگىلىندە، عۇن اقسۇيەگى ليۋ يۋان اسكەر شىعارىپ، جين پاتشالىعىنا قارسى تۇرعان كەزدە بىلاي دەيدى: «حان ـ پاتشا تاعىندا ٴبىر ادام وتىرا بەرمەيدى، ۇلى يۇي باتىس نۇمنان شىققان، جوۋ ۋىنۋاڭ پاتشا شىعىس رەيدىڭ تۇماسى، ولاردىڭ ٴبارى دە ٴمورال ارقىلى ەل تىلەگىنەن شىققاندار. قازىر قولىمدا 100 مىڭنان استام جاساعىم بار، ونىڭ بىرەۋى جين پاتشاسىنىڭ 10 جاساعىنا تۇتەپ بەرەدى، دابىلدى قاقسام بولدى، جين پاتشالىعىنىڭ شاڭىراعىن ورتاسىنا ٴتۇسىرىپ، ويران ـ وسىرىن شىعارارى حاق. بۇرىنعىدان ۇلگى السام حان گاۋزۋشا بيلىك قۇرامىن، جوق دەگەندە ۋي اۋلەتىنىڭ ايلا ـ شارعىسىن قولدانامىن»[①].

شيا پاتشالىعىن قۇرعان حىلان بوبو استاناسىنا ات قويادا: «اسپان استىن بىرلىككە كەلتىرىپ، سانسىز بەكزادا، تالاي ەلدى قول استىما قاراتتىم، سوندا استانانىڭ اتىن تۇڭۋان قويعانىم ٴجون ەكەن[②]» دەيدى. الدىڭعى چيننىڭ بيلەۋشىسى فۋ جيان حانزۋدان شىققان ۋاڭ مىڭدى رەفورما جاساۋعا اتۋەرلەپ ىستەتەدى، الايدا، ونىڭ عۇمىرى ۇزاققا بارمايدى، فۋ جيان بۇعان قاتتى قايعىرىپ، «مەنىڭ التى الاپتى بىرلىككە كەلتىرگەنىم تاڭىرگە جاقپادى ما؟

① (تاڭ) فاڭ شۋانلياڭ: «جيننامە. ليۋ يۋانحاي ەستەلىكتەرى»، بەيجيڭ: جۇڭحۋا شۇجۇي باسپاسى، 1974 ـ جىل، 2649 ـ بەت.

② (تاڭ) فاڭ شۋانلياڭ: «جيننامە. حىلان بوبو ەستەلىكتەرى»، بەيجيڭ: جۇڭحۋا شۇجۇي باسپاسى، 1974 ـ جىل، 3205 ـ بەت.

ماتەريال تىزبەگى

تۇڭۋان قالاسى جايشىلىقتا بايشىڭزى دەپ اتالادى، ورنى شانشي ولكەسى جيڭبيان اۋدانى حۇڭدۇنجيە اۋىلىنىڭ تەرىستىك جاعىن الا ىشكى موڭعۇلدىڭ ۋشىن حوشۇنى وڭتۇستىك نارىن وزەنى اۋىلىمەن شەكارالاس، مۇنى بەس حۇ، 16 ەل تۇسىندا تيەفۇ عۇنداردىڭ اتامانى حىلان بوبو سالدىرعان. سوندا حىلان بوبو بىلاي دەپتى: اسپان استىن بىرلىككە كەلتىرىپ سانسىز بەكزادا، تالاي ەلدەردى قول استىما قاراتتىم، استانانىڭ اتىن تۇڭۋان قويعانىم ٴجون ەكەن. «تۇڭۋان قالاسى» دەگەن الەمدى بىرلىككە كەلتىرۋ دەگەندى مەڭزەيدى، قالانىڭ وڭتۇستىك قاقپاسى «چاۋسۇڭ قاقپاسى» دەپ اتالىپ، وڭتۇستىك پاتشالىقتىڭ ليۋ - سۇڭ بيلىگى ماعان ارمەندا بولسىن دەگەن ٴمانى بار؛ ال، باتىس قاقپاسى «فۇليالڭ قاقپاسى» اتالىپ، حىشي دالىزى وڭىرىندەگى باتىس لياڭ، سولتۇستىك لياڭ بيلىگى ماعان باعىندى بولادى دەگەن ماندە. تۇڭۋان قالاسى رۋجياشىلداردىڭ جورا - جوسىنى بويىنشا سالىنعان، قازىر ونىڭ سىرتقى قامالى مەن ىشكى قورعانىنىڭ بۇرىشىنداعى مۇنارالارىنىڭ، قالا ىشىندەگى قوڭىراۋلى مۇنارالارىنىڭ، دابىل مۇنارالارىنىڭ ورىناسى تۇر.

ارداقتىمدى (ۋاڭ مىڭدى دەمەكشى) ەرتە الىپ كەتتى عوي!»دەيدى[1]، 383 ـ جىلى الدىڭعى چين فيشۇي شايقاسىن باستاۋدىڭ الدىندا فۇ جيان بىلاي دەپ ەسەپتەدى، شىعىس جين پاتشالىعى « شىعىس وڭتۇستىك جاقتاعى ٴبىر بۇرىشتا بولعاندىقتان بىزگە باعىنعان جوق، چاڭجياڭنىڭ شىعىسىن باعىندىرۋعا قالايدا بەل بۋۋىمىز كەرەك[2]» دەيدى . بۇل ارادا فۇ جيان الدىڭعى چيننىڭ حۋاشياعا مۇراگەرلىك ەتكەندىگىن، ال، شىعىس جين ٴالى باعىنباي وتىرعاندىعىن اشىق ورتاعا قويىپ، ٴسوز جوق، الەمدى بىرلىككە كەلتىرۋگە بەل بۋىپ، مەملەكەتتىڭ ۇلى بىرلىگىن ىسكە اسىرماقشى بولعان باتىل سەنىمىن بىلدىرەدى.

تاريحتاعى جۇڭگو تەرريتورياسىنىڭ قالىپتاسۋى مەن دامۋى ەلىمىزدەگى ۇلتتاردىڭ ۇزدىكسىز توعىسۋىن ٴتۇبىرلى شارت ەتكەن بولاتىن. ۇلتتاردىڭ ۇدايى توعىسۋى بولماعان بولسا، جۇڭگوداعى بىرلىككە كەلگەن تەرريتوريانىڭ قالىپتاسۋى مەن بەكەمدەلۋى دە بولماق ەمەس، ٴبىر تۇتاس ساياسي جاعدايدىڭ قالىپتاسۋى دا مۇمكىن ەمەس ەدى. وڭتۇستىك ـ

---

① (تاڭ) فاڭ شۋانلياڭ: «جيننامە. ۋاڭ مىڭ بايانى»، بەيجيڭ: جۇڭحۋا شۋجۇي باسپاسى، 1974 ـ جىل، 2933 ـ بەت.

② (سۇڭ) سىما گۋاڭ قۇراستىرعان: «بيلىك عيبىراتناماسى . جين ەستەلىكتەرى (26)»، بەيجيڭ: جۇڭحۋا شۋجۇي باسپاسى، 1956 ـ جىل، 3301 ـ، 3304 ـ بەتتەر.

ٴبىلىم سىلتەمەسى

سولتۇستىك ۋي پاتشالىعىنىڭ پاتشاسى شياۋ ۋىندي جاساعان رەفورما. شياۋ ۋىندي تاحتا وتىرعان كەزدە ۇلىقتارعا ەڭبەكاقى بەرۋ، اتىزدى تەڭگەرۋ ٴتۇزىمى، ٴۇش باستىقتىق ٴتۇزىم، جاڭا مايعا بەرۋدى رەتتەۋ ٴتۇزىمى سىقىلدى ٴبىرسىپىرا رەفورما شارالارىن جۇرگىزدى. كەيىن كەلە رەفورمانى ادەپ ـ يبا، قوعامدىق ادەت ـ عۇرىپ سياقتى مادەنيەت جاقتارىنا دەيىن تەرەڭدەتە ٴتۇستى. تايحىنىڭ 18 ـ جىلى (494) شياۋ ۋىندي استانانى لوياڭعا كوشىردى، كوپ وتپەي تاعى حانزۋلاستىرۋدى اناعۇرلىم شاپشاڭداتۋدىڭ بەلگىلەمەسىن شىعاردى: ٴمانساپتىلاردىڭ وردا ىشىندە سيانبي تىلىندە سويلەسۋىنە تيىم سالۋ، حانزۋ ٴتىلىن ولشەمدى ٴتىل ياعني ۇكىمەت جاپپاي قولداناتىن ٴتىل ەتۋ؛ ەر ـ ايەل دەمەي تۇگەل سيانبيلەردىڭ كيىم ـ كەشەگىن تاستاپ، حانزۋلاردىڭ كيىم ـ كەشەگىن كيۋ، سيانبيلەردىڭ فاميلياسىن حانزۋلاردىڭ فاميلياسىنا وزگەرتۋ، مىسالى: تابعاش اۋلەتىن يۋان اۋلەتى دەپ، حىلاي اۋلەتىن حى اۋلەتى دەپ، دۋگۋ اۋلەتىن ليۋ اۋلەتى دەپ وزگەرتۋ، شاڭىراق سالتىن اتقارىپ، حانزۋلاردىڭ «بەس فاميلياسى»، جۇنشيڭ فاميلياسى جانە سيانبيلەردىڭ سەگىز فاميلياسى سياقتىلاردى تەكتى اتا فاميلياسى دەپ ايقىن بەلگىلەدى، ٴوزى جانە ورداداعىلار باستاماشىلىقپەن حانزۋلاردىڭ داۋلەتتى شاڭىراعىنداعىلارمەن ۇيلەندى؛ لوياڭعا كوشىرىپ اكەلىنگەن سيانبيلەردىڭ مەكەنىن حىنان ايماعى لوياڭ اۋدانى دەپ وزگەرتتى، ولگەنىنەن كەيىن لوياڭعا جەرلەۋدى، سولتۇستىكتەگى مەكەنىنە اپارىپ جەرلەۋگە رۇقسات ەتپەۋدى بەلگىلەدى. مۇنان سىرت، ۋي، جين پاتشالىقتارىنىڭ زاڭى بويىنشا، ٴمانساپ ٴتۇزىمىن وزگەرتىپ، ۋي پاتشالىعىنىڭ ٴتارتىپ ـ تۇزىمدەرىن رەتتەدى. شياۋ ۋىنديدىڭ جۇرگىزگەن رەفورمالارى ساياسي، شارۋاشىلىق جانە قوعام، مادەنيەت سياقتى ٴتۇرلى جاقتاردى شارپىپ، شارالارى پارمەندى، ٴونىمى كورنەكتى بولعاندىقتان، سولتۇستىك ۋي مەملەكەتىنىڭ جانە تابعاش، سيانبي سياقتى از ساندى ۇلتتاردىڭ قوعامدىق سيپاتىنىڭ فەودالدانۋىن تەزدەتىپ قانا قالماي، سولتۇستىك ۋي مەملەكەتىندەگى از ۇلتتاردىڭ حانزۋلارمەن ۇلتتىق توعىسۋىن دا جەبەي ٴتۇستى.

سولتۇستىك پاتشالىقتار داۋىرىندە ۇلتتاردىڭ كەڭ كولەمدە توعىسۋى جوڭعۋا ۇلتىنىڭ دامۋ تاريحىنداعى ٴبىر بەلەس بولدى. ساناققا نەگىزدەلگەندە، ۋي، جين، وڭتۇستىك ـ سولتۇستىك پاتشالىقتار كەزەڭىندە از ۇلتتاردىڭ حانزۋلارعا قوسىلعان جالپى جان سانى ون ميلليون ادامنان اسقان ەكەن، مۇنىڭ باسىم كوپ ساندىسى وڭتۇستىك ـ سولتۇستىك پاتشالىقتار تۇسىندا ورىندالىپتى، سولتۇستىك ۋي پاتشالىعىنىڭ پاتشاسى شياۋ ۋىندي (471 ــ 499 ـ جىلدارى بيلىكتە بولعان) جۇرگىزگەن حانزۋلاستىرۋ رەفورماسى شەشۋشى رول اتقارعان. شياۋ ۋىندي تابعاش حۇڭ تاحقا وتىرعاننان كەيىن، باسقانىڭ پىكىرىنە بوي بەرمەي، 494 ـ جىلى استانانى لوياڭعا كوشىردى، سيانبيلەر ىشىندە سولتۇستىكتەگى ميلليونداعان ٴار

ۇلت حالقىن ورتا جازىققا قونىس اۋدارتتى. ول حانزۋلاستىرۋ شارالارىن ونان ارمان جۇرگىزىپ، پاتشا ورداسىندا ۇكىمەت ىستەرىن كەڭەسكەندە، ٴسوز جوق، حانزۋ ٴتىلى قولدانىلادى، سيانبيشە سويلەۋگە تيىم سالىنادى؛ حانزۋلاردىڭ كيىم - كەشەگىن كيۋ شارت، سيانبيلەردىڭ كيىم - كەشەگىن كيۋگە رۇقسات ەتىلمەيدى؛ سيانبيلەردى حانزۋلارمەن ۇيلەنۋگە شابىتتاندىرۋ؛ سيانبيلەردىڭ فاميلياسىن حانزۋلاردىڭ فاميلياسىنا وزگەرتۋ كەرەك دەگەن سياقتى بەلگىلەمەلەر شىعاردى. بۇل شارالار ۇلتتاردىڭ توعىسۋىن جەبەدى، سولتۇستىك ۋي پاتشالىعىنىڭ كۇش - قۋاتىن دا ارتتىردى. 529 - جىلى وڭتۇستىك پاتشالىقتىڭ شياۋ ليانىڭ جىلىندا چىن چيڭجى لوياڭعا ساپارلاي بارىپ وڭتۇستىككە قايتقانىنان كەيىن تەرەڭ اسەرلەنىپ: «جين، سۇڭ پاتشالىقتارىنان بەرى لوياڭ — سارى توپىراقتى ۇستىرتتەگى قالا، چاڭجياڭ دارياسىنىڭ سولتۇستىگى رەي - تيەك مەكەنى دەلىنۋشى ەدى. وسى جولى لوياڭعا بارعاندا كوزىم جەتتى، ەلدىڭ كيىم - كەشەگى ورتا جازىقتاعىلاردان قالىسپايدى ەكەن، ادەپ - يباعا دا ٴجۇرىپ تۇر، جەرى باي، ادامدارى اۋقاتتى كورىندى، كورمەسەڭ سەنبەيمىز، اۋىزبەن ايتىپ جەتكىزۋ مۇمكىن ەمەس» دەيدى.[1]

ۋي، جين، وڭتۇستىك - سولتۇستىك پاتشالىقتار كەزەڭىندە، از ساندى ۇلتتاردىڭ ٴبىرتالايى وزدەرىن حۋاشيا ۇرپاعىمىز دەگەندى دارىپتەدى، سونىمەن بىرگە، حۋاشيانىڭ داستۇرىنە مۇراگەرلىك ەتىپ، ورنىندى بىلىك جۇرگىزدى، حان جاۋ حاندىعىن (الدىڭعى جاۋ) قۇرعان عۇن اقسۇيەگى ليۋ يۋان ٴوزىن حان گاۋزۋ ليۋ باڭنىڭ تۇقىمىمىن دەدى؛ شيا حاندىعىن قۇرعان عۇن ۇلىعى حىلان بوبو «ٴوزىنىڭ ۇلى يۇيدىڭ ۇرپاعى ەكەندىگىن، ەجەلدەن يۋجوۋ مەن سۋجوۋدى مەكەن ەتكەندىگىن ايتتى»[2]. الدىڭعى يان ەلىن سيانبي ۇلتىنىڭ مۇرۇڭ ۇلىسى قۇرعان، ونىڭ ٴبىرىنشى ۇرپاق اعامانى مۇرۇڭ حۋاڭنىڭ اكەسى مۇرۇڭ گۇي بولىپ، تاريحتا جازىلۋىنشا: «ولاردىڭ اتا - بابالارى شيۇڭ اۋلەتىنەن شىققان مياۋدىڭ ۇرپاقتارى»، «ەجەلگى تەرىسكەي رەيلەرى ەكەن»، تاريحتا شىعىس حۋلار اتانىپتى[3]. ال، الدىڭعى

① (سولتۇستىك ۋي) ياڭ شۋان جازعان: جوۋ زۋمو تىنىس بەلگىسىن قويىپ، تۇسىندىرگەن: «لوياڭداعى سانگاراما ەستەلىكتەرىنە تۇسىنىك»، بەيجيڭ: جۇڭحۋا شۋجۇي باسپاسى، 2010 - جىل، 2 - باسىلىمى، 93 - بەت.

② (تاڭ) فاڭ شۋانليڭ: «جينناما. حىلان بوبو ەستەلىكتەرى»، بەيجيڭ: جۇڭحۋا شۋجۇي باسپاسى، 1974 - جىل، 3205 - بەت.

③ (تاڭ) فاڭ شۋانليڭ: «جينناما. مۇرۇڭ گۇي ەستەلىكتەرى»، بەيجيڭ: جۇڭحۋا شۋجۇي باسپاسى، 1974 - جىل، 2803 - بەت.

چين ەلىن قۇرعان دي ۇلتىنان شىققان فۋحۇك ەدى، «ولاردىڭ ارعى اتالارى حۋ ۇلىسى مياۋدىڭ ۇرپاقتارى بولىپ، ەجەلگى باتىس نۇمداردىڭ اقساقالدارى ەكەن»[1]. كەيىنگى چين پاتشالىعىن قۇرعان ياۋ چاڭنىڭ اكەسى ياۋ گىجۇڭ، «ولاردىڭ ارعى اتالارى يۋي اۋلەتى مياۋدىڭ ۇرپاقتارى ەكەن. يۋي ولارعا ياۋ جۇراعاتىنىڭ ۇرپاعى باتىس نۇم دەگەن ات بەرىپتى، سودان مارتەبەلى چياڭ اقساقالى اتالىپتى»[2]. «جوۋناما. ۋىندي ەستەلىكتەرىندە» باتىس ۋي بيلىگىنىڭ شاڭىراعىن كوتەرۋشى يۇيۋىن تاي تۋرالى جازبالاردا: «ونىڭ ارعى اتاسى يان دي پاتشا تۇسىنداعى شىنىۇڭشى اۋلەتى بولىپ، ول حۋاڭدي جاعىنان جويىلادى»[3]. وسىلاردىڭ ٴبارى وزدەرىنىڭ حۋاشيانىڭ تۇقىم ـ جۇراعاتىندىق سالاۋاتىن ايرىقشا دارىپتەدى، بۇل ولاردىڭ جۇڭحۋا ۇلتىنان بوتەن ەمەس ەكەندىگىن تۇسىندىرەدى، مۇنىڭ ٴوزى مەملەكەتتىڭ تۇتاستىعى ٴۇشىن وتە ٴتيىمدى بولىپ تابىلادى.

ۋي، جين، وڭتۇستىك ـ سولتۇستىك پاتشالىقتار تۇسىندا عۇن، سيانبي، جيە، دي، چياڭ سياقتى ۇلتتار ۇزدىك ـ سوزدىق حۋاڭحى وزەنى الابى سەكىلدى حانزۋلار ٴجيى مەكەندەنگەن وڭىرلەرگە اۋىپ باردى. «باتىس سولتۇستىكتەگى ايماقتاردىڭ بارىندە نۇمدار مەكەندەنگەن، ىشكەرىدە جيڭجاۋ، ۋي ايماعى، حۇڭنۇڭعا دەيىن ىرگە تەپكەن».[4] «گۋانجۇڭنىڭ جان سانى ميليلوننان اسادى، سولاردىڭ كەم دەگەندە تەڭ جارىمىن نۇم ـ تيەكتەر ۇستايدى»[5]. ىشكەرىگە قاراي قونىس اۋدارعان ٴار ۇلت حالقىنىڭ دەنى پاتشالىقتىڭ ساناقناماسىنداعى وتباسىلارعا، ولاردىڭ ۇلت بويىنشا شوعىرلى قونىستانعاندارىنىڭ ٴوزى دە حانزۋلارمەن ٴجيى بارىس ـ كەلىس جاساعاندىقتان، ٴوندىرىس، تۇرمىس سالتى بارا ـ بارا حانزۋلارعا اۋدى؛ از ساندى ۇلتتاردىڭ حانزۋلارمەن ارالاس قونىستانعاندارىنىڭ حانزۋلاسۋ دارەجەسى، ٴتىپتى،

① (تاڭ) فاڭ شۋانلىڭ: «جيننامـا. فۋ حۇڭ ەستەلىكتەرى»، بەيجيڭ: جۇڭحۋا شۋجۇي باسپاسى، 1974 ـ جىل، 2867 ـ بەت.

② (تاڭ) فاڭ شۋانلىڭ : «جيننامـا، ياۋ گىجۇڭ ەستەلىكتەرى»، بەيجيڭ: جۇڭحۋا شۋجۇي باسپاسى، 1974 ـ جىل، 2959 ـ بەت.

③ (تاڭ) «ليڭحۋ دىفىن، ت.ب .قۇراستىرعان: «جوۋناما. ۋىندي ەستەلىكتەرى، (1)»، بەيجيڭ: جۇڭحۋا شۋجۇي باسپاسى، 1971 ـ جىل، 1 ـ بەت.

④ (سۇڭ) سىما گۋاڭ قۇراستىرعان: «بيلىك عيبىراتناماسى . جين ەستەلىكتەرى، (3)»، بەيجيڭ: جۇڭحۋا شۋجۇي باسپاسى، 1956 ـ جىل، 2575 ـ بەت.

⑤ (تاڭ) فاڭ شۋانلىڭ: «جيننامـا. جياڭ تۇڭ باياني» بەيجيڭ: جۇڭحۋا شۋجۇي باسپاسى، 1974 ـ جىل، 1533 ـ بەت.

سيانبيشە كيىنگەن قۋىرشاق

حانزۋشا كيىنگەن قۋىرشاق

كۇشتى بولدى؛ ال، ورتا جازىقتان كوپ حانزۋ باتىس سولتۇستىكتەگى، باتىس وڭتۇستىكتەگى وڭىرلەرگە قاراي كوشتى. ەگىن ەگۋ جانە كوشپەلى مال باعۋ سياقتى تۇرلىشە شارۋاشىلىق ٴوندىرىس، تۇرمىس ٴتاسىلى جانە ۇزاق ۋاقىتقا سوزىلعان قاقتىعىس، باسەكە بارىسىندا ۇزدىكسىز ارالاسىپ، توعىسا ٴتۇستى. بۇرىنعى مىناۋ حۋاشيا، اناۋ رەي دەپ ايىراتىن كوزقاراس وشكىندەپ، «رەيلەر مەن حانزۋلار ارالاس - قۇرالاس وتىراتىن» احۋال جارىققا شىقتى. ٴار ۇلت حالقى ورتاق كۇرەس بارىسىندا بەرەكە - بىرلىكتە بولىپ، ٴبىرىن - ٴبىرى قولداپ - قۋاتتاپ، ٴوزارا بايلانىستى كۇشەيتتى.

ورتاق ساياسي، شارۋاشىلىق، مادەني تۇرمىس ٴارقايسى ۇلتتى سەن، مەن دەپ ايىرمايتىن، ٴبىر وتباسىنىڭ ادامدارى ەكى - ۇش، ٴتىپتى، ونان دا كوپ ۇلتتان قۇرالاتىن ٴجايت ول كەزدە قالىپتى قۇبىلىس بولىپ قالدى، 400 جىلعا جۋىق ۋاقىت ۇلتتاردىڭ ۇلى توعىسۋىن باستان كەشىرۋ ارقىلى كەيبىر از ساندى ۇلتتاردىڭ اتى جويىلدى، حانزۋلار ٴبىرتالاي باسقا ۇلتتى ٴوزىنە ٴسىڭىرىپ، كۇشەيە ٴتۇستى؛ سونىمەن بىرگە، ٴبىر ٴبولىم از ساندى ۇلتتار مەكەندەگەن وڭىرلەرگە اۋىپ بارعان حانزۋلار دا سول جەردەگى ۇلتتارعا ٴسىڭىپ كەتتى. ۇزاق ۋاقىت ارالاس قونىستانۋ ناتيجەسىندە ۇلتتار ارا ٴتۇسىنىسۋ ارتىپ، ۇلتتار اراسىنداعى شەك - شەكارا بارعان سايىن ازايدى. ۋي، جين، وڭتۇستىك - سولتۇستىك پاتشالىقتار داۋىرىندەگى ۇلتتاردىڭ كەڭ كولەمدە توعىسۋى ارقىلى جۇڭحۋا ۇلتىنا جاڭا قان قوسىلىپ، مەملەكەتتىڭ شىت جاڭا بىرلىككە كەلۋى ٴۇشىن ٴتيىمدى شارت - جاعداي ازىرلەندى.

ساياسي ٴتۇزىم جاعىنان العاندا، 16 ەل جانە سولتۇستىك پاتشالىقتار نەگىزىنەن سولتۇستىكتەگى از ساندى ۇلت بيلەۋشىلەرىن نەگىز ەتىپ، حانزۋ جوعارى جىكتەگىلەرىمەن بىرلەسىپ قۇرعان بيلىكتەر ەدى. بۇل بيلىكتەردىڭ بيلەۋشىلەرى حانزۋ تورەلەردى اتۋەرلەپ ىستەتتى، حانزۋلاردىڭ ٴماناساپ ٴتۇزىمىن، جول - جوسىنىن قولداندى،

مىسالى، كەيىنگى جاۋ بيلىگى شىلىنىڭ سي ـ سياپاتى «كيىم ـ كەشەگى حۋاشيانىكى بولۋ»، «پاتشامەن ديدارلاسقاندا كوكتىڭ ۇلىنىڭ ادەپ ـ يباسى، مۋزيكاسى ارقىلى جۇرتتى ٴلاززاتتاندىرىپ، سالماقتى دا كەسكىن بەينەدە بولىپ، بايسالدى دا دۇرىس پوزيتسيا قولداندى»①. الدىڭعى چيننىڭ پاتشاسى فۋجيان بيلىك ۇستاعان تۇستا حانزۋ ۋاڭ مىڭدى ۋازىرلىككە قويدى، «توقتاتىلعان ٴمانساپتاردى قايتا كۇشكە يە ەتتى، ايگىلىلەردىڭ جولىن ۇستادى، تاشىرگە قۇرمەت ەتتى، ەگىن ەگۋگە، جىبەك قۇرتىن وسىرۋگە ٴمان بەردى، مەكتەپ اشتى»②. سولتۇستىك ۋي پاتشالىعى دا مەملەكەت ٴتۇزىمىن ورناتۋدا حانزۋ وقىمىستىلاردىڭ ٴبىلىمى مەن مادەنيەتىنەن پايدالاندى، مىسالى، تابعاش گۇي زاڭ ـ جارلىق شىعارۋعا حانزۋ وقىمىستىلاردى ىستەتۋگە كوڭىل ٴبولىپ، دىڭ يۋاندى ٴمانساپ ٴتۇزىمىن جاساۋعا، دۇڭ ميدى ٴجون ـ جوسىق بەلگىلەۋگە، ۋاڭ دىنى ٴامىر ـ پارمەن جاساۋعا بۇيىرىپ، سيانبيلەردىڭ اسكەري اقسۇيەكتىك ديكتاتۋراسىنىڭ ورتالىقتانعان شوعىرلى بيلىككە ٴوتۋىن ىسكە اسىردى. شياۋ ۋىندي پاتشا سيانبي اقسۇيەكتەرى مەن حانزۋ تورەلەرىنىڭ فاميليا رەتىن بەلگىلەگەنەن كەيىن حانزۋ تورەلەرىنىڭ ساياسي ورنى بۇرىنعىدان دا موينىدالا ٴتۇستى.

ۋي، جين، وڭتۇستىك ـ سولتۇستىك پاتشالىقتار كەزەڭىندە ٴتۇرلى بيلىكتەردىڭ ساياسي تۇزىمىندە دە تىڭ وزگەرىستەر جارىققا شىقتى، مىسالى، ٴمانساپ تۇزىمىندە «حۋلار مەن حانزۋلار» قوس جۇيە ٴتۇزىمىن بىرلەستىرۋ قۇبىلىسى تۋىلدى. ٴتاڭىرقۇت ـ

ارقالى ورىندىق، ٴتورت بۇرىش ورىندىق

دۇنحۋاڭ موگاۋ ۇڭگىرىندەگى قابىرعا سۋرەتتەرگە ەلىكتەپ سىزىلعان. ارقالى ورىندىق، ٴتورت بۇرىش ورىندىق تەگى سولتۇستىكتەگى از ساندى ۇلتتاردىڭ وتىراتىن جابدىعى، ۋي، جين، وڭتۇستىك ـ سولتۇستىك پاتشالىقتار داۋىرىندە ورتا جازىق وڭىرلەرىنە تاراعان، بۇل ۇلتتاردىڭ ارالاسۋى مەن توعىسۋىن ايگىلەيدى.

① (تاڭ) فاڭ شۋانليڭ: «جينناما. شىلى ەستەلىكتەرى (2)»، بەيجيڭ: جۇڭحۋا شۋجۇي باسپاسى، 1974 ـ جىل، 2735 ـ، 2736 ـ بەتتەر.

② (تاڭ) فاڭ شۋانليڭ: «جينناما. فۋجيان ەستەلىكتەرى (1)»، بەيجيڭ: جۇڭحۋا شۋجۇي باسپاسى، 1974 ـ جىل، 2885 ـ بەت.

چين - حان پاتشالىقتارى كەزەڭىندەگى عۇنداردىڭ ەڭ جوعارعى بيلەۋشىلەرىنىڭ اتاعى بولاتىن، ٴتاڭىرقۇت وزەك ەتىلىپ، ٴبىر جۇيە كەمەلدى بيلىك جۇرگىزۋ قۇرىلىمى قالىپتاسقان. ليۋ يۋان الدىڭعى جاۋ حاندىعىن قۇرعانىنان كەيىن، 16 ەل مەزگىلىندە تالاي - تالاي ۇلتتار قۇرعان بيلىكتەر تۇگەلدەي ۇلى ٴتاڭىرقۇت ٴتۇزىمىن قولدانعان. عۇندار قۇرعان حان، الدىڭعى جاۋ بيلىكتەرىنەن باسقا، تاعى دا سيانبي، جيە، دي، حان سەكىلدى ۇلتتار دا وسى ٴتۇزىمدى ىستەتكەن. از ساندى ۇلتتاردىڭ ورتا جازىقتا جاپپا - تارماعاي كىرۋىنە بايلانىستى از ساندى ۇلتتار قۇرعان بيلىكتەر حانزۋلاردىڭ فەودالدىق زاڭ جاساۋ ٴتۇزىمىنىڭ ىقپالىنا ۇشىراۋى كۇننەن - كۇنگە كۇشەيە ٴتۇستى. حانزۋ مادەنيەتىنىڭ ىقپالىنا ۇشىراپ، ۇلى ٴتاڭىرقۇت تۇزىمىنە حانزۋلاردىڭ ٴمانساپ ٴتۇزىمى مولىنان ەنگىزىلگەندىكتەن، چين - حان پاتشالىقتارى تۇسىنداعى عۇنداردىڭ ٴتاڭىرقۇت تۇزىمىنە قاراعاندا كوپ وزگەرىس تۋىلدى، حۋلار مەن حانزۋلاردىڭ تۇرلىشە ساياسي تۇزىمدەرىنىڭ ٴبىر تۇلعالانۋى مەملەكەتتىڭ قايتادان بىرلىككە كەلۋىن ىلگەرىلەتەتىن ماڭىزدى فاكتور سانالدى.

ۋي، جين، وڭتۇستىك - سولتۇستىك پاتشالىقتار كەزەڭىندە از ساندى ۇلتتار ىشكەرىنىڭ حۋاڭحى وزەنى الابىنا مولىنان اۋىپ باردى، حانزۋلار دا وڭتۇستىككە، باتىس سولتۇستىككە، باتىس وڭتۇستىككە قونىس اۋدارىپ، ەلىمىزدىڭ وڭتۇستىك وڭىرلەرىنىڭ شارۋاشىلىعىنىڭ دامۋ ورەسىن ەداۋىر جوعارىلاتىپ، تۇرلىشە وڭىرلەردەگى ۇلتتار ارا شارۋاشىلىق جاقتاعى اۋىس - كۇيىستى كۇشەيتىپ، مەملەكەتتىڭ قايتادان بىرلىككە كەلۋى ٴۇشىن ەكونوميكالىق نەگىز قالادى. عۇن، سيانبي، جيە، دي، چياڭ سياقتى سولتۇستىكتەگى ۇلتتار ىشكەرىگە قاراي اۋۋدىڭ الدىندا حانزۋلاردىڭ شارۋاشىلىعىنىڭ، مادەنيەتىنىڭ ىقپالىنا تۇرلىشە دارەجەدە ۇشىراعان بولاتىن. ۋي، جين پاتشالىعى تۇسىندا عۇن سياقتى كوشپەلى ۇلتتار حانزۋلارمەن ارالاس قونىستانىپ، حانزۋلاردىڭ ىقپالىندا بىرتىندەپ ەگىنشىلىك وندىرىسىنە جانە وتىرىقتانۋعا قاراي ويىسىپ، ٴاۋ باستاعى تايپالىق توپتار ىدىراپ، ٴبىرشاما مەشەۋ قوعامدىق جاعدايىن وزگەرتتى. مۇنىڭ ىشىندە عۇنداردىڭ ٴوندىرىس تەحنيكاسى ەداۋىر جەتىلگەن ەدى، تايىۋان وڭىرىندەگى پومەششيكتەر جاپپا -

تارماعاي «عۇندار مەن حۋلاردان مىڭداعان ادام جالشى الدى».[①] 16 ەل مەن سولتۇستىك پاتشالىقتار تۇگەل ەگىنشىلىكتى نەگىز ەتكەن، مىسالى، كەيىنگى جاۋ ەلىنىڭ بيلەۋشىسى، جيە ۇلىسىنان شىققان شىلى ۋازىرلەرىن ٴارقايىسى دۋان ـ ايماقتاردى تەكسەرۋگە جىبەرەدى، «ەلشىلەر دۋان ـ ايماقتاردى ارالاپ ديقانداردى ەگىن ەگۋگە جانە جىبەك قۇرتىن باعۋعا ۇگىتتەيدى»[②]؛ سيانبيلەردىڭ مۇرۇڭ ۇلىسى قۇرعان الدىڭعى يان حاندىعىنىڭ بيلەۋشىسى مۇرۇڭ حۋاڭ «ٴوزى تىكەلەي ايماق ـ اۋداندارعا ٴتۇسىپ، ديقانداردى ەگىن ەگۋ، جىبەك قۇرتىن وسىرۋگە ٴناسيحاتتايدى»[③]؛ سولتۇستىك ۋيدىڭ پاتشاسى شياۋ ۋىنديدىڭ رەفورما جۇرگىزىپ، اتىزداردى تەڭگەرۋ ٴتۇزىمىن اتقارۋى سولتۇستىكتىڭ اۋىل شارۋاشىلىق ٴوندىرىسىنىڭ دامۋىندا بەلسەندى رول اتقاردى.

ۋي، جين، ۆڭتۇستىك ـ سولتۇستىك پاتشالىقتار داۋىرىندە جىبەك جولى ساۋداسى كوپ بيلىكتىڭ قاتار ٴومىر سۇرگەندىگى سەبەپتى توسىلىپ قالمادى. شىعىس جين، 16 ەلدىڭ تۇسىندا الدىڭعى لياڭنىڭ گۋزاڭىندا (قازىرگى گانسۋدىڭ ۋ ـ ۋيى)، الدىڭعى چيننىڭ چاڭ ـ انىندا، شىعىس جيننىڭ شاڭياڭىندا ايىرباس ساۋدا جاساۋ قۇرىلىمدارى قۇرىلىپ، ساۋداگەرلەردىڭ قايشالىسىپ ساۋدا جاساۋى وڭتۇستىك پەن سولتۇستىكتىڭ ەكونوميكالىق اۋىس ـ كۇيىسىنىڭ قالىپتى جاعدايىنا اينالعان. ول كەزدە وڭتۇستىك ـ سولتۇستىك بيلىكتىڭ حۋايحى وزەنى الابىنا قاتىنايتىن سۋ جولدارىنا ٴمان بەرىپ، چاڭجياڭ دارياسى، حۋاڭحى وزەنى اراسىنداعى سۋ جولى قاتىناسىن كەڭەيتىپ، سۋي پاتشالىعى كەزىندەگى ۇلى كانالدىڭ جاسالۋىنا شارت ـ جاعداي جاراتتى.

ۋي، جين، ۆڭتۇستىك ـ سولتۇستىك پاتشالىقتار كەزەڭىندە «ۇلى بىرلىك» كوزقاراسىنىڭ كۇشەيۋى، ساياسيدىڭ ٴبىرىڭعايلانۋى، ۇلتتاردىڭ توعىسۋى، ەكونوميكالىق اۋىس ـ كۇيىس پەن قارىم ـ قاتىناستىڭ كۇشەيۋى مەملەكەت بويىنشا رايوندار ارا، ۇلتتار ارا ٴبىرى ـ بىرىنە سۇيەنەتىن قويۋ بايلانىستى بىرتىندەپ قالىپتاستىردى. سونىمەن قابات،

① (تاڭ) فاڭ شۋانليڭ : «جينناما. ۋاڭ شۇننىڭ عۇمىرناماسى» بەيجيڭ: جۇڭحۋا شۋجۇي باسپاسى، 1974 ـ جىل، 2412 ـ بەت.

② (تاڭ) فاڭ شۋانليڭ: «جينناما. شىلى ەستەلىكتەرى (2)» بەيجيڭ: جۇڭحۋا شۋجۇي باسپاسى، 1974 ـ جىل، 2735 ـ بەت.

③ (تاڭ) فاڭ شۋانليڭ: «جينناما. مۇرۇڭ حۋاڭ ەستەلىكتەرى» بەيجيڭ: جۇڭحۋا شۋجۇي باسپاسى، 1974 ـ جىل، 2822 ـ بەت.

ۇزاق ۋاقىتتىق سوعىس زوبالاڭى ٴار ۇلت حالقىنا اۋىر اپات ٴتوندىرىپ، بارشا حالىق بۇقاراسى سوعىستان ابدەن مەزى بولىپ، بىرلىككە كەلۋدى اڭسادى. جوعارىداعى فاكتورلار ەلىمىزدىڭ كوپ ۇلتتى، ۇلى بىرلىك جاعدايىنىڭ تابيعي قايتالانۋىن جەبەي ٴتۇستى.

ەكىنشى تاراۋشا ورتا جازىق بيلىگىنىڭ شينجياڭ ٴوڭىرىن باسقارۋى

ۋي، جين، وڭتۇستىك ـ سولتۇستىك پاتشالىقتار كەزەڭىندە، باتىس جين مەزگىلىندە ۋاقىتشا بىرلىككە كەلتىرىلگەنىنەن سىرت، مەملەكەت بويىنشا ۇزاق ۋاقىت بولەكتەنگەن كۇيدە تۇردى، كوپ بيلىك قاتار ٴومىر ٴسۇرىپ، بىرىنەن كەيىن ٴبىرى اۋىسىپ وتىردى، الايدا، ورتا جازىقتاعى بيلىكتەرى شينجياڭ ٴوڭىرىن اۋەلگىسىنشە باسقارا بەردى، ال، شينجياڭ وڭىرىندەگى جەرگىلىكتى بيلىكتەر تۇگەلدەي ورتا جازىق بيلىگىنە باعىنىشتى بولدى، بۇل وسى مەزگىلدەگى ساياسي جاعدايدىڭ كورنەكتى بەلگىسى ەدى. ٴۇش ەل كەزەڭىندەگى ساۋ ـ ۋي بيلىگى سولتۇستىكتىڭ ۇلان ـ بايتاق ٴوڭىرىن بيلەپ، حان پاتشالىعىنىڭ تۇزىمدەرىنە مۇراگەرلىك ەتتى، باتىس وڭىردە بەستىك ـ التىلىق الامانباسى جانە باتىس ٴوڭىر زۇرعاندىعىن قۇردى. باتىس جين ۋي پاتشالىعىنىڭ ورنىن باسقانىنان كەيىن دە ساۋ ـ ۋي باتىس وڭىردەگى اسكەري، ساياسي باسقارۋ ٴتۇزىلىسىن جالعاستىردى. 16 ەلدەن سولتۇستىك پاتشالىقتارعا دەيىن، الدىڭعى لياڭ، الدىڭعى چين، سوڭعى لياڭ، باتىس لياڭ، سولتۇستىك لياڭ، سونداي ـ اق كەيىن كەلە سولتۇستىكتى بىرلىككە كەلتىرگەن سولتۇستىك ۋي بيلىگى ايماق ـ اۋدان ٴتۇزىمى جانە جاساق تۇرعىزۋ ٴتۇزىمىن شينجياڭ وڭىرىنە كەڭەيتىپ، شينجياڭ ٴوڭىرىن باسقارۋدى ونان ارى كۇشەيتتى.

ٴبىرىنشى، ايماق ـ اۋدان ٴتۇزىمىنىڭ جارىققا شىعۋى

221 ـ جىلى ساۋ ـ ۋي بيلىگى قۇرىلا سالىسىمەن دۇنحۋاڭ زۇرعانى جاڭ گۇڭدى بەستىك ـ التىلىق الامانباسى ەتىپ بەلگىلەپ، باتىس ٴوڭىردى باسقارۋعا جىبەرەدى. باتىس جين بيلىگى قۇرىلعانىنان كەيىن، بەستىك ـ التىلىق الامانباسى جالعاستى قويىلادى. باتىس، شىعىس حان پاتشالىعى داۋىرىندەگىگە انىق ۇقسامايتىنى، ساۋ ـ ۋي جانە باتىس جين پاتشالىقتارى مەزگىلىندە بەستىك ـ التىلىق الامانباسى، تەك، گاۋچاڭدى عانا باسقارىپ، سول

كەزدەگى لياڭجوۋدىڭ دۋانباسىنىڭ قول استىندا بولعان؛ بەستىك ـ التىلىق الامانباسى ۇقىعى اناعۇرلىم جيناقى، مىندەت وتەيتىن مەزگىلى ۇزاعىراق بولىپ، ميراستىق ٴجايت ساقتالعان.

باتىس ٴوڭىر زۇرعانى العاش شىعىس حاننىڭ سوڭعى مەزگىلىندە قويىلعان ٴمانساپ بولىپ، بۇكىل باتىس ٴوڭىردى باسقاراتىن ەڭ ۇلكەن اسكەري ـ اكىمشىلىك ٴمانساپ ەدى. ساۋ ـ ۋيدىڭ ميڭدي زامانى تايحى جىلدارى (227 ــ 233) قالپىنا كەلتىرىلگەن. جازبالارعا نەگىزدەلگەندە، ساڭ زى دۇنحۋاڭنىڭ باس ۋاليلىگىنە تاعايىندالعان ەكەن، ول ولگەننەن كەيىن «باتىس وڭىردەگى حۋلار ونىڭ ولگەنىن ەستىپ، بەستىك ـ التىلىق الامانباسى جينالىپ، جاڭشىنىڭ باسقارۋىندا وعان ازا بىلدىرگەن» دەلىنەدى[1]. باتىس جين مەزگىلىندە باتىس ٴوڭىردى باسقاراتىن زۇرعانى كرورانداتۇرعان، كەيىنگىلەر كروران بايىرعى قالاسىنىڭ جۇرتىنان باتىس ٴوڭىر جاڭشىسى كوشىرىپ تاراتقان پاتشا ورداسىنىڭ جارلىعىن تاۋىپ الادى. وندا «باتىس ٴوڭىر جاڭشىسى باس مامىلەگەردىڭ حاتىن تاپسىرىپ الدى، قول استىمداعىلار وسى حاتتاعى تالاپ بويىنشا كۇناكاردى جان ـ جاقتان ىزدەپ قولعا ٴتۇسىرسىن ٴارى 11 ـ ايدىڭ 20 ـ كۇنى احۋالدى مالىمدەسىن، ٴارقانداي ٴىس پاتشانىڭ

ٴبىلىم سىلتەمەسى

ساڭ سى، جاناما اتى ـ شياۋ رىن، حۋاينان (قازىرگى انحۇيدىڭ شوۋشيان اۋدانى) دەگەن جەردىڭ ادامى. ساۋ ـ ۋي ميڭديدىڭ تايحى جىلدارىندا ساڭ زى دۇنحۋاڭنىڭ باس ٴۋاليى بولىپ تۇرعان كەزدە بۇقارانى الاڭسىزداندىرىپ، باتىس وڭىرمەن بايلانىس جاساپ، سۇبەلى تابىستارعا قول جەتكىزىپ، ەل ـ جۇرتتىڭ القاۋىنا بولەنگەن. «ٴوش پاتشالىق شەجىرەسى. ساڭسى بايانىندا»: « رەيلەردى الاماي، حالىققا شاپاعات ەتكەندىگى اڭىزعا اينالعان. ول قايتىس بولىپ تالاي ۋاقىت وتسە دە ەل ـ جۇرت ونى وزدەرىنىڭ جاقىنىنداي كورىپ، سۋرەتىن سىزىپ، ٴىلىپ قويىپ، ەسكە تۇسىرەتىن بولعان. ونىڭ قازاسىن ەستىگەندە باتىس وڭىردەگى حۋلار تەگىس جينالىپ، بەستىك ـ التىلىق الامانباسى جانە زۇرعاننىڭ باسقارۋىندا ازا بىلدىرگەن، وعان ارنايى عيباداتحانا سالدىرىپ، ۇزاقتان كەلىپ شوقىناتىن بولعان» دەلىنەدى.

---

① (جين) چىن شۋ: «ٴۇش پاتشالىق شەجىرەسى. ساڭ سى بايانى»، بەيجيڭ: جۇڭحۋا شۋجۇي باسپاسى، 1959 ـ جىل، 513 ـ بەت.

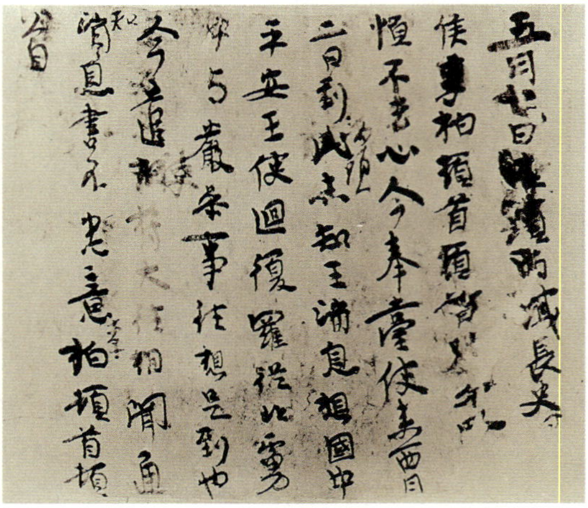

لي بو جازبالارى
شينجياڭنىڭ لوبنور دەگەن جەرىنەن تابىلعان

جارلىعى جانە مەملەكەتتىڭ زاڭى بويىنشا ورىندالسىن» دەلىنەدى.① مۇنىڭ ٴوزى باتىس جيننىڭ ىكىمشىلىك بۇيرىقتارى مەن زاڭ ـ جارلىقتارىنىڭ شينجياڭدا اتقارىلىپ تۇرعاندىعىنان دەرەك بەرەدى.

301 ـ جىلى لياڭجوۋدىڭ دۋانباسى جاڭ گۋي الدىڭعى لياڭ بيلىگىن قۇرعاننان جاڭ گۇيدىڭ نەمەرەسى جاڭ جۇن بيلىك جۇرگىزگەن تۇسقا دەيىن (324 ـــ 346)، الدىڭعى لياڭنىڭ ىقپال كۇشى باتىس وڭىرگە جەتتى. الدىڭعى لياڭ حايتۋ قالاسىندا (قازىرگى شينجياڭنىڭ لوپنۇر كولىنىڭ باتىسى) باتىس ٴوڭىر زۇرعاندىعىن قۇردى. حايتۋ قالاسىنىڭ ەسكى جۇرتىنان ٴبىر پارشا حاتتىڭ تامتىعى تابىلدى، بۇل سول كەزدەگى الدىڭعى لياڭ باتىس ٴوڭىر جاڭشىسى لي بونىڭ الدىڭعى لياڭنىڭ حانى جاڭ جۇن مەن باتىس ٴوڭىر قالالىق ەلىنىڭ بەگىنە جازعان حاتىندا، الدىڭعى لياڭنىڭ دا باتىس ٴوڭىر جاڭشىسى ٴمانسابىن قويعاندىعى بەينەلەندى. 327 ـ جىلى الدىڭعى لياڭ گاۋچاڭدا گاۋچاڭ ايماعىن قۇرىپ، وعان تياندي قاتارلى اۋداندارى قاراتتى، بۇل ورتا جازىقتىڭ ايماق ـاۋدان ٴتۇزىمىنىڭ شينجياڭ وڭىرىندە تۇڭعىش رەت جارىققا شىعۋى بولىپ تابىلادى. الدىڭعى لياڭ گاۋچاڭدا ايماق قۇرعاننان كەيىن، گاۋچاڭعا بيلىگىن كۇشەيتە تۇسەدى، سونىمەن قاتار، بۇل ارادا بەستىك ـ التىلىق الامانباسى بەكىنىسىن قۇرىپ، بۇرىنعى بەستىك ـ التىلىق الامانباسى اسكەري ـاكىمشىلىك بىرلەسكەن تۇلعاسىن كۇشىنەن قالدىرىپ، ونىڭ ورنىنا گاۋچاڭ ايماعى جانە بەستىك ـ التىلىق الامانباسى اسكەري ـ اكىمشىلىك بولىنگەن باسقارۋ ٴتۇزىلىسىن قۇردى. 345 ـ جىلى جاڭ جۇن تاعى دا ياڭ شۋاندى: «قۇمدى شولدەن وتكىزىپ

① لين مەيسۇن: «كروران ـ نيەدەن قازىپ الىنعان جازبالار»، بەيجيڭ: مادەني مۇرا باسپاسى، 1985 ـ جىل، 5 ـ، 86 ـ بەتتەر.

كۇسان مەن پىشامشانعا جازا جورىعىن اتتاندىرىپ، باتىس ٴوڭىردى وزىنە قاراتادى».[①] سول جىلى جاڭ جۇن اكىمشىلىك رايونداردى قايتادان رەتتەپ، بۇرىنعى لياڭجوۋ ٴبىر عانا دۋاندىق اكىمشىلىك قۇرىلىمدى لياڭ، حى، شا سياقتى ٴۇش دۋانعا وزگەرتىپ قۇردى، مۇنىڭ ىشىندە، «دۇنحۋاڭ، جينچاڭ، گاۋچاڭ باتىس ٴوڭىر باسقاعى، بەستىك ـ التىلىق الامانباسى، يۇيمىن ٴىرى قورعانىس جاساۋىلباسى، ٴۇش ايماق، ٴۇش بەكىنىس شاجوۋ ايماعىنا قاراستى بولىپ، وعان باتىس حۋ الامانباسى ياڭ شۋان دۋانباسى بولدى»[②]. ال، جاڭ جۇن ٴوزىن باس تۇتىق، ۇلى جياڭجۇن، دولىمجى لياڭ ۋاڭى دەپ اتاپ، ٴۇش دۋاننىڭ توبەسىنەن قارادى. سونان باستاپ، شينجياڭ رايونى الدىڭعى لياڭنىڭ باسقارۋىنداعى ٴوڭىردىڭ بىرىنە اينالدى. گاۋچاڭ ايماعى شاجوۋ دۋانىنا باعىنىشتى بولدى، وعان اۋداندار قارادى، ٴسويتىپ، دۋان، ايماق، اۋدان سىندى ٴۇش دارەجەلى اكىمشىلىك باسقارۋ جۇيەسى قالىپتاستى.

4 ـ عاسىردىڭ ورتا شەنىندە، دي اقسۇيەگى فۋشى قازىرگى شانشيدى ورتالىق ەتكەن الدىڭعى چين بيلىگىن قۇردى ٴارى الدىڭعى لياڭنىڭ حىشيداعى بيلىگىن قولىنا الدى. الدىڭعى چيننىڭ پاتشاسى فۋ جيان (357 ــ 385) لياڭ شيدى الشى، باتىس نوكەر سارداىرى، لياڭجوۋ دۋانباسى، باتىس چياڭدى قورۋشى الامانباسى ەتىپ تاعايىنداپ، باتىس ٴوڭىردى باسقارتتى. لياڭ شي قول استىنداعىلاردى باتىس وڭىرگە جىبەرىپ، فۋ جياننىڭ بەت ـ بەدەلىن اسىردى، باتىس وڭىردەگى قالالىق ەلدەرگە مول سىيعا ۇسىندى. 382 ـ جىلى الدىڭعى جۇيشى بەگى ماتەن، پىشامشاننىڭ بەگى ەميرتونى وزدەرى تىكەلەي چاڭ ـ انعا بارىپ، فۋ جيانمەن جولىقتى، فۋ جيان ولارعا «وردا كيىمىن ۇسىندى»، «سونىمەن بىرگە، پىشامشاننىڭ بەگى ەميرتونى مويشاقتى ۇلىق، اقىلشى نوكەر، تۇتىقتاردىڭ باتىس ٴوڭىر جاساق ىستەرىن باسقارۋشى، باتىستى تىنىشتاندىرۋشى قولباسى ەتىپ تاعايىندادى، الدىڭعى جۇيشى بەگى ماتەندى دە مويشاقتى ۇلىق، باتىس ٴوڭىردى تىنىشتاندىرۋشى قولباسى، باتىس ٴوڭىر باسقاعى ەتىپ تاعايىندادى»[③]. پىشامشان، الدىڭعى جۇيشى ەلدەرىنىڭ ٴوتىنىشى

① (تاڭ) فاڭ شۋانلياڭ: «جينناما. جاڭ جۇننىڭ عۇمىرناماسى»، بەيجيڭ: جۇڭحۋا شۋجۇي باسپاسى، 1974 ـ جىل، 2237 ـ بەت.

② (سولتۇستىك چي) ۋي شۋ: «ۋينامە. جاڭ جۇننىڭ عۇمىرناماسى»، بەيجيڭ: جۇڭحۋا شۋجۇي باسپاسى، 1974 ـ جىل، 2195 ـ بەت.

③ (تاڭ) فاڭ شۋانلياڭ: «جيننامە. فۋ جيان ەستەلىكتەرى، 1 ـ، 2 ـ ٴبولىم»، بەيجيڭ: جۇڭحۋا شۋجۇي باسپاسى، 1974 ـ جىل، 2898 ـ، 2900 ـ، 2911 ـ، 2914 ـ، 2915 ـ بەتتەر.

گاۋچاڭ بايىرعى قالاسى (ٴبىر ٴبولىمى)　　　ورنى شينجياڭ تۇرپاندا

بويىنشا الدىڭعى چيىن لۋي گۋاڭدى مويشاقتى تۇتىق ەتىپ ۇيعارىپ، اسكەر باستاپ باتىس وڭىرگە جازا جورىعىن جاساۋعا اتتاندىردى، پىشامشاننىڭ بەگى مەن الدىڭعى جۇيشى بەگى ۇكىمەت اسكەرىن باستاپ بارا جاتقان لۋي گۋاڭعا جول باستادى. 384 ـ جىلى لۋي گۋاڭ اسكەر باستاپ بارىپ، كۇساندى العاننان كەيىن، باتىس وڭىردەگى قالالىق ەلدەر ىركەس ـ تىركەس الدىڭعى چيىنعا باعىنىپ، «باتىس وڭىردەگى 36 ەل تۇگەل تىنىشتالدى»، فۋجيان جارلىق ٴتۇسىرىپ، «لۋي گۋاڭدى مويشاقتى نوكەر، اقىلشى نوكەر، يۇيمىننىڭ باتىسىنداعى تۇتىقتارىنىڭ باتىس ٴوڭىر جاساق ىستەردى باسقارۋشى، باتىس ٴوڭىردى تىنىشتاندىرۋشى قولباسى، باتىسى ٴوڭىر الامانباسى ەتىپ تاعايىنداپ»[1]، باتىس ٴوڭىر اسكەري ـ اكىمشىلىك ىستەرىن شەڭگەلىنە الىپ، باتىس ٴوڭىردى تىزگىندەدى. سونىمەن بىرگە، الدىڭعى چيىن گاۋچاڭدا ايماق قۇردى. سوناۋ 376 ـ جىلى فۋجيان ياڭ حاندى گاۋچاڭ باس ٴۋاليى ەتىپ ۇيعاردى. تۇرپاننان «الدىڭعى چيىن ەلى جيانيۋاننىڭ 20 ـ جىلى (384) 3 ـ اي، گاۋچاڭ ايماعى، گاۋنيڭ اۋدانى، دۋشياڭ اۋىلى، اني قىستاعى»[2] دەگەن جازۋى بار قاعاز قازىپ الىندى. بۇل الدىڭعى چيىننىڭ وسى وڭىردە گاۋچاڭ ايماعىن قۇرۋمەن تىنباي، ايماققا قاراستى اۋداندارى گاۋچاڭ، تياندي، گاۋنيڭ اۋدانىنا دەيىن كەڭەيتىپ، اۋدانعا قاراستى اۋىل ـ قىستاق

---

① (تاڭ) فاڭ شۋانلىڭ: «جيىنناما. فۋ جيان ەستەلىكتەرى، 2 ـ ٴبولىم»، بەيجيڭ: جۇڭحۋا شۋجۇي باسپاسى، 1974 ـ جىل، 2915 ـ 2923 بەتتەر.

② رۇڭ شينجياڭ، لي شياۋ، مىڭ شيانشى: «تۇرپاننان جاڭادان قازىپ الىنعان ٴىس قاعازدارى» (الدىڭعى ٴبولىم)، بەيجيڭ: جۇڭحۋا شۋجۇي باسپاسى، 2008 ـ جىل، 177 ـ بەت.

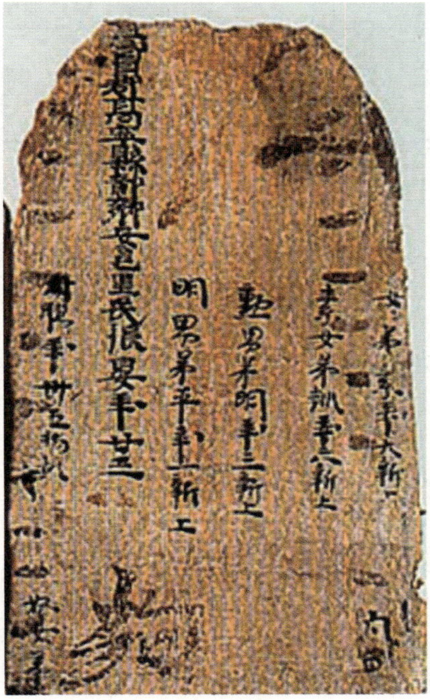

«الدىڭعى چين جيانيۋاننىڭ 20 ـ جىلى (384) 3 ـ اي، گاۋچاڭ ايماعى، گاۋنيڭ اۋدانى، دۋشياڭ اۋىلى، اني قىستاعى» جازبالارى

شينجياڭ پىشامشانداعى ياڭ حاي مولاسىنان تابىلدى.

قۇرعاندىعىن، ونىڭ ۇستىنە، قاتاڭ نوپوس باسقارۋ ٴتۇزىمىن ورناتىپ، ورتا جازىقتىڭ ايماق، اۋدان ٴتۇزىمىن شينجياڭ وڭىرىندە بۇرىنعىدان ارى كەمەلدەندىرگەندىگىن تۇسىندىرەدى.

386 ـ جىلى لۇي گۋاڭ سوڭعى لياڭ بيلىگىن قۇرعانىنان كەيىن، اگني بەگى لۇڭ شي ەڭ الدىمەن بەكزاداسىن اق ٴۇيلى اماناتقا جىبەرىپ، سوڭعى لياڭ بيلىگىنىڭ باسقارۋىنا مويىنسال بولاتىندىعىن تانىتتى، ونىڭ ىزىنشە باتىس وڭىردەگى بيلىكتەر ارت ـ ارتىنان باعىندى. 394 ـ جىلى لۇي گۋاڭ ٴوزىنىڭ ۇلى لۇي فۋدى مويشاقتى ۇلىق، باتىستى تىنىشتاندىرۋشى قولباسى، يۇمىنىڭ باتىسىنداعى جاساق ىستەرىن باسقارۋشى باتىس ٴوڭىر باسقاعى ەتىپ تاعايىندادى ٴارى «گاۋچاڭدى ورنىقتىرۋ ماقساتىمەن ٴۋازىردىڭ ۇرپاعىن لي فۋعا قولعابىس ەتۋگە جىبەردى»①. مۇنان سوڭعى لياڭنىڭ جالعاستى باس ٴۋالي قويىپ، گاۋچاڭدى بيلەۋدى كۇشەيتۋى ٴارى ٴۋازىردىڭ ۇرپاعىن لي فۋعا قولعابىس ەتۋگە بۇيىرۋى گاۋچاڭدا ٴمان بەرۋىنىڭ بۇرىنعى پاتشالىقتاردان اسىپ تۇسكەندىگىن كورۋگە بولادى.

400 ـ جىلى دۇنحۋاڭنىڭ باس ٴۋاليى لي حاۋ باتىس لياڭ بيلىگىن قۇردى، ونىڭ ىقپال كۇشى تەز ارادا باتىس وڭىرگە ٴوتتى. باتىس لياڭ جالعاستى گاۋچاڭدا ايماق قۇردى، 418 ـ جىلى لي حاۋ ۇلى لي شيندى مويشاقتى ۇلىق، گاۋچاڭ تۇتىعى، دۇنحۋاڭ، جينچاڭ، جيۋچۋان، شيحاي، يۇمىن، كانچۋان سياقتى 7 ايماقتىڭ جاساق ىستەرىن باسقارۋشى، چياڭدى قورعاۋشى الامانباسى، باتىسقا شەرۋ تارتۋشى قولباسى، جيۋچۋان بەگى، دۇنحۋاڭدى جانە باتىس ٴوڭىر

① (تاڭ) فاڭ شۋانليڭ: «جينناما. لۇي گۋاڭ ەستەلىكتەرى»، بەيجيڭ: جۇڭحۋا شۋجۇي باسپاسى، 1974 ـ جىل، 3060 ـ بەت.

ىستەرىن باسقارۋشى ەتىپ تاعايىندادى[1]. تۇرپانىنان قازىپ الىنعان باتىس لياڭ «جيانچۋدىڭ 14 ـ جىلى (418) 8 ـ ايدىڭ 29 ـ كۇنى گاۋچاڭ ايماعى گاۋچاڭ اۋدانى دۋشياڭ اۋىلى شياۋجيڭ قىستاعى تۇرعىنى حان چۇيدىڭ ايەلىنىڭ سۇيەگىنە قوسا كومىلگەن زاتتار تىزبەگى»[2]، مىنە، بۇل باتىس لياڭنىڭ دا گاۋچاڭ وڭىرىندە ورتا جازىقتاعىمەن قارايلاس ايماق، اۋدان، اۋىل جانە قىستاق سىندى ٴبىر تۇتاس اكىمشىلىك توپتىق جۇيە قۇرعاندىعىن دالەلدەيدى.

401 ـ جىلى ساقا مىڭسۇن لياڭجوۋ دۋانىن ورتالىق ەتكەن سولتۇستىك لياڭ بيلىگىن قۇرادى. 415 ـ جىلى ساقا مىڭسۇن كۇي رىندى گاۋچاڭ ايماعىنىڭ باس ٴۋاليى ەتىپ تاعايىندايدى. تۇرپانىنان قازىپ الىنعان گاۋچاڭ ايماعى جازبالارىنىڭ سولتۇستىك لياڭ كەزەڭىندەگىسى ەڭ كوپ، ونىڭ ايماق، اۋدان دارەجەلى اكىمشىلىك تۇزىمدەرى ارعىسى حان ـ ۋي كەزەڭىن جالعاستىرسا، بەرگىسى جين ـ سۇڭ كەزەڭىنىكىنە ۇقسادى، ورتا جازىق سەكىلدى رايونداردىڭ ايماق، اۋدان تۇزىمدەرىمەن بىردەي بولدى.

سولتۇستىك ۋي جەرگىلىكتى اكىمشىلىك وڭىرلەرگە ايىرۋدا نەگىزىنەن جين پاتشالىعىنىڭ تۇزىمىنەن اۋمايتىن ــ دۋان، ايماق، اۋدان قۇردى. سونىمەن قاتار، شەكارا قورعانىسىنىڭ قاجەتىنە بولا، سولتۇستىك ۋي پاتشالىعى باتىس سولتۇستىكتە سيانبيلەر جانە باسقا از ساندى ۇلت وڭىرلەرىندە اسكەري بەكىنىسجاي ٴتۇزىمى، ياعني اسكەري رايون فورماسىندىق اكىمشىلىك وڭىرگە ايىرىپ باسقارۋ ٴتۇزىمىن قولداندى. اسكەري بەكىنىسجايداعى قولباسىلار، بەكىنىسجاي اتامانى باس ٴۋالي، اكىم دارەجەلەس بولدى. 445 ـ جىلى سولتۇستىك ۋي جاساق اتتاندىرىپ، بەت بۇرعان پىشامشاندى قاراتىپ، حان بانى جيا جيە، باتىسقا شەرۋ تارتۋشى قولباسى، باتىس نۇمداردى قورۋشى الامانباسى، پىشامشان بەگى ەتىپ جىبەرەدى ٴارى پىشامشاندا اسكەري بەكىنىسجاي قۇرادى، «وعان سالىق تولەپ، قىزمەت ەتەتىندەر ايماق، اۋداندار داعىداي بولادى»[3]، مۇنىڭ ٴوزى اسكەري بەكىنىسجايعا جاساق

① (وڭتۇستىك پاتشالىقتار . لياڭ) شىن يۋە: «سۇڭناما. ۇلى قۇتقى مۇنسۇن بايانى» بەيجيڭ: جۇڭحۋا شۋجۋي باسپاسى، 1974 ـ جىل، 2414 ـ بەت.

② تاڭ چاڭرۋ قۇراستىرعان: «تۇرپانىنان قازىپ الىنعان ٴىس قاعازدارى (سۋرەتتەر جيناعى نۇسقاسى)» 1 ـ بولىم، بەيجيڭ: مادەني مۇرا باسپاسى، 1992 ـ جىل، 5 ـ بەت.

③ (سولتۇستىك چي) ۋي شوۋ: «ۋيناما. شىزۋ ەستەلىكتەرى ـ 4، سوڭعى ٴبولىم»، بەيجيڭ: جۇڭحۋا شۋجۋي باسپاسى، 1974 ـ جىل، 102 ـ بەت

ۋي، جين اعاش تاقتايشالارى

شينجياڭ چارقىلىق كروران كونە جۇرتىنان تابىلعان

قابىلداپ، جاساق مىندەتىن وتەۋ، جاساق پەن حالىق بىرلەسىپ باسقارۋى ايماق، اۋدان سيپاتىن العاندىعىن دالەلدەيدى. 448 ـ جىلى سولتۇستىك ۋي اگني بەگىن جەڭىپ الىپ، اگنيدە اسكەري بەكىنىسجاي قۇردى، سولتۇستىك ۋي پاتشاسى شياۋ ۋندي يۋان جىندى باتىس ٶڭىر الامانباسى، سول جەردەگى اسكەري ـ اكىمشىلىك ىستەردى باسقارۋشى ەتىپ تاعايىندادى. پىشامشان، اگني جاساق تۇراعىنىڭ دارەجەسى وتە جوعارى بولىپ، جاساق تۇراعىنىڭ استىندا اۋدان دارەجەلەس شەكارا قورعاۋ ورنى بولدى، مىسالى، اگني جاساق تۇراعىنىڭ استىندا ليۋلۇي شەكارا قورعاۋ ورنى بولعان سياقتى. جاساق تۇراقتا دۋداجياڭ، دۋجياڭ، داجياڭ، زۇرعان، سىما سەكىلدى جاساق ٴمانساپتار قويىلدى، بەكىنىسجايلاردا بەكىنىسباسى، كىشى بەكىنىسباسى، كىشى ساردار، بولىمشە ساردارى سياقتى شولاق ٴمانساپ بەرىلدى. ايماق، اۋدان دارەجەلەس اگني، پىشامشاندا ەكى اسكەري بەكىنىسجايدىڭ قۇرىلۋى سولتۇستىك ۋيدىڭ باتىس ٶڭىردى تىزگىندەۋىن اناعۇرلىم كۇشەيتىپ، ايماق، اۋدان ٴتۇزىمىنىڭ شىعىستان باتىسقا قاراي اتقارىلا تۇسكەندىگىن ايگىلەپ، سۇي پاتشالىعىنىڭ پىشامشان ايماعى، سامۇت ايماعىن قۇرۋعا نەگىز قالادى.

ەلىمىزدىڭ ايماق، اۋدان ٴتۇزىمى ەڭ العاش چين پاتشالىعىنا دەيىنگى كەزەڭدە باستالىپ، چين، حان كەزەڭىنە كەلگەندە شىنايى ورناتىلىپ، جۇڭگونىڭ ٴبىر تۇتاس، كوپ ۇلتتى مەملەكەتىنىڭ نىعايۋىندا كەلەلى رول اتقاردى. 16 ەل كەزەڭىندە بيلىكتىڭ ٴبىرقىدىرۋى گاۋچاڭدا ايماق، اۋدان قۇرىپ، اكىمشىلىك پەن اسكەري ىستەر ۇشتاستىرىلعان ٴتۇزىمدى كەمەلدەندىردى. دۋان مەن اۋداننىڭ ٴمانساپ قۇرىلىمى نەگىزىنەن باتىس، شىعىس حان جانە جين پاتشالىعى ٴتۇزىمىن جالعاستىرىپ، ورتا جازىق ٶڭىرلەرىندەگى ايماق، اۋدان تۇزىمىمەن قارايلاس بولدى. ايماق، اۋدان، اۋىل جانە قىستاق سىندى 4 دارەجەلى ۇيىمنىڭ قۇرىلىمى قاتاڭ بولىپ، ورتالىقتىڭ اكىمشىلىك جارلىقتارى ەڭ تومەنگى ساتىداعى اۋىل ـ قىستاققا شاپشاڭ جەتىپ تۇردى، مۇنىڭ ٴوزى ورتا جازىق ٴوڭىرى بولەكتەنگەن جاعدايدا تۇرسا دا شينجياڭ ٴوڭىرىن باسقارۋى وتە قاتاڭ بولعاندىعىن ايگىلەيدى. ايماق، اۋدان

ٴتۇزىمىنىڭ اتقارىلۋى سونان كەيىنگى ەلىمىزدىڭ ٴار داۋىردەگى پاتشالىقتارىنىڭ شينجياڭ ٴوڭىرىن تىزگىندەۋىنىڭ تىڭ ۇلگىسىن بارلىققا كەلتىردى.

ەكىنشى، حان پاتشالىعى ٴتۇزىمىنىڭ جالعاستىرىلۋى

ساۋ - ۋي باتىس جين پاتشالىعى حان ٴداۋىرىنىڭ باسقارۋ ۇلگىسىنەن جازباي، باتىس وڭىردە جەرگىلىكتى تايپا باسىلارىنا لاۋازىم بەردى. جازبالارعا نەگىزدەلگەندە، سوڭعى جۇيشى بەگى يدوزاعا ساۋ - ۋي پاتشالىعى «ۋي پاتشالىعىن قورعاۋشى جاندار نوكەر، ٴامىرشى باس جاساۋىل، ۋي پاتشالىعىن قورعاۋشى تاڭبالى بەك دەگەن لاۋازىمدار بەردى دەلىنگەن»[1]، بۇل ساۋ - ۋي بيلىگىنىڭ حان پاتشالىعىنىڭ باتىس وڭىردەگى جەرگىلىكتى تايپا باسىلارىنا تاڭبا، ٴمور تاراتاتىن سالتىن اۋەلگىدەي جالعاستىرعاندىعىن تۇسىندىرەدى. 283 - جىلى پىشامشان بەگى بەكزاداسى يۋان ىڭدى اق ٴۇيلى اماناتقا جىبەردى، باتىس جين پاتشالىعى «يۋان ىڭدى شاباندوزدار باس جاساۋىلى ەتىپ تاعايىندادى، وعان ادىلەتكەر بەك ٴمورىن تاعىپ، كوك، كۇلگىن ەكى ٴتۇرلى جىبەك باۋ ۇسىندى»[2]. كروراننان تابىلعان باتىس جين داۋىرىندەگى اعاش بىتىكتە «جين پاتشالىعى پىشامشان، اگني، كۇسان، شۋرەك سياقتى ەلدەردىڭ جوعارى جىكتەگىلەرىنە قاراۋىل جاندار نوكەرى، اعا باس جاساۋىل دەگەن لاۋازىمدار بەردى، بۇل تۋرالى ۇدۇن ۋاڭى جارلىقتى تاپسىرىپ الدى» دەلىنگەن[3]، بۇل باتىس وڭىردەگى جەرگىلىكتى تايپا باسىلارىنىڭ جين پاتشالىعىنان ٴمانساپ الىپ، ولاردىڭ قول استىنا قاراعاندىعىن تۇسىندىرەدى.

ساۋ - ۋي، باتىس جين پاتشالىعى باتىس وڭىردە زۇرعان، بەستىك - التىلىق الامانباسى قويۋدان 16 ەل بيلىكتەردىڭ ايماق، اۋدان ٴتۇزىمىن ورناتۋعا، ودان سولتۇستىك ۋيدىڭ اسكەري بەكىنىسجاي تۇزىمىنە دەيىن شينجياڭ ٴوڭىرىنىڭ ورتا جازىق وڭىرىمەن اكىمشىلىك باسقارۋ ٴتۇزىمى بارعان سايىن بىردەي بولدى. ۇزاق ۋاقىت دامۋ ارقىلى گاۋچاڭ ٴوڭىرىنىڭ

---

① (جين) چىن شۋ: «ٴۇش پاتشالىق شەجىرەسى. ۋ - ۋان سيانبي، شىعىس رەي باياني»، بەيجيڭ: جۇڭحۋا شۋجۇي باسپاسى، 1959 - جىل، 862 - بەت.

② (تاڭ) شۇي جيان: «العاشقى ٴبىلىم. ٴتورتىنشى رەت ۇسىنۋ»، بەيجيڭ: جۇڭحۋا شۋجۇي باسپاسى، 1962 - جىل، 626 - بەت.

③ لين مەيسۇن: «كروران نيەدەن شىققان قازىندى جازبالارى»، بەيجيڭ: مادەني مۇرا باسپاسى، 1985 - جىل، 5 - بەت.

تاريحي ماتەريالعا قايتا ٴۇڭىلۋ

(گاۋچاڭعا) بەرىلگەن ٴمانساپتار: اكىم ٴبىر، كىشى سۇلتان ەكى، كىشى سول ـ وڭ قول توسقاۋىل ٴبىر، كىشى زورعان سەگىز، كىشى جياڭجۇن بەس، كىشى سىپا سەگىز، كىشى جاناۋىل، بارلاۋىل، دۋان مىرزاسى، سۇڭشى، شىڭشىلاردان بىرەۋ. ٴىرى ىستەرگە ۋاڭ تىكەلەي ۇيعارىم جاسايدى، كىشى ـ گىرىم ىستەرگە بەكزادا ٴوزى ٴادىل تورەلىك ايتادى، ەستەلىك جازىلمايدى. ەرلەرى حۇ كيىمىن كيەدى، ايەلدەر كويلەك كيىپ، شاشتارىن ٴتۇيىپ جۇرەدى، ولاردىڭ ادەت ـ عۇرىپتارى، اكىمشىلىك ٴامىر ـ پارمەندەرى حۋاشيانىكىمەن قارايلاس كەلەدى.

ــ «سۇيناما. باتىس ٴوڭىر بايانى»

«ادەت ـ عۇرپى، اكىمشىلىك ٴامىر ـ پارمەندەرى حۋاشيانىكىمەن ۇقساستاۋ بولدى»[1]. شينجياڭ ٴوڭىرى مەن ورتا جازىق ٴوڭىرى اراسىنداعى قۇبا قۇم مەن اسقار تاۋلار ەندىگارى توسالعى بولا المايتىن بولدى، رەيلەر مەن حۋاشيا اراسىنداعى توسالعى بىرتىندەپ بۇزىلىپ، شينجياڭ ٴوڭىرىنىڭ ورتا جازىق وڭىرىمەن ٴبىر تۇلعالانۋ ٴۇردىسى ۇزدىكسىز كۇشەيدى.

ۋي، جين، وڭتۇستىك ـ سولتۇستىك پاتشالىقتار كەزەڭىندە، مەيلى مەملەكەتتى ۋاقىتشا بىرلىككە كەلتىرگەن باتىس جين پاتشالىعى بولسىن، الدە بولەكتەنىپ ٴبولىپ باسقارعان 16 ەل بيلىگى بولسىن، مەيلى حانزۋ بيلەۋشىلەرى بولسىن، الدە از ساندى ۇلت بيلەۋشىلەرى بولسىن ٴبار ـ ٴبارى دە باتىس ٴوڭىردى كىندىك كەسىپ، كىر جۋعان اتا مەكەنىمىز دەپ ٴبىلىپ، باتىس ٴوڭىردى باسقارۋدى وزدەرىنىڭ تاريحي بورىشى ەتتى. الدىڭعى چيننىڭ بيلەۋشىسى فۋ جيان سولتۇستىكتى بىرلىككە كەلتىرگەننەن كەيىن، «شاندۇڭدى تىنىشتاندىرعان سوڭ جاساعىن سايلاۋىتتاپ، بىرتىندەپ باتىس وڭىرگە شەرۋ تارتۋ نيەتىندە بولدى»[2]. ول: «ەكى حان پاتشالىعىنىڭ عۇندارды شاۋجايلاۋعا شاماسى جەتپەگەن، باتىس وڭىرگە جاساق اتتاندىرۋعا دا باتىنا الماعان ەدى. بۇگىنگى كۇندە عۇندار تىنىشتاندىرىلدى، ولاردى ابدەن تيتىقتاتىپ، ەندى تۇياق سەرپۋگە دە شاماسىن كەلتىرتپەي تاستادىق، ەندى

① (تاڭ) ۋي جىڭ: «سۇيناما. باتىس ٴوڭىر بايانى»، بەيجيڭ: جۇڭحۋا شۋجۇي باسپاسى، 1973 ـ جىل، 1847 ـ بەت.

② (تاڭ) فاڭ شۋانلىڭ: «جيننامە. لۇي گۋاڭ ەستەلىكتەرى»، بەيجيڭ: جۇڭحۋا شۋجۇي باسپاسى، 1974 ـ جىل، 3054 ـ بەت.

وڭتۇستىك پاتشالىق لياڭ يۋاندي پاتشا شياۋ ي «جىگۇڭ سۋرەتى»
(كوشىرمە نۇسقا . ايىرىم بولىگى)

جاساق اتتاندىرىپ اۋرە بولماي ـ اق، ءبىر جاپىراق قاعاز ارقىلى ايامىزعا جىعىپ، تاۋداي ءىستى ورىنداپ، وشپەس ەڭبەك سىڭىرسەك، قانداي جاقسى بولار ەدى!» دەيدى①. مۇندا ونىڭ باتىس، شىعىس حان پاتشالىعىنا مۇراگەرلىك ەتىپ، باتىس وڭىرگە جول سالىپ، تيانشان تاۋىنىڭ كۇنگەي تەرىسكەيىندەگىلەردى تاربيەمەن ءجىبىتىپ، سول ارقىلى داڭقىن ۇرپاقتان ـ ۇرپاققا ۇلاستىرماقشى بولعان ارمانى ايدان ايقىن ەدى. سولتۇستىك ۋيدىڭ تايۋدي پاتشاسى توبا تاۋ سولتۇستىكتى نەگىزىنەن بىرلىككە كەلتىرگەننەن كەيىن، دەرەۋ باتىس ءوڭىردى مەڭگەرمەكشى بولىپ بىلاي دەيدى: «مۇنان بۇرىنعى حان ـ پاتشالاردىڭ ءبارى دە باتىس نۇمداردى قولما ـ قول اۋىزدىقتاي قويامىز دەپ داۋرىققان ەدى، قولدارىنان كەلە قويمادى. ال، مەنىڭ تۇسىمدا ولار اسشام الاقانىمدا، جۇمسام جۇدىرىعىمدا، كوردىڭدەر مە؟»②. مۇنان ونىڭ باتىس ءوڭىردى بىرلىككە كەلتىرەتىن اسقاق جىگەرى سوزىنەن ـ اق شىعىپ تۇر ەمەس پە. سول مەزگىلدە ۇلى بىرلىككە جەتۋ دەيتىن مەملەكەتتىك كوزقاراس حانزۋلار جاعىنان دارىپتەلىپ عانا قالماي، از ساندى ۇلتتار بيلىگىنىڭ دە قۋاتتاماسى، ىسكە اسىرماقشى بولعان ارمان ـ تىلەگىنە اينالعان ەدى.

حان پاتشالىعى باتىس وڭىردە ساياسي، ەكونوميكا جانە مادەنيەت جاقتارىندا مىعىم نەگىز قالاعاندىعى ءۇشىن ۋي، جين، وڭتۇستىك ـ سولتۇستىك پاتشالىقتار كەزەڭىندە دەيىن باتىس وڭىردەگى بيلىكتەر ورتا جازىق بيلىگىن حان پاتشالىعىنىڭ مۇراگەرى دەپ شىنايى

① (تاڭ) فاڭ شۋانلىڭ: «جينناما. فۋ جيان ەستەلىكتەرى (2)»، بەيجيڭ: جۇڭحۋا شۋجۇي باسپاسى، 1974 ـ جىل، 2911 ـ بەت.

② (سولتۇستىك چي) ۋي شوۋ: «ۋينامابا. باتىس ءوڭىر باياني»، بەيجيڭ: جۇڭحۋا شۋجۇي باسپاسى، 1974 ـ جىل، 2266 ـ بەت.

تانىپ كەلدى. 222 ـ جىلى ساۋ ـ ۋي بيلىگى قۇرىلىپ، ۇزاق وتپەي، پىشامشان، كۇسان، ۇدۇن سياقتى ەلدەر دەرەۋ ەلشى جىبەرىپ، پاتشا ورداسىنا تارتۋ ـ تارالعى ۇسىنادى، ساۋ ـ ۋي پاتشالىعى دا باتىس وڭىرگە ەلشى جىبەرىپ قارىمجىسىن قايتارادى. سودان باستاپ، «كۇسان، ۇدۇن، قاڭلى، ٴۇيسىن، شۋرەك، روۋجى، پىشامشان، جۇيشى سياقتى ەلدەر تۇگەل باعىنىشتى بولىپ، جىل سايىن پاتشاعا كەپشىر تاپسىرىپ تۇرعاندىعى جايلى حان اۋلەتىندە ەمىس ـ ەمىس اڭىزدار بولعان ەكەن»[①].

پىشامشاننىڭ بەگى ەميرتو، الدىڭعى جۇيشىنىڭ بەگى ماتەن الدىڭعى چين پاتشالىعىنا تارتۋ ۇسىنا بارىپ، كەزىندە حان پاتشالىعىنىڭ باتىس وڭىردە باسقاق قۇرعانىن حيكايالاپ بەرۋدى ٴوتىنىپتى، ٴارى پاتشا ىشكەرىدەن جاساق اتتاندىرماق بولادى ەكەن، وزدەرىنىڭ ولارعا جول باستاپ بەرۋگە ٴازىر ەكەندىگىن وتىنەدى[②]. 383 ـ جىلى لۇي گۋاڭ قول باستاپ، اگنيگە جورىق جاسايدى، اگنيدىڭ بەگى نيليۋ مەن توڭىرەگىندەگى بيلىكتەر ونىڭ توبەسىن كورگەن جەردەن قۇرشا جورعالاپ تىزە بۇگەدى، «السى جەرلەردەن كەلىپ باعىنىشتى بولعاندار بۇرىن حان پاتشالىعىنىڭ شاپاعاتىنا بولەنگەن بولسا، ەندى لۇي گۋاڭنىڭ سي- سياپاتىنا كەنەلدى»[③]. جەرگىلىكتى تايپا باسىلارى حان پاتشالىعىنىڭ وزدەرىنە بەرگەن بەلگىسىن جاپا ـ تارماعاي لۇي گۋاڭعا تاپسىرىپ، وزدەرىنىڭ بۇرىنىنان حان پاتشالىعىنىڭ بۇقاراسى ەكەندىگىن بىلدىرەدى، ال، لۇي گۋاڭ الدىڭعى چين پاتشالىعىنىڭ ٴمورىن شىت جاڭا تاپسىرىپ بەرەدى. ۋي، جين، وڭتۇستىك ـ سولتۇستىك پاتشالىقتار داۋىرىندە، باتىس وڭىردەگى بيلىكتەر وزدەرىنىڭ ورتالىق بيلىككە ادالدىعىن ٴبىلدىرۋ ٴۇشىن، حان پاتشالىعىنىڭ كونە ٴتۇزىمىن جالعاستىرىپ، بەكزادالارىن ورتالىققا ۇزبەي اق ٴۇيلى اماناتقا جىبەرىپ وتىرعان. ٴۇش پاتشالىق داۋىرىندە، كۇسان بەگى بەكزاداسىن ورداعا اق ٴۇيلى اماناتقا جىبەرگەنى ٴۇشىن، ساۋ ـ ۋي پاتشالىعى ونى «ەرەكشە ادال حان دەپ ماقتاعان»، سودان كەيىن قالعان ەلدەر دە بەكزادالارىن ورداعا اق ٴۇيلى اماناتقا جىبەرىپ، بايلانىستارىن قويۋلاتىرا

① (جين) چىن شۋ: «ٴۇش پاتشالىق شەجىرەسى. ۋ ـ ۋان سيانبي، شىعىس رەي بايانى»، بەيجيڭ: جوڭحۋا شۋجۇي باسپاسى، 1959 ـ جىل، 840 ـ بەت.

② (تاڭ پاتشالىعى) فاڭ شۋانليڭ: «جينناما. فۋ جيان ەستەلىكتەرى (2)»، بەيجيڭ: جوڭحۋا شۋجۇي باسپاسى، 1974 ـ جىل، 2911 ـ بەت.

③ (تاڭ) فاڭ شۋانليڭ: «جينناما . لۇي گۋاڭ ەستەلىكتەرى»، بەيجيڭ: جوڭحۋا شۋجۇي باسپاسى، 1974 ـ جىل، 3055 ـ بەت.

ٴتىۋستى[①]. باتىس جين كەزەڭىنىندە الدىڭعى جۇيشى، پىشامشان، كۇسان، اگني سياقتى جەرلىك بيلىكتەر بەكزادالارىن شەتىنەن چاڭ - انعا «اق ٴۇيلى اماناتقا» جىبەرىپ تۇرعان.

حان پاتشالىعى كەزەڭىنەن بەرى، باتىس وڭىردەگى قالالىق ەل باسىلارى ورتالىققا ەلشى جىبەرىپ، جەرلىك ەرەكشە ونىمدەردەن تارتۋ - تارالعى جونەلتىپ تۇردى، بۇل، تەك، ورتالىققا ادالدىقتىڭ سيمۆولى عانا ەمەس، سونىمەن بىرگە، باعىنعانداردىڭ وتەۋگە ٴتيىستى بورىشى دا ەدى. ۋي، جين، وڭتۇستىك - سولتۇستىك پاتشالىقتاردان بەرى قاراي، جەر - جەر ورتا جازىق پاتشالىعىنا ەلشى جىبەرىپ، تارتۋ - تارالعى ۇسىنسا، ورتا جازىق پاتشالىعى دا ايامالاي سي - سياپات كورسەتىپ، قارىمجىسىن قايتارىپ تۇردى. الدىڭعى چين الدىڭعى لياڭدى جويعانىنان سوڭ، «پاتشا ورداسىنا تارتۋ ۇسىنعانداردىڭ سانى ون نەشە ەلگە جەتتى، فەرعانا اسىل تۇقىمدى شابىستى جىلقىلارىنان 500 قان كوبىك تۇلپاردى تاڭداپ الىپ پاتشا ورداسىنا تارتۋعا ۇسىندى».[②] فۋ جيان دا لياڭجوۋدىڭ دۋانباسى لياڭ شيدى قىرۋار تورعىن - تورقامەن باتىس وڭىرگە جىبەرىپ، ولاردىڭ كوڭىلدەرىن ورنىقتىردى. سولتۇستىك ۋي پاتشالىعى دا دۇڭ ۋان، گاۋ ميڭ سياقتىلاردى باتىس وڭىرگە ەلشىلىككە جىبەردى، باتىس وڭىردەگى نەشە ونداعان جەرگىلىكتى بيلىك ىركەس - تىركەس پاتشا ورداسىنا ەلشى جىبەردى. بۇل شارالار ورتا جازىقتاعى پاتشالىقتىڭ ۇيىستىرۋ قۋاتىن ارتتىردى، سونىمەن بىرگە، باتىس وڭىردەگى قالالىق ەلدەردىڭ ورتا جازىق پاتشالىعىنا بەيىمدەلۋ نيەتىن دە كۇشەيتە ٴتۇستى.

ٴۇشىنشى تاراۋشا ۇلتتاردىڭ كەڭ كولەمدە قونىس اۋدارۋى جانە تيانشان تاۋىنىڭ وڭتۇستىك - سولتۇستىگىندەگى ۇلتتاردىڭ بارىنشا توعىسۋى

ۋي، جين، وڭتۇستىك - سولتۇستىك پاتشالىقتار تۇسىندا، سولتۇستىگى موڭعۇل ۇستىرتىنەن تارتىپ، وڭتۇستىكتە فۋجيان، گۋاڭدۇڭ، حاينان ارالىنا دەيىن، شىعىسى چاڭبايشان تاۋىنان سۇڭحۋاجياڭ وزەن القابىنا دەيىن، باتىسى شينجياڭ وڭىرىنە دەيىن كوپتەگەن ۇلت كەڭ كولەمدە قونىس اۋداردى. بۇل بارىستا كوشكەن، قونىس اۋدارعان

① (جين) چەن شۇ: «ٴۇش پاتشالىق شەجىرەسى. سۇي لين باياني»، بەيجيڭ: جۇڭحۋا شۋجۇي باسپاسى، 1959 - جىل، 680 - بەت.

② (تاڭ) فاڭ شۋانليڭ: «جيننامە. فۋ جيان ەستەلىكتەرى (1)»، بەيجيڭ: جۇڭحۋا شۋجۇي باسپاسى، 1974 - جىل، 2900 - بەت.

كوزقاراس ٴتۇيىنى

نەشە مىڭ جىلدىق تاريح كەرۋەنىندە، جۇڭگو حالقى باستان ـ اياق ٴبىر نيەتپەن ىنتىماقتاسىپ كەلەدى. ٴبىر جاعادان باس، ٴبىر جەڭنەن قول شىعارىپ، بىرلىككە كەلگەن كوپ ۇلتتى مەملەكەت قۇردى. 56 ۇلت كوپ نەگىزدى، ٴبىر تۇلعا، ارالاس ـ قۇرالاس، توعىسىپ، ەتەنە بايلانىستا بولعان ۇلتتىق قاتىناستى دامىتىپ، ٴبىر ـ بىرىنە قارايلاساتىن جۇڭحۋا ۇلتى ۇلى شاڭىراعىن قالىپتاستىردى. جۇڭحۋا ۇلتى مەن ٴار ۇلتتىڭ قاتىناسى، بىلايشا ايتقاندا، ۇلكەن شاڭىراق پەن وتباسى مۇشەلەرىنىڭ اراسىنداعى قاتىناس، ال، ٴار ۇلتتىڭ ٴوز قاتىناسى، ٴبىر ۇلكەن شاڭىراقتاعى ٴتۇرلى مۇشەلەردىڭ قاتىناسى ىسپەتتى. ۇزاق تاريحي بارىستا، وتانىمىزدىڭ كوپ ۇلتتارى تيانشاننىڭ وڭتۇستىگىندەگى مەن سولتۇستىگى ۇلان ـ بايتاق جەرلەردە ٴوسىپ ـ ٴوربىدى، مەكەندى بىرگە قۇردى، ٴبىر ـ بىرىنە بالداي باتىپ، سۋداي سىڭگەن، ٴبىر ـ بىرىنەن ايىرىلا المايتىن تاعدىرلاس ورتاق تۇلعا بولىپ قالىپتاستى. ۇلتتار اراسىندا ارازدىق، قاقتىعىستار دا بولدى، ونان گورى اۋىس ـ كۇيىس پەن ەتەنە بايلانىس باسىم ورىندا تۇردى، بەرەكەمەن جۇدىرىقتاي جۇمىلىپ، قاتار العا باسۋ باستان ـ اياق نەگىزگى اعىم بولدى. شينجياڭداعى ۇلتتاردى قامتىعان جۇڭحۋاداعى ٴار ۇلت ەتەنە بولىپ، ٴبىر ـ بىرىنە قول ۇشىن بەرىپ، ٴوزارا قارايلاسىپ، تارالۋ جاعىندا ارالاس ـ قۇرالاس قونىستانىپ، مادەنيەتتە ٴبىر ـ بىرىنەن ٴوزارا ۇلگى الىپ، ەكونوميكادا بىرىنە ـ ٴبىرى سۇيەنىپ، سۇيىسپەنشىلىككە ٴوزارا ەتەنە بولىپ، ٴبىر ـ بىرىنە بالداي باتىپ، سۋداي سىڭگەن، ٴبىر ـ بىرىنەن ايىرىلا المايتىن كوپ نەگىزدى، ٴبىر تۇلعا جاعداي بولىپ قالىپتاستى، ول ٴبىر ۇلكەن وتباسىنداعى ۇقساماعان مۇشەلەردىڭ قاتىناسى بولىپ تابىلادى.

ۇلتتاردىڭ سانى كوپ، كولەمى كەڭ، جان سانى مول بولۋ، ونىڭ ۇستىنە، جان ـ جاققا بىتىراي كوشۋدەي ەرەكشەلىكتەر بايقالدى. عۇن، سيانبي، جيە، دي، چياڭ سياقتى ۇلتتار حۋاڭحى وزەنىنىڭ القابىنا كوشىپ باردى، سولتۇستىك ساحاراداعى سيانبيلەر، روۋران، قاڭعالار، ابدالدار، تۇيعۇندار لەك ـ لەگىمەن باتىس وڭىرگە قاراي كوشتى؛ چاڭجياڭ وزەنى مەن ۋلينىڭ وڭتۇستىك وڭىرىندەگى شانيۋە، سونداي ـ اق وڭتۇستىككە ەتەك جايىپ قونىستانعان ٴمان، لياۋ، لي سەكىلدى ۇلتتار ەجەلگى قونىستارىنان اۋىپ، وڭتۇستىكتەگى بيلىكتەرگە قاراستى ايماق، اۋداندارىڭ قاراماعىنا ٴوتىپ، مەملەكەتكە سالىق تاپسىرىپ، بورىشتى ەڭبەك ىستەيتىن ساناقناماعا تىركەلگەن وتباسىنا اينالدى؛ ال، ورتا جازىقتاعى حانزۋ قاۋىمى قوعامنىڭ اۋمالى ـ توكپەلى بولۋ جاعدايىنان جەر اۋىپ، چاڭجياڭنىڭ وڭتۇستىگى، حۋانان، باتىس وڭتۇستىك، شىعىس سولتۇستىك، باتىس سولتۇستىك

سياقتى وڭىرلەرىنە بارىپ تابان تىرەدى. ۇلتتاردىڭ مۇنداي ارالاس ـ قۇرالاس قونىستانۋىنان ولاردىڭ بۇرىنعى ۇلت بويىنشا قونىستانعان جاعدايى بۇزىلىپ، ۇلتتاردىڭ بارىنشا توعىسۋ اۋقىمى پايدا بولدى. وسى مەزگىلدەگى شينجياڭ وڭىرىنە، چين پاتشالىعى مەن حان پاتشالىعى تۇسىندا ۇلتتاردىڭ ىرگە تەبۋ احۋالى نەگىزىنەدە، تاعى ٴبىرسىپىرا جاڭا ۇلتتار كەلىپ قوسىلدى ٴارى ولار چين، حان پاتشالىعى كەزەڭىندە وسى ارادا ٴومىر سۇرگەن ۇلتتارمەن ارالاسىپ، ٴبىرىن ـ ٴبىرى تولىقتادى، قاقتىعىسا ٴجۇرىپ توعىستى، ٴسويتىپ، شينجياڭ ٴوڭىرىن كوركەيتە ٴتۇستى، ورتا جازىقتاعى بيلىكتىڭ ٴبىر تۇتاس باسقارۋى شينجياڭ وڭىرىندەگى ۇلتتاردىڭ بارىس ـ كەلىسىنە ٴتيىمدى شارت ـ جاعداي جاراتتى. ورتا جازىق وڭىرىمەن اراداعى ساياسي، شارۋاشىلىق، مادەنيەت جاقتارداعى ٴجيى ـ ٴجيى بارىس ـ كەلىس بارىسىندا شينجياڭ وڭىرىندەگى ۇلتتاردىڭ ٴوزارا تىعىز بايلانىس جاساۋى، قارىم ـ قاتىناسىنىڭ جاقسارۋى، تۇرلىشە ٴوندىرىس، تۇرمىس ٴتاسىلى مەن مادەنيەتىنىڭ توعىسۋى ولاردىڭ اراسىنداعى پارىقتى بارا ـ بارا ورتاقتىققا وزگەرتىپ، جۇڭحۋا ۇلتتارىنىڭ ۇيىسقىشتىق قۋاتىن بارعان سايىن كۇشەيتە ٴتۇستى.

ٴبىرىنشى، سولتۇستىكتەگى كوشپەلى ۇلتتاردىڭ قونىس اۋدارۋى

ۋي، جين، وڭتۇستىك ـ سولتۇستىك پاتشالىقتارىنداعى ۇلتتاردىڭ زور كولەمدە قونىس اۋدارۋ جاعدايىندا، سولتۇستىكتەگى ٴبىرتالاي كوشپەلى ۇلتتار دا شينجياڭ وڭىرىنە كوشىپ كەلىپ، وسى جەردەگى ۇلتتارمەن ارالاسىپ، ىرگە تەپكەندىكتەن ۇلتتاردىڭ كەڭ كولەمدە توعىسۋى سىندى جاڭا جاعداي قالىپتاستى.

سيانبيلەر ەلىمىزدىڭ ارعى زامانىنداعى شىعىس حۋلاردىڭ ٴۇرىم ـ بۇتاقتارى بولىپ، ولار ەرتەرەكتە اعۋاننىڭ سولتۇستىگىندەگى ۇلى سيانبي تاۋىنىڭ باۋرايىندا (قازىرگى ۇلكەن هينگان تاۋىنىڭ سولتۇستىك بولىگى) جاساعاندىقتان سيانبي اتانعان. چين، حان پاتشالىقتارى تۇسىندا سيانبيلەر عۇندارعا باعىنىشتى بولدى، 1 ـ عاسىردىڭ سوڭىندا، حان پاتشالىعى مەن ونىڭ توڭىرەگىندەگى ۇلتتاردىڭ تولاسسىز سوققىسىنان شاڭىراعى شايقالعان سولتۇستىك عۇندار قونىس اۋدارىپ، باتىسقا جوسىپ كەتەدى. سودان باستاپ عۇنداردىڭ اتا جۇرتى مەن موبيىدىڭ سولتۇستىگىن سيانبيلەر مەكەندەيدى. سيانبيلەر وڭتۇستىككە قونىس اۋدارۋ، باتىسقا كوشۋ بارىسىندا، عۇن، اعۋان، حانزۋ تەكتەس ۇلتتارمەن ارالاسا كەلە تولىپ جاتقان جاڭا تارماقتاردى قالىپتاستىرادى. سولتۇستىك ۋي پاتشالىعى

سيانبي گاشيان ۇڭگىرى تاس قابىرعاسىنداعى تايپىڭ جىن جۇننىڭ 4 ـ جىلعى (443) قۇتتىقتاۋ جازباسىنىڭ كوشىرمەسى
ىشكى موڭعۇلدىڭ كولىن ـ بۇيىرىنەن تابىلدى

شاڭىراق كوتەرگەن العاشقى كەزدە، ٴوزىنىڭ ۇستەمدىگىن بەكەمدەپ الۋ ٴۇشىن، كۇش ـ قۋاتىنىڭ دەنىن ورتا جازىقتى بىرلىككە كەلتىرۋ مەن ىشكى ىستەرىن تارتىپكە سالۋعا جۇمساعاندىقتان، باتىس وڭىرگە مويىن بۇرا المايدى. سيانبيلەرگە باعىنىشتى ورايدان پايدالانىپ ەڭسە كوتەرە باستاعان روۋراندار شينجياڭ وڭىرىنە كوشىپ كىرەدى ٴارى ونى بەكىنىس ەتە وتىرىپ، سولتۇستىك ۋي پاتشالىعىمەن تەكە تىرەسكە تۇسەدى، روۋراندار تۇبەگەيلى جەڭىپ، ولاردىڭ كۇشىن باتىس وڭىردەن قۋىپ شىعۋ ٴۇشىن، سولتۇستىك ۋي پاتشالىعى 439 ـ جىلى ٴبىر جاعىنان دۇڭ ۋان، گاۋ ميڭدەردى باتىس وڭىردەگى قالالىق ەلدەرمەن تىلدەسۋگە جىبەرسە، ەندى ٴبىر جاعىنان سولتۇستىك لياڭعا شابۋىل جاساپ، حىشيدى باسىپ العان سوڭ، جاساقتارى ات باسىن ۇبىرگە تىرەيدى. سولتۇستىك ۋي پاتشالىعى 445 ـ جىلى اعا ساردار باسى ۋان دۇگۇيدى پىشامشانعا جورىققا اتتاندىرادى، پىشامشانىڭ بەگى جىندا ٴوزى تىزە بۇگەدى. 448 ـ جىلى ۋان دۇگۇي تاعى دا قول باستاپ، باتىسقا جورىق جاساپ، اگنيلىقتاردى تالقانداپ، كەلەسى جىلى كۇساندىقتاردى تىنىشتاندىرادى. سونىمەن، سولتۇستىك ۋي پاتشالىعى جاساعىنىڭ ايباتى باتىس ٴوڭىردى ٴدۇر سىلكىندىرىپ، جەر ـ جەردىڭ بيلىكتەرى جاپپا ـ تارماعاي سولتۇستىك ۋي پاتشالىعىنا ەلشى جىبەرىپ، قاراستى بولاتىندىقتارىن بىلدىرەدى. سونىمەن قاتار، سولتۇستىك ۋي پاتشالىعى ۇدۇندارمەن بىتىمگە كەلەدى ٴارى ۇيسىنگە، شۋرەككە، كوپەگە ىركەس ـ تىركەس ەلشى جىبەرەدى، ودان قالسا باتىس وڭىردەگى يۇرپان، قاڭعا، ابدال سەكىلدى ەلدەرمەن دە بايلانىس جاسايدى، ٴسويتىپ، باتىس وڭىردەگى قالالىق ەلدەردىڭ كوبى سولتۇستىك ۋي پاتشالىعىنا قارايدى. 6 ـ عاسىردىڭ 30 ـ جىلدارىندا، سولتۇستىك ۋي پاتشالىعى شىعىس ۋي، باتىس ۋي بولىپ ەكىگە ٴبولىنىپ، مەملەكەتىنىڭ كۇشى السىرەيدى دە، سيانبيلەردىڭ كۇشى باتىس وڭىردەن بىرتىندەپ شەگىنىپ شىعادى.

ماتەريال تىزبەگى

سيانبيلەر بيلىك قۇرعانىنان كەيىن، تايپالاردىڭ كوبى ىدىرايدى دا حالىقتىڭ دەنى وتىرىقتانىپ، ەگىن شارۋاشىلىعىمەن شۇعىلدانۋعا قاراي ويىسادى، فەودالدانۋ بارىسىنىڭ تەرەڭدەۋىنە ساي، سيانبيلەردىڭ باسقا ۇلتتارمەن توعىسۋى جەدەلدەي تۇسەدى. سۇي، تاڭ كەزەڭىنە جەتكەندە سيانبيلەر باسقا ۇلتتارعا ٴسىڭىپ بولادى. «جاڭا تاڭناما. ۋازىرلەردىڭ شەجىرەلىك كەستەسىندە» سيانبي، عۇن سياقتى ۇلتتاردىڭ ٴۇرىم - بۇتاعى بولعانداردان ليۋشى، دۋ، گاۋ، فاڭ، يۇيۋىن، جاڭسۇن، لي، ۋي، يان، دوۋلوۋ، يۋان، حۇن، يۋان، دۋگۋ، ان سياقتى 10 اۋلەت ەسىمدەرى بار ەكەندىگى ايقىن جازىلعان. مىڭ جىلعا ۇلاسا كەلىپ، سيانبي اۋلەتىنىڭ باسىم كوپ بولىگى حانزۋلارعا، ەندى ٴبىرازى قىتاندارعا ٴسىڭىپ كەتكەن، قالعان ماردىمسىز ٴبولىمى وزگەرە كەلىپ، سىبە ۇلتى بولىپ قالىپتاسقان.

رووۋراندار شىعىس حۋلاردىڭ ٴۇرىم - بۇتاعى، ولار نەگىزىنەن سيانبيلەر مەن عۇنداردىڭ توعىسۋىنان پايدا بولىپ، 4 - عاسىردىڭ سوڭى، 5 - عاسىردىڭ باس شەنىندە موڭعول ۇستىرتىندە داۋرەندەگەن. رووۋراندار العاشىندا كوشى ٴالسىز بولعاندىقتان توبا سيانبيلەرگە باعىنىشتى بولدى دا، كەيىن كەلە كۇشەيگەن سوڭ موبيدى بىرلىككە كەلتىرىپ، موڭعول ٴۇستىرتى مەن ونىڭ توڭىرەگىندەگى ۇلتتار ارت - ارتىنان رووۋراندارعا باعىنىشتى بولادى. 402 - جىلى رووۋران حاندىعى قۇرىلادى. سولتۇستىك ۋي پاتشالىعىمەن ارادىعى تالاس - تارتىستا رووۋران حاندىعىنىڭ تۇمسىعى تاسقا تيە بەرگەندىكتەن، باتىسقا قاراي ويىسىپ، كەيىن كەلە شينجياڭ وڭىرىندەگى ٴۇبىر، گاۋچاڭ، جۇيشى، اگني، كۇسان، گامۇك سياقتى جەرلەردى شەڭگەلىنە الىپ، باتىس ٴوڭىردى بيلەيتىن بەلدى كۇشكە اينالادى. 487 - جىلى، تەگى رووۋرانعا قاراستى قاڭعانىڭ بوبەكىر ۇلىسى رووۋرانىنان ٴبولىنىپ، باتىسقا قونىس اۋدارىپ، ٴوز الدىنا شاڭىراق كوتەرىپ، الدىڭعى جۇيشىدا قاڭعا حاندىعىن قۇرعاندىقتان، رووۋرانىنىڭ كۇشى قاتتى السىرەپ، باتىس وڭىرگە ۇستەمدىك ەتۋ مۇمكىندىگىنەن ايرىلادى.

قاڭعالار اۋەل باستا موڭعول ٴۇستىرتىن مەكەندەگەن. 5 - عاسىردىڭ باسىندا، دامونىڭ وڭتۇستىگى مەن سولتۇستىگىندەگى رووۋرانداردىڭ كۇشى ارتا تۇسەدى، ولاردان ىعىسىپ باتىسقا كوشكەن قاڭعالار باتىس وڭىرگە كەلىپ تياناقتاپ، ونداعى رووۋراندار كۇشىن قۋىپ شىعىپ، گاۋچاڭ، اگني، پىشامشان سەكىلدى جەرلەردى تىزگىندەيدى، سونىمەن، رووۋراندار السىرەپ، قاڭعالار كۇشەيگەن اۋقىم قالىپتاسادى.

ابدالدار موبيده ٴونىپ - وسكەن كوشپەلى ۇلت. مولشەرى 4 - عاسىردىڭ 70 - جىلدارىنىڭ باسىندا، ابدالدار التاي تاۋىن اسىپ، باتىسقا اۋعان بەتى قازىرگى ورتا ازياعا جەتەدى دە، امۋ دارياسىنىڭ جوعارعى جانە ورتا اعارىن يەلەپ، جەرگىلىكتى ۇلت سوعدىلاردى باعىندىرىپ، ابدال بيلىگىن قۇرادى. 5 - عاسىر مەن 6 - عاسىردىڭ ٴولاراسىندا، شىعىسقا تارتقان ابدالدار كۇشى پامير ٴۇستىرتىن اسىپ، تارىم ويپاتىنا كىرەدى دە، شۇرەك، ۇدۇن، كۇسان سياقتى جەرلەردى باسىپ الىپ، سوڭىندا قاڭعا بيلىگىن تىزگىندەيدى. 558 -، 567 - جىلدار ارالىعىندا، ابدالدار تۇركتەردەن جەڭىلىپ، ابدال حاندىعى جويىلادى دا، وعان قاراستى ەل بىرتىندەپ سول جەردەگى ۇلتتارعا ٴسىڭىپ كەتەدى.

تۇيعۇندار لياۋحى وزەنىنىڭ شىعىسىنداعى سيانبيلەردىڭ مۇرۇڭ ۇلىسىنىڭ ٴبىر بۇتاعى بولاتىن، ولاردىڭ اتا - باباسى قازىرگى لياۋنيڭ ولكەسىنىڭ ماڭىندا كوشپەلى مال شارۋاشىلىعىمەن شۇعىلدانعان، مولشەرمەن 4 - عاسىردىڭ باس شەنىندە، مۇرۇڭ ۇلىسى اتامانىنىڭ ۇلى تۇيعۇن ىنىسىمەن وتاسا الماي، ونىڭ ۇستىنە، تىڭ جايىلىم اشۋ قاجەت بولعاندىقتان وزىنە قاراستى ەلىن باستاپ، لياۋحى وزەنىنىڭ شىعىسىنداعى مۇرۇڭ سيانبيلەردەن ٴبولىنىپ، باتىسقا قاراي اۋعان بەتى قازىرگى گانسۋدىڭ ليڭشيا ايماعىنىڭ باتىس سولتۇستىگىنە كەلىپ ىرگە تەبەدى، كوپ وتپەي ولار وڭتۇستىككە، باتىسقا قاراي ەتەك جايىپ، بارا - بارا قازىرگى وڭتۇستىك گانسۋداعى، سىچۋاننىڭ باتىس سولتۇستىگىندەگى جانە چيڭحاي قاتارلى جەرلەردەگى دي، چياڭ سەكىلدى ۇلتتاردى ىرقىنا كوندىرەدى. تۇيعۇندار شالقىپ تۇرعان زاماندا وعان قاراستى ٴوڭىردىڭ باتىسى ۇدۇنمەن شەكارالاسىپ، شينجياڭنىڭ شىعىسىنداعى چەرچەن، چارقىلىق ماڭايى تۇگەل سولاردىڭ ىقپالىندا بولادى. ۇزاق ۋاقىتتىق دامۋ بارىسىندا، تۇيعۇندار چياڭ، دي، حانزۋ، عۇن، قاڭعا سياقتى ۇلتتارعا بىرتىندەپ ٴسىڭىپ كەتەدى.

ۋي، جين، وڭتۇستىك - سولتۇستىك پاتشالىقتار كەزەڭىندە، سيانبي، روۋران، قاڭعا، ابدال، تۇيعۇن سەكىلدى سولتۇستىكتەگى كوشپەلى ۇلتتار ارت - ارتىنان شينجياڭعا اۋىپ كەلىپ، مۇنان بۇرىن وسى ارادا جاساپ جاتقان عۇن، ٴۇيسىن، روۋجى، حانزۋ قاتارلى حالىقتارمەن ارالاس قونىستانىپ، ۇلتتاردىڭ ٴوزارا توعىسۋىن جانە شارۋاشىلىق، مادەنيەت جاقتاعى اۋىس - كۇيىسىن ىلگەرىلەتتى.

ٴكىنشى، كان، جاڭ، ما، چۇي فاميليالى حانزۋ جۇراتتارى جانە گاۋچاڭ جەرگىلىكتى بيلىگى

باتىس حان پاتشالىعىنان باستاپ گاۋچاڭ وڭىرىندە حانزۋلار مەكەندەگەن. الدىڭعى لياڭ، كەيىنگى لياڭ جانە سولتۇستىك لياڭ تەكتەس بيلىكتەر بۇل ارادا گاۋچاڭ ايماعىن قۇرىپ، ٴۇالي جىبەرىپ باسقارعان. سولتۇستىك ۋي پاتشالىعى تۇسىنداعى گاۋچاڭدا «سەگىز قالا بار ەدى، قالالاردىڭ بارىندە حۋاشيالار جاسايتىن».[①] 460 ــ 640 ـ جىلدارى تۇرپان ويپاتىن ٴتۇيىن، حانزۋ تۇرعىندارى نەگىزگى تۇلعا ەتكەن گاۋچاڭ ەلىندە كان، جاڭ، ما، چۇي فاميليالى حانزۋ اۋلەتتەرى مەكەندەگەن.

تۇ باستا كان فاميليالى حانزۋ اۋلەتىنىڭ گاۋچاڭ جەرگىلىكتى بيلىگى قۇرىلدى (460 ــ 488)، 460 ـ جىلى روۋراندار شابۇىل جاساپ، گاۋچاڭدى باسىپ العان سوڭ، كان بوجوۋ گاۋچاڭعا ۋاڭ بولدى، سونىمەن، گاۋچاڭ حاندىعى جەرگىلىكتى بيلىگى تۇڭعىش رەت بارلىققا كەلەدى، جاڭ اۋلەتىنىڭ گاۋچاڭ حاندىعى جەرگىلىكتى بيلىگىن (488 ــ 496) قۇرۋشى جاڭ مىڭمىڭ تەگى دۇنحۋاڭدىق قاراكوكتىڭ ۇرقى، كەيىن كەلە قونىس اۋدارىپ گاۋچاڭعا بارعان. تۇرپاننىڭ جەر استىنان تابىلعان جازبا ماتەريالدار جاڭ اۋلەتىنىڭ گاۋچاڭ حاندىعى جەرگىلىكتى بيلىگى تاعى دا سولتۇستىك لياڭ قالدىق بيلىگىنەن بەرگى اكىمشىلىك وڭىرگە ايىرۋدى جالعاستىردى. گاۋچاڭ حاندىعى ورتالىق قالاسى تۇسكەن جەردە گاۋچاڭ ايماعى ٴارى ايماققا قاراستى گاۋچاڭ اۋدانى قۇرىلعان. ما اۋلەتىنىڭ گاۋچاڭ حاندىعى جەرگىلىكتى بيلىگىن (497 ــ 501) ما رۋ قۇرعان. ما رۋ حاندىق ورنىعا شىققانان كەيىن سولتۇستىك ۋي پاتشالىعىنا ادام جىبەرىپ، ٴوزىنىڭ باعىناتىندىعىن بىلدىرەدى ٴارى بۇكىل ەلدى شىعىسقا كوشىرىپ اكەتۋدى وتىنەدى، ٴبىراق، كونە مەكەندەرىن قيماعان گاۋچاڭدىق قارا حالىق شىعىسقا قونىس اۋدارۋعا كونبەي، ما رۋدى ٴولتىرىپ، ونىڭ ورنىنا چۇي جيانى حاندىققا شىعارادى. چۇي اۋلەتىنىڭ گاۋچاڭ جەرگىلىكتى بيلىگىن

«گاۋچاڭ جيلي» تەڭگەسى

شينجياڭ تۇرپاننان قازىپ الىنعان

① قۇراستىرۋعا جاۋاپتى لي شيۋشىڭ: «چۋانيۋان جازبالارى. تۇڭ شۋ، چىن جۇندەر قۇلپىتاسى ەستەلىكتەرى» 19 ـ كىتاپ، نانجيڭ: جياڭسۋ بايىرعى شىعارمالار باسپاسى، 1999 ـ جىل، 403 ـ بەت.

(502 ــ 640) جيىنچىڭ يۇيجۇڭدىق (قازىرگى گانسۋدىڭ يۇيجۇڭ دەگەن جەرى) چۇي جيا قۇرعان. تاڭ پاتشالىعى جىنگۋاننىڭ 14 ـ جىلى (640) ول تاڭ پاتشالىعى جاعىنان جويىلادى. 140 جىل تاحتا وتىرىپ، گاۋچاڭ جەرگىلىكتى بيلىگىنىڭ ىشىندەگى عۇمىرى ەڭ ۇزاعى بولدى. چۇي اۋلەتى گاۋچاڭ بيلىگى كەزىندە چىڭپيڭ، يشي، گانلۋ، جاڭحى، حىپيڭ، جيانچاڭ، يانچاڭ، يانحى، يحى، چۇڭگۋاڭ، يانشوۋ سياقتى جىل اتتارىن قولدانعان، سولتۇستىك ۋي، شياۋلياڭ، باتىس ۋي سەكىلدى پاتشالىقتارعا تارتۋ ـ تارالعى بەرىپ، ورتا جازىق بيلىگىمەن ٴجيى قاتىناستا بولعان. كان، جاڭ، ما، چۇي قاتارلى ٴتورت حانزۋ وتباسى گاۋچاڭ جەرگىلىكتى بيلىگىن قۇرعان، ونىڭ ۇستىنە، حان اۋلەتىنىڭ ىشىندە حانزۋلار عانا بولىپ قالماي، حانزۋلار گاۋچاڭدىق بۇقارانىڭ نەگىزگى ورنىن ۇستاعان.

ۋي، جين، وڭتۇستىك ـ سولتۇستىك پاتشالىقتار كەزەڭىندە حانزۋلار گاۋچاڭ وڭىرىنە شوعىرلى مەكەندەنگەننىڭ سىرتىندا، شينجياڭنىڭ سولتۇستىك، وڭتۇستىك وڭىرلەرىنە دە قونىستانىپتى، ايتالىق، ۇدۇن وڭىرىندە حان داۋىرىنەن بەرى مەكەندەگەن حانزۋلار بار ەكەن، سول كەزدە جەرگىلىكتى تۇرعىنداردىڭ ٴوڭ ـ تۇرقى «حۋلارعا ەمەس، حۋاشيالارعا ۇقساڭقىرايدى ەكەن»[1]. مۇنىڭ ٴوزى ۇدۇن وڭىرىندە ۇلتتاردىڭ ۇزاق ۋاقىت توعىسۋى

تاريحي ماتەريالعا قايتا ٴۇڭىلۋ

«سولتۇستىك پاتشالىقتار تاريحى. باتىس ٴوڭىر بايانىندا»: گاۋچاڭ حاندىعى «الدىڭعى جۇيشى بەگىنىڭ بايىرعى مەكەنى، حان پاتشالىعىنىڭ بۇرىنعى قاراماعىنداعى جەر. ونىڭ شىعىسىنان باتىسىنا دەيىن ەكى ٴجۇز شاقىرىم، وڭتۇستىگىنەن سولتۇستىگىنە دەيىن بەس ٴجۇز شاقىرىم، اينالاسى اسقار تاۋلارمەن قورشالعان دەيدى. تاعى ٴبىر ايتۋعا قاراعاندا، بۇرىن حان ۋدي پاتشا جاساق شىعارىپ، باتىسقا جورىق جاساعاندا، قالىڭ قول قالجاۋراپ شارشايدى دا وسىندا تىنىعادى، ول جەردىڭ اينالاسى تىنىستى، ەلى باي بولعاندىقتان وعان گاۋچاڭ دەپ ات قويىپتى دەلىنەدى. ەندى ٴبىر ايتىلۋدا، بۇل ارادا حان داۋىرىندە گاۋچاڭ قورعانى بولعاندىقتان سول كەيىن كەلە حاندىق اتىنا اينالىپتى، بۇل ارادان شىعىسقا قاراي چاڭ ـ انعا دەيىن ٴتورت مىڭ توعىز ٴجۇز شاقىرىم كەلەدى ەكەن. حان داۋىرىندە باتىس ٴوڭىر زورعانى جانە بەستىك ـ التىلىق الامانباسى وسى جەردە تۇرىپتى. ال، جين پاتشالىعى تۇسىندا بۇل جەردە گاۋچاڭ ايماعىن قۇرىپتى... وعان ٴۋالي تاعايىنداپ، باسقارۋعا الىپتى دەلىنەدى».

[1] (سولتۇستىك چي) ۋي شوۋ: «ۋينامە. باتىس ٴوڭىر بايانى»، بەيجيڭ: جۇڭحۋا شۇجۇي باسپاسى، 1974 ـ جىل، 2263 ـ بەت.

سەبەپتى ونداعى تۇرعىنداردىڭ ٴوڭ ـ تۇرقىنىڭ حانزۋلارعا بەيىم بولعاندىعىن بىلدىرەدى.

ٴۇشىنشى، ۇلتتاردىڭ توعىسۋىنداعى جاڭا بەينە

ۋي، جين، وڭتۇستىك ـ سولتۇستىك پاتشالىقتار كەزەڭى بۇكىل ەل بويىنشا ۇلتتاردىڭ جاپپا ـ تارماعاي قونىس اۋدارۋ، كەڭ كولەمدە توعىسۋ ٴداۋىرى بولدى. شينجياڭ وڭىرىندە دە ۇلتتاردىڭ كوشۋ، ارالاسۋ، توعىسۋى سىندى جاڭا جاعداي قالىپتاسىپ، ۇلتتاردىڭ توعىسۋى ٴتىپتى دە كۇشەيە ٴتۇستى.

ۇزاق ۋاقىتتىق وركەندەۋ، قوسىپ الۋ ارقىلى ۋي، جين، وڭتۇستىك ـ سولتۇستىك پاتشالىقتار كەزەڭىندە، جىبەك جولىنىڭ وڭتۇستىك جەلىسىندە پىشامشان جانە ۇدۇن اتتى ەكى ۇلكەن جەرگىلىكتى بيلىك قالىپتاستى؛ جىبەك جولىنىڭ ورتاڭعى جەلىسىندە اگني، كۇسان جانە شۋرەك سىندى ٴۇش ۇلكەن جەرگىلىكتى بيلىك پايدا بولدى؛ ال، شينجياڭ ٴوڭىرىنىڭ شىعىسىندا ٴتورت حانزۋ اۋلەتى قۇرعان گاۋچاڭ جەرگىلىكتى بيلىگى بىرىنەن كەيىن ٴبىرى جارىققا شىقتى. تيانشان تاۋىنىڭ سولتۇستىگىندە نەگىزىنەن ٴۇيسىن، يۇرپان، گەنگۇن (كەيىن بايىرعى قىرعىز دەپ اتالعان)، حاگات، عۇن تەكتەس ۇلتتار جاسادى. ۋي، جين، وڭتۇستىك ـ سولتۇستىك پاتشالىقتار كەزىندە، سولتۇستىكتەگى كوشپەلى ۇلتتار توپ ـ توبىمەن باتىس وڭىرگە قونىس اۋداردى. سيانبيلەر باتىس وڭىرگە تابان تىرەپ العان سوڭ ۇستەمدىك جۇرگىزىپ، وسى ارادا روۋراندارمەن قاقتىعىستى؛ ال، روۋراندار تيانشان تاۋىنىڭ وڭتۇستىگى مەن سولتۇستىگىندە ىرگە كەڭەيتىپ، كان اۋلەتىنىڭ گاۋچاڭ جەرگىلىكتى بيلىگىن ٴبىر مەزەت شەڭگەلىنە ٴتۇسىردى. قاڭعالار روۋراندان ٴبولىنىپ شىعىپ، باتىس وڭىردە قاڭعالاردىڭ جەرگىلىكتى بيلىگىن قۇرىپ، ٴبىر مەزەت جاڭ اۋلەتىنىڭ گاۋچاڭ جەرگىلىكتى بيلىگى مەن تارىم ويپاتىنىڭ ماڭايىن بيلەدى؛ ابدالداردىڭ باتىس ٴوڭىردى بيلەگەن ۋاقىتى ۇزاق بولماعانىمەن، ولار دا قاڭعا بيلىگىن ٴبىر مەزەت شەڭگەلىندە ۇستادى؛ تۇيعۇن كۇشتەرى باتىس وڭىرگە كىرگەننەن كەيىن، جىبەك جولىنىڭ وڭتۇستىك جەلىسىن، ت.ب. تىزگىندەدى. ٴبىرسىپىرا جاڭا ۇلتتار نەمەسە تايپالار شينجياڭ وڭىرىنە كەلگەننەن كەيىن، چين، حان پاتشالىعى داۋىرىندەگى شينجياڭ ٴوڭىرىنىڭ ۇلتتار ورنالاسۋ جاعدايىن مەيلىنشە وزگەرتىپ جىبەردى.

ۋي، جين، وڭتۇستىك ـ سولتۇستىك پاتشالىقتار كەزىندە، شينجياڭ ٴوڭىرىنىڭ جىبەك جولىنداعى ورنى ايرىقشا ماڭىزدى بولا تۇسەدى. ورتا جازىقتان شينجياڭعا كەلەتىن

ماتەريال تىزبەگى

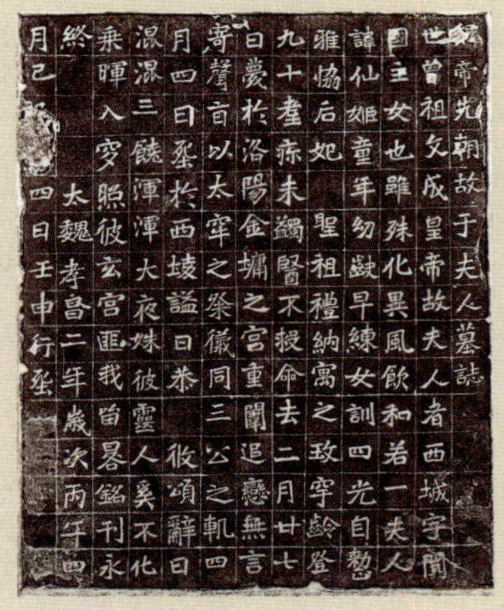

1926 ـ جىلى حىنان لوياڭنىڭ سولتۇستىكتەن وڭتۇستىككە سوزىلعان شىشان تاۋىنداعى ٴبىر كونە مولادان «ۇلى ۇي پاتشالىعى ۋنچىڭ پاتشاسىنىڭ حانىمى ۇي حانىمىنىڭ» قۇلپىتاسى تابىلدى. قۇلپىتاستا: «ول تەگىندە ۋنچىڭ پاتشانىڭ قايتىس بولعان حانىمى، باتىس وڭىردەگى ۇدۇن بەگىنىڭ قىزى. ٴاسىلى سالت ـ ساناسى ۇقساماس ەدى، كىشكەنتايىنان اقىلدى بولدى، ادەپ ـ يباعا ەرتە جەتىلدى، وتە ادەپتى وسكەندىكتەن، پاتشايىممەن جانە حانىمدارمەن شىعىسىمدى بولدى. پاتشا اعزامعا سالت بويىنشا تيگەننەن كەيىن وردادا ات ـ اتاعى شىقتى. پاتشا اعزامنىڭ اسىل قاسيەتىن ارداقتادى» دەلىنگەن، ٴبىز وسى قۇلپىتاستاعى جازۋ ارقىلى ۋنچىڭ پاتشانىڭ حانىمى سوناۋ شالعايعا ۇزاتىلعان باتىس ٴوڭىردىڭ حانشاسى ەكەندىگىن بىلدىك.

يۇي شيانجي (437 — 526)، سولتۇستىك ۇي پاتشالىعى ۋنچىڭ پاتشا تابعاش جۇنىنىڭ حانىمى، باتىس وڭىردەگى ۇدۇن حانىنىڭ قىزى، سوندىقتان، فاميلياسىن يۇي دەپ اتاعان.

جولدىڭ ٴۇش نەگىزگى جەلىسى بولدى: ونىڭ ٴبىرى، حۋاڭحە وزەنىنىڭ وڭتۇستىگىنەن باستالىپ، لۇڭيۋدى، حىشيدى باسىپ، دۇنحۋاڭنىڭ باتىسى ارقىلى شينجياڭ وڭىرىنە وتەدى. ەكىنشىسى، دالا جەلىسى، ول نەگىزىنەن سولتۇستىكتەگى كوشپەلى ۇلتتار عۇن، سيانبي، روۋران، ت.ب. لار جاساعان وڭىرلەردى باسىپ، شينجياڭ وڭىرىنە وتەدى؛ ال، ٴۇشىنشىسى، چيڭحاي جەلىسى (تۇيعۇن جەلىسى دەپ تە اتايدى)، ول لۇڭيۋدان باستالىپ، چيڭحايدىڭ سايدام ويپاتى ارقىلى شينجياڭ وڭىرىنە كىرەدى. اسىرەسە، تۇيعۇندار بيلەپ ـ توستەپ تۇرعان مەزگىلدە، جىبەك جولىنىڭ وڭتۇستىك جەلىسى سولاردىڭ شەڭگەلىندە بولىپ، شىعىس پەن باتىستىڭ ەكونوميكالىق اۋىس ـ كۇيىسى جاعىندا كەلەلى رول اتقارىپ تۇردى. ۇلتتاردىڭ شارۋاشىلىق، مادەنيەت، سونداي ـ اق قوعامدىق تىرشىلىك جاقتارىنداعى اۋىس ـ كۇيىستىڭ قويۋلاسۋى ولاردىڭ ورتاق وندىرىستىك، تۇرمىستىق ٴوڭىرى بولۋىنا مۇمكىندىك جاساپ عانا قالماي، ونىڭ ۇستىنە، ولاردىڭ ساياسي، شارۋاشىلىق، مادەنيەت جانە

قوعامدىق ادەت ـ عۇرىپ جاقتارىنداعى ورتاقتىعىن ارتتىرىپ، ٴوزارا توعىسۋىن ىلگەرىلەتتى.

تۇرلىشە ۇلتتاردىڭ كوپتەپ ٴوزارا قىز الىسىپ، قىز بەرىسۋى سول تۇستاعى شينجياڭ وڭىرىندە ۇلتتاردىڭ توعىسۋ ٴۇردىسىنىڭ تەرەڭدەي تۇسكەندىگىنىڭ بەلگىسى ەدى. باتىس، شىعىس حان پاتشالىعى مەزگىلىندە شينجياڭداعى قالالىق ەلدەر ٴوز ىشتەرىندە، ورتا جازىقتاعى وڭىرلەر مەن شينجياڭ ٴوڭىرى اراسىندا ٴوزارا قىز الىسىپ، قىز بەرىسىپ، قۇدا ـ اندا بولىپ وتىسكەن. ۋي، جين، وڭتۇستىك ـ سولتۇستىك پاتشالىقتار داۋىرىنە كەلگەندە، شينجياڭ وڭىرىنە ٴبىرسىپىرا جاڭا ۇلت كەلىپ قوسىلىپ، ولاردىڭ اراسىنداعى ٴوزارا ۇيلەنۋ قۇبىلىسى دا كورنەكتى تۇردە كوبەيە ٴتۇستى. ۇلتتار اراسىنداعى قۇدالاسۋعا كەلسەك، جەرلىك ۇلتتاردىڭ ٴوزارا ۇيلەنۋى دە، جەرلىك ۇلتتار مەن ورتا جازىقتاعى ۇلتتاردىڭ ٴوزارا ۇيلەنۋى دە ٴومىر ٴسۇردى. مىسالى، باتىس جيننىڭ ۋدي پاتشا تايكاڭ جىلدارىندا (280 ــ 289) اگنيدىڭ بەگى لۇڭ ـ ان جەرلىك كۋايحۋلارمەن واقتاسىپ، كەيىن سولاردىڭ ٴبىر قىزىمەن ۇيلەنەدى، لۇڭ ـ ان مەن كۋايحۋ ايەلدەن ٴبىر ۇل تۋادى، ونىڭ اتىن لۇڭحۇي قويادى، ول وتە زەيىندى بولعاندىقتان كەيىن بەك مۇراگەرلىگىنە كورسەتىلەدى[1].

سولتۇستىك ۋي پاتشالىعى كەزىندە، ۋان دۋگۇي اگنيلىقتاردىڭ سازايىن تارتقىزۋ ٴۇشىن جورىققا اتتانادى، اگنيدىڭ بەگى كوۋشى پەينا «قاشىپ كۇساندىقتارعا بارعاندا كۇساندىقتار وعان قىزىن بەرىپ، سي كورسەتەدى»[2]. بۇل سول كەزدەگى اگنيلىقتار مەن كۇساندىقتار اراسىنداعى قۇدا ـ اندالىقتان دەرەك بەرەدى. كۇساندىقتاردىڭ ايگىلى موناعى كۋماراجيۋانىڭ اكەسى كۋماراياناۋازىرلىكتەن باسىن الىپ قاشىپ، «شىعىستاعى كوكارتقا بارادى، ونىڭ مارتەبەدەن باس تارتقانىن ەستىگەن كۇسان حانى ونى ەرەكشە ارداقتاپ، ٴوزى قالا سىرتىنا شىعىپ قارسى الىپ، ەل ۇستازى دەپ قادىرلەيدى»[3] ٴارى ٴوزىنىڭ قارىنداسىن ايەلدىككە بەرەدى. سولتۇستىك ۋي پاتشالىعى كەزىندە، ۇدۇندىقتار 457 ـ جىلى سولتۇستىك ۋي پاتشالىعىنا ەلشى جىبەرىپ،

---

① (تاڭ) فاڭ شۋانلىڭ: «جينناما. ٴتورت رەي بايانى»، بەيجيڭ: جۇڭحۋا شۋجۇي باسپاسى، 1974 ـ جىل، 2542 ـ بەت.

② (تاڭ) لي تيڭشوۋ: «سولتۇستىك اۋلەت تاريحى، باتىس ٴوڭىر بايانى» بەيجيڭ: جۇڭحۋا شۋجۇي باسپاسى، 1974 ـ جىل، 3217 ـ بەت.

③ (وڭتۇستىك پاتشالىقتار . لياڭ) شى حۇيجياۋ قۇراستىرعان، تاڭ يۇڭتوڭ تىنىس بەلگىسىن قويىپ، تۇسىندىرگەن: «مارتەبەلى موناحتار بايانى. كۋماراجيۋا بايانى» بەيجيڭ: جۇڭحۋا شۋجۇي باسپاسى، 1992 ـ جىل، 45 ـ بەت.

تارتۋ - تارالعى ۇسىنادى ٴارى شيانجي اتتى حانشاسىن ۋىنچىڭدي پاتشاعا ۇزاتادى[1]. بۇل سەكىلدى مىسالدار تولىپ جاتىر. ۇلتتار اراسىنداعى قۇدا - اندالىق ٴوزارا ٴتۇسىنىسۋدى ىلگەرىلەتتى، شارۋاشىلىق، مادەني بارىس - كەلىستى كۇشەيتتى، ۇلتتار اراسىنداعى قوعامدىق ٴوندىرىس - تۇرمىس ٴتاسىلى، ادەت - عۇرىپ، ٴتىل - جازۋ، كيىم - كەشەك، الەۋمەتتىك پسيحولوگيا، ت.ب. ٴبىرىڭعايلانىپ، جوڭعۋا ۇلتتارىنىڭ ٴبىر تۇلعالانۋ بارىسىن تەزدەتتى.

ٴتورتىنشى تاراۋشا ورتا جازىق ٴوڭىرىنىڭ شينجياڭ ٴوڭىرىنىڭ شارۋاشىلىعىنا جاساعان ىقپالى كۇشەيە ٴتۇستى

ۋي، جين، وڭتۇستىك - سولتۇستىك پاتشالىقتار كەزەڭىندە بيلىكتەر ٴجيى - ٴجيى اۋىسىپ، قوعامدىق قايشىلىق شيەلەنىسىپ، كەڭ كولەمدى سوعىستار دامىلسىز تۋىلىپ، سولتۇستىكتىڭ شارۋاشىلىعىن اۋىر دارەجەدە ٴبۇلدىردى، ال، وڭتۇستىك جاق وعان قاراعاندا ساياسي جاعدايى ورنىقتى بولىپ، شارۋاشىلىعى شاپشاڭ دامىدى، ەگىنشىلىك، قولونەركاسىپ ۇزدىكسىز دامىدى. ەلىمىزدىڭ شارۋاشىلىق ٴتۇيىنى سولتۇستىكتەگى حۋاڭحى وزەنى الابىنان وڭتۇستىككە قاراي ويىسىپ، وڭتۇستىك پەن سولتۇستىكتىڭ شارۋاشىلىعى تەڭگەرىلدى. ۇلتتار ارا توعىسۋ كۇشەيگەندىكتەن، ٴار ۇلت اراسىندا ٴوزارا بايلانىس قويۋلاسىپ، ٴوزارا ۇيرەنىپ، ٴبىرىنىڭ كەمىن ٴبىرى تولىقتاپ، شارۋاشىلىقتىڭ قالپىنا كەلۋى جانە دامۋى ىلگەرىلەتىلدى، سونىمەن قابات، سۋي - تاڭ داۋىرىندەگى شارۋاشىلىقتىڭ گۇلدەنۋى ٴۇشىن نەگىز قالاندى. وسى كەزەڭدە، ورتا جازىق سياقتى وڭىرلەردەگى ۇلتتاردىڭ جاپا - تارماعاي قونىس اۋدارۋىنا بايلانىستى وزىق ٴوندىرىس قۇرال - جابدىقتارى، ەگىن ەگۋ تەحنيكاسى جانە ەڭبەك ىستەۋ تاجىريبەسى سولارمەن بىرگە شينجياڭ وڭىرىنە كىرىپ، جەرلىك ورىننىڭ شارۋاشىلىعىنىڭ قاۋىرت وركەندەۋىن جەبەدى.

① جاۋ چاۋ: «حان، ۋي، وڭتۇستىك - سولتۇستىك پاتشالىقتار قۇلپىتاس سوزدەر جيناعى. ۋي دي الدىڭعى پاتشالىعى قايتىس بولعان يۋي حانىمنىڭ قۇلپىتاسى»، تيانجين: تيانجين بايىرعى شىعارمالار باسپاسى، 1992 - جىل، 180 - بەت.

ٴبىرىنشى، كوپ سالالى شارۋاشىلىقتىڭ شينجياڭ وڭىرىندە وركەندەۋى

ۋي، جين، وڭتۇستىك ـ سولتۇستىك پاتشالىقتار داۋىرىندە شينجياڭ ٴوڭىرىنىڭ ٴوندىرىس ٴتاسىلى نەگىزىنەن كوشپەلى مال شارۋاشىلىعى جانە ەگىن سالۋ ەدى، روۋراندار، قاڭلىلار، يۇرپاندار كوبىنەسە كوشپەلى مالشىلىقپەن شۇعىلدانىپ، جىلقى، سيىر، قوي باعاتىن، ولار مالدىڭ ەتىن جەپ، ٴسۇتىن ٴىشىپ، تەرىسىنەن كيىم كيىپ، كيىز ۇيدە وتىرىپ، مالمەن بىرگە سۋدىڭ تۇنىعىن، ٴشوپتىڭ سونىسىن قۋىپ، كوشىپ ـ قونىپ تىرشىلىك ەتەدى. «حادىك بەگى كوكارتتىڭ سولتۇستىگىندە، ۇيسىن باتىس سولتۇستىكتە، قاڭلىلار شىعىس سولتۇستىكتە، 10 مىڭداي سايلاۋىت جاساعى بار، مال باعادى، جىلقىلارىنان سايگۇلىك شىعادى، قۇندىز اۋلايدى، گەنگۇن بەگى قاڭلىلاردىڭ باتىس سولتۇستىگىندە، 30 مىڭداي سايلاۋىت جاساعى بار، مال باعادى، قۇندىز اۋلايدى، جىلقىلارىنان سايگۇلىك شىعادى. دەڭلەڭ قاڭلىلاردىڭ سولتۇستىگىندە، 60 مىڭ سايلاۋىت جاساعى بار، مال باعادى»[①]. ۋي پاتشالىعى شياۋ ۋىندي تۇسىندا «(ۇدۇن) بەگى شانشي تۇلپار تارتۋ ەتكەن»[②]. «يانچاڭ جىلدارىندا (512 ــ 515) ... ۇيسىندەر پاتشاعا تۇلپار تارتۋ ەتكەن»[③]. جياندىنىڭ 3 ـ جىلى (574) «11 ـ ايدىڭ 5 ـ كۇنى ۇدۇن ەلشى جىبەرىپ، تۇلپار تارتۋ ەتتى»[④]. وسى ەستەلىكتەر ۋي، جين، وڭتۇستىك ـ سولتۇستىك پاتشالىقتار داۋىرىندە شينجياڭ ٴوڭىرىنىڭ مال شارۋاشىلىعىنىڭ جالعاستى دامي تۇسكەندىگىن تۇسىندىرەدى.

ەگىنشىلىك حان داۋىرىندەگى دامۋ نەگىزىندە ونان ارى كوركەيىپ شىت جاڭا كەزەڭگە قادام تاستادى.

سۋ يگىلىگى بايلىعىن باسقارۋ كۇشەيدى ٴارى كەمەلدەندى. بۇل تىڭ اشۋ وڭىرلەرىندە عانا ەمەس، جەرگىلىكتى بيلىكتەردىڭ سۋ يگىلىگىن تىكە باسقارۋ جانە وعان ارناۋلى

---

① (جين) چىن شوۋ: «ٴۇش پاتشالىق شەجىرەسى. اعۋان سيانبي، شىعىس رەي بايانى»، بەيجيڭ: جۇڭحۋا شۋجۇي باسپاسى، 1959 ـ جىل، 862 ـ بەت.

② (تاڭ) ياۋ سىليان: «لياڭناما. باتىس تەرىستىك نومدار بايانى» بەيجيڭ: جۇڭحۋا شۋجۇي باسپاسى، 1973 ـ جىل، 814 ـ بەت.

③ (سولتۇستىك چي) ۋي شوۋ: «ۋيناما. باتىس ٴوڭىر بايانى»، بەيجيڭ: جۇڭحۋا شۋجۇي باسپاسى، 1974 ـ جىل، 754 ـ بەت.

④ (تاڭ) ليڭ حۋدىفىن: «جوۋناما. ۋ دي ەستەلىكتەرى (1)»، بەيجيڭ: جۇڭحۋا شۋجۇي باسپاسى، 1971 ـ جىل، 86 ـ بەت.

الدىڭعى لياڭ تۇسىنداعى تاقتايشا

شينجياڭ چارقىلىق اۋدانى كروران قيراندى جۇرتىنان تابىلعان، مازمۇنى: سۋ مەكەمەسى ولشەپ بەرگەن جەر اۋماعى 10 سارجان كەلەدى دەلىنەدى.

باسقارۋشى قويۋى جاقتارىندا بەينەلەندى. تۇرپان ٴوڭىرى ىستىق، جاڭبىر از جاۋاتىندىقتان كليماتى وتە قۇرعاق، سۋ قاينارى تىم تاپشى ەدى، سوندىقتان، گاۋچاڭ بيلىگى سۋ بايلىعىن قاتاڭ باسقارىپ، قالالاردىڭ بارىنە سۋ باسقاۋىلدىعىن قۇردى، ونىڭ قول استىندا سۋ باقىلاۋشى جانە سۋ باسقارۋشى قويىلدى، سۋ باقىلاۋشىسىنىڭ باستى مىندەتى ەگىن سۋىن ۇلەستىرىپ بەرۋ، ال، ەگىس اتىزدارىنا سۋ قاجەت بولعان ماۋسىمدا جوعارىداعى سۋ باسقاۋىلدىعىنىڭ ٴمانساپتىلارى بۇل جۇمىسقا ۋاقىتشا جاۋاپتى بولادى. سۋ باسقارۋشى ــ تۇراقتى ٴمانساپ، ونىڭ مىندەتى ــ سۋ قۇرىلىسىنا جانە سۋعا قاتىستى ناقتى ىستەردى ٴبىتىرۋ. تۇرپان ٴوڭىرى ٴاسىلى حان پاتشالىعىنىڭ تىڭ يگەرەتىن ٴتۇيىندى ورنى ەدى، ۋي، جين پاتشالىعى مەزگىلىندە دە بەستىك ـ التىلىق الامانباسى تۇردى، 16 ەل مەزگىلىندە مۇنداي اسكەري تىڭ يگەرۋ بۇرىنعىسىنداي ٴومىر ٴسۇردى، شۋانشىنىڭ12 ـ جىلىنداعى (423) جازبادا «جاساق باسقاۋىلدىعىنىڭ سەگىز قوسىن اسكەردى سۋدى كۇزەتۋگە بۇيىرعاندىعى تۋرالى» دا سولتۇستىك لياڭ تۇسىنداعى جاساقتار تىڭ يگەرۋ احۋالى ەستەلىككە الىنعان: «... ولڭ قول سەگىز قوسىن تىڭ يگەرۋگە ورنالاستىرىلدى، كەيىن ٴبىر بارلاۋىل ساردار 15 اسكەردى باستاپ تۇنگى سۋ كۇزەتىنە شىقتى، .... ولار سۋ باستاۋ، اتىز سۋارۋ سىندى ەكى جۇمىستى بىرگە جۇرگىزدى»①. وسى جازبادان ٴبىز سول جەردە تۇرعان اسكەري تىڭ يگەرۋ قوسىنىنىڭ ٴبىرشاما كەمەلدى، ونىڭ ۇستىنە، سۋ يگىلىگى سۋارۋ ىستەرىنە ايرىقشا كوڭىل بولگەندىگىن بىلە الامىز، وسىعان ۇقساس، لوپنۇر ماڭايىندا تۇراتىن حايتوۋ تىڭ يگەرۋ رايونىندا دا سول جەردە تۇراتىن اسكەري ٴبولىمنىڭ ٴبىر تۇتاس باسقارىپ، سۋعا جاۋاپتى ٴمانساپتى قويىپ، سۋ قۇرىلىستارىن قورعاعاندىعىن بىلەمىز.

① تالڭ چاڭرۋ قۇراستىرعان: «تۇرپاننان تابىلعان جازبالار (سۋرەتتى نۇسقا)» 1 ـ كىتاپ، بەيجيڭ: مادەني مۇرا باسپاسى، 1992 ـ جىل، 70 ـ بەت.

356 ـ ٴنومىرلى تاقتايشادا: «جاساق تۇراعىنداعى جياڭ شۋەميڭ... كروراندا كەلدى، توسپانى جاساق ليان جيە ...كوزەتىپ جاتىر...» دەلىنگەن.[1] بۇل وسى وڭىردە بوگەۋدى كوزەتەتىن ارناۋلى جاساق ورنالاستىرعاندىعىن بىلدىرەدى.

ەگىس سايمانداری جانە ەگۋ تەحنيكاسى جاپپاي جاقسارىپ، جەرگىلىكتى ورىن رۋدا قازىپ، تەمىر قورىتىپ، ەگىس جابدىقتارىن جاساي الاتىن بولدى. شينجياڭ ٴوڭىرى جاراتىلىستىق شارت ـ جاعداي جانە گۋمانيتارلىق فاكتورلاردىڭ ىقپالىنا ۇشىراعاندىقتان جەر ـ جەردىڭ ەگىن ەگۋ تەحنيكاسىنىڭ دامۋى بىركەلكى بولمادى، سولتۇستىك ۋي پاتشالىعى جىڭگۋاڭنىڭ 2 ـ جىلىنا دەيىن (521) سامۇت وڭىرىندەگى حالىقتار «سۋدى قاپتاتىپ جىبەرىپ ەگىن سالاتىن، كولىك ىستەتۋدى بىلمەيتىن، كۇرەكپەن قاشاپ تۇقىم سەبەتىن كۇيدە ەدى»[2]. وسىمەن ٴبىر ۋاقىتتا، تىڭ يگەرىلگەن وڭىرلەر مەن تۇرپان ويپاتىنىڭ ەگىن سالۋ تەحنيكاسى الدىڭعىلارعا قاراعاندا الدەقايدا وزىق بولدى، كروراننان تابىلعان 348 ـ ٴنومىرلى تاقتايشاداعى جازبادا: «بۇرىنعىداي بەيتانىس كىسىلەرگە 395 دانا تەمىر كۇرەك بەرىلدى»[3]. تەمىر كۇرەك ــ جەرگىلىكتى تۇرعىندار ەگىس جۇمىسىنا پايدالاناتىن سايماننىڭ اتى. 233 ـ ٴنومىرلى تاقتايشادا: «..... قورعان ىشىندەگى اتىزدارعا ورتەڭنەن باستاپ جەر قاشاپ استىق ەگىلەدى، ...»[4]. «جەر قاشاۋ» ــ استىق ەگۋدىڭ الدىندا تەسە نە كۇرەكپەن جەردى قاشاپ جۇمسارتۋ دەگەندىك، بۇل جەردى جىرتىپ، باپتاپ ەگۋدىڭ دالەلى بولىپ تابىلادى.

تارىم ويپاتىنىڭ باتىس الابىنداعى كۇساندا دا تەسە، بۇلىق سياقتى وزىق سايماندار جالپى بەتتىك ىستەتىلەتىن بولعان. قىزىل مىڭ ۇيدەگى 175 ـ ٴنومىرلى ۇڭگىردەگى قابىرعا سۋرەتتە ديقانداردىڭ قولىنا جالپاق ٴجۇزدى تەسە الىپ، ەڭبەك ىستەپ جاتقان كورىنىس بار، قازىرگى شينجياڭ وڭىرىندەگى كەتپەن سول جالپاق ٴجۇزدى تەسەدەن وزگەرتىپ جاسالعان. سول ۇڭگىردەگى قابىرعا سۋرەتتە تاعى دا موينىندا ٴيىناعاش بار ەكى

---

[1] لين مەيسۇن: «كروران نيە قازبا جازبالارى» بەيجيڭ: مادەني مۇرا باسپاسى، 1985 ـ جىل، 61 ـ بەت.

[2] (سولتۇستىك ۋي) ياڭ شۋانجى جازعان، جوۋ زۋمو تىنىس بەلگىسىن قويىپ، تۇسىندىرگەن: «لوياڭ سانگاراما ەستەلىكتەرىنە تۇسىنىك» بەيجيڭ: جۇڭحۋا شۋجۇي باسپاسى، 2010 ـ جىل، 2 ـ باسىلىمى، 171 ـ بەت.

[3] لين مەيسۇن: «كروران نيە قازبا جازبالارى» بەيجيڭ: مادەني مۇرا باسپاسى، 1985 ـ جىل، 61 ـ بەت.

[4] لين مەيسۇن: «كروران نيە قازبا جازبالارى» بەيجيڭ: مادەني مۇرا باسپاسى، 1985 ـ جىل، 53 ـ بەت.

جين داۋىرىندەگى بايىرعى مولادان شىققان سۋرەتتى قاعاز

شينجياڭ تۇرپان استانا كونە مولاسىنان تابىلعان، بۇل سۋرەتتەن بىركەلكى ەگىس اتىزى، ماۋەلەپ وسكەن ەگىن جانە وزىق ەگىس سايماندارى ورتا جازىقتاعى ٴوندىرىس، تۇرمىس احۋالىمەن بۇكىلدەي ۇقساس ەكەندىگى اڭعارىلادى.

وگىزبەن جەر جىرتقان رەڭىشتى سۋرەت بار.① وسىعان ۇقسايتىن تۇرپان وڭىرىندە دە وزىق ەگىس سايماندارى جاپپاي قولدانىلعان، 1964 - جىلى تۇرپان استاناداعى جين پاتشالىعى كەزىندەگى مولادان تابىلعان ٴبىر سۋرەت سول كەزدەگى گاۋچاڭ وڭىرىندەگى ەگىس جاعدايىن وبرازدى تۇردە بەينەلەپ بەرەدى. بۇل سۋرەتتە قۇنارلى اتىز، ەگىن، جەمىس اعاشى سياقتىلار بار، سۋرەتتىڭ وڭ جاق جوعارعى بۇرىشىندا ەگىنجاي اتىزى، ونىڭ جانىندا بۇلىق، ايىر، تاراق سياقتى 4 ەگىس سايمانى تۇر، بۇلار بۇگىنگى كۇندە اۋىل - قىستاقتا قىرمان باستىرعاندا ىستەتەتىن ايىر، تاراق سەكىلدى سايماندارعا قاتتى ۇقسايدى ٴارى ٴونىم العان كەزدەگى جاعدايدى بەينەلەيدى.

ەگىس داقىلىنىڭ جاڭا سورتتارىن ەنگىزۋ جانە ونى ەگۋ جەرگىلىكتى ورىننىڭ ەگىن شارۋاشىلىعىنىڭ ىلگەرىلەۋىن شاپشاڭداتۋمەن بىرگە، سول ارادا تۇرعىندارىنىڭ ازىق - تۇلىگىن دە مولايتتى. ۇزاق ۋاقىتتان بەرى شينجياڭ ٴوڭىرىنىڭ استىق داقىلدارى كوبىنەسە ٴبيداي، تارى، قوناق، بۇرشاق، جالاڭاش ارپا، اق جۇگەرى تەكتەس داقىلدار، ەكونوميكالىق داقىلى نەگىزىنەن — زىعىر وندىرىلەدى.

ۋي، جين، وڭتۇستىك - سولتۇستىك پاتشالىقتار كەزەڭىندە، شينجياڭ ٴوڭىرى جاڭا

---

① مۋ شۇنيڭ، ت.ب.: «جۇڭگو شينجياڭ ارعى زامان اسەمونەرى»، ٴۇرىمجى: شينجياڭ اسەمونەر باسپاسى، 1994 - جىل، 84 - بەت.

داقىل سورتتارىن، جۇيەدەن، كۇرىش سەكىلدى داقىل سورتتارىن كىرگىزدى. كۇرىش ٴاسىلى چاڭجياڭ دارياسى الابىندا وندىرىلگەن، شينجياڭنىڭ ۇزىندە بۇل داقىل جوق بولاتىن. كۇرىش تۇقىمى جانە كۇرىش ەگۋ تەحنيكاسى شينجياڭعا كىرگەننەن كەيىن بىرتىندەپ جالپىلاستىرىلدى. سول كەزدە گاۋچاڭدا كۇرىش ٴوندىرىلۋدىڭ سىرتىندا، اگني، كۇسان، ۇدۇن، شۋرەك سىقىلدى جەرلەردە دە كۇرىش ەگىلەتىن بولدى، اگنيدە «استىقتان كۇرىش، تارى، بۇرشاق، ٴبيداي ەگىلەدى»[1]. ۇدۇن «كۇرىش، ٴبيداي، ٴجۇزىم ەگۋگە قولايلى جەر»[2]. شۋرەك جەرىندە «كوبىندە كۇرىش، تارى، زىعىر، ٴبيداي ەگۋگە قولايلى»[3]. «لوياڭ سانگاراما ەستەلىكتەرىندە» چۇگۇپاندار قازىرگى شينجياڭنىڭ (قاعىلىق) «استىق داقىلدارى مول ۇسەدى، ۇن تاماقتى نەگىزگى قورەك ەتەدى» دەلىنگەن[4]. كۇرىش نەگىزگى داقىلدىڭ ٴبىرى، مۇنان ۇسى جەردە دە كۇرىش مول وندىرىلەتىندىگىن بىلۋگە بولادى.

قازىر شينجياڭ وڭىرىندەگى ارحەولوگيالىق تەكسەرۋدە ەڭ ەرتەدەگى ماقتا ۇرىعى لوپنۇر اۋدانىنىڭ يىڭپان بايىرعى مولاسىنان تابىلدى. مولادان شىققان مۇرالاردىڭ ارعىسى حان پاتشالىعى، كەيىنگىسى ۋي، جين پاتشالىعى داۋىرىنە دەيىنگى بولىپ، ۋي، جين پاتشالىعى داۋىرىنىكى ەڭ كوپ. سوندىقتان، تابىلعان ماقتا ۇرىعى ۋي، جين پاتشالىعى داۋىرىنىكى بولاتىن ٴجونى بار. تۇرپان استانا بايىرعى مولاسىنان ماقتالى سىم كيگىزىلگەن قىش قۋىرشاق شىقتى، كەريا اۋدانى ۋيراك كونە جۇرتىنداعى سولتۇستىك پاتشالىق مولاسىنان ماقتادان توقىلعان ماتا بەلبەۋ سياقتىلار شىقتى، مۇنان سول كەزدە تيانشان تاۋىنىڭ وڭتۇستىگىندەگى وڭىرلەردە ماقتانىڭ جاپپاي ەگىلگەندىگىن اڭعارۋعا بولادى.

انار نەمەسە پارفيا انارى دەپ تە اتالادى، ٴاسىلى پارسى جانە ونىڭ ماڭىنداعى وڭىرلەردە وندىرىلەتىن جەمىس ەدى. تارىم ويپاتىنىڭ تۇستىگىندەگى پىشامشان، سامۇت سياقتى جەرلەردە انار كوپ وندىرىلگەن، ٴتىپتى، سول ٴوڭىردىڭ زاتتىق باجىسىنا اينالعان. «شاحاي

---

① (تاڭ) ليڭ حۋدىفىن: «جوۋناما. بوگدە جەر بايانى، (2)» بەيجيڭ: جۇڭحۋا شۋجۇي باسپاسى، 1971 ـ جىل، 916 ـ بەت.

② (تاڭ) ياۋ سىليان: «لياڭناما. باتىس سولتۇستىك نومدار بايانى» بەيجيڭ: جۇڭحۋا شۋجۇي باسپاسى، 1973 ـ جىل، 814 ـ بەت.

③ (تاڭ) ۋي جىڭ: «سۇيناما. باتىس ٴوڭىر بايانى» بەيجيڭ: جۇڭحۋا شۋجۇي باسپاسى، 1973 ـ جىل، 1852 ـ بەت.

④ (سولتۇستىك ۋي) ياڭ شۋانجى جازعان، جوۋ زۋمو تىنىس بەلگىسىن قويىپ، تۇسىندىرگەن: «لوياڭ سانگاراما ەستەلىكتەرىنە تۇسىنىك» بەيجيڭ: جۇڭحۋا شۋجۇي باسپاسى، 1973 ـ جىل، 176 ـ بەت.

ۋي، جين پاتشالىعى كەزەڭىندەگى اعاش تاقتايشا

شينجياڭ چارقىلىق اۋدانى كروران جۇرتىنان تابىلدى، وندا ٴوندى ەكى تۇعاناق، ٴونسىز 14 تۇعاناق گۇلدى جىبەك كەزدەمە اماناتقا قويىلدى دەپ جازىلعان.

بايىرعى بۋماسىنداعى» 295 ـ ٴنومىرلى كحاروشتى جازۋىنداعى ەستەلىكتە: «بۇرىنعى سياقتى باجى ٴۇشىن ٴبىر استاۋ انار الىنادى، سوندىقتان، قازىر وسى باجى تاپسىرىلسىن» دەلىنگەن[1].

انارداڭ سامۇتتا كەڭ كولەمدى ەگىلۋى جۇرتتىڭ ونى ۇناتىپ جەيتىن جەمىسىنە اينالدىردى، وزىندە بولماعاندا باسقالاردان قارىز الۋىنا تۋرا كەلدى، 617 ـ ٴنومىرلى كحاروشتى جازۋىنداعى ەستەلىكتە انارمەن قارىز الۋ احۋالى باياندالعان: «كەزىندە شۋيۋ وتباسى قارىزعا العان انار تۇگەلدەي تىزىمگە الىندى.باترو ەكى استاۋ، فارون ٴبىر استاۋ انار قارىز الدى...»[2].

قايتالاي ەگۋ ٴتۇزىمىنىڭ قالىپتاسۋى جانە باستاپ اتقارىلۋى سول داۋىردەگى شينجياڭ وڭىرىندەگى ەگىن شارۋاشىلىعىنىڭ تاعى ٴبىر ەرەكشەلىگى بولدى. قايتالاي ەگۋ دەگەنىمىز ٴبىر جىل ىشىندە ۇقساس اتىزعا جالعاستى ەگىن ەگۋ نەمەسە ارت ـ ارتىنان ەكى رەت نەمەسە ەكى رەتتەن كوپ ەگىن ەگىپ ٴونىم الۋدى بىلدىرەدى. ۋي، جين، وڭتۇستىك ـ سولتۇستىك پاتشالىقتار ٴداۋىرى تۇرپاندا ەگىن شارۋاشىلىعىنىڭ قاۋىرت دامىعان كەزى بولدى، وسى مەزگىلدە بۇل ارادا داقىلداردى ەگۋدىڭ تىڭ ٴتاسىلى پايدا بولدى، ياعني «ٴبىر جىل ىشىندە استىقتان ەكى رەت ٴونىم الۋ»[3]. «گاۋچاڭ يانچاڭنىڭ 36 ـ جىلى (596) سۇڭ جۇراتى جازدىق اتىز تۋرالى بۋماداعى»: «3 مۋ سۋارمالى اتىز 6 جىلعا مايعا بەرىلەدى، ٴبيداي ەگىلسە مۋىنا التى كۇرە ٴبيداي، قوناق ەگىلسە مۋىنا 7 كۇرە قوناق بەرەدى، 5 ايدا نەمەسە 10 ايدا ٴبىر رەت ەسەپ جاسالادى»

---

① لين مەيسۇن: «قۇمدى القاپ. جۇڭگودان تابىلعان كحاروشتى ەستەلىكتەرىنە تۇسىنىكتەمە (العاشقى جيناق)» بەيجيڭ: مادەني مۇرا باسپاسى 1988 ـ جىل، 2 ـ باسىلىمى، 87 ـ بەت.

② لين مەيسۇن: «قۇمدى القاپ بايىرعى شىعارماسى. جۇڭگودان تابىلعان كحاروشتى جازبالارى (1)» بەيجيڭ: مادەني مۇرا باسپاسى، 1988 ـ جىل، 242 ــ 243 ـ بەتتەر.

③ (تاڭ): لي يانشوۋ: «سولتۇستىك اۋلەت تاريحى. باتىس ۇڭىر باياني» بەيجيڭ: جۇڭحۋا شۇجۇي باسپاسى، 1974 ـ جىل، 3212 ـ بەت.

دەلىنگەن[1].

300 جىلدان استامعا سوزىلعان ۋي، جين، وڭتۇستىك ـ سولتۇستىك پاتشالىقتار كەزەڭىندە، شينجياڭ ٴوڭىرىنىڭ ەگىن شارۋاشىلىعى قاۋىرت ىلگەرىلەدى جانە دامىدى ٴارى قولونەركاسىپتىڭ دامۋىن دا جەبەي ٴتۇستى. ماقتانىڭ ەگىلۋىنە بايلانىستى شينجياڭ وڭىرىندە ماقتا توقىما قولونەركاسىبى پايدا بولدى. گاۋچاڭدا توقىلعان كەزدەمەلەر ورتا جازىق وڭىرلەرىنە دەيىن ساتىلدى. سول تۇستا تارىم ويپاتى مەن تۇرپاننىڭ جىبەك وندىرەتىن وڭىرلەرىنىڭ جىبەك توقۋ قولونەركاسىبى ەداۋىر دامىعان بولاتىن. گاۋچاڭ، كۇسان جانە شۇرەك قامقالارى سول كەزدە شينجياڭ وڭىرىندە ەڭ اتاقتى ونىمدەر ەدى. شينجياڭنىڭ جەر ـ جەرىندە تاعى دا ٴجۇن بۇيىمدار وندىرىلەتىن، اسىرەسە، كۇساننىڭ كيىزى، الاشاسى وتە تاماشا ەدى. كەن قازۋدا دا بەلگىلى نەگىزگە جەتكەن، كۇساندا مىس، تەمىر، قورعاسىن، كومىر وندىرىلەتىن، شۇرەكتە مىس، تەمىر، قالايى وندىرىلەتىن. ادامدار كومىر ارقىلى قورىتىلعان مەتال بۇيىمداردى شينجياڭنىڭ جەر ـ جەرىنە اپارىپ ساۋدالايتىن. مۇنان تىس، ۇدۇننىڭ قاس تاسى، قاشعاننىڭ كيىز توبەلى ارباسى سەكىلدىلەر دە سول تۇستاعى ايگىلى ونىمدەر ەسەپتى. ٴجۇزىم ەگۋدىڭ وركەندەۋىنە ىلەسىپ، سامۇت، سەڭزۋت وڭىرلەرىندە ٴجۇزىم شارابىن جاساۋ كاسىبى دامىپ كولەمدەنە ٴتۇستى. لين مەيسۇننىڭ «شاحاي بايىرعى بۇمالارى» 329 ـ ٴنومىرلى ەستەلىكتە: «قازىر سامۇتتا شاراپ جاساۋ كاسىبى دامىپ كەتتى، وسى جارلىق قولىڭىزعا تيگەن زامان 5 كۇبى شاراپتى زۋرگيەنىڭ قولىنا تابىس ەت، ول تۇندەلەتىپ بولسا دا ... وسى شاراپتى4 ـ ايدىڭ5 ـ كۇنىنەن بۇرىن سامۇتقا جەتكىزەتىن بولسىن» دەلىنگەن.[2] مۇنان وسى وڭىرلەردە ٴجۇزىم ەگۋ جانە ٴجۇزىم شارابىن جاساۋ ونەرىنىڭ ەداۋىر ورەگە جەتكەنىن اڭعارۋعا بولادى.

وسى داۋىردە شينجياڭدا ساۋدا قاۋىرت دامىپ، «تارتۋ ـ تارالعى بازارى» جانە «ساۋدا جاساسۋ بازارى» دەپ ەكى تۇرگە ٴبولىندى، ساۋداگەرلەر قىدىرما ساۋداگەر جانە تۇراقتى ساۋداگەر دەپ پارىقتالدى، ساۋداگەرلەر باتىستىڭ ٴىنجۋ ـ مارجانى، حوش ٴيىستى زاتتارى، جىلقىسى، سونداي ـ اق شينجياڭ ٴوڭىرىنىڭ ٴجۇزىم شارابى، مەيىزى، قاس تاسى بۇيىمدارى،

① قۇراستىرۋعا جاۋاپتى تاڭ چاڭرۋ: «تۇرپاننان تابىلعان جازبالار (سۋرەتتى جيناق) 1 ـ كىتاپ». بەيجيڭ: مادەني مۇرا باسپاسى، 1992 ـ جىل، 279 ـ بەت.

② لين مەيسۇن: «قۇمدى القاپ بايىرعى كىتابى. جۇڭگودان تابىلعان كحاروشتى جازبالارى (1)» بەيجيڭ: مادەني مۇرا باسپاسى، 1988 ـ جىل، 93 ــ 94 ـ بەتتەر.

ماقتا كەزدەمەلەرى سياقتىلاردى ورتا جازىققا جەتكىزىپ، ورتا جازىقتىڭ تورعىن ـ تورقا، قولا اينا سياقتى ونىمدەرىن شينجياڭ وڭىرىنە مولىنان اكەلىپ، ورتا ازياعا دەيىن ساۋدالادى، مۇنىڭ ىشىندە شاعيدىڭ، جىلقىنىڭ ساۋداسى كەرەمەت بولدى، ساۋدانىڭ كوركەيۋى قالالاردىڭ دامۋىن ىلگەرىلەتتى. جالپىلاما «ۋيناما»، «لياڭناما»، «جوۋناما»، «سولتۇستىك اۋلەتتەر تاريحى» تەكتەس تاريحي كىتاپتاردان سونى بىلۋگە بولادى: گاۋچاڭدا 16 قالا قورعانى سالىندى؛ ۇدۇندا 5 قالا قورعانى، شاعىن قالا قورعانىنان نەشە ونى تۇرعىزىلدى؛اگنيدە ۇلكەنىرەك 9 قالا قورعانى سالىندى؛ كۇساندا ۇلكەنىرەك ٴبىر قالا قورعانى سالىندى؛ شۋرەكتە ۇلكەنىرەك قالا قورعانىنان 12 سى، شاعىن قالا قورعانىنان 10 ى سالىندى؛ مۇنىڭ سىرتىندا پىشامشاندا ٴبىرى، سامۇتتا ٴبىرى، جيىنى 80 نەن استام قالا قورعانى سالىندى. وسى وڭىرلەردىڭ ىشىندە گاۋچاڭنىڭ دامۋى ەرەسەن تەز بولىپ، قالا قورعان سانى بۇرىنعى بىردەن شاپشاڭ دامىپ 16 عا جەتسە، تاڭ پاتشالىعىنىڭ العاشقى جىلدارى ونان ارى دامىپ 22 گە باردى. قالا قورعاندارىنىڭ كۇرت كوبەيۋى بەلگىلى دارەجەدەن العاندا ۋي، جين، وڭتۇستىك ـ سولتۇستىك پاتشالىقتار كەزەڭىندە شينجياڭ ٴوڭىرىنىڭ ەگىن شارۋاشىلىعىنىڭ، ساۋداسىنىڭ دامىعاندىعىن، ىلگەرىلەگەندىگىن تۇسىندىرەدى.

ەگىنشى، ورتا جازىق وزىق ٴوندىرىس تەحنيكاسىنىڭ جالپىلاسۋى

ۇلتتار ارا ۇزاق ۋاقىت توعىسۋ، بارىس ـ كەلىس جاساۋ بارىسىندا، شارۋاشىلىق، مادەنيەت جانە قوعامدىق تۇرمىستىڭ ٴتۇرلى جاقتارىندا ٴوزارا ۇيرەنىپ، ٴبىرى ـ بىرىنەن ۇلگى الىپ، ورتاق دامىپ وتىردى. ۋي، جين، 16 ەل كەزىندە سانسىزداعان حانزۋلار شينجياڭ وڭىرىنە قاراي كوشىپ ـ قونىپ، جەرگىلىكتى ۇلتتارمەن ارالاس قونىستانىپ، ىرگە تەپتى. چاڭجياڭنىڭ وڭتۇستىگىنەن جانە ورتا جازىق وڭىرىنەن الا كەلگەن جاقسى ەگىن شارۋاشىلىق سايماندارى مەن وزىق ەگىس تەحنيكاسى، ايتالىق: ارىق ـ توعان قازىپ، سۋ باستاپ، ەگىن سۋارۋ، تۇقىم سەپكىشتى، سوقانى وزگەرتىپ، ادام، كولىك كۇشىن ۇنەمدەۋ سىقىلدىلار جەرگىلىكتى ورىننىڭ ەگىن شارۋاشىلىعىن اناعۇرلىم دامىتتى. مۇنداي قۇبىلىستار حانزۋلار ٴجيى قونىستانعان تۇرپان ويپاتىندا ايرىقشا كورنەكتى بولدى. گاۋچاڭ وڭىرىندەگى تۇرعىنداردىڭ دەنى «حان، ۋي پاتشالىعى كەزەڭىندەگى جاي بۇقارا»،[①] ولار سۋ

---

① (سولتۇستىك چي) ۋي شوۋ: «ۋيناما. باتىس ٴوڭىر بايانى» . بەيجيڭ: جۇڭحۋا شۋجۇي باسپاسى، 1974 ـ جىل، 2244 ـ بەت.

شىعارىپ، اتىزداردى سۋلاندىرىپ، قۇنتتاي وڭدەپ، ۇقىپتاي باپتاپ، تۇت اعاشىن ەگىپ، جىبەك قۇرتىن ٴوسىرىپ، تىنباي ەڭبەكتەنىپ، جەرگىلىكتى ورىننىڭ ەگىن شارۋاشىلىعىن دامىتىپ قانا قالماي، ونىڭ ۇستىنە، تۇرپان ٴوڭىرىن الىس - جاقىنعا ايگىلى شۇرايلى وڭىرگە، «بارلىق داقىلدى ەگۋگە بولاتىن»،[①] «استىقتان جىلىنا ەكى رەت ٴونىم الاتىن، جىبەك قۇرتىن وسىرۋگە قولايلى، جەمىستەرى سامىسىعان»[②] مەكەنگە اينالدىردى. چۋي اۋلەتى گاۋچاڭ ەلى كەزەڭىنە كەلگەندە، تۇرپان ٴوڭىرىنىڭ ەگىن شارۋاشىلىعى ۇدايى دامىپ، ەگىستىكتەر مايعا بەرىلىپ، ساۋدا شارىقتاي ٴتۇستى، سونىمەن بىرگە، ەگىلگەن داقىلدىڭ تۇرىنە قاراي زاتتاي باجى جينالىپ، شارۋاشىلىق شالقىدى، جان سانى مولايىپ، كوركەيىپ - گۇلدەنگەن جاعداي جارىققا شىقتى.

شينجياڭ وڭىرىندە بۇرىن تۇت اعاشى وتە از، جىبەك قۇرتىن ٴوسىرىپ، جىبەك تالشىقتاۋ، تورعىن - تورقا توقۋ ونەرى جوق بولاتىن. ۋي، جين، وڭتۇستىك - سولتۇستىك پاتشالىقتار كەزەڭىندە حانزۋدىڭ مولىنان كوشىپ كەلۋىمەن بىلەسە، ورتا جازىقتىڭ تۇت اعاشىن ەگۋ، جىبەك قۇرتىن ٴوسىرۋ، جىبەك تالشىقتاپ، تورعىن - تورقا توقۋ ونەرى دە تارىم ويپاتىنا مولىنان ەنگىزىلە باستادى. تۇرپاننان قازىپ الىنعان جازبالار باتىس لياڭ كەزىندە گاۋچاڭدا تۇت اعاشىن ەگۋ كاسىبى بار ەكەندىگىن دالەلدەپ وتىر. «باتىس لياڭ جيانچۋدىڭ 14 - جىل (418) يان فۋيۋاننىڭ تۇت اعاشىن قارىزعا العاندىعى تۋرالى توقتامىندا»: «جيانچۋدىڭ 14 - جىلى12 - ايدىڭ 28 - كۇنى يان فۋيۋان اتتى ادام كان چياندى دەگەن ادامنان الاشاعا سىندىرىپ، ٴۇش ٴتۇپ تۇت اعاشىن العاندىعى» جازىلعان[③] . مۇندا يان فۋيۋان دەگەن ادام كان چياندى دەگەن ادامنان الاشاعا سىندىرىپ، ٴۇش ٴتۇپ تۇت اعاشىن العاندىعى ٴسوز بولادى. بۇل تۇرپان وڭىرىندە تۇت اعاشىن ٴوسىرىپ، جىبەك قۇرتىن باعۋ ٴبىرشاما جالپىلاسقاندىعىن تۇسىندىرەدى. تاعى ٴبىر جازبادا گاۋچاڭدا تۇت اعاشىن ەگۋدىڭ شىنىدىق ەكەندىگى ايتىلادى. «ٴمالىم وتباسىنىڭ ۇينە ٴورت كەتىپ، مال - مۇلكىنىڭ

① (تاڭ) ياۋ سىليان: «لياڭناما. باتىس سولتۇستىك نۇمدار باياني» . بەيجيڭ: جۇڭحۋا شۋجۇي باسپاسى، 1973 - جىل، 811 - بەت.

② (تاڭ) لي تيڭشوۋ: «سولتۇستىك اۋلەت تاريحى. باتىس ٴوڭىر باياني» . بەيجيڭ: جۇڭحۋا شۋجۇي باسپاسى، 1974 - جىل، 3212 - بەت.

③ قۇراستىرۋعا جاۋاپتى تاڭ چاڭرۋ: «تۇرپاننان تابىلعان جازبالار (سۋرەتتى نۇسقا)» 1 - كىتاپ، بەيجيڭ: مادەني مۇرا باسپاسى 1992 - جىل، 6 - بەت.

شىعىندالعاندىعى تۋرالى» دا «ول وتباسىنىڭ 10 ٴتۇپ تۇت اعاشى بارلىعى ايتىلادى»[1]، مۇنىڭ ٴوزى تۇت اعاشىن ەگۋدىڭ ەداۋىر كولەمدەنگەندىگىن بىلدىرەدى. مۇنان سىرت، «جوۋناما»، «سولتۇستىك اۋلەتتەر تارىحىندا» گاۋچاڭ تۇت اعاشىن ەگۋگە قولايلى جەر دەلىنگەن. «ۋيناما. باتىس ٴوڭىر باياندا» «اگنيدە وسىرىلگەن جىبەك قۇرتىنان جىبەك تالشىقتانبايدى، ول تەك ماقتا تورلاۋعا عانا جارايدى». كۇساننىڭ «ادەت ـ عۇرپى، ۇيلەنۋى، ٴولىم ـ ٴجىتىم جونەلتۋى، بايلىعى اگنيدىكىمەن قارايلاس كەلەدى»، «شۋرەكتە تورعىن ـ تورقا، ماقتا كەزدەمە كوپ» دەلىنگەن[2]. وسى ەستەلىكتەردەن، ۆي، جين، وڭتۇستىك ـ سولتۇستىك پاتشالىقتار كەزەڭىندە گاۋچاڭ، اگني، كۇسان، شۋرەك، ۇدۇن سياقتى جەرلەردىڭ بارىندە تۇت اعاشى ەگىلگەندىگىن بىلۋگە بولادى.

كحاروشتى جازۋىمەن جازىلعان ماتەريالداردان دا ورتا جازىق مادەنيەتىنىڭ شينجياڭ وڭىرىندە تارالعان ىزدەرىن بايقاۋعا بولادى. نيە اۋدانى نيە جۇرتىنان تابىلعان كحاروشتى جازۋىمەن جازىلعان 565 ـ ٴنومىرلى جازبانىڭ مازمۇنىندا : «شوقجۇلدىز كۇنتىزبەسىنىڭ باسقى كۇنى دەپ اتالادى، ول كۇنى ٴارقانداي ٴىستى باستاۋعا بولادى، ٴىس ساتىنە ينالادى، شوقجۇلدىز كۇنتىزبەسىندەگى دوڭىز كۇنى، بۇل كۇنى جەر جىرتىلسا، ٴجۇزىم باعىنا ٴجۇزىم ەگىلسە، جۇمىس ساتىنە ينالىپ، مول ٴونىم الۋعا بولادى« دەلىنگەن[3] بۇل حۋبەي

كۇسان ۋجۋ تەڭگەلەرى
شينجياڭنىڭ كۇشارىنان تابىلعان

ولكەسى يۇنمىڭ اۋدانىنان تابىلعان چين داۋىرىندەگى اعاش بىيكتىگى «كۇنناماداعى» «ەگىنگە دە، مالعا دا جايلى كۇن» دەگەنمەن ۇپ ـ ۇقساس. مۇندا تەك نيەلىكتەر ورتا جازىقتاعىلاردىڭ استىق داقىلدارىنىڭ ورنىنا «باقشا ٴجۇزىم وتىرعىزۋدى» قويعان.

ۆي، جين، وڭتۇستىك ـ سولتۇستىك

---

① قۋ استىرۋعا جاۋاپتى تاڭ چاڭرۋ: «تۇرپاننان تابىلعان جازبالار (سۋرەتتى نۇسقا)» 1 ـ كىتاپ، بەيجيڭ: مادەني مۇرا باسپاسى، 1992 ـ جىل، 98 ـ بەت.

② (سولتۇستىك چي) ۆي شوۋ: «ۋيناما. باتىس ٴوڭىر بايانى»، بەيجيڭ: جۇڭحۋا شۋجۇي باسپاسى، 1974 ـ جىل، 2265ـ، 2266 ـ، 2268 ـ بەتتەر.

③ ليۋ ۋىنسو: «شاحايداعى بايىرعى ورام، 12 مۇشەل بالگەرلىك جازبالارى»، بەيجيڭ: جۇڭحۋا شۋجۇي باسپاسى، 2007 ـ جىل، 338 ـ بەت.

پاتشالىقتار تۇسىندا شينجياڭ ٴوڭىرى ورتا جازىق وڭىرىمەن ەكونوميكا جانە مادەنيەت جاقتارىندا كەمدىگىن پارمەندى تۇردە تولىقتاپ، ٴوزارا پايدا جەتكىزەتىندەي ورگانيكالىق تۇلعا قالىپتاستىردى. مىسالى، كۇساندىقتار ورتا جازىق اقشاسىن ىستەتۋدىڭ سىرتىندا، كۇساندىقتار وزدەرى دە ٴپىشىنى دوڭگەلەك، ورتاسىندا شارشى تەسىگى بار كۇسانىنىڭ بەس جارماقتى تەڭگەسىن قۇيىپ شىقتى، تەڭگەنىڭ ول بەتى مەن سىرتقى بەتىنە نە كۇسانشا، نە حانزۋشا«ۋجۋ» دەپ، نەمەسە ەكى ٴتۇرلى جازۋ تەڭ تۇسىرىلگەن، سوندىقتان، حان ـ كۇسان تەڭگەلەرى دەپ اتالدى نەمەسە حان ـ كۇسان بەس جارماقتى تەڭگەلەرى دەپ اتالدى. مۇنداي تەڭگەلەردىڭ ٴپىشىنى مەن جاسالۋ تەحنيكاسى تەگى ورتا جازىقتان كەلگەن، ول كۇسان ٴوڭىرىنىڭ شارۋاشىلىعىنىڭ دامىعاندىعىن، سونىمەن بىرگە، شينجياڭ ٴوڭىرىنىڭ ورتا جازىق وڭىرىمەن بولعان ەكونوميكا، مادەنيەت جاعىنداعى اۋىس ـ كۇيىسى مەن ىرگەسى بولىنبەيتىن قارىم ـ قاتىناسىن اڭىس ەتەدى.

ەكونوميكا مەن ساۋدانىڭ وركەندەۋىنە، حالىقتار ارا بارىس ـ كەلىستىڭ جيىلەۋي تۇسۋىنە بايلانىستى شينجياڭ ٴوڭىرىنىڭ ورتا جازىق وڭىرىمەن بولعان اۋىس ـ كۇيىسى دە بارعان سايىن قويۋلاي ٴتۇستى، اسىرەسە، سولتۇستىك ۋي پاتشالىعى استاناسىن لوياڭعا كوشىرگەنىنەن كەيىن، شينجياڭ وڭىرىنەن كەلەتىن ساۋداگەرلەردىڭ، ونەرپازداردىڭ جانە بۋددا موناحتارىنىڭ كۇرت ارتۋىنا ساي، سولتۇستىك ۋي پاتشالىعى لوياڭدا ساۋداگەرلەردىڭ ساۋدا ىستەۋىنە ارناپ مۇيىلىدا ساۋدا ورنىن سالدىرعان، كحاروشتى جازۋىنداعى ٴبىر جازبادا «قازىر حان وڭىرىنەن كەلگەن ساۋداگەرلەر جوق،

تاريحي ماتەريالعا قايتا ٴۇڭىلۋ

باتىس رەيلەردەن باعىنىشتى بولىپ كەلگەندەر يانزى سارايىنا ورنالاستىرىلىپ، ساۋدا بازارىنان تۇرالعى ٴۇي بەرىلدى، كوكارتتىڭ باتىسىنان ۋرۇمگە دەيىنگى ارالىقتا سانسىزداعان ەل مەن قالالاردان بەرىلمەگەندەرى جوق، حۋ ساۋداگەرلەرى بولسىن، باسقا الىپساتارلار بولسىن تۇگەل كەلىپ جاتىر، توڭىرەكتىڭ ٴتورت بۇرىشىنان وسى اراعا اعىلۋدا. ال، تۇرارجاي الىپ، قونىستانعانداردا سان جوق. باعىنىپ كەلىپ جاتقان حالىقتىڭ سانى 10 مىڭ تۇتىنىنەن اسىپ كەتتى. كوشەلەر رەتتەلىپ، قاقپالار سىرلانعان، ۇيەڭكى اعاشتار جاپىراق جايىپ، تال ـ شىبىقتار ماۋلەپ وسكەن، دۇنيەدەگى جوق نارسەنىڭ ٴبارىن وسى ارادان تابۋعا بولادى.

ـــ «لوياڭ سانگاراما ەستەلىكتەرى» 3 ـ بۋما

جىبەك كەزدەمە قارىزىن انىقتاۋدىڭ قاجەتى جوق، حان وڭىرىنەن ساۋداگەرلەر كەلگەندە، جىبەك قارىزدارىن ٴسوزسىز انىقتاۋ كەرەك» دەلىنگەن.[1] نيەدەن تابىلعان جازبادا: «319 توعاناق شاعي ەڭگىزىلدى، بۇگىن 4326 توعاناق جىبەك شاعي ساتىلدى»[2] دەلىنگەن. مىنە، بۇل ۋي، جين پاتشالىقتارى كەزىندە، ورتا جازىق وڭىرىنەن باتىس وڭىرگە جونەلتىلگەن جىبەك توقىما بۇيىمداردىڭ توتەنشە مول ەكەندىگىن كورسەتەدى، ورتا ازياداعى ساۋداعا شەبەر سوعدىلار ورتا جازىقتىڭ جىبەك كەزدەمەلەرىن شينجياڭعا جەتكىزگەننەن سوڭ، بۇحارا ارقىلى ريم مەن گرەكيياعا اپارىپ ساتقان. ال، ريم مەن شىعىس ريم يمپەرياسىنىڭ ىنجۋلەرىن، اقىقتارىن، حرۋستالدارىن، اينەكەيلەرىن جانە جۇپار ٴيىستى بۇيىمدارىن شينجياڭ ٴوڭىرى ارقىلى ورتا جازىق وڭىرلەرىنە جەتكىزىلىپ، شىعىس پەن باتىستاعى حالىقتاردىڭ زاتتىق جانە مادەني تۇرمىسىن بايىتا ٴتۇستى.

بەسىنشى تاراۋشا كوپ ەگىزدى، ٴبىر تۇلعالى مادەنيەتتىڭ ٴوزارا اسەر ەتۋى جانە توعىسۋى

ۋي، جين، وڭتۇستىك ـ سولتۇستىك پاتشالىقتار تۇسىنداعى ۇلتتاردىڭ كەڭ كولەمدە قونىس ۋدارۋى، كوشىپ ـ قونۋى، ٴوزارا توعىسۋى تۇرلىشە ۇلتتاردىڭ جانە وڭىرلىك مادەنيەتتىڭ الماسۋىن، ٴبىرى ـ بىرىنە ىقپال جاساۋىن تەزدەتتى. سىرتتان كەلگەن ٴدىن بۋددا ٴدىنىنىڭ ەنۋىنە ساي، رۋجيا مادەنيەتى، داۋجيا مادەنيەتى بۋددا ٴدىنى مادەنيەتىمەن ٴوزارا اسەر ەتۋ بارىسىندا اۋىس ـ كۇيىس جاساپ، ٴبىرى ـ ٴبىرىن قابىلداپ، رۋجيا مادەنيەتىنىڭ مازمۇنىن مولايتتى. ورتا جازىق مادەنيەتى بۋددا ٴدىنى مادەنيەتى ۋاكىلدىك ەتكەن سىرتتان كەلگەن مادەنيەت پەن جۇڭگوداعى باسقا از ۇلتتار مادەنيەتىن قابىلداۋ نەگىزىندە، اناعۇرلىم جاريا، باۋىرمال تىڭ بەينە كورسەتتى. ٴبىرسىپىرا از ۇلتتار جانە ولار قۇرعان بيلىكتەر ورتا جازىقتىڭ ٴامىر ـ جارعىلارىن ۇلگى ەتىپ، وزدەرىنىڭ بۇرىنعى ادەت ـ عۇرىپتارىن وزگەرتىپ، رۋجيا ٴىلىمىن دارىپتەپ، رۋجيا كلاسسيكالىق شىعارمالارىن ۇيرەندى، ولاردىڭ قاعيدا ـ جوسىندارىنا بويسۇندى. رۋجيا كلاسسيكالىق شىعارمالارى شينجياڭ وڭىرىنە

① لين مەيسۇن: «شاحايداعى بايىرعى ورام. جۇڭگودان تابىلعان كحاروشتى جازبالارى (1)»، بەيجيڭ: مادەني مۇرا باسپاسى، 1988 ـ جىل، 50 ـ بەت.

② لين مەيسۇن: «كروران نيەدەن تابىلعان جازبالار»، بەيجيڭ: مادەني مۇرا باسپاسى، 1985 ـ جىل، 6 ـ بەت.

مولىنان ەنگىزىلىپ، رۋجيانىڭ «ٴولى بىرلىك» سىندى مەملەكەتتىك كوزقاراسى جەتەكشى يدەياعا اينالىپ، رۋجيا مادەنيەتى مەن باسقا دا ٴتۇرلى مادەنيەتتەر ٴوزارا اۋىسىپ، توعىسا كەلە كوركەم مادەنيەت كورىنىسىن قالىپتاستىردى.

ٴبىرىنشى، كوپ ٴتۇرلى مادەنيەتتىڭ توعىسۋى

ۋي، جين، وڭتۇستىك ـ سولتۇستىك پاتشالىقتار كەزىندە، جىبەك جولىنىڭ كەڭەيۋىنە ساي، شينجياڭ ٴوڭىرىنىڭ ورتا جازىق وڭىرىمەن بولعان بايلانىسى كۇشەيىپ، جۇڭگو ـ شەتەل ەلشىلەرى، ساۋداگەرلەر شىعىستان باتىسقا، باتىستان شىعىسقا ۇزدىكسىز سابىلىپ، شىعىس پەن باتىستىڭ مادەنيەتى وسى ارادا توعىستى، ٴبىر ـ بىرىنە اسەر ەتتى، جەرگىلىكتى حالىقتىڭ قابىلداۋى، جاڭعىرتۋى ارقىلى ورتا جازىق مادەنيەتى كوشباسى بولعان، تۇرلىشە مادەنيەتتەر ٴوزارا توعىسقان اۋقىم قالىپتاستى.

مۇنىڭ ىشىندە تيانشان تاۋىنىڭ شىعىسى مەن سولتۇستىك وڭىرىنە تاراعان ەگىنشىلىك مادەنيەتى ٴبىرشاما تيپتىك بولدى، شىعىستاعى گاۋچاڭ، پىشامشان وڭىرلەرىندە ورتا جازىق مادەنيەتى ۇزاق ۋاقىت جەتەكشى ورىندا تۇرىپ كەلدى، پىشامشانان تابىلعان جىبەك بۇيىمدار نەگىزىنەن ورتا جازىق وڭىرىنەن اكەلىنگەن بولىپ، توقۋ ونەرى مەن اسەمدىك ۇلگىسى ورتا جازىقتىكىنەن اۋمايدى، «شات ـ شادىمان»، «عۇمىرلى بول» دەپ جازىلعان شىرماۋىق بەدەرلى جىبەك جالاۋشا مەن «ماڭگىلىك باعىڭ جانسىن»، «عۇمىرلى بول، ۇرپاقتار يگىلىگىن كورسىن» دەگەن سياقتى جازۋ تۇسىرىلگەن جىبەك بۇيىمدار كروراننان تابىلدى. گاۋچاڭ شىعىس پەن باتىستىڭ ساۋداگەرلەرى قايشىلىسىپ كەلىپ ـ كەتىپ جاتاتىن جىبەك جولىنىڭ تورابىنا ورنالاسقاندىقتان، گۇلدەنگەن ساۋدا مادەنيەتى گاۋچاڭداعى ەل ـ جۇرتتىڭ كەي جاقتاعى ادەت ـ عۇرپىنا كۇشتى ىقپال جاسادى. مىسالى، تۇرپاننان تابىلعان «كور كومبەلىك كيىم ـ كەشەكتەر» دەگەن جازبانىڭ ىشىنەن توقتامعا كۋاشى بولعانداردىكى سەكىلدى «كۋالىك» شىقتى، مۇنىڭ ٴوزى گاۋچاڭداعى ساۋدا مادەنيەتىنىڭ ىقپالى قانشالىق كەڭ بولعاندىعىن بىلدىرەدى.

تيانشان تاۋىنىڭ وڭتۇستىگىندەگى جىبەك جولىنىڭ تۇيىنىنە ورنالاسقان كۇسان دا ورتا جازىق مادەنيەتى تەكتەس تۇرلىشە مادەنيەت قۇرامىن مەيلىنشە قابىلدادى. ۋي، جين، وڭتۇستىك ـ سولتۇستىك پاتشالىقتار كەزەڭىندە، بۇل ارادا بۇددا ٴدىنى مادەنيەتىن وزەك ەتكەن، ونى جەرگىلىكتى مادەنيەت داستۇرىمەن ۇشتاستىرعان كۇسان مادەنيەتى قالىپتاستى.

قاناتتى ٴتاڭىر ەلشىسىنىڭ قابىرعا سۋرەتى

شينجياڭ چارقىلىق اۋدانى ميران بۋددا عيباداتحاناسىنان تابىلعان، گاندحارالىقتاردىڭ سۋرەت سىزۋ ۇلگىسى ٴبىلىنىپ تۇر، بۇل جوڭحۋا مادەنيەتىنىڭ قابىلداعىشتىق كەڭ قولتىقتىعىن اڭعارتادى.

وزىندىك بوگەنايىمەن دارالانىپ تۇراتىن بۋددا تاس ۇڭگىرى ونەرى ەرەكشە ىقپال كورسەتكەندىكتەن، كۇسان تاس ۇڭگىرى قۇرىلىسى مەن قابىرعا سۋرەتتەردىڭ ۇلگىسى سياقتىلاردا ورتا جازىق مادەنيەتىنىڭ ىقپالىنا ۇشىراعاندىعى تايعا تاڭبا باسقانداي ـ اق مەنمۇندالاپ تۇر. باتىس پەن شىعىستىڭ جىبەك جولى ساۋداسىنىڭ دامۋى مەن قىرۋار ورتا جازىق موناحتارى جوسىن قۋىپ ارالاي عيبادات ەتۋ ٴۇشىن باتىسقا ساپار شەكتى، ورتا جازىق مادەنيەتى ۇدۇن سياقتى تارىم ويپاتىنىڭ وڭتۇستىگىندەگى وڭىرلەرگە دەيىن جەتتى. ۇدۇن مادەنيەتى مەن كۇسان مادەنيەتى ورتا جازىق مادەنيەتىمەن بايلانىسى قويۋ ٴارى بىرىمەن ـ ٴبىرى تامىرلاس، تىنىستاس بولدى.

كوشپەلىلەر مادەنيەتى تيانشان تاۋىنىڭ سولتۇستىگىنە شوعىرلاندى، تيانشان تاۋىنىڭ سولتۇستىك دالاسىن بۇرىن ـ سوڭدى ابدال، يۇپان، قاڭعا جانە رووران سياقتى كوشپەلى ۇلتتار مەكەندەگەن بولسا دا، ورتا جازىقتىڭ ىقپالىنا نەمقۇرايدى قاراۋعا كەلمەيدى. ماسەلەن، رووراندار بۇرىن «بولعان ٴىستى اعاش كەرتىپ ەستە ساقتايتىن، ساۋاتسىز ەدى»،[1] ورتا جازىقپەن اراداعى بارىس ـ كەلىس جيىلەگەننەن كەيىن، ولار دا حانزۋ جازۋىن قولداناتىن بولدى، 466 ـ جىلى رووران قاعانى يۇيچىڭ ٴوز جىلناماسىن حان پاتشالىعى تۇزىمىنە ەلىكتەپ يۇڭكاڭ جىلناماسى دەپ اتاعان.

ۋي، جين، وڭتۇستىك ـ سولتۇستىك پاتشالىقتار تۇسىندا، باتىس پەن شىعىستىڭ تۇرلىشە مادەنيەتىنىڭ شينجياڭ وڭىرىندە ۇشىراسقانىنىڭ، توعىسقانىنىڭ ايقىن بەينەسى گاندحارا اسەمونەرىن قابىلداعانى بولدى، ەرتە زامانداعى گاندحارالىقتار بايىرعى گرەكتىڭ، ريمنىڭ اسەمونەرىن ينديانىڭ بۋددا مادەنيەتىمەن ۇشتاستىرىپ، ورتا ازيا وركەنيەتى تاريحىندا

① (وڭتۇستىك پاتشالىقتار . لياڭ) شياۋ زىشيان: «وڭتۇستىك چيناما. رۇي رۇيلۋ حۋاڭحى وزەنىنىڭ وڭتۇستىگى. دي ـ چياڭ باياني» بەيجيڭ: جوڭحۋا شۋجۋي باسپاسى، 1972 ـ جىل، 1023 ـ بەت.

ٴساندى دە ساۋلەتتى گاندحارا اسەمونەر ستيلىن جاراتتى. بۇددا ٴدىنىنىڭ يندىيادان، ورتا ازيادان ەنۋىنە بايلانىستى، گاندحارا بۇددا اسەمونەرى كۇسانعا بىرگە كىردى. ال، كۇسان تاس ۇڭگىرى قۇرىلىسىنىڭ تۇبەلەرى دوعاشا كەلگەن كۇمبەز ٴتارىزدى ٴپىشىنى، سونداي-اق قابىرعا سۋرەتتەردەگى جارىسپالى قوس سىزىق ارقىلى كەيىپكەرلەردىڭ كيىم-كەشەگىنىڭ بىرىس-ىرىستارىنا دەيىن ادەمىلەپ كەلتىرىلۋى بايىرعى پارسى مادەنيەتىنىڭ ىقپالىنا ۇشىراعاندىعىنىڭ ناتيجەسى بولىپ تابىلادى. ٴار ۇلت حالقى باسقا-باسقا مادەنيەتتى جاڭعىرتۋ جانە قابىلداۋ جولىمەن ونى شينجياڭ ٴوڭىرى مادەنيەتىنىڭ ورگانيكالى قۇرامداس بولىگىنە اينالدىرىپ، جۇڭحۋا مادەنيەتىنىڭ قازىناسىن بايىتا ٴتۇستى.

ەكىنشى، رۇجيا يدەياسىنىڭ جەتەكشى ورىنعا شىعۋى

ۋي، جين، وڭتۇستىك-سولتۇستىك پاتشالىقتار كەزەڭىندە، ورتا جازىقتاعى بيلىكتەردىڭ شينجياڭ ٴوڭىرىن باسقارۋ تەتىگىنىڭ كۇشەيۋىنە بايلانىستى، شينجياڭ ٴوڭىرىنىڭ ورتا جازىق وڭىرىمەن بارىس-كەلىسى كۇن سايىن جيىلەي ٴتۇسىپ، كوپتەگەن حانزۋلار شينجياڭ وڭىرىنە كەلىپ، ورتا جازىق مادەنيەتىنىڭ شينجياڭ وڭىرىنە تارالۋىن تەزدەتتى.

رۇجيا مادەنيەت يدەياسى شينجياڭدا كەڭ كولەمدە تارالدى، ىقپالى دا كۇشتى بولدى. سول كەزدەردە حانزۋ ٴتىلى گاۋچاڭ ەلىندە باسىم ورىندى يەلەپ، ەل ىشىندە بەس دەستىر، عۇلامالار جيناعى، بۇرىنعى پاتشالار تاريحى سياقتى حانزۋ تىلىندەگى كلاسسيك شىعارمالار تارالدى. ايتالىق، پىشامشانىنان «ٴۇش پاتشالىق شەجىرەسىنىڭ» «ۋي فانىنىڭ بايانى» جانە «جاڭ ۋىن بايانىنىڭ» فراگمەنتى تابىلدى. ال، تۇرپاننان گاۋچاڭ ەلى تۇسىندا وقىتۋعا پايدالانعان بايىرعى كلاسسيكالىق شىعارمالاردان «ماۋ چاڭ-ماۋ حىڭ ولەڭدەرى»، «اقىليا»، «وپاناما»، «وپاناماعا تۇسىنىك»، «حاناما»، «ٴۇش پاتشالىق شەجىرەلەرى»، «جينياڭ كۇزى»، «قۇرمەتتى اتاق بەرۋ سالتى»، «اسىعىس جازىلعان شىعارماعا تۇسىنىك»، «ٴتىلاشار» سياقتى كىتاپتاردىڭ قولجازباسىنىڭ قالدىقتارى شىقتى. مىنە، بۇل شينجياڭ وڭىرىندەگى ٴار

كۇڭزىنىڭ سۋرەتى

ۇلت حالقىنىڭ ورتا جازىق مادەنيەتىن بەلسەنە ۇيرەنگەن جانە ودان ٴتالىم العاندىعىن بەينەلەيدى. ورتا جازىق مادەنيەتىن ۇيرەنۋ ارقىلى «ۇلى بىرلىك» يدەياسى شىنجياڭ وڭىرىندە جۇرت جۇرەگىنە ۇيالاي ٴتۇستى.

رۋجيا مادەنيەتىن جالپىلاستىرۋ ٴۇشىن، گاۋچاڭ ەلىنىڭ چۋي اۋلەتى جۇڭگونىڭ ەرتە زامانعى ۇكىمەت باسقارۋىنداعى مەكتەپ اشۋ تۇزىمىنە مۇراگەرلىك ەتتى. چين، حان پاتشالىقتارىنان بەرى ۇكىمەت باسقارۋىنداعى مەكتەپتەردەن جوعارى وقۋ جۇرتى، بەكزاتتىق ٴبىلىم ورداسى قاتارلىلار قۇرىلىپ، وقۋ ىستەرىن باسقاراتىن ٴمانساپتىلار مەن وقىتۋشىلاردى باسقاراتىن ٴمانساپتى قويىلىپ، مەكتەپ باسقارۋشى نەمەسە وقىتۋدى باسقارۋشى دەپ اتادى. ولار تاساتتىق شارابىن باسقارۋشى، وقىمىستى، كومەكشى وقىتۋشى دەگەندەرگە ٴبولىندى. گاۋچاڭدا دا وسىعان ۇقساس ٴتۇزىم بولدى. «جوۋناما. گاۋچاڭ بايانيندا» جازىلۋىنشا گاۋچاڭدا «ٴمانساپتىلاردىڭ شاكىرتتەرى وقىتۋشى رەتىندە پايدالاندى»، وقۋشىلاردىڭ كوبى اقسۇيەكتەردىڭ بالالارى، ولار رۋجيا كلاسسيكالىق شىعارمالارىن وقيدى. 6 ـ عاسىردىڭ باسىندا، گاۋچاڭ بەگى چۋي جيا سولتۇستىك ۋي پاتشالىعىنا ەلشى جىبەرىپ: «بەس دەستىر مەن پاتشالىقتار تاريحىن سۇراتادى ٴارى بەكزاتتىق ٴبىلىم ورداسىنىڭ كومەكشى ۇستازى ليۋ بياندى باقشى ەتىپ تاعايىندادى»①. مىنە، بۇدان گاۋچاڭنىڭ رۋجيا

ٴبىلىم سىلتەمەسى

«وپاناما» جۇڭگونىڭ ەرتە زامانىنداعى رۋجيانىڭ ەتيكالىق شىعارماسى، رۋجيانىڭ 13 كىتابىنىڭ ٴبىرى. چيڭ پاتشالىعى تۇسىنداعى جي يۇن اتتى وقىمىستى «ٴتورت قازىنالى تولىق جيناق مازمۇندارى» دەگەن شىعارماسىندا: بۇل كىتاپ كۇڭزىنىڭ «70 شاكىرتىنىڭ وسيەتى»، چين ـ حان پاتشالىقتارى تۇسىندا جازىلعان دەپ اتاپ كورسەتتى. باتىس حان پاتشالىعىنان تارتىپ، ۋي، جين، وڭتۇستىك ـ سولتۇستىك پاتشالىقتار كەزىنە دەيىن بۇل كىتاپقا جۇزدەن استام وقىمىستى تۇسىنىك جازدى، وندا وپالىلىق وزەك ەتىلىپ، وپالىلىق ــ ٴتاڭىر جاراتقان قاعيدا دەپ تۇراقتاندىرىلدى، «وپالى بولۋ ــ بۇلجىماس جوسىن، ساۋاپتى ٴىس، ول جاي بۇقارانىڭ دا ٴىس ـ ارەكەتىنە اينالۋى شارت» دەۋى رۋجيا ەتيكالىق يدەياسىن ٴبىرشاما شوعىرلى تۇردە بايىمدادى

① (سولتۇستىك چي) ۋي شوۋ: «ۋيناما. گاۋچاڭ باياني»، بەيجيڭ: جۇڭحۋا شۋجۇي باسپاسى، 1974 ـ جىل، 2245 ـ بەت.

ٴىلىمىن قۇرمەتتەيتىندىگىن جانە ۇكىمەتتىڭ اعارتۋعا ٴمان بەرگەندىگىن كورۋگە بولادى. چۋي اۋلەتىنىڭ بەك ورداسىنىڭ تورىندە «لۋ ايگۇڭنىڭ كۇڭزىدان الەۋمەتتىك ىستەردى باسقارۋ تۋرالى اقىل سۇراپ وتىرعان سۋرەتى» ىلىنگەن. مىنە، بۇل بيلەۋشىلەردىڭ ەڭ قۇرمەتتەيتىنى كۇڭزى ەكەندىگىن، رۋجيالاردىڭ اۋليە - وقىمىستىلارعا تابىنۋ سالتىنا بويسۇناتىندىعىن تۇسىندىرەدى.

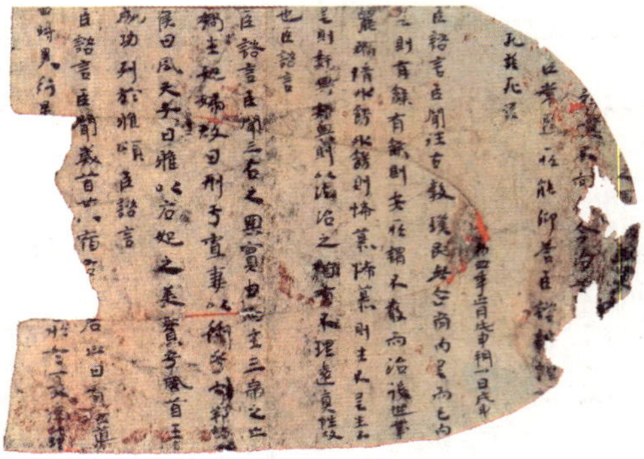

وقىمىستىلار كىتابى

شينجياڭنىڭ تۇرپانىنداعى استانا مولاسىنان تابىلعان، باتىس لياڭ كەزىندەگى جازبا

گاۋچاڭ وڭىرىندە ٴوزىن تاربيەلەۋ، وتباسى، مەملەكەتتى جاقسى باسقارىپ، الەمدى تىنىشتاندىرۋ سىندى رۋجيا يدەياسى كەڭ كولەمدە تارالعان. «كەيبىرەۋلەر ادام ولگەندە كوركومبە ٴۇشىن «وپانامانى» سالعان، تۇرپان استاناسىنداعى 313 - مولادان شىققان جازبا «يشيدىڭ العاشقى جىلى (510) قويان جىلى كوشىرىلگەن ‹وپاناماعا تۇسىنىكتەردىڭ› تامتىق نۇسقاسى» مۇنىڭ ايعاعى، مۇنداي وپانامانى كور كومبەگە قويۋ سالتى دا ورتا جازىقتان تارالعان»[1]. قاراقۇجىداعى 91 - مولادان باتىس لياڭ حاندىعى جيانچۋدىڭ 4 - جىلى (408) «وقىمىستىلار كىتابىنىڭ» شىعۋى، رۋجيا يدەياسىنىڭ گاۋچاڭ وڭىرىندە ىقپالى كۇشتى بولعاندىعىن بەينەلەيدى.

ۋي، جين، وڭتۇستىك - سولتۇستىك پاتشالىقتار كەزىندە ايماق - اۋدان ٴتۇزىمى شينجياڭ وڭىرىندە اتقارىلدى، ونىڭ لاۋازىم قۇرىلىمى نەگىزىنەن باتىس، شىعىس حان پاتشالىعى جانە جين پاتشالىعىنىڭ ٴتۇزىمىن جالعاستىردى، ورتا جازىقتاعى ايماق - اۋدان تۇزىمىمەن ۇزىن - ىرعاسى قارايلاس كەلدى، بيلىكتىڭ قۇجاتتىق تۇزىمدەرى ٴبىر جاعىنان حاندىق بيلىكتىڭ مەملەكەتتىڭ ساياسي تۇرمىسىنداعى ورنىن بەينەلەسە، ەندى ٴبىر جاعىنان بيۋروكراتتىق تۇزىمدەگى قۇرىلىمداردىڭ ٴوزارا قاتىناسىن بەينەلەيدى. تۇرپاننان تابىلعان گاۋچاڭ جەرگىلىكتى بيلىك كەزەڭىندەگى قىرۋار قۇجاتتار ىشىنەن ٴارى گاۋچاڭ

① قۇراستىرۋعا جاۋاپتى تاڭ چاڭرۋ: «تۇرپاننان تابىلعان جازبالار (سۋرەتتى نۇسقا)» 1 - كىتاپ، بەيجيڭ: مادەني مۇرا باسپاسى، 1992 - جىل، 290 - بەت.

بەكتەرىنىڭ تومەنگە تۇسىرگەن اكىمشىلىك قۇجاتتارى، ءارى اكىمشىلىك قۇرىلىمدارىنىڭ گاۋچاڭ ءدىلىنە جولداعان ءداتتامالارى شىقتى. مىنە، بۇل گاۋچاڭ بيلىگىندە ورتا جازىقتان كەلگەن كەمەلدى بيلىك قۇجات ءتۇزىمى بولعاندىعىن اڭعارتادى.

حانزۋ ءتىلىن قولدانۋ سول كەزدە جالپى بەتتىك قۇبىلىسقا اينالعان. شينجياڭ وڭىرىندە ۇلت كوپ، ولاردىڭ ءتىلى دە ءار ءتۇرلى بولعان. ونىڭ باستىلارى كحاروشتى ءتىلى، ۇدۇن ءتىلى، اگني ـ كۇسان ءتىلى، «مۇندا حۋلاردىڭ ءتىلى بۇلاردان بولەك»[1] بولىپ، بۇل ۇلتتاردىڭ ءوزارا بايلانىس جاساۋىنا كەدەرگى بولدى. باتىس وڭىردە ۇكىمەت ىستەرىندە جانە ەل اراسىندا حات ـ قاتىناس نەگىزىنەن حانزۋ تىلىندە ءجۇرىلدى، بۇل حانزۋ ءتىلى مەن جازۋىنىڭ بارلىق ۇلتتىڭ ورتاق تالعامىنا اينالعان قارىم ـ قاتىناس قۇرالى بولعانىن تۇسىندىرەدى. نيە كونە جۇرتىنان تابىلعان حانزۋشا جازۋى بار تاقتايشا، كروران كونە جۇرتىنان تابىلعان «جانگو شارعىلارى، چۋ شارعىلارى» كوشىرمەسى، پىشامشان وڭىرىنەن بايقالعان جين داۋىرىندەگى «ءۇش پاتشالىق شەجىرەسىنىڭ» كوشىرمەسى، مىنە، وسىلاردىڭ بارلىعى سول جەردەگى تۇرعىنداردىڭ حانزۋ تىلىندەگى كلاسسيك شىعارمالاردى وقىپ، قولدانعاندىعىنىڭ ايقىن كۋاسى. «گاۋچاڭدىقتاردىڭ جازۋى حۋاشيالاردىكىمەن ۇقساس كەلەدى»[2]. «ءتىلى جۇڭگولىقتارمەن ۇقساستاۋ كەلەدى، ولاردا بەس دەستىر، بۇرىنعى

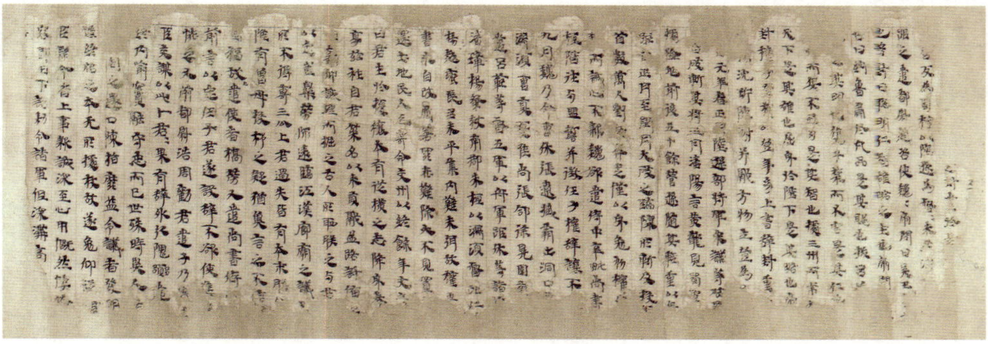

«ءۇش پاتشالىق شەجىرەسى. ۋناما. سۇن چۋان بايانىنىڭ» فراگمەنتى

شينجياڭنىڭ تۇرپاننان تابىلعان، جين داۋىرىندە جازىلعان نۇسقا

① (جين) فاشيان شىعارماسى، جاڭ ي تىنىس بەلگىسىن قويىپ، تۇسىندىرگەن: «فا شيان بايانىنا» تىنىس بەلگىسىن قويىپ، تۇسىندىرگەن: بەيجيڭ: جۇڭحۋا شۋجۇي باسپاسى، 2008 ـ جىل، 7 ـ بەت.

② (تاڭ) لي يىڭشوۋ: «سولتۇستىك اۋلەت تاريحى. باتىس ءوڭىر بايانى» . بەيجيڭ: جۇڭحۋا شۋجۇي باسپاسى، 1974 ـ جىل، 3215 ـ بەت.

پاتشالىقتار تاريحى، عۇلامالار جيناعى سياقتى كىتاپتار ساقتالعان»[1] .چۋي اۋلەتىنىڭ گاۋچاڭ زامانىندا، «چۋي بيلىك جاساعان عيباداتحانا ەسكەرتكىشى» حانزۋشا جازىلعان، جيىنى 2400 دەن ارتىق ارىپتەن تۇرادى، حانزۋ تىلىنەن شالا ساۋات گاۋچاڭدىق حۋ ۇلىسىنان شىققان موناح تا «حانزۋ ٴتىلىن وزىنشە ۇيرەنىپ العان». گاۋچاڭ مەن لوپنۇردى بىلاي قويعاندا، باسقا وڭىرلەر دە حانزۋ ٴتىلىن كەڭىنەن قولدانعان، كروران كونە جۇرتىنان ارحەولوگيالىق تەكسەرۋ بارىسىندا تابىلعان تاقتايشاعا جانە قاعازعا جازىلعان قۇجاتتار تەگىس 252 ـــ 330 ـ جىلدار ارالىعىنا ٴتان. لوپنۇرداعى حايتوۋ قامالىنىڭ ەسكى جۇرتىنان تابىلعان لي بونىڭ حاتى حانزۋ تىلىندە جازىلعان، وندا الدىڭعى لياڭنىڭ باتىس ٴوڭىردى تەكسەرۋ احۋالىن مالىمدەيدى ٴارى سالەم حات جازىپ، لياڭ ەلىنە تىزە بۇككەن اگني بەگىمەن قولما ـ قول تىلدەسەتىندىگى ايتىلادى[2]. بۇل اگني بيلەۋشى جىكتەرىنىڭ دە حانزۋ جازۋىن جالپى بەتتىك قولداناتىندىعىنان دەرەك بەرەدى. حان پاتشالىعى مەن كۇسان ەلىنىڭ تەڭگەلەرىندەگى قۇيما جازۋلار حانزۋ جانە كۇسان جازۋىمەن تۇسىرىلگەن، بۇل حانزۋ جازۋىنىڭ كۇسان وڭىرىندە تارالعاندىعىن تۇسىندىرەدى. 518 ـ جىلى سولتۇستىك ۋي پاتشالىعىنان سۇڭ يۇن، حۇي شىڭ سياقتى ەلشىلەر باتىس وڭىرگە بارادى، ولار حانمو شاھارىنا (قازىرگى نيە اۋدانى) جەتكەندە، بۇل ارادان مىڭداعان بۇددا مۇسىندەرى مەن مۇنارالارىن كورەدى، ٴىلىپ تاستاعان بوياۋلى جالاۋ كوزدىڭ جاۋىن الادى، مۇنىڭ دەنى ۋي پاتشالىعىنىڭ جالاۋلارى بولۋى حاق، سالبىراما جالاۋداعى ليشۋ جازۋىنىڭ كوبى دويۇن تايحىنىڭ 19 ـ جىلى، جيڭمينىڭ 2 ـ جىلى جانە يانچاڭنىڭ 2 ـ جىلى دەپ جازىلعان. تەك، ٴبىر عانا سالبىراما جالاۋداعى بەلگى ياۋ شيڭ ٴداۋىرىنىڭ جالاۋى دەلىنگەن[3]. مۇنداعى تايحىنىڭ 19 ـ جىلى (495)، جيڭميڭنىڭ 2 ـ جىلى (501)، يانچاڭنىڭ 2 ـ جىلى (513). بۇلاردىڭ ٴبارى سولتۇستىك ۋي پاتشالىعىنىڭ جىلناما ەسىمى. ال، ياۋ شيڭ (394 ـــ 416 ـ جىلدارى تاحتا وتىرعان)، 16 ەل كەزىندەگى سوڭعى چين ەلىنىڭ بەگى.

① (تاڭ) ياۋ سىليان: «لياڭناما. باتىس سولتۇستىك نۇمدار بايانى» . بەيجيڭ: جۇڭحۋا شۋجۋي باسپاسى، 1973 ـ جىل، 811 ـ بەت.

② حوۋ سان: «كروران زەرتتەۋ ماقالالارى جيناعى»، ٴۇرىمجى: شينجياڭ حالىق باسپاسى، 1990 ـ جىل، 284 ـ بەت.

③ (سولتۇستىك ۋي) ياڭ شۋانجى جازعان، جوۋ زۋمو تۇسىنىكتەمەسى: «لوياڭ سانگاراما جازبالارىنا تۇسىنىك»، بەيجيڭ: جۇڭحۋا شۋجۋي باسپاسى، 2010 ـ جىل، 2 ـ باسىلىمى، 173 ـ بەت.

وسى مەزگىلدە، حانزۋ ٴتىلى باتىس وڭىردەگى ورتاق ٴتىل رەتىندە كەڭىنەن تارالعان، جەرگىلىكتى حالىقتار ورتاق تىلمەن بىرگە «حۋ جازۋىن دا قوسىمشا قولدانعان»①، مىنە، بۇل ۇلتتاردىڭ ۇزاق ۋاقىت بىرگە جاساپ، ٴبىر ـ ٴبىرى شىنايى مويىنداعاندىعىن، قۇدىرەتتى بىرىكتىرگىش كۇش تۋدىرىپ، كوپ نەگىزدى، ٴبىر تۇلعا مادەنيەتتىڭ قالىپتاسۋى جانە دامۋىن ورتاق ىلگەرىلەتە تۇسكەندىگىن تۇسىندىرەدى.

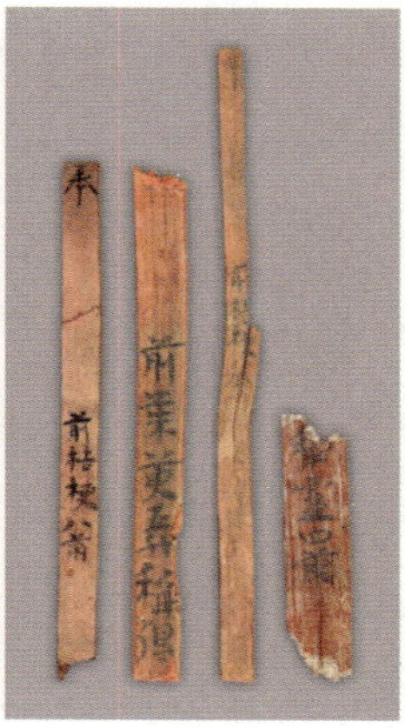

حانزۋ ارپىندە جازىلعان رەتسەپ تاقتايشاسىنىڭ قالدىق سىنىعى
شينجياڭ چارقىلىق اۋدانى كروران جۇرتىنان تابىلعان

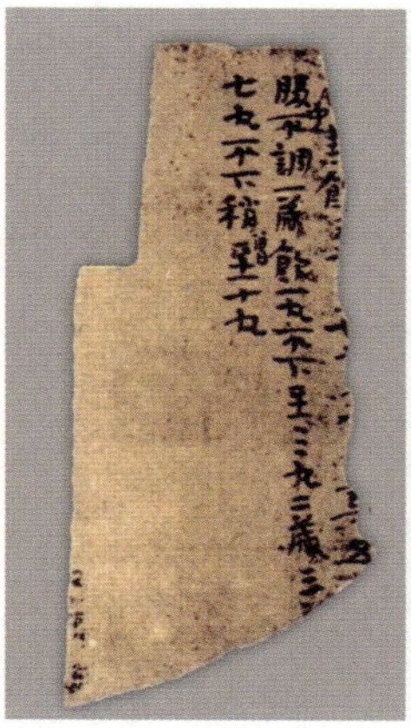

«دومالاق ٴدارى رەتسەبى» تاقتايشاسىنىڭ سىنىعى
شينجياڭ چارقىلىق اۋدانى كروران جۇرتىنان تابىلعان

حانزۋ ٴتىلىنىڭ كەڭ كولەمدە تارالۋى ورتا جازىق وڭىرىندەگى شيپاگەرلىك ونەرىنىڭ شينجياڭعا كەلۋىنە شارت ـ جاعداي تۋدىردى. جازبا دەرەكتەردە شينجياڭ وڭىرىندەگى جەرگىلىكتى ەمكوستەردى «حۋ ەمكوسى»② دەپ اتاعان، جەرگىلىكتى تۇرعىندار ٴشوپ دارىمەن قان تياتىن بولعان.③ حان پاتشالىعى باتىس ٴوڭىردى بىرلىككە كەلتىرگەننەن كەيىن، ورتا جازىق ٴوڭىرىنىڭ ەمشىلىك ونەرى شينجياڭعا تارالا باستادى، مىسالى، باتىس حان پاتشالىعى تۇسىندا پاتشا ٴدارى ـ دارمەگىمەن ەمشى جىبەرىپ، ٴۇيسىن حانىنىڭ جاراقاتىن ەمدەتكەن④. ۋي، جين وڭتۇستىك ـ سولتۇستىك پاتشالىقتار تۇسىندا، ورتا جازىقتىڭ ەمشىلىك ونەرىنىڭ شينجياڭ وڭىرىنە ىقپالى بارعان سايىن كۇشەيە تۇسكەن. كروران كونە جۇرتىنان تابىلعان

① (تاڭ) لي تيڭشوۋ: «سولتۇستىك اۋلەت تاريحى. گاۋچاڭ بايانى» . بەيجيڭ: جۇڭحۋا شۇجۇي باسپاسى، 1974 ـ جىل، 3215 ـ بەت.

② (وڭتۇستىك پاتشالىقتار . سۇڭ) فان يە: «سوڭعى حانناما. باتىس ٴوڭىر بايانى»، بەيجيڭ: جۇڭحۋا شۇجۇي باسپاسى، 1965 ـ جىل، 2916 ـ بەت.

③ (سولتۇستىك چي) ۋي شوۋ: «ۋيناما. باتىس ٴوڭىر بايانى»، بەيجيڭ: جۇڭحۋا شۇجۇي باسپاسى، 1974 ـ جىل، 2269 ـ بەت.

④ (حان) بان گۋ: «حانناما. باتىس ٴوڭىر بايانى»، بەيجيڭ: جۇڭحۋا شۇجۇي باسپاسى، 1962 ـ جىل، 3906 ـ بەت.

باتىس ۇڭىر جاڭىشىسى ورنالاسقان جەردەگى قاعازعا جازىلعان «دومالاق ٴدارى رەتسەبىنىڭ» قالدىعىندا «ٴىش قاتسا ٴبىر جاستاعى بالاعا ٴبىر تال ىشكىزۋ كەرەك، ٴىش جۇرمەسە، ٴۇش تالعا دەيىن ىشكىزسە بولادى» دەلىنگەن، بۇل شىعىس حان پاتشالىعىنىڭ سوڭعى جىلدارىنداعى جاڭ جۇڭجيڭنىڭ «سۇزەك تۋرالى سىندا» جازىلعان «دومالاق ٴدارىنى قالاي ٴىشۋ جونىندەگىسىندەگى» دومالاق ٴدارىنىڭ سيپاتىمەن قارايلاس كەلەدى. تاعى وسى جەردەن تابىلعان تاقتايشاداعى حانزۋشا رەتسەپ تامتىعىندا «قوڭىراۋ باس گۇلدەن سەگىز ٴسارى»، «دارىلىك قىزىل تالدان بەس ۋىس ولشەنسىن» دەلىنگەن،[1] مىنە، بۇل سول كەزدەگى ورتا جازىق ەمشىلىگىنىڭ شينجياڭ وڭىرىنە ۇلكەن ىقپال جاساعانىن بىلدىرەدى.

ٴۇشىنشى، ورتا جازىق مادەنيەتى مەن شينجياڭ ٴوڭىرى مادەنيەتىنىڭ توعىسۋى

ۋي، جين، وڭتۇستىك - سولتۇستىك پاتشالىقتارى كەزىندە، شينجياڭ مادەنيەتى مەن ورتا جازىق مادەنيەتى قوعامدىق وندىرىستەن الەۋمەتتىك ٴومىردىڭ بارلىق جاقتارىنا دەيىن ٴبىرى - بىرىنە ىقپال جاساپ، مادەنيەتتىڭ توعىسۋىن ىلگەرىلەتىپ، جۇڭحۋا مادەنيەتىن انىعۇرلىم بايىتا ٴتۇستى. سول تۇستا شينجياڭعا كەڭ تارالعان كۇسان، شۋرەك، ۇدۇن، گاۋچاڭ سازدارى ورتا جازىقتا زور ىقپال تۋدىرعان. 16 ەل تۇسىندا، الدىڭعى چيننىڭ اعا جياڭجۇنى لۇي گۋاڭ قول باستاپ، كۇسانعا جورىق جاسادى، ول قايتىپ شىعىسقا ورالعاندا كۇساندىقتاردىڭ مۋزيكاسى ونىمەن بىرگە حىشيعا جەتىپ، سودان بەرى باتىس لياڭ، سولتۇستىك لياڭ وڭىرىنە تاراپ، ۇزىلمەي جالعاسادى، سولتۇستىك ۋي پاتشالىعى ورتا جازىقتى بىرلىككە كەلتىرگەننەن كەيىن، كۇسان سازى ورتا جازىققا كەڭىنەن تارالىپ، ول اراداعى مۋزيكا مەن بيگە كۇشتى ىقپال جاسايدى، سولتۇستىك جوۋ پاتشالىعىنىڭ ۋ دي پاتشاسى كەزىندە، كۇساندىقتاردىڭ مۋزيكا ابىزى سۋ جىپو 568 - جىلى چاڭ - انعا بارىپ، كۇساندىقتاردىڭ «بەس اۋەن، جەتى ىرعاق» سىندى ساز

سولتۇستىك چيدىڭ سارى سىرلى سوپاق فارفور ىدىسى

حىنانىڭ ان - ياڭ دەگەن جەرىنەن تابىلعان

---

① ۋاڭ شيڭي، دۋان يشاندار قۇراستىرعان: «شينجياڭنان تابىلعان ەمشىلىككە سايات جازبالارعا تۇسىنىك»، شاڭحاي: شاڭحاي عىلىم - تەحنيكا باسپاسى، 2016 - جىل، 188 -، 189 -، 292-، 293 - بەتتەر.

ٴبىلىم سىلتەمەسى

بەس اۋەن، جەتى ىرعاق بايىرعى كۇساندىقتار سازىنىڭ وردا مۋزيكا جۇيەسىنە جاتاتىن ٴبىر ٴتۇرى. «سۋيناما. مۋزيكا شەجىرەسىندە» «سۋ جىپپونىنىڭ اكەسى باتىس وڭىردە جاساعان ايگىلى مۋزيكانت اتانعان كىسى، ونىڭ اتا ـ باباسىنان جالعاسقان جەتى ىرعاقتى مۋزيكاسى بار» دەلىنگەن. بەس اۋەن، جەتى ىرعاق دەگەنى تەڭشەۋگە بولاتىن بەس ٴتۇرلى جوعارى اۋەن، ونىڭ ٴارقايسىسى سايكەستى جەتى بۋىننان قۇرالادى، وسىلايشا تەڭشەگەندە ٴار اۋەندە جەتى بۋىننان، بەس اۋەندە 35 بۋىن كەلتىرىلەدى. سۋي ـ تاڭ پاتشالىعى يانيۋە 28 ىرعاعىنا بەس اۋەن، جەتى ىرعاق سىندى كۇساندىقتار مۋزيكاسىنىڭ ەرتەدەگى ٴان اۋەنىن قابىلداعان.

نازارياسىن تۇڭعىش رەت ورتا جازىق سازگەرلەرىنە ۇيرەتەدى. «بەس اۋەن، جەتى ىرعاق» نازارياسىنىڭ تۇراقتانۋى مەن قولدانىلۋى ورتا جازىق مۋزيكاسىنىڭ ىرعاعىن بايىتا تۇسەدى.

حىنان ولكەسى ان ـ ياڭ قالاسىنان قازىپ الىنعان، سولتۇستىك چي پاتشالىعى تۇسىنداعى سارى سىرلى سوپاق فارفور ىدىسقا بيلەپ تۇرعان حۋ ادامىنىڭ سۋرەتى تۇسىرىلگەن، سۋرەتتە حۋشا كيىنگەن ەر ادام ولڭ قولىن باسىنان اسىرىپ، سول قولىن ارقاسىنا جەتكىزىپ ىرشىپ بيگە باسادى، ونەر ادامدارى نە پيپا شەرتىپ، سىبىزعى تارتىپ، نە شاپالاق سوعىپ، ساۋساق سىرتىلداتىپ، بيشىلەردى انمەن، كۇيمەن سۇيەمەلدەيدى، حانزۋلار مەن حۋلاردىڭ وسىنداي بىرگە بيگە باسىپ، مۋزيكا شەرتكەن كورىنىسى شينجياڭ ٴوڭىرى مەن ورتا جازىق ٴوڭىرى اراسىندا مۋزيكا مەن ٴبيدىڭ تارالىپ، ٴوزارا اۋىسىپ، توعىسا تۇسكەنىن جاندى تۇردە بەينەلەپ بەرەدى.

قىزىل مىڭ ٴۇيى قابىرعا سۋرەتى

شينجياڭ باي اۋدانىندا

بۋددا ٴدىنى تاس ۇڭگىرىندەگى سۋرەتتەرگە كەلسەك، شينجياڭ وڭىرىندەگى ٴار ۇلت حالقى، باتىس پەن شىعىستىڭ سۋرەتشىلىك ونەرىن ۇيرەنىپ، كوزدىڭ جاۋىن الاتىن

قۇرىلىس سۋرەتى ونەرىن جاراتقان. شينجياڭ ٴپىشان اۋدانى تۋيۇق قابىرعا سۋرەتىندەگى ادامدارىدىڭ كەسكىنى تولىق سومدالىپ، جولاقتارىن قىل قالامەن ارلەندىرگەن، مۇنداي مۇسىندەلگەن ادام وبرازى ايناقاتەسىز شىن ادامنىڭ وزىندەي، ٴپىشىنى ايقىن، تابيعي كورىنىپ، ادامعا وتە ۇنامدى بىلىنەدى، كۇسان تاس ۇڭگىرىندەگى قابىرعا سۋرەتتەر ٴبىر-بىرىنە جالعاستىرىلا سىزىلعان، بوياۋلارىنىڭ بەرىلۋى ۇيلەسىمدىلىگى سونشالىق وتە ۇنامدى، بەينە قوزعالىپ تۇرعانداي اڭعارىلادى. بۇل ورتا جازىقتاعى سۋرەتشىلىك ونەرىنىڭ ٴداستۇرلى ەرەكشەلىگى مەن ساۋلەتىن ايگىلەيدى.

بۋددا ٴدىنىنىڭ شىعىستا تارالۋى، بۋددا نومدارىنىڭ مولىنان اۋدارىلۋى ەلىمىزدىڭ مادەنيەت - كوركەمونەر ىستەرىنە جاڭا قان بولىپ قوسىلدى، بۋددىزمشىلدەرمەن بۋددا دىنىمەن تۋىنداعان اڭىز - ەرتەگىلەرى جونىندەگى روماندار كۇن سايىن مولايىپ، تاڭ پاتشالىعى داۋىرىندەگى حيكمەت روماندارىدىڭ تۇساۋ كەسەرى عانا بولىپ قالماي، ونىڭ

تاريحي ماتەريالعا قايتا ٴۇڭىلۋ

گاۋچاڭ ەلىن كان اۋلەتى بيلەپ تۇردى، كەيىن كەلە حىشيدىڭ بەگى ساقا مۇقاننىڭ ٴىنىسى ۋحۇي شابۋىل جاساپ، ونىڭ تاس - تالقانىن شىعاردى، ونىڭ بەگى كان شۋاي رۋيرۋيگە قاشىپ بارىپ، جان ساۋعالادى، 46 جەردەن جاساق تۇراعى سالىندى، لاۋازىم تۇرلەرىنەن: ٴتورت تۇس جياڭجۇن جانە جياڭجۇن، زۇرعان، سىپا، نوكەر بارلاۋىل، نوكەر ساردار، جەبەڭگەر جانايدار، جەبەڭگەر جارشى، اقىلمان، الامانباسى، ابىزاتەكە سياقتى ٴمانساپ بەرىلدى، حالقىنىڭ ٴتىلى جۇڭگونىڭ تىلىنە جۋىقتاۋ، بەس دەستىر، بۇرىنعى پاتشالار تاريحى، عۇلامالار جيناعى سەكىلدى كىتاپتار بار، ٴۇڭ - تۇرقى كورەيلەر رەۋىشتى، شاشتارى جەلكەسىنە تۇسەدى، ەرلەرى قاپتال شاپان، گۇلسىز جىبەكتەن سىم كيەدى، ايەلدەرى شاشىن دۋدىراتپاي ٴورىپ قويادى، گۇلدى جىبەك پەن باتىسايدان كويلەك كيىپ، القا - مونشاق تاعادى. ۇيلەنۋدە التى ٴتۇرلى جوسىندى انىقارادى.

—— «لياڭناما. باتىس سولتۇستىك نۇمدار باياني»

التى جوسىن —— جۇڭگونىڭ ٴداستۇرلى ۇيلەنۋ جوسىندارى، قىزعا قۇدا تۇسۋدەن باستاپ، كەلىندى وتاۋعا ەنگىزۋگە دەيىنگى ارالىقتا وتەلەتىن رىسىم - جورىمدار ياعني حانزۋلاردىڭ ادەتىندەگى قالىڭمال بەرۋ، اتاستىرۋ، تىلەك تىلەۋ؛ توي ۋاقىتىن تۇراقتاندىرۋ، كەلىندى اكەلۋ. كەلىن الۋدىڭ بۇل راسىمى جوۋ پاتشالىعى تۇسىندا قالىپتاسقان، ەڭ العاش «ادەپ - يىبا جازبالارى. ۇيلەنۋ تۋرالى» دا جازىلعان.

ۇستىنە، مىڭ ـ چيڭ پاتشالىقتارى تۇسىنداعى جاڭاشا ادەبي ٴتىلدى رومانداردا تەرەڭ ىقپال جاسادى. بۇددا ٴدىنىنىڭ كەڭ تارالۋىنا ساي، تاس ۇڭگىردەگى بۇد مۇسىندەردىڭ ٴىلىمىزدىڭ ويما ونەرىنە دە اسەرى زور بولدى.

سونىمەن بىرگە، ورتا جازىق وڭىرلەرىنىڭ حاتكەرلىك، سۋرەتشىلىك، مۇسىنشىلىك سياقتى ونەرلەرى شينجياڭ وڭىرىنە دە جەتتى. مىسالى، ٴبي، مۋزيكا، سەرىك ويىنى جانە ٴان ـ تاقپاق ايتۋدى قامتىعان تولىپ جاتقان ويىن تۇرلەرى شينجياڭ وڭىرىندە بارىنشا تارالدى. مادەنيەتتىڭ ٴبىر ٴبولىمى بولعان ادەپ ـ ىبا، سالت ـ سانا ەكى جاقتا دا بىردەي ىقپال جاسادى. ورتا جازىق ٴوڭىرى شينجياڭ ٴوڭىرىنىڭ جول ـ جوسىن، ادەپ ـ ىباسىن قابىلداۋمەن بىرگە، شينجياڭدا جول ـ جوسىن، ادەپ ـ ىبا مازمۇنىنىڭ دامۋىنا دا زور ىقپال جاسادى.

ەرتەرەكتە لوپنۇر مولاسىنان تابىلعان كيىم ـ كەشەكتەردىڭ جەرلىك بوگەنايى مەنمۇندالاپ تۇراتىن. ال، حان پاتشالىعى داۋىرىنەن كەيىن، بارىس ـ كەلىستىڭ جيىلەۋىنە بايلانىستى جىبەك بۇيىمدار مولىنان ەنگىزىلدى، ورتا جازىقتىڭ كيىم ـ كەشەكتەرى دە شينجياڭعا اكەلىنە باستادى، پىشامشان، ۇدۇن، كۇسان، ياركەن تەكتەس جەرلەردەگى تۇرعىندار حانزۋلاردىڭ كيىم ـ كەشەكتەرىنە قىزىعا ەلىكتەيتىن بولدى.

وسى مەزگىلدە پامير ٴۇستىرتىنىڭ شىعىس وڭىرىنەن بەرگى جەرلەردەگى «جاي بۇقارانىڭ كيىم كيىسى چيڭدىكتەرگە جۋىقتاۋ، مۇنداعى پارىق ولاردىڭ كيىمدەرى كوبىنە ٴجۇن نەمەسە كەنەپتەن تىگىلەدى»[1]. بۇل قاراپايىم تۇرعىنداردىڭ قوي جۇنىنەن تىگىلگەن كيىم ـ كەشەكتەرىنىڭ ۇلگىسى ورتا جازىقتاعىلاردىكىنەن پارىقسىز ەكەندىگىن تۇسىندىرەدى. گاۋچاڭ ەركەكتەرىنىڭ كيىم ـ كەشەگى تۇرالى «ەرلەر حۋلارشا، ايەلدەر حۋاشيانىكىنشە جاسانادى» دەلىنەدى[2]. بۇل گاۋچاڭ ەرلەر مەن ايەلدەردىڭ كيىنىسىندە ٴارى جەرلىك كيىم ەرەكشەلىگى، ٴارى ورتا جازىق كيىم ۇلگىسى ارالاسقاندىعىن تۇسىندىرەدى.

شينجياڭ ٴوڭىرىنىڭ اس ـ سۋ، اسحانا جابدىقتارى شىعىسقا تارالۋمەن بىرگە، ورتا

---

① (جين) فاشيان شىعارماسى، جاڭ ي تىنىس بەلگىسىن قويىپ، تۇسىندىرگەن: «فاشيان باياننا تىنىس بەلگىسىن قويىپ، تۇسىندىرگەن»، بەيجيڭ: جۇڭحۋا شۋجۇي باسپاسى، 2008 ـ جىل، 18 ـ بەت.

② (تاڭ) ليڭ حۋدىفىن: «جوۋناما. بوگدە جەرلەر باياني، (2)»، بەيجيڭ: جۇڭحۋا شۋجۇي باسپاسى، 1971 ـ جىل، 915 ـ بەت.

جازىق ٴوڭىرىنىڭ اس ـ سۋ، اسحانا جابدىقتارى حانزۋلاردىڭ مولىنان اۋىپ كەلۋىمەن بىرلىكتە شينجياڭ وڭىرىنە تارالدى. نيە كونە جۇرتىنان تابىلعان اعاش ساقپى، لوپنۇر كونە جۇرتى مەن تۇرپاداعى جين ەلى مولاسىنان شىققان قىشتان جاسالعان قازان، قاسقان، ەرتە زامانداعى ەت قوياتىن، تۇرايتىن تاقتاي سياقتىلاردىڭ ٴبارى ورتا جازىق وڭىرىنەن كەلگەن.

ۇلتتار ٴوزارا ارالاسقاندىقتان شينجياڭدا ۇيلەنۋ ىرىم ـ جىرىمدارى دا بارا ـ بارا ورتا جازىق وڭىرىنىكىنە جاقىنداي تۇسكەن. «اگىنىلىقتاردىڭ ۇيلەنۋ سالتى حۋاشيالىقتارمەن ۇقساس»[1]، گاۋچاڭدىقتار ۇيلەنۋدە التى جوسىندى اتقارادى[2]. كۇسان، ۇدۇن سەكىلدى جەرلەردىڭ ۇيلەنۋ جوسىندارى گاۋچاڭ، اگىنىمەن «ۇقساستاۋ» كەلەدى. ارحەولوگيالىق تەكسەرۋدە كۇشار اۋدانى دوستىق جولىنان تابىلعان باتىس جين پاتشالىعىنان 16 ەل زامانىنا دەيىنگى مولالاردىڭ ىشىندە مولانىڭ ٴپىشىنى، جەرلەۋ سالتى، كوركومبەلىك زاتتار، ت. ب. جاقتارى گانسۋ حىشي ايماعىنداعى ۋي، جين پاتشالىعى مەن 16 ەل زامانىنداعى مولاسىنا ۇقساڭقىرايدى، بۇل شينجياڭ وڭىرىندەگى جەرلەۋ سالتى مادەنيەتىنىڭ ورتا جازىق

تاريحي ماتەريالعا قايتا ٴۇڭىلۋ

قۇلازىعان قالانىڭ سولتۇستىگىنەن 40 شاقىرىم قاشىقتىقتاعى تاۋ ەتەگىندە ارالارىن ٴبىر وزەن ٴبولىپ تۇراتىن ەكى عيباداتحانا بار، ەكەۋى دە جاۋحۋلي دەپ اتالادى، عيباداتحانانىڭ شىعىسى مەن باتىسى دا وسىلاي اتالادى. مۇنداعى بۋدتاردىڭ كەسكىنىن قولدا جاساعان دەيتىندەي ەمەس، موناحتار شەتىنەن ماڭعاز، ٴشىن بەرىلىپ تۇرعانداي. شىعىس جاقتاعى جاۋحۋلي عيباداتحاناسىنىڭ زالىندا كەڭدىگى ەكى كەز قاس تاسى قويىلعان، سارى الا جولاقتى، ٴپىشىنى باقا رەۋىشتى، ونىڭ بەتىنە ۇزىندىعى سەگىز سۇيەم، ەنى التى سۇيەمدەي بۋد اياق كيىمىنىڭ ٴىزى تۇسىرىلگەن، تاۋاپ ەتۋ كۇندەرى بالاۋىز شامدار جايناپ تۇرادى.

— «ۇلى تاڭ پاتشالىعى باتىس ٴوڭىر باياني. چۇيحى»

جاۋحۋلي عيباداتحاناسى «سۋباشى عيباداتحاناسى» دەپ تە اتالادى، ونىڭ بايىرعى ورنى شينجياڭنىڭ كۇشارىندا.

---

① (تاڭ) فاڭ شۋاڭلياڭ: «جينناما. باتىس نۇمدار باياني»، بەيجيڭ: جۇڭحۋا شۇجۇي باسپاسى، 1974 ـ جىل، 2542 ـ بەت.

② (تاڭ) ياۋ سىليان: «لياڭناما. باتىس سولتۇستىك نۇمدار باياني»، بەيجيڭ: جۇڭحۋا شۇجۇي باسپاسى، 1973 ـ جىل، 811 ـ بەت.

وڭىرىنىكىمەن ٴبىر ىزدىلىگى كوبەيە تۇسكەندىگىن بەينەلەيدى.

ۋي، جين، وڭتۇستىك ـ سولتۇستىك پاتشالىقتار تۇسىندا، شينجياڭ وڭىرىندە كوپ ۇلتتىڭ بىتىراي قونىستانۋ جاعدايى مەن تۇرلىشە مادەنيەتتىڭ تارالۋى وسى مەزگىلدە شينجياڭ ٴوڭىرى مادەنيەتىندە جاريالىلىق پەن كوپ نەگىزدىك ەرەكشەلىكتىڭ جارىققا شىعۋىنا سەبەپشى بولدى. ٴۇش ـ ٴتورت ٴجۇز جىلدىق سايكەستىرۋ، اسىرەسە، ورتا جازىق مادەنيەتىنىڭ كەڭ كولەمدە، ىشكەرىلەي تارالۋى ارقىلى، شينجياڭ ٴوڭىرىنىڭ مادەنيەتى جۇڭحۋا مادەنيەتى جۇيەسىمەن ەتەنە بولا ٴتۇسىپ، كوپ نەگىزدى، ٴبىر تۇلعا جۇڭحۋا مادەنيەتىنىڭ ورگانيكالى قۇرامداس بولىگىنە اينالدى.

التىنشى تاراۋشا بۋددا ٴدىنىنىڭ گۇلدەنۋى جانە كوپ ٴدىننىڭ قاتار ٴومىر ٴسۇرۋى

ۋي، جين، وڭتۇستىك ـ سولتۇستىك پاتشالىقتار كەزەڭىندە جۇڭگونىڭ وڭتۇستىگى مەن سولتۇستىگىندە نەگىزىنەن بۋددا ٴدىنى مەن داۋجياۋ ٴدىنى تارالدى. سىرتتان كىرگەن ٴدىن بولا تۇرا بۋددا دىنىندە جەرگىلىكتى جاعدايعا ۇيلەسە باستاۋ اۋقىمى پايدا بولدى، بۋددا ٴدىنىنىڭ مۇريتتەرى بۋددا ٴدىنى نومدارىن اۋدارعاندا تۇسىنۋگە، ٴتىل تابىسۋعا وڭاي بولۋ ٴۇشىن داۋجياۋ مەن رۋجيانىڭ اتاۋلارىن قولداندى، مۇنان سىرت، بۋددا ٴدىنى مۇريتتەرىنىڭ ٴبىرتالايى رۋجيا مەن داۋجياۋشىلداردان بۋددا دىنىنە كىرگەندەر بولعاندىقتان اسىلىندە رۋجيا ىلىمىنە جۇيرىك، لاۋزىدان دا، جۋاڭزىدان دا حاباری بار، كەيىن كەلە بۋددا دىنىنە كىرگەن، موناحتار ەدى. ٴۇش ٴتۇرلى مادەنيەت ٴوزارا توعىسىپ، ٴبىرى ـ بىرىنەن ٴتالىم الۋ بارىسىندا، رۋجياشىلداردىڭ، ساكيامۋنيشىلداردىڭ جانە داۋجياۋشىلداردىڭ توعىسۋى باستى اۋقىمعا اينالدى. وسى تۇستاعى شينجياڭ وڭىرىندە، بۋددا ٴدىنى دامىپ گۇلدەنۋ ساتىسىنا جەتىپ، بۇرىنعى زاراتۋشترا ٴدىنى، شامان ٴدىنى، سونداي ـ اق جاڭادان تاراعان داۋجياۋ دىندەرىمەن ٴوزارا شىعىسىپ، قاتار ٴومىر ٴسۇرىپ، تۇرلىشە دىندەر بىرىنەن ـ ٴبىرى عيبىرات الىپ، توعىسىپ كەتتى. ورتا جازىق ٴوڭىرى مەن شينجياڭ ٴوڭىرى اراسىنداعى بارىس ـ كەلىس جيىلەپ، بۋددا ٴدىنىنىڭ جۇڭگوشالانۋ اۋقىمى كۇن سايىن ايقىندالا بەردى. داۋجياۋ ٴدىنىنىڭ شينجياڭ وڭىرىندە تارالۋى جاڭا فاكتورلار الا كەلىپ، شينجياڭ وڭىرىندە بۋددا ٴدىنىن نەگىز ەتكەن، كوپ ٴدىن قاتار ٴومىر سۇرەتىن جاعداي دامي ٴتۇستى. رۋجيا مادەنيەتى

شينجياڭ وڭىرىنە كەڭىنەن تارالعاندىقتان مۇندا دا ورتا جازىق ٴوڭىرى سەكىلدى رۋجيا ىلىمىنە، ساكيامۋنيشىلدار جانە داۋجياۋشىلدار ٴوزارا تولىسىپ، ارالاسۋ اۋقىمى جارىققا شىقتى.

ٴبىرىنشى، بۋددا ٴدىنى، زاراتۋشترا ٴدىنى، داۋجياۋ دىنىدەرىنىڭ تارالۋى

ۋي، جين، وڭتۇستىك ـ سولتۇستىك پاتشالىقتار كەزەڭىندە، بۋددا عيباداتحانالارى شينجياڭ وڭىرىندە توپ ـ توبىمەن سالىنىپ، مۇناحتار قاپتاپ كەتتى، ولاردىڭ ٴبىرسىپىراسى ورتا جازىق پەن شينجياڭ ٴوڭىرى ارالىعىندا قايشالىستى، ۇدۇن، شۋرەك، كۇسان، گاۋچاڭ سياقتى جەرلەر بۋددا ٴدىنىنىڭ ورتالىعىنا اينالدى. جين پاتشالىعى داۋىرىندە نوم ىزدەپ باتىسقا ساپار شەككەن شىرامانا فاشيان ۇدۇندى باسىپ وتكەندە، بۇل ارادا ۇلكەندى ـ كىشىلى عيباداتحانالاردىڭ بوي كوتەرگەنىن بايقاپ، «وندا مۇناحتاردىڭ سانى نەشە ون مىڭعا جەتكەنىن، .. ٴتۇتىن باس سايىن ەسىك الدارىندا كىشى مۇنارالاردىڭ بارلىعىن، ونىڭ كىشىرەكتەرىنىڭ بيىكتىگى ەكى سىرىق بويى كەلەتىندىگىن اۋىزعا الادى»[1]. كۇسان بۋددا عيباداتحاناسى ەڭ كوپ سالىنعان جەر، تەك، كۇساننىڭ وزىندە مىڭ ورىندا عيباداتحانا بار[2]. ونىڭ ەڭ ۇلكەنى جاۋحۋلي عيباداتحاناسى، ول كۇساننىڭ بەكتىك عيباداتحاناسى دەگەن اتاق العان. وسى مەزگىلدە تولىپ جاتقان تاس ۇڭگىرلەر قازىلعان، قازىر ونىڭ 17 ورىنداعىسى ساقتالۋلى، وسى تاس ۇڭگىرلەردەگى بۋدتاردىڭ مۇسىندەۋ شەبەرلىگى وتە جوعارى بولعاندىقتان، ورتا جازىق وڭىرلەرىنە دەيىن ىقپال جاساپ، ەلىمىزدىڭ مادەني مۇرالارى ىشىندەگى اسەمونەر جاۋھارىنا اينالدى.

كروران ناقىشتى كوركەبەجەك

شينجياڭ چارقىلىق اۋدانى كروران قالا جۇرتىنان تابىلدى، ۋي، جين، وڭتۇستىك ـ سولتۇستىك پاتشالىقتار كەزەڭى

زاراتۋشترا ٴدىنىنىڭ تارالۋى سول كەزدە شينجياڭ وڭىرىندە ٴدىن تارالۋىنىڭ

---

① (جين) فاشيان شىعارماسى، جاڭ ي تىنىس بەلگىسىن قويىپ، تۇسىندىرگەن: «فاشيان بايانىنا تىنىس بەلگىسىن قويىپ، تۇسىندىرگەن»، بەيجيڭ: جۇڭحۋا شۋجۇي باسپاسى، 2008 ـ جىل، 11 ـ، 12 ـ بەتتەر.

② (تاڭ) فاڭ شۋانليڭ: «جيننامە. باتىس نۇمدار بايانى» . بەيجيڭ: جۇڭحۋا شۋجۇي باسپاسى، 1974 ـ جىل، 2543 ـ بەت.

وزگەشەلىگى سانالدى، گاۋچاڭ بيلەۋشىلەرى زاراتۋشترا دىنىنە باسقارۋ مەن باقىلاۋدى كۇشەيتۋ ٴۇشىن سوعان ارنايى «سارتباۋ» دەگەن ٴمانساپ بەلگىلەدى، 5 ـ عاسىردا زاراتۋشترا ٴدىنى تارىم ويپاتىندا كەڭىنەن تارالىپ، ودان سوڭ ەلىمىزدىڭ شىعىس وڭىرلەرىنە دەيىن ەتەك الدى.

5 ـ عاسىردىڭ باس كەزىندە، داۋجياۋ ٴدىنى گاۋچاڭ وڭىرىندە نەداۋىر كەڭ تارالادى، كان، جاڭ، ما، چۇي اۋلەتتەرى قۇرعان گاۋچاڭ جەرگىلىكتى بيلىگى قىرۋار حانزۋدى توڭىرەگىنە توپتاستىرادى، ولار رۋجيا يدەياسىن، حانزۋلاردان تاراعان بۇددا ٴدىنىن جانە داۋجياۋ ٴدىنىنىڭ نانىمدارىن شينجياڭ وڭىرىنە الا كەلەدى، ارحەولوكتار 1998 ـ جىلى ۋي، جين، وڭتۇستىك ـ سولتۇستىك پاتشالىقتار تۇسىنداعى ٴبىر شالدىڭ سۇيەگىن كروراننان تاۋىپ الادى، ونىڭ كوركەبەجىگىنىڭ ەكى باسىنا كۇرەڭ تاۋىس پەن تاسباقانىڭ ورنەگى تۇسىرىلگەن، «كوك ايداعار، اق جولبارىس، كۇرەڭ تاۋىس،جىلاندى تاسباقا»ٴتورت نىشان دەپ اتالىپ، ەلىمىزدىڭ ەرتە زامانداعى قيال ـ عاجايىپ ەرتەگىلەرىندەگى ٴتورت تاراپ توتەمى بولىپ تابىلادى. چۇنچيۋ ـ جانگو داۋىرىندە بەستىك ٴىلىمى كەڭ تاراعاندىقتان، ٴتورت نىشانعا دا بوياۋ بەرىپ تىلسىمدەندىرىپ، كوك ايداعار، اق جولبارىس، كۇرەڭ تاۋىس، جىلاندى تاسباقاعا اينالدىرىلعان. ال، باتىس، شىعىس حان پاتشالىعى كەزەڭىنە كەلگەندە ٴتورت نىشان قۇبىلىپ، داۋجياۋ دىنىندەگىلەر سيىناتىن كيەگە اينالعاندىقتان، سوعان سايكەس ٴتورت نىشاندى دا ٴتورت ٴتاڭىر اتاندىرىپ، حان داۋىرىندە كەسكىن تاستار ىشىندەگى ٴجيى ۇشىرايتىن وبرازدارعا اينالىپ، كولەمى بۇكىل ەلگە جايىلعان.[①] كروراندىعى ناقىشتى كوركەبەجىكتەن بايقالعان ٴتورت نىشان ورنەگى ورتا جازىق مادەنيەتىنىڭ شينجياڭ وڭىرىنە جاساعان تەرەڭ ىقپالىن عانا ٴتۇسىندىرىپ قالماستان، ونىڭ ۇستىنە، داۋجياۋ ٴدىنىنىڭ دە شينجياڭ وڭىرىنە تارالعانىن دا ٴتۇسىندىرىپ وتىر.

ەكىنشى، بۇددا ٴدىنىن نەگىز ەتكەن كوپ ٴدىننىڭ قاتار ٴومىر ٴسۇرۋ جاعدايى

بۇددا ٴدىنى سول تۇستا شينجياڭ وڭىرىندە توتەنشە كوركەيگەن، ول شامان، زاراتۋشترا، داۋجياۋ تەكتەس دىندەرمەن وتاسىپ، قاتار تارالعان، مىنە، بۇل سول كەزدە شينجياڭ وڭىرىندە كوپ ٴدىننىڭ قاتار ٴومىر سۇرگەندىگىنىڭ ايقىن بەلگىلەرى بولىپ تابىلادى.

① سۇڭ يانپيڭ: «حان داۋىرىندەگى مۇسىندەر جانە حان ٴداۋىرى قوعامى» فۋجوۋ: فۋجيان حالىق باسپاسى، 2016 ـ جىل، 103 ـ بەت.

قىزىل مىڭ ٴۇيى

شينجياڭ باي اۋدانىندا، جين، تاڭ پاتشالىقتارى تۇسىندا جاسالعان

زاراتۋشترا ٴدىنى شينجياڭ ٶڭىرىنە ەڭ ەرتە تاراعان سىرتتان كىرگەن ٴدىن بولسا دا ول دامۋ بارىسىندا باستان - اياق باسقا دىندەرمەن وتاسىپ، قاتار ٴومىر ٴسۇرۋ جاعدايىندا تۇردى. گاۋچاڭدىقتار «زاراتۋشتراعا سيىنادى، بۋدداعا دا نانادى»①، اگنيلىقتار «زاراتۋشتراعا سيىنادى، بۋدداعا دا تابىنادى»②، مىنە، بۇل وسى ٶڭىردەگىلەردىڭ ٴبىر ۋاقىتتا زاراتۋشترا ٴدىنىنىڭ ٴتاڭىرى احۋرا مازداعا دا، بۋددا ٴدىنىنىڭ ساكيامۋنيىنا دا تابىنعاندىعىن، ەكەۋى قاتىستىعىسپاي قاتار ٴومىر سۇرە بەرگەنىن تۇسىندىرەدى. سونىمەن بىرگە، شينجياڭ ٶڭىرىندە بۋددا ٴدىنى زاراتۋشترا ٴدىنىنىڭ ٴمالىم جوسىقتارىن قابىلداعان جانە ونان ٴيبىرات العان، مىسالى، كۇساندا بۋددا دىنىندەگىلەر «ساكيامۋني» مەن «احۋرا مازدانى» بىرلەستىرىپ، «بۋد ٴتاڭىرى» نەمەسە «بۋد قۇداي» دەپ اتاعان.

وسى مەزگىلدە، شينجياڭ ٶڭىرىندەگى بۋددا ٴدىنى مەن ورتا جازىق ٶڭىرىندەگى بۋددا ٴدىنى ٴجيى - ٴجيى بارىس - كەلىس جاساپ تۇردى، بۋددا ٴدىنى شينجياڭ ٶڭىرىنە العاش

---

① (تاڭ) لي تيڭشۋ: «سولتۇستىك تاريحى، باتىس ٴوڭىر بايانى» بەيجيڭ: جۇڭحۋا شۋجۇي باسپاسى، 1974 - جىل، 3212 - بەت.

② (سولتۇستىك چي) ۋي شوۋ: «ۋينامى. باتىس ٴوڭىر بايانى»، بەيجيڭ: جۇڭحۋا شۋجۇي باسپاسى، 1974 - جىل، 2265 - بەت.

گۇمارا جيۋا (344 ــ 413)

وڭتۇستىك ـ سولتۇستىك پاتشالىقتار داۋىرىندەگى اتاقتى مارتەبەلى موناح، باتىس وڭىردەگى كۇساندا ومىرگە كەلگەن، اتى شۋانزاڭمەن قاتار اتالاتىن، بۋددا نومىن اۋدارعان ايگىلى اۋدارماشى.

تارالعاندا ساكيامۋني مەن بۋددي ساتتۋا وبرازى شۇڭىرەك كوز، قوڭقا مۇرىن «حۇ شىرايلى» ەكەن، الايدا، ۇزاق ۋاقىت دامۋ بارىسىندا، ولاردىڭ وبرازى ورتا جازىقتاعىلاردىڭ سىرت پىشىنىنە قاراي وزگەرە باستاعان، سونىمەن قاتار، شينجياڭ وڭىرىندە بۋددا ٴىلىمىن زەرتتەۋ، نومدى اۋدارۋ ىستەرى بارىنشا دامىپ، ورتا جازىققا ٴدىن تاراتا بارعان باتىس وڭىرلىك بۋددا موناحتارىنىڭ ٴىزى سۋىماعان. «مارتەبەلى موناح بايانىنداعى» جازبالارعا قاراعاندا سول كەزدە اتى ـ ٴجونى ٴمالىم باتىس وڭىرلىك موناحتار 54 كە جەتكەن، ولاردىڭ ىشىندەگى ەڭ ايگىلىسى كۇمارا جيۋا، فوتۋدىڭ سياقتىلار ەدى. ال، ورتا جازىقتاعى بۋددا موناحتار مەن باتىسقا بۋددا كلاسسيك نومدارىن اكەلۋگە باتىسقا ساپار شەگەدى. ولاردىڭ اراسىندا جۋ شىشيڭ، سۇڭ يۇن، فاشيان سياقتى ايگىلى ادامدار بولعان، ولار باتىسقا ساپار شەگۋ بارىسىندا، جول ـ جونەكەي ەستىگەن ـ بىلگەندەرىن ەستەلىككە الىپ، قىرۋار قىمباتتى تاريحي ماتەريالدار قالدىرۋمەن بىرگە، ورتا جازىق ٴوڭىرى مەن شينجياڭ ٴوڭىرى اراسىندا بۋددا ٴدىنىنىڭ ٴوزارا الماسۋىن، دامۋىن بىلگەرىلەتتى.

شينجياڭ وڭىرىندە جۇڭگونىڭ ٴداستۇرلى ٴدىنى داۋجياۋ ٴدىنى بۋددا دىنىمەن توعىسىپ جاتتى. تۇرپانىنان تابىلعان «گاۋچاڭ بيلىگى جاڭحىنىڭ 13 ـ جىلى (543) شياۋ زىمەن قوسا جەرلەنگەن كيىم ـ كەشەك تىزبەلەرىندە» بىلاي دەلىنەدى: «بەكشۋ گو يۇان بەس داۋ (داۋجياۋ ٴدىنىن مەڭزەيدى) دىڭ ۇلى ٴتاڭىرىن قۇرمەتتەدى، بۋدداعا تابىناتىن ٴمۇريت شياۋ زى بۋددا ٴدىنىن ۇستاندى، بەستىك تيىمدى ۇستانادى، ارناۋلى تۇردە 10 جاقسىلىق ٴىس ىستەدى، ... شۇعىلدىعى جوسىن امىرىندەي بولدى.»[1]، مۇنىڭ ىشىندەگى بەس داۋدىڭ ۇلى ٴتاڭىرى دەگەنى ــ داۋجياۋ ٴدىنىنىڭ ۇلى قۇدايى، ونىڭ ۇستىنە، داۋجياۋدىڭ باس ٴتاڭىرى

---

① باس قۇراستىرۋشى تاڭ چاڭرۋ: «تۇرپانىنان تابىلعان جازبالار (سۋرەتتى نۇسقا)» 1 ـ كىتاپ، بەيجيڭ: مادەني مۇرا باسپاسى، 1992 ـ جىل، 143 ـ بەت.

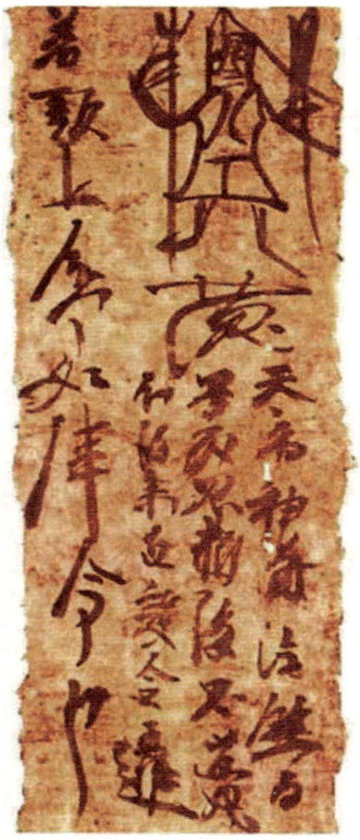

چۋي اۋلەتىنىڭ گاۋچاڭ كەزەڭىندەگى داۋجياۋ ٴدىنىنىڭ تالىمدەرى

شينجياڭنىڭ تۇرپانىنداعى استانا بايىرعى مولاسىنان تابىلعان

«ٴبارىن مەڭگەرىپ وتىراتىن جاسىرىن ٴتاڭىر»،[1] ال، «شۇعىلدىعى جوسىن امىرىندەي» دەگەن ٴسوز داۋجياۋ ٴدىنى عانا ۇنەمى قولداناتىن وتە تيپتىك ٴسوز. مۇنان سول داۋىردە، بۋددا ٴدىنى مۇريتتەرى داۋجياۋدىڭ سيقىرلىق سوزدەرىن قولدانعاندىعىن نەمەسە داۋجياۋ ٴدىنى مۇريتتەرى بۋددا ٴدىنىنىڭ ٴدىن جولىن ۇستانعاندىعىن بىلە الامىز، وسىنىڭ ٴوزى ۋي، جين، وڭتۇستىك - سولتۇستىك پاتشالىقتار داۋىرىندە شينجياڭ وڭىرىندە بۋددا ٴدىنى مەن داۋجياۋ ٴدىنىنىڭ قىم - قۋىت ارالاسىپ، ٴبىرى - بىرىنە سىڭگەن ٴجايتىن بەينەلەيدى.

بۋددا ٴدىنىنىڭ شىعىسقا تارالۋى مەن داۋجياۋ ٴدىنىنىڭ باتىسقا جەتۋى ٴارى زاراتۋشترا سياقتى دىندەرمەن توعىسىپ وزگەرۋى، شينجياڭ وڭىرىندەگى دىندەر مەن ورتا جازىق وڭىرىندەگى دىندەردىڭ ٴبىرى - بىرىنەن تاعىلىم الۋ بارىسىن اڭىس ەتىپ، شينجياڭداعى دىندەردىڭ بارعان سايىن جۇڭگوشالانعان تاريحي اۋقىمدى ايگىلەيدى.

① چەن گوسان: «تۇرپان، دۇنحۋاڭنان تابىلعان قۇجاتتارداعى تاريحي ماتەريال جيناعى»، شاڭحاي: شاڭحاي بايىرعى شىعارمالار باسپاسى، 2012 - جىل، 130 - بەت.

3 ـ تاراۋ سۇي، تاڭ پاتشالىقتارى كەزەڭى

— ۇلى تاڭ پاتشالىعى گۇلدەنگەن كەزدەگى شينجياڭ ٴوڭىرىنىڭ كوركەيۋى

سۇي، تاڭ پاتشالىقتارى ۋي، جين، وڭتۇستىك ـ سولتۇستىك پاتشالىقتارىنىڭ ۇزاق ۋاقىت بولەكتەنۋ جاعدايىن اياقتاتىپ، بۇكىل ەلدىڭ تۇتاستىعىن قايتا جۇزەگە اسىرىپ، جۇڭگونىڭ فەودالدىق قوعامىنىڭ العاشقى كەزەڭىندەگى شالقىعان داۋىرگە جەتكىزدى. سۇي، تاڭ پاتشالىقتارى زامانىندا، ەلىمىزدىڭ شەكاراسى ۇلان ـ قايىر كەڭەيىپ، ۇلتتارى كوبەيىپ، شارۋاشىلىعى شالقىپ، مادەنيەتى گۇلدەندى. بۇل كەزدە «اسپان استى ٴبىر شاڭىراق» دەيتىن «ۇلى بىرلىك» يدەياسى ٴار ۇلتقا، ٴار وڭىرگە تەرەڭ تامىر تارتىپ، جۇرت جۇرەگىنە تەرەڭ ۇيالاپ، ەلىمىزدىڭ ٴبىر تۇتاس، كوپ ۇلتتى مەملەكەت جاعدايى بىرتىندەپ نىعايدى. سۇي پاتشالىعى ايماق ـ اۋدان ٴتۇزىمىن باتىس ٴوڭىر اۋماعىنا دەيىن كەڭەيتتى. تاڭ پاتشالىعى انشي، بەسبالىق ەكى ۇلى باسقاقتىق ارقىلى باتىس ٴوڭىردى بيلەپ، نەداۋىر كەمەلدى بيلىك جۇيەسىن ورناتىپ، باتىس تەرىستىك شەكاراسىنىڭ حاۋىپسىزدىگى مەن جىبەك جولىنىڭ ىركىلىسسىزدىگىن قامتاماسىز ەتتى. تاڭ پاتشالىعى قوسىنىنىڭ قولداۋىندا، بايىرعى ۇيعۇرلار شىعىس تۇرك قاعاناتىنا جاساق اتتاندىرىپ، قارسى شىقتى ٴارى ىلگەرىندى ـ كەيىن باتىس تۇرك قاعاناتىن، سوڭعى تۇرك قاعاناتىن جويدى. بايىرعى ۇيعۇرلار باتىسقا اۋعاننان كەيىن، باتىس وڭىردەگى كوپتەگەن تايپالارعا ٴسىڭىپ، حانزۋلارمەن بىرگە شينجياڭ ٴوڭىرىن اشىپ ـ گۇلدەندىردى. سۇي، تاڭ پاتشالىقتارى كەزەڭىندە شينجياڭ ٴوڭىرىنىڭ ورتا جازىق وڭىرىمەن مادەنيەت اۋىسۋى، توعىسۋى ونان

ارى تەرەڭدەپ، جۇڭحۋا مادەنيەتىنىڭ مازمۇنىن بايىتىپ، جۇڭحۋا وركەنيەتىنىڭ اشىق تا باۋىرمال رۋحاني قاسيەتىن ايگىلەدى.

ٴبىرىنشى تاراۋشا ەلىمىزدەگى كوپ ۇلتتى ۇلى بىرلىك جاعدايىنىڭ كەڭەيۋى

سۋي پاتشالىعى ورتا جازىقتىڭ تۇپ - تۇرا ٴبىر عاسىرعا جالعاسقان بولەكتەنۋ جاعدايىن اياقتاتىپ، مەملەكەتتىڭ قايتالاي بىرلىككە كەلۋىن جوزەگە اسىرىپ، تاڭ پاتشالىعىنىڭ گۇلدەنۋىنە نەگىز قالادى. تاڭ پاتشالىعى ورناعانان كەيىن، مەملەكەت قۋاتتانىپ، شەكاراسى ۇلان - قايىر كەڭەيىپ، باتىس حان پاتشالىعىنىڭ تولىسقان مەزگىلىنەن اسىپ، كەزىندە دۇنيەنىڭ شىعىسىنداعى قۋدىرەتتى ٴىرى ەلگە اينالدى.

ٴبىرىنشى، سۋي، تاڭ پاتشالىقتارىنىڭ گۇلدەنۋى مەن قۇلدىراۋى

581 - جىلى ياڭ جيان سولتۇستىك جوۋ اۋلەتتەرىنىڭ بيلىگىن تارتىپ الىپ، سۋي پاتشالىعىن قۇرىپ، چاڭ - اندى استانا ەتتى، ياڭ جيان دەگەنىمىز سۋي ۋىندي. سۋي ياڭدي - ياڭ گۋاڭ تاحقا وتىرعانىنان كەيىن، مەملەكەت كوركەيىپ، شىعىس استاناسى قۇرا باستادى، وڭتۇستىك پەن سولتۇستىكتى تۇتاستىراتىن ۇلى كانالدى اشىپ، وڭتۇستىك پەن سولتۇستىك وڭىرلەردىڭ سايا‌سي، ەكونوميكا، مادەنيەت اۋىس - كۇيىسىن كۇشەيتتى. سۋي ياڭديدىڭ سوعىسى كەزدەرىندە ۇستەمدىك بارا - بارا قاتىگەز بولىپ، حالىق كۇيزەلىسكە ٴتۇستى، قوعامدىق قايشىلىق اسقىندى، سوعىس ەسەپتە زور كولەمدى ديقاندار كوتەرىلىسى بۇرق ەتە ٴتۇستى. كوتەرىلىسشى قوسىنىنىڭ سوققىسىمەن سۋي پاتشالىعىنىڭ ۇستەمدىگى ىدىراي باستادى.

سۋي پاتشالىعىنىڭ سوعىسى كەزىندەگى ديقاندار كوتەرىلىسىندە، تايىۋاندى قورعاپ جاتقان سۋي پاتشالىعىنىڭ ۇلىعى لي يۋان جورىققا اتتانىپ، سۋي پاتشالىعىنا قارسى شىقتى. 618 - جىلى سۋي ياڭدي پاتشانى بۇلىكشىلەر جاساعى ٴولتىرىپ، لي يۋان پاتشا اتانىپ، تاڭ پاتشالىعىن قۇرىپ، چاڭ - اندى استانا ەتتى، ٴوزى تاڭ گاۋزۋ اتاندى. تاڭ پاتشالىعى ىلە - شالا ٴارقايسى باعىتتاعى كوتەرىلىسشى قوسىن مەن بولەكتەنگەن كۇشتەردى جويىپ، بۇكىل ەلدى بىرلىككە كەلتىردى. 626 - جىلى تاڭ تايزۇڭ — لي شىمين تاحقا وتىردى، كەلەر

جىلى جىلناما ەسىمىن «جىنگۋان» دەپ وزگەرتتى. تاڭ تايزۇڭ پاتشالىقتى كوركەيتۋ جولىندا قۇلشىنىپ، ەل اقىلىن بۇكپەسىز قابىلدادى، تاحقا وتىرعان مەزگىلدە ساياسي انىق بولدى، شارۋاشىلىق شالقىپ، مادەنيەت تولىستى، تەرريتورياسى كەڭەيدى، حالىق كوبەيدى، تۇرمىس الاڭسىز ءوتتى، بۇل تاريحتا «جىنگۋان جىلدارىنداعى گۇلدەنۋ» دەلىندى. ۋ زتيان

ٴبىلىم سىلتەمەسى

جىنگۋان (627 ـ 649) تاڭ تايزۇڭ ــ لي شىميننىڭ جىلناماسى. جىنگۋان دەگەن ٴسوز «بالناما. بالگەرلىك 2 ـ دەگى» «الەمنىڭ زاڭدىلىعى بولادى، ادال ادام ونىڭ ٴادىل جولىن تابادى» دەگەن سوزدەن الىنعان، الەمنىڭ زاڭدىلىعى دەگەنىمىز كۇللى تىرشىلىكتىڭ دامۋىندا بەلگىلى زاڭدىلىق بولادى دەگەندى بىلدىرەدى، بۇل زاڭدىلىق «ٴادىل» دەگەندىك. سولتۇستىك سۇڭ پاتشالىعىنىڭ جاڭا تاعىلىمشىسى جۋ شي: ادالدىق ــ ادىلدىك ؛ تانىم ــ كورەگەندىك دەگەندى بىلدىرەدى. ادالدىق پەن تانىمدى كورەگەن ادام بىلە الادى دەپ تۇسىندىرەدى. تاڭ تايزۇڭ بيلىك ۇستاعان تۇستا مەملەكەت ورنىعىپ، ەل الاڭسىز تىرشىلىك ەتتى. شارۋاشىلىق پەن مادەنيەت گۇلدەنىپ ـ كوركەيدى، تاريحتا بۇل «جىنگۋان جىلدارىنداعى گۇلدەنۋ» دەلىندى.

بيلىك ۇستاعان مەزگىلدە، قوعام مەن شارۋاشىلىق دامي ٴتۇسىپ، حالىق ۇزبەي كوبەيىپ، شەكارا بەكەمدەلدى جانە كەڭەيدى. 712 ـ جىلى تاڭ شۋانزوڭ ــ لي لۇڭجي تاحقا وتىردى. تاڭ شۋانزوڭ بيلىك جۇرگىزگەن العاشقى كەزدە جىلناماسى «كايىۋان» بولاتىن، ول كەزدە مەملەكەت قازىناسى مىعىم، اسكەري قۋاتى كۇشتى، حالىق الاڭسىز تىرشىلىك ەتكەن، ٴتورت رەي قۇلدىق ۇرعان زامان بولدى دا تاريحتا «كايىۋان جىلدارىنداعى گۇلدەنگەن زامان» دەلىنىپ، جۇڭگونىڭ فەودالدىق قوعامىنىڭ الدىڭعى مەزگىلىندەگى بيىك بەلەسىنە شىقتى؛ بيلىكتىڭ سوڭعى مەزگىلىندە ٴسان ـ سالتاناتقا بەرىلىپ، مەملەكەت ىسىنە ٴسال قاراعاندىقتان، اقىر ـ اياعىندا «ان لۋشان ـ شى سىمىڭ بۇلىگى» تۋىلىپ، تاڭ پاتشالىعىنىڭ ساعى سىنىپ، گۇلدەنۋدەن قۇلدىراۋعا بەت بۇردى. 907 ـ جىلى تاڭ پاتشالىعى جويىلدى.

ەكىنشى، كوپ ۇلتتى ۇلى بىرلىك جاعدايىنىڭ دۇنيەگە كورسەتكەن ىقپال كۇشى

سۇي پاتشالىعى ورناعانىنان كەيىن، جوعارىدان تومەنگە قاراي ۇلى بىرلىكتى قاباعات قۇپتاپ، «ەل ۇلى بىرلىككە كەلىپ، ٴتورت رەيدىڭ قۇلدىق ۇرۋىن» كوكسەدى.① بىرلىككە كەلۋدى بورىش ەتكەن سۇي ۋىندي «توڭىرەكتىڭ ٴتورت بۇرىشىنداعىلاردىڭ باسىن سيپاپ، جات اتاۋلىمەن قارىسلاسپاي قايىرىمدىلىقتا كوشۋدى» ۇمىت ەتىپ، «الەمدەگىلەردىڭ ٴبارى

ماتەريال تىزبەگى

تاڭ شۋانزوڭ زامانىنداعى قايراتكەر ياڭ روشۇي: «حۋاشيا قۇددى ادام دەنەسى ىسپەتتى، شەكارا ٴوڭىرى ونىڭ قول ـ اياعى، دەنە تولىق جەتىلسە، قول ـ اياق زاقىمدالمايدى» دەدى.

ــ «جاڭادان قۇراستىرىلعان تولىق تاڭ شىعارمالارى» 299 ـ بۋما

ياڭ روشۇي تۇتاس جۇڭگونى اسەرلى تۇردە ادام دەنەسىنە ۇقساتىپ، ورتا جازىق ٴوڭىرى بەينە مەملەكەتتىڭ قولقاسى، ال، شەكارا ٴوڭىر ونىڭ قول ـ اياعى، دەنە تولىق جەتىلسە، قول ـ اياققا ەش زاقىم تۇسپەيدى دەپ ەسەپتەدى. مۇنان ول كەزدەگى قاۋىم جۇڭگونىڭ شەكارا ٴوڭىرىن تۇتاس مەملەكەتتىڭ ورگانيكالى قۇرامداس بولىگى ساناعانىن كورىپ الۋعا بولادى.

① (تاڭ) ۋي جىڭ، ت.ب .لار قۇراستىرعان: «سۇيناما . ليۋ شيڭبىن باياني» بەيجيڭ: جۇڭحۋا شۋجۇي باسپاسى، 1973 ـ جىل، 1477 ـ بەت.

مەنىڭ حالقىم دەپ ەسەپتەيدى»[1] دەپ قارادى. بۇل يدەيا سۋي پاتشالىعىنىڭ بۇكىل ەلدى بىرلىككە كەلتىرۋىندە ماڭىزدى ٴمان الدى. تاڭ پاتشالىعى توڭىرەگىندەگى ۇلىستارعا نەداۋىر اڭعارلى ساياسات قولداندى. تاڭ تايزۇڭ: «جالپى جۇرت ەجەلدەن جۇڭحۋانىڭ ەتيكاسى مەن عۇرىپ ـ ادەتىن جوعارى ساناپ، بويسۇنىپ كەلەدى، رەي مەن تيەك ەكەۋىن دە تەڭ كورەمىن. سول سەبەپتى، ولار مەنى اتا ـ اناسىنداي قۇرمەتتەيدى»[2] دەيدى. ول: «جۇڭگو ـــ بايتەرەك؛ توڭىرەكتىڭ ٴتورت بۇرىشىنداعىلار ونىڭ بۇتاق ـ ٴبۇرى»،[3] سوندىقتان، ٴسوز جوق، «جارلى حالىقتى ٴمورال ارقىلى ورنىقتىرىپ، ەل ساناتىنا قوسۋ كەرەك» دەپ قارادى[4]. شىعىس تۇرك قاعاناتى تاڭ پاتشالىعى جاعىنان جويىلىپ، وڭتۇستىك ماندەردىڭ فىڭ اۋلەتتەرى جەرىن تاڭ پاتشالىعىنا تارتۋ ەتكەننەن كەيىن، تاڭ تايزۇڭ ۋازىرلەرىنە ۇلان ـ اسىر قوناعاسى بەرىپ: «حۋلار، يۋەلەر ەجەلدەن ٴبىر شاڭىراقتىڭ ادامى»[5] دەدى اعىنان ـ اقتارىلا. وسىدان كەيىن تاڭ پاتشالىعىنىڭ بيلەۋشىلارى «ۇلى بىرلىك» جانە «اسپان استى ٴبىر شاڭىراق» ۇستانىمىن ورنىقتىرىپ، بۇل ۇستانىم سول كەزدەگى قوعامنىڭ تىرەگىنە اينالىپ، بارعان سايىن جۇرت جۇرەگىنە ۇيالاپ، ٴار ۇلت حالقى بىرگە بويسۇناتىن ساياسي ۇستانىمعا اينالدى.

سۋي، تاڭ پاتشالىقتارىنىڭ قاراستىلىعىنداعى اۋماق چين، حان پاتشالىقتارىنىكىنەن الدەقايدا كەڭەيدى. سۋي پاتشالىعىنىڭ زامانى قىسقا بولعانىمەن، ونىڭ شەكارا ٴوڭىرى بارىنشا كەڭەيدى، شىعىسى لياۋحى وزەنىنەن باستالىپ، سولتۇستىگى داموعا تىرەلىپ، باتىسى شينجياڭنىڭ شىعىس بولىگىنە جەتىپ، تۇستىگى ۆيەتنامنىڭ سولتۇستىك بولىگىن الىپ جاتتى. تاڭ پاتشالىعىنىڭ شەكاراسى ەڭ كەڭەيگەن كەزدە، شىعىسى كورەي

---

① (تاڭ) ۋي جىڭ، ت.ب .لار قۇراستىرعان: «سۋيناما . باتىس ٴوڭىر بايانى» بەيجيڭ: جۇڭحۋا شۋجۇي باسپاسى، 1973 ـ جىل، 1843 ـ 1844 ـ بەتتەر.

② (سۇڭ) سىما گۋاڭ قۇراستىرىپ جازعان: «بيلىك عيبىراتناماسى. تاڭ ەستەلىكتەرى (14)»، بەيجيڭ: جۇڭحۋا شۋجۇي باسپاسى، 1956 ـ جىل، 6247 ـ بەت.

③ (سۇڭ) سىما گۋاڭ قۇراستىرىپ جازعان: «بيلىك عيبىراتناماسى. تاڭ ەستەلىكتەرى (11)»، بەيجيڭ: جۇڭحۋا شۋجۇي باسپاسى، 1956 ـ جىل، 6149 ـ بەت.

④ (سۇڭ) سىما گۋاڭ قۇراستىرىپ جازعان: «بيلىك عيبىراتناماسى. تاڭ ەستەلىكتەرى (14)»، بەيجيڭ: جۇڭحۋا شۋجۇي باسپاسى، 1956 ـ جىل، 6253 ـ بەت.

⑤ (سۇڭ) سىما گۋاڭ قۇراستىرىپ جازعان: «بيلىك عيبىراتناماسى. تاڭ ەستەلىكتەرى (10)»، بەيجيڭ: جۇڭحۋا شۋجۇي باسپاسى، 1956 ـ جىل، 6104 ـ بەت.

ٴبىلىم سىلتەمەسى

تاڭ پاتشالىعى سوۋي پاتشالىعىنىڭ ٴتۇزىمىن نەگىزگە الىپ، ٴۇش ۋازىرلىك، التى ٴبولىم ٴتۇزىمىن كەمەلدەندىرىپ، العاشقى مەزگىلدىڭ ٴۇرتىس دامىپ، كوركەيۋىنە ساياسي ٴتۇزىم جاعىنان كەپىلدىك ازىرلەدى. تاڭ پاتشالىعىنىڭ ٴۇش ۋازىرلىگى: ساناتتىق ۋازىرلىك، ىشكى ۋازىرلىك، نوكەرلىك ۋازىرلىك؛ التى ٴبولىم: ساناتتىق ۋازىرلىككە قاراستى لاۋازىم ٴبولىمى، ساناق ٴبولىمى، جورالعى ٴبولىمى، جاساق ٴبولىمى، جازا ٴبولىمى، قۇرىلىس ٴبولىمى. ساناتتىق ۋازىرلىكتىڭ مىندەتى — اتقارۋ، ياعني التى بولىمگە (سونداي - اق مەكەمە - باسقاۋىلدىقتارعا) سۇيەنىپ، ٴار ٴتۇرلى جارعىنى اتقارادى؛ ىشكى ۋازىرلىكتىڭ مىندەتى — جارلىق شىعارۋ، ياعني پاتشانىڭ وي - ماقساتى بويىنشا، جارلىق نۇسقاسىن جازادى؛ نوكەرلىك ۋازىرلىكتىڭ مىندەتى — «تەرىستەۋ - تويتارۋ»، ياعني جۇڭشۋدىڭ دايىنداعان جارلىق نۇسقاسى مەن ساناتتىق ٴۋازىردىڭ پاتشاعا جولدايتىن ٴماسليحات حاتىن تەكسەرىپ، اتقارۋعا قولايسىز بولسا، تويتارادى، تەرىستەيدى. وسىلاي بولعاندا، ٴۇش ۋازىرلىك اراسىندا جۇمىس ٴبولىسى انىق بولادى ٴارى ٴبىرىن - ٴبىرى تەڭگەرىپ تۇرادى، سونىمەن، بيلىكتىڭ قالىپتان تىس شوعىرلانۋىنان اۋلاق بولىپ، شەشىمنىڭ اعات كەتۋىن ازايتادى.

تۇبەگىنە، باتىسى ورتا ازياداعى ارال تەڭىزىنە، تۇستىگى ۆيەتنامنىڭ شۇنحۋا، سولتۇستىگى بايقال كولىنە دەيىن باردى ٴارى جەكە - جەكە انشي، انبەي، اندۇڭ، اننان، ٴتاڭىرقۇت، بەسبالىق سىندى التى ۇلى باسقاقتىق قۇرىپ، شەكارا ٴوڭىردى باسقارۋىنا الدى.

سوۋي، تاڭ زامانىنداعى جونگە سالۋ جۇيەسى اناعۇرلىم جەتىلدى. سوۋي پاتشالىعى بىرلىككە كەلگەننەن كەيىن، ورتالىقتىڭ شوعىرلى بيلىگى كۇشەيىپ، ٴۇش ۋازىرلىك، التى ٴبولىم اناعۇرلىم نىعايىپ، جەرگىلىكتى ورىنداردا دۋان (ايماق)، اۋدان ەكى دارەجەلى ٴتۇزىم اتقارىلدى؛ سوۋي پاتشالىعى شارۋاشىلىقتى وركەندەتىپ، نوپوس ٴتۇزىمىن جاساپ، جەردى تەڭگەرۋ ٴتۇزىمىن، المان - سالىق ٴتۇزىمىن اتقارىپ، وڭتۇستىك پەن سولتۇستىكتىڭ اقشاسى مەن ولشەمىن بىرلىككە كەلتىرىپ، قوعام مەن شارۋاشىلىقتىڭ قالىپىنا كەلۋىن، دامۋىن جەبەدى. تاڭ پاتشالىعى العاشقى كەزدە سوۋي پاتشالىعىنىڭ ٴتۇرلى تۇزىمدەرىن جاقسارتتى جانە دامىتتى. سارايدا «ٴۇش ۋازىرلىك، التى ٴبولىم» قۇردى، بۇلار ٴارى ٴبىرىن - ٴبىرى تەجەپ، ٴارى ٴوزارا تولىقتىرىپ وتىردى؛ جەر - جەردە دۋان، اۋدان ەكى دارەجەلى جەرگىلىكتى اكىمشىلىك، ماڭىزدى جەرلەردە تۇتىقتىق قۇردى، بۇلار جاساق پەن حالىق ىستەرىن قوسىمشا باسقارىپ، جاساقتى وردا باسقاۋ ٴتۇزىمى مەن كىجۇي ٴتۇزىمىن ۇزدىكسىز

يان ليبن «جىگۇڭ سۋرەتى»

تاڭ تايزۇڭ زامانىندا شىعىس ازياداعى پولي، لوچا جانە لين ـ ي ەلدەرى جۇڭگوعا كەلىپ، پاتشاعا ٴتۇرلى فورماداعى باعالى بۇيىمدار تارتۋ ەتكەندەگى كورىنىس تۇسىرىلگەن.

اتقارىپ، ۇجيانىڭ كلاسسيكالىق شىعارماسى جانە ولەڭ ـ جىرىمەن ەمتيحان الۋ ارقىلى دارىندىلاردى تاڭدادى. وسى ٴبىرقاتار تۇزىمدەردىڭ ورناۋى مەن دامۋى ۇلى بىرلىك جاعدايىنىڭ بەكەمدەلۋىنە ٴتيىمدى بولدى.

ۇلى تاڭ پاتشالىعىنىڭ گۇلدەنۋى دۇنيە جۇزىنە ايگىلەنىپ، توڭىرەكتەگى ەلدەر مەن رايوندارعا تەرەڭ ىقپال جاسادى. سونىمەن بىرگە، تاڭ پاتشالىعى شەتتەن كىرگەن مادەنيەتتى اشىق جانە باۋىرمال رۇحپەن كەڭىنەن قابىلداپ، جۇڭحۋا مادەنيەتىن بايىتتى جانە وركەندەتتى، جاقسى ـ جامانىنا قاراماي الىپ ساقتاۋ، ٴتۇرلى جاقتىڭ ارتىقشىلىعى مەن ابزالدىلىعىن قابىلداۋ سىندى داۋىرلىك كەلبەتتى ايگىلەدى. ول كەزدەگى استانا چاڭ ـ ان ٴبىر ميلليون تۇرعىنى بار حالىقارالىق ورتالىق قالاعا اينالىپ، كوپتەگەن مەملەكەتتەردىڭ ەلشىلەرى، ساۋداگەرلەرى، وقىمىستىلارى، موناحتارى بۇل ارادا باس قوسىپ، چاڭ ـ اندى ٴتۇرلى مادەنيەت ٴوزىن كورسەتەتىن جانە توعىساتىن ساحناعا اينالدىردى. كورەي، جاپونيا، يىنديا سياقتى مەملەكەتتەر وقۋشىلارىن چاڭ ـ انعا ۇيرەنۋگە جىبەردى، بۇنىڭ ىشىندە جاپونيا تاڭ پاتشالىعىنا ون نەشە توپ ەلشى جىبەردى، كوپ بولعاندا ٴبىر رەتتە 500 ادامنان استى. جازبالارعا نەگىزدەلگەندە، دامىعان 70 نەشە مەملەكەتتىڭ قوناعىن قابىلداپ، تاڭ پاتشالىعىنىڭ جاريالىلىق رۇحىن ايگىلەدى.

سۇي، تاڭ پاتشالىقتارىنا كەلگەن ەلشىلەر مەن وقۋشىلار جۇڭحۋا وركەنيەتىن ۇلگى ەتىپ، جۇڭحۋانىڭ تاڭداۋلى وركەنيەتىنىڭ جەتىستىكتەرىن بەلسەنە ۇيرەندى جانە قابىلدادى. مىسالى، جاپونيا جىبەرگەن ەلشىلەر تاڭ پاتشالىعىنىڭ وزىق ٴتۇزىمىن، استرونوميا،

جيان جىن(688 ـ 763)

تاڭ پاتشالىعىنىڭ موناعى، گۋاڭلىڭنىڭ جياڭياڭ دەگەن جەرىنىڭ (بۇگىنگى جياڭسۋ ولكەسى ياڭجوۋى) ادامى. تيانباۋدىڭ العاشقى جىلى (742) جاپونيالىق موناحتىڭ شاقىرتۋىمەن شىعىستاعى جاپونياعا بارىپ، بۋددا نومىن جەتكىزۋمەن بىرگە، جۇڭگونىڭ ءمەدەۋ، ءدارى ـ دارمەك، مادەنيەت، حاتكەرلىك، ءۇي قۇرىلىسى، سۋرەت سالۋ سەكىلدىلەردى تاراتىپ، جۇڭگو مەن جاپونيانىڭ مادەنيەت اۋىسۋىنا ۇلەۋلى ۇلەس قوستى.

كالەندار، جازۋ، كلاسسيك شىعارما، حاتكەرلىك، كوركەمونەر، ءۇي قۇرىلىس تەحنيكاسى سەكىلدىلەردى جاپونياعا جەتكىزدى، بۇل جاپونيا قوعامىنىڭ دامۋىنا تەرەڭ ىقپال كورسەتتى. جيان جىن تىكە ارالاسقان قۇرىلىس ـ توشوداي عيباداتحاسى ايباتتى، قۇرىلىمى شەبەرلىكپەن جوبالانعاندىقتان، جاپونياداعى عيباداتحانالاردىڭ ۇلگىسىنە اينالدى. تاعى ءبىر مىسال، سيللا (بۇگىنگى كورەي تۇبەگى) تاڭ پاتشالىعىنىڭ ءتۇزىمى بويىنشا گوشۋەسىن قۇرىپ، «جوۋ ـ ي»، «شاڭشۋ»، «ماۋشى»، «ليجي»، «چۇنچيۋ زو اۋلەتى باياني»، «ۋىنشۋان» سياقتى كىتاپتاردى وقىتقاندىقتان، رۋجيا كلاسسيك شىعارمالارى شينلو وقۋشىلارىنىڭ مىندەتتى وقۋلىعىنا اينالدى.

سۇي، تاڭ پاتشالىقتارى زامانىندا قاعاز جاساۋ تەحنيكاسى جاپونياعا، كورەياعا جانە ورتا ازيانىڭ ءىشىنارا ەلدەرىنە تارادى، سونداي ـ اق ساۋدا ارقىلى يندىيا، ءسىريا، ەگيپەت جانە ەۋروپا قۇرلىعىنا جەتتى، وق ـ ءدارى دە ەۋروپا قۇرلىعىنا باردى. وسى عىلىم ـ تەحنيكالىق تابىستار

ماتەريال تىزبەگى

جيا زى جانايدارمەن بىرگە داميڭگۇڭعا تاڭەرتەڭگى پاتشا قابىلداۋىنا بارعاندا

تاڭ . ۋاڭ ۋي

قىزىل شىتتى كۇزەتشى تاڭ اتتى دەپ جارسالدى، كيىمشى تورە پاتشا اعزامىنىڭ كيىمدەرىن اپاردى.
سارايلاردىڭ توعىز قابات اشىلىپ تۇگەل قاقپالارى، ءار ەلدەن كەلگەن ەلشىلەردى وردادا پاتشا قابىلدادى.
تاڭەرتەڭگى قابىلداۋ ءبىتىپ ءۇزىڭىز دارا قالدىڭىز، بەس رەڭدى قاعازعا پاتشانىڭ جارلىعىن جازدىڭىز.
بەلىڭە تاققان كىسەڭىزدەگى قاس تاستارى سىڭعىرلاپ، سامۇرىق حاۋىزى جانىنا ارشىنداي باسىپ باردىڭىز.

الەمگە ايگىلى، ول جوڭحۋا ۇلتىنىڭ ادامزاتقا قوسقان ۇلى ۇلەسى ٴارى ادامزات قوعامىنىڭ تاريحي دامۋىنا تەرەڭ ىقپال كورسەتتى.

ەكىنشى تاراۋشا ەكى ۇلى باسقاقتىقتىڭ باسقارىلۋى جانە ايماق، اۋدان ٴتۇزىمىنىڭ جالپىلاسۋى

سۋي پاتشالىعى ورناعاننان كەيىن، باتىس ٴوڭىردى جونگە سالۋدى كۇشەيتىپ، تاڭ پاتشالىعىنىڭ باتىس ٴوڭىردى بىرلىككە كەلتىرۋىنە نەگىز قالادى. تاڭ پاتشالىعى باتىس ٴوڭىردى بىرلىككە كەلتىرگەننەن كەيىن، انشي، بەسبالىق ەكى ۇلى باسقاقتىعىن قۇرىپ، ورتالىقتىڭ باتىس ٴوڭىردى باسقارۋىن اناعۇرلىم كۇشەيتىپ، بىرلىككە كەلگەن كوپ ۇلتتى مەملەكەتتىڭ باۋراۋ قۋاتى مەن ۇيىستىرۋ قۋاتىن ارتتىردى.

ٴبىرىنشى، سۋي، تاڭ پاتشالىقتارى باتىس ٴوڭىردى بىرلىككە كەلتىردى

سۋي پاتشالىعىنىڭ العاشقى كەزىندە، باتىس ٴوڭىر نەگىزىنەن ەلىمىزدىڭ سولتۇستىگىندەگى كوشپەلى ۇلت تۇركتەردىڭ تىزگىنىندە ەدى. تۇركتەر اۋىر الىم ـ سالىق جيىپ، قالا ـ قالاشىقتاردى ٴبۇلدىرىپ، تۇتقىنداردى قۇلدانعاندىقتان، كەيبىر قالالار قۇلازىپ، قاڭعىراپ بوس قالدى دا شارۋاشىلىق پەن قوعامنىڭ دامۋى اۋىر كەدەرگىگە ۇشىرادى.

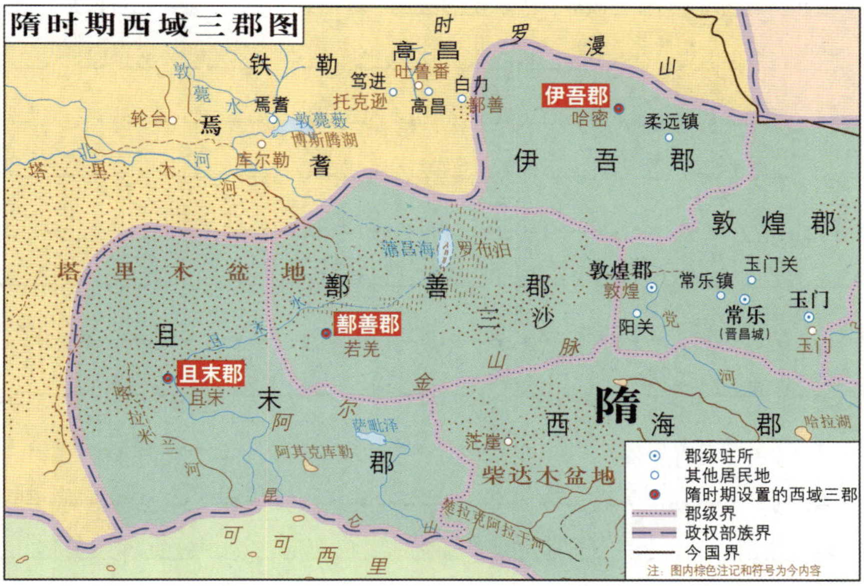

ماتەريال تىزبەگى

تاڭ ٴداۋىرىنىڭ اقىنى ليۋ زۇڭيۋان «تاڭ ٴداۋىرىنىڭ سالتانات جىرى، بارابانى، سىرناي اۋەنى. گاۋچاڭ» دەگەن ولەڭىندە بىلاي دەپ جىرلايدى: «تاڭ تايزۇڭ پاتشا تۇستىكتە وتىر باسقارىپ، رەي ـ تيەكتىڭ قالىڭ ەلى باعىنىپ. ٴتاڭىر قاعان بولادى بىرەۋ، بولماق ەمەس باسقا بىرەۋ. ٴتاڭىر قاعان دەستى ەل تاڭ تايزۇڭدى، قارادى ەلى ۇلى ەل استاناسىنا. شەكارانى قورعادى قول جاساعى، تىنىشتىق ورنادى بۇكىل ەل دالاسىنا.»

ەلىمىزدىڭ باتىس سولتۇستىگىندە جاساعان ەرتە زاماندىعى ۇلتتاردىڭ بيلەۋشىلەرى قاعان دەپ اتالدى، ولار تاڭ تايزۇڭدى قولداپ، «ٴتاڭىر قاعان» دەپ قۇرمەتتەدى. تاڭ پاتشالىعى باتىس سولتۇستىكتەگى ۇلتتاردىڭ بيلەۋشىلەرىنە قولتاڭبالى حات ـ قاتىناس جىبەرگەندە ولار تاڭ تايزۇڭدى جالعاستى وسىلاي اتادى.

سۇي پاتشالىعى ورتا جازىقتى بىرلىككە كەلتىرگەننەن كەيىن، تەرىستىك موبي مەن باتىس ٴوڭىردى اناعۇرلىم بىرلىككە كەلتىرۋ جاعدايىنا ٴدوپ كەلدى. سۇي ياڭدي تاحقا وتىرعاننان كەيىن، پەي جۇيدى حىشي كاريدورىنا باتىس ٴوڭىردىڭ احۋالىن يەلەۋگە جىبەردى. پەي جۇي يەلەگەن احۋالىنا نەگىزدەلىپ، «باتىس ٴوڭىر سۋرەتتى ەستەلىگىن» قۇراستىردى، وندا باتىس وڭىردەگى قالالىق ەلدەردىڭ باتىس حان پاتشالىعىنان سۇي پاتشالىعىنا دەيىنگى زامانىنداعى تاريحي وزگەرىستەردى جازىپ، باتىس وڭىردەگى تاۋ ـ وزەندەردى سۋرەتتەپ، ٴار جەردەگى حالىقتىق عۇرىپ ـ ادەتتەردەن ەستەلىك الدى. 608 ـ جىلى، سۇي ياڭدي تەلەك تايپالارىمەن بايلانىس جاساپ، گانسۋ، چيڭحاي توڭىرەگىندەگى تۇيعۇنداردى جەڭىپ، ٴتورت ايماق قۇردى، مۇنىڭ ىشىندە پىشامشان ايماعى مەن سامۇت ايماعى بۇگىنگى شينجياڭ شەكاراسىندا. سول جىلى سۇي پاتشالىعى ٴۇبىردى تارتىپ الىپ، «جاڭا ٴۇبىر قورعانىن» سالدى، بۇل سۇي پاتشالىعىنىڭ شىعىس پەن باتىستى تۇتاستىراتىن قاتىناس تۇيىلىسىندەگى ماڭىزدى اسكەري بەكىنىسجايىعا اينالدى. 610 ـ جىلى، سۇي پاتشالىعى رەسمي ٴۇبىر ايماعىن قۇرىپ، ونى ورتا جازىقتان باتىس وڭىرگە وتەتىن قاقپا ەتتى. پىشامشان ايماعى، سامۇت ايماعى، ٴۇبىر ايماعىنىڭ قۇرىلۋى ايماق، اۋدان ٴتۇزىمىنىڭ باتىس وڭىردە اتقارىلۋ كولەمىن كەڭەيتتى.

تاڭ پاتشالىعى قۇرىلعاننان كەيىن، باتىس وڭىردەگى قالالىق ەلدەر تۇس ـ تۇستان چاڭ ـ انعا ەلشى جىبەرىپ، تاڭ پاتشالىعىنا قاراستى بولاتىنىن ەمەۋرىن ٴبىلدىردى. 627 ـ

جىلى، تاڭ تايزۇڭ ــ لي شىمين تاققا وتىرعاننان كەيىن، باتىس ٴوڭىردى بىرلىككە كەلتىرۋگە باستالدى. 630 ـ جىلى، تاڭ پاتشالىعى موبيداعى بايىرعى ۇيعۇر سياقتى ۇلتتارمەن بىرلەسىپ، شىعىس تۇرىك قاعاناتىن جويىپ، سولتۇستىكتەن كەلەتىن حاۋىپتى سەيىلتتى. ٴسويتىپ، موبيداعى تايپالار ارت ـ ارتىنان قاراپ، تاڭ تايزۇڭدى قۇرمەتتەپ: «ٴتاڭىر قاعان» دەپ اتادى ٴارى دامىنىڭ وڭتۇستىگى مەن سولتۇستىگىن تۇتاستىراتىن «ٴتاڭىر قاعان داڭعىلىن» سالىپ، ورتا جازىققا توتە جول اشتى، جول بويىندا جامدار كوبەيىپ، ورتا جازىقپەن بايلانىس جاسايتىن دانەكەرگە اينالدى. شىعىس تۇرىك قاعاناتى جويىلعاننان كەيىن، بۇرىن باتىس تۇرككە قاراعان ٴۇبىر قامالىنىڭ باسشىسى وزىنە قاراستى جەتى قامالداعىلاردى باستاپ ٴوز ەركىمەن تاڭ پاتشالىعىنا باعىندى، ٴسويتىپ، تاڭ پاتشالىعى باتىس ي ـ جوۋ دۋانىن (كەيىن ي ـ جوۋ دۋانىنا وزگەردى) قۇردى، گاۋچاڭ، اگني، كۇسان، شۇرەك سياقتى ەلدەر تۇس ـ تۇستان ادالدىق ٴبىلدىردى، بۇل تاڭ پاتشالىعىنىڭ باتىس ٴوڭىردى بىرلىككە كەلتىرۋىنە شارت ـ جاعداي ازىرلەدى. 640 ـ جىلى، تاڭ پاتشالىعى گاۋچاڭداعى چۇي اۋلەتىن تىنىشتاندىرىپ، شيجوۋ دۋانىن (بۇگىنگى شينجياڭنىڭ تۇرپانى)، تيڭجوۋ دۋانىن (بۇگىنگى شينجياڭنىڭ جەمسارى) قۇردى ٴارى انشي باسقاقتىعى شيجوۋ دۋانىنان قۇردى. 647 ـ جىلى،

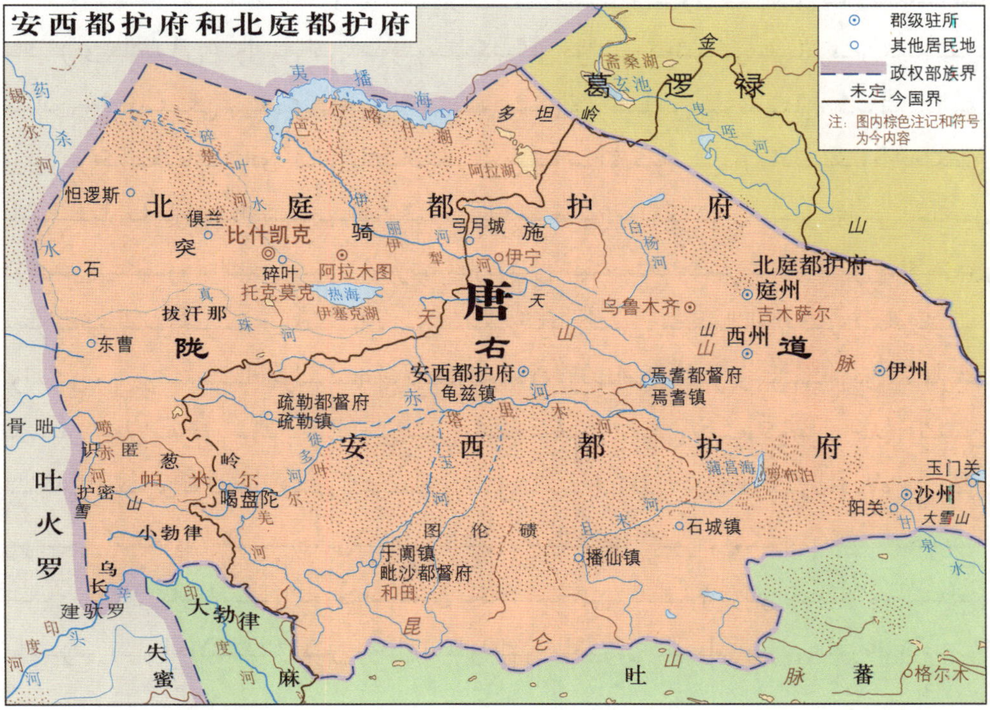

تاڭ پاتشالىعى باتىس تۇرك قاعاناتىن جەڭىپ، اگني، كۇسان سياقتى جەرلەردى الىپ، ونىڭ تىزە بۇككەن تايپالارىن قابىلدادى. 657 ـ جىلى، تاڭ پاتشالىعى اشىنا قارانىڭ بۇلگىن تىنشتاندىرىپ، تيانشان تاۋىنىڭ سولتۇستىگى مەن ورتا ازيا وڭىرىندە باسقاقتىق جانە دۋان قۇرىپ، ونى انشي ۇلكەن باسقاقتىعىنىڭ باسقارۋىنا قاراتتى. وسى كەزگە جەتكەندە، تاڭ پاتشالىعى باتىس ٴوڭىردى تولىق بىرلىككە كەلتىرىپ بولدى. 658 ـ جىلى، تاڭ پاتشالىعى انشي باسقاقتىعىن كۇسانعا كوشىردى.

ەكىنشى، انشي باسقاقتىعى جانە بەسبالىق باسقاقتىعى

تاڭ پاتشالىعى زامانىندا، ورتالىقتىڭ باتىس ٴوڭىردى باسقارۋى بارىنشا كۇشەيدى، كۇش ورنالاستىرۋ، باسقارۋعا الىپ جونگە سالۋ سياقتى جاقتاردا الدىڭعى پاتشالىقتارعا قاراعاندا اناعۇرلىم كەمەلدەنىپ، نەداۋىر تولىق باسقارۋ جۇيەسى ورنادى.

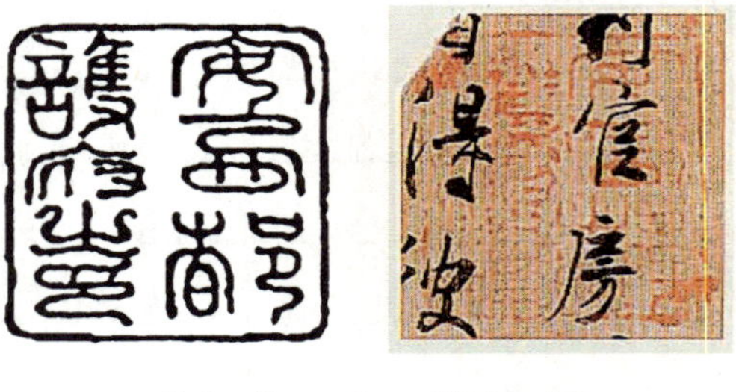

«انشي باسقاقتىعى ٴمورىنىڭ» ٴماتىنى

بەكىنىس ـ قامالداردى ورنالاستىردى. شينجياڭ ٴوڭىرى شىعىس پەن باتىستىڭ ماڭىزدى قاتىناس جول تورابى، سولتۇستىكتەگى قۋاتتى كوشپەلى تايپالارمەن تۇتاسىپ جاتادى، وڭتۇستىگى چيڭحاي ـ شيزاڭ ۇستىرتىمەن كورشىلەس، سوندىقتان، ستراتەگيالىق ورنى ەرەكشە ماڭىزدى. تاڭ پاتشالىعى جونگە سالۋ كۇشىن ورنالاستىرۋدا الدىڭعى پاتشالىقتارعا قاراعاندا، شينجياڭ ٴوڭىرىنىڭ شىعىس بولىگىنە ي ـ جوۋ دۋانىن، شيجوۋ دۋانىن، تيڭجوۋ دۋانىن قۇرىپ، ورتا جازىقتان شينجياڭ وڭىرىنە وتەتىن ماڭىزدى ستراتەگيالىق جولداردى مىقتاپ تىزگىنىنە الۋدان تىس، شينجياڭ ٴوڭىرىنىڭ باتىس بولىگى مەن وڭتۇستىك بولىگىنىڭ شەكارا جاعالاۋلارىنداعى ماڭىزدى تۇيىندەردى باسقارۋعا تىپتەن ٴمان بەردى. تاڭ پاتشالىعى انشي باسقاقتىعىن ٴتۇيىن ەتىپ، كۇسان، اگني (كەيىن سۇياب اسكەري بەكىنىسجايى اگنيدىڭ ورنىن باستى)، ۇدۇن، شۇرەك ٴتورت قالادا قورعان سوعىپ، اسكەري بەكىنىسجايى، ياعني «انشي باسقاقتىعى ٴتورت اسكەري بەكىنىسجايىن» سالدى. «انشي باسقاقتىق ٴتورت اسكەري بەكىنىسجايى» باسقارۋ ورنى جىبەك جولىنداعى ماڭىزدى ساۋدا قالاشىقتار مەن ورتا ازياعا وتەتىن ماڭىزدى قاتىناس تورابى شۇرەك قالاسىن

بەسبالىق باسقاقتىعىنىڭ ەسكى جۇرتى   بۇگىنگى شينجياڭنىڭ جەمسارىسىندا

نەگىز ەتىپ، انشي باسقاقتىعىن قوسىمشا باسقارىپ، شينجياڭ ٴوڭىرىنىڭ باتىس بولىك، وڭتۇستىك بولىك شەكارا جاعالاۋىنداعى ماڭىزدى جەرلەرگە، اسىرەسە، سۋياب اسكەري بەكىنىسجايىنا (بۇگىنگى قىرعىزستاننىڭ توقماق قالاسىن) جاساق ورنالاستىردى، ونىڭ ۇستىنە، باتىس بولىككە ىشكەرىلەي كىرىپ، ورتا ازياعا جاقىندادى. «انشي باسقاقتىعىنىڭ ٴتورت اسكەري ٴبولىمىنىڭ» قۇرىلۋى تاڭ پاتشالىعىنىڭ باتىس ٴوڭىردى تىكەلەي باسقارۋ اۋماعىن اناعۇرلىم كەڭەيتىپ، استانا چاڭ - ان تۇرعان گۋانجۇڭ ٴوڭىرىنىڭ حاۋىپسىزدىگىن، تاڭ پاتشالىعىنىڭ ساياسي حاۋىپسىزدىگىن قورعاۋدا ماڭىزدى رول اتقاردى.

باسقاقتىقتار ٴبىر تۇتاس باسقاردى. تاڭ پاتشالىعى باتىس ٴوڭىردى بىرلىككە كەلتىرگەننەن كەيىن، 640 - جىلى جانە 702 - جىلى جەكە - جەكە انشي، بەسبالىق ەكى باسقاقتىق قۇردى، كەيىن ولاردى انشي، بەسبالىق باسقاقتىقتارىن ۇلى باسقاقتىق دارەجەسىنە كوتەردى، وسى ەكى باسقاقتىق تيانشان تاۋىنىڭ وڭتۇستىگى مەن سولتۇستىگىندەگى وڭىرلەردى ٴبولىپ باسقاردى. باسقاقتىق — تاڭ پاتشالىعىنىڭ باتىس وڭىردەگى ەڭ جوعارى اسكەري - اكىمشىلىك ورگانى، ۇلىقتىق لاۋازىم بەلگىلەنىپ، مىندەتكە ارناۋلى تاعايىندالدى. باسقاقتىققا قاراستى كەمي اعا باسقاق، كەمي باسقاق قويدى. انشي باسقاقتىعىنىڭ باسقارۋ اۋماعىنا كوكارتتىڭ باتىسى، پارسىنىڭ شىعىسى، امۋ داريانىڭ وڭتۇستىگىندەگى كەڭ - بايتاق ٴوڭىر قامتىلىپ، جالپى 20 تۇتىقتىق بولدى؛ بەسبالىق باسقاقتىعىنا قاراستى اۋماققا تيانشان تاۋىنىڭ سولتۇستىگى مەن شۋ وزەنىنىڭ باتىسىنان تارتىپ، كاسپي تەڭىزىنىڭ وڭتۇستىگىندەگى كەڭ - بايتاق ٴوڭىر قامتىلىپ، جالپى 23 تۇتىقتىق بولدى.

تارىحي ماتەريالعا قايتا ٴۇڭىلۋ

كورىنەدى جامدار الىستان نوقات بولىپ، شەكارا ۋران وت تۇرلارى تۇرادى ٴبىر - بىرىنە قاراسىپ.

— تاڭ ٴداۋىرىنىڭ اقىنى سىن شىنىنىڭ «ليۋ شان ۋكىل ۋلىق ۋ - ۋيدان انشيعا اتتانعاندا اسكەري - اكىمشىلىك ۋلىعى گاۋ ورداگەرگە ولەڭىمدى جەتكىزۋدى تاپسىردىم».

تاڭ پاتشالىعىنىڭ ٴتۇزىمى بويىنشا، ۇران وت تۇرلارى مەن جامدار جاساق بولىمىنە قارادى، ول 30 شاقىرىم ارالىقتا بىردەن ورنالاستىرىلعان، ەرتە زاماندا كەي كەزدەرى ماڭىزدى جامداردا ۇران وت تۇرلارى مەن جامداردا قاتار ورنالاستىرىلدى (ۇران وت تۇرلارى مەن جامدار ۇقساس اتپەن اتالدى)، تۇرلاردا، باستىسى، بەلگى وت جاعىلادى، جامدارعا، باستىسى، حات - قاتىناستار جەتكىزىلەدى.

جەرگىلىكتى حالىقتىڭ ادەت - عۇرپى بويىنشا باسقاردى. تاڭ پاتشالىعى حانزۋ ۇلتى بۇقاراسى ٴبىرشاما شوعىرلى قونىستانعان شينجياڭنىڭ شىعىسىنداعى وڭىرلەردە دۋان، اۋدان ەكى دارەجەلى اكىمشىلىك باسقارۋ ٴتۇزىمىن ورناتىپ، جەردى تەڭگەرۋ ٴتۇزىمى مەن ماي اقىنى رەتتەۋ ٴتۇزىمى سياقتىلاردى جالپىلاستىردى، وسى دۋان، اۋداندار ورتا جازىق سياقتى وڭىرلەرمەن ۇقساس ٴتۇزىم اتقارىپ، ورتالىقتىڭ جارلىقتارىن دايەكتىلەندىردى، اتقاردى. تاڭ پاتشالىعى ي - جوۋ، شيجوۋ، تيڭجوۋ دۋاندارىنىڭ باتىسىنداعى از ساندى ۇلتتار ٴجيى قونىستانعان وڭىرلەردە تۇتىقتىق، داۋان ٴتۇزىمىن اتقاردى، تايپالاردىڭ نەمەسە ولار قونىستانعان وڭىرلەردىڭ ۇلكەن - كىشىلىگىنە قاراي، تۇتىقتىق، دۋان، اۋدان قۇرىپ، جەرگىلىكتى ۇلتتاردىڭ باسىلارىن تۇتىق، دۋانباسى لاۋازىمىنا تاعايىندادى. وسى ۇلت باسىلارى تاڭ پاتشالىعى تاعايىنداعان ۇلىق رەتىندە مەملەكەتتەن تۇراقتى جالاقى الىپ، پاتشا ورداسىنىڭ بۇيرىعىن وتەدى. بۇل تۇتىقتىق، دۋان، اۋداندار پاتشا ورداسىنا الىم - سالىق تاپسىرماعانىمەن، اكىمشىلىك، جاساق ىستەرىندە ورتالىقتىڭ ٴامىرىن، ٴسوز جوق، بۇلجىتپاي اتقارۋ، شەكارانى قورعاۋ ٴۇشىن جاساق شىعارىپ، سوعىسقا كومەكتەسۋ مىندەتى بولدى. بۇل شەكارانىڭ ناقتى قۋاتىن كۇشەيتىپ، تاڭ پاتشالىعىنىڭ باتىس وڭىردەگى بيلىگىن نىعايتۋدا ماڭىزدى رول اتقاردى.

تىڭ يگەرىپ، شەكارانى كۇزەتتى. تاڭ پاتشالىعى ٴار زامانداعى ورتالىق بيلىكتىڭ تىڭ

بگەرىپ، شەكارانى كۇزەتۋ داستۇرىنەن جازباي، باتىس وڭىردە تىلك يگەردى. جىنگۋان جىلدارى تاڭ تايزۇڭ: «شاندۇڭ ەر ازماتتارى باتىس ٴوڭىر شەكاراسىن قورعاسىن، جاساقتاردىڭ ازىق ـ تۇلىگىن قامداۋ ٴۇشىن تىلك يگەرىپ، استىق ەكسىن، قوي، جىلقى باعىپ، مال ٴوسىرسىن» دەپ جارلىق ٴتۇسىردى[1]، سونىمەن، باتىس سولتۇستىك وڭىردە تىلك يگەرۋ باستاپ اتقارىلدى. وسىدان كەيىن، تاڭ پاتشالىعىنىڭ باتىس وڭىردەگى تىلك يگەرۋ اۋماعى ونان ارى كەڭەيەدى ٴارى «تەجەۋىل تىلك يگەرۋشىنى» ارناۋلى تاعايىنداپ، تىلك يگەرۋ ٴىسىن باسقارتتى. ساناققا نەگىزدەلگەندە، كەزىندەگى انشي ۇلكەن باسقاقتىعى مەن بەسبالىق ۇلكەن باسقاقتىعىنىڭ

ماتەريال تىزبەگى

وتكەلەكتەن ٴوتۋ حاتى ـ كەدەننەن ٴوتۋ حات ـ قاعازى، ياعني ەرتە زاماندا سۋ ـ قۇرلىق وتكەلەكتەرىنەن وتۋدە، ٴسوزسىز، كورسەتەتىن قاتىناس كۋالىگى. شىرانديانىڭ وتكەلەكتەن ٴوتۋ حاتى ـ كايىۋاننىڭ 20 ـ جىلى (732) شيجوۋلىق شىرانديانىڭ گۋاجوۋ دۋانى مەن شاجوۋ دۋانىنىڭ اكىمگەر سۇگىرىنەن العان حاتى، وعان ونىڭ گۋاجوۋ دۋانى، شاجوۋ دۋانى جانە ي ـ جوۋ دۋاندارىنا بارۋداعى ماقساتى، سەرىكتەرىنىڭ احۋالى، الىپ جۇرگەن زاتى، سونداي ـ اق ولاردىڭ وتكەلەكتەردەن وتكەن جاعدايى سياقتىلار جازىلعان. شىرانديانىڭ وتكەلەكتەن ٴوتۋ حاتىنىڭ باس ـ اياعى جوق بولعانىمەن، مازمۇنى انىق، 24 جول جازۋ ساقتالىپ قالعان. حات ـ قاتىناستىڭ بەس جەرىنە قىزىل ٴمور باسىلعان، باسىنداعىسى « گۋاجوۋ دۋان تۇتىقتىعىنىڭ ٴمورى». ارالىعىنداعى ۇشەۋى «شاجوۋ دۋانىنىڭ ٴمورى»، اياعىنداعىسى «ي ـ جوۋ دۋانىنىڭ ٴمورى».

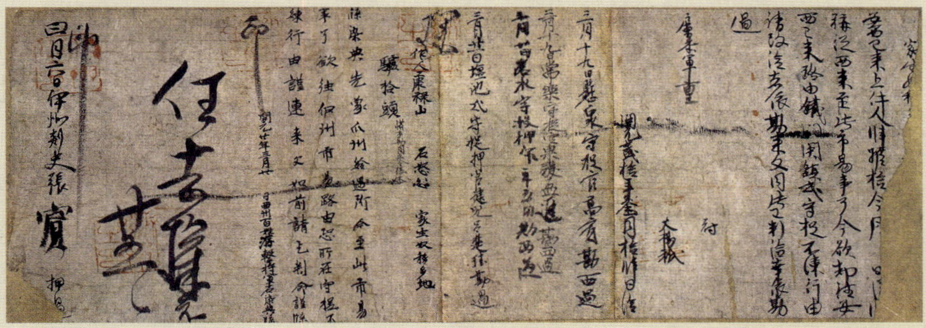

شرانديانىڭ وتكەلەكتەن ٴوتۋ حاتى شينجياڭنىڭ تۇرپانىنداعى استانا بايىرعى مولاسىنان تابىلعان

① (سوڭعى جين) ليۋ شۇيلەر قۇراستىرعان: «كونە تاڭناما. ٴتۇبىت بايانى (1)»، بەيجيڭ، جوڭحۋا شۋجۇي باسپاسى، 1975 ـ جىل، 5236 ـ بەت.

فاراۋىندا جالپى 56 اۋماق جەر يگەرىلىپ، ٴار اۋماق جەردى 50 چيك دەپ ەسەپتەگەندە، يگەرىلگەن تىلىڭ جەر 2800 چيكگە جەتتى. تاڭ پاتشالىعى باتىس وڭىردەن ٴبىرسىپىرا اۋماق تىلىڭ جەر يگەرىپ، باتىس ٴوڭىر شارۋاشىلىعىنىڭ دامۋىن ىلگەرىلەتىپ، باتىس ٴوڭىردىڭ سايايسي ورنىقتىلىعىن قورعادى.

قاتىناس قامتاماسىز ەتىلدى. تاڭ پاتشالىعىنىڭ تيانشان تاۋىنىڭ وڭتۇستىگى مەن سولتۇستىگىندەگى قاتىناسى انشي ۋلكەن باسقاقتىعى تۇرعان كۇساندى جانە بەسبالىق ۋلكەن باسقاقتىعى تۇرعان تيڭجوۋدى وزەك ەتىپ، شار تاراپقا سوزىلدى؛ شىعىسى تيڭجوۋدان باستالىپ، باتىسى سۇياپ وزەنىنە دەيىنگى كەڭ ـ بايتاق اۋماقتى الىپ جاتتى، وسى ارالىقتارعا كوپتەگەن جام، ۇران وت تۇرلارى سالىنىپ، شىعىس پەن باتىستىڭ قاتىناس حاۋىپسىزدىگى مەن بىركەلكىسىزدىگىنە جانە قايشىلىقسىز ساۋداگەر ـ ەلشىلەردىڭ اس ـ سۋ، جاتىن ورنىنا كەپىلدىك ەتتى؛ ساۋداگەرلەر مەن ەلشىلەر باتىس وڭىردەن وتكەندە ورتالىق نەمەسە جەرگىلىكتى ورىندار تاراتقان وتكەلەكتەن ٴوتۋ حاتىن الىپ ٴجۇردى. ول سىرتقا شىعۋدىڭ سەبەبى، ادام سانى، سالاۋاتى سياقتىلار تەكسەرىلگەننەن كەيىن جۇرۋگە بولاتىنىن ۋعىندىرادى. بۇل شارالار باتىس ٴوڭىردىڭ حان ٴداۋىرى زامانىنان بەرگى جالاڭ جاساقتىق قورعانىس ٴوڭىرىن سالىستىرمالى ورنىقتى وڭىرگە وزگەرتىپ، باتىس سولتۇستىك ٴوڭىردىڭ «قاتىناس تۇيىندەرى ايقىندالىپ»[①]، جىبەك جولىن اناعۇرلىم بىركەلكىسىزدەندىردى.

ٴۇشىنشى، شينجياڭ ٴوڭىرىنىڭ جانە توڭىرەكتەگى جەرگىلىكتى بيلىكتەردىڭ ورتالىق بيلىكتى شىنايى موينداۋى

سۇي، تاڭ پاتشالىقتارى باتىس ٴوڭىردى نەداۋىر كەمەلدى جونگە سالىپ، ورتالىقتىڭ اكىمشىلىك جارعىلارىنىڭ ٴساتتى اتقارىلۋىنا شىنايى كەپىلدىك ەتىپ، شينجياڭ ٴوڭىرىنىڭ ورتا جازىق وڭىرىمەن شارۋاشىلىق، مادەنيەت اۋىس ـ كۇيىسىن جەبەپ، باتىس وڭىردەگى جەرگىلىكتى بيلىكتەردىڭ ورتالىق بيلىگىن شىنايى موينداۋىن كۇشەيتتى.

كەزىندەگى تۇرك قاعاناتى سياقتى جەرگىلىكتى بيلىكتەردىڭ ۋلى بىرلىك تانىمى

---

① (سۇڭ) سۇڭ مينچيۋ جازعان: «تاڭ اۋلەتتەرىنىڭ جارعى جيناعى. انشي، بەسبالىق جاساقتارىنا ارناۋ»، بەيجيڭ: ساۋدا باسپاسى، 1959 ـ جىل، 606 ـ بەت.

باسىم ەدى. 585 ـ جىلى، شىعىس تۇركتىڭ ىشبارا قاعانى مونانعا (بۇگىنگى ىشكى موڭعۇل) اۋىپ، سۋي پاتشالىعىنا قاراۋدى وتىنگەندە ماقۇلدىق الدى. ىشبارا قاعان: «اسپاندا ەكى كۇن، جەردە ەكى ٴامىرشى بولمايدى، ۇلى سۋي پاتشاسى ناعىز پاتشامىز، ٴبىز وعان قارسى كەلىپ، جامان اتقا قالمايمىز! بۇگىن داعدىمىز بويىنشا ويلاساق، بۇرىنعى ويدان قايتىپ، باعىنعانىمىزدىڭ قيسىنى بار، سوندىقتان، تىزە بۇگىپ، قۇلدىق ۇرىپ، ماڭگى تاۋەلدى بولعانىمىز وڭ» دەدى. سۋي ۋىندي جارلىق ٴتۇسىرىپ: «ىشبارامەن جاقسى وتكەنبىز، دەسە دە، ەكى ەل ەدىك، مىنە، بۇگىن ولار باعىندى، مىنە، بۇگىن باعىندى»① دەدى ٴارى و دۇنيەلىك بولعان اتا ـ بابالارعا تاساتتىق بەرۋ جونىندە جارلىق ٴتۇسىرىپ، وسى كەرەمەت يگى ٴىستى دۇنيەگە جاريالادى. كەلەسى جىلى سۋي پاتشالىعى تۇركتەرگە كالەندار جاساپ بەرىپ، ٴوزىنىڭ تۇركتىڭ زاڭعا سيىمدى بيلەۋشىسى ەكەنىن ٴبىلدىردى. بۇل تۇردەگى قاتىناس سۋي پاتشالىعىنىڭ سوڭعى كەزدەرىنە دەيىن جالعاستى. سۋي پاتشالىعى كورسەتكەن قىمىن قاعان چاڭ ـ انعا قۇدالىققا بارىپ، چاڭ ـ ان قالاسىنداعى تايچاڭ عيباداتحاناسىندا بولىپ، ورتا

ماتەريال تىزبەگى

چيانليڭ كەسەنەسى جۇچۇە قاقپاسىنىڭ شىعىس ـ باتىس ەكى قاناتىنا 61 سىنتاس «باجاق اكىمدەر» ورناتىلعان، سىنتاستىڭ جونىنا ەسىمى، لاۋازىمى، ۇلت تاۋەلدىلىگى سياقتىلار ويىپ جازىلعان. مۇنىڭ ىشىندە لاۋازىمدى 36 سىنتاستىڭ باسىم كوبى تاڭ پاتشالىعىنىڭ شەكارا وڭىرىندەگى، اسىرەسە، باتىس سولتۇستىك شەكارا وڭىردەگى اكىمشىلىك ٴمانساپتىلار، تاعى ورتالىقتىڭ پاتشا ورداسىنداعى 12 توقساۋىل ۇلكەن جياڭجۇن نەمەسە جياڭجۇن، بۇل كەزىندە كوپتەگەن ۇلتتاردىڭ تاڭ پاتشالىعىنىڭ جونگە سالۋىنا جانە قۇرىلىسىنا قاتىناسقانىن ۇعىندىرادى، ول ەلىمىزدەگى بىرلىككە كەلگەن ٴبىر تۇتاس كوپ ۇلتتى مەملەكەت ەكەندىگىنىڭ جاندى بەينەسى.

---

① (سۇڭ) سىما گۋاڭ قۇراستىرىپ جازعان: «بيلىك عيبىراتناماسى. چىن ەستەلىكتەرى (10)»، بەيجيڭ: جۇڭحۋا شۋجۇي باسپاسى، 1956 ـ جىل، 5483 ـ بەت.

جازىقتىڭ تويى ـ تومالاق، ٴولىم ـ ٴجىتىم مۇراسىمىن ارناۋلى ۇيرەندى. سۇي پاتشالىعى ىلگەرىندى ـ كەيىن پاتشا اۋلەتىنىڭ قىزى ان ـ ي، ي ـ چىڭ حانشالاردى وعان ۇزاتتى. قىمىن قاعان: «تايپالاردىڭ بۇرىنعى كيىم ـ كەشەگىن وزگەرتىپ، حۋاشيامەن بىردەي بولۋ»[①] قۋاتتاماسىن ورتاعا قويدى. تاڭ شۋانزۇڭ كايۋانىنىڭ 28 ـ جىلى (740) تۇرك قاعانى تەڭرى تاڭ شۋانزۇڭنىڭ قاعاندىققا تاعايىنداۋىن قابىلداعاندا: « پاقىرىڭىز ارعى اتادان بەرى قاراي ٴتاڭىر قاعانعا ادال بولىپ كەلدى، ٴار رەت جورىققا اتتانعاندا ەل ٴۇشىن ەڭبەك ٴسىڭىرىپ... ٴتاڭىر قاعاننىڭ ۇزاق عۇمىر كورۋىن، الەمنىڭ ۇلى بىرلىگىن جاقتاپ كەلەدى» دەدى.[②] تۇركتىڭ تەڭىل قاعانى سول كەزدىڭ وزىندە: «الەمنىڭ ۇلى بىرلىك» ۇستانىمىن ايقىن ورتاعا قويۋى تەرەڭ مانگە يە، بۇل «ۇلى بىرلىك» يدەياسى از ساندى ۇلتتاردىڭ بارىنشا شىنايى مويىنداۋىنا يە بولعانىن بەينەلەدى.

سۇي، تاڭ پاتشالىقتارى زامانىندا باتىس وڭىردەگى كوپتەگەن از ۇلتتاردىڭ قولباسىلارى مەملەكەتتى قورعاپ، شەكارانى كۇزەتىپ، مەملەكەتتىڭ تۇتاستىعىن باسىن ٴباي تىگە قورعادى. ان لۋشان ـ شى سىمىڭ بۇلىگى تۋىلعانىنان كەيىن، ۇدۇن ۋاڭى ۋيسارا مەملەكەتتىڭ حاۋىپسىزدىگىنەن الاڭداپ، ٴوزى بەس مىڭ ۇدۇن جاساعىن باستاپ، سوناۋ قيىردان الىسسىنباي ورتا جازىققا ٴوتىپ، بۇلىكتى تىنىشتاندىرۋعا كومەكتەستى. كەيىن تاعى كەيبىر ۇلىس باسىلار ورداعا كەلىپ، «ەلگە قول ۇشىن بەرىپ، بۇلىكشىلەردى تىنىشتاندىرۋدى»[③] وتىنگەندە، ولار سولتۇستىكتەگى ەلدەردىڭ اسكەري ـ اكىمشىلىكتەرىنە ەڭبەك سىڭىرۋگە جىبەرىلدى. تۇبىتتەر باتىس ٴوڭىردى تىزگىنىنە الىپ تۇرعان كەزدەردە، باتىس وڭىردە تۇراتىن جاساقتارمەن، ورتا جازىقپەن بايلانىسى ٴۇزىلىپ قالعانىمەن، ولار بۇرىنعىسىنشا تاڭ پاتشالىعىن جاقتاپ، باتىس ٴوڭىردى قورعاپ، سوعىس الاپاتى تۇتىلۋدان ساقتاندى. 848 ـ جىلى جاڭ يچاۋ ادىلەت تۋىن كوتەرىپ شىققاندا بارشا جان قوستاپ، تۇبىتتەردىڭ ۇستەمدىگىن اۋدارىپ تاستاپ، ادىلەت جاساق بيلىگىن قۇردى، تاڭ پاتشالىعىنا

---

① (سۇڭ) سىما گۋاڭ قۇراستىرىپ جازعان: «بيلىك ەيبىراتناماسى. سۇي ەستەلىكتەرى (4)»، بەيجيڭ: جۇڭحۋا شۋجۇي باسپاسى، 1956 ـ جىل، 5632 ـ بەت.

② (چيڭ) دۇڭ گاۋ، ت.ب .لار قۇراستىرعان: « تاڭ پاتشالىعىنىڭ جالپى شىعارماسى . تۇرك قاعانى بىلگە قارتۇع . قۇتتىقتاۋ كەستەسى»، بەيجيڭ: جۇڭحۋا شۋجۇي باسپاسى، 1983 ـ جىل، 10341 ـ بەت.

③ (سوڭعى جين) ليۋ شۇي، ت.ب .لار جازعان: «كونە تاڭناما . سۋ زۇڭبىن ەستەلىكتەرى»، بەيجيڭ: جۇڭحۋا شۋجۇي باسپاسى، 1975 ـ جىل، 252 ـ بەت.

ەلشى جىبەرىپ: « گۋاجوۋ، شاجوۋ، ي ـ جوۋ، سۋجوۋ، گانجوۋ سياقتى 11 دۋاننىڭ قاريتاسىن تارتۋ ەتتى».[①] بۇل باتىس سولتۇستىكتەگى ۇلتتاردىڭ اتا مەكەندى ۇمتپاعاندىعىنىڭ ايعاعى.

ٴۇشىنشى تاراۋشا تۇركتىڭ جويىلۋى، بايىرعى ۇيعۇرلاردىڭ باتىسقا اۋۋى، سونداي ـ اق ۇلتتار قۇرامىنداعى جاڭا وزگەرىس

سۋي، تاڭ پاتشالىقتارى نەداۋىر اشىق ۇلت ساياساتىن اتقارىپ، حۋاشيا مەن رەيلەر ٴبىر شاڭىراق كوزقاراسىن قالىپتاستىرىپ، ۇلتتار قاتىناسىن جاقسارتىپ، ورتا جازىق پەن توڭىرەكتەگى ۇلتتاردىڭ توعىسۋىن جەبەدى. بايىرعى ۇيعۇرلار تاڭ پاتشالىعىمەن ەتەنە بايلانىستا بولدى، ەكى رەت جاساق شىعارىپ، تاڭ پاتشالىعىنىڭ ان لۋشان ـ شى سىميڭ بۇلىگىن تىنىشتاندىرۋعا كومەكتەستى. تاڭ پاتشالىعى تۇبىتتەرمەن قۇدا ـ اندالى بولىپ، حانزۋ، زاڭزۋ سىندى ەكى ۇلتتىڭ ارالاسۋىن، ىشتەسۋىن جەبەدى. بۇل مەزگىلدە ەلىمىز شەكاراسىنداعى ۇلتتاردىڭ بيلىگى الما ـ كەزەك اۋىسىپ، قونىس اۋدارۋ، كوشۋ جاعدايى نەداۋىر جيىلەپ، كەيىنگى زامانداعى ۇلتتار جاعدايىنا توتەنشە زور ىقپال كورسەتتى. شينجياڭ وڭىرىندەگى ۇلتتاردىڭ ورتالىق بيلىككە بەيىمدەلۋى بارىنشا ارتىپ، ٴار ۇلت حالقى مەملەكەتتىڭ تۇتاستىعىن بىرگە قورعاپ، ەلىمىزدەگى كوپ ۇلتتى ۇلى بىرلىك جاعدايىنىڭ دامۋىن ورتاق جەبەدى.

ٴبىرىنشى، تۇركتەردىڭ ىدىراۋى جانە بايىرعى ۇيعۇرلاردىڭ باتىسقا اۋۋى

تۇركتەر 6 ـ عاسىردىڭ ورتا شەنىندە التاي تاۋى الابىندا شاڭىراق كوتەرگەن كوشپەلى تايپا. ولار 552 ـ جىلى روۋران قاعاناتىن جويعاننان كەيىن، تەرريتورياسى اسا كەڭ تۇرك قاعاناتىن قۇردى. 583 ـ جىلى تۇرك قاعاناتى التاي تاۋىن شەكارا ەتىپ، شىعىس ـ باتىس ەكى ٴىرى كۇشكە بولشەكتەندى. شىعىس تۇرك موبي ساحاراسىندا تىرشىلىك ەتسە، باتىس تۇرك جوڭعار ويپاتى مەن ورتا ازياداعى سىر دارياسىنىڭ سولتۇستىگىندەگى قازاق دالاسىنىڭ شىعىس بولىگىندە كوشپەلى تۇرمىس كەشىردى. سۋي پاتشالىعىنىڭ سوڭعى مەزگىلىندە باتىس تۇركتىڭ ۇلىسباسى يابعۇ قاعان تاحقا وتىرعاننان كەيىن «بىرنەشە ٴجۇز مىڭ

---

① (سۇڭ) وۋياڭ شيۋ، سۇڭ چيلار جازعان: «جاڭا تاڭناما . ٴتۇبىت باياني (2)»، بەيجيڭ: جۇڭحۋا شۋجۇي باسپاسى، 1975 ـ جىل، 6107 ـ بەت.

ۋقشىسىمەن، باتىس ٴۋشىردى مەڭگەرۋىنە الدى»[①]. باتىس تۇرك باتىس ٴۋشىردى يەمدەنگەننەن كەيىن، ساۋدا جولدارىن توسىپ، كەرۋەندەردى توناپ، تاڭ پاتشالىعىنىڭ ورتالىق بيلىگىنىڭ باتىس وڭىرمەن قاتىناسىن ٴۇزىپ تاستادى. مۇنداي جاعدايدا تاڭ تايزۇڭ باتىس وڭىرگە جاساق اتتاندىرىپ، باتىس تۇرك قاعاناتىنا كوپ رەت سوققى بەردى، ٴسويتىپ، ٴاسىلى باتىس تۇرككە قارايتىن باتىس وڭىردەگى قالالىق ەلدەر ارت ـ ارتىنان تاڭ پاتشالىعىنا باعىندى. 648 ـ جىلى، باتىس تۇركتىڭ قاعانى اشىنا قارا ۇلىسىمەن تاڭ پاتشالىعىنا تىزە بۇككەندە، تاڭ پاتشالىعى ونى بەسبالىق تۇتىقتىعىنا تاعايىنداپ، باتىس تۇركتەر ۇلىستارىن قاراعا باسقارتتى. 649 ـ جىلى، تاڭ تايزۇڭ قايتىس بولىپ، اشىنا قارا وسى ورايدا وپاسىزدىق جاسادى. 651 ـ جىلى 30 مىڭ تاڭ پاتشالىعىنىڭ قولى بايىرعى ۇيعۇرلاردىڭ 50 مىڭ اتتى جاساعىمەن بىرلەسىپ اشىنا قاراعا جازا جورىعىن جاسادى. 657 ـ جىلى تاڭ پاتشالىعىنىڭ قولى تولىق جەڭىسكە جەتىپ، اشىنا قارانى ٴتىرى قولعا ٴتۇسىرىپ، باتىس تۇرك قاعاناتىن جويىپ، باتىس ٴوڭىردى بۇكىلدەي بىرلىككە كەلتىردى. سولتۇستىككە ورنالاسقان شىعىس تۇركتەرى تاڭ پاتشالىعىنا 50 جىل باعىنعانىنان كەيىن، 682 ـ جىلى وپاسىزدىق جاساپ، ٴبىر مەزگىل سوڭعى تۇرك قاعاناتىن قۇردى. 744 ـ جىلى، تاڭ پاتشالىعى موبيداعى بايىرعى ۇيعۇر، قارلىقتارمەن بىرلەسىپ، سوڭعى تۇرك قاعاناتىن تىنىشتاندىردى. تۇركتەر جۇڭگونىڭ ەرتە زامانىندا كوشپەلى ۇلت بولعان ٴارى قاعاناتتىڭ جويىلۋىمەن بىرگە، 8 ـ عاسىردىڭ ورتا شەنىندە ىدىرادى، سونداي ـ اق باتىسقا اۋىپ، ورتا ازياعا، باتىس ازياعا ٴوتۋ بارىسىندا جەرگىلىكتى تايپالارمەن ۇزاق ۋاقىت توعىسىپ، كوپتەگەن جاڭا ۇلتتاردى قالىپتاستىردى، جاڭا ۇلتتار بايىرعى تۇرك ۇلتىمەن ماندىك جاقتان پارىقتالادى. سونان تارتىپ تۇركتەر ەلىمىزدىڭ سولتۇستىگىندە تاريح ساحناسىنان شەگىنىپ شىقتى.

ۇيعۇرلار ۇزاق ۋاقىت كوشۋ، ۇلتتارمەن توعىسۋ ارقىلى قالىپتاسقان. ۇيعۇرلاردىڭ ارعى تەگى نەگىزىنەن سۇي، تاڭ پاتشالىقتارى زامانىندا موڭعۇل ۇستىرتىندە جاساعان بايىرعى ۇيعۇر، ولار ۋحۋ، ۋحى، يۋانحى، ۋيحى سەكىلدى حانزۋشا اۋدارىلعان اتتارمەن اتالدى. بايىرعى ۇيعۇرلار ەڭ باستاپتا نەداۋىر ٴالسىز، تۇركتەردىڭ قۇلدانۋى مەن بيلەۋىندە وتكەن. تۇركتەردىڭ قاناۋى مەن قۇلدانۋىنا قارسىلىق كورسەتۋ ٴۇشىن، بايىرعى ۇيعۇرلار تەلەك

① (سوڭعى جين) ليۋ شۇي، ت.ب. لار جازعان: «كونە تاڭناما. تۇرك بايانى(2) »، بەيجيڭ: جۇڭحۋا شۋجۇي باسپاسى، 1975 ـ جىل، 5181 ـ بەت.

كوزقاراس ٴتۇيىنى

تارىحتا ۇيعۇرلاردىڭ اتا ـ باباسى تۇركتەرمەن ۇقساس ٴبىر وڭىردە جاساعانىمەن، ولار تۇرك ەمەس. تايپاۋ زامانىنان بەرى، كەيبىر «پان تۇركيزمشىلدەر» الدامكوستىكتىڭ ٴتاسىل قولدانىپ، «ٴتىل شوعىرى» مەن «ۇلت» ۇعىمىن شاتاستىرىپ، تۇركى تىلدەس ۇلتتاردىڭ بارلىعىن تۇركتەر دەپ اتادى. اماليانتا ٴتىل شوعىرى مەن ۇلتتا ماندىك پارىق بار. «تۇركى ٴتىل شوعىرى»، تەك، ٴتىل عىلىمىنداعى ۇعىم عانا. قازىر ەلىمىزدە تۇركى ٴتىلىن قولداناتىن ۇلتتاردان ۇيعۇر، قازاق، قىرعىز، وزبەك، تاتار، يۇعىر، سالالار بار، وسى ۇلتتاردىڭ ٴبارىنىڭ ٴوز تارىيحى جانە مادەنيەت ەرەكشەلىگى بار، ولار استە اتالمىش «تۇرك ۇلتىنىڭ» قۇرامداس بولىكتەرى ەمەس. تۇركى ٴتىلى شوعىرىنداعى ٴتىلدى قولدانعاندىعى سەبەپتى تۇركتەر دەۋگە بولمايدى. تارىح ۇيعۇرلار تۇركتەردىڭ ۇرپاعى ەمەس ەكەنىن تولىق دالەلدەدى.

تايپالارىنداعى بۇقىت، توڭرا سياقتى رۋلارمەن بىرلەسىپ، بايىرعى ۇيعۇر تايپالىق وداعىن قۇردى. تاڭ پاتشالىعى قولىنىڭ قولداۋىندا، بايىرعى ۇيعۇرلار جاساقتارىن شىعىس تۇرك قاعاناتىنا قارسى اتتاندىرىپ، بىلگەرىندى ـ كەيىن باتىس تۇرك قاعاناتىن، سوڭعى تۇرك قاعاناتىن جويدى. 744 ـ جىلى، بايىرعى ۇيعۇر تايپالارىنىڭ اعامانى قۇتلۇق بويلانى تاڭ پاتشالىعى ىزگى قاعان ەتىپ تاعايىنداپ، بايىرعى ۇيعۇرلار حاندىعىن قۇردى، ورداسىن وتكەن تاۋىنان (وتكەن تاۋى بۇگىنگى موڭعۇليانىڭ ورحىن وزەنىنىڭ جوعارعى اعارىنداعى قاڭاي تاۋلارىنىڭ تەرىستىك جاعى) قۇرىپ، « شىعىس جيەگى شىعۋايلارعا، باتىسى التىنتاۋعا، تۇستىگى داموعا» دەيىنگى جەرلەردى مەڭگەردى[1]. بايىرعى ۇيعۇرلاردىڭ ٴار رەتكى قاعاندارى ورتالىقتىڭ تاعايىنداپ تانۋىنان ٴوتتى. ان لۋشان ـ شى سىميڭ بۇلىگىنەن كەيىن، بايىرعى ۇيعۇرلار ەكى رەت جاساق اتتاندىرىپ، تاڭ پاتشالىعىنا كومەكتەسىپ، تاڭ پاتشالىعىمەن بايلانىسىن بارىنشا قويۋلاتتى. 788 ـ جىلى، بايىرعى ۇيعۇر بيلەۋشىسى تاڭ پاتشالىعىنا جولداعان ٴداناماسىندا، وزدەرىن حۇيحۇ (回鹘) دەپ اتاۋدى ٴوتىندى، بۇل «سۇڭقار سياقتى قاعىلەز، قىران» دەگەن ماعىنا بەرەدى[2]. 833 ـ جىلى، تاڭ ۋىنزۇڭ بايىرعى ۇيعۇر حانىن

---

① (سۇڭ) وۋياڭ شيۋ، سۇڭ چيلار جازعان: «جاڭا تاڭناما . بايىرعى ۇيعۇرلار بايانى ـ 1»، بەيجيڭ: جۇڭحۋا شۇجۇ باسپاسى، 1975 ـ جىل، 6115 ـ بەت.

② (سوڭعى جين) ليۇ چۇي، ت.ب .لار: «كونە تاڭناما . بايىرعى ۇيعۇر بايانى»، بەيجيڭ: جۇڭحۋا شۇجۇي باسپاسى، 1975 ـ جىل، 5210 ـ بەت.

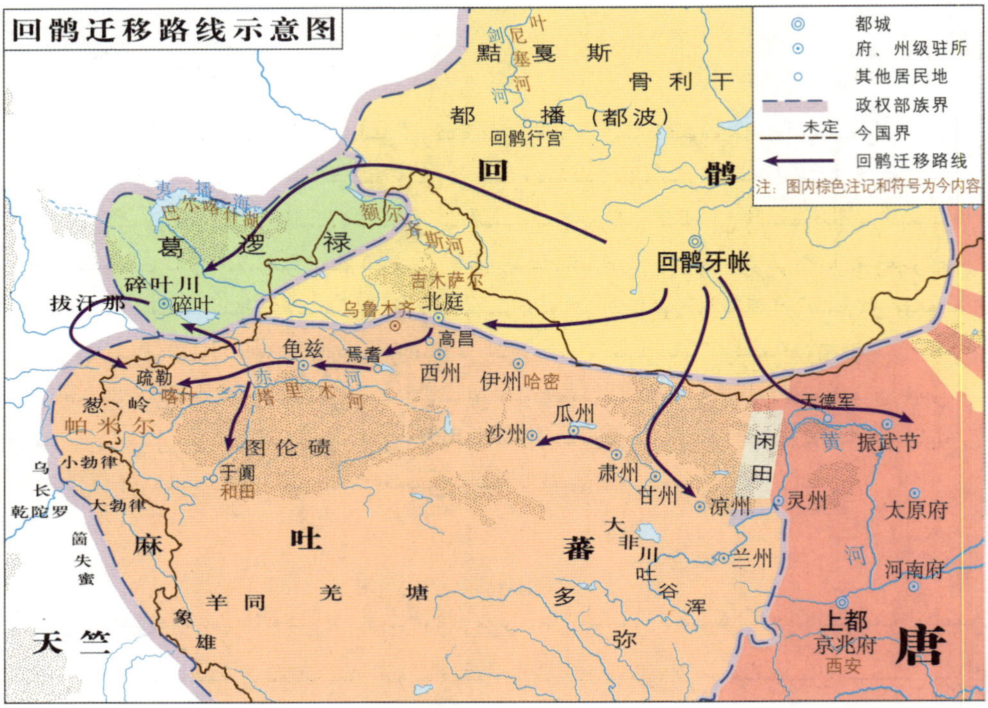

تاعايىنداعان كەزدە، «توعىزعىز-ۇيعۇرلار جەرى (تاڭ پاتشالىعىنىڭ) ەڭ جاقسى ادامدارى بار جەر، بىرىككەن تايپالار ءبىر بىرىنە جاۋ بولعان ...

تاعايىنداعان كەزدە، «توڭىرەكتىڭ ءتورت بۇرىشىنداعى ۇلىقتاردى مەن تاعايىنداعام، بارلىعىمىز ءبىر شاڭىراقتىڭ استىنداعىمىز، جولىمىز دا ءبىر»[①] دەپ انىق ايتتى. تاڭ پاتشالىعى بايىرعى ۇيعۇرلار ءبىر ـ بىرىمىزدەن ايرىلا المايتىن ءبىر شاڭىراقپىز دەپ قارادى.

9 ـ عاسىردىڭ 30 ـ جىلدارىنان كەيىن، موبيدەگى بايىرعى ۇيعۇرلار حاندىعىنىڭ ىشكى بولىگىندە قايشىلىق ۇزدىكسىز اسقىنىپ، بىرتىندەپ قۇرىپ ـ جوعالۋعا بەت الدى. 839 ـ جىلى موبيدە وبا تارادى ءارى قار اپاتى تۇلدى. 840 ـ جىلى بايىرعى ۇيعۇر حاندىعىن بايىرعى قىرعىزدار تالقانداپ، بايىرعى ۇيعۇرلاردىڭ ءبىر ءبولىمى ورتا جازىق وڭىرلەرىندەگى حانزۋلارعا قوسىلۋدان تىس، قالعان ءۇش تارماعىنىڭ ءبىر تارماعى تۇرپان ويپاتى مەن بوگىندەگى جەمساري وڭىرىنە اۋىپ، گاۋچاڭ بايىرعى ۇيعۇر حاندىعىن قۇردى؛ ەندى ءبىر تارماعى حەشي دالىزىنە كوشىپ، سول جەردەگى ۇلىستارمەن ىشتەسىپ، توعىسىپ، يۇعىر ۇلتىن قالىپتاستىردى؛ تاعى ءبىر تارماعى پاميردىڭ باتىسىنا اۋىپ باردى، كەيىن ورتا ازيادان

① (چيڭ) دۇڭ گاۋ، ت.ب .لار قۇراستىرعان: «تاڭ پاتشالىعىنىڭ جالپى شىعارماسى. توعىز باۋلى بايىرعى ۇيعۇرلاردىڭ اي ءتاڭىرى قامۇق كۇشلىك بىلگە قاعاندى 9 ـ قاعاندىققا تاعايىنداۋ حاتى»، بەيجيڭ: جۇڭحۋا شۇجۇي باسپاسى، 1983 ـ جىل، 789 ـ بەت.

بۇگىنگى قاشقار وڭىرىنە دەيىن تاراپ، قارلىق، ياعما سياقتى تايپالارمەن بىرگە قاراحانيلار حاندىعىن قۇردى. باتىس وڭىرگە اۋعان بايىرعى ۇيعۇرلار تۇرپان ويپاتىنداعى حانزۋلارمەن، تارىم ويپاتىنداعى اگىنيلەرمەن، كۇساندارمەن، ۇدۇندەرمەن، شۋرەكتىكتەرمەن، ت. ب. توعىسىپ، تاياۋ زامانعى ۇيعۇر ۇلتىنىڭ نەگىزگى تۇلعاسىن قۇرادى.

سۇي، تاڭ پاتشالىقتارى زامانىندا، شينجياڭ وڭىرىندەگى حانزۋلار نەگىزىنەن جەرگىلىكتى اسكەري ـ اكىمشىلىك قۇرىلىمداردا مىندەتكە تاعايىندالعان ٴمانساپتىلار، جەر ـ جەرگە تۇرعىزىلعان جاساقتار، تىڭ يگەرگەن اسكەر مەن جاي حالىق، ساۋدا ـ ساتىقپەن اينالىساتىن ساۋداگەرلەر، سونداي ـ اق موناحتار، ت.ب. لار تيانشان تاۋىنىڭ وڭتۇستىگى مەن سولتۇستىگىنە ورنالاسقان، اسىرەسە، ي ـ جوۋ، شيجوۋ، تيڭجوۋ دۋاندارىنا شوعىرلانعان. تاڭ پاتشالىعى « انشيدە 20 اۋماق، شۋرەكتە 7 اۋماق، اگنيدە 7 اۋماق، بەسبالىقتا 20 اۋماق، ۇبىردە ٴبىر اۋماق، تيانشاندا ٴبىر اۋماق»[①] يگەردى. تىڭ يگەرگەن وسى وڭىرلەردىڭ بارىندە قىرۋار حانزۋ جاساقتارى مەن جاي حالىق تۇردى. چاڭشوۋدىڭ العاشقى جىلى (692)، تاڭ پاتشالىعىنىڭ قولباسىسى لي جيەلەر تۇبىتتەردى جەڭىپ، «كۇسان، ۇدۇن سياقتى ٴتورت اسكەري بەكىنىسجايدى قايتارىپ الدى، سونان تارتىپ كۇسانداعى انشي باسقاقتىعى قالپىنا كەلىپ، حانزۋلار جاساعىنان 30 مىڭ ادام جاساق تۇراعىندا تۇردى»[②]. شىرامانا حۇي چاۋ شامامەن كايۋاننىڭ 15 ـ جىلى (727) كۇسانعا بارعاندا، بۇل ارادعى «حانزۋ موناحتارىنىڭ ماحايانا تاعىلىمىن ۋاعىزدايتىنىن»، « ەكى حانزۋ موناح باسقارىپ، ماحايانا تاعىلىمىن ۋاعىزداپ جاتقانىن»، مۇندا «لۇڭشيڭ عيباداتحاناسىنداعى موناحتىڭ ەسىمى فاحاي، حانزۋ تۇقىمىنان، انشيدە تۋعانىمەن، ٴبىلىمى تەرەڭ، حۋاشيالىقتاردان پارىقتالمايتىنىن»[③] كوردى. بۇل وسى مەزگىلدەگى باتىس وڭىردە كوپتەگەن حانزۋ موناحتارىنىڭ بارلىعىن دا ۇعىندىرادى.

بۇل زاماندا باسقا ۇلتتار دا شينجياڭ وڭىرىندە جاسادى. ٴتۇبىت 6 ـ عاسىردىڭ

---

① (تاڭ) لي لۇڭجي: «ۇلى تاڭ پاتشالىعىنىڭ التى شىعارماسى . تىڭ يگەرگەن جاساۋىل ەر ازاماتتار»، شي ـ ان: سانچين باسپاسى، 1991 ـ جىل، 171 ـ بەت.

② (سوڭعى جين) ليۋ شۇي: «كونە تاڭناما . باتىس نۇم . كۇسان»، بەيجيڭ: جۇڭحۋا شۋجۇي باسپاسى، 1975 ـ جىل، 5304 ـ بەت.

③ (تاڭ) حۇي چاۋدىڭ اۋەلگى شىعارماسى، جاڭ ي تۇسىنىكتەمە جازعان: «بەس يندىيا ەلىنىڭ بيلىك بايانىنا تۇسىنىكتەمە»، بەيجيڭ: جۇڭحۋا شۋجۇي باسپاسى، 2000 ـ جىل، 159 ـ ، 176 ـ بەتتەر.

سوڭىندا يارلۇك زاڭبو دارياسى اعارىندا شاڭىراق كوتەردى، ان لۋشان - شى سىمىڭ بۇلىگىنەن كەيىن، تۇبىتتەر تيانشان تاۋىنىڭ وڭتۇستىگى مەن سولتۇستىگىندەگى ٴبىر ٴبولىم ٴوڭىردى يەلەدى. 9 - عاسىردىڭ ورتا شەنىندە تۇبىتتەردىڭ كۇشى باتىس وڭىردەن شەگىنىپ شىقتى. سۇي، تاڭ پاتشالىعى زامانىندا، جىبەك جولى ساۋداسىنىڭ كۇسەت بولۋىنا بايلانىستى، تيانشان تاۋىنىڭ وڭتۇستىگى مەن سولتۇستىگىندە قىرۋار كوپ مولشەردە سوعدىلاردىڭ ەلدى مەكەنى جارىققا شىقتى. كەيىن ەلىمىز شەكاراسى ىشىندە سوعدىلار بىرتە - بىرتە باسقا ۇلتتارعا قوسىلىپ توعىستى.

ەكىنشى، تاڭ پاتشالىعى مەن بايىرعى ۇيعۇر قاتارلى ۇلتتاردىڭ ەتەنە بايلانىسى

باتىس ٴوڭىردى تىزگىنىنە العان تۇرك سياقتى كۇشتەر باتىس وڭىردەگى كوپتەگەن ۇلتتاردى ايانىشتى تۇردە قۇلداندى، قانالعان ۇلتتار ۇزدىكسىز قارسىلىق كورسەتىپ، تاڭ پاتشالىعىنان باس قالقا بولۋدى بەلسەنە ٴوتىندى، بۇل وبيەكتيۆ جاقتان تاڭ پاتشالىعىنىڭ بىرلىككە كەلگەن كوپ ۇلتتى مەملەكەت قۇرۋ قادامىن تەزدەتتى. تاڭ پاتشالىعى بىرلىككە كەلگەننەن كەيىن، شەكاراداعى از ۇلتتار مەن ورتا جازىقتاعى ۇلتتار اراسىندا اناعۇرلىم كەڭ كولەمدە ىشتەسۋ، توعىسۋ ىسكە اسىپ، جۇڭحۋا ۇلتىنىڭ ۇلكەن شاڭىراعى تاعى ٴبىر رەت دامىپ، زوريا ٴتۇستى.

تۇركتەردىڭ باتىس وڭىردەگى كوپتەگەن ۇلتتاردى ايانىشتى قاناۋى كۇشتى قارسىلىققا ۇشىرادى. تاريحي جازبالارعا جۇگىنسەك، تۇركتەر «قانىپەزەرلىك ىستەگەن، جازا قولدانۋى قاتىگەز. شىعىس رەي ەلدەرى بۇعان قاتتى كەكتەندى، باتىس نۇمداردىڭ تايپا باسىلارىنىڭ اتا كەگى قوزعالدى»[①]. 605 - جىلى باتىس تۇركتىڭ چوري قاعانى تەلەك تايپاسىنا شاپقىنشىلىق جاساپ، الىمان - سالىقتى اۋىرلاتىپ، دۇنيە - مۇلىكتى تالان - تارجىلادى، تاعى سىر - ەندا تايپاسىنان كۇماندانىدى، ت. ب. ىلە - شالا تەلەكتىڭ تايپا باسىلارىنان نەشە ٴجۇز ادامدى «تىرىدەي كومدى»[②].

بايىرعى ۇيعۇرلار مەن تاڭ پاتشالىعىنىڭ قاتىناسى قويۋلادى، بۇل نەگىزىنەن تاڭ

---

① (تاڭ) ۋي جيڭ، ت.ب. لار جازعان: «سۇيناما. تۇرك بايانى»، بەيجيڭ: جۇڭحۋا شۋجۇي باسپاسى، 1973 - جىل، 1866 - بەت.

② (سۇڭ) وۋياڭ شيۋ، سۇڭ چيلار جازعان: «جاڭا تاڭناما . بايىرعى ۇيعۇرلار بايانى (1)»، بەيجيڭ: جۇڭحۋا شۋجۇي باسپاسى، 1975 - جىل، 6111 - بەت.

پاتشالىعىنىڭ ٴار رەتكى بايىرعى ۇيعۇر قاعاندارىن تاعايىنداۋىنان، بايىرعى ۇيعۇرلاردىڭ تاڭ پاتشالىعىنىڭ ان لۋشان ـ شى سىمياڭ بۇلىگىن تىنىشتاندىرۋعا كومەكتەسۋدەن، بايىرعى ۇيعۇرلار مەن تاڭ پاتشالىعىنىڭ قۇدا ـ اندالىعىنان، سونداي ـ اق تاڭ پاتشالىعى مەن بايىرعى ۇيعۇرلار اراسىنداعى جىلقىعا جىبەك ايىرباستاۋ ساۋداسىنان بەينەلەندى.

تاڭ پاتشالىعى ٴار كەزەكتى بايىرعى ۇيعۇر قاعانىن تاعايىندادى. تاعايىنداۋ ــ تاڭ پاتشالىعىنا بايىرعى ۇيعۇرلاردىڭ باعىنىشتىلىق قاتىناستى ساقتاۋدىڭ ماڭىزدى بەلگىلەرىنىڭ ٴبىرى. بايىرعى ۇيعۇرلاردىڭ جاڭا تاعايىندالعان قاعاندىق ورنىنىڭ زاڭدى ـ زاڭسىزدىعى، سونداي ـ اق تايپا قاۋىمىنىڭ مويىنداۋ ـ مويىنداماۋى تاڭ پاتشالىعىنىڭ تاعايىنداۋ ـ تاعايىنداماۋىمەن بايلانىستى.

تاڭ پاتشالىعىنىڭ بايىرعى ۇيعۇرلاردىڭ قاعاندارىن تاعايىنداۋىندا بەلگىلى ٴمان بار، بۇل باستىسى، بايىرعى ۇيعۇرلاردىڭ تاڭ پاتشالىعىنا ادال بولۋى مەن ەكى جاقتىڭ دوستىق قاتىناسىنا قوسقان ۇلەسىن ماراپاتاۋعا بايلانىستى. مىسالى، بايىرعى ۇيعۇرلار حاندىعىنا ەكىنشى رەت تاعايىندالعان قاعان مويۇنچور تاڭ پاتشالىعىنىڭ ان لۋشان ـ شى سىمىڭنىڭ بۇلىكشىلەر جاساعىن جازالاپ، باتىس استانا چاڭ ـ اندى قايتارىپ الۋىنا كومەكتەسۋى بايىرعى ۇيعۇرلار مەن تاڭ پاتشالىعىنىڭ دوستىق قارىم ـ قاتىناسىن تىڭ ساتىعا كوتەردى، سونىمەن، تاڭ سۇزۇڭ ونى « ٴتاڭىر بىلگە قاعان» دەپ تاعايىندادى. تاڭ پاتشالىعىنىڭ وسى قاعانعا تاعايىنداۋ جارلىعىندا: « الاپاتتى تىنىشتاندىرۋ ۇشىن قولعا قارۋ الدىڭ، ەڭبەك ٴسىڭىرىپ، ادىلەتتى جاقتادىڭ، قارۋ مەن ادىلەتتىلىكتى ۇستانىپ، بىزگە ىلىككە جەتتىڭ»[①] دەلىندى. بايىرعى ۇيعۇرلاردىڭ قاعاندارى دۇنيە سالعاننان كەيىن، تاڭ پاتشالىعى قاعاندىققا تاعايىنداۋشى ەلشىنى، ازا ٴبىلدىرۋ ەلشىسىن جىبەردى،مىسالى، توعىزىنشى تاعايىندالعان ٴادىل قاعان دۇنيە سالعاننان كەيىن تاڭ پاتشالىعى ادام جىبەرىپ ازا ٴبىلدىردى . ازا ٴبىلدىرۋ حاتىندا ٴادىل قاعانعا: «جاڭا كورشى ەل بولعانىڭمەن، كوپ تارتۋ ـ تارالعى بەردىڭ. ايباتىڭ اسقان، ايلاكەر ەدىڭ. ۇلى قورعانىنىڭ، جۇڭگونىڭ ماڭگى نىعايۋى ٴۇشىن، شەكارانى تىنىش ساقتادىڭ»[②] دەدى. بايىرعى ۇيعۇر قاعانى قايتىس بولعاننان كەيىن، جاڭا تاعايىندالعان قاعان

① (سۇڭ) سۇڭ مينچيۋ جازعان: «ۇلى تاڭنىڭ جارعى جيناعى. بايىرعى ۇيعۇرلاردىڭ قاھارلى قاعانىن تاعايىنداۋ جارلىعى»، بەيجيڭ: ساۋدا باسپاسى، 1959 ـ جىل، 696 ـ بەت.

② (چيڭ) دۇڭ گاۋ، ت.ب. لار قۇراستىرعان: «جالپى تاڭ پاتشالىعى شىعارمالارى . بايىرعى ۇيعۇرلار قاعانىنا ازا ٴبىلدىرۋ حاتى»، بەيجيڭ: جۇڭحۋا شۇجۇي باسپاسى، 1983 ـ جىل، 6961 ـ بەت.

چاڭ ـ انعا «ساۋىن» ايتۋعا ادام جىبەرگەن جاعداي تاڭ پاتشالىعى كەزەڭىندەگى قۇجاتتارىندا كوپ كەزىگەدى. مىسالى، بايىرعى ۇيعۇرلاردىڭ بەسىنشى قاعانى ادال قاعان جىنيۋاننىڭ 6 ـ جىلى (790) قايتىس بولدى، ونىڭ ۇلى ايچۇر قاعاندىق تاحقا وتىرىپ، دەرەۋ ەلشى جىبەرىپ: «ادال قاعان قايتىس بولعانعا بۇكىل ەل بولىپ قايعىردىق، جاڭا بەيلەۋشى تاعايىنداۋىڭىزدى وتىنەمىز» دەدى[1]، سونىمەن، تاڭ دىزۇڭ ەلشى جىبەرىپ، ايچۇردى ادال قاعان دەپ تاعايىندادى.[2] ياعني بايىرعى ۇيعۇر حانى جويىلعاننان كەيىن، ونىڭ قالدىق تايپالارى كادۋەلگى داعدى بويىنشا تاڭ پاتشالىعىنا ەلشى جىبەرىپ، قاعان تاعايىنداۋدى ٴوتىندى. 840 ـ جىلى، بايىرعى ۇيعۇر حاندىعى جويىلىپ، قاراۋىنداعى ەلدىڭ توز ـ توزى شىقتى. پانتەگىن 15 تايپانى باستاپ، «باتىستاعى قارلىق ەلىنە باردى، ٴبىر تارماعى تۇبىتكە، ٴبىر تارماعى انشيگە باعىندى». داجۇڭ جىلدارى (847 ـ 859) «پانتەگىن ٴوزىن قاعان دەپ اتادى، قۇمىنىڭ باتىسىندا قالا قورعاندارى بولدى»[3]. داجۇڭنىڭ 10 ـ جىلى 10 ـ ايدا، تاڭ شۋانزۇڭ «انشي بەكىنىسجايىنا بايىرعى ۇيعۇرلاردىڭ جاعدايىن ٴبىلىپ كەلۋگە ەلشى جىبەردى، بايىرعى ۇيعۇر قاعانى پاتشاعا مول تارتۋ ـ تارلعى ۇسىندى». سونىمەن تاڭ شۋانزۇڭ ۋاڭ دۋانجاڭدى ەلشىلىككە جىبەرىپ، پانتەگىندى كەڭ پەيىل قاعان دەپ تاعايىندادى[4]. تاڭ شۋانزۇڭ قاعاندىققا تاعايىنداۋ جارلىعىندا تاڭ پاتشالىعى مەن بايىرعى ۇيعۇرلاردىڭ ەتەنە بايلانىسىن ەسكە الدى، بايىرعى ۇيعۇر قاعانى: «تيانباۋ جىلدارىندا، يابعۇ چاڭ ـ ان، لوياڭدى قورعاۋعا ەڭبەك ٴسىڭىردى. چيانيۋان جىلدارىنان (758 ـ 760) جىدى جىلدارى (756 ـ 758) كەزىندە، ول زى ـ يمەن (گو زى ـ يىنى ايتادى) نيەتتەس بولىپ، باتىستاعى شاپقىنشىلاردى تالقانداپ، حانىنان قاراشاسىنا دەيىن تۇتقىندادى. سونان كەيىن ەكەۋىنىڭ ٴبىرى ناعاشى، ٴبىرى جيەن بولدى، ەكەۋىنىڭ جاساعان ٴداۋىرى ٴبىر بولماسا دا كوڭىلدەرىندە ەشبىر كىربەڭدىك بولمادى» دەدى. پانتەگىن ٴوزىن قاعان دەپ اتاعانىمەن، تاڭ پاتشالىعى ورداسىنداعىلار «بىزگە

① (سوڭعى جين) ليۋ شۇي، ت.ب .لار قۇراستىرعان: «كونە تاڭناما . بايىرعى ۇيعۇر بايانى»، بەيجيڭ: جۇڭحۋا شۋجۇي باسپاسى، 1975 ـ جىل، 5209 ـ بەت.

② (سۇڭ) وۋياڭ شيۋ، سۇڭ چيلار جازعان: «جاڭا تاڭناما . بايىرعى ۇيعۇر بايانى (1)»، بەيجيڭ: جۇڭحۋا شۋجۇي باسپاسى، 1975 ـ جىل، 6125 ـ بەت.

③ (سوڭعى جين) ليۋ شۇيلار جازعان: «كونە تاڭناما . بايىرعى ۇيعۇر بايانى»، بەيجيڭ: جۇڭحۋا شۋجۇي باسپاسى، 1975 ـ جىل، 5215 ـ بەت.

④ (سۇڭ) سىما گۋاڭ قۇراستىرعان: «بيلىك عيبىراتناماسى . تاڭ ەستەلىكتەرى (65)». بەيجيڭ: جۇڭحۋا شۋجۇي باسپاسى، 1956 ـ جىل، 8061 ـ بەت.

ماتەريال تىزبەگى

بايىرعى ۇيعۇر حاندىعى كەزەڭىندە تاڭ پاتشالىعى جاعىنان تاعايىندالعان 12 قاعان بولدى: ٴبىرىنشى تاعايىندالعانى شاپاعاتقا بولەنگەن قاعان گۇلىك بويلا؛ ەكىنشى تاعايىندالعانى قاھارلى قاعان مويىن چور (قاتلى قاعان)؛ ٴۇشىنشى تاعايىندالعانى الىپ ۇلەسكەر قاعان ەدىگەن (تەڭىل قاعان، بوگۋ قاعان) ؛ ٴتورتىنشى تاعايىندالعانى ونەرلى سايىسكەر قاعان تۇنباعا (جاسامىش ٴتاڭىر سۇيەر قاعان)؛ بەسىنشى تاعايىندالعانى ادال قاعان ــ تالاس؛ التىنشى تاعايىندالعانى ادىلەتشىل قاعان ـ اسان؛ جەتىنشى تاعايىندالعانى ىزگى قاعان ـ قۇتلۇق؛ سەگىزىنشى تاعايىندالعانى ٴتاڭىر قاعان؛ توعىزىنشى تاعايىندالعانى ادىلەت قاعان؛ ونىنشى تاعايىندالعانى ٴمورالدى قاعان؛ ون ٴبىرىنشى تاعايىندالعانى قازار قاعان ـ حىساي قاعان؛ ون ەكىنشى تاعايىندالعانى يناباتتى قاعان ـ قۇت تەگىن.

ٴالى سەنبەيدى، ٴوز الدىنا شاڭىراق كوتەرىپ الۋى مۇمكىن دەپ الاڭدادى»، سوندىقتان، «ەرەكشە جىبەرگەن ەلشىلەر جول ـ جوسىنعا بويسۇنۋ كەرەك»، ونىڭ ۇستىنە، «جارلىعىن ەل ـ ەلگە جاريالاپ، بارلىق ادامعا پاتشانىڭ نيەتىن ٴبىلدىرىپ، حۋاشيالار مەن رەيلەردىڭ ەش پارقى بولمايتىنىن ۇعىندىرۋ كەرەك» دەستى①.

بايىرعى ۇيعۇرلار تاڭ پاتشالىعىنىڭ ان لۋشان ـ شى سىميڭ بۇلىگىن تىنىشتاندىرۋعا كومەكتەستى. ان لۋشان ـ شى سىميڭ بۇلىگى تۇلعانىنان كەيىن، بۇلىكشىلەر جاساعى چاڭ ـ ان، لوياڭدى ٴبىر مەزەت باسىپ الدى. 756 ـ جىلى، بايىرعى ۇيعۇرلاردىڭ قاتلى قاعانى ۇلكەن ۇلى يابعۇنى تۇستىككە جاساق باستاپ بارىپ، بۇلىكتى تىنىشتاندىرۋعا جىبەردى، بۇگىنگى شانشيدىڭ فىڭشيان، فۋفىڭ وڭىرىنە جەتكەندە الدىنان قارسى الا شىققان تاڭ سۇزۇڭىنىڭ ۇلكەن ۇلى گۋاڭپيڭۋاڭ ەمەن كەزىكتى. گۋاڭپيڭۋاڭ داستارقان جايىپ، قوناققا شاقىرعاندا، يابعۇ: «ەل باسىنا كۇن تۋىپ تۇر، مەن وپاسىزدارعا قارسى جورىق جاساۋعا كومەككە كەلدىم، بۇل ارادا قالاي قوناعاسى جەپ جايلانىپ وتىرايىن!» دەيدى. ان لۋشان ـ شى سىميڭ بۇلىگى تىنىشتاندىرىلعانىنان كەيىن، تاڭ سۋزۇڭ: «ەل بىرلىگىن ماقسات ەتىپ، ەرەتەدەن قازىرگىنى ۇلگى ەتىپ، ون مىڭ شاقىرىم قيان جەردى الىسسىنباي كەلدى، بۇل

---

① (سۇڭ) سۇڭ مينچيۋ جازعان: «تاڭ اۋلەتتەرىنىڭ جارلىق جيناعى. ەلشى جىبەرىپ، بايىرعى ۇيعۇر قاعانىن تاعايىنداۋ جارلىعى» بەيجيڭ: ساۋدا باسپاسى، 1959 ـ جىل، 693 ـ بەت.

ماتەريال تىزبەگى

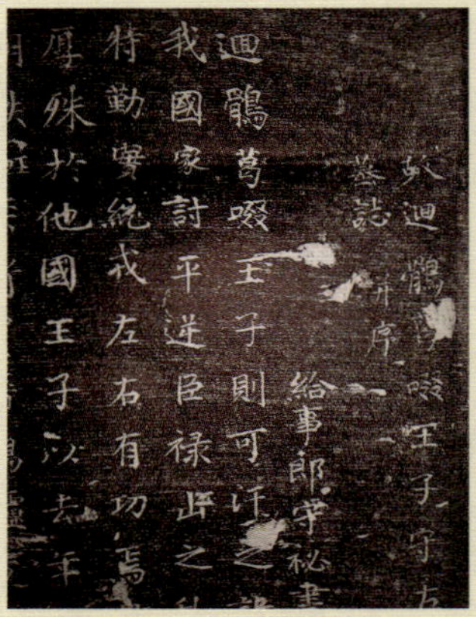

شانشي ولكەسىنىڭ شي - ان قالاسىندا ۇلى تاڭ پاتشالىعىنىڭ شيشى مۇراجايىندا تاڭ پاتشالىعى زامانىنداعى بايىرعى ۇيعۇر حانزاداسى قۇتلۇقتىڭ قۇلپىتاسى بار، قۇلپىتاستاعى حانزۋ تىلىندەگى مازمۇندا، باستىسى، بايىرعى ۇيعۇر حانزاداسى قۇتلۇقتىڭ اكەسى تاڭ پاتشالىعىنىڭ ان لۋشان بۇلىگىن تىنىشتاندىرۋعا كومەكتەسكەنى تانىستىرىلادى، قۇتلۇق چاڭ - انعا بارىپ، ۇلىق بولعانمەن، 20 جاسقا تولماي اۋرۋدان قايتىس بولىپ، چاڭ - انعا جەرلەندى، ونىڭ اعاسى چاڭ - انداعى بايىرعى ۇيعۇرلاردىڭ «تايپالارمەن بىرگە» ەسكە ٴتۇسىرۋ قيمىلدارىنا قاتىناسىپ تۇردى. قۇلپىتاستىڭ جازۋىن «سارايكەر كەلەنگىردىڭ شىعارماشى نوكەرى سۋي شۋعا وردا قىزىل تونىن جاۋىپ، بالىق ٴپىشىندى قىناقتىڭ دورباسىن بەرىپ ويىپ جازعىزعان».

بۇرىن - سوڭدى بولماعان ٴىس» دەدى[1]. 757 - جىلى، تاڭ پاتشالىعىنىڭ قالىڭ قولى بايىرعى ۇيعۇر جاساعىنىڭ قولداۋىمەن استانا چاڭ - اندى قايتارىپ الدى. 762 - جىلى، تاڭ دايزۇڭ قايتا تاحقا وتىرعاندا، شى سىميڭنىڭ ۇلى شى چاۋ - ي لوياڭدى باسىپ العان كۇيى بۇلىك تۋدىرا بەردى، تاڭ دايزۇڭ بايىرعى ۇيعۇرلاردىڭ تەڭلى قاعانىنا ادام جىبەرىپ، بۇلىكتى تىنىشتاندىرۋعا جاساق سۇراتتى. شى چاۋ - يدىڭ بۇلىكشى جاساعىنىڭ «ساقاداي سايلانىپ، تاڭ پاتشالىعىن جويىپ جىبەرمەكشى بولعان» قىلىعىنا تەڭلى قاعان « وت الىپ، قوپاعا ٴتۇسىپ، كيەلى قىلىشىن قايراپ قاھارلاندى. جاۋ جۇرەك باتىرلارىن جيىپ، پاتشا قوسىنىنىڭ ٴبىر قىرىنان قوسىلىپ، جاۋ جاساعىن ويسىراتا جەڭىپ، چاڭ - ان مەن لوياڭدى قايتارىپ الۋعا قول ۇشىن بەردى»[2].

بايىرعى ۇيعۇرلار مەن تاڭ پاتشالىعىنىڭ قۇدا - اندالىعى. بايىرعى ۇيعۇرلار مەن تاڭ

① (سوڭعى جين) ليۋ شۋي، ت.ب .لار جازعان: «كونە تاڭناما. بايىرعى ۇيعۇر بايانى»، بەيجيڭ: جۇڭحۋا شۇجۇي باسپاسى، 1975 - جىل، 5199 - بەت.

② لين مەيسۇن: «بايىرعى كەرۋەن جولى. ارحەولوگيالىق جاڭا بايقاۋلاردان جۇڭگو مەن باتىس ٴوڭىر مادەنيەتىنىڭ اۋىسۋى . توعىز باۋلى بايىرعى ۇيعۇر قاعانىنىڭ قۇلپىتاسىن زەرتتەۋ»، بەيجيڭ: تۇرمىس. كىتاپ وقۋ . جاڭا ٴبىلىم ۇشتىك باسپاسى، 2000 - جىل، 306 - بەت.

اۋلەتى قىز الىسىپ، قىز بەرىسىپ، ٴبىر ـ بىرىنە قۇدا بولدى. بايىرعى ۇيعۇرلار حانشالارىن تاڭ اۋلەتىنە ۇزاتسا، ال، تاڭ اۋلەتى پاتشا قىزدارىن نەمەسە پاتشانىڭ قارىنداسىن بايىرعى ۇيعۇرلارعا ۇزاتىپ، ەكى جاق ناعاشىلىق ـ جيەندىك بايلانىس ورناتتى. 757 ـ جىلى، تاڭ سۋزۇڭ تاحقا وتىرعاندا، پاتشا اۋلەتىنەن شىققان دۇنحۋاڭنىڭ اردا حانى لي چىڭسايلاردى بايىرعى ۇيعۇرلارعا ەلشىلىككە جىبەردى. «ولار بايىرعى ۇيعۇرلارعا بارعاننان كەيىن، جاساق قابىلداۋ ٴىسىن ٴبىرجايلى ەتەدى. سونىمەن، قاتلى قاعان قىزىن لي چىڭسايعا ايتتىرماقشى بولىپ، تايپا باسىلارىن پاتشا ورداسىنا قۇدالاسۋعا جىبەرىپ، بايىرعى ۇيعۇر حاندىعىنىڭ حانشاسىن بىلگە حانشا دەپ اتادى». كوپ وتپەي تاعى «بايىرعى ۇيعۇرلاردىڭ حانشاسى حانىم بولدى»[①]. تاڭ پاتشالىعى 4 حانشاسىن بايىرعى ۇيعۇر قاعاندارىنا ۇزاتتى. 758 ـ جىلى، تاڭ سۋزۇڭ ٴوزىنىڭ ۋىزداي جاس قىزى نيڭگو حانشانى قاتلى قاعانعا «قيىر شالعايعا ۇزاتىپ، ەكى جاقتىڭ ەلدىگىن ورنىقتىردى»[②]. 758 ـ جىلى تاڭ سۋزۇڭ اتالاس قارىنداسى، تاڭ شۋانزۇڭنىڭ نەمەرە قىزىن قاھارلى بىلگى قاعان ــ مويىنچورعا (قاتلى قاعان)، ۇلەسكەر بىلگى قاعان ــ ەدىگەنگە ۇزاتتى، «بايىرعى ۇيعۇرلار بۇل حانشانى نيڭگو حانشا دەپ اتادى، حانشا قاھارلى بىلگى قاعان مەن ۇلەسكەر بىلگى قاعاننىڭ جارى بولدى»[③]. كىشى نيڭگو حانشا بايىرعى ۇيعۇرلارمەن 33 جىل بىرگە تۇردى (758 ـ 791). تاڭ دىزۇڭ جىنيۋاننىڭ 3 ـ جىلى (787) بايىرعى ۇيعۇرلاردىڭ ونەرلى سايىسكەر قاعانى تۇنباعا ەلشى جىبەرىپ، «ورداعا تارتۋ ـ تارالعى ۇسىندى ٴارى قۇدالىق سويلەستى»، تاڭ دىزۇڭ وسىدان كەلەسى جىلى (788) سەگىزىنشى قىزى شيان ـ ان حانشانى بايىرعى ۇيعۇر قاعانىنا ۇزاتتى.[④] شيان ـ ان حانشا بايىرعى ۇيعۇرلار اراسىندا 20 جىل جاساپ (788 ـ 808)، ىلگەرىندى ـ كەيىن 4 بايىرعى ۇيعۇر قاعانىنا جار بولدى. ول ولگەننەن كەيىن، تاڭ اۋلەتى ايگىلى اقىن باي جۇي ـ يگە ەرەكشە جارلىق ٴتۇسىرىپ، «شيان ـ ان حانشاعا تاساتتىق» دەگەن ولەڭ جازعىزىپ،

① (سوڭعى جين) ليۋ شۇي، ت.ب .لار جازعان: «كونە تاڭناما. بايىرعى ۇيعۇر بايانى»، بەيجيڭ: جۇڭحۋا شۋجۇي باسپاسى، 1975 ـ جىل، 5198 ـ بەت.

② (چيڭ) دۇڭ گاۋ، ت.ب .لار قۇراستىرعان: «تاڭ پاتشالىعىنىڭ جالپى شىعارماسى . نيڭگو حانشانىڭ ۇزاتىلۋى»، بەيجيڭ: جۇڭحۋا شۋجۇي باسپاسى، 1983 ـ جىل، 460 ـ بەت.

③ (سوڭعى جين) ليۋ شۇي، ت.ب .لار جازعان: «كونە تاڭناما. بايىرعى ۇيعۇر بايانى»، بەيجيڭ: جۇڭحۋا شۋجۇي باسپاسى، 1975 ـ جىل، 5210 ـ بەت.

④ (سوڭعى جين) ليۋ شۇي، ت.ب .لار جازعان: «كونە تاڭناما. بايىرعى ۇيعۇر بايانى»، بەيجيڭ: جۇڭحۋا شۋجۇي باسپاسى، 1975 ـ جىل، 5208 ـ بەت.

«جوسىنمەنەن قيىرعا ۇزاتىلدىڭ، كورەگەندىكپەن قۇدالىققا قۇرمەت قىلدىڭ، مەيىرىڭدى ۇش قاعانعا جول قىلىپ، ايداي سۇلۋلىعىڭمەن توعىز باۋلى بايىرعى ۇيعۇردى تامساندىردىڭ، سىمىڭ كەتتى شىعانداپ الىستارعا، قۇدالىقتى بەكەمدەپ الىس ـ جاقىنعا، جات جۇرتتى قياندىعى بەرەكەگە ۇيىتىپ، ايگىلەدىڭ تەكتىلىك پەن ىزگىلىكتى!»[1] دەپ ماقتايدى، ونىڭ قىزاسىنا ازا تۇتتى. شيان ـ ان حانىشا قايتىس بولعانىنان كەيىن، بايىرعى ۇيعۇرلار «تاعى قۇدا ـ اندالى بولۋعا ٴسوز سالدى»، تاڭ مۇزۇڭ تاحقا وتىرعانىنان كەيىن، چاڭچيڭنىڭ 2 ـ جىلى (822) «ونىنشى قارىنداسى تايحى حانىشانى» بايىرعى ۇيعۇرلاردىڭ بىلىكتى قاعانىنا ۇزاتتى.[2] تايحى حانىشا بايىرعى ۇيعۇرلار حاندىعىندا ەڭ اۋمالى ـ توكپەلى زاماندى وتكىزىپ، بايىرعى ۇيعۇر حاندىعى جويىلعانىنان كەيىن، 843 ـ جىلى ورتا جازىققا قايتتى، بايىرعى ۇيعۇر حاندىعىندا 21 جىل ٴومىر كەشتى. تاڭ پاتشالىعى بايىرعى ۇيعۇرلارعا جازعان حاتتا جيەن ـ ناعاشى دەپ تۇڭعىش رەت ايتتى، سونان باستاپ تۇيستىق قاتىناس تۇراقتاندى، «بايىرعى ۇيعۇرلاردىڭ ٴتاڭىر تاتۋلىق قاعانىنا حات جولداپ، باس قالقا پاتشا ناعاشىڭىز بايىرعى ۇيعۇرلاردىڭ ٴتاڭىر تاتۋلىق قاعانى جيەنىنە سالەم جولدادى، قانات ـ قۇيرىعىم بولعان ٴوزىڭنىڭ حال ـ جايىڭدى بىلگىم كەلدى، تىنىش تىرشىلىككە جەتەر نارسە بار ما، تايپالارىڭىزداعى ەر ـ ايەل، ۇلكەن ـ كىشىگە سالەم. حاتتىڭ قالعان مازمۇنى الدا ايتىلعان مازمۇنمەن قارايلاس. ەگەر قاعان تاعايىنداۋ تۇرا كەلسە، الدىمەن حانزادا جيەندى ويلاستىرامىن. سوڭىندا تايپالاردىڭ ەر ـ ايەل، ۇلكەن ـ كىشىلەرىنەن حال سۇراپ سالەم جولداعان، ت. ب.»[3]. بايىرعى ۇيعۇرلار مەن تاڭ پاتشالىعىنىڭ مۇنداي ناعاشى ـ جيەندىك ىلانىستىڭ ىقپالى تەرەڭ بولدى، وسىدان كەيىن بايىرعى ۇيعۇرلار مەن تاڭ پاتشالىعى «ناعاشى ـ جيەندىك قاتىناسىن ۇرپاقتان ـ ۇرپاققا جالعاستىردى»[4]، سۇڭ پاتشالىعى زامانىنا

---

① (تاڭ) باي جۇي ـ ي شىعارماسى، دىڭ رۋميڭ، نيە شىمەيلار تىنىس بەلگىسىن قويىپ، رەداكسيالاعان: «باي جۇي ـ يدىڭ ولەڭدەر جيناعى»، شاڭحاي: شاڭحاي بايىرعى شىعارمالار باسپاسى، 1999 ـ جىل، 794 ـ بەت.

② (سوڭعى جين) ليۋ شۇي، ت.ب .لار جازعان: «كونە تاڭناما . بايىرعى ۇيعۇر بايانى»، بەيجيڭ: جۇڭحۋا شۋجۇي باسپاسى، 1975 ـ جىل، 5211 ـ 5212 ـ بەتتەر.

③ (تاڭ) ياڭ جۇي: «بوپىلىق ۇكاما مەكەمەسىنىڭ ەسكىلىكتى ەرەجەسى»، فۋ شۋانزۇڭ، شى چۇندى قۇراستىرعان: «بوپىلىق ۇكامانىڭ ٴۇش كىتابى . بوپىلىق كىتاپتار باقشاسى»، شىنياڭ: لياۋنيڭ وقۋ ـ اعارتۋ باسپاسى، 2003 ـ جىل، 26 ـ بەت.

④ (سۇڭ) سۇڭ مينچيۋ جازعان: «ۇلى تاڭ جارعى جيناعى. داجۇڭنىڭ 11 ـ جىلعى (857) بايىرعى ۇيعۇرعا جارعى»، بەيجيڭ: ساۋدا باسپاسى، 1959 ـ جىل، 698 ـ بەت.

جەتكەنگە دەيىن ناعاشى ـ جيەندىك بايلانىس ۇزىلمەدى. بايىرعى ۇيعۇرلار مەن تاڭ پاتشالىعىنىڭ قۇدا ـ اندالىعى ەكى جاقتىڭ قاتىناسىن كۇشەيتىپ، شارۋاشىلىق، مادەنيەتتىڭ اۋىس ـ كۇيىسىن ىلگەرىلەتتى.

جىبەك ـ جىلقى ايىرباس بازارى. تاڭ پاتشالىعى ٴداۋىرىنىڭ ورتا، سوڭعى زامانىندا، جىلقى شارۋاشىلىعى قۇلدىراپ، جاساققا قاجەتتى ٴمىنىس ات جەتىسپەگەندىكتەن، تاڭ پاتشا ورداسى شۇعىل شارا قولدانباسا بولمايتىن بولىپ، « ورداداعى ۋازىرلەر الدىمەن جاساققا ٴمىنىس ات دايىنداۋ تۋرالى كەڭەس قۇردى»[①]. بۇنى ەسكەرگەن تاڭ پاتشالىعى بايىرعى ۇيعۇرلار سياقتى كوشپەلى ۇلتتاردان ات ساتىپ الا باستادى، ال، بايىرعى ۇيعۇرلار ٴۇيىر ـ ٴۇيىر جىلقى ايداپ كەلىپ، تاڭ پاتشالىعىنىڭ جىبەگى مەن شايىنا ايىرباستاپ، ەكى جاقتىڭ جىبەك ـ جىلقى ايىرباس بازارىن جانداندىردى. «بايىرعى ۇيعۇرلار چيانيۋان جىلدارىنان بەرى قاراي (758 ـ 760)، ٴار جىلعى ساۋدا بازارىندا ٴبىر جىلقىعا 40 توپ جىبەك ايىرباستادى، بازارعا ون مىڭ تۇياق جىلقى كىرگىزدى».[②] تاڭ پاتشالىعى زامانىندا، ورتا جازىق وڭىرىندە شاي ٴىشۋ داعدىعا اينالعان ـ دى، «العاشىندا ورتا جازىقتان باستالىپ، كەيىن شەكارا وڭىرگە كەڭەيدى». وسىنىڭ ىقپالىندا شاي ٴىشۋ بايىرعى ۇيعۇرلاردىڭ تۇرمىسىندا كەم بولسا بولمايتىن مازمۇنىنا اينالدى، سونىمەن، بايىرعى ۇيعۇرلار ۇدايى تاڭ پاتشالىعىنان جىلقىعا شاي ايىرباستادى، «بايىرعى ۇيعۇرلار تاڭ پاتشالىعىنىڭ بازارىنا سايگۇلىكتەرىن توبىمەن ايداپ كەلىپ، شايعا ايىرباستاپ قايتىپ جاتتى»[③]. تاڭ پاتشالىعىنىڭ بايىرعى ۇيعۇرلارمەن جىبەك ـ جىلقى، شاي ـ جىلقى ساۋداسى شەكارا ٴوڭىردىڭ شارۋاشىلىق دامۋىن بارىنشا جەبەدى، تاۋار ساۋداسى بايىرعى ۇيعۇرلاردىڭ ساحارا قالا ـ قالاشىقتارىن دامىتۋدا ماڭىزدى رول اتقاردى.

وسى كەزەڭدە، شينجياڭ وڭىرىندەگى ۇلتتاردىڭ ورتا جازىقتاعى ۇلتتارمەن قارىم ـ قاتىناسى اناعۇرلىم قويۋلاي ٴتۇستى. شىعىس تۇرك جويىلعانىنان كەيىن، وردا ونىڭ قولدى بولعان 100 مىڭ ٴتۇتىنىن حىتاۋ جازىعىنىڭ تۇستىگىنە ورنالاستىردى، ولاردىڭ تايپا

---

① (سوڭعى جين) ليۋ شۋي، ت.ب .لار جازعان: «كونە تاڭناما. ۋي شاۋيۋ باياني»، بەيجيڭ: جۇڭحۋا شۋجۋي باسپاسى، 1975 ـ جىل، 3377 ـ بەت.

② (سۇڭ) سىما گۋاڭ قۇراستىرىپ جازعان: «بيلىك عيبىراتناماسى . تاڭ اۋلەتى ەستەلىكتەرى (40)»، بەيجيڭ: جۇڭحۋا شۋجۋي باسپاسى، 1956 ـ جىل، 7221 ـ بەت.

③ (تاڭ) فىڭ يان جازعان، جاۋ جىنشين تىنىس بەلگىلەرىن قويىپ، تۇسىندىرگەن: «فىڭ اۋلەتى ەستەلىكتەرىنە تۇسىنىكتەمە . شاي ٴىشۋ تۋرالى»، بەيجيڭ: جۇڭحۋا شۋجۋي باسپاسى، 2005 ـ جىل، 52 ـ بەت.

باسلارىنان نەشە مىڭ وتباسىن استاناعا كوشىرىپ قونىستاندىردى، 100 دەن ارتىق تۇرك افسۋيەكتەرىن جياڭجۇن، نوكەر ساردار سياقتى بەس دارەجەگە ٴبولىپ، ٴمانساپقا قويدى؛ باتىس تۇرك جويىلعاننان كەيىن، باتىس تۇرك تايپالارىنان قولدى بولعانداردى ىلگەرىندى ـ كەيىن ورتا جازىققا جىبەردى، وسى بارعاندار جەرگىلىكتى تۇرعىندارمەن ىشتەسۋ، توعىسۋ ارقىلى بىرتە ـ بىرتە حانزۋلارعا قوسىلىپ كەتتى. باتىس وڭىردەگى قالالىق ەلدەردىڭ بەگىنەن چاڭ ـ ان سياقتى جەرلەردە قالىپ حانزۋلارعا توعىسىپ كەتكەندەر دە بار. مىسالى، ۋدۋن ەلىنىڭ بەگى ۋايسارا ساپارپا تيانباۋ جىلدارى تاڭ پاتشالىعىنا بارىپ، پاتشا اۋلەتىنىڭ قىزىن العاننان كەيىن ەلىنە قايتتى، ان لۋشان ـ شى سىميڭ بۇلگىنەن كەيىن، استانادا قالىپ، كوپتەۋىل بولدى. شۋرەك حانىنىڭ اۋلەتى پيەپىن ۋدى جىلدارى تاڭ پاتشالىعىنا بارىپ، «ىلە ـ شالا تاڭ پاتشالىعى نوپوسىنا ٴوتىپ، جيڭجاۋعا قونىستاندى»، وسىدان كەيىن بىرتىندەپ حانزۋلارعا ٴسىڭىپ كەتتى. تيانباۋ جىلدارى حىلوڭدا قورعانىستا تۇرعان ايگىلى جياڭجۇن قوشۋحان باتىس تۇرك تۇرگەش تايپاسىنىڭ ادامى، «انشيگە قونىستانعان»، كەيىن حانزۋلارعا ٴسىڭدى. تاڭ اۋلەتىنىڭ كاييۋان، تيانباۋ جىلدارىندا، گاۋچاڭ، شاجوۋ (بۇگىنگى گانسۋدىڭ دۋنحۋاڭى)، گانجوۋ (بۇگىنگى گانسۋدىڭ جاڭيەسى)، لياڭجوۋ (بۇگىنگى گانسۋدىڭ ۋ ـ ۋيى)، سۋجوۋ (بۇگىنگى گانسۋدىڭ جيۋچۋانى)، سونداي ـ اق استانا چاڭ ـ ان سياقتى جەرلەردە حۋ ساۋداگەرلەرىنىڭ سانى كوبەيدى. ولار الدىڭعى جاقتا ايتقان قالالارعا قونىستانىپ، باس قۇراپ، باۋىرىنا قازان اسىپ، ۇرپاقتى بولدى، سونىمەن، بىرتە ـ بىرتە حانزۋلاردىڭ ادەت ـ عۇرپىن قابىلدادى؛ ٴارى سازگەر ـ ٴبيشى، سۋرەتشى سياقتى كاسىپتەرمەن شۇعىلدانعان باتىس وڭىردەگى ٴبىرتالاي حۋلار چاڭ ـ ان، لوياڭ سياقتى جەرلەردە قالىپ، كەيىن كەلە بىرتە ـ بىرتە حانزۋلارعا توعىسىپ كەتتى.

ٴارقايسى ۇلتتاردىڭ ٴوزارا توعىسۋ بەتالىسى دا وتە كورنەكتى بولدى. «شۋرەك ەلىنىڭ بەگى فيشى ەدى. جىنگۋان جىلدارىنىڭ ورتا شەنىندە تۇرك قاعانىنا قىزىن حانىمدىققا بەردى».① جىنگۋاننىڭ 14 ـ جىلى «باتىس تۇركتەردىڭ ىقپالدى ٴۋازىرى كۇلشۇردىڭ ٴىنىسى اگني بەگىنىڭ قىزىن الىپ، ٴبىر ـ بىرىنە قامقور بولدى».② ال، گاۋچاڭ ەلىنىڭ «بايا

① (سوڭعى جين) ليۋ شۇي، ت.ب .لار جازعان: «كونە تاڭناما. باتىس نۇم بايانى. شۋرەك»، بەيجيڭ: جۇڭحۋا شۋجۇي باسپاسى، 1975 ـ جىل، 5305 ـ بەت.

② (سوڭعى جين) ليۋ شۇي، ت.ب .لار جازعان: «كونە تاڭناما. باتىس نۇم بايانى. اگني» بەيجيڭ: جۇڭحۋا شۋجۇي باسپاسى، 1975 ـ جىل، 5302 ـ بەت.

حانزاداسى تاحقا وتىردى، ونىڭ ۇلى شەشەسى ٴاسىلى تۇرك قاعانىنىڭ قىزى بولاتىن».[①] مۇنان تىس، تۇركتەر، تۇبتتەر ورتا جازىقتاعى قىرۋار ادامدى بۇلاپ اكەتتى، بۇلار بىرتە ـ بىرتە باسقا ۇلتتارعا قوسىلىپ كەتتى. تۇبتتەر جەڭىلىسكە ۇشىراپ، توز ـ توزى شىققانان كەيىن، جەرگىلىكتى تاڭعۇتتارعا، چاڭدارعا بارا ـ بارا قوسىلدى.

سۇي، تاڭ پاتشالىقتارى ۋي، جين پاتشالىقتارى كەزىندەگى ۇلتتىق توعىسۋدىڭ تاريحي اۋقىمىن جالعاستىردى، شينجياڭ وڭىرىندەگى ۇلتتاردىڭ جاعدايىندا دا وسىعان وراي وزگەرىس تۋىلدى، جۇڭحۋا ۇلتىنىڭ ۇيىسۋ قۋاتى ۇزدىكسىز كۇشەيىپ، ٴار ۇلت ٴبىر تۇتاس، كوپ ۇلتتى مەملەكەت تاريحىن بىرگە جازدى.

ٴتورتىنشى تاراۋشا شينجياڭ ٴوڭىرى شارۋاشىلىعىنىڭ ورتا جازىق ٴوڭىرى شارۋاشىلىعىمەن ٴبىر تۇلعالانۋىنىڭ تەرەڭدەي ٴتۇسۋى

سۇي، تاڭ پاتشالىقتارى كەزەڭىندە، جۇڭگونىڭ فەودالدىق قوعامىنىڭ شارۋاشىلىعى نەداۋىر زور دارەجەدە دامىدى. ەگىن شارۋاشىلىعىنا كەلسەك، ەگىستىك جەردى تەڭگەرۋ ٴتۇزىمى مەن ماي اقىنى رەتتەۋ ٴتۇزىمىنىڭ جالپىلاسۋى وندىرگىش كۇشەردى ازات ەتىپ، ەگىنشىلىك ەكونوميكاسىنىڭ دامۋىن جەبەدى. بۇلىق سياقتى وزىق ەگىنشىلىك سايماندارى جالپىلاسىپ، سۋ قۇرىلعىلارى سالىنىپ، سۋارۋ، تىڭايتقىش شاشۋ، اۋىستىرىپ ەگۋ جانە تۇقىم تاڭداۋ ـ سۇرىپتاۋ تەحنيكالارى جەتىلىپ، ەگىن شارۋاشىلىق ٴوندىرىسىنىڭ دامۋىن ىلگەرىلەتتى. حالىق سانىنىڭ ۇزدىكسىز ارتۋى ەگىن شارۋاشىلىعىن قىرۋار ەڭبەككۇشپەن قامداپ، تىڭ يگەرۋ اۋماعىن ۇزدىكسىز كەڭەيتتى. قولونەركاسىپتى الساق، ۇجىمدىق كولەم مەن تەحنيكالىق دەڭگەي الدىڭعى پاتشالىقتاردىكىنەن اسىپ ٴتۇستى، مۇندا جىبەك توقىماشىلىعى، فارفور، كەمە جاساۋ، شاي جاساۋ، باسپا، مەتال قورىتۋ جانە قۇرىلىس سالۋ سياقتى كاسىپتەر، وتە ـ موتە، كورنەكتى بولدى. ۇلى بىرلىك سۇي، تاڭ زامانىنىڭ ساۋدا كولەمىن الدىڭعى پاتشالىقتاردىكىنەن اناعۇرلىم كەڭەيتتى، جىبەك جولىنىڭ گۇلدەنۋى سۇي، تاڭ پاتشالىقتارىنىڭ دۇنيەگە ىقپالىن ۇزبەي كۇشەيتتى. شينجياڭ ٴوڭىرى

① (تاڭ) ۋي جىڭ، ت.ب .لار جازعان: «سۇيناما . باتىس ٴوڭىر بايانى» بەيجيڭ: جۇڭحۋا شۋجۇي باسپاسى، 1973 ـ جىل، 1847 ـ بەت.

شارۋاشىلىعىنىڭ ورتا جازىق ٴوڭىرى شارۋاشىلىعىمەن ٴبىر تۇلعالانۋ ٴۇردىسى جوعارىلاپ، شينجياڭ ٴوڭىرىنىڭ ەگىن، مال شارۋاشىلىعىن، قولونەركاسىبىن شالقىتىپ، دامىتتى، ساۋداگەرلەر قايشالىسىپ، بازارى جاندانىدى.

ٴبىرىنشى، ەگىستىك جەردى تەڭگەرۋ ٴتۇزىمى مەن ماي اقىنى رەتتەۋ ٴتۇزىمىنىڭ اتقارىلۋى

ەگىستىك جەردى تەڭگەرۋ ٴتۇزىمى ــ تاڭ پاتشالىعىنىڭ الدىڭعى مەزگىلىندەگى ماڭىزدى جەر ٴتۇزىمى، ەگىستىك جەردى تەڭگەرۋ ٴتۇزىمى ورتا جازىقتا جۇرگىزىلۋمەن بىرگە، شەكارا وڭىرلەردە دە جۇرگىزىلدى، تۇرپانىنان قازىپ الىنعان حات ـ قاتىناس جازبالارىنان شينجياڭ وڭىرىندە ەگىستىك جەردى تەڭگەرۋ ٴتۇزىمىنىڭ اتقارىلعانىن كورۋگە بولادى، بۇل تاڭ زامانىندا ەگىستىك جەردى تەڭگەرۋ ٴتۇزىمىنىڭ شينجياڭ وڭىرىندە اتقارىلعانىن دالەلدەپ قانا قويماي، شينجياڭ وڭىرىندەگى ەگىستىك جەردى تەڭگەرۋ ٴتۇزىمىنىڭ تاڭ ٴداۋىرىنىڭ جانە ورتا جازىق ٴوڭىرىنىڭ شارۋاشىلىق تۇزىمىمەن بىردەي بولعانىن ۇعىندىرادى.

تاڭ گاۋزۋ زامانى ۋدىنىڭ 7 ـ جىلى (624)، ەگىستىك جەردى تەڭگەرۋ جارلىعى جاريالانىپ، ەگىستىك جەردى تەڭگەرۋ ٴتۇزىمى اتقارىلدى. تۇرپانداعى استانا 78 ـ ٴنومىرلى مولاسىنان شىققان «تاڭ تايزۇڭ جىنگۋانىنىڭ 14 ـ جىلى شيجوۋ دۋانىنىڭ گاۋچاڭ اۋدانىنىڭ شىنىڭ قونىستانۋ نوپوس حاتى»[1] دەگەن حات ـ قاتىناستان جىنگۋانىنىڭ 14 ـ جىلى (640) تاڭ تايزۇڭ لاۋازىم ٴبولىمىنىڭ ساناتى حۇ جۇنجيدى گاۋچاڭدى تىنىشتاندىرۋعا جىبەرگەنىن ٴارى گاۋچاڭنان شيجوۋ دۋانىن قۇرعانىن كورۋگە بولادى. سول جىلى 9 ـ ايدا تاڭ پاتشالىعى شيجوۋ دۋانىندا جاپپاي نوپوس جانە جەر تەكسەرىپ، بارلىق وتباسى نوپوسقا ٴوتىنىش ەتۋگە تۋرا كەلدى. نوپوستاعى حالىقتى باسقارۋ ٴتۇزىمى تاڭ پاتشالىعىنىڭ قوعامدىق، ەكونوميكالىق ٴتۇزىمىنىڭ تىرەگى ەدى. تاڭ زامانىندا جان سانىن مەڭگەرۋ ارقىلى الىم ـ سالىقتى تەڭگەردى. تاڭ پاتشالىعىنىڭ شيجوۋ دۋانىندا نوپوس ٴتۇزىمىن اتقارۋى ەگىستىك جەردى تەڭگەرۋ ٴتۇزىمىن ونان ارى جالپىلاستىرۋعا العى شارت ازىرلەدى،

[1] قۇراستىرۋعا جاۋاپتى تاڭ جاڭرۋ: « تۇرپانداعى قازبالاردان شىققان ٴىس قاعازدار (سۇرەتتى نۇسقاسى)» 2 ـ كىتاپ، بەيجيڭ: مادەني مۇرالار باسپاسى، 1992 ـ جىل، 43 ـ بەت.

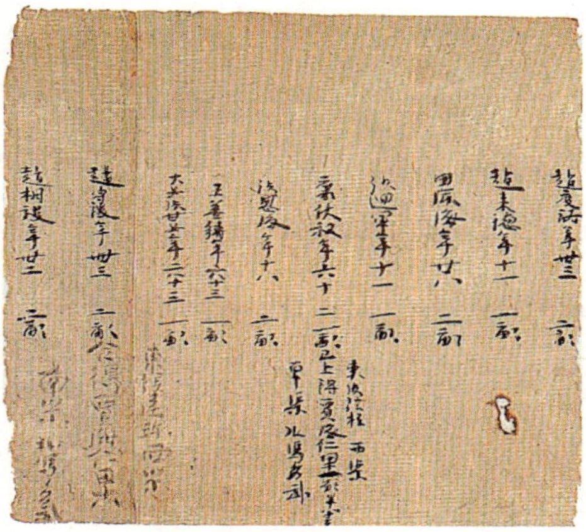

تاڭ پاتشالىعى زامانىنداعى شيجوۋ دۋانىنىڭ گاۋچاڭ اۋدانىندا جاۋ دۋلو سياقتىلارعا بەرىلگەن ەگىستىك جەر تىزىمدىگى

شينجياڭنىڭ تۇرپانىنداعى استانا مولاسىنان تابىلدى، بۇل شيجوۋ دۋانىنىڭ ەگىستىك جەردى تەڭگەرۋ ٴتۇزىمىن اتقارعان جاعدايىن بەينەلەيدى.

بۇل تاڭ پاتشالىعىنىڭ وسى ٴوڭىردى ۇتىمدى باسقارعانىن تولىق بەينەلەيدى.

تاڭ پاتشالىعىنىڭ ەگىستىك جەردى تەڭگەرۋ ٴتۇزىمى مەملەكەت مەڭگەرۋىندەگى ٴبىر ٴبولىم جەردى حالىق سانىنا قاراي جەرى جوق ديقانىنىڭ ەگۋىنە كوبىرەك ٴبولىپ بەرىپ، ولاردان المان ـ سالىق الۋىنا مۇمكىندىك جاسادى. تاڭ تايزۇڭ شيجوۋ دۋانىنا ادام جىبەرىپ، جەرگىلىكتى ۇكىمەت جەردى كونە تورەلەرگە، اۋىل اقساقالدارىنا جانە قاراشالارعا ٴبولىپ بەرۋ جونىندە جارلىق ٴتۇسىردى، بۇل تاڭ پاتشالىعى شيجوۋ دۋانىندا ەگىستىك جەردى تەڭگەرۋ ٴتۇزىمىن اتقارا باستاعاندىعى بولۋى مۇمكىن. تۇرپانداعى استانا 152 ـ ٴنومىرلى مولادان شىققان «تاڭ پاتشالىعى نوپوس حاتى جۇرناعىنىڭ»[①] ٴبىرىنشى ابزاتسىندا: « بەس مۋ ەگىستىك جەر الدىم»، «الۋعا ٴتيىستى ەگىستىك جەر 35 مۋ»، «30 مۋ ەگىستىك جەردى المادىم» دەپ جازىلعان. قاراقوجاداعى 39 ـ ٴنومىرلى مولادان شىققان «تاڭ پاتشالىعى جىنگۋان جىلدارىنداعى شيجوۋ دۋانىنىڭ گاۋچاڭ اۋدانىنداعى نوپوس حاتى 2 ـ دە» دە «بەرىلۋگە ٴتيىستى ەگىستىك جەر 61 مۋ»[②] دەپ جازىلعان.

تاڭ پاتشالىعى ەگىستىك جەردى تەڭگەرۋ ٴتۇزىمى ارقىلى، بارشا ديقانداردى جەر ارقىلى بۇعاۋلادى، بۇل قازىنالىق كىرىستى ارتتىرىپ، تاڭ پاتشالىعىنىڭ فەودالدىق ۇستەمدىگىن نىعايتۋىنا ٴتيىمدى بولدى. سونىمەن بىرگە، ەگىستىك جەردى تەڭگەرۋ ٴتۇزىمىن اتقارۋ شينجياڭ ٴوڭىرىنىڭ تۋسىپ جاتقان جەرلەرىنەن تىڭ يگەرىپ، ەگىستىك جەردى كەڭەيتىپ، ەگىن شارۋاشىلىق ەكونوميكاسىنىڭ قالپىنا كەلىپ دامۋى مەن قوعامدىق

① قۇراستىرۋعا جاۋاپتى تاڭ جاڭرۋ: «تۇرپانداعى قازبالاردان شىققان حات ـ قاتىناستار (سۋرەتتى نۇسقاسى)» 2 ـ كىتاپ، بەيجيڭ: مادەني مۇرالار باسپاسى، 1992 ـ جىل، 145 ـ بەت.

② باس قۇراستىرۋشى تاڭ جاڭرۋ: « تۇرپانداعى قازبالاردان شىققان حات ـ قاتىناستار (سۋرەتتى نۇسقاسى)» 3 ـ كىتاپ، بەيجيڭ: مادەني مۇرالار باسپاسى، 1992 ـ جىل، 56 ـ بەت.

وركەنيەتتىڭ جەدەل جوعارىلاۋىن جەبەپ، تاڭ پاتشالىعىنان كەيىنگى كەزدەردەگى شينجياڭ ٴوڭىرىنىڭ دامۋىنا نەگىز قالادى.

ماي اقىنى رەتتەۋ ٴتۇزىمى تاڭ پاتشالىعىنىڭ ەگىستىك جەردى تەڭگەرۋ تۇزىمىمەن سايكەسكەن باجى ٴتۇزىمى، ەگىستىك جەردى تەڭگەرۋ ٴتۇزىمىنىڭ شينجياڭ وڭىرىندە اتقارىلۋىنا بايلانىستى، بۇل ەكى ٴتۇزىم وسى وڭىردە جالپىلاستىرىلدى. تۇرپانداعى قازبالاردان شىققان نوپوس تىزىمدىگىنىڭ قالدىق جۇرناعىنان ٴبىز ادامنىڭ ەسىمىن، جاس شاماسىن كورە الامىز، ونىڭ تومەنگى جاعىنداعى ەسكەرتۋدە «كىشكەنە ۇل»، «كىشكەنە قىز»، «جالقى ەڭبەككۇش»، «باجى السىناتىندار»، «باجى السىنبايتىندار»، «جىلۋ بەرەتىندەر»، «جىلۋ بەرمەيتىندەر» دەگەن سياقتى جازۋلار بار. بۇل تاڭ پاتشالىعى زامانىندا مايعا الۋشىنى نەگىز ەتكەن ماي اقىنى رەتتەۋ ٴتۇزىمىنىڭ شينجياڭ وڭىرىندە اتقارىلعانىن بەينەلەيدى. قاراقوجى ـ 1 ٴنومىرلى مولاسىنان «تاڭ پاتشالىعى زامانىندا استىق باقىلاۋىلدىعىنىڭ جەر اقىسىنا العان قامباداعى ٴبيداي، قوناق ٴتىزىمى»، «استىق باقىلاۋىلدىعىنىڭ جەر اقىسىنا العان قامباداعى ٴبيداي، قوناعى 128 اعاش» دەگەن قۇجات بايقالدى①. «جەر اقى» دەگەنىمىز جەر مايىن، نەمەسە ەگىستىك جەر مايىن مەڭزەيدى. وسى ٴىس قاعازداردان تاڭ پاتشالىعى زامانىندا شيجوۋ دۋانىنان جەر مايىنا الىنعان ناقتى زات ٴبيداي، قوناق، شىلان سياقتىلار ەكەنىن كورە الامىز.

تاڭ پاتشالىعى زامانىندا وسى ماڭىزدى باجى ٴتۇزىمى تيانشان تاۋىنىڭ وڭتۇستىك، سولتۇستىك بەتتەرىندەگى شيجوۋ دۋانى، ي ـ جوۋ دۋانى، تيڭجوۋ دۋانى سياقتى جەرلەردە تۇرلىشە دارەجەدە اتقارىلدى. اسىرەسە، شيجوۋ دۋانى تاڭ پاتشالىعىنىڭ شينجياڭ وڭىرىندە قۇرعان ورتا جازىق وڭىرىنىكىمەن ۇقساس ماڭىزدى توتىقتىق دۋانى، مايعا بەرۋدى رەتتەۋ ٴتۇزىمى سىندى مايعا الۋشىنى نەگىز ەتىپ، باجى ٴتۇزىمى بۇل جەردە جاپپاي دايەكتىلەندى، اتقارىلدى. باجى ٴتۇزىمىنىڭ اتقارىلۋى قالىڭ ديقانداردىڭ تاپسىراتىن باجىسىن، لاۋعا بارۋ مىندەتىن ورىنداپ، ەگىن شارۋاشىلىق وندىرىسىمەن بەلسەنە شۇعىلدانۋىنا مۇمكىندىك جاساپ، شينجياڭ وڭىرىندە ەگىنشىلىك ەكونوميكاسىنىڭ دامۋىن ىلگەرىلەتىپ، باتىس سولتۇستىك شەكارانى بەكەمدەپ، قوعامنىڭ وركەنيەتتىلىگى مەن العا باسۋىن جەبەدى.

① باس قۇراستىرۋشى تاڭ جاڭرۋ: « تۇرپانداعى قازبالاردان شىققان ٴىس قاعازدار (سۋرەتتى نۇسقاسى)» 2 ـ كىتاپ، بەيجيڭ: مادەني مۇرالار باسپاسى، 1992 ـ جىل، 18 ـ بەت.

ەكىنشى، ەكونوميكا گۇلدەنىپ، ساۋدا دامىدى

سۋي، تاڭ پاتشالىقتارى كەزەڭىندە، ورتا جازىق پەن شينجياڭ وڭىرلەرىندەگى ۇلتتاردىڭ ىشتەسۋ، توعىسۋى بۇرىن ـ سوڭدى بولماعان دارەجەدە كۇشەيدى، وتە ـ موتە، تاڭ پاتشالىعى باتىس ٴوڭىردى بىرلىككە كەلتىرگەننەن كەيىن، ورتا جازىقتىڭ شارۋاشىلىعى، مادەنيەتى شينجياڭنىڭ كەڭ ـ بايتاق اۋماعىنا كۇشتى ىقپال كورسەتتى. تاڭ داۋىرىندەگى اقىن جاڭ جي «لياڭجوۋعا ماداق» دەگەن ولەڭىندە « مامىرلاي باسىپ بارادى سىڭعىرلاتىپ جۇك ارتقان تۇيە قوڭىراۋىن، باتىسقا جول العان كەرۋەندە جىبەك شىعار انشيگە بەت العان» دەپ جازدى، بۇل كەزىندەگى ورتا جازىق ٴوڭىرىنىڭ شينجياڭ وڭىرىمەن ەكونوميكالىق بارىس ـ كەلىسىنىڭ گۇلدەنگەن بەينەسىنىڭ ناق كورىنىسى ەكەنىندە كۇمان جوق.

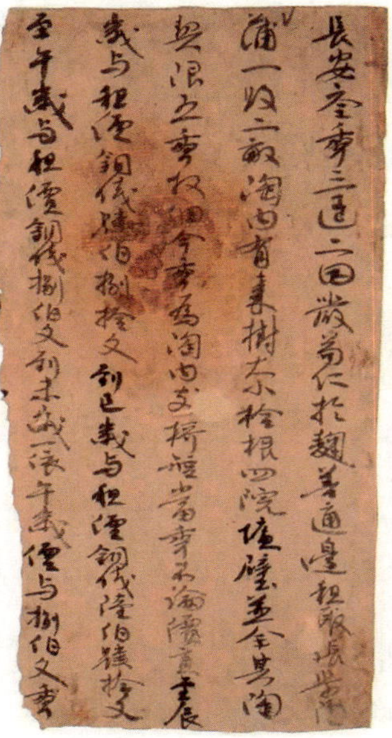

تاڭ داۋىرىندەگى يان گوۋرىنىڭ ٴجۇزىم باقشاسىن مايعا الۋ توقتامى

شينجياڭنىڭ تۇرپان استانا مولاسىنان تابىلعان

باتىس تۇرىك باتىس ٴوڭىردى تىزگىندەپ تۇرعان زاماندا، تاڭ پاتشالىعىمەن ەكونوميكالىق بارىس ـ كەلىسى نەگىزىنەن جىبەك ـ جىلقى ساۋداسى بولدى. جىبەك ـجىلقى ساۋداسى شينجياڭ ٴوڭىرىنىڭ ٴداستۇرلى مال شارۋاشىلىعىنىڭ دامۋىن ىلگەرىلەتىپ قانا قويماي، ٴداستۇرلى كوشپەلى ۇلتتاردىڭ ٴوندىرىس ـ تۇرمىس ٴتاسىلىنىڭ وزگەرىسىن ىلگەرىلەتتى. انشي، بەسبالىقتا بازار اشىلىپ، ٴار رەت ساۋدالانعان جىلقى جۇزدەن، اۋەلى مىڭنان استى. تۇرپان وڭىرىنەن تاڭ پاتشالىعى زامانىنداعى مولادان تۇيە، جىلقى، سيىر، قويدىڭ جانە تۇيەشى، جىلقىشىلاردىڭ ٴتۇستى بالشىق ٴمۇسىنى قازىپ الىندى، بۇل شينجياڭ وڭىرىندە مال شارۋاشىلىعىنىڭ وركەندەگەن زامانىن اسەرلى بەينەلەيدى. «كونە تاڭناما . تۇرىك باياني»: دۋ شيان انشي باسقاعى بولعان كەزدە، تۇرگەشتىڭ التىنعولدىق حانشاسى «جەمبىل نوكەرىنە انشي بازارىنا مىڭ جىلقى سالعىزىپ، ساۋداني جانداندىردى» دەپ جازىلعان.[1] بايىرعى ۇيعۇرلار باتىسقا اۋعانىنان

① (سوڭعى جين) ليۋ شۋي، ت.ب .لار جازعان: «كونە تاڭناما. تۇرىك باياني (2)»، بەيجيڭ: جۇڭحۋا شۋجۇي باسپاسى، 1975 ـ جىل، 5191 ـ بەت.

كەيىن، جەرگىلىكتى قاۋىمەن ٴوزارا بارىس - كەلىس جاساپ، ٴبىر - بىرىنەن ٷيرەنىپ، شينجياڭ ٴوڭىرىنىڭ ٴجۇزىم ەگىمشىلىگى سياقتىلارىنىڭ دامۋىنا مۇراگەرلىك ەتىپ قانا قويماي، مال شارۋاشىلىعىن نەگىز ەتۋدەن بىرتىندەپ ەگىن شارۋاشىلىق ٴوندىرىسىن نەگىز ەتۋگە، تۇرمىس ٴتاسىلىن كوشپەندىلىكتەن بىرتىندەپ وتىرىقتانۋعا قاراي بۇرىلىس جاساۋعا مۇمكىندىك جاسادى.

تاڭ پاتشالىعى زامانىنا وتكەنىنەن كەيىن، حانزۋلاردىڭ تيانشان تاۋىنىڭ وڭتۇستىگى مەن سولتۇستىگىنە قاۋىرت توپتاسىپ قونىستانۋىنا بايلانىستى، ورتا جازىق ٴوڭىرىنىڭ وزىق ەگىنشىلىك تەحنيكاسى مەن ەگىس داقىلدارى شينجياڭ وڭىرىنە كىرىپ، ەگىن شارۋاشىلىق ٴوندىرىسىن قارىشتاي دامىتتى. تۇرپاننىڭ بيزەكلىك مىڭ ٷيىنەن قازىپ الىنعان گاۋچاڭ بايىرعى ٷيعۇرلارىنىڭ تەمىر سوقا ٴتىسى حان پاتشالىعى زامانىنداعى سوقا تىسىنە قاراعاندا اناعۇرلىم جەڭىل، قولايلى بولعان. تاڭ پاتشالىعى «قۇنارلى ەگىستىك جەرى 50 مۋ، قۇنارسىز ەگىستىك جەرى 20 مۋ، كۇرىش ەگىس اتىزى 80 مۋ بارلارعا ٴبىر وگىز بەرىلەدى»[①] دەپ بەلگىلەدى، بۇل وندىرگىش كۇشتەردى اناعۇرلىم ازات ەتتى. «گاۋچاڭدا يان شۋۋدىڭ العاشقى جىلدارى (624) جاڭ بۋدحانا باسقارۋشىسى كوك جيۋعا اقى بەرىپ، ىنتالاندىرۋ» حاتىندا شيجوۋ دۋانى وڭىرىندە ەگىمشىلىك داقىلدارعا تىڭايتقىش بەرىلە باستاپ، تىڭايتقىشى جوق بولسا، ٴتىپتى، استىعىن ساتىپ، تىڭايتقىش ساتىپ العان جاعدايى جازىلعان.[②]

ەگىستىك سۋ ىگىلىگى قۇرىلىسىنىڭ سالىنۋى ەگىستىككە سۋ پايدالانۋدىڭ ٴونىمدى باسقارىلۋىن جاقسارتىپ، شينجياڭ وڭىرىندە ەگىن شارۋاشىلىق ٴوندىرىسىنىڭ دامۋىن بارىنشا جەبەدى. سوناۋ گاۋچاڭ ايماعى، گاۋچاڭ ەلى زامانىندا، شينجياڭ وڭىرىندە كەمەلدى توعان تورابى قالىپتاسىپ، قاتاڭ سۋ پايدالانۋ جانە ٴبولۋ ٴتۇزىمى ورناتىلدى ٴارى ارناۋلى قىزمەتكەر قويىپ، وسى جۇمىسقا جاۋاپتى بولدى. 740 - جىلى گاۋچاڭ اۋدانى شينشيڭ اڭعارى، سازدى توسپا جانە جيانگان بەل توعانى سياقتى سۋ ىگىلىگى قۇرىلعىلارىن جوندەگەندە، سۋ قۇرىلىسىنا قاجەتتى ەڭبەككۇش سانىن شيجوۋ دۋانىنا مالىمدەپ

① (سۇڭ) ۋياڭ شيۋ، سۇڭ چيلار جازعان: «جاڭا تاڭناما . اس - سۋ (3)»، بەيجيڭ: جۇڭحۋا شۋجۇي باسپاسى، 1975 - جىل، 1372 - بەت.

② قۇراستىرۋعا جاۋاپتى تاڭ جاڭرۋ: «تۇرپانداعى قازبالاردان شىققان ٴىس قاعازدار (سۋرەتتى نۇسقاسى)» 1 - كىتاپ، بەيجيڭ: مادەني مۇرالار باسپاسى، 1992 - جىل، 392 - بەت.

تاڭ پاتشالىعىنىڭ اڭشى بەدەرى تۇسىرىلگەن جىبەك كەزدەمەسى
شينجياڭنىڭ تۇرپانداعى استانا مولاسىنان تابىلعان

كاييۋان تۇڭباۋ
شينجياڭ كۇشاردان تابىلعان

بەكىتتىردى، «چۇنمۋ، جۋاڭۋ، شەبەرحانا جانە رەي ـ حۋ وتباسى» ت.،ب .لاردان اكەلىنگەن قاجەتتى شەبەرلەر 1500 ادام ـ رەتكە جەتتى.① ارحەولوگيالىق ماتەريالدار مىنانى دالەلدەدى: سۋي، تاڭ پاتشالىقتارى زامانىندا شينجياڭ ٴوڭىرىنىڭ استىق داقىلدارىنان ٴبيداي، جالاڭاش ارپا، سۇلى، كۇرىش، جاتاعان كۇرىش، قوناق، تارى سياقتىلاردىڭ سورتى تولىق، وتە ـ موتە، نەگىزگى استىق بولعان. حانزۋلار زور توپتا باتىس وڭىرگە كوشىپ كەلگەنىنەن كەيىن، جيۋساي، سارىمساق، شومىر، شالقان، ٴبايساي سياقتى داقىلدار ورتا جازىقتان شينجياڭعا تارادى.

بۇل كەزدىڭ قولونەركاسىبىن السااق، شينجياڭدا تەمىر، مىس، بولات، التىن، كۇمىس سياقتى مەتالدار قازىلىپ، قورىتىلدى جانە مانەرلەندى، ونان كۇندەلىكتى تۇتىنىلاتىن ىدىس ـ اياق، ٴوندىرىس قۇرالدارى جانە كۇمىس، مىس اقشا سياقتىلار جاسالدى. توقىماشىلىق كاسىبىندە جىبەك، ماقتا توقىما اۋەلگى نەگىزدە دامي ٴتۇستى، شيجوۋ دۋانىنىڭ ماقتا توقىما بۇيىمدارىنان ماقتا كەزدەمە سارايعا تارتۋ ەتىلەتىن ماڭىزدى تارتۋلاردىڭ ٴبىرى بولدى؛ كۇسان قالاسىندا توقىلعان ٴجۇن توقىما بۇيىمدارى شىعىستا ورتا جازىققا، باتىستا ورتا ازياعا دەيىن ساتىلىپ، ەرەكشە ٴوتىمدى بولدى. شيجوۋ دۋانىندا «قاعاز وندىرەتىن ورىن» دا اشىلدى، ونان وندىرىلگەن قاعازدار قۇمنىڭ باتىسىنداعى ەكى ايماقتىڭ ٴىس قاعازى ٴوزىن ـ ٴوزى تولىعىمەن قامداپ قانا قويماي، تاعى سىر قاعاز جانە

① شينجياڭ ۇيعۇر اۆتونوميالى رايونىدىق مۇراجاي، باتىس سولتۇستىك داشۋەسى تاريح فاكۋلتەتىنىڭ ارحەولوگيالىق كاسىبى: «1973 ـ جىلى تۇرپانداعى استانا مولاسىنان شىققان قازبا مۇراعاتتارىنان قىسقاشا مالىمەت»، «مادەني مۇرا» جۋرنالى، 1975 ـ جىلعى 7 ـ سان.

كراحمال تەحنيكاسىمەن جاسالعان ٴتۇستى سۋرەت قاعازى، بوياۋلى قاعاز سياقتىلار ٴوندىرىلدى.

تاڭ پاتشالىعى زامانىندا شينجياڭ ٴوڭىرىنىڭ ساۋداسى ەرەكشە جاندانعان. شيجوۋ دۋانىنىڭ ساۋدا اۋماعىندا كاسىپتىك تيجاراتپەن شۇعىلدانىن « دەڭ» اشىلىپ، ورتا جازىق، شينجياڭ جانە ورتا ازيا سياقتى جەرلەردەگى ساۋداگەرلەردىڭ كاسىبىن جانداندىراتىن «قوناقجاي» اشىلدى. ولار كولەمدى ساۋدا جاسادى ٴارى اقشا بەرىم ـ الىمى، زات ساقتاۋ سياقتى كاسىپتەردى ىستەدى. شيجوۋ دۋانى سول كەزدىڭ قاتىناس تورابى، باتىس سولتۇستىكتەگى وڭىرلىك بازار بولىپ قانا قويماي، ەل ٴىشى ـ سىرتىنان كەلگەن ٴتۇرلى زاتتاردى جيىپ ـ تاراتاتىن ورتالىق، حۋلار مەن حانزۋ ساۋداگەرلەرى باس قوسىپ، ساۋدا جاسايتىن دۇماندى بازارعا اينالدى. شيجوۋ دۋانىمەن ارالىعىن ٴبىر تاۋ ٴبولىپ تۇراتىن تيڭجوۋ، لۇنتايلاردا بۇل كەزدە ساۋدا بازارلارى گۇلدەندى، ورتا جازىقتان ٴبىر ٴبولىم حانزۋلار قىدىرما ساۋدا جاساپ، بىرنەشە جىلدا داۋلەت ٴبىتىپ، قازىنا ـ مۇلكى نەشە ون مىڭ تەڭگە اقشاعا جەتتى. «جاڭا تاڭنامادا»: پەي جوۋشيان ساۋدا جاساپ، «بەس جىلدا نەشە ون مىڭ تەڭگە اقشا قۇراپ، حۋلاردىڭ قىزىن ايەلدىككە الدى، ايەلدەرى الىقا ـ مونشاق تاعىنىپ، جىلقى، سيىر، قوي ٴوسىرىپ، قازىنا ـ مۇلكى اسىپ ـ توگىلىپ جاتتى» دەپ جازىلدى.[1] ورتا ازيانىڭ جەر ـ جەرىندەگى ساۋداگەرلەر، اسىرەسە، ساۋداعا شەبەر سوعدىلار ارت ـ ارتىنان كەلىپ، بۇل ارا ولاردىڭ قيمىل ورىسىنە اينالدى.

اقشا اينالىمى جاعدايى شينجياڭ وڭىرىندەگى قوعامدىق ەكونوميكانىڭ تىڭ وزگەرىستى ٴبىر قىرىنان بەينەلەيدى. 628 ـ جىلى شۋانزاڭ باتىسقا كەلگەندە، گاۋچاڭ نەگىزىنەن كۇمىس اقشا ىستەتەدى ەكەن، اراسىندا ازىن ـ اۋلاق التىن، مىس اقشالار بار ، اگني دە « زات ساتىپ الۋعا التىن، كۇمىس، مىس اقشا ىستەتەدى ەكەن»، كۇسان دا ۇقساس « التىن، كۇمىس، مىس اقشا ىستەتەدى ەكەن»[2]. بۇل ارادا ايتىلىپ وتىرعان مىس اقشا كۇساندىقتار ٴوزى قۇيعان ٴتۇرلى مىس اقشانى مەڭزەيدى. جۇڭعاعى جىلداردان بەرى، ارحەولوگتەر كۇشار سياقتى جەرلەردەگى سۇي، تاڭ پاتشالىقتارى تۇسىنداعى جۇرتتان بايقاعان كۇسان جازۋى

[1] (سۇڭ) وۋياڭ شيۋ، سۇڭ چيلار جازعان: «جاڭا تاڭناما . پەي يان بايانى»، بەيجيڭ: جۇڭحۋا شۋجۇي باسپاسى، 1975 ـ جىل، 4249 ـ بەت.

[2] (تاڭ) شۋان زاڭ جازعان: «ۇلى تاڭ باتىس ٴوڭىر ەستەلىگى»، شاڭحاي: شاڭحاي حالىق باسپاسى، 1977 ـ جىل، 3 ـ بەت.

ويىلعان ٴمىس اقشا ون مىڭنان اسىپتى، بۇل وسى جەرلەردەگى اينالىم سالاسىندا وزدەرى قۇيعان ٴمىس اقشا ەلەۋسىز قاراۋعا بولمايتىن ورىن يەلەگەنىن ٴبىلدىرەدى. تاڭ پاتشالىعىنىڭ باتىس ٴوڭىردى بىرلىككە كەلتىرۋىنە بايلانىستى، ورتا جازىق پەن شەكارا ٴوڭىردىڭ ساۋدا قاتىناسى قويۋلادى. تاڭ پاتشالىعىنىڭ زاڭدىق ٴمىس اقشاسى كايىۋان تۇڭباۋ شۇراتتارداعى قالا ـ قالاشىقتاردا بارعان سايىن كوبەيدى. 7 ـ عاسىردىڭ الدىڭعى جارىمىندا گاۋچاڭ سياقتى جەرلەردە تاۋار ساۋداسىندا ٴتۇرلى مەتال اقشالار قاتار قولدانىلدى دا كۇمىس اقشا نەگىز ەتىلدى. ٴتۇرلى جازبالاردا كۇمىس اقشا «شارشى تەسىكتى جارماق»، ٴمىس اقشا «جارماق» دەلىنگەن، مىسالى، «يانشۋدىڭ 14 ـ جىلى (637) 4 ـ ايدا، سۇگىر دارەجەلەس بەس ادام قويان جىلعى اقشا ەستەلىگىنە»: « قويان جىلعى اقشانىڭ ٴبىر جارماعى ٴمىس اقشانىڭ 14 جارماعىنا تەڭ»[①] دەپ جازىلعان. «گاۋچاڭنىڭ جاساۋىل بەگىنىڭ اشىق ساقتالعان ىشكى اقشا ەسەبىندە» كۇمىس اقشا ەكى جارماق دەپ جازىلۋدان تىس، ٴمىس اقشا جەكە ـ جەكە ەكى جارماق، ٴتورت جارماق، بەس جارماق دەپ جازىلعان.[②] 7 ـ عاسىردىڭ سوڭعى جارىمىندا شيجوۋ دۋانى سياقتى جەرلەردە ەكى ٴتۇرلى اقشا الما ـ كەزەك ىستەتىلگەن زاماندا، ۋ ـ جوۋ پاتشالىعى رۋ ـ يدىڭ العاشقى جىلى (692) «كەنت باستىعى لي حيدىڭ شى شۋانزىڭنان ۇلىقتار مىنەتىن ٴجۇرىستى اتتىڭ باعاسىنا كەلىسۋ تۋرالى» حاتىندا: « ۇلىقتار مىنەتىن ٴجۇرىستى اتتىڭ باعاسى ەكى جارماق، ٴمىس اقشاعا سىندىرعاندا 64 جارماق»[③] دەگەن ٴسوز بار، بۇل ٴدال كۇمىس اقشانىڭ قۇلدىراعاندىعىنىڭ بەينەسى. ۋ ـ جوۋدان كەيىن، كۇمىس اقشا جازبالاردان بىرتىندەپ ٴوشتى. ال، 8 ـ عاسىرعا جەتكەندە، اقشا دەگەندە ٴمىس اقشانى مەڭزەيدى ٴارى ول «جارماق» دەلىندى. مىسالى، تۇرپانداعى قازبالاردان شىققان حات ـ قاتىناستاردا «تاڭ پاتشالىعىنىڭ سالىق اقشا ەسەپ داپتەرىندە»: «ٴجۇز جارماققا ٴدارى ـ دارمەك الدى» دەگەن ٴسوز بار، «تاڭ پاتشالىعىنىڭ ۋاكىلەتحانا ەسەپ داپتەرىندە» : « يىن حانىم 1 ـ ايدىڭ 18 ـ كۇنى 50 جارماق الدى» دەگەن سوزدەگى اقشا ٴمىس اقشانى كورسەتەدى.

---

① قۇراستىرۋعا جاۋاپتى تاڭ جاڭرۋ: «تۇرپانداعى قازىندىدان شىققان ٴىس قاعازدار (سۋرەتتى نۇسقاسى)» 2 ـ كىتاپ، بەيجيڭ: مادەني مۇرالار باسپاسى، 1992 ـ جىل، 180 ـ بەت.

② قۇراستىرۋعا جاۋاپتى تاڭ جاڭرۋ: « تۇرپانداعى قازىندىدان شىققان ٴىس قاعازدار (سۋرەتتى نۇسقاسى)» 2 ـ كىتاپ، بەيجيڭ: مادەني مۇرالار باسپاسى، 1992 ـ جىل، 119 ـ بەت.

③ قۇراستىرۋعا جاۋاپتى تاڭ جاڭرۋ: « تۇرپانداعى قازىندىدان شىققان ٴىس قاعازدار (سۋرەتتى نۇسقاسى)» 4 ـ كىتاپ، بەيجيڭ: مادەني مۇرالار باسپاسى، 1992 ـ جىل، 517 ـ بەت.

وتاني ەكسپەديتسياسى ٴىس قاعازدارىنداعى «تاڭ اۋلەتى تيانباۋدىڭ 2 ـ جىلى (743) يارعوٴل ايماعىنىڭ زات باعاسى حاتى» 8 ـ عاسىردا تۇرپان وڭىرىندەگى بازار باعاسى مىس اقشامەن ەسەپتەلەتىن شىندىقتى ٴتىپتى دە تۇسىنىكتىرە الادى. يارعوٴل بازارىندا جىبەك، حوش ٴيىستى زات، مال مىس اقشاداعى سان بويىنشا باعاسى شىعارىلدى، استىق تۇقىمداس ٴشوپ، قي ـ كوك دۇكەندە ساتىلىپ، «جارماقپەن» ەسەپتەلدى. بۇل قالا ـ اۋىل تۇرعىندارىنىڭ بازار ساۋداسىمەن بايلانىسى جيىلەي تۇسكەنىن، ال، مىس قاشانىڭ اينالىمىندا دا بۇرىنعىعا قاراعاندا اناعۇرلىم كەڭ كولەم العانىن ٴۇعىندىرادى. تارىم ويپاتىنىڭ تۇستىك جيەگىندەگى ٴۇدۇندا دا وسىنداي.

ٴۇشىنشى، جىبەك جولىنىڭ بۇرىن بولىپ كورمەگەن وركەندەۋى

تاڭ پاتشالىعىنىڭ قۇرلىق جىبەك جولى چاڭ ـ اننان باستالىپ، گانسۋدىڭ حىشي دالىزىنەن ٴوتىپ، شينجياڭ وڭىرىندە سولتۇستىك جەلى (تيانشان تاۋىنىڭ سولتۇستىگى)، ورتا جەلى (تارىم ويپاتىنىڭ سولتۇستىك جيەگى)، وڭتۇستىك جەلى (تارىم ويپاتىنىڭ وڭتۇستىك جيەگى) دەپ ٴبولىنىپ، ورتا ازيا جانە ەۋروپا سياقتى وڭىرلەرگە باردى. جىبەك جولىنىڭ سولتۇستىك جەلىسىنىڭ كوركەيۋى تيڭجوۋ دۋانى، كۇڭىت (شينجياڭنىڭ بۇگىنگى قورعاس ٴوڭىرى)، لۇنتاي، سۇياب، تالاس (بۇگىنگى قازاقستاننىڭ تاراز قالاسى) سياقتى كوركەيگەن قالا ـ قالاشىقتار مەن ساۋدا ورتالىقتارىنىڭ جارىسا گۇلدەنۋىن جەبەدى.

تاڭ پاتشالىعى زامانىنداعى قىش تۇيەدەگى ٴبيشى ٴتۇستى قۋىرشاق
شانشيدىڭ شي ـ ان قالاسىنان تابىلعان

تاڭ پاتشالىعى زامانىنا وتكەننەن كەيىن، جىبەك جولى ونان ارى ٴورىس جايدى، وتە ـ موتە، تيانشاننىڭ سولتۇستىگىندەگى دالا جەلىسىنىڭ اشىلۋى شينجياڭ ٴوڭىرىنىڭ كورشىلەس وڭىرلەردىڭ ساۋداسىمەن بارىس ـ كەلىسى اناعۇرلىم جيىلەدى. تاڭ پاتشالىعى قاتىناس پەن ساۋدا جولىنىڭ حاۋىپسىزدىگىن قورعاۋ ٴۇشىن، جول بويى قىرۋار جامدار، قونالقىلار سالىپ، جولاۋشىلار مەن

ساۋداگەرلەردى ۇكىمەت تارابىنان تاراتىلعان جول حاتى بولسا وتكىزدى. بۇل قۇرىلعىلار مەن بەلگىلەمەلەر ٴارى اسكەري ـ اكىمشىلىك ۇلىقتار مەن قوسىنىنىڭ ارلى ـ بەرلى قاتىناۋىنا قولايلىلىق تۋدىردى، ٴارى جامارداندان وتەتىن ساۋداگەرلەردىڭ وتۋىنە جانە زات اينالىمىنىڭ ىركىلىسسىزدىگىنە تيپتەن قولايلى بولدى. 640 ـ جىلى تاڭ پاتشالىعى گاۋچاڭدى تىنىشتاندىردى، سول ٴوڭىر شيجوۋ دۋانىنا، قاعانبۇت قالاسى تيڭجوۋ دۋانىنا قارادى، وسىدان باستاپ، «ۇبىردىڭ باتىسىنان، پارسىنىڭ شىعىسىنا دەيىنگى ارالىقتاعىلاردىڭ پاتشا ورداسىنا تارتۋ اكەلگەندەرىنىڭ اياعى ۇزىلمەدى، ساۋداگەرلەر قايشالىستى».① ورتا ازيانىڭ ساۋداگەرلەرى شىعىسقا قاراي اعىلسا، ورتا جازىقتىڭ ساۋداگەرلەرى باتىسقا قاراي جوڭكىلدى. جىبەك جولى تاڭ پاتشالىعىنىڭ استاناسى چاڭ ـ ان مەن ورتا ازيا، باتىس ازيا، شىعىس ەۋروپا سەكىلدى وڭىرلەردى كىدىرگىسىز بايلانىستىرىپ، وراسان زور قاتىناس تورابىن قالىپتاستىردى. بۇل جول ورتا جازىق، شينجياڭ وڭىرلەرىنە كەلىپ ـ كەتەتىن ساۋداگەرلەردىڭ، ەلشىلەردىڭ، مونىحتاردىڭ ازيا ـ ەۋروپاعا وتەتىن جولىنا اينالدى، ورتا جازىقتىڭ جىبەگى، فارفور ىدىسى، حانزۋ تىلىندەگى ارعى زامان كىتاپتارى شينجياڭ وڭىرىنە، سونداي ـ اق ورتا ازيا، شىعىس ەۋروپاعا جەتكىزىلدى؛ سونىمەن بىرگە، شينجياڭ ٴوڭىرىنىڭ، ورتا ازيا مەن شىعىس ەۋروپا سەكىلدى جەرلەردىڭ ٴىنجۋ ـ مارجان، ەركەشە ٴونىم جانە ٴدىني مادەني كىتاپتارى ورتا جازىققا

① (سۇڭ) ۋاڭ چينرولار قۇراستىرعان: «كىتاپتار جاۋھارى . سىرتقى ۋازىرلىك ٴبولىمى»، بەيجيڭ: جوڭحۋا شۋجۇي باسپاسى، سۋرەتتى نۇسقاسى، 1960 ـ جىل، 11567 ـ بەت.

ماتەريال تىزبەگى

بايىرعى جىبەك جولى ساۋدا ـ زات اينالىمى جولى بولىپ قانا قويماي، ٴتىپتى دە ماڭىزدىسى، ٴبىلىم اۋىستىرۋ جولى بولدى. جۇڭگو بايىرعى جىبەك جولىمەن جىبەك، فارفور ىدىس، سىرلى ىدىس، تەمىر قۇرال ـ سايماندارى باتىسقا جەتكىزسە ٴارى باتىستان بۇرىش، كەندىر، حوش ٴيىستى زات، ٴجۇزىم، انار اكەلدى. بايىرعى جىبەك جولىمەن بۋددا ٴدىنى، ٴىسلام ٴدىنى جانە ارابتىڭ استرونومياسى، كالەنداري، ٴداري ـ دارمەگى جۇڭگوعا كىردى. جۇڭگونىڭ ٴتورت ۇلكەن تاپقىرلىعى، جىبەك قۇرتىن باعۋ تەحنيكاسى دا وسى جولمەن دۇنيەگە تارادى. مۇنان دا ماڭىزدىسى، تاۋار مەن ٴبىلىم اۋىس ـ كۇيىسى كوزقاراسىندا جاڭالىق اشتى. مىسالى، بۋددا ٴدىنىنىڭ ٴتۇپ توركىنى ينديا ، ول جۇڭگوعا تاراپ ساۋلەلەنە ٴتۇستى. شىعىس وڭتۇستىك ازيادا جالعاستىرىلدى. رۋحيا مادەنيەتىنىڭ ٴتۇپ توركىنى جۇڭگو، ول ەۋروپادا ٴى لەيبنيتس، ۆولتەر سياقتى ويشىلداردىڭ قۇرمەتىنە بولەندى. بۇل ـــ اۋىس ـ كۇيىستىڭ قۇدىرەتى، اينا ماتۇدىڭ جەتىستىگى.

تارادى. ٴسويتىپ، جىبەك جولىندا «ەلشىلەر وسى جولمەن جۇرەتىن، ساۋداگەرلەر بۇل جولمەن توقتاۋسىز قاتىنايتىن» دۋماندى جاعداي جارىققا شىقتى.

جىبەك جولى ەرتە زاماندا ازيا ـ ەۋروپا قۇرلىقتار ارالىعىندا قاتىنايتىن ىركىلىسسىز ساۋدا جولى بولىپ قانا قويماي، ونىڭ ۇستىنە، ازيا ـ ەۋروپا ەلدەرى مەن جۇڭگونىڭ بارىس ـ كەلىسىن جەبەيتىن جاراسىمدىلىق جولعا، شىعىس ـ باتىس مادەنيەتىنىڭ اۋىسۋىن جەبەيتىن دوستىق جولعا اينالدى. ول كەزدە چاڭ ـ ان قورعانىنىڭ ىشىندەگى ەڭ دۋماندى باتىس بازارعا 220 دان استام كاسىپ شوعىرلانعان، وندا شاراپحانا، كيىم ـ كەشەك، ٴداري ـ دارمەك دۇكەنى، بايىرعى زامان فارفور ىدىستارى، ٴىنجۋ ـ مارجان، تەمىرشىلىك، ت. ب. بار. بۇل اراعا ورتا ازيا، وڭتۇستىك ازيا، شىعىس وڭتۇستىك ازيا جانە كورەي، پەكچە، سيللا، جاپونيا سياقتى ەلدەر مەن وڭىرلەردىڭ ساۋداگەرلەرى كەلدى، مۇندا ورتا ازيا مەن پارسى، تازيدىڭ حۋ ساۋداگەرلەرى ەڭ كوپ. لي باي ٴبىر ولەڭىندە: «ۇزىلگەن گۇلدەر ۇلبىرەپ، قايدا دەپ قايىران قالاسىڭ. حۋ بيكەش شاراپحاناسىنان، جايناعان كۇيدى تاباسىڭ» دەيدى. كوپتەگەن حۋلار بۇل ارادان جەر ساتىپ الىپ، تۇرعىن ٴۇي سالىپ قونىستاندى. «حۋ ساۋداگەرلەرى چاڭ ـ اندا 40 نەشە جىل تۇردى، ايەل الىپ، ۇيلى ـ باراندى بولدى، ەگىستىك، تۇرعىن ۇيلىك جەر ساتىپ الىپ، قوماقتى يگىلىك كورىپ، ەلىنە قايتپاي قونىستانىپ

قالدى».①

سول كەزدە دۇنيەدەگى ەڭ قۇدىرەتتى مەملەكەت بولعان تاڭ پاتشالىعىنىڭ عىلىم ـ تەحنيكا تابىستارى بۇكىل دۇنيەنىڭ وركەنيەت دامۋىنا تەرەڭ ىقپال كورسەتتى. تاڭ پاتشالىعىنىڭ جاساقتارى جانە ۇستالارى، جۇڭگونىڭ قاعاز جاساۋ، جىبەك توقۋ، التىن ـ كۇمىس ۇستاۋ سياقتى تەحنيكالارىن اراب پەن باتىستاعى جەر ـ جەرگە تاراتتى. تاڭ پاتشالىعىنىڭ سوڭعى كەزدەرىندە جۇڭگو جاساعان وق ـ ٴدارىسىنىڭ نەگىزگى قۇرامى ـــ سەليترا ٴارى ٴدارى جاساۋ تەحنيكاسىنىڭ اراب دۇنيەسىنە كىرۋىنە ىلەسىپ، جەرگىلىكتى حالىق ونى «جۇڭگو قارى» دەپ اتادى، كەيىن كەلە ول مەديتسينا، ٴدارى جاساۋ، جىلتىر سىر جاساۋعا جانە اينەكەي ورتەۋگە پايدالانىلدى.

جىبەك جولى شىعىس پەن باتىستىڭ ەكونوميكا، عىلىم ـ تەحنيكا، مادەنيەت اۋىسۋىن پارمەندى تۇردە جەبەپ، تاڭ پاتشالىعىنىڭ گۇلدەنىپ ـ كوركەيۋىن ىلگەرىلەتۋگە وراسان زور ۇلەس قوستى.

بەسىنشى تاراۋشا   تاڭ پاتشالىعىنىڭ گۇلدەنگەن تۇسىنداعى شينجياڭ ٴوڭىرىنىڭ مادەنيەتى

سۇي، تاڭ پاتشالىقتارى كەزەڭىندە، جۇڭگونىڭ ەكونوميكاسى، قوعامى ورلەۋ ساتىسىندا تۇردى، مادەنيەتتىڭ وزىقتىعىنا سەنىم ارتتى، باۋىرلاستىق قوعامدىق سالتى ٴار ۇلتتىڭ بۇرىن ـ سوڭدى بولماعان گۇلدەنۋىندە، اۋىس ـ كۇيىس جاساپ، توعىسۋىنا ورتا ازىرلەدى. تۇستىك پەن تەرىستىكتەن، ٴىش پەن سىرتتان توپتاسىپ، توعىسا جاڭالىق اشۋ ارقىلى جۇڭگونى وزەك ەتكەن شىعىس ازيا مادەنيەت شەڭبەرى قالىپتاسىپ، حانزۋ جازۋى، رۋجيا ٴىلىمى، زاڭ ـ جارعى، بۋددا ٴدىنىنىڭ جۇڭگو جىگى، عىلىم ـ تەحنيكا سياقتىلار وسى مادەنيەت شەڭبەرىندە ورتاق مادەنيەت توركىنى مەن فاكتورىن قۇرادى. جۇڭحۋا وركەنيەتى باي مازمۇندى، الۋان ٴتۇرلى، ۇشان ـ تەڭىز، جاۋھارلى، ول دۇنيەگە تەرەڭ ىقپال جاسادى. شينجياڭ ٴوڭىرىنىڭ ورتا جازىق وڭىرىمەن مادەنيەت قاتىناسى كۇننەن ـ كۇنگە

① (سۇڭ) سىما گۋاڭ قۇراستىرىپ جاعان: «بيلىك عيبىراتناماسى . تاڭ ەستەلىكتەرى (48)»، بەيجيڭ: جۇڭحۋا شۋجۋي باسپاسى، 1956 ـ جىل، 7493 ـ بەت.

جيىلەپ، ورتا جازىق سياقتى جەرلەردىڭ مادەنيەتى شينجياڭ وڭىرىندەگى مادەنيەتكە تەرەڭ ىقپال كورسەتتى.

ٴبىرىنشى، ورتا جازىق مادەنيەتى شينجياڭ وڭىرىنە كەڭىنەن تارادى

تاڭ پاتشالىعى كەزەڭىندە، ورتا جازىقتىڭ مادەنيەتىندە توعىساتىن، بىرلىككە كەلەتىن، اشىق ۇستالاتىن جاعداي مەن ەرەكشەلىك جارىققا شىقتى، باۋىرمالدىعى كەڭ، شاراپاتى شار تاراپقا توگىلگەن، بۇرىن ـ سوڭدى بولماعان كوركەيگەن مادەنيەتتىڭ شينجياڭ ٴوڭىرىنىڭ مادەنيەتىنە ىقپالى ونان ارى كۇشەيدى.

ورتا جازىقتىڭ ٴتۇزىمى مەن مادەنيەتى ۇزىلمەي جالعاسىپ كەلدى. تاڭ پاتشالىعى شيجوۋدا اسكەري ـ اكىمشىلىك باسقارۋ جۇيەسىن ورناتتى، وعان بەس اۋدان، 24 اۋىل قارادى. شيجوۋ ٴمانساپتىسى دۋانباسى دەلىندى، ولار باسقا ۇلىقتاردى باعالاۋعا، ەگىن شارۋاشىلىعى مەن جىبەك قۇرتىن وسىرۋگە شابىت بەرىپ، قۇزىراۋعا جاۋاپتى بولدى، قوسىمشا حالىق ىستەرىن باسقاردى، ٴادىليا بيلىگى قولىندا بولدى. دۋانعا قاراستى اعا كومەكشى، سۇگىر جانە التى مەكەمە سياقتى اكىمشىلىك تاراۋ قۇرىلدى. دۋان، اۋدان، اۋىل، قىستاق سياقتى تۇزىمدەر ورناتىلىپ، رۋجيا مادەنيەتىنىڭ تارالۋىنا شارت ـ جاعداي ازىرلەدى. تاڭ پاتشالىعى كەزەڭىندە ۇدۇن حانى تاڭ پاتشاسى ورداسىنا كىرگەننەن كەيىن ورتا جازىقتىڭ ٴتۇزىم ـ مادەنيەت ىقپالىن بارىنشا قابىلدادى. مىسالى، ۆيسارا شىڭ سياقتى حان اتتارى، تيانشوۋدىڭ 3 ـ جىلى دەگەن سياقتى جىل ەسىمى، سيىر جىلى 6 ـ ايدىڭ 10 ـ كۇنى دەگەن سياقتى كالەندار كۇنى، ۇكىمەتتىڭ ٴىس قاعازى تۇگەلدەي حانزۋ جازۋى مەن از ۇلتتار جازۋىندا جازىلدى.

حانزۋ ٴتىلىن ۇيرەنۋ ـ قولدانۋ كۇن ساناپ جالپىلاستى. سۇي، تاڭ پاتشالىقتارى باتىس ٴوڭىردى بىرلىككە كەلتىرگەننەن كەيىن، حانزۋ ٴتىلى ۇكىمەت ٴبىر تۇتاس قولدانىلاتىن تىلگە اينالدى، استانا بايىرعى مولاسىنان قازىپ الىنعان ٴتۇرلى ۇكىمەت پەن جەكەلەردىڭ ٴىس قاعازدارى، مولا قۇلپىتاسىنىڭ جازۋى، يارعۇلدىڭ باتىسىنداعى مولا

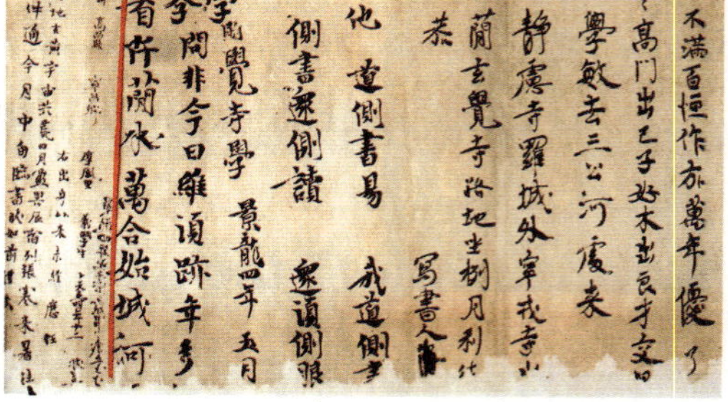

بو تيانشوۋ كوشىرگەن «جىڭ ناۋعىلىنىڭ اقىلياعا تۇسىنىكتەمەسى»
شينجياڭنىڭ تۇرپانىنداعى استانا بايىرعى مولاسىنان تابىلعان

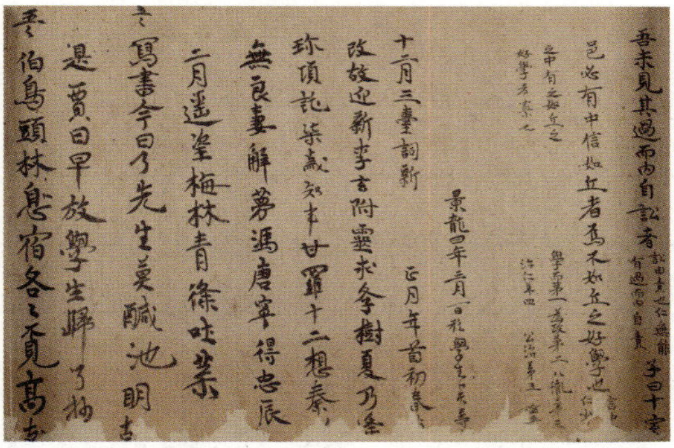

بو تيانشوۋدىڭ بەس بۋىندى ولەڭى

شينجياڭنىڭ تۇرپانىنداعى استانا بايىرعى مولاسىنان تابىلعان

قازىندىسىنان شىققان قۇلپىتاس جازۋى نەگىزىنەن حانزۋ تىلىندە جازىلعان، بۇل گاۋچاڭنىڭ ۇكىمەت جاعى مەن حالقىنا حانزۋ ٴتىل ـ جازۋى جالپىلاسقانىن بەينەلەيدى. تاڭ پاتشالىعىنان حانزۋ ٴتىلىن ۇيرەنىپ، ولەڭ جازعان قولجازبالاردىڭ جۇرناق بەتتەرى مەن ساۋات اشىپ، كىتاپ وقىعاندىعى قالدىعى شينجياڭ وڭىرىنەن شىقتى. استانا مولاسىنىڭ 263 ـ ٴنومىرلى مولاسىنان قازىپ الىنعان تاڭ پاتشالىعى جيڭلۇڭنىڭ 4 ـ جىلى (710) شيجوۋ دۋانىنىڭ بالا شاكىرتى بو تيانشوۋدىڭ قولجازباسى شىقتى، اۋتور 12 جاستا «اقىليانى» كوشىرىپ جازىپ قانا قويماي، تاعى تاقپاق قۇراعان، مىسالى، «كوشىردىك كىتاپتى قالدىرماي، مىرزا ٴشۇبا تاپپادى. ەرتەڭنەن باستاپ دەمالىس، ەرتە قايتىتىق مەكتەپتەن»، بۇل شينجياڭ ٴوڭىرىنىڭ ورتا جازىق وڭىرىمەن ۇقساس اشىلعان جەكە مەكتەپتەر، ۇيرەنەتىنى ۇقساس كلاسسيكالىق شىعارمالار، جازاتىنى دا ۇقساس حانزۋ جازۋى بولعانىن تۇسىندىرەدى. تاڭ شۋانزۇڭ زامانىنداعى شەكارا اقىنى سىن شىنىنىڭ ولەڭىندە «يەحى وتامانى حانزۋ ٴتىلىن بىلەدى» دەگەن ٴسوز بار، بۇل شينجياڭ وڭىرىندەگى ۇلتتاردىڭ حانزۋ ٴتىلىن قولدانعان احۋالدى اسەرلى بەينەلەيدى.

رۋجيا مادەنيەتى مەن يدەياسى اناعۇرلىم تامىر تارتتى. تۇرپان وڭىرىندەگى قازىندىدان «جىرناما»، «شاڭشۋ»، «يلي»، «جوۋ ـ ي»، «چۇنچيۋ»، «اقىليا»، «شياۋجيڭ»، «جوۋلي»، «ليجي»، «چۇنچيۋ . گۇڭيالڭ باياني»، «چۇنچيۋ . گۋليالڭ باياني»، «ونەگە سوزدەر»، ت. ب. بايقالدى. مۇنىڭ ىشىندە «جىرناما»، «شاڭشۋ» ەڭ كوپ بايقالدى. ول كەزدە گاۋچاڭ ٴوڭىرى ورتا جازىق وڭىرىنىكىمەن ۇقساس كەلەتىن دۋان، اۋدان، اۋىل مەكتەپتەرىن اشقان، تەك، اۋىل مەكتەبىندە وقيتىن وقۋشىلار مىڭنان اسقان، «مىڭ ارىپتىك وقۋلىق»، «حات تانۋ جاتتىعۋى» سياقتىلار ساۋات اشۋ وقۋلىعى بولعان. وسى وڭىردەن بايقالعان تاڭ پاتشالىعىنىڭ «تاعىلىمناما زەرتتەمەسىندە» «ادىلەتتىلىك» جانە «تاڭ تاعىلىم كىتاپتار مازمۇنىنا ‹اقىلياعا› شارا جۇرناعى» تۇسىندىرىلەدى، بۇل ي ـ جوۋ دۋانى، شيجوۋ دۋانى، تيڭجوۋ دۋانى سياقتى جەرلەردەگى شاكىرتتەر سارايداعى كىجۇي ەمتيحانىنا قاتىناسىپ، ۇلىقتىققا تالدانسا

بولاتىنىن ٴۇعىندىرادى.

حاتكەرلىكتىڭ شينجياڭ وڭىرىنە تارالۋى. « لانتيڭدەگى حاتكەرلىككە كىرىسپە» «حاتكەر اۋليە» اتانعان شىعىس جين پاتشالىعىنىڭ ادامى ۋاڭ شيجىنىڭ حاتكەرلىك تۋىندىسى، ول «ەل - جۇرتتىڭ اراسىنداعى شيڭشۋ ۇلگىسىندەگى حاتكەرلىكتىڭ بىرەگەيى» دەلىنىپ، كەيىنگىلەر حاتكەرلىككە جاتتىعۋدا ەلىكتەپ جازاتىن ۇلگى نۇسقاعا اينالدى. شينجياڭنىڭ بۇگىنگى حوتان وڭىرىنەن بىلگەرىندى - كەيىن «لانتيڭدەگى حاتكەرلىككە كىرىسپەنىڭ» ٴۇش كوشىرمەسى تابىلدى. ونىڭ جۇرناعىندا «يۇڭحە جىلدارى ايگىلى حاتكەرلەردىڭ جاسى دا، ۇلكەنى دە كۇيجۇي ايماعى شانيڭ اۋدانىنداعى باقشانىڭ لانتيڭ سامالدىعىندا باس قوسىپ، ازاپتان ارىلۋعا تىلەك تىلەدى. باقشانى اسقار تاۋلار قورشاپ، قۇزار شىڭ جەلكەڭنەن باسىپ تۇرادى، سىڭسىعان ورمان، نار بامبۋكپەن قورشالعان» دەگەن سۋرەتتەۋ سوزدەرى كوركەم جازۋمەن جازىلعان.[1] بۇل تاڭ پاتشالىعى كەزەڭىندە ورتا جازىقتىڭ حاتكەرلىك ونەرى وسى جەردە كەڭىنەن تارالعانىن ٴۇعىندىرادى.

ورتا جازىق ەمشىلىگىنىڭ شينجياڭ وڭىرىندە تارالۋى. تۇرپان قازىندىلارداعى جازبالاردان حانزۋ تىلىندەگى دارىگەرلىك بىلەمدەرى، ٴشوپ دارىلەر، شيپاشاق، قۇرعاق ينە، شيپاگەرلىك، مال شيپاگەرلىگى سياقتى تۇرلىشە ۇلگىدەگى جازبالاردىڭ جۇرناعى بايقالدى. بۇل سۇي، تاڭ پاتشالىقتارى زامانىندا ورتا جازىقتىڭ ەمشىلىگى شينجياڭ وڭىرىندە كەڭ تارالعانىن بىلدىرەدى[2]. ايگىلى شيپاگەر سۇن سىمياۋ جازعان «كەشەندى شيپاشاق» جۇڭگوشا ەمشىلىكتەگى كلاسسيك شىعارمالاردىڭ ٴبىرى، وندا جازىلعان «شيجوۋ دۋانىنىڭ ەم سورپاسى» دەگەن شيپاشاق دارىگە ەرتە زامانعى گاۋچاڭ وڭىرىندەگى ەلدىڭ اۋرۋدى ەمدەۋ تاجىريبەسى قابىلدانۋمەن بىرگە، وسى نەگىزدە شيپاشاق ٴدارى ۇيلەسىمدى تەڭشەلگەن، بۇل ورتا جازىق پەن شينجياڭ ٴوڭىرى ەمشىلىك، ٴدارى - دارمەك سالاسىندا ٴوزارا ۇيرەنىپ، ۇلگى العانىن ٴۇعىندىرادى.

ورتا جازىقتىڭ كيىم - كەشەك مادەنيەتى شينجياڭ ٴوڭىرىنىڭ سول كەزدەگى ۇلگىسىنە اينالدى. سۇي، تاڭ پاتشالىعى كەزەڭىندە شينجياڭ ٴوڭىرىنىڭ كيىم - كەشەگى

---

① رۇڭ شينجياڭ: ««لانتيڭدەگى حاتكەرلىككە كىرىسپەنىڭ، باتىس وڭىرگە تارالۋى»، «گوشۋە» عىلىمي جۇرنالى، 2011 - جىلعى 1 - سانى، 65 -، 71 - بەتتەر.

② ۋاڭ شيڭ - ي، دۋان ي - شاندەر قۇراستىرىپ جازعان: «شينجياڭ قازبالارىنداعى ەمشىلىككە قاتىستى جازبالار جيناعى»، شاڭحاي: شاڭحاي عىلىم - تەحنيكا باسپاسى، 2016 - جىل، 21 -، 436 - بەتتەر.

فۋشى مەن نۇيۋانىڭ سۋرەتى

شينجياڭنىڭ تۇرپانىنداعى استانا مولاسىنان تابىلعان فۋشي مەن نۇيۋا، سول جاقتاعىسى حانزۋ ستيلى، وڭ جاقتاعىسى حۋ ستيلى، بۇل شينجياڭ وڭىرىندەگى ۇلتتاردىڭ اتا ـ باباسىنا شىنايى مويىنداۋى ورتا جازىقپەن ىشتەسە بىرلىككە كەلگەنىن ۇعىندىرادى.

حانزۋ كيىم ـ كەشەگىنىڭ ىقپالىنا كورنەكتى تۇردە ۇشىرادى. قۇمتۇرا تاس ۇڭگىرىنىڭ 12 ـ ۇڭگىرىنە شاشىن توبەسىنە ٴتۇيىپ، يىعىنان اسىرا تۇسىرگەن، تاجى كيىپ، ەكى قۇلاعىنا سىرعا تاققان، باسىنا قامقا جاۋلىق بايلاپ، ۇستىنە تورعىن الجاپقىش جاپقان، قىزىل تورعىن كويلەك كيىپ، بەلىنە جاسىل بەلبەۋ بايلاپ، ەكى ۇشىن تومەن سالبىراتقان بۋددي ساتتۋا ىسىزىلعان، بۇل ورتا جازىقتاعى ايەلدەردىڭ كيىم ـ كەشەك، تەڭگە ـ مونشاعىنا ۇقسايدى. گاۋچاڭ ەلىندە ەركەكتەر مۇرت قويىپ، شاشىن ورگەن، ال، ايەلدەر حانزۋ كيىم ـ كەشەك، تەڭگە ـ مونشاق ۇلگىسى مەن شاشىن توبەسىنە ٴتۇيۋدى ساقتاعان. تاڭ پاتشالىعى زامانىنا وتكەندە، جالپى بەتتىك شاشىن جارىپ ٴورىپ، ەر ـ ايەل تۇيىلگەن شاشىن وڭ وڭىرگە ٴتۇسىردى، ايەلدەر شاش پەن كيىم اشەكەيىندە ەكى استانانىڭ (چاڭ ـ ان، لوياڭ) جاڭا ۇلگىسىن قۋدى، بۇل اۋەلى تۇبىتتەر باتىس ٴوڭىردى بيلەپ ـ توستەپ تۇرعان زاماندا دا ۇزاققا جالعاستى.

جەرلەۋ سالتى ورتا جازىققا ەلىكتەدى. شيجوۋ دۋانىنداعى حانزۋلاردىڭ اۋلەتتىك كوزقاراسى وتە كۇشتى بولدى، باسىم كوپ اۋلەتتەر بىرگە قونىستانىپ، ادام قايتىس بولسا ٴبىر مولاعا قويدى. ٴۇرىم ـ بۇتاعىنىڭ سينوۋىنا قولايلى بولۋى ٴۇشىن، ەرلى ـ زايىپتى قايتىس بولسا، كوبىنەسە ٴبىر مولاعا جەرلەدى. سول جەردىڭ جەرلەۋ سالتى بۇكىلدەي رۋجيانىڭ جەرلەۋ سالتى بويىنشا، «يلي» جەرلەۋگە قاتىستى جورالعىلارعا قاتاڭ بويسۇنىپ،

قايتىس بولعان ادامنىڭ باسىنا تاۋىق ٴپىشىندى جاستىق جاستاپ، بەتىنە ورامال جاپتى، كوزىن جۇمىپ، ەكى قولىنا اعاش ۇستاتىپ، ۇستىنە ماقتا ـ كەندىر كەزدەمە نەمەسە جىبەك تورعىن جاپتى. ازا سالتىن وتكىزگەندە «التىن ٴجۇز جىلىڭ»، «ٴجۇز توپ تورعىن» دەگەن سياقتى قاعاز قۇرشاق كۇيدىرۋ سالتىن وتكىزدى، ٴار رەتكى جاڭا جىلدا اۋلەتتەر اتا ـ باباسىنىڭ ارۋاعىنا سيىنۋ سالتىن سالتاناتتى وتكىزدى. مۇنان شيجوۋ دۋاننىڭ جەرلەۋ سالتى ورتا جازىقتاعى ەلدىڭ ادام ولگەن سوڭ و دۇنيەگە قايتارۋ جورالعىسىن بەينەلەگەنىن، ونان دا ماڭىزدىسى رۋجيانىڭ وپالىلىق ەتيكاسىنىڭ نەگىزگى تۇلعالىق ورنىنا بەلسەنە توعىسقانىن كورۋگە بولادى.

جۇڭگونىڭ ەرتە زامانعى اڭىز ـ ەرتەگىلەرىندە فۋشي مەن نۇيۋا ادامزاتتىڭ اتا تەگى، بار تىرشىلىكتى جاراتتى دەلىنەدى. حان پاتشالىعى داۋىرىندە ورتا جازىقتىڭ جەر ـ جەرى فۋشي مەن نۇيۋانىڭ سۋرەتىن لاقاتقا جانە اتا ـ بابانىڭ تاۋاپحاناسىنا ارنايىتىن تارتۋ سالتى ەتتى. شينجياڭنىڭ مولالارىنان شىققان قازبالاردان ۋي، جين، وڭتۇستىك ـ سولتۇستىك پاتشالىقتارىنىڭ سوڭعى كەزدەرىنەن سۋي، تاڭ پاتشالىقتارىنا دەيىنگى زامانداردا فۋشي مەن نۇيۋانىڭ سۋرەتى شىقتى. مۇنىڭ كەيبىر سۋرەتىندە فۋشي مەن نۇيۋا حانزۋلاردىڭ وبرازى ەتىپ كورسەتىلدى، مۇنان تىس، كەيبىر سۋرەتتەردە فۋشي مەن نۇيۋا جۋان تۇمسىق، بيىك قاباق حۋلاردىڭ وبرازى ەتىپ سۋرەتتەلدى. حانزۋلار مەن حۋلاردىڭ ەكى ٴتۇرلى قاسيەتىنىڭ ۇقساس شىققانى شينجياڭ وڭىرىندەگى ۇلتتاردىڭ اتا ـ باباسىنا شىنايى مويىنداۋدى ورتا جازىقپەن ىشتەسە بىرلىككە كەلگەنىن ۇعىندىرادى، ٴتىپتى دە ماڭىزدىسى شينجياڭنىڭ وتاننىڭ باسقا وڭىرلەرىمەن تامىرلاس، توركىندەس، تاعدىرلاس بولعانىن دا ۇعىندىرادى.

ەكىنشى، شينجياڭ ٴوڭىرى مادەنيەتىنىڭ ورتا جازىق ٴوڭىرى مادەنيەتىنەن ۇلگى الىپ، توعىسۋى

سۋي، تاڭ پاتشالىقتارى كەزەڭىندە، شينجياڭ ٴوڭىرى مادەنيەتىنىڭ ورتا جازىق ٴوڭىرى مادەنيەتىمەن اۋىس ـ كۇيىس جاساپ ىشكەرىلەي دامۋى. شينجياڭ وڭىرىنەن ورتا جازىققا تاسىلعان مال، ٴجۇن توقىما بۇيىمدارى، قاس تاسى، جۇپار ٴيىستى ماتەريال، ٴدارى ماتەريالى سياقتى تاۋارلار تىپتەن مول بولدى، ورتا جازىقتان شينجياڭ وڭىرىنە جىبەك، تەمىر سايمان، سىرلى ىدىس، شاي توقتاۋسىز اكەلىندى. شينجياڭ ٴوڭىرىنىڭ مۋزيكاسى مەن ٴبيى ورتا جازىققا تاراپ، ەلىمىزدىڭ مادەنيەت ـ كوركەمونەر قازىناسىن اناعۇرلىم

ماتەريال تىزبەگى

«ۇلى تاڭ پاتشالىعىنىڭ باتىس ٴوڭىر ەستەلىكتەرى» ـ جاعراپيالىق تاريحي كىتاپ، ول تاعى «باتىس ٴوڭىر ەستەلىگى» دەلىنىپ، 12 بۋماعا بولىنەدى، جالپى ٴجۇز مىڭ ارىپتەن اسادى، شۋانزاڭنىڭ تاڭ تايزۋڭنىڭ جارلىعى بويىنشا جولعا شىققان بارىسىن بەينەلەيتىن شىعارما، جىنگۋاننىڭ 20 ـ جىلى (646) كىتاپ جازىلىپ ٴبىتتى. كىتاپتا جىنگۋاننىڭ 1 ـ جىلىنان 19 ـ جىلىنا دەيىن شۋانزاڭنىڭ باتىسقا ساپاردا كورگەن ـ بىلگەنى بايىمدالعان، مۇنىڭ ىشىندە شۋانزاڭ كورگەن 110 جانە ەستىگەن 28 قالالىق ەلدەر، ٴوڭىر، مەملەكەت شەكاراسى، كليمات، تاۋ ـ وزەن، جەرگىلىكتى عۇرىپ ـ ادەت، ادامگەرشىلىك، ٴتىل، ٴدىن، عيباداتحانا جانە قىرۋار تاريحي اڭىزدار، قيال ـ عاجايىپ ەرتەگىلەرى، ت. ب. بار. «ۇلى تاڭ پاتشالىعىنىڭ باتىس ٴوڭىر ەستەلىكتەرىنىڭ» 1 ـ بۋماسىنا بۇگىنگى شينجياڭ مەن ورتا ازيانىڭ كەڭ ـ بايتاق ٴوڭىرى ەستەلىككە الىنعان، بۇل شۋانزاڭ ينديادا العاش ساپارعا شىققاندا باسىپ وتكەن جەرلەرى.

شۋانزاڭنىڭ نوم الۋعا شىققان ساپار سۋرەتى

گانسۋدىڭ يۇيلين مىڭ ۇيىندەگى قابىرعا سۋرەت

تولىقتىردى.

شەكارا پوەزياسى شينجياڭنىڭ تابيعات كورىنىسىن مازمۇن ەتتى. تاڭ پاتشالىعى گۇلدەنگەن زاماندا، شەكارا ٴوڭىردىڭ پوەزيا جاسامپازدىعى بيىك بەلەسكە كوتەرىلدى. يانشان، كروران، دامو، وزەن، ۇران وت تۇرى، بەلگى ٴتۇتىن، تال ـ تەرەك، ٴجۇزىم، تۇلپار، چياڭ سىبىزعىسى، حۋ ىرناسى، بۇركىت، كەشكى شاپاق، ۇلى قورعان سياقتىلار شەكارا پوەزياسىن قۇرايتىن ايشىقتى مازمۇندى تاڭبالادى، شەكارا پوەزياسىنا ۋاكىلدىك ەتەتىن قىندار دان سىن شىن، ۋاڭ چاڭلىڭ، گاۋ شىلار بار. سىن شىنىڭ «اقشا قار جىرىمەن ۋ ۋكىل ۇلىقتى استاناعا اتتاندىرعاندا»: دەگەن ولەڭىنىڭ «ەن دالادا ازىناپ تۇستىك جەلى سوعادى، اق سەلەۋ شوپتەر كۇيەرۋىك سىتىرلاپ سىنىپ توزادى، حۋ جەرىندە سەگىزىنشى ي ەندى عانا كىرگەن كەز، قاپالاقتاپ جاۋىپ تۇرعان قارعا قاراپ وتىرمىز. جەتكەندەي بوپ جالعىز تۇندە جەلى ايمالاپ كوكتەمنىڭ، اپپاق گۇلگە ورانعانداي المۇرت اعاش تۇمەن

مىڭ»[1] دەگەن جولدارى شينجياڭنىڭ قوڭىر كۇزدە جەل سوعىپ، قار جاۋعان ٴورەن كورىنىستى وبرازدى سۋرەتتەگەن. سىن شىن «باتىس جورىعىنا اتتاندىرۋ جىرى» دەگەن ولەڭىندە «9 ـ ايدىڭ تۇنىندە، لۇنتايدا بوران ابالاپ، بارماقتاي تاستى ۇشىرىپ، جۇلقىلايدى سابالاپ، ٴون جازىقتىڭ ۇستىندە جەل جەتەلەپ جەلدىرگەن، قىيىرشىق تاستار بارادى جوسىلا جورىتىپ دومالاپ. ءۇندار جورتقان قوڭىر كۇزدە، وڭشەڭ سەمىز اتتارى، التىن تاۋدىڭ باتىسىنان تۇتاندى ۇران وت تۇعىرى وتتارى، حان ٴولىنەن اعا ساردار تيپىلداۋعا جاۋلاردى، جەدەل باستاپ قالىڭ قول باتىسقا قاراي اتتاندى» دەپ جازادى.[2] لي شي «ان ۋانشان تارتقان سىبىزعى كۇيىن ەستىگەندە» دەگەن ولەڭىندە: «بۋناعان جاس بامبۋكتىڭ تۇستىڭ تاۋدان، كەسىپ اپ سىبىزعىنى جاساپتى ونان. تەگىندە شىققان جەرى كۇسان ەدى، تارالىپ بىزگە مۇندا جەتكەن سونان. تارالىپ جەتكەنىنەن سوڭ حانزۋ ەلىنە، داۋسى دا بۇرىنعىدان بولدى وزگەشە. لىيڭجوۋلىق ٴبىر حۋ دوسىم ماعان ارناپ، سىبىزعى تارتىپ ونەر كورسەتەدى» دەپ جازادى.[3] تاڭ شۋانزۇڭ زامانىندا بەسبالىق باسقاعى گاي جيايۇن «ي ـ جوۋ دۋانىنا» ارناعان ولەڭدە: «2 ـ ايدا، چاڭ ـ اننىڭ تال ـ تەرەگى ساۋدىراعان، قۇمايت جولى باتىستىڭ بۇلدىراعان، سارايلاردا جولاۋشى جوقتىڭ قاسى، يانشي تاۋىندا كوكتەمگى كۇن بولماشى جاۋدىراعان» دەپ جازدى.[4] بۇل ولەڭ جولدارى شينجياڭ ٴوڭىرىنىڭ جاعراپيالىق، گۋمانيتارلىق بەت ـ بەينەسىن تولىق كورسەتىپ بەردى.

بۋددا نومىن اۋدارۋ، قابىلداۋ جانە ونان ۇلگى الۋ. تاڭ پاتشالىعى زامانىندا بۋددا ٴدىنى مادەنيەتى تارالۋ جانە اۋدارىلۋ بارىسىندا، شۋانزاڭ، ۋاڭ شۋانسى، ۋكۇڭ سىياقتى مادەنيەت

① (تاڭ) سىن شىن جازعان، لىياۋ لىيجيان تۇسىندىرگەن:« سىن شىننىڭ ولەڭدەرىنە لىياۋ لىيجياننىڭ تۇسىنىگى . اقشا قار جىرىمەن ۋ وكىل ۇلىقتى استاناعا اتتاندىرعاندا»، 1 ـ كىتاپ، بەيجيڭ: جۇڭحۋا شۋجۇي باسپاسى، 2004 ـ جىل، 317 ـ بەت.

② (تاڭ)سىن شىن جازعان، لىياۋ لىيجيان تۇسىندىرگەن:« سىن شىننىڭ ولەڭدەرىنە لىياۋ لىيجياننىڭ تۇسىنىگى. باتىس جورىعىنا اتتاندىرۋ جىرى»، 1 ـ كىتاپ، بەيجيڭ: جۇڭحۋا شۋجۇي باسپاسى، 2004 ـ جىل، 323 ـ بەت.

③ (چيڭ) پىڭ دىيڭچيۋ، ت.ب .لار قۇراستىرعان: «تاڭ پاتشالىعىنىڭ جالپى ولەڭدەرى . لي شي . ان ۋانشان تارتقان سىبىزعى كۇيىن ەستىگەندە»، 4 ـ كىتاپ، بەيجيڭ: جۇڭحۋا شۋجۇي باسپاسى، 1980 ـ جىل، 1354 ـ بەت.

④ (سۇڭ) گو ماۋچيان قۇراستىرعان، نيە شىمەي، ساڭ ياڭچيڭ تىنىس بەلگىلەرىن قويعان: «مۋزىيكا مەكەمەسىنىڭ ولەڭدەر جيناعى(2)»، شاڭحاي: شاڭحاي بايىرعى شىعارمالار باسپاسى، 2016 ـ جىل، 959 ـ بەت.

قۇمتۇرا تاس ۇڭگىرىندەگى قابىرعا سۋرەت
شينجياڭ كۇشارى

ەلشىسى بارلىققا كەلدى، وسىلاردىڭ ىشىندە شۋانزاڭ نوم اكەلۋ ۇشىن حاۋىپ ـ قاتەردەن تايىنباي، باتىسقا قاراي نەشە ون مىڭ شاقىرىم جول باسىپ، ينديا عا بارىپ، نوم اكەلدى. 17 جىل باس الماي وقىپ، حينايانا ـ ماحايانا ءىلىمىن شارپىدى، تاعى بۋددا سارىراسىنان 150 ءتۇيىر، 7 بۋد، سۇترا پيتاكا مەن ابحيدحارماپيتاكادان 657 ءبولىم اكەلىپ، جۇڭگو ـ ينديا مادەنيەتىنىڭ اۋىس ـ كۇيىسىن ىلگەرىلەتتى. شۋانزاڭ جانە ونىڭ شاكىرتتەرى بۋددا كلاسسيكتەرىنەن 75 ءبولىم، 1335 بۋما اۋداردى. بۇنىڭ ىشىندە شۋانزاڭ نەگىزىنەن «ماحاپراجنا پاراميتا سۋترا»، «كىتتا ـ سۇترا»، «ساند حينير ـ موكاناۆيۋحا سۋترا»، «يوگاكارا ـ بحۋميساسترا»، «ۆيجناناما ـ تراسيدحيساسترا» سياقتى كلاسسيكالىق كىتاپتاردى اۋداردى. شۋانزاڭنىڭ يدەياسى مەن رۋحى بۇگىنگى تاڭدا دا مەملەكەت شەكاراسىنان الىپ، دۇنيە ءجۇزى حالقىنىڭ باعالى قازىناسىنا اينالىپ وتىر. بۋددا تاعلىماتىنىڭ كلاسسيك كىتاپتارىنىڭ اۋدارىلۋى مەن بۋددا ءدىنىنىڭ حانزۋ جىگى شىنجياڭ وڭىرىنە تارالۋى، كوپ نەگىزدى، ءبىر تۇلعالانعان جۇڭحۋا مادەنيەتىنىڭ دامۋىن جەبەدى.

شينجياڭ وڭىرىندە بۋددا ءدىنى مادەنيەتىنىڭ كوپ نەگىزدى جەتىلۋى. عيباداتحانالار، تاس ۇڭگىرلەر، گاندحارا كوركەمونەرى، ورتا ازيانىڭ بۋددا ءدىن كوركەمونەرى، جەرگىلىكتى ەرەكشەلىك العان كوركەمونەر توعىسىپ دامىدى. بۋددا ءدىنى ادەبيەتىنە كەلسەك، پوەزيا، تەاتر سياقتى ادەبيەت فورماسى ارقىلى جازىلعان بۋددا ءدىنىن تاراتۋ اڭگىمەلەرى كوركەيىپ ـ گۇلدەندى. مۋزىكا مەن ءبيدى الىپ ايتساق، بۋدقا ءتاۋاپ ەتۋ، بۋدتى تازارتۋ قيمىلىندا، مەرەكەدەگى بۋددا كەڭەسىندە جانە كۇندەلىكتى ءتاۋاپ سالتىندا كوڭىل كوتەرۋ مۋزىكاسىن شەرتىپ، ءبي بيلەپ، مۋزىكا ورىندالىپ، سان الۋان ويىن كورسەتىلدى، بۇلارعا ينديا بۋددا ءدىنى اۋەندەرىنىڭ اۋەلگى قۇرامى قامتىلۋمەن بىرگە، شينجياڭ ءوڭىرىنىڭ مۋزىكا ستيلى

حۋلاردىڭ قۇيىن ٴبيى

دۇنحۋاڭنىڭ موگاۋ ۇڭگىرىندەگى قابىرعا سۋرەت

قامتىلدى. كۇساندىعى قازىندىلاردان بۋددا دىنىنە قاتىستى قىرۋار جازبالار، جۇيەدەن، «التى ٴتىستى اق ٴپىلدىڭ ٴتول اڭگىمەسى»، «سىزبا سۋرەتتىڭ اڭىزى»، «حاننىڭ اڭگىمەسى»، ت. ب. شىقتى. كۇساننىڭ بۋددا ٴدىنى مادەنيەتىندە، باستىسى، باي اۋدانىنداعى قىزىل مىڭ ٴۇيى مەن كۇشاردىڭ قۇمتۇرا تاس ۇڭگىرى ەڭ ۋاكىلدىك سيپات الادى. قۇمتۇرا تاس ۇڭگىرىنىڭ قۇرىلىس، قابىرعا سۋرەت ستيلى، جانرى سياقتىلار ورتا جازىق مادەنيەتىنىڭ ىقپالىنا نەداۋىر ۇشىراعان. كۇسان بۋددا ٴدىنى مادەنيەتىنىڭ قۇرىلىس، ٴمۇسىن، ٴبي، تەاتر، مۋزيكا، ادەبيەت، جۇيەدەن، بۋددا تاعىلىماتىن زەرتتەۋ مەن بۋددا كىتاپتارىن اۋدارۋ سياقتى جاقتاردا نەداۋىر جوعارى دەڭگەيگە يە، ورتا ازيانىڭ بۋددا ٴدىنى كوركەمونەرلەرىن نەگىز ەتكەن سۋرەت سالۋ كوركەمونەرى جەتىلدى، تاس ۇڭگىر، قابىرعا سۋرەت، بۇل سەكىلدىلەردى نەگىز ەتكەن شينجياڭ وڭىرىندەگى بۋددا ٴدىنى قۇرىلىس ەرەكشەلىگى جۇڭحۋا مادەنيەتىنىڭ اسىل قازىناسىن بايىتتى.

ورتا جازىق ٴوڭىرى مەن شينجياڭ ٴوڭىرىنىڭ كوركەمونەرى بىتە قايناسىپ شۇعىلا شاشتى. جىبەك كوركەمونەرى گۇل ـ گۇل جايناپ قۇلپىرا ٴتۇستى. سۇي، تاڭ پاتشالىقتارى زامانىنا جەتكەندە، جۇڭگونىڭ جىبەك كوركەمونەرى شىعىس پەن باتىستى توعىستىرىپ، تارتىمدىلىعىن ايشىقتاپ، جارقىن ەرەكشەلىگىن، كوز جاۋىن الاتىن باۋراعىشتىعىن ايگىلەپ، جاراستىق تىنىستىلىعىن ، ٴبارىن قامتۋداي ارتىقشىلىعىن، بوياۋى قانىق ستيلىن بەينەلەدى، اۋەلى، ول « تاڭ پاتشالىعىنىڭ گۇلى» دەگەن ادەمى ات الدى. كەزدەمە زەر ارقاۋىنىڭ جارىقتا شىعۋى گۇل شەگۋ تەحنيكاسىنا كەلەلى وزگەرىس ەنگىزدى.

سولتۇستىكتىڭ جىبەگى شەكارا سىرتى مەن سولتۇستىكتەگى ۇلىستاردىڭ ىقپالىن كوبىرەك قابىلدادى، ال، وڭتۇستىكتەگى وندىرىلگەن جىبەكتەر حانزۋلاردىڭ مادەنيەت ەرەكشەلەگىنە تىپتەن مۇراگەرلىك ەتىپ، تابيعي ادەمىلىككە تالپىندى. كوركەمونەرلىك ستيلى جۇڭگونىڭ داستۇرىنە مۇراگەرلىك ەتتى ٴارى ورتا ازيا، باتىس ازيانىڭ اسەمدىك كوركەمونەرىنەن ٴنار الدى، شينجياڭ ستيلىندەگى مارجان شەگۋ ۇلگىسى ورتا جازىق جىبەك توقىماسىندا كوپ مولشەردە كەزىكتى. زەر توقىما ۇلگىسى حان پاتشالىعى مەن ۋي پاتشالىعىنىڭ تەگىس شاقپاقتى توقىماسىنان تارتىپ تاڭ پاتشالىعىنىڭ قيعاش جولدى كەزدەمەسىنە دەيىن ٴتۇستى، ورنەك جانرلارى ەڭ ەرتەدەگى جالعىز حايۋانات ورنەگىنەن حايۋانات ـ وسىمدىك ورنەگىن قاتار سالۋعا قاراي ويىستى، ال، حايۋانات ورنەگى الڭ تۇرلەرىنەن قۇس تۇرلەرى ورنەگىنە قاراي ٴوتۋدى نەگىز ەتتى، بۇل كوركەمونەر تاريحىنداعى كەلەلى بۇرىلىس بولدى.

مۋزيكا، ٴبي ابزالدىلىعى ٴبىرىن ـ ٴبىرى تولىقتادى. سۋي، تاڭ پاتشالىقتارىنىڭ «يانيۋە مۋزيكا ـ ٴبيى» سالتاناتتى ساۋىق كەشتەردە تاڭداۋلى ونەرپازدار ونەر كورسەتەتىن مۋزيكا ـ ٴبي بولدى، سۋي پاتشالىعىنىڭ العاشقى كەزەڭىندە سارايدا «گوجي مۋزيكا ـ ٴبيى»، «چيڭشاڭ مۋزيكا ـ ٴبيى»، «كورەي مۋزيكا ـ ٴبيى»، «سيندۋ مۋزيكا ـ ٴبيى»، «انگو مۋزيكا ـ ٴبيى»، «كۇسان مۋزيكا ـ ٴبيى»، «ۋىنكاڭ مۋزيكا ـ ٴبيى» سياقتى جەتى تاراۋلى يانيۋە مۋزيكا ـ ٴبيى ورىندالدى. كەيىن تاعى «كاڭگو مۋزيكا ـ ٴبيى»، «شۋرەك مۋزيكا ـ ٴبيى» قوسىلدى ٴارى «گوجي مۋزيكا ـ ٴبيى» «شيلياڭ مۋزيكا ـ ٴبيى» دەپ وزگەرتىلدى. تاڭ

كوزقاراس ٴتۇيىنى

تاريحتا ورتالىق پاتشالىقتار شينجياڭدى ٴونىمدى جونگە سالعان، قوعام ورنىقتى بولعان كەزدىڭ بارىندە، شينجياڭداعى ۇلتتاردىڭ مادەنيەتى ورتا جازىق مادەنيەتىمەن اراسىنداعى ارالاسۋ، توعىسۋ ىركىلىسسىز ٴجۇرىلىپ، ەكونوميكا، مادەنيەت گۇلدەنىپ ـ كوركەيگەن؛ شينجياڭداعى ٴار ۇلت مادەنيەتى جۇڭحۋا مادەنيەتىنىڭ ادامگەرشىلىك سۇيىسپەنشىلىكتى دارىپتەۋ، حالىقتى نەگىز ەتۋگە ٴمان بەرۋ، سەنىمدىلىكتەن اينىماۋ، ديالەكتيكانى دارىپتەۋ، جاراسىمدىلىقتى قاستەرلەۋ، ۇلى ورتاقتىققا تالپىنۋ يدەياسى بويىنشا، كوپ نەگىزدى مادەنيەتتى ٴسىڭىرىپ، توعىستىرىپ، قابىلداي وتىرىپ ساقتاعان كوپ نەگىزدى، ٴبىر تۇلعالى ەرەكشەلىگى نەعۇرلىم ايقىندالعان سايىن، شينجياڭداعى ۇلتتاردىڭ مادەنيەتى سولعۇرلىم العا باستى.

پاتشالىعى قۇرىلعانىنان كەيىن، سۇي پاتشالىعىنىڭ «توعىز تاراۋ مۋزيكا ـ ٴبيى» جالعاستى پايدالانىلىپ، مۋزيكا ـ ٴبي شىعارماشىلىعى بۇرىنعى قالپىن ساقتادى. كەيىن كەلە «ۋىنكاڭ مۋزيكا ـ ٴبيى» قالىپ، ونىڭ ورنىنا «يانيۋە مۋزيكا ـ ٴبيى»، «گاۋچاڭ مۋزيكا ـ ٴبيى» قوسىلدى، تاڭ پاتشالىعىنىڭ گۇلدەنگەن ٴداۋىرىن جىرلايتىن «يانيۋە مۋزيكا ـ ٴبيى» 1 ـ تاراۋ بولدى. «يانيۋە مۋزيكا ـ ٴبيى»، «چيڭشاڭ مۋزيكا ـ ٴبيى» سىندى ەكى تاراۋدان باسقا سەگىز تاراۋ تۋىسقان ۇلتتار مەن شەتەل مۋزيكا ـ ٴبيى ەدى، گاۋچاڭ مۋزيكا ـ ٴبيى تاڭ پاتشالىعى زامانىندا وردا سارايىندا قوياتىن «ون مۋزيكا ـ ٴبيدىڭ» ٴبىرى بولىپ تۇراقتاندى، وسى مۋزيكا ـ بيدە شەرتىلەتىن مۋزيكا اسپاپتاردىڭ باسىم كوبى باتىس وڭىردەن كەلگەن. كۇسان مۋزيكا ـ بيلەرىنىڭ وردا سارايىنا كىرگەن «ون تاراۋىنىڭ» تورتەۋى رەيلەردىڭ مۋزيكا ـ ٴبي تاڭداۋلىسى ەدى. شۋانزاڭ «ۇلى تاڭ پاتشالىعىنىڭ باتىسقا ساپار ەستەلىگى» دەگەن كىتابىندا كۇسان «تۇتىكتى ـ ىشەكتى اسپاپتار مۋزيكاسى كوپ ەلدەردە كەرەمەت ورىندالاتىن مۋزيكا ەدى» دەگەن بولاتىن. چياڭ سىبىزعىسى، پيپا، سىرناي سياقتى كەزىندە باتىس وڭىردە كەڭ تارالعان مۋزيكا اسپاپتارى ورتا جازىقتىڭ مۋزيكا اسپاپتارىمەن ٴبىر تۇلعالانىپ، بىرتىندەپ ۋاكىلدىك سيپاتتى جۇڭگو مۋزيكا اسپاپتارىنا اينالدى. تاڭ پاتشالىعىنىڭ ٴبيى حان پاتشالىعىنان بەرگى ٴبي مەن سەرىك ويىنى ساحنادا بىرگە ويىنالاتىن جاعدايدى وزگەرتىپ، دەربەس ويىنالاتىن كوركەمونەر فورماسىنا اينالدى، مۇندا ٴبيدىڭ كوپ تۇرلىلىك، ٴبي سىمباتىنىڭ جاڭالىعى، كورىنىسىنىڭ ايبىندىلىق اتاعى ەل ٴىشى ـ سىرتىنا جايىلىپ، يانيۋە ٴبيىنىڭ بيىك بەلەسىن قالىپتاستىردى. حۋ قۇيىن ٴبيى تاڭ پاتشالىعى زامانىندا ەڭ شالقىعان بيلەردىڭ ٴبىرى، ونىڭ ىرعاعى ايشىقتى، ۇيتقىپ، ويناقى كەلەدى، اينالىپ جەر تەپكىلەيدى، ەجەلگى اتى ـــ حۋ قۇيىن ٴبيى. حۋ قۇيىن ٴبيىن ايەلدەر بيلەگەندە ۇزىن جەڭدى كويلەك كيىپ، باسىنا تەڭگە ـ مونشاق تاعادى، ۇزىن جەڭ قالىقتاعان قار قۇساپ بىردە كوتەرىلىپ، بىردە تومەندەيدى. «مۋزيكا ـ ٴبي ەستەلىكتەرىندە»: حۋ قۇيىن ٴبيى «كىشكەنە دوڭگەلەك كيىزدە بيلەنەدى. ىركىن باسىپ جورعالاعاندا ەكى اياق باستان ـ اياق كيىزدەن شىقپايدى» دەپ بەينەلەنگەن.[1] «جاڭا تاڭناما . ادەپ جانە مۋزيكا شەجىرەسىندە» دە: «حۋ قۇيىن ٴبيىن بيلەيتىندەر كيىزدىڭ ۇستىندە تىك تۇرىپ، اينالعاندا قۇيىن قۇساپ

① (تاڭ) دۋان انجيە: « مۋزيكا ـ ٴبي ەستەلىكتەرى»، بەيجيڭ: جۇڭحۋا شۋجۇي باسپاسى، 1985 ـ جىل، 22 ـ بەت.

ماتەريال تىزبەگى

اۋلاداعى شاراپحانا دۇنحۋاڭنىڭ موگاۋ ۇڭگىرىندەگى قابىرعا سۋرەت

باتىس ٴوڭىردىڭ شارابى مەن ونى اشتۋدىڭ ٴادىسى تاڭ پاتشالىعى كەزەڭىندە چاڭ ـ انعا تارادى. «كىتاپتار جاۋھارىنىڭ» 970 ـ بۋماسىنداعى جازباعا نەگىزدەلگەندە، تاڭ تايزۇڭ باتىس ٴوڭىردى بىرلىككە كەلتىرۋگە قوسىن جىبەرىپ، «گاۋچاڭدى الىپ، سۋپاق ٴجۇزىم اعاشىن باقشادا وسىرگىزدى ٴارى شاراپ اشتۋ ٴادىسىن ۇيرەنىپ، پايدا ـ زيانىنا قاراماي، شاراپ اشتتى. سونىمەن، سەگىز ٴتۇرلى ٴجۇزىم شارابى اشتىلىپ، حوش ٴيىسى مۇرىن جاردى. قالىڭ ۇلىقتار مەن بەكزادالار ىشكەندە تۇتاس استانادا جۇپار ٴيىسى اڭقىدى.»

كورىنەدى» دەپ بەينەلەندى.[①] باي جۇي ـ ي: «حۋ قۇيىن ٴبيىن بيلەۋشى بيكەشتەر» دەگەن ولەڭىندە «حۋ قۇيىن ٴبيىن بيلەۋشى بيكەش، حۋ قۇيىن ٴبيىن بيلەۋشى بيكەش. ىشەكتى اسپاپ ريتىمىنە ىلەسە سوعادى جۇرەك، بارابان ۇنىنە ىلەسە كەتەدى قول ـ اياق، بارابان، ىشەكتى اسپاپ قوسىلعاندا، ۇزىن جەڭ قارشا قالىقتاپ، اسەم سىمبات. ٴبىر تالمايدى بىلەگى، قول ـ اياعى، جاتسا دا شىر اينالىپ، حۋ قۇيىن قۇساپ» دەپ جازدى. ولەڭدە حۋ قۇيىن ٴبيىن بيلەيتىن ايەلدىڭ ۇزىن جەڭمەن شەبەر بيلەگەنى سۋرەتتەلگەن. باتىس ٴوڭىردىڭ ۇدۇن مۋزيكاسى، گاۋچاڭ مۋزيكاسى، كۇسان مۋزيكاسى، حۋ قۇيىن ٴبيى سياقتى مۋزيكا ـ بيلەرى ورداعا كىرىپ، چاڭ ـ ان قالاسىندا ٴبىر مەزەت تاراپ، «حۋ ايەلدەرىنىڭ كيىم كيىنىسىنە ەلىكتەسە، بيكەشتەر حۋ ٴان ـ ٴبيىن باستى».[②] جانە «لوياڭداعى ەل تۇگەل حۋ مۋزيكاسىن

---

① (سۇڭ) وۋياڭ شيۋ، سۇن چيلار جازعان: «جاڭا تاڭناما . ادەپ جانە مۋزيكا شەجىرەسى(11)»، بەيجيڭ: جۇڭحۋا شۋجۇي باسپاسى، 1975 ـ جىل، 470 ـ بەت.

② (چيڭ) پىڭ ديڭچيۋلار قۇراستىرعان: «جالپى تاڭ ولەڭدەرى . يۋان جىن. ٴان ـ ٴبي ـ كۇيلەر»، 12 ـ كىتاپ، بەيجيڭ: جۇڭحۋا شۋجۇي باسپاسى، 1980 ـ جىل، 4616 ـ، 4617 ـ بەتتەر.

ۇيرەنەتىن» دۋماندى جاعداي جارىققا شىقتى.[1] ٴسويتىپ، مۋزيكا ـ ٴبي بىر-بىرىنەن ـ ٴبىرى ارتىقشىلىعىن قابىلداپ، ٴبىر-ٴبىرىن ـ ٴبىرى تولىقتىرىپ، ىشتەسىپ، توعىسىپ، جۇڭحۋا كوركەمونەرىنىڭ قازىناسىن بايىتتى.

سۋرەت سالۋ ونەرى ٴوزارا ارالاسىپ، بىر-بىرىنەن ـ ٴبىرى ۇيرەندى. سۇي، تاڭ پاتشالىقتارىنىڭ سۋرەت سالۋ كوركەمونەرى باتىس ٴوڭىردىڭ «بوياۋ ٴادىسىن» قابىلدادى، بۇل ٴتۇرلى جانرلاردىڭ بارىندە بار. تاڭ تايزۇڭ زامانى جىنگۋاننىڭ 6 ـ جىلى (632) ۇدۇن حانى سۋرەتشىسى ۋايجىرا ۋچىردى تاڭ تايزۇڭعا تانىستىردى، سونىمەن، ول ۇدۇنان چاڭ ـ انعا باردى. ول چاڭ ـ اندا عيباداتحانالارعا ارناۋلى قابىرعا سۋرەت سالدى، بۇنى تورە ـ اقسۇيەكتەر، قاراشالار قاباعات قارسى الدى. ۇدۇن سۋرەتشىلەرىنىڭ سۋرەت سىزۋىنا كەلسەك، «كيىم قاتپارلارىن تىعىز شىعارۋ ٴۇشىن»، «سۋرەت قالامىن قىسىپ ۇستاۋ» ارقىلى سىزىق شىعارىپ، سۋرەت سالۋدىڭ وزىندىك ەرەكشەلىگىن كەسكىندەدى، ورتا جازىقتاعى گۋ كايجىنىڭ سۋرەتى «نازىك سىزىپ سالۋىمەن»، ۋ داۋزىنىڭ «ٴسۇيسىن تالشىعىنا ۇقساتىپ سىزۋىمەن» بىرىگىپ ٴۇش سىزۋ ونەرىن جەتىلدىرىپ، جۇڭگو سۋرەتتەرىنىڭ جولاق ۇلگىسىنىڭ بىرەۋىن قالىپتاستىردى.

ورتا جازىق پەن باتىس ٴوڭىردىڭ ادەت ـ عۇرپى ٴوزارا ٴبىر ـ بىرىنە ىقپال جاسادى. تاڭ پاتشالىعى زامانىندا، چاڭ ـ اندا «حۋ شاراپ قۋىرشاعى» دەگەن ات بەرىلگەن، ەلدى شاراپ ىشۋگە مارحابات ەتەتىن بۇيىم شىقتى. ول اعاشتان ويىپ جاسالعان، حۋلارعا ۇقسايتىن اعاش قۋىرشاق، ونىڭ ٴتۇبى ۇشكىرلەۋ كەلەدى دە، تاباققا سالىپ، شىرايلاندىرعاندا كىمگە قاراپ جىعىلسا، سول ىشەدى. سونىمەن بىرگە، ورتا جازىق سياقتى جەرلەردە دە «ارا ٴتىستى» توستاعان دەلىنەتىن شاراپ توستاعان بولدى، سىن شىن «يارعۇلدىڭ بال شارابى قۇيىلعان ‹ارا ٴتىستى› ىدىس»[2] دەگەن ولەڭىندە دە وسى توستاعان بەينەلەندى. باتىس ٴوڭىردىڭ شاراپ ٴىشۋ ادەتى دە تاڭ داۋىرىندەگى اقىنداردىڭ جاساماپازدىعىنا تۇرتكى بولىپ، شاراپقا ارنالعان ٴبىر توپ ولەڭ جازىلدى. مىسالى، تاڭ ٴداۋىرىنىڭ اقىنى ۋاڭ حانىنىڭ «لياڭجوۋعا ارناۋ» دەگەن

① (چيڭ) پىڭ ديڭچيۋلار قۇراستىرعان: «جالپى تاڭ ولەڭدەرى . ۋاڭ جيان . لياڭجوۋعا ساپار»، 9 ـ كىتاپ، بەيجيڭ: جۇڭحۋا شۋجۇي باسپاسى، 1980 ـ جىل، 3374 ـ بەت.

② (تاڭ) سىن شىن جازعان، لياۋ ليجيان تۇسىنىك بەرگەن: « سىن شىننىڭ ولەڭدەرىنە لياۋ ليجياننىڭ تۇسىنىگى . جيۋچۋانداعى تايشۋ داستارقانىندا ماس بولعانىنان كەيىنگى شىعارما» (1)، بەيجيڭ: جۇڭحۋا شۋجۇي باسپاسى، 2004 ـ جىل، 428 ـ بەت.

ٶلەڭىندە: «اي نۇرىنا شومىلىپ جۇتقاندا ٴجۇزىم شارابىن، شابىتىم مەنىڭ تاسقىنداپ، پيپانى قولعا الامىن» دەپ جازدى. بۇل ساردار ـ ساربازداردىڭ جورىقتا اتتانۋ الدىندا تويا ىشكەن شارابىن وبرازدى سۋرەتتەسە، پيپا اۋەنىنىڭ سوعىس مايدانىنا اتتانۋعا قۋزاعان كورىنىسىن دە بەينەلەدى.

سۋي، تاڭ پاتشالىقتارى زامانىندا، شينجياڭ ٴوڭىرىنىڭ مادەنيەتىندە كوپ نەگىزدى، باۋىرمال، اشىق، گۇلدەنگەن جاعداي جارىققا شىعىپ، كوپ نەگىزدى، ٴبىر تۇلعالى مادەنيەت ەرەكشەلىگى اناعۇرلىم ايقىندالدى. «ۇلى بىرلىك» يدەياسىنىڭ بىرتە ـ بىرتە سىڭۋىمەن جۇڭحۋا مادەنيەتىنىڭ ٴمانى اناعۇرلىم تەرەڭدەپ، جاريا، باۋىرمال بولدى ٴارى شينجياڭ ٶڭىرىندەگى ۇلتتار مادەنيەتىنىڭ دامۋىن پارمەندى تۇردە جەبەدى، شينجياڭ ٴوڭىرىنىڭ مادەنيەتى مەن ورتا جازىق مادەنيەتىنىڭ ىشتەسىپ، توعىسۋى جۇڭحۋا مادەنيەتىنىڭ دامۋىنا ماڭىزدى ۇلەس قوستى.

التىنشى تاراۋشا بۋددا ٴدىنىن نەگىز ەتكەن، كوپ ٴدىن قاتار ٴومىر سۇرگەن جاعدايدىڭ وزگەرىسى

سۋي، تاڭ پاتشالىقتارى كەزەڭىندە، بۋددا ٴدىنى اناعۇرلىم گۇلدەنۋگە بەت الىپ، جۇڭگونىڭ بۋددا ٴدىن جىنگىن قۇراي باستادى، داۋجياۋ ٴدىنى دە ليلەر بيلىگىندەگى تاڭ اۋلەتىنىڭ تابىنۋىمەن كوركەيىپ دامىدى. نەستوريان ٴدىنى، ٴىسلام ٴدىنى، مانيحەي ٴدىنى سياقتىلار جۇڭگوعا ارت ـ ارتىنان تارادى. بۇل كەزدە داۋجياۋ ٴدىنى شينجياڭ ٶڭىرىندە ٴالى دە دامىپ كەلە جاتقان، بۋددا ٴدىنىنىڭ حانزۋ جىگى، نەستوريان ٴدىنى، مانيحەي ٴدىنى سەكىلدى دىندەر شينجياڭ ٶڭىرىنە ىركەس ـ تىركەس تارادى، بۋددا ٴدىنىن نەگىز ەتىپ، كوپ ٴدىن قاتار ٴومىر سۇرەتىن جۇيە اناعۇرلىم ىنعايىپ، ٴتۇرلى دىندەر توعىسا قاتار ٴومىر ٴسۇردى.

ٴبىرىنشى، بۋددا ٴدىنى، نەستوريان ٴدىنى، مانيحەي ٴدىنى

سۋي، تاڭ پاتشالىقتارى كەزەڭىندە، بۋددا ٴدىنى شينجياڭ ٶڭىرىندە ۇزدىكسىز تاراعانىمەن، جەر ـ جەردىڭ جاعدايىندا كوپتەگەن وزگەرىستەر بولعان بولاتىن. ۇدۇندا بۋددا ٴدىنى كەڭ تارالىپ بارىپ، قۇلدىرادى. «ۇلى تاڭ پاتشالىعىنىڭ باتىسقا ساپار ەستەلىگىندە»

ماتەريال تىزبەگى

تۇيىق شاتقالى شينجياڭنىڭ پىشان اۋدانىندا، شىعىسى تۇرپان قالاسىمەن ارا قاشىقتىعى 55 كيلومەتر، دۇنيەدە كوپ ٴدىن ارالاسقان جەر، وندا شامان ٴدىنى، زاراتۋشترا ٴدىنى، بۋددا ٴدىنى، مانيحەي ٴدىنى، نەستوريان ٴدىنى، ٴىسلام ٴدىنى سياقتى دىندەردىڭ ٴىزى قالدى.

«سامگحا جۇزدەن، موناحتار بەس مىڭنان استى»[①] دەپ جازىلعان، فاشيان تۇسىندا جازىلعان ەستەلىكتەردەگى (ٴبىزدىڭ زامانىمىزدىڭ 4 ـ عاسىرى) موناحتار نەشە ون مىڭ، وتباسىلارىنىڭ ەسىك الدىندا تاراپ مۇنارالارى سامالادای سامسىعان دەگەن جاعدايمەن سالىستىرعاندا، مۇلدە باسقاشا. تاڭ پاتشالىعىنىڭ العاشقى كەزىندە شۋرەكتە بۋددا ٴدىنى كوركەيگەن مەزگىلدە تۇرسا، 727 ـ جىلى حۇيچاۋ شۋرەكتە بارعان كەزدە، بۇل ارادا «عيباداتحانا، موناح بولعانىن، ولاردىڭ حينايانانى ۇستاناتىنىن»[②] كورگەن، مۇنان شۋرەككە بۋددا ٴدىنىنىڭ تاڭ پاتشالىعىنىڭ ورتا مەزگىلىنەن باستاپ قۇلدىراعانىن كورۋگە بولادى. سۇي، تاڭ پاتشالىقتارى كەزىندە، كۇساندا بۋددا ٴدىنى جالعاستى كوركەيدى، «كۇز ماۋسىمىنا جەتكەندە ەل بويىنشا موناحتار بىرنەشە ون كۇن باس قوسادى، جوعارىدا امىرشىدەن، تومەندە قاراشاعا دەيىن قولىنداعى جۇمىسىن قويا تۇرىپ، جوسىن بۇزباي، بۋددا تاپسىرلەرىن زەيىن قويا تىڭداپ، كۇنى كەشكە دەيىن شارشاپ ـ شالدىققانىنا قارامايدى».[③] شۋانزاڭنىڭ

---

① (تاڭ) شۋانزاڭ، بيان جيلەردىڭ اۋەلگى شىعارماسى، لي شيانلينەدەر تىنىس بەلگىسىن قويىپ، تۇسىندىرگەن: «ۇلى تاڭ پاتشالىعىنىڭ باتىس ٴوڭىر ەستەلىگىنىڭ تىنىس بەلگىسىن قويىپ، تۇسىنىك بەرۋى. كۇسان ەلى»، بەيجيڭ: جۇڭحۋا شۋجۇي باسپاسى، 1985 ـ جىل، 1002 ـ بەت.

② (تاڭ) حۇيچاۋدىڭ اۋەلگى شىعارماسى، جاڭ يىنجيان تۇسىندىرگەن: «بەس ديمدۋ ەلىنىڭ باياىنىنا جاڭ يجيان تۇسىنىك بەردى»، بەيجيڭ: جۇڭحۋا شۋجۇي باسپاسى، 2000 ـ جىل، 153 ـ بەت.

③ (تاڭ) شۋانزاڭ، بيانجيلەردىڭ اۋەلگى شىعارماسى، جي شيانلينەدەر تىنىس بەلگىسىن قويىپ، تۇسىنىك بەرگەن: «ۇلى تاڭ پاتشالىعىنىڭ باتىس ٴوڭىر ەستەلىگىن سالىستىرىپ، تۇسىنىك بەرۋى . كۇسان ەلى»، بەيجيڭ: جۇڭحۋا شۋجۇي باسپاسى، 1985 ـ جىل، 61 ـ بەت.

ماتەريال تىزبەگى

«نەستوريان ٴدىنىنىڭ ورىمەن جوڭگوعا تارالعاندىعىنىڭ قۇلپىتاسى»، بۇل جيانجوڭنىڭ 2 ـ جىلى (781) ورناتىلعان، قۇلپىتاستىڭ جازۋىن پارسىنىڭ ٴدىن تاراتۋشىسى جيڭجىڭ جازعان، ساراي كەڭەسىنىڭ نوكەرى تايجوۋعا بارعاندا تايجوۋ مەكەمەسىنىڭ سوگىرى لۋ شيۋيان ارناۋ ٴسوز جازعان. قۇلپىتاستىڭ جازۋى حانزۋ تىلىندە ويىلعان، قۇلپىتاستىڭ قىرى مەن تومەنگى جاعىندا سيريا جازۋى بار. جالپى حانزۋ تىلىندە 1780 ٴارىپ جانە سيريا تىلىندە 10 ٴسوز. بۇل قۇلپىتاسقا نەستوريان ٴدىنىنىڭ نەگىزگى قاعيداسى، سونداي ـ اق، جوڭگونىڭ تاڭ پاتشالىعى زامانىندا ونىڭ 150 جىلعا جۋىق تاراعان تاريحى نەداۋىر ەگجەي ـ تەگجەيلى بايىمدالعان، ول گۇلدەنگەن تاڭ زامانىنداعى جوڭگو ـ شەتەل مادەنيەتىنىڭ ارالاسۋى، حريستيان ٴدىنىنىڭ شىعىسقا تارالۋى جانە جىبەك جولى مادەنيەتى سياقتىلاردى زەرتتەۋدە ەرەكشە ماڭىزدى مانگە يە.

ايتقاندارىندا كۇسان ەلىنىڭ بۋد تازالاۋ كورىنىسى باياندالعانىنان حۋيچاۋدىڭ ەستەلىگىندەگى كۇسان بەگىنىڭ «عيباداتحانا، موناح جەتكىلىكتى» دەپ ەستەلىك جازعانىنا دەيىن كۇسانداعى بۋددا ٴدىنىنىڭ كوركەيىپ كەلە جاتقانىن ۇعىندىرادى.

بۇل كەز شينجياڭ وڭىرىندەگى بۋددا ٴدىنىنىڭ دامۋىنداعى كورنەكتى ەرەكشەلىك، اناپ ايتقاندا، ورتا جازىقتا حانزۋلار قونىستانعان جەرلەردەگى بۋددا ٴدىنى شينجياڭ وڭىرىنە قايتا تاراعان جاعداي جارىققا شىقتى. زور توپتاعى حانزۋ موناحتار حانزۋ تىلىنە اۋدارىلعان نومدى ورتا جازىقتان شينجياڭ وڭىرىنە الا كەلىپ، بۋدداعا بەرىلىپ، نومعا جاتىلدى، ٴسويتىپ، بۋددا ٴدىنىنىڭ حانزۋ جىگى ٴۇش دۋان، ٴتورت بەكىنىسجايدا كوركەيدى. حانزۋ جازۋىنداعى بۋددا نومىن تاراتۋشىلار مەن حانزۋ موناحتارىنىڭ قىرۋار كوپ مولشەردە كىرۋىنە بايلانىستى، شينجياڭ وڭىرىندە بۋددا نومدارىن حانزۋ تىلىندە داۋىستاپ وقۋ جاعدايى جارىققا شىقتى. بەسبالىق، گاۋچاڭ، كۇسان سياقتى جەرلەردە حانزۋ تىلىندەگى بۋددا نومدارىن اۋدارۋ ورىندارى قۇرىلدى. شينجياڭ ٴوڭىرىنىڭ ورتا جازىقپەن بۋددا ٴدىنى مادەنيەتىن اۋىستىرۋى دا جوعارى ورلەۋگە كوتەرىلىپ، موناحتاردىڭ بارىس ـ كەلىسى تولاستامادى. نوم اكەلۋ ٴۇشىن باتىسقا ساپار شەككەن شۋانزاڭ شينجياڭنىڭ كوپ جەرىن ارالاپ، دحارامانى تاپسىرلەپ،

ۇستاز بىزدەپ، دوس تاۋىپ، ماحايانانى ۇيرەنۋ جونىندە ۋاعىز ايتتى، ونان كەيىن قىرۋار بۋددا ٴدىنى كلاسسيك شىعارمالارىن اۋداردى. شۋرەك بەگى پەي فاميليالى اۋلەتتەرىنىڭ كەيىنگى ۇرپاعى حۋيلين چاڭ - انداعى شيميڭ عيباداتحاناسىنا بارعاندا «ىشىندە بۋددا نومدارى قۇپيا ساقتالعانىن، سىرتىنا قالىڭ عۇلامالار جينالىپ، يندى اۋەنىندە چيندەرگە ٴتۇسىندىرىپ جاتقانىن، تىڭداۋشىلاردىڭ بار زەيىن - زەردەسىن سالا ۇيىپ وتىرعانىن» كورەدى. ول تاعى «تورتكىل ارىپتەر تۇسىندىرمەسى»، «تورتكىل ارىپتەردىڭ سىزىق سانى»، «باس بۋىن دىبىسسىزدارىنىڭ تۇرلەرى»، «ٴۇش كىتاپ»، «دىبىس ۇيقاسىنا تۇسىنىك»، « قۇرىلىمىنا قاراي تىزىلگەن ارىپتەر سوزدىگى»، سونداي - اق «بۋددا نومدارىنداعى كورۋدەلى تاريحتى بۋددا نومدارىنىڭ ماعىناسىمەن ۇشتاستىرىپ، انىق - قانىعىنا جەتۋ»، «بارلىق كلاسسيك شىعارمالارداعى سوزدەردىڭ دىبىستالۋى جانە ماعىناسى»[①] دەگەن كىتاپ جازىپ، بۋددا نومدارىن اۋدارۋ، بايىرعى جازۋ ٴبىلىمى، ٴارىپ ۇندەستىگى ٴبىلىمى سياقتىلارعا كورنەكتى ۇلەس قوستى.

تاڭ پاتشالىعى باتىس ٴوڭىردى بىرلىككە كەلتىرگەننەن كەيىن، شينجياڭ وڭىرىنە سىرتتان بۋددا دىنىنەن تىس، تاعى نەستوريان ٴدىنى، مانيحەي ٴدىنى جانە زاراتۋشترا ٴدىنى سياقتىلار تارادى. نەستوريان ٴدىنى نەستوريان جىگى دەپ تە اتالادى، ول 5 - عاسىردا شىعىس ريمدە جارىققا شىققان، حريستيان دىنىنەن ەڭ ەرتەدە جۇڭگوعا تاراعان ٴدىن جىگى، نەستوريان ٴدىنى مولشەرى 6 - عاسىردا شينجياڭ وڭىرىنە جەتىپ، نەگىزىنەن حالىق اراسىندا تارادى، بۇعان كوبىنەسە سوعدىلار، سىريالىقتار، پارسىلار، تاعى بايىرعى ۇيعۇرلار سەندى. كەيىن كەلە شينجياڭ ارقىلى ورتا جازىق وڭىرىنە تارادى. « نەستوريان» دەگەن ٴسوز «جارىعى كەڭ» دەگەن ماعىنا بەرەدى، «نەستوريان ٴدىنىنىڭ ۇرۋمنەن جۇڭگوعا تارالعاندىعىنىڭ قۇلپىتاسىندا»: «مىڭ ٴبىر قيىندىقتا تاراپ، اتىن شىعارۋ وڭاي بولماسا دا ۇلكەن ەڭبەك ٴسىڭىرىپ، نەستوريان دەپ كۇشپەن اتاتقىزدى» دەگەن ٴسوز بار. گاۋچاڭ قالاسىنىڭ بۇگىنگى ەسكى جۇرتىنان نەستوريان ٴدىنىنىڭ قابىرعا سۋرەتى بايقالدى، تۇرپاننىڭ جاقىن ماڭىنان دا سوعدى جازۋىمەن جازىلعان نەستوريان ٴدىنى كىتاپتارىنىڭ جۇرناعى بايقالدى، بۇل نەستوريان ٴدىنىنىڭ تۇرپان وڭىرىنە تاراعانىن ۇعىندىرادى.

---

① (سۇڭ) زان نيڭ جازعان، فان شياڭيۇڭ تىنىس بەلگىسىن قويىپ، رەداكسيالاعان: «سۇڭ مارتەبەلى موناحتىڭ بايانى . تاڭ پاتشالىعىنىڭ استاناسىنداعى شيميڭ عيباداتحاناسىنا بارعان حۋيليننىڭ بايانى»، بەيجيڭ: جۇڭحۋا شۋجۋي باسپاسى، 1987 - جىل، 108 - بەت.

مانيحەي ءدىنىن 3 ـ عاسىردىڭ ورتا شەنىندە ءماني دەگەن ادام (216 ـ 276) پارسىدا جاراتقان، زاراتۋشترا دىنىنەن كەيىن شينجياڭ وڭىرىنە تاراعان ەرتە زاماندىعى تاعى ءبىر پارسى ءدىنى. ول جارىق دۇنيەنى قاستەرلەيتىندىكەن، «جارىق ءدىن» دەپ تە اتالعان. 6 ـ عاسىردىڭ اياعىنان 7 ـ عاسىردىڭ باسىنا دەيىن مانيحەي ءدىنى شينجياڭعا تاراعانىمەن، ىقپالى زور بولمادى. 694 ـ جىلدىڭ الدى ـ ارتىندا مانيحەي ءدىنى لوياڭعا تارادى. موبيداعى بايىرعى ۇيعۇرلار حاندىق قۇرعان كەزدە مانيحەي ءدىنى بايىرعى ۇيعۇرلارعا تاراپ، بارىنشا دامىدى. 840 ـ جىلى بايىرعى ۇيعۇرلار باتىسقا اۋعانىنان كەيىن، ولار مانيحەي ءدىنىنىڭ گاۋچاڭ سياقتى جەرلەردە دامۋىن ونان ارى ىلگەرىلەتىپ، مانيحەي ءدىنىنىڭ عيباداتحاناسىن سالىپ، ءدىني ۇجىمدار قۇردى. تۇرپاننان مانيحەي ءدىنى عيباداتحاناسىنىڭ ەسكى جۇرتتارى جانە كوپ مولشەردە مادەني مۇرالارى بايقالدى. باتىسقا اۋعان بايىرعى ۇيعۇرلار بۇددا دىنىنە سەنۋگە وزگەرگەننەن كەيىن، شينجياڭداعى مانيحەي ءدىنى بىرتە ـ بىرتە قۇلدىرادى.

تاڭ پاتشالىعى زاراتۋشترا دىنىنە ەرەكشە ءمان بەرىپ، زاراتۋشترا ءدىنىن باسقاراتىن قۇرىلىم قۇرىپ، اتىن «سابا مەكەمەسى» نەمەسە «سارتباۋ مەكەمەسى» دەپ، ءدىن قايراتكەرلەرىن تاڭ پاتشالىعىنىڭ ءمانساپ ءتۇزىمى جۇيەسىنە ەنگىزدى. ءسويتىپ، شۇرەكتە زاراتۋشترا ءدىنى ءبىر مەزگىل بۇددا دىنىنەن اسىپ ءتۇستى. زاراتۋشترا ءدىنى، سونىمەن بىرگە، ي ـ جوۋ، شيجوۋ، تيڭجوۋ سياقتى دۋانداردا دا كەڭىنەن تارادى، تاڭ پاتشالىعى وسى جەرلەردە سارتباۋ مەكەمەسىن قۇرىپ باسقاردى. تۇرپانىنان شىققان قازىندىلاردان «سابا»[①] جونىندەگى دەرەكتەر شىقتى. «جاڭا تاڭنامادا» ۇدۇندا «جاقسىلىقتىڭ ءبارى زاراتۋشترا ءدىنىنىڭ اۋليەسىنىكى، ساكيامۋنيدىكى» دەگەن ەستەلىكتەر بار[②]. بۇل زاراتۋشترا ءدىنىنىڭ بۇل جەرگە دە تاراعانىن ۇعىندىرادى.

ەكىنشى، شينجياڭ وڭىرىندە كوپ ءدىن قاتار ءومىر ءسۇردى جانە توعىستى

شينجياڭ وڭىرىندە ءتۇرلى دىندەر ءبىر مەزگىل قاتار ءومىر ءسۇردى دە قاقتىعىس تۋىلماي، ەتەنە تاتۋ ءوتىپ، بىرگە دامىدى. گاۋچاڭ وڭىرىندە بۇددا ءدىنى، نەستوريان ءدىنى،

---

① قۇراستىرۋعا جاۋاپتى تاڭ جاڭرۋ: «تۇرپانداعى قازىندىدان شىققان ءىس قاعازدار (سۋرەتتى نۇسقا)» 1 ـ كىتاپ، بەيجيڭ: مادەني مۇرالار باسپاسى، 1992 ـ جىل، 136 ـ بەت.

② (سوڭ) وۋياڭ شيۋ، سوڭ چيلار جازعان: «جاڭا تاڭناما. باتىس ءوڭىر بايانى (1)»، بەيجيڭ: جوڭحۋا شۋجۇي باسپاسى، 1975 ـ جىل، 6235 ـ بەت.

مانيحەي ٴدىنىنە سەنەتىندەر قۇلشىلىق ەتەتىن تىرشىلىك اعاشى

شينجياڭداعى تۇرپاننىڭ بيزەكىلىك تاس ۇڭگىرىندەگى قابىرعا سۋرەت

زاراتۋشترا ٴدىنى، مانيحەي ٴدىنى، داۋجياۋ ٴدىنى سياقتى ۇقساماعان دىندەرگە سەنەتىندەر ۇزاق ۋاقىت بىرگە تىرشىلىك ەتتى. بايىرعى ۇيعۇرلاردىڭ باتىسقا اۋۋىمەن مانيحەي ٴدىنى گاۋچاڭدا ٴبىر مەزگىل داۋرەندەدى.

مانيحەي دىنىندە باسقا دىندەردى قابىلداۋعا وتە ورامدى يدەيا ٴاسىلى بار بولاتىن، ول جاراتىلعان كەزدە ـ اق حريستيان، بۋددا ٴدىنى سياقتى دىندەردى قابىلداۋدى قۋاتتاعان. مانيحەي ٴدىنى شينجياڭ وڭىرىنە تاراعانىنان كەيىن، وسى ەرەكشەلىگىن ساقتادى. «بۋدديزم اسپان مەن جەردەگى سەگىز كۇن ٴتاڭىرىنىڭ دۇعاسىن تاپسىرلەيدى» دەگەن بۋددا كىتابىن حانزۋ تىلىنەن بايىرعى ۇيعۇر تىلىنە اۋدارعان كەزدە، حانزۋ ٴتىلى نۇسقاسىنداعى اي ـ كۇن ٴتاپسىرىن مانيحەي دىنىندەگى جارىق پەن قاراڭعىلىق، ىزگىلىك پەن جاۋىزدىق سىندى ەكى نەگىز شىلدىك قۇبىلىسىنا ٴتۇسىرىپ اۋداردى، بۇل بۋددا دىنىنەن پايدالانىپ، مانيحەي ٴدىنىنىڭ قاعيداسىن ساۋلەلەندىرگەندىك بولىپ تابىلادى.

تاڭ پاتشالىعىنىڭ بيلەۋشىلەرى داۋجياۋعا تابىندى ٴارى داۋجياۋ ٴدىنىنىڭ شينجياڭ وڭىرىندە داموۋىن جەبەدى. دۇنحۋاڭدا ساقتالعان تيبەت نۇسقاسى تاڭ اۋلەتى گۋاڭچيدىڭ العاشقى جىلى (885) «شياجوۋ، ي ـ جوۋ دۋاندار شەجىرەسىنە» (قالدىق جۇرناعى) ٴۇبىر اۋدانىندا شياڭماۋگۋان، دالوگۋاڭ عيباداتحاناسى، رۋيۋان اۋدانىندا تيانشاڭگۋان عيباداتحاناسى سياقتى عيباداتحانالار بار دەپ جازىلعان.[①] شيجوۋ دۋانىندا ٴبىر بۋد مۇناراسى بار، اڭىزداردا ايتىلۋىنشا بۇل مۇنارانى ەرتەدەگى يندياننىڭ پاتشاسى اشوكا تۇرعىزعان ەكەن، ويتكەنى، داۋجياشىلار ادىلەتتىلىكتى جاقتاعان ادام اۋليە دەيدى، جەرگىلىكتى حالىق داۋجياۋ

① ۋاڭ جۇڭلو: «دۇنحۋاڭ تاس ۇڭگىر شەجىرەسىنىڭ جۇرناقتارىن دالەلدەۋ ـ ٴتۇسىندىرۋ . شياجوۋ، ي ـ جوۋ دۋاندارى شەجىرەسىنىڭ جۇرناتقارىن دالەلدەۋ ـ ٴتۇسىندىرۋ»، شاڭحاي: شاڭحاي بايىرعى شىعارمالار باسپاسى، 1993 ـ جىل، 202 ـ ، 205 ـ بەتتەر.

يەياسىنىڭ ىقپالىنا ۇشىراعاندىقتان، الگى مۇنارانى اۋليە مۇناراسى دەپ اتاپتى.[①] بۇل بۋددا ءدىنى مەن داۋجياۋ ءدىنىنىڭ قابىلداپ ءوزارا ۇلگى العانىن ۇعىندىرادى. تۇرپانداعى تاڭ پاتشالىعى زامانىنداعى مولادان داۋجياۋ جازباسى، داۋجياۋ كىتابىنىڭ جۇرناعى، سونداي ـ اق ءوقۋشىنىڭ ءبىر مۇنشا كيىم ـ كەشەك تىزىمدىگى شىقتى. وسى قازىندى جازبالاردىڭ ىشىندە 621 ـ جىلعى «جاڭ فاميليالى اقساقالداردىڭ كوركومبەلىك كيىم ـ كەشەك تىزىمدىگى» دەگەن جازبادا داۋجياۋ ءدىنى جازباسىندا ۇدايى قولدانىلاتىن ۇلگى شىققانىمەن، ءبىراق، مۇنداي جازباداعى مازمۇندا ءولۋشىنىڭ بۋددا دىنىنە سەنەتىندىگى جازىلعان. بۇل جازبالاردىڭ ادەتتەگى داجياۋ جازبالارىنا ۇقسامايتىن جەرى مىناۋ: ونىڭ مازمۇنىندا «بەس ىقىلىم (ۇلكەن ىقىلىمدار)»، «شۇعىل جارعى» دەگەن سياقتى داۋجياۋ ءدىنىنىڭ قاسيەتتى ەسىمدەرى، سوزدەرى بولۋمەن بىرگە، بۋددا ءدىنىنىڭ «بۋددا ءمۇريتى»، «بەس تيىم» دەگەن سياقتى بۋددا دىنىنە ءتان سوزدەر بار.[②] داۋجياۋ ءدىنى مەن بۋددا ءدىنىنىڭ سوزدەردى ۇقساس قولدانۋ، بىرگە كورۋ، ءوزارا ءبىر ـ بىرىمەن كىرىگۋ قۇبىلىسى شينجياڭداعى داۋجياۋ ءدىنى مەن بۋددا ءدىنىنىڭ توعىسقان جاعدايىن بەينەلەيدى.

---

① ۋاڭ جۇڭلو: «دۇنحۋاڭ تاس ءۇي شەجىرەسىنىڭ جۇرناقتارىن دالەلدەۋ ـ ءتۇسىندىرۋ . شياجوۋ دۋانىنىڭ سىرت ـ قاريتالى شەجىرەسىنىڭ جۇرناتقارىن دالەلدەۋ ـ ءتۇسىندىرۋ»، شاڭحاي: شاڭحاي بايىرعى شىعارمالار باسپاسى، 1993 ـ جىل، 213 ـ بەت.

② قۇراستىرۋعا جاۋاپتى تاڭ جاڭرۋ: «تۇرپانداعى قازىنىدان شىققان ءىس قاعازدار (سۋرەتتى نۇسقا)» 1 ـ كىتاپ، بەيجيڭ: مادەني مۇرالار باسپاسى، 1992 ـ جىل، 370 ـ بەت.

4 ـ تاراۋ بەس اۋلەت، سۇڭ، لياۋ، التىن پاتشالىقتارى كەزەڭى

— شينجياڭ وڭىرىندەگى بولەكتەنگەن بيلىكتەردىڭ جۇڭگو ٴبىر تۇلعا دەگەن كۇشتى تانىمى

تاڭ پاتشالىعى جويىلعان سوڭ ٴولىمىز تاريحىنىڭ بەس اۋلەت، سۇڭ، لياۋ، التىن پاتشالىقتارى سىندى بولەكتەنگەن جانە الاسապىران ٴداۋىرى باستالدى. بۇل كەزەڭ 370 جىلدان ارتىق مەزگىلگە سوزىلدى. كوپتەگەن بيلىك قاقتىعىس جانە اۋىس - كۇيىس ۇردىسىندە ٴىشىنارا بىرلىككە كەلدى. ۇلتتار اناعۇرلىم كەڭ كولەمدە ارالاستى، ىشتەستى، توعىستى. ەكونوميكا، مادەنيەت، قوعام جىلدام دامىدى. ٴسويتىپ، يۋان، ميڭ پاتشالىقتارى كەزەڭىندەگى وراسان زور كولەمدى بىرلىككە كەلۋگە نەگىز قالادى. اسىرەسە، ەكى سۇڭ پاتشالىعى كەزەڭىندە ەكونوميكانىڭ سالماعى وڭتۇستىككە ويىستى. فەودالدىق ٴوندىرىس ٴتاسىلى توڭىرەكتەگى ايماقتارعا تارادى. كىجۇي ٴتۇزىمى كەمەلدەنە ٴتۇستى. سۇڭ ٴداۋىرى ولەڭدەرىن ۋاكىل ەتكەن ادەبيەت - كوركەمونەر گۇلدەنىپ - كوركەيدى. عىلىم - تەحنيكا دەڭگەيى دۇنيەنىڭ الدىڭعى ورنىنا ٴوتتى. وسى كەزەڭدە، باتىس وڭىردە گاۋچاڭ بايىرعى ۇيعۇر حاندىعى، ۇدۇن حاندىعى جانە قاراحانيلار حاندىعى سەكىلدى جەرگىلىكتى بيلىك قاتار ٴومىر سۇرگەن جاعداي قالىپتاستى. ٴبىراق، اتالعان بيلىكتەر ەڭ سوڭىندا باتىس لياۋ پاتشالىقتارى تۇسىندا بىرلىككە كەلدى. جەرگىلىكتى بيلىكتەر ساياسي، ەكونوميكا، مادەنيەت جاقتارىنان ورتا جازىق پاتشالىعىمەن باستان - اياق ٴجيى اۋىس - كۇيىستى ساقتاپ وتىردى. بارىندە جۇڭگو ٴبىر تۇلعا دەگەن كۇشتى تانىم بولدى نەمەسە وزدەرىن ورتا جازىق بيلىگىنىڭ بولىمشەسى نەمەسە وزدەرىن ورتا جازىق بيلىگىنە باعىنىشتىمىز دەدى.

ۇلتتاردىڭ جاپپاي كوشۋى، قونىس اۋدارۋىنا، قىتان سياقتى تايپالاردىڭ ٴورتىس كوشىپ كەلۋىمەن شينجياڭ ٴوڭىرىنىڭ ۇلتتىق قۇرامى مولايا ٴتۇسىپ، ۇلتتاردىڭ تۇعىسۋىن كۇشەيتتى. ٴار ۇلت ورتا جازىق مادەنيەتىن مەيلىنشە قابىلدادى. وتە - موتە، باتىس لياۋ پاتشالىعى كەزەڭىندە رۇجيا مادەنيەتىن قاستەرلەدى. بۇل شينجياڭ ٴوڭىرىنىڭ، تىپتەن ورتا ازيا سەكىلدى وڭىرلەردىڭ تاريحي دامۋىنا كۇشتى ىقپال جاسادى.

ٴبىرىنشى تاراۋشا ەلىمىزدەگى جەرگىلىكتى بيلىكتەردىڭ ٴبولىنۋى جانە ٴىشىنارا بىرلىككە كەلۋى

907 - جىلى، تاڭ پاتشالىعى جويىلعان سوڭ، ەلىمىزدىڭ ورتا جازىعى سەكىلدى وڭىرلەرى ىلگەرىندى - كەيىندى سولتۇستىك سۇڭ پاتشالىعى، لياۋ پاتشالىعى، باتىس شيا پاتشالىعىنىڭ تەكە تىرەسى، سونان سوڭ، وڭتۇستىك سۇڭ، التىن، باتىس شيا پاتشالىقتارىنىڭ ارباسۋى سىندى بەس اۋلەت، ون ەل سىندى بولەكتەنگەن كۇي كەشتى. باتىس سولتۇستىك پەن باتىس وڭتۇستىك وڭىرلەردە وزگە دە جەرگىلىكتى بولەكتەنگەن بيلىكتەر ٴومىر ٴسۇردى. ٴار وڭىردەگى ٴىشىنارا بىرلىككە كەلۋ اناعۇرلىم زور كولەمدەگى بىرلىككە كەلۋگە جاعداي ازىرلەدى. ٴسويتىپ، ۇلتتاردىڭ تاعى ٴبىر رەت جاڭادان تۇعىسۋىنا، سونداي - اق ەكونوميكا مەن مادەنيەتتىڭ اۋىس - كۇيىسىنە شارت - جاعداي جاراتتى.

ٴبىرىنشى، بەس اۋلەت، سۇڭ، لياۋ جانە التىن پاتشالىقتارىنىڭ كوركەيۋى مەن قۇلدىراۋى، سونداي - اق ۇلاردىڭ اۋىسۋى

907 - جىلى، جۋ ۋىن سوڭعى لياڭ پاتشالىعىن قۇرعان سوڭ، حۋاڭحى وزەنىنىڭ سولتۇستىك اعارىندا تاعى دا ىلگەرىندى - كەيىندى سوڭعى تاڭ، سوڭعى جين، سوڭعى حان، سوڭعى جوۋ سىندى ٴتورت بيلىك، وڭتۇستىك وڭىرلەردە ۋ، وڭتۇستىك تاڭ، ۋ - يۋە، الدىڭعى شۋ، سوڭعى شۋ، چۋ، مين، وڭتۇستىك حان، وڭتۇستىك پين سىندى توعىز بيلىك، سونىمەن قوسا سولتۇستىكتە تايۋاندا تۇرعان بولەكتەنگەن سولتۇستىك حان سەكىلدى بيلىكتەر شاڭىراق كوتەردى. بۇل تاريحتا «بەس اۋلەت، ون ەل» دەپ اتالدى. بەس اۋلەت، ون ەل كەزەڭىندەگى ٴتۇرلى بيلىكتەر ارپالىسىپ ٴجۇرىپ ٴبىرى ٴوشىپ، ٴبىرى ٴوسىپ، بىرتىندەپ بىرلىككە كەلۋگە قاراي بەت بۇردى.

ٴبىلىم سىلتەمەسى

يەلۇي اباۋكە (872 ـ 926)، لياۋ ەلىنىڭ العاشقى شاڭىراعىن كوتەرۋشى حان. 916 ـ جىلى، اباۋكە پاتشا اتانىپ، ٴوزىن لياۋ تايزۋ (916 ـ 926 ـ جىلدارى ەل بيلەگەن ۇستادى)، جىلناماسىنىڭ اتىن شىنسى دەدى، لينحۋاڭ ورداسىن (بۇگىنگى ىشكى موڭعۇلدىڭ ٴبارىن سول حوشۇنى) استانا ەتىپ، مەملەكەت اتىن قىتان دەپ اتادى. سودان باستاپ قىتاننىڭ ديەلا ۇلىسىن ارقاۋ ەتكەن قۇلدىق ٴتۇزىم بيلىگى رەسمي ورنادى. پاتشا بيلىگىنە مۇراگەر بولۋ ٴتۇزىمى، بۇرىنعى تايپا وداعىنىڭ باسشىسىن سايلامەن شىعاراتىن ەسكى ٴتۇزىمنىڭ ورنىن باستى.

اباۋكە پاتشا بولعان سوڭ، ساياسي، زاڭ ـ جارعى، ەكونوميكا سەكىلدى تۇزىمدەردە باجاقتار مەن حانزۋدى ٴبولىپ باسقاراتىن ٴتاسىلدى پايدالاندى. سونىمەن بىرگە، ورادا حانىر (汉儿) باسقارماسىن قۇرىپ، حانزۋلاردىڭ ىستەرىن ٴبىر جاقتىلى ەتىپ وتىرادى. اباۋكە ٴوزىنىڭ اسقان اسكەري، ساياسي دارىنىمەن جۇڭگونىڭ سولتۇستىك شەكارسىنداعى كەڭ تەرريتوريا مەن سايىن دالادا شاشىلىپ جۇرگەن ٴتۇرلى كوشپەلى ۇلتتاردى بىرلىككە كەلتىرىپ، قىتان ۇلتى مەن سولتۇستىك مال شارۋاشىلىعىمەن شۇعىلداناتىن كوشپەلى ۇلتتار مەن اۋشىلىقپەن اينالىساتىن ۇلتتاردىڭ دامۋىنا جاعداي ازىرلەپ، تەرىستىكتەگى كوپتەگەن ۇلتتاردىڭ تاريحي توعىسۋ ٴۇردىسىن تەزدەتتى.

960 ـ جىلى، جاۋ كۋاڭيىن سۇڭ پاتشالىعىن قۇرىپ، كايفىڭدى استانا ەتىپ بەكىتتى. تاريحتا سولتۇستىك سۇڭ پاتشالىعى دەپ اتالدى. 979 ـ جىلى، سولتۇستىك سۇڭ پاتشالىعى بەس اۋلەت، ون ەل بولەكتەنگەن جاعدايدى اياقتاتىپ، ٴىشىنارا بىرلىككە كەلۋدى جۇزەگە اسىردى. ونىڭ شەكاراسى شىعىسى مەن وڭتۇستىگى ۇلى تەڭىزگە دەيىن؛ سولتۇستىگى بۇگىنگى تيانجيننىڭ حايحى وزەنى، حىبەيدىڭ باجوۋ قالاسى، شانشيدىڭ يانمىنگۋان وڭىرلەرىنە دەيىن جەتىپ، لياۋ پاتشالىعىمەن شەكتەستى؛ باتىس سولتۇستىگى شانشيدىڭ حىڭشان تاۋىمەن، گانسۋدىڭ شىعىسىمەن، چيڭحايدىڭ حۋاڭشۋي وزەنى الابىمەن، باتىس شيا پاتشالىعىمەن جانە تۋبىتتەرمەن ٴتۇيىلىستى؛ باتىس وڭتۇستىكتە مينشان تاۋىمەن، دادۋحى وزەنىمەن جانە ٴتۇبىت، داليمەن ىرگەلەستى؛ وڭتۇستىگى گۋاڭشيگە جانە ۆيەتنامعا دەيىن

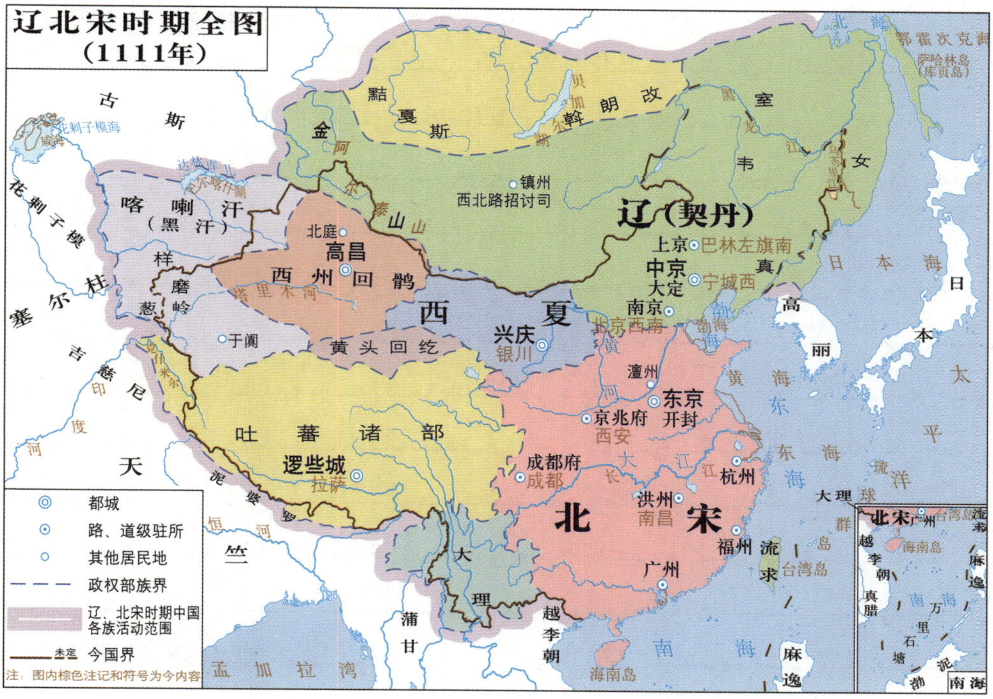

باردى. سولتۇستىك سۇڭ پاتشالىعىنىڭ سوڭعى مەزگىلىندە حيلۇڭجياڭ وزەنىنىڭ اڭعارى مەن چاڭبايشان تاۋ بەلدەۋىندەگى شۇرشىتتەر سەرپىلىپ، التىن ەلىن قۇردى. 1127 ـ جىلى، سولتۇستىك سۇڭ پاتشالىعى جويىلدى.

916 ـ جىلى، يەلۋي اباۋكە قىتانىنىڭ ٴىرقايسى ۇلىستارىن بىرلىككە كەلتىرگەن سوڭ، حان، تاڭ پاتشالىقتارىنىڭ تۇزىمىنە ەلىكتەپ، ٴوزىن پاتشا اتادى. لينحۋا ورداسىن استانا ەتتى. مەملەكەت اتىن قىتان دەپ اتادى. سوڭىنان «ۇلى لياۋ» دەپ وزگەرتتى. لياۋ پاتشالىعى ورناعان سوڭ، ٴار ۇلتتىڭ جوعارى جىكتەگى قايراتكەرلەرىن باسقارۋ جۇيەسىنە ۇزدىكسىز تارتتى. ٴار ۇلتتىڭ مادەنيەتى مەن ٴتۇزىمىن ۇيرەندى. ٴوندىرىستى گۇلدەندىردى. جازۋ جاسادى. مەملەكەت قۋاتى ارتا ٴتۇستى. لياۋ پاتشالىعىنىڭ ۇستەمدىك ەتكەن شەكاراسى شىعىس سولتۇستىكتە بۇگىنگى حيلۇڭجياڭ قۇيعانىنا دەيىن، باتىس سولتۇستىكتە بۇگىنگى موڭعۇليانىڭ ورتا بولىكتەرىنە دەيىن، وڭتۇستىكتە بۇگىنگى تيانجيننىڭ حايحى وزەنى، حەبەيدىڭ باجوۋ قالاسى، شانشيدىڭ يانمىنگۋانىنا دەيىن بارىپ، سۇڭ پاتشالىعىمەن ىرگەلەستى. لياۋ پاتشالىعىنىڭ سوڭعى جىلدارى، پاتشا ورداسى ٴىرىپ ـ ٴشىرىدى. مەملەكەتتىڭ قۋاتى السىرەدى. حالىق كۇيزەلىسكە ٴتۇستى. 1125 ـ جىلى، التىن پاتشالىعى

لياۋ پاتشالىعىن جويدى. لياۋ پاتشالىعىنىڭ جويىلۋىنان ٴبىر جىل بۇرىن، ياعني، 1124 ـ جىلى لياۋ پاتشالىعىنىڭ پاتشا تۇقىمى يەلۋي داشى ۇلىسىن باستاپ، باتىسقا اۋىپ، باتىس لياۋ بيلىگىن قۇردى. 1218 ـ جىلى، موڭعۇلدار باتىس لياۋ پاتشالىعىن جويدى.

باتىس شيا پاتشالىعى ــ تاڭعۇتتار قۇرعان بيلىك. تاڭعۇتتار چياڭداردىڭ ٴبىر بۇتاعى بولاتىن ـ دى. ولار تەگىندە ەلىمىزدىڭ باتىس سولتۇستىگىندە تىرشىلىك ەتەتىن. 1038 ـ جىلى، تاڭعۇتتاردىڭ باسشىسى يۋان ـ ۋ پاتشا اتانىپ، مەملەكەت اتىن ۇلى شيا دەپ اتادى. شىڭچىڭ ورداسىن (بۇگىنگى نيڭشيانىڭ يىنچۋانى) استانا ەتىپ بەلگىلەدى. تاريحتا باتىس شيا پاتشالىعى دەپ اتالدى. باتىس شيا پاتشالىعى سولتۇستىك سۇڭ پاتشالىعى مەن لياۋ پاتشالىعىنىڭ ارالىعىندا اينالسوقتاپ، ٴۇش ٴتۇرلى كۇشتىڭ تەكە تىرەسىن قالىپتاستىردى. باتىس شيا پاتشالىعىنىڭ ەڭ قۇدىرەتتى تۇسىندا شەكاراسى شىعىستا حۋاڭحى وزەنى، باتىستا گانسۋدىڭ يۇيمىنىنە دەيىن جەتىپ، قازىرگى نيڭشيانى، گانسۋدىڭ كوپ ٴبولىمىن، شانشيدىڭ سولتۇستىك بولىگىن، چيڭحايدىڭ شىعىس سولتۇستىگىن جانە ىشكى موڭعۇلدىڭ ٴبىر ٴبولىمىن قامتىدى. 1227 ـ جىلى، باتىس شيا پاتشالىعىن موڭعۇلدار كۇيرەتتى.

التىن پاتشالىعىن قۇرۋشىلار ــ شۇرشىتتەر. 10 ـ عاسىردىڭ سوڭىنان 11 ـ عاسىردىڭ باسىنا دەيىن، شۇرشىتتەردىڭ ٴارقايسى ۇلىستارى ىلگەرىندى ـ كەيىندى وتىرىقتى تۇرمىسقا اۋىستى ٴارى تەمىر قۇرالدارىن پايدالاندى. وندىرگىش كۇشەرى دە دامي ٴتۇستى. بىرتىندەپ قۇدىرەتتەنە باستادى. 11 ـ عاسىردىڭ سوڭىندا، ٴشۇرشىتتىڭ ونگيەن ۇلىسى كۇن سايىن كۇشەيىپ، ٴشۇرشىتتىڭ ٴارقايسى ۇلىستارىن بىرلىككە كەلتىردى. 1115 ـ جىلى، ونگيەن ۇلىسىنان شىققان اگۋدا حانزۋلاردىڭ تۇزىمىنە ساي پاتشا اتانىپ، مەملەكەت اتىن ۇلى التىن اۋلەتى دەپ اتادى. استاناسىن حۋينيڭگە (قازىرگى حيلۇڭجياڭداعى ا ـ چىڭنىڭ وڭتۇستىگى) سالدى. التىن پاتشالىعى جەكە ـ جەكە 1125 ـ جانە 1127 ـ جىلى لياۋ پاتشالىعى مەن سولتۇستىك سۇڭ پاتشالىعىن جويدى. يەلەگەن شەكاراسى شىعىس سولتۇستىكتە جاپون تەڭىزى، وحوت تەڭىزى، سىرتقى حيڭگان تاۋلارىنا دەيىن، باتىس سولتۇستىگى بۇگىنگى موڭعۇلياعا دەيىن، باتىستا حىتاۋ، شانشيدىڭ حۋاڭشان تاۋى، گانسۋدىڭ شىعىس بولىگىنە دەيىن جەتىپ، باتىس شيامەن ٴتۇيىلىستى. وڭتۇستىگى چينليڭ، حۋايحىعا جەتىپ، وڭتۇستىك سۇڭ پاتشالىعىمەن ىرگەلەستى. 1234 ـ جىلى، التىن پاتشالىعىن موڭعۇلدار جويدى.

1127 ـ جىلى، سولتۇستىك سۇڭ پاتشالىعى جويىلعان سوڭ، پاتشا تۇقىمىنان شىققان كاڭۋاڭ جاۋگۋ يىڭتيان ورداسىندا (قازىرگى حىنانىنىڭ شاڭچيۋى) پاتشا اتانىپ، جىلناماسىن جيانيان دەپ اتاپ، استاناسىن لين ـ انعا (قازىرگى جىجياڭنىڭ حاڭجوۋى) كوشىردى. تاريحتا وڭتۇستىك سۇڭ پاتشالىعى دەپ اتالدى. وڭتۇستىك سۇڭ پاتشالىعىنىڭ بيلەگەن ٴوڭىرى سولتۇستىكتە حۋايحى، چيڭلىڭگە جەتىپ، التىن پاتشالىعىمەن ىرگەلەستى، شىعىس ـ وڭتۇستىك، باتىس ـ وڭتۇستىك شەكاراسى سولتۇستىك سۇڭ پاتشالىعىمەن قارايلاس بولدى. وڭتۇستىك سۇڭ مەن التىن پاتشالىعى اراسىندا كوپ رەت بەلدەسكەنىمەن، ەكى تاراپتىڭ ٴارقايسىسى دا وڭتۇستىك پەن سولتۇستىكتىڭ تەكە تىرەس جاعدايىن وزگەرتە المادى. 1141 ـ جىلى، سۇڭ پاتشالىعى مەن التىن پاتشالىعى «شاۋشيڭ كەلىسسوزىنە» قول قويدى. سودان كەيىنگى جارىم عاسىردان ارتىق ۋاقىتتا، سۇڭ، التىن پاتشالىقتارى اراسىندا جىل سايىن تۋىلاتىن سۇراپىل سوعىس تولاستاپ، تىنىشتىق ورنادى. وڭتۇستىك سۇڭ پاتشالىعىنىڭ سوڭعى مەزگىلىندە، بيلىك باسىنداعىلار ٴوزارا قىرقىسىپ، ەل قۋاتى السىرەدى. 1279 ـ جىلى، وڭتۇستىك سۇڭ پاتشالىعىن يۋان پاتشالىعى جويدى.

ەكىنشى، ۇلتتاردىڭ توعىسۋى جانە «ۇلى بىرلىك» كوزقاراسىنىڭ كۇشەيۋى

بەس اۋلەت، ون ەل كەزەڭىندەگى بىرلىككە تالپىنۋ ـــ سول تۇستاعى قوعامدىق دامۋدىڭ نەگىزگى بەتالىسى جانە اۋقىمى بولدى. ٴارقاسى بيلىك بيلەۋشىلارىنىڭ ٴبارى دە وزدەرىن «تازا تەكتىمىز» دەپ ساناپ، ەلدى بىرلىككە كەلتىرۋ سىندى كۇشتى ارمان ـ تىلەگىن تانىتتى. وسى مەزگىلدە، ۇلى بىرلىك كوزقاراسى ۇلتتار اراسىندا كۇن سايىن كۇشەيە ٴتۇسىپ، يۋان جانە مىڭ پاتشالىقتارى كەزەڭىندە جۇڭگونىڭ اناعۇرلىم زور كولەمدە بىرلىككە كەلۋىنە شارت ـ جاعداي ازىرلەدى.

ەكى سۇڭ پاتشالىعى كەزەڭىندە، وردا توڭىرەگىندەگىلەر سۇڭ پاتشالىعىنىڭ مۇددەسىن كوزدەي وتىرىپ، سۇڭ پاتشالىعىنىڭ تازا تەكتى ورنىن دالەلدەۋگە ۇمتىلدى. رۋجياشىلاردىڭ «چۇنچيۋ» اتتى كلاسسيكالىق شىعارماسىندا «ادىلەت جولىن» دارىپتەپ، وتە ـ موتە، «ۇلى بىرلىككە» باسا ٴمان بەردى. سۇڭ اۋلەتىنىڭ وقىمىستىلارى جابال ىزدەنىسكە كىرىسىپ، سونان «ۇلى بىرلىكتى» ىسكە اسىراتىن ۇتىمدى شارا تابۋعا تالپىندى. سونىمەن سۇڭ پاتشالىعىندا «چۇنچيۋ تانۋ» ٴىلىمى ٴبىر مەزگىل داۋرەندەدى. وڭتۇستىك سۇڭ پاتشالىعىنان شىققان جۇ شي «تازا تەكتىلىك» پەن اسپان استى بىرلىگىنىڭ ارا

ماتەريال تىزبەگى

1989 ـ جىلى، ىشكى موڭعولدىڭ ۇلانحاد قالاسى ٴبارىن سول حوشىنى ياڭجيايىڭزى قالاشىعى شىجياڭ جىلعاسىنداعى لياۋ پاتشالىعى مولادان «ۇلى قىتان ەلىنىڭ شياۋ تەكتى حانىمىنىڭ قۇلپىتاسى» قازىپ الىندى. قۇلپىتاستا شياۋ تەكتى حانىمىنىڭ كۇيەۋى يەلۋي ۋوليعا ايالداعاندا: « ۋولي يشۋننان تارايدى» دەيدى. حۋاڭديدىڭ ۇلى چاڭيدىڭ جەتىنشى ۇرپاعى يشۋندى قىتاننىڭ ۋوليدىڭ اتا ـ باباسى دەپ انىق جازادى. مىنە، بۇل قىتانداردىڭ وزدەرىن «يانحۋاڭنىڭ ۇرپاعىمىز» دەپ اتاۋىنىڭ بۇلتارتپاس دالەلى.

قاتىناسىن ٴسوز ەتكەندە، ول «اسپان استى تەك بىرەۋ عانا، حاندار مەن بەكتەر پاتشاعا باس ۇرسا، داۋ ـ دامايدا جوعىنسا، وندا تازا تەكتى بولادى»، «اسپان استى بولشەكتەنسە، پاتشا مەن ۋازىرلەر سيىسا الماسا، وندا تازا تەكتى بولا المايدى»[1] دەپ اتاپ ٴوتتى. ونىڭ كوزقاراسى بويىنشا، «تازا تەكتى» دەپ اتالۋ ٴۇشىن اسپان استىنىڭ بيلىكتەرىن بىرلىككە كەلتىرۋى كەرەك، ونى ورىنداي الماعاندار «تازا تەكتى» دەپ اتاۋعا بولمايدى.

لياۋ پاتشالىعىنىڭ جوعارى ـ تومەنگى جىكتەگىلەرىنە دەيىن ورتا جازىق مادەنيەتىنىڭ اسەرىنە ۇشىرادى. لياۋ تايزۋ يەلۋي اباۋكە مەملەكەت قۇرعان العاشقى تۇستا ۋازىرلەرىنەن: «بەكزاتتىق تانىتىپ، بيلىك ۇستاپ، اسپان استىن باسقارىپ، تاڭىرگە قۇلشىلىق ەتەمىن. ۇلەسى ەرەندەرگە تاساتتىق بەرەمىن. اۋەلى كىمگە تاساتتىق بەرسەك بولار؟» دەپ كەڭەس سۇرايدى. ۋازىرلەرى تۇگەل ساكيامۋنيعا تاساتتىق بەرىڭىز دەپ جاۋاپ بەرەدى. ٴبىراق، يەلۋي اباۋكە «بۋددا جوڭگونىڭ ٴدىنى ەمەس» دەپ قاراپ، بۇل كەڭەستى تەرىستەيدى. ال، حانزادا يەلۋي ٴبي: «كۇڭزى ۇلى اۋليە، الەم قۇرمەتتەيدى، اۋەلى كۇڭزىعا تاساتتىق بەرۋ كەرەك» دەيدى. سونىمەن «تايزۇڭ ريزا بولىپ، كۇڭزى عيباداتحاناسىن سالىپ، چۋنچيۋعا قۇرمەت ٴبىلدىرۋدى حانزاداعا تاپسىرادى»[2]. سونىمەن لياۋ تايزۇڭنىڭ ٴوزى كۇڭزى عيباداتحاناسىنا كەلىپ تاۋاپ ەتىپ تۇراتىن بولدى. سودان كەيىن، لياۋ پاتشالارىنىڭ كۇڭزى عيباداتحاناسىنا

---

① (وڭتۇستىك سۇڭ) جۋ شي جازعان، جىڭ ميڭ، ت.ب .تىنىس بەلگىسىن قويىپ، رەداكسيالاعان: «جۋ زىنىڭ تولىق جيناعى . جۋ زىنىڭ ايتقاندارى . جالپى سارابتاما تيزىسى» 17 ـ كىتاپ، شاڭحاي: شاڭحاي بايىرعى شىعارمالار باسپاسى، 2002 ـ جىل، 3458 ـ بەت.

② (يۋان) توقتاي، ت.ب .لار: «لياۋ تاريحى . ي زۇڭبيدىڭ بايانى»، بەيجيڭ: جوڭحۋا شۋجۇي باسپاسى، 1974 ـ جىل، 1209 ـ بەت.

كەلىپ عيبادات ەتۋى سالتقا اينالدى. سونىمەن بىرگە، لياۋ پاتشالىعىنىڭ پاتشا ـ ۋازىرلەرىنىڭ وزدەرى قىتان تەگىندە يانحۋاڭ تەكتى ەدىك، حۋاشيامەن قانداسپىز دەيدى. لياۋ اۋلەتىنىڭ تاريحشىسى يەلۇي يان لياۋ ەلىنىڭ تاريحى «وردا ەستەلىكتەرى» اتتى ەڭبەگىندە «لياۋ تەگىندە شيۋانيۋاننىڭ ۇرپاعى ەدى»[1] دەيدى. «وردا ەستەلىكتەرى» نەگىزىندە جازىلىپ، بۇگىنگە جەتكەن «لياۋ تاريحناماسىندا» «لياۋ اۋەلى ياندىدان تاراعان»[2] دەلىنەدى. لياۋ پاتشالىعى جۇڭحۋانى شىنايى مويىنداپ، كەزىندەگى سۇڭ، لياۋ پاتشالىقتارى قاتار ٴومىر سۇرگەن جاعدايدى وڭتۇستىك ـ سولتۇستىك پاتشالىققا بالاپ، لياۋ پاتشالىعى وزدەرىن «سولتۇستىك پاتشالىق»، ال، سۇڭ پاتشالىعى وزدەرىن «وڭتۇستىك پاتشالىق» دەپ اتايدى. مىنە، بۇلاردىڭ ٴبارى لياۋ پاتشالىعىندا حۋاشيالار مەن رەيلەر ٴبىر تۇلعا ەكەندىگىن، سونداي ـ اق جۇڭحۋا ۇلتى ۇلى شاڭىراعى ىشىندە دەگەن ۇستانىمدى ايگىلەيدى.

باتىس شيا پاتشالىعىنىڭ بيلەۋشىسى يۋان ـ حاۋ سۇڭ پاتشالىعىنا جولداعان مالىمدەمەسىندە: «پاقىرىڭىز، مەن حۋاڭديدان تارايمىن، شىعىس التىن پاتشالىعىنىڭ باعى تايعاندا، سوڭعى ۋي پاتشالىعىنىڭ تاعانىن قالادىم»[3] دەپ، ٴوزىنىڭ ارعى اتا ـ باباسىن سولتۇستىك ۋيدىڭ تابعاش سيانبيلەردەن ىزدەيدى، ال، «ۋيناما. بەتاشاردا» سولتۇستىك ۋيدىڭ تابعاش تەك ەسىمدىلەرى حۋاڭديدىڭ اۋلەتى دەيدى. يۋان ـ حاۋ سولتۇستىك ۋي پاتشالىعىنىڭ تابعاش تەك ەسىمدىلەرىن اتا ـ باباسى ەتىپ، حۋاڭديدىڭ ۇرپاعى دەپ اتاسا، وندا باتىس شيا بيلەۋشىسى دە ٴوزىن حۋاشيا ۇلى شاڭىراعىنىڭ ٴبىر مۇشەسى دەپ تانىعاندىعىن تۇسىندىرەدى.

ورنا جازىققا كەلىپ ورنىققان التىن پاتشالىعى حانزۋ مادەنيەتىن قابىلداپ، حانزۋ زاڭ ـ جارعىلارىن اتقارۋمەن بىرگە، جۇڭحۋانىڭ تازا تەكتىلەرىمىز دەپ سانادى. جين شيزۇڭ (1135 ـــ 1149 ـ جىلدارى ەل بيلەدى) كەزىندە: «توڭىرەكتىڭ ٴتورت بۇرىشىنداعى پاتشا

① (يۋان) توقتاي، ت.ب .لار: «لياۋ تاريحى . شەجىرە»، بەيجيڭ: جۇڭحۋا شۋجۇي باسپاسى، 1974 ـ جىل، 949 ـ بەت.

② (يۋان) توقتاي، ت.ب .لار: «لياۋ تاريحى . تايزۇڭ ەستەلىكتەرى (2)»، بەيجيڭ: جۇڭحۋا شۋجۇي باسپاسى، 1974 ـ جىل، 24 ـ بەت.

③ (يۋان) توقتاي، ت.ب .لار: «سۇڭ تاريحى . شيا ەلى بايانى (1)»، بەيجيڭ: جۇڭحۋا شۋجۇي باسپاسى، 1977 ـ جىل، 13995 ـ بەت.

مەن ٴۇازىردى بولەك قاراساق، وندا قالاي بىرلىككە كەلەمىز»[1] دەيدى. ول ٴوزىنىڭ تازا تەكتىلىگىن تانىتۋ ٴۇشىن كوڭىزىنى قاستەرلەپ، رۋجياشىلارعا تابىنىپ، كوڭىزىنىڭ سوڭعى ۇرپاقتارىنا يانشىڭگۇڭ دەگەن مارتەبە بەردى. وڭتۇستىك سۇڭ پاتشالىعىن قارۋمەن بىرلىككە كەلتىرۋدى جاقتايتىن حايلينۋاڭى ونگين لياڭ (1149 ــ 1161 ـ جىلدارى ەل بيلەدى): «ەجەلدەن ـ اق حان ـ پاتشالار اسپان استىن بىرگە بيلەسە، ولار تازا تەكتى بولا الادى»[2] دەپ اشىق بىلدىرەدى. «اسپان استى ٴبىر شاڭىراق بولسا، سوندا عانا تازا تەكتى

كوزقاراس ٴتۇيىنى

كوپ ۇلتتىڭ ۇلى بىرلىگى، ٴار ۇلتتىڭ كوپ نەگىزدى، ٴبىر تۇلعالى بولۋى ــ اتا ـ بابالارىمىزدىڭ بىزگە تاپسىرىپ كەتكەن ماڭىزدى بايلىعى. سونداي ـ اق، ٴبىزدىڭ ەلىمىزدىڭ ماڭىزدى باسىمدىعى. تاريحتا، جوڭحۋا ۇلتىن، سونداي ـ اق ونىڭ ارعى اتا ـ بابالارىن باعىپ ـ وسىرگەن شىعىس ازيا ۇلى قۇرلىعىندا ٴارى ەگىنشىلىك ٴوڭىرى، ٴارى كوشپەلى مال شارۋاشىلىق ٴوڭىرى بولعان. ٴتۇرلى ـ ٴتۇرلى وندىرىستىك تۇرمىس تاسىلدەرىمەن شۇعىلدانعان ەتنوستاردىڭ اۋىس ـ كۇيىستەر ارقىلى ٴبىرىن ـ ٴبىرى تولىقتىرۋى، كوشۋ ـ قونۋ ارقىلى شوعىرلانۋى، قاقتىعىستار ارقىلى توعىسۋى ــ ٴبىر تۇتاس، كوپ ۇلتتى جوڭگو مەملەكەتتىك قالىپتاسۋى مەن دامۋىن ىلگەرىلەتەتىن ماڭىزدى فاكتور بولدى. ٴار ۇلت ٴبىر اسپانىنىڭ استىندا بىرگە جاساپ، ٴبىر اتىزدا بىرگە ەگىن سالىپ، ٴبىر وزەنىنىڭ سۋىن بىرگە ٴىشىپ، تىنىستاس، تاعدىرلاس بولىپ، بىرگە ٴومىر ٴسۇرىپ كەلەدى. سایاسي تۇرعىدان الىپ قاراعاندا، جوڭگونىڭ ەرتەدەگى «ۇلى بىرلىك» يدەياسى مەملەكەتتىك بىرلىككە كەلۋىندە ورتالىقتا بەيىمدەلۋ رولىن اتقاردى. نەشە مىڭ جىلدان بەرى، ەلىمىزدەگى ٴار ۇلت حالقى باستان ـ اياق بەرەكە ـ بىرلىككە ۇمتىلدى. مۇنى «الەمنىڭ قاعيداسى، ەرتەدەن قازىرگە دەيىنگى اقيقات جولى» دەپ تانىدى. «ۇلى بىرلىك» ەلىمىز حالقىنىڭ يدەيا ـ سۇيىسپەنشىلىگىنەن بىرتىندەپ جول تاپتى. بۇل تەك حانزۋلاردىڭ عانا ارداقتايتىن ۇستانىمى مەن مۇراتى قانا بولىپ قالماستان، سونىمەن بىرگە، از ۇلت بيلىكتەرىنىڭ باسشىلىقتا الاتىن، اتقاراتىن ۇستانىمى مەن ىنساناسى بولدى. ال، بۇل بۇگىنگى تاڭدا ٴبىزدىڭ ەل باسقارۋداعى ماڭىزدى قۇن بەتالىسىمىز بولا بەرەدى.

---

① (يۋان) توقتاي، ت.ب .لار: «التىن تاريحى. شيزۇڭ ەستەلىكتەرى»، بەيجيڭ: جوڭحۋا شۋجۇي باسپاسى، 1975 ـ جىل، 85 ـ بەت.

② (يۋان) توقتاي، ت.ب .لار: «التىن تاريحى . نۇۋانۋىندۇن سىجۇڭ بايانى»، بەيجيڭ: جوڭحۋا شۋجۇي باسپاسى، 1975 ـ جىل، 1883 ـ بەت.

بولادى»①. ونىڭ تاحقا وتىرا سالىپ، العا قويعان كۇرەس نىساناسى بۇكىل ەلدى بىرلىككە كەلتىرىپ، شىن مانىندەگى ۇلى بىرلىكتى جۇزەگە اسىرۋ بولدى. ول اۋەلى ٴبىر قىدىرۋ شارالاردى قولدانىپ، پاتشا بيلىگىن بەكەمدەدى. ٴتۇزىمدى بىرلىككە كەلتىردى. ورتالىقتىڭ وزەكتى بيلىگىن كۇشەيتتى. وڭتۇستىك سۇڭ پاتشالىعىن بىرلىككە كەلتىرۋگە داييندالدى؛ سوڭىنان جاساق سايلاپ، وڭتۇستىككە جورىق جاساپ، وڭتۇستىك سۇڭ پاتشالىعىن ٴبىر جولدا جويىپ، «اسپان استىن بىرگە بيلەيتىن» ۇلى بىرلىك مۇراتىن جۇزەگە اسىرماقشى بولدى.

ٴۇشىنشى، ۇلتتاردىڭ قونىس اۋدارۋى مەن اعىلۋى بارىسىنداعى ارالاسىپ تۋىسۋى

بەس اۋلەت، سۇڭ، لياۋ، التىن پاتشالىقتارى كەزەڭى ــ ەلىمىز تاريحىنداعى ۇلتتاردىڭ زور كولەمدە قونىس اۋدارۋى مەن اعىلۋ كەزەڭى بولدى. سونداي ـ اق، ۇلتتاردىڭ مەيلىنشە تۋىسۋ كەزەڭى دە بولدى. قىرۋار از سانداعى ۇلتتار ورتا جازىق وڭىرلەرگە كوشىپ بارىپ، قىسقا مەزگىل ىشىندە سول جەردىڭ ۇلت قۇرامى مەن تارالىمىن وزگەرتتى. ۇزاق مەزگىلدىڭ ارالاس قونىستانۋ بارىسىندا از ۇلتتار حانزۋلارمەن بىرتىندەپ تۋىسا ٴتۇستى.

شاتولار قونىستانعان جەرلەرىنىڭ قۇمدى بولۋىمەن وسىلاي اتالعان. العاشىندا بۇگىنگى تيىنجياڭ ٴوڭىرىنىڭ شىعىس بولىگىندەگى تيانشان تاۋى القاپتارىندا تىرشىلىك ەتەتىن. تاڭ پاتشالىعىنىڭ سوڭعى مەزگىلدەرىندە، شاتولار ىشكى وڭىرلەرگە كوشىپ، بىلگەرىندى ـ كەيىندى بۇگىنگى گانسۋ، شانشي، سانشي سەكىلدى جەرلەرگە اۋادى. بەس اۋلەت، ون ەل كەزەڭىندە، جەرگىلىكتى بولەكتەنگەن بىرنەشە بيلىكتى شاتوللار قۇرعان. 923 ـ جىلى، لي كيۇڭىنىڭ ۇلى لي سۇنشۇي سوڭعى تاڭ بيلىگىن قۇردى. شاتولار بۇگىنگى شانشيدەن سىرت، تاعى دا بۇگىنگى سانشيدىڭ شي ـ ان، حىنانىنىڭ لوياڭ، حىبەيدىڭ داميڭ سەكىلدى جەرلەرىنە تارالىپ، جاڭادان شوعىرلى قونىس اشادى. سودان كەيىنگى تاعى شاتولىق شى جىڭتاڭ قۇرعان سوڭعى جين پاتشالىعى، ليۋ جىيۋان قۇرعان سوڭعى حان پاتشالىعى، ليۋ چوڭ قۇرعان سولتۇستىك حان بيلىكتەرى بار. تاڭ اۋلەتىنەن بەرى ورتا جازىققا كوشىپ كەلگەن شاتولار جەر ـ جەرگە تارالىپ، كوبى حانزۋلارعا ٴسىڭىپ كەتتى.

تاڭعۇتتار چيڭحاي، سىچۋان سەكىلدى جەرلەردەن شىعىسقا كوشىپ، بۇگىنگى سانشي،

① (يۋان) توقتاي، تاعى باسقالار: «التىن تاريحى. لي تۇڭ باياني»، بەيجيڭ: جۇڭحۋا شۇجۇي باسپاسى، 1975 ـ جىل، 2783 ـ بەت.

نيڭشيا، گانسۋ، ىشكى موڭعۇل سەكىلدى جەرلەرگە ىرگە تەۋىپ، باتىس شيا بيلىگىن قۇرادى. باتىس شيا پاتشالىعى جويىلعان سوڭ، تاڭعۇتتار حانزۋ، سونداي - اق موڭعۇل، زاڭزۋ سەكىلدى ۇلتتارمەن ٴسىڭىسىپ كەتتى. بەس اۋلەت، ون ەل كەزەڭىندە، قىتاندار ۇلى قورعانىنىڭ ىشىنە ەندى. لياۋ پاتشالىعىنان كەيىن، قىتانداردىڭ كوبى حانزۋلارعا ٴسىڭىپ كەتەدى. يۋان پاتشالىعىنا كەلگەندە ورتا جازىقتاعى قىتاندار حانزۋ دەپ قارالدى. لياۋ پاتشالىعى جويىلعان سوڭ، ٴبىر بولىك قىتاندار باتىستى بەتكە الىپ، باتىس وڭىرگە كوشىپ كەلىپ، سول جەرلەردەگى ۇلتتارمەن توعىسا تۇسەدى. لياۋ، التىن پاتشالىعى كەزەڭىندەگى شۇرشىتتەر ورتا جازىققا اۋىپ، حۋايحىنىڭ سولتۇستىگى، سونداي - اق شانشيدىڭ وڭتۇستىك ورتا بولىگى شۇرشىتتەر شوعىرلى قونىستانعان مەكەندەر بولدى. مۇنداي ىشكى وڭىرلەردى بەتكە الىپ،

ماتەريال تىزبەگى

داياشىنىڭ اعاش ويماسى

ىشكى موڭعۇلدىڭ شىفىڭ

ٴبارىن وڭ قوشىنىنان تابىلعان

اعاش ويماداعى ايەل شىنى ۇستاعان، شيراقى، يبالى، قوناقاسىداعى داياشى سىڭايلى. قىتانداردىڭ شاي ٴىشۋ سالتى نەگىزىندە ورتا جازىق مادەنيەتىنىڭ اسەرىنە ۇشىراعان. تاڭ پاتشالىعىنىڭ ادامى فىڭ يانىڭ «فىڭ تەك ەسىمدىنىڭ كورگەن - بىلگەندەرىنەن ەستەلىكتەرىنە» سۇيەنگەندە، شايدى «تۇستىكتىكتەر كوپ ىشەدى، تەرىستىكتىكتەر از ىشەدى»، تاڭ پاتشالىعىنىڭ ورتا مەزگىلىنەن كەيىن، ەرتەدەگىلەر شاي ىشۋگە قۇمارلانىپ الادى. «كۇن - تۇنىمەن شاي ٴىشۋ سالتقا اينالىپ، ورتا جازىقتان باتىس وڭىرگە تارالادى». سولتۇستىك سۇڭ پاتشالىعى كەزەڭىندە، سۇڭ پاتشالىعى مەن لياۋ پاتشالىعى ٴوزارا بازار اشىپ، سۇڭ پاتشالىعى شايىمەن لياۋ پاتشالىعىنا ساۋدا جاساپ تۇرادى. لياۋ پاتشالىعىندا شاي وندىرىلمەيتىن، ٴبىراق، ساۋدا ارقىلى جانە سۇڭ پاتشالىعىنىڭ سالەم - ساۋعاسىمەن قىتان اقسۇيەكتەرى شايعا يە بولىپ تۇردى. سولتۇستىك سۇڭ پاتشالىعىنىڭ ادامى جاڭ شۇنىمىڭ «سۋرەت سالۋ ەستەلىكتەرىندە»: قىتانداردىڭ «سالتاناتى شايسىز بولمايدى، جينالىسسىز سالتاناتى بولمايدى»، «قوناقتى اۋەلى سورپامەن، سوڭىنان شايىمەن كۇتەدى» دەپ جازادى. اعاش ويماداعى قىتانداردىڭ شاي ٴىشۋ سالتىنان ورتا جازىق مادەنيەتىنىڭ قىتاندارعا جاساعان اسەرىن كورىپ الۋعا بولادى.

ورتا جازىقتا اۋعان شۇرشىتتەر حانزۋلارعا ٴسىڭىپ كەتتى.

بەس اۋلەت، سۋڭ، لياۋ، التىن پاتشالىقتارى كەزەڭىندە، حانزۋلار سولتۇستىككە، وڭتۇستىككە توپ ـ توبىمەن اۋدى. سولتۇستىك وڭىردە، حانزۋلار ۇزاعاندا سولتۇستىكتە، بۇگىنگى حيلۇڭجياڭ ولكەسىنە دەيىن بارىپ مەكەندەنەدى. وڭتۇستىكتە، شىعىس وڭتۇستىكتەگى تەڭىز جاعالاۋلارى وڭىرلەرىندە حانزۋلاردىڭ حالىق سانى كورنەكتى ارتا تۇسەدى. حانزۋلار قونىس اۋدارۋ بارىسىندا سول جەرلەردەگى ۇلتتارمەن ۇزاق مەزگىل بىرگە قونىستانۋ ارقىلى توعىسا ٴتۇستى. ايتالىق، سولتۇستىككە اۋعان حانزۋلاردىڭ كەيىندە از ۇلتتارعا اينالۋ ٴۇردىسى بايقالدى. لياۋ اۋلەتىن مىسالعا الساق، حانزۋلار مەن قىتان سەكىلدى تەرىستىك ۇلتتارى ٴوزارا ۇيلەنىپ، ۇزاققا سوزىلعان تۇرمىس ـ تىرشىلىكتە سالت ـ ساناسى ٴبىر ـ بىرىنە اسەر ەتىپ، حانزۋلاردىڭ كەيى قىتانداردىڭ ۇيلەنۋ، جەرلەۋ سالتتارىن وتەدى. ٴتىپتى، سولتۇستىك سۋڭ پاتشالىعىنىڭ ورتالىق قالاسى كايفىڭدا، «جۇرت حۋلاردىڭ سالتىن ۇيرەنىپ، سولارعا بەيىمدەلىپ، سولار سەكىلدەنىپ كەتتى»، «اۋەل دەسەڭ، كيىم ـ كەشەكتەرى دە، ٴتۇزىم ـ ٴتارتىبى دە حۋلارشا بولدى». مۇنداي جاعداي «حۋايحى وزەنىنىڭ سولتۇستىگىندە، ٴتىپتى، ورتالىق قالالاردا دا وسىنداي ٴجايت بولدى»[①].

جالپى دامۋ بەتالىسىنان الىپ قاراعاندا، وسى مەزگىلدەگى ۇلتتاردىڭ ۇلى توعىسۋىنىڭ نەگىزگى باعىتى «حانزۋلانۋعا» قاراي دامىدى. سولتۇستىك سۋڭ پاتشالىعىنىڭ فۋ بي لياۋ پاتشالىعى مەن باتىس شيا پاتشالىعى تۋرالى ايالداعاندا، ەكەۋى دە «جۇڭگونىڭ جەرىندە، جۇڭگونىڭ ادام كۇشىنەن پايدالانادى. جۇڭگونىڭ مەملەكەت اتىن قولدانادى. جۇڭگونىڭ ٴمانساپ اتتارىن پايدالانادى. جۇڭگونىڭ دەگدارلارىن ىسكە سالادى. جۇڭگونىڭ كىتاپتارىن وقيدى. جۇڭگونىڭ اربا ـ كولىگىن پايدالانىپ، كيىم ـ كەشەگىن كيەدى. جۇڭگونىڭ زاڭ ـ جارعىلارىن جولعا قويادى. لياۋ پاتشالىعى مەن باتىس شيا پاتشالىعىنىڭ ەكەۋى دە جۇڭگونىڭ تاۋەلدىگىندە بولاتىن»[②] دەيدى. التىن پاتشالىعىنىڭ حۋاڭلىڭ ورداسىنىڭ

---

① (وڭتۇستىك سۋڭ) فان چىڭدا: «تىزگىن ۇستاۋ ەستەلىكتەرى»، شاڭحاي شىفان داشۋەسى بايىرعى شىعارمالاردى رەتتەۋ ـ زەرتتەۋ ورنى قۇراستىرعان «سۋڭ پاتشالىعى تولىق ەستەلىكتەرى»، 5 ـ ٴبولىم، 7 ـ كىتاپشا، جىڭجوۋ: داشياڭ باسپاسى، 2012 ـ جىل، 6 ـ بەت.

② (وڭتۇستىك سۋڭ) لي تاۋ قۇراستىرعان، شاڭحاي شىفان داشۋەسى بايىرعى شىعارمالار زەرتتەۋ ورنى مەن حۋادۇڭ شىفان داشۋەسى بايىرعى شىعارمالار زەرتتەۋ ورنى تىنىس بەلگىسىن قويىپ، رەداكسيالاعان، «بيلىك عيبىراتناماسى قوسىمشاسى . رىن زۇڭچيڭ جىلناماسىنىڭ 4 ـ جىلى 5 ـ اي، ۇلۋ جىلى» 11 ـ كىتاپ، بەيجيڭ: جۇڭحۋا شۋجۇي باسپاسى، 1995 ـ جىل، 3641 ـ بەت.

(بۇگىنگى جيلينىنىڭ نۇڭ - انى) توڭىرەگىنە ٴار ۇلت ارالاس - قۇرالاس قونىستانعان. اراسىندا شۇرشىتتەر، قىتاندار، بوحايلىقتار، كورەيلەر، بايىرعى ۇيعۇرلار، تاڭعۇتتار، قايلار، ت. ت. ولاردىڭ سالت - ساناسى دا ارالاسىپ كەتكەن. «شوعىرلى قونىستانعان جەرلەردىڭ بارىندە دە، ٴار ەلدىڭ ادامدارى ٴبىر-ٴبىرىنىڭ ٴتىلىن ٴبىرى تۇسىنبەسە دە، ٴارقايسىسى حانزۋ ٴتىلىن نەگىز ەتىپ، سوعان جۇگىنەتىن»①. ال، التىن پاتشالىعىنىڭ حۇينىڭ ورداسىندا شۇرشىتتەر قوناعاسى بەرىپ، سالتانات قۇرعاندا «ٴۇش مارتە شاراپ ۇسىنىپ، ٴان - كۇي ورىندايدى. قاعىران قاعىپ، دابىل سوعادى. بيگە باسىپ، ويىن كورسەتەدى. ارىستان ويناتادى. قىلىش ٴۇيىرىپ، قالقان توسەيدى. ارقان باسىپ، تاياقتا جارماسادى. سەكىرىپ - شورشىپ، ويناق سالادى. كۇرزى ٴۇيىرىپ، توقپاق سىلتەيدى. كۇرەسىپ، تاۋىق تالاستىرىپ، سەرىك ويىنىن ويناتادى، ت. ب. كيىمدەرى ٴار الۋان، الەم - جالام، ورتا جازىق پاتشالىقتارىنا ۇقسايدى»②. مىنە، بۇلار شۇرشىتتەردىڭ الدەقاشان ورتا جازىق ٴوڭىرىنىڭ جول - جوسىن مادەنيەتىن جالپى بەتتىك ۇيرەنىپ العانىنان دەرەك بەرەدى. التىن پاتشالىعى ورتا جازىققا كەلىپ، بيلىك جۇرگىزگەن سوڭ، اسىرەسە، شيزۇڭ، حايلين حانى، شىزۇڭ داۋىرىندە يانجىڭ پاتشا ورداسىنىڭ جورا - جوسىن ٴتۇزىمى تەز حانزۋلاندى. جين شيزۇڭىنىڭ ٴوزى دە «بالالىق شاعىم ويىنمەن ٴوتتى، ٴبىلىم الىپ، ۇيرەنە المادىم، ۋاقىت وتكەن سايىن وكىنەمىن. كۇڭزى بيلىك ۇستاماعانمەن، جۇرت ونىڭ جولىن قاستەرلەيدى، كۇللى جۇرت قادىرلەيدى. بار ىزگىلىگى ٴۇشىن ونى نەگە قادىرلەمەسكە»، «‹شاڭشۋ›، ‹كۇڭزى عاقلىيلارى›، سونداي - اق ‹بەس اۋلەت›، ‹لياۋ اۋلەتى تاريحى› سەكىلدى كىتاپتاردى كۇندى تۇنگە جالعاپ وقىدىم»③ دەيدى. حايلين حانى ونگين لياڭ دا بالا كەزىنەن «كىتاپ وقۋعا قۇشتار، دوببى ۇيرەنىپ، ٴان - كۇيگە اۋەستەندى. شاي دامدەپ، رۋجياشىلاردىڭ جولىن ۇستاندى»، تاحقا وتىرعان سوڭ، ٴتىپتى دە «كلاسسيكالىق جانە تاريحي كىتاپتاردى قۇنىعا وقىپ، ٴبىر

① جيا جىڭيان: «بەس اۋلەت، سۇڭ، التىن، يۋان پاتشالىقتارىنىڭ شەكارا ەستەلىكتەرىنىڭ ون ٴۇش ٴتورىنىڭ سۇرىپتاما نۇسقاسى. شۇي كاڭزۇڭ ساپار ەستەلىكتەرىنىڭ سۇرىپتاما نۇسقاسى»، بەيجيڭ: جۇڭحۋا شۋجۇي باسپاسى، 2004 - جىل، 248 — 249 - بەتتەر.

② جيا جىڭيان: «بەس اۋلەت، سۇڭ، التىن، يۋان پاتشالىقتارىنىڭ شەكارا ەستەلىكتەرىنىڭ ون ٴۇش ٴتورىنىڭ سۇرىپتاما نۇسقاسى. شۇي كاڭزۇڭ ساپار ەستەلىكتەرىنىڭ سۇرىپتاما نۇسقاسى»، بەيجيڭ: جۇڭحۋا شۋجۇي باسپاسى، 2004 - جىل، 253 - بەت.

③ (يۋان) توقتاي، تاعى باسقالار: «التىن تاريحى. شيزۇڭ ەستەلىكتەرى»، بەيجيڭ: جۇڭحۋا شۋجۇي باسپاسى، 1975 - جىل، 77 - بەت.

وقىعانىن جادىندا ساقتاپ، تۇستىكتىڭ كيىم ـ كەشەك، مادەني بۇيىمدارىن تاماشالاپ، وردا راسىمدەرى مەن جول ـ جورالعىنا ٴتانتى بولدى»[1]. التىن پاتشالىعىنىڭ شىڭىزۇڭ تۇسىندا، التىن پاتشالىعى «ەل ٴتۇزىمىن حۋاشيا سالتى ۇلگىسىندە كۇشەيتۋگە بار كۇش ـ قۋاتىن جۇمسادى»[2]. حان، تاڭ پاتشالىقتارى ٴتۇزىمىن پايدالانۋ نەگىزىندە، التىن پاتشالىعىنىڭ ساياسي، ەكونوميكا جانە مادەنيەت جاقتارى ايتارلىقتاي دامىپ، ورتا جازىق پاتشالىقتاردان پارىقسىز بيلىككە اينالدى.

ەكىنشى تاراۋشا   قاراحانيلار حاندىعى سەكىلدى جەرگىلىكتى بيلىكتەردىڭ ورتا جازىق پاتشالىقتارىن شىنايى مويىنداۋى

بەس اۋلەت، سۇڭ، لياۋ، التىن پاتشالىقتارى كەزەڭىندە، باتىس ٶڭىردە گاۋچاڭ بايىرعى ۇيعۇر حاندىعى، ۇدۇن حاندىعى جانە قاراحانيلار حاندىعى سىندى جەرگىلىكتى بيلىكتەر قاتار ٴومىر سۇرگەن جاعداي قالىپتاستى. سوڭىنان قاراحانيلار حاندىعى ۇدۇن حاندىعىن جويدى. باتىس لياۋ پاتشالىعى تاعى دا ىلگەرىندى ـ كەيىندى گاۋچاڭ بايىرعى ۇيعۇر حاندىعى مەن قاراحانيلار حاندىعىن ٴوز بيلىگىنە قاراتتى. سودان باستاپ، باتىس ٶڭىردە ٴىشىنارا بىرلىككە كەلۋ جۇزەگە استى. جەرگىلىكتى بيلىكتەر باستان ـ اياق ورتا جازىق بيلىگىن وسكەلەڭ دارەجەدە شىنايى مويىنداپ، ورتا جازىق بيلىگىمەن تىعىز بارىس ـ كەلىس جاسادى جانە قارىم ـ قاتىناس ورناتتى.

ٴبىرىنشى، باتىس ٶڭىردەگى جەرگىلىكتى ٴۇش بيلىك

بەس اۋلەت كەزەڭىندە، باتىس ٶڭىردە جەرگىلىكتى ٴۇش بيلىك: گاۋچاڭ بايىرعى ۇيعۇر حاندىعى، ۇدۇن حاندىعى جانە قاراحانيلار حاندىعى ٴومىر ٴسۇردى.

866 ـ جىلى، بەسبالىق بايىرعى ۇيعۇرلارىنىڭ اعامانى بۇقىت چىن قولىن باستاپ بەسبالىقتان شيجوۋعا دەيىنگى ٶڭىردەگى تۇبىتتەردى باعىندىرىپ، تيانشان تاۋىنىڭ

① (سۇڭ) يۇۋىن ماۋجاۋ قۇراستىرعان، سۇي ۋنىڭ رەداكسيالاپ، تۇسىندىرگەن: «ۇلى التىن شەجىرەسى . حايلىن ياڭ ۋاڭى ەستەلىكتەرى»، بەيجيڭ: جۇڭحۋا شۋجۇي باسپاسى، 1986 ـ جىل، 185 ـ، 187 ـ بەتتەر.

② (وڭتۇستىك سۇڭ) فان چىڭدا، «تىزگىن ۇستاۋ ەستەلىكتەرى»، شاڭحاي شىفان داشۋەسى بايىرعى كىتاپتاردى رەتتەۋ ـ زەرتتەۋ ورنى قۇراستىرعان «سۇڭ پاتشالىقتارىنىڭ تولىق ەستەلىكتەرى» 5 ـ ٴبولىم، 7 ـ كىتاپ، جىڭجوۋ: داشياڭ باسپاسى، 2012 ـ جىل، 10 ـ بەت.

شىعىسىن بىرلىككە كەلتىرىپ، گاۋچاڭ مەن بەسبالىقتى ورتالىق ەتكەن گاۋچاڭ بايىرعى ۇيعۇر حاندىعىن قۇردى. گاۋچاڭ قورعانى ونىڭ حان ورداسى، ياعني «ٴىدىقۇت قالاسى» دەپ اتالدى. بەسبالىق جازعى ورداسى قاعاننىڭ ساياجايى ەتىلدى. حاندىقتىڭ ەڭ جوعارى بيلەۋشىسى قاعان، ياعني «ٴىدىقۇت» دەپ اتالدى. دارا بيلىك جانە مۇراگەرلىك ٴتۇزىمىن جۇرگىزدى. قاعاننىڭ قول استىندا ٴۋازىر، داتىناماشى، التىن تاڭبا كوگىلدىر شاشاقتى ساناتكەر ابىز، سول قانات ۇلى جياڭجۇن، تۇتىق سەكىلدى قالامگەر - قارۋگەر ٴمانساپتىلارى بولدى. جەرگىلىكتى ورىنداردىعى ىستەردى ٴار دارەجەلى ۇلكەندى - كىشىلى بەكتەر ٴبىر جاقتىلى ەتىپ وتىردى. گاۋچاڭ بايىرعى ۇيعۇر حاندىعىنىڭ شەكاراسى شىعىستا بۇگىنگى قۇمىلدان تارتىپ، باتىس سولتۇستىكتە ىلە وزەنى الابىنا دەيىن، باتىس وڭتۇستىكتە اقسۋعا دەيىن، شىعىس وڭتۇستىگى حوتان، دۇنحۋاڭداعى قۇمدى القاپتارىنا دەيىن بولدى. 924 - جىلى، لياۋ تايزۇڭ يەلۇي اباۋكە قولىن باستاپ، باتىسقا جورىق جاسادى. گاۋچاڭ بايىرعى ۇيعۇرلارى لياۋ پاتشالىعىنىڭ «تاۋەلدى ەلى» بولدى. 1132 - جىلى، گاۋچاڭ بايىرعى ۇيعۇرلارى باتىس لياۋ پاتشالىعىنا قوسىلىپ كەتتى. 1209 - جىلى، گاۋچاڭ بايىرعى ۇيعۇرلارى شىڭعىس قاعانعا باعىندى.

ۇدۇن حاندىعى — 11 - عاسىردان بۇرىن بۇگىنگى حوتان ايماعىن ورتالىق ەتكەن جەرگىلىكتى بيلىك ەدى دە، ەردەنە ۇدۇن حاندىعى دەپ اتالاتىن. تاڭ شۋانزۇڭ زامانى تيانباۋ جىلدارىندا (742 — 756)، ۇدۇن حانى ۆيسارا شىڭ كەزىندە چاڭ - انعا بارىپ، تاڭ شۋانزۇڭعا كەزدەسەدى. شۋانزۇڭ تاڭ پاتشالىعىنىڭ پاتشا تۇقىمىنىڭ قىزىن ۋايسارا شىڭعا ۇزاتادى. ان

ٴبىلىم سىلتەمەسى

لي شىڭتيان (شامامەن 912 — 966 - جىلدارى بيلىك ۇستادى) بەس اۋلەت، سۇڭ پاتشالىعىنىڭ العاشقى مەزگىلىندەگى ۇدۇن حانى. ٴوز ەسىمى ۆيسارا سىڭۋبو. تاڭ پاتشالىعى كەزەڭىندە ۇدۇن حاندىعى ورتالىق ۇكىمەتپەن قويۋ قاتىناستا بولادى. ورتا جازىق مادەنيەتىنىڭ ىقپالىنا ۇشىراعاندىقتان اكىمشىلىك ٴتارتىپ - تۇزىمدەرى، قىزمەتكە تاعايىنداپ، ٴمانساپ بەرۋ ٴتۇزىمى جانە سالىق ٴتۇزىمى تاڭ پاتشالىعىنا ەلىكتەۋ، ودان پايدالانۋ نەگىزىندە قالىپتاسادى. جىلناما، كيىم - كەشەك، قۇرىلىس سەكىلدىلەردىڭ بارىندە تاڭ پاتشالىعىنىڭ ستيلى مەن ۇلگى - ورنەگىن ۇستانادى. وسىنىڭ ٴبارى ۇدۇن حانىنىڭ ورتا جازىققا دەگەن ادال نيەتىن بىلدىرەدى.

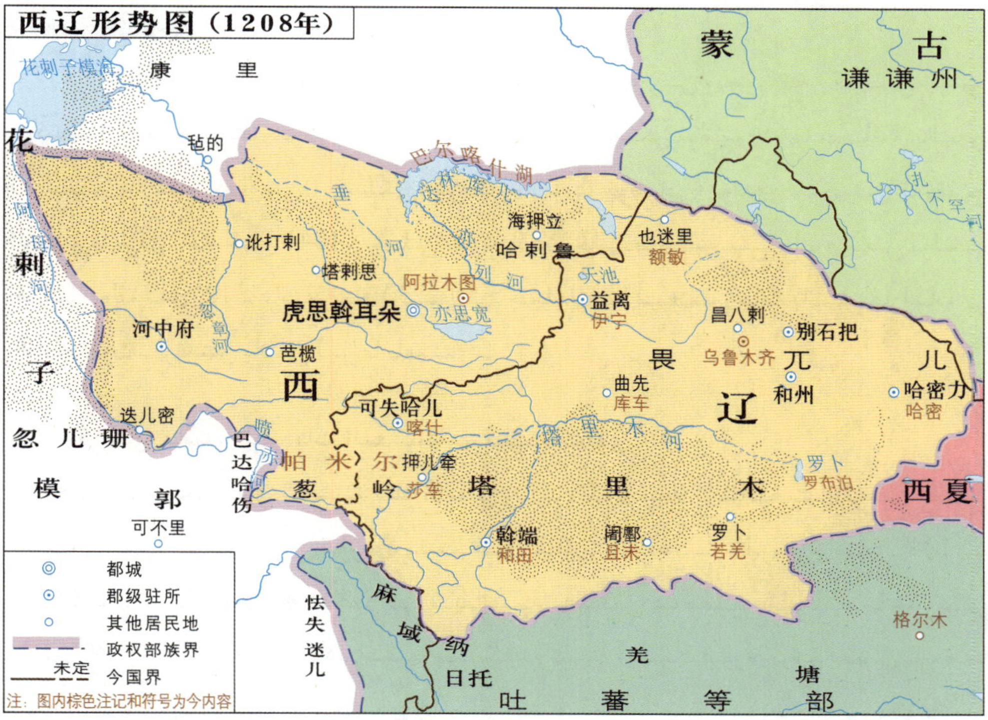

لۋشان ـ شى سىميڭ بۇلىگى تۇلعان سوڭ ۇدۋن حانى ۆيسارا شىڭ قول باستاپ، ورتا جازىقتا اتتانىپ، بۇلىكتى تىنشتاندىرۋ ءۇشىن تاڭ پاتشالىعىنا قول ۇشىن بەرەدى. ۇدۋندار مەن تاڭ پاتشالىعىنىڭ ورتالىق بيلىگى اراسىنداعى مۇنداي قانداستىق قاتىناستارعا بايلانىستى، تاڭ پاتشالىعى جويىلعاننان كەيىن دە ۇدۋن حانى ءوزىن تاڭ پاتشالىعىنىڭ قاراستى ەلى دەپ اتادى. سونداي ـ اق، تەك ەسىمىن دە تاڭ پاتشالىعىنىڭ اۋلەت ەسىمى بويىنشا «لي(李)» دەپ اتادى. 912 ـ جىلى، ۆيسارا سىڭۆبو ۇدۋن حاندىعىنىڭ تاعىنا وتىرىپ، ءوزىن لي شىنتيان دەپ اتادى. سۇڭنىڭ التىن پاتشالىعىنا تاۋەلدى ەكەندىگىن ءبىلدىردى. 960 ـ جىلى سولتۇستىك سۇڭ پاتشالىعى ورتا جازىقتى بىرلىككە كەلتىرگەن سوڭ ۇدۋن حاندىعىنىڭ سولتۇستىك سۇڭ پاتشالىعىمەن بارىس ـ كەلىسى مەيلىنشە قويۋلاي ءتۇستى. 961 ـ جىلى، لي شىنتيان ورتا جازىققا ەلشى جىبەرىپ، سۇڭ تايزۋعا قۇتتىقتاۋ ايتتى جانە ءوزىنىڭ تاۋەلدى ەكەندىگىن ءبىلدىردى. سونداي ـ اق، تارتۋ ۇسىنىپ، ءتۇرلى قاس تاسىن سيلادى. سودان باستاپ، ەكى تاراپتىڭ ەلشىلەرى، موناحتارى، ساۋداگەرلەرى ءبىر ـ بىرىنە ءجيى بارىس ـ كەلىس جاساپ تۇردى. 10 ـ عاسىردىڭ ورتا شەنىندە قاراحانيلار حاندىعى ۇدۋن حاندىعىنا 40 جىلعا سوزىلعان ءدىني سوعىس قوزعادى. 1006 ـ جىلدىڭ ارجاق ـ بەرجاعىندا، ۇدۋن حاندىعىن قاراحانيلار

حاندىعى جويىدى.

قاراحانيلار حاندىعى ــ 9 ـ عاسىردىڭ ورتالارىندا بايىرعى ۇيعۇر مەن قارلىق، ياعما سەكىلدى ۇلىستاردىڭ بىرگە قۇرعان جەرگىلىكتى بيلىگى بولاتىن. ۇستەمدىك ورتالىعى العاشىندا بالاساعۇن قالاسى (بۇگىنگى قىرعىزستاننىڭ توقماعى) بولدى. سوڭىنان قاشقارعا كوشىپ باردى. شامامەن 1041 ـ جىلى، قاراحانيلار حاندىعى شىعىس جانە باتىس بولىپ ەكىگە ءبولىندى. 12 ـ عاسىردىڭ 30 ــ 50 ـ جىلدارىندا شىعىس جانە باتىس قاراحانيلار حاندىعى ارت ـ ارتىنان باتىس لياۋعا باعىندى.

ەكىنشى، باتىس لياۋ پاتشالىعىنىڭ بىرلىككە كەلۋى

1115 ـ جىلى، شۇرشىتتەردىڭ اتامانى ونگيەن اگۋدا لياۋ پاتشالىعىنا قارسى جاساق باستاپ، التىن پاتشالىعىن قۇردى. بىلە ـ شالا لياۋ پاتشالىعىنا شابۋىل جاسادى. 1124 ـ جىلى، لياۋ پاتشالىعىنىڭ شاڭىراعى شايقالىپ، ىرگەسى سوگىلەر شاقتا، پاتشا جۇراعاتى يەلۇي داشى تەرىستىكتى بەتكە الىپ، موبيگە تارتىپ، بيلىك قۇردى. سوڭىنان باتىسقا جورىق جاساپ، ىلگەرىندى ـ كەيىندى گاۋچاڭ بايىرعى ۇيعۇر حاندىعىن، شىعىس جانە باتىس قاراحانيلار حاندىعىن باعىندىرىپ، باتىس ءوڭىردىڭ عاسىردان ارتىق بولەكتەنگەن بيلىك جاعدايىن اياقتاتادى.

باتىس لياۋ پاتشالىعىنىڭ ىرگەسىن سالۋشى يەلۇي داشى، جاناما اتى جوڭدى، 1087 ـ جىلى تۋعان، لياۋ تايزۋ اباكەنىڭ 8 ـ ۇرپاعى. يەلۇي داشى بالا كەزىنەن رۋحيا مادەنيەتىمەن جاقسى تاربيەلەنگەن، تاريحتا ايتىلۋىنشا، ول «قىتان جانە حانزۋدىڭ ءتىل ـ جازۋىنا جەتىك، اتقا مىقتى ءارى مەرگەن ەدى». 1115 ـ جىلى، يەلۇي داشى وردا ەمتيحانىنان ءساتتى ءوتىپ، بوپىلىق ۇكىما قاتارىنان ورىن الادى. «كوپ ۇزاماي ۇكىما ءامىرى بولىپ كوتەرىلەدى»[①]. لياۋ بيلىگى تۇسىندا ۇكىمالار مەكەمەسىنىڭ عۇلامالار مەكەمەسى بولىپ اتالۋىنا بايلانىستى عۇلاما داشى دەگەن اتاققا يە بولادى.

يەلۇي داشىنىڭ كەمەلىنە كەلگەن شاعى لياۋ پاتشالىعىنىڭ مەملەكەت قۋاتى السىرەگەن تۇسقا تۋرا كەلەدى. تيانزو پاتشانىڭ (يەلۇي يانشي) قىزعانىشى سەبەپتى، يەلۇي داشى ەكى ءجۇز اتتى جاساعىن باستاپ ەلدەن كەتەدى. جارىم جىلدان سوڭ لياۋ پاتشالىعىنىڭ

---

① (يۋان) توقتاي، ت.ب .لار: «لياۋ تاريحى . تيانزو پاتشاسى ەستەلىكتەرى»، بەيجيڭ: جوڭحۋا شۋجۇي باسپاسى، 1974 ـ جىل، 355 ـ بەت.

شاڭىراعى ورتاسىنا تۇسەدى. ٴوزىن حان اتاعان يەلۇي داشى سول كۇيى تەرىستىكتى بەتكە الىپ، قاتۇن قامالىنا (مولشەرى قازىرگى موڭعۇليانىڭ تولا وزەنىنىڭ باتىس جاعالاۋى) تارتادى. ول قاتۇن قامالىنىڭ ٴتيىمدى شارت ـ جاعدايىنان پايدالانىپ، ۇلى ٴىسىن باستايدى.

1130 ـ جىلى، يەلۇي داشى قاتۇن قامالىندا قىتاندارداڭ ٴداستۇرى بويىنشا «جەر ـ كوك تاڭىرىنە جانە اتا ـ بابا رۋحىنا ارناپ قارا كوك سيىر، اق بوز ايتۇياق ايتىپ سويىپ تۇتاسىمەن باتىسقا جورىق تارتىپ»①، ەمىلگە (بۇگىنگى شينجياڭنىڭ ٴدوربىلجىنى) كەلەدى. ەمىلدىڭ سۋى مول، ٴشوبى شۇيگىن، اۋا رايى سالقىن، مالعا جايلى بولعانىمەن، تاۋى بيىك، قۇمەن قورشالعاندىقتان، جەرى تار، ۇزاق مەزگىل ٴوسىپ ـ ونۋگە قولايسىز ەدى. سوندىقتان، يەلۇي داشى گاۋچاڭ بايىرعى ۇيعۇر حاندىعى ارقىلى باتىسقا قاراي ىرگە جايۋ شەشىمىنە كەلەدى. ول تتانار الدىندا بايىرعى ۇيعۇر حانى بىلگە حانعا سالەم جولدايدى. ول لياۋ پاتشالىعى مەن بايىرعى ۇيعۇر حاندىعىنىڭ بەرەكە ـ بىرلىگىنىڭ ٴبىر ساتتىك ەمەس ەكەندىگىن بايانداي كەلە «مەن بۇگىن باتىستاعى تازيعا اتتانادىم، ەلىڭنىڭ ۇستىنەن وتەمىن، الابوتەن ويدا بولماڭىزدار»② دەگەن حات جازادى. حاتتى تاپسىرىپ العان بايىرعى ۇيعۇر حانى يەلۇي داشىنى الدىنان شىعىپ ۇلكەن قوشامەتپەن قارسى الادى. اتتانار دا يەلۇي داشىعا 600 جىلقى، 100 تۇيە، 3000 قوي تارتۋ ەتەدى ٴارى نەمەرەسىن اق ٴۇيلى اماناتقا بەرىپ، تاۋەلدى ەل ەكەندىگىن بىلدىرەدى. وسىدان كەيىن، يەلۇي داشى ەلدىڭ تۇرمىس ـ تىرشىلىگىنە قاتىستى ساياساتىن اتقارا باستايدى. جەرگىلىكتى ۇلىستاردىڭ قولداۋى مەن قۋاتتاۋىنا يە بولىپ، كۇش ـ قۋاتى الۋەتتەنە تۇسەدى. 1132 ـ جىلى، يەلۇي داشى ەمىلدە حاندىق تاحقا وتىرادى. جەرگىلىكتى حالىقتىڭ جول ـ جوراسى بويىنشا، گۇرحان اتالادى، ماعىناسى «ۇلى حان» نەمەسە «حاندار حانى». ۋازىرلەر مەن بۇقارا حانزۋلاردىڭ سالتى بويىنشا تاعى دا قۇرمەتتەپ «ٴتاڭىر جار بولعان حان»، جىلناماسىن «يانچيڭ» دەپ اتايدى. وسى كەزگە كەلگەندە، باتىس لياۋ پاتشالىعى تولىق قۇرىلىپ بولادى. يەلۇي داشى قۇرعان بيلىك لياۋ پاتشالىعىنىڭ جالعاسى بولعاندىقتان، حانزۋشا تاريحي جازبالاردا «باتىس لياۋ پاتشالىعى»، باتىستىڭ جازبالارىندا «قاراقىتان ەلى» دەپ اتالادى.

① (يۋان) توقتاي، ت.ب .لار: «لياۋ تاريحى . تيانزۋ پاتشاسى ەستەلىكتەرى»، بەيجيڭ: جۇڭحۋا شۋجۇي باسپاسى، 1974 ـ جىل، 356 ـ بەت.

② (يۋان) توقتاي، ت.ب .لار: «لياۋ تاريحى . تيانزۋ پاتشاسى ەستەلىكتەرى»، بەيجيڭ: جۇڭحۋا شۋجۇي باسپاسى، 1974 ـ جىل، 356 ـ بەت.

وسىدان كەيىنگى ون جىلدان ارتىق ۋاقىت ىشىندە، يەلۇي داشى شىعىسقا جورىق جاساپ، باتىستى باعىندىرىپ، ىقپالىن كەڭەيتە تۇسەدى. 1132 ـ جىلى، يەلۇي داشى قالىڭ قولمەن تاعى ٴبىر رەت گاۋچاڭعا جورىق جاساپ، گاۋچاڭ بايىرعى ۇيعۇر حاندىعىن باتىس لياۋ پاتشالىعىنىڭ تەرريتورياسىنا قوسادى. 1134 ـ جىلى، يەلۇي داشى ورتا ازيا وڭىرىنە ەنىپ، بالاساعۇندى استانا ەتىپ، ونى قۇز وردا (ماعىناسى: قۇدىرەتتى وردا) دەپ وزگەرتەدى. باتىس لياۋ پاتشالىعى لياۋ پاتشالىعىنىڭ جارعى تۇزىمىنە مۇراگەرلىك ەتىپ، جىلناماسىن، تاۋاپجايداعى اتىن جانە حانزۋلارشا ٴمانساپ ٴتۇزىمىن ۇستانادى. حانزۋ ٴتىل ـ جازۋى مەن قىتان ٴتىل ـ جازۋىن قاتار قولدانادى. وسىدان سوڭ، باتىس لياۋ تاعى دا شىعىس، باتىس قاراحانيلار حاندىعىن، حورەزمدى، سونداي ـ اق قاڭلى سەكىلدىلەردى قوسىپ الىپ، ٴىشىنارا بىرلىككە كەلگەن جاعدايدى قالىپتاستىردى. باتىس لياۋ پاتشالىعىنىڭ تەرريتورياسى ۇلان ـ بايتاق: سولتۇستىكتە بالقاش كولىنىڭ سولتۇستىگىندەگى تارباعاتاي تاۋىنا دەيىن، باتىسى ارال تەڭىزى مەن حورەزمگە دەيىن، شىعىسى قازىرگى شينجياڭ ٴوڭىرىنىڭ ورتا بولىگى، بەسبالىقتا (بۇگىنگى شينجياڭنىڭ جەمسارى) دەيىن، شىعىس وڭتۇستىكتىگى حوتانعا، باتىس وڭتۇستىگى امۋ دارياسىنا دەيىنگى ٴوڭىر بولدى. يەلۇي داشى باياعىسىنداي لياۋ پاتشالىعىنىڭ ساياسي ٴتۇزىمىن پايدالانىپ، ۇكىمەت ٴىسىن باسقاردى. سالىقتى جەڭىلدەتىپ، باجىنى ازايتتى. رۋجيا مادەنيەتىن قاستەرلەپ، بۋددا ٴدىنىن ۇستانادى. ٴبىراق، وزگە دىندەردى شەتكە قاقپايدى. سوندىقتان، وسى مەزگىلدە، ورتا جازىق مادەنيەتى شينجياڭ وڭىرىندە، سونداي ـ اق ورتا ازيادا ٴبىر ٴداۋىر وركەندەيدى. قازىرگە دەيىن، «قىتان» ٴالى دە ەۋروپانىڭ كەي تىلدەرىندە جۇڭگونىڭ اتى بولىپ كەلەدى.

كاڭگو تۇڭباۋ

باتىس لياۋ پاتشالىعىنىڭ دىزۇڭنىڭ (يەلۇي داشى) كاڭگو جىلدارى (1134 ــ 1143) تاراتقان جارماعى

شيانچيڭ يۋانباۋ

باتىس لياۋ پاتشالىعىنىڭ گانتيان پاتشايىمىنىڭ شيانچيڭ جىلدارى (1144 ــ 1150) تاراتقان جارماعى

13 ـ عاسىردىڭ باسىندا، التاي تاۋلارىنىڭ شىعىس وڭىرلەرىن مەكەندەگەن نايمان رۋىن

كوۇن سايىن كوۇشەيە توۇسكەن موڭعوۇلدىڭ تەمۋچيىنى جەڭەدى. حانزادا كوۇشلىك باتىس وڭىرگە قاشىپ بارىپ، باتىس لياۋ پاتشالىعىنىڭ سوڭعى ٴامىرشىسى جىلۋگۋدىڭ سەنىمىنە يە بولادى دا حاندىق ورنىن تارتىپ الادى. لياۋ پاتشالىعى قوۇلدىراي باستايدى. 1218 ـ جىلى، باتىس لياۋ پاتشالىعىن موڭعوۇلدار جويادى.

يەلۇي داشىنىڭ باتىسقا كوشۋى مەن مەملەكەت قوۇرۋى ــ ورتا جازىقتاعى لياۋ پاتشالىعىنىڭ باتىس وڭىردەگى قاراستىلىق وۇقىعىن جوۇرگىزۋىنىڭ جالعاسى. سونداي ـ اق، يۋان پاتشالىعىنىڭ باتىس ٴوڭىردى بىرلىككە كەلتىرۋىنىڭ ماڭىزدى تاعانى بولدى. قوۇدىرەتتى باتىس لياۋ پاتشالىعىنىڭ ەكونوميكاسى گوۇلدەنىپ ـ كوركەيدى. وۇلتتاردىڭ بارىس ـ كەلىسى قويۋلاي ٴتوۇستى. ورتا جازىق مادەنيەتىنىڭ تارالۋىنا بەلسەندى جاعداي جاسالدى. جوۇڭگونى دوۇنيەدەگى كوپ مەملەكەتكە تانىتتى، تانىستىردى.

ٴوۇشىنشى، باتىس وڭىردەگى جەرگىلىكتى بيلىكتەردىڭ جوۇڭگو ٴبىر توۇلعا دەگەن تانىمى

بەس اۋلەت، سوۇڭ، لياۋ، التىن پاتشالىقتارى بولەكتەنگەن الاساپىران كەزەڭىندە، ورتا جازىق پاتشالىقتارى باتىس وڭىرگە تىكەلەي مىندەتكە تاعايىنداپ، ٴمانساپتىلاردى جىبەرىپ، اكىمشىلىك جارلىقتاردى اتقارماسا دا، ٴبىراق، باتىس ٴوڭىردى اۋەلگىدەي «اسپان استىنىڭ» ٴبىر بولىگى دەپ قارادى. حان ـ تاڭ پاتشالىعىنان بەرگى ورتالىق بيلىكتىڭ ساياساتىن جالعاستىردى. باتىس وڭىردەگى بيلىك باسىلارىن لاۋازىمعا تاعايىندادى ٴارى باتىس وڭىردەگى بيلىكتەر وۇسىنعان تارتۋلاردى قابىلدادى. باتىس وڭىردەگى جەرگىلىكتى بيلىكتەر وزدەرىن ەجەلدەن جوۇڭگودان سىرتپىز دەمەي، نە ورتا جازىق بيلىگىنىڭ ٴبىر تارماعىمىز، نە ورتا جازىق بيلىگىنە تاۋەلدىمىز دەپ ەسەپتەدى. ورتا جازىق بيلىگىن باستان ـ اياق شىنايى مويىندادى. ورتا جازىق بيلىگىنىڭ تارتۋ قۋاتى وۇزدىكسىز ارتا بەردى.

912 ـ جىلى، وۇدوۇن حانى ۆيسارا سىڭۋبو وۇدوۇن حاندىعىنىڭ تاعىنا جالعاستى وتىرادى. ول ٴوزىن «تاڭ اۋلەتىنە تاۋەلدىمىن» دەيدى. وۇدوۇننىڭ ۆيسارا دەگەن تەك ەسىمىن تاڭ پاتشالىعىنىڭ اۋلەت ەسىمى «لي» دەگەن تەك ەسىمىنە وزگەرتەدى. وزىنە «لي شىڭتيان»، ال، ۇلىنا «لي سوۇڭدى» دەپ ات قويادى. قازىرگى گانسۋداعى دوۇنحۋاڭنىڭ موگاۋكۋ وۇڭگىرىندە وۇدوۇننىڭ حانى لي شىڭتيانىنىڭ جانە ونىڭ حانىمى، حانشاسىنىڭ تاساتتىقتا ارنالعان كەسكىن سۋرەتى توۇر. لي شىڭتيانىنىڭ تاساتتىقتا ارنالعان كەسكىن سۋرەتىنە «ۇلى

پاتشالىعىنىڭ ورداسى ۇدۋن ەلىنىڭ اسا دانىشپان اۋلىيە قاسيەتتى كوكتىڭ ۇلى»، حانىمىنىڭ تاساتتىعىندا ارنالعان كەسكىن سۋرەتىندە «ۇلى پاتشالىعىنىڭ ۇلى ۇدۋن ەلىنىڭ ۇلى بيلەۋشىسى، ۇلى پاراساتتى، ٴتاڭىر سيلاعان مەيىرىمدى پاتشانىڭ ٴتاڭىر پاتشا ـ ايىمى»، حانشانىڭ تاساتتىعىندا ارنالعان كەسكىن سۋرەتىندە «ۇلى پاتشالىعىنىڭ ۇلى ۇدۋن ەلىنىڭ ٴتاڭىر سيلاعان پاتشانىڭ ٴۇشىنشى ٴتاڭىر پاتشا ـ ايىمى» دەگەن ارناۋ ٴسوز جازىلعان. مۇنداعى «ۇلى پاتشالىق» تاڭ پاتشالىعىن مەڭزەيدى. ارناۋ ٴسوزدىڭ بارىندەگى «ۇدۋن» ٴسوزى «ۇلى پاتشالىق» ٴسوزىنىڭ سوڭىنان كەلەدى. وسى ارقىلى ۇدۋننىڭ ورتا جازىق وڭىرىنە تاۋەلدى قاتىناسىن بىلدىرەدى.

938 ـ جىلى، سوڭعى التىن پاتشالىعىنىڭ پاتشاسى گاۋزۋ ۇدۋن حانى لي شىڭتيانعا «ورداسى ۇدۋن ۋاڭى» دەگەن لاۋازىم بەردى. 948 ـ جىلى، ۇدۋن حانى ۋاڭ جىدو قاتارلىلاردى ەلشى ەتىپ جىبەرىپ، سوڭعى حان پاتشالىعىنا تارتۋ ۇسىنادى. دەرەكتەردە: «(لي) شىڭتيان ەلشى جىبەرىپ، تارتۋ رەتىندە ٴبىر تالىكتەن جاسالعان تاساتتىق بۇيىم، قاس تاسى قىنى، قاس تاسى جاستىعىنان بىرەۋىن ۇسىندى. ەلىمىزدىڭ مانيحەي ٴپىرى تارتۋ رەتىندە ەكى اينەكەي قۇمىرا، ماتادان ٴبىر بۋما ۇسىندى»[①] دەپ جازىلعان. 966 ـ جىلى، لي شىڭتياننىڭ ۇلى لي سۇڭدى سۇڭ پاتشالىعىنا ەلشىلىككە بارادى. سۇڭ پاتشالىعىنىڭ گۋاجوۋ، شاجوۋ دۋاندارىنىڭ گۇي ـ ي الايىنىڭ تەجەۋلى ساۋ تەك ەسىمدىلەر ۇدۋننىڭ لي تەك ەسىمدىلەرىمەن تالاي مارتە قۇدا ـ اندا بولىپ، بايلانىسى بارىنشا قويۋلاي ٴتۇستى.

951 ـ جىلى، گاۋچاڭ بايىرعى ۇيعۇرلارى تۇتىعىن سوڭعى جۋ پاتشالىعىنا جىبەرىپ، قىرۋار جەرگىلىكتى ونىمدەرىنەن تارتۋ ۇسىنادى. سولتۇستىك سۇڭ پاتشالىعى قۇرىلعانىنان كەيىن، باتىس وڭىردەگى جەرلەرگە ادام جىبەرىپ، بايلانىس جاساپ تۇرادى. ال، باتىس وڭىردەگى جەرگىلىكتى بيلىكتەر دە سۇڭ پاتشالىعىنا تارتۋ ۇسىنىپ، قويان ـ قولتىق قاتىناس جاساپ وتىرادى. 962 ـ جىلى، گاۋچاڭ بايىرعى ۇيعۇرلارى ەلشى جىبەرىپ، سۇڭ پاتشالىعىنا «جەرگىلىكتى ونىمدەرىن تارتۋ ەتەدى»[②]. 965 ـ جىلى، بايىرعى ۇيعۇر حانى فايۋان مۇناحتى جىبەرىپ، بۋددا ٴتىسى، اينەكەي ىدىس، كارىپتاس توستاعانى سەكىلدى بۇيىمداردى

---

① (يۋان) توقتاي، ت.ب .لار: «سۇڭ تاريحى . ۇدۋن بايانى»، بەيجيڭ: جۇڭحۋا شۋجۇي باسپاسى، 1977 ـ جىل، 14106 ـ بەت.

② (يۋان) توقتاي، ت.ب .لار، «سۇڭ بايانى . گاۋچاڭ بايانى»، بەيجيڭ: جۇڭحۋا شۋجۇي باسپاسى، 1977 ـ جىل، 14110 ـ بەت.

ٴبىلىم سىلتەمەسى

ۋاڭ ياندى (938 ــ 1006)، سولتۇستىك سۇڭ اۋلەتى داميڭ دەگەن جەردىڭ (بۇگىنگى حىبەي ولكەسىنىڭ داميڭى) ادامى، جارلىق بويىنشا باتىس وڭىردەگى گاۋچاڭعا ەلشى بولىپ بارادى ٴارى ساپار بارىسىندا كورگەن ـ بىلگەندەرىنەن شىعارما جازادى. ۋاڭ ياندى گاۋچاڭعا ەلشىلىكپەن بارىپ قايتقان سوڭ «ۋاڭ ياندىنىڭ گاۋچاڭداعى ەلشىلىك ەستەلىكتەرى» («شيجوۋ دۋانى ەلشىلىك ەستەلىگى» دەپ تە اتالدى) اتتى شىعارما جازدى. وندا گاۋچاڭدا جانە دە جول بويى كورگەن ـ بىلگەندەرى مەن جەرگىلىكتى جەر مەن ەلدىڭ شارت ـ جاعدايىن، سالت ـ ساناسىن باياندايدى. «ۋاڭ ياندىنىڭ گاۋچاڭداعى ەلشىلىك ەستەلىكتەرى» اتتى شىعارماسى «سۇڭ اۋلەتىنىڭ تاريحىنا» ەنگىزىلدى.

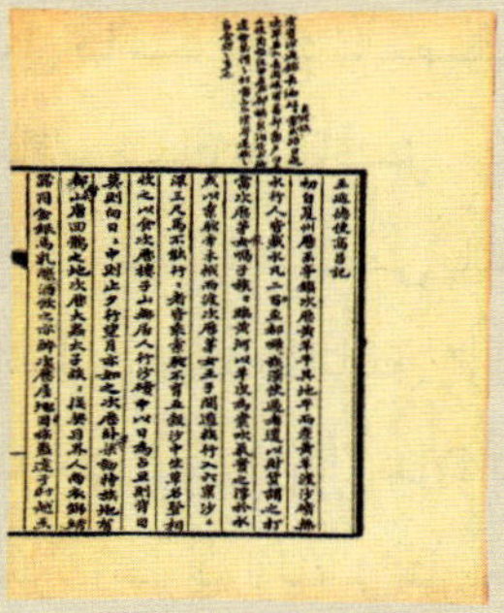

«ۋاڭ ياندىنىڭ گاۋچاڭداعى ەلشىلىك ەستەلىكتەرى» اتتى كىتاپتىڭ سۇرەتتى نۇسقاسى

سيعا تارتادى. گاۋچاڭ بايىرعى ۇيعۇر حانى ٴوزىن تاڭ پاتشالىعىنىڭ جيەنىمىن دەپ اتايدى. بەس اۋلەت كەزەڭىنەن، سۇڭ پاتشالىقتارىنا دەيىن ٴبىرىن ـ ٴبىرى ناعاشى ـ جيەن دەپ اتاپ كەلدى. 981 ـ جىلى، سۇڭ تايزۇڭ ۋاڭ ياندى ابىزدى، وردا شوباني باي شۇن سەكىلدىلەردى گاۋچاڭعا ەلشىلىككە جىبەردى. ۋاڭ ياندى گاۋچاڭعا كەلگەن سوڭ، بايىرعى ۇيعۇر حانى مول داستارقان جايىپ، ٴان سالىپ، ٴبي بيلەپ كۇتىپ الادى. كەزىندە گاۋچاڭ بايىرعى ۇيعۇرلارىنىڭ ٴبىر بولىگى سانالاتىن كۇسان بايىرعى ۇيعۇرلارى، ٴوز الدىنا سۇڭ پاتشالىعى مەن لياۋ پاتشالىعىنا تارتۋ ۇسىنىپ تۇراتىن ـ دى. تيانشىڭ جىلىنان (1023 ــ 1031) جيڭيۋدىڭ ٴتورتىنشى (1037) جىلىنا دەيىن، كۇساندىقتار سۇڭ پاتشالىعىنا بەس مارتە تارتۋ ۇسىنادى. ال، سۇڭ پاتشالىعى سيعا سي رەتىندە بۇددا نومىن سيلايدى. 1071 ـ جىلى، 1072 ـ جىلى، 1096 ـ جىلى، گاۋچاڭ بايىرعى ۇيعۇرلارى ىلگەرىندى ـ كەيىندى ەلشى جىبەرىپ، سۇڭ پاتشالىعىنا تارتۋ ۇسىنادى. سولتۇستىك سۇڭ پاتشالىعى جويىلعان سوڭ، گاۋچاڭ بايىرعى ۇيعۇرلارى جين پاتشالىعىنا تاعى دا كوپ مارتە تارتۋ ۇسىنادى.

تارتۋ ۇسىنۋ جولىمەن وزدەرىنىڭ ورتا جازىق پاتشالىقتارىنا تاۋەلدى ەكەنىن ٴبىلدىرۋ سول تۇستا ۇنەمى كەزدەسىپ تۇراتىن. قاراحانيلار حاندىعى قۇرىلعان سوڭ، ۇدۇن حاندىعىن قاراتىپ الدى. ٴىراق، ونىڭ قول استىنداعى ۇدۇندىقتار سۇڭ پاتشالىعىمەن تونىنىڭ ىشكى

باۋىنداي ارالاسىپ، تارتۋ ۇسىنىپ وتىردى. 1009 ـ جىلى، بايىرعى ۇيعۇرلاردىڭ ەلشىسى لو سىۋىن سەكىلدىلەر سۇڭ پاتشالىعىنا تارتۋ ۇسىنا بارىپ: «پاقىرىڭىز مەن تۇمەن شاقىرىم جول باسىپ، پاتشالىعىڭىزعا كەلىپ، كۇن ديدارىڭىزدى كورىپ وتىرمىن، پاتشا اعزام، مىڭ ـ مىڭ جاساڭىز، سوناۋ قيىرداعى باجاقتارىڭىزعا يە بولعايسىز»[1] دەيدى. لوسىۋىن ٴوزىن سۇڭ پاتشالىعى پاتشاسىنىڭ الدىندا كاميناڭىز دەپ، سۇڭ پاتشالىعىنىڭ پاتشاسىن «پاتشا اعزام» دەپ اتايدى ٴارى سۇڭ پاتشالىعىن وزدەرىنە يە بولۋعا وتىنەدى. دەمەك، قاراحانيلار حاندىعى تاۋەلدى ەل سالاۋاتىمەن سۇڭ پاتشالىعىنىڭ تازا تەكتى ورنىن شىنايى مويىنداپ وتىر. «سۇڭ اۋلەتى تاريحىندا» بىلاي دەپ جازىلعان: «(شىنزۇڭنىڭ) شينىڭ جىلىنان (1068 ــ 1077) بەرى، شالعايداعىلارى ٴبىر ـ ەكى جىلدا ٴبىر مارتە، ال، جاقىنداعىلارى ٴبىر جىلدا ەكى مارتە كەلىپ، تارتۋ ۇسىنادى». بۇل شيۋانحى جىلىنا (1119 ــ 1125) دەيىن جالعاسىپ تۇرادى. ۇدۇن ەلشىلەرى سۇڭ پاتشالىعىنا «ٴىز سۇيتىپاي تارتۋ ۇسىنىپ تۇرادى»[2].
لاۋازىم بەرۋ ــ باتىس وڭىردەگى جەرگىلىكتى بيلىكتەردىڭ ورتا جازىق بيلىگىنە تاۋەلدى ەكەنىنە ايعاق بولىپ تابىلادى. سونداي ـ اق، ورتا جازىق بيلىگىنىڭ اتالعان وڭىرلەرگە قاراستىلىق ۇقىعىن جۇرگىزەتىندىگىن ايعاقتايدى. 1063 ـ جىلى، قاراحانيلار حاندىعى «لو سىۋىندى ەلشىلىككە جىبەرىپ، جەرلىك ونىمدەردى سيعا تارتادى». ال، سۇڭ پاتشالىعى قاراحانيدىڭ بەگىنە «ادال، ەلپەك التىن قاناتتى قاراحان»[3] لاۋازىمىن بەرەدى. وسىدان كەيىن، قاراحانيلار حاندىعى «قىرۋار جەرلىك ونىمدەردى سيعا تارتادى». مۇنان باسقا، قاراحانيلار حاندىعى اۋەلگىدەي سۇڭ پاتشالىعىنىڭ پاتشاسىن بۇرىنعى مارتەبەسىمەن اتاي بەرەدى. ايتالىق، 1081 ـ جىلى، قاراحانيلار حاندىعى سولتۇستىك سۇڭ پاتشالىعىنا ەلشى جىبەرىپ، سۇڭ شىنزۇڭدى: «شىعىستان كۇن كوتەرىلەتىن ورىنداعى بايتاق دۇنيەنىڭ قوجاسى، حان تۇقىمى، ناعاشىمىز، ۇلى بيلەۋشى» دەپ اتاعان. قاراحانيلار حاندىعىنىڭ سۇڭ پاتشالىعىنىڭ

① (وڭتۇستىك سۇڭ) لي تاۋ قۇراستىرعان، شاڭحاي شىفان داشۋەسى بايىرعى شىعارمالاردى زەرتتەۋ ورنى مەن حۋادۇڭ شىفان داشۋەسى بايىرعى شىعارمالاردى زەرتتەۋ ورنى تىنىس بەلگى قويىپ، رەداكسيالاعان، «بيلىك عيبىراتناماسى قوسىمشاسى . جىنزۇڭدا جۇڭشياڭفۋ جىلناماسىنىڭ 2 – جىلى ٴۇشىنشى ايى» 6 ـ كىتاپ، بەيجيڭ: جۇڭحۋا شۋجۇي باسپاسى، 1995 ـ جىل، 1598 ـ بەت.

② (يۋان) توقتاي، ت.ب .لار: «سۇڭ تاريحى . ۇدۇن باياني»، بەيجيڭ: جۇڭحۋا شۋجۇي باسپاسى، 1977 ـ جىل، 14108 ــ 14109 ـ بەتتەر.

③ (يۋان) توقتاي، ت.ب .لار: «سۇڭ تاريحى . ۇدۇن باياني»، بەيجيڭ: جۇڭحۋا شۋجۇي باسپاسى، 1977 ـ جىل، 14108 ـ بەت.

تاريحي ماتەريالعا قايتا ٴۇڭىلۋ

شينيڭ جىلىنان بەرى، شالعايداعىلارى ٴبىر ـ ەكى جىلدا ٴبىر مارتە، ال، جاقىنداعىلارى ٴبىر جىلدا ەكى مارتە، ٴتىپتى، ودان دا كوپ مارتە كەلىپ تارتۋ ۇسىنادى. ۇسىنعان تارتۋلارى: ٴىنجۋ، قاس تاسى، مارجان، جاسىل جاقۇت، ٴپىل ٴتىسى، كارىپتاس، شىرمالعىش راۋشان، ٴدۇر، گۇلدى ماتا، ٴمۇساتىر، تۇز، ماقتا، قۇيىسقانى قاس تاسىنان جاسالعان اۋىزدىقتى ات، تەڭىز مىسىعىنىڭ تۇقىمدىق بەزى، اليىن تاس، سىناپ، جۇپارگۇل، ايتا بەرسەڭ ٴبارى بار؛ تارتۋعا سىي رەتىندە تاسپالى ماقتا كويلەك ـ كونشەك، التىن بەلبەۋ، ىدىس ـ اياق، باقىر ـ تەڭگە بەرىلەدى. ۋازىرلەرگە ۇيىرىلگەن بۇلت بەدەرى قامقا تون تارتۋ ەتىلەدى.

ـــ «سۇڭ اۋلەتى تاريحى . ۇدۇن بايانى»، 249 ـ بۋما

وسى كەزەڭدە ۇدۇن ٴوڭىرى سۇڭ پاتشالىعىمەن قويان ـ قولتىق بارىس ـ كەلىس جاساعان. ۇسىنعان تارتۋلارى دا سان الۋان. ساۋدا ٴتاسىلى اۋەلگىدەي «تارتۋ ۇسىنۋ» مەن «سيعا سىي» سىندى ەرەكشە فورمادا بولىپ وتىرعان.

پاتشاسىن «ناعاشىمىز» دەۋىنىڭ سەبەبى، «تاڭ پاتشالىعى حانشاسىن سولارعا ۇزاتقاندىقتان، بايىرعى ۇيعۇرلار ورتا جازىق پاتشالىقتارىن ناعاشى دەپ اتايدى. ورتا جازىق پاتشالىقتارى قۇرمەتپەن جيەن دەپ شاقىرادى. بەس اۋلەتتەن كەيىن دە وسىلاي جالعاسا بەرەدى»[1]. مىنە، بۇل بايىرعى ۇيعۇرلاردىڭ ورتا جازىق بيلىكتەرىنە تاۋەلدى قاتىناسىن، ورتا جازىق بيلىكتەرىنىڭ اۋىسۋى سەبەپتى وزگەرمەگەندىگىن تۇسىندىرەدى.

جۇڭگو تەرريتورياسى ىشىندەگى جەرگىلىكتى بيلىك رەتىندە قاراحانيلار حاندىعىندا جۇڭگو ٴبىر تۇلعا دەگەن كۇشتى تانىم بولدى. قاراحانيلار حاندىعىنىڭ حانى ٴوزىن ورتا جازىقتىقپىن دەپ اتاعانىنان ـ اق، قاراحانيلار حاندىعىنىڭ ورتا جازىق بيلىگىن وسكەلەڭ دارەجەدە ىشىنايى مويىنداعانىن كورسەتەدى. ولار وزدەرىنىڭ ەسىمىنە «تابعاش حانى» لاۋازىمىن قوسىپ قويادى. «تابعاش» ـــ سولتۇستىك ۋي پاتشالىعى پاتشا تۇقىمىنىڭ تەك ەسىمى (توبا «拓跋») ٴسوزىنىڭ دىبىستىق اۋدارماسى، جالپى «جۇڭگونى» مەڭزەيدى. «تابعاش حانى» دەگەنى «جۇڭگوعا قاراستى حانى» دەگەن ٴسوز. قاراحانيلار حاندىعىنىڭ باقىر ـ

① (يۋان) توقتاي، ت.ب ـ لار: «سۇڭ تاريحى . بايىرعى ۇيعۇر بايانى»، بەيجيڭ: جۇڭحۋا شۋجۋي باسپاسى، 1977 ـ جىل، 14114 ـ بەت.

جارماقتارىنا ۇنەمى «تابعاش . بوعرا حان»، «چين حانى»، «چين جانە شىعىس حانى» دەگەن جازۋلار باسىپ، وزدەرىنىڭ جوڭگونىڭ ٴبىر بولىگى ەكەنىن بىلدىرەدى. سوڭ اۋلەتى كەزىندەگى ايگىلى تاريحي مۇراعات «تۇركى تىلدەر سوزدىگىندە» كەزىندەگى جوڭگونى باسقى چىن، ورتا چين، تومەنگى چين دەپ ۇشكە ٴبولىپ اتادى. باسقى چين سولتۇستىك سوڭ پاتشالىعى، ورتا چين لياۋ پاتشالىعى، ال، اۆتوردىڭ اتا مەكەنى بولعان قاشقار القابى تومەنگى چىن. اتالعان ۇشەۋى تولىق ٴبىر تۇلعا ــ چيندى قۇرايدى. ولارعا قاراستى وڭىرلەردىڭ ٴبارى دە «چينعا»، ياعني جوڭگوعا تاۋەلدى.

باتىس وڭىردەگى جەرگىلىكتى بيلىكتەر لياۋ پاتشالىعىمەن تارتۋ ۇسىنۋ بايلانىسىن تىعىز ساقتاپ وتىردى. «لياۋ اۋلەتى تاريحىنداعى» جازبالارعا نەگىزدەلگەندە، سوناۋ 907 ـ جىلدا ـ اق، گاۋچاڭ بايىرعى ۇيعۇرلارى لياۋ پاتشالىعىنا تارتۋ ۇسىنا باستاعان. گاۋچاڭ بايىرعى ۇيعۇر حاندىعى، ۇدۇن حاندىعى، قاراحانيلار حاندىعى دا ۇنەمى ەلشىلەرىن لياۋ پاتشالىعىنا جىبەرىپ، تارتۋ ۇسىنىپ كەلگەن.

ورتا جازىق بيلىكتەرى لاۋازىم بەرۋ، پاتشالىققا ۇسىنعان تارتۋلارعا سي كورسەتۋ سەكىلدى ادىستەرمەن باتىس ٴوڭىردى باسقارىپ وتىرعان. باتىس وڭىردەگى جەرگىلىكتى بيلىكتەر دە ورتا جازىق بيلىكتەرىن وسكەلەڭ دارەجەدە شىنايى مويىنداۋىندا تاباندى بولىپ، وزدەرىنە قاراستى وڭىرلەردىڭ ٴبارىن جوڭگونىڭ ٴبىر بولىگى دەپ تانىپ كەلدى.

ٴۇشىنشى تاراۋشا بايىرعى ۇيعۇرلاردىڭ قارلىق، حانزۋ، قىتان سەكىلدى ۇلتتارمەن توعىسۋى

بەس اۋلەت، سوڭ، لياۋ، التىن پاتشالىقتارى كەزەڭى ــ ەلىمىز تاريحىنداعى ۇلتتاردىڭ زور كولەمدە كوشۋ، قونىس اۋدارۋ سىندى تاعى ٴبىر كەزەڭى بولدى. قىتان، تاڭعۇت، ٴشۇرشىت سەكىلدى ۇلتتار ٴۇرتىس حۋاڭحى وزەنىنىڭ الابىنا كوشىپ كەلىپ، سولتۇستىك پەن باتىس سولتۇستىكتەگى ۇلان ـ بايتاق وڭىرلەرگە تارالدى. سونىمەن بىرگە، حانزۋلار دا شىعىس سولتۇستىك، باتىس سولتۇستىك سەكىلدى جەرلەرگە توپ ـ توبىمەن قونىس اۋداردى. وڭتۇستىك سوڭ پاتشالىعى كەزەڭىندە، وڭتۇستىك پەن سولتۇستىكتەگى ۇلتتاردىڭ زور كولەمدە كوشۋى مەن قونىس اۋدارۋى ۇلتتاردىڭ توعىسۋ قادامىن تاعى ٴبىر رەت تەزدەتتى. شينجياڭ وڭىرىندە، قىتانداردىڭ ىركىلىسسىز كەلۋىمەن ۇلتتاردىڭ قۇرامى مولىعىپ، ەكونوميكانىڭ دامۋىن ىلگەرىلەپ، ۇلتتاردىڭ توعىسۋى جيىلەدى.

ٴبىرىنشى، بايىرعى ۇيعۇر، قارلىق، حانزۋ، قىتان سەكىلدى ۇلتتاردىڭ شينجياڭ وڭىرىندەگى قيمىلدارى

بەس اۋلەت، سۇڭ، لياۋ، التىن پاتشالىعى كەزەڭىندە، شينجياڭ وڭىرىندە قيمىل جاساعان نەگىزگى ۇلتتار: بايىرعى ۇيعۇرلار، قارلىقتار، ياعمالار، حانزۋلار، تۇبىتتەر ەدى. بۇدان باسقا كوپتەگەن قىتاندار، ت. ب. دا بار ەدى.

وسى كەزەڭدە بايىرعى ۇيعۇرلار باتىس وڭىردەگى كوپتەگەن تايپالارمەن تويىسىپ، جاڭادان تۇرلەنە ٴتۇستى. قارلىقتار تەگىندە بايىرعى ۇيعۇرلاردىڭ «سىرتقى توعىز ۇلىسىنىڭ» ٴبىرى ەدى. «بەسبالىقتىڭ باتىس سولتۇستىگى، التىنتاۋدىڭ باتىسى، تارتار اسۋىن قامتىعان پۇگۇجىن وزەنىنىڭ ارعى جاعىنداعى قابى تايپالارىمەن شەكارالاسىن ەدى»[①]. تاريحتا قارلىقتار مەن بايىرعى ۇيعۇرلار تالاي رەت قاقتىعىسقان جانە بىرلەسكەن. بايىرعى ۇيعۇرلار باتىسقا كوشكەندە، قارلىقتاردىڭ كوشپەلى تايپالارى كوشەيىپ، شۋ وزەنىنەن جوڭعار ويپاتى، تيانشان تاۋىنىڭ سولتۇستىك ساحاراسىن يەلەيدى. بايىرعى ۇيعۇرلار باتىسقا كوشكەن سوڭ، قارلىقتار، ت.ب .لار تەز توعىسىپ كەتەدى. 13 ـ عاسىردىڭ باستارىندا، چاڭچۇن جىنرىن چيۋ چۇجي باتىسقا ساپارلاعاندا، بۇگىنگى سانجى القاپتارىنان، ىلە وزەنى الابىنان، جەتىسۋ وڭىرلەرىنەن جانە ماۋەرەنناحر وڭىرلەرىنەن بايىرعى ۇيعۇرلاردى كەزدەستىرەدى. مۇندا ماۋەرەنناحر وڭىرىندە «بايىرعى ۇيعۇرلار» كوپتەپ كەزىگەدى، جول بويىندا الدىنان شىعىپ قارسى العاندار «بايىرعى ۇيعۇر حاندىعىنىڭ تايپالارى»، بايىرعى ۇيعۇرلاردىڭ «كوپتەگەن تايپالارى مەن بايىرعى ۇيعۇر موناحتارى»، «بايىرعى ۇيعۇرلاردىڭ سارباز باسشىلارى»[②] بولادى. قارلىق دەگەن ەسىم سيرەك كەزدەسەدى.

حانزۋلار باتىس لياۋ پاتشالىعىنىڭ اسكەري قوسىنىمەن ىلەسە، توپ ـ توبىمەن باتىس وڭىرگە كەلىپ، وزگە ۇلتتارمەن تاتۋ ـ ٴتاتتى ارالاس قونىستاندى. كەزىندە، بۇگىنگى ۇلىڭگىر وزەنىنىڭ اڭعارلارىنا كوپتەگەن حانزۋلار قونىستانعان ەدى. ولار ارپا، ٴبيداي، تارى، قوناق ەگىپ، سۋ تيىرمەنىمەن ۇن تارتاتىن ـ دى. بولات قامالىندا (بۇگىنگى شينجياڭنىڭ بۇر تالاسى) حانزۋلار تۇراتىن؛ المالى (بۇگىنگى شينجياڭنىڭ قورعاسى) جانە ونىڭ

---

① (سۇڭ) وۋياڭ شيۋ، سۇڭ شي، تاعى باسقالار قۇراستىرعان: «جاڭا تاڭناما . بايىرعى ۇيعۇر بايانى (2)»، بەيجيڭ: جۇڭحۋا شۇجۇي باسپاسى، 1975 ـ جىل، 6143 ـ بەت.

② (يۋن) لي جىچاڭ جازعان، داڭ باۋحاي اۋدارىپ، تۇسىندىرگەن: «چاڭچۇن جىنرىنىڭ باتىس ساپارناماسى»، شىنجاڭ: شىنجاڭ حالىق باسپاسى، 2001 ـ جىل، 47 ـ، 59 ـ بەتتەر.

ماتەريال تىزبەگى

(چيۋ چۋجي) ساپارعا اتتانىپ، تاۋ اسىپ، تاس باسىپ، ەل ارالاپ، سۋ كەشىپ، جاۋىن - شاشىندا ايالداماي، ارىپ - شارشادى......، شاكىرتى لي جىچاڭ ەرە باردى. ول كورگەن - بىلگەندەرىن حاتقا ٴتۇسىردى. اسقار تاۋ، اساۋ وزەندەرى قاتەرلى، كورگەن ەلى، جۇرگەن جەرى وزگەشە، كيىم - كەشەگى، اس - سۋى، جەمىس - جيدەگى، ورمان - توعايى، اڭ - قۇستارى سان قيلى بولسا دا ساپارلارىنا بوگەت بولا المادى.

— «چاڭچۇن جىنرىنىڭ باتىس ساپارناماسى . كىرىسپە»

«چاڭچۇن جىنرىنىڭ باتىس ساپارناماسىندا» التىن - يۋان پاتشالىقتارى ارالىعىندا داۋجياۋ ٴدىنىنىڭ چۋانجىن اعىمىنىڭ ٴدىن باسى چيۋ چۋجي (1148 — 1227) شىڭعىس قاعاننىڭ ۇسىنىسىمەن حۋاڭحاي تەڭىزىنىڭ جاعالاۋىنان ورتا ازيانىڭ قارلى تاۋىنا (بۇگىنگى اۋعانستاننىڭ حيندۋكۋش تاۋى) ساپار شەگىپ، ۇزاق عۇمىر كورۋدىڭ جولدارىن قاراستىرۋعا بارعانداعى كەشىرمەلەرى ٴسوز بولادى. بۇل ساپاردا نەشە تۇمەن شاقىرىم جول باسىپ، بىلگەرىندى - سوڭدى تۇپ - تۇرا ٴۇش جىل جۇرەدى. 1224 - جىلى، چيۋ چۋجيدىڭ ساپارلاس شاكىرتى لي جىچاڭ اتالعان ساپارداعى كورگەن - بىلگەندەرى نەگىزىندە «چاڭچۇن جىنرىنىڭ باتىس ساپارناماسى» دەگەن كىتاپ جازادى.

ماڭىنداعى تۇرعىنداردىڭ كوبى حانزۋلار ەدى.

ان لۋشان - شى سىمىڭ بۇلىگىنەن كەيىن، ٴتۇبىت كۇشتەرى بىرتىندەپ تيانشان تاۋىنىڭ وڭتۇستىگىنە كىردى ٴارى بەسبالىق ٴوڭىرىن ٴبىر مەزەت تىزگىندەدى. ٴتۇبىت كۇشتەرى باتىس وڭىردەن شەگىنىپ شىققان سوڭ، تاعى دا ٴبىر ٴبولىم تۇبىتتەر تۇرپاننىڭ توڭىرەگىندەگى وڭىرلەرگە قالىپ قويدى. 9 - عاسىردىڭ ورتالارىندا بايىرعى قىرعىزدار موبيداعى بايىرعى ۇيعۇر حاندىعىن كۇيرەتىپ، باتىسقا كوشكەن بايىرعى ۇيعۇرلاردى وكشەلەي سوققىلاپ، ٴبىر ساتكە باتىس وڭىرگە كىرىپ، بەسبالىقتان انشيعا دەيىنگى ۇلان - بايتاق ٴوڭىردى شەڭگەلدەدى. بايىرعى قىرعىزدىڭ ۇستەمدىگىن گاۋچاڭ بايىرعى ۇيعۇرلارى ۇزاققا جىبەرمەي اۋدارىپ تاستايدى. ٴبىراق، تاعى دا ٴبىر ٴبولىم بايىرعى قىرعىز ۇلىستارى تيانشان

تاۋىنىڭ القاپتارىندا كوشىپ ـ قونىپ جۇرە بەردى.

قىتانداردىڭ باتىس وڭىرگە تۇپ ـ تۇبىمەن كىرۋى ـــ باتىس لياۋ پاتشالىعى بيلىك قۇرعانىنان كەيىنگى جاعداي. يەلۇي داشى باتىسقا جورىق جاساپ، شينجياڭ وڭىرىنە كىرگەندە، قىتانداردى تۇپ ـ تۇبىمەن الا كەلدى. ولاردىڭ قوسىن قاتارىندا بولعاندارىنان باسقالارى مال شارۋاشىلىق جانە ەگىن شارۋاشىلىق وندىرىسىمەن شۇعىلدانىپ، سول جەردەگى ۇلتتارمەن بىرگە تىرشىلىك ەتتى. باتىس لياۋ پاتشالىعىنىڭ ۇستەمدىگى تۇسىندا، باتىس ٴوڭىردىڭ ساياسي جاعدايى ەداۋىر ورنىقتى بولادى. مۇنداي ورنىقتىلىق ۇلتتاردىڭ ٴوزارا تونىسۋىنا شارت ـ جاعداي ازىرلەيدى. 1218 ـ جىلى، موڭعۇلداردىڭ جويقىن قوسىنى باتىس لياۋ پاتشالىعىن جويادى. مۇنداعى قىتاندار وزگە ۇلتتاردىڭ اراسىنا ٴسىڭىپ كەتە بارادى.

ەكىنشى، ۇلتتاردىڭ ارالاسۋى مەن تونىسۋى

بەس اۋلەت، سۇڭ، لياۋ، التىن پاتشالىقتارى كەزەڭىندە، ساياسي، ەكونوميكا، مادەنيەت قويۋ ارالاسۋ نەگىزىندە، شينجياڭداعى ۇلتتار بايىرعى ۇيعۇرلاردى نەگىزگى جەلى ەتە وتىرىپ، بىرتىندەپ تونىسىپ، بۇگىنگى ۇيعۇر ۇلتىنىڭ قالىپتاسۋىنا نەگىز سالدى.

9 ـ عاسىردىڭ ورتالارىندا، گاۋچاڭ اۋماعىندا حانزۋلاردان تىس، ۇلكەن جۇڭيۇندار، كىشى جۇڭيۇندار، ياعمالار، قارلىقتار، بايىرعى قىرعىزدار، گىدولار (ٴتۇبىت تايپالارى)، بۇيلۇڭدار، مومىندار ،ت.ب ـ لار بار ەدى. وسى ۇلت ـ تايپالار اراسىندا قارلىقتار ەداۋىر ماڭىزدى بىرەۋى بولدى. ولار جالپى ٴۇش رۋعا: «ٴبىرىنشى، بۇلاق، نەمەسە بۇلات؛ ەكىنشى، چيگىل، نەمەسە بوبۇك؛ ٴۇشىنشى، تاشلىق بولىپ بولىنەدى»[1]. ۇشەۋى ٴوز الدىنا بيلىك قۇرىپ، ٴبىر ـ ٴبىرىن بيلەمەيتىن ـ دى. ولار ىلگەرىندى ـ كەيىندى قاشعا، روۋران، تۇرك سەكىلدى كۇشتى رۋلاردىڭ تەجەمىندە بولدى. تاريحتا قارلىقتار مەن بايىرعى ۇيعۇرلار تالاي مارتە قاقتىعىستى جانە بىرلەستى. ان لۋشان ـ شى سىميڭ بۇلىگى تۇنىلعان سوڭ باتىس ٴوڭىردى كوزەتىپ تۇرعان اسكەري كۇشتى ىشكەرىدەگى ورداعا اكەتكەندىكتەن، تاڭ پاتشالىعىنىڭ باتىستاعى ىقپالى السىرەي باستادى. سونىمەن بىرگە، قارلىقتاردىڭ باسىمدىعى كۇشەيە ٴتۇسىپ، «ۇلىستارى الۋەتتەنىپ، بايىرعى ۇيعۇرلارمەن جاۋلاسىپ، ون وق قاعانىنىڭ جەرىنە كوشىپ، بۇگىنگى سۇياب، تالاس وڭىرىندەگى قالا ـ قورعاندارعا ىرگە

---

① (سۇڭ) وۋياڭ شيۋ، سۇڭ چي قۇراستىرعان: «جاڭا تاڭنامە. بايىرعى ۇيعۇر بايانى»، بەيجيڭ: جۇڭحۋا شۋجۇي باسپاسى، 1975 ـ جىل، 6143 ـ بەت.

تەپتى»[1]. بايىرعى ۇيعۇرلار باتىسقا كوشكەن سوڭ، قارلىقتار ۇزاق وتپەي بايىرعى ۇيعۇر سەكىلدى كوشپەلى تايپالارمەن تونعىسىپ كەتتى.

10 ـ عاسىردىڭ ورتالارىنان كەيىن، ٴىسلام ٴدىنىن قابىلداعان قاراحانيلار حاندىعى كەزىندە بۇددا دىنىنە تابىناتىن ۇدۇن حاندىعىنا ٴدىني سوعىس اشتى. دۇنحۋاڭداعى نوم قويماسى ۇڭگىرىنەن بايقالعان ۇدۇن جازۋىمەن جازىلعان «باعىنىشتى قوسىنداعى ساۋ تەك ەسىمدىنىڭ ٴۇش جولداماسى» اتتى جازبادا، قاراحانيلار حاندىعى مەن ۇدۇن حاندىعى اراسىنداعى سوعىس حاتقا تۇسكەن. وندا: «باتىس حانزاداسى داشىنىڭ اسكەرلەرىن باستاپ كەلىپ ۇلى ەلگە شابۋىل جاسادى، بايىرعى ۇيعۇر، قارلىق، تۇبىتتەرگە دەيىن جەتتى، ولار تىزە قوسىپ وعان قارسىلىق كورسەتتى»[2] دەپ جازادى. مىنە، بۇل كەزىندە ٴىسلام ٴدىنىن قابىلداعان قاراحانيلار حاندىعىنىڭ شابۋىلىنا ٴدۇپ كەلگەن كەزدە، ۇدۇننىڭ باتىسىنداعى بايىرعى ۇيعۇر، قارلىق سەكىلدى تايپالار ۇدۇن حاندىعىمەن بىرلەسىپ قارسىلىق كورسەتكەنىن بىلدىرەدى.

11 ـ عاسىردىڭ باستارىندا، قاراحانيلار حاندىعى ۇدۇن ەلىن باعىندىرعان سوڭ ۋاقىتتىڭ وتۋىمەن، ۇدۇندىقتار مەن بايىرعى ۇيعۇرلار ٴتىل، تۇرمىس ٴتاسىلى، ٴدىني سەنىم ـ نانىم سەكىلدى جاقتارىنان تونعىسا باستايدى.

10 ـ عاسىردا، قىتاندار قۇرعان لياۋ پاتشالىعى باتىس وڭىرگە زور ىقپال كورسەتە باستادى. اسىرەسە، جىبەك جولىنىڭ ماڭىزدى وتەرىن مەڭگەرىپ تۇرعان گاۋچاڭ بايىرعى ۇيعۇرلارى مەن قىتانداردىڭ بايلانىسى توتەنشە قويۋ بولدى. 924 ـ جىلى، لياۋ تايزۋ يەلۋي اباۋكە «قول اتتاندىرىپ، ليۋشادان ٴوتىپ، فۋتۋ قالا ـ قورعاندارىن الىپ، باتىستاعى باعىنىشتى تايپالاردى قاراتىپالقشى بولادى»[3]. گاۋچاڭ لياۋ پاتشالىعىنا تاۋەلدى 59 ەلدىڭ ٴبىرى بولدى ٴارى «گاۋچاڭ ەلى ۇلى حان ورداسىن»[4] قۇردى. باتىس لياۋ پاتشالىعى قۇرىلعان سوڭ باتىس ٴوڭىردىڭ ىشكى بولىگىندەگى تالاس ـ تارتىس جاعداي اياقتادى. قىتاندار مەن حانزۋلاردى توپ ـ

① (سۇڭ) ۋاڭ پۋ قۇراستىرعان: «تاڭ جارعىلارى»، بەيجيڭ: جۇڭحۋا شۋجۇي باسپاسى، 1955 ـ جىل، 1788 ـ بەت.

② رۇڭ شينجياڭ، جۋ ليشۋاڭ: «ۇدۇن جانە دۇنحۋاڭ»، لانجوۋ: گانسۋ وقۋ ـ اعارتۋ باسپاسى، 2013 ـ جىل، 333 ـ بەت.

③ (يۋان) توقتاي، ت.ب .لار: «لياۋ بايانى . تايزۇڭ ەستەلىكتەرى»، بەيجيڭ: جۇڭحۋا شۋجۇي باسپاسى، 1974 ـ جىل، 20 ـ بەت.

④ (يۋان) توقتاي، تاعى باسقالار: «لياۋ بايانى . ٴمانساپ شەجىرەسى»، بەيجيڭ: جۇڭحۋا شۋجۇي باسپاسى، 1974 ـ جىل، 758 ـ بەت.

توبىمەن شينجياڭ، سونداي ـ اق ورتا ازيا وڭىرلەرىنە يەلۋي داشىمەن بىرگە الا كەلدى. باتىس لياۋ پاتشالىعىنىڭ باتىس ٴوڭىردى بىرلىككە كەلتىرۋى ــ جەرگىلىكتى ۇلتتاردىڭ ٴوندىرىس ـ تۇرمىس تاسىلىنە تەرەڭ اسەر ەتىپ، شينجياڭ وڭىرىندەگى ۇلتتاردىڭ ارالاسۋ، ىنتەسۋ، توعىسۋىن جەبەپ، سودان كەيىنگى شينجياڭداعى ۇلتتاردىڭ ۇلى توعىسۋىنا تاعى ٴبىر رەت نەگىز قالادى. 1218 ـ جىلى، شىڭعىس قاعاننىڭ جويقىن قوسىنى باتىس لياۋ پاتشالىعىن جويدى. وسى مەزگىلدە، شينجياڭ وڭىرىنە كەلگەن قىتان، حانزۋ سەكىلدى ۇلتتار باسقا ۇلتتارمەن توعىسىپ كەتتى.

ٴتورتىنشى تاراۋشا كوشپەلى تۇرمىستان ەگىن شارۋاشىلىعى تۇرمىسىنا ويىسىپ وتىرىقتانۋ

بەس اۋلەت، سۇڭ، لياۋ، التىن پاتشالىقتارى كەزەڭىندە، بۇكىل ەل كولەمىندە بىرنەشە بيلىك قاتار ٴومىر ٴسۇرىپ، ۇرىس ـ سوعىس تولاستاماي تۇرسا دا، ٴبىراق، وسى كەزەڭدە جۇڭگونىڭ ەكونوميكاسى، مادەنيەتى جانە قوعامى تەز قارقىنمەن دامۋعا بەت الدى. اسىرەسە، ەكى سۇڭ پاتشالىعى كەزەڭىندە، ەلىمىز ەكونوميكاسىنىڭ سالماعى وڭتۇستىككە ويىستى. اۋىل شارۋاشىلىعى، قولونەركاسىبى، ساۋدا ىستەرى سەكىلدى جاقتاردان كورنەكتى ىلگەرىلەۋشىلىك بولدى. وسى كەزەڭدە، شينجياڭ ٴوڭىرىنىڭ قوعامىندا، ەكونوميكاسىندا تەرەڭ وزگەرىستەر پايدا بولدى. باتىس وڭىردەگى جەرگىلىكتى بيلىكتەر مەن ورتا جازىق وڭىرىندەگى ٴتۇرلى بيلىكتەر ٴوزارا ەلشى جىبەرۋ، تارتۋ ۇسىنۋ، بازار اشىپ، ساۋدا جاساۋ، قۇدا ـ اندا بولۋ سەكىلدى تاسىلدەر ارقىلى بارىس ـ كەلىستى كۇشەيتىپ، ەكونوميكا، مادەنيەت اۋىس ـ كۇيىسىن ورىستەتىپ، ٴبىر ـ ٴبىرىنىڭ ارتىقشىلىقتارىن قابىلداپ، وزدەرىنىڭ دامۋىنا ۇتىمدى جاعداي جاسادى. شينجياڭ وڭىرىنە كوشىپ كەلگەن كوشپەلى ۇلتتار ەگىن شارۋاشىلىعى سىندى وتىرىقتى تۇرمىسقا اۋىستى. شينجياڭ وڭىرىندە جاڭادان قالا ـ قورعاندار مەن قىستاق ـ كەنتتەر پايدا بولدى. ەگىستىك جەرلەردىڭ اۋماعى كەڭەيدى. مال شارۋاشىلىعى، قولونەركاسىبى، ساۋدا ىستەرى دە ەداۋىر دامىدى.

ٴبىرىنشى، ەگىن شارۋاشىلىعى، قولونەركاسىبى جانە مال شارۋاشىلىعىنىڭ دامۋى

بايىرعى ۇيعۇرلار باتىسقا كوشىپ كەلۋىنەن بۇرىن، گاۋچاڭ ٴوڭىرىنىڭ ەگىن

شارۋاشىلىعى، قولونەركاسىبى ەداۋىر دامىعان ەدى. تيانشان تاۋىنىڭ قويناۋلارى مەن سولتۇستىك باۋرايلارىندا مال شارۋاشىلىعى وركەندەگەن ەدى. بەس اۋلەت، سۇڭ، لياۋ، التىن پاتشالىعى كەزەڭىنە كەلگەندە، كوشپەلى ۇلتتار توپ - توبىمەن شينجياڭ وڭىرىنە كوشىپ كەلىپ، وتىرىقتى تۇرمىسقا اۋىسىپ، شينجياڭ وڭىرىنە ٴتۇرلى ٴوندىرىس تەحنيكاسى مەن ەگىس داقىلدارىنىڭ جاڭا سورتىن الا كەلدى. بۇلار شينجياڭ ٴوڭىرىنىڭ ەگىن شارۋاشىلىق ٴوندىرىسىن مەيلىنشە دامىتىپ، جىبەك جولىنىڭ گۇلدەنۋىن جەبەدى.

گاۋچاڭ ٴوڭىرى سوناۋ حان پاتشالىعىنان باستاپ ەگىن شارۋاشىلىعىن نەگىز ەتتى. كوشپەلىلەردىڭ توپ - توبىمەن وتىرىقتانۋى، تەك، تىڭ يگەرىپ، اتىز - ارىق اشۋدى عانا ەمەس، ٴداستۇرلى ەگىن شارۋاشىلىق وڭىرلەرىن قىرۋار ەڭبەككۇشپەن قامدادى. ورتا جازىق ٴوڭىرىنىڭ اسەرىنە ۇشىراعاندىقتان، گاۋچاڭ ٴوڭىرى نەگىزىنەن فەودال شونجارلار مەن باسىبايلى ديقانداردى نەگىز ەتكەن وندىرىستىك قاتىناس فورماتسياسىن قۇرايتىن. گاۋچاڭنىڭ جەرلەرى مەملەكەت مەنشىگىندەگى جەرلەر، حان يەلىگىندەگى جەرلەر، عيباداتحانا يەلىگىندەگى جەرلەر، جەكە ديقاندارعا جالعا بەرىلگەن جەرلەر سەكىلدى مەنشىك فورماسىمەن ٴبولىندى. ال، قاراحانيلار حاندىعى جەرلەردى حان تۇقىمى مەن اقسۇيەكتەرگە ٴبولىپ بەرەتىن. سونىمەن ٴىرىلى - ۇساقتى ٴار دارەجەلى فەودال شونجارلار قالىپتاستى. باتىس لياۋ پاتشالىعى باتىس ٴوڭىردى بىرلىككە كەلتىرگەن سوڭ ەگىن شارۋاشىلىعىن قورعاۋ مەن دامىتۋعا باسا ٴمان بەرىپ، قاراحانيلار حاندىعىنىڭ تەگىندەگى فەودالدىق يەلىك ٴتۇزىمىن كۇشىنەن قالدىرىپ، ورتا جازىق تۇزىمىنە ساي، وزىق فەودالدىق ٴوندىرىس قاتىناسىن ورناتتى. سوندىقتان، باتىس لياۋ پاتشالىعى كەزەڭىندە، شينجياڭ ٴوڭىرىنىڭ قوعامى، ەكونوميكاسى جاپپاي ارتۋعا بەتالدى.

گاۋچاڭنىڭ استىق داقىلدارى نەگىزىنەن قوناق، ارپا، ٴبيداي، كۇرىش، بۇرشاق سەكىلدىلەر، ەكونوميكالىق داقىلدارى نەگىزىنەن ماقتا، زىعىر، كۇنجىت، جەمىس - جيدەك، ٴسابىز، پياز، جيۋساي، سارىمساق، شالقان، بالدىركوك، قيار سەكىلدىلەر بولدى. مۇنىڭ ىشىندە ماقتا گاۋچاڭ بايىرعى ۇيعۇرلارىنىڭ ەكونوميكالىق ومىرىندە ماڭىزدى ورىن يەلەدى. قازىپ الىنعان بايىرعى ۇيعۇر جازۋىنداعى كەلىسىمدەردەگى جازبالارعا نەگىزدەلگەندە، ماقتا جانە ماقتا ماتالارعا قۇلداردى، جەرلەردى، ٴجۇزىم باقشالاردى جانە دە باسقا بۇيىمداردى ايىرباستاپ الۋعا بولاتىن. ماقتا مەن ماقتا ماتا اقشانىڭ تەڭ بالامالى قۇنى رەتىندە زات ايىرباستاۋ رولىن اتقارعان. گاۋچاڭ قۇرعاق، شىلدەگىر ىستىق، جاۋىن - شاشىنى تاپشى جەر بولعاندىقتان، وندا باۋ - باقشا كاسىبى ەداۋىر

دامىپ، مۇندا نەگىزگى جەمىس ـ جيدەكتەرى ٴجۇزىم، ورىك، شابدالى، قاۋىن، انار، ٴيتمۇرىن، جاڭعاق سياقتىلار بولدى. ٴجۇزىم جاپپاي ەگىلدى. چيۋ چۋجي «جەرى ىستىق، ٴجۇزىمى جەمىستى بولادى»[1] دەيدى. گاۋچاڭنىڭ ٴجۇزىم ٴوسىرۋ كاسىبي دەڭگەيى دە جوعارى بولعان. ٴجۇزىم شارابى گاۋچاڭنىڭ توتەنشە ماڭىزدى المان ـ سالىق كىرىسىنىڭ قايناري جانە باستى تاۋارى بولدى.

وسى كەزەڭدە، شينجياڭداعى ٴار ۇلت ٴوندىرىس قۇرالدارىنان تەمىر تۇرەن، كەتپەن، وراق پايدالانعان، سونداي ـ اق استىقتى مانەرلەۋ ٴۇشىن قول تيىرمەن، كولىك تيىرمەن پايدالانعان، سۋ تيىرمەن دە ەداۋىر جالپىلاسقان. سول كەزدە اۋىل شارۋاشىلىق قۇرالدارىن قۇرىشتان قۇيىپ جاسايتىن بولعان. ايتالىق، سۇڭ پاتشالىعىنىڭ ەلشىسى ۋاڭ ياندى ي ـ جوۋ ايماعىنان كورگەندەرىن ايتا كەلىپ: «بىلدەكتەردەن قۇرىش ايىرىپ الادى، ونى تەمىر تاس دەپ اتايدى»[2] دەيدى. بايىرعى ۇيعۇرلار دا تەمىر بۇيىمدارىن قورىتىپ جاساۋعا شەبەر بولعان. جاساعان اۋىل شارۋاشىلىق قۇرال ـ جابدىقتارى وتكىر، شىدامدى بولدى دا، قوعامدىق وندىرگىش كۇشتەردىڭ جەتىلۋىن جەبەدى. بۇدان سىرت، بايىرعى ۇيعۇرلار بۇرىنعىلار سالىپ كەتكەن سۋ ىستەرىنىڭ سۋارۋ جۇيەسىنەن پايدالانىپ، سول جەردىڭ قۇمايتتى توپىراق ەرەكشەلىگىنە نەگىزدەلە وتىرىپ، ورتا جازىقتىڭ «ورەلى تەحنيكامەن ەگىن ەگۋدى»[3] جاسامپازدىقپەن پايدالاندى ٴارى كەمەلدەنگەن باسقارۋ شارالارىن بەلگىلەگەن. گاۋچاڭ وڭىرىنەن سىرت، بۇگىنگى بۇراتالا، ىلە سەكىلدى وڭىرلەردە جەتىلگەن سۋارمالى ەگىن شارۋاشىلىعى مەن باقشالىق كاسىبى بولعان. «قوعا، شابدالى، المۇرت ٴوسىرىپ، ورتا جازىقتاعىداي بەس ٴداندى داقىلدى ەگۋى ورتا جازىقتاعىلارمەن ۇقساس بولدى».[4]

كوشپەلىلەر دە شينجياڭ وڭىرىنە توپ ـ توبىمەن كەلىپ، شينجياڭ وڭىرىنە مال شارۋاشىلىق ونىمدەرىن مولىنان الا كەلدى. گاۋچاڭ بايىرعى ۇيعۇرلارىنىڭ ەكونوميكالىق

---

① (يۋان) لي جىچاڭ جازعان، داڭ باۋحاي اۋدارىپ، تۇسىندىرگەن: «چاڭچۇن جينرىنىنىڭ باتىس ساپارناماسى»، شىجياجۋاڭ: حىبەي حالىق باسپاسى، 2001 ـ جىل، 47 ـ بەت.

② (يۋان) توقتاي، تاعى باسقالار: «سۇڭ تاريحى. گاۋچاڭ باياني»، بەيجيڭ: جۇڭحۋا شۋجۇي باسپاسى، 1977 ـ جىل، 14111 ـ بەت.

③ (سۇڭ) وۋياڭ شيۋ: «جاڭا بەس اۋلەت تاريحى . ٴتورت رەيدىڭ قوسىمشاسى . بايىرعى ۇيعۇر»، بەيجيڭ: جۇڭحۋا شۋجۇي باسپاسى، 1974 ـ جىل، 916 ـ بەت.

④ (يۋان) يەلۇي چۋساي جازعان، شياڭ دا رەداكسياسىن قاراپ، تۇسىنىك جازعان: «جۇڭگو مەن شەتەل قاتىناس تاريحي كىتاپتارى . باتىسقا ساپار ەستەلىگى»، بەيجيڭ: جۇڭحۋا شۋجۇي باسپاسى، 1981 ـ جىل، 2 ـ بەت.

قىتانداردىڭ ات جەتەكتەگەن سۋرەتى

لياۋ پاتشالىعى قابىرىنداعى قابىرعا سۋرەتى، ىشكى موڭعۇلدىڭ ۋلانحاد قۇشۇنىنان تابىلعان.

ۋمىرىندە، مال شارۋاشىلىعى دا اڭىزدى ورىن يەلەدى. گاۋچاڭ ايماعى ۇيعۇرلارىنىڭ شارۋاشىلىعىنان ەڭ كوپ كەزدەسەتىنى جىلقى تۇلىگى بولدى. سانى دا مول ەدى. «حان جانە حانىمدار مەن حانزادالارعا ارناپ جىلقى باعاتىن، جىلقىنى جازىقتار مەن سۋاتتارعا باعادى، تۇسىنە قاراي ۇيىرگە بولەدى، سانىنا دا جەتە المايسىڭ»[1]. قاراحانيلار حاندىعى اۋماعىنىڭ جايىلىمدارى كەڭ - بايتاق، كوشپەلى رۋ - تايپالارى كوپ، مال شارۋاشىلىق ونىمدەرى مەيلىنشە مول بولدى. باتىس لياۋ پاتشالىعىن قۇرعان قىتاندار ٴداستۇرلى كوشپەلى تۇرمىس ٴتاسىلىن باستان - اياق ساقتاپ، شينجياڭ ٴوڭىرىنىڭ ەڭ تاماشا جايىلىمدارىن يەلەپ كەلدى. مىنىسكە تۇيە دە بار ەدى، سيىر دا ماڭىزدى ورىندا تۇردى. مۇنداعى قويلار «قۇيرىعىن تارتا المايتىن، قۇيرىعىنىڭ ۇلكەنى 3 جىڭ، كىشىسى ٴبىر جىڭ تۇراتىن، ەتى سازانداي اپپاق ٴارى ٴدامدى»[2]. مۇنان تىس، بالىق اۋلاۋ دا باتىس لياۋ پاتشالىعى قىتاندارىنىڭ ماڭىزدى ٴوندىرىس قيمىلدارى سانالادى. تاريحي جازبالار بويىنشا قىتاندار «كوز - قىس ايلارىندا سۋىقتان تاسالانىپ، كوكتەم - جاز ايلارىندا ىستىقتان قورعانىپ، سۋ جاعالاپ، جايىلىم قۋىپ، بالىق اۋلاپ، كۇن كەشەتىن»[3].

ەكونوميكانىڭ، قوعامنىڭ دامۋىنا ىلەسە، شينجياڭ ٴوڭىرىنىڭ قولونەركاسىبى دە وركەندەي ٴتۇستى. مۇنىڭ ىشىندە ەداۋىر ىقپالدى قولونەركاسىبىنەن تەمىر قورىتۋ، توقىماشىلىق، بۇلعارى جاساۋ، اراق اشىتۋ، استىق مانەرلەۋ، كەستەشىلىك، سونداي - اق

---

① (يۋان) توقتاي، ت.ب .لار: «سۇڭ تاريحى . گاۋچاڭ بايانى»، بەيجيڭ: جۇڭحۋا شۋجۇي باسپاسى، 1977 - جىل، 14112 - بەت.

② (يۋان) توقتاي، ت.ب .لار: «سۇڭ تاريحى . گاۋچاڭ بايانى»، بەيجيڭ: جۇڭحۋا شۋجۇي باسپاسى، 1977 - جىل، 14111 - بەت.

③ (يۋان) توقتاي، ت.ب .لار: «لياۋ تاريحى . جاساق تۇراعى شەجىرەسى»، بەيجيڭ: جۇڭحۋا شۋجۇي باسپاسى، 1974 - جىل، 373 - بەت.

التىن ـ كۇمىس بۇيىمدارى مەن قاس تاسى بۇيىمدارىن مانەرلەۋ بولدى. شينجياڭ وڭىرىندەگى قولونەر بۇيىمدارىنىڭ كوبى ساۋدا ـ ساتىققا ارنالدى. بايىرعى ۇيعۇرلار باتىسقا كوشىپ، گاۋچاڭعا كەلگەن سوڭ، سول جەردەگى ماقتا ەگۋ سىندى مول بايلىقتان جان ـ جاقتى پايدالانىپ، «جاتاعان ورمەك»، «تىك ورمەك» سەكىلدى ورىق توقىماشىلىق قۇرالدارىن يگەردى. شينجياڭ وڭىرىندە توقىلعان بوز ماتا، گۇلدى ماتا سەكىلدى بۇيىمدار ورتا جازىق وڭىرلەرىندە ساۋداعا سالاتىن ماڭىزدى تاۋارلارعا اينالدى. توقىما بۇيىمدارىنان ماقتا توقىما بۇيىمدارىنان سىرت، «حۋ قامقاسى»، «باتىس ۇڭىر» بۇيىمدارى دا تارتۋ ـ تارالعى بۇيىمدارى رەتىندە لياۋ، سۇڭ پاتشالىقتارىنا دا ۇسىنىلىپ وتىرىلدى.

بەس اۋلەت، سۇڭ، لياۋ، التىن پاتشالىعى كەزەڭىندە، شينجياڭ وڭىرىندەگى ۇلتتاردىڭ كەن اشىپ، مەتال قورىتۋ ونەرى دە وسە ٴتۇستى. گاۋچاڭ بايىرعى ۇيعۇرلارى «قاعىلەز، ونەرلى، التىن، كۇمىس، جەز، تەمىردەن ىدىس ـ اياق جاساۋعا، قاس تاسىن وڭدەۋگە شەبەر»[1] بولدى. قىتاندار سومداعان تۇرەن ـ سوقالار، قىلىش ـ قانجار وتكىرلىگىمەن جول ـ جورالعى رەتىندە شەت جۇرتتىقتارعا سيعا بەرىلەتىن.

شينجياڭ وڭىرىندەگى ٴتۇرلى قولونەركاسىپتەرىنەن ٴوز ەرەكشەلىگىمەن اينەك ٴوندىرۋ تەحنيكاسى كوزگە تۇسەتىن. ليۋ يۇي ٴوزىنىڭ «باتىسقا ەلشىلىك ەستەلىگى» اتتى

تاريحي ماتەريالعا قايتا ٴۇڭىلۋ

بەسبالىقتىڭ تەرىستىك تاۋلارىنان ٴمۇساتىر شىعادى. تاۋدان ٴتۇتىن بۇداقتاپ تۇرادى. بۇلت ـ تۇمان بولمايدى. كەشكى شاپاقپەن الاۋلاپ، ماڭىنداعى الڭ ـ قۇستارى قىزارىپ كورىنەدى. الۋشىلار اعاش تاباندى اياق كيىم كيىپ بارىپ الادى. جالاڭ اياقپەن بارسا كۇيىپ قالاي. ۇڭگىردە جاسىل باتپاق بولىپ تۇرادى دا، الىپ شىققان سوڭ قيىرشىق تاسقا اينالادى. جەرگىلىكتى تۇرعىندار ونىمەن تەرى اۋرۋلارىن ەمدەيدى. قالا ـ قورعانىنىڭ ٴۇي تەكشەلەرىندە گۇل ـ اعاش وسىرەدى. ادامدارى قۋا ٴجۇزدى، رەتتى، شەبەر كەلەدى. التىن ايتاپ، كۇمىس كۇپتەپ، جەز ۇستاپ تەمىر سوعىپ، ٴتۇرلى بۇيىمدار جاسايدى. قاس تاسىن قىرناپ، ناقىشىنا كەلتىرەدى.

ـــ (يۋان) توقتاي، ت.ب. : «سۇڭ اۋلەتى تاريحى . گاۋچاڭ بايانى»

① (يۋان) توقتاي، تاعى باسقالار: «سۇڭ تاريحى . گاۋچاڭ بايانى»، بەيجيڭ: جۇڭحۋا شۋجۇي باسپاسى، 1977 ـ جىل، 14113 ـ بەت.

ەڭبەگىندە: «قورعاندارى، ۇيلەرى، دۇكەندەرى، قورالارى ارالاسىپ كەتكەن، دۋال ۇيلەرىنىڭ تەرەزەلەرى تۇگەل اينەكتى»[1] دەپ جازادى. دەمەك، بۇدان كەزىندە، شينجياڭ وڭىرىندەگى شەبەرلەردىڭ اينەك جاساۋ تەحنيكاسىن مەڭگەرگەندىگىن، سونداي - اق زور كولەمدە ٶندىرەتىندىگىن اڭعارۋعا بولاى. اينەك وندىرۋدەن تىس، شينجياڭ وڭىرىندەگى قولونەر شەبەرلەرى اينەكتەن جاساعان سارعىش ٴتۇستى سيراقتى شاراپ توستاعانى مەن قاز مويىن قۇمىرالار وسى داۋىردەگى باعالى اسەمونەر بۇيىمدارى سانالدى.

ەكىنشى، شينجياڭ ٴوڭىرىنىڭ ورتا جازىق وڭىرىمەن ەكونوميكالىق بارىس - كەلىسى

بەس اۋلەت، سۇڭ، لياۋ، التىن پاتشالىقتارى كەزەڭىندەگى ەگىن شارۋاشىلىعى، مال شارۋاشىلىعى، قولونەركاسىپتەرىنىڭ وركەندەۋى، شينجياڭ وڭىرىندەگى ساۋدا - ساتىق ىستەرىنىڭ دامۋىنا جاعداي جاسادى. باتىس وڭىردەگى ٴارقايسى بيلىكتەر پاتشالىققا تارتۋ ۇسىنۋدى وراي ەتىپ، ورتا جازىق وڭىرىمەن ساۋدا جاساپ، ۇلتتار اراسىنداعى دوستىق قاتىناستى ونان ارى كۇشەيتىپ، شينجياڭ ٴوڭىرىنىڭ ورتا جازىق وڭىرىمەن ەكونوميكا، مادەنيەت اۋىس - كۇيىسىن بايىتتى.

سولتۇستىك سۇڭ پاتشالىعى شاڭىراق كوتەرىپ، كوپ وتپەي - اق، ۇدۇن سولتۇستىك سۇڭ پاتشالىعىنا ەلشى جىبەرەدى. سودان كەيىن، 962 - جىلدان 969 - جىلعا دەيىنگى قىسقا عانا بىرنەشە جىلدا، ۇدۇن ەلشىلەرى ٴتورت مارتە كايفىڭعا بارادى. ۇدۇننىڭ وسى ەلشىلەرى نەگىزىنەن قاس تاسى بۇيىمدارى، ٴدارى - دارمەك، توقىما بۇيىمدارى مەن ماقتا جانە حۋ قامقاسى، ت.ب. الا كەلدى. ورتا جازىق وڭىرىنەن جىبەك، التىن - كۇمىس ىدىس - اياقتارى مەن شاي الا كەتەدى.

تولىقسىز ساناقتارعا نەگىزدەلگەندە، 981 - جىلدان 1096 - جىلعا دەيىنگى ٴجۇز جىلدان ارتىق ۋاقىتتا، گاۋچاڭ بايىرعى ۇيعۇرلارى نەمەسە كۇسان بايىرعى ۇيعۇرلارى سولتۇستىك سۇڭ پاشالىعىنا ەلشى جىبەرىپ، 30 نەشە رەت تارتۋ ۇسىنعان. ۇسىنعان تارتۋلارى نەگىزىنەن جىلقى، تۇيە، تەگەنە قۇيرىقتى اق قوي، قاس تاسى، اينەك ىدىس - اياقتار، مىرىش، كارىپتاس، ٴمۇساتىر، حوش ٴيىستى شايىر، پيكروريزا، گۇلدى ماتا، الماس قىلىش،

[1] (يۋان) ليۋ يۋي جازعان، گۇ حۇڭۋىن، لي ۋىن رەتتەپ، تىنىس بەلگىسىن قويىپ، تۇسىندىرگەن: «التىن - يۋان پاتشالىقتارى ەستەلىكتەرىنەن جيناق . باتىسقا ەلشىلىك ەستەلىگى»، شاڭحاي: شاڭحاي كىتاپ دۇكەنى باسپاسى، 2013 - جىل، 145 - بەت.

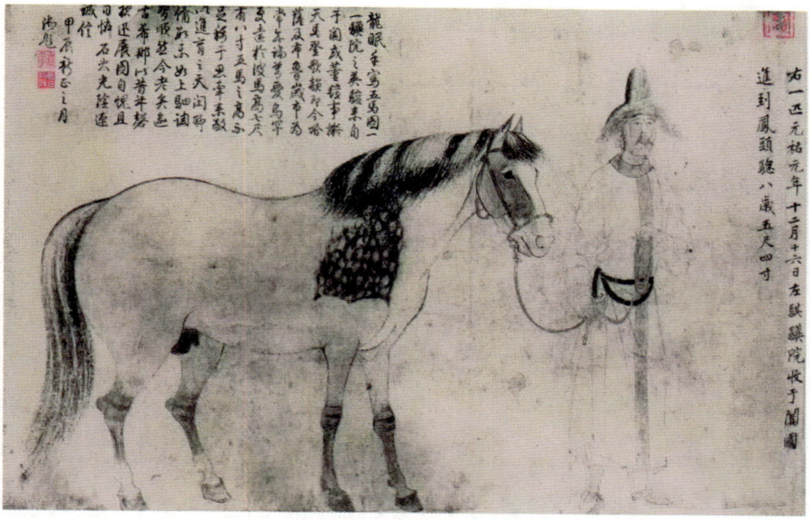

لي گۇڭليننىڭ «بەس اتتىڭ سۋرەتى» (ٴبىر قيىعى)

سۋرەتكە سولتۇستىك سۇڭ پاتشالىعى يۋانيوۋدىڭ العاشقى جىلى باتىس ٴوڭىردىڭ سولتۇستىك سۇڭ پاتشالىعىنىڭ ورداسىنا تارتۋ ەتكەن بەس تۇلپاردىڭ جانە اتبەگى، جىلقىشى. ت.ب .لاردىڭ سۋرەتى سىزىلعان.

جەبە ـ ساداق سەكىلدىلەر بولادى. مۇنداي تارتۋلاردىڭ تۇرلەرىنەن قاراعاندا، شينجياڭ ٴوڭىرىندە مال شارۋاشىلىق ونىمدەرىن نەگىز ەتىپ، ورتا جازىق ٴوڭىرىنىڭ ٴوندىرىس ـ تۇرمىس بۇيىمدارىن اۋىستىراتىن ٴتاسىلدىڭ وزگەرتكەندىگىن كورۋگە الۋعا بولادى. مىنە، بۇلار شينجياڭ وڭىرىندەگى ەكونوميكالىق فورماتسيانىڭ ٶزدىكسىز كەمەلدەنگەنىن تۇسىندىرەدى. ساۋدا ارقىلى بايىرعى ۇيعۇر ساۋداگەرلەرى لياۋ پاتشالىعى، سولتۇستىك سۇڭ پاتشالىعىنان العان قىرۋار «ساۋعالىقتارىن» ورتا ازيا، باتىس ازيا وڭىرلەرىنە ساۋدالاپ، باتىستان الا كەلگەن ٴىنجۋ ـ مارجان، التىن ـ كۇمىس بۇيىمدارى، اينەك بۇيىمدارى، سونداي ـ اق شينجياڭ ٴوڭىرىنىڭ قاس تاسى، كىلەمى سەكىلدى زاتتاردى ورتا جازىققا تاسيتىن. ساۋدا ـ ساتىق ىستەرىنىڭ ٴورتىس دامۋىنا بىلەسە، شينجياڭ ٴوڭىرى وزىندە باقىر ـ جارماقتارىن قۇيا الاتىن بولدى. ال، بايىرعى ۇيعۇر جازۋى باسىلعان ٴتورت بۇرىش تەسىگى بار دوڭگەلەك جارماعىنىڭ فورماسى ورتا جازىق ٴوڭىرىنىڭ اسەرىنە ۇشىراعان. «سۇڭ اۋلەتى تاريحى . ٴتۇبىت بايانى»: «گاۋچاڭ ەلدەرىندەگى ساۋداگەرلەر، باي ـ باقاۋاتتى بولۋ ٴۇشىن، شيانحوۋ دۋانىنا بارىپ، ساۋدا جاسايدى»[1] دەپ جازادى. كەي بايىرعى ۇيعۇر ساۋداگەرلەر تارتۋ

① (يۋان) توقتاي، تاعى باسقالار: «سۇڭ تاريحى . ٴتۇبىت بايانى»، بەيجيڭ: جۇڭحۋا شۋجۇي باسپاسى، 1977 ـ جىل، 14161 ـ بەت.

ۋسىنۋ اتىمەن بارىپ، ورتا جازىقتا تۇرمىس كەشىرىپ، ساۋدا ىستەرىمەن شۇعىلدانادى؛ اۋەلدەسەڭ، كەيىن سولتۇستىك سۇڭ پاتشالىعىنىڭ استاناسى كايفىڭعا ىرگە تەۋىپ، ٴۇيلى - بارانىدى بولىپ كەتەدى. مۇنداي ٴجيى ەكونوميكالىق اۋىس - كۇيىستەر بايىرعى ۇيعۇرلاردىڭ باسقا ۇلتتارمەن توعىسۋىن جەبەدى.

لياۋ پاتشالىعىنىڭ تۇزىمىنە ساي گاۋچاڭ بايىرعى ۇيعۇر حاندىعى، ۇدۋن حاندىعى، قاراحانيلار حاندىعى ٴار ٴۇش جىلدا ٴبىر رەت لياۋ پاتشالىعىنا بارىپ، تارتۋ ۇسىنىپ تۇرۋىنا بولاتىن ەدى. ٴار رەتكى پاتشالىققا تارتۋ ۇسىنۋ ٴىس - قيمىلىن — لياۋ پاتشالىعى مەن باتىس ۆلىمدەگى بيلىكتەر اراسىنداعى زور كولەمدى ساۋدا - ساتىق ٴىس - قيمىلى دەۋگە بولادى. قىتاندار گاۋچاڭعىنان ساۋدا بازارلارىن اشقانىنان كەيىن، بازار ايىرباسىن گاۋچاڭ «حان تۇقىمىنىڭ تۋىستارى مەن تەرىستىك شونجارلارى باعالاپ تۇراتىن»[①]. «لياۋ اۋلەتى تارىحى» جازبالارىنا نەگىزدەلگەندە، قاراحانيلار حاندىعى لياۋ پاتشالىعىنا جيىنى 16 رەت ەلشى جىبەرگەن - دى. مۇنىڭ 13 رەتىندە پاتشالىققا تارتۋ ۇسىنادى. گاۋچاڭ بايىرعى ۇيعۇر حاندىعى لياۋ پاتشالىعىنا 24 رەتتەن ارتىق تارتۋ ۇسىنادى. ل، لياۋ پاتشالىعى ٴار رەتكى سيعا سي ٴۇشىن «كەم دەگەندە قىرىق تۇمەن تىزبەك جارماق»[②] جۇمسايدى. ٴدال «قۇتتى بىلىكتە»: «قىتان كەرۋەنى كەلمەگەندە جوسىلعان، قايدان كەلەد ىڭ - مىڭ اسىلدار»[③] دەگەندەي ەدى. لياۋ پاتشالىعىنان كەلىپ، ساۋدا - ساتىقپەن ينالىساتىن بايىرعى ۇيعۇرلاردىڭ سانى كوپ،

سۇڭ پاتشالىعىنىڭ بالتا ٴجۇزدى ايداعار ٴپىشىندى سالپىنشاعى

قاس تاسى شيكىزاتى شينجياڭنىڭ حوتانىنان الىنعان

① (سۇڭ) يە لۇڭلي قۇراستىرعان، جيا جىڭيان، لين روگۇي تىنىس بەلگىسىن قويىپ، رەداكسيالاعان: قىتان ەلىنىڭ شەجىرەسى»، بەيجيڭ: جۇڭحۋا شۋجۇي باسپاسى، 2014 - جىل، 275 - بەت.

② (سۇڭ) يە لۇڭلي قۇراستىرعان، جيا جىڭيان، لين روگۇي تىنىس بەلگىسىن قويىپ، رەداكسيالاعان: قىتان ەلىنىڭ شەجىرەسى»، بەيجيڭ: جۇڭحۋا شۋجۇي باسپاسى، 2014 - جىل، 231 - بەت.

③ (سۇڭ) ٴجۇسىپ حاس قاجيب جازعان، حاۋ گۋانجۇڭ اۋدارعان: «قۇتتى بىلىك»، بەيجيڭ، ۇلتتار باسپاسى، 1986 - جىل، 575 - بەت.

تۇراتىن ۋاقىتى ۇزاق بولاتىندىقتان، لياۋ پاتشالىعى ٴتور استاناسى لينحۋاڭ ورداسى قورعانىنىڭ وڭتۇستىگىنەن بايىرعى ۇيعۇر ساۋداگەرلەرىنىڭ تۇرۋى ٴۇشىن ارنايى «بايىرعى ۇيعۇر دەڭىن» سالادى.

شينجياڭ وڭىرىندە ەجەلدەن حوتان قاس تاسى شىعادى. بەس اۋلەت، سۇڭ، لياۋ، التىن پاتشالىعى كەزەڭىنە كەلگەندە، شينجياڭ وڭىرىنەن ورتا جازىققا تەك قاس تاسىنىڭ شيكىزاتى عانا شىعارىلۋمەن بىرگە، قاس تاسىن مانەرلەۋ تەحنولوگياسى دا شينجياڭ وڭىرىندە ەداۋىر دامىدى. ۇدۋن حانى ۆيسارا سىڭۋبو كەزىندە سوڭعى جين پاتشالىعىنا ۇدۋندا جاسالعان قاس تاسى ٴمورىن ۇسىنادى.

باتىس لياۋ بيلىگى ورناعان سوڭ، حانزۋ ۇستا ـ شەبەرلەرى ورتا جازىق ٴوڭىرىنىڭ وزىق ٴوندىرىس تەحنيكاسى مەن قۇرال ـ جابدىقتارىن الىپ، توپ ـ توبىمەن شينجياڭ وڭىرىنە كەلەدى. ىلە وڭىرىندەگى المالى قالاسىنىڭ بايىرعى تۇرعىندارى: «قۇدىقتان سۋ تارتاتىن قۇمىرلاردى سۋعا تولتىرىپ، توبەسىنە قويىپ كەلە جاتقاندارىن كورگەندە، قىزىقتاي قاراپ ‹تىعاشتاردىڭ (حانزۋلاردى مەڭزەيدى) ونەرى كەرەمەت عوي› دەپ تاڭداناتىن»[1] دەيتىن. دەمەك، ورتا جازىق وڭىرىنەن اۋىسقان تەحنيكالار مەن قۇرال ـ سايمانداردىڭ وسىلارمەن عانا شەكتەلىپ قالماعاندىعىن كورۋگە بولادى. ورتا ازيا وڭىرلەرىنەن دە مۇنداي جاعدايلار كوپ كەزدەسەدى. «باتىسقا ساپار ەستەلىكتەرىندە»: «ودان باتىسقا بەتتەگەندە تۋانبالىق دەگەن قالا بار، سونداي كوركەم. قالادان سىرلى ىدىس ـ اياقتار كوپ كەزدەسەدى، بارىندە چاڭ ـ اننىڭ بەلگىسى بار»[2] دەپ جازادى. تۋانبالىق امۋ دارياسىنىڭ تۇستىگىندە. دەمەك، ورتا جازىق ىدىس ـ اياق بۇيىمدارىنىڭ سوناۋ قيىرعا دەيىن جەتكەنىن كورسەتەدى. ارحەولوگيالىق قازىندىلار باتىس لياۋ پاتشالىعىنا قاراستى جەرلەردە مەتال قورىتۋ جانە اسكەري قارۋ ـ جاراقتاردى جاساۋ كاسىبىنىڭ بارىنشا دامىعاندىعىن دالەلدەيدى. جەبە، ايبالتا، كەزدىك، ساۋىت ٴارقايسى جەرلەردەن بايقالدى. مۇنداي قارۋ ـ جاراقتاردىڭ ٴبارى دە ورتا جازىق ٴوڭىرىنىڭ وزىق تەحنيكاسىمەن جاسالعان. ساۋلەت ونەرى جاعىنان، باتىس لياۋ پاتشالىعى ورتا جازىق ٴوڭىرىنىڭ وزىق تەحنيكاسى شينجياڭ وڭىرىنە، سونداي ـ اق ورتا ازياعا دەيىن

① (يۋان) لي جىچاڭ جازعان، داڭ باۋحاي اۋدارىپ، تۇسىندىرگەن: «چاڭچۇن جىرىنىنىڭ باتىس ساپارناماسى»، شىجياجۋاڭ: حىبەي حالىق باسپاسى، 2001 ـ جىل، 51 ـ بەت.

② (يۋان) يەلۇي چۋساي جازعان، شياڭ دا رەداكسياسىن قاراپ، تۇسىنىك جازعان: «جۇڭگو مەن شەتەلدەردىڭ قاتىناس تاريحى جازبالارى . باتىسقا ساپار ەستەلىگى»، بەيجيڭ: جۇڭحۋا شۋجۇي باسپاسى، 1981 ـ جىل، 3 ـ بەت.

جەتكەن. «مەيلى حانزۋ ۇستا ـ شەبەرلەرى بولسىن، نەمەسە جەرگىلىكتى قۇرىلىس شەبەرلەرى بولسىن، ٴبارى اۋەلى حانزۋلاردىڭ قۇرىلىس تەحنيكاسى مەن ماتەريالدارىن ــ جابىنقىش، بالشىق ٴمۇسىن، كاڭ فورمالى جىلۋ جۇيەسىن پايدالاندى»[1]. باتىس لياۋ پاتشالىعى كەزەڭىندە، شينجياڭ وڭىرىندە ورتا جازىقتىڭ وزىق ٴوندىرىس تەحنيكاسى مەن مادەنيەتىنىڭ تاعى ٴبىر رەت ورلەۋى جارىققا شىقتى دەۋگە بولادى.

بەسىنشى تاراۋشا جۇڭحۋانىڭ قۇنارلى توپىراعىندا وركەندەگەن شينجياڭ ٴار ۇلت مادەنيەتى

بەس اۋلەت، سۇڭ، لياۋ، التىن پاتشالىقتارى كەزەڭىندە، ەلىمىزدىڭ ٴارقايسى وڭىرىندەگى ٴار ۇلت شۇعىلالى جۇڭحۋا مادەنيەتىن بىرگە جاراتتى. اسىرەسە، سۇڭ پاتشالىعى تۇسىندا يدەيا،

كوزقاراس ٴتۇيىنى

شينجياڭ ٴوڭىرى بايىرعى جىبەك جولىنىڭ ماڭىزدى ٴتۇيىنى رەتىندە، تاريحتا جۇڭحۋا مادەنيەتىنىڭ باتىسقا اشىلعان قاقپاسى جانە دانەكەرى بولدى. تاريحتان بەرى مۇندا كوپ نەگىزدى مادەنيەت شوعىرلانعان، كوپ ٴتۇرلى مادەنيەت قاتار ٴومىر سۇرگەن. شينجياڭداعى ۇلتتار مادەنيەتى ورتا جازىق مادەنيەتىنە ەتەنە، تامىرلاس، تىنىستاس بولدى. ٴار ۇلت جۇڭحۋا مادنيەتىنىڭ قالىپتاسۋى مەن دامۋىنا ۇلەس قوستى. ورتا جازىق مادەنيەتى مەن باتىس ٴوڭىر مادەنيەتىنىڭ ۇزاققا جالعاسقان اۋىس ـ كۇيىسى مەن توعىسۋى شينجياڭ ٴار ۇلت مادەنيەتىنىڭ دامۋىن ىلگەرىلەتۋمەن بىرگە، كوپ نەگىزدى، ٴبىر تۇلعا جۇڭحۋا مادەنيەتىنىڭ دامۋىن دا جەبەدى. شينجياڭداعى ۇلتتار مادنيەتىنە ٴاۋ باستان ـ اق جۇڭحۋا مادەنيەتىنىڭ كوپ نەگىزدى، ٴبىر تۇلعا ەن ـ تاڭباسى باسىلعان. جۇڭحۋا مادەنيەتى باستان ـ اياق شينجياڭداعى ٴار ۇلتتىڭ سۇيىسپەنشىلىك ارقاۋى، كوڭىل تياناعى جانە رۋحاني مەكەنى، سونداي ـ اق شينجياڭداعى ۇلتتار مادەنيەتىنىڭ دامۋىنىڭ قوزعاۋشى كۇش قايناری بولىپ كەلدى. شينجياڭداعى ۇلتتاردىڭ مادەنيەتى باستان ـ اياق جۇڭحۋا مادەنيەتىنىڭ قۇنارلى توپىراعىنا تامىر تارتتى. ول جۇڭحۋا مادەنيەتىنىڭ ايىرىلماس ٴبىر بولىگى.

---

① (سوۆەت وداعى) قىرعىز رەسپۋبليكاسى عىلىم اكادەمياسى تاريح زەرتتەۋ بولىمشەسى، «قىرعىزدىڭ جەرگىلىكتى تاريحى» (ورىسشا) 1 ـ توم، پرونزە، 1956 ـ جىل، 141 ـ، 142 ـ بەتتەر.

مادەنيەت، عىلىم ـ تەحنيكا سەكىلدى سالالاردا زور جەتىستىكتەرگە قول جەتكىزىپ، ادامزات مادەنيەتىنە ٴىرى ۇلەس قوسىپ، تەرەڭ ىقپال جاسادى. وسى كەزەڭدە شينجياڭ وڭىرىندەگى ٴار ۇلت ورتا جازىق مادەنيەتىن مولىنان قابىلدادى. اسىرەسە، باتىس لياۋ پاتشالىعى باتىس ٴوڭىردى بىرلىككە كەلتىرگەن سوڭ، جۇڭحۋا مادەنيەتى شالعايداعى ورتا ازياعا تاراپ، تاڭ پاتشالىعىنىڭ ۇلى گۇلدەنۋىنەن كەيىنگى جۇڭحۋا مادەنيەتىنىڭ باتىسقا تارالۋىنىڭ تاعى ٴبىر تولقىنى كوتەرىلدى دە يۋان پاتشالىعىنىڭ ۇلى بىرلىگىنە مادەنيەتتىك شارت ـ جاعداي ازىرلەنەدى.

ٴبىرىنشى، شينجياڭ ٴوڭىرىنىڭ مادەنيەتى جۇڭحۋا مادەنيەتى قۇشاعىندا وركەندەدى

بەس اۋلەت، سۇڭ، لياۋ، التىن پاتشالىقتارى كەزەڭىندە، بارىنشا دامىعان ورتا جازىق مادەنيەتى شينجياڭ وڭىرىندەگى ۇلتتارعا وراسان زور ىقپال جاسادى. ورتا جازىق مادەنيەتى مەن شينجياڭ ٴوڭىرى مادەنيەتىنىڭ ارالاسۋى، ىشتەسۋى شينجياڭداعى ۇلتتار مادەنيەتىنىڭ دامۋىن جەبەۋمەن بىرگە، كوپ نەگىزدى، ٴبىر تۇلعالى جۇڭحۋا مادەنيەتىنىڭ گۇلدەنىپ ـ كوركەيۋىن ىلگەرىلەتتى.

بەس اۋلەتتەن سوڭ باتىس لياۋ پاتشالىعى قىتان، حانزۋ جازۋلارىن ۇكىمەتتىك ٴتىل ـ جازۋى رەتىندە قولداندى. «باتىس لياۋدىڭ بەس ٴامىرشىسى، جالپى العاندا سەكسەن سەگىز جىلدا جىلناما ەسىمىنىڭ ٴبارىن حانزۋ ٴتىل ـ جازۋىمەن جازدى. دەمەك، مۇنان باتىس وڭىردە حانزۋ ٴتىل ـ جازۋىن قولدانعاندىعىن بىلۋگە بولادى»①. شينجياڭ وڭىرىندە بۋددا عيباداتحانالارىنان حانزۋشا نومدارمەن بىرگە، فونولوگيا مەن جازۋ تانۋعا قاتىستى كوپتەگەن كىتاپتار كەزدەسەدى. ارحەولوگيالىق قازبالار ارقىلى «سۋۆاناپرابحاساسۋترام»، «سادحارماپۇنداريكاسۋترا» سەكىلدى كىتاپتاردىڭ حانزۋشا اۋدارمالارى دا بايقالدى. بۇگىنگى تۇرپانىنان توقسۇنعا دەيىنگى وڭىرلەردەن اعاش ويما باسپا بۇيىمدارىنان بايىرعى ۇيعۇر جازۋىنداعى كلاسسيك كىتاپتار دا، قىرۋار حانزۋ جازۋىنداعى كىتاپتار دا قازىپ الىندى.

باتىس لياۋ ۇستەمدىگى تۇسىندا زاڭ ـ جارعىسى كوبىنەكي ورتا جازىقتا يەك ارتتى دا، ورتا جازىق مادەنيەتىنىڭ شينجياڭ وڭىرىندە بارىنشا دامۋىن جەبەۋمەن بىرگە، جۇڭحۋا

---

① چىڭ يۋان: «لي يۇن كىتاپ ۇيىندەگى ويمالار . يۋان پاتشالىعىنداعى باتىس وڭىرلىكتەردىڭ حۋاشيالانۋى تۇرالى ىزدەنىس»، 1 ـ كىتاپ، بەيجيڭ: بەيجيڭ شىفان داشۋە باسپاسى، 1982 ـ جىل، 2 ـ بەت.

ماتەريال تىزبەگى

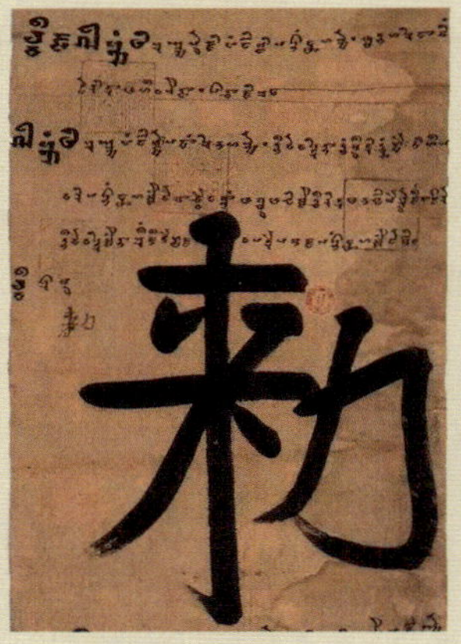

ۋدۋن حانى لي سۋڭدى (ۆيسارا سۋلو، 967 ــ 977 ـ جىلدارى بيلىك ۋستاعان) 970 ـ جىلى شاجوۋ دۋانىنداعى كۋي ـ ي الىينىڭ تەجەۋلىن ساۋ يۋانجۋڭعا جولداما جولدايدى. جولداما دۋنحۋاڭنىڭ نوم ۋڭگىرىنەن بايقالعان، ۋدۋنشا جازىلعان. جولدامادا نەگىزىنەن ۋدۋن حاندىعى شاجوۋ دۋانىنداعى كۋي ـ ي الىينىڭ تەجەۋلىنە قاس تاسىن تارتۋ ەتكەنى، سونداي ـ اق قاراحانيلار حاندىعىمەن بايلانىسىن مالىمدەگەندىگى سەكىلدى مازمۇندار ٴسوز بولادى. مۇنىڭ اراسىنداعى ٴبىر جولدامانىڭ سوڭىنا حانزۋشا ٴارىپتى قىزىل ٴمور بىرنەشە جەرگە باسىلعان، موردە «بيلىك اۋىسسا، ٴموردى جاڭالايتىنىمىزدى ەسكەرتەمىز» دەپ جازىلعان. اي ـ كۇنىنىڭ الدىنان حانزۋشا «敕» ٴارىپتى بادىرايتىپ جازىپ، سوعان سايكەس ۋدۋنشا دا جازىپ قويعان. بۇل كەزىندە ۋدۋن حاندىعىندا ۋدۋن ٴتىل ـ جازۋىن قولدانۋمەن بىرگە، حانزۋ جازۋىن دا قولدانعاندىعىن بىلدىرەدى.

مادەنيەتىن ورتا ازياعا دەيىن تاراتتى. قىتاندار ورتا جازىق مادەنيەتىنىڭ ىقپالىنا بارىنشا ۇشىراعان ۇلت. باتىس لياۋ پاتشالىعىنىڭ قۇرۋشىسى يەلۇي داشى ەمتيحان بەرىپ، «ۇكىمالار مەكەمەسىنىڭ عۇلامالار مەكەمەسىنە» قابىلدانىپ، «عۇلاما» قۇرمەت اتاعىن الادى. يۋان اۋلەتىنىڭ ايگىلى ٴۋازىرى يەلۇي شۋساي ونى ماداقتاپ: «سوڭعى لياۋدى كوركەيتىپ، باتىس وڭىردەگى كۇساندى بىرلىككە كەلتىرىپ، ايباتى اسپانداپ، ٴتالىمى زامانعا جالعاستى»، «ونىڭ ٴتالىمىن باتىس وڭىردەگىلەر قازىرگە دەيىن ەسكە الادى»[1] دەيدى. قىتاندار باتىس وڭىرگە كىرگەن سوڭ تۇرمىس ٴتاسىلى جاعىنان اۋەلگى ٴداستۇرىن ساقتاپ وتىرادى. حانشالارى ۇزاتىلسا «حانزۋ ايەلدەرىنىڭ ادەتىنشە» جاسانىپ ـ تارانادى. سونىمەن بىرگە، باتىس لياۋ پاتشالىعى ورتا جازىقتىڭ ۇلگىسىمەن جارماق اقشا جاسايدى. جىلنامالارىن

① (يۋان) يەلۇي چۋساي جازعان، شيە فاڭ تىنىس بەلگىسىن قويىپ، رەداكسياسىن قاراعان: «يەلۇي شۋسايدىڭ جىر جىناعى . جاڭ مىڭجىعا جىبەرگەن حۋاي گۇدىڭ ٴجۇز شۋماعى»، بەيجيڭ: جۇڭحۋا شۋجۇي باسپاسى، 1986 ـ جىل، 260 ـ بەت.

گاۋچاڭ بايىرعى ۇيعۇر حانىنىڭ سۋرەتى

شينجياڭ تۇرپان بەزاكلىك تاس ۇڭگىرىندەگى قابىرعا سۋرەتى

«كاڭگو تۇڭباۋ»، «شيانچيڭ يۋانباۋ» دەپ اتايدى. ارحەولوگيالىق ماتەريالدار «سۇڭ جارماقتارىنىڭ باتىس لياۋعا جۇرەتىنىن»① دالەلدەيدى. اسىرەسە، باتىس لياۋ پاتشالىعىنىڭ باتىس ۇڭىردەگى باسقارۋ جۇيەسى جەرگىلىكتى جۇرتتىڭ رۋحاني مادەنيەتى مەن زاتتىق مادەنيەتىنىڭ دامۋىن ىلگەرىلەتۋدە بەلسەندى رول اتقاردى.

گاۋچاڭ بايىرعى ۇيعۇرلارىنىڭ بۋددا ٴدىنى قابىرعا سۋرەت اسەمونەرى وركەندەۋ بارىسىندا كوپ ٴتۇرلى اسەمونەردىڭ قۇنارىن ۇزدىكسىز قابىلداپ وتىردى. مەيلى جانرى، نەمەسە سىزۋ شەبەرلىگى جاعىنان بولسىن، بارىنەن دە ورتا جازىق ٴدىني اسەمونەرى مەن كوپ تەكتى مادەنيەتتىڭ ايقىن قولتاڭباسى بايقالادى. بۇگىنگى تۇرپانداعى بەزاكلىك مىڭ ۇيدەگى كوپتەگەن تاس ۇڭگىرىنەن گاۋچاڭ حانىنىڭ سىزبا سۋرەتى كەزدەسەدى. سۋرەتتەگى حانىنىڭ ٴوڭ ـ رەتى تولىق، قاس ـ كوزى جىڭىشكە، ٴوزى دەنەلى، تاڭ اۋلەتىنەن بەرگى ورتا جازىقتىقتار سۋرەتىنىڭ ساعىمى بايقالادى. سۋرەتتەگى ايەلدىڭ كيىمىندەگى تاڭ پاتشالىعى ۇلگىسىندەگى ويۋ ـ ورنەكتەر شىعىس ريم جانە پارسى ساساني اۋلەتىنىڭ اسەمونەرىندە ۇنەمى پايدالانىلادى. بۇل شىعىس جانە باتىس مادەنيەتىنىڭ گاۋچاڭ بايىرعى ۇيعۇر حاندىعىندا ٴۇيىر ـ ايقاس توعىسقاندىعىن بەينەلەيدى.

دۇنحۋاڭ موگاۋكۋ ۇڭگىرىندەگى ۇدۇن حانى تۇقىمىنىڭ وبرازى تاساتىنىقتا ارنالعان قابىرعا سۋرەتتەر رەتىندە كەزدەسەدى. 98 ـ ۇڭگىردەگى ۇدۇن حانى لي شىڭتيانىنىڭ بەينەسى بايسالدى، سالاۋاتتى، ۇستىندە شەندى شەكپەن، بەلىندە اسىل قانجار، اسىرەسە، شەكپەنىنىڭ ەكى يىعىنا ايدىڭ سۋرەتى سىزىلعان، جاعاسىنا ۇشقان ايداعاردىڭ، ەتەگىنە تاۋ ـ وزەن، اقشا

① حۋاڭ ۋنبي: «تارىم ويپاتىنداعى ارحەولوگيالىق ەستەلىكتەر»، بەيجيڭ: عىلىم باسپاسى، 1958 ـ جىل، 109 ـ بەت.

بولت، ۇشقان ايداعاردىڭ سۋرەتى كەسكىندەلگەن، تاڭ اۋلەتىنىڭ شەندى شەكپەن جول - جورالعىسىنا ۇقساپ كەتەدى. ساۋ اۋلەتىنەن شىققان پاتشايىمنىڭ شامگۇل سامۇرىق تاجىسىنەن ورتا جازىق بوگەنايى مەنمۇندالاپ تۇر. قاباتتى شامگۇل قاۋاشاعىندا قۇيرىعىن تاراپ، قاناتىن قومداپ تۇرعان سامۇرىق ٴمۇسىنى ايرىقشا كوز تارتادى.

ۇدۇن حانى لي شىڭتيان جانە ونىڭ حانىمىنىڭ سۋرەتى

دۇنحۋاڭ موگاۋ ۇڭگىرىندەگى قابىرعا سۋرەت

وسى كەزەڭدەگى شينجياڭنىڭ قۇرىلىستارى دا ورتا جازىقتىڭ ىقپالىنا تەرەڭ ۇشىراعان. كليماتى شىلىڭگىر ىستىق بولعاندىقتان، گاۋچاڭ بايىرعى ۇيعۇرلارى ەرتەدەن - اق ۇڭگىرلەر مەن جەر ۇيلەردە تۇراتىن بولعان. ٴبىراق، بىرتىندەپ وركەندەي تۇسكەن ەگىنشىلىك ومىرگە بايلانىستى، جەر بەتىنە سالىناتىن ۇيلەر دە كوبەيە تۇسەدى. مۇنداي ۇيلەردىڭ قۇرىلىس ستيلى ورتا جازىقتىڭ قۇرىلىس ستيلىنە ۇقساپ كەتەدى دە ورتا جازىق ەرەكشەلىگىن كەسكىندەيدى. تۇرعىن ۇيلەر توپىراقتان سوعىلعان نەمەسە كەسەكپەن قالانعان دۋالدارمەن قورشالعان. داۋلدارى مەن جەرتولەلەر قوسىلىپ، تۇيىق اۋلا قۇرايدى. ٴاربىر وتباسىنىڭ اۋلالارىنا ٴتۇرلى اعاش، گۇل نەمەسە ٴجۇزىم اعاشى وسىرىلگەن. ارتقى اۋلالارىندا مال قورالارى بار. وندا جىلقى، سيىر، قوي تۇلىكتەرى باعىلادى. ايازدان ساقتانۋ ٴۇشىن ۇيلەردىڭ توبەسى دوعا تارىزدەس بولىپ كەلەتىن، كەيىنىنەن كۇن نۇرىنان تولىق پايدالانۋ، جەمىس - جيدەكتەر مەن استىقتاردى قۇرعاتىپ الۋ ٴۇشىن ٴتۇزۋ سالاتىن بولعان.

ەكىنشى، شينجياڭ ٴوڭىرى مادەنيەتىنىڭ ورتا جازىق مادەنيەتىمەن بارىنشا توعىسۋى

بەس اۋلەت، سۇڭ، لياۋ، التىن پاتشالىقتارى كەزەڭىندە، شينجياڭ ٴوڭىرى مادەنيەتى ورتا جازىق مادەنيەتىمەن بارىنشا توعىستى. ورتا جازىق مادەنيەتىنىڭ قۇنارىن تولىق قابىلداۋمەن بىرگە، ٴوزىنىڭ وزگەشە جەرلىك جانە ۇلتتىق بوياۋىمەن جۇڭحۋا مادەنيەتىنە

جاڭاشا مازمۇن قوسىپ، ءار سيلادى. ءار ۇلت مادەنيەتىنىڭ ءوزارا ۇيرەنۋ، ءوزارا تولىقتاۋ، ارالاسۋ، توعىسۋى بارىسىندا جۇڭحوۋا مادەنيەتىنىڭ گۇلدەنىپ ـ دامۋىن ورتاق ىلگەرىلەتتى.

وسى كەزدە، شينجياڭ ءوڭىرىنىڭ ءان ـ ءبيى دە گۇلدەنە ءتۇستى. «سۇڭ تاريحىندا» بىلاي دەپ جازىلادى: «مۇزيكا اسپاپتارىنىڭ كوبى پيپا، كۇڭحۋ»، «قايىقپەن كول بەتىندە سەرۋەن قۇرادى، ءان سالىپ، كۇي شەرتەدى»①. بۇددا ءدىنى قابىرعا سۇرەتتەرىنەن بايىرعى ۇيعۇرلاردىڭ كۇي شەرتىپ، بيگە باسقان كورىنىسى كەزدەسەدى. كورىنىستەن سازگەرلەر كۇڭحۋ، سىرناي، سىبىزعى ويناپ، بيشىلەر وركەستردىڭ سۇيەمەلىمەن بيگە باسقان، جۇرتتىڭ شات ـ شادىمان ءومىرى بايقالادى. شينجياڭ ءوڭىرىنىڭ ورتا جازىقپەن قويان ـ قولتىق اۋىس ـ كۇيىس جاساۋىنا ىلەسە، شينجياڭ ءوڭىرىنىڭ ءان ـ كۇيى شىعىسقا تارالادى.

قىناما بەل، تار جەڭ، ۇزىن شالبار، بىلعارى ەتىك سىندى كوركەمونەر ستيلى ورتا جازىق وڭىرىندەگىلەردىڭ «ۇياڭ، سىپايى» سىندى ەستەتيكالىق كوزقاراسىنا اسەر جاسادى ءارى ونى وزگەرتتى. بەس اۋلەت، ون ەل زامانىنىڭ ايەل اقىنى حۋا رۇي حانىم «ورداعا ارناۋ» اتتى تۋىندىسىندا: «بايىرعى ۇيعۇرلاردىڭ كيىم ـ كەشەگى مەن جىلقىسىن، ورتا جازىقتاعىلار قۇمارىسقا بەل دەسەدى (بايىرعى ۇيعۇر ايەلدەرىنىڭ كيىمدەرى تار جەڭ، قىناي بەل كيىنەتىنىن مەڭزەيدى)»② دەپ جازادى. باتىس ءوڭىر مەن ورتا جازىق كيىم ـ كەشەك مادەنيەتىنىڭ، وتە ـ موتە، ەستەتيكالىق كوزقاراستارىنىڭ ساباقتاستىعى مەن ىقپالداستىعى سۇڭ، لياۋ پاتشالىقتارىنا دەيىن

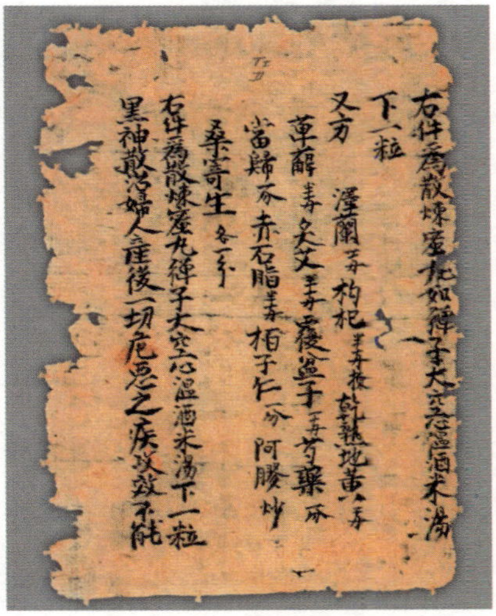

«ايەلدەر اۋرۋىن ەمدەۋدىڭ جولدارى» اتتى كىتاپتىڭ جۇرناعى

شينجياڭنىڭ تۇرپانداعى گاۋچاڭ كونە جۇرتىنان تىلعان قازىندى

① (يۋان) توقتاي، تاعى باسقالار: «سۇڭ تاريحى . گاۋچاڭ بايانى»، بەيجيڭ: جۇڭحوۋا شۋجۇي باسپاسى، 1977 ـ جىل، 14111 ــ 14113 ـ بەتتەر.

② (سيڭ) پىڭ ديڭچيۋ، ت. ب. قۇراستىرعان: «تاڭ ولەڭدەرىنىڭ تولىق جيناعى . حۋا رۇي حانىم . وردا ولەڭدەرى» 23 ـ ءبولىمى، بەيجيڭ: جۇڭحوۋا شۋجۇي باسپاسى، 1980 ـ جىل، 8978 ـ بەت.

ۇلاسادى.

«تاپپىڭ قول جەتىمدى ٴدارى ـ شيپاشاقتار جيناعى» اتتى كىتاپ ــ سوڭ اۋلەتىندەگى ايگىلى شيپاگەرلىك كىتاپ. كەزىندە شاۋشيڭ جىلدارىندا (1131 ــ 1162) شاۋشيڭنىڭ تولىقتىرعان نۇسقاسىن قوسقاندا، تالاي رەت وڭدەلىپ، تولىقتىرىلعان. تۇرپاننىڭ گاۋچاڭ كونە جۇرتىنان «ايەلدەر اۋرۋىن ەمدەۋدىڭ جولدارى» اتتى كىتاپتىڭ جۇرناعى قازىپ الىندى. مۇنداعى ٴبىر شيپاشاق «تاپپىڭ قول جەتىمدى ٴدارى شيپاشاقتار جيناعى» اتتى كىتاپتىڭ «شاۋشيڭنىڭ قوسقان شيپاشاقتارىندا» ايەلدەر اۋرۋىن ەمدەيتىن «حيشىنسان (黑神散)»[①] شيپاشاعىمەن ۇقساپ كەتەدى. بۇل سوڭ پاتشالىعىنان يۋان پاتشالىعىنا دەيىنگى ارالىقتاردا شينجياڭ ٴوڭىرى ورتا جازىق ٴوڭىرىنىڭ شيپاگەرلىك شيپاشاقتارىن قابىلداپ، پايدالانىپ وتىرعانىن تۇسىندىرەدى. گاۋچاڭ بايىرعى ۇيعۇرلارى وڭىرىندەگى ٴدارى ـ دارمەك ماتەريالدارى پاتشالىققا تارتۋ ۇسىنۋ نەمەسە ساۋدا ـ ساتىق جولدارىمەن ورتا جازىق وڭىرلەرىنە ٴوتىس تاسىلىپ، ەركشە بازار تاۋىپ، ورتا جازىق دارىگەرلىگىنىڭ تىڭ جولدارىن اشتى.

981 ـ جىلى، سوڭ پاتشالىعىنىڭ ەلشىسى ۋاڭياندى گاۋچاڭ بايىرعى ۇيعۇر حاندىعىنا كەلگەندە، سول جەردەگىلەر ٴالى دە «كايۋان جىلناماسىنىڭ 7 ـ جىلى جاساعان كالەندار بويىنشا، ٴار جىلى 3 ـ ايدىڭ 9 ـ كۇنى حانشى مەرەكەسىن وتكىزىپ، جۇرت مەرەكەنى بىرگە تويلايتىنىنا، دۇڭجى امالىن دا وسىلاي وتكىزەتىنىنە»[②] كۋا بولادى.

قاراحانيلار حاندىعى كەزىندە، ادەبيەت ـ كوركەمونەر ەركشە دامىپ، ٴبىر توپ تاڭداۋلى ادەبي تۋىندىلار دۇنيەگە كەلدى. سولاردىڭ اراسىندا ۋاكىلدىك سيپات الاتىن «قۇتتى بىلىك» پەن «تۇركى تىلدەر سوزدىگىن» اتاۋعا بولادى. «قۇتتى بىلىك» 1069 ــ 1070 ـ جىلدارى جازىلعان، ورتا جازىق مادەنيەتىنىڭ اسەرىن قابىلداعان تۋىندى. اتالعان كىتاپتىڭ العى سوزىندە: «ول چين جەرىنىڭ ابىزدارىنىڭ اقىلىالارى جانە ماچين وقىمىستىلارىنىڭ ولەڭ ـ جىرلارىمەن كومكەرىلگەن» دەپ جازادى. مۇنداعى «چين جەرى»، «ماچين» سوزدەرى ەرتە زامانعى جۇڭگونىڭ قۇرامداس بولىكتەرىن مەڭزەيدى. وسىدان ـ اق اتالعان شىعارمانىڭ وتانىمىزدىڭ ەرتە زامانعى يدەيا ـ مادەنيەت داستۇرىمەن تونىنىڭ ىشكى باۋىنداي قاتىناستا ەكەنىن بىلۋگە بولادى. «قۇتتى

---

① ۋاڭ شيگي، دۋان يشان قۇراستىرىپ جازعان: «شينجياڭنان قازىپ الىنعان مەديتسيناعا قاتىستى حازبالاردىڭ جيناعى»، شاڭحاي: شاڭحاي عىلىم ـ تەحنيكا باسپاسى، 2016 ـ جىل، 142 ــ 143 ـ بەتتەر.

② (يۋان) توقتاي، تاعى باسقالار: «سوڭ اتاريحى . گاۋچاڭ بايانى»، بەيجيڭ: جۇڭحۋا شۋجۇي باسپاسى، 1977 ـ جىل، 14111 ـ بەت.

بىلىكتەن» مەملەكەت كوزقاراسى مەن احلاق ـ ٴمورالعا قاتىستى قىرۋار باياندالۋلار كەزدەسەدى. تالعان شعارما «بىرگىلىكتى بىزەتتەپ، حالىقتى قورعاۋ»، «تاڭداۋلى مىنەز بىرگىلىكتىڭ رقاۋى»، «سەنىمدىلىك ــ كىسىلىكتىڭ تەتىگى» دەگەن يدەيالاردى ۇسىنادى. مۇنداي يدەيالار رۋجيا مادەنيەتىنىڭ ىقپالىن ايگىلەيدى. مىنە، بۇلار «قۇتتى بىلىكتىڭ» جوڭعۋا مادەنيەتىنىڭ قۇنارلى توپىراعىنا تامىر تارتقانىن، جوڭعۋا مادەنيەتى اسىل قازىناسىنىڭ جاۋھارى ەكەندەگىن تۇسىندىرەدى. «تۇركى تىلدەرىنىڭ سوزدىگى» 1072 ــ 1074 ـ جىلدارى جازىلعان. اۆتورى ماحمۇت قاشقاري. مازمۇنى قاراحانيلار حاندىعى كەزەڭىندەگى سايىاسي، ەكونوميكا، مادەنيەت، تاريح، جاعراپيا، ەل مەن جەردىڭ جاي ـ جاپسارىن قامتيدى.

قۇرىلىس ونەرى مەن مۇسىندەۋ ونەرى جاقتارىنان، «بالاساعۇننان سىرت، سىلەيكەنكا قالاشىعى ماڭىنان، لەبەدينوۆكا قالاشىعى ۋچىرىنەن، الەكساندر ەسكى قورعانىنان قاراقىتاداردىڭ ەسكى جۇرتى بايقالدى. ولاردىڭ قۇرىلىس اشەكەيلەرى، جالپى العاندا، حانزۋلاردىڭ كوركەمونەرى مەن حانزۋ مادەنيەتىنىڭ اسەرىنە ۇشىراعانى مەنمۇندالاپ تۇر»[①]. باتىس لياۋ پاتشالىعىندا عيبادات ورىندارىنىڭ سالعان عيباداتحانالارى ورتا جازىق ستيلىندەگى سۇرەتتەرمەن بەزەندىرىلگەن. بالاساعۇننان بايقالعان بۋدداننىڭ تاس مۇسىندەرىنىڭ قالدىعى جاي ادامداردىڭ بويىنان ٴسال بيىكتەۋ؛ التىن تەكشەگە تۇرعىزىلعان بۋدداننىڭ تۋ سىرتىنداعى تاس تاقتايشاعا شۇعىلالى شەڭبەر مەن بۋددي ساتتۋا قاشالعان. تاس مۇسىندەردىڭ قالدىعىن بىلاي قويعاندا، جاقسى ساقتالعان كوپتەگەن بالشىق مۇسىندەردىڭ پارشالارى دا كەزدەسەدى. مۇسىندەردە كيىمىنىڭ قاتپارى، شاشىنىڭ ورەكشەلىگى دە شەبەرلىكپەن كەلتىرىلگەن. مەيلى بۋدتىڭ سىرتقى بەينەسى بولسىن نەمەسە ونىڭ تۇڭىرەگىندەگى اجارلاندىرعىش زاتتار ــ بۋدتى قورعايتىن عاجايىپ اڭداردىڭ، تولعان ايدىڭ، تۇڭعيىق گۇلدەرىنىڭ ٴپىشىن ـ فورماسى بولسىن، ٴبار ـ ٴبارى دە ورتا جازىق كوركەمونەرىنىڭ ىزدەرىن اڭعارتادى. قالا مادەنيەتى ٴوزارا توعىسىپ گۇلدەنىپ ـ كوركەيۋگە قول جەتكىزدى. قالا ـ قورعاندارى دا ٴبىر ـ بىرىمەن ٴۇيىر ـ ايقاس ارالاسقاندىعى سەبەپتى گۇلدەنىپ ـ كوركەيگەن. تەك 12 ـ عاسىردىڭ ورىندە ـ اق، ىلە وزەنى اڭعارلارىندا قالا ـ قالاشىقتار بوي كوتەرگەن. وسى قالالاردىڭ بارىندە ساۋدا كەرۋەندەرىنە ارنالعان دەڭدەر مەن

---

① ۋي لياڭتاۋ: «باتىس لياۋ تاريحى تيزيستەرى»، بەيجيڭ: حالىق باسپاسى، 1991 ـ جىل، 139 ــ 140 ـ بەتتەر.

تاۋار بازارلارىنىڭ توپ جانە پارشا ساتاتىن ورىندارى بولعان. ساۋدا تاۋارلارىنان ورتا جازىقتىڭ جىبەك تورعىنى، قىش ىدىسى، شايى، سونداي - اق جوعارى دەڭگەيدەگى اسەمونەر بۇيىمدارى، ٴوندىرىس - تۇرمىس بۇيىمدارى كەزدەسەتىن؛ ال، ەۆروپا، باتىس ازيا، ورتا ازيادان جىبەك جولى ارقىلى ورتا جازىق وڭىرلەرى مەن وڭتۇستىك ايماقتارعا تاسىلاتىن ساۋدا بۇيىمدارىنان نەگىزىنەن، ماقتا - كەزدەمە، ٴىنجۋ - مارجان، قاس تاسى بۇيىمدارى، ٴيىستى زاتتار كەزدەسەدى. اسىرەسە، ماقتا كەزدەمەنىڭ توپ - توبىمەن تاسىلۋى، ورتا جازىق وڭىرلەرىن مول كيىم - كەشەك كەزدەمەلەرىمەن قامدادى.

بەس اۋلەت، سۇڭ، لياۋ، التىن پاتشالىقتارى كەزەڭىندە، شينجياڭ وڭىرىندەگى كوپ نەگىزدى، ٴبىر تۇلعالى مادەنيەتتىنىڭ بەكەمدەلۋى، تەك باتىس سولتۇستىك شەكارا وڭىرلەرى ارالاسۋ، توعىسۋ ۇردىسىندە يگەرىلىپ قويماي، الەۋمەتتىڭ يدەيالىق كوزقاراسىن دا وزگەرتتى. ۇلتتار اراسىنداعى ايىرماشىلىقتار ازايىپ، ۇلى بىرلىك تانىمى كۇن سايىن كۇشەيە ٴتۇستى.

التىنشى تاراۋشا ٴىسلام ٴدىنىنىڭ تارالۋى جانە ونىڭ شينجياڭ وڭىرىندەگى دىندەر جاعدايىنا اسەرى

بەس اۋلەت، سۇڭ، لياۋ، التىن پاتشالىقتارى كەزەڭىندە، ٴارقاسى بيلىكتىڭ بيلەۋشىلەرى دىندەرگە ٴوزارا باۋىرمالدىق ساياساتىن ۇستانىپ، دىندەردىڭ جاراسىمدى دامۋىن جەبەدى. بۋددا ٴدىنى، داۋجياۋ ٴدىنى، مانيحەي ٴدىنى سەكىلدى كوپتەگەن دىندەر ەلىمىزدە تارالدى. سونىڭ ىشىندە داۋجياۋ ٴدىنى رۋجيا مەن بۋددا ٴدىنىنىڭ يدەياسىن قابىلداپ، كوركەيگەن كەزەڭگە ٴوتتى. ٴىسلام ٴدىنىنىڭ شينجياڭ وڭىرىنە تارالۋى اراب يمپەرياسىنىڭ باس كوتەرۋى مەن ٴىسلام ٴدىنىنىڭ باتىستان شىعىسقا كەڭەيۋىنەن بولدى. ٴىسلام ٴدىنى شينجياڭ وڭىرىنە تاراعان سوڭ سول جەردەگى دىندەردىڭ جاعدايىنا جانە ولاردىڭ وزگەرىسىنە زور ىقپال جاسادى. ٴبىراق، شينجياڭ وڭىرىندەگى كوپ ٴدىننىڭ قاتار ٴومىر سۇرگەن نەگىزگى جاعدايى مەن توعىسا بىرگە ٴومىر سۇرگەن دىندەر قاتىناسىن وزگەرتە العانى جوق، شينجياڭ وڭىرىندە ٴىسلام ٴدىنىن قامتىعان كوپ ٴدىننىڭ ۇزدىكسىز جۇڭگوشالانۋ ٴتۇبىرلى بەتالىسىن تىپتەن وزگەرتە العانى جوق.

ٴبىرىنشى، ٴىسلام ٴدىنىنىڭ تارالۋى جانە بۋددا ٴدىنى، نەستوريان ٴدىنى سەكىلدى دىندەردىڭ دامۋى

9 ـ عاسىردىڭ سوڭى مەن 10 ـ عاسىردىڭ باستارىندا، قاراحانيلار حاندىعىنىڭ بيلەۋشىلەرى ٴىسلام ٴدىنىن شينجياڭ وڭىرىنە تاراتتى. العاشىندا، قاراحانيلار حاندىعىنىڭ بيلەۋشىلەرى بۋددا ٴدىنى مەن مانيحەي دىنىنە سەنەتىن. كەيىن كەلە قاراحانيلار حاندىعىنىڭ بيلەۋشىلەرى بيلىك تارتىپ الۋ جانە ونى بەكەمدەۋدىڭ قاجەتىمەن ٴىسلام دىنىنە سەنەتىن بولدى.

قاراحانيلار حاندىعى ٴىسلام ٴدىنىن قابىلداعان سوڭ، 10 ـ عاسىردىڭ ورتالارىندا، بۋددا دىنىنە سەنەتىن ۇدۇن بەكتىگىنە 40 جىلعا سوزىلعان ٴدىني سوعىس قوزعادى. 11 ـ عاسىردىڭ باسىندا ۇدۇندى جويىپ، ٴىسلام ٴدىنىن كۇشپەن جالپىلاستىرىپ، بۋددا ٴدىنىنىڭ وسى وڭىردەگى مىڭ جىلدىق ۇستەم ورنىداعى تاريحىن اياقتاتتى. سونىمەن بىرگە، بۋددا ٴدىنى مادەنيەتى كەزەڭىندە جاراتىلعان شينجياڭ ٴار ۇلت مادەنيەت ـ كوركەمونەر مۇرالارى اۋىر بۇزعىنشىلىققا ۇشىرادى. نەستوريان سەكىلدى وزگە دىندەر دە سوققىعا ۇشىرادى جانە تۇنشىقتىرىلدى. سونان سوڭ قاراحانيلار حاندىعى بۋددا دىنىنە تابىناتىن گاۋچاڭ بايىرعى ۇيعۇر حاندىعىنا تاعى دا ٴدىني سوعىس قوزعادى. ەكى تاراپتىڭ تەكە تىرەسىمەن بۋددا ٴدىنى مەن ٴىسلام ٴدىنى قاتار تۇراتىن كوپ ٴدىن بىرگە ٴومىر سۇرەتىن جاعداي قالىپتاستى. ٴىسلام ٴدىنىنىڭ توقتاۋسىز تارالۋىنا بىلەسە، زاراتۋشترا ٴدىنى، مانيحەي ٴدىنى سەكىلدى دىندەر كۇن سايىن السىرەي باستادى. قاراحانيلار حاندىعىنداعى بايىرعى ۇيعۇرلاردىڭ ٴىسلام دىنىنە سەنۋى كەزىندەگى بۇقارانىڭ سەنىمىن ىرىقتى وزگەرتۋى جانە جاڭارۋعا كوشۋى ەمەس،

ماتەريال تىزبەگى

شينجياڭ وڭىرىندەگى دىندەردىڭ وزگەرۋ تاريحىندا، ۇستەم تاپتاردىڭ پايدالانۋى نەمەسە ٴدىن اعىمدارى اراسىنداعى كۇرەستەرگە بايلانىستى، كەزىندە ٴدىني سوعىستار نەمەسە ٴدىني اعىم قاقتىعىستارى تۋىلىپ، قوعامدا كۇشتى الاساپىراندىق بولىپ، ٴار ۇلت حالقىنا اۋىر ازاپ الا كەلدى. ٴبىراق، تاريحتىڭ ۇزاق كوشىندە مۇنداي سوعىستار مەن قاقتىعىستار سالىستىرمالى مەزەتتىك بولدى دا شينجياڭ وڭىرىندە كوپ ٴدىننىڭ قاتار ٴومىر سۇرگەن جاعدايىن وزگەرتە العان جوق، كوپ ٴدىننىڭ بىرىنەن ـ ٴبىرى قابىلداۋ، ٴبىر ـ بىرىمەن تويعىسۋ، بەيبىت سيىسىمدى قاتىناسىن دا مۇلدە وزگەرتە العانى جوق.

كەرىسىنشە، ٴدىني سوعىستار مەن ۇستەم تاپتاردىڭ كۇشپەن تاڭۋىنىڭ سەبەبى ەدى.

ٴىسلام ٴدىنى شينجياڭ وڭىرىنە تارالعان سوڭ جۇڭگوشالانۋ بەتالىسىنا قاراي دامىدى. شينجياڭداعى ٴار ۇلتتىڭ ٴداستۇرلى سەنىم - نانىمدارى مەن مادەنيەتتىڭ ۇزاق مەزگىلدىك توعىسۋى ارقىلى بىرتىندەپ جۇڭحۋا مادەنيەتىنىڭ ٴبىر بولىگىنە اينالدى. سونداي - اق، ٴوڭىرلىك ەرەكشەلىگى جانە ۇلتتىق ەرەكشەلىگىمەن بەينەلەندى. شينجياڭ وڭىرىندەگى ٴىسلام ٴدىنىنىڭ جۇڭگوشالانۋى، الدىمەن بۇرىنىنان بار سەنىم - نانىمدار جانە مادەنيەت مازمۇنىن قابىلداۋ جانە ساقتاپ قالۋدان بەينەلەندى. شامان ٴدىنى، زاراتۋشترا ٴدىنى، بۋددا ٴدىنى سەكىلدىلەردىڭ از بولماعان مازمۇندارىن قابىلدادى؛ سونان سوڭ، ٴىسلام ٴدىنى شينجياڭ وڭىرىنە تاراعان سوڭ، ٴدىني سالت جانە ٴدىني قاعيدا مەن ٴدىني ۋاعىزدار قاراپايىمداستى، ايتالىق، قاراحانيلار حاندىعىنداعى ٴىسلام نانىم - سەنىمدەرى اۋەل دەسەڭ كوشپەندىلەر بيلىگىنىڭ رۋلىق جۇسىن كوزقاراسىن ساقتاپ وتىردى. سوڭىندا، ٴدىني جوعارى جىكتەر زايىرلى بيلىككە قول سوزبادى نەمەسە وزبىرلىق ەتپەدى. ايتالىق، قاراحانيلار حاندىعى نەگىزىنەن اكىمشىلىك پەن ٴدىندى ايىرۋ، اكىمشىلىكپەن ٴدىندى باسقارۋ ساياساتىن جۇرگىزدى، ەڭ جوعارى بيلىك باستان - اياق زايىرلى بيلەۋشىلەردىڭ قولىندا بولدى. بۇل ورتا جازىق بيلىگىنىڭ اكىمشىلىك پەن ٴدىننىڭ قاتىناسىن ٴبىر جاقتىلى ەتۋ ۇلگىسىمەن بىردەي بولدى.

ٴىسلام ٴدىنى تارالۋدان بۇرىن، شينجياڭ وڭىرىنە بۋددا ٴدىنى نەگىزگى ٴدىن بولاتىن. تارىم ويپاتىنىڭ توڭىرەگىندەگى ۇلكەندى - كىشىلى شۇراتتى قالالارىنان، سولتۇستىك شينجياڭداعى كوشپەلى قاۋىمداستىقتارعا دەيىن، بۋددا دىنىنە سەنەتىندەر سان - ساناقسىز ەدى. گاۋچاڭ مەن ۇدۇننىڭ ٴبارى دە بۋددا ٴدىنى داۋرەندەپ تۇرعان وڭىرلەر ەدى. موبي بايىرعى ۇيعۇر حاندىعى نەگىزىنەن مانيحەي دىنىنە سەنەتىن. بايىرعى ۇيعۇرلار باتىسقا كوشىپ، باتىس وڭىرگە كەلگەن سوڭ، گاۋچاڭ بايىرعى ۇيعۇرلارىندا داۋرەندەپ تۇرعان بۋددا ٴدىنى مانيحەي ٴدىنىنىڭ ورنىن باسىپ، جەتەكشى ورىنعا ٴوتتى. كوپتەگەن بايىرعى ۇيعۇرلاردىڭ باسى حان - بەك اقسۇيەكتەرىنەن، اياعى قارا حالىققا دەيىن، جالپى بۋددا مۇريتتەرى بولدى. ولاردىڭ بايىرعى ۇيعۇرشاعا اۋدارعان بۋددا ٴدىنى نومدارىندا، بۋددا ٴدىنى تۋندىلارىندا، ويعان بۋددا ٴدىنى ۇڭگىرلەرىندە، سىزعان بۋددا ٴدىنى قابىرعا سۋرەتتەرىندە، ٴبار - بارىندە ورتا جازىقتىڭ، بايىرعى ۇيعۇر، تۇبىتتەردىڭ، سونداي - اق جەرگىلىكتى تۇرعىنداردىڭ مادەنيەت قۇرامى ٴبىر - بىرىمەن توعىسىپ جاتتى. گاۋچاڭ بايىرعى ۇيعۇر حاندىعىندا 50 نەشە عيباداتحانا،

عيباداتحانادا «دازاڭجيڭ»، «تاڭيۋن»، «يۋيپيان»، «جيڭيەن» سەكىلدى حانزۋشا كىتاپتار بولدى. شينجياڭ جەمسار اۋدانىنداعى بەسبالىق باتىس ۇلكەن عيباداتحاناسىنىڭ ەسكى جۇرتى بار. ول گاۋچاڭ بايىرعى ۇيعۇر حاندىعى كەزىندە نەگىزىنەن بايىرعى ۇيعۇرلار سالعان حان تۇقىمىنىڭ عيباداتحاناسى ەدى. عيباداتحانانىڭ ٴپىشىن ـ ۇلگىسى، مۇسىندەرى مەن قابىرعا سۋرەتتەرىنەن بايىرعى ۇيعۇر بۇددا ٴدىنىنىڭ ەرەكشەلىگى ايقىن كورىنىپ تۇر.

گاۋچاڭ بايىرعى ۇيعۇر حاندىعى بۇددا ٴدىنىن ساياسي جۇيەگە ەنگىزىپ باسقاردى. «موناحتار باسقاۋلىن» قۇرىپ، بۇددا ٴدىنى موناحتارىن باسقاردى. تۇرپانداعى بەزاكلىك، تۇيىق، لامجىن، سونداي ـ اق جەمسارى، كۇشار سەكىلدى جەرلەردىڭ بارىندە وسى مەزگىلدە قازىلعان بۇددا ٴدىنىنىڭ ۇڭگىرلەرى بار. بۇلار بۇددا ٴدىنىنىڭ گاۋچاڭ بايىرعى ۇيعۇرلارى كەزەڭىندە داۋرەندەگەنىن بىلدىرەدى. 1220 ـ جىلعا كەلگەندە، جين پاتشالىعى جورەلگى ٴبولىمىنىڭ جاناۋلى ۋگۋسۇن جۇڭدۋاندى باتىس وڭىرگە ەلشىلىككە جىبەرەدى. ول: «حي (جوۋ)، شاجوۋلاردىڭ عيباداتحانالارى بەينە جۇڭگونىڭ عيباداتحانالارى سەكىلدى، حانزۋ جازۋىنداعى نومداردى وقيدى»[1] دەپ جازادى.

قاراحانيلار حاندىعى ۇدۇن حاندىعىن باعىندىراردان بۇرىن ۇدۇندا بۇددا ٴدىنى بارىنشا وركەندەگەن ەدى. ۇدۇندىقتار بۇددا ٴدىنىن وزدەرىنشە باياندادى. «بۇدداعا ماداق» اتتى بۇل شىعارما ۇدۇن حانى لي سۇڭدىنىڭ قارجىلاي دەمەۋىمەن ورىندالدى. بۇل شىعارما 51 بۇددا كىتابىنداعى حيكاياتتان قۇرالعان كوپ تومدىق. اۋتوردىڭ وڭدەپ، ۇيقاسپەن جازعان شىت جاڭا

بەسبالىق باتىس ۇلكەن عيباداتحاناسىنىڭ ەسكى جۇرتىنداعى بۇددا ٴمۇسىنى

شينجياڭنىڭ جەمسارىسىندا

---

① (جىن) ليۋ شي قۇراستىرعان، سۋي ۋنيڭ تىنىس بەلگىسىن قويىپ، رەداكسيالاعان: «گۋيچيان شەجىرەسى . تەرىستىك ەلشىلەرى ەستەلىكتەرى»، بەيجيڭ: جۇڭحۋا شۋجۋي باسپاسى، 1983 ـ جىل، 169 ـ بەت.

تۇندىسى. ول بۇددا ءدىنى نازارياسىنىڭ كوْن سايىن كەمەلدەنە تۇسكەنىنىڭ بەينەسى.

بايىرعى ۇيعۇرلار باتىسقا كوشكەن سوڭ گاۋچاڭ بايىرعى ۇيعۇر بيلەۋشىلەرى بۇددا ءدىنىنە تابىنسا دا، مانيحەي ءدىني گاۋچاڭ بايىرعى ۇيعۇرلارىنىڭ قوعامدىق ومىرىنە، يدەيا ـ مادەنيەتى سەكىلدى جاقتارىنا باياعىداي ىرەكشە اسەر ەتىپ وتىردى. ۋاڭياندى «ۋاڭ ياندىنىڭ گاۋچاڭعا ەلشىلىك ەستەلىكتەرىندە»: «مۇندا كوپتەگەن مانيحەي عيباداتحانالارى كەزدەسەدى، پارسى موناحتارى ءدىن باسقارادى، بۇددا ءدىنى نومدارى جاتتالادى»① دەپ جازادى. گاۋچاڭ بايىرعى ۇيعۇرلارىنىڭ اۋماعىندا كوپتەگەن مانيحەي ءدىنى عيباداتحانالارى بولعان، عيباداتحانالاردى بيلەۋشىلەر قورعاۋىنا العان، سونىمەن قوسا، عيباداتحانالاردىڭ مول مال ـ مۇلكى، تيەسىلى جەرلەرى بولعان. قازىپ الىنعان مانيحەي ءدىنىنىڭ ءىس قاعازدارىندا مانيحەي ءدىنى عيباداتحانالارىنىڭ ەداۋىر مول ەگىستىك جەرلەرى، ءجۇزىم باقشالارى جانە سالدارى بولعانى باياندالادى. 9 ـــ 12 ـ عاسىرلاردا تۇرپان ٴوڭىرى كەزىندە دۇنيەدەگى مانيحەي ءدىنى ورتالىعىنىڭ ءبىرى بولعان. تۇرپاننان قازىپ الىنعان «ەكى دەستىر»، «مانيحەي سۇرەتتەرىنىڭ ٴتاۋباناماسى»، سونداي ـ اق ٴتاۋبانامە، تاريحنامە، شيپانامە، بالنامە سەكىلدى كوپتەگەن مانيحەي ءدىني جازبالاردىڭ كوبى «مانيحەي جازۋى» دەپ اتالاتىن جازۋمەن جازىلعان. بايىرعى ۇيعۇر جازۋى سەكىلدى جازۋمەن جازىلعاندارى دا كەزدەسەدى. گاۋچاڭ وڭىرىندە مانيحەي ءدىنىنىڭ ەسكى جۇرتتارى ساقتالىپ قالعان. بەزەكلىك، سونداي ـ اق سىڭگىم، تۇيىق سەكىلدى تاس ۇڭگىرلەردە مانيحەي ءدىنىنىڭ نەشە ونداعان ۇڭگىرى بار. مۇندا مانيحەي ءدىنىنىڭ قابىرعا سۋرەتتەرى ساقتاۋلى. مۇنداي مادەني مۇراعاتتار ارقىلى مانيحەي ءدىنى مادەنيەتى مەن سول جەردەگى بۇددا ءدىنى، سونداي ـ اق وزگە دىندەر مادەنيەتىنىڭ ٴوزارا توعىسۋى مەن اۋىس ـ كۇيىسىن ايقىن بايقاۋعا بولادى. گاۋچاڭ بايىرعى قالا ـ قورعاندارىنداعى مانيحەي ءدىنى عيباداتحانالارىنىڭ ەسكى جۇرتتارىنان مانيحەي ءدىنى ايەل ٴتاڭىرىنىڭ سۋرەتى سايقالعان. ول باسىنا اق ٴتۇستى، جەلپۋىش پوشىندى، ٴساندى باس كيىم كيگەن. بۇل مانيحەي ءدىنىنىڭ وزگەشە بەزەنىسى ەدى. باسىنىڭ ارتىندا ساۋلەلى شەڭبەر، جىڭىشكە قاستى، قيىق كوز، دوڭگەلەك ٴجۇز، ويماق اۋىز، سىرعالى ايەل ٴتاڭىر كۇسان بۇددا ءدىنىنىڭ قابىرعا سۋرەتتەرىندەگى اسپان بيكەشى مەن بۇددي ساتتۋانىڭ سۋرەتتەرىنەن اۋمايدى.

① (يۋان) توقتاي، ت.ب .لار: «سۇڭ تاريحى . گاۋچاڭ بايانى»، بەيجيڭ: جۇڭحۋا شۋجۇي باسپاسى، 1977 ـ جىل، 14112 ـ بەت.

مانيحەي ٴدىنىنىڭ بيما مەرەكەسىن بەينەلەيتىن اسەم سىزبا جۇرناعى

شينجياڭنىڭ تۇرپانداعى گاۋچاڭ ەسكى جۇرتىنان بايقالدى، مانيحەي ٴدىنىنىڭ ەڭ ماڭىزدى بيما مەرەكەسىنىڭ كورىنىسى سۋرەتتەلگەن. مانيحەي دىنىندە ٴبىر تۇتاس قولدانىلاتىن ٴناسيحات سۋرەتى بولعان

گاۋچاڭ بايىرعى ۇيعۇر بيلەۋشىلەرى نەگىزىنەن بۋددا دىنىنە تابىنعانىمەن، وزگە دىندەرگە كەڭ قولتىقتىق تانىتتى. وزدەرىنىڭ سەنىم ـ نانىمدارىنا بولا، وزگە دە دىندەردى ىعىستىرمادى نەمەسە تۇنشىقتىرمادى. وسى سەبەپتەن، بۋددا ٴدىنى، مانيحەي ٴدىنى، نەستوريان ٴدىنى، زاراتۋشترا ٴدىنى، داۋجياۋ ٴدىنى، سونداي ـ اق شامان ٴدىنى سەكىلدى كوپ دىندەر گاۋچاڭ بايىرعى ۇيعۇرلارى اۋماعىندا قاتار ٴومىر سۇرە الدى.

باتىس لياۋ پاتشالىعىنىڭ بيلەۋشىلەرى بۋددا دىنىنە سەنگەنىمەن، ورتا جازىق مادەنيەتىنىڭ اسەرىنە ۇشىراپ، باتىسقا قونىس اۋدارعان قىتاندار باسقا دىندەردى قاقپايلامادى، قايتا، ەداۋىر كەڭ ٴدىني ساياسات ۇستاندى. باتىس لياۋ پاتشالىعىنىڭ ۇستەمدىگىندە، شينجياڭ وڭىرىندە بۋددا ٴدىنى، نەستوريان ٴدىنى، مانيحەي ٴدىنى سەكىلدى دىندەر تاعى ٴبىر مارتە داۋرەندەيدى. ايتالىق، قىتاندار وزىنە قاراستى جەرلەردە كوپتەگەن عيباداتحانا سالادى؛ نەستوريان دىنىندەگىلەر بالاساعۇن، المالىق سەكىلدى جەرلەردە شىركەۋ سالادى جانە بولىمشە قۇرىلىمدارىن دايىندايدى. قاشقاردان نەستوريان ٴدىنىنىڭ ٴدىني باس اۋماعىن قۇرادى. تۇرپاننىڭ ٴجۇزىم سايىنداعى نەستوريان ٴدىنىنىڭ ەسكى جۇرتىنان كەزىندەگى سيريا، پارسى، سوعدى جانە بايىرعى ۇيعۇر جازۋىمەن جازىلعان نەستوريان ٴدىنىنىڭ كلاسسيكالىق شىعارمالارى مەن جازبا مۇراعاتتارى قازىپ الىندى؛ مانيحەي ٴدىنى دە ٴىسلام ٴدىنىن قابىلداعان وڭىرلەردە قايتادان جارىققا شىقتى. بۇدان تىس، باتىس لياۋ پاتشالىعى

ۋماعىنا ەۋرەي ءدىنىنە سەنەتىن از بولماعان ەۋرەيلەر قونىستاندى. ولار دا ۇلكەندى ـ كىشىلى ەۋرەي ءدىني توپتارىن ۇيىمداستىردى. ءىسلام ءدىنى دە قاقپايلانبادى، ءبىراق، دارا عۇرمەتتەلەتىن ورنىنان ايرىلدى.

ەكىنشى، شينجياڭ ءوڭىرى ءدىن مادەنيەتىنىڭ ورتا جازىق ءوڭىرى ءدىن مادەنيەتىمەن ارالاسۋى جانە توعىسۋى

بەس اۋلەت، سۇڭ، لياۋ، التىن پاتشالىقتارى كەزەڭىندە، شينجياڭ ءوڭىرى ورتا جازىق وڭىرىنىڭ دىندەرىمەن ۇزىلىسسىز قويۋ قارىم ـ قاتىناسىن ساقتاپ وتىردى. گاۋچاڭ بايىرعى ۇيعۇرلارى بيلەۋشىلەرى موناحتاردى ەلشى رەتىندە ورتا جازىق پاتشالىقتارىنا جىبەرىپ، تارتۋ ۇسىنىپ وتىردى. 965 ـ جىلى، گاۋچاڭ بايىرعى ۇيعۇرلارى كەزىندە «فايۋان موناحتى جىبەرىپ، بۋددا ءتىسى سارىيراسىن، اينەكەي ىدىستاردى، كارىپتاس توستاعاندى تارتۋ ەتتى»[①]. 984 ـ جىلى، تاعى دا بۋددا ءدىنى، مانيحەي ءدىنى موناحتارى مەن براحمان مۇريتتەرىنىڭ باسىن قوسىپ، سۇڭ پاتشالىعىنا تارتۋ ۇسىنۋعا جىبەردى. گاۋچاڭ بايىرعى ۇيعۇرلارىنىڭ ورتا جازىق بيلىگىمەن ورناتقان بارىس ـ كەلىس مازمۇنىندا، ءدىني فاكتوردىڭ دا از ەمەس كەلەتىندىگىن كورۋگە بولادى. 1067 ـ جىلى، گاۋچاڭ بايىرعى ۇيعۇرلارى كەزىندە ەلشىلەرىن جىبەرىپ، بايىرعى ۇيعۇر بۋددا ءدىنى موناحتارىن ۇسىنىس ەتىپ، سونداي ـ اق التىنىمەن اپتالعان بۋددا ءمۇسىنىن، پالما جاپىراقتى تۇپتەمە نومدارى، ت.ب ـ لاردى الدىرعان. 1068 ـ جىلى، «بايىرعى ۇيعۇر حاندىعىنىڭ حانى ەلشى جىبەرىپ، مول جەرگىلىكتى دۇنيە ـ مۇلىكپەن تارتۋ ۇسىنىپ، ‹ماحاپىراج اپاراميتا ـ سۋتراني› ساتىپ بەرۋدى تالاپ ەتەدى». پاتشا جارلىعىمەن «ماحاپىراج اپاراميتا ـ سۋتراني»[②] سىيلايدى. ءدال وسىنداي تىعىز ءدىني اۋىس ـ كۇيىستەر سەبەبىنەن، گاۋچاڭ بايىرعى ۇيعۇرلارىنىڭ ءدىنى ورتا جازىقتىڭ تەرەڭ اسەرىنە ۇشىراعان، سونداي ـ اق حانزۋشادان بايىرعى ۇيعۇر تىلىنە اۋدارىلعان قىرۋار بۋددا نوم بۋمالارى جارىققا شىققان.

---

① (يۋان) توقتاي، ت.ب .لار: «سۇڭ تارىيحى . گاۋچاڭ بايانى»، بەيجيڭ: جوڭحۋا شۋجۋي باسپاسى، 1977 ـ جىل، 14110 ـ بەت.

② (چيڭ) شۋي سۇڭ رەداكسيالاعان، ليۋ لين، ت. ب. تىنىس بەلگىسىن قويىپ، كوررەكتورىن قاراعان: «سۇڭ تۋرالى بايانىنان جيناقتالىپ العان جازبالار . ءتۇبىت، رەي تۋرالى (4) » 16 ـ كىتاپ، شاڭحاي: شاڭحاي بايىرعى شىعارمالار باسپاسى، 2014 ـ جىل، 9772 ـ بەتتەر.

بەس اۋلەت، سۇڭ، لياۋ، التىن پاتشالىقتارى كەزەڭىندە گاۋچاڭ بايىرعى ۇيعۇرلارىنا قاراستى كۇساننىڭ دا ورتا جازىق وڭىرىندەگى دىندەرمەن قاتىناسى تۇتەنشە قويۋ بولدى. 1003 ـ جىلى، «كۇسان ەلىنىڭ موناعى يشيۋ كەلىپ، پاتترا تۇپتەمەلەرىن، بودحي تۇپتەمەلەرىن، تاسپيىق، ساريرا، كۇرەڭ تون جانە بەلبەۋ سيلايدى». 1022 ـ جىلى، «كۇسان ەلىنىڭ موناعى حۋا يان باتىستان كەلگەندە بۋددا ساريراسىن، بودحي تۇپتەمەلەرىن سيعا تارتتى»[1]. اتالعان تاريحي شىندىقتار، مەيلى ۇلى بىرلىككە كەلۋ كەزەڭىندە بولسىن، نەمەسە بىلىكتەر ٴبولىنىپ قۇرىلعان، قوعام اۋمالى ـ توكپەلى كەزەڭدە بولسىن، شينجياڭ ٴوڭىرىنىڭ ورتا جازىق وڭىرىمەن ٴدىني قارىم ـ قاتىناسى ٴۇزىلىپ كورگەن ەمەس.

① (چيڭ) شۋي سۇڭ رەداكسيالاعان، ليۋ لين، ت.ب .لار تىنىس بەلگىسىن قويىپ، كوررەكتورىن قاراعان: «سۇڭ تۋ الى باياننان جيناقتالىپ العان جازبالار . ٴتۇبىت، رەي تۋرالى (4) » 16 ـ كىتاپ، شاڭحاي: شاڭحاي بىلىرعى شىعارمالار باسپاسى، 2014 ـ جىل، 9774 ـــ 9775 ـ بەتتەر.

5 - تاراۋ يۋان، ميڭ پاتشالىقتارى كەزەڭى

— شينجياڭ ٴوڭىرىنىڭ جۇڭگوۋا ٴبىر تۇلعاسىنا اناعۇرلىم ىشكەرىلەي توعىسۋى

يۋان، ميڭ پاتشالىقتارى — چين، حان جانە سۇي، تاڭ پاتشالىقتارىنان كەيىن جۇڭگو تاريحىنداعى ٴۇشىنشى رەتكى زور بىرلىككە كەلگەن كەزەڭ. يۋان پاتشالىعى ورتا جازىقتا وردا قۇرىپ، بۇكىل ەلدى بىرلىككە كەلتىرىپ، 370 نەشە جىل كوپ بيلىكتىڭ تىرەسكەن، بولەكتەنگەن جاعدايىن اياقتاتىپ، بىرلىككە كەلگەن كوپ ۇلتتى مەملەكەتتىڭ بەكەمدەلۋى مەن دامۋى جاڭا دەڭگەيگە كوتەرىلدى. سونىمەن بىرگە، يۋان پاتشالىعى جۇڭگو تاريحىنداعى تاعى ٴبىر رەتكى ۇلتتاردىڭ قاۋىرت قونىس اۋدارۋ، زور توعىسۋ كەزەڭى سانالادى. ميڭ پاتشالىعى ورناعانىنان كەيىن پاتشا بيلىگىن نىعايتاتىن رەفورما شارالارىن اتقاردى ٴارى تۇڭىرەگىندەگى مەملەكەت جانە رايوندارمەن دوستىق قارىم - قاتىناسىن بەلسەنە دامىتتى. جىڭ حىنىڭ باتىس تەڭىز ساپارى جۇڭگونىڭ، ٴتىپتى، دۇنيە ٴجۇزى تەڭىز - مۇحيت ساپارى تاريحىنداعى ۇلى ىسكە اينالدى. وسى كەزەڭدە ورتالىق بيلىك باتىس ٴوڭىردى باسقارۋى مەن جونگە سالۋىن ٴۇرتىس كۇشەيتتى. يۋان پاتشالىعى تۇڭعىش رەت باتىس وڭىردە كەمي ولكە قۇردى. بۇل باتىس سولتۇستىك شەكارا ٴوڭىرىن باسقارۋ تۇزىلىسىندەگى زور وزگەرىس بولدى؛ ميڭ پاتشالىعى قۇمىل توقساۋىلدىعىن قۇرىپ، باتىس ٴوڭىردى باسقارۋ ۇقىعىن جالعاستى جۇرگىزدى. باتىس وڭىردە شاعاتاي حاندىعى مەن ياركەن حاندىعى، ت.ب. جەرگىلىكتى بيلىكتەردىڭ بارلىعى ورتالىق بيلىكتى باستان - اياق شىنايى مويىندادى. شينجياڭداعى ٴار ۇلت اناعۇرلىم توعىسىپ، موڭعۇلدار، اسىرەسە، شاعاتاي حاندىعىنا قارايتىن

موڭعۇلدار نەگىزىنەن ۇيعىرلارمەن ٴبىر تۋلعاعا اينالىپ، ۇيعىرلارعا جاڭا قان بولىپ قوسىلدى. يۋان پاتشالىعى داۋىرىندە زور توپتاعى ۇيعىر قاتارلى از ۇلتتار ورتا جازىق ولكەلەرگە قونىستانىپ، تۇرمىس كەشىرىپ، حانزۋ ٴتىل ـ جازۋىن ۇيرەنىپ، قولدانىپ، ٴبىر توپ ساباساتشى، ادەبيەتشى، كوركەمونەرشى، تاريحشى، ەگىنشىلىك ماماندى، اۋدارماشى جارىققا شىعىپ، شينجياڭداعى ٴار ۇلت مادەنيەتىنىڭ جاڭا ٴبىر دامۋ كەزەڭىنە كوتەرىلۋىن جەبەدى.

ٴبىرىنشى تاراۋشا كولەمى بۇرىن بولىپ كورمەگەن ساياسي بىرلىك

يۋان پاتشالىعىنىڭ ساياسي بىرلىككە كەلگەن، تەرريتورياسى كەڭ بولىپ، ورتالىق پەن جەرگىلىكتى ورنىنىڭ، ورتا جازىق پەن شەكارا ٴوڭىردىڭ بايلانىسى بۇرىن بولىپ كورمەگەن دارەجەدە كۇشەيدى. ساياسي جاقتان بۇرىن بولىپ كورمەگەن دارەجەدە بىرلىككە كەلۋ ۇلتتاردىڭ بۇرىن بولىپ كورمەگەن دارەجەدە قونىس اۋدارۋىن ىلگەرىلەتىپ، يۋان پاتشالىعى شەكاراسى ىشىندە ۇلتتاردىڭ كەڭ كولەمدە ارالاس قونىستانۋىن قالىپتاستىرىپ، الىمىزدىڭ بىرلىككە كەلگەن كوپ ۇلتتى مەملەكەتىنىڭ دامۋىنا تەرەڭ ىقپال جاسادى. ميڭ پاتشالىعى ٴداستۇرلى پاتشالىقتاردىڭ «رەي ـ شيا» كوزقاراسىن جويىپ، «جۇڭگو» بىرلىككە كەلگەن پاتشالىقتىڭ ورتاق اتاۋى ەكەنىن تۇراقتاندىرىپ، جۇڭحۋا تۇتاس تۇلعا تانىمىنىڭ جۇرت جۇرەگىنە تەرەڭ ۇيالاۋىن جەبەدى.

ٴبىرىنشى، يۋان، ميڭ پاتشالىقتارىنىڭ گۇلدەنۋى جانە قۇلدىراۋى

1206 ـ جىلى، يۋان تايزۋ تەمۋجىن موڭعۇل تايپالارىن بىرلىككە كەلتىرىپ، موڭعۇل بيلىگىن ورناتىپ، قۇرمەتتەلىپ شىڭعىس قاعان دەپ اتالدى. وسىدان كەيىن، موڭعۇلدار تەگىرەگىنە كولەمدى سوعىستار قوزعاپ، ىلگەرىندى ـ كەيىندى باتىس لياۋ، باتىس شيا، التىن بيلىكتەرىن قۇلاتتى. 1260 ـ جىلى، يۋان شىزۋ قۇبىلاي قاعان تاعىنا وتىردى؛ 1271 ـ جىلى، مەملەكەت اتىن يۋان دەپ وزگەرتىپ، كەلەسى جىلى حانبالىقتى (قازىرگى بەيجيڭدى) استانا ەتىپ تۇراقتاندىردى؛ 1279 ـ جىلى، يۋان پاتشالىعى وڭتۇستىك سۇڭ پاتشالىعىن جويىپ، بۇكىل ەلدى بىرلىككە كەلتىردى. يۋان پاتشالىعىنىڭ العاشقى كەزەڭى مەن ورتاڭعى كەزەڭىندە قوعامنىڭ ورنىقتىلىعى مەن دامۋ جاعدايىن ساقتادى، سوڭعى كەزەڭىندە ساياسي جاقتان شىرىكتەنۋ سەبەبىنەن، تاپتىق قايشىلىق پەن قوعامدىق قايشىلىق شيەلەنىسىپ،

ماتەريال تىزبەگى

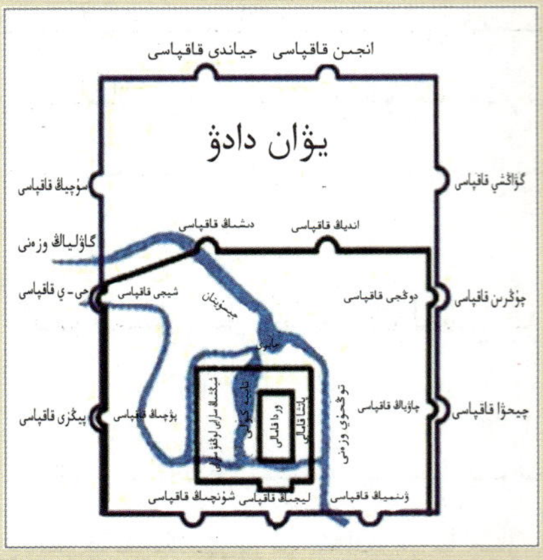

يۋان دادۋ — يۋان پاتشالىعىنىڭ استاناسى، ورنى قازىرگى بەيجيڭ قالاسىندا، يۋان پاتشالىعى داۋىرىندەگى عالىم ليۋ بينجۇڭ جوبالاپ سالدىرعان. ليۋ بينجۇڭ يۋان دادوۋدى جوبالاعاندا «جۋ لي قۇرىلىس بولىمىندەگى» «توعىز ەندىك، توعىز بويلىق»، «الدى وردا، ارتى بازار بولۋ»، «سول جاعىندا اتا - بابالار عيباداتحاناسى، وڭ جاعىندا جاراتقانعا سيىناتىن مۇنارا بولۋ» جوسىنى بويىنشا كوشەلەردى دويبى تاقتاسىنداي جوبالاعان ءارى «بجيڭ» وڭ - تەرىستىك، اسپان مەن جەردىڭ جاراسىمدىلىعىن ساقتاۋ سياقتىلاردىڭ بارلىعىن قۇرىلىسقا سىڭىرگەن. يۋان دادوۋدىڭ كوشە - جولدارىنىڭ ورنالاسۋى بۇگىنگى بەيجيڭ قالاسىنىڭ نەگىزگى جاعدايىن قالىپتاستىردى.

1351 - جىلى كەڭ كولەمدى ديقاندار كوتەرىلىسى بۇرق ەتە ءتۇستى. 1368 - جىلى، جۋ يۋانجاڭ باسشىلىق ەتكەن ديقاندار قوسىنى يۋان پاتشالىعىن اۋدارىپ، ميڭ پاتشالىعىن قۇردى.

جۋ يۋانجاڭ ميڭ پاتشالىعىن قۇرعاننان كەيىن اسكەر جىبەرىپ شانشي، سانشي، سىچۋان سياقتى جەرلەردەگى قارسى كۇشتەردى جويدى ءارى موبيگە بارىپ يۋان پاتشالىعىنىڭ قالدىق كۇشتەرىن جويىپ، 1387 - جىلى بۇكىل ەلدى نەگىزىنەن بىرلىككە كەلتىردى. ميڭ چىڭزۋ جۋدي تاحقا وتىرعان كەزىندە استاناسىن بەيجيڭگە كوشىرىپ، شەكارا رايونعا قاراتقان باسقارۋ مەن جونگە سالۋىن كۇشەيتتى. ميڭ پاتشالىعىنىڭ يۇڭلى جىلناماسى كەزىندە پاتشالىقتىڭ ساياسي جاعدايى ورنىقتى، ەل قۋاتى كۇشتى بولىپ، جۇڭگو تاريحىنداعى تاعى ءبىر ەرەن گۇلدەنگەن ءداۋىر جارىققا شىقتى. ميڭ پاتشالىعىنىڭ سوڭعى جىلدارىندا ەلىمىزدىڭ شىعىس سولتۇستىگىندەگى شۇرشىتتەر بىرتىندەپ كۇشەيىپ، ميڭ پاتشالىعىنىڭ بيلىگىنە اسا اۋىر حاۋىپ ءتوندىردى. سونىمەن ءبىر ۋاقىتتا، ميڭ پاتشالىعىنىڭ ساياسي جاقتان شىرىكتەسۋى بىرعان سايىن ۇدەپ، مەملەكەتتىڭ قازىنالىق داعدارىسى اۋىرلاپ، پاتشا ورداسى ءۇستى - ۇستىنە سالىقتى اۋىرلاتقاندىقتان، الىم - سالىق حالىقتىڭ ارقاسىنا ايازداي باتىپ، تاپتىق قايشىلىق كۇن سايىن ۋشىعىپ، جەر - جەردە ارت - ارتىنان ديقاندار كوتەرىلىسى تۋىلدى. 1644 - جىلى

ميڭ پاتشالىعى جويىلدى.

ەكىنشى، كوپ ۇلتتىڭ ۇلى بىرلىك جاعدايىنىڭ اناعۇرلىم بەكەمدەلۋى جانە دامۋى

يۋان پاتشالىعى ــ ەلىمىز تاريحىنداعى تۇڭعىش رەت از ۇلت اقسۇيەكتەرى نەگىز ەتىپ قۇرىلعان بۇكىل مەملەكەت سيپاتىنداعى بىرلىككە كەلگەن پاتشالىق. بيلىك قۇرۋمەن بىرگە يۋان پاتشالىعى بيلەۋشىلەرى حان، تاڭ پاتشالىقتارى داۋىرلەرىنەن جالعاسىپ كەلە جاتقان ٴداستۇرلى كوزقاراسقا مۇراگەرلىك ەتىپ، ورتا جازىقتاعى بۇرىنعى پاتشالىقتاردىڭ بيلىك جۇرگىزۋ تاسىلىنەن پايدالانىپ، مونارحيالىق بيلىك نەگىزىندەگى بيلىك ورتالىقتا شوعىرلانعان ٴتۇزىمدى بىرتىندەپ ورناتتى. 1260 ـ جىلى قۇبىلاي تاحقا وتىرعانىنان كەيىن يۋان پاتشالىعىنىڭ ورتالىق ٴبىر تۇتاس بيلىگىن قۇرىپ، بۇكىل ەلگە: «پاتشالىق قۇرىپ، جىلناما جاريالاپ، پاتشالىقتىڭ ماڭگى جالعاساتىنىن ايگىلەپ وتىرمىز؛ پاتشالىق تاريحتى جازىپ، كۇللى الەم ٴبىر شاڭىراق ەكەنىن ۇعىندىرامىز. ‹چۇنچيۋدىڭ› جول ـ جوسىنىن ۇلگى ەتىپ، ‹بالنامانىڭ› چيانيۋان تاراۋىنداعى يۋان دەگەن ٴسوزدى پاتشالىقتىڭ اتى ەتتىك» دەپ جارلىق ٴتۇسىردى[①]، جاڭا بيلىكتىڭ ورتا جازىق پاتشالىقتارىنىڭ زاڭدى جالعاسىمى، «الەمنىڭ قارا شاڭىراعى» ەكەنىن ايقىن دارىپتەدى ٴارى ٴوزىن «الەمنىڭ قوجايىنى» ساناپ، وزدەرىنىڭ بيلىگىن «ٴتاڭىردىڭ قالاۋى» ەكەندىگىن قايتا ـ قايتا دارىپتەپ وتىردى. «حۋاشيا ـ رەي» ايىرماشىلىعى كۇن ساناپ كۇڭگىرتتەنىپ، الەمدى بىرىكتىرىپ باسا بيلەيتىن «زاڭدى جالعاستىرۋشىلىق» ورنىعا يە بولۋ ٴار ۇلت بيلەۋشىلەرىنىڭ ساياسي ۇستانىمىنداعى ورتاق تانىمىنا اينالدى. سونىمەن بىرگە، يۋان پاتشالىعى حانزۋ پاتشالىقتارىنىڭ زاڭ ـ تۇزىمدەرىن جاپپاي اتقارىپ، موڭعۇلداردىڭ حانزۋ وڭىرلەرىن بيلەۋ تاسىلىنە رەفورما جاساپ، حانزۋ زيالىلارىنىڭ اقىل ـ كەڭەسىن كەڭىنەن قابىلداپ، ورتا جازىق پاتشالىقتارىنىڭ ٴداستۇرلى تۇزىمدەرىن ۇلگى ەتىپ، فەودالدىق ورتالىقتانعان بيلىك جۇيەسى مەن وعان سايكەستى زاڭ ـ ەرەجە تۇزىمدەردى ورناتىپ، يۋان پاتشالىعىنىڭ ساياسي ٴتۇزىلىسىن نەگىزىنەن قۇردى. اسىرەسە، كەمي ولكە ٴتۇزىمىنىڭ اتقارىلۋى يۋان پاتشالىعىنىڭ بيلىگىن بەكەمدەدى، بۇل چين پاتشالىعىنان بەرگى ايماق ـ اۋدان ٴتۇزىمىنىڭ زور دامۋى بولىپ، كەيىنگى مەملەكەتتىڭ ساياسي تۇزىمىنە تەرەڭ ىقپال جاسادى.

---

① (ميڭ) سۇڭ ليان: «يۋان تاريحى . شىزۋ ەستەلىكتەرى»، بەيجيڭ: جۇڭحۋا شۋجۇي باسپاسى، 1976 ـ جىل، 65 ـ بەت.

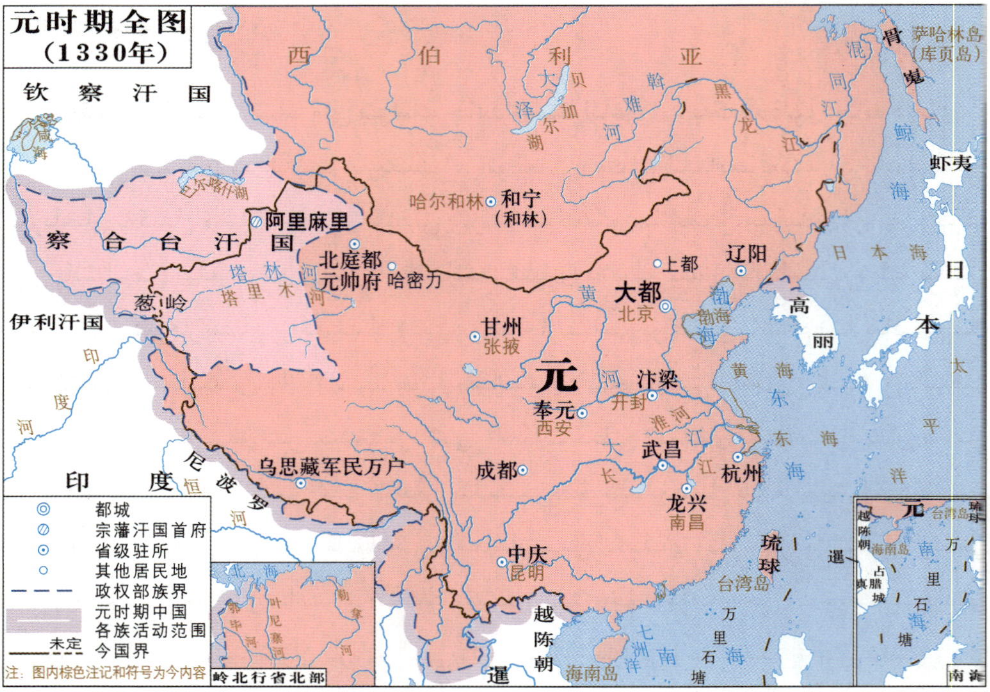

ميڭ پاتشالىعى يۋان پاتشالىعىن قۇلاتقانىنان كەيىن «يۋان پاتشالىعى رەي-تيەك سالاۋاتىمەن جۇڭگوعا قوجايىندىق ەتكەنىمەن، ٴجۇز جىل ىشىندە ەل وركەنى ٴوسىپ، قازىنا تولىپ، حالىق توقشىلىق كوردى»، يۋان پاتشالىعى بيلەۋشىلەرى «حۋاشيا ۇلتى ولماعانىمەن، ٴبىر اسپاننىڭ استىندا جاساپ جاتىرمىز، ٴجون - جوسىنعا قانىق، قارا حالقىم بولۋعا رازىلارى بولسا، حۋاشيا ۇلتىنان بولە قاراماي قولتىققا الۋىمىز كەرەك» دەپ قارادى. بۇل ميڭ پاتشالىعى بيلەۋشىلەرىنىڭ يۋان پاتشالىعىنىڭ ورتا جازىقتا كىرۋىنىڭ زاڭدى ەكەندىگىن مويىنداعاندىعىن، يۋان پاتشالىعىنىڭ بىرلىككە كەلۋىنىڭ كوپ ۇلتتى ٴبىر تۇتاس مەملەكەتتىڭ ٴداستۇرىنىڭ جالعاسۋى ەكەنىن تۇراقتاندىرعانىن، ٴداستۇرلى پاتشالىقتىڭ «رەي - حۋاشيا» كوزقاراسىن جويعانىن تۇسىندىرەدى. ميڭ تايزۋ جۋ يۋانجاڭ «حۋاشيا - رەي تالاس - تارتىسىن» ەندىگارى دارىپتەمەي، «حۋاشيا - رەي ٴبىر ٴۇيدىڭ ادامى» دەپ اتادى، «بۇكىل ەلدەگى جەر - سۋدى قورعاپ تۇرعانداردىڭ بارلىعى وردانىڭ زاڭدى ۋاكىلى، حالىقتىڭ بارلىعى وردانىڭ ۇلاندارى» دەپ جاريالادى①. تاعى «الەمنىڭ يەسى بولعان ەكەنىمىن،

① وردا قۇراستىرعان: «ميڭ تايزۋدىڭ ناقتى ەستەلىكتەرى»، (سۋرەتتى نۇسقاسى) بەيجيڭ: جۇڭحۋا شۋجۇي باسپاسى، 2016 - جىل، 1041 - ، 404 - ، 1801 - بەتتەر.

حۋاشيا ـ رەي دە پارىق بولمايدى، اتى ـ زاتى باسقا بولعانىمەن، بارلىعىنا بىردەي مامىلە جاسالادى» دەپ دارىپتەدى[①]، ونىڭ مۇراگەرى ميڭ چىڭزۋ مۇنى دامىتا ٴتۇسىپ: «حۋاشيا ـ رەي ەجەلدەن ٴبىر ٴۇيلى جان، مەن ٴتاڭىردىڭ قالاۋىمەن كوكتىڭ ۇلى بولدىم، اسپان استىنداعى، جەر بەتىندەگى ٴبارى مەنىڭ ۇلاندارىم، سەن ـ مەن دەپ نەسىنە بولىنبەك؟»[②]. «الەم استى بىرلىككە كەلدى، حۋا ـ رەي ٴبىر شاڭىراققا باس قوستى، سەن ـ مەن دەسۋدىڭ قاجەتى نە؟»[③] دەپ جاريالادى. بۇل لياۋ، سۇڭ، شيا، التىن پاتشالىقتارى كەزەڭىندەگى ۇلتتاردىڭ توعىسۋى مەن مادەنيەت اۋىس ـ كۇيىسى ارقىلى ٴارى يۋان پاتشالىعى ۇلى بىرلىكتى بەكەمدەۋ جانە دامىتۋ ارقىلى جوڭحۋا تۇتاس تۇلعا سىندى كوزقاراسىنىڭ جۇرت جۇرەگىنە تەرەڭ ۇيالاعاندىعىن دالەلدەدى. ميڭ پاتشالىعىنان بۇرىن ٴارقايسى پاتشالىقتاردىڭ اتى نەمەسە ٴوز ۇيباستىنا ۋاكىلدىك ەتكەن بەلگىلىك اتاعى عانا بار ەدى. ميڭ پاتشالىعىنان باستاپ بيلەۋشىلەردىڭ مەملەكەت جونىندەگى نەگىزگى تانىمىندا ەلەۋلى وزگەرىس تۋىلىپ، جوڭگو ميڭ پاتشالىعى بيلەۋشىلەرى جاعىنان مەملەكەتتىڭ جالپى اتاۋى بولىپ تۇراقتاندى. بۇل ٴداستۇرلى ماعىناداعى «جوڭگونى» قامتۋمەن بىرگە، كەزىندە «ٴتورت رەي» دەپ اتالاتىن از ۇلتتار ٴوڭىرىن دە قامتىپ، چين، حان، سۇي، تاڭ، سۇڭ، يۋان پاتشالىقتارىنان ميڭ پاتشالىعىنا دەيىنگى بىرلىككە كەلگەن پاتشالىقتاردىڭ اكىمشىلىك اۋماعى كاتەگورياسىنا ەنگەن ولكەلەردىڭ بارلىعى جوڭگونىڭ تەرريتورياسى بولدى. ال، «ۇلى ميڭ پاتشالىعى» دەگەن رەسمي جۋ يۋانجاڭ قۇرعان ميڭ پاتشالىعىنا عانا قاراتىلدى. «جوڭگو» دەپ «رەي»، «شيا» دەگەن ۇلت شەكاراسىنان، حان، تاڭ پاتشالىعى قاتارلى پاتشالىقتاردىڭ داستۇرىنەن اسىپ ٴتۇسۋ ارقىلىپ وتىر، بۇل ەلىمىزدىڭ بىلگەرگى پاتشالىق تەرريترياسى ىشىندەگى كوپ ۇلتتى بىرلىككە كەلگەن مەملەكەتتىڭ جالپى اتالۋى.

يۋان پاتشالىعىنىڭ جەرى كەڭ بولىپ، سولتۇستىگى سىبىرگە، وڭتۇستىگى نانحاي توپ ارالدارىنا، شىعىس سولتۇستىگى قازىرگى كۋيە ارالىنا، باتىس سولتۇستىگى شينجياڭ

① ردا قۇراستىرعان: «ميڭ تايزۋدىڭ ناقتى ەستەلىكتەرى»، (سۋرەتتى نۇسقاسى) بەيجيڭ: جوڭحۋا شۋجۇي باسپاسى، 2016 ـ جىل، 1048 ـ بەت.

② ردا قۇراستىرعان: «ميڭ تايزۋڭنىڭ ناقتى ەستەلىكتەرى»، (سۋرەتتى نۇسقاسى) بەيجيڭ: جوڭحۋا شۋجۇي باسپاسى، 2016 ـ جىل،2407 ـ بەت.

③ ردا قۇراستىرعان: «ميڭ تايزۋڭنىڭ ناقتى ەستەلىكتەرى»، (سۋرەتتى نۇسقاسى) بەيجيڭ: جوڭحۋا شۋجۇي باسپاسى، 2016 ـ جىل، 533 ـ ، 534 ـ بەتتەر.

ٴوڭىرى، ورتا ازيا وڭىرىنە دەيىن جالعاسقان. ۇلان -بايتاق تەرريتوريانى ٴونىمدى جونگە سالۋ ٴۇشىن، يۋان پاتشالىعى بيلەۋشىلەرى ٴار جەردىڭ جاعدايىنا قاراي شارا قولدانىپ، شىعىس سولتۇستىك، باتىس سولتۇستىك، شىعىس وڭتۇستىك، باتىس وڭتۇستىك وڭىرلەرىندە سايكەستى باسقارۋ قۇرىلىمدارىن ورناتتى. يۋان پاتشالىعى ىشكى ۋازىرلىككە توتە قاراستى «كىندىك ٴوڭىردى» (شاندۇڭ، شانشي، حىبەيلەردى قامتيدى) قۇردى، باسقا وڭىرلەردى 10 كەمي ولكەگە ٴبولدى، ول قىسقاشا «كەمي ولكە» دەپ اتالدى. مۇنىڭ ىشىندەگى ليڭبەي، لياۋياڭ، گانسۋ، يۇننان، حۇگۋاڭ سياقتى كەمي ولكەلەردىڭ باسقارۋ اۋماعىنىڭ بارلىعى از ۇلت وڭىرلەرىن قامتىدى. يۋان پاتشالىعى موبي وڭىرىندە ليڭبەي كەمي ولكەسىن، شىعىس سولتۇستىك وڭىرىندە لياۋياڭ كەمي ولكەسىن، باتىس وڭىردە بەسبالىق كەمي ولكەسىن، ت.ب. قۇرىلىمداردى قۇردى. مۇنان سىرت، يۋان پاتشالىعى شۋانجىڭيۋان قۇرىپ، ٴتۇبىت رايونىن ٴبىر تۇتاس باسقارتتى. سونان باستاپ شيزاڭ ورتالىق توتە باسقاراتىن جەرگىلىكتى اكىمشىلىك وڭىرگە رەسمي اينالدى؛ پىڭحۋ شارلاۋ مەكەمەسىن قۇرىپ، پىڭحۋ مەن ليۋچيۋ ارالىن باسقارتتى.

ەلىمىزدىڭ بۇرىنىنان بەرگى تەرريتورياسىنىڭ دامۋى قۇرلىقتى نەگىز ەتىپ، يۋان پاتشالىعى داۋىرىندە شىرقاۋ شىڭىنا شىقتى. مىڭ پاتشالىعىنىڭ تەرريتورياسى ەڭ كەڭ

ماتەريال تىزبەگى

15 ـ عاسىردىڭ باسىندا، مىڭ پاتشالىعىنىڭ ەكونوميكاسى بىرتىندەپ گۇلدەنىپ، مەملەكەت قۋاتى ارتىپ، سول كەزدەگى دۇنيە جۇزىندەگى قۋاتتى ەلگە اينالدى. مىڭ چىڭزۋ تاحقا وتىرعاننان كەيىن جىڭ حىنى «باتىس تەڭىزگە» ساپارعا اتتاندىردى. 1405 ـ جىلدان 1433 ـ جىلعا دەيىنگى 28 جىل ىشىندە جىڭ حى كەمە قۇراماسىن باستاپ 7 رەت باتىس تەڭىزگە ساپارلاپ، ازيا ـ افريكاداعى 30 نەشە مەملەكەت پەن رايونعا بارىپ، باتىس تىنىق مۇحيت پەن ىندى مۇحيتى اراسىنداعى ازيا ـ افريكا تەڭىز قاتىناسى سۋ جولىن اشتى، بۇل دۇنيە ٴجۇزى تەڭىز ـ مۇحيت ساپارىنداعى ەلەۋلى ٴىس سانالىپ، جۇڭگونىڭ بەيبىتشىلىكتى، دوستىقتى، بەرەكە ـ بىرلىكتى دارىپتەيتىن مادەنيەت رۋحىن ايگىلەدى.

بولعان كەزدە شىعىس سولتۇستىگى جاپون تەڭىزىنە، وحوتسك تەڭىزىنە، باتىس سولتۇستىگى شينجياڭنىڭ قۇملىنا دەيىن جەتىپ، باتىس وڭتۇستىگى بۇگىنگى شيزاڭ، يۋنناندى قامتىپ، شىعىس وڭتۇستىگى تەڭىزگە جانە تەڭىزدەگى تۇپ ارالدارعا دەيىن تىرەلدى. مىڭ پاتشالىعىنىڭ تىكە قاراستى تەرريتورياسىن يۋان پاتشالىعىنىكىمەن سالىستىرۋعا كەلمەگەنىمەن، تەڭىز - مۇحيت ۇقىعى يدەياسىنىڭ جارىققا شىعۋى ەلىمىزدىڭ تەرريتوريا جونىندەگى تانىمىن ونان ارى كەڭەيتە ٴتۇستى. 15 - عاسىردىڭ باسىندا مىڭ پاتشالىعىنىڭ ەكونوميكاسى گۇلدەنىپ، مەملەكەت قۋاتى ارتىپ، سول كەزدەگى دۇنيە جۇزىندەگى قۋدىرەتتى ەلگە اينالدى. مىڭ چىڭزۋ جۋدي پاتشالىق تاحتا وتىرعان كەزىندە «تۇڭىرەگىندەگى ٴتورت رەيمەن» قاتىناس ورناتۋعا كۇش سالىپ، سولتۇستىك، شىعىس سولتۇستىك، باتىس سولتۇستىك وڭىرلەرگە قاراي داڭۋ بەتالىسىن قالىپتاستىردى ٴارى تەڭىزدىڭ ار جاعىنا دەيىن قادام تاستادى. 1405 - جىلدان 1433 - جىلعا دەيىن جىڭ حې كەمە قۇراماسىمەن 7 رەت باتىس تەڭىزگە ساپارلاپ، جۇڭگونىڭ بەيبىتشىلىكتى، دوستىقتى، بەرەكە - بىرلىكتى دارىپتەيتىن مادەنيەت رۋحىن ايگىلەدى. بۇل جۇڭگونىڭ تەڭىز - مۇحيت ۇقىعى يدەياسىنىڭ جاڭا ساتىعا كوتەرىلگەندىگىنىڭ بەلگىسى. تەڭىز - مۇحيت ەلىمىزدىڭ ۇلى بىرلىك مەملەكەتىنىڭ مۇددەسىن قالىپتاستىرىپ، ورتالىق پاتشا ورداسى تەڭىز - مۇحيتتى مەڭگەرۋ مەن پايدالانۋدى كۇشەيتە باستادى.

مىڭ چىڭزۋ تاحتا وتىرعان كەزىندە چىن چىڭدى ٴۇش رەت ورتا ازياداعى تەمىر يمپەرياسىنا ەلشىلىككە جىبەردى. ەلشىلەر ۇيىرمەسى نانجيڭنەن جولعا شىعىپ، يۋمىنگۋان، شينجياڭ ٴوڭىرى ارقىلى ورتا ازياعا كىرىپ، بارعان جەرلەرىنە جىبەك، كەزدەمە سياقتى زاتتاردى سيعا بەرىپ، قىزۋ قارسى الۋعا يە بولدى. وسى مەزگىلدە، ىلگەرىندى - كەيىندى نەشە ونداعان ەلشىلەر ۇيىرمەسى جۇڭگو مەن ورتا ازيا رايونى اراسىندا ساپاردا بولدى. يۋان پاتشالىعىنىڭ سوڭعى كەزىندەگى سوعىس الاساپىراندىعى مەن بولەكتەنگەن باسقارۋدان ٴبىر مەزەت توسىلىپ قالعان قۇرلىق جىبەك جولىندا «ەلشىلەر قايشىلىسقان، ساۋدا كەرۋەنىنىڭ اياعى ۇزىلمەگەن» دۋماندى جاعداي قايتا قالپىنا كەلدى.

ەكىنشى تاراۋشا كەمي ولكە ٴتۇزىمىنىڭ اتقارىلۋى جانە باتىس ٴوڭىردى جوڭگە سالۋ تاسىلىندەگى وزگەرىس

يۋان، مىڭ پاتشالىقتارى ورتالىق بيلىك اسكەري ـ اكىمشىلىك باسقارۋ قۇرىلىمدارىن ورناتۋ، جەرگىلىكتى ەل باسىلارىنا لاۋازىم، ٴمانساپ بەرۋ سياقتى شارالار ارقىلى باتىس وڭىرگە بيلىگىن جۇرگىزدى. بۇل دا حان پاتشالىعى داۋىرىنەن كەيىنگى ورتالىق پاتشالىقتىڭ تيانشاننىڭ وڭتۇستىگى مەن سولتۇستىگىندەگى جەرلەرگە يەلىك ۇقىق جۇرگىزۋىنىڭ جالعاسى جانە دامۋى ەدى.

ٴبىرىنشى، موڭعۇلداردىڭ شينجياڭ ٴوڭىرىن بىرلىككە كەلتىرۋى جانە كەمي ولكە ٴتۇزىمىنىڭ ورناۋى

باتىس لياۋدىڭ سوڭعى مەزگىلىندە ساياسي جاقتا كۇن سايىن قارا تۇنەك تورلاپ، قۋاتى بىرتىندەپ السىرەگەندىكتەن، قول استىنداعى ۇلتتار ونىڭ شەڭگەلىنەن قۇتىلۋدى ارماندادى، بۇل موڭعۇلداردىڭ باتىس وڭىرگە كىرۋىنە شارت ازىرلەپ بەردى. 1209 ـ جىلى گاۋچاڭنىڭ ٴىدىقۇتى بارشۇق ارت تەگىن ٴوز ەركىمەن موڭعۇلدارعا باعىندى. 1211 ـ جىلى الماليق وڭىرىندەگى قارلىق تايپاسىنىڭ باسشىسى ەلىن باستاپ شىڭعىس قاعانعا باعىندى. 1218 ـ جىلى شىڭعىس قاعان اسكەر جىبەرىپ باتىس لياۋدى جويدى. ٴسويتىپ، تيانشاننىڭ وڭتۇستىگى مەن سولتۇستىگى تۇگەلىمەن موڭعۇلعا قاراپ، تاڭ ٴداۋىرىنىڭ سوڭعى كەزىنەن بەرى باتىس وڭىردەگى جەر ـ جەر تالاس ـ تارتىسقا ٴتۇسىپ، بولەكتەنگەن بىلىقپالىق جاعداي اياقتادى. «توڭىرەكتىڭ ٴتورت بۇرىشى پاتشا جوسىنىنا باعىنىپ، جارىق اي، كوك اسپان استىنداعىلاردىڭ ٴبارى ٴبىر شاڭىراققا جينالدى»① . موڭعۇلدار باتىس ٴوڭىردى بىرلىككە كەلتىرگەننەن كەيىن، تيانشاننىڭ وڭتۇستىگى مەن سولتۇستىگىندە ٴتۇرلى اسكەري ـ اكىمشىلىك باسقارۋ قۇرىلىمدارىن قۇرىپ جانە ٴمانساپقا تاعايىنداپ، باتىس ٴوڭىردى باسقاردى.

دارۋعاشى مەكەمەسىنىڭ قۇرىلۋى. دارۋعاشى موڭعۇل تىلىندەگى ماعىناسى «قورعاۋشى

① (يۋان) يەلۇي چۋساي جازعان، شيە فاڭ تىنىس بەلگىسىن قويىپ، رەداكسيالاعان: «جانران جۇيشى شىعارمالار جيناعى. لياۋشيدىڭ لي جۇن ۋاڭىنا ارناۋ »، بەيجيڭ: جۇڭحۋا شۋجۇي باسپاسى، 1986 ـ جىل، 153 ـ بەت.

ماتەريال تىزبەگى

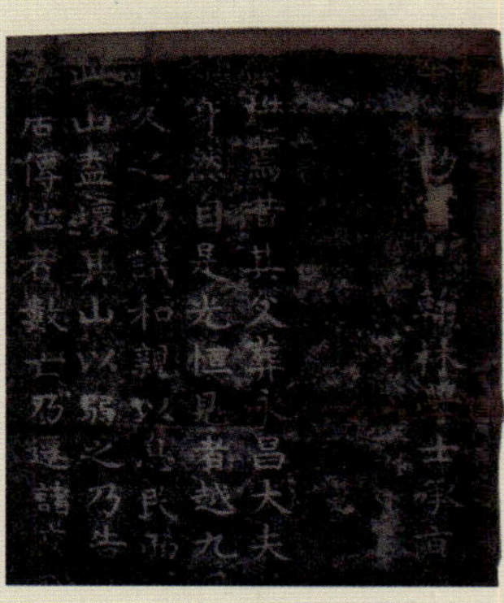

ٴىدىقۇت گاۋچاڭ حانىنىڭ ەڭبەك ەسكەرتكىشى - يۋان پاتشالىعى ۋىنزۇڭ پاتشاسىنىڭ جىشۇن جىلناماسىنىڭ 2 - جىلى (1331) وردا وقىمىستىسى يۋي جي جارلىق بويىنشا ٴماتىنىن جازىپ، وسى قۇلپىتاستى ورناتقان. قۇلپىتاس جازباسىنا «داۋيۋان جيناعى»، «يۋان جازبالارى» قاتارلىلار ەنگىزىلگەن. 1933 - جىلى گانسۋدىڭ ۋ - ۋي دەگەن جەرىنەن ەسكەرتكىشتىڭ اۋەلگى نۇسقاسى تابىلدى، وڭ بەتىنە حانزۋ جازۋى، سول بەتىنە بايىرعى ۇيعۇر جازۋى جازىلعان. بۇعان گاۋچاڭ ٴىدىقۇتىنىڭ ٴار كەز ورتالىق پاتشالىققا شارتسىز ادال بولىپ، موڭعۇلدارعا ىلەسىپ باتىسقا جورىق جاساۋ، بۇلىكتى تىنىشتاندىرۋ جاقتارىندا ەڭبەك سىڭىرگەن تاريحي فاكتى جازىلعان.

ٴمىنساپتى بولىپ، موڭعۇلدىڭ جەر - جەرگە ورنالاستىرعان دىڭ جوعارى باقىلاۋ - باسقارۋشى ۇلىعى سانالادى، «جان سانىن تىزىمگە الۋ، باجى - سالىق جيناۋ، اسكەر قابىلداۋ» ىستەرىنە جاۋاپتى. 1223 - جىلى موڭعۇل بيلىگى جەرگىلىكتى ورىنىنىڭ ٴىسىن باسقارۋ ٴۇشىن بەسبالىقتىڭ جەر - جەرىنە ىركەس - ىركەس دارۋعاشى ورنالاستىرىپ، جەرگىلىكتى ىستەردى باسقاردى. اكەسى ەكەۋىنىڭ جەرگىلىكتى ەكونوميكانى دامىتۋعا قوسقان ۇلەسىنىڭ سيلىعى رەتىندە شىڭعىس قاعان ۇيعىر جۇدىسەنانعا تۇتىق تاڭباسىن تارتۋ ەتتى ٴارى قوسىمشا بەربالىق قامالىنىڭ (قازىرگى شينجياڭنىڭ مورىيى) دارۋعاشى ەتىپ تاعايىندادى[1]. دارۋعاشتىڭ قۇرىلۋى موڭعۇلداردىڭ باتىس ٴوڭىردى باسقارۋى جونىنەن اسا زور رول اتقاردى، وسىدان سوڭ اسكەري - اكىمشىلىك قۇرىلىمدارىنىڭ قۇرىلۋىنا نەگىز سالدى.

كەمي ساناتتىق ولكەسىنىڭ قۇرىلۋى. يۋان پاتشالىعىنىڭ العاشقى كەزىندە التىن پاتشالىعىنىڭ ٴتۇزىمىن ۇلگى ەتىپ، ٴىشىنارا جەرلەردە جەرگىلىكتى اكىمشىلىك قۇرىلىم رەتىندە كەمي ساناتتىق ولكەسىن قۇردى. 1251 - جىلى يۋان شيانزۇڭ موڭكە تاحتا وتىرعان

① (مىڭ) سۇڭ ليان: «يۋان تاريحى. قاراقاش بىلىگى باياني»، بەيجيڭ، جۇڭحۋا شۋجۋي باسپاسى، 1976 - جىل، 3047 - بەت.

تارىيحي ماتەريالعا قايتا ٴۇڭىلۋ

جى ـ يۋان جىلناماسىنىڭ 15 ـ جىلى باس ساليعا بارىس ٴپىشىندى قىيناق بەرىپ، بەسبالىقتاعى ۇيعىر قامالدارىنا قاراستى شۋعىر ىمداردى باسقارتتى. 17 ـ جىلى مىڭبەگى چي جيگۇڭعا بەسبالىقتى قورعاتتى. 18 ـ جىلى ۋاڭ ـ اجىلاردىڭ تالابى بويىنشا، داحىليگىنان بەسبالىققا دەيىن 13 جاڭا جام قۇردى. 20 ـ جىلى بەسبالىق، حىجوۋ سياقتى جەرلەردە دەلبەۋىلدىك مەكەمەسىن قۇردى. 23 ـ جىلى قورعاۋشى جاساق پەن جاڭادان باعىنعان جاساقتان مىڭ ادامدى بەسبالىققا تىڭ يگەرۋگە جىبەرىپ، قورۋىل باس ساردار مەكەمەسىن قۇرىپ، جالپى جاقتان باسقارتتى.

ـــ «يۋان اۋلەتىنىڭ تارىيحى . جەر ـ سۋ شەجىرەسى»

دەلبەۋىلدىك مەكەمەسى ەڭ اۋەلى التىن پاتشالىعى كەزىندە جارىققا شىققان، يۋان پاتشالىعى بۇكىل ەل كولەمىندە كەڭىنەن قۇردى، بۇل ٴبىر دارەجەلى جەرگىلىكتى اسكەري ـ اكىمشىلىك قۇرىلىم سانالادى. «يۋان تارىيحىندا» جازىلۋىنشا، «دەلبەۋىلدىك مەكەمەسى اسكەري ـ حالىقتىق ىستەردى بيلەپ، ايماق ـ ولكەلەردى باسقارادى، كەمي ولكەدەن جارلىق تۇسسە، تومەنگە جەتكىزەدى، ايماق ـ اۋداندار دىڭ ٴوتىنىش ـ تىلەگى بولسا، ولكەگە جەتكىزەدى» ەكەن.

كەزىندە بەسبالىق سياقتى جەرلەردە كەمي ساناتتىق ولكەسىن قۇردى، سونىمەن ٴبىر ۋاقىتتا، امۋ دارياسى كەمي ساناتتىق ولكەسى قۇرىلدى. وسى ەكى كەمي ساناتتىق ولكەنىڭ قۇرىلۋى يۋان پاتشالىعى ورداسىنىڭ باتىس وڭىرگە بيلىك جۇرگىزۋىن ونان ارى كۇشەيتىپ، موڭعۇلداردىڭ باتىس ٴوڭىردى بيلەيتىن اسكەري ـ اكىمشىلىك باسقارۋ قۇرىلىمدارىنىڭ نەگىزگى جۇلگەسىن قالادى. بۇل كەمي ولكە ٴتۇزىمىنىڭ باتىس وڭىردە تۇڭعىش رەت جارىققا شىعۋى، ورتالىق بيلىكتىڭ وسى وڭىرگە بيلىگىن جۇرگىزۋىندەگى جاڭا شاراسى ٴارى ەلىمىزدىڭ ەرتە زامانعى جەرگىلىكتى اكىمشىلىك باسقارۋ تۇزىمىندەگى ٴبىر رەتكى كەلەلى وزگەرىس سانالادى.

باسقا اسكەري ـ اكىمشىلىك قۇرىلىمداردىڭ قۇرىلۋى. 1280 ـ جىلى يۋان پاتشالىعى گاۋچاڭ بايىرعى ۇيعۇر شەكاراسى ىشىنەن باتىس ٴوڭىردى باسقاراتىن ەڭ جوعارى اسكەري ـ اكىمشىلىك قۇرىلىم رەتىندە بەسبالىق باسقاقتىعىن قۇردى①. 1282 ـ جىلى ىلەدە المالىق قورۋىل باس ساردار مەكەمەسىن قۇرىپ، تيانشاننىڭ سولتۇستىگىن ٴبىر تۇتاس باسقارتتى.

① (ميڭ) سۇڭ ليان: «يۋان تارىيحى . شىنزۋ ەستەلىكتەرى»، بەيجيڭ: جۇڭحۋا شۋجۇي باسپاسى، 1976 ـ جىل، 228 ـ بەت.

ماتەريال تىزبەگى

يۋان پاتشالىعى اسپان استىن بىرلىككە كەلتىرگەننەن كەيىن، قۇرلىق، تەڭىزدەگى ادام اياعى جەتەتىن جەرلەردىڭ بارىنە جامدار سالىپ، ەلشىلەر وسى جامدار ارقىلى استانادا جۇرگەندەي بارار جەرىنە ەمىن ـ ەركىن بارىپ ـ كەلىپ تۇردى.

—«يۋان تاريحى . جاعراپيا شەجىرەسى»

يۋان پاتشالىعىنىڭ بۇكىل ەلدىڭ جەر ـ جەرىندە سالعان جامدارى سايا‌سي، ەكونوميكا جانە مادەنيەتتىڭ دامۋىندا ماڭىزدى رول اتقاردى.

1283 ـ جىلى بەسبالىق، قۇجى قاتارلى جەرلەردەن دەلبەۋلدىك مەكەمەسىن قۇرىپ[①]، ايىرىم ـ ايىرىم وڭتۇستىك ـ سولتۇستىك شينجياڭنىڭ اسكەري ـ اكىمشىلىك ىستەرىن باسقارتتى. ٴسويتىپ، شينجياڭ ٴوڭىرىنىڭ اكىمشىلىك قۇرىلىمى ورتا جازىق سياقتى جەرلەردىكىمەن بۇكىلدەي ۇقساس بولدى. 1286 ـ جىلى يۋ ن پاتشالىعى ٴبىر مىڭ اسكەر جىبەرىپ بەسبالىقتان تىڭ يگەرتتى ٴارى بەسبالىق قورۋىل باس ساردار مەكەمەسىن قۇرىپ، تيانشاننىڭ وڭتۇستىك جەلىسىن باسقارتتى[②]. 1295 ـ جىلى يۋان پاتشالىعى بەسبالىق پەن كۇسان ـ تارىم قورۋىل باس ساردار مەكەمەسىن قۇرىپ، جەكە ـ جەكە تيانشاننىڭ وڭتۇستىگى مەن سولتۇستىگىندەگى جەرلەردى قورعاۋعا جاۋاپتاندىردى[③]. وسى جىلى تاعى باتىس ٴوڭىر توقساۋىلدىعى قورعانىس قوسىنى باس قولباسشى مەكەمەسىن قۇردى[④]. وسى اسكەري ـ اكىمشىلىك قۇرىلىمداردىڭ قۇرىلۋى شينجياڭ ٴوڭىرىنىڭ ورتا جازىق سياقتى وڭىرلەرمەن ٴبىر تۇلعالانۋ دارەجەسىن كورنەكتى كۇشەيتتى.

يۋان پاتشالىعى تيانشاننىڭ وڭتۇستىك ـ سولتۇستىگىن باسقارۋىن كۇشەيتۋ ٴۇشىن،

① (ميڭ) سۇڭ ليان: «يۋان تاريحى . جەر ـ سۋ شەجىرەسى»، بەيجيڭ: جۇڭحۋا شۋجۇي باسپاسى، 1976 ـ جىل، 1569 ـ بەت.

② (ميڭ) سۇڭ ليان: «يۋان تاريحى . جەر ـ سۋ شەجىرەسى، بەيجيڭ: حۇڭحۋا شۋجۇي باسپاسى، 1976 ـ جىل، 1569 ـ بەت

③ (ميڭ) سۇڭ ليان: «يۋان تاريحى . ۇلىقتار شەجىرەسى (7)»، بەيجبڭ: جۇڭحۋا شۋجۇي باسپاسى، 1976 ـ جىل، 2309 ـ بەت.

④ (ميڭ) سۇڭ ليان: «يۋان تاريحى . چىڭزۇڭ ەستەلىكتەرى»، بەيجيڭ: جۇڭحۋا شۋجۇي باسپاسى، 1976 ـ جىل، 395 ـ بەت.

اسكەري ـ اكىمشىلىك قۇرىلىمداردان تىس، ورتا جازىق قاتارلى وڭىرلەرمەن بايلانىستى كوشەيتۋ ۇشىن كوپتەگەن سۋ ـ قۇرلىق قاتىناس جامدارىن قۇردى؛ يۋان پاتشالىعى اقشاسىنىڭ شينجياڭ وڭىرىندە تاراتىلۋى مەن ىستەتىلۋىن باسقارۋ ۇشىن، اقشا باسقاۋىلدىعىن، اقشا قامباسىن قۇردى ؛ بىتىكشى مەكەمەسى قۇرىلىپ نەگىزىنەن ٴادىليالىق ارىز ـ شاعىم ىستەرىن باسقاردى؛ جان سانى جانە باجى ـ سالىقتى باسقارۋدى كۇشەيتۋ ۇشىن، حازىنحۋزان، قاراقوجى (قازىرگى شينجياڭنىڭ تۇرپانى) باس قازىنا قامباسى سياقتىلاردى قۇردى. وسى قۇرىلىمداردىڭ قۇرىلۋى شينجياڭ ٴوڭىرىنىڭ ورتالىقپەن قاتىناسى وتە قويۋ ەكەندىگىن بەينەلەپ، تيانشاننىڭ وڭتۇستىگى مەن سولتۇستىگىنىڭ ەكونوميكالىق، قوعامدىق دامۋىندا بەلسەندى رول اتقاردى.

ەكىنشى، شاعاتاي ۇرپاقتارى قۇرعان جەرگىلىكتى بيلىكتەر

شاعاتاي حاندىعى شىڭعىس قاعاننىڭ ەكىنشى ۇلى شاعاتايدىڭ ەنشىسىنە بولىنگەن جەرلەر نەگىزىندە دامىعان. شاعاتايدىڭ جەرى باسىندا باتىس لياۋدىڭ كونە تۇراعى بولىپ، تيانشاننىڭ وڭتۇستىك ـ سولتۇستىگىن، قازىرگى امۋ دارياسى مەن سىر دارياسىنىڭ ارالىعىنداعى جەرلەردى قامتىپ، بيلىك ورتالىعى المالىقتا بولدى. شاعاتاي حاندىعى باستان ـ اياق شىڭعىس قاعان جانە ونىڭ مۇراگەرلەرىنە باعىنىشتى قاتىناسىن ساقتاپ، حاندىق مۇراگەرىن ۇلى حان كورسەتىپ جانە تاعايىنداپ وتىردى، قاعاندى اتا حان سانادى. قاعان شەكارا وڭىردەگى حانداردى باجاق حان سانادى. يۋان پاتشالىعى قۇرىلعاننان كەيىن شاعاتاي حاندىعى ۇرىنعىسىنداي ورتالىققا باعىنىشتى قاتىناسىن ساقتادى، ەسەنبۇعا، سايد قاتارلى شاعاتاي حاندارى يۋان پاتشالىعىنا ەلشى جىبەرىپ، تارتۋ ـ تارالعى ۇسىندى. 1312 ـ جىلى «باتىس سولتۇستىك حاندارىنان ەسەنبۇعا قاتارلىلار ەلشى جىبەرىپ، تۇيە جانە جەرگىلىكتى ونىمدەردى تارتۋ ەتتى»[1]. 1327 ـ جىلى «قۋانىش قاتارلى ەلشىلەر سايد سياقتىلاردىڭ ۇلىستارىنا جىبەرىلدى»[2]. 1331 ـ جىلى «باتىس ٴوڭىر حاندارىنان تولەتەمىر ەلشى جىبەرىپ، جىلقى جانە ٴجۇزىم شارابىن ۇسىندى»[3]. وسىلاردان ـ اق شاعاتاي حاندىعى بيلەۋشىلەرىنىڭ يۋان پاتشالىعىمەن ەلشى جىبەرۋ، تارتۋ ـ تارالعى ۇسىنۋ سياقتى ٴتۇرلى

---

① (مىڭ) سۇڭ ليان: «يۋان تارىيحى . رىنزۇڭ ەستەلىكتەرى»، بەيجيڭ: جۇڭحۋا شۇجۇي باسپاسى، 1976 ـ جىل، 551 ـ بەت.

② (مىڭ) سۇڭ ليان: «يۋان تارىيحى . تايدىڭ پاتشا ەستەلىكتەرى»، جۇڭحۋا شۇجۇي باسپاسى، 1976 ـ جىل، 681 ـ بەت.

③ (مىڭ) سۇڭ ليان: «يۋان تارىيحى . ۋىنزۇڭ ەستەلىكتەرى»، بەيجيڭ؛ جۇڭحۋا شۇجۇي باسپاسى، 1976 ـ جىل، 794 ـ بەت.

بارىس - كەلىستەرىن ساقتاعانىن بايقاۋعا بولادى.

1347 - جىلى شاعاتاي حاندىعى شىعىس - باتىس ەكى بولىككە ٴبولىندى: شىعىس شاعاتاي حاندىعى (1347 - 1570) الماليقتى ورتالىق ەتىپ، قازىرگى ىلە وزەنى الابى، قاشقار، تۇرپان سياقتى وڭىرلەرگە بيلىك جۇرگىزگەن؛ باتىس شاعاتاي حاندىعى سامارقاندى ورتالىق ەتىپ، ماۋرەنناحر ٴوڭىرىن بيلەدى، كەيىن تەمىر يمپەرياسىنا اينالدى. شىعىس شاعاتاي حاندىعىنىڭ سوڭعى كەزىندە ىشكى قاقتىعىس ۇزىلمەدى، جاعداي اۋمالى - توكپەلى بولىپ، اقىرى شىعىس، باتىس دەپ ەكى بولىككە ٴبولىندى: 1514 - جىلى شاعاتاي ۇرپاعى سەيىت ياركەندە ٴوزىن حان جاريالاپ، ياركەن حاندىعىن قۇرىپ (1514 - 1680)، اۋەلگى حاندىقتىڭ باتىس بولىگىن بيلەدى؛ اۋەلگى حاندىقتىڭ شىعىس بولىك وڭىرلەرىن يەمدەنگەندەر شىعىس شاعاتاي حاندىعىنىڭ قالدىق كۇشتەرى بولىپ، قازىرگى تۇرپان، قۇمىلدى ورتالىق ەتتى، 1570 - جىلى ياركەن حاندىعى جاعىنان جويىلدى.

ياركەن حاندىعى 166 جىل داۋرەن ٴسۇرىپ، 11 حان تاحقا شىعىپ، 1680 - جىلى جوڭعارلار جاعىنان جويىلدى. شىعىس شاعاتاي حاندىعى بولسىن، الدە ياركەن حاندىعى بولسىن، بارلىعى جوڭگو تەرريتورياسى ىشىندەگى جەرگىلىكتى بيلىكتەر، بارلىعى ميڭ پاتشالىعىنا باعىنىشتى بولىپ، ميڭ پاتشالىعىمەن قويۋ قاتىناسىن ساقتادى.

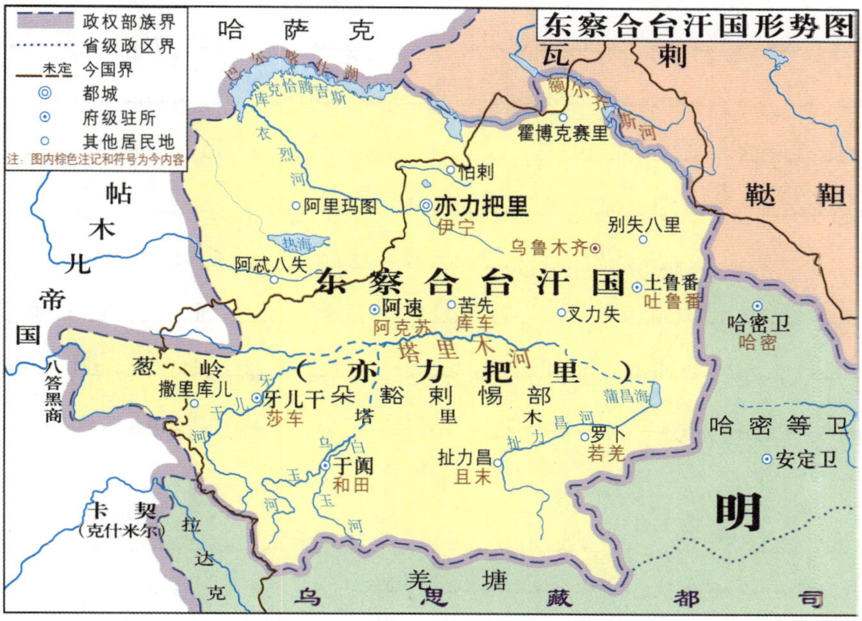

ٴۇشىنشى، قۇمىل توسقاۋىلدىعىنىڭ قۇرىلۋى

مىيڭ پاتشالىعى قۇرىلعانىنان كەيىن، مىيڭ تايزۋ جۋ يۋانجاڭ جەدەل باتىس ٴوڭىردى بىرلىككە كەلتىرۋ ٴىسىن قولعا الىپ، جيايۋيگۋان مەن قۇمىلدىڭ اراسىنان ىلگەرىندى - كەيىندى انديڭ، اڭشيان، چۇيشيان، حاندۇڭ، چىكىن موڭعۇل، شاجوۋ قاتارلى 6 توسقاۋىلدىق قۇرىپ، باتىس ٴوڭىر ىستەرىن باسقارۋعا قولداۋ كورسەتتى. 1391 - جىلى قۇمىلداعى موڭعۇل اتا حانى ۇنەمى باتىس ٴوڭىر ەلشىلەرىنىڭ، ساۋداگەرلەرىنىڭ مىيڭ پاتشالىعىنا قاتىناۋىتىن جولىن ٴۇزۋى سەبەبىنەن مىيڭ تايزۋ قۇمىل قالاسىنا جازا جورىعىنا اتتانۋ بۇيرىعىن تۇسىرەدى. 1404 - جىلى مىيڭ پاتشالىعى قۇمىل ۋاڭى انقتەمىرگە جۇڭشۇنۋاڭ اتاعىن بەردى، قۇمىل مىيڭ پاتشالىعىنا قارادى.

1406 - جىلى مىيڭ پاتشالىعى قۇمىل توسقاۋىلدىعىن قۇردى، وسىدان باستاپ قۇمىل مىيڭ پاتشالىعى توتە باسقاراتىن توسقاۋىل ورنىنا اينالدى. قۇمىل توسقاۋىلدىعىنىڭ اسكەري - اكىمشىلىك باسشىسى جۇڭشۇنۋاڭ اتالىپ، جەرگىلىكتى ورىنداعى از ۇلت ەل باسىلارىنان تاعايىندالىپ، مىيڭ پاتشالىعىنىڭ وسى وڭىرگە بيلىك جۇرگىزەتىن ۋاكىلى بولدى. جۇڭشۇنۋاڭدى، ٴسوزسىز، جەرگىلىكتى ۇلىقتار كورسەتىپ، مىيڭ پاتشالىعى بەكىتەدى. سونىمەن بىرگە، وردا حانزۋلاردان جۇڭشۇنۋاڭعا كومەكشى جىبەرىپ وتىرعان. قۇمىل توسقاۋىلدىعىنىڭ مىندەتى: وردانىڭ ٴامىرى بويىنشا وردا اتىنان جەرگىلىكتى ورىننىڭ كۇندەلىكتى ىستەرىن باسقارۋ؛ باتىس بولىك قاقپاسىن كۇزەتۋ؛ شىعىس - باتىسقا قاتىناۋىتىن ەلشىلەردىڭ، ساۋداگەرلەردىڭ، موناحتاردىڭ اماندىعىن قورعاۋ. قۇمىل توسقاۋىلدىعىنىڭ قۇرىلۋى ورتا جازىقتاعى ورتالىق بيلىكتىڭ باتىس ٴوڭىردى باسقارۋىن جالعاستىردى. «سونىمەن ٴار ۇلت اراسىندا تونىنىڭ ىشكى باۋىنداي جاقىن قاتىناس ورناپ، حۋا مەن رەيلەر كۇش بىرىكتىرىپ، شەكارا 80 نەشە جىل تىنىش بولدى»[1].

مىيڭ پاتشالىعىنىڭ باتىس ٴوڭىردى بيلەۋىندەگى تاعى ٴبىر شاراسى جەر - جەردىڭ ەل باسىلارىن ۋاڭ ەتىپ تاعايىنداۋ بولدى. قۇمىل، بەسبالىق، ىلەبالىق، تۇرپان جانە ويرات سياقتى جەرگىلىكتى ەل باسىلارىن پاتشا ورداسى تاعايىنداپ ٴمور تاراتتى. مىيڭ چىڭزۋ

---

① بو يىنحۋ رەداكسيالاپ، تىنىس بەلگىسىن قويعان: «مىيڭ پاتشالىعى داۋىرىندەگى موڭعۇلداردىڭ حانزۋشا تاريحي ماتەريالدارىنىڭ جيناعى. شۇي جين. بوداندارى تىنىشتاندىرۋدىڭ باس - اقىرى» 7 - جيناق، حوححوت: ىشكى موڭعۇل داشۋەسى باسپاسى، 2011 - جىل، 308 - بەت.

تىعى كەزىندە (1403 ـ 1424) موڭعول ويرات تايپاسىنىڭ باسشىسى ماحامعا شۇنىيگۋاڭ اتاعىن ٴارى تۋيە تۇتقالى التىن ٴمور بەرگەن. كەيىن ويرات تايپاسىنىڭ ىشكى قىرقىسۋىندا مىڭ پاتشالىعى بەرگەن التىن ٴمور جوعالادى. سونىمەن 1446 ـ جىلى مىڭ پاتشالىعى ويىرتتىڭ ەسەن تايجىسىنا قايتادان تۋيە تۇتقالى التىن ٴمور بەرەدى[1]. 1492 ـ جىلى «قومىلدىڭ قايتىس بولعان جوڭشۇنۋاڭى تۋتونىڭ جاقىن نەمەرەسى سانباعا جوڭشۇنۋاڭ لاۋازىمى مۇراگەرلىك ەتىلسىن، التىن ٴمور، شەن ـ شەكپەن بەرىلسىن» دەگەن جارلىق تۇسەدى[2]. مىڭ پاتشالىعى تاعى باتىس ٴوڭىردىڭ جەر ـ جەرىندەگى ەل باسىلارىنا «شەكارا قورعاۋعا كومەكتەسەتىن» تۇتىق ٴمانسابىن بەردى. وسىدان سوڭ، مەڭلىك تەمىرگە جوڭ ـ ي ۋاڭ لاۋازىمىن، «ٴمور، قاس بەلبەۋىن»، بولات تەمىرگە جوڭشۇنۋاڭ لاۋازىمى مەن «جارلىق، ٴمور بەردى»[3]. يۋان پاتشالىعى كەزىندەگى ۆۋياڭ شۋانىنىڭ ەستەلىگىندە «گاۋچاڭ ۋاڭىندا ٴبىر ٴمور بار، بارشا ٴتاڭىر جارىلقاعان ەل قورعانى ٴتورتىنشى حان ٴمورى دەگەن ٴسوز جازىلعان، ٴاسىلى تاڭ پاتشالىعى بايىرعى ۇيعۇرلارعا بەرگەن ٴمور ەدى» دەپ جازىلعان[4]. مىنە، بۇل گاۋچاڭ ۋاڭىنىڭ ورتالىق بيلىكتىڭ باسشىلىعىن شىنايى مويىنداعاندىعىن تۇسىندىرەدى. چيڭ پاتشالىعىنىڭ العاشقى جىلدارىندا تورعاۋىت موڭعولدارى ەدىل وزەنى الابىنان شىعىسقا ورالعاندا ولاردىڭ اعامانى ۇباش ىلە جياڭجۇنىمەن جۇزدەسەدى، «ٴارى اتا ـ بابالارى العان مىڭ پاتشالىعى يۇڭلى جىلناماسىنىڭ 8 ـ جىلعى (1410) حانجۋان ۇلگىسىمەن جازۋ جازىلعان قاس تاسى ٴمورىن ۇسىنادى»[5]. ويراتتار سوناۋ مىڭ چىڭزۋ كەزىندە ورتالىقتان لاۋازىم العان، بۇل ويراتتاردىڭ مىڭ پاتشالىعىنىڭ حالقى ەكەندىگىن

① ورد قۇراستىرعان: «مىڭ يڭزۇڭىنىڭ ناقتى ەستەلىكتەرى» (سۇرەتتى نۇسقاسى)، بەيجيڭ: جوڭحۋا شۋجۋي باسپاسى، 2016 ـ جىل، 2896 ـ بەت.

② ورد قۇراستىرعان: «مىڭ شياۋزۇڭ ناقتى ەستەلىكتەرى»، (سۇرەتتى نۇسقاسى) بەيجيڭ: جوڭحۋا شۋجۋي باسپاسى، 2016 ـ جىل، 1157 ـ بەت.

③ (مىڭ) يان سۇڭجيان جازعان، يۋي سىلي تىنىس بەلگىسىن قويىپ، رەداكسيالاعان: «وزگە ٴوڭىردىڭ ايتالىق حابارلارى»، بەيجيڭ: جوڭحۋا شۋجۋي باسپاسى، 1993 ـ جىل، 413 ـ بەت.

④ (يۋان) ۆۋياڭ شۋان جازعان، تاڭ رۋي تىنىس بەلگىسىن قويىپ، رەداكسيالاعان: «ۆۋياڭ شۋانىنىڭ تولىق جيناعى، 1 ـ كىتاپ»، چىڭدۋ: سىچۋان داشۋەسى باسپاسى، 2010 ـ جىل، 322 ـ بەت.

⑤ (چيڭ) چي شي، لين زىشۋي جازعان: «چيڭ پاتشالىعىنىڭ كوشىرمە ۇلگىسىندەگى لين زىشۋي قاتارلىلاردىڭ باتىسقا ساپار ەستەلىگىنەن 3 ٴتۇر. باتىس وڭىردەن كورگەن ـ بىلگەندەر، تورعاۋىتتاردىڭ باعىنۋىنان ەستەلىكتەر»، بەيجيڭ: مەملەكەتتىك كىتاپحانانىڭ جازبا دەرەكتەردى كوشىرمەلەيتىن، كوبەيتىپ باسۋ ورتالىعى، 2001 ـ جىل، 178 ـ، 179 ـ بەتتەر.

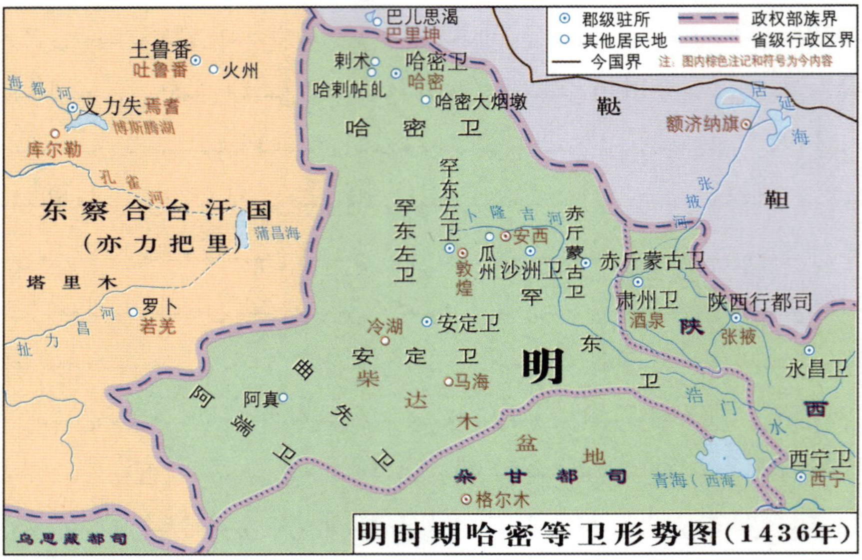

明时期哈密等卫形势图(1436年)

تۇسىندىرەدى، وسى ۇلكەن ٴموردى تورعاۋىتتاردىڭ تۇپ ـ تۇرا 360 نەشە جىل ساقتاۋى ولاردىڭ ورتالىق ۇكىمەتتى شىنايى مويىندايتىندىعىن تۇسىندىرەدى، مۇنان سىرت، مىڭ پاتشالىعى قۇمىلدىڭ، قۇجىنىڭ، ويراتتىڭ باسشىلارىنا، ىلەبالىقتىڭ ەلشىسىنە ٴوز حەرلەرىنىڭ تۇتىق بەگى، كومەكشى تۇتىعى، بەك، مىڭباسى، ٴجۇزباسى سياقتى ٴمانساپتارىن بەرىپ، جەرگىلىكتى ورىندارىنىڭ اكىمشىلىك ىستەرىن باسقارتقان. جەرگىلىكتى ٴمانساپتىلاردىڭ ۇرپاقتارىنىڭ ٴمانساپقا مۇراگەرلىك ەتۋىنە بولادى، ٴبىراق، پاتشا ورداسى تاعايىنداسا عانا كۇشكە يە بولادى. 1428 ـ جىلعى «ىلەبالىق جىبەرگەن ەلشى پاقىر قوجاعا كومەكشى باس تۇتىق بەگى لاۋازىمى، بەكتەمىرگە كومەكشى بەك لاۋازىمى بەرىلسىن»[①]؛ 1430 ـ جىلى «ويراتتىڭ شۇنىيڭۋاڭى توقان جىبەرگەن ەلشى توقادايعا كومەكشى تۇتىق بەگى لاۋازىمى بەرىلسىن»[②]؛ 1446 ـ جىلى «قۇمىلدىڭ كىشى مىڭباسى ابدوللا كومەكشى تۇتىققا، بەكقوجا مىڭباسىلىققا ٴوسىرىلسىن. بەك ومارقوجانىڭ ۇلى شولاق اكە لاۋازىمىنا

① وردا قۇراستىرعان: «مىڭ شۋانزۇڭ ناقتى ەستەلىكتەرى» (سۋرەتتى نۇسقاسى)، بەيجيڭ، جۇڭحۋا شۋجۇي باسپاسى،2016 ـ جىل، 881 ـ بەت.

② وردا قۇراستىرعان: «مىڭ شۋانزۇڭ ناقتى ەستەلىكتەرى» (سۋرەتتى نۇسقاسى)، بەيجيڭ: جۇڭحۋا شۋجۇي باسپاسى، 2016 ـ جىل، 1553 ـ، 1554 ـ بەتتەر.

مۇراگەرلىك ەتسىن»[1] دەگەن جارلىقتار تۇسەدى. ميڭ پاتشالىعى وسى لاۋازىم العان نەمەسە تاعايىندالعان ەل باسىلارى ارقىلى باتىس ٴوڭىردىڭ اكىمشىلىك ىستەرىن باسقارىپ وتىردى.

ياركەن حاندىعى كەزىندە، 1570 ـ جىلى ماحمۇت تۇرپاننىڭ باس باقىلاۋشىسى بولىپ تاعايىندالادى. ول ەلشى جىبەرىپ، ميڭ پاتشالىعىنان «ٴمانساپ سۇراپ، تارتۋ ۇسىنۋدى»، ميڭ پاتشالىعىمەن ساۋدا ـ ساتىق بارىس ـ كەلىسىن قالپىنا كەلتىرۋدى ٴوتىنىپ، ميڭ پاتشالىعىنىڭ ىرىكشە بەكىمىن الادى. پورتۋگاليالىق بەنتو دەگوەس كەزىندە ياركەن حاندىعىن ەكى جىل ارالاعان. ول شىعارماسىندا بىلاي دەپ جازادى: ياركەن حاندىعى ميڭ پاتشالىعىنا جىبەرەتىن ساۋدا ۇيىرمەسىنىڭ باستىعىنا «ساۋداگەرلەردىڭ تۇتاس ساپارىن باسقاراتىن ۇقىعىن بەرەدى». بەنتو دەگوەس سۋجوۋعا بارعاندا بۇل ارادان قاشقاردان بارعان قالىڭ ساۋداگەردى كورەدى. «بۇل ساۋداگەرلەردىڭ كوبى وسى ارادا باسىنا ٴۇي تىگىپ، باۋىرىنا قازان اسىپ، سوندىقتان، ولار جەرگىلىكتى تۇرعىن دەپ قارالادى، ٴوز جەرلەرىنە قايتىپ ورالمايدى». «ولار بارلىق ىستە جۇڭگوعا بويسۇنادى». «وردا تولىق ۇقىق بەرگەن. تۇتاس ساپار بارىسىندا ساۋداگەرلەردى باسقارادى»[2]. باتىس وڭىردەگى جەر ـ جەردىڭ بيلەۋشىلەرى ميڭ پاتشالىعىنا تارتۋ ـ تارالعى ۇسىنۋدى «التىن جول» ساناپ[3]، اياق ىزدەرىن سۋىتپاعان. مىنە، وسىنىڭ ٴبارى پاتشا ورداسىنا تارتۋ ـ تارالعى ۇسىنۋ ساۋداسىنىڭ ميڭ پاتشالىعىنىڭ باتىس وڭىرگە ساياسي ايبارى مەن ىقپال كۇشىن ورناتقاندىعىن، ميڭ پاتشالىعى مەن ياركەن حاندىعى قارىم ـ قاتىناسى تاريحىنداعى باستى مازمۇن ەكەنىن، سونداي ـ اق ياركەن حاندىعىنىڭ ورتالىق ۇكىمەتتى شىنايى مويىنداۋىنىڭ سيمۆولى ەكەنىن تۇسىندىرەدى.

---

① ورىدا قۇراستىرعان: «ميڭ يىڭزۇڭ ناقتى ەستەلىكتەرى» (سۋرەتتى نۇسقاسى)، بەيجيڭ: جۇڭحۋا شۋجۋي باسپاسى، 2016 ـ جىل، 2735 ـ بەت.

② [يتاليا] ليمادۋ، جينيگى جازعان، حى گاۋجي قاتارلىلار اۋدارعان: «ليمادۋدىڭ جۇڭگوداعى جازبالارى»، بەيجيڭ: جۇڭحۋا شۋجۋي باسپاسى، 1983 ـ جىل، 549 ـ ، 560 ـ بەتتەر.

③ (ميڭ) ۋاڭ چيۇڭ جازعان،جاڭ جىجياڭ تىنىس بەلگىسىن قويىپ، رەداكسيالاعان. «جينشي اسكەري ىستەر قوسىمشا داتتەمەلەرى.رەيلەر جولداعان مالىمەتتەر جونىندەگى داتتەمە»، شانيۋ جەلىلەس كىتاپتارى 2 ـ ٴبولىم 2 ـ كىتاپ،شاڭحاي:شاڭحاي بايىرعى شىعارمالار باسپاسى، 2017 ـ جىل، 283 ـ بەت.

ٴۇشىنشى تاراۋشا موڭعۇل، ۇيعىر قاتارلى ۇلتتاردىڭ ورنالاسۋى جانە توعىسۋى

يۋان، ميڭ پاتشالىقتارى داۋىرلەرىندە ەلىمىزدە ۇلى بىرلىككە كەلگەن مەملەكەتتىڭ قۇرىلۋى ۇلتتاردىڭ ۇزاق ۋاقىت كورشى بولىپ، ٴوزارا ىقپال جاساۋىن، ۇلتتاردىڭ توعىسۋىن تاعى ٴبىر رەت تىڭ ورلەۋگە كوتەردى. باتىس وڭىردەگى كوپتەگەن ۇلتتار ورتا جازىق سياقتى وڭىرلەرگە اعىلىپ، حانزۋلارمەن ارالاس قونىستانسا، حانزۋلار دا توڭىرەكتەگى از ۇلت وڭىرلەرىنە قونىس اۋداردى. جوڭعۋا ۇلتىنا جاڭا مۇشەلەر قوسىلىپ، ۇلتتىڭ كەلبەتى جاڭارىپ، سالت - ساناسى ارلەنە ٴتۇستى. وسى داۋىردە كوپتەگەن حانزۋلار، موڭعۇلدار، شۇرشىتتەر، تاڭعىتتار شينجياڭ وڭىرىنە ىركەس - تىركەس كىرىپ، ٴار ۇلتتىڭ ٴوندىرىس تەحنيكاسىن، مادەنيەت تانىمىن جانە قوعامدىق سالت - ساناسىن الا كەلىپ، اۋىس - كۇيىس جاساۋ، توعىسۋ بارىسىندا شينجياڭ ٴوڭىرىنىڭ ەكونوميكاسى مەن قوعامىنىڭ دامۋىن جەبەي ٴتۇستى.

ٴبىرىنشى، موڭعۇل، ۇيعىر، حانزۋ قاتارلى ۇلتتاردىڭ شينجياڭ وڭىرىندەگى قيمىلى

موڭعۇلدار باسىندا قازىرگى ەرگۇنا وزەنى وڭىرىنە قونىستانعان، 8 - عاسىردىڭ باسىندا باتىسقا قونىس اۋدارىپ، ونون وزەنى مەن كەرۇلەن وزەنى (قازىر موڭعۇليا

كوزقاراس ٴتۇيىنى

ەجەلدەن بەرى شينجياڭ وڭىرىندە كوپتەگەن ۇلتتار جاساپ كەلەدى. جاعراپيالىق ورنى ەرەكشە بولعاندىقتان، شينجياڭ وڭىرىندە ۇلتتاردىڭ كوشىپ - قونۋى، بارىس - كەلىسى ٴجيى بولىپ، ٴاربىر تاريحي كەزەڭدە ۇقساماعان ۇلتتار زور مولشەردە كوشىپ كىرگەن، ولاردىڭ بارلىعى شينجياڭدى بىرگە كوركەيتۋشىلەر. ٴارقايسى ۇلت شينجياڭ وڭىرىندە ۇزاق ۋاقىت ٴوسىپ - ٴونۋ، بۇتارلانۋ، توعىسۋ ارقىلى بالىق پەن سۋداي ەتەنە قاتىناس ورناتىپ، بارلىعى شينجياڭدى اشۋ، گۇلدەندىرۋ، قورعاۋ جولىندا ماڭىزدى ۇلەستەر قوستى، بارلىعى شينجياڭنىڭ قوجايىنى. شينجياڭ ٴوڭىرى ٴار ۇلت حالقىنىڭ مەكەنى عانا بولىپ قالماستان، ونان دا ماڭىزدىسى، جوڭعۋا ۇلتى ورتاق مەكەنىنىڭ قۇرامداس ٴبولىمى.

شەكاراسىندا) الىپ كوشىپ، بىرتىندەپ موڭعۇل ءۇستىرتىنىڭ كەڭ ـ بايتاق وڭىرىنە بىتىراي ورنالاسقان. 13 ـ عاسىردىڭ باسىندا موڭعۇل حاندىعىنىڭ ورناۋىنا ىلەسە، شىڭعىس قاعان باعىندىرعان جەرلەرىن 4 ۇلىنا ءبولىپ بەرەدى. ۇلكەن ۇلى جوشى قىپشاق دالاسىنا، ەكىنشى ۇلى شاعاتاي ىلە وزەنى الابى، ماۋەرەنناحر جانە قاراشارىنىڭ باتىسىنداعى وڭىرگە، ءۇشىنشى ۇلى وگەداي قازىرگى شينجياڭنىڭ تارباعاتاي، التاي ءوڭىرى مەن موڭعۇل ءۇستىرتىنىڭ باتىسىنا، كىشى ۇلى تولە شىڭعىس قاعاننىڭ وزىنە قاراستى جەر — موڭعۇل ۇستىرتىنە يە بولادى. شينجياڭ وڭىرىنە وسى سەبەپتى موڭعۇلدار مولىنان بىتىراي قونىستانعان.

يۋان پاتشالىعىنىڭ سوڭعى كەزى مەن ميڭ پاتشالىعىنىڭ باستاپقى كەزىندە موڭعۇلداردىڭ ءبىر تارماعى بولعان ويرات تايپاسى بىرتىندەپ كۇشەيدى. 15 ـ عاسىردان كەيىن ويراتتاردىڭ ىقپالى قازىرگى جوڭعار ويپاتى مەن التاي تاۋى وڭىرىنە دەيىن كەڭەيدى ءارى ميڭ پاتشالىعىمەن تىعىز قاتىناسىن ساقتادى. 17 ـ عاسىردان كەيىن ويرات تايپاسىنداعى موڭعۇلدارى ويرات موڭعۇلدارى نەمەسە باتىس موڭعۇلدارى دەپ اتالدى.

يۋان پاتشالىعى داۋىرىندە، ۇيعۇرلاردىڭ اتا ـ بابالارى حانزۋ تىلىندەگى تاريحي جازبالاردا «ۇيعىر» (畏兀儿) دەپ اتالىپ، جيايۇيگۋاننىڭ باتىسى مەن تيانشاننىڭ وڭتۇستىگىندەگى كەڭ ـ بايتاق وڭىرگە بىتىراي ورنالاسقان، نەگىزىنەن قۇمىل، تۇرپان، بەسبالىق، قۇجى، لۇكچىن (بۇگىنگى شينجياڭ ءپىشان اۋدانى لۇكچىن قالاشىعى)، ۇدۇن، قاشقار سياقتى جەرلەرگە شوعىرلى قونىستانعان.

يۋان پاتشالىعى جوڭگونى بىرلىككە كەلتىرگەننەن كەيىن حانزۋلار زور مولشەردە شينجياڭ وڭىرىنە كىرگەن. موڭعۇل قوسىنى باتىسقا شەرۋ تارتقاندا حانزۋلاردى قوسىنعا مولىنان قابىلداعان، ولاردىڭ كوبى جەرگىلىكتى ورىنداردا قورعانىستا تۇرعان قولباسىلارىنا نەمەسە ۇلىقتارعا اينالعان. چاڭچۇن جىنرىن چيۋ چۋجيدىڭ ەستەلىگىنە قاراعاندا، سول كەزدە بەسبالىقتا ۇيعىرلار قونىستانعان، ال، جەرگىلىكتى ورىندا مۋزيكا ونەرىمەن شۇعىلداناتىنداردىڭ بارلىعى «جۇڭجۋلىقتار» ياعني ورتا جازىقتىڭ حانزۋلارى ەكەن[1]. المالىق قالاسىندا ۇيعىرلار حانزۋلارمەن ارالاس قونىستانىپ، سالت ـ سانا، عۇرىپ ـ

① (يۋان) لي جىچاڭ جازعان، داڭ باۋحاي اۋدارىپ، تۇسىنىك جاساعان: «چاڭچۇن جىنرىننىڭ باتىس ساپار ناماسى». شىجياجۋاڭ: حەبەي حالىق باسپاسى، 2001 ـ جىل، 47 ـ بەت.

ادەتتەرىن ٴسىڭىرىپ، ورتا جازىقتاعى رايوندارمەن پالەندەي ايىرماشىلىعى قالماعان. قۇبىلاي تاحقا مۇراگەرلىك ەتكەننەن كەيىن، زور مولشەردەگى حانزۋ اسكەرلەرىن، جاڭا باعىنعان اسكەرلەردى جانە شارۋالار مەن ۇستالاردى شينجياڭ وڭىرىنە جىبەرىپ جەرگىلىكتى ورىندى اشۋعا تىڭ ومىرشەڭدىك كۇش قوستى.

قازاقتار ەلىمىزدىڭ شينجياڭ ٴوڭىرىنىڭ باتىس سولتۇستىگى مەن ورتا ازيانىڭ كەڭ كوسىلگەن اۋماعىندا بىتىراي ورنالاسىپ، رۋ - تايپالارى اتاتەگى بويىنشا «ٴۇش جۇزگە» ٴبولىنىپ، قاعانى ۇرپاقتارى مەن جاقىندارىنان ٴۇش جۇزگە ٴبي تاعايىنداعان. قازاقتار مال شارۋاشىلىعىن نەگىز ەتىپ، ٴبىر ٴبولىمى اۋىل شارۋاشىلىعىمەن، سونداي - اق اڭشىلىقپەن شۇعىلدانادى. قولونەر كاسىبى مەن ساۋدا - ساتىعى دا بەلگىلى دارەجەدە دامىعان.

قىرعىزدار يۋان پاتشالىعى داۋىرىندە «چيرجيس»（乞儿吉思）، «جيليجيسى»（吉利吉思）دەپ اتالدى. نەگىزىنەن التاي تاۋىنىڭ سولتۇستىگىندەگى ەنيسەي وزەنىنىڭ جوعارى اعارى وڭىرىنە قونىستانعان. 17 - عاسىردىڭ باسىندا پاتشالىق روسسيا شاپقىنشى كۇشتەرىنىڭ ەنيسەي وزەنى الابىنا قاراي ىرگە كەڭەيتۋىنەن قىرعىزدار باتىس وڭتۇستىككە ىعىسىپ، باسىم كوبى تيانشاننىڭ باتىسىنداعى ىستىقكول وڭىرىنە كوشەدى. كەيىن ٴبىر ٴبولىمى ىستىقكولدەن ورتا ازيانىڭ تاشكەنت، فەرعانا ويپاتىنا جانە سول ماڭدارعا كوشىپ قونىستانادى، ول قازىرگى ورتا ازياداعى قىرعىزداردىڭ نەگىزگى اتاتەگىنە اينالادى. قالعان

تاريحي ماتەريالعا قايتا ٴۇڭىلۋ

قىرعىز دەگەنىمىز باستابىندا حان جەرىندەگى 40 قىز از جەرىندەگى ەركەكتەرمەن ۇيلەنەدى، جەرلەرىنە وسى ماعىنادا ات بەرىلگەن. وڭتۇستىگى حانبالىققا دەيىن 10 مىڭ شاقىرىمنان استام، ايتۋلارعا قاراعاندا، باستابىندا نايمان تايپاسى وسى ارانى مەكەن ەتكەن ەكەن، يۋان پاتشالىعى داۋىرىنە كەلگەندە حالقى 9 مىڭ تۇتىنگە جەتكەن. ولاردىڭ شەكاراسىنىڭ ۇزىندىعى 1400 شاقىرىم، كەم وزەنى ورتادان كەسىپ ٴوتىپ، باتىستان سولتۇستىككە قاراي اعادى. باتىس وڭتۇستىگىندە اباقان دەگەن وزەن، شىعىس سولتۇستىگىندە يىۋس دەگەن وزەن بار، بارلىعى ۇلكەن وزەن، كەم وزەنىمەن بىرىگىپ، اڭگارا وزەنىنە قوسىلىپ، سولتۇستىكتە تەڭىزگە قۇيادى. سالت - ساناسى باسقا ەلدەردەن وزگەشە. ٴتىلى ۇيعىرلاردىكىمەن ۇقساس. كيىز ۇيدە تۇرىپ، سۋدىڭ تۇنىعى مەن وتتىڭ سونىسىن قۋالاپ كوشپەلى مالشىلىقپەن شۇعىلدانادى، ەگىستىككە شەبەر، قار جاۋعاندا شاڭعىمەن اڭ اۋلايدى. جەرىنەن سايگۇلىكتەر، قىران قۇستار كوپ شىعادى.

— «يۋان تارىيحى» 63 - بۋما

ٴبىر ٴبولىمى پامير ٴۇستىرتى، حيندۋكۋش تاۋى جانە قاراقورىم تاۋى وڭىرىنە، سونداي ـ اق سول ٴوڭىردىڭ ماڭايىنا كوشىپ، بۇگىنگى شينجياڭ وڭىرىندەگى قىرعىزداردىڭ باستى اتاتەگىنە اينالعان.

ەكىنشى، موڭعۇلداردىڭ ۇيعىر سياقتى ۇلتتارمەن تۋعىسۋى

يۋان، ميڭ پاتشالىقتارى كەزەڭىندە شينجياڭ وڭىرىندەگى ۇلتتار اناعۇرلىم تۋعىسىپ، موڭعۇلدار، اسىرەسە، شاعاتاي حاندىعىنىڭ موڭعۇلدارى نەگىزىنەن ۇيعىرلارمەن ٴبىر تۇلعاعا اينالىپ، ۇيعىرلارعا جاڭا قان بولىپ قوسىلدى.

شاعاتاي حاندىعى كەزەڭىندە باتىس وڭىردەگى موڭعۇلدار باستاپىندا ٴداستۇرلى كوشپەلى مال شارۋاشىلىعى تۇرمىس ادەتىن ساقتاپ، نەگىزىنەن تاۋ ساعالاپ، كوك قۋالاپ تۇرمىس كەشىردى. يۋان پاتشالىعىنىڭ سوڭى مەن ميڭ پاتشالىعىنىڭ باستاپقى كەزىنە كەلگەندە كوپتەگەن موڭعۇلدار قالالىق وتىرىقشى تۇرمىس ٴتاسىلىنىڭ ىقپالىمەن كوشپەلى مال شارۋ شىلىقتان وتىرىقشى تۇرمىسقا ويىسىپ، شاعاتاي حاندىعىنداعى موڭعۇلداردىڭ تايپالىق قوعامدىق ۇيىمى بىرتىندەپ ىدىرادى. اۋىل شارۋاشىلىق ٴوندىرىسىن نەگىز ەتەتىن جەرگىلىكتى ۇيعىرلارمەن ۇزاق ۋاقىت بىرگە جاساسۋ بارىسىندا ٴوزارا ىقپال جاساپ، ۇلتتىڭ تۋعىسۋىنا شارت ـ جاعداي ازىرلەدى.

موڭعۇلدار بۇرىن شامان ٴدىنى مەن بۋددا ٴدىنىنىڭ تيبەتتىك جىگىنە سەنەتىن. 1347 ـ جىلى شاعاتاي ۇرپاعى تۇعلىق تەمىر اقسۋدا حاندىق ورنىعا شىعىپ، شىعىس شاعاتاي حاندىعىن قۇردى. تۇعلىق تەمىر تاحتقا شىققانان كەيىن ٴىسلام ٴدىنىن قابىلدايدى ٴارى اقسۇيەكتەر اراسىندا جالپىلاستىرادى. جازبا ماتەريالعا نەگىزدەلگەندە، سول كەزدە 160 مىڭ موڭعۇل زۇلىقپەن ٴىسلام ٴدىنىن قابىلداعان ەكەن. وسىدان سوڭ، شىعىس شاعاتاي حاندىعى بيلەۋشىلەرىنىڭ قىسىمىندا زور مولشەردەگى موڭعۇلدار ٴىسلام دىنىنە سەنگەن.

ەشە ٴجۇز جىلدىق دامۋ ارقىلى شىعىس شاعاتاي حاندىعىنىڭ موڭعۇلدارى اقىرى كوشپەلى تۇرمىستان وتىرىقشى تۇرمىسقا، مال شارۋاشىلىعىنان اۋىل شارۋاشىلىعىنا ويىسىپ، ٴوندىرىس، تۇرمىس، ٴتىل، مادەنيەت، سالت ـ سانا، ٴدىن سياقتى جاقتارىنىڭ بارلىعىندا زور وزگەرىس تۋىلىپ، سوڭىنان كوبى ۇيعىرلارمەن تۋعىسىپ كەتتى.

يۋان، ميڭ پاتشالىقتارى كەزىندە شينجياڭ وڭىرىندە تىرشىلىك ەتكەن زور مولشەردەگى حانزۋلار، قىتاندار، شۇرشىتتەر، تاڭعۇتتار ۇزاق ۋاقىت ارالاس

قونىستانعاندىقتان، بىرتىندەپ موڭعۇلداردىڭ، ۇيعىرلاردىڭ اراسىنا ٴسىڭىپ كەتتى. باتىس لياۋ جويىلعاننان كەيىن «ەلىنىڭ جان سانى شامالى بولىپ، كيىم كيىنىسى بايىرعى ۇيعۇرلاردان اۋمايتىن»[1].

ٴتورتىنشى تاراۋشا شينجياڭ ٴوڭىرىنىڭ ورتا جازىق وڭىرىمەن ەكونوميكا ـ ساۋدا بارىس ـ كەلىسى

يۋان، ميڭ پاتشالىقتارى كەزىندە بۇكىل ەلدىڭ ەكونوميكالىق دامۋىندا جاڭا بەتالىستار جارىققا شىقتى. يۋان پاتشالىعى بيلەۋشىلەرى «حانزۋ زاڭ ـ جوسىندارىمەن ورتا جازىقتى باسقارىپ»، ورتا جازىق پاتشالىقتارىنىڭ بيلىك جۇرگىزۋ ٴتاسىلى بويىنشا وندىرىسكە دەم بەرۋ، بوسقىنداردىڭ كوشىلىن ورنىقتىرۋ شارالارىن اتقارعاندىقتان، اۋىل شارۋاشىلىعى، قولونەركاسىپ ٴوندىرىسى بىرتىندەپ قالپىنا كەلىپ، ساۋدا ـ ساتىق تەز دامىپ، تاۋار اينالىمى جاندانىپ، سىرتقى ساۋدانىڭ كولەمى الدىڭعى پاتشالىقتان كوپ كەڭەيدى. ميڭ پاتشالىعى بيلەۋشىلەرى قاتاڭ سارى تىزىمدىك، ليجيا تۇزىمدەرىن اتقارىپ، بۇقاراني اۋىل شارۋاشىلىق وندىرىسىنە ىنتالاندىرعاندىقتان، ميڭ پاتشالىعىنىڭ اۋىل شارۋاشىلىعى قالپىنا كەلدى جانە دامىدى، تاۋار شارۋاشىلىعىندا دا تىڭ دامۋ ورلەۋى جارىققا شىعىپ، سىرتقى ساۋدا ـ ساتىق گۇلدەندى. يۋان، ميڭ پاتشالىقتارى داۋىرىندەگى بۇرىن ـ سوڭدى بولىپ كورمەگەن دارەجەدە بىرلىككە كەلۋى، ەكونوميكالىق ٴوندىرىستىڭ قالپىنا كەلۋى جانە تاۋار ساۋداسىنىڭ دامۋى شينجياڭ ٴوڭىرى ەكونوميكاسىنىڭ دامۋىنا ماڭىزدى ىقپال جاسادى. يۋان پاتشالىعى شينجياڭ وڭىرىندە تىڭ يگەرۋ تەبىنىن ارتتىردى ٴارى بۇل ارادا ەگىستىك جەردى ەسەپتەپ سالىق جينادى. يۋان پاتشالىعى تاعى زور مولشەردە قاتىناس جامدارىن قۇرىپ، جىبەك جولىنىڭ ىركىلىسسىزدىگى مەن گۇلدەنۋىنە شارت ـ جاعداي ازىرلەدى. ميڭ پاتشالىعى قۇمىل توسقاۋىلدىعىن قۇرىپ، شىعىس ـ باتىسقا جول العان ساۋداگەرلەردى قورعادى، چين چىڭدى باتىس وڭىرگە ەلشىلىككە جىبەرىپ، ورتا جازىق ٴوڭىرى مەن شينجياڭ ٴوڭىرىنىڭ بايلانىسىن كۇشەيتتى. سونىمەن بىرگە، شىعىس

---

① (جين) ليۋ چي جازعان، سۋي ۋنيىڭ تىنىس بەلگىسىن قويىپ، رەداكسيالاعان: «توعىسۋ شەجىرەسى. سولتۇستىككە ەلشىلىك جازبالارى»، بەيجيڭ: جۇڭحۋا شۋجۇي باسپاسى، 1983 ـ جىل، 168 ـ، 167 ـ بەتتەر.

شاعاتاي حاندىعى مەن ياركەن حاندىعى سياقتى جەرگىلىكتى بيلىكتەر دە ميڭ پاتشالىعىمەن قويىۋ تارتۋ ـ تارالعى ۇستاۋ، ساۋدا ـ ساتىق قاتىناسىن ساقتادى.

ٴبىرىنشى، يۋان پاتشالىعى كەزەڭىندەگى شينجياڭ ٴوڭىرىنىڭ ەكونوميكالىق دامۋ جەتىستىكتەرى

موڭعۇلدار باتىس ٴوڭىردى بىرلىككە كەلتىرگەننەن كەيىن قوعام بىرتىندەپ ورنىقتى. شىڭعىس قاعان كوزى تىرىسىندە قازىرگى شينجياڭ مەن ورتا ازيانىڭ ٴبىر ٴبولىم وڭىرلەرىن ۇلى شاعاتاي مەن وگەدەيگە ەنشىگە ٴبولىپ بەردى، بۇل جەرلەر ورتالىقتىڭ تىكە باسقارۋىنا قاراپ، باسشىلارىن پاتشا بەلگىلەپ وتىردى. 1227 ـ جىلى شىڭعىس قاعان قايتىس بولىپ، يۋان شىزۋ قۇبىلاي تاحقا وتىرعاننان كەيىن وگەدەيدىڭ ۇرپاعى حايدۋ مەن شاعاتايدىڭ ۇرپاعى دۋا 30 نەشە جىلعا سوزىلعان (1268 ـ 1303) بۇلىك تۋدىرىپ، ٴار ۇلت حالقىنا اۋىر ازاپ شەكتىردى. بۇلىكتى تىنىشتاندىرعاننان كەيىن جەرگىلىكتى ورنىنىڭ شارۋاشىلىعىن قالپىنا كەلتىرۋ جانە دامىتۋ ٴۇشىن، يۋان پاتشالىعى كەڭ كولەمدە تىڭ يگەرۋدى ورىستەتتى ٴارى قولونەركاسىبى مەن ساۋدا ـ ساتىقتى بەلسەنە دامىتتى.

تىڭ يگەرۋ. يۋان بيلەۋشىلەرى تىڭ يگەرۋدى «اسكەردى اسىراپ، حالىقتى تىنىقتىرۋدىڭ ماڭىزدى جولى» دەپ قاراپ، يۋان پاتشالىعى قۇرىلعان باستاپقى جىلدىڭ وزىندە بۇكىل مەملەكەتتىڭ جەر ـ جەرىندە تىڭ يگەرە باستاعان. جي ـ يۋان جىلناماسىنىڭ 26 ـ جىلى (1289 ـ جىل) يۋان پاتشالىعى داتىناما مەكەمەسى باسقارۋىنداعى وڭ ـ سول قانات تىڭ يگەرۋ تۇمەندىگىن ارناۋلى قۇرىپ، «ۇدۇن، بەسبالىقتان ورالعان حانزۋ جاساقتاردى، سونداي ـ اق داميڭ مەن ۋيحۇيداعى جاڭادان باعىنعان جاساقتاردى باسقارىپ ٴارى اسكەردى شىعىسقا قاراي قايتارىپ، بىرىكتىرىپ تىڭ يگەرتۋ» جارلىعىن تۇسىرەدى[1].

يۋان پاتشالىعىنىڭ شينجياڭ وڭىرىندەگى تىڭ يگەرۋى نەگىزىنەن بەسبالىق، ۇدۇن (بۇگىنگى شينجياڭداعى حوتان)، قاشقار (بۇگىنگى شينجياڭداعى قاشقار)، چەرچەن (بۇگىنگى شينجياڭداعى چەرچەن)، قۇمىل (بۇگىنگى شينجياڭداعى قۇمىل) قاتارلى جەرلەرگە شوعىرلانعان. 1281 ـ جىلى «تۇمەن باسى چي گۇڭجىعا دەلبەۋىل ليۋىنىڭ

---

① (ميڭ) سۇڭ ليان: «يۋان تاريحى . ۇلىقتار ەستەلىكتەرى (2)»، بەيجيڭ: جۇڭحۋا شۋجۇي باسپاسى، 1976 ـ جىل، 2164 ـ بەت.

سۋجوۋدا تۇراتىن حانزۋ جاساعىنان مىڭ ادامدى بەسبالىققا جىبەرۋ» جونىندە جارلىعى ءتۇستى[1]؛ 1288 ـ جىلى «ۇدۇنداعى قورعانىس جاساعىنداعى 310 ادامعا تىڭ يگەرتۋ» جونىندە جارلىعى ءتۇستى[2]؛ 1287 ـ جىلى «حىشي، گانسۋ قاتارلى جەرلەردەگى اۋقاتتى حالىقتان مىڭ دامدى چەرچەنگە كوشىرىپ، ونداعى حانزۋ جاساقتارى جانە جاڭادان باعىنعان جاساقتارمەن رالاس قونىستاندىرىپ ەگىن ەكتىرۋ»[3]، «بەسبالىقتاعى حانزۋ جاساقتارى مەن جاڭادان اعىنعان جاساقتاردان 500 ادامعا قۇمىلدان تىڭ يگەرتۋ»[4] جارلىقتارى تۇسەدى.

يۋان پاتشالىعى كەزەڭىندە شينجياڭدا تىڭ يگەرۋ اسكەري تىڭ يگەرۋدى نەگىز ەتكەن، حالىق تا تىڭ يگەرگەن. اسكەري تىڭ يگەرۋ مەن حالىقتىق تىڭ يگەرۋ ۇنەمى توعىسىپ جاتتى. مىسالى، چەرچەن وڭىرىندە «حانزۋ جاساقتارى، جاڭادان باعىنعان جاساقتار ارالاس قونىستانىپ ەگىن سالعان». شينجياڭ وڭىرىندە، جۇيەدەن، حانزۋ، ۇيعىر، موڭعۇل، تاڭعۇت، قىتان، ءشۇرشىت سياقتى كوپ ۇلت تىڭ يگەرۋمەن شۇعىلدانعان.

تىڭ يگەرۋدىڭ ءونىمى كورنەكتى بولدى. دارۋعاشى بىلىگى مەن جۇدىسەنانعا اكەلى ـ الالى ەكەۋى بەربالىقتا بىرنەشە جىل تىڭ يگەرگەنىنەن كەيىن يۋان تايزۋ شىڭعىس قاعان اتىسقا جورىق جاساپ قايتقاندا وسى ارادا «تىڭ جەر اشىلىپ، حالىق اۋقاتتانعان» جاعدايدى كورەدى. ۇدۇندا تىڭ يگەرەتىن دەلبەۋىل ۇلىق ليۋ ىن جى ـ يۋاننىڭ 20 ـ جىلى (283) ورداعا «توعىز جەبەلى، جەتى جەبەلى، التى جەبەلى داقىلدان بىردەن ۇسىنادى»[5]. تىڭ يگەرۋ ارقىلى ستىقتان مول ءونىم الىندى، ءتىپتى، جى ـ يۋاننىڭ 8 ـ جىلى (1271) يۋان پاتشالىعى ۇيعىر جەرىنەن 10 مىڭ دادان كۇرىش ساتىپ الۋ»[6] جونىندە جارلىق ءتۇسىرىلدى. 1288 ـ

---

① (مىڭ) سۇڭ ليان: «يۋان تاريحى . شىرۋ ەستەلىكتەرى (8)»، بەيجيڭ: جۇڭحۋا شۇجۇي باسپاسى، 1976 ـ جىل، 232 ـ بەت.

② (مىڭ) سۇڭ ليان: «يۋان تاريحى . شىرۋ ەستەلىكتەرى (12)»، بەيجيڭ: جۇڭحۋا شۇجۇي باسپاسى، 1976 ـ جىل، 314 ـ بەت.

③ (مىڭ) سۇڭ ليان: «يۋان تاريحى . شىرۋ ەستەلىكتەرى (11)»، بەيجيڭ: جۇڭحۋا شۇجۇي باسپاسى، 1976 ـ جىل، 303 ـ بەت.

④ (مىڭ) سۇڭ ليان: «يۋان تاريحى . شىرۋ ەستەلىكتەرى (11)»، بەيجيڭ: جۇڭحۋا شۇجۇي باسپاسى، 1976 ـ جىل، 302 ـ بەت.

⑤ (مىڭ) سۇڭ ليان: «يۋان تاريحى . شىرۋ ەستەلىكتەرى (9)»، بەيجيڭ: جۇڭحۋا شۇجۇي باسپاسى، 1976 ـ جىل، 257 ـ بەت.

⑥ (مىڭ) سۇڭ ليان: «يۋان تاريحى . شىرۋ ەستەلىكتەرى (4)»، بەيجيڭ: جۇڭحۋا شۇجۇي باسپاسى، 1976 ـ جىل، 134 ـ بەت.

جىلى «قۇمىل حالقى اشارشىلىققا تاپ بولىپ، سالارعا تۇقىم قالماپتى، اييامچى تىڭ يگەرۋدەن اسىپ قالعان استىقتان بەرسىن» [1] دەگەن جارلىق تۇسەدى. مۇنىڭ ٴبارى شينجياڭ ٴوڭىرى تىڭ يگەرۋ ارقىلى نەداۋىر قوماقتى استىق قورىن توپتاعاندىعىن تۇسىندىرەدى. مارك پولو شينجياڭ وڭىرىنەن وتكەندە قازىرگى ياركەننەن «تۇرعىندارداڭ ىرىسى شالقىپ تۇرعانىن، حوتان رايونىنان زات جەتكىلىكتى، ماقتا وتە مول، تۇرعىنداردىڭ ٴجۇزىم باقشاسى جانە ورمان باقشاسى بار ەكەنىن» كورەدى [2].

باجى جيناۋ. يۋانتايزۇڭ جىلناماسىنىڭ ٴبىرىنشى جىلى (1229) «باتىس وڭىردە جان باسىن ەسەپتەپ سالىق جيناۋ، وعان ماحمۇد حورەزمي (نەمەسە يالاۋاچ) جاۋاپتى بولۋ» بەلگىلەندى [3]. يۋان پاتشالىعىنىڭ شينجياڭ وڭىرىندە جان باسىن بىرلىك ەتىپ، باجى جيناۋى ورتا جازىق وڭىرىندەگى ٴتۇتىندى بىرلىك ەتىپ، جيناۋدان ٴسال پارىقتى بولعانىمەن، ٴمانى جاعىنان ۇقساس، بارلىعى دا جان باسى باجىسىن جيناۋ بولىپ تابىلادى. 1279 ـ جىلى يۋان پاتشالىعى «ۇيعىر جەرىندە جەردىڭ مۇ سانىنا قاراي باجى جيناۋدى اتقارۋ، ٴارقايسى ايماقتىڭ باقىلاۋىل مەكەمەسىنىڭ جەرى كەڭ، جۇمىسى كوپ بولعاندىقتان، ەگىنشىلىككە جۇمىلدىرۋ ۇلىقتارىن باقىلاۋىل مەكەمەسىنە قوسۋ، ورىنباسار مەكەمە باستىعى مەن جاردەمشى قىزمەتكەردەن بىردەن ادام كوبەيتىپ، ەگىنشىلىككە، سۋ ىستەرىنە جۇمىلدىرۋ» جارلىعىن ٴتۇسىردى [4]. بۇل يۋان پاتشالىعىنىڭ شينجياڭ وڭىرىندەگى باجى تۇزىمىنە جاساعان زور وزگەرىسى بولىپ، بۇرىنعى «كىسى باسىندىق باجى» «مۇ باسى باجىسىنا» وزگەردى.

يۋان پاتشالىعى شينجياڭ ٴوڭىرىنىڭ ٴىس جۇزىندىك جاعدايىنا نەگىزدەلە وتىرىپ باجىنى كەمەيتتى، كەشىرىم ەتتى. مىسالى، جي ـ يۋان جىلناماسىنىڭ 17 ـ جىلى (1280) 2 ـ ايدا «قاراعا قاراستى قۇجى سياقتى قامالداردى بۇلىكشى جاساقتار تالان ـ

① (ميڭ) سۇڭ ليان: «يۋان تاريحى . شىزۋ ەستەلىكتەرى (12)»، بەيجيڭ: جۇڭحۋا شۇجۇي باسپاسى، 1976 ـ جىل، 317 ـ بەت.

② (يتاليا) مارك پولو جازعان، فىڭ چىڭجۇن اۋدارعان: «مارك پولو ساپار ەستەلىگى» شاڭحاي: شاڭحاي كىتاپ دۇكەنى باسپاسى، 2001 ـ جىل، 90 ـ ، 92 ـ بەتتەر.

③ (ميڭ) سۇڭ ليان: «يۋان تاريحى . تايزۇڭ ەستەلىكتەرى»، بەيجيڭ: جۇڭحۋا شۇجۇي باسپاسى، 1976 ـ جىل، 30 ـ بەت.

④ (ميڭ) سۇڭ ليان: «يۋان تاريحى . شىزۋ ەستەلىكتەرى (7)»، بەيجيڭ: جۇڭحۋا شۇجۇي باسپاسى، 1976 ـ جىل، 210 ـ . 211 ـ بەتتەر.

تاراجىلاعاندىقتان»، «ولاردىڭ لاۋى تاعى ٴۇش جىل كەشىرىم» ەتىلدى[1]. سول جىلى 7 ـ ايدا «تۇعىرىل مەڭلىك قوسىنى قوجا ۋي ـ ۋ جامبىلىنىڭ استىعىن تالاپ، حالىق اشىققاندىقتان»، «ولاردىڭ سالىعى تاعى ٴۇش جىل كەشىرىم» ەتىلدى[2]. تايديڭ پاتشا كەزىندە تايديڭ جىلناماسىنىڭ العاشقى جىلى (1324) شينجياڭ وڭىرىندە قازان قوجا ٴمانسابى ورناتىلىپ، «قوجامەدين قازان قوجا بولىپ، باتىس ٴوڭىردىڭ نويوس ىستەرىنە جاۋاپتى» بولدى[3].

قولونەركاسىپ پەن ساۋدانىڭ دامۋى. يۋان پاتشالىعى شينجياڭ وڭىرىندە قولونەركاسىبىن دامىتاتىن ٴبىر ٴبولىم قۇرىلىمدار قۇرعان. سوناۋ يۋان تايزۇڭ بيلىك جۇرگىزگەن كەزدە (1229 ـ 1241) «ۇل ـ قىز بالالاردى جانە ۇستالاردى جيناپ، حۇڭجوۋدا مەكەمە قۇردى. ونان باتىس وڭىردەن التىن زەر توقيتىن جۇمىسشىلاردان 300 دەن استام ٴتۇتىن، سونداي ـ اق بيانجيڭنان كەنەپ توقيتىن جۇمىسشىلاردان 300 تۇتىنگە يە بولىپ، حۇڭجوۋعا قاراتىپ، جىنحايدى باسقارۋعا جاۋاپتاندىردى»[4]. يۋان پاتشالىعى بيلەۋشىلەرى مەن اقسۇيەكتەر قامقانىڭ ىشىنەن التىن قامقانى ياعني اراسىنا التىن ٴجىپ قوسىپ توقىعان قامقا، مۇنى سول تۇستا ناقىشتالعان دەپ ەرەكشە ۇناتاتىن. قاجەتتى قاناعاتتاندىرۋ ٴۇشىن، يۋان پاتشالىعى باتىس وڭىردە حوتانبالىق مەكەمەسى مەن بەسبالىق مەكەمەسىن قۇردى. «بەسبالىق مەكەمەسىنىڭ دارەجەسى تەتە جەتىنشى دارەجە بولىپ، ٴبىر باس ۇلىق، ٴبىر كومەكشى ۇلىق ورنالاستىرىلدى. وردا ۇلىقتارىنىڭ شەن ـ شەكپەنىنىڭ جاعا ـ جەڭىنە ىستەتىلەتىن ناقىش سياقتىلاردى وندىرۋگە جاۋاپتى بولدى. بۇل مەكەمە جى ـ يۋان جىلناماسىنىڭ 13 ـ جىلى (1276) قۇرىلعان. حوتانبالىق مەكەمەسىنە ٴبىر باس ۇلىق قويىلىپ، تەتە جەتىنشى دارەجەلى ٴمانساپ ٴمورى بەرىلدى»[5]. مۇنان سىرت، بەسبالىق

① (ميڭ) سۇڭ ليان: «يۋان تاريحى . شىرۋ ەستەلىكتەرى (8)»، بەيجيڭ: جۇڭحۋا شۋجۇي باسپاسى، 1976 ـ جىل، 222 ـ بەت.

② (ميڭ) سۇڭ ليان: «يۋان تاريحى . شىرۋ ەستەلىكتەرى (8)»، بەيجيڭ: جۇڭحۋا شۋجۇي باسپاسى، 1976 ـ جىل، 225 ـ بەت.

③ (ميڭ) سۇڭ ليان: «يۋان تاريحى . تايديڭ پاتشا ەستەلىكتەرى (1)»، بەيجيڭ: جۇڭحۋا شۋجۇي باسپاسى، 1976 ـ جىل، 646 ـ بەت.

④ (ميڭ) سۇڭ ليان: «يۋان تاريحى . جىنحاي باياني»، بەيجيڭ: جۇڭحۋا شۋجۇي باسپاسى، 1976 ـ جىل، 2964 ـ بەت.

⑤ (ميڭ) سۇڭ ليان: «يۋان تاريحى . ۇلىقتار شەجىرەسى (1)»، بەيجيڭ: جۇڭحۋا شۋجۇي باسپاسى، 1976 ـ جىل، 214 ـ بەت.

بيىك تۇعىرلى گۇلدى شىنى

شينجياڭنىڭ قورعاس اۋدانى المالى كونە قالا جۇرتىنان تابىلعان

مەكەمەسى تاعى قولونەر بوياۋشىلىق كاسىبى ونىدىرىسىنە جاۋاپتى بولدى، «بەسبالىق مەكەمەسىنە ٴبىر ٴمانساپتى قويىلدى»①. قازىرگى شينجياڭنىڭ تۇرپانىندا دا توقىماشىلىق ورنى قۇرىلعان. ىسىنان ولكەسىنىڭ ميشيان اۋدانىنىڭ ادامى چىن فۋ، سانشي ولكەسىنىڭ تاييۋان دەگەن جەرىندە توقىماشىلىق ىستەپ، «كەيىن قاراقۇجىعا كوشىرىلىپ، 15 جىل تۇردى»②. ٴار ۇلت شەبەرلەرى بىرلىكتە ٴوندىرىس جۇرگىزىپ، تاجىريبە الماستىرىپ، ٴوزارا تۇسىنىكتەرىن تەرەڭدەتۋمەن بىرگە، شينجياڭ ٴوڭىرىنىڭ قولونەركاسىبىنىڭ دامۋىن جەبەيدى.

شينجياڭ وڭىرىندە ەرتەدەن ـ اق ٴجۇزىم ەگىمشىلىگى بولعان. جەرگىلىكتى تۇرعىندار جۇزىمنەن ٴجۇزىم شارابىن اشىتاتىن. يۋان پاتشالىعىنىڭ ادامى شيۇڭ مىڭشياڭ گاۋچاڭ ٴوڭىرىنىڭ جۇزىمىنەن شاراپ اشىتۋ بارىسىن ەگجەي ـ تەگجەيلى ەستەلىككە العان. يۋان پاتشالىعى ورداسىندا ىشىلەتىن ٴجۇزىم شاراپتارى بۇكىل ەلدىڭ جەر ـ جەرىنەن باراتىن، «شاراپتىڭ بىرنەشە ٴتۇرلى سورتى بار ەدى، باتىستىكى ، حوجىنىكى، پيڭياڭ ـ تاييۋاندىكى سياقتىلار ، ٴبارىنىڭ ٴدامى قاراقۇجىنىكىنە جەتپەيدى، تياندىڭ شارابى ەڭ جاقسى»③. مۇنداعى قاراقۇجى دەگەنىمىز قازىرگى تۇرپان، تياندي دەگەنىمىز ۇي، جين، وڭتۇستىك ـ سولتۇستىك پاتشالىقتارى كەزىندەگى گاۋچاڭ ايماعىنا قاراستى تياندي اۋدانى ورنالاسقان جەر. يۋان پاتشالىعىندا وردا شارابى ٴار جەردەن اپارىلعانىمەن، ٴدامى ەڭ جاقسىسى قاراقۇجىدا

① (ميڭ) سۇڭ ليان: «يۋان تاريحى . ۇلىقتار شەجىرەسى (1)»، بەيجيڭ: جۇڭحۋا شۋجۇي باسپاسى، 1976 ـ جىل، 2151 ـ بەت.

② قۇراستىرۋعا جاۋاپتى لي شيۋشىڭ: «يۋاننىڭ تولىق جازبالارى. توڭشۋ. چىن جۇن قۇلپىتاسى جازباسى» 19 ـ كىتاپ، نانجيڭ: جياڭسۋ بايىرعى شىعارمالار باسپاسى، 1999 ـ جىل، 403 ـ بەت.

③ (يۋان) حۋ سىحۇي جازعان، جاڭ بيڭلۇن، فاڭ شياۋياڭ اۋدارىپ تۇسىنىك جازعان: «تاعام ٴدامى جونىندەگى تۇسىندىرمە»، شاڭحاي : شاڭحاي بايىرعى شىعارمالار باسپاسى، 2014 ـ جىل، 273 ـ بەت.

ماتەريال تىزبەگى

يۋان پاتشالىعىنىڭ ادامى شيۋىڭ مىڭشياڭ «شيجين شەجىرەسى» شىعارماسىندا گاۋچاڭ ٴوڭىرىنىڭ ٴجۇزىم شارابىن ىشتۋ بارىسىن ەستەلىككە العان: «ٴجۇزىم شارابى قۇجىنىڭ شەتكەرى جەرىندە وندىرىلەدى. ىشتقان كەزدە كوك ٴجۇزىم ىستەتىلەدى». الدىمەن جەر بەتىنەن ۇلكەن قۇمدانعا ۇقسايتىن ۇرا قازىلىپ، جان - جاعىنا كىرپىش قالانادى. «نەشە دادان ٴجۇزىم سيادى. كوك ٴجۇزىم الىنىپ، تاۋ بولىپ ۇيىلگەننەن كەيىن ونى جايمالايدى، اياقپەن تاپتاپ تەگىستەيدى، ونان اعاشپەن باستىرىپ، تەرى، كيىز جابادى، باسقا ىشتقى سالمايدى». 10 دا 15 كۇندە ٴبىر رەت تەكسەرىپ، سۇيىق كۇيدەگى ٴجۇزىم شارابىنا اينالعانعا دەيىن قاداعالايدى. «تۇنىعىن الىپ، باسقا ىدىسقا ساقتايدى. بۇل ٴبىرىنشى شاراپ دەلىنەدى». وسىلاي ٴۇش قايتالايدى، «سوندىقتان، ٴبىرىنشى شاراپ، ەكىنشى شاراپ، ٴۇشىنشى شاراپ دەپ بولەدى. ابدەن تاۋسىلعانعا دەيىن شاراپ الا بەرەدى». مۇنىڭ ىشىندەگى «ساپالى شارابىنان ٴبىر - ەكى ستاكان ىشكەندەر نەشە كۇن ماس جۇرەدى».

وندىرىلەتىن شاراپ، ەڭ تاماشاسى تياندي شارابى ەدى، بۇل شينجياڭ ٴوڭىرىنىڭ ٴجۇزىم شارابىن ىشتۋ تەحنيكاسى دامىعاندىعىن تولىق دالەلدەيدى. گاۋچاڭدا وندىرىلگەن ٴجۇزىم شارابى ساپالى بولعاندىقتان، ٴوتىمى جاقسى بولۋمەن قاتار، ورداعا ۇسىناتىن ەڭ تاماشا تارتۋ - تارالعى ەدى. گاۋچاڭ ٴوڭىرىنىڭ يۋان پاتشالىعى ورداسىنا ٴجۇزىم شارابىن تارتۋ ەتۋ ٴتۇزىمى يۋان پاتشالىعىنىڭ سوڭىنا دەيىن جالعاسقان. تايديڭنىڭ ٴبىرىنشى جىلى (1324) 2 - ايدا «گاۋچاڭ ۋاڭى ٴىدىقۇت تەمىربۇعا ەلشى جىبەرىپ، ٴجۇزىم شارابىن ۇسىندى»①.

يۋان پاتشالىعىنىڭ جەرى كەڭ، مەملەكەتتىڭ ۇلى بىرلىگى ٴبىرىڭعاي اقشانىڭ اينالىمى مەن قولدانىمىن جەبەدى. يۋان پاتشالىعى تاراتقان قاعاز اقشا، مىسالى، جۇڭتوڭ قاعاز اقشا مەن جى - يۋان جىلناماسىندا تاراتىلعان قاعاز اقشا تيانشاننىڭ وڭتۇستىگى مەن سولتۇستىگىندە اينالىمعا تۇسكەن. يۋان پاتشالىعى تاعى باتىس وڭىردە اقشا باسقاۋىلدىعىن قۇرعان، بۇل نەگىزىنەن قاعاز اقشانى باسۋ مەن تاراتۋعا جاۋاپتى بولعان. مىسالى، جى - يۋان جىلناماسىنىڭ 17 - جىلى (1280) 3 - ايدا «ۇيعۇر جەرىنەن اقشا باسقاۋىلدىعىن قۇردى»②. جى - يۋان

① (ميڭ) سۇڭ ليان: «يۋان تاريحى . تايديڭ پاتشا ەستەلىكتەرى - 1»، بەيجيڭ: جۇڭحۋا شۋجۋي باسپاسى، 1976 - جىل، 644 - بەت.

② (ميڭ) سۇڭ ليان: «يۋان تاريحى . شىزۋ ەستەلىكتەرى - 8» بەيجيڭ، جۇڭحۋا شۋجۋي باسپاسى، 1976 - جىل، 223 - بەت.

يۋان پاتشالىعى ٴداۋىرى جى ـ يۋان جىلناماسىنداعى قاعاز اقشا.
شينجياڭنىڭ تۇرپانىنان تابىلعان.

جىلناماسىنىڭ 20 ـ جىلى (1283) تاعى «ۇيعىر جەرىندە ٴتورت جام جانە اقشا قامباسى قۇرىلدى»[1]. اقشا قامباسى نەگىزىنەن قاعاز اقشانى ساقتاۋعا جاۋاپتى بولادى. وسى قۇرىلىمدار قاعاز اقشانى تاراتۋ مەن اينالىمعا سالۋعا ارناۋلى باسقارىپ، جەرگىلىكتى ساۋدانىڭ دامۋىن جەبەدى.

يۋان پاتشالىعى تاعى شينجياڭ وڭىرىندە جارمەنكە اشتى. 1284 ـ جىلى «مەڭلىك قوجا ميلالداردىڭ كەڭەسىن قابىلداپ، 10 مىڭ دىڭدى بىرلىك ەتىپ، بەسبالىق جانە حىشي، شاڭدۋدا اينالىمعا سالدى»[2]. سول كەزدە ۇيعىرلاردىڭ ٴبىرتالايى ورتا جازىق وڭىرىندە ساۋدا ىستەگەن، مىسالى، «تيان فاميليالى بايىرعى ۇيعۇر وتە باي بولدى، ون مىڭعا جۋىق ساۋداگەرى شاندۇڭ، حىبەي اراسىندا ساۋدا ىستەدى»[3]. ماركو پولو ٴوز كەزىندە قاشقاردان وتكەندە بۇل جەردىڭ «تۇرعىندارىنىڭ ٴبارى شەبەرلەر مەن ساۋداگەرلەر ەكەن... كوپتەگەن ساۋداگەرلەر وسى ارادان اتتانىپ، دۇنيە ٴجۇزىنىڭ جەر ـ جەرىنە بارىپ ساۋدا ىستەيدى» دەگەن ەكەن[4].

ەكىنشى، ميڭ پاتشالىعى داۋىرىندە شينجياڭ ٴوڭىرىنىڭ كوشپەلى مال شارۋاشىلىعىنان ەگىن شارۋاشىلىعىنا ويىسۋى

موڭعۇلدار باتىس وڭىرگە العاش كەلگەندە ٴداستۇرلى كوشپەلى مال شارۋاشىلىق

① (ميڭ) سۇڭ ليان: «يۋان تاريحى . جەر ـ سۋ شەجىرەسى ـ 6»، بەيجيڭ، جۇڭحۋا شۋجۇي باسپاسى، 1976 ـ جىل، 1567 ـ بەت.

② (ميڭ) سۇڭ ليان: «يۋان تاريحى . شىزۋ ەستەلىكتەرى ـ 5»، بەيجيڭ، جۇڭحۋا شۋجۇي باسپاسى، 1976 ـ جىل، 265 ـ بەت.

③ (وڭتۇستىك سۇڭ) جاۋگوڭ جازعان، لي گوچياڭ رەتتەگەن: «موڭعۇل، تاتار ەستەلىكتەرى»، شاڭحاي شىفان داشۋەسىنىڭ بايىرعى شىعارمالاردى رەتتەۋ ـ زەرتتەۋ ورنى قۇراستىرعان: «سۇڭ پاتشالىعىنىڭ تولىق ەستەلىكتەرى» 7 ـ ٴبولىم 2 ـ كىتابى، جىڭجوۋ: داشياڭ باسپاسى، 2015 ـ جىل، 108 ـ بەت.

④ (يتاليا)، مارك پولو جازعان، فىڭ چىڭجۇن اۋدارعان: «مارك پولو ساپار ەستەلىكتەرى»، شاڭحاي: شاڭحاي كىتاپ دۇكەنى باسپاسى، 2001 ـ جىل، 88 ـ بەت.

تۇرمىس ٴتاسىلىن ساقتاپ، نەگىزىنەن تاۋ اڭعارلارىندا، جايلاۋدا تىرشىلىك ەتتى. مىسالى، جى ـ يۋاننىڭ 6 ـ جىلى (1269) وگەدەي حان، شاعاتاي حان مەن قىپشاق حانى تالاس جايلاۋىندا قۇرىلتاي شاقىرعان كەزدە موڭعۇل حاندارى مەن ونىڭ تايپالارى، قوسىندارى «تاۋلى ٴوڭىر مەن سايىن دالادا قونىستانادى، قالالى جەرلەرگە كىرمەيدى، ەگىنشىلىك وڭىرىنە مال جايمايدى، ديقاندارعا ارتىقشا تالاپ قويمايدى» دەگەن كەلىسىمگە كەلگەن[①]. سوندىقتان، باتىس وڭىردەگى موڭعۇلدار كوشپەلى مالشىلىق تۇرمىس ٴتاسىلىن ۇزاق ساقتادى. 15 ـ عاسىردىڭ باس شەنىنە جەتكەندە مىڭ پاتشالىعىنىڭ ەلشىسى چىن چىڭ بەسبالىققا كەلگەندە شىعىس شاعاتاي حاندىعىنىڭ بيلەۋشىسى ماحمۇتتىڭ (1408 ـ 1415 ـ جىلعا دەيىن تاحتا وتىرعان) بيلەۋشىندەگىلەردىڭ ٴالى «قالا ـ قورعان سالماي، تۇراقتاپ وتىرماي، ماۋسىمعا قاراي سۋدىڭ تۇنىعىن، ٴشوپتىڭ شۇيگىنىن قۋالاپ، جىلقى، سيىر ٴوسىرىپ كۇنەلتەتىنىن، سوندىقتان، بارعان جەرلەرىندە كيىز ٴۇي تىگىپ، كيىز توسەپ، ىستىق ـ سۋىقتا دا جەرگە وتىرا بەرەتىنىن»، ال، اس ـ سۋ جاعىندا «ەت، ٴسۇت ونىمدەرىن باستى ازىق ەتىپ، وقتا ـ تەكتە كۇرىش، ۇن تۇتىناتىنىن، كوكونىس كەزىكپەيتىنىن، ازىراق شاراپ اشىتىپ ، نەگىزىنەن ٴسۇت ىشەتىنىن، تۇت ـ كەندىر وسىرمەي، ەگىنشىلىك، توقىماشىلىقپەن شۇعىلدانباي، ازداپ تارى ەگەتىنىن»[②] كورەدى. سول كەزدەگى شىعىس شاعاتاي حاندىعى جەرىندەگى «لۇكچىن (قازىرگى شينجياڭ ٴپىشان اۋدانىنىڭ لۇكچىن قالاشىعى)، قۇجى، تۇرپان، قاشقار، المالى (قازىرگى شينجياڭ قورعاس اۋدانى) قاتارلى ساناۋلى جەردە ازىن ـ اۋلاق قالا تۇرعىندارى بولدى»[③]. يسپانيالىق كلاۆيو ورتا ازياعا ەلشىلىككە كەلگەندە (1403 ـ 1406) سول كەزدەگى شاعاتاي موڭعۇلدارىنىڭ «ٴالى دە كوشپەلى تۇرمىس كەشىرىپ، جىل بويى كيىز ۇيدە وتىراتىندىعىن؛ قىستا، جازدا جەر ـ جەرگە كوشىپ، ۇنەمى حاۋىپسىز، قورعانىسقا قولايلى جەرلەردى تاڭداپ ٴۇي تىگەتىندىگىن... قىستا شاعاتايلىقتار اۋا رايى جىلى قىستاۋلىقتارعا

---

① ليۋ يىڭشىڭ: «شاعاتاي حاندىعى تاريحى جونىندە زەرتتەۋلەر»، شاڭحاي: شاڭحاي بايىرعى شىعارمالار باسپاسى، 2006 ـ جىل، 190 ـ بەت.

② (مىڭ) چىن چىڭ جازعان، جوۋ ليانكۋان تىنىس بەلگىلەرىن قويىپ تۇسىنىكتەمە بەرگەن: «باتىس وڭىردەگى ەلدەر شەجىرەسى»، بەيجيڭ، جۇڭحۋا شۋجۇي باسپاسى، 2000 ـ جىل، 102 ـ بەت.

③ (مىڭ) چىن چىڭ جازعان، حوۋ ليانكۋان تىنىس بەلگىلەرىن قويىپ، تۇسىنىكتەمە بەرگەن: «باتىس وڭىردەگى ەلدەر شەجىرەسى»، بەيجيڭ: جۇڭحۋا شۋجۇي باسپاسى، 2000 ـ جىل، 102 ـ ، 103 ـ بەتتەر.

كوشەتىندىگەن» كورەدى[1]. ياركەن حاندىعىنىڭ العاشقى مەزگىلى مەن ورتاڭعى مەزگىلىنە دەيىن موڭعۇلدار نەگىزىنەن وسى ٴۇندىرىس ـ تۇرمىس ٴتاسىلىن ساقتادى. ولار نەگىزىنەن كوشپەلى مالشىلىقپەن شۇعىلدانىپ، تايپالىق ۇيىم فورماسىن ساقتادى. تايپا مۇشەلەرى جايشىلىقتا مال باعىپ، جاۋگەرشىلىكتە جورىققا اتتاندى.

يۋان پاتشالىعىنان بۇرىن تيانشاننىڭ وڭتۇستىگى مەن سولتۇستىگىندە نەداۋىر كولەمدى ەگىن شارۋاشىلىعى بولعان. يۋان پاتشالىعى بيلەگەن تۇستا شينجياڭ ٴوڭىرىنىڭ ەگىن شارۋاشىلىعى دا نەداۋىر دامىدى. يۋان پاتشالىعىنىڭ سوڭعى كەزى مەن ميڭ پاتشالىعىنىڭ باستاپقى كەزىندە قاعاندىقتىڭ بيلەۋشىلەرى قاراپايىم دا ٴبىر سىدىرعى كوشپەلى مال شارۋاشىلىق تۇرمىسقا قاناعاتتانباي، بىرتە ـ بىرتە ەگىن شارۋاشىلىعى وتىرىقتى تۇرمىسقا ويىستى. شىعىس شاعاتاي حاندىعىنىڭ ۋايىس حانى بيلىك جۇرگىزگەن كەزەڭىندە (1417 ـ 1432) ۋايىس حان تۇرپاندا ٴوز قولىمەن جەر سۋارىپ، ىشەر استىعىن ٴوزى قامدادى[2]. كلاۆيونىڭ ايتۋىنشا، شاعاتاي موڭعۇلدارى «جازدا وزەن بويلارىنداعى جازىق جەرلەرگە وتىرىپ، ٴبيداي، ماقتا ەگىپ، قاۋىن ـ قاربىز وسىرەدى» ەكەن[3]. مىنە، بۇل شاعاتاي موڭعۇلدارىنىڭ وتىرىقتى ەگىن شارۋاشىلىعىنا ويىسا باستاعاندىعىن تۇسىندىرەدى.

موڭعۇلداردىڭ كوشپەلى مال شارۋاشىلىعىنان وتىرىقتى ەگىن شارۋاشىلىعىنا قاراي ويىسۋىنا بايلانىستى رۋ ـ تايپالىق ۇيىمدىق فورماسى بىرتىندەپ ىدىراپ، ياركەن حاندىعىنىڭ سوڭعى مەزگىلىنە كەلگەندە كوپتەگەن موڭعۇلدار ۇيعىرلارعا ٴسىڭىپ، وتىرىقتانۋ ٴارى ەگىن شارۋاشىلىعىمەن شۇعىلدانۋ ولاردىڭ نەگىزگى ٴوندىرىس ـ تۇرمىس تاسىلىنە اينالدى. ياركەن حاندىعى كەزىندە ياركەن، حوتان وڭىرلەرى ماڭىزدى ەگىن شارۋاشىلىق رايونىنا اينالدى. الايدا، چيڭ پاتشالىعى شينجياڭ ٴوڭىرىن بىرلىككە كەلتىرگەنگە دەيىن تيانشاننىڭ وڭتۇستىگى مەن سولتۇستىگىنىڭ ەگىن شارۋاشىلىعى جالپى تولعالىق جاقتان بىتىراندى، تەحنيكاسى مەشەۋ بولىپ، كوپ ەگىپ، از ٴونىم الاتىن، ٴالى دە اعاش سايمان تەمىر

① [يسپانيا] كلاۆەر جازعان، ياڭ جاۋجۇن اۋدارعان: «كلاۆەردىڭ شىعىسقا ەلشىلىك ساپارى»، بەيجيڭ: ساۋدا باسپاسى، 2009 ـ جىل، 102 ـ بەت.

② جاڭ چۋان: «ميڭ، چيڭ كەزىندەگى باتىس وڭىردەگى ۇلتتار»، شۇي ۋىن قۇراستىرعان: «وسى زامانعى عىلىمي سارا تۋىندىلار. باتىس ٴوڭىر زەرتتەۋ توپتاماسى» (سوڭعى ٴبولىمى) شاڭحاي: شاڭحاي حالىق باسپاسى، 2014 ـ جىلى، 858 ـ بەت.

③ [يسپانيا] كلاۆەر جازعان، ياڭ جاۋجۇن اۋدارعان: «كلاۆەردىڭ شىعىسقا ەلشىلىك ساپارى»، بەيجيڭ: ساۋدا باسپاسى، 2009 ـ جىل، 102 ـ بەت.

سوقا، ەكى وگىزدى مويىنتۇرىق، كەتپەن، وراق، اعاش ايىر سياقتى قاراپايىم ەگىس قۇرالدارىن ىستەتىپ، قولمەن تۇقىم سەبەتىن، سۇرىپتاپ ەگىلمەگەندىكتەن، استىق ٴونىمى تومەن، ەگىن شارۋاشىلىعىنىڭ دامۋى باياۋ بولدى. ياركەن حاندىعىنىڭ ساۋدا ىستەرى نەداۋىر دامىعان، اسىرەسە، ورتا جازىق وڭىرىمەن ساۋدا ـ ساتىق قاتىناسى قويۋ بولعان.

ٴۇشىنشى، شينجياڭ ٴوڭىرىنىڭ ورتا جازىق وڭىرىمەن بولعان قويۋ ەكونوميكالىق اۋىس ـ كۇيىسى

يۋان پاتشالىعى كەزىندە دالا جىبەك جولى بارىنشا كەڭەيدى. موڭعۇلدار باتىسقا جورىق جاساعاندا، «التىن تاۋدىڭ وڭتۇستىگىندەگى داحى قاتىناس جولىنىڭ»[1] ىركىلىسسىزدىگى بۇرىنعى قاتىناس جەلىسىن بارىنشا قىسقارتىپ، شىعىس پەن باتىس ٴوڭىردىڭ بارىس ـ كەلىس جاساۋىنا ٴتىپتى قولايلى بولدى. شينجياڭ ٴوڭىرىنىڭ ورتا جازىق وڭىرىمەن قاتىناس جەلىسىن قورعاۋ جانە جاقسارتۋ ٴۇشىن، يۋان پاتشالىعى تيانشاننىڭ وڭتۇستىگى مەن سولتۇستىگىن ايلانعان قاتىناس جولدارىنان جامدار قۇردى. «سامداي جايىلىپ، ٴبىر ـ ىرىنە ىركىلىسسىز قاتىناپ، تاڭعى جارلىق كەشتە جەتىپ تۇردى»[2]، بۇل وسى ٴبىر كەزەڭدە شىعىس پەن باتىس قاتىناسىنىڭ دامۋىن ىلگەرىلەتۋدە ماڭىزدى رول اتقارىپ، شينجياڭ ٴوڭىرىنىڭ ورتا جازىقتاعى جەرلەرمەن قويۋ ساۋدا بارىس ـ كەلىسىن ساقتاۋىنا مۇمكىندىك جاراتتى. قاراقۇجىنىڭ جەر ـ جەرىندە ساۋدا قيمىلى وتە دامىدى، جەر، ٴجۇزىم باقشاسىن كوتەرمەگە الۋ ساۋداسى ەكىنىڭ بىرىندە كەزىگىپ، قارىز الۋ، قارىز ىستەرى توقتام ـ كەلىسىمى ٴتۇزىمى دە نەداۋىر كەمەلدى بولدى، مىنە، بۇدان سول كەزدەگى ساۋدانىڭ وركەندەگەنىن كورۋگە بولادى. 20 ـ عاسىردىڭ باسىندا تۇرپان وڭىرىنەن كوپتەگەن 13 ـ عاسىردىڭ كوشىرمە كىتاپتارى قازىپ الىندى، مۇنىڭ ىشىندەگى كەيبىرەۋلەرى بايىرعى ۇيعۇر جازۋىمەن ويما باسپامەن باسىلعان. وسى كوشىرمە نۇسقالاردىڭ تۇپتەگەن جەرلەرىنە حانزۋ ارپىندەگى بەت سانى مەن ٴبىر ٴبولىم حانزۋ شەبەرلەردىڭ ەسىمى باسىلعان. بۇل سول كەزدە وسى ٴوڭىردىڭ ويما باسپاسىن حانزۋ شەبەرلەرى ىستەيتىندىگىنىڭ نەمەسە

① (يۋان) لي جىچاڭ جازعان، داڭ باۋحاي اۋدارىپ تۇسىنىك جاساعان. «چاڭچۇن جىنرىنىڭ باتىس ساپارناماسى» شىنجياڭ: حىبەي حالىق باسپاسى، 2001 ـ جىل، 91 ـ بەت.

② (مىڭ) شيە جيڭ قاتارلىلار قۇراستىرعان: «يۇڭلى توپتاماسى. ەل باسقارۋ جارعىسى.جانچىمىن » 8 ـ كىتابى، بەيجيڭ: جۇڭحۋا شۋجۋي باسپاسى، 1986 ـ جىل، 7192 ـ بەت

ۇيرەتكەندىگىنىڭ دالەلى. سونىمەن بىرگە، شىعىس پەن باتىس ساۋداگەرلەرىنىڭ بارىس ـ كەلىسى اتاعۇرلىم جيىلەي تۇسكەن. ۇلتتار اراسىنداعى وسىنداي كوشىپ ـ قونۋ ٴار ۇلتتى ٴتىپتى دە كەڭ كولەمدە، ٴتىپتى دە قويۋ ارالاستىرىپ، ۇلتتار اراسىنداعى بارىس ـ كەلىس پەن توعىسۋدى ونان ارى جەبەدى.

ورتا جازىق ٴوڭىرىنىڭ ٴداستۇرلى توقىماشىلىق شيكىزاتتارى جىبەك پەن كەندىر بولاتىن، مۇڭ، يۋان پاتشالىقتارى داۋىرىندە عانا ماقتا ەگىمشىلىگى بىرتىندەپ جالپىلاسقان. ماقتا قۇرىىق، تەڭىز جولىمەن ورتا جازىققا تارالعان، قۇرلىق جولىمەن نەگىزىنەن شينجياڭ وڭىرىنە تاراعان. «ەگىنشىلىك، جىبەكشىلىك ماڭىزدى تۇيىندەرىندە» جازىلۋىنشا، «اعاش ماقتا باتىس ٴوڭىردىڭ ٴونىمى، جۋىق جىلداردان بەرى... اعاش ماقتا شانشيدىڭ باتىسىنا ەگىلدى، قاۋلاپ ٴوسىپ، ٴوز جەرىندەگىدەن اۋمايدى»①. بۇل ارادانعى اعاش ماقتا افريكا ماقتاسى، ٴشوپ ماقتا دەپ تە اتالادى. شينجياڭ وڭىرىنەن حىشي دالىزى ارقىلى قازىرگى شانشي وڭىرىنە تارالعان.

ۇلى ميڭنىڭ ٴبىر تۇتاس قولداناتىن قاعاز اقشاسى

شىنجاڭ بۇراتالادان جيناپ الىنعان

ميڭ پاتشالىعى داۋىرىندە شينجياڭنىڭ جەر ـ جەرىنىڭ ورتا جازىققا تارتۋ ـ تارالعى ۇسىنۋ قاتىناسى جانە ەكونوميكالىق اۋىس ـ كۇيىسى توتەنشە جيىلەپ، ەكى جەردىڭ بارىس ـ كەلىسى وتە تىعىز بولدى. 1391 ـ جىلى شىعىس شاعاتاي حاندىعىنىڭ ٴۇشىنشى حانى قىدىرقوجا مىڭبەگى حامالدينىدى ميڭ تايزۋ جۋ يۋانجاڭعا تارتۋ ـ تارالعى ۇسىنۋعا جىبەرەدى، ميڭ تايزۋ دا قارىمجى ەلشى جىبەرەدى ٴارى قىدىرقوجاعا حات جازىپ: «جاقسى بارىس ـ كەلىس جاساپ، ەلشىلىك قاتىناستى ۇزبەيىك»② دەگەن تىلەگىن ايتادى. ميڭ چىڭزۋدىڭ يۇڭلى

① (يۋان) باس اۋىل شارۋاشىلىق امىرلىگى قۇراستىرعان، لياۋ چييۇي تىنىس بەلگىسىن قويىپ، تۇسىندىرگەن: «يۋان پاتشالىعى كەزىندە باسىلعان ەگىنشىلىك، جىبەكشىلىك تۇيىندەرىنە تۇسىنىك»، بەيجيڭ: اۋىل شارۋاشىلىق باسپاسى، 1988 ـ جىل، 148 ـ بەت.

② (چيڭ) جاڭ تيڭيۇي قاتارلىلار قۇراستىرعان: «ميڭ تاريحى . باتىس ٴوڭىر بايانى ـ 4»، بەيجيڭ: جۇڭحۋا شۋجۇي باسپاسى، 1974 ـ جىل، 8607 ـ بەت.

ماتەريال تىزبەگى

جىلقى بازارى رەي تاۋارلارى اينالىمعا تۇسەتىن ورىن، حۋلار مەن حانزۋلار بىردەي قىزىعادى. تالان - تاراجدان تۇسكەن پايدا بازاردىڭ پايداسىنا جەتپەيتىندىكتەن، رەيلەر بازاردى التىن جول ساناپ، ايرىلىپ قالۋدان قاباعات قورقادى.

— «ميڭ پاتشالىعىنىڭ ٴەل باسقارۋ جونىندەگى قۇجاتتار جيناعى» 422 - بۋما

جىلقى بازارى: ميڭ پاتشالىعىنىڭ شەكارا از ۇلت وڭىرلەرىمەن ايىرباس ساۋدا جاسايتىن تۇراقتى ورنى بولىپ تابىلادى .ول جىلقىعا ايىرباستاپ نەمەسە ساتىپ الۋدى نەگىز ەتەتىندىكتەن، جىلقى بازارى دەلىنگەن. جىلقى بازارىنىڭ تارىيحى ۇزاق، حان پاتشالىعى شەكارادان وتكەل بازارىن اشقاندا ساۋدا تۇرىندە جىلقى، سيىر بار بولاتىن. تاڭ، سۇڭ، يۋان پاتشالىقتارى دا شەكارادايعى از ۇلتتارمەن جىلقى بازارى ساۋداسىن جۇرگىزگەن. ميڭ پاتشالىعى وسى تۇزىمگە مۇراگەرلىك ەتىپ، جىلقى بازارىن مولىنان قۇرعان.

جىلناماسىنىڭ العاشقى جىلى (1403) ميڭ پاتشالىعى باتىس وڭىردەن ٴبىر جولدا 4000 نان استام جىلقى ساتىپ الادى. احمەت حان تاحتا وتىرعان كەزىندە ميڭ پاتشالىعىمەن قاقتىعىسىپ، قۇمىلدى باسىپ الىپ، ميڭ پاتشالىعى شەن بەرىپ تاعايىنداعان قۇمىل جۇڭشۇنۋاڭىن قولعا الادى. ميڭ پاتشالىعى سوڭىندا «جيايۇيگۋاندى جاۋىپ، تارتۋ - تارالعى جولىن ماڭگى ٴۇزۋ» ٴادىسىن قولدانىپ، شىعىس شاعاتاي حاندىعىنىڭ ەكونوميكاسىن اۋىر شىعىنعا ۇشىراتادى، سونىمەن شينجياڭنىڭ جەر - جەرى «احمەتكە كەكتەنەدى». احمەت حان امالسىز 1497 - جىلى قۇمىل جۇڭشۇنۋاڭىن قويا بەرەدى ٴارى ميڭ پاتشالىعىنا قاتەلىگىن مويىنداپ، ساۋدا جولىن قايتا اشۋدى وتىنەدى[①]. شىعىس شاعاتاي حاندىعى «تارتۋ - تارالعى ۇسىنۋ» اتىندا شينجياڭ ٴوڭىرىنىڭ جىلقى، قوي، تۇيە سياقتى مال شارۋاشىلىق ونىمدەرى مەن اقىق، كوكتاس، قاس تاسى سياقتى جەرگىلىكتى ونىمدەرىن ورتا جازىق وڭىرىنە اپارسا، ميڭ پاتشالىعى «قارىمجى» رەتىندە اقشا، تورعىن - تورقا، شاي - قامقا، فارفور بۇيىمدارىن شينجياڭ وڭىرىنە جونەلتتى. شينجياڭنان بايقالعان «ۇلى ميڭنىڭ ٴبىر تۇتاس قولداناتىن قاعاز اقشاسى» وسى كەزدە ورتا جازىق پەن شينجياڭ ٴوڭىرىنىڭ قويۋ ەكونوميكالىق

① (چيڭ) جاڭ تيڭيۇي قاتارلىلار قۇراستىرعان: «ميڭ تارىيحى . باتىس ٴوڭىر بايانى - 1» بەيجيڭ: جۇڭحۋا شۋجۇي باسپاسى، 1974 - جىل، 8532 - بەت.

قاتىناسىن ايگىلەيدى.بۇدان سىرت، ەكى جاق ٴوزارا «ايىرباس بازارىن» اشتى. ميڭ پاتشالىعى تاعى شينجياڭ ٴوڭىرىنىڭ ورتا جازىقتاعى جەرلەرمەن ساۋدا جاساۋىنا قولايلى بولۋ ٴۇشىن، لانجوۋ، لياڭجوۋ، گانجوۋ، نيڭشيا، داتۇڭ سياقتى جەرلەردەن «جىلقى بازارىن» اشتى. ميڭ داۋىرىندەگى لي شىجىن جازعان «ٴدارى شوپتەر كاتولوگىندە» جاڭادان 374 ٴدارى قوسىلعان، سونىڭ ىشىندە جۇزگە تاياۋ ٴدارى يۋان، ميڭ پاتشالىقتارى داۋىرىندە شينجياڭ وڭىرىنەن ەنگىزىلگەن. مىسالى، بادام جەمىسى، «بايىرعى ۇيعۇرلاردىڭ بايىرعى جەرىنەن شىققان، قازىر گۋانشيدىڭ بارلىق جەرىندە بار. اعاشى ورىكتىكىنە ۇقسايدى، جاپىراعى ورىكتىكىنەن ونشا بارىقتالمايدى، جەمىسىنىڭ ٴدانى كىشىرەك ۇشكىرشە كەلىپ، جەمىس ەتى جۇقا بولادى. جەمىسىنىڭ ٴدانى ورىكتىكىنە ۇقسايدى، قابىعى جۇقا، ٴدانى ٴتاتتى. شايعا قوسىپ ىشسەڭ، ٴدامى جاڭعاقتىڭ دامىنە ۇقسايدى. باتىس وڭىردەگىلەر دارىگە ىستەتەدى. ٴدامى ٴتاتتى، سالقىن، ۋسىز. ەگىزىنەن جوتەلدى باسىپ، تىنىستى جاقسارتادى، ٴىش كەپكەندى باسادى» دەلىنگەن①. تارتۋ ـ تارالعى ۇسىنۋمەن ساۋدا ـساتىقتىڭ ٴجيى جۇرگىزىلۋى شينجياڭ ٴوڭىرىنىڭ ورتا جازىق وڭىرىمەن بولعان ساياسي قاتىناسى مەن ەكونوميكا، مادەنيەت اۋىس ـ كۇيىسىن قويۋلاتىپ، ٴار ۇلتتىڭ ٴوزارا ٴتۇسىنىسۋىن تەرەڭدەتتى.

بەسىنشى تاراۋشا ٴار ۇلت مادەنيەتىنىڭ ٴىسلام مادەنيەتىن تالعاپ قابىلداۋى

يۋان، ميڭ پاتشالىقتارى كەزەڭىندە،ٴبىر تۇتاس مەملەكەتتىڭ قۇرىلۋىندا، كوپ ۇلتتىڭ قاۋىرت قونىس اۋدارۋى، زور دارەجەدە توعىسۋى، ٴتۇرلى يدەيا ـ مادەنيەتتىڭ ٴبىر ـ بىرىنە اسەر ەتۋى، ٴوزارا توعىسۋى يدەيا ـ مادەنيەت پەن عىلىم ـ تەحنيكانىڭ دامۋىنا تاماشا ٴورىس ازىرلەدى. وسى كەزەڭدە شينجياڭ ٴوڭىرىنىڭ ٴتىل ـ جازۋ، ادەبيەت، اۋدارما، تاريح، مۋزيكا، ٴبي، قۇرىلىس سياقتى جاقتارىنىڭ بارلىعىندا تىڭ دامۋشىلىقتار بولدى. وسىمەن بىرگە، ۇيعىر سياقتى از ۇلتتار ورتا جازىق وڭىرلەرگە زور مولشەردە قونىس اۋدارىپ ، ورتا جازىق مادەنيەتىنىڭ ىقپالىنا تەرەڭ ۇشىراعاندىقتان ايگىلى قايراتكەرلەر توپ ـ توبىمەن

① (ميڭ) لي شىجىن: «ٴدارى شوپتەر كاتولوگى، جەمىس ٴبولىمى»، بەيجيڭ: جۇڭگو مەديتسينا ـ دارىگەرلىك عىلىم ـ تەحنيكا باسپاسى، 2006 ـ جىل، 1354 ـ بەت.

جارىققا شىعىپ، جەتىستىكتەر مولايىپ، تاڭ، سوڭ پاتشالىقتارى داۋىرىنەن بەرگى جوڭحۋا مادەنيەتىنىڭ دامۋىنا جاڭا مازمۇن قوستى.

ٴبىرىنشى، شينجياڭ ٴوڭىرىنىڭ كوپ نەگىزدى مادەنيەتىنىڭ گۇلدەنۋى

يۋان، مىڭ پاتشالىقتارى كەزەڭىندە شينجياڭ ٴوڭىرى ورتا جازىق مادەنيەتىنىڭ تەرەڭ ىقپالىنا ۇشىراپ، ٴار ۇلت مادەنيەتى جوڭحۋا وركەنيەتىنىڭ قۇنارلى توپىراعىندا ماۋەلەپ وركەن جايدى. 1986 ـ جىلى شينجياڭنىڭ چەرچەن اۋدانىنداعى سۋپۋسكام كونە جۇرتىنان يۋان پاتشالىعى داۋىرىندەگىلەر جازعان«شيشياڭجي» اتتى قولجازبانىڭ «شيانلۋي دياۋ. گۇل تاماشالاعاندا» اتتى ٴبولىمىنىڭ قالدىق پاراعى قازىپ الىندى. بۇل قازىرگە دەيىن بايقالعان يۋان پاتشالىعى كەزەڭىندەگى كوشىرىپ قالدىرعان «شيشياڭجيدىڭ» بىردەن ـ ٴبىر قالدىق پاراعى ەسەپتەلەدى. بۇل قولجازباداعى «بوساعادا تۇرمىن مەن، يەگىمدى تايانا... جانىشايىم قاشان ٴىس تۇتانىعىش الىپ كىرەر دەپ»① دەگەن 9 قاتار جازۋ ەلىمىزدىڭ ەرتەدەگى كلاسسيك ماحابباتى تۋىندىسى«دۇڭجيەيۋاننىڭ شيشياڭجيىنەن» الىنعان. «دۇڭجيەيۋاننىڭ شيشياڭجيىنىڭ» تارىم ويپاتىنا تارالۋى ورتا جازىق ٴوڭىرى مەن شينجياڭ ٴوڭىرى مادەنيەتىنىڭ ٴوزارا ىقپالداسىپ، ٴبىر ـ بىرىمەن توعىسقاندىعىن تۇسىندىرەدى ٴارى يۋان، مىڭ پاتشالىقتارى داۋىرىندە ورتا جازىق مادەنيەتى شينجياڭ وڭىرىنە تەرەڭ ىقپال جاساعاندىعىن ايگىلەيدى.

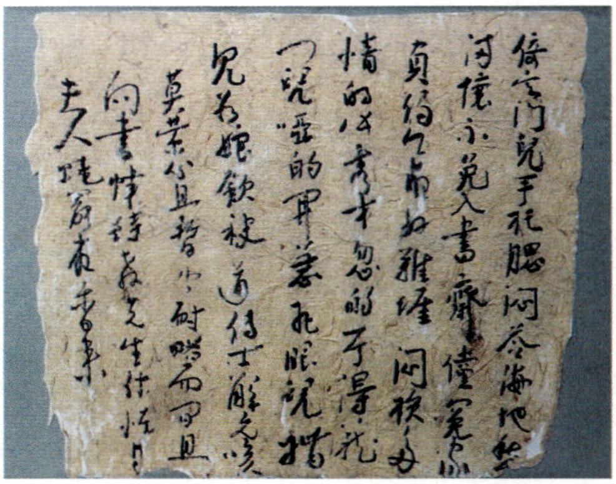

«شيشياڭجي» اتتى قولجازبانىڭ قالدىق پاراعى
شينجياڭ چەرشەن اۋدانىندا سۋپۋسكام كونە جۇرتىنان تابىلعان

14 ـ عاسىردىڭ باسىندا بايىرعى يراندىق راشيت ٴوزىنىڭ شىعارماسىندا ورتا جازىق مادەنيەتىنىڭ شينجياڭ وڭىرىنە تارالۋ جاعدايىن جازعان: «قىتان ٴوڭىرى (سول كەزدەگى جوڭگونىڭ باتىس سولتۇستىك بولىگىن جالپىلاي مەڭزەيدى)، چين (سول كەزدەگى جوڭگونىڭ سولتۇستىك بولىگىندەگى

① ليڭ جيڭيان تىنىس بەلگىسىن قويىپ، تۇسىندىرگەن:« دۇڭ جيەيۋاننىڭ شيشياڭجيى»، بەيجيڭ: حالىق باسپاسى، 1980 ـجىل، 109 ـ بەت.

ورتا جازىق ٴوڭىرىن جالپىلاي مەڭزەيدى)، ماچين (سول كەزدەگى جوڭگونىڭ وڭتۇستىك بولىگىندەگى وڭىرلەردى جالپىلاي مەڭزەيدى)، سيللا، ٴشۇرشىت، قارا قىتان (باتىس لياۋ بيلىگىن مەڭزەيدى)، ۇيعىرلار ٴوڭىرى... بۇلاردىڭ جازۋى، ٴدىنى باسقا ـ باسقا بولعانىمەن، تۇگەلدەي قىتاندار دىڭ(ياعني حانزۋلار) عىلىمي شىعارمالارىنان ٴتالىم العان. ايتالىق، ۇيعىرلاردىڭ ٴتىلى مەن جازۋى بولەك بولعانىمەن، ولار قىتانداردىڭ شىعارمالارىنان كوپتەگەن استرونوميا بىلىمدەرىن قابىلداعان، ماسەلەن، 12 جىلدى 12 ەرەكشە حايۋاننىڭ اتىمەن (12 مۇشەل) اتاعان، بۇل قىتان ۇلتىنىڭ سالتى»[1]. مىنە، بۇل ورتا جازىق مادەنيەتىنىڭ شىنجياڭ وڭىرىنە كەڭىنەن تارالعاندىعىن ۇعىندىرادى.

بۇل كەزەڭدە شىنجياڭ وڭىرىندە جالپىلاي قولدانىلعان ٴتىل ـ جازۋلاردان حانزۋ جازۋى، بايىرعى ۇيعۇر جازۋى، موڭعۇل جازۋى، بايىرعى سيريا جازۋى، پارسى جازۋى، اراب جازۋى جانە شاعاتاي جازۋى بار. بايىرعى ۇيعۇرلاردىڭ كوبى حانزۋ ٴتىل ـ جازۋىنا، ال، حانزۋلاردىڭ كوپ ساندىسى بايىرعى ۇيعۇر ٴتىل ـ جازۋىنا قانىق بولعاندىقتان، بايىرعى ۇيعۇرلار بۋددا نومىن اۋدارعاندا كوبىندە ۇنەمى كەزىگەتىن اتاۋلاردى حانزۋ تىلىندە جازىپ وتىرعان. گاۋچاڭ بايىرعى ۇيعۇر حاندىعى كەزىندە بايىرعى ۇيعۇرلاردان ٴبىر توپ بۋددا عۇلامالارى جارىققا شىقتى، بىلالناسىر، انسارى قاتارلىلار «دازاڭجيڭ» نومىن رەتتەۋگە قاتىناسقان. موڭعۇلداردا العاشىندا جازۋ بولماعان، شىڭعىس قاعان موڭعۇلدىڭ نايمان تايپاسىن جويعاندا، نايمان تايپاسىندا ۇلىق بولعان ۇيعىر تاتاتۇنعانى قولعا تۇسىرەدى، «پاتشا: ‹ٴوز ٴتىل ـ جازۋىڭدى قانىق بىلەسىڭ بە؟› دەپ سۇرادى، سونىمەن تاتاتۇنعا بىلەتىنىن ايتىپ، ٴامىر بويىنشا حانزادالارعا، بەك ـ سۇلتاندارعا بايىرعى ۇيعۇر جازۋىن ۇيرەتۋگە ماقۇل بولدى»[2]. تاتاتۇنعا بايىرعى ۇيعۇر جازۋىنا نەگىزدەلىپ، موڭعۇل جازۋىن جاراتادى. كوپ ٴتىلدىڭ قاتار ٴومىر ٴسۇرۋى ٴار ۇلت مادەنيەتىنىڭ ٴجيى اۋىس ـ كۇيىس جاساۋىن بىلگەرىلەتىپ، ٴار ۇلت مادەنيەتىنىڭ وركەندەۋى مەن قوعامنىڭ العا باسۋىن جەبەي ٴتۇستى.

---

① شى گۋاڭ تىنىس بەلگىسىن قويىپ، تۇسىندىرگەن: «‹ەليحان جوڭگو عىلىم ـ تەحنيكا قاستەرلى كىتاپتارىنا تۇسىنىك ›»، بەيجيڭ: بەيجيڭ داشۋەسى باسپاسى، 2016 ـ جىل، 91 ـ بەت.

② (ميڭ) سۇڭ ليان:«يۋان تاريحى . تاتاتۇنعانىڭ بايانى»، بەيجيڭ، جوڭحۋا شۋجۇي باسپاسى، 1976 ـ جىل، 3048 ـ بەت.

ەكىنشى، ۇيعىرلاردىڭ ىشكى وڭىرلەرگە قونىس اۋدارۋى، سونداي ـ اق ولاردىڭ ورتا جازىق مادەنيەتىمەن توعىسۋى

يۋان پاتشالىعى كەزەڭىندە ٴار ۇلت مادەنيەتىنىڭ ٴبىر ـ ٴبىرى قابىلداۋى جانە تولىقتاۋى وسى داۋىردەگى ورتا جازىق ٴوڭىرى مەن شينجياڭ ٴوڭىرى ورتاسىندا ۇلتتاردىڭ ٴوزارا ٴجيى كوشۋى مەن مادەنيەت اۋىسۋىن جەبەي ٴتۇستى، ونىڭ كولەمى مەن مازمۇنى جاعىنان ايتقاندا، بۇرىنعىدان كوپتەگەن ىلگەرىلەۋشىلىك جانە جاڭالىق بولدى.

رۋجيا ۇستانىمىنا قۇرمەت ەتتى. وسى مەزگىلدە يۋان پاتشالىعىنىڭ باتىس وڭىردەگى اسكەري قولباسىلارى شوعىرلانعان اسكەري توسقاۋىلدىقتارىندا رۋجيا وقۋ ورىندارى قۇرىلىپ، باتىس وڭىردەگى كوپتەگەن اسكەري قولباسىلار مەن ولاردىڭ ۇرپاقتارى ورتا جازىق مادەنيەتىنە بىرتىندەپ قانىق بولدى. سونىمەن بىرگە، يۋان پاتشالىعى كەزەڭىندە تاعى دا ۇيعىر قاتارلىلاردىڭ شىعىستاعى ورتا جازىققا قونىس اۋدارۋى، رۋجيا ٴبىلىمىن قاستەرلەپ، حانزۋ ٴتىلىن ۇيرەنۋى سالتقا اينالدى. ماسەلەن، بۇگىنگى حۋنانىڭ تاۋيۋان اۋدانىنداعى ۇيعۇرلار گاۋچاڭ بايىرعى ۇيعۇرلارىنىڭ سوڭعى ۇرپاعى. شىڭعىس قاعان كەزىندە ۇيعىر حالى قول باستاپ سوعىستا ەرەن ەڭبەك سىڭىرگەندىگى ٴۇشىن، ونىڭ ۇرپاقتارى يۋان پاتشالىعىنىڭ استاناسى حانبالىقتا تۇرىپ، ۇرپاقتار بويى ۇلىق بولعان. مىڭ تايزۋ جۋ يۋانجاڭ تۇسىندا حالىنىڭ ۇرپاقتارىنان پايدالانىپ بۇلىكتى تىنىشتاندىرادى، وسىدان كەيىن، ۇيعىرلار ۇرپاقتار بويى تاۋيۋان اۋدانى ٴوڭىرىن مەكەندەپ قالىپ، بىرتىندەپ دامي كەلە بۇگىنگى تاۋيۋان اۋدانىنداعى ۇيعۇر ۇلتىنا اينالعان. يۋان پاتشالىعى كەزەڭىندە ۇيعىرلار ورتا جازىققا قونىستانعانىنان كەيىن، حانزۋ ٴتىلىن ۇيرەندى جانە قولدانادى، كەيبىرەۋلەرى ساراي ەمتيحانىنا قاتىناسىپ جانە ٴار دارەجەلى ٴمانساپ لاۋازىمىن الادى، ٴبىر توپ سayاساتكەر، ادەبيەتشى، كوركەمونەرشى، تاريحشى، ەگىنشىلىك مامانى، اۋدارماشى بارلىققا كەلەدى. حانزۋ مادەنيەتىن جەتىك بىلەتىن كوپتەگەن ۇيعىرلار ورتا جازىق مادەنيەتىنىڭ ىقپالىنا ۇشىراپ، «حۋاشيا مادەنيەتىن ۇيرەنىپ، جوۋگۇڭعا، كۇڭزى جولىنا تابىندى»[①]، «كىتاپ وقىپ ٴبىلىم الىپ، رۋجيا ٴبىلىمىن قابىلدادى»[②]، حۋاشيا سالتىنا ەلىكتەپ، حانزۋلاردىڭ عۇرىپ ـ ادەتىنە

① قۇراستىرۋعا جاۋاپتى لي شيۋشىڭ:«يۋان تولىق جازبالارى. ۋ چىڭ. يۇي يۋاندىڭ شىعارمالارىنا ۇڭىلگەندە» 15 ـ كىتاپ، نانجيڭ: جياڭسۋ بايىرعى شىعارمالار باسپاسى، 1999 ـ جىل، 25 ـ بەت.

② (يۋان) جاۋ مىڭفۋ جازعان، رىن داۋبين تىنىس بەلگىسىن قويىپ، رەداكسيالاعان: «جاۋ مىڭفۋ شىعارمالارى. شۋە اڭفۋ ولەڭدەر جيناعىنىڭ العى ٴسوزى »، حاڭجوۋ : حاڭجوۋ بايىرعى شىعارمالار باسپاسى، 1986 ـ جىل، 135 ـ بەت.

اعدىلانىپ، ورتا جازىققا قونىستانىپ، تيپتىك «وقىمىستىلارعا» اينالدى. ولار ىنجياڭداعى ءار ۇلت مادەنيەتىنىڭ دامۋ شىڭىنا كوتەرىلۋىنە دەم بەردى. ورتا جازىق وڭىرىنە رتە بارعان ۇيعىرلاردىڭ نەگىزگى ۋاكىلدەرىنەن گاۋچاڭ شيە اۋلەتى، ليان شيشيان، ارعۇن سالي قاتارلىلار بار، ولاردىڭ رۋجيا ءبىلىمى وتە جوعارى بولعان، گاۋچاڭ شيە ۋلەتىندەگىلەر تەرەڭ حانزۋ مادەنيەتى تاربيەسىن العان، «گاۋچاڭ شيەجىدۋشىنان ۋجيا ىلىمىنەن دارىن العان، جياڭشيداعى كەزدە اعايىندى بەسەۋى شىدي ەمتيحانىنان ىردەي ءوتىپ، ەلدى ءتانتى ەتتى»[①]. ۇيعىر ادەبيەتشى، تاريحشى ليان شيشيان (1231 ـ 1280)، تاريحقا جانى قۇشتار، كىتاپقۇمار»، رۋجيا ىلىمىنە جەتىك بولعاندىقتان، يۋان شىزۋ قۇبىلاي ونى قۇرمەتتەپ «ليان مىڭزى» (مىڭزىنىڭ ادال شاكىرتى) دەپ اتايدى[②]. ارعۇن سالي ۇيعىر، تيبەت، حانزۋ، موڭعۇل قاتارلى كوپ ۇلتتىڭ ءتىل ـ جازۋىن قانىق بىلەتىندىكتەن، قۇبىلاي ونى ارنايى ءتۇرلى عىلىمداردى زەرتتەپ ۇيرەنۋگە بۇيىرادى، ول كەيىن قۇبىلايعا رۋجيا ىلىمى ارقىلى ەلدى جونگە سالۋدى ۇسىنىس ەتەدى. قارلىقتاردىڭ ۇرپاعى نايشياننىڭ ولەڭدەرى ءبىرشاما كوپ، ونىڭ ولەڭدەرىنىڭ مازمۇنى كوبىنەسە وتانشىلدىقتى، الىقشىلدىقتى نەگىز ەتكەن. جاپون قاراقشىلارىنىڭ شاپقىنشىلىعىنا قاراتا ول: جاپوندىقتار جىدۋڭعا كەپ الەك سالدى انتالاپ، كەكتى ساردار قۇم جيەككە شەپ جاسادى قورعالاپ. قاراقوشقىل اسپان استى، جانىن تىكتى ساربازدار، تەڭىز سۋى شايقالادى اساۋ تولقىن قاتالاپ» ،«نانشانجۋعا جەتەر كۇن بار ما، باتىرلار جىرىن جازار ەم»[③] دەگەن ولەڭىمەن جاپون قاراقشىلارىنا قارسى تۇرعان قولباسىلار مەن جاۋىنگەرلەرگە دەگەن شەكسىز سۇيىنىشىن بىلدىرگەن.

حانزۋ تىلىندەگى كلاسسيك شىعارمالار اۋدارىلدى. سول مەزگىلدە ءبىر توپ ۇيعىر اۋدارماشىلار مەن ولاردىڭ تۋىندىلارى يۋان پاتشالىعى مادەنيەتىنە تىڭ تىنىس قوستى. ول كەزدەگى اۋدارماشىلاردان كارونا داس، ارعۇن سالي، انسارى قاتارلىلار بار. انسارى بالا كەزىنەن ـ

---

① (يۋان) كۇڭ چي جازعان، جۋاڭ مين، گۋ شين تىنىس بەلگىسىن قويىپ، رەداكسيالاعان:«ادىلەت ەستەلىگى»، شاڭحاي: شاڭحاي بايىرعى شىعارمالار باسپاسى، 1987 ـ جىل، 116 ـ بەت.

② (ميڭ) سۇڭ ليان : «يۋان تاريحى . ليان شيشياننىڭ ءومىر بايانى»، بەيجيڭ: جۇڭحۋا شۋجۇي باسپاسى، 1975 ـ جىل، 3085 ـ بەت.

③ قۇراستىرۋعا جاۋاپتى ياڭ ليان: «يۋان تولىق ولەڭدەرى. نايشيان. شۋەدوۋ تاۋىندا ولجەيتۋ يۋنشۋايعا ارناعان ءتورتىنشى ولەڭ»، 48 ـ كىتاپ، بەيجيڭ: جۇڭحۋا شۋجۇي باسپاسى، 2013 ـ جىل، 23 ـ بەت.

ماتەريال تىزبەگى

گۋان يۇنشىنىڭ سۋرەتى

شۋاڭدياۋ. شينشۇيليڭ. استانانىڭ جاڭا جىل كۇنى
(تاڭداپ الىنعان)
يۋان. گۋان يۇنشى

ارايلى شۋاق كومكەرىپ بار الاپتى، ىرىس تاسىپ، ىنتىمشتىق تا ورناپتى. حالىق رازى، ەل الاڭسىز. وردا جاقتا ىزەتپەن كوز تاستاساڭ، كوكتىڭ ۇلىن ارۋلار قورشاپ اپتى.

[جۋەجىڭ پيپاسى] ەل باي، جەر ـ الەم تىنىش، كوڭىلدى، ەل اعاسى اق ەدىل، ٴادىل، پەيىلدى، قالام ـ قارۋ بىردەي ۇستاپ، ات ـ اتاعى الەمگە جايىلدى. سارباز دا شات، حالىق تا شات، بارلىعى دا كوك ۇلىنىڭ قايىرى.

اق «كۇڭزى تاعىلىمى مەن بۋددا كىتاپتارىنا وتە قانىق بولعان»، شىزۋ قۇبىلاي داۋىرىندە «شاڭشۋ . راحاتقۇمارلىققا سالىنباۋ ٴبولىمى»، «جىنگۋان جىلدارىنداعى ماڭىزدى ساياسي ىستەر عيبىرات»، سياقتىلاردىڭ بارلىعىن اۋدارىپ»[①]، يۋان شىزۋ قۇبىلايدىڭ قۇرمەتىنە بولەنگەن. تيانلي جىلناماسىنىڭ 1 ـ جىلى (1328) 12 ـ ايدا يۋان ۋىنزۇڭ «گاۋچاڭ موناحتارىن باۋسى عيباداتحاناسىنا بارىپ، بۋددا ىستەرىن جۇرگىزۋگە بۇيىردى».[②] وسىدان سوڭ، گاۋچاڭ ۇيعىرىندەگى كوپتەگەن موناحتار ورتا جازىق ولكەلەرگە كوشىپ بارىپ، بۋددا تاعىلىماتىن ساۋلەلەندىرىپ، بۋددا نومدارىن اۋدارادى. يۋان پاتشالىعى كەزىندەگى ۇيعىرلاردان شىققان ايگىلى موناح اۋدارماشى شىروران (1267 ـ 1331) «فاۋەر ٴتاپسىرى»، «التىنجارىق ٴتاپسىرى» سياقتىلاردى بايىرعى ۇيعۇر تىلىنە اۋدارعان.

ادەبيەت جەتىستىكتەرى مول بولدى. يۋان پاتشالىعى كەزەڭىندە ۇيعىرلاردىڭ ادەبيەتىندە، اسىرەسە، ولەڭ جاسامپازدىعىندا مول تابىس بولىپ، جوڭحۋا مادەنيەتىنە تاعى ٴبىر قىرىنان ماڭىزدى ۇلەس قوستى. كوپتەگەن ۇيعىر قالامگەرلەر مەن وقىمىستىلار

① لي شيۋشىڭ جاۋاپتى بولىپ قۇراستىرعان» :يۋان تولىق جازبالارى. چىڭ جۇيفۋ. تايگو ۋىن جيڭگۇڭ قۇلپىتاسى ـ 16 «كىتاپ، نانجيڭ: جياڭسۋ بايىرعى شىعارمالار باسپاسى، 1999 ـ جىل، 389 ـ بەت.

② (ميڭ) سۇڭ ليان: «يۋان تاريحى . ۋىنزۇڭ ەستەلىكتەرى»، بەيجيڭ: جوڭحۋا شۋجۇي باسپاسى، 1976 ـ جىل، 722 ـ بەت.

حانزۋ مادەنيەتىن زەرتتەدى جانە شوعىلالى تابىسقا قول جەتكىزدى، يۋان پاتشالىعى داۋىرىندەگى ادەبيەت سالاسىندا داڭقى شىعىپ، تۋىندىلارى دۇنيەگە تارالعان ادەبيەتشىلەر مەن اقىندار 20 دان استى. ولاردىڭ باسىم كوبى ورتا جازىق سياقتى جەرلەردە تۇرىپ كەشىرگەن، رۋجيا كلاسسيكالىق شىعارمالارىن جەتىك بىلگەن، وزدىكتەرىنەن «حۋاشيا ستيلىنە» ەلىكتەدى، وزدەرىنە حانزۋشا ات قويىپ، حانزۋ تىلىندە شىعارما جازىپ، باي مازمۇندى يدەيالارى مەن تۇرمىسىن بەينەلەپ، تاڭ، سۇڭ پاتشالىقتارى كەزەڭدەرىنەن بەرگى جۇڭحۋا مادەنيەتىنىڭ دامۋىنا جاڭا مازمۇن قوستى. بۇلاردىڭ ىشىندە توپ جارىپ شىققان گۋان يۇنشى بولدى، ونىڭ ولەڭ ـ جىرلارى نەگىزىنەن «سۋانجاي جيناعىنا» الىنعان؛ ول ەركىن اۋەن جازۋعا شەبەر بولعان، «شۋاڭديياۋ. چيڭجياڭيىن»، «جىڭگۇڭ. شياۋلياڭجوۋ» سياقتى تۋىندىلارى كەڭ تارالىپ، يۋان پاتشالىعى ٴداۋىرىنىڭ ادەبيەت سالاسىندا ماڭىزدى ورىندى يەلەگەن. باتىس وڭىردەن كەلگەن سادۋىستىڭ «نيانىنۋجياۋ. تاس قامالعا شىققاندا»، «مانجياڭحۇڭ. جينلىڭدە وتكەندى ەسكە الۋ» سياقتى ولەڭدەرى بار، ونىڭ ولەڭدەرىنىڭ كوبى قوعامدىق جاعدايدى بۇكپەسىز سۋرەتتەگەن رەاليستىك ۇزدىك تۋىندىلار سانالادى. بۇل تۋىندىلار ەلىمىز مادەنيەتىنىڭ اسىل قازىناسىن بارىنشا مولىقتىردى. ۇيعىر جازۋشىسى جيە يۇيليدىڭ ولەڭدەر جيناعى ــ «شى ـ يۇي جيناعى» بار، ول از ۇلت جازۋشىلارىنىڭ ٴدۇلدۇلى سانالادى.

ماتەريال تىزبەگى

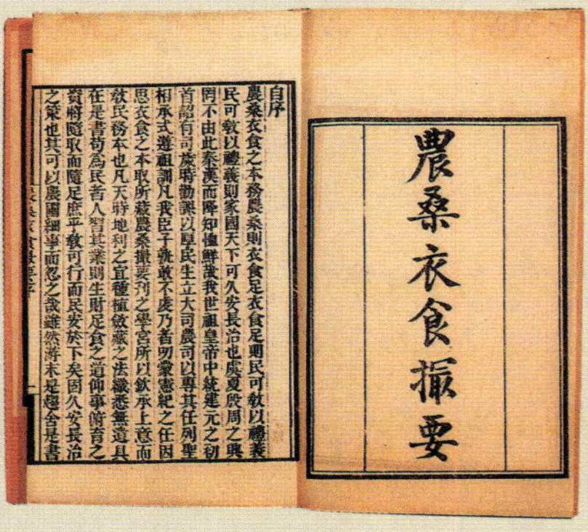

لۋ مىڭشان، اتى تەجۇ، قالام اتى مىڭشان، گاۋچاڭدىق (قازىرگى شينجياڭداعى تۇرپان)، يۋان پاتشالىعى داۋىرىندەگى ۇيعىر ەگىنشىلىك مامانى. ونىڭ اكەسى كارونا داس كوپ تىلگە جەتىك ىگىلى اۋدارماشى، يۋان شىزۋ قۇبىلاي كەزىندە باتىس وڭىردەن ورداعا كىرگەن. لۋ مىڭشان حانزۋ مادەنيەتىمەن تەرەڭ تاربيەلەنگەن. ونىڭ «ەگىنشىلىك، جىبەكشىلىك، ازىق ـ تۇلىك، كيىم ـ كەشەك نەگىزدەرى» اتتى كىتابى بار، بۇل كىتاپ ورتا جازىقتاعى، سونداي ـ اق باتىس سولتۇستىك وڭىرلەردەگى ۇلتتاردىڭ ٴوندىرىس تاجىريبەلەرى قورىتىندىلانعان، ەلىمىزدىڭ اۋىل شارۋاشىلىق عىلىمىنا سونى مازمۇن قوسقان اسا جوعارى عىلىمي قۇنعا يە.

حاتكەرلىك — كەسكىندەمە ونەرى ارلەندى. يۋان پاتشالىعى داۋىرىندەگى ۇيعىر حاتكەرلەردەن گۋان يۇنشى، ليان شيگوْڭ، بيانلۋ قاتارلىلار بار. ولار سۇيكەك جازۋعا نەمەسە ٴمور جازۋعا، ٴتىپتى، نۇسقالى جازۋدىڭ، سۇيكەك جازۋدىڭ، ٴمور جازۋدىڭ بارىنە شەبەر بولعان.

حاتكەرلىك ونەرىنەن تابىسقا جەتكەن شىڭ شيميڭ بولدى، بۇگىنگى شينجياڭنىڭ كۇشارىنان شىققان، كەيىنتىنىنەن جياڭشيدەگى نانچاڭعا بارىپ قونىستانعان، ول «تالپىنعىش، دارىندى، شىعارما جازۋعا دا، حاتكەرلىك ونەرىنە دە شەبەر، التى ەلدىڭ جازۋىن جەتىك يگەرگەن»[1]، يۋان پاتشالىعى داۋىرىندەگى حانزۋ حاتكەرلىك ونەرىن زەرتتەۋشى مامان. مۇنان تىس، قاڭلى تايپاسىنان قاڭلى زىشان دە بار. ونىڭ ايگىلى تۋىندىلارىنان باسپاشا كايشۋ ۇلگىسىندەگى قۇلپىتاس ويما «ٴىدىقۇت گاۋچاڭ حانىنىڭ ەڭبەك ەسكەرتكىشى» بار.

ۇيعىر ەگىنشىلىك مامانى لۋ ميڭشان جازعان «ەگىنشىلىك، جىبەكشىلىك، كيىم - كەشەك، ازىق - تۇلىك نەگىزدەرى» اتتى كىتاپ سول كەزدەگى ەگىن شارۋاشىلىعىن زەرتتەگەن ماڭىزدى شىعارما سانالىپ، ەلىمىزدىڭ ەگىنشىلىك عىلىمى تاريحىندا ماڭىزدى ورىندى ۇستايدى. ۇيعىر اۋدارماشى انسارى «شاڭشۋ»، «بيلىك عيبىراتناماسى» سياقتىلاردى اۋدارۋمەن قاتار، حانزۋ تىلىندەگى «نانجيڭ»، «بىنساۋ» سياقتى مەديتسينالىق كلاسسيك شىعارمالاردى از ۇلت تىلىنە اۋدارىپ،[2] ورتا جازىق مەديتسينا ٴبىلىمىنىڭ باتىس وڭىرگە تارالۋىن اناعۇرلىم ىلگەرىلەتتى.

ٴۇشىنشى، شينجياڭ ٴوڭىرى مادەنيەتىنىڭ ٴىسلام مادەنيەتىن تالعاپ قابىلداۋى

سىرتتان كىرگەن مادەنيەت ەسەپتەلەتىن ٴىسلام مادەنيەتى 9 - عاسىردىڭ سوڭىنان 10 - عاسىردىڭ باستاپقى مەزگىلىندە ٴىسلام ٴدىنى شينجياڭ وڭىرىنە تارالىپ كىرگەننەن كەيىن عانا شينجياڭداعى ٴارقايسى ۇلت مادەنيەتىنە ىقپال جاساي باستادى. ايرىقشا كەزەڭدە ماڭىزدى رول اتقارعان بولسا دا، ول باستان - اق شينجياڭ وڭىرىندەگى ٴار ۇلت مادەنيەتىنىڭ دامۋىنا ىقپال جاساعان كوپتەگەن فاكتورلاردىڭ ٴبىرى عانا ەسەپتەلەدى. ٴدىنىنىڭ مادەنيەتكە ىقپال جاساۋ

---

① (يۋان) تاۋ زوْڭ - يدىڭ شىعارماسى، شۋي يۇڭميڭ، ياڭ گۋاڭحۋي رەتتەگەن:«تاۋ زوْڭ - ي جيناعى. حاتكەرلىك تاريحىنان تۇيىندەر »، حاڭجوۋ: جىجياڭ حالىق باسپاسى، 2005 - جىل، 597 - بەت.

② قۇراستىرۋعا جاۋاپتى لي شيۋشىڭ:«يۋان تولىق جازبالارى. چىڭ جۇيفۋ. چين پاتشالىعى ۋىن جيڭگوڭ قۇلپىتاسى»، 16 - كىتاپ، نانجيڭ: جياڭسۋ بايىرعى شىعارمالار باسپاسى، 1999 - جىل، 389 - بەت.

ٴمانىيساحان (1534 ـ 1567)

ميڭ پاتشالىعى داۋىرىندەگى مۋزىيكانت، اقىن، شينجياڭنىڭ ياركەنىندە تۋىلعان، راشيت حاننىڭ حانشايىمى.

تاسىلىندە، ەرىكتى قابىلداۋ جولىمەن قاتار، مادەنيەتتەر قاقتىعىسى، ٴتىپتى، ٴدىني سوعىس ارقىلى ماجبۇرلەيتىن ٴتاسىل دە بولدى. ٴىسلام ٴدىنى شينجياڭ وڭىرىنە كوبىنەسە سوعىس تاسىلىمەن كىردى، بۇل شينجياڭداعى ٴار ۇلتتىڭ بۋددا ٴدىنى مادەنيەتى كەزىندەگى مادەنيەت، كوركەمونەر مۇرالارىن اۋىر ٴبۇلدىردى. ٴىسلام مادەنيەتىنىڭ شينجياڭعا تارالۋىندا شينجياڭداعى ٴار ۇلتتىڭ مادەنيەتىندە قارسىلىق كورسەتۋ دە، تالعاپ قابىلداۋ مەن جۇڭگوشالاندىرىپ وزگەرتۋ دە بولدى. بۇل جۇڭحۋا وركەنيەتىنە تاۋەلدى ەرەكشەلىكتەر مەن بەتالىستاردى وزگەرتكەن جوق، جۇڭحۋا مادەنيەتىنىڭ ٴبىر بولىگى رەتىندەگى وبيەكتيۆ شىندىقتى دا وزگەرتە العانى جوق. ٴىسلام مادەنيەتى شينجياڭعا تارالۋدان بۇرىن، ۇيعۇر مادەنيەتىن قامتىعان شينجياڭداعى ٴار ۇلت مادەنيەتى سوناۋ ەرتەدەن ـ اق جۇڭحۋا مادەنيەتىنىڭ شۇرايلى توپىراعىندا ساۋلەپ وركەن جايدى.

جۇڭحۋا مادەنيەتىنىڭ گۇلدەنىپ ـ كوركەيۋى شينجياڭ وڭىرىندەگى ٴار ۇلت مادەنيەتىنىڭ دامۋىنداعى كۇش ـ قۋات قايناري ەسەپتەلەدى. ميڭ پاتشالىعى داۋىرىندەگى ۇيعىردىڭ ايگىلى مۋزىيكانتى، اقىنى امانىيساحان «ون ەكى مۇقامدى» پارسى ، اراب تىلدەرىنەن ەنگەن اتاۋلاردى قىرقىپ تاستاپ، مۇقامنىڭ ٴماتىنىن بۇرىنعى تۇسىنىكسىز، ٴدىني ٴتۇس العان وردا ستيلىنەن قۇتىلدىردى. ارناعا تۇسكەنىنەن كەيىنگى «ون ەكى مۇقام» اناعۇرلىم جۇيەلىلەنىپ، تۇراقتانىپ، جيىنى 170 نەشە ٴان جانە ٴبي مۋزىيكاسىن، 72 ٴتۇرلى وركەستر كۇيىن قامتىعان جۇڭحۋا مادەنيەتىنىڭ اسىل قازىناسىنداعى جاۋھارعا اينالدى.

التىنشى تاراۋشا ٴىسلام ٴدىنىن، بۋددا ٴدىنىن نەگىز ەتكەن كوپ ٴدىن قاتار ٴومىر ٴسۇرۋ جاعدايى

يۋان، مىڭ پاتشالىقتارى داۋىرىندە ٴتۇرلى دىندەردىڭ قاتىناسى ٴبىرشاما جاراسىمدى بولدى. مىڭ، چيڭ پاتشالىقتارى تۇسىندا سوڭ، مىڭ پاتشالىقتارى داۋىرىندەگى نازاريالىق لىمدەرمەن ٴىسلام ٴدىنىنىڭ ٴدىني كىتاپتارىن رۋجيا ٴىلىمى ارقىلى تۇسىندىرەتىن عۇبىلىس جارىققا شىعىپ، ٴىسلام ٴدىنىنىڭ جوڭگوشالانۋ ەرەكشەلىگى كۇن سايىن ايقىندالا ٴتۇستى. وسى مەزگىلدە شينجياڭ وڭىرىندەگى دىندەردە كوپ نەگىزدەنۋ جاعدايى ۇزدىكسىز جارىققا شىقتى، شامان ٴدىنى، زاراتۋشترا ٴدىنى، بۋددا ٴدىنى، ٴىسلام ٴدىنى، داۋجياۋ ٴدىنى، نەستوريان ٴدىنى، كاتوليك ٴدىنى سياقتى دىندەر ٴبىرشاما جانداندى. 14 ـ عاسىردىڭ ورتا شەنىندە شىعىس شاعاتاي حاندىعىنىڭ بيلەۋشىسى تۇعلىق تەمىر زورلىقتى تاسىلمەن ٴىسلام ٴدىنىن تارىم ويپاتىنىڭ سولتۇستىك جيەگىنە، تۇرپان ويپاتى مەن قۇمىل وڭىرىنە جالپىلاستىردى. 16 ـ عاسىردىڭ باس شەنىنە كەلگەندە شينجياڭ وڭىرىندە ٴىسلام ٴدىنىن نەگىز ەتكەن، كوپ ٴدىن قاتار ٴومىر سۇرگەن جاعداي قالىپتاستى.

ٴبىرىنشى، ٴىسلام ٴدىنى مەن بۋددا ٴدىنىنىڭ قاتار تۇرۋى

يۋان، مىڭ پاتشالىقتارى داۋىرىندە شينجياڭ وڭىرىندەگى دىندەردىڭ ەڭ تيپتىك ەرەكشەلىگى ــ بۋددا ٴدىنى مەن ٴىسلام ٴدىنىنىڭ قاتار تۇرۋىن نەگىز ەتكەن، كوپ ٴدىن قاتار ٴومىر سۇرگەن جاعداي جالعاستى. 16 ـ عاسىردىڭ باس شەنىنە كەلگەندە ٴىسلام ٴدىنىن نەگىز ەتكەن، كوپ ٴدىن قاتار ٴومىر سۇرگەن جاعدايعا وزگەردى.

بۋددا ٴدىنى. يۋان، مىڭ پاتشالىقتارى داۋىرىندە بۋددا ٴدىنى شينجياڭ وڭىرىندە اۋەلگىدەي گۇلدەندى. 13 ـ عاسىردىڭ العاشقى مەزگىلىندە، چيۋ چۋجي قاتارلىلار ورتا ازياعا بارىپ شىڭعىس قاعانعا كەزىگەردە، بەسبالىقتا ۇيعىر اقسۇيەكتەر ولاردى كۇتىپ الادى، قوناعاسىندا «موناحتارمەن، داۋجياۋ مۇريتتەرىمەن، رۋجياشىلدارمەن بىرگە وتىردىق»، قالا ىشىندە لۇڭشيڭ باتىس عيباداتحاناسى بار، وعان بۋددا كىتاپتارى قويىلعان. جانبالىق قالاسىندا، قالانىڭ ۇيعىر حانى «كوپتەگەن تايپا، ۇلىستاردىڭ جانە بايىرعى ۇيعۇرلاردىڭ موناحتارىن باستاپ الىستان قارسى الا شىقتى... بىرگە وتىرعان موناحتار دا بار»[①]. رۋبرۋكس

---

① (يۋان) لي جىچاڭ جازعان، داڭ باۋحاي اۋدارىپ تۇسىندىرگەن: «چاڭچۇن جىنرىنىنىڭ باتىس ساپارناماسى»، شىجياجۋاڭ: حىبەي حالىق باسپاسى، 2001 ـ جىل، 49 ـ، 50 ـ بەتتەر.

كوزقاراس ٴتۇيىنى

شىنجياڭداعى ٴار ۇلت مادەنيەتىنىڭ ارعى تەگى رۋجيا يدەياسىن جەتەكشى ەتكەن جۇڭگوۋا وركەنيەتى جۇيەسى، ال، ٴىسلام مادەنيەتىنىڭ ارعى تەگى 7 ـ عاسىرداعى اراب وركەنيەتى جۇيەسى. ۋاقىت جاعىنان الىپ قاراعاندا، جۇڭگوۋا مادەنيەتى ٴىسلام مادنيەتىنەن تىم ەرتە بولعان، ٴىسلام مادەنيەتى 9 ـ عاسىردىڭ اياعىندا 10 ـ عاسىردىڭ باسىندا عانا تارالىپ كىرگەن. مازمۇن جاعىنان الىپ قاراعاندا، وسى ەكى ٴتۇرلى وركەنيەت جۇيەسىندە فيلوسوفيالىق نەگىز، قۇندىق تانىم سىندى جاقتاردا وتە كوپ پارىق بار. ٴىسلام مادەنيەتى ٴىسلام ٴدىنىنىڭ تارالىپ كىرۋىنە ىلەسە شينجياڭداعى ٴار ۇلت مادەنيەتىنە ىقپال جاساعان، وسىدان بۇرىن ۇيعۇر ۇلتىنىڭ مادەنيەتىن قامتىعان شينجياڭداعى ٴار ۇلت مادەنيەتى الدەقاشان جۇڭگوۋا وركەنيەتىنىڭ قۇنارلى توپىراعىندا وركەن جايىپ گۇلدەنگەن، ٴىسلام مادەنيەتىمەن توركىندەستىك قاتىناسى جوق.

1253 ـ جىلدارى موڭعۇلدىڭ موڭكە حانىمەن كەزىككەن كەزدە باتىس وڭىردەن ٴبىر تالاي بۋددا موناحتارىن كەزىكتىرگەن، ونىڭ ساپار ەستەلىگىندە بۋددا مۇريتتەرىنىڭ ٴدىني سالتتارى ەگجەي ـ تەگجەيلى جازىلعان[①]. 1420 ـ جىلى شاح ـ رۋحتىڭ ميڭ پاتشالىعىنا جىبەرگەن ەلشىلەر ۇيىرمەسىندەگى سۋرەتشى قوجا هايەستين تۇرپاندا كورگەن ـ بىلگەندەرىن بىلاي ەستەلىككە العان: «بۇل قالاشىقتاعى تۇرعىندار دىڭ كوبى... بۋدقا تابىنادى ەكەن. ولاردا ۇلكەن ـ ۇلكەن اسەم عيباداتحانالار بار، ىشىندە كوپتەگەن بۋد مۇسىندەرى قويىلعان، كەيبىرى جاڭادان جاسالعان، كەيبىرى كونە، تەكشەنىڭ الدىندا وزدەرى ساكيامۇني دەپ اتايتىن ۇلكەن بۋد ٴمۇسىن بار»[②].

15 ـ عاسىردىڭ ورتا شەنىندە بۋددا ٴدىنىنىڭ تيبەتتىك جىگى تيانشاننىڭ سولتۇستىگىندەگى ويرات موڭعۇلدارى اراسىندا تارالدى . 16 ـ عاسىردىڭ سوڭىندا بۋددا ٴدىنىنىڭ تيبەتتىك جىگىنىڭ گەلۋگپا تارماعى ويرات موڭعۇلدارىنا تارالىپ كىردى ٴارى

① [فرانسيا] بەيك، حامبليس جازعان، [امەريكا] رو ككەيل اۋدارىپ تۇسىنىك جاساعان، گىڭ ي، حى گاۋجي اۋدارعان: «پلان. كاربيننىڭ موڭعۇل ەلىنە ساپار ەستەلىگى. رۋبۋرۋكتىڭ شىعىسقا ساپار ەستەلىگى»، بەيجيڭ: جۇڭحۋا شۋجۇي باسپاسى، 1985 ـ جىل، 249 ـ بەت.

② [پەرسيا] قوجا هايەستين جازعان، حى گاۋجي اۋدارعان: «شاح ـ رۋح ەلشىلەرىنىڭ جۇڭگوداعى ەستەلىكتەرى»، بەيجيڭ: جۇڭحۋا شۋجۇي باسپاسى، 1981 ـ جىل، 106 ـ بەت.

با ـ سى ـ با جازۋىمەن جازىلعان
بۋددا ٴتاپسىرىنىڭ قالدىق پاراعى
شينجياڭنىڭ تۇرپاننان تابىلعان

17 ـ عاسىردىڭ باسىندا وسى تايپاداعى موڭعۇلدار سەنەتىن باستى دىنگە اينالىپ، شينجياڭ وڭىرىندەگى بۋددا ٴدىنىنىڭ دامۋىنا جاڭا قان قوستى.

ٴيسلام ٴدىنى. شىعىس شاعاتاي حاندىعى تۋعلىق تەمىر تاحتا وتىرعان كەزىندە (1347 ـ 1362) ٴيسلام دىنىنە سەنگەن ٴارى 160 مىڭ موڭعۇلدى ٴيسلام دىنىنە زورلىقپەن كىرگىزگەن. 14 ـ عاسىردىڭ ورتا شەنىندە شىعىس شاعاتاي حاندىعىنىڭ بيلەۋشىلەرى سوعىس سياقتى زورلىقتى تاسىلدەرمەن ٴيسلام ٴدىنىن بىرتىندەپ تارىم ويپاتىنىڭ سولتۇستىك جيەگىنە، تۇرپان ويپاتى مەن قۇمىل وڭىرىنە جالپىلاستىردى. تۋعلىق تەمىر ۇستەمدىك ەتكەن كەزىندە كۇشاردى باسىپ الادى، 1392 ـ جىلى ونىڭ ۇلى قايدار قوجا تۇرپاندى قارۋلى كۇشپەن باسىپ الىپ، 1399 ـ جىلى تاعى دا قۇمىلعا شابۋىل جاسادى. شىعىس شاعاتاي حاندىعى ٴبىر قىدىرۋ ٴدىني سوعىستار ارقىلى جەرگىلىكتى تۇرعىنداردى ٴيسلام ٴدىنىن قابىلداۋعا ٴماجبۇر ەتتى ٴارى بۋددا عيباداتحانالارىن، بۋد مۇسىندەرىن، بۋددا نومدارىن قۇرتۋ سيپاتتى ٴبۇلدىردى. 16 ـ عاسىردىڭ باسىنا كەلگەندە، شينجياڭدا ٴيسلام ٴدىنىن نەگىز ەتكەن، كوپ ٴدىن قاتار ٴومىر سۇرگەن جاعداي قالىپتاستى ٴارى قازىرگە دەيىن جالعاسىپ كەلەدى.

قورىتىپ ايتقاندا، يۋان، مين پاتشالىقتارى كەزىندە ۇستەم تاپتاردىڭ پايدالانۋىنان نەمەسە ٴدىني توپتار اراسىنداعى كۇرەس سالدارىنان ٴدىني سوعىس نەمەسە ٴدىني توپتار قاقتىعىسى تۋىلىپ، قوعام بارىنشا اۋمالى ـ توكپەلى بولدى، ٴبىراق، شينجياڭ وڭىرىندە كوپ ٴدىن قاتار ٴومىر سۇرگەن جاعداي وزگەرگەن جوق، كوپ ٴدىننىڭ ٴبىرىن ـ ٴبىرى قابىلداعان، توعىسقان، سيىمدى، باۋىرمال قاتىناسى دا وزگەرگەن جوق. يۋان، مين پاتشالىقتارى داۋىرىندە قۇمىل ٴوڭىرى بۋددا دىنىنە سەنەدى، سونىمەن بىرگە، ٴيسلام ٴدىنى دە وسى وڭىردە تارالا باستايدى. 1420 ـ جىلعا كەلگەندە قۇمىلدىڭ «قالا ورتاسىندا ٴبىر ۇلكەن مەشىت بار ەكەن، ونىڭ قارسى جاعىندا تاعى ٴبىر ۇلكەن عيباداتحانا تۇر، ونىڭ ىشىندە ٴبىر ۇلكەن بۋد تۇر. وڭ ـ سولىندا كوپتەگەن كىشكەنە بۋدتار دا بار. ۇلكەن بۋدتىڭ الدىنا ٴبىر اسا كورىكەم جاسالعان ون جاستاعى بالانىڭ مىس ٴمۇسىنى قويىلعان. عيباداتحانانىڭ داۋالدارىنا

اسەم قالىرعا سۋرەتتەر مەن رەڭدى سۋرەتتەر سىزىلىپتى»[①]. ەكى ۇلكەن ءدىني ورىننىڭ قاتار تۇرۋى، جەرگىلىكتى ورىندا كوپ ءدىن قاتار ءومىر سۇرگەن جاعدايدى جاندى بەينەلەيدى. كوپ ءدىننىڭ جاراسىمدى قاتار تۇرۋى، تۇرلىشە دىندەردىڭ جاراسىمدى قاتىناس ورناتىپ، ءوزارا ۇلگى الۋى شينجياڭ ءوڭىرىنىڭ ەكونوميكالىق، قوعامدىق دامۋىن ءارى ۇلت حالقىنىڭ ارالاسۋىن، ىنتەسۋىن، توعىسۋىن جەبەي تۇسكەن.

ەكىنشى، كوپ ءدىننىڭ قاتار ءومىر ءسۇرۋ جاعدايى جانە جۇڭگوشالانىپ دامۋى

يۋ ن، مىڭ پاتشالىقتارى داۋىرىندە بيلەۋشىلەر ءبىرشاما اڭعارلى ءدىن ساياساتىن اتقاردى. شينجياڭ وڭىرىندە بۇددا ءدىنى مەن ءىسلام دىنىنەن سىرت، شامان ءدىنى، زاراتۋشترا ءدىنى، داۋجياۋ ءدىنى، نەستوريان ءدىنى، كاتوليك ءدىنى سياقتى كوپتەگەن دىندەر كەڭ تارالىپ كوپ ءدىن قاتار ءومىر سۇرگەن جاعدايدى ساقتادى.

شامان ءدىنى. موڭعۇلدىڭ يۋان پاتشالىعى داۋىرىندەگى شامان ءدىنىنىڭ شينجياڭ وڭىرىندە ءىلى دە كوپتەگەن جۇرناقتارى بار. جازبا دەرەكتەرگە نەگىزدەلگەندە، موڭعۇلدار باتىسقا جورىق جاساعان كەزدە، «ولاردا اسپان مەن جەردى بارىنشا ءپىر تۇتاتىن سالت بار، ءىستىڭ ءساتىن اسپاننان تىلەيدى، كۇن كۇركىرەسە، جورىققا شىعۋدان قورقادى، بارلىعىن ءتاڭىرىنىڭ بۇيرىعى دەپ بىلەدى»[②]. يۋان پاتشالىعى داۋىرىندەگى اقىن جاڭ يۇي ولەڭىندە گاۋچاڭ ۇيعىرلارىنىڭ سالت ـ ساناسىن بىلاي دەپ سۋرەتتەگەن: «قوشقار ءمۇيىز ءىدىقۇتتىڭ ءتاڭىرى، قىلىش سەرمەپ دۇرسە قويىپ اقىردى. ونىنشى ايدىڭ ون ۇشىنە كەلگەندە، شەلپەك جايىپ بارشا جۇرتى باس ۇردى»[③]. يۋان پاتشالىعى داۋىرىندەگى تاعى ءبىر ادەبيەتشى وۋياڭ شۋاننىڭ دە گاۋچاڭدىقتاردىڭ سالت ـ ساناسى مەن ءدىني سەنىمىن سۋرەتتەپ جازعان: «ونىنشى ايى كىرە باس كوبەيىپ، مال وسكەن.... بۇعى، ەلىك پىسىرىپ، گاۋچاڭدىقتار

---

① [پەرسيا] قوجا هايەستين جازعان، حى گاۋجي اۋدارعان: «شاح ـ رۋح ەلشىلەرىنىڭ جۇڭگوداعى ەستەلىكتەرى»، بەيجيڭ: جۇڭحۋا شۋجۇي باسپاسى، 1981 ـ جىل، 106 ـ، 107 ـ بەتتەر.

② (وڭتۇستىك سۇڭ) جاۋ گۇڭ جازعان، لي گوچياڭ رەتتەگەن: «موڭعۇل، تاتار ەستەلىكتەرى»، شاڭحاي شىفان داشۋەسىنىڭ بايىرعى شىعارمالاردى رەتتەۋ ـ زەرتتەۋ ورنى قۇراستىرعان «سۇڭ پاتشالىعى جالپى ەستەلىكتەرى»، 7 ـ ءبولىم 2 ـ كىتاپ، جىڭجوۋ : داشياڭ باسپاسى، 2015 ـ جىل، 111 ـ بەت.

③ جاۋ ينى قۇراستىرۋشى ياڭ ليان: «يۋان تولىق ولەڭدەرى. جاڭ يۇي. تيانشياچۇي ولەڭدەرى »، 44 ـ كىتاپ، بەيجيڭ: جۇڭحۋا شۋجۇي باسپاسى، 2013 ـ جىل، 53 ـ بەت.

كوزقاراس ٴتۇيىنى

ٴىسلام ٴدىنىنىڭ شينجياڭ وڭىرىنە تارالىپ كىرۋى اراب يمپەرياسىنىڭ گۇلدەنۋىمەن جانە ٴىسلام ٴدىنىنىڭ باتىستان شىعىسقا ىرگە كەڭەيتۋىمەن تىعىز قاتىستى. 9 ـ عاسىردىڭ اقىرى مەن 10 ـ عاسىردىڭ باسىندا ٴىسلام ٴدىنى شينجياڭنىڭ وڭتۇستىك بولىگىنە تارالىپ كىرگەن ٴارى ەكى رەت جوعارى ورلەۋگە كوتەرىلگەن: ٴبىرىنشى رەتكىسى، قاراحان اۋلەتى ٴىسلام دىنىنە سەنگەنىنەن كەيىن، 10 ـ عاسىردىڭ ورتا شەنىندە بۇددا دىنىنە سەنەتىن ۇدۇن ەلىنە 40 نەشە جىل ٴدىني سوعىس اشىپ،11 ـ عاسىردىڭ باسىندا ۇدۇندى جويىپ،ٴىسلام ٴدىنىن كۇشپەن جالپىلاستىرىپ، بۇددا ٴدىنىنىڭ وسى وڭىردەگى مىڭ جىلدان استامعى تاريحىن اياقتاتتى؛ ەكىنشى رەتكىسى، 14 ـ عاسىردىڭ ورتا شەنىنەن كەيىن، شىعىس شاعاتاي حاندىعىنىڭ بيلەۋشىلەرى سوعىس سياقتى زورلىقتى تاسىلدەرمەن ٴىسلام ٴدىنىن شينجياڭنىڭ تۇتاس وڭىرىنە جالپىلاستىرىپ، جەرگىلىكتى تۇرعىندارىدى ٴىسلام دىنىنە سەنۋگە ماجبۇرلەيدى. 16 ـ عاسىردىڭ باسىنا كەلگەندە شينجياڭدا ٴىسلام ٴدىنىن نەگىز ەتكەن، كوپ ٴدىن قاتار ٴومىر سۇرگەن جاعداي قالىپتاستى ٴارى بۇگىنگە دەيىن جالعاسىپ كەلەدى. ۇيعۇر ۇلتىنىڭ ٴىسلام دىنىنە سەنۋى سول كەزدەگى حالىقتىڭ ىرىقتى تۇردە سەنىمىن وزگەرتۋى جانە بۇرىلىس جاساۋى ەمەس، قايتا، ٴدىني سوعىس پەن بيلەۋشى تاپتاردىڭ زورلىقتى تۇردە جالپىلاستىرۋىنىڭ ناتيجەسى. مۇنداي زورلىق ـ زومبىلىق ادامداردىڭ قازىرگى ۇيعۇر ۇلتى بۇقاراسىنىڭ ٴىسلام دىنىنە سەنۋ ۇقىعىنا قۇرمەت ەتۋىنە ىقپال جاساي المايدى، ٴبىراق، بۇل ٴبىر تاريحي شىندىق. ٴىسلام ٴدىنى ۇيعۇر ۇلتى تۋمىسىندا سەنگەن ٴدىن ەمەس ٴارى بىردەن ـ ٴبىر سەنگەن ٴدىنى دە ەمەس. قازىرگە دەيىن كەيبىر ۇيعۇر بۇقاراسى ٴالى دە باسقا دىندەرگە سەنەدى، دىنگە سەنبەيتىندەرى دە كوپ.

قويدىڭ باسىن ۇسىنىپ، اۋليەگە ورتايمايتىن باق تىلەر»[1] دەگەن ولەڭ جولدارى بار. مۇندا ايتىلعان گاۋچاڭ اۋليەسىنىڭ مالدىڭ باسىن ، ياعني قارا قوشقاردىڭ باسىن كيەتىن، گاۋچاڭدىقتاردىڭ «قوي باستى تاڭىرگە » تابىنىپ، 10 ـ ايدىڭ 13 ـ كۇنى قوي سويىپ تاساتتىق بەرىپ، اۋليەگە سيىناتىندىعى ۇيعىرلاردىڭ شامان دىنىنە سەنۋىنەن قالعان جۇرناقتار. 16 ـ عاسىردىڭ باسىندا شامان ٴدىنى مەن بۇددا ٴدىنىنىڭ تيبەتتىك جىگى ويراتتار ورتاسىندا قاتار ٴومىر ٴسۇرىپ، 16 ـ عاسىردىڭ سوڭىنا بارعاندا بۇددا ٴدىنىنىڭ

---

① (يۋان) وۋياڭ شۋان شىعارماسى، تاڭ رۇي تىنىس بەلگىسىن قويىپ، رەتتەگەن:«وۋياڭ شۋان تولىق جيناعى . گۇيجاي جيناعى ٴتورتىنشى ٴبولىمى. يۇيجيا ـ اۋ وڭتۇستىك بايتەرى جانە العى ٴسوز» باسقى ٴبولىمى، چىڭدۋ: سىچۋان داشۋەسى باسپاسى، 2010 ـ جىل، 80 ـ بەت.

تيبەتتىك جىگىنىڭ گەلۋكپا تارماعى ۆيراتتارعا تارالعانىنان كەيىن، شامان ٴدىنىنىڭ ىقپالى بىرتىندەپ سولعىنداي باستايدى.

زاراتۋشترا ٴدىنى. يۋان، ميڭ پاتشالىقتارى كەزەڭىندە زاراتۋشترا ٴدىنى بىرتىندەپ جويىلا باستايدى، ٴبىراق، ونىڭ ىقپالى شينجياڭ وڭىرىندەگى ۇلتتاردىڭ تۇرمىس سالتىندا ٴالى كۇڭگە دەيىن ساقتالىپ كەلەدى. مىسالى، قىرعىز ۇلتىنىڭ اتا ـ بابالارىنان جالعاسقان سالتىندا، كەلىن تۇسىرگەن كەزدە، كەلىن اكەلگەندەرٴ ار ەلدى مەكەننەن وتكەن سايىن، جەرگىلىكتى تۇرعىندار جولعا وت تۇتاندىرىپ، كۇيەۋ جىگىت پەن جاس كەلىندى وتتان اتتاتۋ ارقىلى تىلەك تىلەيدى؛ وتاۋ ٴۇيدىڭ ەسىگىنە بارعاندا، بوساعاعا تاعى دا وت تۇتاتىپ، كەلىندى وتتان اتتاتىپ ۇيگە كىرگىزەدى. موڭعۇلداردا دا وسى تەكتەس سالت ـ داستۇرلەر بار.

داۋجياۋ ٴدىنى. موڭعۇل ـ يۋان پاتشالىعى مەزگىلىندە شينجياڭ وڭىرىندە داۋجياۋ ٴدىنى دە اسا جاندانىدى، ٴبىر توپ حانزۋلار شىڭعىس قاعانعا ىلەسىپ باتىسقا شەرۋ تارتىپ، شينجياڭ وڭىرىنە كىرگەندە، ولاردىڭ اراسىندا داۋجياۋ مۇريتتەرى دە از ەمەس بولاتىن. چاڭچۇن حىنرىن چيۋ چۋجي بەسبالىققا بارعاندا، بۇل ارادا «داۋجياۋ سوپىلارىنىڭ كيىنىسى جۇڭگوداعىدان وزگەشە»[1] ەكەندىگىن بايقاعان، بۇل وسى وڭىردەگى داۋجياۋ سوپىلارىنىڭ كيىمدەرى دە جەرگىلىكتەنىپ، ورتا جازىق وڭىرىندەگى داۋجيا سوپىلارىنىڭ كيىم ۇلگىسىنەن كوپ پارىقتى ەكەندىگىن ۇعىندىرادى. ميڭ پاتشالىعىنا كەلگەندە، ٴىسلام ٴدىنىنىڭ تارالۋىنا ىلەسە داۋجياۋ ٴدىنى دە قۇلدىراي باستادى.

نەستوريان ٴدىنى. نەستوريان ٴدىنى يۋان، ميڭ پاتشالىقتارى كەزەڭىندە ٴىسلام ٴدىنى جانە بۋددا دىنىمەن قاتار ٴومىر ٴسۇردى ٴارى باسقا دىندەرمەن توعىستى. «ماركو پولو ساپار ەستەلىگىندە» سول كەزدە قاشقار وڭىرىندەگى تۇرعىندار ٴىسلام دىنىنە سەنەتىندىگى، ٴبىراق «بۇل جەردە نەستوريان جىگىندەگى حريستيان مۇريتتەرى مەن ولاردىڭ شىركەۋى بار» ەكەندىگى جازىلعان. 13 ـ عاسىردىڭ سوڭىندا قۇمىلدىڭ ماڭىنداعى وڭىرلەردە «بۋددا دىنىنە، ٴىسلام دىنىنە جانە كوپتەگەن نەستوريان جىگىندەگى حريستيان دىنىنە سەنەتىن ٴۇش تۇردەگى تۇرعىندار بار»[2]. مۇنان سىرت، ماركو پولو چەرچەننىڭ، ىلەنىڭ بارلىعىندا

---

① (يۋان) لي جىچاڭ جازعان، داڭ باۋحاي اۋدارىپ، تۇسىنىك جاساعان: «چاڭچۇن حىنرىننىڭ باتىس ساپارناماسى»، شىنجياڭ: حىبەي حالىق باسپاسى، 2001 ـ جىل، 49 ـ بەت.

② [يتاليا] ماركو پولو جازعان،فىڭ چىڭجۇن اۋدارعان:«ماركو پولونىڭ ساپار ەستەلىگى»، شاڭحاي: شاڭحاي كىتاپ دۇكەنى باسپاسى، 2001 ـ جىل، 88 ـ ، 121 ـ بەتتەر.

نەستوريان ٴدىنى مۇيتتەرى مەن ولاردىڭ شىركەۋلەرى بار ەكەندىگىن، نەستوريان دىنىنە سەنەتىندەر باسقا دىنگە سەنەتىندەرمەن ٴبىر قالادا ارالاس قونىستانىپ، ٴارقايسىسى وزدەرىنىڭ ٴدىني قاعيدالارى بويىنشا تۇرمىس كەشىرگەن جاعدايدى بايان ەتكەن. 14 ـ عاسىردىڭ ورتا شەنىنەن كەيىن، ٴىسلام ٴدىنىنىڭ شينجياڭ وڭىرىنە تارالىپ، كەڭەيۋىنە بايلانىستى نەستوريان ٴدىنى بىرتىندەپ قۇلدىراپ از ساندى وڭىرلەردە عانا ساقتالدى. نەستوريان ٴدىنى ەلىمىزدە ۇزاق ۋاقىت دامۋ بارىسىندا بۋددا ٴدىنىنىڭ مادەنيەت فاكتورلارىن قابىلدادى. المالىق ەجەلگى جۇرتىنان قازىپ الىنعان نەستوريان ٴدىنىنىڭ قابىر تاسىندا بۋددا ٴدىنىنىڭ بەينە ۇلگىسىنە ەلىكتەپ، نەستوريان ٴدىنىنىڭ كرەست بەلگىسىنىڭ استىنا شامگۇل تۇعىر سىزىلعان. مۇنداي «كرەست + شامگۇل گۇل » كرەست سىحەماسى جۇڭگونىڭ بۋددا كوركەمونەرىن تولىق قابىلداپ، جۇڭگوعا عانا ٴتان نەستوريانٴدىنى كوركەمونەر ۇلگىسىن قالىپتاستىرعان، بۇل نەستوريانٴدىنى كوركەمونەرىنىڭ جۇڭگودا جەرگىلىكتەنۋىنىڭ ماڭىزدى بەلگىلەرىنىڭ ٴبىرى[①].

كاتوليك ٴدىنى. موڭعۇلداردىڭ باتىسقا جورىق جاساۋىنا بايلانىستى كاتوليك ٴدىنى دە يۋان پاتشالىعى كەزىڭىندە شينجياڭعا تارالىپ كىردى.ىلە ٴوڭىرى كاتوليك ٴدىنى ٴتۇيىندى تارالعان جەر بولىپ، المالىق كاتوليك ٴدىنىن شينجياڭ وڭىرىنە تاراتۋ ورتالىعىنا اينالدى. 14 ـ عاسىردىڭ ورتا شەنىندە تۇعلۇق تەمىرحاننىڭ ٴىسلام ٴدىنىن جالپىلاستىرۋىنا بايلانىستى ىلە وڭىرىندەگى كوشپەلى حالىق ٴىسلام دىنىنە سەنەدى دە، كاتوليك ٴدىنى بۇل وڭىردەن بىرتىندەپ كومەسكىلەنەدى.

ٴىسلام ٴدىنىنىڭ شينجياڭ وڭىرىنە تارالۋ بارىسى جەرگىلىكتى ورنىنىڭ قوعامدىق ورتاسى مەن ۇلتتاردىڭ ٴداستۇرلى مادەنيەتىنە ۇزدىكسىز ۇيلەسۋ جانە ونىمەن توعىسۋ بارىسى سانالادى ٴارى جاڭا وڭىرلىك ەرەكشەلىك پەن ۇلتتىق مادەنيەت وزگەشەلىگىن جارىققا شىعاردى.

ميڭ پاتشالىعىنىڭ سوڭى مەن چيڭ پاتشالىعىنىڭ العاشقى كەزىندەٴىسلام ٴدىنىنىڭ سۋفي ٴمازھابى شينجياڭ وڭىرىندە تارالۋ بارىسىندا جەرگىلىكتى ورنىندا كەڭ تارالعان العاشقى ٴدىن شامانٴدىنى، زاراتۋشترا ٴدىنى، بۋددا ٴدىنى ، نەستوريان ٴدىنى سياقتى

① ياۋ زۇڭشين: «بۇرھان ٴبۇبى جانە قاسيەتتى موناح — جۇڭگونىڭ بايىرعى ٴدىن كوركەمونەرى جانە باتىس ٴوڭىر تاريحى جونىندە»، بەيجيڭ: ساۋدا باسپاسى، 2019 ـ جىل، 249 ـ، 253 ـ بەتتەر.

نەستوريان دىنىندەگىلەردىڭ قابىرتاسى
شينجياڭ قورعاس اۋدانىنداعى المالى
بايىرعى قالا جۇرتىنان تابىلعان

كوپتەگەن بايىرعى دىندەردىڭ فاكتورلارىن قابىلداپ ٴارى قىم ـ قۋىت ارالاسىپ، قويۋ وڭىرلىك ٴتۇس العان مازاردى جانە مازارعا تابىنۋدى كەلتىرىپ شىعارعان، ماسەلەن، كەيبىر تابىنۋشىلاردىڭ مازاردىڭ شەتىنە شىبىق شانشىپ، ٴتۇستى جالاۋشا بايلاپ قويۋى نەمەسە ۇزىن سىرىقتا سيىردىڭ، قويدىڭ قۇيرىعىن ٴىلىپ قويۋى شامان دىنىنەن قالعان جۇرناق ەكەندىگىن ۇعىندىرسا؛ كەيبىر مازارعا حايۋاناتتىڭ، وسىمدىكتىڭ اتى قويىلعان، ال، كەيبىر مازار بۋددا ٴدىنىنىڭ قاسيەتتى جەرىنەن جاڭعىرتىلعان. مازارعا تابىنۋدى شينجياڭ وڭىرىندەگى ەرتەدەگى ادامداردىڭ شينجياڭداعى كوپ ٴدىني سەنىمدى توعىسۋى مەن جالعاسۋى دەپ ايتۋعا بولادى.

يۋان پاتشالىعى داۋىرىندە نەستوريان ٴدىنى بايىرعى ۇيعۇر تايپالارىنا كەڭىنەن تارالدى، سونداي ـ اق فورماسى مەن مازمۇنىندا وراسان زور وزگەرىستەر تۋىلىپ، كوپتەگەن جەرگىلىكتى ەرەكشەلىكتەر قوسىلىپ، ٴىسلام ٴدىنىنىڭ، بۋددا ٴدىنىنىڭ جانە شامان ٴدىنىنىڭ تەرەڭ ىقپالىنا ۇشىرادى. مىسالى، ٴدىني سالتتاردا نەستوريان مۇريتتەرى ٴمىناجات ەتكەن كەزدە استە الاقانىن بىرىكتىرمەيدى، قايتا، قولىن كەۋدەسىنە اپارادى، كرەست بەلگىسىن جاسامايدى.[①]. ٴدىني قاعيدالارى مەن فورماسى جاعىنان، يۋان پاتشالىعى كەزەڭىندەگى بايىرعى ۇيعۇر نەستوريان دىنىندە دە جاڭعىرتىلۋ بولىپ، جەرگىلىكتى شامان ٴدىنىنىڭ فاكتورلارىمەن توعىستى. يۋان پاتشالىعى كەزەڭىندەگى نەستوريان ٴدىنى بايىرعى ۇيعۇرلار وڭىرىندە تارالعان كەزدە، جەرگىلىكتى بايىرعى ۇيعۇرلاردىڭ عۇرىپ ـ ادەتى مەن مادەنيەتىن قابىلداعان، بۇل نەستوريان ٴدىنىنىڭ ۋاقىتقا ىلەسە، جەرگىلىكتى جاعدايعا قاراي وزگەرگەندىگىنىڭ بەينەسى.

① (فرانسيا) بەيك، حانبەيس جازعان، (امەريكا) رو كەيل اۋدارىپ تۇسىنىك جاساعان، گىڭ شىڭ، حى گاۋجي اۋدارعان: «پلانو كارپينيدىڭ موڭعولياعا ساپار ەستەلىگى. رۋبرۋكتىڭ شىعىسقا ساپار ەستەلىگى»، بەيجيڭ: جۇڭحۋا شۋجۇي باسپاسى، 1985 ـ جىل، 248 ـ، 249 ـ بەتتەر.

6 ـ تاراۋ چيڭ پاتشالىعى كەزەڭى

— شينجياڭ ٴوڭىرىنىڭ بىرلىككە كەلگەن كوپ ۇلتتى مەملەكەتتە بۇراڭ جولداردى باسىپ دامۋى

چيڭ پاتشالىعى — ەلىمىز بىرلىككە كەلگەن كوپ ۇلتتى مەملەكەتىنىڭ اناعۇرلىم بەكەمدەلۋى مەن دامۋىنداعى شەشۋشى كەزەڭ. چيڭ پاتشالىعىنىڭ العاشقى كەزىندە جۇڭگونىڭ تاياۋ زامانعى مەملەكەت تەرريتورياسى نەگىزىنەن قالىپتاسىپ، چيڭ پاتشالىعى جەرى كەڭ، جان سانى كوپ، مەملەكەت قۋاتى كۇشتى، بىرلىككە كەلگەن كوپ ۇلتتى مەملەكەتكە اينالدى ٴارى جۇڭگونىڭ تاياۋ زامانعى جانە وسى زامانعى تاريحي دامۋ جولىنا تەرەڭ ىقپال جاسادى. ايپىن سوعىسىنان كەيىن، جۇڭگو زور شاپقىنشىلىققا ۇشىراپ، ەلىك ۇقىعى مەن تەرريتورياسىنان اۋىر دارەجەدە ايرىلىپ، جۇڭحۋا ۇلتى اۋىر كۇيزەلىسكە ۇشىرادى، سانسىز ارداگەرلەر الدىڭعىلارى جىعىلسا، سوڭعىلارى ٴىزىن باسىپ، ۇزدىكسىز كۇرەس جاساپ، وتاندى جويىلۋدان قۇتقارۋدىڭ جولىن قۇلشىنا قاراستىردى. چيڭ پاتشالىعى شينجياڭ ٴوڭىرىن بىرلىككە كەلتىرگەنىنەن كەيىن، اناعۇرلىم جۇيەلى جونگە سالۋ ساياساتىن اتقارۋىندا، شينجياڭ ٴوڭىرىنىڭ ەكونوميكا، مادەنيەت ىستەرى ٴبىرشاما تەز دامىدى. تاياۋ زاماندا باتىس سولتۇستىك شەكارا وڭىردە قيىن ـ قىستاۋ جاعداي تۋىلدى، چيڭ پاتشالىعى اسكەر شىعارىپ، شينجياڭدى قايتارىپ الدى ٴارى شينجياڭ ولكەسىن رەسمي قۇرىپ، شەكارانىڭ ورنىقتىلىعى مەن مەملەكەت تەرريتورياسىنىڭ تۇتاستىعىن قورعادى. چيڭ پاتشالىعى شينجياڭ ٴوڭىرىن بىرلىككە كەلتىرگەنىنەن كەيىن، ۇلتتاردىڭ ارالاسۋى، ىشتەسۋى، توعىسۋى تىڭ بەلەسكە كوتەرىلىپ،جۇڭحۋا ۇلتى ورتاق تۇلعا تانىمى ۇزدىكسىز

ارنا ٴتۇستى. شينجياڭداعى ٴار ۇلت مادەنيەتى ٴبىر تۇتاس كوپ ۇلتتى مەملەكەتتىڭ قۇشاعىندا ارلەنىپ، ٴتىپتى دە گۇلدەنىپ ـ كوركەيە ٴتۇستى.

ٴبىرىنشى تاراۋشا بىرلىككە كەلگەن كوپ ۇلتتى مەملەكەتتىڭ گۇلدەنۋى مەن داعدارىسى

چيڭ پاتشالىعى ــ جۇڭگو تاريحىنداعى ەڭ سوڭعى فەودالدىق پاتشالىق. جۇڭگونىڭ تاياۋ زامان تاريحىنىڭ باستاماسى بولعان 1840 ـ جىلعى اپيىن سوعىسىن شەكارا ەتكەندە، چيڭ پاتشالىعىنىڭ تاريحى الدىڭعى مەزگىل (1644 ـ 1840) جانە سوڭعى مەزگىل (1840 ـ 1911) بولىپ ەكى كەزەڭگە بولىنەدى. چيڭ پاتشالىعىنىڭ العاشقى مەزگىلىندە «كاڭشي، يۇڭجىڭ، چيانلۇڭ» ٴۇش ۇرپاقتىڭ مەملەكەتتى قۇلشىنا جونگە سالۋىندا «كاڭشي، چيانلۇڭ پاتشالىقتارى كەزىندەگى گۇلدەنگەن ٴداۋىرى» بارلىققا كەلىپ، ەلىمىزدىڭ ەكونوميكالىق جالپى مولشەرى دۇنيە بويىنشا الدىڭعى ورىنعا شىعىپ، جۇڭگو فەودالدىق قوعامىنىڭ دامۋى تاريحتىڭ بيىك شىڭىنا كوتەرىلدى. 1840 ـ جىلى اپيىن سوعىسى تۇتىلىپ، باتىس بەلدى ـ بەلدى ەلدەرى ٴبىرى سوعىس كەمەلەرىمەن، اۋىر زەڭبىرەكتەرىمەن جۇڭگونىڭ قاقپاسىن اشىپ، چيڭ ۇكىمەتىن زورلاپ ٴبىرسىپىرا تەڭسىز شارتتار جاساسىپ، جەرىن تالان ـ تاراجلاپ، تولەمگە باتىرىپ، ەكونوميكا، ساياسي جانە مادەنيەت جاقتارداعى ەرەكشە ۇقىعىن تارتىپ الىپ، جۇڭگونىڭ قوعامدىق تاريحىنىڭ دەربەس دامۋ ٴۇردىسىن ٴۇزىپ تاستادى. بۇرىن بولىپ كورىلمەگەن اۋىر ۇلتتىق داعدارىس پەن قوعامدىق قايشىلىق الدىندا، جۇڭگونىڭ قوعامدىق ٴارقايسى جىكتەرى ۇلت پەن مەملەكەتتىڭ شىعار جولىن قاراستىرا باستادى، ٴبىراق، تاريح پەن تاپتاردىڭ شەكتەۋىندە، تايپيڭ ـ تيانگو قوزعالىسى، شەتەلدەن ۇيرەنۋ قوزعالىسى، ۋشۇي جىلعى زاڭ وزگەرىسى، يحىتۋان قوزعالىسى سياقتىلار ارت ـ ارتىنان جەڭىلىسكە ۇشىرادى. 1911 ـ جىلى سۇن جۇڭشان قاتارلىلاردىڭ ىقپالىندا جانە جەبەۋىندە شينحاي توڭكەرىسى تۇتىلىپ، چيڭ پاتشالىعىنىڭ ۇستەمدىگى اۋدارىلىپ، جۇڭگو تاريحىندا 2000 جىلدان ارتىق ۋاقىت جالعاسقان فەودالدىق پاتشالىق ٴتۇزىم اياقتالدى. جۇڭگو سودان باستاپ جاڭا تاريحي كەزەڭگە قادام تاستادى.

ٴبىرىنشى، چيڭ پاتشالىعىنىڭ گۇلدەنۋى جانە قۇلدىراۋى

ميڭ پاتشالىعىنىڭ سوڭعى مەزگىلىندە جيانجوۋ شۇرشىتتەرى شىعىس

سولتۇستىكتە كوشەيىپ، لياۋدوڭ جەرگىلىكتى بيلىگىن قولدى ٴارى اسكەري ىستەر، اكىمشىلىك جانە ٴوندىرىس سىندى ٴۇش جاقتاعى يقۋاتقا يە سەگىز تۋلى قوشۋن ٴتۇزىمىن ورناتتى. 1616 ـ جىلى شۇرشىتتەردىڭ اقسۇيەگى ايسىن گيورو نۇرقاش ٴولى التىن بيلىگىن قۇردى، تاريحتا سوڭعى التىن اۋلەتى دەپ اتالدى. 1635 ـ جىلى حۋاڭتايجي ٴشۇرشىتتى مانجۋ دەپ وزگەرتتى ٴارى كەلەسى جىلى پاتشالىق قۇرىپ، ەل ەسىمىن بۇرىنعى «التىننان» «چيڭ» دەپ وزگەرتتى. شۇنجىنىڭ 1 ـ جىلى(1644) چيڭ ارمياسى ٴولى قورعانعا كىردى ٴارى بەيجيڭدى استانا ەتتى.

چيڭ پاتشالىعى كەزەڭى جۇڭگو تەرريتورياسىنىڭ نەگىزىنەن تۇراقتانۋىنداعى ماڭىزدى كەزەڭ ەسەپتەلەدى. نۇرقاش حۋاڭتايجي شىعىس سولتۇستىكتى، موناداعى موڭعۇلداردى جانە ۋىسسۋري وزەنى ەتىنيكالىق توپتارىن بىرلىككە كەلتىردى. 1644 ـ جىلدان 1664 ـ جىلدار ارالىعىندا چيڭ ارمياسى ٴولى قورعانعا كىرىپ، ورتا جازىق پەن چاڭجياڭ وزەنىنىڭ وڭتۇستىگىندەگى كەڭ ـ بايتاق ٴوڭىردى بىرلىككە كەلتىردى. 1683 ـ جىلى چيڭ پاتشالىعى تايۋاندى بىرلىككە كەلتىردى. شۇنجى، كاڭشي جىلدارىندا چيڭ پاتشالىعى ۇكىمەتى شيزاڭنىڭ جەرگىلىكتى بۇددا ٴدىنىنىڭ تيبەتتىك جىگىندەگى گىلۋگپا تارماعىنىڭ باسشىسى دالايعا، بانچانعا جەكە ـ جەكە لاۋازىم بەردى. 1727 ـ جىلى چيڭ پاتشالىعى شيزاڭ امبىسىن قۇرىپ، شيزاڭنىڭ جەرگىلىكتى اكىمشىلىك ىستەرىن باسقارۋدى كۇشەيتتى. 1755 ـ جىلى چيڭ پاتشالىعى جوڭعار كۇشتەرىن تىنىشتاندىرىپ، باتىس سولتۇستىكتەگى ۇلان ـ قايىر ٴوڭىردى بىرلىككە كەلتىردى. سونىمەن جۇڭگونىڭ جەر ـ سۋىنىڭ باتىسى كوكارتتان اسىپ، باتىس سولتۇستىگى بالقاش كولىنە جەتىپ، سولتۇستىگى سىبىرگە ۇلاسىپ، باتىس وڭتۇستىگى گيمالاي تاۋ سىلەمدەرىنە جەتىپ، شىعىس سولتۇستىگى حيلۇڭجياڭنىڭ سولتۇستىگىندەگى سىرتقى حينگان تاۋى مەن كۇيە ارالىنا دەيىن بارىپ، شىعىسى تىنىق مۇحيتقا جاناسىپ، شىعىس وڭتۇستىگى تايۋان جانە وعان تاۋەلدى ارالدارعا، جۇيەدەن، دياۋيۇيداۋ ارالىنا، چي ـ ۋي

كاڭشيدىڭ سۇرەتى

ماتەريال تىزبەگى

كاڭشي جىلناماسىنىڭ 28 ـ جىلى (1689)، جۇڭگو مەن پاتشالىق رەسەي ەكى جاقتىڭ ۋاكىلدەرى نىبۋچۋدا كەلىسسوز وتكىزىپ، تەڭ تۇرعىدان كەڭەسۋ ارقىلى تۇڭعىش رەتكى شەكارا شارتى ــ «نيبۋچۋ شارتىنا» قول قويىستى. بۇل شارتتا زاڭدىق جاقتان حيلۇڭجياڭ مەن ۋسسۋري وزەنى اتىراۋىنداعى كۇيە ارالىن قامتىعان ۇلان ـ بايتاق ٴوڭىر جۇڭگونىڭ تەرريتورياسى دەپ تۇراقتاندىرىلدى. شارتتا جۇڭگو ـ پاتشالىق رەسەي ەكى جاق شەكارا سىزىعىن تۇراقتاندىرعانىنان كەيىن، تاتۋ ـ ٴتاتتى ٴوتىپ، ٴوزارا ساۋدا جاسايدى دەپ بەلگىلەنگەن. سونىمەن «نيبۋچۋ شارتىنا» قول قويىلعانىنان كەيىنگى ٴبىر عاسىرعا جۋىق ۋاقىتتا جۇڭگو مەن پاتشالىق رەسەي ەكى ەلدىڭ شەكاراسى نەگىزىنەن تىنىش بولىپ، ەكى ەلدىڭ ەكونوميكا، مادەنيەت سياقتى جاقتارداعى بايلانىسى بارىنشا كۇشەيدى.

ارالىنا، ۇڭتۇستىگى نانحاي تەڭىزىندەگى كوپتەگەن ارالدارعا دەيىن باردى.

مۇنان سىرت، 1689 ـ جىلى چيڭ ۇكىمەتى پاتشالىق رەسەيمەن كەلىسسوز وتكىزۋ ارقىلى تۇڭعىش شەكارا شارتى ــ «نيبۋچۋ شارتىنا» قول قويىسىپ، جۇڭگو مەن پاتشالىق رەسەيدىڭ شىعىس بولىك، ورتا بولىك شەكاراسىن تۇراقتاندىرادى؛ 1712 ـ جىلى چيڭ پاتشالىعى تىڭجيڭ مەن چاۋشيان اراسىنداعى يالۋجياڭ وزەنىن، تۇمىنجياڭ وزەنىن شەكارا ەتىپ، چاڭبايشان تاۋىنداعى تيانچى كولىنىڭ وڭتۇستىگىندەگى سۋ ايىرعىنا شەكارا بەلگى تاسىن ورناتادى؛ باتىس وڭتۇستىك شەكارادا چيڭ پاتشالىعى بىلگەرىندى ـ كەيىندى كۇرگا (نەپال)، بىروك (بۋتان)، جىمىڭشيۇڭ (سيككىم) سياقتىلارمەن ارادا شەكارانى تۇراقتاندىردى.

17 ـ عاسىردان كەيىن ەۆروپادا بۋرجۋازيالىق توڭكەرىس پەن ونەركاسىپ توڭكەرىسى بىركەس ـ تىركەس تۋىلىپ، باتىستاعى كاپيتاليستىك مەملەكەتتەر جەدەل دامىدى، اناعۇرلىم زور مۇدەنى كوزدەگەن ولار بۇكىل جەر شارى كولەمىندە ىرگە كەڭەيتۋ مەن وتارلىق تالان ـ تاراجلاۋدى جەدەلدەتتى. بۇل كەزدە چيڭ پاتشالىعى «كاڭشي، چيانلۇڭ پاتشالىقتارى كەزىندەگى گۇلدەنگەن ٴداۋىرىن» باستان كەشىرگەنىنەن كەيىن، بىرتىندەپ گۇلدەنۋدەن قۇلدىراۋعا بەت الىپ، باتىستاعى كاپيتاليستىك بەلدى ـ بەلدى ەلدەرمەن ورتاسىنداعى پارقى بارعان سايىن زورايا تۇسكەن ەدى. 1840 ـ جىلى تۋىلعان جۇڭگو ـ انگليا اپيىن سوعىسى ــ جۇڭگونىڭ تاياۋ زامان تاريحىنىڭ باستاماسى بولدى. وسىدان كەيىنگى 72 جىلدا كۇن سايىن

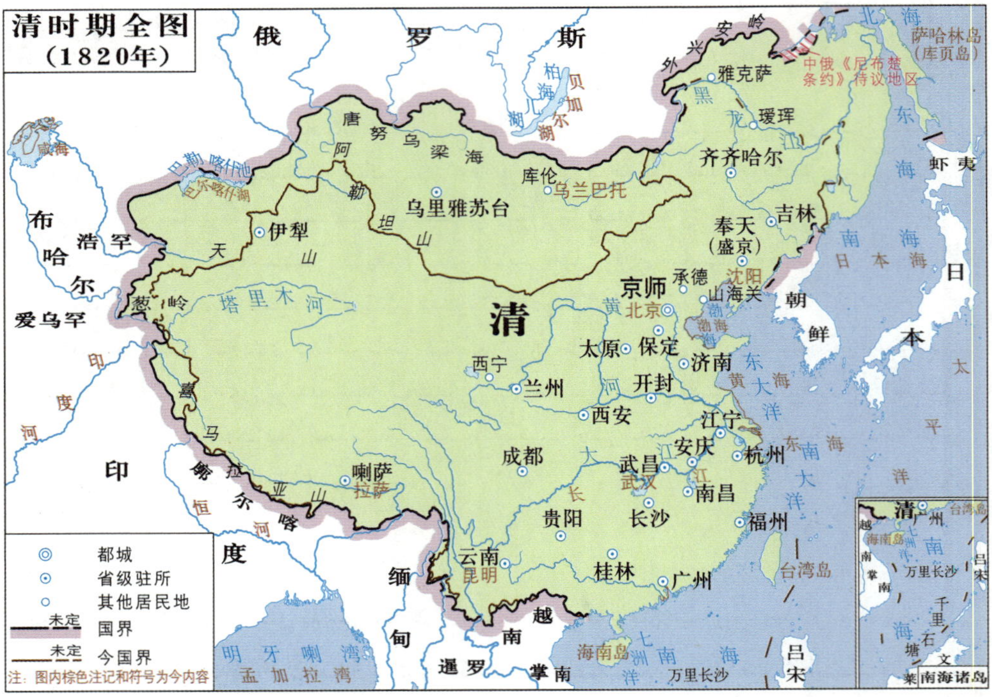

قۇلدىراعان چيڭ پاتشالىعى ۇكىمەتى بەلدى - بەلدى ەلدەردىڭ شاپقىنشىلىعىندا ٴبىرقىدىرۋ تەڭسىز شارتتارعا قول قويۋعا ٴماجبۇر بولدى، يەلىك ۇقىعىنان ايرىلىپ، مەملەكەت زاۋالعا بەت الدى. جۇڭحۋا ۇلتى ٴومىر مەن ٴولىم ارپالىسىندا تۇسكەن ساتتە، كوپتەگەن ارداگەر ازامات وتاندى جويىلۋدان قۇتقارۋ ٴۇشىن، قوعامدىق كىناراتتاردى وڭايتىن كوپتەگەن رەفورما قۋاتتامالارىن العا قويىپ، يمپەرياليزمگە، فەوداليزمگە قارسى قاندى كۇرەس جۇرگىزدى، ٴبىراق، ەڭ سوڭىندا تاياۋ زامانعى جۇڭگونىڭ جارتىلاي وتار، جارتىلاي فەودالدىق قوعامىنىڭ قۇيىنا باتقان تاريحي تاعدىرىن وزگەرتە المادى. 1911 - جىلى تۇلعان شينحاي توڭكەرىسى جۇڭگو تاريحىندا 2000 جىلدان ارتىق ۋاقىت جالعاسقان فەودالدىق پاتشالىق ٴتۇزىمدى اياقتاتىپ، يمپەرياليستىك بەلدى - بەلدى ەلدەرگە سىلەيتە سوققى بەردى، الايدا، توڭكەرىستىڭ جەمىسى تەز ارادا ميليتاريستەردىڭ قولىنا ٴتۇسىپ كەتتى. يمپەرياليزم مەن فەوداليزم سىندى ەكى ۇلكەن تاۋ ٴباز - باياعىسىنداي جۇڭگو حالقىنىڭ ەڭسەسىن باسىپ تۇردى.

ەكىنشى، ٴبىر تۇتاس كوپ ۇلتتى مەملەكەتتىڭ اناعۇرلىم بەكەمدەلۋى جانە دامۋى

چيڭ پاتشالىعىنىڭ ۇلى بىرلىك جاعدايىنىڭ دامۋى مەن بەكەمدەلۋى — چين، حان پاتشالىقتارىنان بەرگى جۇڭگونىڭ ٴداستۇرلى «ۇلى بىرلىك» ۇستانىمىنىڭ ۇزدىكسىز

تەرەڭدەۋى ــەن اماليانتا ايگىلەنۋىنىڭ تاريحي ناتيجەسى. بۇرىنعى پاتشالىقتارمەن ۇقساس، چيڭ پاتشالىعىنىڭ بيلەۋشىلەرى دە ءبىر تۇلعالى جوڭحۋا كوزقاراسىنا مۇراگەرلىك ەتتى. چيڭ پاتشالىعىنىڭ بيلەۋشىلەرى: «جوڭگونىڭ بىرلىككە كەلۋى چين پاتشالىعىنان باستالعان ال، پاتشالىعىمىزعا كەلگەندە ەڭ كەمەلىنە كەلدى، تەرريتورياسىنىڭ كەڭدىگى پاتشالىعىمىزداي بولعان ەمەس»[1]، ونىڭ ۇستىنە، «مۇراگەرلىك ەتكەن جولىمىز ياۋ، شۋندەردەن كەلە جاتقان ءبىر تۇلعانىڭ جولى؛ ىستەتىپ وتىرعان ادامدارىمىز دا، ۇلكەندى ـ كىشىلى ۇلىقتارىمىز بولسىن، شەتىنەن ءبىر تۇلعالى شاڭىراقتىڭ ادامدارى؛ اتقارىپ وتىرعان ساياساتىمىز، عۇرىپ ـ ادەت، سالت ـ سانا، جورىق بولسىن، بارلىعى ءبىر تۇلعالى شاڭىراقتا ورتاق ساياسات»[2] دەدى.

چيڭ پاتشالىعى ساياسي ءتۇزىم جاعىندا نەگىزىنەن تاريحتاعى ورتالىق پاتشالىقتاردىڭ ادىستەرىنە مۇراگەرلىك ەتىپ، بيلىكتى ورتالىققا شوعىرلاندىرۋدى ونان ارى كۇشەيتىپ، ساياسي جىقتاعى ۇلى بىرلىكتى قورعادى . ۇلى قورعانعا كىرۋدەن بۇرىن، سوڭعى جين ورتا جازىقتىڭ ءداستۇرلى مادەنيەتىن كەڭ كولەمدە قابىلداپ، چيڭ تايزۇڭنىڭ تيانسۇڭ

ءبىلىم سىلتەمەسى

شەكارا ءوڭىردى باسقارۋ ءمانسابىنا كەلسەك، ەجەلدەن بەرى مۇنداي ارناۋلى ءمانساپ بولعان ەمەس، تەك، «جوۋگۋانداعى» داشيگۋىن ءمانسابى جاقىنداۋ كەلەدى. چين، حان پاتشالىقتارىنان كەيىن، ارىن ـ اۋلاق ەرەجە ـ ءتۇزىمى ساقتالعان. قيانىنان جول قاراستىرىپ،تۇزىمگە جاڭالىق اكەپ وتىرمىز

ـــ «چيڭ تاريحى جازبالارى»

شەكارا ءوڭىردى باسقارۋ مەكەمەسى ـــ چيڭ پاتشالىعى ارناۋلى قۇرعان شەكارا وڭىردەگى از ۇلتتار ىستەرىن باسقاراتىن ورتالىقتىڭ قۇرىلىمى، چيڭ پاتشالىعى كوپ ۇلتتى مەملەكەتىن بەكەمدەۋ جامىتۋ بارىسىندا ماڭىزدى رول اتقارعان.

---

① ءبىردا قۇراستىرعان: «چيڭ اۋلەتىنىڭ ساراي جىلنامالارى . شىزۇڭ ناقتى جىلنامالارى»، بەيجيڭ: جوڭحۋا شۋجۋي باسپاسى، 1987 ـ جىل، 99 ـ بەت.

② ءبىردا قۇراستىرعان: «چيڭ اۋلەتىنىڭ ساراي جىلنامالارى . شىزۇڭ ناقتى جىلنامالارى»، بەيجيڭ: جوڭحۋا شۋجۋي باسپاسى، 1987 ـ جىل، 696 ـ بەت.

جىلناماسىنىڭ 5 ـ جىلى (1631) ميڭ پاتشالىعىنىڭ تۇزىمىنە ەلىكتەپ، ۇلىق، نوپوس، سالىت ـ سانا، جاساق، زاڭ ـ ٴتۇزىم، شارۋاشىلىق سىندى التى ۋازىرلىكتەن قۇرالعان ىشكى اكىمشىلىك ورداسىن قۇردى. ۇلى قورعانعا كىرگەننەن كەيىن، چيڭ پاتشالىعىنىڭ بيلەۋشىلەرى «ميڭ پاتشالىعىنىڭ تاريحىن» وڭدەۋ ارقىلى ٴوزىنىڭ ميڭ پاتشالىعىنىڭ زاڭدى جۇيەسىنە مۇراگەرلىك ەتىپ، ٴوز بيلىگىنىڭ ٴبىر تۇتاستىق ورنىن دارىپتەپ، ٴوزىن ورتا جازىقتاعى بىردەن ـ ٴبىر «تۇتاس تۇلعالىق جۇيە» دەپ قارادى. «جۇڭحۋانىڭ ٴبىر تۇتاستىق جەلىسى ٴۇزىلىپ كورگەن جوق»[1]، ساياسي ٴتۇزىم جاعىندا ٴتۇرلى شارالار قولدانىپ، ورتالىقتىڭ شوعىرلى بيلىگىن اناعۇرلىم كۇشەيتتى. شەكارا وڭىرلەردى باسقارۋدى كۇشەيتۋ ٴۇشىن، چيڭ پاتشالىعى ۇكىمەتى ورتالىقتا شەكارا وڭىرلەردى باسقارۋ مەكەمەسىن قۇردى، شىعىس سولتۇستىك شەكارا وڭىردە شىڭجيڭ جياڭجۇنى، حيلۇڭجياڭ جياڭجۇنى، جيلين جياڭجۇنى مەكەمەسىن قۇردى؛ باتىس سولتۇستىكتە ىلە جياڭجۇنى،سول قانات ورىنباسار جياڭجۇن (ۇلاستاي) مەكەمەسىن قۇردى؛ موناداعى موڭعۇلدار مەن حىتاۋ باتىس موڭعۇلدارىندا ايماق ـ قوشۇن قاراستىلىعىن قۇردى؛ چيڭحاي ـ شيزاڭ وڭىرىندە شينيڭ ٴىس باسقارۋ امبىسىن جانە شيزاڭدا تۇراتىن باس امبى قويدى. مۇنداي جونگە سالۋ جۇيەسى مەملەكەتتىڭ تۇتاستىعى مەن تەرريتوريا تۇتاستىعىن پارمەندى قورعادى ٴارى تاياۋ زامانىنان بەرگى جۇڭحۋا ۇلتىنىڭ ىنتىماقتاسا وتىرىپ، شاپقىنشىلىققا قارسى تۇرىپ، ٴبىر تۇتاستىقتى قورعاۋىنا، سونداي ـ اق كوپ ۇلتتى مەملەكەت جاعدايىنىڭ جالعاسۋى مەن دامۋىنا نەگىز قالادى.

چيڭ پاتشالىعى ٴداۋىرى ەلىمىزدىڭ وسى زامانعى كوپ ۇلتتىڭ تارالۋ جاعدايى نەگىزىنەن ورناعان مەزگىل. حانزۋ، مانزۋ، موڭعۇل، حۋيزۋ، زاڭزۋ قاتارلى 50 نەشە ۇلت بىرلىككە كەلگەن جاعدايدا بىرگە تۇرمىس كەشىرىپ، ٴبىر ـ بىرىنە بالداي باتىپ، سۋداي سىڭگەن، ٴبىر ـ بىرىنەن ايرىلا المايتىن، كوپ نەگىزدە توعىسقان، سونداي ـ اق كوپ ۇلت ۇلكەن اۋماقتا ارالاس قونىستانعان، شاعىن اۋماقتا شوعىرلى قونىستانعان تارالۋ ەرەكشەلىگىن قالىپتاستىرىپ، «مانجۋلار مەن حانزۋلاردى بارىنشا توعىستىرۋدى ٴبىرىنشى مىندەت ەتۋ »[2] جۇزەگە اسىرىلدى.

① وردا قۇراستىرعان: «چيڭ اۋلەتىنىڭ ساراي جىلنامالارى. گاۋزۇڭ ناقتى جىلنامالارى»، بەيجيڭ: جۇڭحۋا شۋجۋي باسپاسى، 1987 ـ جىل، 219 ـ بەت.

② وردا قۇراستىرعان: «چيڭ اۋلەتىنىڭ ساراي جىلنامالارى . تايزۇڭ ناقتى جىلنامالارى»، بەيجيڭ: جۇڭحۋا شۋجۋي باسپاسى، 1987 ـ جىل، 148 ـ بەت.

بەيجيڭنىڭ يحيۋان باقشاسىنداعى ۋانشوۋشان كۇنميڭ كولى ەسكەرتكىشى چيانلۇڭ جىلناماسىنىڭ 16 ـ جىلى (1751) تۇرعىزىلعان، الدىڭعى بەتىنە «ۋانشوۋشان كۇنميڭ كولى» دەگەن ۇلكەن التى ءارىپ جازىلعان، ارتقى بەتىنە «ۋانشوۋشان كۇنميڭ كولى ەستەلىگى» دەگەن جازۋ بار، بۇل جازۋلاردى چيانلۇڭ پاتشا ءوز قولىمەن جازعان.

يەيا ـ مادەنيەت جاعىندا چيڭ پاتشالىعى رۋجيا ىلىمىنە قۇرمەت ەتىپ، تاريحي مادەنيەت دستۇرلەرىنە مۇراگەرلىك ەتتى. سوناۋ ۇلى قورعانعا كىرگەن بۇرىن، سوڭعى التىن بيلىگى حانزۋ مادەنيەتىن بەلسەنە جالپىلاستىرىپ، مانزۋ ءتىل ـ جازۋىن جاراتۋمەن بىرگە، حانزۋ ءتىل ـ جازۋىن كەڭ كولەمدە ۇيرەنىپ، «ميڭحۇيديان»، «سۋشۋ»، «سانلۇە»، «گويۋي»، «سانگوجى» سياقتى كىتاپتاردى اۋداردى. ۇلى قورعانعا كىرگەننەن كەيىن، چيڭ پاتشالىعى كۇڭزىنى قۇرمەتتەپ، كۇڭزىعا «عۇلاما» دەگەن اتاق بەردى، سونداي ـ اق رۋجيا ءىلىمىن، سۇڭ، ميڭ پاتشالىقتارىنىڭ ەل باسقارۋ نازارياالارىن مادەنيەتتىك نەگىزگى مەملەكەت ساياساتى ەتىپ، ساراي ەمتيحانىن الۋ ارقىلى وقىمىستىلاردى قابىلداپ، رۋجيا ناكىرتتەرىن نەگىز ەتىپ ءمانساپقا ورنالاستىردى. چيڭ پاتشالىعىنىڭ بيلەۋشىلەرى حانزۋ ءتىل ـ جازۋىن بارىنشا دارىپتەدى. يۇڭجىڭ دۇرىس سويلەۋگە جاتتىقتىرۋ مەكتەبىن قۇرىپ، بەيجيڭ ءتىلىن ۇلشەم ەتكەن «مەملەكەتتىك ديالەكتىنى» ۇيرەتۋ بۇيرىعىن ءتۇسىردى، «پاتشا جارلىعىن» وقۋلىق ەتىپ، جەر ـ جەردىڭ وقۋ ـ اعارتۋعا جاۋاپتى ۇلىقتارىنا ساراي ەمتيحانىندا اۋىلدىق مەكتەپتەردەن

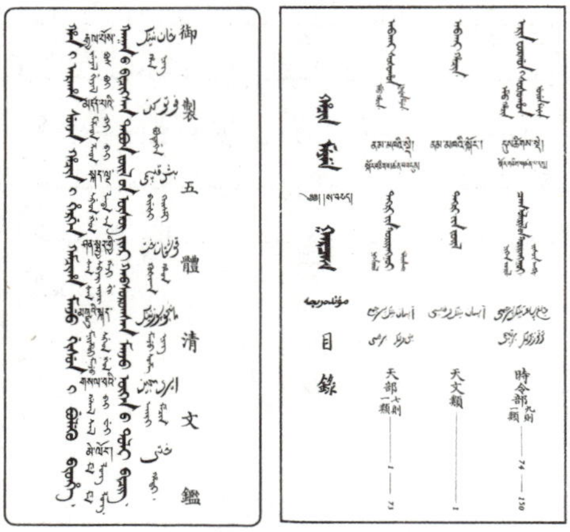

«پاتشا جارلىعىمەن قۇراستىرىلعان بەس ءتىلدى چيڭ پاتشالىعى سوزدىگى» سۇرەت نۇسقاسى

ەمتيحان تاپسىرعان وقۋشىلاردان مەملەكەتتىك ديالەكتىدەن بەتپە - بەت ەمتيحان الىپ، سويلەي الماعاندارىن قابىلداماۋدى جارلىق ەتتى. چيانلۇڭ: «پاتشالىعىمىز بىرلىككە كەلگەننەن باستاپ حانزۋ ٴتىل - جازۋىن ۇيرەندىم»① دەگەن. مانجۋ اقسۇيەكتەرى «الەۋمەتتىك ورتادا مانجۋ ٴتىلىن ۇيرەنبەيدى، تۇگەلىمەن حانزۋ تىلىندە سويلەيدى»②.

چيانلۇڭنىڭ سوڭعى جىلدارىندا ۇلتتار اراسىنداعى اۋىس - كۇيىستى، قارىم - قاتىناستى جەبەۋ ٴۇشىن، چيڭ پاتشالىعى ۇكىمەتى«بەس ٴتىلدى چيڭ پاتشالىعى سوزدىگىن» ارنايى قۇراستىرۋ جارلىعىن تۇسىرەدى. بۇل مانجۋ، زاڭزۋ، موڭعۇل، ۇيعۇر، حانزۋ تىلىندەگى ٴبىر - بىرىنە اۋدارىلعان دىبىستىق اتاۋ سوزدىگى بولىپ، جيىنى 18 مىڭنان استام ٴسوز كىرگىزىلگەن، بۇل كىتاپ كاڭشي، چيانلۇڭ جىلدارىندا جاسالعان «چيڭ پاتشالىعى سوزدىگى»، «مانجۋ - موڭعۇل ٴتىلى سوزدىگى»، «ەكى ٴتىلدى چيڭ پاتشالىعى سوزدىگى»، «ٴۇش ٴتىلدى چيڭ پاتشالىعى سوزدىگى»، «ٴتورت ٴتىلدى چيڭ پاتشالىعى سوزدىگى» جانە «پاتشا جارلىعىمەن تولىقتاپ قۇراستىرىلعان چيڭ پاتشالىعى سوزدىگى» نەگىزىندە قۇراستىرىلعان، رەتى بويىنشا مانزۋ تىلىندەگى سوزدەر، زاڭزۋ تىلىندەگى

تاريحي ماتەريالعا قايتا ٴۇڭىلۋ

كاڭشي جىلناماسىنىڭ 21 - جىلى (1682)، ويراتتىڭ حالدان بۇشۇكتى حانىنا جارلىق: «حالدان بۇشۇكتى حان، سەنىڭ اكەڭ، اعاڭنان تارتىپ تاريحتان بەرى تاتۋ - ٴتاتتى ٴوتىپ، جىلدا تارتۋ - تارالعى ۇسىنىپ كەلگەن، ٴوزىڭ دە ٴجون - جوسىققا ٴمان بەرىپ، بارىس - كەلىستى توقتاتپادىڭ، بۇل ماقتاۋعا اسىرەسە تاتيدى..... قازىر ەل ورتاسى تىنىش، يگىلىگىن سەندەر دە كورىسىن دەپ ٴۇۋازىر، وردا ۇلىقتارىن مول تارتۋ - تارالعىمەن وزىڭە جىبەرىپ، قامقورلىعىمدى جەتكىزىپ وتىرمىن. وسى قامقورلىققا كەنەلگەننەن كەيىن، بار نيەتىڭمەن قۇرمەت ەتىپ، الىس - جاقىنعا بىردەي مەيىرىمىمدى، بارلىق قاعاناتتار تاتۋ وتسە دەگەن ويىمدى قابىل العايسىڭ».

«چيڭ شىڭزۋدىڭ ساراي ەستەلىكتەرى» 103 - بۋماسى

① وردا قۇراستىرعان: «چيڭ اۋلەتىنىڭ ساراي جىلنامالارى. گاۋزۇڭ ناقتى جىلنامالارى»، بەيجيڭ: جۇڭحۋا شۋجۇي باسپاسى، 1987 - جىل، 773 - بەت.

② وردا قۇراستىرعان: «چيڭ اۋلەتىنىڭ ساراي جىلنامالارى . گاۋزۇڭ ناقتى جىلنامالارى»، بەيجيڭ: جۇڭحۋا شۋجۇي باسپاسى، 1987 - جىل،987 - بەت.

اۋدارماسى، موڭعۇل تىلىندەگى اۋدارماسى، ۇيعۇر تىلىندەگى اۋدارماسى، حانزۋ تىلىندەگى اۋدارماسى. بۇل كىتاپ چيڭ پاتشالىعى داۋىرىندەگى ۇلتتاردىڭ مادەنيەت اۋىس ـ كۇيىسىنىڭ ماڭىزدى ايعاعى، ءارى چيڭ پاتشالىعى داۋىرىندە «بىرلىككە كەلگەن ءتىل ـ جازۋدى قولدانۋ» ساياساتى اتقارىلعاندىعىنىڭ پارمەندى دالەلى بولدى.

ەكىنشى تاراۋشا چيڭ پاتشالىعىنىڭ شينجياڭ ءوڭىرىن جۇيەلى جونگە سالۋى

18 ـ عاسىردىڭ ورتا شەنىندە چيڭ پاتشالىعى ۇكىمەتى بىلگەرىندى ـ كەيىندى تيانشان تاۋىنىڭ سولتۇستىگىندەگى جوڭعار كۇشتەرىن جانە تيانشان تاۋىنىڭ وڭتۇستىگىندەگى ۇلكەن، كىشى قوجالاردىڭ بۇلىگىن تىنىشتاندىرىپ، تيانشان تاۋىنىڭ وڭتۇستىگى مەن سولتۇستىگىن بىرلىككە كەلتىرىپ، باتىس شەكارانى تىنىشتاندىرۋ ۇلى ءىسىن ورىندادى. چيڭ پاتشالىعى ۇكىمەتىنىڭ شينجياڭ ءوڭىرىن جونگە سالۋى جالپى تۇلعالىق جاقتان 1884 ـ جىلى شينجياڭنىڭ ولكە بولىپ قۇرىلعانىنان باستالىپ، ىلەلىك جانە سوڭعى ەكى مەزگىلگە ءبولىنىپ، ىلەلىك مەزگىلدە اسكەري مەن اكىمشىلىك بىرىكتىرىلگەن اسكەري ـ اكىمشىلىك ءتۇزىمى اتقارىلسا، سوڭعى مەزگىلىندە ءبىر تۇتاس ايماق ـ اۋدان ءتۇزىمى اتقارىلدى.

جوڭعارلاردى تىنىشتاندىرعاندا ورناتىلعان كەدەن تاۋى ەسكەرتكىشى

شينجياڭنىڭ موڭعۇلكۇرەسىندە

ءبىرىنشى، چيڭ پاتشالىعىنىڭ شينجياڭدى بىرلىككە كەلتىرۋى

17 ـ عاسىردا ويرات موڭعۇلدارىنىڭ جوڭعار تايپاسى بىرتىندەپ كۇشەيىپ، جوڭگونىڭ باتىس سولتۇستىك شەكاراسىندا جەرگىلىكتى بيلىك قۇرىپ، سولتۇستىكتە ەرتىس وزەنى مەن وب وزەنىنىڭ ورتا اعارىن، وڭتۇستىكتە تيانشان تەرىسكەي قامتىعان بالقاش كولىنىڭ شىعىسى مەن وڭتۇستىگىندەگى كەڭ ـ بايتاق وڭىرگە بيلىك جۇرگىزىپ كەلدى. چيڭ پاتشالىعى قۇرىلعاننان كەيىن، جوڭعار تايپاسىنىڭ باسشىلارى چيڭ پاتشالىعىنا باعىناتىندىقتارىن

بىلدىرگەن. 1680 ـ جىلى جوڭعار تايپاسى ياركەن حاندىعىن جويىپ، ۇستەمدىك كولەمىن ۇلعايتا ۇستەمدىك ورناتتى. وسى ارادا، مونعول تايپاسى ... ۇلان اري كەڭەيتتى. وسىدان كەيىن جوڭعار تايپاسىنىڭ باسشىسى حالدانىنىڭ قارا نيەتى كۇننەن ـ كۇنگە اسقىنىپ، چيڭ ورداسىمەن ۇزەڭگى قاعىستىرماقشى بولىپ، پاتشالىق رەسيمەن استاسىپ، بۇلىك تۋدىردى. مەملەكەتتىڭ ٴبىر تۇتاستىعىن قورعاۋ ٴۇشىن، كاڭشي ٴۇش رەت ٴوزى جورىققا اتتانىپ، حالداندى جەڭدى. 1755 ـ جىلى چيانلۇڭ تاعى دا جوڭعار بۇلىكشى ارمياسىنىڭ اتامانى داۋاچتى جازالاۋعا اسكەر جىبەرىپ، شينجياڭنىڭ قازىرگى مۇڭعۇلكۇرە اۋدانىنداعى كەدەن تاۋىندا جوڭعارلاردىڭ نەگىزگى كۇشىن تالقانداپ، وسى رەتكى سوعىستى ەسكە ٴتۇسىرۋ ٴۇشىن «كەدەن تاۋى ەسكەرتكىشىن» ورناتتى. سونىمەن چيڭ پاتشالىعى شينجياڭ ٴوڭىرىن بۇكىلدەي بىرلىككە كەلتىرىپ، جۇڭگونىڭ باتىس سولتۇستىك مەملەكەت شەكاراسىن تۇراقتاندىردى.

چيڭ پاتشالىعى شينجياڭ ٴوڭىرىن بىرلىككە كەلتىرگەننەن كەيىن، 1755 ــ 1757 ـ جىلدارى ٴامىرسانا بۇلىك شىعاردى، چيڭ پاتشالىعى ۇكىمەتى تاعى اسكەر شىعارىپ، بۇلىكتى تىنىشتاندىردى. جوڭعار كۇشىن تىنىشتاندىرعانىنان كەيىن، ۇلكەن، كىشى قوجا «سەۋان رابدان حان بولىپ تۇرعاندا اكەمىزدى بايلاپ اكەتىپ كەپىلگە ۇستاپ، كۇنى بۇگىنگە دەيىن بىزگە قايتارمادى. ٴبىز قاراستىلىعىمىزداعى 30 دان ارتىق ٴتۇتىندى باستاپ ۇلى پاتشاعا قۇل بولۋعا ريزامىز» دەيدى ٴارى «پاتشا شۇلەن شاپاعات توگىپ، اتا مەكەنىمىزگە قايتۋىمىزعا رۇقسات ەتسە، قاشقار، ياركەن وڭىرىندەگى بۇقارانى باستاپ، وزىڭىزگە باعىنامىز»[①] دەدى. چيڭ پاتشالىعى ۇكىمەتى ۇلكەن، كىشى قوجاعا قامقورلىق جاسادى ٴارى ۇلكەن قوجانى وڭتۇستىك شينجياڭداعى بۇقارانى باعىندىرۋعا جىبەردى، الايدا، ۇلكەن، كىشى قوجا سەرتىنەن تايىپ، بۇلىك تۋدىردى. 1759 ـ جىلدىڭ سوڭىندا چيڭ پاتشالىعى ارمياسى وڭتۇستىك شينجياڭداعى ٴار ۇلت حالقىنىڭ قولداۋىندا بۇلىكتى تىنىشتاندىرىپ، اۋمالى ـ توكپەلى جاعدايدى اياقتاتتى.

ەكىنشى، ىلە جياڭجۇن مەكەمەسى

باتىس سولتۇستىك شەكارانى بەكەمدەۋ ٴۇشىن، چيانلۇڭ جىلناماسىنىڭ 27 ـ جىلى (1762)، چيڭ پاتشالىعى ۇكىمەتى «ىلە قاتارلى وڭىرلەردى ٴبىر تۇتاس بيلەيتىن

① (چيڭ) فۋ حىڭ: «جوڭعارلاردى تىنىشتاندىرۋ جوباسى. تولىق نۇسقاسى»، بەيجيڭ: مەملەكەتتىك كىتاپحانانىڭ قۇجاتتارىن كىشىرەيتىپ ـ كوبەيتىپ باسۋ ورتالىعى، 1990 ـ جىل، 1122 ـ، 1141 ـ بەتتەر.

ىلە جياڭجۇن مەكەمەسى

شينجياڭنىڭ قورعاسىندا

جياڭجۇندى» (قىسقاشا «ىلە جياڭجۇنى» دەپ اتالادى) تاعايىندادى. ىلە جياڭجۇنى شينجياڭ ۇيعىرىندەگى ەڭ جوعارى اسكەري ـ اكىمشىلىك ۇلىق بولىپ، ٴىۋلى اسكەري ـ اكىمشىلىك ىستەرگە ٴبىر تۇتاس باسشىلىق ەتتى. جياڭجۇن مەكەمەسى ىلەنىڭ حۇيىۋان قامالىندا (قازىرگى شينجياڭنىڭ قورعاس شەكاراسى ىشىندە) ورنالاستىرىلدى. ىلە جياڭجۇن مەكەمەسىنىڭ قول استىندا دۋتۇڭ، كەڭەسشى امبان، جەتەكشى امبان سياقتى ۇلىقتار قاراپ، تيانشان تاۋىنىڭ وڭتۇستىگى مەن سولتۇستىگىندەگى ٴارقايسى جەرگە ٴبولىپ ورنالاستىرىلىپ، جەرگىلىكتى ورىننىڭ اسكەري ـ اكىمگەرلىك ىستەرىن باسقاردى. الاماندىق جۇيە تۇزىلىسىندە چيڭ پاتشالىعى ۇكىمەتى «جەرگىلىكتى جاعدايعا قاراي شارا قولدانۋ»، «عۇرىپ ـ ادەتى بويىنشا باسقارۋ» پرينسيپى بويىنشا، ايماق ـ اۋدان ٴتۇزىمى، بەك ٴتۇزىمى، جاساق ٴتۇزىمى، سەگىز قوشۇن ٴتۇزىمى سياقتى ۇقساماعان باسقارۋ ۇلگىسىن ورناتتى.

ٴبىلىم سىلتەمەسى

حۇيىۋان (كۇرە) قامالى شينجياڭنىڭ قورعاس اۋدانىندا ورنالاسقان. چيانلۇڭ جىلناماسىنىڭ 28 ـ جىلى (1763)، ىلەنىڭ تۇڭعىش جياڭجۇنى ميڭرۇي ىلە وزەنىنىڭ سولتۇستىك جاعالاۋىنا قامال سالدى، چيانلۇڭ پاتشا چيڭ پاتشالىعى پاتشاسىنىڭ شاپاعاتىن شالعايعا جەتكىزدى دەگەن ماعىنادا ٴوز قولىمەن «حۇيىۋان » دەپ ات قويدى. چيانلۇڭ جىلناماسىنان گۋاڭشۇيدىڭ سوڭعى جىلدارىنا دەيىنگى 100 نەشە جىلدا حۇيىۋان باستان ـ اياق شينجياڭنىڭ ساياسي، اسكەري ورتالىعى بولىپ كەلدى. حۇيىۋان كونە جانە جاڭا قامال بولىپ بولىنەدى، كونە قامال 1871 ـ جىلى شار روسسيا ىلەنى باسىپ العاننان كەيىن ويراندالدى، جاڭا جامبىل 1882 ـ جىلى ىلەنى قايتارىپ العاننان كەيىن قايتادان سالىندى، مىنە، بۇل قازىرگى حۇيىۋان بايىرعى قامالى.

ايماق ـ اۋدان ٴتۇزىمى. چيڭ پاتشالىعى ۇكىمەتى تيانشان تاۋىنىڭ سولتۇستىك بولىگى مەن شىعىس بولىگىندەگى حانزۋ، حۋيزۋ ۇلتى شوعىرلى قونىستانعان وڭىرلەرگە ورتا جازىق وڭىرلەرىمەن ۇقساس ايماق ـ اۋدان ٴتۇزىمىن اتقارىپ، ٴۇرىمجى دۋتۇڭى قوسىمشا باسقاردى. 1773 ـ جىلى چيڭ پاتشالىعى ۇكىمەتى ۇرىمجىدە جىندي بۋلىعىن قۇرىپ، وعان قاراستى جىنشي تۇتىقتىعى مەن ديحۋا توتە قاراستى ايماعىن ٴبولىپ قۇردى. جىنشي تۇتىقتىعىنىڭ قاراستىلىعىندا شونجى اۋدانى مەن يحى اۋدانى (قازىرگى شينجياڭنىڭ باركول اۋدانى)؛ ديحۋا توتە قاراستى دۋانىنىڭ قاراستىلىعىندا فۋكاڭ اۋدانى، سانجى اۋدانى، سۋيلاي اۋدانى (قازىرگى شينجياڭنىڭ ماناسى) بار.

بەكتىك ٴتۇزىمى. چيڭ پاتشالىعى ىلە ٴوڭىرى مەن تيانشان تاۋىنىڭ وڭتۇستىگىندەگى ۇيعۇر ۇلتىنا بەك ٴتۇزىمىن اتقارىپ باسقاردى. بەك ـــ «اعامان»، «اتامان» دەگەن ماعىنانى بىلدىرەدى، بەك ٴتۇزىمى چيڭ پاتشالىعى داۋىرىنەن بۇرىن قالىپتاسقان. چيڭ پاتشالىعى شينجياڭدى بىرلىككە كەلتىرگەننەن كەيىن، «عۇرىپ ـ ادەتى بويىنشا باسقارۋ» باعىتىنا نەگىزدەلە وتىرىپ، ٴبىرشاما كەمەلدى بەك ٴتۇزىمىن بەلگىلەدى: بەككە مۇراگەرلىك ەتۋ ٴتۇزىمىن كۇشىنەن قالدىرىپ، چيڭ پاتشالىعىنىڭ ٴمانساپ جۇيەسىنە ەنگىزىپ، بەككە بەلگىلى لاۋازىم بەردى؛ بەكتەردى مىندەتكە تاعايىنداۋ، مىندەتىنەن قالدىرۋ سياقتىلاردى باقىلاۋ ۇقىعى ورتالىققا قاراستى بولىپ، ماڭىزدى بەك كانديداتتارى ورتالىقتىڭ مىندەتكە تاعايىنداۋىنا جولدانىپ، نەگىزگى بەكتەردى جەرگىلىكتى ورىنىنان تاڭداپ ىستەتۋگە بولمايدى دەپ بەلگىلەنگەن؛ بەكتەردىڭ ىستىندەگى لاۋازىمى ەڭ جوعارى بولعان اكىم بەكتىڭ دە تەك جەڭىل قىلمىستىلاردى ٴبىر جاقتىلى ەتۋ ۇقىعى بار، كىسى ٴولتىرۋ، توناۋشىلىق ىستەۋ سياقتى ٴىرى دەلولاردى، ٴسوزجوق، جوعارى دارەجەلى امبانعا مالىمدەۋى كەرەك، دەربەس ٴبىر جاقتىلى ەتۋىنە بولمايدى. مۇنان تىس، بەكتەردىڭ بەلگىلى ورەكشە ۇقىقتان يگىلىكتەنۋىنە جول بەرىلدى، مىسالى، لاۋازىمىنىڭ جوعارى ـ تومەندىگىنە نەگىزدەلە وتىرىپ، بەلگىلى مولشەردەگى «قامداۋ مەنشىك جەر» مەن جالشىنى (باسىبايلى ديقان) زاڭدى تۇردە يەمدەنۋىنە بولادى. بەك ٴتۇزىمى العاشقى مەزگىلدە ۇيعۇر ۇلتىنىڭ جوعارى جىكتەگى باسشىلارىن ىنتىماقتاستىرىپ، ساياسي جاعدايدى ورنىقتىرىپ، ٴوندىرىستى دامىتۋدا بەلگىلى دارەجەدە بەلسەندى رول اتقاردى. الايدا، تاريحتىڭ دامۋىنا ىلەسە، بەك ٴتۇزىمىنىڭ ولقىلىقتارى كورنەكتىلەنە ٴتۇستى. بەكتەر ساياسي، ەكونوميكا سياقتى ەرەكشە ۇقىعى ارقىلى قىرۋار جەردى جانە باسىبايلى ديقانداردى يەمدەنىپ، بەيۋاز بۇقارانى باسىنىپ،

قوعامدىق وندىرگىش كۇشتەردى اۋىر دارەجەدە ٴبۇلدىرىپ، تاپتىق قايشىلىق تۋدىرىپ، قوعامنىڭ بىلىقپالىعىن ۇشىقتىرعاندىقتان، بۇل ٴتۇزىم ەڭ سوڭىندا شينجياڭ ولكە بولىپ قۇرىلعاندا كۇشىنەن قالدىرىلدى.

جاساق ٴتۇزىمى. «جاساق» موڭعۇل تىلىندە «اتقارۋشى» دەگەن ماعىنانى بىلدىرەدى. جاساق ٴتۇزىمى اسىلىندە چيڭ پاتشالىعىنىڭ موڭعۇلداردى باسقارۋى ٴۇشىن بەلگىلەگەن ٴتۇزىمى، بۇل ٴتۇزىم مانجۋدىڭ سەگىز قوشۇن ٴتۇزىمى مەن موڭعۇلداردىڭ تايپالىق ٴتۇزىمىنىڭ ەرەكشەلىگىن ۇشتاستىرعان ٴبىر ٴتۇرلى اسكەري ىستەر ۇيىمدىق ەرەكشەلىگىنە يە اكىمشىلىك باسقارۋ ٴتۇزىمى. شينجياڭنىڭ جاساق ٴتۇزىمى نەگىزىنەن جوڭعار تايپاسىن تىنىشتاندىرۋدان بۇرىن چيڭ پاتشالىعىنا باعىنعان قۇمىل مەن تۇرپانداعى ۇيعۇر ۇلتى اراسىندا جانە وتان قۇشاعىنا ورالعان تورعاۋىت تايپاسى اراسىندا اتقارىلدى. جاساقتا مۇراگەرلىك ەتۋگە بولادى، ٴوز تايپاسى ىستەرىنە ٴبىرشاما تولىق وزىندىك بيلىك جۇرگىزۋ قۇقىعى بار، ٴبىراق، چيڭ پاتشالىعى ۇكىمەتىنىڭ باسقارۋىنا بويسۇنۋى كەرەك. بەك ٴتۇزىمى سياقتى جاساق ٴتۇزىمى دە چيڭ پاتشالىعىنىڭ شينجياڭدى بىرلىككە كەلتىرگەن العاشقى مەزگىلدە بەلگىلى دارەجەدە بەلسەندى رول اتقاردى، الايدا، تاريحتىڭ دامۋىنا ساي، شينجياڭ قوعامىنىڭ دامۋى مەن ورنىقتىلىعىنا كەدەرگىلىك جاساعاندىقتان، ەڭ سوڭىندا كۇشىنەن قالدىرىلدى.

سەگىز قوشۇن ٴتۇزىمى. باتىس سولتۇستىك شەكارا قورعانىسىن بەكەمدەۋ ٴۇشىن، چيڭ پاتشالىعى شىعىس سولتۇستىك جانە باسقا ولكە ـ رايونداردان مانجۋ، ساقىر موڭعۇلدارى، سىبە، سولاڭ (داعۇر ۇلتىن نەگىز ەتەدى) سياقتىلاردىڭ اسكەري قولباسشىلارى مەن جاساقتارىن وتباسىمەن شينجياڭعا جوتكەپ، شەكارا قورعانىسىنا ورنالاستىرىپ، ولاردى سەگىز قوشۇن ٴتۇزىمى بويىنشا باسقاردى.

قامال بەكىنىستەر سالىپ، جام جولىن اشىپ، كارۇندار ورناتتى. اسكەري ىستەر قورعانىسىن كۇشەيتۋ ٴۇشىن، چيڭ پاتشالىعى ىلە وڭىرىندە حۋيۋاندى (كۇرەنى) وزەك ەتكەن «ىلەدەگى 9 قامالدى» سالدى، بۇگىنگى ٴۇرىمجى قالاسىندا ديحۋا جامبىلى مەن گۇڭنيڭ قامالى سياقتى قامالداردى سالدى، بۇدان سىرت، ٴۇرىمجى دۋتۇڭىنىڭ قاراستىلىعىنداعى وڭىرگە 20 دان ارتىق قامال سالدى. وڭتۇستىك شينجياڭ وڭىرىندە چيڭ پاتشالىعى ۇكىمەتى بۇرىنعى كونە قامالداردىڭ ماڭىنان ٴبىرسىپىرا جاڭا قامالداردى سالىپ، جەرگىلىكتى اسكەري قورعانىس ورتالىعى رەتىندە، باستىسى قورعانىستا تۇرىپ

تىلىك يگەرگەن حانزۋ، مانجۋدى نەگىز ەتكەن جاسىل تۋلى يىلىك، سەگىز قوشۋن ارمياسىنا پايدالانۋعا بەرىلدى. سوندىقتان، سول كەزدەرى «حانزۋ قامالى» نەمەسە «جاڭا قامال» دەپ اتالدى. اسكەري كەرەك - جاراق پەن حات - حاباردى قامتاماسىز داندىرۋ ٴۇشىن، تيانشان تاۋىنىڭ وڭتۇستىگى مەن سولتۇستىگىندەگى قاتىناس جولى جاعاسىنا كوپتەگەن اسكەري قامال، جامدار جانە جاساق تۇراعىن ورنالاستىردى. چيڭ پاتشالىعى ۇكىمەتى بۇكىل شينجياڭنىڭ ماڭىزدى رايونداردىندا، شەكارا قورعانىس وڭىرلەرىندە، تاۋ، وزەن، قىساڭ اۋىزى، سونداي - اق ماڭىزدى قاتىناس جولدارىنا قاراۋىل، جام ورنالاستىرىپ، ٴار جىلى بەلگىلى مولشەردە اسكەري قوسىن جىبەرىپ، تەكسەرۋ - شارلاۋ جۇرگىزىپ وتىردى. 19 - عاسىردىڭ ورتا شەنىنەن كەيىن، پاتشالىق رەسەي سياقتى سىرتتىڭ شاپقىنشىلىعىنا قايتارما سوققى بەرۋدە قاراۋىل ماڭىزدى رول اتقاردى.

تىلىك يگەرىپ، شەكارانى قورعادى. چيڭ پاتشالىعى بۇرىنعى پاتشالىقتاردىڭ تىلىك يگەرىپ، شەكارانى قورعاۋ ٴداستۇرىن جالعاستىرىپ، شينجياڭ وڭىرىندە تىلىك يگەردى. چيڭ پاتشالىعى داۋىرىندە تىلىك يگەرۋ تيانشان تاۋىنىڭ وڭتۇستىگى مەن سولتۇستىگىنە جالپىلاسىپ، كولەمى، قاتىناسقان ادام سانى، ونىمدىلىگى سياقتى جاقتاردىڭ بارلىعىندا حان، تاڭ پاتشالىعىنان بەرگى تاريحتاعى ٴارقايسى كەزەڭنەن اسىپ، شينجياڭ ٴوڭىرىنىڭ قوعام ورنىقتىلىعىن قورعاۋ جانە ەكونوميكاسىنىڭ دامۋىن جەبەۋدە ماڭىزدى رول اتقاردى.

ٴۇشىنشى، جۇڭگونىڭ باتىس سولتۇستىك شەكارا ٴوڭىر داعدارىسى جانە شينجياڭنىڭ ولكە بولىپ قۇرىلۋى

اپيىن سوعىسىنان كەيىن، پاتشالىق رەسەي مەن ۇلى بريتانيا سياقتى بەلدى - بەلدى ەلدەر شينجياڭعا كۇن سايىن سىنالاپ كىردى، اسىرەسە، پاتشالىق رەسەي شينجياڭ وڭىرىنە شىمىرىكپەستەن شابۋىل جاسادى. 1851 - جىلى 8 - ايدا پاتشالىق رەسەي چيڭ پاتشالىعى ۇكىمەتىن زورلاپ «جۇڭگو - روسسيا ىلە - تارباعاتاي ساۋدا ەرەجەسىنە» قول قويدىرىپ، ساۋدادا باجىنى كەشىرىم ەتۋ ۇقىعى، كونسۋلدىق قۇرۋ ۇقىعى جانە ساۋدا بازارىن قۇرۋ سياقتى ٴبىرقىدىرۋ ۇقىقتا جەكە - دارا يە بولدى. 1864 - جىلى 10 - ايدا تاعى «جۇڭگو - روسسيا باتىس سولتۇستىك شەكارانى تەكسەرىپ ايىرۋ كەلىسىمى ەستەلىگىنە» قول قويىپ، جۇڭگونىڭ باتىس سولتۇستىك شەكاراسىنداعى 440 مىڭ شارشى كيلومەتر تەرريتورياسىن ٴبولىپ اكەتتى.

1865 - جىلى 1 - ايدا قوقان حاندىعىنىڭ (قازىرگى وزبەكستاننىڭ قوقان قالاسى

ۇيعىرىندە) ساردارى ياقۇپبەك جوڭگونىڭ شينجياڭ ۇيعىرىنە شاپقىنشىلىق جاساپ، ىگەرىندى ـ كەيىندى قاشقار، حوتان، قاعىلىق، اقسۋ، قاراشارى، تۇرپان، ٴۇرىمجى سياقتى جەرلەردى باسىپ الدى ٴارى پاتشالىق رەسەي، ۇلى بريتانيا، تۇركيا سياقتى مەملەكەتتەردىڭ قولداۋىمەن شاپقىنشى بيلىگىن قۇرىپ، شينجياڭ ٴۇيعىرىنىڭ قوعامى مەن ەكونوميكاسىن اۋىر دارەجەدە ويراندادى. ياقۇپبەكتىڭ شاپقىنشى ارمياسى «ادامدى قىلىشپەن شاۋىپ، شوقپارمەن ۇرىپ ولتىرمەيدى، وشەسكەندەرىن شىرعالاپ ۋ بەرىپ، ۇستىندە سەسپەي قاتىرادى. ۇيعۇردىڭ 8 جاستان اسقان قىز بالالارىنىڭ نامىسىنا ٴتيىپ، اياق استى ەتتى. ولاردىڭ 70 – 80 پروتسەنتى قىرشىنىنان قيىلدى؛ اراندارى اشىلىپ، جىل بويى المان ـ سالىق جيناپ وتىردى. بارىنەن دە ايانىشتىسى، وتاعاسى ولگەن ۇيعۇر وتباسىنا انديجاندىق جاۋىز قولباسى (ياقۇپبەك شاپقىنشىلارى) «شاڭىراقتارىڭداعى مال ـ مۇلىك وتاعاسىنىڭ ارقاسىندا جينالعان، وتاعاسى ولگەننەن كەيىن، قالعان مال ـ مۇلىك ۇكىمەتكە تاپسىرىلۋى كەرەك، دەپ قۇقاي كورسەتتى. ال، تاپسىرماعانداردى جازىقسىز دارعا اسىپ، اياۋسىز ۇرىپ ـ سوققاندىقتان، ۇيعۇرلاردىڭ وتباسى اياق استىنان ويراندالىپ، تورعايداي توزدى. ولاردىڭ ادامگەرشىلىكتەن بەزگەن اياۋسىز قىرعىنىنا ۇيعۇرلاردىڭ قابىرعاسى قايىسىپ، قان جۇتىپ، قازىرگە دەيىن ۇمىتقان جوق»①.

1871 ـ جىلى 7 ـ ايدا پاتشالىق رەسەي ىلەنى باسىپ العانان كەيىن، ىلەدەگى 9 قامال تىندەگى گۇڭشىن قامالى، جاندى قامالى، گۋاڭرىن قامالى جانە تالقى قامالى سىندى ٴتورت قامال ... تۇگەلىمەن ويراندالدى». پاتشالىق رەسەي شاپقىنشىلارى «ۇلكەن جامبىلدىڭ (حۇييۋان جامبىلى) باتىس سولتۇستىگىندەگى ٴۇش قامالداعى ۇيلەردى جەرمەن ـ جەكسەن ەتتى»، «كونە جامبىلداردىڭ اعاش ماتەريالدارىنان پايدالانىپ، ۇلكەن جامبىلدىڭ شىعىس وڭتۇستىگىنەن 90 شاقىرىم شالعايداعى التىن مۇنارالى عيباداتحانانىڭ توڭىرەگىنە 20 نەشە شاقىرىم كەلەتىن ساۋدا دۇكەندەرىن سالدى. پاتشالىق رەسەي اسكەرلەرى جانە ساۋداگەرلەرى شىعىستاعى حۇينيڭ، شيچۇن، نيڭيۋان سىندى ٴۇش جامبىلدا تۇردى». پاتشالىق رەسەي شاپقىنشىلارى ىلەنى پاتشالىق رەسەيدىڭ وتارىنا اينالدىرىپ، ۇلىقتارىن وسىندا تۇرۋعا جىبەردى، «ىلەنى باسقارىپ وتىرعاندار جەتىسۋدىڭ گەنەرال ـ گۋبەرناتورى

① (چيڭ) ليۋ جينتاڭ جازعان، ياڭ يۇنحۇي تىنىس بەلگىسىن قويىپ، رەداكسيالاعان: «ليۋ جينتاڭ داتەمەلەرى»، چاڭشا: يۋەلۋ باسپاسى، 2013 ـ جىل، 123 ـ بەت.

زو زۇڭتاڭ (1812 ـ 1885)

حۇنان ولكەسىنىڭ شياڭيىن دەگەن جەرىنىڭ ادامى، اسكەري ىستەر ماماني، ساياسي قايراتكەر. ساراي ۋاكىلى بولىپ شينجياڭنىڭ اسكەري ىستەرىنە باقىلاۋ جۇرگىزگەن كەزدە، ياقۇپبەكتىڭ شاپقىنشى ارمياسىن قۋىپ شىعىپ، شينجياڭدى قايتارىپ الۋعا وراسان زور ۇلەس قوسقان.

ەدى»: «ىلەنى سىرتقى ايماعىمىز دەپ قاراپ، اسكەرلەرىمىزدى تىنىقتىرىپ، رەتكە سالامىز دەپ يەمدەنىپ الىپ، كوپكە دەيىن قايتارىپ بەرمەي وتىر»[1]، پاتشالىق رەسەي شاپقىنشىلارى جەرگىلىكتى جۇڭگو تۇرعىندارىنا «المان ـ سالىق سالدى، ءار جىلى مال باسىنا قاراي ورتاشا اۋقاتتى وتباسىلارى نەشە ون ءسارى، اۋقاتتى وتباسىلارى نەشە ءجۇز ءسارى، جاعدايى ناشارلارى نەشە ءسارى كۇمىس سالىق تاپسىرىپ وتىر، بۇدان تىس، اسكەرلەردىڭ، اۋدارماشىلاردىڭ قامدالۋى مۇنىڭ سىرتىندا ايىرىم الىنادى، بۇقارانى سۇلىكتەي سورىپ قيناپ وتىر»[2].

ياقۇپبەك پەن پاتشالىق رەسەي شينجياڭعا شاپقىنشىلىق جاساپ، شينجياڭ ءوڭىرىنىڭ جاعدايىن بارىنشا ۋشىقتىرىپ، جۇڭگونىڭ باتىس سولتۇستىك شەكارا ءوڭىرى اۋىر دارەجەدە داعدارىسقا ۇشىرادى.

1875 ـ جىلى 5 ـ ايدا چيڭ پاتشالىعى ۇكىمەتى شانشي مەن گانسۋدىڭ باس تۇتىعى زو زۇڭتاڭدى ساراي ۋاكىلى، شينجياڭنىڭ اسكەري ىستەرىن باسقاراتىن باقىلاۋشى ەتىپ

① (چيڭ) زو زۇڭتاڭ جازعان، لو ۋىنحۋا تىنىس بەلگىسىن قويىپ، رەداكسيالاعان: «زو زۇڭتاڭنىڭ تولىق جيناعى. داتتەمە (7)»، چاڭشا: يۋەلۋ باسپاسى، 1996 ـ جىل، 190 ـ،421 ـ بەتتەر.

② (چيڭ) زو زۇڭتاڭ جازعان، لو ۋىنحۋا تىنىس بەلگىسىن قويىپ، رەداكسيالاعان: «زو زۇڭتاڭنىڭ تولىق جيناعى. داتتەمە (7)»، چاڭشا: يۋەلۋ باسپاسى، 1996 ـ جىل، 319 ـ بەت.

ىبەرەدى. زو زۇڭتاڭ «الدىمەن سولتۇستىك، ونان سوڭ وڭتۇستىك»، «باياۋ ىلگەرىلەپ، سۇراپىل سوعىس جۇرگىزۋ» ستراتەگيالىق باعىتىن بەلگىلەپ، ليۋ جينتاڭنىڭ حۋنان ارمياسىن تەگىزگى تۇش ەتىپ، اسكەرلەردىڭ ازىق ـ تۇلىگى مەن ەكىبەكاقىسىن ازىرلەپ، جەم ـ ءشوپ، تەرەك ـ جاراقتارىن دايىنداپ، سوعىسقا اتتانۋعا ساقاداي سايلاندى. 1876 ـ جىلى 4 ـ ايدا زو زۇڭتاڭ سىجوۋعا (قازىرگى گانسۋدىڭ جيۋچۋانى) جايعاسىپ، ليۋ جينتاڭ مەن جين شۇننىڭ قوسىندى ەكى باعىتتا باستاپ، ىلگەرىندى ـ كەيىندى جيايۇيگۋاننان اتتانىپ، جارىم جىل ىشىندە سولتۇستىك شينجياڭدى تىنىشتاندىرۋ بۇيرىعىن تۇسىرەدى. وسىدان كەيىن چيڭ ارمياسى وڭتۇستىك شينجياڭنىڭ شىعىسى مەن باتىسىنداعى ءتورت قالانى ىلگەرىندى ـ كەيىندى قايتارىپ الىپ، ياقۇپبەكتىڭ شاپقىنشى ارمياسىن جويادى. ءسويتىپ، نە بارى ءبىر جىلدان ارتىق ۋاقىتتا، ىلەدەن تىس، شينجياڭنىڭ بارلىق ءوڭىرىن قايتارىپ الادى.

1877 ـ جىلى چيڭ پاتشالىعى ۇكىمەتى چۇڭ حوۋدى پاتشالىق رەسەيگە بارىپ ىلەنى قايتارىپ الۋ تۋرالى كەڭەسۋگە جىبەرەدى. كەلىسسوز بارىسىندا پاتشالىق رەسەي ۋاكىلدەرى حۇمسىلىق، قاتتى شارالاردى تەڭ قولدانىپ، ءالجۋاز چۇڭ حوۋدى شىرعالاپ جۇڭگونىڭ يەلىك ۇقىعى مەن تەرريتورياسىنىڭ ءبىر تۇتاستىعىنا اۋىر زيان جەتكىزگەن «ىلەنى وتكىزىپ بەرۋ، تىپسىرىپ لۋ شارتىنا» قول قويۋعا ماجبۇرلەيدى. بۇل حابار ەل ىشىنە تارالعاننان كەيىن، بۇكىل ەلدى قاتتى دۇرلىكتىرەدى، چيڭ پاتشالىعى ورداسى «ۇقىق شەگىنەن شىعىپ كەتكەن» دەگەن قىلمىسپەن چۇڭ حوۋدى قاتاڭ جازالادى ءارى زىڭ جيزىنى پاتشالىق رەسەيگە بىرىپ قايتادان كەلىسسوز وتكىزۋگە جىبەرەدى. سول جىلى 68 جاستاعى زو زۇڭتاڭ كوركەبەجىگىن الا ءجۇرىپ، جيايۇيگۋاننان اتتانىپ باتىسقا شەرۋ تارتىپ، زىڭ جيزىنى قولداپ، ىلەنى قايتارىپ الۋ ءۇشىن پاتشالىق رەسەيمەن وىسپەي ـ بەرىسپەيتىن قاندى شايقاس جۇرگىزەتىندىگىن ءبىلدىردى. وسىدان كەيىن كوپ رەتكى جاپالى كەلىسسوز ارقىلى ەكى جاق 1881 ـ جىلى «جۇڭگو ـ روسسيا ىلە شارتىنا» قول قويىستى («وزگەرىس ەنگىزىلگەن كەلىسىم شارت» دەپ تە اتالادى)، سونىمەن جۇڭگو پاتشالىق رەسەي ون جىل باسىپ العان ىلەنى اقىرى قايتارىپ الدى، الايدا، شاراسىزدىن پاتشالىق رەسەيگە 70 نەشە مىڭ شارشى

ليۋ جينتاڭ (1844 ـ 1894)

جاناما اتى يجاي، حۋنان ولكەسىنىڭ شياڭشياڭ دەگەن جەرىنىڭ ادامى، شينجياڭ ولكە بولىپ قۇرىلعاننان كەيىنگى تۇڭعىش ولكە ءامىرشىسى.

تاريحي ماتەريالعا قايتا ٴۇڭىلۋ

شينجياڭ شالعاي وڭىرگە ورنالاسقان، جاتتار سۇعىنىپ قاداپ وتىر، بايىرعى مەكەندى قايتادان قايتارىپ الدىق، ىشكى-سىرتقى باسقارۋ ىستەرىن بىردەي قولعا الۋىمىز كەرەك. ەگەر ەرەجە - ٴتۇزىم ەرتەرەك بەلگىلەنبەسە توقىراعان جاعداي وزدىگىنەن وڭالا قويمايدى، ٴجون - جوسىنعا قۇرمەت ەتىلمەسە، جۇرت بەت - بەتىنە كەتەدى، سوندىقتان، بۇل ٴبىر بۇلىقنايدى بەلگىلەۋمەن عانا بىتەتىن شارۋا ەمەس.

— «زو زۇڭتاڭنىڭ تولىق جيناعى. داتىناما (8)»

شينجياڭدى ورنىقتىرۋعا ۇزاق ۋاقىت قاجەت، شەكارانى تىنىشتاندىرىپ، حالىقتىڭ جاراسىمدىلىعىن ساقتاۋ اسا ماڭىزدى ٴىس، سوندىقتان، جالپى تۇلعالىق جاقتان جوسپار جاساپ، تىڭ ەرەجە - ٴتۇزىم ورناتۋ كەرەك. ... الدىدا زو زۇڭتاڭنىڭ ۇسىنىسىمەن كەمي ولكە قۇرىپ، ايماق، اۋداندار قۇرۋ ٴىسى ليۋ جينتاڭنىڭ ىشكەرىلەي جاساعان تۇسىندىرمە داتناماسى بويىنشا ماقۇلدانىپ، بۇلىق، ايماق، دۋان، اۋدان ٴمانساپتىلارىن الدىن الا تاعايىنداپ بەرۋدى بەكىتكەنبىز. قازىر قايتادان لاۋازىم بەلگىلەپ، وڭتۇستىك، سولتۇستىك باعىتتاعى كەڭسەشى امبان لاۋازىمىن كۇشىنەن قالدىرىپ، ٴوز جاعدايىنا قاراي جەرگىلىكتى ورىنىنان ٴبىر ۇلىق بەلگىلەپ ٴبىر تۇتاس باسقارسا دەپ ۇيعارىم جاسالىپتى. كەڭەستەرى نەگىزىندە گانسۋ مەن شينجياڭنىڭ ٴارقايسىسىنا ٴبىر ولكەناي، ٴبىر حالىق ىستەرى ۇلىعى تاعايىندالسىن.

— «چيڭ پاتشالىعىنىڭ ناقتى ەستەلىگى. دىزۇڭنىڭ ساراي جىلنامالارى» 194 - بۋماسى

كيلومەتر جەرىن ٴبولىپ بەردى.

ياقۇپبەك پەن پاتشالىق رەسەيدىڭ قۇتىرىنا شاپقىنشىلىق جاساۋى شينجياڭ وڭىرىندەگى بۇرىنعى اسكەري - اكىمشىلىك قۇرىلىمداردى بۇكىلدەي ىدىراتتى، حالىق سانى كۇرت ازايىپ، جەر اق قالىپ، وندىرگىش كۇش ورەسى اۋىر دارەجەدە قۇلدىرادى. شينجياڭدى قايتارىپ الۋ بارىسىندا، چيڭ پاتشالىعى ۇكىمەتى زو زۇڭتاڭدى شينجياڭ ٴوڭىرىنىڭ كەيىنگى جۇمىستارىن جوسپارلاۋعا بۇيىردى، زو زۇڭتاڭ «شينجياڭنىڭ باياندى تىنىشتىعىن جۇزەگە اسىرۋ، ۇزاق ۋاقىت جونگە سالۋ شاراسىن اتقارۋدا ولكە قۇرىپ، ايماق - اۋدانعا وزگەرتۋدى استە كەشەۋىلدەتۋگە بولمايدى» دەدى[1]. 1884 - جىلى 11 - ايدىڭ 17 - كۇنى چيڭ

① (چيڭ) زور زۇڭتاڭ جازعان، لو ۋىنحۋا تىنىس بەلگىسىن قويىپ، رەداكسيالاعان: «زو زۇڭتاڭنىڭ تولىق جيناعى. داتنەمە (6)»، چاڭشا: يۋەلۋ باسپاسى، 1992 - جىل، 703 - بەت.

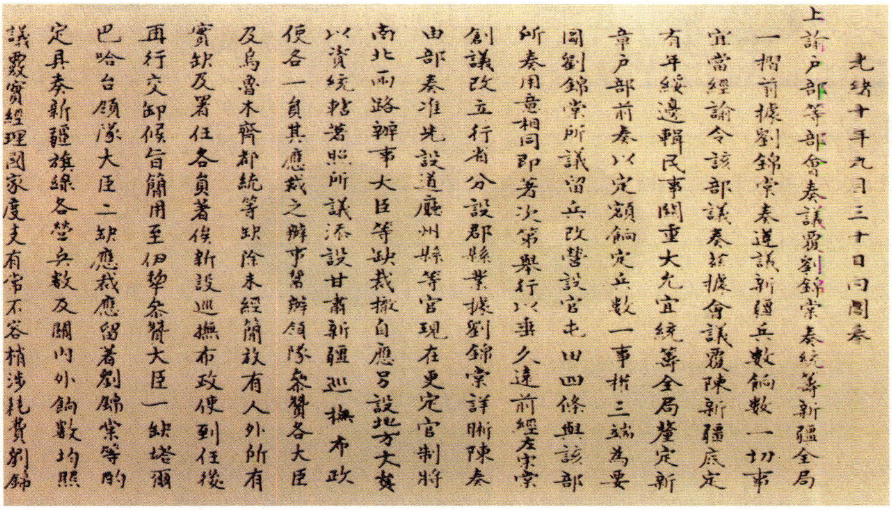

光緒十年九月三十日同奉
上諭戶部等部會奏議覆劉錦棠奏統籌新疆全局
一摺前據劉錦棠奏遵議新疆兵數餉數一切事
宜當經諭令該部議奏茲據會議覆陳新疆底定
有年綏邊輯民事關重大允宜統籌全局釐定新
章戶部前奏以定額餉定兵數一事析三端為要
圖劉錦棠所議留兵改營設官屯田四條與該部
所奏用意相同即著次第舉行以垂久遠前經左宗棠
創議改立行省分設郡縣業據劉錦棠詳晰陳奏
由部奏准先設道廳州縣等官現在吏定官制將
南北兩路辦事大臣等缺裁撤自應另設地方大員
以資統轄著照所議添設甘肅新疆巡撫布政
使各一員其應裁之辦事幫辦領隊參贊各大臣
及烏魯木齊都統等缺除未經簡放有人外所有
實缺及署任各員著俟新設巡撫布政使到任後
再行交卸候旨簡用至伊犁參贊大臣一缺塔爾
巴哈台領隊大臣二缺應裁應留著劉錦棠等酌
定具奏新疆旗綠各營兵數及關內外餉數均照
議覈實經理國家度支有常不容稍涉耗費劉錦

شينجياڭنىڭ ولكە بولىپ قۇرىلۋى جونىندەگى پاتشا جارلىعى

پاتشالىعى الاماندىق جۇيەنى كۇشىنەن قالدىرىپ، شينجياڭ ٴوڭىرىن ولكە ەتىپ قۇرىپ، ولكەنىڭ اتىن «شينجياڭ» دەپ قويدى، بۇل«بايىرعى مەكەندى قايتارىپ الۋ» دەگەن ماعىنانى بىلدىرەدى. ليۋ جينتاڭ تۇڭعىش ولكەناي، ۋي گۋاڭتاۋ تۇڭعىش قازىنا ـ حالىق ىستەر ۇلىعى بولىپ تاعايىندالىپ، ولكە ورتالىعى ديحۋادا (قازىرگى شينجياڭنىڭ ٴۇرىمجى قالاسى) تۇرۋدى بەكىلدى. ولكە قۇرىلىمدارى جوعارىدان تومەنگە قاراي بىرتىندەپ ورنالاستىرىلىپ، 1902 ـ جىلى تۇتاس شينجياڭدى جىندي بۇلىعى، اقسۋ بۇلىعى، قاشقار بۇلىعى جانە ىلە ـ تارباعاتاي بۇلىعى سىندى 4 بۇلىققا ٴبولىپ، وعان قاراستى 6 تۇتىقتىق، 10 ايماق، 3 دۋان، 23 اۋدان جانە جارىم اۋدان ورنالاستىرىپ، شينجياڭ ولكەسىنىڭ اكىمشىلىك رايونداردا ٴبولىنۋى كۇننەن ـ كۇنگە كەمەلدەنە باستادى. ولكە قۇرىلعاننان كەيىنگى ٴارقايسى دۋان، اۋداننىڭ ۇلىقتارى حالىق ىستەرىنە توتە جاۋاپتى بولىپ، بۇرىنعى بەكتىك ٴتۇزىمىن كۇشىنەن قالدىردى. سونىمەن بىرگە، قۇمىل جۇن ۋاڭى عانا لاۋازىمعا مۇراگەرلىك ەتتى، قالعان جۇن ۋاڭدارىنىڭ اتى عانا ساقتالدى. شينجياڭ ولكە بولىپ قۇرىلعاننان كەيىن، شينجياڭنىڭ ولكەنايى جاساق ٴبولىم ساناتىن قوسا وتەپ، شينجياڭداعى ەڭ جوعارى اسكەري ـ اكىمشىلىك ۇلىق سانالدى؛ ىلە جاڭجۇنى كۇشىنەن قالدىرىلماعانىمەن، ۇقىق كولەمى بارىنشا تارىلىپ، ەندىگارى بۇكىل شينجياڭداعى اسكەرلەرگە ٴبىر تۇتاس باسشىلىق ەتۋدەن قالىپ، تەك ىلە، تارباعاتاي وڭىرلەرىندەگى سەگىز قوشۇن، جاسىل تۋلى يىڭدى عانا باسقاراتىن بولدى.

شينجياڭنىڭ ولكە بولىپ قۇرىلۋى شينجياڭنىڭ اكىمشىلىك ٴتۇزىلىسى جاعىنداعى

ٴبىر رەتكى كەلەلى ورگەرىس، ول تاريحتىڭ دامۋ اعىمىنا ۇيلەسىپ، ەلىمىزدىڭ ۇلى بىرلىك ساياسي ۇستانىمىنىڭ ۇزدىكسىز تەرەڭدەۋىنىڭ ناتيجەسى سانالادى. شينجياڭنىڭ ولكە بولىپ قۇرىلۋى شينجياڭنىڭ وتانىمىزدىڭ باسقا وڭىرلەرىمەن اكىمشىلىك ٴتۇزىمىنىڭ جاپپاي بىرلىككە كەلۋىن تۇڭعىش رەت جۇزەگە اسىردى ٴارى شينجياڭنىڭ تيانشاننىڭ وڭتۇستىگى مەن سولتۇستىگىندەگى اكىمشىلىك ٴتۇزىمىنىڭ ٴبىر تۇلعالانۋىن جۇزەگە اسىردى. وسىدان باستاپ، شينجياڭنىڭ وتانىمىزدىڭ باسقا وڭىرلەرىمەن بولعان ساياسي قاتىناسى اناعۇرلىم قويۋلاي ٴتۇستى، ىشكى جاعى اناعۇرلىم ورگانيكالى تۇردە ٴبىر تۇلعالاندى. شينجياڭنىڭ ولكە بولىپ قۇرىلۋى وتانىمىزدىڭ ٴبىر تۇتاستىعىن جانە شەكارانىڭ قاۋىپسىزدىگى مەن ورنىقتىلىعىن قورعاۋدا، سىرتقى شاپقىنشى كۇشتەردىڭ دامەلەنۋىنەن، سىنالاپ كىرۋىنەن جانە بولشەكتەۋىنەن ساقتانۋدا بەلسەندى رول اتقاردى.

ەكونوميكا جاعىندا شينجياڭ ولكە بولىپ قۇرىلعانىنان كەيىن، جەر ٴتۇزىمى، باجى سياقتى جاقتاردان دا وراسان زور وزگەرىستەر تۋىلدى. شينجياڭ وتانىمىزدىڭ باسقا وڭىرلەرىنەن ۇلگى الىپ، وتباسىنا تاۋەلدى جەردىڭ مۇ سانىنا قاراي سالىق سالۋ ٴادىسى اتقارىلىپ، جان باسىنا سالىق سالۋ كۇشىنەن قالدىرىلىپ، اتىزىنا قاراي سالىق الىپ، باجى جيناۋ ۇيلەسىمدى ارناعا ٴتۇسىرىلدى. وتانىمىزدىڭ باسقا وڭىرلەرىنىڭ باجى جيناۋ تۇراقتى تۇزىمىنەن پايدالانۋ نەگىزىندە، شينجياڭ بويىنشا بىرلىككە كەلگەن، كەمەلدى جەر سالىعى ۇستاۋ جارىيالانىپ، كەمەلدەنگەن سالىق جيناۋ جۇيەسى ورناتىلىپ، شينجياڭنىڭ جەر باجى ٴتۇزىمى بىرتىندەپ بۇكىل مەملەكەتتىڭ باجى ٴتۇزىمىنىڭ دامۋىنا ىلەسىپ، شينجياڭنىڭ باجى ٴتۇزىمىنىڭ دامۋ تاريحىنداعى وراسان زور ىلگەرىلەۋشىلىگىنە اينالىپ، جەرگىلىكتى ۇكىمەتتەردىڭ باجى كىرىسىن ٴبىرشاما زور دارەجەدە جوعارىلاتتى. سونىمەن بىرگە، وڭتۇستىك شينجياڭ وڭىرىندە ۇزاق ۋاقىت ساقتالعان فەودالدىق باسىبايلى ديقان ٴتۇزىمىن السىرەتىپ، بارشا ۇيعۇر بۇقاراسىنىڭ اۋىرتپالىعىن جەڭىلدەتتى. شينجياڭنىڭ ولكە بولىپ قۇرىلۋى شينجياڭ ٴوڭىرىنىڭ ىشكى ولكەلەرمەن بولعان ەكونوميكا، مادەنيەت جاعىنداعى بارىس - كەلىسى مەن

شينجياڭ ولكەنايىننىڭ جامبلى

اۋىس ـ كۇيىسىن بارىنشا جەبەپ، شينجياڭ ٴوڭىرىنىڭ ىشكى ولكەلەرمەن بولعان بايلانىسىن كۇشەيتىپ، شينجياڭنىڭ ەكونوميكالىق، قوعامدىق دامۋىنا تاماشا شارت ـ جاعداي جاراتىپ، وبيەكتيۆ جاقتان شينجياڭ ٴوڭىرىنىڭ ەكونوميكاسى مەن قوعامىنىڭ تىڭ زامانعا قاراي قادام تاستاۋىن ىلگەرىلەتتى.

شينجياڭنىڭ ولكە بولىپ قۇرىلۋى چيڭ پاتشالىعىنىڭ سوڭعى كەزىندەگى جۇڭگونىڭ شەكارا باسقارۋ تۇزىمىندە رەفورما جاساۋعا ونەگە بولىپ، تاماشا ۇلگىلىك رول اتقاردى. باتىس شەكاراداعى شينجياڭ ولكە بولىپ قۇرىلعانىنان كەيىن، 1885 ـ جىلى شىعىس وڭتۇستىك تەڭىز جاعالاۋىنداعى تايۋان ولكە بولىپ قۇرىلدى، 1907 ـ جىلى شىعىس سولتۇستىك وڭىردەگى فىڭتيان، جيلين، حيلوڭجياڭدار ولكە بولىپ قۇرىلدى، سونىمەن بىرگە، موڭعۇل، شيزاڭ جانە شيكاڭ سياقتى جەرلەر دە ولكە قۇرۋ ىستەرىن كەڭەسە باستادى.

1901 ـ جىلى چيڭ پاتشالىعى ۇكىمەتى ەل ٴىشى ـ سىرتىنداعى كۇن سايىن ۋشىققان قاتەرلى جاعدايدىڭ ماجبۇرلەۋىمەن، فەودالدىق ۇستەمدىگىن قۇتقارۋ ٴۇشىن، رەفورما شارالارىن قولدانىپ، بۇكىل ەل كولەمىندە «جاڭا ساياسات» جۇرگىزۋدى ۇيعاردى. سول كەزدەگى شينجياڭنىڭ ولكەنايى ليان كۇي، ىلە جياڭجۇنى چاڭگىڭ قاتارلىلار شينجياڭدا «جاڭا ساياسات» اتقارۋدى ورتاعا قويدى، بۇل نەگىزىنەن «بىرىنشىدەن، اسكەر جاتتىقتىرۋ، ەكىنشىدەن، مال ٴوسىرۋ، ۇشىنشىدەن، ساۋدامەن شۇعىلدانۋ، تورتىنشىدەن، تەحنولوگياعا تربيەلەۋ. بەسىنشىدەن، وقۋ ـ اعارتۋدى گۇلدەندىرۋ»[1] سياقتى شارالاردى قامتىدى. 1902 ـ جىلدان باستاپ، شينجياڭ ساياسي، ەكونوميكا، اسكەري ىستەر، وقۋ ـ اعارتۋ، قوعامدىق الەۋمەتتىك ىستەر سياقتى سالالاردىڭ بارلىعىنا رەفورما جاساپ، كورنەكتى ونىمدىلىككە قول جەتكىزدى. ىلە جياڭجۇنى چاڭگىڭ قاتارلىلار ىلگەرىندى ـ كەيىندى سولتۇستىك قۇرلىق ارمياسى مەن وڭتۇستىك حۋبەي ولكە ارمياسىنان 900 گە جۋىق جاڭا اسكەر تاڭداپ ىلەگە اكەلىپ، جەرگىلىكتى ورىنداعى جاڭا اسكەرلەردى جاتتىقتىرۋدىڭ تايانىشى ەتىپ، كونە ارمياني وزگەرتىپ قۇرۋ نەگىزىندە جاڭا ارمياني قۇرىپ، جاڭا ۇلگىدەگى «اسكەري مەكتەپ» اشىپ، تاياۋ زامان اسكەري ىستەر بىلىمدەرى مەن سوعىس جۇرگىزۋ قۋاتىنا يە

---

[1] وردا قۇراستىرعان: «چيڭ اۋلەتىنىڭ ساراي جىلنامالارى . دىزۇڭنىڭ ناقتى جىلنامالارى»، بەيجيڭ: جۇڭحۋا شۋجۇي باسپاسى، 1987 ـ جىل، 453 ـ بەت.

چيڭ پاتشالىعىنىڭ سوڭعى كەزىندەگى
ىلە وڭىرىندەگى جاڭا اسكەرلەر

اسكەري ىستەر تىرەكتى دارىندىلارىن تاربيەلەدى؛ «شارلاۋشى ساقشىلاردى» رەسمي قۇردى ٴارى ۇرىمجىدە شارلاۋشى ساقشىلار مەكتەبىن اشىپ، 100 دەن ارتىق وقۋشى قابىلداپ، بۇدان كەيىنگى شىنجياڭنىڭ جەرگىلىكتى اماندىعىن ساقتاۋداعى ماڭىزدى كۇشكە اينالدى. شىنجياڭنىڭ جەر ـ جەرىندە تەحنولوگيا مەكەمەسى قۇرىلىپ، تەحنولوگيا زاۆودى، جۇمىسشىلار اقىل ـ كەڭەس بەرۋ ورنى، توقىماشىلىق مەكەمەسى، ەگىن، ورمان شارۋاشىلىعى تاجىريبە زاۆودى، ت.ب. قۇرىلىپ، ٴار ۇلت بۇقاراسىن ٴتۇرلى قولونەركاسىپ ٴوندىرىسى جانە اۋىل شارۋاشىلىعى تەحنيكاسىن جاقسارتۋ قيمىلدارىنا قاتىناسۋعا ۇيىمداستىردى.

چيڭ پاتشالىعىنىڭ سوڭعى كەزىندەگى «جاڭا ساياسات» چيڭ پاتشالىعىنىڭ شىنجياڭداعى ۇستەمدىگىنىڭ شىرىكتەسكەن جاعدايىن وزگەرتە الماعانىمەن، بۇل شارالار شىنجياڭنىڭ مەشەۋ بەت ـ بەينەسىن العاشقى ادىمدا وزگەرتىپ، شىنجياڭنىڭ تاياۋ زاماندانۋىنىڭ باستاماسى بولدى.

ٴۇشىنشى تاراۋشا شىنجياڭ وڭىرىندەگى ۇلتتاردىڭ جۇڭحۋانىڭ ۇيىسۋ قۋاتىن كورنەكتى كۇشەيتۋى

چيڭ پاتشالىعى شىنجياڭ ٴوڭىرىن بىرلىككە كەلتىرگەننەن كەيىن، 13 نەگىزگى ۇلت شوعىرلى قونىستانعان جاعداي بىرتىندەپ قالىپتاسىپ، ۇلتتار ارا اۋىس ـ كۇيىس جاساۋ، ارالاسۋ، توعىسۋ تىڭ بيىككە كوتەرىلدى. 1840 ـ جىلدان كەيىن، جۇڭحۋا ۇلتى ٴولىم مەن ٴومىر ارپالىسىنداعى داعدارىس كەزەڭىنە ٴدوپ كەلگەن مەزگىلدە، شىنجياڭداعى ٴار ۇلت حالقى بۇكىل ەل حالقىمەن بىرگە ەرلىكپەن قارسىلىق كورسەتىپ، وتان اۋىرتپالىعىن بىرگە ارقالاپ، ٴبىر ـ بىرىمەن تاعدىرلاس، قۋانىش ـ جۇبانىشتا بىرگە بولۋ قاتىناسىن ورناتىپ، جۇڭحۋا ۇلتى ورتاق تۇلعا تانىمىن ۇزدىكسىز جوعارىلاتتى.

ٴبىرىنشى، ون ٴۇش نەگىزگى ۇلتتىڭ ورنالاسۋى

ميڭ پاتشالىعىنىڭ سوڭى، چيڭ پاتشالىعىنىڭ العاشقى كەزىندە، ۇيعۇر ۇلتى نەگىزىنەن تيانشان تاۋىنىڭ وڭتۇستىگىنە قونىستانعان. چيڭ پاتشالىعى شينجياڭ ٴوڭىرىن بىرلىككە كەلتىرگەننەن كەيىن، قوعامدىق شارۋاشىلىقتىڭ ۇزدىكسىز دامۋىنا بايلانىستى، ۇيعۇر ۇلتىنىڭ جان سانى تەز ارتىپ، ورنالاسقان ٴوڭىرى دە كەڭەيدى. سولتۇستىك شينجياڭنىڭ اۋىل شارۋاشىلىق ەكونوميكاسىن دامىتۋ ٴۇشىن، چيڭ پاتشالىعى ۇكىمەتى وڭتۇستىك شينجياڭداعى ۇيعۇر ۇلتى ديقاندارىن ىلەگە بارىپ تىڭ يگەرۋگە ۇيىمداستىردى، ٴسويتىپ، ىلە ۇيعۇر ۇلتىنىڭ تاعى ٴبىر شوعىرلى قونىستانعان وڭىرگە اينالدى. سونىمەن بىرگە، ٴۇرىمجى، فۋكاڭ، سۇيلاي، كورقاراسۋ (قازىرگى شينجياڭنىڭ شيحۋى) سياقتى جەرلەردە دە كوپتەگەن ۇيعۇر ۇلتى تۇرعىندارى ەگىبەك ىستەپ تىرشىلىك ەتكەن.

مانجۋ ۇلتىنىڭ بۇرىنعى مەكەنى شىعىس سولتۇستىك ٴوڭىر ەدى، قونىستانعان، تارالعان ٴوڭىرى وتە كەڭ. چيڭ پاتشالىعى شينجياڭ ٴوڭىرىن بىرلىككە كەلتىرۋ بارىسىندا، مانجۋ ۇلتى ۇزدىكسىز كوشىپ كەلدى. چيڭ پاتشالىعى ىلە، ٴۇرىمجى، گۋچيڭ (قازىرگى شينجياڭنىڭ شونجىسى)، باركول، تۇرپان سياقتى جەرلەردە مانجۋ يىڭىن قۇرىپ، مانجۋ قالا قورعانىن سالىپ، سەگىز قوشۇن اسكەري قولباسىلار مەن جاساقتاردىڭ وتباسى بالا ـ شاعاسىمەن بىرگە مانجۋ جامبىلىندا ماڭگىلىك تۇرۋىنا جول قويىلدى، ولاردى تارباعاتاي (قازىرگى شينجياڭ شاۋەشەك)، قاشقار، يڭىسار، ياركەن، ٴۇشتۇرپان، اقسۋ سياقتى جەرلەرگە مەرزىم بويىنشا اۋىستىرىپ، قورعانىس قاراۋىلىندا تۇرعىزدى، سونىمەن زور كولشەردەگى مانجۋ ۇلتى شينجياڭ وڭىرىنە قونىستاندى. شينجياڭ وڭىرىندەگى مانجۋ ۇلتىنىڭ از ساندىسى رىحىدان كەلۋدەن سىرت، باستىسى شانشي ولكەسى مەن گانسۋ ولكەسىنەن كەلگەن. چيڭ پاتشالىعى ۇكىمەتى شينجياڭ ٴوڭىرىنىڭ ىلە جياڭجۇنى، سونداي ـ اق كەڭەسشى امبان، كەڭەسشى امبان، جەتەكشى امبان سياقتى ۇلىقتاردى دا نەگىزىنەن مانجۋلاردان تاعايىنداعان.

چيڭ پاتشالىعى شينجياڭ ٴوڭىرىن بىرلىككە كەلتىرگەننەن كەيىن، بىرلىككە كەلۋدى نىعايتىپ، تيانشاننىڭ سولتۇستىگىندە حالىق سانى از بولۋ جاعدايىن وزگەرتۋ ٴۇشىن، «حالىقتى كوشىرىپ، شەكارانى بەكەمدەۋ»، «تىڭ يگەرىپ، شەكارانى قورعاۋ» ساياساتىن قاتار جۇرگىزىپ، بۇكىل ەلدەن حانزۋ، مانجۋ، شاهار موڭعۇلى، سىبە، سولاڭ،

ماتەريال تىزبەگى

چيانلۇڭ جىلناماسىنىڭ 29 ـ جىلى (1764)، چيڭ پاتشالىعى ۇكىمەتى شىڭجيڭ قاتارلى جەرلەردەن 1018 سىبە جاساعىن جيناپ، ولاردى وتباسىنداعىلارمەن قوسا جيىنى 3 مىڭ 275 ادامدى مانزۋ ٴمانساپتىلارى باستاپ باتىسقا كوشىرىپ، شينجياڭنىڭ ىلە وڭىرىندە تىڭ يگەرىپ، شەكارانى قورعادى. وسى جىلى ەگىنشىلىك كالەندار بويىنشا 4 ـ ايدىڭ 18 ـ كۇنى، باتىستا شينجياڭعا كوشەتىن سىبەلەر مەن شىعىس سولتۇستىكتە قالاتىن سىبە ۇلتىنىڭ ەر ـ ايەل، كارى ـ جاسى، شىڭجيڭداعى سىبە ۇلتىنىڭ عيباداتحاناسى ــ تايپيڭسى عيباداتحاناسىندا اتا ـ بابالارىنا تاساتتىق بەرىپ، قوناعاسى وتكىزىپ قوشتاسقان. كەيىن وسى كۇندى ەسكە الۋ ٷشىن باتىسقا كوشۋ مەرەكەسى قالىپتاستى.

حۇيزۋ، ت.ب ۇلتتاردى ارت ـ ارتىنان شينجياڭ وڭىرىنە كوشىرىپ، قورعانىسقا تۇرعىزىپ، تىڭ يگەرتكەن.

1761 ــ 1780 ـ جىلدارى باسقا وڭىرلەردەگى حانزۋ ۇلتى شينجياڭ وڭىرىنە ٴبىرشاما شوعىرلى كوشىپ كەلگەن مەزگىل. شينجياڭ وڭىرىنە كوشىپ كەلگەن حانزۋ ۇلتى باستىسى باركول، موري، شونجى، ديحۋا، سانجى، سۇيلاي، ىلە سياقتى جەرلەرگە ورنالاسقان. وسىدان كەيىن، چيڭ پاتشالىعى ۇكىمەتى سولتۇستىك شينجياڭداعى ۇلگى ەتىپ قاشقار، ياركەن، يڭسار، حوتان سياقتى جەرلەردە تىڭ يگەرە باستادى، ٴسويتىپ، باسقا وڭىرلەردەگى حانزۋ ۇلتى ىركەس ـ تىركەس وڭتۇستىك شينجياڭنىڭ جەر ـ جەرىنە كوشىپ باردى. قاراشارى (قازىرگى شينجياڭداعى قاراشار)، قاشقار، تۇرپان سياقتى جەرلەردە حانزۋ ۇلتى ىرتىندەپ كوبەيدى. چيڭ پاتشالىعىنىڭ سوڭعى كەزىنە دەيىن حانزۋ ۇلتى دا بۇكىل شينجياڭنىڭ جەر ـ جەرىنە تارالدى.

چيڭ پاتشالىعى كەزەڭىندە، باسقا ولكەلەر، اسىرەسە، شانشي، گانسۋ ولكەلەرىندەگى ٴبىر ٴبولىم حۇيزۋ ۇلتى تۇرعىندارى شينجياڭ وڭىرىنە كوشىپ كەلىپ، قاراۋىلعا تۇرىپ، تىڭ يگەرىپ، ٴوندىرىس جانە ساۋدامەن شۇعىلدانىپ، چيڭ پاتشالىعى داۋىرىندەگى شينجياڭ وڭىرىندەگى كوپ ۇلتتى ۇلكەن وتباسىنىڭ ٴبىر مۇشەسىنە اينالدى.

باتىس سولتۇستىك شەكارا قورعانىسىن كۇشەيتۋ جانە بەكەمدەۋ ٷشىن، چيڭ پاتشالىعى ۇكىمەتى 1762 ـ جىلى، 1763 ـ جىلى جاڭجياكۋدان ەكى رەت شاحار موڭعۇلى قولباسىلارى مەن جاساقتارىنان 1800 دەن استام وتباسىن كوشىرىپ، ىلە شەكارا

قورعانىسىنا قويدى، ولاردىڭ كەيىنگى ۇرپاقتارى نەگىزىنەن بۇراتالا موڭعۇل اۆتونوميالى وبلىسىنىڭ بۇراتالا قالاسى، اراسان اۋدانى سياقتى جەرلەرگە ورنالاسقان. 1763 ـ جىلى چيڭ پاتشالىعى ۇكىمەتى حيلۇڭجياڭداعى سولاڭ جاساقتارىنان 1000 نان ارتىق ادامدى ٴۇي ىشىمەن قوسا ىلە وزەنىنىڭ سولتۇستىك جاعالاۋىنا كوشىرىپ، تاڭ يگەرتىپ، شەكارانى قورعاتتى. كەيىن ٴبىر ٴبولىم داعۇر جاساقتارىن شاۋەشەككە كوشىرىپ، قورعانىسقا قويدى. بۇگىنگى تارباعاتاي مەن ىلە داعۇر ۇلتىنىڭ نەگىزگى تارالعان جەرىنە اينالدى. 1764 ـ جىلى چيڭ پاتشالىعى ۇكىمەتى ىلە ٴوڭىرىنىڭ قورعانىسىن كۇشەيتۋ ٴۇشىن، شىڭجيڭ (بۇگىنگى لياۋنيڭ شىنياڭ)، لياۋياڭ قاتارلى جەرلەردە سىبە ۇلتى قولباسىلارى مەن جاساقتارى جانە ولاردىڭ سەميالارىنداعىلاردان 3 مىڭنان استام ادام جيناپ، ىلە وزەنىنىڭ وڭتۇستىك جاعالاۋىنا كوشىرىپ اكەلىپ، سىبە يىڭىن قۇرىپ، تاڭ يگەرتىپ، شەكارانى قورعاتتى. 1871 ـ جىلى پاتشالىق رەسەي شاپقىنشىلىق جاساپ، ىلەنى باسىپ العاننان كەيىن، ٴبىر ٴبولىم سىبە ۇلتى تارباعاتايعا كوشۋگە ٴماجبۇر بولدى. قازىرگى سىبە ۇلتى نەگىزىنەن ىلە، تارباعاتاي سياقتى جەرلەرگە قونىستانعان.

17 ـ عاسىردىڭ 30 ـ جىلدارى بۇرىننان كوشپەلى مال شارۋاشىلىعىمەن شۇعىلدانىپ جۇرگەن ىلىمىزدىڭ تيانشان تاۋىنىڭ سولتۇستىك ساحاراسىنداعى باتىس موڭعۇل تورعاۋىت تايپاسى، سونداي ـ اق ٴبىر ٴبولىم حوشۇت تايپاسى باتىستاعى ەدىل وزەنى الابىنا كوشىپ بارادى. 18 ـ عاسىردىڭ 60 ـ جىلدارى تورعاۋىت تايپاسىنا قاراستى حالىق پاتشالىق رەسەيدىڭ تىزگىندەۋى مەن ەزگىسىنە توزە المادى. 19 جاستاعى ۇباش حاندىق تاحقا مۇراگەرلىك ەتكەننەن كەيىن، شىعىستاعى وتان قۇشاعىنا ورالۋعا بەكىدى. 1771 ـ جىلدىڭ باسىندا، ۇباش تورعاۋىت تايپاسىن باستاپ، شىعىسقا ورالۋ ساپارىنا اتتانادى. پاتشالىق رەسەيدىڭ

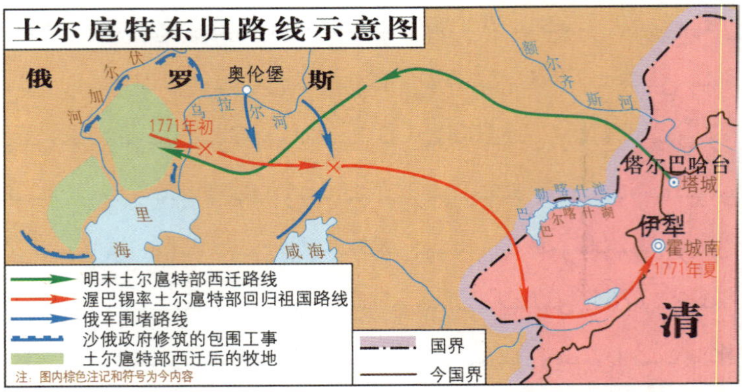

قورشاي قۋعىنداپ توسقاۋىلداۋىنا قاراتا تورعاۋىت تايپاسى قاراستىلىعىنداعى حالىق ٴبىر نيەتپەن جۇمىلىپ، ەل بىرلىگىنەن بەرىك قامال تۇرعىزىپ، سول جىلى وتان قۇشاعىنا قايتا ورالدى. چيانلۇڭ پاتشا شينجياڭ ٴوڭىرىنەن، گانسۋ، شانشي، نيڭشيا، سونداي-اق موڭعول جەرلەرى سياقتى جەرلەردەن قىرۋار زاتتاردى جيناپ، شىعىسقا ورالعان تايپا حالىقتارىنا جاردەم بەردى. وسىدان سوڭ، تورعاۋىت تايپاسىنا قاراستى حالىقتى باينبۇلاق ساحاراسى، قايدۋ وزەنى الابى، قوبىقسارى، شيحۋ، جىڭ، التاي سياقتى جەرلەرگە ورنالاستىردى. وسىدان باستاپ، تورعاۋىت تايپاسىنىڭ تاريحىندا جاڭا پاراق اشىلدى.

17-عاسىردا قازاق ۇلتى رۋ-تايپا بويىنشا ۇلى ٴجۇز، ورتا ٴجۇز، كىشى ٴجۇز دەپ بولىنگەن (ەلىمىزدىڭ كونە جازبا دەرەكتەرىندە ۇلى وردا، ورتا وردا، كىشى وردا دەلىنەدى). 18-عاسىردىڭ ورتا شەنىندە، چيڭ پاتشالىعى شينجياڭ ٴوڭىرىن بىرلىككە كەلتىرگەننەن كەيىن، ورتا ٴجۇز بەن ۇلى ٴجۇزدىڭ قازاقتارى تۇگەلدەي چيڭ پاتشالىعىنا قاراپ، جۇڭحۋا ۇلتىنىڭ ٴبىر مۇشەسىنە اينالعان. 19-عاسىردىڭ 60-جىلدارى، پاتشالىق رەسەي ەلىمىزدىڭ باتىس سولتۇستىگىنىڭ تەرريتورياسىنىڭ كوپ ٴبولىمىن باسىپ الدى ٴارى «ادام جەرمەن بىرگە تاۋەلدى بولۋدى» زورلىقپەن جۇرگىزدى. ٴبىراق، شەكارا بولىنگەننەن كەيىن، پاتشالىق رەسەي شەكاراسى ىشىنە قاراستى كوپتەگەن قازاق ۇلتى پاتشالىق رەسەيدىڭ ەزگىسىنە توزە الماي، ارت-ارتىنان شەكارا

تورعاۋىت كۇمىس ٴمورى

چيانلۇڭ جىلناماسىنىڭ 40-جىلى (1775) جاسالعان، مورگە مانجۋ، موڭعول تىلىندە «ۇنەنسۇزىكتى حۇچين تورعاۋىت تايپاسىنىڭ جۇرۋتى حانىنىڭ ٴمورى» دەگەن جازۋ ويىلعان، بۇل «ادال كونە تورعاۋىت تايپاسىنىڭ باتىر ۋاڭى» دەگەن ماعىنادا.

ماتەريال تىزبەگى

ۋباشتىڭ سۋرەتى

ۋباش (1742 ــ 1775)، ويرات موڭعۇلى تورعاۋىت تايپاسىنىڭ باسشىسى، 1771 ـ جىلى 1 ـ ايدا تايپاسىن باستاپ شىعىسقا ورالعان. سول جىلى كۇزدە ۋباش قاتارلى ادامدار چىڭدىداعى جازدىق سارايدا چيانلۇڭ پاتشانىڭ قىزعىن كۇتىپ الۋىنا يە بولدى. چيانلۇڭ پاتشا تورعاۋىت تايپاسىنىڭ قايتا ورالعاندىعىن ەسكە الىپ، ۇلى ارەكەتتى جىرلاۋ ٴۇشىن، ٴوز قولىمەن «تورعاۋىتتاردىڭ تۇگەل وتانعا ورالۋى جايلى ەستەلىك»، «تورعاۋىتتارعا قامقورلىق جاساۋ جايلى ەستەلىك» دەگەن ەكى تاس ەسكەرتكىش جازىپ بەردى.

بولىنگەنىنەن كەيىنگى ەلىمىز شەكاراسى ىشىنە كوشىپ كەلدى. چيڭ پاتشالىعىنىڭ سوڭعى مەزگىلىنە كەلگەندە، قازاق ۇلتى تارباعاتاي، ىلە، التاي، سانجى، ماناس، ٴۇرىمجى، شونجى، سوري، باركول سياقتى جەرلەرگە قونىستانعان.

قىرعىز ۇلتى چيڭ پاتشالىعى داۋىرىندە بۇرۇت دەپ اتالعان، نەگىزىنەن تيانشان تاۋىنىڭ باتىس بولىگىندەگى ورتا ازيا رايونىندا جاسايدى. 1757 ـ جىلى قازىرگى ىستىقكول وڭىرىنە قونىستانعان شىعىس بۇرۇت تايپالارى چيڭ پاتشالىعىنىڭ اسكەري يەلىگىنە ەلشى جىبەرىپ، باعىناتىندىعىن ٴبىلدىردى. چيڭ پاتشالىعى شينجياڭ ٴوڭىرىن بىرلىككە كەلتىرگەنىنەن كەيىن، باتىس بۇرۇت تايپالارى باعىنۋ جولداماسىن جولدادى. چيڭ پاتشالىعىنىڭ سوڭعى داۋىرىنە كەلگەندە، ەلىمىزدەگى قىرعىز ۇلتى نەگىزىنەن قازىرگى قىزىلسۋ قىرعىز اۆتونوميالى وبلىسى، ٴۇشتۇرپان، قاشقار، تاسقورعان، سونداي ـ اق سولتۇستىك شينجياڭنىڭ ىلە، تارباعاتاي سياقتى جەرلەرىنە ورنالاسقان.

تاجىك ۇلتى نەگىزىنەن شينجياڭنىڭ تاسقورعان تاجىك اۆتونوميالى اۋدانىنا قونىستانعان. چيڭ پاتشالىعى داۋىرىندە ياركەن كەڭەسشى امبان باسقارىپ، بەك ٴتۇزىمىن اتقارعان، ساريكولدە (سەرىكۇيدە) 5 ـ دارەجەلى اكىم بەگى سياقتى قۇرىلىمداردى قۇرىپ، جەرگىلىكتى ىستەردى ٴبىر جايلى ەتكەن.

چيڭ پاتشالىعىنىڭ سوڭعى مەزگىلىندە وزبەكتەر، ورىستار، تاتارلار شەكارا سىرتىنان شينجياڭ وڭىرىنە كىرگەن. شينجياڭعا كىرگەن «انديجاندىقتار»، «قوقاندىقتار» ەلىمىزدىڭ وزبەك ۇلتىن قالىپتاستىرعان. پاتشالىق رەسەي ىلەنى باسىپ العانان كەيىن، كوپتەگەن

كوزقاراس ٴتۇيىنى

شينجياڭنىڭ جاعراپيالىق ورنى ەرەكشە بولعاندىقتان، ەجەلدەن بەرى كوپ ۇلت شوعىرلى قونىستانعان ٴوڭىر ەسەپتەلەدى. شينجياڭ ٴوڭىرىن ەڭ ەرتە اشقاندار — چين پاتشالىعىنا دەيىنگى مەزگىلدەن چين، حان كەزەڭىنە دەيىنگى مەزگىلدە تيانشاننىڭ وڭتۇستىگى مەن سولتۇستىگىندە تىرشىلىك ەتكەن ساقتار، رۋجىلار، ۇيسىندەر، چياڭدار، كۇساندىقتار، اگنيلىقتار، ۇدۇندىقتار، شۋرەكتىكتەر، ساكالىقتار، كروراندىقتار، جۇيشىلىقتار، سونداي - اق عۇندار، حانزۋلار، ت. ب. لار. ۋي، جين، وڭتۇستىك، سولتۇستىك اۋلەتتەر تۇسىنداعى سيانبيلار، رۋۋراندار، قاڭعالار، ابدالار، تۇيعۇندار، سۇي، تاڭ داۋىرىندەگى تۇركتەر، تۇبۇتتەر، بايىرعى ۇيعۇرلار؛ سۇڭ؛ لياۋ جانە التىن كەزەڭىندەگى قىتاندار، يۋان، مىڭ، چيڭ كەزەڭىندەگى موڭعۇلدار، شۇرشىتتەر، تاڭعۇتتار، قازاقتار، قىرعىزدار،مانجۋلار، سىبەلەر، داعۇرلار، حۇيزۋلار، وزبەكتەر، تاتارلار، ت ب؛ ٴارقايسى تاريحي داۋىردە حانزۋ ۇلتىن قامتىعان ۇقساماعان ۇلتتاردىڭ قىرۋار جان سانى شينجياڭ وڭىرىنە كەلدى جانە كەتتى. بۇلاردىڭ بارلىعى شينجياڭدى ورتاق اشۋشىلار. 19 - عاسىردىڭ سوڭعى مەزگىلىنە كەلگەندە، ۇيعۇر، حانزۋ، قازاق، موڭعۇل، حۇيزۋ، قىرعىز، مانجۋ، سىبە، تاجىك، داعۇر، وزبەك، تاتار، ورىس سياقتى ون ٴۇش نەگىزگى ۇلت شينجياڭعا تۇراقتاپ قونىستاندى، ۇيعۇرلار كوپ ساندى ۇستاعان، كوپ ۇلت شوعىرلى قونىستانعان جاعداي قالىپتاستى.

ورىستار بۇل اراعا قونىس اۋداردى، كەيىن كوبى قايتپاي قونىستانىپ، ەلىمىزدىڭ ورىس ۇلتىن قالىپتاستىرعان. 19 - عاسىردىڭ ورتا شەنىندە، كوپتەگەن تاتارلار دا قازىرگى ىلە، تارباعاتاي، ٴۇرىمجى سياقتى جەرلەرگە كوشىپ كەلىپ قونىستانىپ، ەلىمىزدىڭ تاتار ۇلتىن قالىپتاستىرعان.

ۇزدىكسىز قونىس اۋدارۋ، جىلجۋ ارقىلى 19 - عاسىردىڭ سوڭعى مەزگىلىنە كەلگەندە، ۇيعۇر، حانزۋ، قازاق، موڭعۇل، حۇيزۋ، قىرعىز، مانجۋ، سىبە، تاجىك، داعۇر، وزبەك، تاتار، ورىس سياقتى 13 نەگىزگى ۇلت شينجياڭعا تۇراقتاپ قونىستاندى، ۇيعۇرلار كوپ ساندى ۇستاعان، كوپ ۇلت شوعىرلى قونىستانعان جاعداي قالىپتاستى. شينجياڭ ٴوڭىرى — ٴار ۇلتتىڭ مەكەنى، ونان دا ماڭىزدىسى، جۇڭحۋا ۇلتى ورتاق شاڭىراعىنىڭ قۇرامداس بولىگى.

ەكىنشى، ٴار ۇلت حالقى وتانىنىڭ تۇتاستىعىن، اتا مەكەندى بىرگە قورعادى

چيڭ پاتشالىعى ٴداۋىرى — جۇڭحۋا ۇلتى ەمىن - ەركىندىكتەن سانالىلىققا بەت العان

شەشۋشى كەزەڭ، اسىرەسە، اپيىن سوعىسىنان كەيىن، جوڭگو يمپەرياليزمنىڭ شاپقىنشىلىعىنا، قورلاۋىنا تالاي رەت ۇشىراپ، جوڭگودا ٴار ۇلت حالقى ەزىلۋ، قۇلدانۋ جاعدايىنا تاپ بولدى. جوڭحۋا ۇلتى ٴولىم مەن ومىرگە ٴدوپ كەلگەن قاتەرلى ساتتە، شينجياڭدا ٴار ۇلت حالقى ٴبىر نيەتپەن ىنتىماقتاسىپ، شەتەل شاپقىنشىلىعىنا بىلەك بىرىكتىرە توتەپ بەرىپ، مەملەكەتتىڭ بەلىك ۇقىعىنىڭ تۇتاستىعىن قورعاۋ جولىندا تۋتەنشە قاجىرلى كۇرەس جۇرگىزىپ، ٴبىر توپ جىر ەتەرلىك قاھارمان باتىرلار مەن ىزگى ىستەر جارىققا شىقتى.

ەمىن قوجا ــ تۇرپان ۆيعۇر ۇلتىنىڭ باسشىسى، مەملەكەت تۇتاستىعىن قورعاعان قاھارمان. 1720 ـ جىلى چيڭ پاتشالىعى اسكەرلەرى جوڭعارلاردى جازالاۋ جورىعىنا اتتانىپ تۇرپانعا كەلگەندە، ول چيڭ پاتشالىعىنا باعىنادى. 1756 ـ جىلى ەمىن قوجا قاراستىلىعىنداعى 8 مىڭنان استام ادامدى باستاپ گۋاجوۋدان (قازىرگى گانسۋدىڭ جيۋچۋان شەكاراسى ىشىندە) تۇرپان ويپاتىنا قايتا كەلەدى. سول جىلى تۇرپان بۇلىكشىلەرى تۇتقيىل شابۋىل جاساپ، چيڭ ارمياسىنىڭ قولباسشىسى مەن 100 دەن ارتىق اسكەرىن ولتىرەدى ٴارى ەمىن قوجانى بۇلىككە قاتىناسۋعا زورلايدى، ەمىن قوجا باتىل تويتارىپ، لۇكچۇن جامبىلىن (قازىرگى ٴپىشان اۋدانى لۇكچۇن قالاشىعى) تاپجىلماي قورعايدى ٴارى ادام جىبەرىپ، چيڭ اسكەرلەرىنە حابارلاپ، چيڭ اسكەرلەرىنىڭ بۇلىكتى تىنىشتاندىرۋىنا شارت ـ جاعداي جاراتتى. 1758 ـ جىلى 64 جاستاعى ەمىن قوجانى چيانلۇڭ پاتشا كەڭەسشى امبان ٴمانسابىنا تاعايىندادى، ول ۇلكەن، كىشى قوجالار بۇلىگىن تىنىشتاندىرۋعا قاتىناسىپ، بۇلىكتى تىنىشتاندىرعان. 1760 ـ جىلى چيانلۇڭ ەمىن قوجانى ەڭبەك سىڭىرگەن 50 ارداگەردىڭ قاتارىنا ەنگىزىپ، زىگۋاڭگى سارايىنا سۋرەتىن ىلگىزىپ، «نيەتى دۇرىس، مايدانى بەرىك»① دەپ ماقتاعان.

مەملەكەت تۇتاستىعىن قورعاۋ تاريحي ۇردىسىندە شينجياڭ ۆيعۇر ەل تاريحىندەگى ٴارقايسى ۇلت ماڭىزدى ۇلەس قوستى. 19 ـ عاسىردىڭ 20 ـ جىلدارى، جاھانگىر ۆڭتۇستىك شينجياڭدا قارۋلى بۇلىك تۋدىرىپ، قاشقار، يڭگىسار، ياركەن، حوتان سياقتى جەرلەردى ارت ـ ارتىنان باسىپ الىپ، ورتەپ، قىرىپ ـ جويىپ، تالان ـ تاراجىلىق ىستەدى. جەرگىلىكتى ورىنداعى ٴار ۇلت جۇرتشىلىعىنان قۇرالعان اسكەري قوسىن بۇلىكتى تىنىشتاندىرۋ شايقاسىنا باستان ـ

① ۋاڭ شۋنان قاتارلىلار قۇراستىرعان، جۋ يۇيليڭ قاتارلىلار رەتتەگەن: «شينجياڭ قاريتالى شەجىرەسى. شەكارا ٴوڭىر 2 ـ ٴبولىمى»، شاڭحاي بايىرعى شىعارمالار باسپاسى، 2017 ـ جىل، 405 ـ بەت.

ايىق قاتىناستى: ولاردىڭ كەيبىرەۋى اتويلاپ الدا ٴجۇرىپ قان مايداندا قازا بولسا، كەيبىرەۋى حابار جەتكىزدى، كەيبىرەۋى چيڭ اسكەرلەرىنە ازىق ـ تۇلىك، قۇرال ـ جابدىق تاسىدى. جاھانگىر شەكارادان قاشىپ كەتكەنىنەن كەيىن، قىرعىز، قازاق، ت.ب. ۇلتتىڭ بۇقارالارى بۇلىكشىنىڭ ىزىنە ٴتۇسىپ ٴتىنتىۋ سالىپ، چيڭ اسكەرلەرىنە سايكەسىپ، جاھانگىردى قولعا ٴتۇسىرىپ، بۇلىكتى تىنىشتاندىردى.

1855 ـ جىلى شينجياڭ تارباعاتاي ايماعىندا پاتشالىق رەسەيدىڭ ساۋدا شەڭبەرىن ورتەۋ وقيعاسى تۋىلدى. تارباعاتايداعى جارعىتى التىن كەنى تاريحتان بەرى جۇڭگوعا تاۋەلدى بولاتىن، پاتشالىق رەسەيدىڭ كونسۋلى تاتارينوۋ قاتارلى ادامدار بۇل التىن كەن پاتشالىق رەسەيگە تاۋەلدى دەپ وتىرىك ايتىپ، چيڭ ۇكىمەتىنەن التىن قازعان كەن جۇمىسشىلارىن شەگىندىرىپ اكەتۋدى ورىنسىز تالاپ ەتتى ٴارى قۇقاي كورسەتىپ: «ايتپەگەندە بۇدان كەيىن كەلىسپەستىك جاعدايىڭ تۋىلۋ ـ تۋىلماۋىنا كەپىلدىك ەتە المايمىز»[1] دەدى. ىلە جياڭجۇنى پاتشالىق رەسەيدىڭ وسى ارقىلى ارانداتۋشىلىق تۋدىرۋىنان قورقىپ، التىن كەن اشۋدى توقتاتىپ، كەن جۇمىسشىلارىن شەگىندىرۋ بۇيرىعىن ٴتۇسىرىپ، تارباعاتاي كەن جۇمىسشىلارىنىڭ

سۇگۇڭتا مۇناراسى، ەمىن مۇناراسى دەپ تە اتالادى، شينجياڭ تۇرپان قالاسىنىڭ ٴجۇزىم اۋىلى مۇنار قىستاعىنا ورنالاسقان. سۇگۇڭتا مۇناراسىن تۇرپان ۋاڭى سۇلەيمەن II اكەسى ەمىن قوجانىڭ ەڭبەكتەرىن ەسكە الۋ جانە ونى ماداقتاۋ ٴۇشىن سالدىرعان.

نارازىلىعىن قاتتى قوزعادى. 1855 ـ جىلدىڭ باسىندا تاتارينوۋ پاتشالىق رەسەي اسكەرلەرىن باستاپ، كەن رايونىنا كىرىپ، 200 نەشە جۇڭگولىقتى راقىمسىز تاسىلمەن قىرعىندادى. جان تۇرشىگەرلىك قاندى وقيعا ٴار ۇلت حالقىنىڭ ەرلىكپەن قارسى تۇرۋىن قوزعادى؛ سول

[1] ① (چيڭ) جيا جىن قاتارلىلار قۇراستىرعان: «رەي ىستەرىن ىڭعايلاستىرۋدىڭ ٴمان ـ جايى. شيانفىڭ ماني » 2 ـ كىتاپ، بەيجيڭ: جۇڭحۋا شۇجۇي باسپاسى، 1979 ـ جىل، 417 ـ بەت.

جىلى 8 ـ ايدا حۋيزۋ كەن جۇمىسشىسى ان يۇيشيان، شۇي تيانياۋ قاتارلىلار باستاعان تايپيڭ تيانگو كوتەرىلىسىنە ىقپالدانىپ، 1856 ـ جىلى تايپيڭ تيانگو كوتەرىلىسىنە ىقپالدانىپ، تاراز اتانعاندا ...

تا رباحاتايداعى ٴار ۇلت بۇقاراسى پاتشالىق رەسەيدىڭ ساۋدا بازارىن كەكتەنە ورتەپ، پاتشالىق رەسەي شاپقىنشىلارىنىڭ اپتىعىن باسىپ، ەلىمىزدىڭ يەلىك ۇقىعىن قورعادى.

وسى مەزگىلدە، ورتا ازياداعى قوقان حاندىعى ەلىمىزدىڭ تاسقورعان وڭىرىنە ۇزدىكسىز شابۋىل جاساپ، تاجىك ۇلتىنان شىققان قۇلشاق ۋاكىلدىك ەتكەن ٴار ۇلت حالقىنىڭ باتىل قايتارما سوققى بەرۋىنە ۇشىرادى. قوقان شاپقىنشى ارمياسىنىڭ ٴورت قويىپ، بۇلاپ ـ تالاپ، تالان ـ تاراجلاۋىنا قاراتا، قۇلشاق ٴوزى اتويلاپ الدا ٴجۇرىپ، جاۋدى ەرلىكپەن قىرىپ، قوقان شاپقىنشىلارىن تالاي رەت سوققى بەرىپ شەگىندىردى. 1836 ـ جىلى قوقان 2 مىڭنان استام شاپقىنشى اسكەر شىعارىپ، سارىكولگە (قازىرگى شينجياڭنىڭ تاسقورعانى) شابۋىل جاسادى. قۇلشاق باستاعان جاساقتار ەرلىكپەن قايتارما سوققى بەردى، ٴبىراق، شاعىن قول قالىڭ جاۋدى بوگەي الماي، ەرلىكپەن قۇربان بولدى. قاھارمان تاجىك حالقى بۇعان بولا تىزە بۇككەن جوق، قاندى شايقاس ارقىلى ەڭ سوڭىندا شاپقىنشى ارميانى قۋىپ شىقتى.

1865 ـ جىلدىڭ باسىندا ياقۇپبەك شينجياڭ وڭىرىنە شاپقىنشىلىق جاسادى، ٴار ۇلت ارميا مەن حالىق شاپقىنشىلارمەن قايىسپاي باتىل كۇرەس جۇرگىزدى. 1865 ـ جىلى 1 ـ ايدا قىرعىز حالقى يىڭسارداں قوسىن اتتاندىرىپ، ياقۇپبەك باسىپ العان قاشقار قالاسىن قورشاۋعا الىپ، ياقۇپبەك شاپقىنشىلارىنا كۇرەستىڭ العاشقى وعىن اتتى. قاشقار حانزۋ جامبىلىندا قورعاۋشى اسكەرلەر مەن قالا ىشىندەگى حالىق باسىن ٴباي تىگىپ، قارسى تۇرىپ، شاپقىنشىلارعا اياۋسىز سوققى بەردى. يىڭساردى قورعاۋ شايقاسىندا ٴار ۇلت ارميا مەن حالىق 40 كۇن ەرلىكپەن شايقاس جاساپ، شاپقىنشىلاردى اۋىر شىعىنعا ۇشىراتتى. 1866 ـ جىلى ياقۇپبەك ٴدىندى جەلەۋ ەتىپ، حوتانعا شابۋىل جاسادى، حوتانداعى ارميا مەن حالىق جانقيارلىقپەن قارسىلىق كورسەتتى، 50 مىڭنان استام حوتان جاساقتارى مەن حالقى ياقۇپبەكتىڭ قاندى قىلىشىنىڭ استىندا اياىنىشتى تۇردە قازا بولدى. 1867 ـ جىلى 5 ـ ايدا ياقۇپبەك شاپقىنشى ارمياسى سولتۇستىكتە كۇشارعا شابۋىلدادى، جەرگىلىكتى ارميا مەن حالىق جاۋدىڭ شابۋىلىن كوپ رەت تويتارىپ، شاپقىنشىلارعا سىلەيتە سوققى بەردى. 1870 ـ جىلى 5 ـ ايدا، ياقۇپبەك ۇرىمجىگە شابۋىل جاسادى، شۇي شۋەگۇڭ باستاعان حانزۋ، حۋيزۋ بۇقاراسى باتىل قارسىلىق كورسەتىپ، شاپقىنشىلاردى اۋىر بوداۋ بەرۋگە ماجبۇرلەدى. شينجياڭداعى ٴار

ماتەريال تىزبەگى

«ٴبىر وقپەن تابىسقا جەتۋ» وتانشىلدىق تاربيە بازاسى
ۇرىمجىدە

1876 ـ جىلى 8 ـ ايدا زو زوڭتاڭنىڭ قول استىنداعى سارداری ليۋ جينتاڭ چيڭ اسكەرىن باستاپ، ديحۋانىڭ ليۋداۋان جوتاسىنا زەڭبىرەك قويىپ، ديحۋا قالاسىنا توڭعىش زەڭبىرەك وعىن اتتى، ياقۇپبەك قوسىنىنىڭ تاس ـ تالقانى شىعىپ، اسىپ ـ ساسىپ قاشىپ جوعالدى، چيڭ ارمياسى جەرگىلىكتى ٴار ۇلت حالقىمەن تىزە قوسا وتىرىپ، ديحۋانى قايتارىپ الدى. كەيىن، جەرگىلىكتى حالىق ليۋ جينتاڭ زەڭبىرەك قويعان جەرگە زەڭبىرەك تەكشەسىن سالىپ، بۇل تەكشەنى «ٴبىر وقپەن تابىسقا جەتۋ» دەپ ات قويدى.

ۇلت حالقىنىڭ قايسارلىقپەن قارسىلىق كورسەتۋى، زو زوڭتاڭنىڭ شينجياڭدى قايتارىپ الۋ ارەكەتىنە پارمەندى سايكەستى. چيڭ ارمياسى بارعان جەرىندە ٴار ۇلت حالقى جول جاعاسىنا جارىلا تۇرىپ قارسى الدى، اقسۋعا بارعان كەزدە، «قالا سىرتىندەگى ٴجۇز مىڭداي ۇيعۇر قالانى قورعاپ، شاحاالىق قوسىنىنىڭ كەلۋىن كۇتتى»[1].

شينجياڭدى قايتارىپ الۋ جوڭگونىڭ تاياۋ زامان تاريحىنداعى ٴىرى وقيعا بولدى. چيڭ ارمياسىنىڭ نەگىزگى كۇشى حۋنان، حىنان، سىچۋان جانە سەگىز قوشۇن ارمياسىن، حۋيزۋ جيڭشان بەس جالاۋلى قوسىنى سياقتى جيايۇيگۋاننىڭ سىرتىندە تۇراتىن اسكەرلەر بولىپ، ولار ۇزاق جورىقتى الىسىنباي، باتىسقا جورىق جاساپ، شينجياڭعا كىرىپ، وتان تۇتاستىعىن قورعاۋ جولىندا ماڭىزدى ۇلەس قوستى.

① (چيڭ) زو زوڭتاڭ جازعان، لو ۋىنحۋا تىنىس بەلگىسىن قويىپ، رەداكسيالاعان: «زو زوڭتاڭ شىعارمالارى.داتتەمە ــ 6»، چاڭشا: يۋەلۋ باسپاسى، 1992 ـ جىل، 775 ـ بەت.

ٴتورتىنشى تاراۋشا شينجياڭ ٴوڭىرى ەكونوميكاسىنىڭ دامۋى جانە تاياۋ زامان ونەركاسىبىنىڭ جارىققا شىعۋى

چيڭ پاتشالىعىنىڭ العاشقى كەزەڭىندە بيلەۋشىلەر اۋىل شارۋاشىلىق وندىرىسىنە ەرەكشە ٴمان بەرىپ، تىڭ يگەرگەندەردى سىلاۋ، باجىنى ازايتۋ نەمەسە كەشىرۋ سياساتىن اتقارعاندىقتان، ىشكى ولكەلەر مەن شەكارا وڭىرلەردىڭ قوعامى، ەكونوميكاسى نەداۋىر دامىدى. اۋىل شارۋاشىلىعى، قولونەركاسىپ تەز دامىپ، تاۋار ەكونوميكاسى بۇرىن بولىپ كورىلمەگەن دارەجەدە جاندانىپ، جەر ـ جەردىڭ ساۋداسى توتەنشە وركەندەدى. 18 ـ عاسىردىڭ ورتا شەنىنە كەلگەندە، چيڭ پاتشالىعىنىڭ فەودالدىق شارۋاشىلىعى دامىپ تىڭ بەلەسكە شىقتى. اپيىن سوعىسىنان كەيىن، شەتەل كاپيتاليستىك يمپەرياليستەرىنىڭ شاپقىنشىلارى جۇڭگونىڭ ەكونوميكالىق كۇرە تامىرىن مەڭگەرىپ، جۇڭگونىڭ ٴتۇرلى بايلىقتارىن مەيلىنشە تالان ـ تاراجلاۋمەن بىرگە، جۇڭگودا ساۋدا ـ ونەركاسىپ كاسىبىن قۇرۋ، تاۋارلارىن تىقپالاپ ساتۋ، كەدەندەردى مەڭگەرۋ، ت. ب. ارقىلى جۇڭگونىڭ ٴوزىن ـ ٴوزى قامدايتىن ناتۋرالدىق شارۋاشىلىعىن ٴبۇلدىرىپ، جۇڭگونىڭ فەودالدىق قوعامدىق شارۋاشىلىق قۇرىلىمىنىڭ ىدىراۋىن جەدەلدەتىپ، جۇڭگونى بىرتە ـ بىرتە جارتىلاي وتار، جارتىلاي فەودالدىق قوعامعا اينالدىردى. چيڭ پاتشالىعىنىڭ العاشقى داۋىرىندە قولدانعان سىندارلى ەكونوميكالىق شارالارى ٴار ۇلت حالقىنىڭ ٴوندىرىس بەلسەندىلىگىن جوعارىلاتىپ، شينجياڭ ٴوڭىرىنىڭ شارۋاشىلىعىنىڭ قالپىنا كەلۋى مەن دامۋىن جەبەدى. چيڭ پاتشالىعى شينجياڭدى بىرلىككە كەلتىرگەننەن كەيىن، زور كولەمدە اشۋ مەن گۇلدەندىرۋدى اتقارعاندىقتان، قوعامدىق ەكونوميكا بىرتىندەپ وركەندەدى. اپيىن سوعىسىنان كەيىن، يمپەرياليستەردىڭ شاپقىنشىلىعى ۇزدىكسىز كۇشەيىپ، تاپتىق قايشىلىق كۇن سايىن شيەلەنىستى، اسىرەسە، پاتشالىق رەسەي مەن ياقۇپبەكتىڭ شاپقىنشىلىق جاساۋى شينجياڭنىڭ قوعامىن، ەكونوميكاسىن بارىنشا ٴبۇلدىردى. شينجياڭ ولكە بولىپ قۇرىلعاننان كەيىن قوعامدىق ەكونوميكا تەز قالپىنا كەلىپ، تاياۋ زامانعى ونەركاسىپ جارىققا شىعا باستادى.

ٴبىرىنشى، چيڭ پاتشالىعى شينجياڭدى بىرلىككە كەلتىرگەننەن كەيىنگى زور كولەمدە اشۋ جانە گۇلدەندىرۋ

چيڭ پاتشالىعى شينجياڭ ٴوڭىرىن بىرلىككە كەلتىرگەننەن كەيىن، بىرتە ـ بىرتە

كەڭ كولەمدە تىڭ يگەرۋدى ورىستەتتى. تىڭ يگەرۋدە باستىسى: اسكەري تىڭ يگەرۋ، قىلمىستىلاردىڭ تىڭ يگەرۋ، بۇقارا تىڭ يگەرۋ، ۇيعۇرلاردىڭ تىڭ يگەرۋ، قوشۇنداردىڭ تىڭ يگەرۋ دەپ بەس ٴتۇرلى فورمادا جۇرگىزىلدى. اسكەري تىڭ يگەرۋ، ياعني جاسىل تۋلى اسكەرلەردىڭ تىڭ يگەرۋ، مۇندا وتباسىنداعىلارمەن بىرگە ۇزاق ۋاقىت تىڭ يگەرىپ، شەكارانى كۇزەتەدى. اسكەري تىڭ يگەرۋىنە قاتىناساتىندار باستىسى ورتا جازىق وڭىرىنەن كەلگەن حانزۋلار، سونداي - اق ٴبىر ٴبولىم حۇيزۋلار، شىعىستا قۇمىل، باركولدەن باستاپ، باتىستا ىلە، تارباعاتاي، ٴۇشتۇرپان سياقتى جەرلەرگە دەيىن تيانشان تاۋىنىڭ وڭتۇستىگى مەن سولتۇستىگىنىڭ بارلىق جەرىندە ٴار ۇلت اسكەري تىڭ يگەرىپ، ەگىن سالۋمەن شۇعىلداندى. قىلمىستىلار تىڭ يگەرۋ، ياعني باسقا وڭىرلەردەگى قىلمىستىلاردى شينجياڭ وڭىرىنە بارىپ، ەگىن سالدىرۋ، بۇل ٴارى سۇرگىندەردىڭ تىڭ يگەرۋى دەپ تە اتالادى. بۇقارا تىڭ يگەرۋ، ياعني چيڭ پاتشالىعى ۇكىمەتى ۇلى قورعانىنىڭ ىشىندەگى جاي بۇقارانى شينجياڭ وڭىرىنە بارىپ، تىڭ يگەرۋگە ۇيىمداستىرعان، بۇل ٴارى وتباسىلىق تىڭ يگەرۋ دەپ تە اتالادى. ۇيعۇرلاردىڭ تىڭ يگەرۋ، ياعني ٴبىر ٴبولىم ۇيعۇر ديقاندارىن ەگىن سالۋعا شاقىرعان، چيانلۇڭ جىلناماسىنىڭ 25 - جىلىنان (1760) باستاپ، چيڭ پاتشالىعى ۇكىمەتى اقسۋ، ٴۇشتۇرپان سياقتى وڭتۇستىك شينجياڭنىڭ جەر - جەرىنەن ۇيعۇرلاردى

كوزقاراس ٴتۇيىنى

شينجياڭ ٴوڭىرى ەجەلدەن ٴار ۇلت حالقى بىرگە اشىپ گۇلدەندىرگەن جانە يەلىك ەتكەن جەر. چين، حان پاتشالىقتارى كەزەڭىندە تيانشان تاۋىنىڭ وڭتۇستىگىندە تىرشىلىك ەتكەن كۇساندىقتار، اگنيلىقتار، ۇدۇندىقتار، شۇرەكتىكتەر، ساكالىقتار، گاۋچاڭدىقتار، كروراندىقتار، جۇيشىلىقتار، شۇراتتاردا شوعىرلى قونىستانۋ ٴوڭىرىن قۇردى، جىبەك جولى جاعالاۋىنىڭ گۇلدەنىپ - كوركەيۋىنە ىلەسە كوپتەگەن ساۋدا قالاشىقتارى بوي كوتەرىپ، شينجياڭ ٴوڭىرىنىڭ ەكونوميكاسىنىڭ دامۋىنا باستاماشىلىق ەتتى. حانزۋلار شينجياڭ وڭىرىندە تىڭ يگەرىپ، قىرۋار سۋ يگىلىگى قۇرىلىعىلارىن سالىپ، ورتا جازىقتاعى وزىق ٴوندىرىس جابدىقتارى مەن تەحنيكالارىن اكەلىپ، اۋىل شارۋاشىلىعى، قولونەركاسىپتىڭ دامۋىن جەبەدى. قىتاندار، موڭعۇلدار، ت.ب. لاردىڭ شينجياڭعا كوشىپ كەلۋى، وزبەكتەر، ورىستار، تاتارلار، ت.ب. لاردىڭ شينجياڭعا قونىستانۋى ۇقساماعان ۇلتتاردىڭ ٴوندىرىس تەحنيكاسىن، مادەنيەت كوزقاراسىن، سونداي - اق قوعامدىق سالت - ساناسىن الا كەلىپ، ارالاسۋ، تويىسۋ بارىسىندا شينجياڭنىڭ ەكونوميكاسى مەن قوعامدىق دامۋىن جەبەدى.

كوشىرىپ، ىلە وزەنىنىڭ ەكى جاعالاۋىنا ورنالاستىرىپ، تىڭ يگەرتكەن. قوشۇنداردىڭ تىڭ يگەرۋ، ياعني ىلە وڭىرىنە قورعانىسقا قويعان مانزۋ، سىبە، سولاڭ سياقتى سەگىز قوشۇن اسكەرلەرى تىڭ يگەرگەن. 18 ـ عاسىردىڭ ورتا شەنىندە، نەشە ون مىڭ مانزۋ، سىبە ۇلتىنىڭ اسكەرى مەن بۇقاراسى ىلەگە قونىستانىپ، تىڭ يگەرىپ، وندىرىسپەن شۇعىلدانعان. 1766 ـ جىلى نەشە مىڭ سىبە اسكەرى مەن بۇقاراسى ىلە وزەنىنىڭ وڭتۇستىك جاعالاۋىنداعى شاپشالعا كوشىپ كەلىپ قونىستانعاننان كەيىن، تىڭ يگەرىپ، ەگىن سالىپ، ەگىس وندىرىسمەن شۇعىلداندى. تىڭ يگەرۋ كولەمى ۇزدىكسىز كەڭەيىپ، تيانشان تاۋىنىڭ سولتۇستىگىنىڭ اۋىل شارۋاشىلىعىنىڭ دامۋىن ىلگەرىلەتىپ، شينجياڭ ٴوڭىرىنىڭ تاريحتا تيانشان تاۋىن شەكارا ەتكەن «وڭتۇستىكتە ەگىن ەگۋ، سولتۇستىكتە مال باعۋ» سىندى ٴوندىرىس ورنالاسۋىن وزگەرتىپ، شەكار قورعانىسىن بەكەمدەۋدە ماڭىزدى رول اتقاردى.

چيڭ پاتشالىعى شينجياڭ وڭىرىندە ۇقساماعان باجى جيناۋ ٴادىسىن قولداندى، جىندي بولىعىنا قاراستى وڭىرلەردە باسقا وڭىرلەردەن كوشىپ كەلگەن حانزۋ، حۇيزۋ ەگىنشى ديقانداردى وسى جەردە الىمسىز وندىرىسپەن شۇعىلدانۋعا شابىتتاندىرۋ ٴۇشىن، چيڭ پاتشالىعى ۇكىمەتى «كىسى باسىنا ەمەس، جەرىنە قاراي، اقشالاي ەمەس، استىقتاي» باجى جيناۋ ٴادىسىن اتقاردى، ياعني ەگىن سالاتىن ديقاندار، تەك، ەككەن جەرىنىڭ مۋ سانى بويىنشا استىق باجىسىن تاپسىرادى. بەلگىلەمە بويىنشا، ادەتتە ەگىنشى وتباسى مەملەكەتتەن الىپ ەككەن 30 مۋ جەردى نەگىزگى سان ەتىپ، ٴار مۋىنان الىناتىن باجى ٴبىر اعاشتان اسپايدى. مىسالى، جىندي بۇلىعى اۋماعىندا تىڭ كوتەرگەندىگى مويىندالعان ديقاندار 6 ـ جىلدان باستاپ استىق سالىعىن تاپسىرادى؛ باركولعا قاراستى يحى، شونجى ەكى اۋدان گانسۋدىڭ انشي ٴوڭىرىنىڭ بەلگىلەمەسىن جالعاستى قولدانىپ، مۋىنا استىق، سونداي ـ اق ٴشوپتى استىققا سىندىرىپ، جيىنى 7 شىڭ 5 قوس ۋىستان ارتىعىراق باجى العان؛ ۇرىمجىگە قاراستى ديحۋا، سانجى، سۇيلاي، فۋكاڭ سياقتى كوپتەگەن دۋان، اۋدانداردا ٴشوپ سالىعى بولماعان، مۋىنا 8 شىڭ اق استىق، ٴبيدايعا سىندىرعاندا 9 شىڭ 6 قوس ۋىس 3 قاداقتان باجى العان[①].

ىلەدەگى ۇيعۇر ديقاندارعا چيڭ پاتشالىعى ۇكىمەتى وتباسى بويىنشا استىق جيناۋ ٴدىسىن اتقارعان. چيڭ پاتشالىعى ۇكىمەتى جەرگىلىكتى ورنىداعى تىزىمگە الدىرعان 6

① حۋا لي: «چيڭ پاتشالىعى داۋىرىندە شينجياڭنىڭ اۋىل شارۋاشىلىعىنىڭ اشۋ تاريحى»، حاربين: حيلۇڭجياڭ وقۋ ـ اعارتۋ باسپاسى، 1998 ـ جىل، 105 ـ بەت.

مىنىڭ ۇيعۇر ديقان وتباسىن نەگىزگى سان ەتىپ، ٴار وتباسىنان ٴار جىلى استىق باجىسى، «ٴبيداي، ارپادان 8 دادان، تارى، قوناقتان 8 دادان، جيىنى 16 دادان باجىنى تاپسىرۋعا ٴتيىستى سالىت ەتكەن؛ ەگەر ەككەن ٴبيداي، ارپا، تارى، قوناق وسى ٴتورت استىقتىڭ ىشىندە بىرەۋىنەن ٴونىم الا الماسا، ورنىنا باسقا استىق تۇرىنەن ورايلاستىرىپ باجى تاپسىرادى»[1]. تيانشان تاۋىنىڭ وڭتۇستىك بولىگىندە اۋىل شارۋاشىلىق وندىرىسىمەن شۇعىلداناتىندار نەگىزىنەن ۇيعۇر ديقاندارى، چيڭ پاتشالىعى ۇكىمەتى بۇل وڭىردەن باجى جيناۋدا كونە ٴادىستى قولدانعانىمەن، ٴبىراق، باجىنىڭ جالپى مولشەرىن ازايتقان، ياعني ديقانداردىڭ جەكە مەنشىك جەرىنەن جالپى ٴونىم مولشەرىنىڭ ونىنان ٴبىر ۇلەسى بويىنشا، الەۋمەتتىك مەنشىكتەگى جەردەن جالپى ٴونىم مولشەرىنىڭ ەكىدەن ٴبىر ۇلەسى بويىنشا استىق جيناعان. بۇدان سىرت، بۇل وڭىردە بۇرىنىنان بار «كىسى باسىندىق باجىنى» چيڭ پاتشالىعى ۇكىمەتى بۇرىنعى ٴادىس بويىنشا جيناعان.

سۋ يگىلىگىن وركەندەتۋ ىستەرى قارىشتاپ دامىدى. مۇندا باستىسى ەگىنجاي سۋ قۇرىلىسى، سۋ يگىلىگى تەحنيكاسىن قولدانۋ جانە سۋ بايلىعىن باسقارۋ سياقتى جاقتاردان شوعىرلى بەينەلەنەدى. مىسالى، چيڭ پاتشالىعى شينجياڭ ٴوڭىرىن بىرلىككە كەلتىرگەننەن كەيىن، ىلە سولتۇستىك شينجياڭداعى اۋىل شارۋاشىلىعىن اشۋدىڭ ٴتۇيىندى ٴوڭىرى بولدى، چيڭ پاتشالىعى ۇكىمەتى ىلە وزەنىنىڭ ارناسىن كوپ رەت ارشىدى، اسكەرلەر، ۇيعۇرلار، قوشۇندار قاتارلى ٴارقايسى تىڭ يگەرۋشىلەر سۋ ارناسى جۇيەسىن قۇلشىنا كەمەلدەندىرىپ، نەداۋىر تابىسقا قول جەتكىزدى. مۇنىڭ ىشىندە، سىبە ساردار – اسكەرلەر جاساعان شاپشال ۇلكەن توعانى كۇنى بۇگىنگە دەيىن ىستەتىلىپ كەلەدى. ٴۇرىمجى سياقتى جەرلەردىڭ سۋ يگىلىگى قۇرىلىسى باستىسى ەگىنجاي سۋ يگىلىگى مەن سۋ تيىرمەن كاسىبىن دامىتۋ جاقتارىنان بەينەلەنەدى. ۇرىمجىدە 1758 – جىلدان باستاپ اسكەري تىڭ يگەرگەننەن بەرى، تيانشان تاۋىنىڭ سۋلارىن باستاپ سۋارۋعا نازار اۋدارىپ، «وزەنىنەن سۋ شىعارىپ، ىرىستى جاڭبىرعا سۇيەنىپ ەگىن ەكتى»[2]. «ٴۇرىمجى قالا رايونىنىڭ

① بەيجيڭ كىتاپحاناسى قۇراستىرعان: «بەيجيڭ كىتاپحاناسى قۇندى كىتاپتار جىلناما توپتاماسى. اۋىنچيڭگۇڭ جىلناماسى» 99 – كىتاپ، بەيجيڭ: بەيجيڭ كىتاپحانا باسپاسى، 1999 – جىل، 363 – بەت.

② جۇڭ شيڭچي، ۋاڭ حاۋ، حان حۇي تىنىس بەلگىسىن قويىپ، تۇسىندىرگەن: «باتىس ٴوڭىر قاريتالى شەجىرەسىن تىنىس بەلگىسىن قويىپ، تۇسىندىرگەن. تىڭ يگەرۋ جۇمىستارى»، ٴۇرىمجى: شينجياڭ حالىق باسپاسى، 2002 – جىل، 454 – بەت.

ىشىندە اسپانمەن تىلدەسكەن بايىرعى اعاشتارى بار، بۇلاق سۋلارى ۇزىلمەي اعاتىن شۇيمونگۋ دەيتىن كورىنىس رايونى بار، مىنە، بۇل چيڭ پاتشالىعى داۋىرىندەگى سۋ تيىرمەن شوعىرلى ورناتىلعان جەر».

شينجياڭنىڭ سۋ ىستەرىن اشۋ بارىسىندا لين زىشۇي ماڭىزدى ۇلەس قوستى. داۋگۋاڭ جىلناماسىنىڭ 24 ـ جىلى (1844)، لين زىشۇي ىلە جياڭجۇنى بۇيانتايعا كومەكتەسىپ، توعان قازىپ، سۋ باستايدى، قارجىلاي جىلۋ اتاپ، اق توعان سۋ ينجەنەرياسىنداعى ەڭ جاپالى تىرىسيا قۇرىلىسىن سالدىردى. لين زىشۇي جۇمىسكەرلەرگە قولباسشىلىق ەتىپ، 100 مىڭنان استام جۇمىسشى ىستەتىپ، 4 ايدان استام ۋاقىتتا «ۇزىندىعى 6 شاقىرىمنان استام قۇرىلىستى ەرەكشە بەرىك ەتىپ ورىندادى»[①]. اق توعان قازىلىپ، سۋ جۇرگىزىلگەننەن كەيىن، 200 مىڭ مۋعا جۋىق تىڭ جەر اشىلىپ سۋارىلىپ[②]، جەرگىلىكتى ورىننىڭ اۋىل شارۋاشىلىعىنىڭ دامۋىن جەبەدى. لين زىشۇيدىڭ ەڭبەگىن ەسكە الۋ ٷشىن، قازىرگە دەيىن بۇل توعاندى ىلە حالقى شىن ىقىلاسپەن «لين تورە توعانى» دەپ اتايدى. وسىدان كەيىن، پاتشا وردасى لين زىشۇيدى وڭتۇستىك شينجياڭداعى اقسۋ، كۇشار، ٷشتۇرپان، حوتان سياقتى جەرلەرگە بارىپ، تىڭ يگەرۋدى ناق مايداندا تەكسەرۋگە بۇيىرادى. لين زىشۇي بارعان جەرىنىڭ بارلىعىندا سۋدى، جەردى بارلاپ، سۋ يگىلىگى ينجەنەرياسىنىڭ ساپاسىن قاتاڭ يگەردى. لين زىشۇي جولدا تۇرپاننان وتكەن كەزدە، «كارىزگە» ەرەكشە ٸسۇيىندى ٴارى ونى بارىنشا جالپىلاستىردى. «توقسۇن جانە يلانىلىق سياقتى جەرلەردە وزەن ارناسىن ارشىپ، ديقاندار ەگىنجايىن سۋاردى، كەرىزدى كوپ قازدىرىپ، وزەن سۋىنىڭ جەتىسپەۋىن باسەڭدەتىپ»، تۇرپان ايماعىنىڭ سۋارىلمالى جەر كولەمىن كەڭەيتتى. «بۇگىنگە دەيىن كەرىزدەر قاتار ٴتىزىلىپ، ونىڭ پايداسى شەكسىز بولدى»[③]. «قازىرگە دەيىن ەل ـ جۇرت وتكەن ىستەردى

① چي سىحى، لين شۋحۇي قاتارلىلار قۇراستىرعان: «جۇڭگونىڭ تاياۋ زامان تاريحي ماتەريالدار توپتاماسى. اپيىن سوعىسى. بۇيانتاي ٴبولىمى (3)» 3 ـ كىتاپ، شاڭحاي: شاڭحاي حالىق باسپاسى، 1957 ـ جىل، 512 ـــ 513 ـ بەتتەر.

② ۋاڭ جۇڭحان تىنىس بەلگىسىن قويىپ، رەداكسيالاعان: «چيڭ پاتشالىعى تاريحى عۇمىرنامالارى. بۇيانتاي باياني»، 14 ـ كىتاپ، بەيجيڭ: جۇڭحۋا شۋجۇي باسپاسى، 1987 ـ جىل، 4232 ـ بەت.

③ جۇڭگو قوعامدىق عىلىمدار اكادەمياسى جۇڭگو شەكارا ٴوڭىر تاريح ـ جاعراپيا زەرتتەۋ ورتالىعى قۇراستىرعان: «شينجياڭنىڭ اۋىل ـ قىستاق شەجىرەسى. ٴپىشان اۋدانىنىڭ اۋىل ـ قىستاق شەجىرەسى»، بەيجيڭ: مەملەكەتتىك كىتاپحانا جازبا دەرەكتەردى كىشىرەيتىپ ـ كوبەيتىپ باسۋ ورتالىعى، 1990 ـ جىل، 247 ـ بەت.

تاريحي ماتەريالعا قايتا ٴۇڭىلۋ

داۋگۋاڭ جىلناماسىنىڭ 25 ـ جىلى (1845) 1 ـ ايدىڭ 19 ـ كۇنى، لين زىشۇي تۇرپانعا تۇڭعىش رەت باردى. ول بىلاي دەپ جازادى: «جول بويى كوپ شۇڭقىر، بۇل نە دەپ سۇراعانىمدا ‹كارىز› دەپ جاۋاپ بەردى... سۋ جەر استىنان شىعىپ، ٴبىر ـ بىرىنە جالعاسىپ كەتە بەرەدى ەكەن، راسىندا وي جەتپەيتىن ٴىس». «شينجياڭ قاريتالى دەرەگىندە» : لين زىشۇي ٴمانسابىنان الىنىپ، ىلەگە جەر اۋدارىلىپ جىبەرىلگەننەن كەيىن، وڭتۇستىك شينجياڭدا جەر بارلاپ جۇرگەن كەزدە جولدا تۇرپاننان وتكەندە، «جاۋىن ـ شاشىن از بولعاندىقتان،« جوۋلي »كىتابىنداعى سۋ ىستەتۋ، اتىز ـ ارىق ٴتۇزىمى بۇل جەرگە ۇيلەسپەيتىندىگىن »بايقاپ، جەردى كارىز ارقىلى سۋارۋدى بارىنشا جالپىلاستىرىپ، «قاعىر جەردى قۇنارلى توپىراققا اينالدىردى». 1845 ــ 1877 ـ جىلعا دەيىن لين زىشۇيدىڭ جەبەۋىندە، تۇرپان،ٴپىشان، توقسۇن سياقتى جەرلەردە جاڭادان 300 دەن استام كارىز قازىلدى. ٴپىشاننىڭ شىقتىم قالاشىعىندا قازىر 60 نەشە كارىز بار، ارحەولوگيالىق زەرتتەۋگە نەگىزدەلگەندە، مۇنىڭ كوبى لين زىشۇي تۇرپانعا بارعاننان كەيىن قازىلعان ەكەن. لين زىشۇيدىڭ ەڭبەگىن ەسكە الۋ ٴۇشىن، جەرگىلىكتى بۇقارا كارىزدى «لين توره كارىزى» دەپ اتاعان.

ىسكە الىپ، ەرەكشە ەڭبەگىن ساعىنىشپەن اڭگىمەلەيدى »[1]. لين زىشۇيدىڭ كەرىزدى جالپىلاستىرعان ەڭبەگىن ەسكە الۋ ٴۇشىن، جەرگىلىكتى ورىنداعى بۇقارا كارىزدى «لين توره كارىزى» دەپ اتاعان.

چيڭ پاتشالىعى ۇكىمەتى ٴار ۇلت ارمياسى مەن حالىقتىڭ ٴوندىرىس، تۇرمىس جانە سوعىس كولىگى قاجەتىن شەشۋ ٴۇشىن، ىلە، ٴۇرىمجى، باركول، تارباعاتاي سياقتى جەرلەردە ۇكىمەت باسقارۋىنداعى شاحنالىق تۇلىك شارۋاشىلىقتارىن قۇرعان. مىسالى، 1760 ـ جىلدان باستاپ، چيڭ پاتشالىعى ۇكىمەتى ىلە وڭىرىندە ىلگەرىندى ـ كەيىندى جىلقى، سيىر، قوي،

① جۇڭگو قوعامدىق عىلىمدار اكادەمياسى جۇڭگو شەكارا ٴوڭىر تاريح ـ جاعراپيا زەرتتەۋ ورتالىعى قۇراستىرعان: «شينجياڭنىڭ اۋىل ـ قىستاق شەجىرەسى.تۇرپان توتە قاراستى مەڭگەرمەسىنىڭ اۋىل ـ قىستاق شەجىرەسى»، بەيجيڭ: مەملەكەتتىك كىتاپحانا جازبا دەرەكتەردى كىشىرەيتىپ ـ كوبەيتىپ باسۋ ورتالىعى، 1990 ـ جىل، 232 ـ، 233 ـ بەتتەر.

تۇيە شارۋالىقتارىن قۇرىپ، وسى جەردەگى ويرات، شاھار، سىبە، سولاڭ، ت.ب. اسكەري توراقتارعا بەرگەن. داۋگۋاڭ جىلناماسىنىڭ العاشقى جىلدارىندا ىلەدەگى ٴارقايسى مال شارۋالىقتاردا 50 مىڭنان استام جىلقى، 17 مىڭ 800 دەن استام سيىر، نەشە 100 مىڭ قوي، تاعى نەشە مىڭ تۇيە بولعان ەكەن. بۇدان سىرت، تيانشان تاۋىنىڭ وڭتۇستىك بولىگىندەگى قۇمىل، قاراشارى، كۇشار، ٴۇشتۇرپان، قاشقار سياقتى جەرلەردە چيڭ پاتشالىعى ۇكىمەتى تاعى دا ٴتۇرلى كولەمدەگى تۇلىك شارۋالىقتارىن قۇرىپ، ٴارقايسىسىندا نەشە ون باستان نەشە ٴجۇز باسقا دەيىن جىلقى بولعان. بۇل مال شارۋاشىلىقتارى اۋىل شارۋاشىلىق ٴوندىرىسىن قىرۋار ەگىس كولىكپەن قامداپ، شينجياڭنىڭ مال شارۋاشىلىق وندىرىسىنە نەگىز سالدى ٴارى شەكارا قورعانىسىندا تۇرعان اسكەرلەردى ٴمىنىس اتپەن قامدادى.

چيڭ پاتشالىعى شينجياڭدى بىرلىككە كەلتىرگەننەن كەيىن، شينجياڭ ٴوڭىرىنىڭ ورتا جازىق وڭىرىمەن بولعان ساۋدا ـ ساتىعى كۇننەن ـ كۇنگە جاندانا ٴتۇستى. سول تۇستاعى ورتا جازىق ٴوڭىرى مەن شينجياڭنىڭ ساۋدا جولى باستىسى مىناداي ەكەۋ بولاتىن: ٴبىرىنشى، جىلي، سانشيدىڭ ساۋداگەرلەرى جۇرەتىن سولتۇستىك جول، ەكىنشى، شانشي ـ گانسۋ ساۋداگەرلەرى جۇرەتىن باتىس جول. ورتا جازىق وڭىرلەردىڭ جەكە ساۋداگەرلەرى شينجياڭعا تاسيتىن زاتتارى شاي، تورعىن ـ تورقا سياقتى تۇرمىسقا ىستەتىلەتىن تۇتىنۋ بۇيىمدارى نەگىز ەتىلدى، جول ىركىلىسسىز بولعاندىقتان، تەڭىز جاعالاۋىنىڭ جانە وڭتۇستىكتىڭ زاتتارىن دا شينجياڭ بازارىنان كورۋگە بولاتىن. جي شياۋلاننىڭ ىستەلگىندە: «تەڭىز ونىمدەرى بەيجيڭنەن گۇيحۋا قالاسىنا (سولتۇستىك جول ارقىلى كەلەتىن ساۋداگەرلەر)، ودان سولتۇستىك ساۋداگەرلەرى وسىندا جەتكىزەدى ەكەن»، «گانجۇي جەمىسى دە بار، ٴبىراق، قىمبات ەدى»[1] دەپ جازىلعان. شينجياڭ ٴوڭىرىنىڭ جەرگىلىكتى ەرەكشە ونىمدەرى دە باسقا وڭىرلەردىڭ ساۋداگەرلەرى ارقىلى ورتا جازىق وڭىرىنە اپارىلعان. شينجياڭ وڭىرىندەگى ٴارقايسى از ۇلت تارتۋ ـ تارالعى اپارۋ نەمەسە ساۋدا جاساۋ ارقىلى، شينجياڭ ٴوڭىرىنىڭ مال، تەرى ـ تەرسەك، قاس تاسى سياقتى ەرەكشە ونىمدەرىن تارتۋ ـ تارالعى ەتۋ تاسىلىمەن چيڭ پاتشالىعى ۇكىمەتىمەن ۇكىمەت ساۋداسىن جۇرگىزدى نەمەسە باسقا وڭىرلەردەگى ساۋداگەرلەرمەن تىكەلەي ايىرباس جاساپ، قىرۋار تورعىن ـ تورقا،

① (چيڭ) جي يۇن جازعان، سۇن جىجۇڭ قاتارلىلار تىنىس بەلگىسىن قويىپ، رەداكسيالاعان: «جي شياۋليان شىعارمالار جيناعى. ٴۇرىمجى ەركىن ۇيقاس ولەڭدەرى»، 1 ـ كىتاپ، شىجياجۋاڭ: حىبەي وقۋ ـ اعارتۋ باسپاسى، 1995 ـ جىل، 604 ـ، 605 ـ بەتتەر.

چيانلۇڭ تۇڭباۋى

كەزدەمە، شاي سياقتى زاتتاردى الدى. باسقا ولكەلەردەگى ساۋداگەرلەر تورعىن ـ تورقا، كەزدەمە، شاي، تەمىر قۇرال ـ سايمان، ٴدارى ماتەريالدارى، قىش ىدىستار، سونداي ـ اق ٴار ٴتۇرلى تۇرمىستىق بۇيىمداردى ۇزبەي شينجياڭعا جەتكىزىپ تۇردى. سۋجوۋ، حاڭجوۋ، جياڭنيڭ سياقتى ٴۇش تورعىن وندىرەتىن ورىن ارناۋلى شينجياڭداعى از ۇلتتار ٴۇشىن مىڭداعان، ون مىڭداعان تاي ـ تاي تورعىن ٴوندىردى. وڭتۇستىكتەگى كوپتەگەن ولكە ـ رايونداردان ٴار جىلى 100 مىڭ تايدان استام شاي شينجياڭ ولكەسىندە ساتىلدى.

ساۋدا بارىس ـ كەلىسىنىڭ جيىلەۋىنە ىلەسە، چيڭ پاتشالىعى ۇكىمەتى ىلگەرىندى ـ كەيىندى شينجياڭدا جەتى ورىننان جارماق قۇيۋ مەكەمەسىن قۇردى، ولار جەكە ـ جەكە: ياركەن مەكەمەسى، اقسۋ مەكەمەسى، ٴۇشتۇرپان مەكەمەسى، كۇشار مەكەمەسى، قاشقار مەكەمەسى، ىلە مەكەمەسى، ديحۋا مەكەمەسى. مۇنىڭ ىشىندە الدىڭعى بەسەۋى وڭتۇستىك شينجياڭداعى جارماق قۇيۋ مەكەمەسى بولىپ، قىزىل جارماق قۇيادى؛ سوڭعى ەكەۋى سولتۇستىك شينجياڭداعى جارماق قۇيۋ مەكەمەسى بولىپ، ورتا جازىقپەن بىردەي جارماق قۇيادى. اقشانىڭ بىرلىككە كەلۋى مەن تاراتىلۋى ساۋدانىڭ دامۋىنا شارت ـ جاعداي جاراتتى.

چيڭ پاتشالىعى شينجياڭدى بىرلىككە كەلتىرگەننەن كەيىن، اۋىل شارۋاشىلىق ەكونوميكاسى دامىپ، جان سانى كوبەيىپ، قالا ـ قالاشىق ەكونوميكاسىنىڭ وركەندەۋى مەن دامۋىن جەبەدى. شينجياڭنىڭ قالا ـ قالاشىعى تيانشان تاۋىنىڭ سولتۇستىك جولى مەن تيانشان تاۋىنىڭ وڭتۇستىك جولى دەپ ەكى تيپكە بولىنەدى. تيانشان تاۋىنىڭ سولتۇستىك جولىنداعى قالا ـ قالاشىقتار باستىسى ىلە، ٴۇرىمجى، شونجى، باركول قاتارلىلار. بۇل قالا ـ قالاشىقتار چيڭ پاتشالىعى شينجياڭدى بىرلىككە كەلتىرگەننەن كەيىن قۇرىلعان، بارلىعىندا مانجۋ جامبىلى مەن حانزۋ جامبىلى بار. قالا قۇرىلىسى ورتا جازىقتىڭ ۇلگىسى بويىنشا سالىنعان، تۇرعىنداردىڭ كوپ ٴبولىمى باسقا ولكەلەردەن كوشىپ كەلگەن مانجۋ ۇلتى، حانزۋ ۇلتى، موڭعۇل ۇلتى، ت.ب. لار. تيانشان تاۋىنىڭ وڭتۇستىك جولىنداعى قالا ـ قالاشىقتار باستىسى ياركەن، قاشقار، اقسۋ، حوتان، ٴۇشتۇرپان قاتارلىلار. بۇل قالا ـ

قالاشىقتار بۇرىنعى بار نەگىزىندە قايتا سالىنعان نەمەسە كەڭەيتىلگەن. تيانشان تاۋىنىڭ وڭتۇستىگىندەگى قالالار قۇرىلىسىنىڭ جولىنداعى قالا ـ قالاشىقتاردىڭ كوبىندە ۇيعۇر كونە جامبىلى مەن حانزۇ جامبىلى بار. ۇيعۇر كونە جامبىلدارى كونە قالا، حانزۇ جامبىلدارى جاڭادان سالىنعان. ۇيعۇر جامبىلىندا نەگىزىنەن ۇيعۇر ۇلتى تۇرعىندارى تۇرادى، حانزۇ قالاشىعىندا كوبىندە حانزۇ ۇلتى، حانجۇ ۇلتى، ت.ب. تۇرعىندار تۇرادى. جوعارىدا باياندالعان قالا ـ قالاشىقتاردان سىرت، قاراشارى، كۇشار، يىڭسارلار دا بارىنشا دامىعان. قالا ـ قالاشىقتىڭ سالىنۋى مەن دامۋى ءار ۇلت حالقى اراسىنداعى ەكونوميكالىق بايلانىس كۇشەيگەندىگىن ايگىلەيدى.

شينجياڭنىڭ جەرى كەڭ، ادامى از، ەكونوميكالىق دامۋى ءبىرشاما مەشەۋ، قازىنا كىرىسى ماردىمسىز بولعاندىقتان، ءۇزىن ـ ءۇزى قامداي الماعان، باستى شىعىستارىن توگەلدەي ورتالىق ۇكىمەت پەن باسقا جەرلەردەگى ءارقايسى ولكە جاردەمدەسىپ بوساتىپ وتىرعان. بۇل قارجىلاردى باستىسى شينجياڭدا تۇراتىن اسكەرلەردىڭ ازىق ـ تۇلىك جانە جالاقىسى رەتىندە تاراتقان، سوندىقتان، تاريحتا «جاردەماقى» دەپ اتالعان. 1840 ـ جىلى اپيىن سوعىسى تۇتانعاننان كەيىن، چيڭ پاتشالىعى ۇكىمەتىنىڭ قازىنا داعدارىسى ۇزدىكسىز ۇدەپ، شينجياڭعا بەرىلەتىن جاردەماقى دا بىرەسە ءۇزىلىپ، بىرەسە جالعاسىپ، ارميا قۇرىلىسى مەن شەكارا قورعانىسىن نىعايتۋعا تىكەلەي ىقپال جاسادى.

شينجياڭ ءوڭىرىنىڭ وتانىمىزدىڭ باسقا وڭىرلەرىمەن بولعان ەكونوميكالىق اۋىس ـ كۇيىسى، شينجياڭنىڭ ەكونوميكاسىن دامىتۋ، سونداي ـ اق وتانىمىزدىڭ قوعامدىق، ەكونوميكالىق دامۋىن جەبەۋدە بەلسەندى رول اتقاردى.

ەكىنشى، شينجياڭ ولكە بولىپ قۇرىلعاننان كەيىنگى ەكونوميكا مەن تاياۋ زامان ونەركاسىبىنىڭ جارىققا شىعۋى

اپيىن سوعىسىنان كەيىن، شينجياڭ ىشكى ـ سىرتقى اپات، سونداي ـ اق ۇزاق ۋاقىتتىق سوعىس لاڭى مەن اۋمالى ـ توكپەلى جاعدايدى باستان كەشىردى، اسىرەسە، ياقۇپبەك پەن پاتشالىق رەسەيدىڭ شاپقىنشىلىعى شينجياڭنىڭ قوعامىن، ەكونوميكاسىن بۇرىن بولىپ كورىلمەگەن دارەجەدە اۋىر زيانعا ۇشىراتتى. شينجياڭنىڭ قالا ـ قورعاندارىنىڭ كوبى ويراندالدى، جەر ـ جەردەگى اسكەري قولباسىلارى مەن جاساقتارىنىڭ تۇراعى جانە قامبالارىنىڭ كوبى تالقاندالدى. چيڭ پاتشالىعى ارمياسى شينجياڭدى قايتارىپ الىپ، زو زۇڭتاڭ قوسىنى قاراشارعا بارعان كەزدە، بۇل جەردى «سۋ باسىپ كەتكەنىن، ۇكىمەت

ورىنداری مەن تۇرعىنداردىڭ قوراجايى تىپ - تيپىل بولعانىن كوردى»، قاراشاردەن كورلاعا دەيىنگى وڭىردە «جول بويىنداعى تۇرعىنداردىڭ قوراجايى تۇگەلدەي ورتەنگەن، بىردە - ٴبىر تۇرعىن جوق»، ال، كورلادا «قىبىر ەتكەن جان كورىنبەيدى، قالا بوس قالعان»①. تيانشاننىڭ وڭتۇستىگى مەن سولتۇستىگىندەگى بارلىق جەر ويراندالىپ ايانىشتى حالگە تۇسكەن. سۋ قۇرىلىسى ۇزاق جىلدار بويى جوندەلمەگەندىكتەن، «سۋ يگىلىگى قۇرىلعىلارى بۇزىلىپ، ەگىستىكتەر اق قالعان»②، وزەن سۋلارى تاسىپ بارلىق جەردى سۋ باسىپ كەتكەن. قاشقار وزەنىندەگى لۇڭكوۋ كوپىرىنىڭ جوعارعى اعارىندا شامامەن 20 شاقىرىمداي جەردەن سۋ ورىپ كەتىپ، «وزەن سۋى ۇدەرىق تەكشەلەرىنە قاراي اعىپ»، وزەنىنىڭ تومەنگى اعارىنا سۋ كەلمەي، «توعاندار كونەرىپ ىستەن قالىپ، قۋاڭشىلىق جانە سۋ اپاتىنان ساقتانۋ دايىندىعى بولماعاندىقتان، جەر اق قالعان»③. ىلەدەگى ايگىلى توعىز قامالدىڭ ىشىندە، ىلە جياڭجۇنى تۇرعان حۋيىيان (كۇرە) قامالى پاتشالىق رەسەيدىڭ شابۋىل جاساۋى مەن ۇزاق ۋاقىتتىق سوعىس ىلىقپالىعى سالدارىنان «جامبىلدىڭ باتىس، وڭتۇستىك ەكى قابىرعاسىن سۋ قۇلاتىپ، قورعان ىشىندەگى استىق قامباسى، ۇكىمەت ورىندارى، اسكەرلەر تۇراعى تىپ - تيپىل بولعان». بايانداي، قورعاس، سۇيدۇڭ (قازىرگى قورعاس)، تالقى، جاندي، شيچۇن، گۋاڭرىن سياقتى كوپ قامالداردىڭ «ويرانى شىققان» نەمەسە «قامال قورعانى مەن قاراۋىل نەكشەلەرى قۇلاپ قاتتى ويراندالعان». «ىلەدە بۇرىن كوپ تىڭ يگەرىلىپ، ەگىنجاي كوپ بولاتىن، قازىر بارلىعىن جابايى ٴشوپ باسىپ، اق قالعان»④.

شينجياڭدى قايتارىپ الۋ بارىسىندا، چيڭ پاتشالىعى ارمياسى قايتارىپ العان جەرلەرگە كەيىنگى جۇمىستاردى ىڭعايلاستىرۋعا جاۋاپتى ادامدى دەرەۋ جىبەرىپ، ەسەپ انىقتاۋ،

---

① (چيڭ) زو زۇڭتاڭ جازعان، لو ۋىنحۋا تىنىس بەلگىسىن قويىپ، رەداكسيالاعان: «زو زۇڭتاڭ شىعارمالار جالپى جيناعى. داتتەمە (6)» چاڭشا: يۋەلۋ باسپاسى، 1992 - جىل، 756 - بەت.

② (چيڭ) ۋي گۋاڭتاۋ جازعان، ٴادىل عىنني، گاۋ يۋە تىنىس بەلگىسىن قويىپ، رەداكسيالاعان: «شينجياڭدى تىنىشتاندىرۋ ەستەلىگى. سوڭعى جۇمىسى ٴبولىمى». حاربين: حيلۇڭجياڭ وقۋ - اعارتۋ باسپاسى، 2014 - جىل، 133 - بەت.

③ (چيڭ) ليۋ جينتاڭ جازعان، ياڭ يۇنحۇي تىنىس بەلگىسىن قويىپ، رەداكسيالاعان: «ليۋ جينتاڭ داتتەمەلەرى»، چاڭشا: يۋەلۋ باسپاسى، 2013 - جىل، 52 - بەت.

④ (چيڭ) ۋاڭ يان - ۋي، ۋاڭ لياڭ قۇراستىرعان، لي يۇيمين، ليۋ ليمين قاتارلىلار تىنىس بەلگىسىن قويىپ، رەتتەگەن: «چيڭ پاتشالىعىنىڭ سوڭعى داۋىرىندەگى ديپلوماتيالىق تاريحي ماتەريالدار» 2 - كىتاپ، چاڭشا: حۋنان شىفان داشۋە باسپاسى، 2015 - جىل، 516 - بەت.

ديقانداردى ىزىنە تارتۋ، اۋىل شارۋاشىلىق جابدىقتارىن جيناۋ جانە تاراتۋ سياقتى ىستەرمەن شۇعىلداندى. شينجياڭدى قايتارىپ العانىنان كەيىن، ليۋ جينتاڭ قاتارلىلار تاعى دا توعان ارنالارىن اشۋ، وتباسىلارىنا قاراي ەگىستىك جەر بەرۋ، اسكەرلەردىڭ تىڭ يگەرۋىن كۇشەيتىپ قالدىرۋ، سۇرگىندەر تىڭ يگەرۋدى حالىق تىڭ يگەرۋگە وزگەرتۋ سياقتى ساياساتتاردى كۇش سالا اتقاردى. ليۋ جينتاڭ جاۋاپتى بولعان ياركەن وزەنى مەن قاشقار وزەنىن تىزگىندەۋ، ۇرمجى باقىلاۋلى جين يۇڭچاڭنىڭ باقىلاۋىندا جاسالعان گۇڭشىڭ توعانى سياقتىلار شينجياڭنىڭ سۋ يگىلىگى قۇرىلىستارىن جاقسارتۋ جانە اۋىل شارۋاشىلىعىن قالپىنا كەلتىرۋدە اسا ماڭىزدى رول اتقارىپ، جەرى جوق قىرۋار ديقاننىڭ الاڭسىز تۇرمىس كەشىرۋىن جەبەدى. ەكونوميكانى بىرتىندەپ قالپىنا كەلتىرۋمەن ٴبىر ۋاقىتتا، چيڭ پاتشالىعى ۇكىمەتى كەزبەلەردى بەلسەنە جيناپ، باسقا ولكەلەردەگى تۇرعىنداردى شينجياڭعا كوشىپ كەلۋگە شابىتتاندىرىپ، بۇرىنعى باسقا ولكەلەردەگى حالىقتىڭ شينجياڭعا قونىس اۋدارۋ شەكتەمەسىن كۇشىنەن قالدىرىپ، ٴارقايسى ولكەدەگى جەرى جوق تۇرعىنداردىڭ شينجياڭعا كوشىپ كەلىپ، ەگىنشىلىكپەن شۇعىلدانۋ جارلىعىن ٴتۇسىرىپ، كوشپەندىلەردىڭ كوبىن جىندي، ىلە ـ تارباعاتاي بۇلىقتارىنا ورنالاستىرىپ، ەگىن ەكتىردى.

شينجياڭ ولكە بولىپ قۇرىلعانىنان كەيىن، بەكتىك ٴتۇزىم جويىلىپ، بەكتەردىڭ بۇرىنعى جەر باجىسىن جالپى بەتتىك جينايتىن ەرەكشە ۇقىعى كۇشىنەن قالدىرىلدى. قىرۋار باسىبايلى ديقان بەكتەردىڭ تىكەلەي مەڭگەرۋىنەن قۇتىلىپ، مەملەكەت تىزىمىندەگى ديقانعا اينالىپ، مەملەكەتكە تىكەلەي ٴتۇتىن باجىسىن تاپسىردى. سونىمەن بىرگە، چيڭ پاتشالىعى ۇكىمەتى كونە باجى تاپسىرۋ ٴتۇزىمىن رەفورمالاپ، ونىنان ٴبىر ۇلەس بويىنشا باجى جيناۋ ٴتۇزىمىن قولداندى. 1887 ـ جىلى شينجياڭدا جالپى بەتتىك جەر باجىسى رەفورماسى جۇرگىزىلدى. ٴبىرىنشى، ديحۋا، سانجى، فۋكاڭ، سۇيلاي، شونجى، تۇرپان، جەمسارى قۇتىبي سياقتى جەرلەردە جوعارى، ورتا، تومەن سورتتى جەر مۇ سانى بويىنشا باجى الىندى. جوعارى سورتتى جەردىڭ ٴار مۇىنان 7 شىڭ، ورتا سورتتى جەردەن 4 شىڭ، تومەن سورتتى جەردەن 3 شىڭ استىق باجى الىنىپ، بۇرىنعى زيان شەگىنى دەيتىن سىلتاۋمەن قوسىمشا باجى سالۋ كۇشىنەن قالدىرىلدى؛ ەكىنشى، بەكتەردىڭ قامداۋ مەنشىك جەرىن ۇكىمەتكە قاراتىپ، كوتەرمەگە بەرىپ ەكتىرىپ، ونىنان ٴبىر ۇلەس بويىنشا ٴبىر تۇتاس باجى جينادى. ٴۇشىنشى، شينجياڭدا جوعارى سورتتى جەردىڭ ٴار مۇى 4 ـــ 5 شىڭ، ورتا سورتتى جەردىڭ ٴار مۇى 3 شىڭ، تومەن سورتتى جەردىڭ ٴار مۇى 1 ـــ 1.5 شىڭ بولىپ، سول

كەزدەگى تىلڭ يگەرگەن ٴارقايسى ورىن جاعدايعا قاراي باجىنى جوعارىلاتۋدى بەلگىلەدى. ۋي گۋاڭتاۋ شينجياڭدا ولكەناي بولىپ تۇرعان تۇستا، لوپنۇر وڭىرىنەن تىلڭ يگەرۋ جونىندە داتىناما جولداپ، ۇيعۇر، حانزۋ، حۇيزۋ قاتارلى ۇلتتاردىڭ بۇقاراسىن اكەلىپ، تارىم وزەنىنىڭ تومەنگى اعارىنداعى كەڭ ٴوڭىردى اشتى. چيڭ پاتشالىعىنىڭ سوڭعى داۋىرىنە كەلگەندە، تيىنجياڭ ٴوڭىرىنىڭ ەگىستىك جەر كولەمى 10 ميلليون 550 مىڭ مۋ بولىپ[1]، تاريحتاعى ەڭ جوعارى ورەگە جەتتى. جۇگەرى، كۇرىش، قىشى جانە كۇنجىت سياقتى داقىلدار كەڭ كەۋلەمدە جالپىلاسىپ، ماقتا ەگۋ، تۇت اعاشىن ٴوسىرىپ، جىبەك قۇرتىن باعۋ ٴادىسى جاقساردى، استىق ٴوندىرىسىنىڭ بىرلىك ٴونىم مولشەرى مەن ەڭبەك ٴوندىرىس سايىستىرماسى بارىنشا جوعارىلادى.

ەكونوميكالىق داقىلدار كوبەيدى. حۋنان اسكەرلەرى مەن زور مولشەردەگى حانزۋلاردىڭ شينجياڭ وڭىرىنە كىرۋىنە بايلانىستى، ولار باسقا وڭىرلەردەن الا كەلگەن كوكونىستەر دە تيىلشان تاۋىنىڭ وڭتۇستىگى مەن سولتۇستىگىنە ەگىلە باستادى. اسىرەسە، تيانجيندىقتار الا كەلگەن جىلىجايدا ەگۋ ٴادىسى ٴبىر توپ قالا ماڭى كوكونىسشى ديقاندارى جارىققا شىعاردى. قىستا كوكونىس ۇراسىن قازىپ، كوكونىس مايساسىن ٴوسىرىپ، كوكتەمدە توڭ جىبىگەننەن كەيىن، ەگىستىككە كوشىرىپ ەككەندىكتەن، كوكتەم كەلىسىمەن كوكونىستەر بازارعا سالىندى.

تۇت اعاشىن ەگىپ، جىبەك قۇرتىن باعۋعا شابىتتاندىردى. وسى تۇستا، وڭتۇستىك شينجياڭنىڭ جىبەك قۇرتىن باعۋ شارۋاشىلىعى مەن جىبەك تالشىقتاۋ كاسىبى دە بەلگىلى دارەجەدە دامىدى. 1880 ـ جىلى زو زۇڭتاڭ جىجياڭنىڭ حۋجوۋ ايماعىنان جىبەك قۇرتىن باعۋ كاسىبىنە قانىق 60 ادامدى، تۇت اعاشى قالامشاسى، جىبەك قۇرتى تۇقىمى، جىبەك قۇرتى جابدىقتارىمەن قوسا قۇمىل، تۇرپان، كۇشار، اقسۋ سياقتى جەرلەرگە اكەلىپ، مەكەمە قۇرىپ تۇت اعاشىن ەگىپ، جىبەك قۇرتىن باعۋ سىندى وزىق تەحنيكانى ۇيرەتتى. كورنەكتى ناتيجەگە قول جەتكىزگەننەن كەيىن، ليۋ جينتاڭ بۇل تەحنيكانى جالعاستى قاشقار، ياركەن، حوتان سياقتى جەرلەرگە مەكەمە قۇرىپ جالپىلاستىردى. بۇل كاسىپپەن شۇعىلداناتىن ۇيعۇر ديقاندارى كۇننەن ـ كۇنگە كوبەيدى، تەك لوپ، كەريا، گۋما سياقتى جەرلەردە جىبەك

① ۋاڭ شۋنان قاتارلىلار قۇراستىرعان، جۋ يۇيليڭ قاتارلىلار رەتتەگەن: «شينجياڭ قاريتالى دەرەگى. باجى (二)»، شاڭحاي : شاڭحاي بايىرعى شىعارمالار باسپاسى، 2017 ـ جىل، 588 ـ بەت.

كەزدەمەسىن توقۋ ماشيناسىن جۇرگىزەتىن ۇيعۇر وتباسى 1200 دەن اسقان. ولار وندىرگەن تورعىن ـ تورقالاردىڭ جۇمساقتىعى جياڭسۋ، جىجياڭنىڭ جىبەك دۇرياسىمەن بىردەي بولعان. 1911 ـ جىلعى تەكسەرۋگە نەگىزدەلگەندە، حوتان ايماعىندا قاراستى وڭىردە 2 ميلليون تۇپكە تاياۋ تۇت اعاشى بار بولىپ، ۇلى بريتانيا مەن رەسەيگە قۇنى شامامەن 70 نەشە مىڭ ٴسارى كۇمىس اقشاعا تۋرا كەلەتىن 270 مىڭ جىڭ ٴپىللا، قۇنى شامامەن 12 مىڭ 250 ٴسارى كۇمىس اقشاعا تۋرا كەلەتىن مولشەرمەن 80 مىڭ جىڭ جىبەك ساتقان.

مال شارۋاشىلىعى دا قالپىنا كەلدى جانە دامىدى. چيڭ پاتشالىعى ۇكىمەتى باركول شاحنالىق جىلقى شارۋالىعىن قايتا قۇردى، شاپشالدا ىلە اسكەري جىلقى شارۋالىعىن جاڭادان اشتى.

گۋاڭشۋي جىلناماسىنىڭ العاشقى جىلدارىندا، ٴورىس باقىلاۋشى زو زۇڭتاڭ جيايۇيگۋانان بەرى اسقان كەزدە، كوپتەگەن ساۋداگەرلەر قوسىنمەن بىرگە باتىسقا جورىق سapارىنا شىققان ەدى، سول كەزدە مۇنى «قوسىنعا ىلەسۋ» دەپ اتاعان. بۇل ادامدار ٴاسىلى تۇيەگە ارتىپ، ٴيىن اعاشپەن كوتەرىپ ساۋدا جاسايتىن ۇساق ساۋداگەرلەر بولىپ، نەگىزىنەن جورىققا اتتانعان اسكەرلەردى كۇندەلىكتى تۇرمىستىق بۇيىمدارمەن قامداعان، كەيىنىرەك تيانشان ناۋىنىڭ وڭتۇستىگى مەن سولتۇستىگىنە تارالىپ، بەيجيڭ (تيانجين)، سانشي، حۇنان، گۋاڭدۇڭ، حىنان، سىچۋان، شانشي، گانسۋدان قۇرالعان سەگىز ٴىرى ساۋداگەرلەر توبىن قالىپتاستىردى، مۇنىڭ ىشىندە تيانجيندىق ساۋداگەرلەر كوپ بولاتىن. «شينجياڭنىڭ قاريتالى دەرەگىندە»: «گۋاڭشۋي جىلناماسىنىڭ العاشقى جىلدارى، ۇرىس باقىلاۋشى جورىققا قايتا اتتاندى، حۇنان ارمياسى قۇملعا كەلىپ جايعاستى. ول كەزدە توڭىرەكتىڭ ٴتورت بۇرىشىندا بەكىنىس كوپ بولىپ، زات جەتكىزۋ قيىن، تەك، تيانجيندىك ساۋداگەرلەر عانا باس بولىپ، قارلى بورانعا، جاۋگەرشىلىك سوعىسقا قاراماي، قالىڭ قولمەن بىرگە باتىسقا بەت الدى. قوسىندا استىق ـ قارجى مول، قولعا تۇسكەن ولجا دا كوپ، ٴسان ـ سالتاناتقا بەرىلىپ، ۇساق ـ تۇيەكتىڭ بارىمەن ەسەپتەسە بەرمەيدى.

چيڭ پاتشالىعىنىڭ سوڭعى داۋىرىندەگى ٴۇرىمجى داشىزى كوشەسىنىڭ كورىنىسى

سوندىقتان، تيانجيندىق ساۋداگەرلەر وسى ساپاردا ارزان بۇيىمدارىن قىمباتقا ساتىپ، وسىدان ٴال ـ اۋقات جيناپ الدى. مۇنى كورگەن اۋىلداستارى ٴتۇپ قوتارىلا دۇرمەككە ىلەستى، مۇنى، «قوسىنعا ىلەسۋ» دەپ اتادى» دەپ جازىلعان[1].

ولكە قۇرىلعان العاشقى مەزگىلدە، مەملەكەت قورعانىسىن كۇشەيتۋ قاجەتىنە ساي، شينجياڭنىڭ ونەركاسىبى ٴبىرشاما تەز دامىدى. 1885 ـ جىلى ليۋ جينتاڭ شۇيشيگۋ تەمىر زاۋىدىنىڭ كونە جۇرتىنان جاڭادان تەمىر زاۋىد قۇردى، بۇل زاۋىد جىلىنا نەشە ون مىڭ دانا اۋىل شارۋاشىلىق قۇرال ـ سايماندارىن وندىرۋدەن سىرت، ٴشيتى مىلتىق، قاراپايىم زەڭبىرەك، وق، قىلىش ـ جەبە سياقتى اسكەري قارۋ ـ جاراقتى جاسادى. 1897 ـ جىلى شينجياڭنىڭ ولكەنايى راۋ يىڭچي چيڭ پاتشالىعى ۇكىمەتىنە ٴداتنىاما جولداپ، شاڭحايدان قولبومبى، كۇمىس اقشا، مىس اقشا جاسايتىن ماشينا ساتىپ الىپ، ۇرىمجىدەن زاۋىد سالىپ، شينجياڭ ماشينا مەكەمەسىن قۇردى. كەيىن تەحنولوگيا مەكەمەسىن قۇرىپ، تەحنيكتەردى رەسەيگە، گەرمانياعا وزىق تەحنولوگيا ۇيرەنۋگە جىبەردى ٴارى ماشينا ساتىپ الدى. «سونىمەن كونە ٴتۇزىمدى وزگەرتىپ، جەردى كەڭەيتىپ زاۋىد قۇرىپ، ماشينا پەشىن ورنالاستىردى. مۇناي مانەرلەيتىن، بالاۋىز، سابىن، سىرىنكە، ەلەكتر شام، ٴسىلتى جاسايتىن ەكى باس زاۋىد، ٴتورت قوسالقى زاۋىد بار»، «ٴسويتىپ، شينجياڭنىڭ نەشە مىڭ جىلدىق ناشار ادەتى وزگەردى»[2]. جاڭا قولونەركاسىپتەرى دە ەنگىزىلدى، ايتالىق، «قاراشاردا شەتەل بالاۋىز شامىن ۇقساتىپ جاساي الاتىن بولدى»، «كۇشار، باي، ياركەندە شەتەل ٴسىلتىسىن ۇقساتىپ جاساي الاتىن

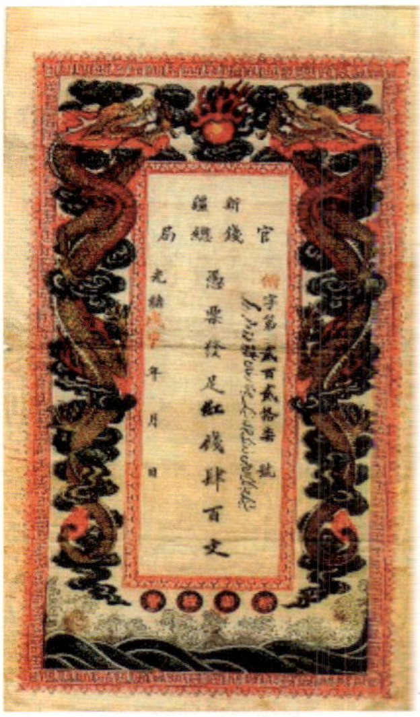

چيڭ پاتشالىعى داۋىرىندەگى ٴنان ايداعار اقشا

چيڭ پاتشالىعى گۋاڭشۇي جىلناماسىنىڭ 34 ـ جىلى (ۋشىن جىلى، 1908) شينجياڭ فينانس باس مەكەمەسى تاراتقان قاعاز اقشا. قاعاز اقشانىڭ ٴتورت جاقتاۋىنا قوس ايداعاردىڭ مەرۋەرت شارمەن ويناپ جۇرگەن سۋرەتى باسىلعان، سوندىقتان، حالىق اراسىندا «ٴنان ايداعار اقشا» دەپ اتالىپ كەتكەن.

---

① ۋاڭ شۋنان قاتارلىلار قۇراستىرعان، جۋ يۇيچي قاتارلىلار رەتتەگەن: «شينجياڭنىڭ قاريتالى دەرەگى . ساۋدا ـ ونەركاسىپ ٴبولىمى (1)». شاڭحاي: شاڭحاي بايىرعى شىعارمالار باسپاسى، 2017 ـ جىل، 579 ـ بەت.

② ۋاڭ شۋنان قاتارلىلار قۇراستىرعان، جۋ يۇيچي قاتارلىلار رەتتەگەن: «شينجياڭنىڭ قاريتالى دەرەگى . ساۋدا ـ ونەركاسىپ ٴبولىمى (2)». شاڭحاي: شاڭحاي بايىرعى شىعارمالار باسپاسى، 2017 ـ جىل، 577 ـ بەت.

بولدى»[1]. بۇلار ادامدار بۇرىن كىر جۋعاندا ىستەتەتىن جايۋداردىڭ ٴىش مايىنان قولدان جاساعان ساقار سياقتىلاردى قوسىپ وندىرەتىن سابىنداردان الدەقايدا وزىق. ىلە ٴجىبىپ ٴيىرۋ فابريكاسى، مايتاۋ مۇناي ايىرۋ زاۋودى، ىلە بىلعارى جاساۋ شەكتى سەرىكتەستىگى، قاشقار التىن كەن سەرىكتەستىگى، ىلە شاي شەكتى سەرىكتەستىگى سياقتى 20 داي ونەركاسىپ كاسىپورنى ارت - ارتىنان قۇرىلدى. بۇل ونەركاسىپ كاسىپورىندارىنىڭ جارىققا شىعۋى شينجياڭنىڭ مەشەۋ بەت - بەينەسىن العاشقى ادىمدا وزگەرتىپ، شينجياڭنىڭ جەرگىلىكتى قازىنا كىرىسى ەداۋىر ارتتى.

تاياۋ زامان ورەكشەلىگىنە يە زاۋود - كەندەر دە ارت - ارتىنان جارىققا شىقتى. مۇنىڭ ىشىندە كولەمى ٴبىرشاما ۇلكەن كەندەردەن تارباعاتاي التىن كەنى، مايتاۋ مۇناي كەنى، فۋيۋان تەمىر كەنى، كەريا التىن كەنى سياقتىلار بار، بۇل زاۋود - كەندەر ۇكىمەت باسقارۋ، ۇكىمەت باقىلاپ سۋداگەرلەر باسقارۋ، ۇكىمەت پەن ساۋداگەر بىرلەسىپ باسقارۋ نەمەسە جەكەلەر ٴوزى باسقارۋ سياقتى فورمالارمەن شارۋاشىلىق جۇرگىزگەن. گۋاڭشۇي جىلناماسىنىڭ 32 - جىلى (1906) چاڭگىڭ نيڭيۋان قالاشىعىندا ىلە تەرى - ٴجۇن سەرىكتەستىگىن قۇرىپ، كۇرەك شاي، جىبەك كەزدەمە ارقىلى موڭعۇل، قازاق مالشىلاردىڭ قوزى - لاق، تايىنشا - تورپاق جانە تەرى - تەرسەك سياقتى مال شارۋاشىلىق ونىمدەرىن ساتىپ الىپ، رەسەيگە ەكسپورت ەتتى. سول جىلى 8 - ايدا، چاڭگىڭ داتتەمە جولداپ شينجياڭ شاي ىستەرى سەرىكتەستىگىن اشتى، باس سەرىكتەستىك حۇيۋاندا قۇرىلىپ، ۇكىمەت پەن ساۋداگەر بىرلەسىپ باسقاردى. وڭتۇستىك شينجياڭنىڭ جىبەك كاسىبى، ىلەنىڭ بىلعارى جاساۋ كاسىبى، مايتاۋدىڭ مۇناي كاسىبى، ت.ب. لار، مىسالى، كومىر قازۋ، كەن اشۋ، مىس قورىتۋ، تەمىر قورىتۋ سياقتى كاسىپتەردىڭ بارلىعى «جاڭا ساياسات» بويىنشا ونەركاسىپتى قۇرۋ بارىسىندا جارىققا شىقتى. بۇل زاۋود - كەندەر كەيىنتىندە شينجياڭنىڭ ەكونوميكاسىن دامىتۋ بارىسىندا ماڭىزدى رول اتقاردى. تاياۋ زامان ونەركاسىبىنىڭ دامۋى مەن ۇلتتىق ونەركاسىپ كاپيتالىنىڭ جارىققا شىعۋىنا ىلەسە، شينجياڭنىڭ تاياۋ زامان قوعامىنىڭ ەكى ٴىرى تابى — ۇلتتىق بۇرجۋازيا تابى مەن جۇمىسشىلار تابى دۇنيەگە كەلدى. «شينجياڭنىڭ قاريتالى دەرەگىندەگى» تولىقسىز ساناققا نەگىزدەلگەندە، شۋانتۇڭ جىلناماسىنىڭ العاشقى جىلىنان

① ۋاڭ شۋنان قاتارلىلار قۇراستىرعان، جۋ يۇيچي قاتارلىلار رەتتەگەن: «شينجياڭنىڭ قاريتالى دەرەگى . ساۋدا - ونەركاسىپ ٴبولىمى (2)». شاڭحاي: شاڭحاي بايىرعى شىعارمالار باسپاسى، 2017 - جىل، 576 - بەت.

(1909) شۋانتوڭ جىلناماسىنىڭ 3 ـ جىلىنا (1911) دەيىن، بۇكىل شينجياڭ بويىنشا ۇنەركاسىپپەن شۇعىلداناتىن ادام 50 مىڭ 853 كە، ساۋدا قيمىلدارىمەن شۇعىلداناتىن ادام 35 مىڭ 587 گە جەتكەن.

بەسىنشى تاراۋشا بۇراڭدىقتار بارىسىندا دامىعان شينجياڭ ۇگىرى مادەنيەتى

چيڭ پاتشالىعىنىڭ العاشقى مەزگىلىندە، بيلەۋشىلەر رۋحياشىلدار جول ـ جوسىنىنا ءمان بەرىپ، ءداستۇرلى مادەنيەتتىڭ گۇلدەنىپ ـ كوركەيۋىن جەبەدى، ءبىراق، مادەنيەت دارا بيلەۋشىلىگىن جۇرگىزىپ، دەموكراتيا مەن عىلىمي رۋحتىڭ جارىققا شىعۋىنا جانە تارالۋىنا تۇساۋ بولدى. اپيىن سوعىسىنان كەيىن، جۇڭحۋا مادەنيەتى تاياۋ زاماندىڭ ساپارىن باستاپ، جاڭا مادەنيەتكە قاراي بۇرىلىس جاسادى. شينجياڭ وڭىرىندە ءىسلام مادەنيەتىنىڭ ءار ۇلت مادەنيەتىنە جاساعان ىقپالى تەرەڭدەي ءتۇستى، ءبىراق، ورتا جازىق مادەنيەتى ءالى دە باستى جەتەكشى ورىندا تۇردى. تاياۋ زامانىنان كەيىن، باتىس ەلدەرى مەن پاتشالىق رەسەي وتارشىلدارىنىڭ شىعىسقا قاراي ىرگە كەڭەيتۋى، ياقۇپبەكتىڭ شاپقىنشىلىق جاساۋى، شينجياڭداعى ءار ۇلت مادەنيەتىنىڭ دامۋىن اۋىر دارەجەدە ويراندادى. شينجياڭ ولكە بولىپ قۇرىلعانىنان كەيىن، چيڭ پاتشالىعى ۇكىمەتى جەر ـ جەردە وقۋ ـ اعارتۋدى جۇرگىزىپ، مەكتەپ اشىپ، ءتۇرلى مادەنيەت قۇرىلعىلارىن قايتا سالىپ جانە قالپىنا كەلتىرىپ، ءار ۇلت مادەنيەتى مەملەكەتتىڭ تۇتاستىعى بارىسىندا تىڭ كوشكە يە بولدى.

ءبىرىنشى، كوپ نەگىزدى توعىسقان شينجياڭ ۇگىرىنىڭ مادەنيەتى

چيڭ پاتشالىعى ـــ شينجياڭ ۇگىرىنىڭ مادەنيەتى دامىعان ماڭىزدى كەزەڭ سانالادى. چيڭ پاتشالىعى ۇكىمەتى مانجۋ ءتىل ـ جازۋىن، حانزۋ ءتىل ـ جازۋىن، ۇيعۇر ءتىل ـ جازۋىن جاپپاي قولدانۋ ساياساتىن اتقاردى، مۇنىڭ ىشىندە حانزۋ ءتىل ـ جازۋى، ۇيعۇر ءتىل ـ جازۋى ـــ ءار ۇلتتىڭ نەگىزگى قارىم ـ قاتىناس ءتىلى بولدى، ال، قازاق ءتىلى دە سولتۇستىك شينجياڭ وڭىرىندە كەڭ كولەمدە قولدانىلدى. كوپتەگەن ۇلتتاردىڭ تىلىندە حانزۋ ـ ۇيعۇر، حانزۋ ـ قازاق، حانزۋ ـ موڭعۇل قاتارلى تىلدەردىڭ قابىسۋ قۇبىلىسى جارىققا شىقتى، مىنە، بۇل شينجياڭداعى ءار ۇلت مادەنيەتىنىڭ توعىسۋىن تەزدەتتى.

ماتەريال تىزبەگى

جي شياۋلاننىڭ سۋرەتى

قار ەرىپ، جول لاي ـ باتپاق بولعاندىقتان، ٴتۇن ورتاسىندا جول قاتقاندا عانا جۇرۋگە كەلەدى. كۇندىز قوناقجايدا جالعىز وتىرىپ، باسقا جۇمىسىم بولماعاندىقتان، جول بويى كورگەن جەر جايى مەن ەل جايىن وي ەلەگىنەن وتكىزىپ، وسى جولى كورگەن ـ بىلگەندەرىمدى سۋرەتتەپ، باركولدەن قۇمىلعا دەيىن 160 ولەڭ جازدىم. ولەڭدەر جيناعىن شىعارىم كەلىپ جيناققا جاقسى ات تابا الماي، سونىمەن «ٴۇرىمجى ەركىن ۇيقاس ولەڭدەرى» دەي سالدىم.

— «ٴۇرىمجى ەركىن ۇيقاس ولەڭىنە» العى ٴسوزى

جي شياۋلان — اتى يۇن (1724 ـ 1805)، قازىرگى حىبەيدىڭ ادامى، چيڭ پاتشالىعى داۋىرىندەگى ساياسي قايراتكەر، ادەبيەتشى. چيالۇڭ جىلناماسىنىڭ 33 ـ جىلى (1768) ۇرىمجىگە سۇرگىندەلىپ، شينجياڭدا ەكى جىلدان ارتىق تۇرعان. شينجياڭدا تۇرعان مەزگىلدەگى كورگەن ـ بىلگەنى مەن كەشىرمەسىنە نەگىزدەلىپ، ول «ٴۇرىمجى ەركىن ۇيقاس ولەڭدەرى»، «ٴۇرىمجى ەستەلىگى» جانە «يۋە ۋي ساۋتاڭ ەستەلىكتەرى» سياقتى تۋىندىلاردى جازعان.

وسى مەزگىلدە، ۇيعۇر مادەنيەتى ادەبيەت، مۋزيكا، ٴبي سياقتى جاقتاردان بەلگىلى دارەجەدە دامىدى. ۇيعۇر ۇلتىنىڭ ٴداستۇرلى مۋزيكاسى «ون ەكى مۇقام» مەن ٴبيى «ٴسانام»، سونداي ـ اق توپتىق كوڭىل اشۋ قيمىلى — ٴماشراپ، ت.ب. لار جاڭا مازمۇن قوسىپ، تىڭ ومىرشەڭدىك كۇشىن تاسقىنداتتى. حۇيزۋدىڭ جايشىلىقتا «تاۋ جىرى» دەپ اتالاتىن «حۋا ـ ر» اتتى حالىق جىرى، ەڭ ەرتەدە نيڭشيا، گانسۋ، چيڭحاي وڭىرلەرىنە تارالعان. «ٴان ادامەن بىرگە جۇرەتىندىكتەن»، «حۋا ـ ر» اتتى حالىق جىرىن باسقا ولكەدەگى حۇيزۋلاردىڭ قونىس اۋدارۋشىلارى شينجياڭ وڭىرىنە الا كەلىپ، 200 نەشە جىلدىق جاڭالانىپ دامۋ ارقىلى، ايقىن وڭىرلىك ەرەكشەلىككە يە بولدى. موڭعۇل، قازاق جانە قىرعىز ۇلتى سياقتى كوشپەلى ۇلتتار دا باي مازمۇندى مادەنيەت جاراتتى. قىرعىز ۇلتىنىڭ «ماناس»، موڭعۇل ۇلتىنىڭ «جاڭعىر» سياقتى ايگىلى حالىق اراسىنداعى داستاندارىنىڭ مازمۇنى بايىدى جانە

ماتەريال تىزبەگى

بالاۋىز شام جىلتىلداپ ٴتۇن ورتاسى بولسا دا، تولعان ايدى قىزىقتاپ سەيىلشىلەر تويمادى. شام جۇمباعىن شەشە الماي، وسىنى دا شىعارعان كۇردەلى ەدى دەدىك تە كۇلدىك ابىز ويلارى. نانشانداعى ساۋداگەر اسقاقتاتىپ شىرقايدى، از ۇلتتاردىڭ اۋەنىن ٴار ۇنىنە كەلتىرىپ. ساعىنعانىن سارعايىپ كىم ايتتى ەكەن جاڭاعى، ٴنارلى موحى ماقامى تەربەپ كوكتى تولتىرىپ. قارسى العانداي ۇلىقتى قارا قىلدى قاق جارار، تاۋدىڭ قىزى بۇرىمدى كوڭىلدەنىپ اندەتەر. پيپامەنەن شەرتىلىپ ميڭقي حانىشا ٴان ـ كۇيى، سامالدىقتى شىراقتار ساۋلەسىمەن ٴساندى ەتەر.

— «ٴۇرىمجى ەركىن ۇيقاس ولەڭى . ساياحات»

تولىقتاندى. قىرعىز ماناسشىلارىنىڭ ۇرپاقتان ـ ۇرپاققا جالعاستىرىپ جىرلاۋى مەن مانەرلەۋى ارقىلى باتىرلىق ەپوسى «ماناس»، شينجياڭ وڭىرىندە بىرتىندەپ قالىپتاسقان مۇڭعۇل ۇلتى ويرات تايپاسىنىڭ باتىرلىق ەپوسى «جاڭعىر»، زاڭزۋدىڭ باتىرلىق داستانى «گەسەر حانمەن» بىرگە جۇڭگو از ۇلتتارىنداعى ەڭ ايگىلى ٴۇش ەپوس اتالدى، بۇل تۋىندىلار جۇڭحۋا مادەنيەتى قازىناسىنىڭ اسىلى سانالادى.

شينجياڭ ٴوڭىرىنىڭ شەكارا مادەنيەتىنىڭ كەلبەتى وزگەشە بولىپ، ٴبىر مەزەت داۋرەندەگەن. بىرلىككە كەلگەن كوپ ۇلتتى مەملەكەت تەرريتورياسىنىڭ بەكەمدەلۋىنە بايلانىستى، شەكارا ٴوڭىردىڭ بايلىعىن، جەرگىلىكتى سالت ـ ساناسىن، تابيعي كورىنىسىن ەستەلىككە العان ٴبىر توپ شىعارما جارىققا شىقتى، مىسالى، چي يۇنشى جازعان «باتىس شەكارا ٴوڭىر باس قولباسشىسىنىڭ قىسقاشا ٴومىر بايانى»، «باتىس شەكارا ٴوڭىر تۋرالى شولۋ»؛ چۋن يۋاننىڭ «باتىس ٴوڭىر ەستەلىكتەرى»، ت.ب. لار مەملەكەت كۇشى نىعايىپ، جەر ـ سۋ بىرلىككە كەلىپ، شەكارا رايون مەن ىشكى ولكەلەردىڭ بايلانىسىنىڭ كۇشەيۋى سىندى ايبىندى دا باۋراعىش سەزىمدى بەينەلەگەن. كوپتەگەن تورەلەر مەن اقسۇيەكتەر، اكىمشىلىك ـ اسكەري ٴمانساپتىلار، وقىمىستىلار، مىسالى، جي شياۋلان، حۇڭ لياڭجي، لين زىشۇي قاتارلىلار مىندەتكە تاعايىندالىپ نەمەسە سۇرگىندەلىپ شينجياڭ وڭىرىنە كەلگەننەن كەيىن، جاڭا ورتادا اسەرلەنىپ، كوپتەگەن ولەڭ ـ جىر جازعان، مۇنىڭ ىشىندە ايگىلى جىرلاردان «ٴۇرىمجى ەركىن ۇيقاس ولەڭدەرى»، «ىلە ەستەلىگى»، «تيانشان ساپار ەستەلىگى»، «شينجياڭعا ارناۋ»، «وڭتۇستىك شينجياڭ سالت ـ ساناسى» قاتارلىلار بار.

بۇل ولەڭدەر ٴبىرشاما جوعارى ادەبي جانە تاريحي قۇنعا يە، شەكارا مادەنيەتىنىڭ ۋاكىلدىك تۇيندىسى. بۇل شىعارمالار 19 ـ عاسىرداعى شەكارا رايون داعدارىسىنان كەيىنگى قارىشتاپ دامىعان شەكارا رايون تاريحىن زەرتتەۋگە نەگىز قالادى.

ەكىنشى، ۇلتتاردىڭ مادەنيەت اۋىس ـ كۇيىسىنىڭ، توعىسۋىنىڭ تەرەڭدەۋى

چيكٴ پاتشالىعى داۋىرىندە، شينجياڭ وڭىرىندەگى ٴار ۇلتتىڭ مادەنيەتى شىن جاڭا توعىسۋ كەزەڭىنە ٴوتتى. چيكٴ پاتشالىعى شينجياڭدى بىرلىككە كەلتىرگەننەن كەيىن تيانشان تاۋىنىڭ وڭتۇستىگى مەن سولتۇستىگىنە كوشىپ كەلگەن مانجۋ، حۇيزۋ، سىبە، سولاڭ سياقتى ۇلتتار، سونداي ـ اق چيكٴ پاتشالىعىنىڭ سوڭعى داۋىرىندە شەكارا سىرتىنان شينجياڭعا كەلىپ قونىستانعان وزبەك، ورىس، تاتار سياقتى ۇلتتار، ٴداستۇرلى مادەنيەتتەرىن ساقتاپ قالۋ نەگىزىندە، حانزۋ، ۇيعۇر، قازاق، موڭعۇل، قىرعىز، تاجىك سياقتى ۇلتتارمەن ٴوزارا ۇيرەنىپ، ٴوزارا قابىلداپ، توعىسا دامىپ، جاڭا تاريحي شارت ـ جاعدايدا ٴوز ۇلتىنىڭ مادەنيەتىن بارىنشا بايىتتى، ونىڭ ۇستىنە، چيكٴ پاتشالىعى داۋىرىندەگى شينجياڭ مادەنيەتىنىڭ ماڭىزدى قۇرامداس بولىگىنە اينالدى.

چيكٴ پاتشالىعى ۇكىمەتىنىڭ حالىقتى كوشىرىپ، شەكارانى ىنعايتۋىنا بايلانىستى، شينجياڭعا باسقا ولكەلەردەن كەلگەن زور مولشەردەگى ادامدار الۋان ٴتۇرلى اۋىل مادەنيەتىن الا كەلدى، ٴسويتىپ، ول شينجياڭ ٴوڭىرىن ورتا جازىق وڭىرىمەن بايلانىستىرعان رۋحاني دانەكەرگە اينالدى.

سول كەزدە ورتا جازىقتا ٴبىرشاما كەڭ تارالعان ٴان ـ ٴبي، سەرىك ويىنى، تەاتر، مەرەكە ـ سەيرامدار، تاساتتىق بەرۋ، عيباداتحانا سالۋ، مەرەكە ساۋىعى سياقتى ٴتۇرلى مادەني ۇرمىستى حانزۋلار شوعىرلى قونىستانعان ديحۋا، ىله، جىنشي (باركول) سياقتى جەرلەردىڭ ٴبىز كەلگەن ورىندارىنان كورۋگە بولادى، وڭتۇستىك شينجياڭ وڭىرىندە دە بەلگىلى ىقپال جاسادى. جي شياۋلان سول كەزدە ديحۋا قالاسىنىڭ يۋانشياۋ مەرەكەسى كەزىندە شىراقتى تاماشالاۋى، شىراقتىڭ جۇمباعىن شەشۋى جانە تەاتر قايىعى ىشكى ولكەلەردىكىمەن ۇقساس ولعاندىعىن سۋرەتتەگەن. شينجياڭنىڭ جەر ـ جەرىندە عيباداتحانا كوپ، كوكتەمنەن كۇزگە دەيىن ٴار ايدا دەرلىك عيباداتحانا ساۋىعى بولادى. جىنشيدا عيباداتحانا وتە كوپ بولىپ، «عيباداتحانا مادەنيەتى جىنشيدەن بۇكىل شينجياڭعا تارالعان» دەيتىن اتى بار. ٴار جولعى عيباداتحانا جارمەڭكەسىندە، ساۋىق ساحناسىن جاساۋدان سىرت، مىسالى، حىبەي تەاترى،

كوزقاراس ٴتۇيىنى

ەجەلدەن بەرى، جۇڭحۋا مادەنيەتىندە ورتانىڭ الۋان تۇرلىلىگىنە قاراي باي، كوپ نەگىزدى جاعداي جارىققا شىققان. چۇنچيۋ - جانگو زامانىندا وزىندىك ەرەكشەلىككە يە وڭىرلىك مادەنيەت نەگىزىنەن قالىپتاسقان. چين - حان پاتشالىقتارىنان كەيىن، حۋاشيا ەتنوسى مەن مادەنيەتى ۇزدىكسىز توڭىرەكتەگى ۇلتتاردىڭ مادەنيەتىمەن ارالاسىپ توعىستى. تاڭ، يۋان، مىڭ، چيڭ پاتشالىقتارى داۋىرلەرىندە دامىپ، جۇڭگونىڭ ۇلان - بايتاق تەرريتورياسىنىڭ نەگىزىن بەكەمدەپ، جۇڭحۋا ۇلتى مەن ونىڭ مادەنيەتىنىڭ دامۋىنا كەڭ ٴورىس اشتى. ەلىمىزدىڭ 5000 جىلدان ارتىق وركەنيەتتى دامۋ تاريحىندا، جۇڭحۋا ۇلتتارى ۇزاققا سوزىلعان جۇڭگو تاريحىن، شۇعىلالى جۇڭحۋا مادەنيەتىن بىرگە جاراتتى. چين - حان پاتشالىعى تۇسىندا ايبىندى بولىپ، تاڭ پاتشالىعى تۇسىندا گۇلدەنىپ، كاڭشي - چيانلۇڭ تۇسىندا الەمگە تانىلۋى — ٴار ۇلت حالقى بىرگە جاراتقان شۇعىلالى تابىس. كوپ ۇلتتى، كوپ مادەنيەتتى بولۋ ەلىمىزدىڭ ٴبىر ۇلكەن ەرەكشەلىگى ٴارى ەلىمىز دامۋىنىڭ ماڭىزدى قوزعاۋشى كۇشى.

شانشي تەاترى، قاعىران (حۋاگۋ) تەاترى، مەيحۋ تەاترى، تاعى سيقىرلىق ويىن، جۇڭفان سياقتىلار بار، ٴتىپتى، از ۇلتتاردىڭ ات بايگەسى سياقتى قيمىلدارىن دا كورۋگە بولادى؛ مەرەكە كەزىندەگى مەرەكە ساۋىعى، ايتالىق، ايداعارشا شام، ارىستان ٴبي، قايىق ويناۋ، بيىك بالداقپەن ٴجۇرۋ، ياڭگى ٴبيى قاتارلىلار ٴار ۇلت بۇقاراسىن باۋرادى.

قاعاز ويما مەن مەرەكەلىك سۋرەتتى دە حانزۋ قونىس اۋدارۋشىلارى ورتا جازىق وڭىرىنەن شينجياڭ وڭىرىنە الا كەلگەن. بۇل حالىقتىق كوركەمونەردى ٴار ۇلت حالقى جاقسى كورەدى، ٴار ۇلتتىڭ قاعاز ويماسىندا ۇقساس نەمەسە ۇقساستاۋ كەلەتىن نەگىزگى تاقىرىپ، مازمۇن جانە سىلوب جارىققا شىقتى. مىسالى، قاعاز ويمادا مۋدان گۇلى، شامگۇلى، شىتىرگۇل جانە كوبەلەك، تاۋىس، سامۇرىق قاتارلى ورنەكتەر كوپ قولدانىلىپ، جاقسىلىق، قۋانىش، باقىتتى ٴومىر سياقتى ماعىنالاردى ٴبىلدىردى. ال، قاعاز ويمادا دا بادام گۇلى، انار گۇلى سياقتى از ۇلتتار ۇناتاتىن ورنەكتەر ۇنەمى بايقالادى. ۇيعۇر، قازاق، موڭعۇل، قىرعىز، ت.ب. ۇلتتار كوبىندە قاعاز ويما ورنەكتەرى ارقىلى قۇرىلىس، كيىم - كەشەك، كيىز - كىلەم، كەستە سياقتىلاردى اشەكەيلەگەن. چيڭ پاتشالىعى داۋىرىندە، مەرەكەلىك تاقتاي سۋرەتتى دە شينجياڭ وڭىرىنە تارالا باستادى، باستىسى تيانجيننىڭ ياڭلىۋچيڭ مەرەكەلىك سۋرەتى بولىپ، نەگىزى «جىلدا ىرىس مول بولسىن»، «ٴبارى جاڭارسىن»، «استىق مول بولسىن»،

ماتەريال تىزبەگى

گۋاڭشۋي جىلناماسىنىڭ 3 ـ جىلى (1877)، چيڭ ارمياسىنا ىلەسىپ، شينجياڭعا كەلگەن ياڭليۋچيڭدىك ساۋداگەرلەر شينجياڭنىڭ قالا ـ قالاشىقتارىنا تارالىپ، «تارالدى 3 مىڭ ساۋداگەر، شينجياڭنىڭ جەر ـ جەرىنە» دەيتىن جاعداي قالىپتاستى. سوعىس تىنىشتاندىرىلعاننان كەيىن، شينجياڭعا كەلىپ، كاسىپ ىزدەگەن ياڭليۋچيڭدىكتەردىڭ اياعى ۇزىلمەدى. تيانجيننەن كەلگەن وسى ياڭليۋچيڭدىكتەر ساۋدانى شينجياڭعا اكەلۋمەن بىرگە، تىرشىلىك ٴتاسىلى، تۇرمىس شەبەرلىگىن دە، جۇيەدەن، ٴتىل ـ جازۋ، سالت ـ سانا قاتارلىلاردى دا شينجياڭعا الا كەلدى، بۇل تاريحتا «الۋان ونەردىڭ شينجياڭعا كىرۋى» دەپ اتالدى. تيانجيننەن شينجياڭعا كىرگەن ٴار ٴتۇرلى شەبەرلىكتەر، جۇيەدەن، مەرەكەلىك سۋرەت، باتپىراۋىق، قاعاز ويما، كوكتەم بوساعالىعى، ەسەپ شوت، اسپازدىق، مەرەكەلىك ويىن (ايداعارشا شام، سايىسكەرلىك، ياڭگى، مۋزيكا ساۋىعى)، سۋ كەشتەرى، گۇلدى كۇيمە، بوياۋ، قۇرىلىس (بەيجيڭ ۇلگىسىندەگى عيمارات، تورتكىل اۋلا، عيباداتحانا، سونداي ـ اق ٴمۇسىن ويۋ، رەڭدى سۋرەت)، قاعاز جاساۋ، توقىماشىلىق، ەلەكتىرمەن قامداۋ، كينو، التىن ـ كۇمىس تەحنولوگياسى، تەڭىز ٴدامى، بەيجيڭ بۇيىمدارى، تيانجين جەڭىل تاعامدارى، كوكونىس ەگۋ، وتاشىلىق، ويىن ـ ساۋىق (زىرىلداۋىق اينالدىرۋ، تەكپىش تەبۋ) قاتارلىلار بار.

«بايلىق قۇتتى بولسىن»، «ٴتورت ماۋسىم امان بولسىن»، ت.ب. لار، سونداي ـ اق «ٴتورت ماۋسىمدىق ەگىس»، «قوس قۋانىش شىتىرگۇلگە قونۋ»، «باقىتتى ٴومىر»، بۇدان سىرت، قازىنا ٴتاڭىرى، بوساعا ٴتاڭىرى، ت.ب. لار . مەرەكەلىك سۋرەت جاپسىرۋ حانزۋ ۇلتىنىڭ كوكتەم مەرەكەسىن وتكىزۋ عۇرپى ـ ادەتى بولىپ قالماستان، مانجۋ ۇلتى، سىبە ۇلتى، ت.ب. ۇلت بۇقاراسىنىڭ دا سالتى. ياڭليۋچيڭ مەرەكەلىك سۋرەتتەرىندە سايالىقتار، نەمەسە قۇمىرا گۇل تاباقتارى دا از ۇلت بۇقاراسىن قىزىقتىرعان.

چيڭ پاتشالىعى داۋىرىندەگى ايگىلى ادەبي شىعارمالاردىڭ كوبى توتىن موڭعۇل ٴتىلى، ت.ب. لارعا اۋدارىلدى، مۇنىڭ ىشىندە «لياۋجاي اڭىزدارى»، «ٴۇش پاتشالىق قيساسى»، «باتىسقا ساپار»، ت.ب. لار تورعاۋىت موڭعۇلدارى ورتاسىندا كەڭ كولەمدە تارالعان. حانزۋ ۇلتىنىڭ ٴان ـ كۇي تياترى، سىبە ۇلتىنىڭ «ٴۇش ەل جىرىنىڭ» ياڭگى اۋەنى ٴتۇرلى مۋزيكا قۇرامىن قابىلداپ، توعىسۋ ارقىلى قالىپتاسقان. گۋاڭشۋي جىلدارىندا گانسۋدىڭ حالىق اراسىنداعى ونەرپازى شيا سانتۇڭ دۇنحۋاڭ ٴان ـ كۇي تەاترىن ۇيىمداستىرىپ، شينجياڭنىڭ

تىڭ يگەرۋ وڭىرلەرىنە كەلىپ، ويىن قويدى، بۇعان شينجياڭداعى حانزۋ، حۋيزۋ، سىبە ۇلتى سياقتى بۇقارا قۇمارتىپ، قالا ـ اۋىلدارعا تەز ارادا جالپىلاستى.

ورتا جازىقتاعى حانزۋ ۇلتىنىڭ ٴداستۇرلى تەاتر ٴبيى ۇيعۇر ۇلتىنا دا تەرەڭ ىقپال جاسادى. «ۇيعۇرلاردا تەاتر بولماعانىمەن، ولاردىڭ سازدى مۋزيكاسى بار... بۇدان سىرت، ۇيعۇر ۇلتى مەن حانزۋ ۇلتىنىڭ ىقپالداستىق ٴان ـ ٴبيى بار»[①]، ونىڭ ٴسوزى كوبىندە الدىڭعى سويلەمى ۇيعۇر تىلىندە، سوڭعى سويلەمى حانزۋ تىلىندە بولادى، باسپا ـ باس اۋدارىپ، حانزۋ ٴتىلى مەن ۇيعۇر ٴتىلى كەرەمەت قابىسقان. قۇمىل ايماعى ورتا جازىقا جاقىن، جەرگىلىكتى ۇيعۇرلار «تۇيەشى» ٴانىن شىعارعان، بۇل ٴاننىڭ تەكستى حانزۋ تىلىندە جازىلعان. تۇرپان ويپاتىنداعى «نازىركۇم» ـــ ۇيعۇر ۇلتىنىڭ وزگەشە حالىقتىق ٴبيى، ول حانزۋ ۇلتىنىڭ قاعىران ىرعاعىنىڭ ريتىمى مەن اتتاپ سەكىرۋ شەبەرلىگىن قابىلداپ، موڭعۇلداردىڭ يىعىن دىرىلدەتۋى قاتارلىلاردى توعىستىردى، سونداي ـ اق ەڭبەك ارەكەتىنە دە ەلىكتەگەن، تىرشىلىك تىنىسى وتە مول.

ورتا جازىقتاعى حانزۋ ۇلتىنىڭ قۇرىلىس ستيلى دە شينجياڭ وڭىرىندە قولدانىلدى. قۇرىلىس ستيلىندە موڭعۇل ـ حانزۋ، حانزۋ ـ زاڭزۋ ۇلگىسىندەگى قۇرىلىستار شينجياڭداعى موڭعۇل ۇلتى تۇراقتارىندا جارىقا شىقتى. قاشقارداعى جۇپارحان كەسەنەسىندەگى دالىز دىڭگەكتەرىندەگى ٴومىر اعاشى، شامگۇل، انار ورنەگى، «قۋانىشپەن جولىعۋ» ورنەگى قاتارلىلار ورتا جازىق مادەنيەتىنىڭ ۇيعۇر ويما ونەرىنە بولعان ىقپالىن ايگىلەدى.

ٴۇشىنشى، تىڭ تىرشىلىككە ورالعان شينجياڭ مادەنيەتى

ياقۇپبەك شينجياڭعا شاپقىنشىلىق جاساپ كىرگەن كەزدە، راقىمسىز ۇستەمدىك جۇرگىزىپ، ٴار ۇلت بۇقاراسىن اياۋسىز قىرعىنداپ، ٴتۇرلى المان ـ سالىقتاردى اۋىرلاتىپ، ٴدىني سوت قۇرىپ، ««ٴىسلام ٴدىنىن كوركەيتۋدى» جەلەۋ ەتىپ، حانزۋلاردى ٴولتىرۋ نەمەسە ولاردى زورلىقپەن ٴىسلام دىنىنە كىرگىزۋ ساياساتىن قولداندى»[②]، پاتشالىق رەسەي ىلەگە شاپقىنشىلىق جاساعانىنان كەيىن، «ونى وتارلاندىردى، سونداي ـ اق

---

① شياۋ شيۇڭ: «باتىس ٴوڭىر حيكايالارى»، بەيجيڭ: جۇڭحۋا شۋجۋي باسپاسى، 1985 ـ جىل، 85 ـ بەت.

② بۇرهان: «بۇرهان تاڭدامالى شىعارمالارى»، بەيجيڭ: ۇلتتار باسپاسى، 1989 ـ جىل، 114 ـ بەت.

ونى ٴوز كوشتەرىن ورتا ازيانىڭ ىشكى ولكەسىنە كەڭەيتۋدىڭ بازاسى ەتۋگە ۇرىندى»[1]، ياقۇپبەك پەن پاتشالىق رەسەي شاپقىنشىلىق جاساپ كىرگەننەن كەيىن، ۇلتتىق ىشپەندەسكتى مەيلىنشە تۋدىرىپ، مادەنيەت دارا بىلگەمەن بارىنشا شۇعىلدانىپ، جوڭعۋا مادەنيەتىن شىنايى مويىنداۋدى ورشەلەنە قاقپايلاپ، شينجياڭداعى ٴار ۇلت مادەنيەتىنىڭ دامۋىن اۋىر دارەجەدە ٴبۇلدىردى.

1884 ـ جىلى شينجياڭ ولكە بولىپ قۇرىلدى، ساياسي، ەكونوميكا، اسكەري ىستەر تۇزىلىسىندە زور وزگەرىس تۋىلىپ، شينجياڭ مادەنيەتىنىڭ بيىككە شىعۋىنا جاڭا وراي تۋدىردى. ۇلتتاردىڭ مادەنيەتى مەملەكەتتىڭ تۇتاستىعىنان جاڭا كۇش ـ قۋات الدى، جوڭعۋا مادەنيەتى اعىسىندا جاڭا ومىرگە قايتادان قول جەتكىزدى.

چيڭ پاتشالىعى داۋىرىندە شينجياڭنىڭ مادەنيەت ىستەرىنىڭ دامۋىنداعى ەڭ كورنەكتى ەرەكشەلىك ـــ كوپتەگەن دەرەكتەر قۇراستىرىلىپ الەمگە تانىلۋى بولدى. بۇگىنگىلەر شەجىرە

ماتەريال تىزبەگى

گۋاڭشۇي جىلناماسىنىڭ 32 ـ جىلى (1906)، ۋاڭ شۋنان شينجياڭنىڭ ٴمانساپتىلاردى قىزمەتكە قويۋ، باقىلاۋ ٴامىرشىسى بولىپ تاعايىندالىپ كوپ ۇزاماي، شينجياڭنىڭ جالپى شەجىرەسىن قۇراستىرۋعا دايىندىق جاساي باستادى. گۋاڭشۇي جىلناماسىنىڭ 33 ـ جىلىنان (1907) باستاپ «شينجياڭنىڭ قاريتالى دەرەگىن» قۇراستىرىپ، شۋانتۇڭ جىلناماسىنىڭ 3 ـ جىلى (1911) قۇراستىرىپ بولدى. «شينجياڭنىڭ قاريتالى دەرەگىنىڭ» مازمۇنى باي، ٴبارىن قامتىعان، چيڭ پاتشالىعى داۋىرىندەگى شينجياڭ ٴوڭىرىنىڭ ساياسي، ەكونوميكا، اسكەري ىستەر، ديپلوماتيا، جاعراپيا، زات بايلىعى سياقتى جاقتاردى جالپى بەتتىك ەستەلىككە العان. بۇل كىتاپتا «سان ـ سيفرى كوپ، جيىنى 116 ورام بولىپ،2 ميلليوننان استام ارىپپەن نەشە مىڭ جىلدىق ىستەر بىردەن ەستەلىككە الىندى». لياڭ چيچاۋ «شينجياڭنىڭ قاريتالى دەرەگى» كوپتەگەن ولكە، تۇتىقتىق، اۋدان شەجىرەلەرىنىڭ ىشىندەگى «كەيىن شىققان ٴمۇيىز» دەپ ماقتادى.

① بۇرهان: «بۇرهان تاڭدامالى شىعارمالارى»، بەيجيڭ: ۇلتتار باسپاسى، 1989 ـ جىل، 114 ـ بەت.

جازۋ، كەيىنگىلەر تارىيح جازۋ ــ جۇڭحۋا ۇلتىنىڭ تارىيحى ۇزاق، جالعاسى ۇزىلمەگەن تاڭداۋلى مادەنيەت ٴداستۇرى . ٴبىراق،ٴتۇرلى سەبەپتەردەن، چيڭ پاتشالىعى شينجياڭدى بىرلىككە كەلتىرۋدەن بۇرىن، شينجياڭدا دۇنيەگە تارالعان كەمەلدى شەجىرە كىتاپ بولماعان، جەرگىلىكتى شەجىرە قۇراستىرۋ جاعىندا باسقا جەردەگى ولكە، رايونداردان وتە ارتتا ەدى. چيڭ پاتشالىعى شينجياڭ ٴوڭىرىن بىرلىككە كەلتىرگەننەن كەيىن، شينجياڭنىڭ جاعدايىن تولىق يەلەپ، ٴتيىمدى ساياسات ارقىلى شەكارا ٴوڭىردى جونگە سالۋ ٷشىن، شينجياڭدا ورەسى ٴبىرشاما جوعارى جەرگىلىكتى شەجىرە كىتاپتار قۇراستىرىلدى. وسى شەجىرە كىتاپتاردىڭ ىشىندە، چيڭ پاتشالىعىنىڭ ورتالىق ۇكىمەتى باسقارىپ ٴارى پاتشا ٴوزى اتىن قويعان بۇكىل شينجياڭنىڭ جالپى شەجىرەلەرىنەن باستىسى: «پاتشا جاساتقان باتىس ٴوڭىر قارىيتالى دەرەگى» مەن «پاتشا جاساتقان شينجياڭ تۇرالى تۇسىنىك» بار؛ شينجياڭنىڭ جەرگىلىكتى ٴمانساپتىلارى نەمەسە جەكە اتىنان قۇراستىرعان بۇكىل شينجياڭ جالپى شەجىرەلەرىنەن باستىسى «باتىس شەكارا ٴوڭىردى ٴبىر تۇتاس باسقارۋدىڭ قىسقاشا تارىيحى»، «باتىس شەكارا ٴوڭىر تۇرالى شولۋ»، «باتىس ٴوڭىر ەستەلىكتەرى»ت.ب. لار بار.

شينجياڭ ولكە بولىپ قۇرىلعانىنان كەيىن، ٴمانساپتىلاردى قىزمەتكە قويۋ، باقىلاۋ ٴامىرشىسى ۋاڭ شۇنان قۇراستىرعان «شينجياڭنىڭ قارىيتالى دەرەگى» بۇكىل ولكەنىڭ تۇڭعىش جالپى شەجىرەسى بولدى. بۇل كىتاپ بۇكىل ەل بويىنشا جەرگىلىكتى شەجىرەلەردىڭ ىشىندە وزىندىك ەرەكشەلىككە يە، باسقا ولكە ـ رايونداردىڭ جەرگىلىكتى شەجىرەسىمەن سالىستىرعاندا، «مەملەكەت شەكاراسى»، «سىرتقى ىستەر» سىياقتى دارا مازمۇنى بار شەجىرە بولىپ، قۇراستىرۋشىنىڭ مەملەكەت تانىمىن، اسىرەسە، مەملەكەتتىڭ يەلىك ۇقىعى تانىمى مەن شاپقىنشىلىقا قارسى تۇرۋ يدەياسىن ايگىلەگەن. كىتاپتا شينجياڭداعى ۇلتتار ەگەجەي ـ تەگجەيلى ەستەلىككە الىنىپ، چيڭ پاتشالىعى ۇكىمەتىنىڭ شەكاراداعى ۇلتتار ماسەلەسى جونىندەگى تولعانىسى مەن تانىمىن بەينەلەگەن. 1907 ـ جىلى چيڭ پاتشالىعى ۇكىمەتى بۇكىل ەلدەگى دۋان، اۋداندارعا جەرگىلىكتى شەجىرە مەن اۋىل شەجىرەسىن قۇراستىرۋ جارلىعىن ٴتۇسىردى، وسىدان باستاپ شينجياڭداعى ٴارقايسى بۇلىق، ايماق، دۋان، اۋداندار كەڭ كولەمدى شەجىرە قۇراستىرۋ قيمىلىن ورىستەتتى. ديحۋا تۇتىقتىعى، كونەشار اۋدانى، قورعاس بولمىشى قورعانىس مەڭگەرمەسىنەن سىرت، ٴارقايسى تۇتىقتىق ايماق، دۋان، اۋدانداردىڭ بارىندە ٴوزىنىڭ جەرگىلىكتى شەجىرەسى بار بولىپ، جيىنى 44 شەجىرە قۇراستىرىلدى. وسى

رەتكى جەرگىلىكتى شەجىرەنى قۇراستىرۋ تاياۋ زامانعى شەكارا ٴوڭىر مادەنيەتىنىڭ ىرگەسىن قالاپ، شينجياڭ مادەنيەتىنىڭ ورتا جازىق مادەنيەتىمەن ٴبىر تۇلعالانۋ اياق الىسىن جەبەۋدە بەلسەندى مانگە يە بولدى.

چيڭ پاتشالىعى كەزەڭىندە، مادەنيەت، وقۋ ـ اعارتۋ سياقتى جاقتاردا، شينجياڭداعى ۇلتتاردىڭ مادەنيەتى دە ورتا جازىق مادەنيەتىنىڭ ىقپالىنا ۇشىرادى. چيڭ پاتشالىعىنىڭ العاشقى مەزگىلىندە، تيانشاننىڭ سولتۇستىگىندەگى مانجۋ، حانزۋ قاتارلى ۇلتتاردىڭ جاساعى مەن بۇقاراسى ٴبىرشاما شوعىرلى قونىستانعان وڭىرلەردە، ٴارقايسى جەرلەردە ٴتۇرلى تيپتەگى مەكتەپتەر قۇرىلدى. مانجۋ، موڭعۇل، سىبە سياقتى ۇلتتاردىڭ ىشىندە ۇكىمەت «سەگىز قوشۇن مەكتەبىن» قۇرىپ، سەگىز قوشۇنعا قاراستى قولباسىلار مەن جاساقتاردىڭ بالالارى وقۋعا قابىلداندى؛ حانزۋ ۇلتىنىڭ ىشىندە نەگىزىنەن ۇكىمەت اشقان «مىندەتتى وقۋ» جانە حالىق اراسىندا اشىلعان «اۋىل مەكتەبى» سىندى ەكى ٴتۇرلى مەكتەپ بار، الدىڭعىسىندا نەگىزىنەن سول جەردەگى شەكارا قورعانىسىندا تۇرعان حانزۋ قولباسىلار مەن جاساقتاردىڭ بالالارى وقيدى، سوڭعىسىندا نەگىزىنەن حانزۋ ديقان وتباسىنىڭ بالالارى وقيدى. وقۋشىلاردىڭ قۇلشىنا ۇيرەنۋىن شابىتتاندىرۋ ٴۇشىن، ۇكىمەت مەرزىم بويىنشا ٴارقايسى «مىندەتتى وقۋ» مەكتەبى مەن «اۋىل مەكتەبىنىڭ» وقۋشىلارىنان ەمتيحان الىپ، ناتيجەسى ۇزدىكتەرىن ۇكىمەت لانجوۋ قاتارلى جەرلەرگە بارىپ، كىجۋي ەمتيحانىنا قاتىناسۋعا تانىستىرىپ، ٴمانساپقا تاعايىندادى.

چيڭ پاتشالىعى شينجياڭدى قايتارىپ العانان كەيىن، زو زۇڭتاڭ مەن ليۋ جينتاڭ ٴتىل بىلمەۋ سەبەبىنەن «ٴمانساپتىلار مەن حالىقتىڭ بولەكتەنۋ» ماسەلەسى بار ەكەنىن بايقادى. زو زۇڭتاڭ «مىندەتتى وقىتۋ مەكتەبىن كەڭ كولەمدە قۇرىپ، الدىمەن حانزۋ ٴتىلىن ۇيرەتىپ، ٴارىپ تانىتۋدى»① دارىپتەدى ٴارى ونى جۇزەگە اسىردى. ليۋ جينتاڭ زو زۇڭتاڭنىڭ ورنىندا جالعاستى مىندەت وتەۋشىسى رەتىندە، وقۋدى ۇيعۇر بالالارىنان باستاپ ۇيرەتۋ كەرەك دەپ قاراپ، وقىتۋشى ۇسىنىس ەتىپ، «شياۋشۋە»، «شياۋجيڭ»، «كۇڭزى عاقليالارى»، «مىڭزى عاقليالارى»، «داشۋە»، «جۇڭيۇڭ»، «شى»، «شۋ»، «لي»، «ي»، «چۇنچيۋ»، ت.ب. حانزۋ تىلىندەگى كلاسسيكالىق شىعارمالارمەن ۇيعۇر وقۋشىلارىن تاربيەلەدى. وڭتۇستىك

① زو زۇڭتاڭ جازعان، لو ۋىنحۋا تىنىس بەلگىسىن قويىپ، رەداكسيالاعان: «زو زۇڭتاڭ جيناقتارى. داتتەمە (7)». چاڭشا: يۋەلۋ باسپاسى، 1996 ـ جىل، 194 ـ بەت.

شينجياڭنىڭ ۇكىمەت باسقارۋىنداعى مىندەتتى وقىتۋ تاربيەسىن كۇشەيتۋ ارقىلى ۇيعۇر بالالاردىڭ حانزۋ ٴتىلى ورەسى زور دارەجەدە جوعارىلادى. اقىن شياۋ شيۇڭ ٴوزىنىڭ شىعارماسىندا بىلاي دەپ جازعان: «تاياۋ جىلداردان بەرى تەگىن وقۋدى جولعا قويىپ حانامانى وقىتقان. مىسالى، يىڭحاۋات، اقسۋ قاتارلى جەرلەردە حانزۋ ٴتىلىن ۇيرەنىپ ٴار كۇنى كوپ ولەڭ جاتتاپ، حاتكەرلىك ۇيرەنەتىندەر بار»[①]. 1884 ـ جىلى، شى بۋحۋا جول ـ جونەكەي بۇگۇردەن وتكەن كەزدە، «بالالاردىڭ حانزۋشا داۋىسى سىڭعىرلاپ، جۇڭيۇڭ مەن لۇنيۇيدى جاتتا ايتقان»[②] جاندى كورىنىسىن سۋرەتتەگەن. كوپ جىلدىق قۇلشىنىس ارقىلى جەر ـ جەردەگى مەكتەپتەر ورەسى ٴبىرشاما جوعارى ٴبىر توپ ۇيعۇر، حانزۋ اۋدارماشىلاردى تاربيەلەپ (كەرىندە «دۇڭشە» دەپ اتاعان)، ۇلتتار ارا ەكونوميكا، مادەنيەت اۋىس ـ كۇيىسىن كۇشەيتتى.

جەر ـ جەر وقۋ ـ اعارۋدى جولعا قويىپ، قوعامدىق مادەنيەت قۇرىلعىلارىن قايتادان قۇردى جانە قالپىنا كەلتىردى. ديحۋا، ىلە، سونداي ـ اق وڭتۇستىك شينجياڭداعى ٴارقايسى ورتالىق قالالاردىڭ بارلىعىندا ٴار تۇردەگى مەكتەپتەر اشىلىپ، ٴار ۇلت بالالارىنا تاياۋ زامانعى عىلىمي ٴبىلىم تاربيەسىن جۇرگىزدى. سوناۋ 1887 ـ جىلى شينجياڭنىڭ شارلاۋشى ولكەنايى ليۋ جينتاڭ ديحۋادا سىناق رەتىندە ورىس ٴتىلى مەكتەبىن اشىپ، ورىس ٴتىلى

شينجياڭ ىلە جەدەل جەتىلدىرۋ اسكەري مەكتەبىنەن وقۋ تاۋىسقان وقۋشىلاردىڭ توپتىق سۋرەتى

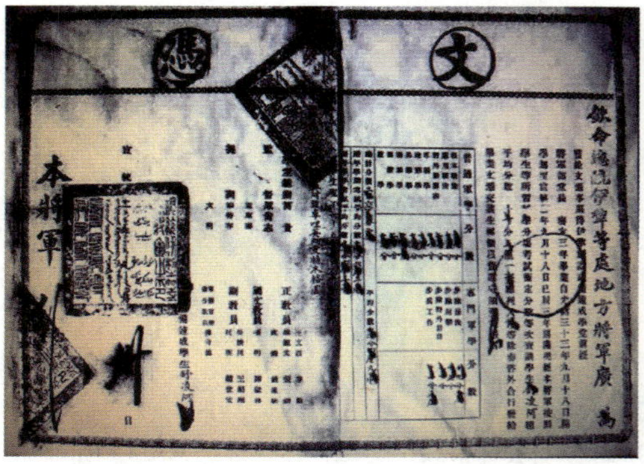

شينجياڭ ىلە اسكەري مەكتەبىنىڭ وقۋشىسى شۋ ليڭ ـ انىڭ مەكتەپ ٴبىتىرۋ كۋالىگى

① شياۋ شيۇڭ: «باتىس شەكارانىڭ حيكايالارى»، بەيجيڭ: جۇڭحۋا شۋجۇي باسپاسى، 1985 ـ جىل، 56 ـ بەت.

② حۋا لي: «تاياۋ زامانعى شەكارا جىرلارىنان تاڭدامالى اۋدارمالار. شى بۋحۋا (بۇگۇر جىرى)»، چىڭدۋ: باشۋ باسپاسى، 1997 ـ جىل، 79 ـ بەت.

دارىندىلارىن تاربيەلەگەن. 1892 ـ جىلى ورىس ٴتىلى مەكتەبىنىڭ اشۋ رەسمي بەكىتىلدى. 1891 ـ جىلى شينجياڭنىڭ ولكەنايى ۋي گۋاڭتاۋ ديحۋادا بودا ٴبىلىم ورداسىن قۇرۋ داتتەمەسىن جولدادى. 1896 ـ جىلى ىلەدە ياڭجىلىڭ مەكتەبى اشىلدى. وسى مەكتەپتەردىڭ وقىتۋ مازمۇنى كونە ۇلگىدەگى «مىڭدەتتى وقۋ» نەمەسە «جەكە مەكتەپكە» ۇقسامايدى. چيڭ پاتشالىعىنىڭ سوڭعى مەزگىلىندەگى جاڭا ساياسات كەزىندە، شينجياڭ نەشە ونداعان تاياۋ زامان سيپاتىنا يە جاڭا ۇلگىدەگى مەكتەپتەردى قۇردى، مىسالى، بودا ٴبىلىم ورداسىنان وزگەرتىپ قۇرعان شينجياڭ ولكەلىك ورتا مەكتەپ، ىلە جەدەل جەتىلدىرۋ اسكەري مەكتەبى، ت.ب. لار. بۇل مەكتەپتەر باسقا ولكەلەردەن تاياۋ زامان عىلىم مادەنيەت ٴبىلىمى بار وقىتۋشىلاردى ۇسىنىس ەتىپ ساباق ٴوتتىردى. مەكتەپ مەملەكەت ٴتىلى ساباعىن اشۋدان سىرت، ماتەماتيكا، فيزيكا، حيميا، شەتەل ٴتىلى، زاڭ، ەكونوميا، اسەمونەر، مۋزيكا، دەنە تاربيە سياقتى ساباقتاردى دا اشتى. ساناققا نەگىزدەلگەندە، وسى مەزگىلدە جەر ـ جەردە ٴار تۇردە 606 مەكتەپ اشىلىپ، وقىتۋشى 764 بولىپ، 16 مىڭ 63 وقۋشى وقىدى[①]. مۇنىڭ ىشىندە ياركەن تۇڭقىتىعىندا 49 مەكتەپ بار بولىپ، وقۋشى 1878 گە جەتكەن.

چيڭ پاتشالىعىنىڭ سوڭعى كەزىندە ٴارقايسى بۇلىق، ايماق، دۋان، اۋدان اشقان جاڭاشا مەكتەپ قاۋىرت مولايدى. وقىتۋشى كۇشىنىڭ تاپشى بولۋ جاعدايىن باسەڭدەتۋ ٴۇشىن، شينجياڭ قاراپايىم شىفان كلاسىن اشۋ ارقىلى وقىتۋشى تاربيەلەدى. وڭتۇستىك شينجياڭداعى از ۇلتتاردىڭ ٴتىل بىلمەۋ ماسەلەسىن شەشۋ ٴۇشىن، ديحۋادا ۇيعۇر شىفان مەكتەبى قۇرىلىپ، ارناۋلى وڭتۇستىك شينجياڭنىڭ ٴارقايسى بۇلىقتارى، ايماقتارى، دۋاندارى، اۋداندارى جىبەرگەن بۇرىن مىڭدەتتى وقىتۋ مەكتەپتەردەن وقىعان، بەلگىلى مادەنيەت نەگىزى بار وقۋشىلاردىڭ سالىق ەڭبەگىن كەشىرىم ەتىپ، ولارعا وقۋ تاۋىسقانىنان كەيىن «كىشىم ـ كەشەك بەرىپ ٴارى مەكتەپ جاۋاپتىسى، اۋىل ٴمانساپتىسى سياقتى سالاۋاتپەن وقىتۋشىلىق كاسىپكە ورنالاستىردى»[②].

شينجياڭ ولكە بولىپ قۇرىلعانىنان كەيىن، مادەنيەت، وقۋ ـ اعارتۋ ىستەرىنىڭ دامۋى شينجياڭ قوعامىن جاڭا بەينەگە ەنگىزىپ، جاراتىلىستىق عىلىم بىلىمدەرى مەن

① ۋاڭ شۋنان قاتارلىلار قۇراستىرعان، جۋ يۇيچي قاتارلىلار رەتتەگەن: «شينجياڭنىڭ قاريتالى دەرەگى. مەكتەپ (2)»، شاڭحاي: بايىرعى شىعارمالار باسپاسى، 2017 ـ جىل، 705 ـ، 735 ـ بەتتەر.

② ۋاڭ شۋنان قاتارلىلار قۇراستىرعان، جۋ يۇيچي قاتارلىلار رەتتەگەن: «شينجياڭنىڭ قاريتالى دەرەگى. مەكتەپ (1)»، شاڭحاي: بايىرعى شىعارمالار باسپاسى، 2017 ـ جىل، 696 ـ، 697 ـ بەتتەر.

بۋرجۋازيالىق دەموكراتيالىق يدەيانىڭ تارالۋىن جەبەپ، شينجياڭداعى ٴار ۇلت حالقىنىڭ دەموكراتياعا، بوستاندىققا تالپىنۋ قادامىن بەلگىلى دارەجەدە تەزدەتتى.

التىنشى تاراۋشا ٴىسلام ٴدىنىن نەگىز ەتكەن، كوپ ٴدىن قاتار ٴومىر سۇرگەن جاعدايدىڭ قالىپتاسۋى

چيڭ پاتشالىعى كەزەڭىندە، ەلىمىزدە بۋددا ٴدىنى، داۋجياۋ ٴدىنى، ٴىسلام ٴدىنى، كاتوليك ٴدىنى، حريستيان ٴدىنى سياقتى بەس ۇلكەن ٴدىن قاتار ٴومىر ٴسۇرۋ جاعدايى قالىپتاسقان. چيڭ پاتشالىعى بيلەۋشىلەرى بۇرىنعى پاتشالىقتاردىڭ تاجىريبە - ساباقتارىن قورىتىندىلاپ، ٴارقايسى دىنگە تەڭ ٴمان بەردى ٴارى ٴارقايسى ٴدىننىڭ ٴوزارا ۇلگى الۋىنا، ٴوزارا توعىسۋىنا دەم بەردى. حريستيان ٴدىنى (پروتەستانت)، كاتوليك ٴدىنى، پراۆوسلاۆيە ٴدىنىنىڭ شينجياڭعا ىركەس - تىركەس تارالۋىنا بايلانىستى، كوپ ٴدىننىڭ قاتار ٴومىر ٴسۇرۋ ەرەكشەلىگى اناعۇرلىم كورنەكتىلەنە ٴتۇستى.

ٴبىرىنشى، چيڭ پاتشالىعى ۇكىمەتىنىڭ ٴىسلام ٴدىنىن باسقارۋى

ٴىسلام ٴدىنى شينجياڭدا شامامەن 6 عاسىر تارالۋ ارقىلى كولەمى ۇزدىكسىز كەڭەيىپ، وڭتۇستىك، سولتۇستىك شينجياڭعا جالپىلاستى. چيڭ پاتشالىعى داۋىرىندە، قازاق ۇلتى، حۇيزۋ ۇلتى، وزبەك ۇلتى جانە تاتار ۇلتىنىڭ كوشىپ كەلۋىنە بايلانىستى، ٴىسلام دىنىنە سەنۋشىلەر دە ۇزدىكسىز كوبەيدى. ۇكىمەت پەن ٴدىندى ٴبولۋ چيڭ پاتشالىعى ۇكىمەتىنىڭ ٴىسلام ٴدىنى ىستەرىن ٴبىر جاقتى ەتۋدەگى نەگىزگى ساياساتى. چيڭ پاتشالىعى شينجياڭدى ىرىكتىكە كەلتىرگەننەن كەيىن، وڭتۇستىك شينجياڭ وڭىرىندەگى قارا تاۋلىقتار مەن اق تاۋلىقتاردىڭ ايانىشتى ٴدىني جىك كۇرەسى اياقتادى، وڭتۇستىك شينجياڭ قوعامى قايتا تىنىشتالدى، دىنگە سەنەتىن بۇقارا دا اۋىر اپاتتان قۇتىلدى. تراگەديانىڭ قايتالانۋىنان ساقتانۋ ۇشىن، چيڭ پاتشالىعى ۇكىمەتى ۇكىمەت پەن ٴدىندى ٴبولۋ ساياساتىن باتىل اتقارىپ، ٴىسلام ٴدىن باسشىلارىنىڭ جەرگىلىكتى اكىمشىلىك ىستەرگە كيلىگۋىنە قاتاڭ تيىم سالىپ، مولدالىق سالاۋاتى بارلاردى «ٴمانسapqa تاعايىندالماۋدى»، «بەكتىككە تولىقتاپ قويماۋدى» بەلگىلەدى؛ كەيىن تاعى دا ٴبىر ادىم ىلگەرىلەي «مولدالاردىڭ ٴدىني كىتاپتاردى عانا وقىپ ۇيرەنۋىنە جول بەرىلەدى، الەۋمەتتىك ىستەرگە كيلىگۋىنە جول بەرىلمەيدى؛ مولدالاردىڭ

شابارمان نەمەسە بەك بولىپ جۇرگەن بالالارى، مولدالىقتى قوسىمشا وتەۋىنە بولمايدى دەپ ايقىن تەجەپ»[1]، مولدالاردى، ٴسوزسىز، بەكتەر تاڭدايتىن ٴارى سول جەردە تۇراتىن امبانىڭ بەكىتۋىنەن وتكىزەتىن ٴدىني جوعارى جىكتەگىلەردى باسقارۋ ساياساتىن بەلگىلەپ، ٴدىن ىستەرىن باسقارۋدى كۇشەيتتى.

1865 ـ جىلى ياقۇپبەك شينجياڭعا شاپقىنشىلىق جاساعان كەزدە، ٴدىن تونىن جامىلىپ، ٴوزىنىڭ شاپقىنشىلىق سالاۋاتىن بۇركەمەلەپ، قالا ـ اۋىلداردا جاپپاي ٴدىني سوت قۇرىپ، ٴدىني سوتتىڭ ۇقىعىن ۇزدىكسىز كەڭەيتىپ جانە كۇشەيتكەندىكتەن، وڭتۇستىك شينجياڭ ٴوڭىرىنىڭ بارلىق جەرىن ۇرەي يەكتەپ، جۇرتتىڭ ٴبارى جانىنان ٴتۇڭىلدى؛ چيڭ پاتشالىعى ۇكىمەتى كۇشىنەن قالدىرعان زەكەت ٴتۇزىمىن قايتادان قالپىنا كەلتىرىپ، زورلىق ـ زومبىلىق ىستەپ، مۇسىلمان قاۋىمىن اياۋسىز قانادى. ياقۇپبەكتىڭ «ٴىسلام ٴدىنىن قورعاۋشىلارىنىڭ» تونىن جامىلىپ، مۇسىلمان بۇقاراسىن الداپ سەنىمىنە يە بولىپ، جەر ـ جەردە مەشىت، مازار قاتارلى ٴدىني قۇرىلىستاردى ورشەلەنە سالۋى جانە كەڭەيتىپ سالۋى ونىڭ سۇرقيا نيەتى مەن سۇركەيلى كەيىپ ـ كەسپىرىن تولىق اشكەرەلەدى.

ەكىنشى، بۋددا ٴدىنىنىڭ تيبەتتىك جىگى سياقتى دىندەردىڭ شينجياڭ وڭىرىندە قاتار ٴومىر ٴسۇرىپ دامۋى

مىڭ پاتشالىعىنىڭ سوڭى، چيڭ پاتشالىعىنىڭ العاشقى مەزگىلىندە ويرات موڭعۇلدارىنىڭ جوعارى جىكتەگىلەرىنىڭ جەبەۋىندە، بۋددا ٴدىنىنىڭ تيبەتتىك جىگىنىڭ گەلۋ تارماعى تەز ارادا تيانشاننىڭ سولتۇستىگىندە كوركەيدى ٴارى ٴبىر مەزەت تيانشاننىڭ وڭتۇستىگىندەگى ٴىشىنارا وڭىرلەرگە ىقپال جاسادى. چيڭ پاتشالىعى چيانلۇڭ زامانىندا شينجياڭ ٴوڭىرىن بىرلىككە كەلتىرگەنىنەن كەيىن، داۋجياۋ ٴدىنى ٴبىر مەزەت گۇلدەنىپ، شينجياڭنىڭ كوپ جەرىنە تارالدى. «ٴۇش دۋان قىسقاشا توپتاماسىنا» نەگىزدەلگەندە، ٴۇرىمجى، سونداي ـ اق ونىڭ توڭىرەگىندەگى وڭىرلەردەگى داۋجياۋ عيباداتحاناسى جۇزدەن اسادى[2]. تاعى

① وردا قۇراستىرعان: «چيڭ اۋلەتىنىڭ ساراي جىلنامالارى . شۋانزۇڭنىڭ ناقتى جىلنامالارى»، بەيجيڭ: جۇڭحۋا شۋجۇي باسپاسى، 1986 ـ جىل، 313 ـ بەت.

② (چيڭ) حى يىڭ: «ٴۇش دۋان قىسقاشا توپتاماسى.جيانجىمىن» گانسۋ ولكەسى بايىرعى شىعارما دەرەكتەرىن رەتتەپ قۇراستىرىپ اۋدارۋ ورتالىعى قۇراستىرعان: «باتىس سولتۇستىكتە سيرەك ۇشىرايتىن جەرگىلىكتى جازبا دەرەكتەر» 5 ـ توم، بەيجيڭ: تىگىپ تۇپتەۋ باسپاسى، 2006 ـ جىل،257 ـ، 271 ـ بەتتەر.

كوزقاراس ٴتۇيىنى

ٴدىني ۇشقارى يدەيا ٴدىن تاعىلىمىنا بۇكىلدەي قايشىلىق جاسادى، ول ۇلتتىق بولشەكتەۋشىلىك پەن زورلىقتى كۇش لاڭكەستىكتىڭ يدەيالىق نەگىزى، شينجياڭنىڭ ورنىقتىلىعى مەن حاۋىپسىزدىگىنە اۋىر زالال جەتكىزەتىن جەگى قۇرت. ۇشقارى يدەيا «ٴدىني بيلىك ساياسيى ٴپاتۋاسىن»، «ٴدىن بارىنەن ۇستەم تۇرادى ٴپاتۋاسىن»، «كاۋىرلەر ٴپاتۋاسىن»، «عازاۋات ٴپاتۋاسىن»، ت.ب. ۋاعىزدادى، قۋاتتاماسى، ٴمانى، جۇيەسى، رولى، ٴتاسىلى سياقتى جاقتاردان قاراعاندا، ول دىنگە وپاسىزدىق جاسايتىن كەرتارتپا ساياسي دارىپتەمە، ادامزاتقا، قوعامعا قارسى تەرىس ۋاعىز، ونىڭ ٴمانى ٴدىن تونىن جامىلىپ، ٴدىندى جەلەۋ ەتىپ، ۇشقارى يدەيا مەن كەرتارتپا دارىپتەمەنى ۇگىتتەپ، زورلىقتى كۇش لاڭكەستىك ارەكەتتەرىن ۋاعىزداپ، ەتنوستار ارا قاراما ـ قارسىلىق تۋدىرادى، ٴىسلام دىنىنەن ٴتۇبىرلى پارقى بار.

دا «وڭتۇستىك شينجياڭ جالپى شەجىرەسىندە» جازىلۋىنشا، قاشقار، يەڭىسار، ياركەن، ۇشتۇرپان، اقسۋ، كۇشار، تۇرپان، قۇمىل سياقتى جەرلەردە تۇگەلدەي ۋانشوۋگۇڭ، گۋاندي عيباداتحانالارى بار ەكەن[1]. چيڭ پاتشالىعى كەزىندە بىلاي دەپ جازىلعان: «ۇلى قورعانىنىڭ

ماتەريال تىزبەگى

بالعىنتاي عيباداتحاناسى شينجياڭنىڭ حىجيڭ اۋدانىنىڭ بالعىنتاي قالاشىعىنىڭ كونە بالعىنتاي سايىندا، كولەمى ۇلكەن لاما عيباداتحاناسى. بۇددا ٴدىنىنىڭ تيبەتتىك جىگىنىڭ گەلۋكبا تارماعىندا «سارى ٴدىن » دەپ اتالاتىندىقتان، سالىنعان عيباداتحانالار «سارى عيباداتحانا» دەپ اتالدى؛ مۇنان سىرت، سارى عيباداتحانالاردىڭ توبەسى تۇگەل سارى التىن ٴتۇستى كۇمبەز بولاتىندىقتان، «سارى عيباداتحانا» دەپ تە اتالعان. سارى عيباداتحانانى تورعاۋىت تايپاسىنىڭ 24 ـ حانى بويانچوكتى باسقارىپ سالدىرعان، ول گۋاڭشۇي جىلناماسىنىڭ 14 ـ جىلى (1888) سالىنعان، كەيىن گۋاڭشۇي پاتشا وعان «يۇڭ ـ ان عيباداتحاناسى» دەپ ات قويعان.

① (چيڭ) حى نيڭ جازعان، سۇن ۋىنجيە رەتتەگەن: «وڭتۇستىك شينجياڭ جالپى شەجىرەسى»، بەيجيڭ: جۇڭحۋا شۋجۇي باسپاسى، 2018 ـ جىل، 118 ـ، 161 ـ، 172 ـ،191 ـ، 205 ـ، 220 ـ، 243 ـ، 260 ـ بەتتەر.

سىرتىندا 3 ـ 4 وتباسى بولسا دا، قىستاقتا ٴبىر عيباداتحانا بولادى، عيباداتحانانىڭ ٴبارى دە گۋانيۋي ٴتاڭىر عيباداتحاناسى، ٴىيستى تۇتانعىشتىڭ حوش ٴيىسى اڭقىپ، توڭىرەكتىڭ ٴتورت بۇرىشىنا تۇتاسقان»[①]. اپيىن سوعىسىنان كەيىن، شەتەلدىك ٴدىن تاراتۋشىلاردىڭ كەلۋىنە بايلانىستى حريستيان ٴدىنى (پروتەستانت)، كاتوليك ٴدىنى، پراۆوسلاۆيە ٴدىنى دە تارالا باستادى. «شينجياڭنىڭ قاريتالى دەرەگى كەڭەس بولىمىندە» جازىلۋىنشا، گۋاڭشۋي جىلناماسىنىڭ 30 ـ جىلى (1904)، شۆەتسيالىقتار قاشقار قالاسىنىڭ سولتۇستىك قاقپاسىندا ٴبىر عايسا ٴدىنى (ياعني حريستيان ٴدىنى) شىركەۋىن سالعان، «ۇش ەر ٴدىن تاراتۋشى، ٴتورت ايەل ٴدىن تاراتۋشى بار، ٴبارى عايسا دىنىنە سەنەدى، دىنگە سەنەتىن ەر ـ ايەلدەن 20 نەشە ادامى بار»[②]. بۇل حريستيان ٴدىنى شينجياڭعا ەڭ ەرتە تارالعاندىعى جونىندەگى حانزۋشا تاريحي ماتەريال. 19 ـ عاسىردىڭ سوڭعى 20 جىلىندا شۆەتسيانىڭ ٴوز دارىپتەمەسىن اتقارۋ قوعامىنىڭ ٴدىن تاراتۋشىلارى وڭتۇستىك شينجياڭ وڭىرىنە كەلدى؛ 1892 ـ جىلى دارىپتەمەسىن اتقارۋشىلار قوعامى قاشقارعا بارىپ، وسى جەردى وزەك ەتە وتىرىپ حريستيان ٴدىنىن سىرتقا كەڭەيتتى. 1905 ـ جىلدىڭ الدى ـ ارتىندا، ۇلى بريتانيانىڭ ىشكى ولكەدەگى ٴدىن تاراتۋشىسى حۋ جينجيە ۇرىمجىگە كەلىپ، بيداجيە كوشەسىندە ٴىنجىل شىركەۋىن قۇرىپ (كەيىنتىندە كۋحوۋ كوشەسىنە كوشتى)، ٴدىن تاراتتى.

ۇشىنشى، ٴىسلام ٴدىنىنىڭ جۇڭگوشالانۋى

تاريحتان قاراعاندا، ٴدىنىنىڭ ٴوزى تۇرعان قوعامعا ۇيلەسۋى ٴدىنىنىڭ ٴومىر ٴسۇرۋ، دامۋ بەتالىسى جانە زاڭدىلىعى بولىپ تابىلادى. مەيلى جەرگىلىكتى ٴدىن بولسىن، الدە سىرتتان كىرگەن ٴدىن بولسىن، ٴبارى دە ەلىمىز قوعامىنىڭ دامۋىنا ۇزدىكسىز ۇيلەسىپ، داۋىرلىك مازمۇنىن تولىقتىرۋى كەرەك. ٴىسلام ٴدىنى شينجياڭعا كىرگەننەن كەيىن، باي مازمۇندى جۇڭحۋا مادەنيەتىنىڭ باۋىرمالدىعى ارقىلى توعىسىپ، چيڭ پاتشالىعى كەزەڭىندە جۇڭگوشا ٴىسلام مادەنيەتى قالىپتاستى.

چيڭ پاتشالىعى كەزەڭىندە ۇيعۇر ۇلتىنىڭ كۇندەلىكتى تۇرمىسىندا كوپتەگەن

① (چيڭ) حۇڭ لياڭجي: «تيانشان ساپار ەستەلىگى»، «ەرتە زامانعى باتىسقا ساپار ەستەلىگى»، يىنچۋان: نيڭشيا حالىق باسپاسى، 1987 ـ جىل، 381 ـ بەت.

② ۋاڭ شۋنان قاتارلىلار قۇراستىرعان، جۋ يۇيچي قاتارلىلار رەتتەگەن: «شينجياڭنىڭ قاريتالى دەرەگى. سىرتقى ىستەر (6)»، شاڭحاي: بايىرعى شىعارمالار باسپاسى، 2017 ـ جىل، 999 ـ بەت.

كوزقاراس ءتۇيىنى

پارتيانىڭ ءدىن قىزمەتى جونىندەگى نەگىزگى باعىتىن جاپپاي دايەكتىلەندىرىپ، ەلىمىزدىڭ ءدىندى جۇڭگوشالاندىرۋ باعىتىندا تاباندى بولىپ، ءدىندى سوتسياليستىك قوعامعا ۇيلەسۋگە بەلسەنە باستاۋ كەرەك. ەلىمىز سوتسياليستىك مەملەكەت، ەلىمىزدە ءدىن سوتسياليزم شارت - جاعدايىندا ءومىر سۇرەدى جانە ارەكەت جاسايدى، سوندىقتان، ءسوزسىز، سوتسياليستىك قوعامعا ۇيلەسۋى كەرەك. بۇل ءارى سوتسياليستىك قوعامنىڭ ەلىمىزدەگى دىنگە قويعان وبيەكتيۆتىك تالابى، ءارى ەلىمىزدەگى دىندەردىڭ وزىندىك ءومىر ءسۇرۋىنىڭ وبيەكتيۆتىك تالابى. ءدىنىنىڭ ءوزى تۇرعان قوعامعا ۇيلەسۋى ءدىنىنىڭ ءومىر ءسۇرۋ، دامۋ بەتالىسى جانە زاڭدىلىعى. جەرگىلىكتى ءدىن دە، سىرتتان كىرگەن ءدىن دە ەلىمىز قوعامىنىڭ دامۋىنا ۇزدىكسىز ۇيلەسىپ، داۋىرلىك مازمۇنىن تولىقتىرۋى كەرەك. سوتسياليستىك وزەكتى قۇن كوزقاراسىمەن جەتەكشىلىك ەتىپ، جۇڭحۋا مادەنيەتىن ەلىمىزدەگى ءتۇرلى دىنگە ءسىڭىرىپ، ءدىن سالاسىنداعىلاردىڭ ءدىن يدەياسىن، ءدىن قاعيداسىن ءداۋىردىڭ العا باسۋ تالابىنا ۇيلەستىرىپ تۇسىندىرۋىنە قولداۋ كورسەتىپ، باتىس يدەولوگياسىنىڭ سىنالاپ كىرۋىنەن باتىل ساقتانىپ، ۇشقارى يدەيالىق اعىمنىڭ ىقپالىنا سانالى تۇردە قارسى تۇرۋ كەرەك.

ۇقساماعان عۇرىپ - ادەتتەر ساقتالعان جانە توعىسقان. مىسالى، ۇدۇنداعى توي سالتىندا «سالىمەن جاس كەلىنىنىڭ بەتىن بۇركەپ، اتقا مىنگىزىپ، سىرناي تارتىپ، جول باستاپ، كۇيەۋىنىڭ ۇيىنە اپارادى، كۇيەۋىمەن بىرگە وتتى ءۇش اينالىپ، اتتان ءتۇسىپ، بوساعادان اتتاپ، الدىمەن وشاق تاڭىرگە تابىنىپ، وشاقتىڭ اۋزىنا ماي شاشىپ، ونان سوڭ ۇيگە كىرەدى»؛ بىرەۋ اۋىر ناۋقاسقا شالدىققاندا، «ۇيگە ارقان تارتقىزىپ، قاعىران قاعىپ، پالە - قالانى قۋۋى بەينە حانزۋلاردىڭ پالە - قالانى الاستاۋىنا ۇقسايدى»؛ ءار جىلى كوكتەمدە «ەر - ايەل، كارى - جاس شاراپ - تاعام، ىدىس - اياقتارىن الىپ، كەڭ دالادا باس قوسىپ، قازان اسىپ، ءان ايتىپ، اڭگىمە دۇكەنىن قۇرىپ، كوڭىل كوتەرىپ، قانىپ شاراپ ءىشۋى ىشكى ولكەلەردەگى كوكتەمگى سەيىل قۇرۋعا ۇقسايدى»①. «باتىس ءوڭىر ەستەلىكتەرىندە» جازىلۋىنشا، «ەر - ايەل ءان ايتىپ، ءبي بيلەپ، شاراپ ءىشىپ (ءجۇزىم شارابى) ءماز - مەيرام

① جۇڭگو قوعامدىق عىلىمدار اكادەمياسى شينجياڭ تاريح - جاعراپيا زەرتتەۋ ورتالىعى:«شينجياڭ جەرگىلىكتى شەجىرەسى. ۇدۇن توتە قاراستى دۋانىنىڭ جەرگىلىكتى شەجىرەسى»، بەيجيڭ: مەملەكەتتىك كىتاپحاناسى جازبا دەرەكتەردى كىشىرەيتىپ - كوبەيتىپ باسۋ ورتالىعى، 1990 - جىل، 689 -، 691 -، 693 - بەتتەر.

چيڭ پاتشالىعىنىڭ سوڭعى داۋىرىندەگى ىلە ٴسۋيدىڭ جياڭجۋنمياۋ عيباداتحاناسى

بوپ تارادى»[1]، مۇندا چيڭ پاتشالىعى داۋىرىندەگى ۇيعۇر ۇلتىنىڭ ورازا ايت مەرەكەسىن قۇتتىقتاپ، ايت نامازدان كەيىن اكىم بەكتەردىڭ ۇيىنە بارىپ، ايتشىلاعان كورىنىسى سۋرەتتەلەدى.

چيڭ پاتشالىعى داۋىرىندە قازاق ۇلتى كوشپەلى مال شارۋاشىلىعىن نەگىز ەتكەن. وتىرىقتانعان ۇلتتارمەن سالىستىرعاندا، قازاق مەشىتتەرى از، ناماز كەيدە دالادا عانا وتكىزىلەدى. قازاق ۇلتى تاعى دا تابيعاتقا تابىنۋ، اتا ـ باباسىنا تابىنۋ، شامان قاتارلى العاشقى نانىم فورماسىن ساقتاپ قالدى. ٴىسلام ٴدىنى مەن وسى سەنىمدەر قاقتىعىسپاي قاتار ٴومىر ٴسۇرىپ تارالدى. مۇنداي جاعداي قىرعىز ۇلتىندا دا ٴومىر ٴسۇردى.

شينجياڭ قۇلجا وڭتۇستىك ازاتتىق جولىنداعى مەشىت

19 ـ عاسىردىڭ سوڭعى جارتىسىندا تالاي رەت كەڭەيتىپ جاسالعان ايتكار مەشىتىندە كۇمبەز فورمالى ەسىگى بار، ىشكى اشەكەيلەرىندە دە بۇدد تاۋشاسى بار. قۇلجا قالاسى وڭتۇستىك ازاتتىق كوشەسىندەگى مەشىتتىڭ قۇرىلىس ۇلگىسى جۇڭگونىڭ ورتە زامانعى ورتا جازىقتاعى

① (چيڭ) چۇنيۋان ــ 71 : «باتىس ٴوڭىر ەستەلىكتەرى»، مەملەكەتتىك الۋمەتتىك كىتاپحانا بايىرعى شىعارمالار دەرەكتەمەلەرى رەداكسيا القاسى: «لين زىشۇي قاتارلىلاردىڭ ٴۇش ٴتۇرلى باتىس وڭىرگە ساپار ەستەلىگى كوشىرمە نۇسقاسى»، بەيجيڭ: مەملەكەتتىك كىتاپحاناسى جازبا دەرەكتەردى كىشىرەيتىپ ـ كوبەيتىپ باسۋ ورتالىعى، 2001 ـ جىل، 188 ـ بەت.

قالا قاقپا ۇلگىسىندەگى قۇرىلىسقا ۇقسايدى، قاناتتى دودەگەسى بار بولىپ، اعاش قۇرىلىمىن
ەگىز ەتكەن، ورنەك سالىۋ جانە سۋرەت سىزۋ ونەرىن قولدانعان، ٴماتشاسىنا، ارقالىقتارىنا ويۋ
ويىپ، سۋرەت سالىپ، جوڭگونىڭ ەرتە زامانعى سامالدىق عيماراتىنىڭ كەلبەتىن ٴبىرشاما
ساقسى بەينەلەگەن. چيانلۇڭ كەزىندە سالىنعان ۇرىمجى شانشي عيباداتحاناسىنىڭ ەڭ
ۇلكەن ەرەكشەلىگى ٴىسلام قۇرىلىس ۇلگىسى مەن جوڭگونىڭ كلاسسيك قۇرىلىس ۇلگىسى
ۇشتاستىرىلعان. بۇل مەشىت قۇرىلىسى جوڭگونىڭ ٴداستۇرلى قۇرىلىس
مادەنيەتىنىڭ ىقپالىنا ۇشىراپ، وردا ۇلگىسىندەگى قۇرىلىس فورماسىن قولدانىپ، ٴداستۇرلى
اعاش قۇرىلىمى سىندى قۇرىلىس ۇلگىسىن ساقتاعان، وندا ورتا جازىقتاعى ٴداستۇرلى وردا
قۇرىلىس ستيلى بار بولىپ، ۇلتتىق مادەنيەتتىڭ ٴنارى توعىسقان ٴبىرشاما جوعارى تاريحي،
قۇرىلىس ونەرى جانە تاماشالاۋ قۇنىنا يە.

چيڭ پاتشالىعى داۋىرىندە شينجياڭ وڭىرىندە ٴىسلام ٴدىنىن نەگىز ەتكەن، كوپ ٴدىن
قاتار ٴومىر سۇرگەن جاعداي اۋەلگىدەي ساقتالىپ، كوپ ٴدىندى قابىلداۋ، توعىسۋ، بەيبىت
باۋىرمال بولۋ قاتىناسى وزگەرگەن جوق.

7 ـ تاراۋ شينحاي توڭكەرىسىنەن جوڭحۋا حالىق رەسپۋبليكاسى قۇرىلعان داۋىرگە دەيىن

—— شينجياڭ ٴوڭىرى توڭكەرىس تولقىنىنا تولىسىپ، نۇرلى بولاشاققا بەت الدى

شينحاي توڭكەرىسى جوڭگونىڭ 2000 نەشە جىلدىق فەودالدىق پاتشالىق ٴتۇزىمىن اۋدارىپ تاستاپ، بۇرجۋازيالىق دەموكراتيالىق رەسپۋبليكا — جوڭحۋا مينگونى قۇردى، ٴبىراق، جوڭگو قوعامىنىڭ جارتىلاي وتارلىق، جارتىلاي فەودالدىق سيپاتى مەن حالىقتىڭ ايانىشتى جاعدايى وزگەرگەن جوق. جوڭگو كوممۋنيستىك پارتياسى قۇرىلعانان كەيىن، بۇكىل ەلدەگى ٴار ۇلت حالقىنا باسشىلىق ەتىپ، 28 جىل قاندى شايقاس جۇرگىزىپ، جوڭحۋا حالىق رەسپۋبليكاسىن قۇرىپ، جاڭا دەموكراتيالىق توڭكەرىستىڭ بۇكىل مەملەكەتتىك جەڭىسىنە قول جەتكىزدى. وسى مەزگىلدە شەتەل شاپقىنشىلىعى مەن مەملەكەت جويىلىپ، ۇلتتىڭ قۇرىپ ـ جوعالۋ داعدارىسى ادامداردىڭ جوڭحۋا ۇلتىن شىنايى مويىنداۋ سەزىمىن بۇرىن بولىپ كورىلمەگەن دارەجەدە كۇشەيتتى جانە تەرەڭدەتتى. شينجياڭ وڭىرىندەگى ٴار ۇلت حالقى بۇكىل ەلدەگى ٴار ۇلت حالقىمەن بىرگە ەرلىكپەن قارسىلىق كورسەتىپ، وتان اۋىرتپالىعىن بىرگە ارقالاپ، شەكارا ٴىشى ـ سىرتىنداعى بولشەكتەۋشى كۇشتەرمەن باتىل كۇرەس جۇرگىزىپ، مەملەكەتتىڭ تۇتاستىعى مەن تەرريتوريا تۇتاستىعىن قورعاپ، جىر ەتەرلىك وتانشىلدىق داستاندى بىرگە جازدى. جوڭگو كوممۋنيستەرى شينجياڭعا كەلگەننەن كەيىن، ماركسيزم ـ لەنينيزمنىڭ كەڭ كولەمدە تارالۋىن جەبەپ، شينجياڭنىڭ يمپەرياليزمگە، فەوداليزمگە قارسى تۇرۋ كۇرەسىنىڭ بەتالىسىنا باستان ـ اياق جەتەكشىلىك ەتتى. شينجياڭداعى ٴار ۇلتتىڭ مادەنيەتى وسى

جاماعا قاراي بۇرىلىس جاساپ، ٴار ۇلتتىڭ وتاندى شىنايى مويىنداۋى مەن جۇڭحۋا مادەنيەتىن شىنايى مويىنداۋى تىڭ بيىككە كوتەرىلدى. جۇڭگو كوممۋنيستىك پارتياسىنىڭ باسشىلىعىندا، شينجياڭ بەيبىت جولمەن ازات بولىپ، شينجياڭ تاريحىنىڭ جاڭا عاسىرىن اشتى.

ٴبىرىنشى تاراۋشا ەلىمىزدىڭ كوپ ۇلتتى ۇلى بىرلىك جاعدايىنىڭ جاڭا بەتالىسى

سۇن جۇڭشانىنىڭ باسشىلىعى مەن ىقپالىندا 1911 - جىلى 10 - ايدا شينحاي توڭكەرىسى بۇرق ەتە ٴتۇسىپ، چيڭ پاتشالىعىنىڭ فەودالدىق دارا بيلىك ۇستەمدىگىن ۇدارىپ تاستادى. ٴبىراق، جەڭىس جەمىسىن تەز ارادا يۋان شىكاي ۋاكىلدىك ەتكەن سولتۇستىك ميليتاريستەرى قىمقىرىپ الىپ، بۇكىل ەل ميليتاريستەردىڭ بولەكتەنۋ تىرقىسىنا تاپ بولدى، قوعامدىق قايشىلىق ونان ارى ۋشىعىپ، يمپەرياليزم، فەوداليزم جانە بيۋروكرات كاپيتاليزم سىندى ٴۇش ۇلكەن تاۋ جۇڭگو حالقىنىڭ ەڭسەسىن باسىپ تۇردى. جۇڭگو كوممۋنيستىك پارتياسى جۇڭگو حالقىن باستاپ ۇلتتىڭ تاۋەلسىزدىگى مەن حالىقتىڭ ازاتتىعىنا قول جەتكىزۋ سىندى اۋىر مىندەتتى ارقالاپ، كونە جۇڭگونىڭ توز - توزى شىققان جاعدايىن تۇبەگەيلى اياقتاتىپ، جۇڭگونىڭ نەشە مىڭ جىلدىق فەودالدىق ساياسيدان حالىق دەموكراتياسىنا قاراي ۇلى سەكىرۋىن جۇزەگە اسىردى. جۇڭگو كوممۋنيستىك پارتياسى تاياۋ زامانعى جۇڭگو قوعامىنىڭ تاريحي دامۋىنىڭ تابيعي تۋىندىسى، جۇڭگو كوممۋنيستىك پارتياسىنىڭ باسشىلىعى تاريح پەن حالىقتىڭ تالعامى.

ٴبىرىنشى، سولتۇستىك ميليتاريستىك ۇكىمەتى مەن نانجيڭ گوميىنداڭ ۇكىمەتى ۇستەمدىك ەتكەن مەزگىلدەگى جۇڭگو

1912 - جىلى 1 - ايدىڭ 1 - كۇنى جۇڭحۋا مينگو ۋاقىتشا ۇكىمەتى نانجيڭدە قۇرىلعاندىعىن جاريالاپ، سۇن جۇڭشان ۋاقىتشا دا زۇڭتۇڭ بولدى. نانجيڭ ۋاقىتشا ۇكىمەتىنىڭ قۇرىلۋى كونە جۇڭگونىڭ قوعامدىق سيپاتى مەن حالىقتىڭ ايانىشتى حالىن وزگەرتە المادى. يۋان شىكاي ورايدان پايدالانىپ، بيلىكتى تارتىپ الىپ، رەسپۋبليكاعا وپاسىزدىق جاساپ، پاتشالىق ٴتۇزىمدى اشىقتان - اشىق قايتا ٴتىرىلتتى. ونىڭ كەرباقپالىعى

بۇكىل ەل حالقىنىڭ قارسىلىعىن قوزعاپ، ەڭ سوڭىندا رەسپۋبليكانى قورعاۋ سوعىسىنىڭ زەڭبىرەك داۋىسىمەن جەڭىلىسكە ۇشىراپ كۇيرەدى. وسىدان كەيىن سولتۇستىك ميليتاريستەرى جىلي، انحۋي، فىڭتيان سىندى ۇش ۇلكەن توپقا ٴبولىندى، باسقا ولكەلەر دە ۇلكەندى ـ كىشىلى ميليتاريستەر جاعىنان تىزگىندەلدى. بۇل ميليتاريستەر ورتالىق ۇكىمەت بيلىگىنە تالاسىپ، ٴوز جەرىن ساقتاۋ جانە كەڭەيتۋ ٴۇشىن، مەملەكەت مۇددەسىن ساتۋدان تايىنباي، يمپەرياليستەرگە باعىنىشتى بولدى. ۇلكەندى ـ كىشىلى ميليتاريستەر قىرىق پىشاق بولىپ قىرقىسقان، بولەكتەنۋگە ۇرىنعان الاساپىران جاعدايدا جوڭگو حالقى شىعار جول ماسەلەسىن قايتادان ويلاستىرا باستادى. وكتابر توڭكەرىسىنىڭ زەڭبىرەك ٴۇنى جوڭگوعا ماركسيزم ـ لەنينيزمدى الا كەلدى، ول وتاندى جويىلۋدان قۇتقارۋدىڭ شىعار جولىن ىزدەگەن جوڭگو حالقىنا العا باسۋ بەتالىسىن كورسەتىپ بەردى. 4 ـ ماي قوزعالىسىنىڭ بۇرق ەتۋى جوڭگو جۇمىسشى تابىنىڭ ساياسي ساحناعا شىعا باستاعاندىعىنان، ماركسيزم ـ لەنينيزمنىڭ جوڭگو جۇمىسشى قوزعالىسىمەن ۇشتاسا باستاعاندىعىنان دەرەك بەرەدى. 1921 ـ جىلى 7 ـ ايدا جوڭگو كوممۋنيستىك پارتياسىنىڭ بۇكىل مەملەكەتتىك 1 ـ قۇرىلتايى شاڭحايدا جەڭىسپەن اشىلدى. 8 ـ ايدىڭ باسىندا، جوڭگو كوممۋنيستىك پارتياسىنىڭ 1 ـ قۇرىلتايى جىجياڭنىڭ جياشيڭ دەگەن جەرىندەگى نانحۋ كولىندەگى ساياحات قايىعىندا جەڭىسپەن جابىلىپ، جوڭگو كوممۋنيستىك پارتياسىنىڭ دۇنيەگە كەلگەندىگىن سالتاناتپەن جاريالادى. جوڭگو كوممۋنيستىك پارتياسىنىڭ قۇرىلۋى تەڭدەسسىز زور بۇرىلىس بولدى، جوڭگو توڭكەرىسىنىڭ بەت ـ بەينەسى وسىدان باستاپ شىت جاڭا تۇسكە ەندى. جوڭگو كوممۋنيستىك پارتياسى ۇلتتى جويىلۋدان قۇتقارىپ، ۇلتتىڭ گۇلدەنۋىن جۇزەگە اسىرۋ سىندى ٴداۋىر ۇندەۋىمەن تاريحتىڭ الدىڭعى ساحناسىنا شىعىپ، جوڭحۋا ۇلتىنىڭ ۇلى گۇلدەنۋىنىڭ تىرەگى بولدى.

1924 ـ جىلى جوڭگو كوممۋنيستىك پارتياسى مەن جوڭگو گوميندداڭ پارتياسى سەلبەستىك ورناتىپ، يمپەرياليزمگە، فەوداليزمگە قارسى ۇلتتىق توڭكەرىس قوزعالىسىن جۇرگىزدى. سولتۇستىك ميليتاريستەرىن جازالاۋ سوعىسىنىڭ جەڭىستى جورىعى مەن جۇمىسشى ـ ديقان توڭكەرىستىك قوزعالىسىنىڭ سۇراپىل ورلەۋى يمپەرياليستەردىڭ جوڭگوداعى شاپقىنشى كۇشتەرى مەن سولتۇستىك ميليتاريستەرىنىڭ كەرتارتپا ۇستەمدىگىنە سىلەيتە سوققى بەردى. وسى مەزگىلدە، جۇمىسشى ـ ديقان توڭكەرىسىنىڭ قىزۋ ورلەۋى ٴىرى جەر يەلەرىنىڭ، ٴىرى بۋرجۋازيا تابىنىڭ ٴتۇبىرلى مۇددەسىنە

جۇڭگو كوممۋنيستىك پارتياسىنىڭ بۇكىل مەملەكەتتىك 1 ـ قۇرىلتايى اشىلعان ورىن شاڭحاي قالاسى ۋاڭجىلۋ كوشەسى 106 ـ ٴنومىر (قازىرگى شيڭيە كوشەسى 76 ـ ٴنومىر)، جۇڭگو كوممۋنيستىك پارتياسىنىڭ دۇنيەگە كەلگەن جەرى.

جىجياڭنىڭ جياشيڭ نانحۋ كولىندەگى قىزىل قايىق 1921 ـ جىلى 8 ـ ايدىڭ باسىندا، جۇڭگو كوممۋنيستىك پارتياسىنىڭ بۇكىل مەملەكەتتىك 1 ـ قۇرىلتايى وسى جەردە جەڭىسپەن جابىلدى. «قىزىل قايىق رۋحى» وسى جەردەن باستاۋ العان.

سوقتىققاندىقتان جياڭ جيەشى، ۋاڭ جيڭۋي قاتارلى گوميندالڭ وڭشىلدارى يمپەرياليستىك كۇشتەردىڭ قولداۋىمەن ىلگەرىندى ـ كەيىندى توڭكەرىسكە وپاسىزدىق جاساپ، كوممۋنيستەر مەن جۇمىسشى ـ ديقان بۇقاراسىن قىنادايى قىرىپ، دابىرالى حالىقتىق توڭكەرىس جەڭىلىسكە ۇشىرادى. 1928 ـ جىلى 12 ـ ايدا جاڭ شۋەليالڭ «تۋ اۋىستىرۋدى»

كوزقاراس ٴتۇيىنى

امالىيات ماركسيزمنىڭ تاعدىرى جۇڭگو كوممۋنيستىك پارتياسىنىڭ تاعدىرىمەن، جۇڭگو حالقىنىڭ تاعدىرىمەن، جۇڭحۋا ۇلتىنىڭ تاعدىرىمەن سوناۋ ەرتەدەن ـ اق تىعىز بايلانىستى ەكەندىگىن، ونىڭ عىلىميلىعى مەن اقيقاتتىعى جۇڭگودا تولىق سىنالىپ وتكەندىگىن، ونىڭ حالىقتىق سيپاتى مەن امالياتتىق سيپاتى جۇڭگودا تولىق دايەكتەلەنگەندىگىن، ونىڭ جاريالىعى مەن داۋىرلىك سيپاتى جۇڭگودا تولىق ايگىلەنگەندىگىن دالەلدەدى! ماركسيزم جۇڭگو توڭكەرىسىن، قۇرىلىسىن، رەفورماسىن قۇدىرەتتى يدەيالىق قارۋمەن قامداپ، جۇڭگو سىندى شىعىستاعى بايىرعى ٴىرى ەل ادامزات تاريحىندا بۇرىن بولىپ كورمەگەن دامۋ كەرەمەتتەرىن جاراتتى. تاريح پەن حالىقتىڭ ماركسيزمدى تاڭداۋى بۇكىلدەي دۇرىس، جۇڭگو كوممۋنيستىك پارتياسىنىڭ ماركسيزمدى ٴوز تۋىنا جازۋى بۇكىلدەي دۇرىس، ماركسيزمنىڭ نەگىزگى قاعيدالارىن جۇڭگونىڭ ناقتى امالياتىمەن ۇشتاستىرۋعا تاباندى بولۋ، ماركسيزمنىڭ جۇڭگوشالانۋىن، زامانالانۋىن ۇزدىكسىز ىلگەرىلەتۋ بۇكىلدەي دۇرىس.

جارىالاپ، نانجيڭ گومينداڭ ۇكىمەتى كورىنىستە بۇكىل ەلدى بىرلىككە كەلتىردى. وسىدان كەيىن، گومينداڭ دارا بيلەۋشىلىك ۇستەمدىگىن ۇزدىكسىز كۇشەيتتى، ال، جۇڭگو كوممۋنيستىك پارتياسى جۇمىسشى ـ ديقان بۇقاراسىن باستاپ، قىزىل ارمياني قۇرىپ، دەموكراتيالىق بيلىك ورناتىپ، «جۇمىسشى ـ ديقان قارۋلى كۇشى بولەكتەنگەن جاعدايدى ىسكە اسىرىپ»، گومينداڭنىڭ كەرتارتپا ۇستەمدىگىنە قارۋلى كۇشپەن قارسى تۇرۋ كۇرەسىن جۇرگىزە باستادى.

1931 ـ جىلى 9 ـ ايدىڭ 18 ـ كۇنى جاپون شاپقىنشىلارى 18 ـ سەنتابر وقيعاسىن تۋدىرىپ، جۇڭگوعا شاپقىنشىلىق سوعىسىن قوزعادى، بۇل جۇڭگو حالقىنىڭ جاپون شاپقىنشىلارىنا قارسى سوعىسىنىڭ باستالۋى بولدى. جۇڭحۋا ۇلتى ٴولىم مەن ٴومىر ارپالىسىندا تۇرعان قىسىلتاياڭ ساتتە، جۇڭگو كوممۋنيستىك پارتياسى جاپون شاپقىنشىلارىنا قارسى قارۋلى كۇرەس تۋىن الدىمەن كوتەرىپ، جاپون يمپەرياليزمىنىڭ شاپقىنشىلىعىنا قارسى تۇرۋ سىندى تاريحي اۋىر مىندەتتى ارقالاپ، جاپون شاپقىنشىلارىنا قارسى ۇلتتىق بىرلىكشەپتىڭ العاشقى ادىمدا قالىپتاسۋىن ىلگەرىلەتتى.1937 ـ جىلى 7 ـ ايدىڭ 7 ـ كۇنى دۇنيەنى ٴدۇر سىلكىندىرگەن 7 ـ يۋل وقيعاسى (لۋگوۋچياۋ وقيعاسى دەپ تە اتالادى) بۇرق ەتتى. 7 ـ يۋل وقيعاسى ــ جاپونيانىڭ جۇڭگوعا جاپپاي شاپقىنشىلىق جاساۋ سوعىسىنىڭ باستالۋى، سونداي ـ اق جۇڭگونىڭ بۇكىل ۇلت بويىنشا جاپون شاپقىنشىلارىنا قارسى سوعىسىنىڭ باستالۋى بولدى. بەتپە ـ بەت سوعىس مايدانىندا جۇڭگو ارمياسى كوپ رەت شايقاس ۇيىمداستىرىپ، جاپون ارمياسىنىڭ شاپقىنشىلىعىنا قارسى تۇردى؛ جاۋ ارتقى شەبىندەگى سوعىس مايدانىندا جۇڭگو كوممۋنيستىك پارتياسى بۇقاراني اتتانىسقا كەلتىرىپ، جاپون شاپقىنشىلارىنا قارسى بازا قۇرىپ، حالىقتىق پارتيزاندىق سوعىس ورىستەتتى، وسىنىڭ ٴبارى جاپون شاپقىنشىلارىنا قارسى سوعىستىڭ ەڭ سوڭعى جەڭىسى ٴۇشىن ماڭىزدى ۇلەستەر قوستى. 14 جىلعا سوزىلعان قيان ـ كەسكى شايقاس ارقىلى جۇڭگو حالقى جاپون شاپقىنشىلارىنا قارسى سوعىستىڭ ۇلى جەڭىسىنە قول جەتكىزدى، جۇڭگو كوممۋنيستىك پارتياسىنىڭ تىرەكتىك رولى جۇڭگو حالقىنىڭ جاپون شاپقىنشىلارىنا قارسى سوعىسىنىڭ جەڭىسكە جەتۋىنىڭ شەشۋشى تەتىگى بولدى. جاپون شاپقىنشىلارىنا قارسى سوعىس جەڭىسكە جەتكەنىنەن كەيىن، جۇڭگو حالقى مەملەكەتتى بەيبىت جولمەن گۇلدەندىرۋدى جاپپاي ٴۇمىت ەتتى. جۇڭگو كوممۋنيستىك پارتياسى بەيبىتشىلىككە، دەموكراتياعا قول جەتكىزۋ جولىندا اسا زور تىرىسشاڭدىق كورسەتتى،

ماتەريال تىزبەگى

1945 ـ جىلى 9 ـ ايدىڭ 2 ـ كۇنى تۇستەن بۇرىن، وداقتاس ەلدەردىڭ جاپونيانىڭ تىزە بۇگۋىن بىرگە قابىلداۋ سالتى توكيو شىعاناعىندا تۇرعان امەريكا قۇراما شتاتتارىنىڭ «ميسسۋري» اتتى اسكەري كەمەسىندە وتكىزىلدى. جاپونيا ۇكىمەتىنىڭ ۋاكىلدەرى مەن وداقتاس ەلدەردىڭ ۋاكىلدەرى جەكە ـ جەكە تىزە بۇگۋ حاتىنا قول قويدى، ا ق ش، جۇڭگو، ۇلى بريتانيا، كەڭەس وداعى، فرانسيا جانە نيدەرلاند، اۋستراليا، كانادا، جاڭا زەلانديا قاتارلى ەلدەردىڭ ۋاكىلدەرى جاپونيانىڭ تىزە بۇگۋ حاتىنا قول قويىپ تۇراقتاندىرىپ، جاپونيانىڭ تىزە بۇگۋىن قابىلدادى. سونىمەن، جۇڭگو حالقىنىڭ جاپون شاپقىنشىلارىنا قارسى سوعىسى جەڭىسپەن اياقتاپ، دۇنيە جۇزىلىك فاشيزمگە قارسى سوعىس تولىق جەڭىسكە جەتتى. 2014 ـ جىلى 2 ـ ايدىڭ 27 ـ كۇنى مەملەكەتتىك 12 ـ كەزەكتى حالىق قۇرىلتايى تۇراقتى كوميتەتىنىڭ7 ـ رەتكى ٴماجىلىسى «مەملەكەتتىك حالىق قۇرىلتايى تۇراقتى كوميتەتىنىڭ جۇڭگو حالقىنىڭ جاپون شاپقىنشىلارىنا قارسى سوعىسىنىڭ جەڭىسىن ەسكە ٴتۇسىرۋ كۇنىن تۇراقتاندىرۋ جونىندەگى قاۋلىسىن» داۋىسقا سالىپ ماقۇلداپ، ٴار جىلعى 9 ـ ايدىڭ 3 ـ كۇنىن جۇڭگو حالقىنىڭ جاپون شاپقىنشىلارىنا قارسى سوعىسىنىڭ جەڭىسىن ەسكە ٴتۇسىرۋ كۇنى ەتىپ بەلگىلەدى.

ٴبىراق، گومينداڭ دارا بيلەۋشىلىك ۇستەمدىگىن جۇرگىزۋگە قاسارىستى ٴارى 1946 ـ جىلى جالپى بەتتىك ىشكى سوعىس قوزعادى. جۇڭگو كوممۋنيستىك پارتياسى ازات رايونداردىڭ ارمياسى مەن حالىقتى باسشىلىق ەتىپ، ىلگەرىندى ـ كەيىندى گومينداڭ ارمياسىنىڭ جاپپاي شابۋىلى مەن ٴتۇيىندى شابۋىلىن تالقاندادى، وسىنىڭ ارتىنان ستراتەگيالىق قايتارما سوققى بەرىپ، ٴۇش ۇلكەن شايقاس جۇرگىزىپ، نانجيڭدى ازات ەتىپ، گومينداڭنىڭ ۇلى قۇرىلىقتاعى ۇستەمدىگىن اياقتاتتى، سونىمەن، حالىق ازاتتىق سوعىسى جەڭىسپەن اياقتادى. جۇڭگو كوممۋنيستىك پارتياسى جۇڭگو حالقىن باستاپ، اقىرى گومينداڭنىڭ كەرتارتپا ۇستەمدىگىن، يمپەرياليزمنىڭ، فەوداليزمنىڭ جانە بيۋروكرات كاپيتاليزمنىڭ كەرتارتپا ۇستەمدىگىن اۋدارىپ تاستاپ، جۇڭحۋا حالىق رەسپۋبليكاسىن قۇرىپ، ۇلتتىڭ تاۋەلسىزدىگى مەن حالىقتىڭ ازاتتىعىن جۇزەگە اسىرىپ، جۇڭحۋا ۇلتىنىڭ ۇلى گۇلدەنۋى سىندى تاريحي جاڭا عاسىردى باستادى.

ەكىنشى، جۇڭحۋا ۇلتى رۋحىنىڭ ارلەنۋى

تاياۋ زاماننان بەرى جۇڭگو حالقىنىڭ ۇلت تاۋەلسىزدىگى مەن ازاتتىعىنا قول جەتكىزۋ ٴۇشىن جۇرگىزگەن ٴبىرقىدىرۋ كۇرەستەرى جۇڭحۋا ۇلتىنىڭ ويانعان تاريحي بارىسى ٴارى

جوڭحۋا ۇلتى رۋحىنىڭ ارلەنۋ تاريحي بارىسى سانالدى.

اپيىن سوعىسىنان كەيىن، بەلدى ـ بەلدى ەلدەردىڭ شاپقىنشىلىعى مەن فەودالدىق ۇستەمدىكتىڭ شىرىكتەسۋى سالدارىنان جوڭگو بىرتىندەپ جارتىلاي وتار، جارتىلاي فەودالدىق قوعامعا اينالدى. وتە ـ موتە، 18 ـ سەنتابر ۋاقيعاسىنان كەيىن، جاپون يمپەرياليزمى جاۋىزدىقپەن شاپقىنشىلىق جاساپ، جوڭحۋا ۇلتىن قۇرىپ ـ جوعالۋ حالىنە ٴتۇسىردى. جاپون شاپقىنشىلارى گومينداڭ ۇكىمەتىنىڭ قولىنان كوپتەگەن ماڭىزدى قالالاردى ارت ـ ارتىنان تارتىپ الىپ، شىعىس سولتۇستىك جوڭگو، سولتۇستىك جوڭگو، ورتا جوڭگو، وڭتۇستىك جوڭگونىڭ كوپ جەرىن باسىپ الدى. تولىقسىز ساناقا قاراعاندا، جاپونيا شاپقىنشى ارمياسىنىڭ قاندى قىلمىشى استىندا، «جوڭگودا 35 ميلليون ادام ولگەن، جارالانعان، تەك، نانجيڭ زور قىرعىنشىلىعىندا 300 مىڭنان استام ادام ولگەن»، «1937 ـ جىلعى سالىستىرمالى قۇن بويىنشا ەسەپتەگەندە، جاپون شاپقىنشىلارىنىڭ جوڭگوعا جەتكىزگەن تىكەلەي ەكونوميكالىق زيانى 100 ميلليارد امەريكا دوللارى، جاناما ەكونوميكالىق زيانى 500 ميلليارد امەريكا دوللارى بولعان»[1]. جاپون شاپقىنشىلارىنىڭ جوڭگو حالقى الدىندا وتكىزگەن شەكتەن اسقان قىلمىسى ادامزات تاريحىنداعى ەڭ جاۋىز، ەڭ ايانىشتى ٴبىر پاراقا اينالدى. ۇلتتىڭ ٴولىم مەن ٴومىر اراسىنداعى بۇرىن بولىپ كورمەگەن داعدارىسىنا قاراتا، جوڭگو حالقىنىڭ وتانشىلدىق ىنتاسى جانار تاۋداي اتىلىپ شىقتى. بارلىق جوڭحۋا ۇلاندارى جۇدىرىقتاي جۇمىلىپ، جاتتىڭ جاۋىزدىعىنا بىرگە قارسى تۇرىپ، ۇلت ٴۇشىن، وتان ٴۇشىن، ار ـ نامىس ٴۇشىن كۇرەس جۇرگىزىپ، ارىندى كۇش توپتادى. جوڭگو حالقى «ٴبىر نيەتپەن جاپپاي، جاۋ وعىنان قايتپاي العا باسۋ» بەكىمىن، قاندى سوعىستى ەڭ سوڭىنا دەيىن جۇرگىزۋ، جاپون شاپقىنشىلارىنا قارسى سوعىستى ەڭ سوڭىنا دەيىن جۇرگىزۋ سەنىمىن نىعايتتى، دۇنيەنى ٴدۇر سىلكىندىرگەن، جان تەبىرەنتەرلىك وتانشىلدىق داستانىن جازدى. «جوڭگو حالقىنىڭ جاپون شاپقىنشىلارىنا قارسى سوعىسىنىڭ ايبىندى ۇدەرىسىندە، جاپون شاپقىنشىلارىنا قارسى سوعىس جۇرگىزۋ ۇلى رۋحى قالىپتاستى، جوڭگو حالقى كۇللى الەمنىڭ كوركەيۋ ـ كۇيرەۋىنە جاۋاپتى بولاتىن وتانشىلدىق سۇيىسپەنشىلىكتى، باسىن ٴباي تىگىپ، ولسە دە تىزە بۇكپەيتىن ۇلتتىق جىگەردى، جاۋدان

---

[1] جياڭ زىمين: «استاناداعى ٴار سالاداعىلاردىڭ جاپون شاپقىنشىلارىنا قارسى سوعىس پەن دۇنيە جۇزىلىك فاشيزمگە قارسى سوعىس جەڭىسكە جەتكەندىگىنىڭ 50 جىلدىعىن ەسكە ٴتۇسىرۋ جيىنالىسىندا سويلەگەن ٴسوز (1995 ـ جىلى 9 ـ ايدىڭ 3 ـ كۇنى)»، «حالىق گازەتى»، 1995 ـ جىلى 9 ـ ايدىڭ 4 ـ كۇنى، 1 ـ بەت.

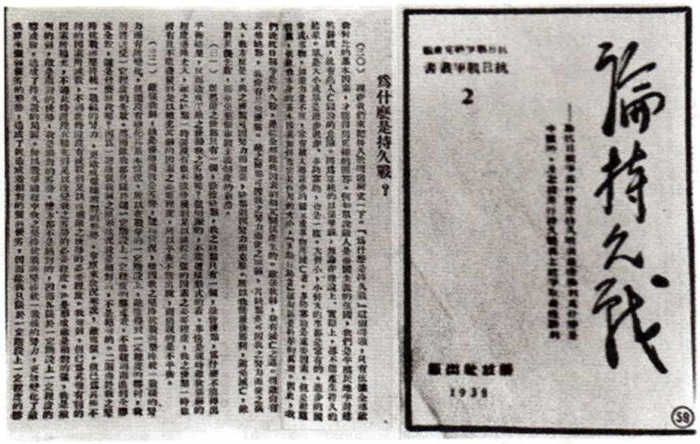

1938 ـ جىلى باسىلعان ماۋ زەدۇڭنىڭ «ۇزاققا سوزىلاتىن سوعىس تۋرالى» اتتى كىتابىنىڭ سۋرەتتى نۇسقاسى

تايسالماي، قان كەشىپ سوڭىنا دەيىن كۇرەسەتىن ەرلىك جىگەردى، قايتپاس قايسارلىق سىندى جەڭىمپاز سەنىمدى الەمگە ايگىلەدى. جاپون شاپقىنشىلارىنا قارسى سوعىس جۇرگىزۋ ۇلى رۋحى ــ جۇڭگو حالقىنىڭ اسا باعالى رۋحاني بايلىعى، ول جۇڭگو حالقىن باستان ـ اياق بارلىق جاپا ـ ماشاقاتتى جەڭىپ، جۇڭحۋا ۇلتىنىڭ ۇلى گۇلدەنۋىن جۇزەگە اسىرۋ جولىندا كۇرەس جۇرگىزۋگە شابىتتاندىراتىن قۋدىرەتتى رۋحاني قوزعاۋشى كۇش»[①].

جۇڭحۋا ۇلتىنىڭ شەتەل شاپقىنشىلىعىنا قارسى تۇرۋ تاريحىندا، جاپون شاپقىنشىلارىنا قارسى تۇرۋ سوعىسىنداعىداي، ۇلتتىڭ ويانۋى سونشاما تەرەڭ، ۇلتتار ىنتىماعى سونشاما كەڭ بولعان ەمەس. «بۇل سوعىس جۇڭگو حالقىنىڭ ساناسىنىڭ ويانۋى مەن ىنتىماعىن جەبەدى، بۇعان ٴجۇز جىلعا جۋىق ۋاقىتتان بەرگى جۇڭگو حالقىنىڭ بارلىق ۇلى كۇرەستەرىنىڭ بىردە ـ ٴبىرى تەڭ كەلمەيدى»[②]. 1939 ـ جىلى گۇ شيەگاڭ «جۇڭحۋا ۇلتى بىرەۋ» دەگەن ماقالاسىندا: «جۇڭگولىقتاردىڭ بارلىعى جۇڭحۋا ۇلتى»، حانزۋلار «شەكارا وڭىردەگى حالىقپەن بىرگە جۇڭحۋا ۇلتى دەگەن اتپەن ۇيىسىپ، ىنتىماقتاسىپ يمپەرياليستەردىڭ شاپقىنشىلىعىنا قارسى تۇرۋى كەرەك. بۇل ــ ٴبىزدىڭ اقيقاتىمىز ٴارى ٴبىزدىڭ ادىلەتتىلىگىمىز!»، «ٴبىزدىڭ جاپون شاپقىنشىلارىنا قارسى تۇرۋداعى ماقساتىمىز ــ مەملەكەتتى گۇلدەندىرۋ، ال، ەل ىشىندەگى ٴار ۇلت حالقىن ىنتىماقتاستىرىپ، ولاردى ‹جۇڭحۋا ۇلتى بىرەۋ› دەيتىن تانىمدى دايەكتىلەندىرەتىن

① شي جينپيڭ: «جۇڭگو حالقىنىڭ جاپون شاپقىنشىلارىنا قارسى سوعىسى مەن دۇنيە ٴجۇزىنىڭ فاشيزمگە قارسى سوعىسى جەڭىسكە جەتكەندىگىنىڭ 69 جىلدىعىن ەسكە ٴتۇسىرۋ اڭگىمە ماجىلىسىندە سويلەنگەن ٴسوز (2014 ـ جىلى 9 ـ ايدىڭ 3 ـ كۇنى)»، «حالىق گازەتى»، 2014 ـ جىلى 9 ـ ايدىڭ 4 ـ كۇنى، 2 ـ بەت.

② ماۋ زەدۇڭ: «ماۋ زەدۇڭ تاڭدامالى شىعارمالارى . بىرلەسكەن ۇكىمەت تۋرالى» 3 ـ توم، بەيجيڭ: حالىق باسپاسى، 1991 ـ جىل، 1032 ـ بەت.

ەتۋىمىزدىڭ ٴوزى، ٴىس جۇزىندە، وتاندى كورگەيتۋدىڭ العى شارتى»[1]. بەينە ماۋ زىدۇڭنىڭ «ۇزاقتا سوزىلاتىن سوعىس تۋرالى» اتتى شىعارماسىندا اتاپ كورسەتكەنىندەي: «جاپونيانىڭ ٴبىزدى باسىنۋعا باتىلى بارۋىنىڭ باستى سەبەبى جۇڭگو حالقىنىڭ ۇيىمسىزدىق جاعدايىندا»[2]. 7 ـ يۋل وقيعاسىنىڭ تۋىلۋىنا بايلانىستى، جۇڭگو كوممۋنيستىك پارتياسى جاپون شايقىنشىلارىنا قارسى تۇرۋ ۇلتتىق بىرلىكسابىن قۇرۋدى باستاماشىلدىقپەن دارىپتەپ جانە ونىڭ قۇرىلۋىن بەلسەنە جەبەپ، گومينداڭمەن بۇرىنعى كىربەڭدىكتى تاستاپ تاعى دا قول الىسىپ، 2 ـ رەتكى سەلبەستىكتى جۇزەگە اسىردى، جۇڭحۋا ۇلاندارى بۇرىنعى ىشكى سوعىس تولاسسىز تۋىلىپ، تورعايداي توزۋدان ٴبىر نيەت، ٴبىر تىلەكتە بولا وتىرىپ، ەل باسىنا تۋعان اۋىرتپالىقتى ايىقتىرۋعا بىرگە اتتاندى. جاپون شاپقىنشىلارىنا قارسى سوعىستىڭ ۇلى جەڭىسى جۇڭحۋا ۇلاندارىنىڭ ۇلتتىق شىنايى مويىنداۋ سەزىمىن، ۇيىسقىشتىعىن جانە باۋىرلاستىعىن بارىنشا جەبەپ، جۇڭگو حالقىنىڭ ۇلتتىڭ بولاشاعى مەن تاعدىرى ٴۇشىن كۇرەسۋ تانىمىن بارىنشا كۇشەيتىپ، جۇڭگو حالقىنىڭ ۇلتتىڭ تاۋەلسىزدىگىنە، ەركىندىگىنە، ازاتتىعىنا بولعان تالپىنىسىن ونان ارى كۇشەيتتى. جاپون شاپقىنشىلارىنا قارسى سوعىستىڭ ۇلى جەڭىسى جۇڭگو حالقىن قاراڭعى تاريحي قىسپاقتان قۇتىلۋعا جىگەرلەندىرىپ، ۇلتتى ار ـ نامىس پەن سەنىمدى قايتا تاۋىپ، وتانشىلدىق تۋدىڭ شابىتتاندىرۋىندا ۇلتتى گۇلدەندىرۋدىڭ ۇلى جورىعىنا اتتاندىردى.

ەكىنشى تاراۋشا جۇڭگو كوممۋنيستىك پارتياسىنىڭ باسشىلىعى جانە شينجياڭنىڭ بەيبىت جولمەن ازات بولۋى

مينگو داۋىرىندە بۇكىل ەل اۋمالى ـ توكپەلى جاعدايدا تۇردى، ۇلى بريتانيا، جاپونيا، تۇركيا قاتارلى شەتەل كۇشتەرى دە شينجياڭعا سىنالاپ كىردى جانە شاپقىنشىلىق جاسادى، ٴبىراق، شينجياڭ باستان ـ اياق ورتالىق ۇكىمەتتىڭ باسقارۋىندا قاي ـ قاشان دا وتانىمىزدىڭ ايرىلماس ٴبىر بولىگى بولىپ كەلدى. ٴار ۇلت حالقى ٴبىر نيەتپەن ىنتىماقتاسىپ، ٴتۇرلى بولشەكتەۋشى

---

① گۇ شيەگاڭ: «جۇڭحۋا ۇلتى بىرەۋ»، «يشى گازەتى . شەكارا رايون اپتالىق جۋرنالى» (كۇنميڭ) 9 ـ سانى، 1939 ـ جىلى 2 ـ ايدىڭ 13 ـ كۇنى.

② ماۋ زىدۇڭ: «ماۋ زىدۇڭ تاڭدامالى شىعارمالارى. ۇزاقتا سوزىلاتىن سوعىس تۋرالى»، 2 ـ توم، بەيجيڭ: حالىق باسپاسى، 1991 ـ جىل، 511 ـ بەت.

كۇشتەرمەن باتىل كۇرەس جۇرگىزىپ، مەملەكەتتىڭ تۇتاستىعى مەن ۇلتتار ىنتىماعىن قورعادى. جۇڭگو كوممۋنيستەرى شينجياڭعا كەلگەننەن كەيىن، شينجياڭنىڭ يمپەرياليزمگە قارسى كۇرەسىنە جەتەكشىلىك ەتۋ سىندى تاريحي اۋىر مىندەتتى ارقالادى. پارتيا ورتالىق كوميتەتىنىڭ ماڭىزدى ورنالاستىرۋىندا شينجياڭ بەيبىت جولمەن ازات بولدى.

ٴبىرىنشى، سولتۇستىك ميليتاريستىك ۇكىمەت پەن نانجيڭ گوميندالڭ ۇكىمەتىنىڭ شينجياڭعا بيلىك جۇرگىزۋى

1911 - جىلى ۋچاڭ كوتەرىلىسى تۇتىلىپ، بۇكىل ەلدىڭ جەر - جەرى ارت - ارتىنان ٴۇن قوستى. 1911 - جىلدىڭ اياعىنان - 1912 جىلدىڭ باسىنا دەيىن شينجياڭ شينحاي توڭكەرىسىنە بەلسەنە ٴۇن قوسىپ، ديحۋا كوتەرىلىسى مەن ىلە كوتەرىلىسى ارت - ارتىنان تۇتىلىپ، بۇكىل ەل حالقىمەن بىرگە فەودالدىق پاتشالىق ٴتۇزىمدى اۋدارىپ تاستادى. 1912 - جىلى 1 - ايدىڭ باس شەنىندە ياڭ زۋانشۋي باستاعان توڭكەرىستىك پارتيانىڭ ادامدارى ىلەدە كوتەرىلىس جاساپ تابىسقا جەتىپ، شينجياڭ -ىلە ۇلى تۇتىقتىعىن قۇردى. 5 - ايدا سولتۇستىك ميليتاريستىك ۇكىمەت ياڭ زىڭشيندى شينجياڭنىڭ تۇتىعى ەتىپ تاعايىنداپ، ىلە توڭكەرىستىك پارتياسىنىڭ ادامدارىمەن بولعان بەيبىتشىلىك كەلىسسوزدى باسقارتتى. 7 - ايدا شينجياڭ مەن ىلە ەكى جاق ٴبىتىم شارتىنا قول قويىپ، شينجياڭ - ىلە ۇلى تۇتىقتىعىن كۇشىنەن قالدىرىپ، ياڭ زىڭشيننىڭ شينجياڭنىڭ اسكەري - اكىمشىلىك ىستەرىن باسقارۋىن مويىندادى. سولتۇستىك ميليتاريستىك ۇكىمەتى مەن نانجيڭ گوميندالڭ ۇكىمەتى كەزەڭىندە شينجياڭ ىلگەرىندى - كەيىندى ياڭ زىڭشين (1912 — 1928 - جىلدارى بيلىك جۇرگىزگەن)، جين شۋرىن (1928 — 1933 - جىلدارى

تاريحي ماتەريالعا قايتا ٴۇڭىلۋ

1911 - جىلى 10 - ايدىڭ 10 - كۇنى ۋچاڭ كوتەرىلىسى بۇكىل ەلدى ٴدۇر سىلكىندىردى، ٴار قايسى ولكە ارت - ارتىنان ٴۇن قوستى. 12 - ايدىڭ 27 - كۇنى شينجياڭداعى توڭكەرىستىك پارتيانىڭ ادامى ليۋ شيانجۇن، تيان شينيان قاتارلىلار گىلاۋحۇي قوعامىمەن بىرلەسىپ، ديحۋادا الدىمەن كوتەرىلىس جاساپ، ولكەناي جامبىلىنا شابۋىلداپ، كوتەرىلىس چيڭ پاتشالىعىنىڭ ولكەنايى يۋان داحۋا جاعىنان ساتىسىزدىقكە تاپ بولىپ، ۋاقىتشا جەڭىلىسكە ۇشىرادى.

— دىڭ باۋشان «ىلە توڭكەرىسى ەستەمەسى»

ماتەريال تىزبەگى

التايدى شينجياڭعا قوسۋدى تەكسەرىپ بەكىتۋىڭىزدى ٴۇمىت ەتەمىز. بۇل جولى جوۋ ۋشۋە قوسىندى باستاپ، سوڭعى جۇمىستاردى ىڭعايلاستىرۋعا بارادى، التايداعى اسكەري بۇلىكتى تەكسەرىپ بولعان سوڭ، تورەلىك ٴمانساپتى كۇشىنەن قالدىرىپ، جوۋ ۋشۋەنى التايدىڭ بۇلىقنايى ەتىپ تاعايىنداۋدى ۇسىنىس ەتەمىز. الدىمەن شينجياڭدا ويلعان ۇكىمەت قورعانىس اعىش ٴمورىن جاساپ، جوۋ ۋشۋەگە ۋاقىتشا ۇلىقتاردى تاعايىنداۋعا قولدانۋ ٴۇشىن بەرىپ، ٴبىر جاعىنان سوڭعى جۇمىستاردى ىڭعايلاستىرىپ، ۇلىق پەن بۇلىقنايدىڭ ۇقىق كولەمىن ايىرىپ، ٴبىر ـ بىرىنەن پارىقتاۋ؛ ەندى ٴبىر جاعىنان بۇلىق ورگانىن ۇيىمداستىرىپ، بولىمدەرگە ٴبولىپ جۇمىس جۇرگىزۋ. بۇدان سىرت، رەسەي كونسۇلىمەن مەرزىمدى ۋاقىتتا كەڭەسۋ ٴۇشىن، ايماققا توتە قاراستى سىرتقى ىستەر مەكەمەسىن قۇرۋ.

ـــ ياڭ زىڭشين «بۇگوجاي جازبالارى . 3 ـ جيناق 1 ـ ٴبولىم .قۇرىلىس تاراۋى ‹1›»

چيڭ پاتشالىعىنىڭ العاشقى كەزىندە التاي قوبدا كەڭەسشى امبانىنىڭ باسقارۋىندا بولدى. چيڭ پاتشالىعىنىڭ سوڭعى جىلدارىندا التاي كەڭەسشى امبانى قۇرىلدى. مينگونىڭ العاشقى كەزىندە باسقارۋشى ۇلىق تۇزىمىنە وزگەرىپ، ورتالىققا توتە قاراعان. 1919 ـ جىلى 4 ـ ايدا، ورتالىق ۇكىمەت مەملەكەت ىستەر كەڭەسى التاي باسقارۋشى ۇلىعىنا قاراستى ٴوڭىردى بۇلىققا وزگەرتۋ ٴارى شينجياڭعا باسقارتۋدى بەلگىلەپ، التاي باسقارۋشى ۇلىق ٴتۇزىمىن كۇشىنەن قالدىردى، 6 ـ ايدا جوۋ ۋشۋەنى التاي بۇلىعىنا بۇلىقناي بولىپ رەسمي تاعايىندادى.

بيلىك جۇرگىزگەن)، شىڭ شىساي (1933 ـــ 1944 ـ جىلدارى بيلىك جۇرگىزگەن)، سوندي ـ اق گومينداڭ شينجياڭدى بيلەگەن كەزەڭدى (1944 ـــ 1949) باستان كەشىردى.

مينگو كەزەڭىندە شينجياڭ باستان ـ اياق ورتالىق ۇكىمەتتىڭ باسقارۋىندا بولدى. ياڭ زىڭشين بيلىك جۇرگىزگەن كەزدە سولتۇستىك ميليتاريستىك ۇكىمەت ۇنەمى وزگەرىپ تۇردى، ٴبىراق، كىم تاحقا شىقسا دا ياڭ زىڭشين تەلەگراممەن ارقىلى قولداپ، شينجياڭدى باستان ـ اياق ورتالىق ۇكىمەتتىڭ باسقارۋىنا الدى. ول ۇنەمى شينجياڭ ورتالىقتان بولىنەتىن بولسا، وندا ٴوزىمىز ـ ٴوزىمىزدى ولتىرگەنىمەن تەڭ دەيتىن. قوبدا ـ التاي سوعىسىندا ياڭ زىڭشين سولتۇستىك ميليتاريستىك ۇكىمەتتەن «كومەككە اسكەر جىبەرۋ» بۇيرىعىن تاپسىرىپ العانان كەيىن، دەرەۋ اسكەر جىبەرىپ، كومەك بەردى. رەسەي سول كەزدە ياڭ زىڭشيننىڭ كومەك بەرۋىن جازعىرعان ەدى، ياڭ زىڭشين دالمە ـ ٴدال

قارلما ـ قارسى بىلاي دەدى: «قوبدا جوڭحۋا مينگونىڭ تەرريتورياسى، ياعني ەلىمىزدىڭ دا زوڭتوۋگى ساياسي بيلىك جۇرگىزەتىن كولەم ىشىندە. قازىر بۇل جەردە بىلىقپالىق ۇلدى، تۇتىق بولعان مەن ەلىمىزدىڭ دا زوڭتوۋگىنىڭ بۇيرىعى بويىنشا اسكەر جىبەرىپ، كومەك بەردىم، بۇل ەلىمىز ۇكىمەتىنىڭ ىشكى بىلىقپالىقتى تىنىشتاندىرۋ ۇشىن ىستەگەن جۇمىسى، ەلدەرىڭىزبەن ەشقانداي قاتىسى جوق»[①]. جىن شۋرىن مىندەتكە وتىرعانىنان باستاپ، نانجيڭ ۇلتتىق ۇكىمەتىنە شينجياڭنىڭ احۋالىن مالىمدەيدى، نانجيڭ گومينداڭ ۇكىمەتى جىن شۋرىنعا تەلەگراممەن ارقىلى ولكەلىك ۇكىمەتتىڭ ۇيىمدىق زاڭىنا ساي شينجياڭ ولكەلىك ۇكىمەتىن قۇرۋ بۇيرىعىن بەردى. جىن شۋرىن شينجياڭ ولكەلىك ۇكىمەتتىڭ كانديدات ەسىمدىگىن ورتالىققا جولداپ، ورتالىق ۇكىمەتكە بەكىتتىردى[②]. شىڭ شىساي شينجياڭدى بيلەپ تۇرعان كەزدە بىلاي دەدى: جاڭا ۇكىمەت شينجياڭنىڭ ماڭگى جوڭگو تەرريتورياسى بولۋىن قامتاماسىز ەتۋى، جاڭا ۇكىمەت نانجيڭ گومينداڭ ۇكىمەتىمەن ارادا قاتىناستى قويۋلاتۋى، جاڭا ۇكىمەتتىڭ ساياسي لۋشيانى تۇگەلدەي ورتالىق ۇكىمەتتىڭ ساياسي لۋشيانى نەگىزىندە قۇرىلۋى كەرەك. 1944 ـ جىلى 8 ـ ايدىڭ 29 ـ كۇنى گومينداڭ ۇكىمەتى شينجياڭ ولكەلىك ۇكىمەتىن قايتا قۇرۋ بۇيرىعىن جارىيالاپ، شينجياڭنىڭ اسكەري ـ اكىمشىلىك ىستەرى باسشىسىن گومينداڭ ۇكىمەتى تىكە تاعايىندايتىن بولدى.

مينگو كەزىندە شينجياڭنىڭ اكىمشىلىك قۇرىلىم قىزمەتى ۇزدىكسىز ىلگەرىلەپ، باسقا ولكە ـ رايونداردەن بىركەلكى بولۋعا قاراي بەت الدى. 1913 — 1914 ـ جىلدارى سولتۇستىك ميليتاريستىك ۇكىمەت تۇتىقتىق دارەجەلى اكىمشىلىك قۇرىلىمدى كۇشىنەن قالدىرۋدى جارىيالاپ، ولكە، بۇلىق، اۋدان سىندى ءۇش دارەجەلى جەرگىلىكتى اكىمشىلىك ءتۇزىلىستى ورناتتى. ياڭ زىڭشين ورتالىق ۇكىمەتتىڭ بەلگىلەمەسى بويىنشا كونە تۇتىقتىقتاردى كۇشىنەن قالدىرىپ، بۇلىق، اۋدان ءتۇزىمىن جولعا قويدى. ال، قوبدا قولدان كەتكەننەن كەيىن، التاي «وقشاۋلانىپ شينجياڭنان سىرت قالدى، جەر شەتكەرى،

---

① ياڭ زىڭشين: «بۋگوجاي جازبالارى. 4 ـ توپتامانىڭ 2 ـ ءبولىمى. قوبداعا اسكەر جىبەرىپ، كومەك بەرۋ جوڭگونىڭ ىشكى بىلىقپالىقتى تىنىشتاندىرۋى، ونىڭ رەسەيمەن ەشقانداي قاتىسى جوق اتتى ماقالا»، 2 ـ كىتاپ، ۇرىمجى: شينجياڭ حالىق باسپاسى، 2012 ـ جىل، 1197 ـ بەت.

② باي جىنشىڭ،[جاپونيا] قۇراستىرۋعا جاۋاپتى: ييۋان شين:«شينجياڭنىڭ وسى زامانعى ساياسي قوعامدىق قىسقاشا تاريحى»، بەيجيڭ: جوڭگو قوعامدىق عىلىمدار باسپاسى، 1992 ـ جىل، 144 ـ، 148 ـ بەتتەر.

ٴشاپقىنشى كۇشتەر جان ـ جاعىنان ٴىنتالەگەن» شۇعىل جاعدايعا تاپ بولدى. ياڭ زىڭشين سولتۇستىك ميليتاريستىك ۇكىمەتكە ٴوتىنىش جازىپ، بەكىم العانىنان كەيىن، 1919 ـ جىلى 4 ـ ايدىڭ 25 ـ كۇنى التايدى شينجياڭنىڭ باسقارۋ قاراستىلىعىنا وتكىزىپ الدى ٴارى التايدى بۇلىققا وزگەرتتى. ٴسويتىپ، شينجياڭنىڭ سىرتقى جاۋعا تۇتاس تۇلعالىق جاقتان قارسى تۇرۋ قۋاتىن كۇشەيتىپ، جۇڭگونىڭ تەرريتوريا تۇتاستىعى مەن شينجياڭنىڭ ورنىقتىلىعىن قورعادى. 1920 ـ جىلى شينجياڭدا قاراشارى، حوتان بۇلىقتارى قۇرىلدى، وسىدان كەيىن شينجياڭ بويىنشا جيىنى 8 بۇلىق، 51 اۋدان بولدى؛ 1930 ـ جىلى جين شۋرىن بيلىك جۇرگىزگەن كەزىندە نانجيڭدە ۇلتتىق ۇكىمەتى بۇكىل ەل بويىنشا ولكە، اۋدان ەكى دارەجەلى ٴتۇزىمدى اتقاردى، شينجياڭ 8 بۇلىقتى 8 اكىمشىلىك ايماققا وزگەرتىپ، اۋداندى كوبەيتىپ قۇردى؛ شىڭ شىساي بيلىك جۇرگىزگەن كەزدە 1934 ـ جىلى جانە 1942 ـ جىلى قۇمىل اكىمشىلىك ايماعى مەن ياركەن اكىمشىلىك ايماعىن كوبەيتىپ قۇردى. 1943 ـ جىلى شينجياڭ اكىمشىلىك ايماقتى ارنايى ايماققا وزگەرتتى، ٴسويتىپ، شينجياڭدا اۋدانعا قاراستى قالا 74 كە، ارنايى ايماق 10 عا كوبەيدى. گوميىنداڭ شينجياڭعا بيلىك جۇرگىزگەن كەزدە بۇرىنعىداي 10 ارنايى ايماق بولىپ، جاڭادان 5 اۋدان قۇرىلدى. شينجياڭ بەيبىت جولمەن ازات بولۋدان بۇرىن، شينجياڭ بويىنشا 10 ارنايى ايماق، قاراستىلىعىندا 79 اۋدان ـ قالا بار ەدى. 1912 ـ جىلدان 1949 ـ جىلعا دەيىن جۇڭحۋا مينگو شينجياڭ ولكەسىنىڭ ٴار دارەجەلى اسكەري ـ اكىمشىلىك قۇرىلىمدارىنىڭ قۇرىلۋىندا، شەكارا ٴوڭىردىڭ جاعدايىنا قاراي ازدى ـ كوپتى وزگەرىس بولعانىمەن، ٴبىراق، جالپى جاقتان ورتالىق ۇكىمەتتىڭ قاتىستى زاڭ ـ ەرەجەلەرى مەن بەلگىلەمەلەرى بويىنشا جۇرگىزىلىپ، وزگەرتىلەتىن جەرى، ٴسوزسىز، ورتالىق ۇكىمەتتىڭ تەكسەرىپ ـ بەكىتۋىنەن ٴوتىپ، ورتالىق ۇكىمەتتىڭ شينجياڭمەن تامىرلاس ٴبىر تۇتاس باسقارۋ قاتىناسىن تولىق ايگىلەدى.

مينگو قۇرىلعانىنان كەيىن فەودالدىق پاتشالىق ٴتۇزىم قۇلاتىلسا دا، جۇڭگونىڭ جارتىلاي وتار، جارتىلاي فەودالدىق قوعامىنىڭ سيپاتى وزگەرگەن جوق ٴارى وسى ارقىلى ميليتاريستەردىڭ ٴبولىپ بيلەۋى سىندى قالىپسىز قوعامدىق فورماتسيا جارىققا شىقتى. ياڭ زىڭشين، جين شۋرىن، شىڭ شىساي فەودال ميليتاريستەرى، سونداي ـ اق گوميىنداڭ ۇستەمدىك ەتكەن داۋىردە ٴار ۇلت حالقى قاناۋعا، ەزگىگە قاتتى ۇشىرادى. شينجياڭدا جاپون ٴشاپقىنشىلارىنا قارسى تۇرۋ ۇلتتىق بىرلىكسابى قۇرىلعانىنان كەيىن، شىڭ شىسايدىڭ ۇسىنىسىمەن زور توپتاعى كوممۋنيستەر شينجياڭعا كەلىپ، جاپون شاپقىنشىلارىنا قارسى

تۇرىپ، وتاندى قۇتقارۋدى بەلسەنە ۇگىتتەپ، ٴار ۇلت بۇقاراسىن ىنتىماقتاستىرىپ جانە تاربيەلەپ، جۇڭگو كوممۋنيستىك پارتياسىنىڭ شينجياڭداعى ىقپالىن كۇن سايىن كەڭەيتتى. جۇڭگو كوممۋنيستەرى شينجياڭ ٴوڭىرىنىڭ يمپەرياليزمگە، فەوداليزمگە قارسى تۇرۋ كۇرەسىنىڭ بەتالىسىنا جەتەكشىلىك ەتىپ، جاپون شاپقىنشىلارىنا قارسى سوعىسقا كومەكتەسۋ، حالىقارالىق قاتىناس جەلىسىنىڭ ىركىلىسسىزدىگىنە كەپىلدىك ەتۋ، شينجياڭدى گۇلدەندىرۋ، بۇقارانى تاربيەلەۋ، توڭكەرىس ۇشقىنىن تاراتۋ سياقتى جاقتاردا كورنەكتى ۇلەس قوستى، شينجياڭنىڭ قوعامدىق بەت - بەينەسى شىت جاڭا تۇسكە ەنىپ، شينجياڭنىڭ بەيبىت جولمەن ازات بولۋىنا نەگىز قالاندى.

ەكىنشى، جۇڭگو كوممۋنيستەرىنىڭ شينجياڭداعى قيمىلى

جۇڭگو كوممۋنيستىك پارتياسى ــ جۇڭگوداعى ٴار ۇلت حالقى مۇددەسىنىڭ ادال ۋاكىلى، ول ٴوزى قۇرىلعان كۇننەن باستاپ، شينجياڭعا باستان - اياق نازار اۋدارىپ كەلەدى ٴارى حالىقتىڭ جۇڭحۋا ۇلتى جونىندەگى ساناسىن وياتىپ، شينجياڭداعى ٴار ۇلت حالقىن يمپەرياليزم مەن فەوداليزمنىڭ ساياسي، ەكونوميكالىق جاقتاعى ەزگىسىنەن ازات ەتۋ سىندى تاريحي اۋىر مىندەتتى سانالى تۇردە ۇستىنە الدى.

20 - عاسىردىڭ 30 - جىلدارىنىڭ ورتا شەنىندە، كەڭەس وداعى مەن كوممۋنيستىك ينتەرناتسيونال كەڭەس وداعىندا وقيتىن جانە قىزمەت ىستەيتىن جۇڭگو كوممۋنيستەرىن ىلگەرىندى - كەيىندى بىرنەشە توپقا ٴبولىپ، كەڭەس وداعى كوممۋنيستىك پارتيا مۇشەسى سالاۋاتىمەن شينجياڭعا بارىپ، شىڭ شىسايدىڭ قىزمەتىنە كومەكتەسۋگە جىبەرەدى.

قىزىل ارميا باتىس باعىت ارمياسىنىڭ شينجياڭعا كىرگەن ەسكەرتكىشى شينجياڭنىڭ قۇمىلىندا.

8 - ارميانىڭ شينجياڭدا تۇراتىن ٴىس باسقارماسىنىڭ ەسكەرتكىش سارايى شينجياڭنىڭ ۇرىمجىسىندە.

1936 ـ جىلى 4 ـ ايدا، كوممۋنيستەردىڭ كومەگىندە شىڭ شىساي «يمپەرياليزمگە قارسى تۇرۋ، كەڭەس وداعىمەن جاقىنداسۋ، ۇلتتىق تەڭدىك، پاك بولۋ، بەيبىتشىلىك، قۇرىلىس جۇرگىزۋ» سىندى 6 ٴىرى ساياساتتى بەلگىلەدى. 1937 ـ جىلى 4 ـ ايدا، جۇڭگو جۇمىسشى ـ ديقان قىزىل ارمياسى باتىس باعىت ارمياسىنىڭ قالدىق ٴبولىمىنىڭ شينجياڭعا كىرۋىن قارسى الۋدى وراي ەتىپ، جۇڭگو كوممۋنيستىك پارتياسى شىڭ شىسايمەن بىرلىكساپ قاتىناسىن ورناتۋدى باستايدى. چىن يۇن جۇڭگو كوممۋنيستىك پارتياسى ورتالىق كوميتەتىنىڭ شينجياڭدا تۇراتىن تۇڭعىش ۋاكىلى بولىپ تاعايىندالادى. پارتيا ورتالىق كوميتەتى شينجياڭ قىزمەتىن كۇشەيتۋ ٴۇشىن، ديحۋادا 8 ـ ارميانىڭ شينجياڭدا تۇراتىن ٴىس باسقارماسىن قۇرۋدى ۇيعارىپ، سىرتقا قاراتا «3 ـ قوناقجاي» دەپ اتالىپ، تىڭ دايىۋاندى جاۋاپتى ەتىپ تاعايىندايدى. سونىمەن، شينجياڭداعى جاپون شاپقىنشىلارىنا قارسى ۇلتتىق بىرلىكساپ رەسمي قۇرىلادى.

1937 ـ جىلدان باستاپ، شىڭ شىسايدىڭ ۇسىنىسىمەن، جۇڭگو كوممۋنيستىك پارتياسى ورتالىق كوميتەتى سالماقتىلىقپەن ويلانۋ ارقىلى زور توپتاعى كادردى شىڭ شىسايدىڭ قىزمەتىنە كومەكتەسۋگە تاڭداپ جىبەرەدى. دىڭ فا (جاناما اتى فاڭ لين)، ماۋ زىمين (جاناما اتى جوۋ بين)، ۋاڭ شياۋچۋان (جاناما اتى ۋاڭ شياۋچۇن)، حۋاڭ حوچيڭ (جاناما اتى حۋاڭ مينفۋ)، لين جيلۋ (اۋەلگى اتى لين ۋيلياڭ)، چىن تانچيۋ (جاناما اتى شۇي جيە) قاتارلى كوممۋنيستىك پارتيانىڭ 160 تان استام كادرى مەن ولاردىڭ وتباسىنداعىلار بىلگەرىندى ـ كەيىندى شينجياڭعا كەلىپ، شينجياڭنىڭ اكىمشىلىك، قازىنا، حالىق ىستەرى، مادەنيەت، وقۋ ـ اعارتۋ، اقپارات، سونداي ـ اق بۇقارالىق ساياسي ۇيىمدار سياقتى ورىندارىنا ٴتۇرلى مىندەت وتەۋگە جىبەرىلەدى. ولار بۇقارانى كەڭ كولەمدە اتتانىسقا كەلتىرىپ، جاپون شاپقىنشىلارىنا قارسى سوعىستى قولداۋ جانە شينجياڭدى ورنىقتىرۋ ٴۇشىن قىرۋار قىزمەتتەر ىستەيدى. ماۋ زىمين شينجياڭ ولكەسىنىڭ قازىنا مەڭگەرمەسىنىڭ ورىنباسار باستىعى مىندەتىن اتقارعان مەزگىلدە، قازىنا فينانس تۇزىلىسىنە، باستىسى، شينجياڭ ولكەلىك بانكەسىن وزگەرتۋ، اقشا ٴتۇزىمى رەفورماسىن جۇرگىزۋ، قۇرىلىس زايومىن تاراتۋ سياقتىلارعا رەفورما جۇرگىزىپ، شينجياڭدا ٴبىر مەزەت فينانس ورنىقتى بولعان، بازار گۇلدەنگەن قۋانارلىق جاعداي جارىققا شىعادى. 1938 ـ جىلى يمپەرياليزمگە قارسى تۇرۋ قوعامى 2 ـ رەت وزگەرتىپ قۇرىلعاننان كەيىن، كوممۋنيستىك پارتيا مۇشەسى حۋاڭ حوچيڭدى باس حاتشى ەتىپ تاعايىنداپ، كوممۋنيستەر مەن العاباسار

قايراتكەرلەر نەگىزگى جاۋاپتى بولعان بولىمشە قوعامدى كوپتەپ قۇرىپ، ورگان گازەتى «يمپەرياليزمگە قارسى تۇرۋ شەبىندە» ماركسيزم ـ لەنينيزم جونىندەگى كوپتەگەن ماقالا باسىپ، شينجياڭداعى ٴار ۇلت حالقىن توڭكەرىستىك يدەيامەن ىنتىماقتاستىردى جانە تاربيەلەدى. جاپون شاپقىنشىلارىنا قارسى الدىڭعى شەپكە كومەك بەرۋ ٴۇشىن، يمپەرياليزمگە قارسى قوعام دابىرالى «اقشالاي جىلۋ جيۋ جانە قىستىق كيىم ـ كەشەك جيۋ قوزعالىسىن» باستايدى. لين جيلۋ قاتارلى كوممۋنيستەر مەن وتانشىل العاباسار تاربيەشىلەردىڭ باۋلۋى مەن ىقپالىندا، شينجياڭ شۋەيۋانى شىت جاڭا تۇسكە ەنىپ، توڭكەرىستىك جالىن كەرنەگەن جاڭاشا مەكتەپكە اينالىپ، ٴبىر توپ جىگەرلى جاس وقۋشىلار جىلدام ٴوسىپ ـ جەتىلەدى ٴارى توڭكەرىس جولىنا قادام تاستايدى. كوممۋنيستەر جاۋاپتى بولعانىنان كەيىن، «شينجياڭ گازەتى» بىان ـ انىنان كەلگەن قىزىل تەلەگرافتى كوپ مولشەردە باسىپ، ماۋ زىدۇڭ، جۋ دى، جوۋ ىنلاي قاتارلى جۇڭگو كوممۋنيستىك پارتياسى باسشىلارىنىڭ قىرۋار ماقالاسىن باسىپ شىعارىپ، جاپون شاپقىنشىلارىنا قارسى تۇرىپ، وتاندى قۇتقارۋدى ۇگىتتەپ، ماركسيزم ـ لەنينيزم، ماۋ زىدۇڭ يدەياسىن تاراتادى. 1939 ـ جىلى، جاۋ دان قاتارلى ٴبىر توپ ادەبيەت ـ كوركەمونەر قىزمەتكەرلەرى شينجياڭعا كەلدى، ولار توڭكەرىستىك ٴان ايتۋ، تەاتر قويۋ سياقتى فورمالارمەن جاپون شاپقىنشىلارىنا قارسى سوعىستى ۇگىتتەپ، قوعامنىڭ ٴار سالاسىندا كۇشتى اڭىس قوزعاپ، ٴار ۇلت حالقىنىڭ جاپپاي سەنىمىنە، قولداپ ـ قۋاتتاۋىنا يە بولدى.

جاپون شاپقىنشىلارىنا قارسى سوعىس مەزگىلىندە، جاپون قاراقشىلارى ەلىمىزدىڭ تەڭىز جاعالاۋ شەبى مەن جۇڭگو ـ بيرما تاس جولىن قۇرساۋلاعاندىقتان، شەتەلدىڭ جۇڭگوعا كومەككە بەرگەن زاتتارى، تەك، شينجياڭ سياقتى وڭىرلەر ارقىلى ىشكى ولكەلەرگە تاسىمالدانىپ، جاپون شاپقىنشىلارىنا قارسى سوعىستىڭ الدىڭعى شەبىنە جەتكىزىلدى. شينجياڭ جاپون شاپقىنشىلارىنا قارسى سوعىس مەزگىلىندەگى ۇلكەن ارتقى شەپ جانە ماڭىزدى حالىقارالىق قاتىناس جەلىسىنە اينالىپ، بۇكىل مەملەكەتتىڭ جاپون شاپقىنشىلارىنا قارسى سوعىسقا كومەك بەرۋدەگى كەلەلى بورىشتى ۇستىنە الدى. «كەڭەس وداعى جاقتىڭ ساناعىنا نەگىزدەلگەندە، 1937 ـ جىلى 10 ـ ايدان 1939 ـ جىلى 8 ـ ايعا دەيىن، كەڭەس وداعىنىڭ جۇڭگو ۇكىمەتىنە بەرگەن اسكەري زاتتىق ماتەريالدان: 985 ۇيروپلان، 82 تانكى، 1317 زەڭبىرەك بار»، «1938 ـ جىلدان 1940 ـ جىلعا دەيىن، كەڭەس وداعى ۇكىمەتى جۇڭگو ۇكىمەتىنە ىلگەرىندى ـ كەيىندى 140 اسكەري كەڭەسشى جىبەرسە، ىلگەرىندى ـ كەيىندى جۇڭگوعا كەلگەن ەرىكتىلەر ارمياسىنىڭ اۋە قىزمەتكەرلەرى 2000

ماتەريال تىزبەگى

چەن تانچيۋدىڭ سۋرەتى

چەن تانچيۋ (1896 ـ 1943)، حۋبەيدىڭ حۋاڭگاڭ دەگەن جەرىنەن. جاستىق شاعىندا 4 ـ ماي قوزعالىسىنا بەلسەنە قاتىناسادى. 1920 ـ جىلى كوزدە ول دوڭ بي ـ ۋ قاتارلى ادامدارمەن بىرگە ۋحاندا كوممۋنيزم گرۋپپاسىن قۇرادى. 1921 ـ جىلى 7 ـ ايدا پارتيا 1 ـ قۇرىلتايىنا قاتىناسادى. 1939 ـ جىلى 9 ـ ايدا بۇيرىق بويىنشا جۇڭگو كوممۋنيستىك پارتياسى ورتالىق كوميتەتىنىڭ شينجياڭدا تۇراتىن ۋاكىلى جانە 8 ـ ارميانىڭ شينجياڭدا تۇراتىن ٸىس باسقارماسىنىڭ جاۋاپتىسى بولادى. 1943 ـ جىلى 9 ـ ايدىڭ 27 ـ كۇنى كەرتارتپا ميليتاريس شىڭ شىساي جاعىنان47 جاسىندا تۇرمەدە استىرتىن ٶلتىرىلدى.

ماۋ زىميننىڭ سۋرەتى

ماۋ زىمين (1896 ـ 1943)، حۋناننىڭ شياڭتان دەگەن جەرىنەن، ماۋ زىدۇڭنىڭ ٸنىسى. 1921 ـ جىلى توڭكەرىسكە قاتىناسىپ، 1922 ـ جىلى 10 ـ ايدا جۇڭگو كوممۋنيستىك پارتياسىنا كىرگەن. جاپون شاپقىنشىلارىنا قارسى سوعىس تۇتىلعانىنان كەيىن، ماۋ زىمين 1938 ـ جىلى 2 ـ ايدا اۋرۋ ەمدەتۋگە كەڭەس وداعىنا بارار جولىندا شينجياڭنان وتكەن كەزدە، شىڭ شىسايدىڭ وتىنۋىمەن جۇڭگو كوممۋنيستىك پارتياسى ورتالىق كوميتەتىنىڭ بەكىتۋى ارقىلى شينجياڭدا قالىپ قىزمەت ىستەيدى. جاناما اتى جوۋ بين، شينجياڭ قازىنا مەڭگەرمەسىنىڭ ورىنباسار باستىعى بولعان. 1943 ـ جىلى 9 ـ ايدىڭ 27 ـ كۇنى كەرتارتپا ميليتاريس شىڭ شىساي جاعىنان47 جاسىندا استىرتىن ٶلتىرىلدى.

لين جيلۋدىڭ سۋرەتى

لين جيلۋ (1916 ـ 1943)، گۋاڭدۇڭنىڭ تايشان دەگەن جەرىنەن. 1935 ـ جىلى جۇڭگو كوممۋنيستىك پارتياسىنا كىرگەن. 1938 ـ جىلى پارتيا ورتالىق كوميتەتىنىڭ جىبەرۋىمەن شينجياڭعا كەلىپ، ىلگەرىندى ـ كەيىندى شينجياڭ شۋەيۋانى وقىتۋ باسقارماسىنىڭ باستىعى، كۇشار اۋدانىنىڭ اكىمى، ٷشتۇرپان اۋدانىنىڭ اكىمى مىندەتىن وتەگەن. 1943 ـ جىلى 9 ـ ايدىڭ 27 ـ كۇنى كەرتارتپا ميليتاريس شىڭ شىساي جاعىنان 27 جاسىندا استىرتىن ٶلتىرىلدى.

ادامىنان اسىپ، دەرلىكتەي وسى حالىقارالىق قاتىناس جەلىسى ارقىلى وتكەن»[1]. جۇڭگو كوممۋنيستەرىنىڭ قۇلشىنىسىمەن، بۇل حالىقارالىق قاتىناس جەلىسى ىركىلىسسىز بولىپ، حالىقارانىڭ جۇڭگوعا كومەككە بەرگەن زاتتارى وسى قاتىناس لەنياسى ارقىلى تولاسسىز تۇردە الدىڭعى شەپكە جونەلتىلىپ، جاپون شاپقىنشىلارىنا قارسى سوعىسقا پارمەندى كومەك كورسەتتى.

گەرمانيا فاشيستەرى كەڭەس وداعىنا سۇعاناقتىق جاساعانىنان كەيىن، شىڭ شىساي گومينداڭ مەن جياڭ جيەشىنى پانالايدى. 1942 - جىلى 3 - ايدا، شىڭ شىساي ايتىلمىش «قىسكۇنەمدىك بۇلىك تۇدىرۋ دەلوسىن» جاساپ، شينجياڭداعى كوممۋنيستەر مەن العاباسار قايراتكەرلەرگە قۇتىرىنا ٴتىنتۋ جۇرگىزىپ قولعا الىپ، ولارعا زيانكەستىك جاسادى. ٴبىر جىلدان كەيىن، شىڭ شىساي بۇيرىق ٴتۇسىرىپ، جۇڭگو كوممۋنيستىك پارتياسىن قۇرۋشىلاردىڭ ٴبىرى، شينجياڭدا تۇراتىن ۋاكىلدەرى چىن تانچيۋ جانە ماۋ زىمين، لين جيلۋ قاتارلى جولداستاردى استىرتىن ولتىرۋگە بۇيىردى. سونىمەن، شينجياڭداعى جاپون شاپقىنشىلارىنا قارسى ۇلتتىق بىرلىكساپ ٴبۇلىندى.

شىڭ شىساي تۇتقىنداعان جۇڭگو كوممۋنيستەرى اباقتىدا جالعاستى ەرلىكپەن اقيقات جولىندا باسىن ٴباي تىگە وتىرىپ، كۇرەس جۇرگىزىپ، زيانكەستىك ىستەۋگە قارسىلىق كورسەتىپ، زورلىق - زومبىلىققا قارسى تۇردى. جاپون شاپقىنشىلارىنا قارسى سوعىس مەزگىلىندە، جۇڭگو كوممۋنيستەرىنىڭ اسەرىندە شينجياڭدا ٴبىر ۇرپاق توڭكەرىسشىل جاستار ٴوسىپ - جەتىلدى. جۇڭگو كوممۋنيستەرى تۇتقىندالعانىنان كەيىن، ٴبىرسىپىرا العاباسار وقۋشىلار مەن توڭكەرىسشىل جاستار قۇپيا العاباسار ۇيىم قۇرۋعا كىرىسىپ، اباقتىداعى جۇڭگو كوممۋنيستەرىنە زاتتىق جانە رۋحاني جاقتان كومەك بەردى. جۇڭگو كوممۋنيستىك پارتياسى ورتالىق كوميتەتى شينجياڭداعى جۇڭگو كوممۋنيستىك پارتياسىنىڭ قىزمەتكەرلەرىن قۇتقارۋ ٴۇشىن، تالاي رەت گومينداڭمەن كەلىسسوز وتكىزىپ، جۇڭگو كوممۋنيستىك پارتياسىنىڭ مۇشەلەرىن بوساتتىرۋ ٴۇشىن قىرۋار قىزمەتتەر ىستەدى. جۇڭگو كوممۋنيستىك پارتياسىنىڭ باسشىلارى جوۋ ىنلاي قاتارلىلاردىڭ كوڭىل ٴبولۋى جانە كومەكتەسۋىندە، 1946 - جىلى 6 - ايدا، جۇڭگو

① جۇڭگو كوممۋنيستىك پارتياسى شينجياڭ ۇيعۇر اۆتونوميالى رايونىدىق كوميتەتىنىڭ پارتيا تاريحىن زەرتتەۋ كەڭسەسى جازعان: «جۇڭگو كوممۋنيستىك پارتياسى شينجياڭ جەرگىلىكتى تاريحى»، ٴۇرىمجى: شينجياڭ حالىق باسپاسى، 1999 - جىل، 47 -، 48 - بەتتەر.

كوممۋنيستەرىنەن 131 ادام بوساتىلادى ٴارى ەلٸ سوڭىندا جەڭىسپەن يان ـ انعا ورالىپ، پارتيا ـ ۇكىمەتتىڭ، ارميانىڭ سالتاناتتى قارسى الۋى مەن شىنايى حال سۇراۋىنا يە بولدى.

ٴۇشىنشى، شينجياڭنىڭ بەيبىت جولمەن ازات بولۋى

مينگو كەزەڭىندە فەودال ميليتاريستەر، سونداي ـ اق گوميندالڭ كەرتارتپاشىلارى شينجياڭ وڭىرىنە راقىمسىز ۇستەمدىك جۇرگىزىپ، ٴار ۇلتتىڭ ىشكى بولىگىندەگى فەودال كۇشتەر ٴوزارا ىمىرالاسىپ، استاسىپ بۇزاقىلىق ىستەگەندىكتەن، يمپەرياليزم شينجياڭعا قاراتا ىقپال كۇشىن كەڭەيتتى، مۇنىڭ بارلىعى شينجياڭنىڭ ەكونوميكالىق، قوعامدىق دامۋىنا اۋىر كەدەرگىلىك جاساپ، ٴار ۇلت حالقى قاناۋ مەن ەزگىگە بارىنشا ۇشىراپ، كەدەيلىكتىڭ، جوقشىلىقتىڭ ازابىن ابدەن تارتتى. فەودال ميليتاريستەر مەن گوميندالڭنىڭ كەرتارتپا ۇستەمدىگىن اۋدارىپ تاستاپ، يمپەرياليزم كۇشتەرىن قۋىپ شىعارۋ شينجياڭداعى ٴار ۇلت حالقىنىڭ ٴتۇبىرلى تالابىنا اينالادى. 1944 ـ جىلى 8 ـ ايدان 1949 ـ جىلى 10 ـ ايعا دەيىن، شينجياڭنىڭ ىلە، تارباعاتاي، التاي سياقتى ٴۇش ايماعىندا ۇيعۇر، قازاق، ت.ب. ٴار ۇلت بۇقاراسى ميليتاريستەرگە قارسى تۇرىپ، گوميندالڭنىڭ كەرتارتپا ۇستەمدىگىنە جانە يمپەرياليزمنىڭ سۇعاناقتىق جاساۋىنا قارسىلىق كورسەتۋ قارۋلى كۇرەسىن قوزعايدى، مۇنى ادەتتە ٴۇش ايماق توڭكەرىسى دەپ اتايدى.

بۇل كۇرەس 5 جىلعا جالعاسىپ، 1946 ـ جىلى 6 ـ ايدا شينجياڭ بىرىككەن ولكەلىك ۇكىمەتتىڭ قۇرىلۋىن شەكارا ەتىپ، ۇلكەن جاقتان 2 داۋىرگە بولىنەدى. العاشقى مەزگىلى 1944 ـ جىلى 8 ـ ايدان 1946 ـ جىلى 6 ـ ايعا دەيىن، جۇڭگو كوممۋنيستىك پارتياسى باسشىلىعىنىڭ كەمشىل بولۋى، كەڭەس وداعىنىڭ جات نيەتپەن كيلىگۋى سالدارىنان توڭكەرىستىك قوسىنعا جاسىرىنىپ كىرىپ العان ۇلتتىق بولشەكتەۋشى ەلەمەنتتەر ٴبىر مەزەت باسشىلىق ۇقىقتى قىمقىرىپ الىپ، ۇلتتىق وشپەندىلىككە جەلىكتىرىپ، بولشەكتەۋشى بيلىك قۇرىپ، ۇلتتىق بولشەكتەۋشىلىك سىندى اۋىر قاتەلىك وتكىزدى. كەڭەس وداعىنىڭ جات نيەتپەن كيلىگۋى ٴۇش ايماق توڭكەرىسىنىڭ تەرىس جولعا تۇسۋىندەگى ماڭىزدى سەبەپ سانالادى. كەيىنگى مەزگىل 1946 ـ جىلى 6 ـ ايدىڭ ورتا شەنىنەن 1949 ـ جىلى 10 ـ ايعا دەيىن، جۇڭگو كوممۋنيستىك پارتياسىنىڭ ىقپالىندا، احمەتجان قاسىمي، ابدىكەرىم ابباسوۆ قاتارلىلاردى ۋاكىل ەتكەن العاباسار كۇشتەر ٴۇش ايماق توڭكەرىسىنىڭ باسشىلىق ۇقىعىن مەڭگەرىپ، 1946 ـ جىلى «شىعىس تۇركىستان

رەسپۋبليكاسى» جەلەۋىن كوشىنەن قالدىرىپ، ىرىقتى تۇردە جۇڭگو كوممۋنيستىك پارتياسىمەن بايلانىس جاساپ، جۇڭگو كوممۋنيستىك پارتياسىنىڭ باسشىلىعىن سانالى تۇردە قابىلداپ، ٴۇش ايماق توڭكەرىسىن تۋرا جولعا باستاپ، جۇڭگو حالقىنىڭ دەموكراتيالىق توڭكەرىسىنىڭ تولقىنىنا قوسىلدى.

ٴۇش ايماق توڭكەرىسى ــ فەودال ميليتاريستەرگە، گوميندالڭنىڭ كەرتارتپا ۇستەمدىگىنە، يمپەرياليزمنىڭ سۇعاناقتىق جاساۋىنا قارسى قارۋلى كۇرەس بولىپ، جۇڭگو حالقىنىڭ دەموكراتيالىق توڭكەرىسىنىڭ سيپاتىمەن، وبيەكتيمەن جانە نىساناسىمەن ۇقساس، ٴمانى مەن نەگىزگى اعىمىنان قاراعاندا، جۇڭگو حالقىنىڭ دەموكراتيالىق توڭكەرىسىنىڭ ٴبىر بولىگى. ٴۇش ايماق توڭكەرىسى گوميندالڭنىڭ ٴۇش ايماقتاعى كەرتارتپا ۇستەمدىگىن اۋدارىپ تاستاپ، گوميندالڭ كەرتارتپاشىلارىنىڭ شينجياڭداعى ۇستەمدىك ورنىنا سوققى بەرىپ جانە ونى شايقالتىپ، گوميندالڭنىڭ 100 مىڭ ادامدىق قوسىنىن بوگەپ، بۇكىل مەملەكەتتىڭ، اسىرەسە، باتىس سولتۇستىكتىڭ ازاتتىق سوعىسىنا پارمەندى كومەك كورسەتىپ، شينجياڭنىڭ بەيبىت ازات بولۋى، وتاننىڭ ٴبىر تۇتاستىعىن قورعاۋ ٴۇشىن ماڭىزدى ۇلەس قوستى. احمەتجان قاسىمي، ابدىكەرىم ابباسوۆ قاتارلى ٴۇش ايماق توڭكەرىسىنىڭ نەگىزگى باسشىلارىنىڭ تاريحي ۇلەسىن، ٴسوزسىز، تولىق تۇراقتاندىرۋ كەرەك.

1949 ـ جىلى بۇكىل مەملەكەتتى ازات ەتۋ سوعىسى سوڭعى كەزەڭگە ٴوتىپ، شينجياڭدى ازات ەتۋ كۇن تارتىپكە الىنادى. سول جىلى 3 ـ ايدا، جۇڭگو كوممۋنيستىك پارتياسىنىڭ 7 ـ كەزەكتى ەكىنشى جالپى ماجىلىسىندە پارتيا ورتالىق كوميتەتى شينجياڭدى ازات ەتۋ ماسەلەسى جونىندە جان ـ جاقتىلى ورنالاستىرۋ جاساپ، ۋاڭ جىن قوسىنىن شينجياڭعا جورىق جاساۋعا جىبەرۋدى ۇيعارادى. جۇڭگو كوممۋنيستىك پارتياسى ورتالىق كوميتەتى جاڭ جىجۇڭ، چۋي ۋ قاتارلى ادامدار ارقىلى گوميندالڭنىڭ شينجياڭدا تۇراتىن تاۋ جى ـ يۋە، بۇرھان جانە ليۋ مىڭچۇن قاتارلى اسكەري ـ اكىمشىلىك نەگىزگى باسشىلارىنا قىزمەت ىستەپ، ولاردى جاعدايدىڭ دامۋىنا قاراي ورتاق ٴادىس ـ امال قاراستىرىپ، بەيبىت اقيقاتقا قايتۋعا ٴناسيحاتتايدى[①]. 1949 ـ جىلى 8 ـ ايدىڭ 14 ـ كۇنى، جۇڭگو

① جۇڭگو كوممۋنيستىك پارتياسى شينجياڭ ۇيعۇر اۆتونوميالى رايوندىق كوميتەتىنىڭ پارتيا تاريحى قىزمەتى كوميتەتى قۇراستىرعان: «شينجياڭنىڭ بەيبىت ازات بولۋى»، ٴۇرىمجى: شينجياڭ حالىق باسپاسى، 1990 ـ جىل، 5 ـ بەت.

كوممۋنيستىك پارتياسى ورتالىق كوميتەتى دىڭ ليچۇندى بايلانىسشى سالاۋاتىمەن ماسكەۋدەن شينجياڭنىڭ ىلە وڭىرىنە بارىپ، ۇش ايماق توڭكەرىسىنىڭ باسشىلارىمەن كەزدەسىپ، ۇش ايماقتىڭ جاعدايىن ۇعىسىپ، جاڭا ساياسي كەڭەسكە قاتىناساتىن ادامداردىڭ ەسىمدىگىن تۇراقتاندىرۋعا جىبەرەدى؛ 9 ـ ايدىڭ 15 ـ كۇنى، دىڭ ليچۇن ديحۋاعا بارىپ، شينجياڭنىڭ قورعانىس باس سىلىگى تاۋ جى ـ يۋەمەن، شينجياڭ ولكەلىك ۇكىمەتىنىڭ ٴتوراعاسى بۇرهانمەن شينجياڭدى بەيبىت ازات ەتۋ ماسەلەسىن اقىلداسادى. وسى كەزگىلدە، «ليچۇن تەلەگرابىن» قۇرىپ، پارتيا ورتالىق كوميتەتىنىڭ شينجياڭنىڭ ٴتۇرلى جاعدايىن كەز كەلگەن ۋاقىتتا يگەرىپ، شينجياڭدى بەيبىت ازات ەتۋگە باسشىلىق ەتۋىنە ماڭىزدى شەشىم جاساۋ نەگىزىن ازىرلەدى.

1949 ـ جىلى 8 ـ ايدا، جوڭگو كوممۋنيستىك پارتياسى ورتالىق كوميتەتىنىڭ ۇسىنىس ەتۋىمەن، ۇش ايماق احمەتجان قاسىمي، ابدىكەرىم اباسوۆ قاتارلى 5 ادامدى شينجياڭ ۋاكىلى رەتىندە 1 ـ كەزەكتى مەملەكەتتىك ساياسي كەڭەس ماجىلىسىنە قاتىناسۋعا جىبەرەدى. ۇشاق باقىتقا قارسى شىرعالاڭعا ۇشىراپ، ۇشاقتاعى ادامدار تۇگەلدەي قازا بولادى. 9 ـ ايدا، ۇش ايماق قايتادان سايپىدىن، الىمجان، تۇ جى قاتارلى 3 ادامدى ۋاكىل رەتىندە 1 ـ كەزەكتى مەملەكەتتىك ساياسي كەڭەس ماجىلىسىنە قاتىناسۋعا جىبەرەدى.

ناۋ جى ـ يۋە، بۇرهان قاتارلىلاردىڭ شينجياڭ ماسەلەسىن بەيبىت شەشىم ەتۋدى ۇيعارۋىنا بايلانىستى، جاڭ جىجۇڭ دا شينجياڭ ماسەلەسىن شەشىم ەتۋگە كومەكتەسۋگە قوسىلادى، جوڭگو كوممۋنيستىك پارتياسى ورتالىق كوميتەتى «شينجياڭنىڭ ٴىسى سوعىس ماسەلەسى ەمەس، قايتا، بەيبىت شەشىم ەتۋ ماسەلەسى» دەپ قارايدى. 9 ـ ايدىڭ 10 ـ كۇنى، ماۋ زىدۇڭ پىڭ دىحۋايعا تەلەگرامما جولداپ، «زەيىن ـ زەردەنى شوعىرلاندىرا وتىرىپ، 11 ـ ايدىڭ باس جانە ورتا شەنىندە يۇيمىننان شينجياڭعا جورىق جاساۋدى»، «باتىس سولتۇستىك اسكەري ـ اكىمشىلىك كوميتەتىن قۇرىپ، باتىس سولتۇستىكتەگى 5 ولكەنىڭ اسكەري ىستەر، سايا سي، ەكونوميكا، مادەنيەت سياقتى ٴار جاقتىلى قىزمەتىن ٴبىر تۇتاس مەڭگەرۋدى» تالاپ ەتتى[1]. 9 ـ ايدىڭ 26 ـ كۇنى، ماۋ زىدۇڭ پىڭ دىحۋايعا تاعى دا تەلەگرامما جولداپ، شينجياڭ بەيبىت ازات بولعاننان كەيىن، «شەكارا رايون ۇكىمەتى نەگىزىندە باتىس سولتۇستىك اسكەري ـ

① جوڭگو كوممۋنيستىك پارتياسى ورتالىق كوميتەتى قۇجات زەرتتەۋ كەڭسەسى، جوڭگو كوممۋنيستىك پارتياسى شينجياڭ ۇيعۇر اۆتونوميالى رايوندىق كوميتەتى قۇراستىرعان: «شينجياڭ قىزمەتى جونىندەگى قۇجاتتاردان تاڭدامالىلار (1949 ـ 2010)»، بەيجيڭ: ورتالىق قۇجاتتار باسپاسى، 2010 ـ جىل، 6 ـ بەت.

تاريحي ماتەريالعا قايتا ٴۇڭىلۋ

تاۋ جى ـ يۋە جياڭجۇن جانە قاراستى اسكەري بولىمدەگى وفيتسەر ـ جاۋىنگەرلەر، بۇرھان ٴتوراعا جانە قاراستى ۇكىمەتتەگى قىزمەتكەرلەر:

سىزدەردىڭ 9 ـ ايدىڭ 25 ـ كۇنى جانە 26 ـ كۇنى جولداعان تەلەگراممالارىڭىزدى تاپسىرىپ الدىق. ٴبىز سىزدەردىڭ مايداندارىڭىز دۇرىس دەپ قارايمىز، سىزدەر گۋاڭجوۋداعى كەرتارتپا قالدىق ۇكىمەتتەن قول ٴۇزىپ، حالىق دەموكراتياسى شەبىنە ورالىپ، حالىق سايا سي ماسليحات كەڭەسىنىڭ باسشىلىعىن قابىلداۋ، ورتالىق حالىق ۇكىمەتىنىڭ، سونداي ـ اق حالىقتىق توڭكەرىستىك اسكەري ىستەر كوميتەتىنىڭ بۇيرىعىن ٴبىر جاقتىلى ەتۋىن كۇتۋ جونىندە مالىمدەمە جاريالادىڭىزدار، مۇنداي پوزيتسيالارىڭىز بۇكىل مەملەكەت حالقىنىڭ تىلەگىنە ۇيلەسەدى، ٴبىز توتەنشە قۋاندىق، سىزدەردىڭ ارميا جانە ۇكىمەت قىزمەتكەرلەرىن ىنتىماقتاستىرىپ، ۇلتتار ىنتىماعى مەن جەرگىلىكتى ورىنىڭ ٴتارتىبىن قورعاۋلارىڭىزدى ٴارى قازىر شينجياڭعا اتتانعالى تۇرعان حالىق ازاتتىق ارمياسىمەن سەلبەسىپ، كونە ٴتۇزىمدى كۇشىنەن قالدىرىپ، جاڭا ٴتۇزىمدى اتقارىپ، جاڭا شينجياڭ قۇرۋ ٴۇشىن كۇرەس جاساۋلارىڭىزدى ٴۇمىت ەتەمىز.

ـــ شينجياڭ بەيبىت جولمەن اقىقاتقا قايتۋدى جاريالاعانىنان كەيىن، ٴتوراعا ماۋ زىدۇڭ، باس قولباسى جۋ دى 9 ـ ايدىڭ 28 ـ كۇنى جاۋاپ تەلەگرامما جولداپ شابىتتاندىردى.

اكىمشىلىك كوميتەتىن قۇرۋدى، پىڭ دىحۋايدى مەڭگەرۋشىلىككە، شي جۇڭشۇندى، جاڭ جىجۇڭدى ورىنباسار مەڭگەرۋشىلىككە تاعايىنداۋدى»[1] تاپسىردى. سول كەزدە باتىس سولتۇستىك 5 ولكەنىڭ قىزمەتىنە باياعىسىنداي جۇڭگو كوممۋنيستىك پارتياسى ورتالىق كوميتەتىنىڭ باتىس سولتۇستىك بيۋروسى جاۋاپتى بولىپ، پىڭ دىحۋاي، حى لۇڭ، شي جۇڭشۇن جەكە ـ جەكە ٴبىرىنشى، ەكىنشى، ٴۇشىنشى شۋجيلىق مىندەتىن ۇستىنە الادى. پىڭ دىحۋاي الدىڭعى شەپتە 1 ـ دالا ارمياسىنا قولباسشىلىق ەتىپ، گانسۋ، نيڭشيا، چيڭحاي، شينجياڭ سياقتى جەرلەرگە جورىق جاساعاندىقتان، حى لۇڭ ورتالىقتىڭ بۇيرىعى بويىنشا قوسىن باستاپ، سىچۋانعا بارۋ جۇمىسىنا دايىندىق كورىپ جاتقاندىقتان، بۇل مەزگىلدە جۇڭگو كوممۋنيستىك پارتياسى ورتالىق كوميتەتى باتىس سولتۇستىك بيۋروسىنىڭ جالپى

① جۇڭگو كوممۋنيستىك پارتياسى ورتالىق كوميتەتى قۇجات زەرتتەۋ كەڭسەسى، جۇڭگو كوممۋنيستىك پارتياسى شينجياڭ ۇيعۇر اۆتونوميالى رايوندىق كوميتەتى قۇراستىرعان: «شينجياڭ قىزمەتى جونىندەگى قۇجاتتاردان تاڭدامالىلار (1949 ـ 2010)»، بەيجيڭ: ورتالىق قۇجاتتار باسپاسى، 2010 ـ جىل، 10 ـ، 11 ـ بەتتەر.

قىزمەتىن، ٴىس جۇزىندە، شي جۇڭشۇن باسقارۋشى ەدى. كۇردەلى جاعدايدا، شي جۇڭشۇن كونە بيلىكتى وتكىزىپ الۋ، قوعامدىق ٴتارتىپتى تىنىشتاندىرۋ، باتىس سولتۇستىكتەگى الدىڭعى شەپكە كومەكتەسۋ سياقتى ٴتۇرلى قىزمەتتەردى باسقارىپ ورىندايدى①.

1949 ـ جىلى 9 ـ ايدىڭ 25 ـ كۇنى، حالىق ازاتتىق سوعىسى شەشۋشى جەڭىسكە قول جەتكىزگەن جاعدايدا، جۇڭگو كوممۋنيستىك پارتياسى بىرلىكساپ قىزمەتىنىڭ دەمەۋىندە، شينجياڭ قورعانىس باس سىلىگى تاۋ جى ـ يۋە اقيقاتقا قايتقاندىعىن جاريالاپ تەلەگرامما جولدادى: 9 ـ ايدىڭ 26 ـ كۇنى، شينجياڭ ولكەلىك ۇكىمەتىنىڭ ٴتوراعاسى بۇرهان دا ولكەلىك ۇكىمەتتىڭ اقيقاتقا قايتقاندىعىن جاريالاپ تەلەگرامما جولدادى. 10 ـ ايدىڭ 1 ـ كۇنى، ماۋ زىدۇڭ جۇڭحۋا حالىق رەسپۋبليكاسىنىڭ قۇرىلعاندىعىن سالتاناتپەن جاريالادى. جۇڭحۋا حالىق رەسپۋبليكاسىنىڭ قۇرىلۋى ــ ٴبىر عاسىردان استام ۋاقىتتان بەرى جۇڭحۋا ۇلتىنىڭ شاپقىنشىلىققا ۇشىراپ، باسىبايلى قۇل بولىپ قورلانعان تاريحىن اياقتاتىپ، جۇڭگو تاريحىنىڭ جاڭا ٴداۋىرىن اشتى.

شينجياڭداعى ٴار ۇلت حالقى شينجياڭعا كىرگەن حالىق ازاتتىق ارمياسىن قارسى الۋدا

1949 ـ جىلى 12 ـ ايدىڭ 17 ـ كۇنى، شينجياڭنىڭ پارتيا، ۇكىمەت، ارميا باسشىلارى مەن ٴار ۇلت ۋاكىلدەرى قالاعا كىرۋ سالتاناتىنداعى اسكەري پارات مىنبەسىندە اسكەري قوسىندى كوزدەن كەشىرۋدە. پىڭ دىحۋاي (الدىڭعى قاتار ورتادا)، ۋاڭ جىن (وڭنان 2 ـ ادام) قاتارلىلار پاراتتان وتكەن اسكەري قوسىنعا قۇرمەت بىلدىرۋدە

تاۋ جى ـ يۋە قاتارلىلار اقيقاتقا قايتقاندىعىن جاريالاپ، شينجياڭ بەيبىت ازات بولعانىمەن، الايدا، شينجياڭنىڭ قوعامدىق جاعدايى ورنىقتى بولماي، تىڭشىلار جانە از ساندى قارسى وفيتسەرلەر بۇرىنعىسىنداي بۇلىك شىعارىپ، ورتەپ،

① «شي جۇڭشۇننىڭ ٴومىر بايانى» رەداكسيا القاسى قۇراستىرعان: «شي جۇڭشۇننىڭ ٴومىر بايانى»، 2 ـ توم، بەيجيڭ: ورتالىق قۇجاتتار باسپاسى، 2013 ـ جىل، 2 ـ بەت.

قىرىپ - جويىپ، تالان - تاراجىلىق ىستەپ بۇقاراعا زيانكەستىك جاسادى. وبىەكتيۆتىك جاعداي حالىق ازاتتىق ارمياسىنان، ٴسوزسىز، جەدەل دايىندىق جاساپ، شينجياڭعا جىلدام كىرىپ، اقيقاتقا قايتۋدىڭ ناتيجەسىن بەكەمدەۋ ارقىلى شينجياڭ حالقىن شىن مانىندە ازات ەتۋدى تالاپ ەتتى. 1949 - جىلى 9 - ايدىڭ 27 - كۇنى، شينجياڭعا جورىق جاساۋدى جوسپارلاپ جاتقان پىڭ دىحۋاي لانجوۋدان شي جۇڭشۇنعا تەلەگراممەن جولداپ: «شينجياڭعا كىرەتىن قوسىنعا قاجەتتى قاراجاتتىڭ شەشىلمەگەندىگىن، چيليانشان جانە شينيڭ توڭىرەگىندەگى تاۋلارعا جاقىندا تۇڭعىش قار جاۋىپ، ماقتالى كيىم جەتكىزىلمەي، ۇسىككە شالدىققانداردىڭ كوپ ەكەندىگىن، باتىس سولتۇستىكتە حانجۇڭنان تىس بارلىعى ازات بولعاندىعىن جاريالادى دەگەنمەن، ٴتۇرلى قىزمەتتە، ٴسوزسىز، جالپى بەتتىك (5 ولكە) جوسپارلاۋ كەرەكتىگىن، اسىرەسە، ەكونوميكالىق قۇرىلىستى ويلاستىرۋ كەرەكتىگىن» تاپسىردى. 10 - ايدىڭ 10 - كۇنى جانە 17 - كۇنى، شي جۇڭشۇن پىڭ دىحۋايدىڭ گانسۋدىڭ جيۋچۋانىنان جولداعان: «شينجياڭ ماسەلەسىن بەيبىت شەشۋ نەگىزىنەن ٴساتتى بولدى. 3 - جۇن 10 - ايدىڭ 20 - كۇنىنەن كەيىن وڭتۇستىككە جىلجىپ تيانشۇي ماڭىنا جينالماقشى...»، «قازىرگى بار اۆتوموبيلدەرمەن قاقاعان قىس كىرۋدەن بۇرىن وڭتۇستىك شينجياڭعا اسكەر جەتكىزۋ توتەنشە قيىن. ەگەر قاقاعان قىس كىرۋدەن بۇرىن ارميامىز كوزدەۋلى جەرگە جەتە الماسا، بيىل قىستا كوكتەمگى وندىرىسكە دايىندالۋىمىز مۇمكىن ەمەس. قيىنشىلىقتى جەڭۋ ٴۇشىن، لانجوۋ، شي - ان، ٴسوزسىز، مۇمكىندىكتىڭ بارىنشا جاقسى اۆتوموبيلدەردى بەنزينمەن قوسا جيۋچۋانعا جەتكىزىپ بەرۋى كەرەك» دەگەن تەلەگراممالارىن ىلگەرىندى - كەيىن تاپسىرىپ الادى. شي - ان، لانجوۋ قاتارلى جەرلەردىڭ ەكونوميكالىق قيىنشىلىعى، اۋا جاعدايى اۋىر بولۋى سىندى ٴىس جۇزىندىك جاعدايىنا قاراتا، شي جۇڭشۇن ٴار جاقتىلى كۇشتەردى ۇيىمداستىرىپ جانە اتتانىسقا كەلتىرىپ، بۇقارالىق قىزمەتتى جاقسى ىستەۋ نەگىزىندە ٴادىس - امال قاراستىرا وتىرىپ، ٴتۇرلى فورمالارمەن اسكەري كەرەك - جاراقپەن قامداۋدىڭ دايىندىعىن جاساپ، الدىڭعى شەپكە كومەكتەسۋ مىندەتىن ورىنداۋعا شىنايى كەپىلدىك ەتتى[①].

1949 - جىلى 11 - ايدىڭ 8 - كۇنى جۇڭگو كوممۋنيستىك پارتياسى ورتالىق

---

① «شي جۇڭشۇننىڭ ٴومىر بايانى» رەداكسيا القاسى قۇراستىرعان: «شي جۇڭشۇننىڭ ٴومىر بايانى»، 2 - توم، بەيجيڭ: ورتالىق قۇجاتتار باسپاسى، 2013 - جىل، 8 - بەت.

1950 ـ جىلى 1 ـ ايدىڭ 19 ـ كۇنى باتىس سولتۇستىك اسكەري ـ اكىمشىلىك كوميتەتى قۇرىلعان كەزدە تۇسكەن توپتىق سۋرەت. (پىڭ دەحۋاي الدىڭعى قاتاردا سولدان 3 ـ ادام، شي جۇڭشۇن الدىڭعى قاتاردا سولدان 2 ـ ادام)

كوميتەتى شينجياڭ بولىمشە بيۋروسىن قۇردى. 12 ـ ايدىڭ 17 ـ كۇنى ورتالىق حالىق ۇكىمەتىنىڭ بەكىتۋىمەن، شينجياڭ اسكەري رايونى مەن شينجياڭ ولكەلىك حالىق ۇكىمەتى قۇرىلعاندىعىن جاريالاپ، پىڭ دەحۋاي اسكەري رايوننىڭ سىلىكيۋانى، قوسىمشا جىڭۋي بولىپ تاعايىندالىپ، ۋاڭ جىن ٴبىرىنشى ورىنباسار سىلىكيۋانى، تاۋ جى ـ يۋە ەكىنشى ورىنباسار سىلىكيۋانى، سايپيدەن ازەزي ٴۇشىنشى ورىنباسار سىلىكيۋانى بولادى؛ بۇرهان شاهيدي شينجياڭ ولكەلىك حالىق ۇكىمەتىنىڭ ٴتوراعاسى، گاۋ جينچۇن، سايپيدەن ازيزيلەر ورىنباسار ٴتوراعاسى بولىپ تاعايىندالادى.

شينجياڭ بەيبىت ازات بولعانىنان كەيىن، باتىس سولتۇستىك اسكەري ـ اكىمشىلىك كوميتەتىن رەسمي قۇرۋدىڭ ورايى پىسىپ ـ جەتىلەدى. 1949 ـ جىلى 11 ـ ايدىڭ 17 ـ كۇنى جۇڭگو كوممۋنيستىك پارتياسى ورتالىق كوميتەتى باتىس سولتۇستىك بيۋروسىنىڭ كەڭەيتىلگەن ٴماجىلىسى لانجوۋدا وتكىزىلىپ، پىڭ دەحۋايدى ٴتوراعالىققا، شي جۇڭشۇن، جاڭ جىجۇڭدى ورىنباسار ٴتوراعالىققا تاعايىنداۋدى ۇيعارىپ، باتىس سولتۇستىك اسكەري ـ اكىمشىلىك قىزمەتىنە باسشىلىق ەتەدى. 1949 ـ جىلى 12 ـ ايدىڭ 2 ـ كۇنى ورتالىق حالىق

ۇكىمەتى كوميتەتىنىڭ 4 - رەتكى ماجىلىسىندە اكىمشىلىك كەڭەسى كورسەتكەن شىعىس جۇڭگو، ورتا، وڭتۇستىك بولىك، باتىس سولتۇستىك، باتىس وڭتۇستىك اسكەري - اكىمشىلىك كوميتەتىنىڭ نەگىزگى جاۋاپتىلارىن مىندەتكە تاعايىنداۋ ەسىمدىگى تالقىلاندى ٴارى ماقۇلداندى. 12 - ايدىڭ 16 - كۇنى اكىمشىلىك كەڭەسىنىڭ 11 - رەتكى اكىمشىلىك ماجىلىسىندە 5 ٴىرى اكىمشىلىك رايون حالىق ۇكىمەتى كوميتەتىنىڭ ۇيىمدىق جالپى ەرەجەسى ماقۇلداندى. ٴىرى اكىمشىلىك رايون اسكەري - اكىمشىلىك كوميتەتى وسى رايونعا قاراستى ولكەلەردەن (قالا) ٴبىر دارەجە جوعارى جەرگىلىكتى ۇكىمەت ورگانى ٴارى ورتالىق حالىق ۇكىمەتى اكىمشىلىك كەڭەسىنىڭ جەرگىلىكتى ۇكىمەت قىزمەتىنە باسشىلىق ەتەتىن ۋاكىلدىك ورگانى ەكەندىگىن بەلگىلەدى. 1950 - جىلى 1 - ايدىڭ 19 - كۇنى باتىس سولتۇستىك اسكەري - اكىمشىلىك كوميتەتى شي - اندا قۇرىلىپ، پىڭ دىحۋايدى باتىس سولتۇستىك اسكەري - اكىمشىلىك كوميتەتىنىڭ ٴتوراعالىعىنا، شي جۇڭشۇن، جاڭ جىجۇڭدى ورىنباسار ٴتوراعالىعىنا تاعايىندادى. شي جۇڭشۇن ماجىلىستە ٴسوز سويلەپ بىلاي دەيدى: «جاڭا باتىس سولتۇستىكتى قۇرۋ سىندى داڭقتى ىسىمىزدىڭ، ٴسوزسىز، تابىسقا جەتەتىندىگىنە كامىل سەنەمىز»[1]. وسىدان باستاپ، شينجياڭ جۇڭگو كوممۋنيستىك پارتياسى ورتالىق كوميتەتىنىڭ، سونداي - اق باتىس سولتۇستىك اسكەري - اكىمشىلىك كوميتەتىنىڭ باسشىلىعىندا شىن جاڭا تاريحي داۋىرگە ٴوتتى.

ٴۇشىنشى تاراۋشا شينجياڭداعى ٴار ۇلت حالقىنىڭ مەملەكەتتىڭ تۇتاستىعىن قورعاۋ كۇرەسى

جۇڭحۋا ۇلتىنىڭ وتاندى جويىلۋدان قۇتقارۋ كۇرەسى بارىسىندا، شينجياڭداعى ٴار ۇلت حالقى بۇكىل ەل حالقىمەن بىرگە قارسىلىق كورسەتىپ، ەل باسىنا تۇسكەن اۋىرتپالىقتى بىرگە ارقالاپ، ٴبىر نيەتپەن ىنتىماقتاسىپ، ەل بىرلىگىنەن بەرىك قامال تۇرعىزىپ، ۇلتتىق بولشەكتەۋشى كۇشتەرمەن باتىل كۇرەس جۇرگىزىپ، مەملەكەتتىڭ تۇتاستىعى مەن

① جۇڭگو كوممۋنيستىك پارتياسى ورتالىق كوميتەتى پارتيا تاريحىن زەرتتەۋ كەڭسەسى قۇراستىرعان: «شي جۇڭشۇن شىعارمالار جيناعى»، 1 - توم، بەيجيڭ: جۇڭگو كوممۋنيستىك پارتياسى پارتيا تاريحى باسپاسى، 2013 - جىل، 151 - بەت.

تەرريتوريا تۇتاستىعىن قورعاپ، بەينەت پەن زەينەتتى بىرگە كورىپ، داڭق پەن نامىستا بىرگە بولاتىن قاتىناس ورناتىپ، جان تەبىرەنتەرلىك وتانشىلدىق داستانىن بىرگە جازدى. شينجياڭداعى ٴار ۇلت حالقى مەن بۇكىل ەل حالقى ٴبىر ـ بىرىنە سۇيەنىپ، ٴوزارا ىشتەسىپ، ٴوزارا توعىسىپ، مىزعىماس جۇڭحۋا ۇلتى ورتاق تۇلعا تانىمىن ورناتتى.

ٴبىرىنشى، مينگو كەزەڭىندە شينجياڭداعى ۇلتتاردىڭ قونىستانۋ جاعدايىنداعى وزگەرىس

مينگو كەزەڭىندە شينجياڭداعى نەگىزگى ۇلتتاردىڭ قونىستانۋ جاعدايى نەگىزىنەن چيڭ پاتشالىعى مەزگىلىندەگى ورنالاسۋ جاعدايىن جالعاستىرىپ، تەك، ٴىشىنارا ۇلتتاردىڭ قونىستانعان وڭىرلەرىندە بەلگىلى وزگەرىس تۋىلدى ٴارى حانزۋ ٴتىل ـ جازۋىندا كەيبىر ۇلتتاردىڭ اتالۋى ارناعا ٴتۇستى.

ۇيعۇر ۇلتى تيانشاننىڭ وڭتۇستىگى مەن سولتۇستىگىنە تارالعان. 1934 ـ جىلى شينجياڭ ولكەسى ۇكىمەت بۇيرىعىن جاريالاپ، «چانحۋي اتىن وزگەرتىپ، ۇيعۇر دەپ اتاۋ قۇلاقتاندىرۋىن» شىعارىپ، «ۇيعۇر» دەگەن ٴسوزدى حانزۋ ٴتىل ـ جازۋىنداعى ولشەمدى اتاۋ رەتىندە ٴبىر تۇتاس قولدانۋدى ۇيعاردى، بۇل ٴسىز بەن ٴبىز ىنتىماعىمىزدى قورعايمىز دەگەن ماعىنانى ٴبىلدىرىپ، تۇڭعىش رەت Uyghur اتاۋىنىڭ ٴمانىن دۇرىس بەينەلەدى.

20 ـ عاسىردىڭ 20 ـ جىلدارىنان 30 ـ جىلدارىنا دەيىنگى ارالىقتا شانشي، گانسۋ، حۋنان، حۋبەي، تيانجين سياقتى جەرلەردەن زور توپتاعى حانزۋلار شينجياڭعا كوشىپ كەلەدى. «قۇمىل وتكەلىندەگى مالىمەتكە قاراعاندا، ىشكى ولكە حالقىنىڭ شينجياڭعا كەلگەندەرى كۇنىنە ٴجۇز نەشە ادامعا جەتىپ، تولاستامادى»①. جاپون شاپقىنشىلارىنا قارسى سوعىس مەزگىلىندە شينجياڭعا قونىس اۋدارعاندار ٴبىرشاما كوپ بولدى.

چيڭ پاتشالىعىنىڭ سوڭعى، مينگونىڭ العاشقى مەزگىلىندە، كوپتەگەن قازاقتار تارباعاتاي، التاي سياقتى جەرلەردەن بۇگىنگى سانجى، ٴۇرىمجىنىڭ وڭتۇستىگىندەگى تاۋلى وڭىرلەر، سونداي ـ اق باركول سياقتى جەرلەرگە قونىس اۋداردى. 1916 ـ جىلدان 1933 ـ جىل ارالىعىندا ورتا ازيا وڭىرىنەن قىرعىز، قازاق، قىرعىز ۇلتىنىڭ مالشىلارى ٴتۇرلى

① ياڭ زىڭشين: «بۋگوجاي جازبالارى. 1 ـ توپتامانىڭ باسقى ٴبولىمى . ىشكى ولكەلەردەگى بوسقىنداردى شينجياڭعا جىبەرۋدەگى كەدەرگىلەر جونىندەگى جولداما »، 1 ـ ٴبولىمى، ٴۇرىمجى: شينجياڭ حالىق باسپاسى، 2012 ـ جىل، 101 ـ بەت.

ماتەريال تىزبەگى

ۇيعىر ۇلتى ۇزاق ۋاقىت قونىس اۋدارۋ، ۇلتتاردىڭ توعىسۋى ارقىلى قالىپتاسقان. ۇيعۇرلاردىڭ اتا - باباسىنىڭ نەگىزگى تۇلعاسى سۇي، تاڭ داۋىرلەرىندە موڭعۇل ۇستىرتىندە تىرشىلىك ەتكەن بايىرعى ۇيعۇرلار (回纥人) كەزىندە حانزۋ تىلىندە ۋحۋ (乌护)، ۋحى (乌纥)، يۋانحى (袁纥)، ۋيحى (韦纥)، حۇيحى (回纥) سياقتى كوپ ٴتۇرلى يەروگليفتەرمەن اۋدارىلعان. 788 - جىلى بايىرعى ۇيعۇر (回纥) بيلەۋشىسى تاڭ پاتشالىعىنا جولداعان ٴداتناماسىندا، وزدەرىن «حۇيحۋ» (回鹘) دەپ اتاۋدى ۇتىنەدى. يۋان، ميڭ پاتشالىقتارى داۋىرلەرىنەن بەرى، ۇيعۇر ۇلتىنىڭ اتى جونىندە تاريحي كىتاپتاردىڭ كوبىندە جۋىق دىبىس نەگىزىندە اۋدارىلعان. «حۇيحى» (回纥)، «حۇيحۋ» (回鹘) دەپ اتالۋدان تىس، «يۋان پاتشالىعى تاريحىندا» جانە ۋي - ۋ (畏吾)، ۇيعىر (畏兀儿)، ۋي - ۋ - ىر (畏吾儿) دەپ جازىلعان. چيڭ داۋىرىندە ۇيعۇرلاردى چانحۇي (缠回)، حۇيبۋ (回部) دەپ اتاعان. مينگونىڭ العاشقى مەزگىلىندە چيڭ داۋىرىندەگى اتاۋدى جالعاستى قولدانعان. 1934 - جىلى شينجياڭ ولكەسى ۇكىمەت بۇيرىعىن جاريالاپ، «维吾尔» دەگەن ٴسوزدى حانزۋ تىلىندەگى ولشەمدى اتاۋ رەتىندە ٴبىر تۇتاس قولدانۋدى ۇيعاردى.

سەبەپتەردەن ىلگەرىندى - كەيىندى شينجياڭ وڭىرىنە قونىس اۋداردى، تەك، 1916 - جىلداڭ ىزىندە 150 مىڭ قىرعىز شينجياڭنىڭ ىلە، ٴۇشتۇرپان، اقسۋ، ٴپايزاۋات، قاشقار سياقتى جەرلەرىنە كەلەدى. 1917 - جىلى وكتابر توڭكەرىسىنەن كەيىن، پاتشالىق رەسەي اقتار ارمياسىنىڭ قالدىق بولىمدەرى جانە قىرۋار بوسقىندار شينجياڭعا كىرەدى. كەيىن كەلە نەداۋىر سانداعى ورىستار شينجياڭنىڭ ىلە، تارباعاتاي، ديحۋا سياقتى جەرلەرىنە قونىس تەبەدى.

مينگونىڭ العاشقى مەزگىلىندە، شانشي، گانسۋ، نيڭشيادان كەلگەن نەشە ون مىڭ حۇيزۋ شينجياڭعا كىرەدى. 20 - عاسىردىڭ 30 - جىلدارىنان 40 - جىلدارى ارالىعىندا، شينجياڭعا كىرگەن حۇيزۋلاردىڭ كوپ ساندىسى ارمياعا ىلەسىپ كەلگەندەر بولىپ، ديحۋا، چياندى (بۇگىنگى شينجياڭ ٴۇرىمجى قالاسىنىڭ ميدۇڭ رايونى)، قۇلجا سياقتى جەرلەرگە ٴبىرشاما كوپ تارالعان.

مينگو كەزەڭىندە، شينجياڭداعى موڭعۇل ۇلتىنىڭ ورنالاسۋى چيڭ پاتشالىعى شينجياڭدى بىرلىككە كەلتىرگەننەن كەيىنگى جاعدايى نەگىزىنەن جالعاستىردى. 1919 - جىلى التاي شينجياڭنىڭ باسقارۋىنا ٴوتىپ، سول جەردەگى موڭعۇل ۇلتى دا شينجياڭداعى موڭعۇل ۇلتىنىڭ ٴبىر بولىگىنە اينالادى.

ەكىنشى، شينجياڭداعى ٴار ۇلت حالقىنىڭ شەتەل شاپقىنشىلارىنا جانە ۇلتتىق بولشەكتەۋشىلەرگە قارسى تۇرۋ كۇرەسى

فەودال ميليتاريستەر مەن گوميندالىڭ بيلەپ ـ توستەپ تۇرعان مەزگىلدە شينجياڭنىڭ ىشكى جاعدايى ىبىلىقپالىقتان ارىلماعانىنىڭ ۇستىنە، شەكارا ورنىقسىزدىعى دا ارت ـ ارتىنان تۋىلدى. انگليا قاشقاردا كونسۇل اشتى، جاپونيا قاتارلى شاپقىنشى كۇشتەر ٴتۇرلى جولدارمەن سۇعىنىپ كىردى. مىنە، وسى شەتەل كۇشتەرىنىڭ ىشىندە پاتشالىق رەسەي ىلگەرىندى ـ كەيىندى ىسىرتقى موڭعۇليا دەربەستىگىن جوبالاپ، قوبدا ـ التاي سوعىسىن تۋدىرىپ، التايعا شاپقىنشىلىق جاسادى، شەريا قىستاق وقيعاسىن تۋدىردى، وسى ارالىقتا تاعى دا اق ورىستار ىشكى سوعىس سالدارىنان شەكارانى ٴبۇلدىرۋ وقيعاسىن تۋدىرىپ، ەلىمىزدىڭ مەملەكەت حاۋىپسىزدىگى جانە قوعام ورنىقتىلىعىنا اۋىر ىقپال جاسادى. يمپەرياليزمنىڭ شاپقىنشىلىعىنا توتەپ بەرۋ ٴۇشىن شينجياڭداعى ٴار ۇلت حالقى بەرەكە ـ بىرلىكتە بولىپ، ەرلىكپەن قارسىلىق كورسەتىپ، يمپەرياليزمگە قارسى دابىرالى وتانشىلدىق كۇرەستى ارت ـ ارتىنان قوزعادى.

1912 ـ جىلى شينجياڭنىڭ حوتان اۋدانى شەريا قىستاعىندا جۇڭگو مەن دۇنيەنى ٴدۇر سىلكىندىرگەن «شەريا قىستاعى وقيعاسى» تۋىلدى. شەريا قىستاعى ـــ قازىرگى شەريا اۋدانى، سول كەزدە حوتان اۋدانىنا قاراستى اكىمشىلىك قىستاق ەدى. سەيت اجى ٴاسلى حوتان اۋدانىنىڭ ادامى، ول ٴوزىن ورتا ازياداعى اندىجاپتىقپىن دەپ اتادى، پاتشالىق رەسەيدىڭ تىڭشىلىق ورگانىنىڭ ەرەكشە تاربيەلەۋىن قابىلداپ، شەريا اۋدانىندا ويىنا كەلگەنىن ىستەپ، بۇقارانى باسىندى، ٴتيپتى، رەسەي جياۋمىندەرىن زاڭسىز كوبەيتىپ، الىمەن استى. شەريا قىستاعىنداعى قالىڭ بۇقارا سەيت اجىنىڭ قىسىمىنا ۇشىرايدى. ىلە كوتەرىلىسى جەڭىسكە قول جەتكىزگەننەن كەيىن ۇيعۇر ۇلتىنىڭ ديقانى سۇپىرگىنى باسشى ەتكەن شەريا قىستاعىنىڭ قىستاق تۇرعىندارىنىڭ 17 ادامى حوتان اۋدانى جامبىلىنا بارىپ، سەيت اجى سياقتىلاردىڭ جالعانىنان كۇالىك جاساپ، حالىقتى رەسەي قاراستىلىعىنا وتۋگە زورلاۋى سياقتى زورلىمدىقتارى ۇستىنەن ارىز بەرەدى. ياركەنىنىڭ ساردارى شيۋڭ گاۋشىڭ حوتان اۋدانىنىڭ شەريا قىستاعىنا بۇل وقيعانى تەكسەرىپ، شەشۋگە كەلەدى. ٴبىراق، سەيت اجى شيۋڭ گاۋشىڭ سياقتىلاردى كوزگە ىلمەيدى، ول بەس جۇزگە تارتا جالعان «رەسەي جياۋمىندەرىن» قارۋلاندىرىپ، قايىن اتاسىنىڭ اۋلاسىنا پاتشالىق رەسەيدىڭ تۋىن قاداپ، الاسۇرا شۋ كوتەرىپ، شيۋڭ گاۋشىڭ قاتارلىلارمەن سوعىسادى. شيۋڭ گاۋشىڭ مىندەت

تاپسىرىپ جىبەرگەن اسكەر جوۋ شۋتاڭ ٴۇش ادامدى باستاپ سەيت اجىنى تەرگەۋگە شاقىرىپ بارعان كەزدە سەيت اجى ونىڭ تەرگەۋگە شاقىرىپ كەلگەنىن قۋلاعىنا دا قىستىرمايدى، قايتا، نوپتاسىپ جوۋ شىڭتاڭ قاتارلى ادامداردى اتىپ ٴولتىردى جانە جارالادى. جاۋىزدىق ارەكەتكە رىعىردانى قايناعان شەريا قىستاعىنداعى حالىق بۇقاراسى اۋلانى ٴتورت جاعىنان كەلىپ قورشاۋعا الىپ، اپانىن ورتەپ جىبەردى. قىستاق تۇرعىندارى پاتشالىق رەسەيدىڭ زاڭسىز قۇرعان ساۋدا بىستەرى قۇرىلىمىن قيراتىپ، پاتشالىق رەسەيلىكتەر اشقان رەسەيلىكتەردىڭ تالىمىش چياۋمىندەردىڭ شۋەتاڭىن جاۋىپ تاستادى. وقيعا تۇتىلعانىنان كەيىن حوتان ۋگىرىندەگى ٴار ۇلت بۇقاراسى شەريا قىستاعىنداعى حالىقتىڭ وتانشىلدىق ارەكەتىنە ەلسەنە ٴۇن قوسىپ قولدادى. رەسەيدىڭ جۇڭگو قاشقارداعى تۇراتىن كونسۇلى سوكوۋ جۇڭگو ۇكىمەتىنە نارازىلىق ٴبىلدىرىپ، ورىنسىز تالاپتاردى ورتاعا قويدى. قىسىمعا شىداماعان يۋان شىكاي پاتشالىق رەسەي ۇكىمەتىنىڭ قويعان ورىنسىز تالاپتارىنا ٴبىر - بىردەن ماقۇل بولدى. قاشقاردا شەريا قىستاعىنداعى وقيعاداعى جۇڭگولىق ادامداردى «تەرگەگەن» كەزدە سۇيىرگى بىلاي دەيدى: «شەريا قىستاعى ٴبىزدىڭ جۇڭگونىڭ جەرى، باسا - كوكتەپ كىرۋ - كىرمەۋ ماسەلەسى ٴومىر سۇرمەيدى. سەيت اجى رەسەيدىڭ ازاماتتىعىن العان، رەسەيدىڭ اندىجابىنان، ٴبىزدىڭ جۇڭگونىڭ شەرياسىنا كەلىپ، ىستەمەگەن جاماندىعى قالمادى... ول قۇرال - جاراقتى جاسىرىپ، جۇڭگولىقتاردى اتىپ ٴولتىرىپ، ٴبىزدىڭ جۇڭگو ۇكىمەتىنە

شەريا قىستاق وقيعاسىنىڭ ەسكەرتكىش ٴۇيى
شينجياڭنىڭ شەريا اۋدانىندا

شينجياڭ حالىق بۇقاراسىنىڭ يمپەرياليزمگە قارسى تۇرۋ بىرلەسكەن قوعامى ۇيىمداستىرعان جاپون شاپقىنشىلارىنا قارسى تۇرۋ ارەكەتى

قارسى شىقتى، ٴسىرا، قىلمىسى جوق پا؟» «سەيت اجى الدىمەن مىلتىق اتىپ، ٴبىزدىڭ جۇڭگولىقتاردى قىردى، مەنشە، سەيت اجى اتىلۋعا ٴتيىستى، سۇپىرگى مۇلدە اتىلۋعا ٴتيىستى ەمەس!»[1] شەريا قىستاعى وقيعاسىن بۇكىلدەي پاتشالىق رەسەي شاپقىنشىلارى تۋدىرعان وقيعا ەدى. پاتشالىق رەسەيدىڭ ٴبىر اسكەري ٴمانساپتىسى قاشقاردا تۇراتىن كونسۇلى سوكولوۆ وڭتۇستىك شينجياڭدى پاتشالىق رەسەيدىڭ ٴبىر ولكەسىنە اينالدىرعىسى كەلگەندىگى سەبەپتى رەسەي چياۋمىندىعىنا جالعانىنان جۇزدەپ، مىڭداپ ادام تىزىمدەپ، شەريا وقيعاسىن تۋدىرعاندىعىن مويىندادى. شەريا وقيعاسى توڭكەرىستىك پارتيادامىلاردىڭ باسشىلىعىندا ۇيعۇر ۇلتى حالقىن نەگىز ەتىپ جۇرگىزگەن رەسەي شاپقىنشىلارىنا قارسى تۇرعان وتانشىلدىق ارەكەت. شەريا وقيعاسى يۋان شىكاي وتان ساتۋشى ۇكىمەتىنىڭ ار ـ نامىستى اياقفا تاپتاپ، باس يۇمەن اياقتالدى، ٴبىراق، شينجياڭداعى ٴار ۇلت حالقىنىڭ يمپەرياليزمگە قارسى وتانشىلدىق كۇرەسى ەشقاشان توقتاعان جوق.

جاپون شاپقىنشىلارىنا قارسى سوعىس باستالعانىنان كەيىن شينجياڭداعى ٴار ۇلت حالقى جاپون شاپقىنشىلارىنا قارسى تۇرىپ، وتاندى قۇتقارۋ ارەكەتىنە بەلسەنە اتسالىسىپ، جاپون شاپقىنشىلارىنا قارسى سوعىستىڭ كەڭ ـ بايتاق ارتقى شەبىن قۇرۋعا، جاپون شاپقىنشىلارىنا قارسى سوعىسقا كومەك بەرۋدى ورىستەتۋگە، حالىقارالىق جۇڭحۋاعا كومەك بەرۋ قاتىناس جەلىسىنىڭ بىركەلىسسىزدىگىنە كەپىلدىك ەتۋگە ماڭىزدى ۇلەس قوستى. شينجياڭداعى ٴار ۇلت حالقى ۇنەمشىلدىك قيمىلىن، ەڭبەك جارىسىن جانە زايوم ساتۋ قيمىلىن ەتەك الدىرىپ، شينجياڭ قۇرىلىسىن ىلگەرىلەتىپ، جاپون شاپقىنشىلارىنا قارسى تۇرۋ ارتقى شەبىن بەكەمدەدى؛ بۇقارانى جىلۋ اتاۋعا جۇمىلدىرىپ، جاپون شاپقىنشىلارىنا قارسى تۇرۋ الدىڭعى شەبىنە بەلسەندى قولداۋ كورسەتتى. جۇڭگو كوممۋنيستەرىنىڭ باسشىلىعىندا شينجياڭدا اقشاسى بارى اقشاسىن، ەڭبەككۇشى بارى ەڭبەككۇشىن شىعاراتىن، ىنتىماقتاسا جاپون شاپقىنشىلارىنا قارسى سوعىس جۇرگىزەتىن جاڭا جاعداي قالىپتاستى. حالىقارادا، اسىرەسە، كەڭەس وداعى جۇڭگوعا كومەكتەسىپ، جاپون شاپقىنشىلارىنا قارسى سوعىسقا قىرۋار اسكەري قارۋ ـ جاراق، زات، ٴدارى ـ دارمەك جانە ٴار ٴتۇرلى اسكەري ادامداردى شينجياڭ ارقىلى جاپون شاپقىنشىلارىنا قارسى تۇرۋ سوعىسىنىڭ

---

[1] قۇرباستىرۋعا جاۋاپتى يۋي جۇنشىڭ: «شينجياڭنىڭ تاريحي ماتەريالدارى تاڭدامالى توپتاماسى. «شەريا قىستاعى وقيعاسىن» تەكسەرۋدەن مالىمەتتەر»، 1 ـ جيناق، ٴۇرىمجى: شينجياڭ حالىق باسپاسى، 1998 ـ جىل، 36 ـ بەت.

كوزقاراس ٴتۇيىنى

ەلىمىز تارىيحىندا شينجياڭ ەجەلدەن «شىعىس تۇركىستان» دەپ اتالماعان، ايتىلمىش «شىعىس تۇركىستان مەملەكەتى» تىپتەن بولماعان. بۇل ۇعىم ەۋروپالىقتارعا ٴتان قۇاتتاما. 18 ـ عاسىردان 19 ـ عاسىردىڭ الدىڭعى جارتىسىنا دەيىن باتىستىڭ التاي ٴتىلى جۇيەسىندەگى تۇركى ٴتىلى شوعىرىنداعى تىلدەردى جىكتەۋگە بايلانىستى، رەسەي جانە ەۋروپاداعى ٴىشىنارا وقىمىستىلار مەن جازۋشىلار «تۇركىستان» ٴسوزىن ٴجيى قولداندى، ول تيانشاننىڭ وڭتۇستىگىنەن اۋعانستاننىڭ سولتۇستىگىنە دەيىنگى اۋماقتى كورسەتەدى. جالپى العاندا، شينجياڭنىڭ وڭتۇستىك بولىگىنەن ورتا ازياعا دەيىنگى ٴوڭىردى قامتيدى. سونىمەن قاتار، پامير ۇستىرتىن شەكارا ەتە وتىرىپ، وسى جاعراپيالىق ٴوڭىردى «باتىس تۇركىستان» جانە «شىعىس تۇركىستان» دەپ ٴبولىپ اتاۋعا ادەتتەندى. 19 ـ عاسىردىڭ سوڭعى جارىمىندا، رەسەيلىكتەر وزدەرى قوسىپ العان ورتا ازيا ٴوڭىرىن«رەسەيگە تاۋەلدى تۇركىستان» نەمەسە «تۇركىستان» دەپ اتادى. 19 ـ عاسىردىڭ سوڭى مەن 20 ـ عاسىردىڭ باسىنا دەيىن «پانتۇركيزم»، «ٴپانيسلاميزم» قاتە يدەيالىق اعىمى تارالىپ كىرگەننەن كەيىن شەكارا ٴىشى ـ سىرتىنداعى بولشەكتەۋشى كۇشتەر وسى جاعراپيالىق اتاۋدى ساياسيلاندىرىپ، ٴمانىن كەڭەيتىپ، تۇركى تىلدەرىندە سويلەيتىن جانە ٴىسلام دىنىنە سەنەتىن ۇلتتاردى بىرلەسىپ، اكىمشىلىك بيلىك پەن ٴدىني بيلىك بىرىككەن «شىعىس تۇركىستان مەملەكەتىن» قۇرۋعا جەلىكتىردى. اتالمىش «شىعىس تۇركىستان» ساندىراعى شەكارا ٴىشى ـ سىرتىنداعى ۇلتتىق بولشەكتەۋشى كۇشتەردىڭ جۇڭگونى بولشەكتەۋگە، شينجياڭدى «دەربەستەندىرۋگە» ۇرىنۋىنىڭ ساياسي قۇرالى مەن ارەكەت باعدارلاماسىنا اينالدى.

الدىڭعى شەبىنە ۇزدىكسىز جونەلتتى.

19 ـ عاسىردىڭ سوڭى مەن 20 ـ عاسىردىڭ باسىندا «ٴپانيسلاميزم»، «پانتۇركيزم» قاتە يدەيالىق اعىمى شينجياڭ وڭىرىنە كىردى. «ٴپانيسلاميزم» ــ 19 ـ عاسىردىڭ ورتا شەنىندە كەيبىر ٴىسلام دىنىنە سەنەتىن مەملەكەتتەردە پايدا بولعان ٴبىر ٴتۇرلى قوعامدىق اعىم، قۇاتتاماسى: ٴىسلام دىنىنە سەنەتىن بارلىق مەملەكەت پەن ۇلتتار بىرلەسىپ، اكىمشىلىك بيلىك پەن ٴدىني بيلىك بىرىككەن «ٴىرى ٴىسلام يمپەرياسىن» قۇرۋ. «پانتۇركيزم» ــ 19 ـ عاسىردىڭ سوڭى مەن 20 ـ عاسىردىڭ باسىندا پايدا بولدى، بۇل يدەيالىق اعىم «تۇركتەر ۇعساس ٴبىر ۇلت» دەگەندى ٴناسيحاتتايدى، ازيانىڭ باتىسى مەن ورتا بولىگى وڭىرىندەگى بارلىق تۇركى تىلدەرىندە سويلەيتىن ۇلتتاردى بىرلەسۋدى ۋاعىزداپ، وسمان تۇركتەرىن ۇيتقى ەتكەن «ٴىرى تۇرك يمپەرياسىن» قۇرۋعا ۇرىندى. «ٴپانيسلاميزم»، «پانتۇركيزم» قاتە

ىدەيالىق ىعىمىنىڭ ىقپالىن قابىلداعان ۇلتتىق بولشەكتەۋشى كۇشتەر شينجياڭ تاريحىن قۇتىرىنا ويدان قۇراستىرىپ بۇرمالاپ، ۇلتتىق بولشەكتەۋشىلىكتى ۋاعىزدادى. 20 - عاسىردىڭ باسىنان 40 - جىلداردىڭ سوڭىنا دەيىن شەتەلدەگى جاۋ كۇشتەردىڭ جەلىكتىرۋى، قولداۋىمەن ۇلتتىق بولشەكتەۋشى كۇشتەر كوپ رەت دۇربەلەڭ تۋدىردى. 1933 - جىلى ۇلتتىق بولشەكتەۋشى كۇشتەر ايتىلمىش «شىعىس تۇركىستان ٴىسلام رەسپۋبليكاسىن» قۇردى. 20 - عاسىردىڭ 40 - جىلدارىندا شينجياڭ ٴۇش ايماق توڭكەرىسىنەن كەيىن «شىعىس تۇركىستان رەسپۋبليكاسى» ماسەلەسى توڭىرەگىندە، قيان - كەسكى كۇرەس جۇرگىزدى.

تاياۋ زاماننان بەرى جۇڭگو جارتىلاي وتار، جارتىلاي فەودالدىق قوعامعا قادام باسۋىنا ىلەسىپ، شينجياڭدا يمپەرياليزم مەن جۇڭحۋا ۇلتى قايشىلىعى، فەوداليزم مەن ٴار ۇلت حالىق بۇقاراسىنىڭ قايشىلىعى ٴومىر ٴسۇردى، سونىمەن بىرگە، شينجياڭداعى ٴار ۇلت حالقى مەن ۇلتتىق بولشەكتەۋشى كۇشتەردىڭ قايشىلىعى دا ٴومىر ٴسۇردى، بۇل ٴۇش ٴتۇرلى قايشىلىقتار سيپاتى ۇقسامايتىن كۇرەستى پايدا قىلدى. ٴبىرىنشى، شەتەل شاپقىنشىلارىنا قارسى تۇرۋ كۇرەسى. مىسالى، 1855 - جىلعى تارباعاتايداعى ٴار ۇلت حالقى پاتشالىق رەسەيدىڭ ساۋدا شەڭبەرىن ورتەۋى؛ 1865 - جىلعى شينجياڭداعى ٴار ۇلت حالقى ياقۇپبەكتىڭ شاپقىنشىلىعىنا قارسى كۇرەسى؛ 1871 - جىلعى شينجياڭداعى ٴار ۇلت حالقى پاتشالىق

ماتەريال تىزبەگى

ۇلتتىق بولشەكتەۋشىلىك مەيلى قايسى جەردە تۋىلسا دا بارلىعى دا ەلىمىزدىڭ ورنىقتىلىعى مەن دامۋىنا اۋىر اپات اكەلەدى، ٴبارى دە بۇكىل ەلىمىزدەگى ٴار ۇلت حالقىنىڭ ورتاق جاۋى. ۇلتتىق بولشەكتەۋشىلىكتىڭ ٴتۇبىرلى ٴمانى جۇڭگو كوممۋنيستىك پارتياسىنىڭ باسشىلىعىنداعى سوتسياليستىك تۇزىمگە قارسى تۇرۋ، وتاندى بولشەكتەۋ، ٴار ۇلت حالقىنىڭ ۇلى ىنتىماعىن ٴبۇلدىرۋ. جەر - جەر، تاراۋلاردىڭ بارلىعى جۇڭحۋا ۇلتىنىڭ تۇتاس نۇعالىق مۇددەسىن قورعاۋ سىندى ساياسي دەڭگەيدە، يدەيالىق تانىمدى بىرلىككە كەلتىرىپ، قىزمەتتى سايكەستىرۋدى كۇشەيتۋ كەرەك. ۇلتتىق بولشەكتەۋشى ەلەمەنتتەردىڭ زاڭسىز قىلمىستى ارەكەتتەرىنە قاراتا مۇمكىندىكتىڭ بارىنشا ەرتە بايقاۋ، قاتاڭ، شاپشاڭ سىلەيتە سوققى بەرۋ، قىلپى بىلىنىسىمەن سوعۋ، جورگەگىندە باتىل تۇنشىقتىرۋ، استە جۇمساق قولدىلىق ىستەمەۋ كەرەك. ەگەر ولارعا تيداۋ سالىنباسا كەيىنگى زاردابى، ٴسوز جوق، اۋىر بولادى.

رەسەيدىڭ بىلەنى باسىپ الۋىنا قارسى كۇرەسى؛ شينجياڭداعى ٴار ۇلت حالقىنىڭ جاپون شاپقىنشىلارىنا قارسى سوعىسقا كومەك بەرۋى، ت.ب. ەكىنشى، تاپتىق ەزگىگە قارسى تۇرۋ مەن بولىسكەتەۋ، ٴبولىنۋ ارەكەتتەرىنىڭ توعىسۋىنان تۋعان كۇرەس. مىسالى، 19 ـ عاسىردىڭ 60 ـ جىلدارى بۇكىل شينجياڭدى شارپىعان، ۇيعۇر، حۇيزۋ قاتارلى ۇلتتاردى نەگىز ەتكەن ٴارقايسى ۇلتتاردىڭ چيڭ پاتشالىعىنىڭ فەودالدىق ەزگىسىنە قارسى تۇرعان ديقاندار كۇرەسى تۋىلدى، ٴبىراق، ٴىشىنارا فەودال الپاۋىتتارى مەن ٴدىن باسىلارى باسشىلىق ۇقىقتى تارتىپ الدى. ولار ۇلتتىق وشپەندىلىكتى قوزدىرىپ، جەرگىلىكتى بولىسكەتەۋشىلىك كۇشتەردى قۇرىپ، فەودالدىققا قارسى تۇرۋمەن باستالعان ديقاندار كۇرەسىن فەودال اتامانداری اراسىنداعى قىرعىن سوعىسقا اينالدىردى. ٴۇشىنشى، ۇلتتىق بولىسكەتەۋشىلىك ارەكەت. شينجياڭنىڭ تاياۋ زامان تاريحىندا بولىسكەتەۋشى بيلىك جويىلعانىمەن، ٴبىراق، بولىسكەتەۋ جانە بولىسكەتەۋگە قارسى تۇرۋ كۇرەس شينجياڭدا نەداۋىر قيان ـ كەسكى بولىپ كەلەدى، باستان ـ اياق تولاستاعان ەمەس.

شينجياڭداعى كوپ ۇلت، كوپ ٴدىن قاتار ٴومىر ٴسۇرىپ، كوپ ٴتۇرلى كۇشتەر سىنالانىپ كىرۋى سىندى ەرەكشەلىك بولعاندىقتان، سيپاتى ٴبىر ـ بىرىنە ۇقسامايتىن ٴۇش ٴتۇرلى قايشىلىق پەن كۇرەس ۇنەمى توعىسىپ جاتادى، ٴبىز، ٴسوز جوق، وبيەكتيۆ، جان ـ جاقتىلى، ديالەكتيكالىق تالداۋ جانە تۇجىرىم جاساپ، ولاردى پارىقتاۋىمىز كەرەك. شەتەل شاپقىنشىلارىنا قارسى تۇرۋ كۇرەسى بارىسىنداعى ٴار ۇلت حالقى تىزە قوسا شايقاس جاساپ، جۇڭحۋا ۇلتىنىڭ ورتاق مۇددەسىن، وتانىنىڭ تۇتاستىعىن پارمەندى قورعاعاندىعىن كورە ٴبىلۋىمىز، ونى، ٴسوز جوق، تولىق تۇراقتاندىرۋىمىز كەرەك. تاپتىق ەزگىگە قارسى كۇرەستە مۇنىڭ تاپتىق ەزگى، تاپتىق قاناۋدىڭ تابيعي ناتيجەسى ەكەندىگىن، ٴار ۇلت حالقىنىڭ قارسىلىعى ادىلەتتى ەكەندىگىن، ٴسوز جوق، تۇراقتاندىرۋىمىز جانە ماداقتاۋىمىز كەرەك. ۇلتتىق بولىسكەتەۋشىلىك ارەكەتتەرىندە ولاردىڭ سيپاتى وتاندى بولىسكەتەۋ، ۇلتتىق ىنتىماقتى ٴبۇلدىرۋ، ۇلتتىق وشپەندىلىك پەن كىربەڭدىك تۋدىرۋ ەكەنىن، ٴار ۇلت حالقىنا، ەلىمىزدىڭ ورنىقتىلىعى مەن دامۋىنا اۋىر اپات اكەلگەنىن، بۇكىل ەلدەگى ٴار ۇلت حالقىنىڭ ورتاق جاۋى ەكەنىن كورە ٴبىلۋىمىز، ٴسوز جوق، ولاردى ىلىككە العىسىز ەتىپ، اياماي سوققىلاۋىمىز كەرەك.

ٴۇشىنشى، جۇڭحۋا ۇلتى ورتاق تۇلعا تانىمىنىڭ كورنەكتى كۇشەيۋى

تاياۋ زامانعا قادام تاستاعانىنان كەيىن شينجياڭداعى ٴار ۇلت حالقى شەتەلدىڭ زورلىق ـ

زومبىلىعىنا قارسى تۇرىپ، جوڭحۋا ۇلتىنىڭ تاۋەلسىزدىگى مەن ازاتتىعىنا قول جەتكىزىپ، مەملەكەتتىڭ بىرلىگى مەن تەرريتوريا تۇتاستىعىن قورعاۋ بارىسىندا ٴار ۇلت حالقىنىڭ باق پەن سوردى بىرگە كورەتىن، تىنىستاس، تاعدىرلاس ورتاق تۇلعا جونىندەگى تانىمدى ونان ارى تەرەڭدەتىپ، ۇلتتار اراسىنداعى ىنتىماق پەن ۇيىسۋ ەمىن ـ ەركىندىكتەن سانالىلىققا بەت الىپ، وتانىنىڭ تۇتاستىعىن قورعاۋدى ەڭ جوعارى ىنسانا ەتكەن وتانشىلدىق رۋح بىرتىندەپ شينجياڭداعى ٴار ۇلت حالقىنىڭ پسيحيكالىق ورتاق شىنايى مويىنداۋىنا اينالدى.

شينحاي توڭكەرىسى قارساڭىندا ىلە توڭكەرىستىك پارتياسىنداعىلار «ىلە بايحۋا گازەتىن» شىعارۋ ارقىلى ۇلتتار تەڭدىگىن زور كۇشپەن ۇگىتتەپ، ٴار ۇلت حالقىن جەر ـ جەرگە بولىنبەي، ٴبىر ـ بىرىنە قۇرمەت ەتۋگە تاربيەلەدى؛ ٴار ۇلت حالقى «جوڭگونى قۇدىرەتتەندىرۋ كەرەك» دەپ تانىپ، «وتان ٴۇشىن كۇش شىعارىپ، وسى جەردى قورعاي الامىز» دەپ قارادى. توڭكەرىستىك پارتياداعىلاردىڭ قاجىماي قۇلشىنۋىندا ۇلتتار تەڭدىگى يدەياسىن ٴار ۇلت حالقى بىرتە ـ بىرتە ٴتۇسىنىپ، ٴار ۇلت بۇقاراسى توڭكەرىستىك كۇرەسكە بەلسەنە قاتىناستى. ولار جىلىۋ اتاپ، زاتتىق كومەك كورسەتىپ عانا قالماي، قايتا، حانزۋ، حۋيزۋ، ۇيعۇر، موڭعۇل، قازاق قاتارلى ٴار ۇلت حالقى ارمياعا بەلسەنە قاتىناسىپ، توڭكەرىستىڭ جەڭىسىن قورعادى. 1929 ـ جىلى ميليتاريستەر ٴبولىسىپ الۋ كەزىندە شينجياڭداعى حۇيبۇدىڭ (ۇيعۇر) سەگىز ۋاڭى ۇلتتىق ۇكىمەتكە حات جازىپ، «ٴبىز ۇيعۇرلار بەس ۇلتتىڭ قۇراماس بولىگىمىز، مەملەكەتتىڭ ٴومىر ٴسۇرۋى مەن قۇرىپ ـ جوعالۋى، داڭقى مەن نامىسى بىزبەن قاتىستى. ۇيعۇردىڭ ٴار ۋاڭ ـ بەكتەرى وتاندى ٴسۇيۋ نيەتىنەن قايتپايدى، الدا ـ جالدا مەملەكەت ٴىسى بولا قالسا، ەكى ميلليون سايلاۋىت اسكەر شىعارىپ، مەملەكەت قورعانىسىنا دايىندالۋدى، ۇكىمەتتى قولداپ، جوڭحۋانى قۇدىرەتتەندىرۋدى قالايدى»[①] دەيدى. مىنە، بۇل ۇيعۇرلاردىڭ سەگىز ۋاڭىنىڭ وتانعا دەگەن قالتقىسىز، ادال سۇيىسپەنشىلىگىن بەينەلەيدى.

1931 ـ جىلى 18 ـ سەنتابر وقيعاسى تۋىلىپ، شىعىس سولتۇستىك حالقى ارت ـ ارتىنان قارۋ الىپ، جاۋعا بىرگە كەكتەنىپ، جاپون ارمياسىمەن ولىسپەي ـ بەرىسپەي كۇرەس جۇرگىزدى. 1933 ـ جىلى 1 ـ ايدا سىرتقى كومەك ۇزىلگەن، توڭىرەكتىڭ ٴتورت بۇرىشىنان

① ليۋ جيە: «جۇيبۇلاردىڭ سەگىز ۋاڭ ـ گۇڭدەرىنىڭ وتانشىلدىق داتتەمەسى»، «ۇمىتۋعا بولمايتىن ەستەلىكتەر ــ ارحيۆتەگى اڭگىمەلەردەن»، ٴۇرىمجى: شينجياڭ حالىق باسپاسى،2007 ـ جىل، 30ــ31 ـ بەتتەر.

ماتەريال تىزبەگى

伊犁白話報

«ىلە بايحۋا گازەتى» 1910 ـ جىلى 3 ـ ايدىڭ 25 ـ كۇنى شينجياڭ ىلە حۇيىۋان قالاسىندا (بۇگىنگى شينجياڭنىڭ قورعاسى) باسىلىپ شىقتى، باستى شىعارۋشى ادام فىڭ تىمين. «ىلە بايحۋا گازەتى»ــ شينحاي توڭكەرىسى كەزىندە بۇرجۋازيا توڭكەرىسشىلەرى يمپەرياليزمگە، فەوداليزمگە قارسى تۇرىپ، بۇرجۋازيالىق ـ دەموكراتيالىق توڭكەرىستى ۇگىتتەۋ ٴۇشىن شىعارىلعان گازەت. بۇل گازەت ٴتورت فورماتتى شاعىن گازەت، حانزۋشا، ۇيعۇرشا، موڭعۇلشا، مانجۋشا ٴتورت تىلدەگى باسىلىم، جۇڭگوداعى تۇڭعىش كوپ ٴتىلدى توڭكەرىستىك گازەت ٴارى شينجياڭنىڭ تۇڭعىش گازەتى ەدى.

جاۋ انتالاعان جاعدايدا حيلۇڭجياڭداعى جاپون شاپقىنشىلارىنا قارسى تۇرىپ، وتاندى قۇتقارۋشى ارميا، جيلين ٴوزىن قورعاۋشى ارمياسى، جيلين وتاندى قۇتقارۋشى ارمياسى قاتارلىلاردىڭ ٴبىشىنارا بولىمدەرى كەڭەس وداعى ارقىلى شينجياڭعا كەلدى. 1933 ـ جىلدىڭ العاشقى جارىمىندا شينجياڭ جاپون شاپقىنشىلارىنا قارسى شىعىس ـ سولتۇستىك ەرىكتىلەر ارمياسىنىڭ وفيتسەر ـ جاۋىنگەرلەرى مەن ولاردىڭ ٴۇي ىشىندەگىلەردەن وتىز مىڭنان استام ادامدى قابىلدادى. ەرىكتىلەر ارمياسى شينجياڭعا كىرگەن كەزدە شاۋەشەكتەن ديحۋاعا دەيىنگى جول بويىندا قابىلداۋ بەكەتتەرى قۇرىلىپ، تاماق پەن جاتىن ورىندى ورنالاستىرۋعا جاۋاپتى بولدى، كەيبىر بۇقارا وزدىكتەرىنەن مول سۋسىن جانە ازىق ـ تۇلىك دايارلاپ، ەرىكتىلەر ارميانى قارسى الدى. كەيىن كەلە، بۇل شىعىس تەرىستىك ەرىكتىلەر ارمياسى شينجياڭدى قورعاپ، شينجياڭدى گۇلدەندىرۋ ىستەرىنە قاتىناستى.

جۇڭگو كوممۋنيستەرى شينجياڭعا كەلگەننەن كەيىن شىڭ شىسايدىڭ ۇلتتار تەڭدىگىن كەمەلدەندىرۋ، ىلگەرىلەتۋ سىندى ساياساتى جاعىندا قىرۋار قىزمەتتەر ىستەپ، شينجياڭداعى ٴار ۇلت حالقىنىڭ جاپون شاپقىنشىلارىنا قارسى تۇرۋ تانىمىن ودان ارى ٴوسىردى. جاپون شاپقىنشىلارىنا قارسى سوعىس باستالعاننان كەيىن شينجياڭداعى ٴار ۇلت

بۇقاراسى بۇكىل ەلدەگى ٴار ۇلت حالقىمەن بىرگە جاپون شاپقىنشىلارىنا قارسى تۇرىپ، ەل اۋىرتپالىعىن بىرگە كوتەرىپ، جان تەبىرەنتەرلىك وتانشىلدىق داستاندى بىرگە جازدى. جاپون شاپقىنشىلارىنا قارسى سوعىس كەزىندە شينجياڭداعى ٴار ۇلت حالقى جاپون شاپقىنشىلارىنا قارسى تۇرىپ، وتاندى جويىلۋدان قۇتقارۋ قوزعالىسىنا بەلسەنە اتسالىسىپ، جاپون شاپقىنشىلارىنا قارسى سوعىستىڭ كەڭ ـ بايتاق ارتقى شەبىن قۇرىپ، جاپون شاپقىنشىلارىنا قارسى تۇرۋعا كومەك بەرۋدى ورىستەتىپ، جوڭگوعا كومەك بەرۋدىڭ حالىقارالىق قاتىناس جەلىسىنىڭ ىركىلىسسىزدىگىنە كەپىلدىك ەتۋگە ماڭىزدى ۇلەس قوستى.

شينجياڭ حالقىنىڭ يمپەرياليزمگە قارسى تۇرۋ بىرلەسكەن ۇيىمىنىڭ مادەنيەت ٴبولىمى اشقان 14 ۇلتتىڭ اڭگىمە ماجىلىسىندە ۇيعۇر، قازاق، تاتار، موڭعۇل سىندى ٴتورت ۇلتتىڭ ۋاكىلدەرى بىلاي دەدى: «ٴوز مۇددەمىزدى مەملەكەتتىڭ، ۇلتتىڭ مۇددەسىنەن بولە قاراۋعا كەلمەيتىندىگىن تەرەڭ تۇسىنەمىز».① «شينجياڭ گازەتى» «جوڭحۋا ۇلتى» دەگەن بۇل ۇعىمدى بارىنشا ۇگىتتەدى. جوڭحۋا ۇلتىنىڭ «شىنىندا دا ومىرشەڭدىك كۇشى بار، وسى ىشكى جانە باياندى كۇش، ونى الەمدە ىنىق تۇرعىزدى، تەك، سىرتتان كەلگەن شاپقىنشىلىقپەن قانا ەمەس، سانسىزداعان جاراتىلىستىق اپاتتارمەن دە قارسى كۇرەستى»، «ولار وزدەرىنىڭ مۇددەسىن مەملەكەتتىڭ، ۇلتتىڭ مۇددەسىنەن بولە قاراۋعا كەلمەيتىندىگىن تەرەڭ تۇسىنەدى، سوندىقتان، ولار وتاندى ازات ەتۋ كۇرەسىنىڭ تاسقىنىنا كوكەيتەستى كوڭىل كۇيمەن جانە بەرىك جىگەرمەن كەلىپ قاتىناستى»②. وسى ماقالالاردىڭ ۇگىتتەۋى جانە جەتەكتەۋى ارقىلى شينجياڭداعى ٴار ۇلت حالقىنىڭ مەملەكەت تانىمى مەن جوڭحۋا ۇلتى تانىمى كۇشەيدى.

جاپون شاپقىنشىلارىنا قارسى سوعىس جالپى بەتتىك باستالعاننان كەيىن جاپون شاپقىنشىلارىنا قاسى سوعىستىڭ كەڭ ـ بايتاق ارتقى شەبى بولعان شينجياڭ جاپون شاپقىنشىلارىنا قارسى سوعىس بارىنەن جوعارى تۇرادى، جاپون شاپقىنشىلارىنا قارسى سوعىستا بارلىق ىستە جاپون شاپقىنشىلارىنا قارسى ۇلتتىق بىرلىكساپ رۋحىنا بويسۇنۋ

① شين يا:«جاپون شاپقىنشىلارىنا قارسى سوعىس كەزىندەگى جوڭگوداعى از ۇلت جاستارى»، «شينجياڭ گازەتى»، 1942 ـ جىلى 5 ـ ايدىڭ 5 ـ كۇنى، 2 ـ بەت.

② شين يا: «جاپون شاپقىنشىلارىنا قارسى سوعىس كەزىندەگى جوڭگوداعى از ۇلت جاستارى»، «شينجياڭ گازەتى»، 1942 ـ جىلى 5 ـ ايدىڭ 5 ـ كۇنى، 2 ـ بەت.

رۋحىن ۇستانىپ، وداقتىڭ جەڭىس زايومىن ٴىس جۇزىندىك ارەكەتىمەن بەلسەنە ساتىپ الىپ، جاپون شاپقىنشىلارىنا قارسى سوعىسقا كومەك قاراجات ەتتى؛ ون مىڭ اسكەري ات تارتۋ ەتۋ مىندەتىن ورىندادى؛ ٴار ٴتۇرلى حال سۇراۋ، جىلۋ اتاۋ قيمىلىن قانات جايدىرىپ، جاپون شاپقىنشىلارىنا قارسى سوعىستىڭ الدىڭعى شەبىندەگى جاۋىنگەرلەرىنىڭ جاۋدى جەڭىپ جويۋىنا دەم بەردى. «جاپون شاپقىنشىلارىنا قارسى سوعىس توقتامايىنشا، ٴبىز دىڭ جىلۋ اتاۋىمىز دا توقتامايدى». 1936 ـ جىلى 12 ـ ايدان باستاپ 1944 ـ جىلى 1 ـ ايعا دەيىن شينجياڭداعى ٴار ۇلت حالقى قىسقى كيىم ـ كەشەك جيناۋ، مادەني قيمىل ارقىلى اسكەرلەردەن حال سۇراۋ، اياق كيىم جيناپ، اسكەرلەردەن حال سۇراۋ، حالىق بۇقاراسى ۇدان قورعانۋعا كومەك اتاۋ سياقتى قيمىلدارعا بەلسەنە قاتىناسىپ، جاپون شاپقىنشىلارىنا قارسى تۇرۋعا كومەكتەستى. 1938 ـ جىلدان باستاپ ٴبىر جىل ۋاقىتتا شينجياڭداعى ٴار ۇلت حالىق بۇقاراسىنىڭ كومەككە اتاعان جىلۋىناق اقشامەن ەكى ميلليارد 410 ميلليون ٴسارى جاڭا اقشاعا جەتتى. شينجياڭ ولكەلىك ۇكىمەت وسى اقشاعا 10 سوعىس ايروپلانىن ساتىپ الىپ، «شينجياڭ ٴنومىرلى» دەگەن ات قويىپ، جاپون شاپقىنشىلارىنا قارسى سوعىستىڭ الدىڭعى شەبىنە بەردى.[①] قاراپايىم حالىق بۇقاراسى اراسىندا دا ادامدى اسەرلەندىرەتىن كوپتەگەن ىزگى ىستەر جارىققا شىقتى. ۋىنسۋ اۋدانىنىڭ تيداجۋاڭ قىستاعىندا تۇراتىن ۇيعۇر ديقانى باقاباي ولەر الدىندا ۇلى ساقايعا 1000نىڭ ۇستىندەگى كۇمىس تەڭگەنى جاپون شاپقىنشىلارىنا قارسى سوعىستىڭ الدىڭعى شەبىندەگى كوماندىر ـ جاۋىنگەرلەرگە كومەككە بەرىپ، الدىڭعى شەپكە وق ـ ٴدارى ساتىپ الىپ بەرىپ، جاۋدى كوپتەپ ٴولتىرىپ، جۇڭگونىڭ كەگىن قايتارايىق[②] دەپ وسيەت ايتادى. قازاق ايەل جايىق جاپون شاپقىنشىلارىنا قارسى سوعىسقا كومەك بەرۋ ٴىسىن ەستىپ، ٴارى ـ

① كوممۋنيستىك جاستار وداعى شينجياڭ ۇيعۇر اۆتونوميالى رايون كوميتەتى، 8 ـ ارميانىڭ شينجياڭدا تۇراتىن ٴىس باسقارۋ ورنى مۇراجايى قاتارلى ورىندار قۇراستىرعان: «شينجياڭ حالقىنىڭ يمپەرياليزمگە قارسى تۇرۋ بىرلەسكەن ۇيىمىنىڭ ماتەريالدارى»، ٴۇرىمجى: شينجياڭ جاستار ـ ورەندەر باسپاسى، 1986 ـ جىل، 30 ـ، 31 ـ بەتتەر.

② شينجياڭ ۇيعۇر اۆتونوميالى رايوندىق ارحيۆ مەكەمەسى، جۇڭگو قوعامدىق عىلىمدار اكادەمياسى شەكارا رايونداردىڭ تاريحىن زەرتتەۋ ورتالىعى، «شينجياڭنىڭ جالپى تاريحى» اتتى كىتاپتى قۇراستىرۋ القاسى قۇراستىرىپ جازعان: «جاپون شاپقىنشىلارىنا قارسى سوعىس كەزىندەگى شينجياڭداعى ٴار ۇلت حالقىنىڭ جاپون شاپقىنشىلارىنا قارسى سوعىسقا كومەك بەرۋ ارحيۆىنىڭ تاريحي ماتەريالدارى»، ٴۇرىمجى: شينجياڭ حالىق باسپاسى، 2008 ـ جىل، 90 ـ بەت.

شينجياڭداعى حالىق بۇقاراسىنىڭ جىلۋ جيناپ، ساتىپ العان سوعىس ايروپلانىنا ات قويۋ مۇراسىمىنىڭ ناق مايدانى

ٴسارى بولماستان كومەك بەرىپ، ۇزاق ۋاقىتتان بەرى تىرناشتاپ جيعان 50 ٴسارى جامبىسىن اتايدى؛ ديحۋا قالاسىنداعى70 نەشە جاسقا كەلگەن حانزۋ اجەي ناق مايداندا جىلۋ اتاپ، كوز جاسىن كولدەتىپ تۇرىپ، قولاعىنداعى قوس التىن سىرعاسىن الىپ بەردى؛ قاشقار قالاسىنداعى ٴبىر كەمباعال، جەسىر ايەل كومەككە ٴوزى ماساقتاپ ٴۇزىپ العان ٴبىر داعار ٴبيدايىن اتادى؛ ٴبىر جەتىم بالا اۋرۋحانا تاراتقان ٴبىر جاڭا ماقتالى شاپاندى قۇشاقتاپ كوتەرىپ اكەلىپ، جاپون شاپقىنشىلارىنا قارسى سوعىسقا كومەك بەرۋ ۇيىمىنا تاپسىرىپ، الدىڭعى شەپتەگى جاۋىنگەرلەرگە اتايدى؛ ٴبىر حانزۋ قۇرىلىسشى كۇندەلىگىنە بىلاي دەپ جازىپتى: «وتاندى ٴسۇيۋ نيەتىم بولعانىمەن، قولىم قىسقالىق قىپ وتىر، بۇگىنگى كۇنى جانىمدى جالداپ تاپقان اقشام 3500 ٴسارى، ونىڭ 3000ٴسارىسىن جىلۋعا بەردىم، قالعان 500 سارىسىنە ەكى نان ساتىپ الىپ، اۋجال قىلامىن».① حوتاندىق ايسا اتتى كەدەي ادام جىلۋ بەرۋ ورنىنا كەلىپ بىلاي دەدى: «وتباسىم كەدەي بولعاندىقتان اقشالاي، زاتتاي جىلۋ اتاي المايمىن، ٴبىراق، ون سەگىز جاسقا كەلگەن ۇلىم ٴيۇسىپتى الدىڭعى شەپتى قورعاۋعا اتتاندىرىپ، جاپون شاپقىنشىلارىنا قارسى تۇرۋعا كۇش سالىپ، بالامدى وتانىما ارناپ، ارمانىما جەتەيىن»، «بالام جاپون شاپقىنشىلارىنا ادالدىقپەن قارسى تۇرىپ، جاپون الباستىلارىن جويماسا، وپاسىز ۇل دەيمىن، ونداي ۇلدىڭ بارىنان جوعى جاقسى، ولسە دە

① ۋاڭ شياۋشۇن: «جاپون شاپقىنشىلارىنا قارسى شينجياڭداعى اتتانىس»، «شينجياڭ گازەتى»، 1938 ـ جىلى 10 ـ ايدىڭ 9 ـ كۇنى.

كوزقاراس ٴتۇيىنى

جۇڭحۋا ۇلتى ۇزاق ۋاقىتتىق دامۋ بارىسىندا، سان ـ ساناقسىز ىشكى قايشىلىق پەن قاقتىعىسقا، سونداي ـ اق سىرتقى سىن ـ سايىسقا جانە حاۋىپ ـ قاتەرگە ٴدوپ كەلىپ وتىردى. جۇڭحۋا ۇلتى اپاتتى ٴبىر ـ بىردەن جەڭىپ، قيىن ـ قىسپاقتان سۇرىنبەي ٴوتىپ، ٴبىر تۇتاس، كوپ ۇلتتى مەملەكەتتى ۇزدىكسىز بەكەمدەدى جانە دامىتتى. جۇڭحۋاداعى ٴار ۇلت حالقى كورىكتى مەكەندى بىرگە اشۋ جانە گۇلدەندىرۋ سىندى ۇزاق ۋاقىتتىق كۇرەس بارىسىندا، تۇرلىشە مادەنيەت، ٴدىن مەن عۇرىپ ـ ادەتتە پارىقتاردى ساقتاپ، ورتاقتىقتا ۇمتىلىپ، اشىق، سيىسىمدى بولىپ، ٴوزارا قۇرمەت ەتىپ، بىرگە دامۋدىڭ تاماشا اڭگىمەلەرىن جازىپ، ۇلتتار ىنتىماعىن ارداقتاپ، مەملەكەتتىڭ تۇتاستىعىن قورعاۋ، قايسار دا تاباندى بولۋ، تالىقپاي تالپىنۋ سياقتى تاڭداۋلى ٴداستۇردى جەتىلدىرىپ، جۇڭحۋا وركەنيەتىنىڭ رۋحاني وزەگىن قالىپتاستىرىپ، جۇڭحۋا ۇلتىنىڭ گۇلدەنىپ ـ كوركەيۋىنىڭ، ىرىلىكپەن العا باسۋىنىڭ سارقىلماس قوزعاۋشى كۇشىنە اينالدى.

قارامايمىن»①. مىنە، بۇلار شينجياڭداعى ٴار ۇلت ۇلاندارىنىڭ وتاندى قىزۋ سۇيەتىندىگىنىڭ جاندى بەينەسى.

جاپون شاپقىنشىلارىنا قارسى سوعىس بارىسىندا يندىيادان شينجياڭعا باراتىن حالىقارالىق پوچتا تاسىمالى جولى اشىلىپ، ٴبىر مەزەت وداقتاس ەلدەردىڭ جۇڭگوعا كومەككە بەرگەن بۇيىمدارىن تاسىمالدايتىن بىردەن ـ ٴبىر جول بولدى. جۇڭگوعا كومەككە بەرگەن زاتتار يندىيادان جىبەرىلگەننەن كەيىن بىرنەشە جاس وقۋشى جانە شينجياڭداعى 100 دەن استام از ۇلت كەرۋەنشىلەردەن ۇيىمداسقان قاعىلىق اۋدانىنىڭ كەرۋەنى اساۋ وزەندەردەن ٴوتىپ، مىڭ كيلومەتردەن استام يرەلەڭدەگەن قاراقۇرىم تاۋ جولىنان اسىپ، قيىن ـ قىستاۋ جەرلەردەن ٴوتىپ، قاعىلىق اۋدان قالاشىعىنا جەتكىزەدى، ودان تاعى دا جول ٴجۇرىپ، الدىڭعى شەپكە اپارادى، كوپتەگەن جاس كەرۋەنشىلەر وسى ٴۇشىن قىمباتتى ٴومىرىن قيدى.

---

① شينجياڭ ۇيعۇر اۆتونوميالى رايوندىق ارحيۆ مەكەمەسى، جۇڭگو قوعامدىق عىلىمدار اكادەمياسى شەكارا ايونداردىڭ تاريحىن زەرتتەۋ ورتالىعى، «شينجياڭنىڭ جالپى تاريحى» اتتى كىتاپتى قۇراستىرۋ القاسى قۇراستىرىپ جازعان: «جاپون شاپقىنشىلارىنا قارسى سوعىس كەزىندەگى شينجياڭداعى ٴار ۇلت حالقىنىڭ جاپون شاپقىنشىلارىنا قارسى سوعىسقا كومەك بەرۋ ارحيۆىنىڭ تاريحي ماتەريالدارى»، ٴۇرىمجى: شينجياڭ حالىق باسپاسى، 2008 ـ جىل، 140 ـ بەت.

جاپون شاپقىنشىلارىنا قارسى سوعىس بارىسىندا شينجياڭداعى ٴار ۇلت حالقى جوڭگو ۇلتىنىڭ تاعدىرلاس ورتاق تولعاسى تانىمىن كوشتى ايگىلەدى . وتانىنىڭ مۇددەسىن بارىنەن جوعارى قويىپ، وتانىنىڭ تۇتاستىعى مەن ۇلتتىڭ ار ـ نامىسىن سانالىلىقپەن قورعاپ، شينجياڭداعى ٴار ۇلت ۇلاندارىنىڭ ماڭگى ەستەن كەتپەيتىن تاريحي ەستەمەسى ايىالدى.

ٴتورتىنشى تاراۋشا   قىيىنشىلىق قىسپاعىندا دامىعان شينجياڭ ٴوڭىرىنىڭ ەكونوميكاسى

مينگو كەزەڭىندە جوڭگونىڭ قوعامدىق سيپاتى ٴالى دە جارتىلاي وتار، جارتىلاي فەودالدىق قوعامعا تاۋەلدى ەدى. وسى مەزگىلدە جوڭگونىڭ بورجۋازيالىق ەكونوميكاسىندا ٴبىرشاما كورنەكتى دامۋشىلىق بولدى، ٴبىراق، جالپى تولعالىق جاقتان قاراعاندا قوعامدىق وندىرگىش كۇشتىڭ سيپاتى جاعىندا ماڭىزدى وزگەرىس بولمادى. جوڭگونىڭ قوعامدىق ەكونوميكالىق تۇرمىسىندا ٴالى دە فەودالدىق ەكونوميكا باسىم ورىندا تۇردى.

وسى كەزەڭدە شينجياڭنىڭ قوعامدىق الاساپىراندىعى شينجياڭ ٴوڭىرىنىڭ ەكونوميكاسى مەن قوعامىنىڭ دامۋىنا ەرەكشە ىقپال جاسادى. ياڭ زىڭشين بيلىك جۇرگىزگەن مەزگىلدە شينجياڭنىڭ ساياسي جاعدايى ورنىقتى بولىپ، ونەركاسىپتى جانداندىرىپ، وتاندى قۇتقارۋ تولقىنىنىڭ ىقپالىندا جەڭىل ونەركاسىپ بەلگىلى دامۋدى قولعا كەلتىرىپ، ونەركاسىپتىك جۇيە العاشقى ادىمدا قالىپتاستى. شىڭ شىساي شينجياڭدا بيلىك جۇرگىزگەن كەزدە ەكى كەزەكتى ٴۇش جىلدىق جوسپار جاسادى، اسىرەسە، جوڭگو كوممۋنيستەرىنىڭ پارمەندى جەبەۋىمەن شينجياڭنىڭ ونەركاسىپ اۋىل شارۋاشىلىعى بەلگىلى دارەجەدە دامىدى. گوميندالڭ ۇستەمدىك ەتىپ تۇرعان كەزدە شينجياڭنىڭ ساياسي جاعدايى اۋمالى ـ توكپەلى بولدى، ەكونوميكانىڭ دامۋى باياۋ بولدى، اقشا قۇنسىزدانىپ، زات باعاسى قاۋىرت ٴوستى. جاڭ جىجۇڭ شينجياڭدى بيلەگەن كەزدە ساياسات جۇرگىزۋ باعدارلاماسى مەن قۇرىلىس جوسپارىن جاسادى، ٴبىراق، جۇزەگە اسپادى. سودان شينجياڭ بەيبىت ازات بولۋدىڭ قارساڭىندا شينجياڭنىڭ ويراندالعان ەكونوميكالىق جاعدايىن وڭالتۋعا مۇمكىن بولماي قالدى.

ٴبىرىنشى، ىشكى بٴولگىنشىلىك پەن شەتەل شاپقىنشىلىعىنا كىرىپتار بولعان شينجياڭ ٴوڭىرىنىڭ ەكونوميكاسى

مينگو قۇرىلعاننان كەيىن، جوعارىنىڭ قازىنالىق قايىنارى ٴۇزىلىپ، شينجياڭنىڭ قازىناسى قيىنشىلىق قىسپاعىندا قالىپ، كىرىس ـ شىعىستى ولكە ىشىندە دەرلىك ٴوزى شەشتى. قازىنا تاپشىلىعىنان قۇتىلۋ ٴۇشىن ياڭ زىڭشين ٴبىر جاعىنان الىم ـ سالىقتى رەتكە سالىپ، ەندى ٴبىر جاعىنان اقشا باسىپ تاراتتى. 1912 ـ جىلى شينجياڭدا قازىنا مەڭگەرمەسى قۇرىلىپ، ۋاقىتشا قازىنا اداقتاۋ بولىمشەسىن ورناتىپ، شينجياڭنىڭ قازىنا كىرىس ـ شىعىسىنىڭ ٴدال ساندى مالىمەتتەرىن ٴبىر ـ بىرلەپ تەكسەرىپ، مەجە ەسەپتىڭ نەگىزى ەتتى ٴارى ٴارقايسى اۋداندارىڭ باجى ـ سالىقتارىن انىقتاپ، ەرەجە ـ جارعىلاردى ايقىن بەلگىلەپ، چيڭ پاتشالىعى داۋىرىندەگى كەيبىر ەسكى كىناراتتاردى جويدى: «استىق، جەم ـ ٴشوپ جيناۋ ەرەجەسىن» جارىيالاپ، جەرگىلىكتى ٴمانساپتىلاردىڭ بۇقاراني ەكونوميكالىق جاقتان قاناۋىنا شەك قويىپ، جىلۋ اتاۋدى كۇشىنەن قالدىردى، ٴمانساپتىلاردىڭ جىبەك قۇرتى تۇقىمىن ساتۋىنا قاتاڭ تيىم سالدى، «تابان اقى » سياقتى الىمان ـ سالىقتارعا قاتاڭ تيىم سالدى، استىق ساۋدا باجىسىن ٴۇستى ـ ۇستىنە الۋ مەن باجى الدىكوستىگى سىندى ارەكەتتەردى كۇشىنەن قالدىردى، ٴمانساپتىلاردىڭ بەتالدى باجى الۋىنا تيىم سالدى، ت . ب. بۇل شارالار قوعامدىق قايشىلىق پەن تاپتىق قايشىلىقتى بەلگىلى دارەجەدە باسەڭدەتتى.

ەكونوميكالىق قيىنشىلىقتى شەشۋ ٴۇشىن ياڭ زىڭشين « كاسىپ سالاسىنان باستاپ » چيڭ پاتشالىعىنىڭ سوڭعى مەزگىلىندە قۇرىلعان كەيبىر شاعىن تۇرپاتتى ونەركاسىپ ـ كەن كاسىپورىندارىن ارت ـ ارتىنان قالپىنا كەلتىردى ٴارى ديحۋا قاتارلى جەرلەردە بىلعارى زاۋودىن، فۋمين توقىماشىلىق سەرىكتەستىگىن قۇردى. سونىمەن بىرگە، سۋ يگىلىگى قۇرىلىستارىن سالۋدى، تىڭ جەر اشۋدى دارىپتەپ، 1915 ـ جىلى شينجياڭ سۋ يگىلىگى كوميتەتىن قۇرىپ، بۇكىل شينجياڭنىڭ سۋ يگىلىگى ىستەرىنە جەتەكشىلىك ەتىپ، ٴبىر ميلليون مۋدان استام ەگىس اتىزى مەن باۋ ـ باقشالاردى اشۋدى جوسپارلادى. جوعارىداعى شارالار ارقىلى شينجياڭنىڭ سول كەزدەگى جەرگىلىكتى قازىنا كىرىسى ٴبىراز ارتتى، ٴبىراق، شىعىس تا ۇزدىكسىز جوعارىلاپ، كىرىسى شىعىسىنا جەتپەي، قىزىل سيفر جىل سايىن ارتتى. قازىنا قيىنشىلىعىنان قۇتىلۋ ٴۇشىن ياڭ زىڭشين قىرۋار مولشەردە قاعاز اقشا باسىپ تاراتىپ، اقشانىڭ قۇنسىزدانۋىن، زات باعاسىنىڭ ٴوسۋىن، التىن ـ كۇمىستىڭ

سىرتقا اعىلۋىن تۋدىردى،«قاعاز اقشا بوپىر بولىپ، زات باعاسى تاعى نەشە ەسە ارتتى. . . فينانس توقىراپ، تيتتەي دە العا باسۋشىلىق بولمادى»①.

جين شۋرىن شينجياڭدى بيلەگەن كەزدە اسكەردى مولايتىپ، اسكەري قاراجات قاۋىرت ارتىپ، بۇرىننان ٴومىر ٴسۇرىپ وتىرعان قازىنا ـ ەكونوميكا داعدارىسى اناعۇرلىم اۋىرلاي ٴتۇستى. قىينشىلىقتى قىسپاعىنان قۇتىلۋ ٴۇشىن جين شۋرىن الىم ـ سالىقتى مولايتىپ، قاعاز اقشانى بەتالدى تاراتتى، 1 تريلليون 500 ميلليارد ٴسارى ولكە اقشاسىن باستى ٴارى تاراتتى. سونىمەن بىرگە، ٴماناپتىلاردىڭ قيانات ىستەپ، پارا الۋ، قارالىق ىستەپ قۋقاي كورسەتۋ ىستيلى بارعان سايىن اۋىرلاي ٴتۇستى. 1930 ـ جىلدان باستاپ سوعىستىڭ الاپىراندىعىندا قىرۋار ديقاندار بوسىپ كەتىپ، قىرۋار جەر اق قالدى. ساناقتا قاراعاندا، سوعىس سالدارىنان ويراندالعان جەر 6 ميلليون 800 مىڭ مۋعا جەتكەن. جين شۋرىن بيلىك جۇرگىزگەن العاشقى مەزگىلدە بۇكىل شينجياڭداعى 11 ميلليون 430 مىڭ مۋ ەگىستىك جەرمەن سالىستىرعاندا، ونىڭ تەڭ جارىمىنان استامى اق قالدى، العاشقى مەزگىلدە سۋ يگىلىگى قۇرىلعىلارى دا ويراندالدى. وسىنىڭ ٴبارى شينجياڭداعى ٴار ۇلت حالقىنىڭ نارازىلىعى مەن وشپەندىلىگىن كۇننەن ـ كۇنگە كۇشەيتە ٴتۇستى. جين شۋرىن بيلىكتە وتىرعان 3 جىلعا جەتپەيتىن ۋاقىتتا بۇكىل شينجياڭ اۋمالى ـ توكپەلى كۇيگە قالدى.

شىڭ شىساي بيلىك جۇرگىزگەننەن كەيىن «قازىنا جوسپارىن رەتتەۋ پىكىرناماسىن» جاساپ، كىرىس كوزىن اشىپ، شىعىستى تەجەۋ شارالارىن ورتاعا قويدى. التاي التىن كەنىن اشۋ، باي اۋدانى مىس كەنىن اشۋ سياقتىلاردى اقشا تاراتۋدىڭ زاپاس التىنى جانە قوسىمشا اقشاسى ەتتى. كەڭەس وداعىنىڭ ماماندارىن قازىنا ـ ەكونوميكا كەڭەسشىلىگىنە ۇسىنىس ەتىپ، قازىنالىق كىرىس ـ شىعىسقا رەفورما جۇرگىزىپ، قازىنا مەكەمەسىن قۇرىپ، بۇكىل شينجياڭداعى 14 نەگىزگى قالاعا ورنالاستىردى، وعان قاراستى بىرنەشە قازىنا بولىمشە مەكەمەلەرى قۇرىلدى. فينانس جاعىندا ولكەلىك بانكە وزگەرتىلىپ قۇرىلىپ، قازىنالىق تەكسەرۋ كوميتەتى قۇرىلدى، قياناتشىلىقتى تىزگىندەۋ ەرەجەسى جاريالاندى؛ سونىمەن بىرگە، ۇكىمەت قىزمەتكەرلەرىنىڭ تۇرمىس قيىنشىلىعىن شەشۋ ٴۇشىن 1935 ـ جىلى «ۇكىمەت قىزمەتكەرلەرى سەلبەستىك كووپەراتيۆى » قۇرىلىپ، ۇكىمەت قىزمەتكەرلەرىنە

---

① يالڭ زىڭشين: «بۋگوجاي جازبالارى». 9 ـ جيناعى. ورتالىقتىڭ ارناۋلى قارجىلارىن 5 جىلعا ٴبولىپ ارتتىرۋ تۋرالى تەلەگراممالار»،2 ـ ٴبولىم، ٴۇرىمجى: شينجياڭ حالىق باسپاسى، 2012 ـ جىل، 2958 ـ،2959 ـ بەتتەر.

ەكونوميكالىق جاقتان كومەك قاراجات بەرىلدى. اۋىل شارۋاشىلىعى جاعىندا «اۋىل - قىستاق ەكونوميكاسىن جوٴندەۋ جوسپارى» مەن «جوٴكە ۇلكەن جاپپاي ساتىپ الۋ - كوكتەمگى ەگىس جۇمىسىن كوٴش سالا جۇرگىزۋ» ۇندەۋىندە اۋىل شارۋاشىلىعىنا قارجى قوسۋ مەن قۇرىلىس جۇرگىزۋ زور كوٴشپەن اتقارىلدى، سوعىس كەزىندە ويراندالىپ اق قالعان جەرلەر قايتا قالپىنا كەلتىرىلدى، سونداي - اق تىڭ جەرلەر اشىلىپ، قارجى، تۇقىم، ەگىس ۇگىزى، ات سياقتىلاردى قارىز الۋ جولعا قويىلىپ، ەگىستىك جەر كولەمى جىل سايىن ارتتى. سونىمەن بىرگە، ەگىنشىلىك جاعىندا كەڭەس وداعىنىڭ ٴبىرشاما وزىق تەحنيكاسى ەنگىزىلىپ، اۋىل شارۋاشىلىق ماشينالارى قولدانىلا باستادى. 1942 - جىلى شىڭ شىساي گوميندانىڭ قولتىعىنا كىرۋدەن بۇرىن شينجياڭ ٴوڭىرىنىڭ ەكونوميكاسى مەن قوعامى كەڭەس وداعى مەن جوڭگو كوممۋنيستەرىنىڭ كومەگىندە بەلگىلى دارەجەدە دامىدى جانە العا سىلجىتىلدى.

ەكىنشى، جوڭگو كوممۋنيستەرىنىڭ شينجياڭنىڭ ەكونوميكالىق دامۋىنا قوسقان ۇلەسى

1938 - جىلى 2 - ايدا ماۋ زىمين كەڭەس وداعىنا ەمدەلۋگە كەتىپ بارا جاتقان جولدا شينجياڭدا قالىپ قىزمەت ىستەپ، قازىنا مەڭگەرمەسىنىڭ ورىنباسار مەڭگەرمە باستىعى، ۋاقىتشا مەڭگەرمە باستىعى مىندەتىن وتەدى. پارتيا ۋاكىلى دىڭ فانىڭ قولداۋىمەن ماۋ زىمين قازىنا - فينانستى باتىل رەتتەپ، كوٴش سالا كوركەيتتى. شىڭ شىساي ۇكىمەتىنىڭ قازىنا بىلىقپالىعىنا قاراتا ول «ەكونوميكانى دامىتۋ، باجى قاينارىن اشۋ، كىرىستى ارتتىرۋ، شىعىندى قامتاماسىز داندىرۋ، كىرىسكە قاراي شىعىن بولۋ، كىرىس پەن شىعىننىڭ تەپە - تەڭدىگىن قولعا كەلتىرۋ» باعىتىن جاساپ شىقتى. بۇل شارا باستىسى ەكى ٴتۇرلى: ٴبىرىنشى،

شينجياڭ ولكەلىك بانكەنىڭ ورنى

شينجياڭنىڭ ۇرىمجىسىندە

قازىنانى بىرلىككە كەلتىرۋ، قازىنا ٴتۇزىمىن كەمەلدەندىرۋ. اۋەلى قازىنا مەڭگەرمەسىنىڭ شتاتىن قىسقارتۋ، ٴبولىم، كەڭسە ورگانىن قۇرۋ جانە كەمەلدەندىرۋ، سونىمەن بىرگە، قاشقار، حوتان، اقسۋ قاتارلى 8 ايماقتا قازىنا مەكەمەسىن قۇرۋ، ولكەلىك قازىنا مەڭگەرمەسى ٴبىر تۇتاس باسقارۋ. كىرىس ـ شىعىس جالپى مەجە ەسەبىن، ٴۇش جىلدىق قۇرىلىس جوسپارىن جانە قازىنا ٴتۇزىمى ەرەجەسىن، سونداي ـ اق باسقا ەرەجە ـ ٴتۇزىمدى جاساۋ، بۇرىنعى قازىنا قىزمەتى بىلىققان، رەتسىز جاعدايدى تۇبەگەيلى وزگەرتۋ، ەكونوميكالىق قۇرىلىستىڭ ىركىلىسسىز جۇرگىزىلۋىنە كەپىلدىك ەتۋ . ەكىنشى، بانكەنى وزگەرتىپ قۇرۋ، اقشانى بىرلىككە كەلتىرۋ. 1939 ـ جىلى 1 ـ ايدا شينجياڭ ولكەلىك بانكەسىن ۇكىمەت پەن ساۋدا بىرلەسىپ باسقاراتىن ساۋدا بانكەسى ەتىپ قۇرىپ، ساۋدا جارناسىن كەڭ كولەمدە توپتاپ، شينجياڭنىڭ اقشا اينالىمىن ورنىقتىرىپ، كەپىلگە قويۋ كاسىبىن جانداندىرىپ، ۇكىمەت زايوم بەلەتىن تاراتتى. اقشانىڭ قۇنسىزدانۋىن تەجەپ، زات باعاسىن ورنىقتىرىپ، حالىق تۇرمىسىن جاقسارتۋ ٴۇشىن ماۋ زىمين شىڭ شىسايدى يلاندىرىپ، اقشا تۇزىمىنە رەفورما جۇرگىزۋ، «ٴسارى» بىرلىكتى كونە اقشانى وزگەرتىپ، «يۋاندى» بىرلىك ەتكەن جاڭا اقشانى ىستەتىپ، شينجياڭنىڭ اقشاسىن بىرلىككە كەلتىردى. شينجياڭنىڭ ساۋدا سالاسىنداعى باۋىرلاستار «ساۋدا سالاسىنداعى باۋىرلاستاردىڭ قولدانۋىنداعى جاڭا اقشا جارناماسىندا»: «جاڭا اقشانىڭ تاراتىلۋى ۇكىمەتتىڭ ەكونوميكانى گۇلدەندىرۋدەگى ۇلكەن تابىس، ٴبىزدىڭ شينجياڭنىڭ ەكونوميكا تاريحىندا بۇرىندى ـ سوڭدى بولماعان بىرلىككە كەلگەن اقشا ٴتۇزىمىنىڭ جاڭا عاسىرى»① دەلىندى. بۇدان سىرت، 1938 ـ جىلى ماۋ زىمين شينجياڭ قازىنا كاسىپتىك مەكتەبىن قۇرىپ، قازىنا كادرلارىن جانە قازىنا قىزمەتكەرلەرىن ارناۋلى تاربيەلەدى.

جۇڭگو كوممۋنيستەرى ٴۇش جىلدىق ۇستىندە جاپالى قىزمەت ىستەۋ ارقىلى باجىنى جەڭىلدەتتى، وندىرىسكە ٴمان بەردى، توز ـ توزى شىققان جاعدايدى تارتىپكە سالىپ وڭدادى. شينجياڭنىڭ قازىنا جاعدايى بىلىقپالىقتان وڭالدى، كىرىس پەن شىعىستىڭ تەپە ـ تەڭدىگى نەگىزىنەن جۇزەگە اسىپ عانا قالماي، قايتا، بۇرىنعى قارىزدىڭ باسىم ورنىن يەلەيتىن سىرتقى زايوم قايتارىلدى. قازىنا جاعدايى جاقسارىپ، ٴار ٴتۇرلى قۇرىلىس ىستەرى پارمەندى جۇرگىزىلدى، ٴار ۇلت حالقىنىڭ زاتتىق تۇرمىسى مەن مادەني تۇرمىسى جاقساردى،

① «شينجياڭ گازەتى»، 1939 ـ جىلى 1 ـ ايدىڭ 20 ـ كۇنى.

ماتەريال تىزبەگى

جاپون شاپقىنشىلارىنا قارسى سوعىس كەزىندە كوممۋنيستەردىڭ قاجىرلىقپەن قىزمەت ىستەۋىنىڭ ارقاسىندا شينجياڭنىڭ قوعامدىق، ەكونوميكالىق دامۋى ايرىقشا كورنەكتى بولدى. وسى مەزگىلدە شينجياڭنىڭ جەر ـ جەرىندە تاياۋ زامان كاسىپورىندارى جارىققا شىقتى. مىسالى، 1937 ـ جىلى قۇرىلعان تارباعاتاي ەلەكتر ستانسياسى، ىلە ەلەكتر ستانسياسى، ىلە باسپاحاناسى، التاي باسپاحاناسى، تارباعاتاي مەتال جابدىقتاردى جوندەۋ زاۋودى، ديحۋا ۇن زاۋودى، ىلە ۇن زاۋودى، ىلە ازىق ـ تۇلىك ـ ماي مانەرلەۋ زاۋودى، ىلە اراق زاۋودى، سۇيدىڭ ۇن زاۋودى، سانجى ازىق ـ تۇلىك قوراپتاۋ زاۋودى، ديحۋا 1 ـ تاقتاي زاۋودى، ديحۋا 2 ـ تاقتاي زاۋودى، ىلە تاقتاي زاۋودى، ىلە سابىن زاۋودى، ت.ب؛ 1938 ـ جىلى قۇرىلعان ٴۇشتۇرپان ەلەكتر ستانسياسى، التاي ەلەكتر ستانسياسى، ديحۋا 1 ـ باسپا زاۋودى، ديحۋا 2 ـ باسپا ورنى، قاشقار باسپا ورنى، اقسۋ باسپا ورنى، ديحۋا اۆتوموبيل جوندەۋ ـ جابدىقتاۋ باس زاۋودى، ىلە اۆتوموبيل جوندەۋ ـ جابدىقتاۋ زاۋودى، ديحۋا ازىق ـ تۇلىك ـ ماي مانەرلەۋ زاۋودى، شاۋەشەك ۇن زاۋودى، ىلە سۋ تيىرمەن ۇن زاۋودى قاتارلىلار بار.

ٴار ۇلت حالقىنىڭ جاپون شاپقىنشىلارىنا قارسى تۇرۋ قىزعىندىلىعى ارتىپ، جاپون شاپقىنشىلارىنا قارسى تۇرۋدىڭ كەڭ ـ بايتاق ارتقى شەبى بەكەمدەلدى.

كەڭەس وداعىنىڭ كومەگى مەن جۇڭگو كوممۋنيستىك پارتياسىنىڭ قولداۋىندا شىڭ شىساي 1 ـ،2 ـ مەرزىمدى ٴۇش جىلدىق قۇرىلىس جوسپارىن جۇرگىزدى. اسىرەسە، جاپون شاپقىنشىلارىنا قارسى سوعىس كەزىندە، جۇڭگو كوممۋنيستەرىنىڭ قۇلشىنا قىزمەت ىستەۋىندە شينجياڭنىڭ قوعامدىق، ەكونوميكالىق دامۋى ەرەكشە كورنەكتى بولدى.

اۋىل شارۋاشىلىعى جاعىندا ىلە، تارباعاتاي، التاي، كورلا، ديحۋا سىندى بەس ٴوڭىردىڭ ٴاربىرىندە ٴبىر اۋىل شارۋاشىلىعى، مال شارۋاشىلىعى تاجىريبە الاڭى قۇرىلدى، ونىڭ قاراماعىنداعى ٴارقايسى اۋدانداردا ٴبىر اۋىل شارۋاشىلىق ماشينالار پۋنكتى ورنادى؛ بۇكىل شينجياڭدا 4 اۋا رايىن باقىلاۋ ورنى قۇرىلدى؛ وڭتۇستىك شينجياڭدا 20 نەشە جەردە ەگىس اتىزدارىن سۋارۋ باس توعانى قازىلدى؛ ٴبىر ورتا دارەجەلى اۋىل شارۋاشىلىق مەكتەبى اشىلدى. ەگىستىك جەردىڭ كولەمى ۇزدىكسىز كەڭەيىپ، 1938 ـ جىلعى 5 ميلليون 875 مىڭ 477 مۋدان كەڭەيىپ، 1942 ـ جىلى 9 ميلليون 581 مىڭ 232 مۋعا جەتتى.① ورمان شارۋاشىلىعى

① لي پۇلين: «ون جىلدان بەرگى شينجياڭنىڭ ەكونوميكالىق قۇرىلىسى»، «جاڭا شينجياڭ»، 1 ـ كىتاپ، 1 ـ سانى.

جاعىندا دىحۋا، ىلە، تارباعاتاي سىندى ٴۇش اكىمشىلىك ايماقتىڭ ٴارقايسىسىندا ٴبىر ورمان مەكەمەسى قۇرىلىپ، بايىرعى ورماندى اسىرعا جاۋاپتى بولدى، سونىمەن بىرگە، اعاش ەگىپ، ورمان ٴوسىرۋدى ورىستەتتى. مال شارۋاشىلىعى جاعىندا سولتۇستىك شينجياڭدا 4 مال شارۋاشىلىق مەكەمەسى، 20 ٴشوپ ورۋ پۋنكتى قۇرىلدى؛ بۇكىل شينجياڭدا 30 ٴناسىلدى مال فەرماسى قۇرىلدى، سيىر، جىلقى، قوي، ٴۇي قۇستارى ناسىلدەندىرىلدى؛ 8 مال ەمحاناسى، ٴبىر مال دارىگەرلىك مەكتەبى قۇرىلدى. ونەركاسىپ ـ كەن كاسىبى جاعىندا بۇرىنعى نەگىزدەن پايدالانىپ، ۆزىق جابدىقتاردى ەنگىزىپ، مايتاۋ مۇناي كەنىن دامىتتى؛ ديحۋا، ىلەنىڭ ٴارقايسىسىندا ٴبىر ۇن زاۆودى قۇرىلدى؛ ۇكىمەت پەن جەكەلەر سەرىكتەستىگىندە 3 وت ەلەكتىر ستانسياسى، 2 اۆتوموبيل جوندەۋ ـ جابدىقتاۋ زاۆودى قۇرىلدى؛ ديحۋا قۇبىر سۋ سەرىكتەستىگى قۇرىلىپ، تۇتۇنحى تەمىر زاۆودى، التاي التىن كەنى، سونداي ـ اق بىلعارى زاۆودى، باسپا زاۆودى، كومىر ونەركاسىبىنىڭ ٴتۇرلى جوسپارلارى دا سايكەستى تۇردە دامىتىلدى.

بۇدان سىرت، وسى مەزگىلدە قاتىناس ـ تاسىمال ىستەرىنىڭ دامۋى دا وتە تەز بولدى. جاپون شاپقىنشىلارىنا قارسى سوعىس جاپپاي باستالعاننان كەيىن شينجياڭ ــ ەۆروپاعا قاتىنايتىن ماڭىزدى جولعا جانە جۇڭگو مەن كەڭەس وداعى ەكى ەلدىڭ ٴبىر ـ بىرىنە كومەكتەسىپ، ٴوزارا قارىم ـ قاتىناس جاسايتىن كوپىرىنە اينالدى. شينجياڭنىڭ ماڭىزدى مىندەتتى جاپون شاپقىنشىلارىنا قارسى سوعىستىڭ كەڭ ـ بايتاق ارتقى شەبىن بەكەمدەۋمەن بىرگە، حالىقارالىق قاتىناس جەلىسىنىڭ بوگەتسىز بولۋىن قامتاماسىز داندىرۋ. وسى مىندەتتى ورىنداۋ ٴۇشىن شينجياڭداعى بۇكىل حالىق اتتانىسقا كەلىپ، قىرۋار ادام كۇشى، زاتتىق كۇش، قازىنا كۇشىن جۇمىلدىرىپ، تاس جولداردى جوندەۋدى جەدەلدەتىپ، ديحۋا ـ ىلە تاس جولىن باتىسقا قاراي سوزىپ، جۇڭگو ـ كەڭەس وداعى شەكاراسىنداعى قورعاسقا جەتكىزدى. ديحۋا ـ قۇمىل تاس جولىن شىعىسقا قاراي سوزىپ، شيڭشيڭشيا جانە باتىس سولتۇستىك تاس جولىمەن تۇتاستىردى. بۇل شينجياڭنىڭ شىعىسى مەن باتىسىن ەندەي وتەتىن تاس جول جاپون شاپقىنشىلارىنا قارسى سوعىسقا كومەككە اتاعان زاتتاردى ىركىلىسسىز تاسىپ، الدىڭعى شەپكە جەتكىزۋدە زور رول اتقاردى. سونىمەن بىرگە، شينجياڭ ولكەلىك ۇكىمەتى ٴۇش جىلدىق قۇرىلىس جوسپارى بويىنشا، حالىق بۇقاراسىن جول جوندەپ، كوپىر سالۋعا ۇگىتتەپ، ٴار ۇلت حالقىن اقشاسى بارىن اقشا شىعارۋعا، ەڭبەككۇشى بارى ەڭبەككۇشىن شىعارۋعا شابىتتاندىردى. ولكەلىك ۇكىمەت استىق پەن اسپاپتارعا كومەك

قاراجات بەرىپ، تەحنيكالىق جاقتان جەتەكشىلىك ەتىپ، ٴدوربىلجىن ـ شاۋەشەك، ديحۋا ـ قاراشارى، قاراشارى ـ اقسۋ، اقسۋ ـ قاشقار، قاشقار ـ حوتان سياقتىٴار بولىك جولدى جوندەدى.

ٴۇشىنشى، گوميندالڭ ۇستەمدىگىندەگى شينجياڭ ەكونوميكاسىنىڭ داعدارىسى

گوميندالڭ ۇستەمدىگىندەگى شينجياڭدا ٴمانساپتىلار ٴبىرىپ ـ ٴشىرىدى، قوعام بىلىقتى، قيانات جاساۋ، قۇمار ويناۋ، ۋلى شەگىمدىك شەگۋ ارەكەتتەرى اسقىندى. داليعان بيۋروكراتتىق قۇرىلىم مەن ارميانىڭ شىعىنىن قامداۋ ٴۇشىن گوميندالڭنىڭ شينجياڭ بيلەۋشىلەرى اۋىر الىم ـ سالىقتى ۇزدىكسىز ارتتىردى. 1944 ـ جىلعا كەلگەندە «نوقتا باجىسى»، «بەستەن ٴبىر ۇلەستىك باجىسى»، «نوپوس باجىسى»، «استىق ـ ٴشوپ باجىسى» قاتارلى تىكەلەي باجى 22 تۇردەن استى. جاڭ جىجۇڭ شينجياڭدى بيلەگەننەن كەيىن بيلىك جۇرگىزۋ باعدارلاماسىن، قۇرىلىس جوسپارىن جاسادى، ٴبىراق، ونىڭ ٴادىس ـ شارالارى مۇلدە جۇزەگە اسپادى. وسىدان كەيىن، ٴماسعۇت، بۇرهان ىلگەرىندى ـ كەيىندى بيلىك جۇرگىزدى، ٴبىراق، شينجياڭنىڭ قازىنا ـ ەكونوميكاسى جاپپاي كۇيرەدى.

ىشكى سوعىس تۋدىرعان زور مولشەردەگى قازىنا قىزىل سيفرىن تولتىرۋ ٴۇشىن گوميندالڭ ۇكىمەتى قىرۋار قاعاز اقشانى باسىپ تاراتتى، ناتيجەدە اقشا قۇنسىزداندى، زات باعاسى كۇرت ورلەپ، حالىق تۇرمىسى ناشارلادى. سول مەزگىلدە شينجياڭ ولكەسىنىڭ اسكەري قاراجات شىعىنى زور ەدى، قازىنا قيىنشىلىعىن شەشۋ ٴۇشىن گوميندالڭ شينجياڭ ولكەلىك ۇكىمەتى قىرۋار مولشەردە قاعاز اقشا تاراتتى. قاعاز اقشا تاراتىلۋ كولەمىنىڭ بارعان سايىن ۇلعايۋىنا ىلەسىپ، 1947 ـ جىلى 12 ـ ايدا 2000 يۋاندىق ولكە اقشاسى تاراتىلدى، 1948 ـ جىلى 12 ـ ايدا 30 ميلليون يۋاندىق ٴبىرى سومالى ولكە اقشاسى تاراتىلدى. 1949 ـ جىلى گوميندالڭ شينجياڭ ولكەلىك بانكەسى، ٴتىپتى، 6 ميلليارد يۋاندىق قاعاز اقشا تاراتتى، ول ـ سول كەزدە دۇنيەدەگى ەڭ قۇنسىز قاعاز اقشالاردىڭ ٴبىرى ەدى. مەجە بويىنشا، 6 ميلليارد يۋاندىق وسى قاعاز اقشاعا سول كەزدە، تەك، 0.06

6 ميلليارد يۋاندىق قاعاز اقشا

1949 ـ جىلى گوميندالڭنىڭ شينجياڭ ولكەلىك ۇكىمەتى تاراتتى

ٴسارى كۇرەش ساتىپ الۋعا بولادى، بۇل اقشانىڭ قۇنى جاراقسىز قاعازبەن تەڭ ەدى.

بەسىنشى تاراۋشا   توڭكەرىستىك مادەنيەتتىڭ كەڭ كولەمدى تارالۋى

مينگو مەزگىلىندە ماركسيزم جۇڭگوعا تارالىپ، وتاندى جويىلۋدان قۇتقارۋدىڭ جولىن ىزدەگەن جۇڭگو حالقىنا العا باسۋ بەتالىسىن ايقىن كورسەتىپ، شىت جاڭا تالعام ازىرلەپ، سوتسياليزم ٴداۋىر اعىمىنا اينالدى. شينحاي توڭكەرىسى، 4 ـ ماي جاڭا مادەنيەت قوزعالىسى، رەسەي وكتابر توڭكەرىسى، جۇڭگو جاڭا دەموكراتيالىق توڭكەرىسى كۇرەسىنىڭ ىقپالىندا شينجياڭداعى ۇلتتاردىڭ وتانىمىزدىڭ ىشكى وڭىرلەرىمەن ىشكەرىلەي ارالاسۋىنا، تۋىسۋىنا بايلانىستى، شينجياڭداعى ٴار ۇلت مادەنيەتى وسىزامانداۋعا قاراي بۇرىلىس جاساپ، ٴار ۇلتتىڭ مەملەكەت پەن جۇڭحۋا مادەنيەتىن شىنايى مويىنداۋى تىڭ دەڭگەيگە كوتەرىلدى. جاپون شاپقىنشىلارىنا قارسى سوعىس كەزىندە جۇڭگو كوممۋنيستەرى شينجياڭعا كەلگەننەن كەيىن ماركسيزمدى كەڭ كولەمدە تاراتتى، توڭكەرىستىك العاباسارلىق پەن ۇلتتىق ىنتىماق يدەياسى قارىشتاپ دامىدى. وسى مەزگىلدە شينجياڭدا عى ٴار ۇلت حالقى مەن بۇكىل ەلدەگى ٴار ۇلت حالقى ورتاق جاۋعا بىردەي كەكتەنىپ، جۇڭحۋا مادەنيەتىن شىنايى مويىنداۋى تىڭ ورەگە كوتەرىلدى.

ٴبىرىنشى، مينگو كەزىندەگى شينجياڭ ٴوڭىرى مادەنيەتىنىڭ دامۋى

چيڭ پاتشالىعىنىڭ سوڭعى كەزىندەگى جاڭا ساياسات شينجياڭنىڭ جاڭاشا وقۋ ـ اعارتۋىن ٴبىر مەزەت كوركەيتتى، ٴبىراق، قىسقا مەزەتتىك جاڭا جاعداي وقۋ ـ اعارتۋدىڭ مەشەۋ جاعدايىن تۇبەگەيلى وزگەرتە المادى. ياڭ زىڭشين شينجياڭعا بيلىك جۇرگىزگەن كەزىندە «حالىقتىڭ اقىل ـ پاراساتىن اشۋدان» قورىققاندىقتان، شينجياڭ وڭىرىندەگى حالىقتىق وقۋ ـ اعارتۋدىڭ دامۋى باياۋلادى.1916 ـ جىلدان باستاپ شينجياڭدا از ساندى مەكتەپتەر مەن ٴتۇرلى قىسقا مەرزىمدى تاربيەلەۋ كلاسى سيپاتىنداعى زەرتتەۋ ورىندارى قۇرىلىپ، تۇڭعىش قىزدار گيمنازياسى ـــ ديحۋا اۋداندىق قىزدار حالىقتىق مەكتەبى اشىلدى. 1924 ـ جىلى ديحۋادا ولكەلىك ورىس ٴتىلى، زاڭ ـ ساياسات ارناۋلى مەكتەبى قۇرىلدى، بۇل سول كەزدەگى شينجياڭنىڭ ەڭ جوعارى وقۋ ورنى ەدى، مەكتەپكە حانزۋ، حۇيزۋ، ۇيعۇر، مانجۋ

حانە سىبە قاتارلى ۋلتتاردىڭ وقۋشىلارى كىرىپ وقىدى، ساباق: ورىس ٴتىلى، قىلمىستىق ىستەر زاڭى، نەگىزگى زاڭ، حالىقارالىق زاڭ، دۇنيە جۇزىلىك تىلدەر، ت.ب.لاردى قامتىدى. بۇل مەكتەپ شينجياڭ ٴوڭىرىنىڭ جوعارى وقۋ - اعارتۋىنىڭ دامۋىن بەلگىلى دەڭگەيدە ىلگەرىلەتتى، اسىرەسە، ٴبىر توپ شۇعىل قاجەتتى ورىس ٴتىلى اۋدارماشى دارىندىلارىن تارىيەلەدى. جين شۋرىن نەگىزگى جاقتان ياڭ زىڭشيننىڭ ساياساتى مەن ٴتۇزىمىن قولداندى، «وقۋ - اعارتۋدى جولعا قويىپ، حالىقتىڭ اقىل - پاراساتىن اشۋ» ۇرانىندا مادەنيەت، وقۋ - اعارتۋ جاقتارىندا ياڭ زىڭشين كەزەڭىمەن سالىستىرعاندا انتەك وزگەرىپ جاقساردى، مىسالى، وڭتۇستىك شينجياڭ وڭىرىندە حانزۋ ٴتىلى وقۋ - اعارتۋى جاپپاي ٴجۇرىلىپ، كونە وقۋلىقتار وزگەرتىپ قۇراستىرىلىپ، مەملەكەت ٴتىلى وقۋلىقتارى ٴبىر تۇتاس قولدانىلدى؛ قىزدار مەكتەبىنەن التاۋى قۇرىلىپ، ۇل - قىز وقۋشىلار بىرگە وقۋ ٴتۇزىمى اتقارىلدى؛ وقۋشىلاردى باسقا ولكە - رايوندار مەن شەتەلگە جىبەرىپ وقىتتى،ت.ب. جين شۋرىن مادەنيەت ساياساتى جاعىندا ياڭ زىڭشينگە قاراعاندا ٴسال بەلسەندى بولعانىمەن، ٴبىراق، ول بيلىك جۇرگىزگەن كەزدە ٴمانساپتىلار ٴىرىپ - ٴشىرىپ، قازىنا كۇيرەپ، ۋلتتىق قايشىلىق ۋشىعىپ، وقۋ - اعارتۋ جالپى تۇلعالىق جاقتان مەشەۋ كۇيگە ٴتۇستى.

شينجياڭ شۋەيۋانىنداعى وقىتۋشى - قىزمەتشىلەر مەن وقۋشىلاردىڭ وقىتۋ باسقارماسىنىڭ باستىعى لين جيلۋدى قارسى العان كەزدە، ونىمەن بىرگە تۇسكەن ەستەلىك سۋرەت

قورىتىپ ايتقاندا، ياڭ زىڭشين مەن جين شۋرىن كەزەڭىندە شينجياڭنىڭ مادەنيەت، وقۋ ـ اعارتۋى كەرىباقپالىققا، كوپىرمەلىككە بەت الىپ، بۇراڭدىقتار بارىسىندا باياۋ ىلگەرىلەدى . ٴبىراق، ياڭ زىڭشيننىڭ ٴوزىنىڭ ەسكى رۋجياشىلدار ٴداستۇرىن مويىنداۋى مەن وعان نابىنۋى رۋجياشىلدار يدەياسىن وزەك ەتكەن ٴداستۇرلى مادەنيەتتىڭ شينجياڭنىڭ جەر ـ جەرىندەگى ىقپالىن تەرەڭدەتتى.

شىڭ شىساي «كەڭەس وداعىمەن دوستاسقانىنان» كەيىن ٴبىر توپ كەڭەس وداعى تەحنيكتەرى، ماماندارى، سونداي ـ اق جۇڭگو كوممۋنيستەرى شينجياڭعا كەلىپ، ماڭىزدى ورىندارعا ورنالاستى. 1936 ـ جىلى شىڭ شىساي «التى ٴىرى ساياسات» بەلگىلەپ، ونى بيلىك جۇرگىزۋدىڭ باعدارلاماسى جانە ساياسي لۋشيانى ەتتى. وسى بارىستا، 1934 ـ جىلى «سەگىز ٴىرى جارنامادا» «وقۋ ـ اعارتۋدى نىعايتۋ»، 1934 ـ جىلى «توعىز مىندەت»، «ون ٴىرى باعدارلامادا» «مادەنيەتتى كوركەيتۋ» ورتاعا قويىلدى ٴارى سايكەستى شارالار قولدانىلىپ، بۇكىل شينجياڭنىڭ جەر ـ جەرىندە مادەنيەت، وقۋ ـ اعارتۋ ىستەرى ٴبىرشاما العا باستى. ٴار ۋدان اۋداندىق باستاۋىش مەكتەپتى جاپپاي جولعا قويىپ، ٴار ۇلتتىڭ وقۋ جاسىنا تولعان بالالارىن مەكتەپكە كىرىپ، تاربيە قابىلداۋعا شابىتتاندىردى. 1942 ـ جىلى بۇكىل شينجياڭداعى باستاۋىش مەكتەپ 7091 گە جەتتى، مەكتەپتەگى وقۋشى 710مىڭ 260 عا جەتىپ، 1934 ـ جىلعىمەن سالىستىرعاندا 2.7 ەسە ارتتى. 1935 ـ جىلدان باستاپ ولكەلىك شىفان مەكتەپتەرىندە ۇيعۇر، قازاق، موڭعۇل قاتارلى ۇلتتىق كلاستار اشىلدى. سول جىلى قىستا تاعى ديحۋادا قۇراستىرىپ اۋدارۋ كوميتەتى قۇرىلىپ، از ۇلت ٴتىل ـ جازۋىنداعى وقۋلىقتارىدى قۇراستىرىپ اۋداردى. 1935 ـ جىلى شينجياڭنىڭ تۇڭعىش جوعارى وقۋ ورنى ــ شىنجياڭ شۋەيۋانى قۇرىلدى. 1934 ـ جىلدان باستاپ ولكەلىك ۇكىمەت جاستاردى كەڭەس وداعىنا بارىپ، ساياسات، ەكونوميكا، زاڭ ـ ٴتۇزىم، سونداي ـ اق ەگىن ـ مال شارۋاشىلىعى، شيپاگەرلىك سياقتى عىلىم ـ تەحنيكانى ۇيرەنۋگە جىبەردى. كەڭەس وداعى ورتا ازيا مەملەكەتتىك داشۋەسىندە اكىمشىلىك ساياسات، زاڭ ـ ەرەجە فاكۋلتەتى اشىلىپ، شينجياڭنان بارعان ۇكىمەت قاراجاتىمەن وقيتىن وقۋشىلاردى ارناۋلى تاربيەلەدى. 1936 ـ جىلى 7 ـ ايدىڭ 11 ـ كۇنى ديحۋا باقشاسىندا كەڭەس وداعىنان تۇڭعىش كەزەكتى وقىعان وقۋشىلاردىڭ وتانعا ورالۋىن قارسى الۋ زور جينالىسى وزدىرىلدى، بۇل رەتتە وتانعا ورالعان شەتەلدەن وقىعان وقۋشىلار 90 ادام ەدى، ونىڭ 40 ى ۇيعۇر، 24 ى حانزۋ، 9 ى حۇيزۋ، 10 ى قازاق، 5 ى موڭعۇل، 1 ى سىبە، 1 ى داعۇر ەدى. بۇكىل شينجياڭنىڭ ٴار جەرىنەن كەلگەن ٴار

ۇلتتىڭ وقۋشىلارى تەرەڭ تاربيە الىپ، وتانعا قايتىپ كەلگەننەن كەيىن شينجياڭنىڭ ٴار سالاداعى قۇرىلىسى ٴۇشىن بەلسەندى رول وينادى.

حالىق بۇقاراسىنىڭ كوڭىل اشۋ كەشى كلۋبتاردىڭ قۇرىلۋىمەن جانداندى. ٴتۇرلى مادەنيەتتى ىلگەرىلەتۋ قوعامدارىنىڭ باسىم كوبىنىڭ وزدەرىنىڭ كلۋبتارى بولدى، كلۋبتاردا جيىلىستار اشىلىپ، لەكسيالار سويلەنىپ، تەاتر جارىسى وزدىرىلىپ، كينولار قويىلدى. كلۋبتاردىڭ سالىنۋى مەن قۇرىلۋى نەداۋىر تەز بولدى، 1938 ـ جىلى ديحۋادا جاڭادان 5 ـ 6 كلۋب سالىندى. حالىق بۇقاراسىنىڭ كەشكى كوڭىل اشۋ قيمىلىنىڭ مازمۇنى ساياسي مالىمەت، شينجياڭ قوعامىنىڭ «التى ٴىرى ساياساتتىڭ» جەتەكشىلىگىندە قولعا كەلتىرگەن ناتيجەلەرىن بەينەلەۋ، ٴار ۇلتتىڭ مادەنيەت ورەسى مەن ساياسي تانىمىن جوعارىلاتۋ سياقتىلاردى قامتىدى. تەاتر، سۇپىلەرلىك وينى، دراما قاتارلى سان سالالى، كوپ ٴتۇرلى فورمادا ٴجۇرىلدى. بۇدان سىرت، تاعى لايىقتى كەزدە ٴان ـ ٴبي، مۋزيكا، سيقىرلىق وينى جانە تاعى باسقا نومىرلەر كىرىستىرىلىپ، ٴبىر سىدىرعىلىقتان بارىنشا ساقتاندى.①

1935 ـ جىلى ديحۋا سىمدى راديو ستانسياسى رەسمي قۇرىلىپ، شينجياڭ مادەنيەتىن تەز تاراتاتىن مەديا قۇرالىنا اينالدى. 1938 ـ جىلدىڭ سوڭىندا راديو باعدارلاماسى ديحۋادا تاراتىلىپ قانا قالماي، سىرت اۋداندارعا دەيىن كەڭەيدى، سونىمەن بىرگە، نانجيڭ مينگو ۇكىمەتىنىڭ راديو نومىرلەرىن جالعاپ تاراتتى. سالىستىرا قاراعاندا، راديو ستانسياسىنىڭ تاراتقان مازمۇندارى باي دا مول، الۋان ٴتۇرلى بولعاندىقتان، قالىڭ تىڭدارمان قاۋىمنىڭ قىزۋ قارسى الۋىنا يە بولدى. راديونىڭ تاراتىلۋى قولايلى، تىڭدارمان قاۋىمنىڭ مادەنيەت ماعلۇماتىنىڭ شەكتەۋىنە ۇشىرامايتىن ەرەكشەلىگى بولعاندىقتان، شينجياڭداعى ٴار ۇلت حالقىنىڭ ٴبىلىم اياسىن كەڭەيتىپ، حالىق تىلەگىن وياتۋدىڭ جانە شابىتتاندىرۋدىڭ پارمەندى قۇرالىنا اينالدى، وتانشىلدىق سۇيىسپەنشىلىك پەن جۇڭحۋا ۇلتى رۋحى شينجياڭدا اناعۇرلىم كەڭ كولەمدە ساۋلەلەندىرىلدى.

بۇدان سىرت، باتىس سولتۇستىك مادەنيەت قۇرىلىسى سەلبەستىك قوعامى ديحۋادا قۇراستىرىپ اۋدارۋ ورنىن قۇرىپ، حانزۋشا، ۇيعۇرشا ەكى باسىلىمداعى «تيانشان سۋرەتتى گازەتى» جانە «تەرمەلەر»، «جاس وسپىرىمدەر ٴبىلىمى»، «تيانشان ادەبيەت ـ كوركەمونەر

① شينجياڭ گازەتى مەكەمەسى: «حالىق بۇقاراسىنىڭ كەشكى كوڭىل اشۋ قيمىلى تۋرالى»، «شينجياڭ گازەتى»، 1939 ـ جىلى5 ـ ايدىڭ 3 ـ كۇنى، 4 ـ بەت.

شاعىن جىلنامەس كىتاپشالارى»، ت.ب. لاردى باسپادان شىعارىپ، ٴار ۇلتتىڭ قاراپايىم بۇقاراسىنا مادەنيەت پەن ٴبىلىمدى جالپىلاستىرۋدى ٴورىس الدىردى. كينو ىستەرى تەز دامۋعا بەت الدى. كوشپەلى مادەنيەت قىزمەت اترەتى فيلم تاسپاسىن، سۋرەت تاسپاسىن، حانزۋشا، ۇيعۇرشا كىتاپ، گازەت، جۋرنالدى الىپ ٴجۇرىپ، بۇكىل شينجياڭنىڭ جەر ـ جەرىنە اپارىپ، كينو قويىدى، كورگىزبە اشتى جانە اۋىز ەكى ۇگىت جۇرگىزدى. باتىس سولتۇستىك مادەنيەت قامداۋ كووپەراتيۆى قۇرىلعانىنان كەيىن ديحۋا، لانجوۋ قاتارلى جەرلەردە تاراتۋ ورنى قۇرىلىپ، ٴار قايسى ولكەدە باسىلعان جاڭا كىتاپتاردى كوپ مولشەردە تاراتىپ، ٴار ۇلت بۇقاراسىنىڭ قىزۋ قارسى الۋىنا يە بولدى. شينجياڭ ٴان ـ ٴبي ۇيىرمەسى دە نانجيڭ، شاڭحاي، بەيپيڭ، تايۋان قاتارلى جەرلەرگە بارىپ، ويىن قويىپ، جاقسى باعاعا يە بولدى؛ سونىمەن ٴبىر ۋاقىتتا، كەيبىر مۋزيكانتتاردى شينجياڭعا ۇسىنىس ەتىپ، ويىن قويىپ، بۇرىن ـ سوڭدى بولماعان سالتاناتتى جاعداي قالىپتاستى.

مينگو كەزىندە شينجياڭداعى ۇلتتاردىڭ مادەنيەتى دامىدى، وبيەكتيۆتىك تۇرعىدان شينجياڭ ولكەسىندەگى ٴار سالا حالىق بۇقاراسىنىڭ قوعامدىق جاۋاپكەرشىلىك سەزىمىن شابىتتاندىرىپ، ولاردىڭ مەملەكەت تانىمى مەن جۇڭحۋا ۇلتى ورتاق تۇلعا تانىمى ويانىپ جانە كۇشەيدى، مىسالى، جاپون شاپقىنشىلارىنا قارسى سوعىسقا جىلۋ اتاۋ، حال سۇراۋ حاتىن جازۋ قيمىلى بارىسىندا شينجياڭداعى ٴار ۇلت حالقى اسا جوعارى ساياسي قىزعىندىلىق تانىتتى. سونىمەن بىرگە، تاماشا قوعامدىق اۋقىم قوعامداعى حالىق بۇقاراسىنىڭ جالپى تۇلعالىق ساپاسىن جوعارىلاتىپ، ٴارقايسى ۇلتتار ىنتىماقتاسا وتىرىپ، العا باساتىن قوعامدىق ورتا جاراتىلدى.

ەكىنشى، جۇڭگو كوممۋنيستىك پارتياسىنىڭ جەتەكشىلىگىندەگى شينجياڭ مادەنيەتىنىڭ جاڭا بەت ـ بەينەسى

جۇڭگو كوممۋنيستەرى ٴار سالادا ماركسيزم، لەنينيزمدى جانە جۇڭگو كوممۋنيستىك پارتياسىنىڭ جاپون شاپقىنشىلارىنا قارسى تۇرىپ، وتاندى قۇتقارۋ ساياسي قۋاتتاماسىن بەلسەندى ۇگىتتەپ، العاباسار قايراتكەرلەردىڭ ٴبىر نيەتپەن كۇش بىرىكتىرىپ، تىعىز سەلبەسۋىندە، شينجياڭ مادەنيەتىندە ىلگەرىندى ـ كەيىن بولماعان جاڭا ناتيجە، جاڭا جاعداي، جاڭا بەت ـ بەينە بارلىققا كەلدى. جۇڭگو كوممۋنيستىك پارتياسى ورتالىق كوميتەتى تاڭداپ جىبەرگەن كادرلار شينجياڭعا كەلگەننەن كەيىن كوپ ساندىسى

كەمشىلىك، وقۋ - اعارتۋ، اقپارات قاتارلى تاراۋلارعا، سونداي - اق بۇقارالىق توپتارعا ٴبولىنىپ باسشىلىق مىندەت اتقارىپ، جاڭا مادەنيەت قوزعالىسىن بەلسەندى قانات جايدىرىپ، ماكسيزم - لەنينيزم جانە العاباسار مادەنيەتتى ۇگىتتەدى. «شينجياڭ گازەتى» شينجياڭدا ىقپالى ەڭ زور گازەت. 1938 - جىلدىڭ باسىنان 1942 - جىلدىڭ 9 - ايىنا دەيىن شينجياڭ گازەتى مەكەمەسىنىڭ باسشىلىق مىندەتىن ۋاڭ شياۋچۋان قاتارلى جۇڭگو كوممۋنيستىك پارتياسىنىڭ مۇشەلەرى وتەدى، ولار ماقالا قابىلداۋ، رەداكسيالاۋ، تەكسەرىپ بەكىتۋ، باسپادان شىعارۋ قاتارلى قىزمەتتەرگە جاۋاپتى بولدى. «شينجياڭ گازەتىنىڭ» حابارلارى جۇڭگو كوممۋنيستىك پارتياسىنىڭ جانە 8 - ارميا، جاڭا 4 - ارميانىڭ جاپون شاپقىنشىلارىنا قارسى تۇرۋ قۋاتتامالارى مەن ناتيجەلەرىن، يان - اننىڭ كوپتەگەن توڭكەرىستىك حابارلارىن، ورتالىق كوميتەت باسشىلارىنىڭ ماقالالارىن، كەڭەس وداعى جانە دۇنيە ٴجۇزىنىڭ فاشيزمگە قارسى بازاسىنىڭ حابارلارىن، ت.ب.سونداي - اق، گازەتتىڭ شولۋ فورماسىمەن بۇكىل شينجياڭداعى ۇلتتاردى ىنتىماقتاسا وتىرىپ، جاپون شاپقىنشىلارىنا باتىل قارسى تۇرۋعا، الدىڭعى شەپكە جاردەم بەرىپ، جاڭا شينجياڭ قۇرۋعا ۇندەۋ سىندى مازمۇنداردى قامتىدى. بۇدان سىرت، شينجياڭ گازەتى مەكەمەسى تاعى دا «شينجياڭ گازەتىن» جانە باسقا العاباسار كىتاپ - جۇرنالداردى ۋاكىلاتتى تاراتتى، بىلە، شاۋشەك قاتارلى 6 ورىندا بولىمشە مەكەمە قۇرىپ، حابار تاراتۋ تورابىن كەمەلدەندىردى. «شينجياڭ گازەتى» ٴوزىنىڭ ايقىن تۇرعىسى، ٴادىل كوزقاراسى ارقىلى ٴار ۇلت حالقىنىڭ، اسىرەسە، قالىڭ جاستاردىڭ تاپتىق ساناسى مەن ۇلتتىق ساناسىن وياتىپ، كوپتەگەن بۇقارا جۇڭگو كوممۋنيستىك پارتياسىنىڭ جاپون شاپقىنشىلىعىنا قارسى سوعىس مادەنيەت دارىپتەمەسى مەن ماركسيزمدىك يدەياسىن تۇسىنۋىنە جانە قابىلداۋىنا مۇمكىندىك جاسادى. شينجياڭ گازەتى مەكەمەسى تاعى دا ماۋ زىدۇڭنىڭ

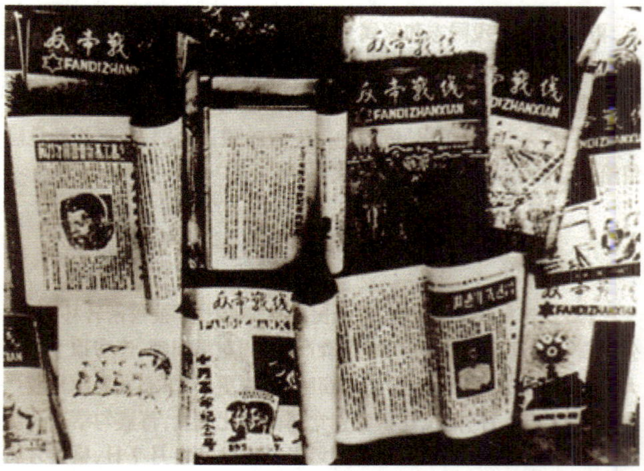

شينجياڭداعى حالىق بۇقاراسىنىڭ يمپەرياليزمگە قارسى تۇرۋ بىرلەسكەن قوعامىنىڭ جۇرنالى «يمپەرياليزمگە قارسى تۇرۋ سوعىس شەبىنىڭ» سۋرەتكە العان نۇسقاسى

شعارماسى «ۇزاقتا سوزىلاتىن سوعىس تۋرالى»، سونداي ـ اق جۇڭگو توڭكەرىسى تاريحى جانە ساياسي ەكونوميكا تۋرالى بىرنەشە كىتاپتى اۋدارىپ، باسۋ ارقىلى توڭكەرىستىك العاباسار يدەيانى ۇگىتتەدى. «يمپەرياليزمگە قارسى سوعىس شەبى »، «شينجياڭ ايەلدەرى»، «شينجياڭ جاستارى» سياقتى العاباسار جۋرنالداردا جۇڭگو كوممۋنيستەرىنىڭ ماركسيزم ـ لەنينيزمدى تاراتاتىن، جاپون شاپقىنشىلارىنا قارسى تۇرىپ، وتاندى قۇتقارۋ يدەياسىن ۇگىتتەيتىن جۇرتشىلىق پىكىرى بازاسىنا اينالدى.

1939 ـ جىلى ديحۋا مادەنيەت كىتاپ دۇكەنى «كاپيتال»، «لەنين تاڭدامالى شىعارمالارى» قاتارلى ماركس ـ لەنين شىعارمالارى، سونداي ـ اق ماركسيزم ـ لەنينيزمدى جالپىلاستىراتىن كىتاپتاردى اشىق ساتتى. 1939ــ1941 ـ جىلدارى كوممۋنيستەر مەن مادەنيەت قايراتكەرى جاڭ جۇڭشى، ماۋدۇن (شىن يانبيڭ)، دۋ جۇڭيۋاندار دىڭ قولداۋى مەن جەتەكشىلىگىندە، شينجياڭ شۋەيۋانىنىڭ وقىتۋشىلارى مەن وقۋشىلارى امبەباپ جۋرنال «شينماڭ» جۋرنالىن بىرگە باسپادان شىعاردى، جۋرنالدا ماركسيزم ـ لەنينيزمدى ۇگىتتەيتىن، زەرتتەيتىن قىرۋار ماقالالار مەن اۋدارمالار جاريالاندى.

جۇڭگو كوممۋنيستىك پارتياسىنىڭ باسشىلىق ەتكەن جاپون شاپقىنشىلارىنا قارسى تۇرىپ، وتاندى قۇتقارۋ ۇگىتى بارىسىندا مادەنيەت ـ كوركەمونەر قيمىلى باستان ـ اياق ەلسەندى رول اتقاردى. 1939 ـ جىلى 4 ـ ايدا شينجياڭ مادەنيەت قوعامى ۇلتتار مادەنيەتىن دامىتۋ قوعامى نەگىزىندە قۇرىلىپ، ماۋدۇن مادەنيەت قوعامىنىڭ باستىعى، قوسىمشا كوركەمونەر ٴبولىمىنىڭ باستىعىنا كورسەتىلدى. شينجياڭ مادەنيەت قوعامى قۇرىلعانىنان كەيىن ىركىندىك پەن العاباسارلىقتى باستى تاقىرىپ ەتكەن، فورماسى الۋان ٴتۇرلى قيمىلداردى وزدىردى، مىسالى، مادەنيەت كادرلارىن تاربيەلەۋ كلاسىن اشىپ، جاڭا فيلوسوفيا، دراما نازارياسى، مۋزيكا، اسەمونەر، ٴبي ونەرى، اجارلاندىرۋ قاتارلى پاندەردى ٴوتىپ، ار ۇلت كوركەمونەرشىلەرىن تاربيەلەدى، حانزۋ، ۇيعۇر، قازاق، موڭعۇل سىندى ٴتورت ٴتۇرلى تىل ـ جازۋدا باستاۋىش مەكتەپ وقۋلىقتارىن قۇراستىرىپ، اۋدارىپ، ٴار ۇلت بۇقاراسىنىڭ مادەنيەت ورەسىن جوعارىلاتتى. 1939 ـ جىلى ماۋدۇننىڭ كومەگىمەن، جەتەكشىلىك ەتۋىمەن جاۋ پۋلين قاتارلىلار جازىپ شىققان تەاتر «جاڭا شينجياڭ مارشى» شينجياڭداعى تۇڭعىش رەتكى شينجياڭ ولكەسىنىڭ رەال تۇرمىسى مەن جاپون شاپقىنشىلارىنا قارسى تۇرۋدى بەينەلەۋدى باستى مازمۇن ەتكەن كولەمدى تەاتر بولىپ، شينجياڭ تەاترىنىڭ باستالۋىنا اسا ٴىرى تۇرتكىلىك رول ويناندى. 1939 ـ جىلى 8 ـ ايدا ايگىلى ادەبيەت ـكوركەمونەر

قىزمەتكەرى جياۋ دان، شۇي تاۋ، ۋاڭ ۋي ـ ي، يە لۋشي، يۇي فيشان قاتارلى ادامدار ديحۋاعا كەلىپ، شينجياڭ مادەنيەت قوعامىنا مۇشە بولىپ، «شينجياڭ تاجىريبە تەاترى» قۇرىلىپ، شينجياڭدا كويتەگەن وزىق دراماليق شىعارمالار ورىندالدى، بۇلاردىڭ ىشىندە جاپون شاپقىنشىلارىنا قارسى سوعىستى بەينەلەگەن دراما «تۋعان جەر»، «تۇتقيىل شابۋىل»، «18 ـ سەنتابر قاندى وقيعاسى»، «اسكەرلەردەن حال سۇراۋ» قاتارلى شىعارمالار ساحنادا ورىندالعانان كەيىن جاقسى ناتيجەگە يە بولدى. شينجياڭنىڭ توڭكەرىستىك جاعدايى باسقا ولكە ـ رايونداردىكى قالىڭ جاستار مەن زيالىلاردى ارت ـ ارتىنان باۋراپ، مادەنيەت سالاسىنداعى دەموكراتيا، ەركىندىك، وتاندى جويىلۋدان قۇتقارۋ اۋقىمى بۇرىن بولىپ كورىلمەگەن دارەجەدە كۇشەيدى.

كومموۋنيستەر مەن العاباسار قايراتكەرلەردىڭ باستاۋىمەن شينجياڭنىڭ وقۋ ـ اعارتۋى جەدەل دامۋعا وتكەن كەزدە مەكتەپ سانى ارتتى، ونىڭ ۇستىنە، وقىتۋشىلار كۇشى دە، وقىتۋ ساپاسى دا ايتارلىقتاي جوعارىلاپ، شينجياڭنىڭ مادەنيەت، وقۋ ـ اعارتۋ ىستەرى شىن جاڭا تۇسكە ەندى.

لين جيلۋ شينجياڭ شۋەيۋنى وقىتۋ باسقارماسىندا باستىعى بولىپ مىندەت اتقارعان كەزىندە شۋەيۋاندا تەك عانا ساياسات ـ ەكونوميا فاكۋلتەتى، وقۋ ـ اعارتۋ فاكۋلتەتى، ٴتىل ـ ادەبيەت فاكۋلتەتى، ورتا مەكتەپ ٴبولىمى عانا بار، وقۋشى سانى ٴجۇزدىڭ ۇستىندە، وقىتۋ ساپاسى ناشار، وتىلەتىن ساباق جۇيەلى ەمەس سىندى مەشەۋ جاعدايدا تۇرعان ەدى، ول يان ـ ان جاپون شاپقىنشىلارىنا قارسى تۇرۋ اسكەري ـ اكىمشىلىك داشۋەسىنىڭ وقىتۋ باعىتىن پايدالانىپ، مەكتەپ ستيلى مەن مەكتەپ ٴتارتىبىن رەتتەپ، «ىنتىماقتى، شيراقى، قاراپايىم، قاعىلەز» سىندى مەكتەپ سالتىن ٴتۇزىپ شىقتى؛ وقىتۋ جاعىندا «ۇيرەنۋ مەن قولدانۋدى بىرلىككە كەلتىرۋ» باعىتىن ورتاعا قويىپ، ساباق ورنالاستىرۋ مەن وقىتۋ مازمۇنىن رەفورمالادى؛ جۇڭگو كومموۋنيستىك پارتيا مۇشەلەرى مەن العاباسار قايراتكەرلەردى جاڭا فيلوسوفيا، جۇڭگو توڭكەرىس تاريحى، دۇنيە توڭكەرىس تاريحى، ديالەكتيكالىق ماتەرياليزم نازارياسى، اسكەري ىستەر ٴبىلىمى قاتارلى ساباقتاردى وقىتۋعا ۇسىنىس ەتىپ، «ساياسي ەكونوميا»، «قوعام دامۋ تاريحى» قاتارلى جاقتاردا ارناۋلى لەكسيا سويلەتتى. لين جيلۋ وقۋشىلاردى تاربيەلەگەندە مەملەكەت پەن جۇڭحۋا ۇلتىنىڭ تاعدىرىنا كوڭىل ٴبولىپ، ولاردى جاپون شاپقىنشىلارىنا قارسى تۇرىپ، وتاندى قۇتقارۋ قوزعالىسىنىڭ قيان ـ كەسكى ورتاسىنا بارۋعا جەتەكشىلىك ەتتى، تاعى دا وقىتۋشىلارعا نازاريانى ٴىس جۇزىندىكپەن بايلانىستىرۋ جاڭا قىزمەت ستيلىن دارىپتەپ، شۋەيۋانداعى وقىتۋشى ـ

ماۋدۇن (1896—1981)

اسىلگى اتى شىن دىحۇڭ، اتى يانبيڭ، جىجياڭ ولكەسىنىڭ تۇڭشياڭ دەگەن جەرىنەن. جۇڭگو قازىرگى زامان ايگىلى جازۋشىسى، ادەبيەت سىنشىسى، مادەنيەت قايراتكەرى، سونداي ـ اق قوعام قايراتكەرى. 1939 ـ جىلى 1 ـ ايدا دۋ جۇڭيۋاننىڭ ۇسىنىسى بويىنشا شينجياڭعا كەلىپ، شينجياڭ شۋەيۋانى وقۋ ـ اعارتۋ فاكۋلتەتىنىڭ مەڭگەرۋشىسى، قوسىمشا شينجياڭ مادەنيەت قوعامىنىڭ باستىعى بولدى.

وقۋشىلاردى جاپون شاپقىنشىلارىنا قارسى تۇرىپ، وتاندى قۇتقارۋ تۋرالى ٴاندى اسقاقتاتا شىرقاۋعا ۇيىمداستىردى، جاپون شاپقىنشىلارىنا قارسى تۇرىپ، وتاندى قۇتقارۋ تۋرالى لەكسيا سويلەۋ جينالىستارىن وزدىردى، ٴسويتىپ، سول مەزگىلدە شينجياڭ شۋەيۋانى ٴار ۇلت توڭكەرىسشىل جاستارىنىڭ جاپون شاپقىنشىلارىنا قارسى توڭكەرىستىك قيمىل ورتالىعىنا اينالدى. 1939 ـ جىلى 1 ـ ايدا ايگىلى دەموكراتشىل قايراتكەر دۋ جۇڭيۋان ۇسىنىس بويىنشا شينجياڭعا كەلىپ، شينجياڭ شۋەيۋانىنىڭ باستىعى مىندەتىن ۇستىنە الدى. كوممۋنيستەر مەن وتانشىل العابасار وقىتۋشىلاردىڭ تاربيەسى مەن ىقپالىندا شينجياڭ شۋەيۋانىنداعى وقۋشىلار قوعامداعى ەڭ جالىندى كۇشكە اينالىپ، زور توپتاعى جىگەرلى جاس وقۋشىلار تەز جەتىلىپ، توڭكەرىس جولىنا ٴتۇستى.

جۇڭگو كوممۋنيستەرى باسشىلىق ەتكەن شينجياڭنىڭ وقۋ ـ اعارتۋ سالاسىندا جوعارى، ورتا، باستاۋىش مەكتەپ وقۋشىلارى كلاستان شىعىپ، مەكتەپ اۋلاسىندا، جاپون شاپقىنشىلارىنا قارسى تۇرىپ، وتاندى قۇتقارۋ قيمىلىنا بەلسەنە اتسالىسىپ، كوشە ـ كوشەلەردى ارالاپ، حالىق بۇقاراسىن قىسقى وقۋ جانە ساۋات اشۋ قيمىلدارىنا قاتىناسۋعا جۇمىلدىرىپ، وقۋ ـ اعارتۋدى جالپىلاستىرۋ بۇكىل شينجياڭداعى قوعامدىق ٴارقايسى جىكتەرگە دەيىن ونان ارى كەڭەيدى. 1938 ـ جىلى 7 ـ ايدا كوممۋنيس جوۋ دانحۋا (ٴوز اتى ياۋ شيۋشيا، توڭكەرىسكە قاتىناسقانىنان كەيىن اتىن جوۋ جيانۇڭ دەپ وزگەرتكەن) ولكەلىك ديحۋا قىزدار مەكتەبىنىڭ وقىتۋعا جەتەكشىلىك ەتۋ مەڭگەرۋشىسى بولىپ قىزمەت ىستەگەن كەزىندە جاڭا ٴتيپتى وقىتۋ ٴادىسىن جاساپ، ٴتىل ـ ادەبيەت، تاريح، ساياسات ساباقتارىنا توڭكەرىستىك يدەيا سىڭىرىلگەن، جاپون شاپقىنشىلارىنا قارسى سوعىستىڭ قاجەتىنە ۇيلەسەتىن وقۋلىقتاردى پايدالاندى. كوپتەگەن وقۋلىقتارعا يان ـ اندا قولدانىلاتىن وقۋلىقتى جانە يان ـ اندا شىعاتىن گازەت ـ جۋرنالداردا باسىلعان ماقالاردى تالداپ ەنگىزدى. ٴبىر توپ ايەل تىرەكتى وقىتۋشىلار

كلاستا ساباق ٴوتۋ، ساباقتان سىرتقى اڭگىمەلەسۋ، جيىن اشۋ سياقتى ٴتۇرلى فورمانى پايدالانىپ، قىز وقۋشىلار مەن ايەلدەرگە وكتابر توڭكەرىسى جانە جاپون شاپقىنشىلارىنا قارسى تۇرىپ، وتاندى قۇتقارۋ تۋرالى قاعيدانى ۇگىتتەدى. اسىرەسە، قىزدار مەكتەبىنىڭ شىعان كلاسىنداعى وقۋشىلار كوشە ـ كوشەنى ارالاپ، ايەلدەردى ٴبىلىم ۇيرەنۋگە ۇندەدى، تىپتى، ولاردىڭ اراسىنداعى كەيبىرەۋلەر حالىق باسقارۋىنداعى مەكتەپتەردىڭ وقىتۋشىسى بولىپ، مىندەت ارقالاپ، قىرۋار ايەلدەردىڭ كىتاپ وقىپ، ساۋات اشۋىنا كومەكتەستى، سونىمەن بىرگە، ٴىس جۇزىندىك قيمىل ارقىلى ەرىكتى ويىن قويۋدى ۇيىمداستىرىپ، جاپون شاپقىنشىلارىنا قارسى تۇرۋعا قارجى توپتادى.

ٴار ۇلتتىڭ زيالىلارىن، جاستارىن جانە حالىق بۇقاراسىن ىنتىماقتاستىرۋ ٴۇشىن 1934 ـ جىلدان باستاپ شينجياڭدا 12 ۇلتتى قامتىعان 9 مادەنيەتتى ىلگەرىلەتۋ قوعامى ارت ـ ارتىنان قۇرىلدى. 1936 ـ جىلعا كەلگەندە بۇكىل شينجياڭنىڭ ٴارقايسى ايماقتارى مەن كوپتەگەن اۋداندارىندا ٴار ۇلتتىڭ مادەنيەتىن ىلگەرىلەتۋ قوعامى بار بولدى. ٴار ۇلتتىڭ مادەنيەت ىلگەرىلەتۋ قوعامى ىلگەرىندى ـ كەيىندى سوۆەت وداعى كومۋنيستىك پارتياسى مەن جۇڭگو كومۋنيستەرىنىڭ تىكە باسشىلىعىندا ٴار ۇلتتىڭ مادەنيەت، وقۋ ـ اعارتۋ ىستەرىن دامىتۋ، جاپون شاپقىنشىلارىنا قارسى تۇرىپ، وتاندى قۇتقارۋدى ۇگىتتەۋ، اسىرەسە، ٴار ۇلت ەگىزگى ساتى بۇقاراسىنا جۇڭگو كومۋنيستىك پارتياسىنىڭ جاپون شاپقىنشىلارىنا قارسى سوعىس ساياساتتارى مەن نازارياليق يدەياسىن تاراتۋدا بەلسەندى رول اتقاردى. 1943 ـ جىلى ۇيعىر ۇلتىنىڭ مادەنيەت ىلگەرىلەتۋ قوعامى جاپون شاپقىنشىلارىنا قارسى تۇرۋعا 4 ۇشاقتى كومەككە اتادى؛ حۇيزۋ ۇلتىنىڭ مادەنيەت ىلگەرىلەتۋ قوعامى سوۆەت وداعىنان وتانعا قايتىپ كەلگەن حۇيزۋ وقۋشىلار مەن حۇيزۋ كادرلاردان 40 نەشەسىن تالداپ الىپ، ۇگىت ۇيىرمەسىن ۇيىمداستىرىپ، حالىق بۇقاراسىنا جاپون شاپقىنشىلارىنا قارسى تۇرۋ ۇگىت لەكسياسىن جۇرگىزدى؛ حانزۋ ۇلتىنىڭ مادەنيەت ىلگەرىلەتۋ قوعامى تەاتر، بەيجىڭ تەاترى، شانشي تەاترى، قاعىران، سونداي ـ اق حالىقتىق شىحو وينى، ياڭگى ٴبيى، كينو قويۋ سياقتى جاندى دا كوپ ٴتۇرلى كوركەمونەر فورماسىنان پايدالانىپ، جاپون شاپقىنشىلارىنا قارسى تۇرىپ، وتاندى قۇتقارۋ ٴۇشىن جار قۇلاعى جاستىقتا تيمەي ۇگىت جۇرگىزدى. 1939 ــ 1940 ـ جىلدارى قاراشارى اۋدانىنداعى حانزۋ مادەنيەت قوعامى جاپون شاپقىنشىلارىنا قارسى سوعىس تۋرالى ٴان ھارىسىن كوپ مارتە ۇيىمداستىرىپ، «قىلىش مارشى»، «پارتيزاندار جىرى» سياقتى سول كەزدە كەڭ تاراعان اندەردى ورىندادى. ويىن قويۋدان تۇسكەن كىرىستى جىلۋعا اتاۋ حانزۋ

ۇلتىنىڭ مادەنيەت ىلگەرىلەتۋ قوعامىنىڭ جاپون شاپقىنشىلارىنا قارسى سوعىستىڭ الدىڭعى شەبىنە جانە دۇنيە ٴجۇزىنىڭ فاشيزمگە قارسى سوعىسىنا كومەك كورسەتۋىنىڭ تاعى ٴبىر فورماسى. بۇدان سىرت، ٴار ۇلتتىڭ مادەنيەت ىلگەرىلەتۋ قوعامى وزدەرىنىڭ تەاتر ۇيىرمەلەرىن، ٴان - ٴبي ۇيىرمەلەرىن قۇردى. 1937 ــ 1942 - جىلدىڭ ارالىعىندا شينجياڭنىڭ ٴارقايسى جەرلەرىندەگى جۇڭگو كوممۋنيستەرى مادەنيەت قوعامى ۇيىمدارىنان جانە تەاتر ۇيىرمەسى، مەكتەپ، ويىن قويۋ ۇيىرمەلەرىنەن پايدالانىپ، جاپون شاپقىنشىلارىنا قارسى تۇرۋ ۇگىتى جانە پرولەتارياتتىڭ العاشقى يدەيالىق اعارتۋ قىزمەتىن كەڭىنەن قانات جايدىردى. شيا يان، سا كۇڭليالڭ سياقتى بۇكىل ەلگە اتى بەلگىلى مادەنيەت جاۋىنگەرلەرى شينجياڭعا كەلگەننەن كەيىن مادەنيەت قوعامىنىڭ ۇيىمدارىنان پايدالانىپ، جاپون شاپقىنشىلارىنا قارسى تۇرۋ جانە مادەنيەت، وقۋ - اعارتۋدى ىلگەرىلەتۋ قىزمەتىن جۇرگىزدى؛ ۇيعۇر ۇلتىنىڭ وتانشىل اقىنى لۇتپوللا ٴمۇتالىپ جازعان «جۇڭگو» اتتى ولەڭدە بىلاي دەپ جىرلاعان: « جۇڭگو! قاراشى، ٴبىز سەنىڭ تۋىراعىڭدا ٴومىر سۇرەمىز، ٴار مينۋت سايىن سەنى قورعايمىز، سەنىڭ ەرتەڭىڭ ٴۇشىن كۇرەسەمىز! دۇنيەدەگى بىردەن - ٴبىر، شىن جاڭا، تاۋەلسىز جاڭا جۇڭگو قۇرامىز!» شينجياڭداعى ٴار ۇلت حالقى تىعىز ىنتىماقتاسىپ، جەكەنىڭ جاۋاپكەرشىلىگى مەن مەملەكەت تاعدىرىن ٴداۋىردىڭ باستى تاقىرىبىنا اينالدىردى.

1934 - جىلى 8 - ايدىڭ 1 - كۇنى شينجياڭداعى حالىق بۇقاراسى يمپەرياليزمگە قارسى تۇرۋ بىرلەستىك قوعامىن قۇردى. جۇڭگو كوممۋنيستىك پارتياسى شينجياڭدا تۇراتىن ۋاكىلدەردى توڭكەرىستىڭ تاجىريبەسى مول كادرلاردان تالداپ جىبەرىپ، وزگەرتىپ قۇرۋ، رەتتەۋ قىزمەتتەرىن ىستەدى. ٴار رەتكى سالتاناتتى ەسكە ٴتۇسىرۋ كۇنى يمپەرياليزمگە قارسى تۇرۋ قوعامى حالىق بۇقاراسىن كەڭ كولەمدى ۇگىت قيمىلدارىنا ۇيىمداستىردى، سونىمەن بىرگە، تاعى دا باعدارلاما، شولۋ پروگرامماسى جانە ارناۋلى كىتاپشالاردى ٴار ۇلتتىڭ ٴتىل - جازۋىندا باسىپ تاراتىپ، قاراپايىم حالىققا جاپون شاپقىنشىلارىنا قارسى سوعىستىڭ باستى قۋاتتاماسىن ىشكەرىلەي ۇگىتتەدى.

جۇڭگو - سوۆەت وداعى مادەنيەت سەلبەستىك قوعامىنىڭ شينجياڭ بولىمشەسى بۇل مەزگىلدە شينجياڭعا ماركسيزم - لەنينيزمدى تاراتاتىن تاعى ٴبىر ماڭىزدى ۇيىم ەدى. بۇل سەلبەستىك قوعامى 1939 - جىلى 11 - ايدىڭ 5 - كۇنى قۇرىلدى، ىلە، تارباعاتاي جانە التايدا بولىمشە قوعامىن قۇردى. جۇڭگو - سوۆەت وداعى مادەنيەت سەلبەستىك قوعامى شينجياڭ بولىمشە قوعامى قۇرىلعاننان باستاپ گومينداڭ كۇشتەرىنىڭ شينجياڭ وڭىرىنە كىرگەنگە

دەيىن سوۆەت وداعىنىڭ سوتسياليستىك قۇرىلىسى مەن مادەنيەت تۇرمىسىن تانىستىرىپ، ماركسيزم ـ لەنينيزم يدەياسىن تاراتۋ ارقىلى يدەولوگيا جانە ساياسي كوزقاراس جاعىندا شينجياڭنىڭ قوعامىنا، مادەنيەتىنە وتە ۇلكەن ىقپال جاسادى.

جۇڭگو كوممۋنيستەرى مەن وتانشىل دەموكراتتار ٴتۇرلى مادەنيەت فورمالارى ارقىلى بۇكىل شينجياڭداعى ٴار ۇلتقا باعىتتاپ العاباسار يدەيانى ۇگىتتەپ، حالىق بۇقاراسىنىڭ سانالىسىن وياتىپ، شينجياڭداعى ٴار ۇلتتىڭ جۇڭحۋا مادەنيەتى مەن جۇڭحۋا ۇلتى شىنايى تانىمىن كۇشەيتىپ قانا قالماي، قايتا، ولارعا جۇڭگو كوممۋنيستىك پارتياسىنىڭ حالىققا باسشىلىق ەتىپ، جاپون شاپقىنشىلارىنا قارسى تۇرىپ، وتانىنىڭ تۇتاستىعىن قورعاۋداعى ۇيتقىلىق كۇشى ەكەنىن تەرەڭ تانىتتى، شينجياڭداعى ٴار ۇلت حالقىنىڭ ميليتاريستەرگە قارسى تۇرۋ، توڭكەرىسكە قاتىناسۋ، ازاتتىققا قولعا كەلتىرۋ جىگەرلەرىن ٴتىپتى دە جاني ٴتۇستى.

التىنشى تاراۋشا ٴىسلام ٴدىنىن نەگىز ەتىپ، كوپ ٴدىن قاتار ٴومىر سۇرگەن جاعدايدىڭ جالعاسۋى

مينگو كەزەڭىندە ەلىمىزدە بۇددا ٴدىنى، داۋجياۋ ٴدىنى، ٴىسلام ٴدىنى، كاتوليك ٴدىنى، حريستيان ٴدىنى سىندى بەس ۇلكەن ٴدىن قاتار ٴومىر سۇرگەن جاعداي بىرتىندەپ قالىپتاستى. بۇل مەزگىلدە شينجياڭ ٴىسلام ٴدىنىن نەگىز ەتىپ، كوپ ٴدىن قاتار ٴومىر سۇرگەن ٴدىن جاعدايىن جالعاستىردى. «ٴپانىسلاميزم » قاتە يدەيالىق اعىمىنىڭ ىقپالىمەن، ٴىسلام ٴدىنى مەن باسقا دىندەردىڭ قاتىناسىندا قىسقا ۋاقىتتىق شۇعىل جاعداي جارىققا شىقتى، ٴبىراق، شينجياڭدا كوپ ٴدىن جاراسىمدى، تاتۋ ـ ٴتاتتى ٴوتۋ نەگىزگى اعىمى وزگەرگەن جوق.

ٴبىرىنشى، ٴىسلام ٴدىنى، بۇددا ٴدىنى، داۋجياۋ ٴدىنى سياقتى دىندەردىڭ اناعۇرلىم وزگەرىسى

مينگو كەزەڭىندە «ٴپانىسلاميزم» قاتە يدەيالىق اعىمىنىڭ قاۋىرت ٴوسىڭىپ كىرۋى سالدارىنان شينجياڭنىڭ قالىپتى ٴدىني قيمىلدارى اۋىر دارەجەدە ٴبۇلدىرىلدى. 19 ـ عاسىردىڭ سوڭى مەن 20 ـ عاسىردىڭ باسىندا «ٴپانىسلاميزم» ەلەمەنتتەرى شينجياڭعا سىنالانىپ كىرىپ، ٴدىن تاراتۋدى جەلەۋ ەتىپ، قۇران وقۋدى سىلتاۋراتىپ، قاشقار، يڭگىسار،

حوتان، اقسۋ، كۇشار، تۇرپان، ٴپىشان، قۇمىل سياقتى جەرلەردە بولشەكتەۋ قيمىلىمەن شۇعىلداندى. 20 ـ عاسىردىڭ باسىندا تۇركياعا، ورتا ازيا سياقتى جەرلەرگە بارىپ، وقىپ جاتقان شينجياڭ جاستارى دا «ٴپانىسلاميزم» ەلەمەنتتەرىنىڭ سىنالانىپ كىرۋ وبيەكتىسىنە اينالدى، ولاردىڭ اراسىنداعى ٴىشىنارا ادامدار يمپەرياليستىك كۇشتەردىڭ جۇڭگونى بولشەكتەپ، اۋدارۋ ارەكەتىن جۇرگىزەتىن قولشوقپارىنا اينالدى.

مينگو مەزگىلىندە بۇددا ٴدىنىنىڭ تيبەتتىك جىگىنە سەنۋشىلەر موڭعۇل، مانجۋ قاتارلى ۇلتتاردا ٴبىرشاما كوپ بولدى، ال، بۇددا ٴدىنىنىڭ باسقا جىگىنە سەنەتىن بۇقارا نەداۋىر ازايعان ەدى. وسى مەزگىلدە داۋجياۋ دىنىنە سەنەتىندەر كوبىنەسە حانزۋ بۇقاراسى بولدى. باسقا وڭىرلەردەگى داۋجياۋ ٴدىنى سياقتى شينجياڭنىڭ داۋجياۋ دىنىندە دە دىندەردىڭ ارالاسپا فورماسى جارىققا شىقتى. مىسالى، 1918 ـ جىلى قۇتىبي اۋدانىنىڭ تۇڭعىش اكىمى جاڭ يانياۋ ٴوزى باسقارىپ جىن ـ ۋ سارايىن قايتالاي جوندەتكەندە وڭتۇستىك جاعىنا بايلىق ٴتاڭىرىنىڭ، سولتۇستىك جاعىنا ساكيامۋنيدىڭ ٴمۇسىنىن ورناتتىرادى، عيباداتحانا ىشىندەگى تاسباقا مەن جىلاندى اياعىنا باسىپ تۇرعان ٴدال داۋجياۋ دىنىندەگى جىن ـ ۋ دادي ەدى. ماۋدۇن «شينجياڭنىڭ جەرگىلىكتى سالت ـ ساناسى» دەگەن

ماتەريال تىزبەگى

ٴدىني قاتىناستىڭ جاراسىمدىلىعىن جەبەۋ ــ شينجياڭنىڭ ورنىقتىلىعىنىڭ، گۇلدەنىپ ـ كوركەيۋىنىڭ تاريحي تاجىريبەسى. ٴتۇرلى دىندەردىڭ تۇگەلدەي تەرەزەسىنىڭ تەڭ بولۋىنا، ٴسوز جوق، تاباندى بولۋ كەرەك، ەشقانداي ٴدىن وزگە دىندەردەن ارتىق بولاتىن ۇستەم ورىندى يەلەنۋىنە بولمايدى. دىنگە سەنۋ ەركىندىگىنە تاباندى بولىپ، دىنگە سەنەتىن بۇقارا مەن دىنگە سەنبەيتىن بۇقارا زاڭ جاعىندا تەڭ ۇقىقتان كەنەلەدى، بىردەي بورىش اتقارادى. پارتيانىڭ دىنگە سەنۋ ەركىندىگى ساياساتىن جان ـ جاقتى دايەكتىلەندىرىپ، دىنگە سەنۋ ەركىندىگىنە دە ٴارى دىنگە سەنبەۋ ەركىندىگىنە دە قۇرمەت ەتەدى، دىنگە سەنەتىن مەن دىنگە سەنبەيتىن، مىنا دىنگە سەنەتىن مەن انا دىنگە سەنەتىن، مىنا ٴدىني جىك پەن انا ٴدىني جىككە سەنەتىن بۇقارا اراسىندا تالاس ـ تارتىس تۋدىرۋعا استە جول قويىلمايدى. بارلىق ادامنىڭ زاڭ الدىندا تەپە ـ تەڭ بولۋىنا تاباندى بولىپ، مەيلى قانداي ادام، قانداي ۇلت بولسىن، قانداي دىنگە سەنسىن، تەك، زاڭ ـ تۇزىمگە قايشىلىق جاساسا بولعانى، قانداي سيپاتتا بولسا، سول سيپاتى بويىنشا ٴبىر جاقتىلى ەتىلەدى، زاڭنان تىسقارى جەرلەردىڭ بولۋىنا، زاڭنان تىسقارى ادامنىڭ بولۋىنا، زاڭنان تىسقارى ٴدىننىڭ بولۋىنا استە جول بەرىلمەيدى.

شىعارماسىندا: «ٴبىراق، بۇگىنگى شينجياڭدا موڭعول ۇلتىنىڭ لامالارىنان باسقا بۇددا ٴدىنىنىڭ ٴمۇريتى جوق. حانزۋلاردىڭ بۇددالىق جول ـ جوسىندارىن داۋشىلار وتەيدى. قارالى ىستەردە داۋشى بولادى، ال، ٴولىم ـ ٴجىتىم ىستەرىن داۋشىلار جونەلتەتىن، بۇددالىق بايىرعى ىرىم ـ جىرىمدار وتەلىپ، مۇنى داۋشىلار اتقارۋشى ەدى»[①]. مىنە، بۇدان وسى مەزگىلدە شينجياڭنىڭ داۋجياۋ ٴدىنىنىڭ ٴدىن جۇيەسى توتەنشە اسىق، باۋىرمال ەكەندىگىن كورۋگە بولادى.

ەكىنشى، سىرتتان ەنگەن ٴدىننىڭ تارالۋى جانە ٴىسلام ٴدىننىڭ جۇڭگوشالانۋىنىڭ اناعۇرلىم داموۋى

20 ـ عاسىردىڭ باسىندا يمپەرياليستىك بەلدى ـ بەلدى ەلدەردىڭ جۇڭگونى وتارلاۋ شابۋىلشىلىعى بارعان سايىن شيەلەنىسكەن جاعدايدا كاتوليك ٴدىنى، حريستيان ٴدىنى (پروتەستانت ٴدىنى)، پراۆوسلاۆيە ٴدىنى شينجياڭ وڭىرىندە تاراتۋ تەبىنىن ارتتىردى، مۇنىڭ ىشىندە ٴبىرشاما ىقپالدى بولعان ٴدىن تاراتۋ ۇيىمدارى: شۆەتسيا ٴدىن تاراتۋ ۇيىرمەسى (نەگىزگى قيمىلى قاشقاردا بولدى)، جۇڭگو ىشكى ولكەلەر قوعامى (انگليالىقتار قۇرعان) قاتارلىلار. وسى ۇيىمدار ٴدىن تاراتۋدان سىرت، ەڭ باستى مىندەتى يمپەرياليزمنىڭ وتارلىق شابۋىلشىلىق ارەكەتىنە مالىمەت توپتاۋ قىزمەتىن وتەۋ، ولار ەڭ اقىرىندا سول كەزدەگى شينجياڭ ولكەلىك ۇكىمەتى جاعىنان قۋدالاندى.

كاتوليك ٴدىنى حريستيان ٴدىنىنىڭ ٴۇش ۇلكەن اعىمىنىڭ ٴبىرى. مينگونىڭ العاشقى جىلدارىندا شينجياڭنىڭ ٴدىن ساياساتى ٴبىر مەزگىل سالىستىرمالى تۇردە بوساڭسىپ، كاتوليك ٴدىنىنىڭ ٴدىن تاراتۋ قيمىلى ٴبىرشاما جاندانا ٴتۇستى. 1920 ـ جىلدان 1935 ـ جىلعا دەيىن شينجياڭداعى كاتوليك دىنىندەگىلەردىڭ سانى ٴۇش ٴجۇز ادامنان جەتى ٴجۇز نەشە ادامعا كوبەيدى. 1938 ـ جىلى شينجياڭ ولكەلىك ۇكىمەت كاتوليك ٴدىنىن تاراتۋشىلارىندا شينجياڭ تۋرالى مالىمەت ۇرلاۋ سياقتى فاكتىلەر ساقتالعانىن تەكسەرىپ انىقتادى ٴارى بۇل كاتوليك ٴدىنىن تاراتۋشىلاردى قۋىپ شىقتى جانە قولعا الدى، كاتوليك ٴدىنىنىڭ شينجياڭ وڭىرىندە تاراتۋ ۋاقىتشا شەكتەلىپ، توقتاتىلدى. گومينداڭ

① ماۋدۇن: «ماۋدۇن شىعارمالار جيناعى. شينجياڭنىڭ جەرگىلىكتى سالت ـ ساناسى»، 2 ـ ٴبولىم، بەيجيڭ، حۋاشيا باسپاسى، 2000 ـ جىل، 235 ـ بەت.

ۇستەمدىك جۇرگىزگەن مەزگىلدە كاتوليك ٴدىنى شينجياڭعا تاعى دا تارالدى، ٴبىراق، ىقپالى ماردىمسىز بولدى.

مينگو كەزەڭىندە حريستيان ٴدىنىنىڭ (پروتەستانت ٴدىنى) زور توپتاعى ٴدىن تاراتۋشىلارى جۇڭگوعا جالعاستى كەلدى. شۆەتسيا ٴدىن تاراتۋ ۇيىمى مەن جۇڭگو ىشكى ولكەلەر قوعامى ۇزاق ۋاقىت قيمىل جاساپ، ٴدىن تاراتۋ ۇيىرمەسى نەداۋىر كولەم الدى. گوميندان شينجياڭدى بيلەگەننەن كەيىن، ۇرىمجىدە تاعى دا شينجياڭ جۇڭحۋا حريستيان ٴدىنى قوعامى قۇرىلدى. شۆەتسيا ٴدىن تاراتۋ ۇيىرمەسى مەن جۇڭگو ىشكى ولكەلەر قوعامى ارت ـ ارتىنان مالىمەت ۇرلاپ، بولشەكتەنۋگە جەلىكتىرگەندىكتەن، وسى ەكى ٴدىن تاراتۋ ۇيىمى شينجياڭ ولكەلىك ۇكىمەتى جاعىنان كۇشىنەن قالدىرىلدى.

پراۆوسلاۆيە ٴدىنى ورىستاردىڭ قونىس اۋدارۋىمەن شينجياڭعا تارالدى. جۇڭگو ـ رەسەي تەڭسىز شارتتارىنا قول قويىلعاننان كەيىن پاتشالىق رەسەي شينجياڭنىڭ ٴدىن تارتۋ ۇقىعىن يەمدەنىپ الدى. ورىس ٴدىن تاراتۋشىلارى ورىستار قونىستانعان جەرلەردە شىركەۋ سالدى، وكتابر توڭكەرىسىنەن بۇرىن ۇرىمجى، ىلە، تارباعاتاي، التاي، قاشقار سياقتى جەرلەردىڭ بارىندە پراۆوسلاۆيە شىركەۋى سالىندى. ٴبىراق، پراۆوسلاۆيە ٴدىنى باسقا ۇلتتارعا ونشا تارالا قويمادى.

شينجياڭنىڭ ياركەن اۋدانىندا مەشىتتەگى شامگۇل ورنەگى

شينجياڭ وڭىرىندەگى كوپ ٴدىننىڭ توعىسىپ، قاتار ٴومىر ٴسۇرۋ ەرەكشەلىگى بەينەلەنگەن

مەيلى سولتۇستىك ميليتاريستەر ۇكىمەتى بولسىن، الدە نانجيڭ گومين ۇكىمەتى بولسىن، بارلىعى دا ۇكىمەتتىڭ قاي - قاشان داٴدىن ىستەرىن باسقارۋى، ٴدىننىڭ ساياسيعا كىلىگۋىنە بولمايدى،ت.ب. نەگىزگى پرينسيپتەرگە باستان - اياق تاباندى بولىپ كەلدى. اۋمالى - توكپەلى جاعدايدا دا شينجياڭ ولكەلىك ۇكىمەت ٴدىندى جەلەۋ ەتىپ، ٴدىني توپتار قاقتىعىسىن تۋدىرىپ، ۇلتتىق وشپەندىلىكتى جەلىكتىرىپ، شينجياڭدى بولشەكتەگەندەرگە باتىل سوققى بەردى، سونداي - اق ٴدىن تاراتۋ اتىن جامىلىپ، شينجياڭنان پايدا ٴتۇسىرۋدى كوزدەگەن شەتەل كۇشتەرىن الاستادى. مىسالى، ياڭ زىڭشين بيلىك جۇرگىزگەن كەزىندە «پانيسلاميزمنەن» باستان - اياق ساقتانۋعا تاباندى بولىپ، شارا قولدانىپ، قاتاڭ ساقتاندى .«حانىكادا، سونداي - اق حانىكادان باسقا سىرت ورىنداردا ٴدىني قيمىل وزدىرۋعا قاتاڭ تيىم سالىپ، تيىم سالۋ بۇيرىعىن جاريالادى. كەيىن مەشىتتە عانا قۇران وقۋعا جول قويىلىپ، جاڭادان حانىكا قۇرۋعا رۇقسات ەتىلمەيدى»[①] .«تەك مەشىتكە بارىپ، قۇران وقۋعا جول قويىلادى»، «جەكەلىك حانىكا اشۋعا تيىم سالىنادى، كۇندىز بۇعىنىپ، تۇندە ٴدىني قيمىل وتكىزۋگە جول قويىلمايدى. حانىكادا، سونداي - اق جەكە ۇيىندە توپتاسىپ قۇران وقۋعا تيىم سالىنادى. ەگەر ٴوز ۇيىندە قۇران وقيتىن بولسا، ۇيىندەگىلەرمەن عانا شەكتەلىپ، سىرتتان ادام قاتىناستىرۋعا استە جول قويىلمايدى».[②] بۇدان سىرت، ياڭ زىڭشين تاعى دا شەتەلدىكتەردىڭ شينجياڭعا كەلىپ، جەكە مەكتەپ اشۋىنا، ٴدىن بىلىمدەرىن ۇيرەتۋىنە جانە ٴار جەردەگى مەشىتكە بارىپ، زاڭسىز قۇران وقىپ، ۋاعىز ايتۋىنا، ولاردىڭ شينجياڭداعى ٴىسلام دىنىنە سەنەتىن بۇقارامەن استىرتىن بايلانىس جاساۋىنا تيىم سالدى.

مينگو كەزىندە باسقا ولكە - رايونداعى حۇيزۋلاردىڭ شينجياڭعا كوپتەپ كوشىپ كەلۋىمەن شينجياڭ وڭىرىندەگى ٴىسلام ٴدىنى رۋحيا مادەنيەتىنىڭ ىقپالىنا تەرەڭ ۇشىرادى. وسى مەزگىلدە ٴبىر توپ وتانشىل قايراتكەرلەر «رۋحيا ارقىلى ٴدىندى تۇسىندىرۋگە» ەرەكشە ٴمان بەرىپ، ارناۋلى مەملەكەت عىلىمى، مەملەكەت تاريحى سياقتى

① ياڭ زىڭشين:«بۇگوجاي جازبالارى. 8 - جيناق.3.قاشقاردىڭ جۋ ٴۋاليىنىڭ ۇيعۇر ديقانى امەت قاتارلىلاردىڭ حانىقا سالۋىن شەكتەۋ تۋرالى بۇيرىعى»، 3 - ٴبولىم،ۇرىمجى: شينجياڭ حالىق باسپاسى، 2012 - جىل، 2673 - بەت.

② ياڭ زىڭشين:«بۇگوجاي جازبالارى. 8 - جيناق. 3.ٴارقايسى اۋدانداعى ۇيعۇرلاردىڭ جەكە حانىقا سالۋىن شەكتەۋ تۋرالى جارلىق»، 3 - ٴبولىم،ۇرىمجى: شينجياڭ حالىق باسپاسى، 2012 - جىل، 2668 - بەت.

ٴسوز جوق وقىلاتىن ساباقتاردى اشىپ، جۇڭگوداعى ٴىسلام دىنىنە سەنەتىن بۇقاراعا جۇڭگونىڭ ٴداستۇرلى مادەنيەتىن شىنايى مويىنداۋىن دارىپتەدى. «ٴپانىسلاميزم» قاتە يدەيالىق اعىمى شينجياڭداعى دىنگە سەنەتىن بۇقارانى ۋلادى، وتانشىل قايراتكەرلەر ٴدىني ۇشقارىلىق پەن ۇلتتىق بولشەكتەۋشى ەلەمەنتتەردىڭ تەرىس ۋاعىزدارى مەن جالعان ساندىراقتارىن اشىق اشكەرەلەپ، وتاننىڭ تۇتاستىعى مەن ۇلتتار ىنتىماعى ٴۇشىن ۇلەس قوستى.

مىڭگو كەزىندە مەيلى «ٴپانىسلاميزم» سىندى قاتە يدەيالىق اعىمنىڭ شابۋىلىنا ۇشىراسىن، الدە يمپەرياليستىك بەلدى ـ بەلدى ەلدەردىڭ وتارشىلدىق ىرگە كەڭەيتۋىمەن شينجياڭعا كاتوليك ٴدىنى، حريستيان ٴدىنى سياقتىلاردىڭ ىقپالى كىرگەنمەن بارلىعى دا شينجياڭ ٴوڭىرىنىڭ كوپ ٴدىنىنىڭ قاتار ٴومىر ٴسۇرۋ جاعدايىن وزگەرتە العان جوق، ٴارى كوپ ٴدىنىنىڭ توعىسۋ، بەيىت، باۋىرمال قاتىناسى مەن جۇڭگوشالانۋ ٴتۇبىرلى باعىتىن وزگەرتە لعان جوق، توعىسىپ، قاتار ٴومىر ٴسۇرۋ باستان ـ اياق شينجياڭداعى دىندەر قارىم ـ قاتىناسىنىڭ باستى اعىمى بولدى.

سىرگە جيار جـۇڭحۋا ۇلتـىنـىڭ ۇلـى گـۇلدەنۋ جولـىمەن جۇرگەن شينجياڭ

تاريحتىڭ تەگەرشىگى تىنباي العا قوزعالۋدا. نەشە مىڭ جىلدىق تاريحي دامۋ بارىسىندا جۇڭحۋ ۇلتى ۇزاق، شۇعىلالى جۇڭحۋا وركەنيەتىن جاراتىپ، ادامزاتقا سۇبەلى ۇلەستەر قوسىپ، دۇنيە جۇزىندەگى ۇلى ۇلتقا اينالدى. تاياۋ زاماننان كەيىن باتىستىڭ بەلدى ـ بەلدى ەلدەر شاپقىنشىلىعى سەبەبى مەن فەودالدىق ۇستەمدىكتىڭ شىرىكتەسۋى سالدارىنان جۇڭگو بىرتە ـ بىرتە جارتىلاي وتار، جارتىلاي فەودالدىق قوعامعا اينالدى. جەرى تالان ـ تاراجعا ۇشىراعان، تىرشىلىك رۋحى سۇرەڭسىزدەنىپ، جۇڭحۋا ۇلتى ىشكى جاقتا بۇلىنگەن، سىرتقى جاقتا شەتەل شاپقىنشىلىعىنا ۇشىراعان قارا تۇنەك جاعدايعا تاپ بولىپ، بۇرىن ـ سوڭدى بولىپ كورىلمەگەن اۋىر ازاپتى كۇندەردى باسىنان كەشتى. وسىنداي اۋىر ازاپتى كۇندەرگە ۇشىراپ كەلگەندە جۇڭگو حالقى ەشقاشان ەڭسەسىن ءيىپ، تىزە بۇكپەدى، قايتا، ەڭسەسىن تىكتەپ، ەرلىكپەن قارسىلىق كورسەتىپ، قاجىماس رۋحپەن، سان مايدان تاۋ ـ تاستى جاڭعىرتا كۇرەس جۇرگىزىپ، جان تەبىرەنتەرلىك تاريحي داستان جازدى. ۇلت تاۋەلسىزدىگىنە، حالىق ازاتتىعىنا قول جەتكىزىپ جانە مەملەكەتتى قۇدىرەتتەندىرىپ، حالىقتى باقىتقا كەنەلتتى. ءسويتىپ، جۇڭحۋا ۇلتىنىڭ ۇلى گۇلدەنۋىن جۇزەگە اسىرۋ تاياۋ زاماننان بەرگى جۇڭحۋا ۇلتىنىڭ ەڭ ۇلى ارمانىنا اينالدى.

1921 ـ جىلى جۇڭگو كوممۋنيستىك پارتياسى قۇرىلا سالا كوممۋنيزمدى جۇزەگە اسىرۋدى پارتيانىڭ ەڭ وسكەلەڭ مۇراتى جانە ەڭ سوڭعى نىساناسى ەتىپ، ادىلەت جولىندا

ەشتەڭەدەن تايىنباي، جوڭحۋا ۇلتىنىڭ ۇلى گۇلدەنۋىن جۇزەگە اسىرۋ سىندى تاريحي بورىشتى ارقالاپ، جاپالى دا ماشاقاتتى كۇرەس جۇرگىزدى. پارتيامىز حالىقتى ۇيىمداستىرىپ جانە باستاپ، اۋىل - قىستاق ارقىلى قالانى قورشاۋعا الۋ، بيلىكتى قارۋلى كۇشپەن تارتىپ الۋ سىندى دۇرىس توڭكەرىستىك جولدى تاۋىپ، 28 جىل قاندى شايقاس جاساپ، جاڭا دەموكراتيالىق توڭكەرىستى ورىنداپ، 1949 - جىلى جوڭحۋا حالىق رەسپۋبليكاسىن قۇرىپ، جوڭگونىڭ نەشە مىڭ جىلدىق فەودالدىق دارا بيلەۋشىلىك ساياسيدان حالىق دەموكراتياسىنا ٴوتۋ سىندى ۇلى شارىقتاۋدى جۇزەگە اسىردى؛ پارتيامىز حالىقتى ۇيىمداستىرىپ جانە باستاپ، سوتسياليستىك توڭكەرىستى ورىنداپ، سوتسياليستىك نەگىزگى ٴتۇزىمدى ورناتىپ، سوتسياليستىك قۇرىلىستى ىلگەرىلەتىپ، جوڭحۋا ۇلتىنىڭ تاريحتان بەرگى ەڭ كەڭ كولەمدى، تەرەڭ قوعامدىق وزگەرىسىن ورىنداپ، زامانىمىزداعى جوڭگونىڭ بارلىق جاقتان دامۋى مەن العا باسۋىنا ٴتۇبىرلى ساياسي العى شارت جانە تۇزىمدىك نەگىز ازىرلەپ، جوڭحۋا ۇلتىنىڭ تاياۋ زامانداعى ۇزدىكسىز قۇلدىراۋداي تاعدىرىن تۇبەگەيلى وزگەرتۋگە، ٴورتىس گۇلدەنىپ - كوركەيىپ، باي دا قۋدىرەتتى بولۋعا بەتالعان ۇلى شارىقتاۋىن جۇزەگە اسىردى؛ حالىقتى ۇيىمداستىرىپ جانە باستاپ، رەفورما جاساپ، ەسىك اشۋ سىندى تىڭ دا ۇلى توڭكەرىستى جۇرگىزىپ، مەملەكەت پەن ۇلتتىڭ دامۋىنا تۇساۋ بولاتىن ٴارقانداي يدەيالىق جانە تۇزىمدىك كەدەرگىلەردى الاستاپ، جوڭگوشا سوتسياليزم جولىن اشىپ، جوڭگونى داۋىرگە ىلەسىپ، ارشىندى قاداممەن العا باسۋ ۇمتىلدىرىپ، جوڭحۋا ۇلتىنىڭ قۇدىرەتتى ومىرشەڭدىك قۋاتىن ايگىلەدى.

تاياۋ زامانان بەرى شينجياڭداعى ٴار ۇلت حالقى بۇكىل ەلدەگى ٴار ۇلت حالقىمەن بىرگە ۇيىمداستىپ، شەتەل شاپقىنشىلارىنا قارسى كۇرەسىپ، بولشەكتەۋشىلەرگە قارسى تۇرىپ، مەملەكەتتىڭ بىرلىگى مەن تەرريتوريا تۇتاستىعىن باتىل قورعاپ، جان بەرەنتەرلىك كۇرەس رۋحى مەن ىزگى ىستەرىن قالدىردى. 1949 - جىلى شينجياڭ بەيبىت ازات بولدى، 1955 - جىلى شينجياڭ ۇيعۇر اۆتونوميالى رايونى قۇرىلدى. جوڭگو كوممۋنيستىك پارتياسىنىڭ باسشىلىعىمەن شينجياڭداعى ٴار ۇلت حالقى بۇكىل ەل حالقىمەن بىرگە ىنتىماقتاسا كۇرەس جۇرگىزدى، شينجياڭ تاريحتاعى ەڭ جاقسى گۇلدەنۋ، امۋ مەزگىلگە قادام تاستادى. رەفورمالاۋ، ەسىك اشۋدان بەرى، اسىرەسە، پارتيا 18 - قۇرىلتايىنان كەيىن شي جينپيڭ جولداستى ۇيتقى ەتكەن پارتيا ورتالىق كوميتەتى ستراتەگيالىق جاقتان شينجياڭ قىزمەتىن قاداعالاپ جانە جوسپارلاپ، شينجياڭنىڭ قوعام

ءۇرنىقتىلىعى مەن باياندى تىنىشتىعىن جوزەگە اسىرۋ باس نىساناسىن قورعاۋعا كەپىلدىك ەتىپ، ىنتىماقتى، جاراسىمدى، گۇلدەنگەن، باي، وركەنيەتتى، العا باسقان، تىنىش، شات ـ شادىمان ءومىر كەشكەن جوڭگوشا سوتسياليستىك شينجياڭ قۇرۋعا قولشىنۋعا جەتەكشىلىك ەتتى. قاجىماي ـ تالماي قولشىنۋ ارقىلى شينجياڭدا جالپى جاعداي ورنىققان، جاعداي مەڭگەرىلگەن، بەتالىس جاقسارعان اۋقىم جارىققا شىقتى، ءار ۇلت بۇقاراسىنىڭ تابىس سەزىمى، باقىت سەزىمى، حاۋىپسىزدىك سەزىمى كورنەكتى كوشەيدى؛ شينجياڭنىڭ ەكونوميكاسى ءورتىس، تەز دامىپ، ەگىن، مال شارۋاشىلىعىنىڭ وسىزاماندانۋ دەڭگەيى جىپپاي جوعارىلاپ، كەمەلدى، وسى زامانعى ونەركاسىپ جۇيەسى قۇرىلىپ، وسى زامانعى زات اينالىمى كاسىبى، ساياحات كاسىبى سياقتىلار جاڭا ارتۋ تۇيىنىنە اينالدى؛ قوعامدىق ىستەر جىپپاي العا باستى، مىندەتتى وقۋ ـ اعارتۋ تەگىن جالپىلاستى، قوعامدىق قامتاماسىزداندىرۋ جۇيەسى ۇزدىكسىز كەمەلدەندى، ەمدەۋ ـ دەنساۋلىق ساقتاۋ شارت ـ جاعدايى بارىنشا جاقساردى، قالا ـ اۋىل تۇرعىندارىنىڭ دەنساۋلىق ورەسى ۇزدىكسىز جوعارىلادى؛ از ۇلتتاردىڭ تاڭداۋلى ءداستۇرلى مادەنيەتى قورعالدى جانە ساۋلەلەندىرىلدى، «ون ەكى مۇقام»، «ءماشىراپ» سياقتىلار دۇنيە جۇزىلىك بەيزاتتىق مادەنيەت مۇراسى تىزىمدىگىنە ەندى، قالا ـ اۋىلدى قامتىعان الەۋمەتتىك مادەنيەت قىزمەت وتەۋ تورابى نەگىزىنەن قۇرىلدى. پارتيانىڭ ۇلت ساياساتى مۇقيات تياناقتاندىرىلدى، ۇلتتىق وڭىرلىك اۆتونوميا ءتۇزىمىنىڭ ابزالدىلىعى تولىق ساۋلەلەندىرىلدى، ءار ۇلت بۇقاراسىنىڭ زاڭدى ۇقىق ـ مۇددەسى شىنايى قامتاماسىزداندىرىلدى؛ تەرەزەسى تەڭ، ىنتىماقتى، قارايلاسىمدى، جاراسىمدى سوتسياليستىك نەگىزگى ۇلت قاتىناسى ۇزدىكسىز بەكەمدەلىپ جانە دامىپ، ءار ۇلت حالقى انارداي دانىندەي تىعىز ۇيىستى؛ شينجياڭنىڭ ءدىن قاتىناسى جاراسىمدى بولدى، ءدىني سەنىم بوستاندىعىنا شىنايى قامتاماسىز ەتىلدى. شينجياڭ جالپى تۇلعالىق جاقتان كەدەيلىكتەن دوڭگەلەك داۋلەتتىلىككە دەيىنگى سەكىرۋدى جوزەگە اسىرىپ، جاپپاي دوڭگەلەك داۋلەتتى قوعام ورناتۋ نىساناسىنا قاراي ارشىندى قادام تاستادى.

ءجۇز شاقىرىمدىق جولدىڭ توقسان شاقىرىمىن باسساڭ دا ءالى جولدامىن دەپ ءبىل دەگەن. قازىر ءبىز ءارقانداي تاريحي كەزەڭمەن سالىستىرعاندا، جوڭحۋا ۇلتىنىڭ ۇلى گۇلدەنۋىن جوزەگە اسىرۋ نىساناسىنا اناعۇرلىم جاقىنداي تۇستىك، وسىنداي كەزەڭدە ءار ءتۇرلى جاۋ كۇشتەر جانتالاسا كەدەرگى جاساپ، بۇلدىرمەي قويمايدى. كەزەكتە شينجياڭ ءالى دە زورلىقتى كۇش لاڭكەستىك ارەكەتتەرىنىڭ تەبىنەۋ مەزگىلىندە، بولشەكتەۋشىلىككە

قارسى تۇرۋ كۇرەسىنىڭ شيەلەنىستى مەزگىلىندە، كىرىسىپ ەمدەۋدىڭ تولعاقتى مەزگىلىندە تۇرعاندىعىن، ۇلتتىق بولشەكتەۋشىلىك يدەياسىنىڭ ٴالى دە ٴومىر ٴسۇرىپ وتىرعاندىعىن، «پانتۇركيزمدىك» ۇلت كوزقاراسىنىڭ ىقپالى تەرەڭ ەكەندىگىن، «ٴپانىسلاميزم» جونىندەگى مويىنداۋى ٴبىرشاما كورنەكتى ەكەندىگىن، ٴدىني ۇشقارى يدەيانىڭ ۇتى ٴالى الاستالماعاندىعىن، بۇلاردىڭ ٴبارى ادامداردىڭ مەملەكەتتى شىنايى مويىنداۋ سەزىمىن اۋىر دارەجەدە كۇڭگىرتتەندىرىپ، سەتىنەتەتىندىگىن، العا باسۋ قادامىمىزعا كەدەرگى بولاتىندىعىن كورە ٴبىلۋىمىز كەرەك. اسىرەسە، تاريحي ماسەلەلەردە «ٴۇش ٴتۇرلى كۇش» قاتە كوزقاراستاردى ۇزاق ۋاقىت تاراتىپ، ادامداردىڭ يدەياسىن اۋىر دارەجەدە ٴبۇلدىردى. ٴبىز مىنانى سەرگەكتىكپەن كورە ٴبىلۋىمىز كەرەك: تاريحي ماسەلە — كەلەلى ساياسي پرينسيپتىك ماسەلە، ٴسوز جوق، شينجياڭ تاريحىن دۇرىس تانىپ، تاريحي شىندىقتى قالپىنا كەلتىرىپ، قاتە تانىمدى جويىپ، دۇرىس كوزقاراس ورناتىپ، پارىقتاۋ قابىلەتىن جوعارىلاتۋ كەرەك. شينجياڭنىڭ تاريحي ماسەلەلەرىندە ورىن تەۋىپ وتىرعان قاتە كوزقاراستار مەن قاتە ىنسايلارعا باتىل قارسى تۇرىپ، توركىنىن تۇزەپ، قاينارىن اداقتاپ، ىرتاق تانىم ۇيىستىرىپ، شينجياڭنىڭ قوعام ورنىقتىلىعىن قورعاۋدىڭ جانە باياندى ىنىشتىعىن جۇزەگە اسىرۋدىڭ يدەيالىق ـ ساياسي نەگىزىن بەكەمدەۋ كەرەك.

جوڭحۋا ۇلتىنىڭ ۇلى گۇلدەنۋى سىندى جوڭگو ارمانىن جۇزەگە اسىرۋ، جوڭگوشا سوتسياليستىك شينجياڭ قۇرۋ ٴۇشىن ٴار ۇلت كادر ـ بۇقارالارى، ٴسوز جوق، جوڭگو كوممۋنيستىك پارتياسىنىڭ باسشىلىعىنا تاباندى بولۋى كەرەك. ساياسي تانىمىن، جالپى جاعداي تانىمىن، ۇيتقىلىق تانىمىن، قاتار تۇزەۋ تانىمىن بەرىك ورناتىپ، باس شۋجي شي جينپيڭنىڭ پارتيا ورتالىق كوميتەتىندەگى ۇيتقىلىق ورنىن، بۇكىل پارتياداعى ۇيتقىلىق ورنىن، پارتيا ورتالىق كوميتەتىنىڭ بەدەلىن جانە ورتالىقتانعان ٴبىر تۇتاس باسشىلىعىن باتىل قورعاۋ كەرەك. شي جينپيڭ جاڭا ٴداۋىر جوڭگوشا سوتسياليزم يدەياسىن ىشكەرىلەي ۇيرەنىپ، دايەكتىلەندىرىپ، جاڭا داۋىردەگى پارتيانىڭ شينجياڭدى جونگە سالۋ جالپى جوباسىن ۇيرەنىپ، دايەكتىلەندىرىپ، شينجياڭ قىزمەتى باس نىساناسىن بەرىك تياناقتاندىرىپ، مەملەكەتتىڭ ٴبىر تۇتاستىعىن باتىل قورعاپ، ۇلتتىق بولشەكتەۋشىلىككە باتىل قارسى تۇرۋ كەرەك. ۇلى وتاندى، جوڭحۋا ۇلتىن، جوڭحۋا مادەنيەتىن، جوڭگو كوممۋنيستىك پارتياسىن، جوڭگوشا سوتسياليزمدى شىنايى مويىنداۋىن سانالى كۇشەيتىپ، سوتسياليستىك وزەكتى قۇن كوزقاراسىن كۇش سالا

جەتىلدىرىپ جانە امالياتتان وتكىزىپ، حانزۋلار از ۇلتتاردان ايرىلمايتىن، از ۇلتتار حانزۋلاردان ايرىلمايتىن، ٴارقايسى از ۇلتتار ٴوزارا ٴبىر ـ بىرىنەن ايرىلمايتىن يدەياني بەرىك ورناتىپ، جوڭحۋا ۇلتى ورتاق تۋلعا تانىمىن قالىپتاستىرۋ كەرەك. ماركسيزمدىك مەملەكەت كوزقاراسىن، تاريح كوزقاراسىن، ۇلت كوزقاراسىن، مادەنيەت كوزقاراسىن، ٴدىن كوزقاراسىن بەرىك ورناتىپ، «ٴبىز بارلىعىمىز جوڭگولىقپىز»، «وتانىمىز ــ جوڭگو»، «ۇلتىمىز ــ جوڭحۋا ۇلتىنا ٴتان»، «ٴبىزدىڭ مادەنيەتىمىز ــ جوڭحۋا مادەنيەتى»، «ٴبىزدىڭ ورتاق مۇددەمىز ــ جوڭحۋا ۇلتىنىڭ ۇلى گۇلدەنۋى سىندى جوڭگو ارمانىن جۇزەگە اسىرۋ» دەگەندى باستان ـ اياق ەستە بەرىك ساقتاۋ كەرەك.

«شىرقاسىمەن اتەشتىڭ، نۇرلاندى استى اسپانىنىڭ، ٴان ـ كۇيىنە بار ۇلتتىڭ، يۇيتيان سارى قوسقان ٴۇن». ۇزاق تاريحي بارىستا شينجياڭ وتان قۇشاعىندا ۇدىرە العا تارتىپ، ەسىپ ـ ەرجەتتى. جاڭا تاريحي باستامادا شينجياڭداعى ٴار ۇلت ۇلانداري بۇكىل جوڭحۋا ۇلاندارىمەن بىرگە كورىكتى شينجياڭ قۇرىپ، وتان ارمانىن بىرگە جۇزەگە اسىرىپ، وشپەس ەڭبەك جاراتىپ، ايبىندى داستان جازدى!

قۇراستىرىپ جازۋ گرۋپپاسى

2020 ـ جىل، 4 ـ اي

سوڭعى ٴسوز

بۇل كىتاپتى قۇراستىرىپ جازۋعا قاتىناسقاندار: مىڭ نان، ما پين - يان، تيان ۋيجياڭ، جيا سۇڭجياڭ، گاي جينۋي، جاڭ ليجۋان، لي يۋان - بين، لي جيانجۇن، سۋ كۇيجۇن، زۋو حۇڭۋي، يان سۇنتيڭ، سۋ ۋىنيۇي، حى رۇڭ، ليۋ حاييان، ساۋ مىڭ، ٴماي يۇيحۋا، ديڭ يا - ۋىن، يۇي جيۇڭ، لي ۋىنيىڭ، تالەت وبىل، ٴادىل ابىلەز، يان شۋەمي، شۇي چاڭچۇن، ۋ چاڭجۇن، سۇن حاۋ، لي چياڭ، لي شياۋبيڭ، جاڭ دىرۇي، جاڭ حىڭ، ليۋ گوچياڭ، ليۋ حۇي، جوۋ ۋينيان، ۋاڭ يۇڭجى، لي كىفىڭ قاتارلى جولداستار. شۇي گۇيشياڭ جولداس قۇراستىرىپ جازۋ قىزمەتىنە ٴارى جالپى وقىپ شىعۋعا جاۋاپتى بولدى.

شينجياڭ قوعامدىق عىلىم اكادەمياسى، شينجيڭ داشۋە، شينجياڭ شىفان داشۋە، شينجياڭ مۇراجايى، شينجياڭ مادەني جادىگەرلىكتەر مەكەمەسى، شينجياڭ 2 - ولشەۋ - سىزۋ مەكەمەسى، جۇڭگو قاريتا باسپاسى، شينجياڭ حالىق باسپاسى، شينجياڭ جاستار - ورەندەر باسپاسى، شينجياڭ مادەنيەت باسپاسى قاتارلى مەكەمەلەر بۇل كىتاپتى قۇراستىرىپ جازىپ، باسپادان شىعارۋعا زور قولداۋ كورسەتتى، وسى ورايدا راقمەت ايتامىز.

بۇل كىتاپتى قۇراستىرىپ جازۋشىلاردىڭ ماعلۇمات ورەسى شەكتى بولعاندىقتان، كىتاپتا ولقىلىقتار بولۋى مۇمكىن، سوندىقتان، سىندى پىكىر ايتىپ تۇزەتۋ بەرۋىن قارسى الامىز. بۇل كىتاپتىڭ سۋرەتىندە باسپا ۇقىعىنا ساياتىن ماسەلە بولسا، قاتىستى ىستەردى اۆتورمەن جانە باسپامەن بايلانىس جاساپ شەشۋدى ٴۇمىت ەتەمىز!

قۇراستىرىپ جازۋ گرۋپپاسى

2020 - جىل، 4 - اي

قوسىمشا:

كىتاپتاعى قارتالاردىڭ قازاقشا اۋدارماسى

1 ـ تاراۋداعى قارتالاردىڭ قازاقشا اۋدارماسى

西汉时期全图	باتىس حان پاتشالىعى كەزەڭىندەگى جالپى قارتا
康居	قاڭلى
大宛	داۋان
大月氏	ۇلى روۋجىلار
大夏	باكتريا
印度河	يندى وزەنى
乌孙	ۇيسىن
巴尔喀什湖	بالقاش كولى
呼揭	حاگات
葱岭	كوگارت
喀什	قاشقار
疏勒	شۋرەك
塔里木河	تارىم وزەنى
库车	كۇشار
西域	باتىس ءوڭىر
于阗	ۇدۋن
和田南	حوتاننىڭ تۇستىگى
鄯善	پىشامشان
若羌	چارقىلىق
玉门关	يۇيمىنگۋان
轮台东	لۇنتايدىڭ شىعىسى
龟兹	كۇسان

西域都护府	باتىس ءوڭىر باسقاقتىعى
敦煌	دۋنحۋاڭ
酒泉	جيۋچۋان
张掖	جاڭيە
武威	ۋ - ۋي
坚昆	كەنگۇن
丁令	دەڭلەڭ
北海	تەرىستىك تەڭىز
黄河	حۋاڭحى وزەنى
朔方	شوفاڭ
匈奴	عۇن
燕然山	ونەن تاۋى
单于庭	ءتاڭىرقۇت ورداسى
贝加尔湖	بايقال كولى
身毒	سيندۋ
恒河	گانگ وزەنى
孟加拉湾	بەنگال شىعاناعى
唐旄	تاڭماۋ
发羌	فاچياڭ
哀牢	ايلاۋ
滇国	ديانگو
夜郎	يەلياڭ
南海	نانحاي تەڭىزى
广州	گۋاڭجوۋ
南海	وڭتۇستىك تەڭىز

海南岛	حاينان ارالى
台湾岛	تايۋان ارالى
长沙国	چاڭشاگو
马王堆墓	ماۋاڭدۇي مولاسى
长安	چاڭ - ان
西安西北	شي - اننىڭ باتىس تەرىستىگى
蜀郡	شۋ ايماعى
成都	چىڭدۋ
西汉	باتىس حان پاتشالىعى
长江	چاڭجياڭ دارياسى
河水	حىشۇي وزەنى
代郡	دايجۇن
蔚县东北	يۇيشيان اۋدانىنىڭ شىعىس تەرىستىگى
河水.	حىشۇي وزەنى
江水	جياڭشۇي وزەنى
淮水河	حۋايشۇي وزەنى
淮河	حۋايحى وزەنى
会稽	كۋايجي
苏州	سۋجوۋ
黄海	حۋاڭحاي تەڭىزى
东海	دۇڭحاي تەڭىزى
鲜卑	سيانبي
乌桓	اعۋان
夫余	فۋيۇي

黑龙江	حيلۇڭجياڭ وزەنى
弱水	روشۋي وزەنى
渤海	بوحاي تەڭىزى
肃慎	سۋشەن
沃沮	ۋوجۋي
日本海	جاپون تەڭىزى
倭	جاپون
太平洋	تىنىق مۇحيت
萨哈林岛（库页岛）	ساحالين ارالى (كۋيە ارالى)
咸海	ارال تەڭىزى
西汉	باتىس حان پاتشالىعى
南海	نانحاي تەڭىزى
台湾岛	تايۋان ارالى
广州	گۋاڭجوۋ
海南岛	حاينان ارالى
都城	استانا
郡级住所	ايماق دارەجەلى بيلىك ورتالىعى
其他居民地	باسقا ەلدى مەكەندەر
政权部族界	بيلىك،ۇلىس شەكاراسى
西汉时期中国各族活动范围	باتىس حان پاتشالىعى كەزەڭىندەگى جۇڭگو ەتنوستارىنىڭ قيمىل كولەمى
未定	بەلگىلەنبەگەن
今国界	قازىرگى مەملەكەت شەكاراسى
注：图内棕色注记和符号为今内容	ەسكەرتۋ: قارىتاداعى قوڭىر بوياۋلى ەسكەرتپە مەن تاڭبالار قازىرگى مازمۇندى بىلدىرەدى

班超经营西域示意图	بان چاۋدىڭ باتىس ٶڭىردى جامعارعانىن كورسەتەتىن سىحەما
大宛	داۋان
乌孙	ٷيسىن
喀什	قاشقار
疏勒	شۋرەك
甘英出使大秦	گان يىڭنىڭ داكچينگە ەلشىلىك ساپارى
97年	97 ـ جىل
西域	باتىس ٶڭىر
于阗	ۋدۋن
和田	حوتان
73年	73 ـ جىل
葱岭	كوگارت
西域都护府	باتىس ٶڭىر باسقاقتىعى
91年	91 ـ جىل
它乾城	تاچيان قالاسى
塔里木河	تارىم وزەنى
鄯善	پىشامشان
若羌	چارقىلىق
南山	نانشان
乌鲁木齐	ٷرىمجى
北山	بەيشان
龟兹	كۋسان
库车	كۋتار
94年	94 ـ جىل
北匈奴	سولتۇستىك عۇن

伊吾卢	ٴۇبىر
哈密西	قۇمىلدىڭ باتىسى
玉门关	يۇيمىنگۋان
阳关	ياڭگۋان
羌	چياڭ
西海	باتىس تەڭىز
青海湖	چيڭحاي كولى
陇西	لوڭشي
临洮	ليڭتاۋ
河水	حىشۇي وزەنى
敦煌郡	دۇنحۋاڭ ايماعى
居延泽	گايان كولى
南匈奴	وڭتۇستىك عۇن
东汉	شىعىس حان پاتشالىعى
黄河	حۋاڭحى وزەنى
河水	حىشۇي وزەنى
73年	73 ـ جىل
洛阳	لوياڭ
渤海	بوحاي تەڭىزى
渤海	بوحاي تەڭىزى
黄河	حۋاڭحى وزەنى
河水	حىشۇي وزەنى
都城	استانا
郡级住所	ايماق دارەجەلى بيلىك ورتالىعى
其他居民地	باسقا ەلدى مەكەندەر

注：图内棕色注记和符号为今内容	ەسكەرتۋ: قارىتاداعى قوڭىر بوياۋلى ەسكەرتپە مەن تاڭبالار قازىرگى مازمۇندى بىلدىرەدى

西域都护府	**باتىس ٴوڭىر باسقاقتىعى**
锡尔河	سىر داريا
康居	قاڭلى
郅支城	تەزەك قالاسى
都赖水	تالاس وزەنى
大宛	داۋان
休循	حۋرۇن
大月氏	ۇلى روۋجىلار
大夏	باكتريا
喷赤河	پيانج وزەنى
帕米尔	پامير
葱岭	كوگارت
无雷	مۋلۇر
贵山城	كاسان قالاسى
郁城	يۇكزەڭ
捐毒	ۋانۇك
疏勒	شۋرەك
乌孜别里山口	ۇزبەلى تاۋ ساعاسى
莎车	ياركەن
莎车	ساكا
蒲犁	بالىر
乌秅	اداق

难兜	ناندو
皮山	پاسان
昆仑山	كۇنلۇن تاۋى
于阗	ۇدۇن
西域	باتىس ٶڭىر
精绝	سەڭزۇت
精绝	سەڭزۇت
扜弥	ۋاعمە
渠勒	قاعىلىق
戎卢	نۇملا
且末	سامۋت
且末	چەرچەن
小宛	ەندەرە
鄯善	پىشامشان
扜泥	ۋاعنە
婼羌	روچياڭ
阿拉木图	الماتى
伊塞克湖	ىستىقكول
乌孙	ٷيسىن
阗池	ديانچى
天山山脉	تيانشان تاۋ سىلەمى
温宿	ۋىنسۇع
温宿	ونسۋ
尉头	ۇردو
南城	نانچىڭ

姑墨	گامۋك
西域都护府	باتىس ٴوڭىر باسقاقتىعى
伊犁河	ىلە وزەنى
西汉	باتىس حان پاتشالىعى
赤谷城	چەكۋك قالاسى
西域都护府	باتىس ٴوڭىر باسقاقتىعى
龟兹	كۋسان
延城	يانكەنت
乌垒	الۋي
阿拉胡	الاكول
阿拉山口	الاتاۋ ساعاسى
乌贪訾离	اتىمزەلا
乌鲁木齐	ٴۇرىمجى
车师后国	ارتقى جۋيشى ەلى
蒲类后国	كەيىنگى بارىس ەلى
蒲类	بارىس
天山	تيانشان تاۋى
车师前国	الدىڭعى جۋيشى ەلى
山国	تاۋ ەلى
渠犁	قاعلى
罗布泊	لوبنور
冥泽	ميڭزى
玉门关	يۋمىنگۋان
阳关	ياڭگۋان
氐置水	شىجى وزەنى

敦煌郡	دۋنحۋاڭ ايماعى
凉州	لياڭجوۋ
籍端水	جيدۋان وزەنى
蒲昌海	پۋچاڭ كولى
尔齐斯河	ەرتىس وزەنى
斋桑湖	زايسان كولى
呼揭	حاگات
阿尔泰山脉	التاي تاۋ سىلەمى
匈奴	عۇن
巴尔喀什湖	بالقاش كولى
郡级住所	ايماق دارەجەلى بيلىك ورتالىعى
其他居民地	باسقا ەلدى مەكەندەر
政权部族界	بيلىك، ۇلىس شەكارالارى
未定	بەلگىلەنبەگەن
今国界	قازىرگى مەملەكەت شەكاراسى
注:图内棕色注记和符号为今内容	ەسكەرتۋ: قارىتاداعى قوڭىر بوياۋلى ەسكەرتپە مەن تاڭبالار قازىرگى مازمۇندى بىلدىرەدى

古丝绸之路线示意图	بايىرعى جىبەك جولىنىڭ سىحەماسى
欧洲	ەۆروپا
大秦(罗马帝国)	داكچين (ريم يمپەرياسى)
地中海	جەر ورتا تەڭىزى
黑海	قارا تەڭىز
西亚	باتىس ازيا
安条克	انتيوحيا

安塔基亚	انتاكيا
条支	تازي
犁靬	ورىم
亚历山大	الەكساندريا
非洲	افريكا
红海	قىزىل تەڭىز
阿拉伯半岛	اراب تۇبەگى
巴格达	باعدات
塞琉西亚	سەلەۆكي اۋلەتى
安息（帕提亚）	انشي (پارفيا)
亚洲	ازيا
里海	كاسپي تەڭىزى
奄蔡	اورس (ابزوي)
中亚	ورتا ازيا
康居	قاڭلى
大宛	داۋان
大月氏	ۇلى رووجىلار
大夏	باكتريا
乌孙	ۇيسىن
疏勒	شىرەك
葱岭	كوگارت
于阗	ۇدۇن
昆仑山	كۇنلۇن تاۋى
南山	نانشان
西羌	باتىس چياڭ

南亚	وڭتۇستىك ازيا
身毒	سيندۋ
阿拉伯海	اراب تەڭىزى
印度半岛	يندى تۇبەگى
孟加拉湾	بەنگال شىعاناعى
北山	بەيشان
轮台东	بۇگىردىڭ شىعىسى
西域都护府	باتىس ٴوڭىر باسقاقتىعى
和田南	حوتاننىڭ تۇستىگى
天山	تيانشان تاۋى
玉门关	يۇيمىنگۋان
匈奴	عۇن
鄯善	پىشامشان
若羌	چارقىلىق
阳关	ياڭگۋان
敦煌	دۇنحۋاڭ
河西走廊	حىشي دالىزى
西域	باتىس ٴوڭىر
长安	چاڭ - ان
西安西北	شي - اننىڭ باتىس تەرىستىگى
注：图内棕色注记和符号为今内容	ەسكەرتۋ: قارىتاداعى قوڭىر بوياۋلى ەسكەرتپە مەن تاڭبالار قازىرگى مازمۇندى بىلدىرەدى

2 ـ تاراۋداعى قارىيتالاردىڭ قازاقشا اۋدارماسى

三国时期全图(262年)	ءۇش پاتشالىق كەزەڭىندەگى جالپى قارىيتا (262 ـ جىل)
咸海	ارال تەڭىزى
康居	قاڭلى
伊列	ىلە
大宛	داۋان
大月氏	ۇلى روۋجىلار
天竺	ديمدۋ
葱岭	كوگارت
塔里木河	تارىم وزەنى
乌孙	ءۇيسىن
巴尔喀什湖	بالقاش كولى
匈奴	عۇن
坚昆	گەنگۇن
丁令	دەڭلەڭ
鲜卑	سيانبي
贝加尔湖	بايقال كولى
西域长史府	باتىس ءوڭىر زۇرعاندىعى
罗布泊西	لوبنوردىڭ باتىسى
印度河	يندى وزەنى
恒河	گانگ وزەنى
扭袂	جامەي
孟加拉湾	بەنگال شىعاناعى
剽国	پيۋ ەلى

发羌	فاچياڭ
凉州	لياڭجوۋ
武威	ۋ ـ ۋي
汉中	حانجوڭ
成都	چڭدۋ
南中	نانجوڭ
蜀	شۋ ەلى
吴	ۋ ەلى
交州	جياۋجوۋ
广州	گۋاڭجوۋ
山越	شانيۋە
章安	جاڭ ـ ان
朱崖洲	جاۋياجوۋ
海南岛	حاينان ارالى
南海	وڭتۇستىك تەڭىز
涨海	جاڭحاي
夷洲	ي ـ جوۋ
台湾岛	تايۋان ارالى
琉球群岛	ليۋچيۋ توپ ارالى
太平洋	تىنىق مۇحيت
东海	دۇڭحاي تەڭىزى
黄海	حۋاڭحاي تەڭىزى
渤海	بوحاي تەڭىزى
本州岛	حونسيۋ ارالى
马韩	ماحان

辰韩	چىنحان
乐浪郡	لىلاڭ ايماعى
高句丽	كوچۋرە
挹娄	ي - لوۋ
夫余	فۋيۋي
魏	ۋي ەلى
并州	بيڭجوۋ
日本海	جاپون تەڭىزى
官渡	گۋاندۋ
许昌	شۋيچاڭ
隆中	لۋڭجوڭ
建业（南京）	جيان - يە (نانجيڭ)
长江	چاڭجياڭ دارياسى
夷陵	يلىڭ
赤壁	چىبەي
洛阳（洛阳东）	لوياڭ (لوياڭنىڭ شىعىسى)
羌胡	چياڭحۋ
河水	حىشۋي وزەنى
黄河	حۋاڭحى وزەنى
黑龙江	حىلوڭجياڭ وزەنى
乌苏里江	ۋسسۋري وزەنى
弱水	روشۋي وزەنى
萨哈林岛（库页岛）	ساحالين ارالى (كۋيە ارالى)
鄂霍次克海	وحوتسك تەڭىزى
克什米尔	كاشمير

朱崖洲	جۋياجوۋ
海南岛	حاينان ارالى
林邑	لين - ي
扶南	فۋنان
南海	نانحاي
涨海	جاڭحاي
台湾岛	تايۋان ارالى
吴	ۋ ەلى
夷洲	ي - جوۋ
都城	استانا
州级驻所	ايماق دارەجەلى بيلىك ورتالىعى
其他居民地	باسقا ەلدى مەكەندەر
政权部族界	بيلىك، ۇلىس شەكارالارى
三国时期中国各族活动范围	ءۇش پاتشالىق كەزەڭىندەگى جوڭگو ۇلتتارىنىڭ قيمىل كولەمى
未定	بەلگىلەنبەگەن
今国界	قازىرگى مەملەكەت شەكاراسى
注：国内棕色注记和符号为今内容	ەسكەرتۋ: قارىتاداعى قوڭىر بوياۋلى ەسكەرتپە مەن تاڭبالار قازىرگى مازمۇندى بىلدىرەدى

东晋十六国时期全图(382年)	شىعىس جين، 16 ەل كەزەڭىندەگى جالپى قارىتا (382 - جىل)
咸海	ارال تەڭىزى
大宛	داۋان
疏勒	شۋلەك
葱岭	كوگارت

乌孙	ٴۇيسىن
巴尔喀什湖	بالقاش كولى
匈奴	عۇن
龟兹	كۇسان
塔里木河	تارىم وزەنى
于阗	ۇدۇن
鄯善	پىشامشان
印度河	يندى وزەنى
天竺	ديمدۋ
恒河	گانگ وزەنى
女国	قىز ەلى (سۋۋارناگوترا)
象雄	شياڭشيۋڭ
宝髻	باۋجي
孙波	سۇنبو
西凉	باتىس لياڭ
北凉	سولتۇستىك لياڭ
前凉	الدىڭعى لياڭ
后凉	سوڭعى لياڭ
南凉	تۇستىك لياڭ
土谷浑	تۇيعۇن
西秦	باتىس چين
前赵	الدىڭعى جاۋ
后秦	سوڭعى چين
长安	چاڭ ـ ان
长安西北	چاڭ ـ اننىڭ باتىس تۇستىگى

前秦	الدىڭعى چين
前燕	الدىڭعى يان
后赵	سوڭعى جاۋ
后燕	سوڭعى يان
南燕	تۇستىك يان
河水	حىشۇي وزەنى
黄河	حۋاڭحى وزەنى
夏	شيا
鲜卑	سيانبي
北燕	سولتۇستىك يان
渤海	بوحاي تەڭىزى
寿春	شوۋچۇن
建康	جيانكاڭ
南京	نانجيڭ
东晋	شىعىس جين
成(汉)	چىڭ (حان)
广州	گۋاڭجوۋ
契丹	قىتان
柔然	روۋران
高车	قاڭعا
契骨	قىرعۇت
长江	چاڭجياڭ درياسى
夫余	فۋيۇي
黑龙江	حيلۇڭجياڭ وزەنى
寇漫汗	كوۋمانحان (كوۋمان حاندىعى)

挹娄	ي - لو
高句丽	كوچۋره
日本海	جاپون تەڭىزى
黄海	حۋاڭحاي تەڭىزى
东海	دوڭحاي تەڭىزى
太平洋	تىنىق مۇحيت
夷洲	ي - جوۋ
台湾岛	تايۋان ارالى
朱崖洲	جۋياجوۋ
海南岛	حاينان ارالى
孟加拉湾	بەنگال شىعاناعى
百济	پاكچە
新罗	سيللا
任那	ميمانا
南海	ناحاي تەڭىزى
广州	گۋاڭجوۋ
朱崖洲	جۋياجوۋ
扶南	فۋنان
林邑	لين - ي
南海	ناحاي تەڭىزى
涨海	جاڭحاي
萨哈林岛（库页岛）	ساحالين ارالى (كۋيە ارالى)
都城	استانالار
州级驻所	ايماق دارەجەلى بيلىك ورتالىعى

其他居民地	باسقا ەلدى مەكەندەر
政权部族界	بيلىك، ۇلىس شەكارالارى
东晋十六国时期中国各族活动范围	شىعىس جين، 16 ەل كەزەڭىندەگى جۇڭگو ەتنوستارىنىڭ قيمىل كولەمى
后秦	سوڭعى چين پاتشالىعى
十六国时期先后存在的其他政权	16 ەل كەزەڭىنىڭ الدى - ارتىندا ءومىر سۇرگەن باسقا بيلىكتەر
未定	بەلگىلەنبەگەن
今国界	قازىرگى مەملەكەت شەكاراسى
注：国内棕色注记和符号为今内容	ەسكەرتۋ: قارىتاداعى قوڭىر بوياۋلى ەسكەرتپە مەن تاڭبالار قازىرگى مازمۇندى بىلدىرەدى

3 - تاراۋداعى قارىتالاردىڭ قازاقشا اۋدارماسى

唐时期全图（669年）	تاڭ پاتشالىعى كەزەڭىنىڭ جالپى قارىتاسى (669 - جىل)
波斯	پارسى
阿姆河	امۋ داريا
乌浒河	وكسۇس وزەنى
锡尔河	سىر داريا
药杀水	ياكسارت وزەنى
咸海	ارال تەڭىزى
里海	كاسپي تەڭىزى
夷播海	يبو كولى
巴尔喀什湖	بالقاش كولى
葱岭	كوگارت
龟兹	كۇسان

库车东	كۇشاردىڭ شىعىسى
塔里木河	تارىم وزەنى
葛逻禄	قارلىق
庭州	تيڭجوۋ
吉木萨尔北	جەمسارىنىڭ تەرىستىگى
安西都护府	انشي باسقاقتىعى
敦煌	دۇنحۋاڭ
吐蕃	ٴتۇبەت
逻些	لحاسا
拉萨	لحاسا
吐谷浑	تۇيعۇن
益州	ي - جوۋ
成都	چىڭدۋ
望部	ۋاڭبۋ
长安	چاڭ - ان
西安	شي - ان
洛州	لوحوۋ
洛阳	لوياڭ
襄州	شياڭجوۋ
扬州	ياڭجوۋ
杭州	حڭجوۋ
昌南镇	چاڭنان قالاشىعى
泉州	چۋانجوۋ
福州	فۋجوۋ
幽州	يوۋجوۋ

单于都护府	ٴتاڭىرقۇت باسقاقتىعى
和林格尔土城子	حورىنگىر ەسكى جۇرتى
突厥	تۇرك
安北都护府	انبەي باسقاقتىعى
哈尔和林西北	قاراقورىمنىڭ باتىس تەرىستىگى
结骨	كەرعۇر
骨利干	قۇرىقان
小海	شياۋحاي
贝加尔湖	بايقال كولى
望建河	ۋاڭجيان وزەنى
黑龙江	حيلۇڭجياڭ وزەنى
室韦	شىعۇي
靺鞨	مۇركەت
窟说部	قۇتقا ۇلىسى
萨哈林岛)库页岛(	ساحالين ارالى (كۇيە ارالى)
日本海	جاپون تەڭىزى
新罗	سيللا
日本	جاپون
渤海	بوحاي تەڭىزى
黄海	حۋاڭحاي تەڭىزى
东海	دۇڭحاي تەڭىزى
太平洋	تىنىق مۇحيت
流求	ليۋچيۋ
台湾岛	تايۋان ارالى
南海	نانحاي تەڭىزى

涨海	جاڭحاي تەڭىزى
海南岛	حاينان ارالى
林邑	لين - ي
真腊	كحمەر
骠国	پيۋ ەلى
恒河	گانگ وزەنى
天竺	ديمدۋ
印度河	يندى وزەنى
孟加拉湾	بەنگال شىعاناعى
广州	گۋاڭجوۋ
流求	ليۋچيۋ
台湾岛	تايۋان ارالى
林邑	لين - ي
真腊	كحمەر
南海	نانحاي تەڭىزى
唐	تاڭ پاتشالىعى
海南岛	حاينان ارالى
南海	نانحاي تەڭىزى
涨海	جاڭحاي تەڭىزى
南海	نانحاي ارالى
都城	استانالار
府、州级驻所	ايماق دارەجەلى بيلىك ورتالىعى
其他居民地	باسقا ەلدى مەكەندەر
政权部族界	بيلىك، ۇلىستاردىڭ شەكاراسى
唐时期中国各族活动范围	تاڭ پاتشالىعى كەزەڭىندەگى جۇڭگوداعى ەتنوستاردىڭ قيمىل كولەمى

未定	بەلگىلەنبەگەن
今国界	قازىرگى مەملەكەت شەكاراسى
注：图内棕色注记和符号为今内容	ەسكەرتۋ: قارىتاداعى قوڭىر بوياۋلى ەسكەرتپە مەن تاڭبالار قازىرگى مازمۇندى بىلدىرەدى

隋时期西域三郡图	سۇي پاتشالىعى كەزەڭىندەگى باتىس وڭىردەگى ٴۇش ايماقتىڭ قارىتاسى
轮台	بۇگىر
塔里木河	تارىم وزەنى
塔里木盆地	تارىم ويپاتى
北河	بەيحى وزەنى
鄯善郡	پىشامشان ايماعى
鄯善郡	پىشامشان ايماعى
库尔勒	كورلا
焉耆	اگىني
焉耆	قاراشار
敦薨水	دۇنحۇڭ وزەنى
敦薨薮	دۇنحۇڭسوۋ كولى
博斯腾湖	باعراش كولى
铁勒	تەلەك
笃进	دۋجين
托克逊	توقسۇن
高昌	گاۋچاڭ
白力	بايلي
鄯善	ٴپىشان

高昌	گاۋچاڭ
吐鲁番	تۇرپان
时罗漫山	شىرامانا تاۋى
且末郡	چەرچەن ايماعى
哈密	قۇمىل
柔远镇	روۋيۋان قالاشىعى
伊吾郡	ٴۇبىر ايماعى
敦煌郡	دۇنحۋاڭ ايماعى
玉门关	يۇيمىنگۋان
且末郡	چەرچەن ايماعى
常乐镇	چاڭلى قالاشىعى
敦煌	دۇنحۋاڭ
阳关	ياڭگۋان
阿尔金山脉	التىن تاۋ سىلەمى
三沙	ٴۇش قۇم
常乐	چاڭلى
晋昌城	جينچاڭ قامالى
玉门	يۇيمىن
玉门	يۇيمىن
党河	داڭحى وزەنى
隋	سۇي پاتشالىعى
西海郡	شيحاي ايماعى
茫崖	ماڭيا
柴达木盆地	سايدام ويپاتى
楚拉克阿拉干河	شولاقالاقان وزەنى

昆仑山	كۇنلۇن تاۋى
阿其克库勒	اچشىقكول
喀拉米兰河	قاراميران وزەنى
可可西里	كوكشىل
哈拉湖	قاراكول
罗布泊	لوبنور كولى
蒲昌海	پۋچاڭ كولى
郡级驻所	ايماق دارەجەلى بيلىك ورتالىعى
其他居民地	باسقا ەلدى مەكەندەر
隋时期设置的西域三郡	سۇي پاتشالىعى كەزەڭىندە باتىس وڭىردە قۇرىلعان ٴۇش ايماق
政权部族界	بيلىك، ۇلىس شەكاراسى
今国界	قازىرگى مەملەكەت شەكاراسى
注：图内棕色注记和符号为今内容	ەسكەرتۋ: قارىتاداعى قوڭىر ەسكەرتپە مەن تاڭبالار قازىرگى مازمۇندى بىلدىرەدى

安西都护府和北庭都护府	انشي باسقاقتىعى مەن بەسبالىق باسقاقتىعى
锡尔河	سىر دارياسى
药杀水	ياكسارت وزەنى
怛逻斯	تالاس وزەنى
石(城)	شاش (قالا)
东曹	شىعىس كەبۇت
突骑施	تۇرگەش
碎叶(托克马克)	سۇياب (توقماق)
碎叶水	سۇياب وزەنى

楚河	شۋ وزەنى
阿拉木图	الماتى
伊犁河	ىلە وزەنى
弓月城	كۇڭمت قامالى
伊宁	قۇلجا
北庭都护府	بەسبالىق باسقاقتىعى
夷播海	يبوحاي كولى
巴尔喀什湖	بالقاش كولى
阿拉湖	الاكول
安西都护府	انشي باسقاقتىعى
乌鲁木齐	ٴۇرىمجى
北庭都护府	بەسبالىق باسقاقتىعى
庭州	تيڭجوۋ دۋانى
吉木萨尔	جەمسارى
西州	شيجوۋ دۋانى
伊州	ي - جوۋ دۋانى
曳咥河	ەرتىس وزەنى
葛逻禄	قارلىق
斋桑湖	زايسان كولى
玄池	شۋانچى
曳咥河	ەرتىس وزەنى
多坦岭	تارتار اسۋى
金山	التىن تاۋ
白杨河	باياڭحى وزەنى
天山	تيانشان تاۋى

焉耆都督府	اگنى تۇتقىتىعى
赤河	قىزىل وزەن
玉河	قاش وزەنى
安西都护府	انشى باستاقتىعى
塔里木河	تارىم وزەنى
于阗镇	ۇدۇن بەكىنىسجايى
毗沙都护府	پيشا تۇتىعتىعى
叶尔羌河	ٴزاراپشان وزەنى
喝盘陀	كيرپانتا
帕米尔	پامير
葱岭	كوگارت
识匿	شۇعنان
喷赤河	پيانج وزەنى
吐火罗	توحار
护密	حۋمي
雪山	قارلى تاۋ
小勃律	كىشى بولور
大勃律	ۇلكەن بولور
印度河	يندى وزەنى
昆仑山脉	كۇنلۇن تاۋ سىلەمى
乌长	ۋديانا
吐蕃	ٴتۇبەت
失蜜	كاشمير
建驮罗	گاندارا
辛头河	سيندى وزەنى

播仙镇	بوشيان بەكىنىسجايى
图伦碛	تولۇن قۇمى
且末河	چەرچەن وزەنى
石城镇	تاسبالىق بەكىنىسجايى
蒲昌海	پۋچاڭ كولى
罗布泊	لوبنور كولى
疏勒都督府	شۇرەك تۇتىقتىعى
疏勒镇	شۇرەك بەكىنىسجايى
阳关	ياڭگۋان
沙州	شاجوۋ دۋانى
玉门关	يۇيمىنگۋان
甘泉水	گانچۋان وزەنى
大雪山	قارلى تاۋ
格尔木	قولمىتى
热海	رىحاي
伊塞克湖	ىستىقكول
真珠河	ٴىنجۋ وزەنى
拔汗那	فەرعانا
俱兰	قۇلان
比什凯克	بىشكەك
徙多河	سيتا وزەنى
郡级驻所	ايماق دارەجەلى بيلىك ورتالىعى
其他居民地	باسقا ەلدى مەكەندەر
政权部族界	بيلىك، ۇلىس شەكاراسى
未定	بەلگىلەنبەگەن

今国界	قازىرگى مەملەكەت شەكاراسى
注:图内棕色注记和符号为今内容	ەسكەرتۋ قارىتاداعى قوڭىر ەسكەرتپە مەن تاڭبالار قازىرگى مازمۇندى بىلدىرەدى

回鹘迁移路线示意图	بايىرعى ۇيعۇرلاردىڭ قونىس اۋدارۋ جولدارى سىحەماسى
拔汗那	فەرعانا
碎叶川	سۋياب وزەنى
碎叶	سۋياب
葛逻禄	قارلىق
夷播海	ىبو كولى
巴尔喀什湖	بالقاش كولى
额尔齐斯河	ەرتىس وزەنى
吉木萨	جەمسارى
北庭	بەسبالىق
乌鲁木齐	ۇرىمجى
龟兹	كۇسان
塔里木河	تارىم وزەنى
疏勒	شۋرەك
喀什	قاشقار
葱岭	كوگارت
帕米尔	پامىر
小勃律	كىشى بولىر
乌长	ۋديانا
乾陀罗	گاندحارا

箇失密	كاشمير
大勃律	ۇلكەن بولور
于阗	ۇدۇن
和田	حوتان
图伦碛	تولۇن قۇمى
焉耆	اگني
赤河	قىزىل وزەن
塔里木河	تارىم وزەنى
天竺	دىمدۋ
象雄	شياڭشيۋڭ
吐蕃	ٴتۇبەت
羊同	ياڭتۇڭ
羌塘	چياڭتاڭ
多弥	دومي
大非川	دافيچۋان
吐谷浑	تۇيعىن
兰州	لانجوۋ
灵州	لىڭجوۋ
凉州	لياڭجوۋ
甘州	گانجوۋ
肃州	سۋجوۋ
瓜州	گۋاجوۋ
沙州	شاجوۋ
伊州	ي - جوۋ دۋانى

哈密	قۇمىل
西州	شيجوۋ دۋانى
高昌	گاۋچاڭ
天德军	تەندۇك الايى
振武节(度使)	چىن - ۋ تەجەۋىلدىگى
太原府	تاييۋان تۇتىقتىعى
河南府	حىنان تۇتىقتىعى
黄河	حۋاڭحى وزەنى
回鹘牙帐	بايىرعى ۇيعۇرلار ورداسى
上都	ٴتوراستانا
京兆府	جيڭجياۋفۋ
西安	شي - ان
唐	تاڭ پاتشالىعى
回鹘行宫	بايىرعى ۇيعۇرلاردىڭ ۋاقىتشا ورداسى
剑河	كەم وزەنى
叶尼塞河	ەنيسەي وزەنى
都播(都波)	تۋۋا (تىبا)
骨利干	قۇرىقان
黠戛斯	بايىرعى قىرعىزدار
都城	استانالار
郡级驻所	ايماق دارەجەلى بيلىك ورتالىعى
其他居民地	باسقا ەلدى مەكەندەر
政权部族界	بيلىك، ۇلىس شەكاراسى
未定	بەلگىلەنبەگەن

今国界	قازىرگى مەملەكەت شەكاراسى
回鹘迁移路线	بايىرعى ۇيعۇرلاردىڭ قونىس اۋدارۋ جولى
注：图内棕色注记和符号为今内容	ەسكەرتۋ: قارىيتاداعى قوڭىر ەسكەرتپە مەن تاڭبالار قازىرگى مازمۇندى بىلدىرەدى

4 ـ تاراۋداعى قارىيتالاردىڭ قازاقشا اۋدارماسى

辽北宋时期全图（1111年）	لياۋ، سولتۇستىك سۇڭ پاتشالىعى كەزەڭىنىڭ جالپى قارىيتاسى(1111 ـ جىل)
北海	بەيحاي تەڭىزى
鄂霍次克海	وحوتسك تەڭىزى
萨哈林岛	ساحالىين ارالى
库页岛	كۋيە ارالى
贝加尔湖	بايقال كولى
黠戛斯	بايىرعى قىرعىزدار
斡朗改	ۋرانقاي
黑龙江	حىيلۇڭجياڭ وزەنى
室韦	شىعۋي
古斯	عوز
花剌子模海	حورەزم تەڭىزى
咸海	ارال تەڭىزى
金山	التىنتاۋ
阿尔泰山	التاي تاۋى
乌苏里江	ۋسسۋري وزەنى
女真	ٴشۇرشىت
达林库儿	دارىنكول
巴尔卡什湖	بالقاش كولى

镇州	جىنجوۋ
西北路招讨司	باتىس تەرىستىك باس باعىندىرۋشى باسقارماسى
花剌子模	حورەزم
喀喇汗	قاراحان اۋلەتى
黑汗	قاراحان
辽	لياۋ پاتشالىعى
契丹	قىتان
北庭	بەسبالىق
高昌	گاۋچاڭ
上京	ٴتور استانا
巴林左旗南	ٴبارىن سول قوشۋنىنىڭ تۇستىگى
样磨	ياعما
西周回鹘	شيجوۋ ۇيعۇرلارى
中京	ورتا استانا
大定	داديڭ
宁城西	نيڭچىڭنىڭ باتىسى
日本海	جاپون تەڭىزى
塔里木河	تارىم وزەنى
南京	وڭتۇستىك استانا
渤海	بوحاي تەڭىزى
渤海	بوحاي تەڭىزى
高丽	كورە
日本	جاپون
塞尔柱	سەلجۇك
葱岭	كوگارت

西夏	تاڭعۇت
北京	سولتۇستىك استانا
西夏	تاڭعۇت
兴庆	شيڭچيڭ
银川	يڭچۋان
黄河	حۋاڭحى وزەنى
吉慈尼	عازناۋي سۇلتاندىعى
克什米尔	كاشمير
于阗	ۋدون
黄头回纥	سارى ۇيعۇر
澶州	چانجوۋ
黄海	حۋاڭحاي تەڭىزى
太平洋	تىنىق مۇحيت
印度河	يندى وزەنى
东京	دۇڭجيڭ
开封	كايفىڭ
东海	دۇڭحاي تەڭىزى
东海	دۇڭحاي تەڭىزى
京兆府	جيڭجاۋفۋ
西安	شي - ان
吐蕃诸部	ٴتۇبت ۇلىستارى
逻些城	لحاسا قامالى
拉萨	لحاسا
成都府	چىڭدۋفۋ
成都	چىڭدۋ

大江	داجياڭ وزەنى
长江	چاڭجياڭ وزەنى
杭州	حاڭجوۋ
东海	دۇڭحاي تەڭىزى
琉球群岛	ليۋچيۋ توپ ارالى
天竺	ديمدۋ
泥婆罗	نەپال
北宋	سولتۇستىك سۇڭ پاتشالىعى
洪州	حۇڭجوۋ
南昌	نانچاڭ
大理	دالي
恒河	گانگ وزەنى
大理	دالي
福州	فۋجوۋ
流求	ليۋچيۋ
台湾岛	تايۋان ارالى
广州	گۋاڭجوۋ
蒲甘	پۋگان
越李朝	يۋەلي پاتشالىعى
南海	نانحاي تەڭىزى
麻逸	مايي
孟加拉湾	بەنگال بۇعازى
海南岛	حاينان ارالى
真腊	كحمەر
万里石塘	ۋانليشىتاڭ

渤泥	بوني
北宋	سولتۇستىك سۇڭ پاتشالىعى
广州	گۋاڭجوۋ
台湾岛	تايۋان ارالى
流求	ليۋچيۋ
马逸	مايي
万里石塘	ۋانيشتاڭ
渤泥	بوني
南海	نانحاي تەڭىزى
真腊	كحمەر
南海	نانحاي تەڭىزى
都城	استانالار
路、道级驻所	ايماق، بۇلىق دارەجەلى بيلىك ورتالىعى
其他居民地	وزگە ەلدى مەكەندەر
政权部族界	بيلىك، ۇلىس شەكارالارى
辽，北宋时期中国各族活动范围	لياۋ، سولتۇستىك سۇڭ كەزەڭىندەگى جۇڭگو ەتنوستارىنىڭ قيمىل كولەمى
未定	بەلگىلەنبەگەن
今国界	قازىرگى مەملەكەت شەكاراسى
注：图内棕色标记和符号为今内容	ەسكەرتۋ: قاريتاداعى قوڭىر بوياۋلى ەسكەرتپە مەن تاڭبالار قازىرگى مازمۇندى بىلدىرەدى

西辽形势图（1208年）	باتىس لياۋ پاتشالىعىنىڭ جاعداي قاريتاسى (1208 ـ جىل)
蒙古	موڭعول
花剌子模海	حورەزم تەڭىزى

康里	قاڭلى
谦谦州	كەم - كەمچۇك
花剌子模	حورەزم
毡的	جەند
巴尔喀什湖	بالقاش كولى
扎不罕河	زابحان وزەنى
垂河	چۋي وزەنى
达林库儿	دارىنكول
阿母河	امۋ دارياسى
海押立	قايالىق
也迷里	ەمىل
额敏	ٴدوربىلجىن
讹打剌	وترار
亦列河	ىلە وزەنى
哈剌鲁	قارلىق
塔剌思	تاراز
天池	بوعدا كولى
阿拉木图	الماتى
益离	ىلە
伊宁	قۇلجا
忽章河	حوجەند دارياسى
虎思斡耳朵	قۇزوردا
亦思宽	ىستىقكول
昌八剌	جانبالىق
河中府	ماۋرەناحر تۇتىقتىعى

别石把	بەسبالىق
畏兀儿	ۇيعىر
乌鲁木齐	ٴۇرىمجى
芭榄	بالان
西辽	باتىس لياۋ پاتشالىعى
曲先	كۇسان
库车	كۇشار
和州	قۇجى
哈密力	قۇمىل
哈密	قۇمىل
可失哈儿	قاشقار
喀什	قاشقار
塔里木河	تارىم وزەنى
迭儿密	تەرمەز
喷赤河	پيانج وزەنى
忽儿珊	حوراسان
巴达哈伤	باداحشان
帕米尔	پامير
押儿牵	ياركەن
莎车	ياركەن
塔里木	تارىم
罗卜	لوپ
罗布泊	لوبنور
葱岭	كوگارت
模郭	موگو

西夏	تڭعۇت
可不里	كابۋل
斡端	ۇدۇن
和田	حوتان
阇鄽	چەرچەن
且末	چەرچەن
罗卜	لوپ
若羌	چارقىلىق
麻域纳	مايۇينا
怯失迷儿	كاشمير
格尔木	قۇلمتى
羌塘	چيانتاڭ
日托	رتو
吐蕃等部	ٴتۇبەت ۇلىستارى
都城	استانالار
郡级驻所	ايماق دارەجەلى بيلىك ورتالىعى
其他居民地	وزگە ەلدى مەكەندەر
政权部族界	بيلىك، ۇلىس شەكارالارى
未定	بەلگىلەنبەگەن
今国界	قازىرگى مەملەكەت شەكاراسى
注:图内棕色标记和符号为今内容	ەسكەرتۋ: قارىتاداعى قوڭىر بوياۋلى ەسكەرتپە مەن تاڭبالار قازىرگى مازمۇندى بىلدىرەدى

5 ـ تاراۋداعى قارىتالاردىڭ قازاقشا اۋدارماسى

元时期全图(1330年)	يۋان پاتشالىعى كەزەڭىندەگى جالپى قارىتا (1330 ـ جىل)
钦察汗国	قىپشاق حاندىعى

西伯利亚	ٴسىبىر
混同江	حۋنتۋڭ وزەنى
黑龙江	حيلۋڭجياڭ وزەنى
斡难河	ونون وزەنى
贝加尔湖	بايقال كولى
大泽	دازى كولى
和宁	حىنيڭ
和林	قورىم
哈尔和林	قاراقورىم
骨嵬	گۋۋي
萨哈林岛	ساحالين ارالى
库页岛	كۋبە ارالى
鲸海	جيڭحاي
日本海	جاپون تەڭىزى
日本	جاپون
虾夷	شيا - ي
高丽	كورە
黄海	حۋاڭحاي تەڭىزى
东海	دۇڭحاي تەڭىزى
太平洋	تىنىق مۇحيت
琉球	ليۋچيۋ
台湾岛	تايۋان ارالى
万里石塘	ۋانليشىتاڭ
南海	نانحاي تەڭىزى

七洲洋	چيجوۋ مۇحيتى
海南岛	حاينان ارالى
越陈朝	ۋ-چىن پاتشالىعى
中庆	جوڭچيڭ
昆明	كۇنميڭ
龙兴	لۇڭشىڭ
南昌	نانچاڭ
杭州	حاڭجوۋ
武昌	ۋچاڭ
淮河	حۋايحى وزەنى
汴梁	بيەنلياڭ
开封	كايفىڭ
奉元	فىڭيۋان
西安	شي - ان
成都	چىڭدۋ
乌思藏军民万户	ۋس زاڭ اسكەري - اكىمگەرلىك تۇمەندىگى
渤海	بوحاي تەڭىزى
大都	حانبالىق
北京	بەيجيڭ
辽阳	لياۋياڭ
上都	ٴتۇراستانا
甘州	گانجوۋ
张掖	جاڭيە
哈密	قۇمىل
北庭都元帅府	بەسبالىق باس ساردار مەكەمەسى
阿里麻里	المالىق

塔林河	تارىم وزەنى
塔里木河	تارىم وزەنى
葱岭	كوگارت
巴尔喀什湖	بالقاش كولى
察合台汗国	شاعاتاي حاندىعى
咸海	ارال تەڭىزى
印度河	يندى وزەنى
伊利汗国	يلحان اۋلەتى
印度	ينديا
尼波罗	نەپال
恒河	گانگ وزەنى
叶尼寨河	ەنيسەي وزەنى
勒拿河	لىنا وزەنى
鄂毕河	وب وزەنى
北海	بەيحاي
越陈朝	يۋەچىن پاتشالىعى
海南岛	حاينان ارالى
七洲洋	چيجوۋ مۇحيتى
台湾岛	تايۋان ارالى
琉球	ليۋچيۋ
真腊	كحمەر
占城	جانچىڭ
万里石塘	ۋانليشىتاڭ
元	يۋان پاتشالىعى
台湾岛	تايۋان ارالى
流求	ليۋچيۋ

越陈朝	يۋەچەن پاتشالىعى
七州洋	چيجوۋ مۇحيتى
海南岛	حاينان ارالى
南海	نانحاي تەڭىزى
万里石塘	ۋانليشىتاڭ
占城	جەنچىڭ
真腊	كحمەر
南海	نانحاي تەڭىزى
都城	استانالار
宗藩汗国首府	يۋان پاتشالىعىنا قاراستى حاندىقتاردىڭ ورتالىعى
省级驻所	ولكە دارەجەلى بيلىك ورتالىعى
其他居民地	باسقالدى مەكەندەر
政权部族界	بيلىك، ۇلىس شەكارالارى
未定	بەلگىلەنبەگەن
今国界	قازىرگى مەملەكەت شەكاراسى
注：图内棕色标记和符号为今内容	ەسكەرتۋ: قاريتاداعى قوڭىر بوياۋلى ەسكەرتپە مەن تاڭبالار قازىرگى مازمۇندى بىلدىرەدى

东察合台汗国形势图	**شىعىس شاعاتاي حاندىعى جاعدايى قاريتاسى**
哈萨克	قازاق
帖木儿帝国	تەمىر يمپەرياسى
八答黑商	باداحشان
葱岭	كوگارت
撒里库	سارى كول
牙儿干河	ياركەن وزەنى

牙儿干	ياركەن
莎车	ياركەن
阿忒八失	اتباسى
阿里玛图	الماتى
衣烈河	ىلە وزەنى
库克恰腾吉斯	كوكشە تەڭىز
巴尔喀什湖	بالقاش كولى
亦力把里	ىلەبالىق
伊宁	قۇلجا
阿速	اسۋ
阿克苏	اقسۋ
苦先	كۇشار
乌玉河	قاراقاش وزەنى
白玉河	ٴورىڭقاش وزەنى
于阗	ۇدۇن
和田	حوتان
塔里木河	تارىم وزەنى
东察合台汗国	شىعىس شاعاتاي حاندىعى
（亦力把里）	(ىلەبالىق)
朵豁剌惕部	دۇعلات تايپاسى
塔里木	تارىم
扯力昌	چەرچەن
且末	چەرشەن
若羌	چارقىلىق
罗卜	لوپ

蒲昌海	ۇچاڭ كولى
叉力失	شالىش
吐鲁番	تۇرپان
扯力昌河	چەرشەن وزەنى
乌鲁木齐	ۇرىمجى
别失八里	بەسبالىق
热海	ستىقكول
怕剌	بولات
霍博克赛里	قوبىقسارى
额尔齐斯河	ەرتىس وزەنى
瓦剌	ويرات
鞑靼	تاتار
哈密卫	قۇمىل توسقاۋىلدىعى
哈密	قۇمىل
哈密等卫,安定卫	قۇمىل قاتارلى توسقاۋىلدىقتار، اندىڭ توسقاۋىلدىعى
羌塘	چياڭتاڭ
乌思藏都司	ءۇس زاڭ ماس سىپاگەر باسقارماسى
卡契	كاشمير
克什米尔	كاشمير
拉达克	لاداح
明	ميڭ پاتشالىعى
政权部族界	بيلىك، ۇلىس شەكارالارى
省级政区界	ولكە اكىمشىلىك ءوڭىر شەكاراسى
未定	بەلگىلەنەگەن
今国界	قازىرگى مەملەكەت شەكاراسى

都城	استانالار
府级驻所	ايماق دارەجەلى ورىن
其他居民地	باسقا ەلدى مەكەندەر
注：图内棕色标记和符号为今内容	ەسكەرتۋ: قاريتاداعى قوڭىر بوياۋلى ەسكەرتپە مەن تاڭبالار قازىرگى مازمۇندى بىلدىرەدى

明时期哈密等卫形势图	مىڭ پاتشالىعى كەزەڭىندەگى قۇمىل قاتارلى توسقاۋىلدىقتىڭ جاعداي قاريتاسى (1436 ـ جىل)
东察哈台汗国	شىعىس شاعاتاي حاندىعى
库尔勒	كورلا
孔雀河	كونشى وزەنى
海都河	حيدۋ وزەنى
叉力失	شالىش
焉耆	قارا شارى
博斯腾湖	باعىراش كولى
亦力把里	ىلەبالىق
土鲁番	تۇرپان
吐鲁番	تۇرپان
火州	قۇجى
蒲昌海	پۇچاڭ كولى
罗卜	لوپ
若羌	چارقىلىق
塔里木	تارىم
扯力昌河	چەرشەن وزەنى
巴儿思渴	بارىس كول

巴里坤	بـركول
剌术	لاشۋ
哈剌帖乩	قاراتوبە
哈密卫	قۇمىل توسقاۋىلدىعى
哈密	قۇمىل
哈密大烟墩	قۇمىل داياندۇن
哈密卫	قۇمىل توسقاۋىلدىعى
罕东左卫	حاندۇڭ سول قانات توسقاۋىلدىعى
敦煌	دۇنحۋاڭ
瓜州	گۋاجوۋ
安西	ان - شي
卜隆吉河	بۇلۇڭجي وزەنى
沙州卫	شاجوۋ توسقاۋىلدىعى
赤斤蒙古卫	چىكىن موڭعۇل توسقاۋىلدىعى
罕东卫	حاندۇڭ توسقاۋىلدىعى
肃州卫	سۋجوۋ توسقاۋىلدىعى
酒泉	جيۋچۋان
安定卫	اندىڭ توسقاۋىلدىعى
冷湖	كۇيتۇننور
罕东左卫	حاندۇڭ سول قانات توسقاۋىلدىعى
安定卫	اندىڭ توسقاۋىلدىعى
马海	ماحاي
柴达木盆地	سايدام ويپاتى
曲先卫	چۇيشيان توسقاۋىلدىعى
阿真	اجىن

阿端卫	ادۋان توسقاۋىلدىعى
浩门水	حاۋمىن وزەنى
陕西行都司	شانشي كەمي باس سىپاگەر باسقارماسى
张掖	جاڭيە
永昌卫	يۇڭچاڭ توسقاۋىلدىعى
陕西	شانشي
鞑靼	تاتار
额济纳旗	ەجينا قوشىنى
居延海	گايان كولى
张掖河	جاڭيە وزەنى
西宁卫	شينىڭ توسقاۋىلدىعى
西宁	شينىڭ
青海	چيڭحاي
（西海）	(شيحاي)
朵甘都司	دوگان باس سىپاگەر باسقارماسى
格尔木	قولمىتى
乌司藏都司	ۋس زاڭ باس سىپاگەر باسقارماسى
赤斤蒙古卫	چىكىن موڭعۇل توسقاۋىلدىعى
郡级驻所	ايماق دارەجەلى ورىندار
其他居民地	وزگە ەلدى مەكەندەر
政权部族界	بيلىك، ۇلىس شەكارالارى
省级行政区界	ولكە دارەجەلى اكىمشىلىك ٴوڭىر شەكاراسى
今国界	قازىرگى مەملەكەت شەكاراسى

注:图内棕色标记和符号为今内容	ەسكەرتۋ: قارىتاداعى قوڭىر بوياۋلى ەسكەرتپە مەن تاڭبالار قازىرگى مازمۇندى بىلدىرەدى

6 ـ تاراۋداعى قارىتالاردىڭ قازاقشا اۋدارماسى

清时期全图	چيڭ پاتشالىعى كەزەڭىندەگى جالپى قارىتا (1820 ـ جىل)
咸海	ارال تەڭىزى
布哈尔	بۇحار
俄罗斯	رەسەي
柏海儿湖,	بايحار كولى
贝加尔湖	بايقال كولى
外兴安岭	سىرتقى هينگان تاۋى
牙克萨	ياكسا
中俄《尼布楚条约》待议地区	جۇڭگو ـ رەسەي «نيبۇچۇ شارتىندا» كەلىسىمگە كەلمەگەن ٶڭىر
萨哈林岛	ساحارين ارالى
(库页岛)	(كۋيە ارالى)
北海	سولتۇستىك تەڭىز
黑龙江	حيلۇڭجياڭ
瑷珲	ايحۇي
东海	دۇڭحاي تەڭىزى
日本海	جاپون تەڭىزى
虾夷	شيا ـ ي
南海	نانحاي تەڭىزى
日本	جاپون
朝鲜	چاۋشيان

齐齐哈尔	چيچيحار
吉林	جيلين
奉天	فىڭتيان
)盛京(	(شىڭجيڭ)
山海关	شانحايگۋان
渤海	بوحاي تەڭىزى
京师	جيڭشى
北京	بەيجيڭ
保定	باۋديڭ
济南	جينان
开封	كايفىڭ
渤海	بوحاي تەڭىزى
江宁	جياڭنيڭ
安庆	انچيڭ
杭州	حاڭجوۋ
武昌	ۋچاڭ
南昌	نانچاڭ
福州	فۋجوۋ
台湾岛	تايۋان ارالى
黄海	حۋاڭحاي تەڭىزى
东大洋	شىعىس مۇحيت
南大洋	وڭتۇستىك مۇحيت
东海	دۇڭحاي تەڭىزى
日本	جاپون
太平洋	تىنىق مۇحيت

海南岛	حاينان ارالى
广州	گۋاڭجوۋ
桂林	گۋيلين
贵阳	گۋيياڭ
云南	يۋننان
昆明	كۋنميڭ
成都	چىڭدۋ
喇萨	لحاسا
西安	شي - ان
黄河	حۋاڭحى وزەنى
南海	نانحاي تەڭىزى
吕宋	لۋيسۋڭ
大江	داجياڭ
长江	چاڭجياڭ وزەنى
兰州	لانجوۋ
西宁	شينيڭ
承德	چىڭدى
沈阳	شىنياڭ
乌兰巴托	ۋلانباتىر
乌里雅苏台	ۋلاستاي
伊犁	ىلە
葱岭	كوگارت
塔里木河	تارىم وزەنى
巴尔喀什湖	بالقاش كولى
唐努乌梁海	تاڭدى ۋراڭقاي

喜马拉亚山	گىمالاي تاغى
爱乌罕	ئاۋغانىستان
印度河	يىندى دەرياسى
印度	يىندىيا
廓尔喀	گۇركا
恒河	گانگ دارياسى
缅甸	بىرما
孟加拉湾	بەنگال قولتۇقى
明牙喇湾	بەنگال قولتۇقى
暹罗	سىيام
越南	ۋيېتنام
掌南	جاڭنان
七洲洋	چىجوۋ ئوكيانى
万里长沙	ۋانلى چاڭشا
南海	نانخاي دېڭىزى
吕宋	لۇيسۇڭ
浩罕	قوقان
太原	تايۈەن
长沙	چاڭشا
库伦	كۈرەن
天山	تيانشان تاغى
阿勒坦山	ئالتاي تاغى
越南	ۋيېتنام
掌南	جاڭنان
海南岛	خەينەن ئارىلى

清	چيڭ پاتشالىعى
广州	گۋاڭجوۋ
台湾岛	تايۋان ارالى
万里长沙	ۋانلي چاڭشا
千里石塘	چيانلي شىتاڭ
南海	نانحاي تەڭىزى
南海	نانحاي تەڭىزى
文莱	برۋنەي
都城	استانالار
省级驻所	ولكە دارەجەلى بيلىك ورتالىعى
其他居民地	وزگە ەلدى مەكەندەر
国界	مەملەكەت شەكاراسى
未定	بەلگىلەنبەگەن
今国界	قازىرگى مەملەكەت شەكاراسى
注:图内棕色标记和符号为今内容	ەسكەرتۋ: قاريتاداعى قوڭىر بوياۋلى ەسكەرتپە مەن تاڭبالار قازىرگى مازمۇندى بىلدىرەدى

左宗棠收复新疆示意图	زو زۇڭتاڭنىڭ شينجياڭدى قايتارىپ الۋى جونىندەگى سحەما
俄罗斯	رەسەي
巴勒喀附池	بالقاش كولى
巴尔喀什湖	بالقاش كولى
霍尔果斯河	قورعاس وزەنى
伊犁	ىلە
霍城南	قورعاستىڭ تۇستىگى

塔尔巴哈台	تارباعاتاي
塔城	شاۋەشەك
绥来	سۋيلاي
伊犁将军荣全	ىلە جياڭجۋنى رۋڭچۋان
科布多	قوبدا
乌里雅苏台	ۋلاستاي
外蒙古	سىرتقى موڭعوليا
迪化	ديحۋا
乌鲁木齐	ٴۇرىمجى
达坂城	دابانچىڭ
托克逊	توقسۋن
吐鲁番	تۇرپان
塔里木河	تارىم وزەنى
库尔勒	كورلا
巴里坤	باركول
哈密	قۇمىل
清	چىڭ پاتشالىعى
库车	كۇشار
乌什	ٴۇشتۇرپان
阿克苏	اقسۋ
喀什噶尔	قاشقار
叶尔羌	ٴزاراپشان
喀什	قاشقار
和阗	حوتان

1877年5月，阿古伯自杀于此	1877 ـ جىل 5 ـ ايدا، ياقۇپبەك ٴوزىن ـ ٴوزى ولتىرگەن جەر
青海	چيڭحاي
和田	حوتان
新疆	شينجياڭ
安西（左狞堂1876年初）	انشي (زو زۇڭتاڭ 1876 ـ جىلدىڭ باسىندا)
内蒙古	ىشكى موڭعۇل
西藏	شيزاڭ
甘肃	گانسۋ
浩罕	قوحان
天山	تيانشان تاۋى
印度	يىنديا
阿古伯占据地区	ياقۇپبەك باسىپ العان ٴوڭىر
1871年俄军占据地区	1871 ـ جىل رەسەي ارمياسى باسىپ العان ٴوڭىر
清军进军路线	چيڭ پاتشالىعى اسكەرىنىڭ جورىق جولى
新疆各族人民配合清军作战地点	شينجياڭداعى ۇلتتاردىڭ چيڭ پاتشالىق ارمياسىنا سەلبەسىپ سوعىس جاساعان ٴوڭىر
国界	مەملەكەت شەكاراسى
省级行政区界	ولكە دارەجەلى اكىمشىلىك ٴوڭىر شەكاراسى
未定	بەلگىلەنبەگەن
今国界	قازىرگى مەملەكەت شەكاراسى
注：图内棕色标记和符号为今内容	ەسكەرتۋ: قارىتاداعى قوڭىر بوياۋلى ەسكەرتپە مەن تاڭبالار قازىرگى مازمۇندى بىلدىرەدى

根据1881年中俄《改订条约》和1882年《伊犁界约》，中国收回俄军所占伊犁地区，但将霍尔果斯河以西领土割给俄国	1881 ـ جىلعى جۇڭگو ـ رەسەي «وزگەرتىپ بەلگىلەگەن شارت» پەن 1882 ـ جىلعى «ىلە شەكارا شارتى بويىنشا جۇڭگو پاتشالىق رەسەي ارمياسى باسىپ العان ىلە ٴوڭىرىن قايتارىپ الدى، ٴبىراق، قورعاس وزەنىنىڭ باتىسىنداعى تەرريتوريانى پاتشالىق رەسەيگە ٴبولىپ بەردى.

锡伯族西迁路线示意图	سىبە ۇلتىنىڭ باتىسقا كوشكەن جول لەنيا سىحەماسى
伊塞克湖	ىستىقكول
巴尔喀什湖	بالقاش كولى
察布查尔	شاپشال
惠远城	حۇييۋان قالاشىعى
巴尔鲁克	بارلىق
博尔塔拉	بۇراتالا
额敏	ٴدوربىلجىن
察汗鄂博	شاعانوبا
和布克赛尔	قوبىقسارى
布尔津	بۋىرشىن
斋桑湖	زايسان كولى
科布多	قوبدا
乌里雅苏台	ۇلاستاي
乌兰巴托	ۇلانباتىر
车臣汗旗	چەشەنحان قوشىنى
中前旗	ورتا ـ الدىڭعى قوشىن
右翼后旗	وڭ قانات ارتقى قوشىن
东乌珠穆沁	شىعىس ۇجىمچين

西乌珠穆沁	باتىس ۇجىمچين
阿鲁科尔沁	ارحورچين
开鲁	كايلۋ
通辽	تۇڭلياۋ
彰武台边门	جاڭۋتاي شەكارا قاقپاسى
沈阳	شىنياڭ
日本海	جاپون تەڭىزى
黄河	حۋاڭحى وزەنى
塔里木河	تارىم وزەنى
黑龙江	حيلۇڭجياڭ وزەنى
1764年农历八月末到达乌力雅苏台,休整六个月后出发	1764 ـ جىلى ەسكىشە جىل ەسەبى بويىنشا 8 ـ ايدىڭ سوڭىندا ۇلاستايعا جەتىپ، 6 اي تىنىققاننان كەيىن قايتادان جولعا شىقتى
1765年农历四月初到达科布多,遇到山洪大爆发停留两个月	1765 ـ جىلى ەسكىشە جىل ەسەبى بويىنشا 4 ـ ايدىڭ باسىندا قوبداعا جەتىپ، تاسقىن سۋعا جولىعىپ، سوندا ەكى اي توسىلىپ جاتتى
1765年农历八月初到达伊犁绥定(今霍城县慧远城)	1765 ـ جىلى ەسكىشە جىل ەسەبى بويىنشا 8 ـ ايدىڭ باسىندا ىلە سۇيدىڭگە جەتتى (قازىرگى قورعاس اۋدانىنىڭ حۇييۋان قالاشىعى)
1766年初到达察布查尔(总行程近一万千米)	1766 ـ جىلدىڭ باسىندا شاپشالعا جەتتى (جالپى 10 مىڭ كيلومەترگە جۋىق جول باسقان)
出发及到达地点	اتتانعان جانە جەتكەن جەرى
整体越冬地点	ىنىعىپ قىستاعان جەرى
经过地点	باسىپ وتكەن جەرى

有文字记载的路线	جازبا دەرەكتەرى بار جول
无文字记载的路线	جازبا دەرەكتەرى جوق جول

土尔扈特东归路线示意图	تورعاۋىتتاردىڭ شىعىسقا ورالعان جول سحەماسى
俄罗斯	رەسەي
奥伦堡	ورىنبور
伏尔加河	ەدىل وزەنى
里海	كاسپي تەڭىزى
乌拉尔河	جايىق وزەنى
177 年初	1771 ـ جىلدىڭ باسى
威海	ارال تەڭىزى
巴勒喀什池	بالقاش كولى
巴尔喀什湖	بالقاش كولى
额尔齐斯河	ەرتىس وزەنى
塔尔巴哈台	تارباعاتاي
塔城	شاۋەشەك
伊犁	ىلە
霍城南	قورعاستىڭ وڭتۇستىگى
1771 年夏	1771 ـ جىل جاز
清	چيڭ پاتشالىعى
明末土尔扈特部西迁路线	ميڭ پاتشالىعىنىڭ سوڭعى كەزىندە تورعاۋىتتاردىڭ باتىسقا كوشۋ جولى
渥巴锡率土尔扈特部回归祖国路线	ۋباشىنىڭ تورعاۋىتتاردى باستاپ وتانعا ورالۋ جولى

俄军围堵路线	پاتشالىق رەسەي ارمياسىنىڭ قورشاپ شابۋىلداۋ جولى
沙俄政府修筑的包围工事	پاتشالىق رەسەي ۇكىمەتىنىڭ قورشاۋعا الۋ بەكىنىسى
土尔扈特部西迁后的牧地	تورعاۋىتتاردىڭ باتىسقا كوشكەننەن كەيىنگى جايىلىمى
国界	مەملەكەت شەكاراسى
今国界	قازىرگى مەملەكەت شەكاراسى
注:图内棕色标记和符号为今内容	ەسكەرتۋ: قارىتاداعى قوڭىر بوياۋلى ەسكەرتپە مەن تاڭبالار قازىرگى مازمۇندى بىلدىرەدى

بۇل كىتاپ شينجياڭ حالىق باسپاسىنىڭ 2020 ـ جىلى 4 ـ اي ٴبىرىنشى باسپاسى، 2020 ـ جىلى 4 ـ اي ٴبىرىنشى باسىلۋى بويىنشا اۋدارىلىپ باسىلدى.

本书根据新疆人民出版社2020年4月第1版，2020年4月第1次印刷本翻译出版。

جاۋاپتى رەداكتورى: ٴىسمادىل شۇكەن ۇلى

رەداكتورى: ارنا قابىلقاق قىزى

جاۋاپتى كوررەكتورى: قالمۇرات جارمۇقان ۇلى

داۋلەت باۋىرجان ۇلى

مۇقاباسىن جوبالاعان: ليۋ كانحاي

شينجياڭنىڭ قىسقاشا جەرگىلىكتى تاريحى

باستىرۋشى: شينجياڭ حالىق باس باسپاسى
شينجياڭ حالىق باسپاسى

مەكەنجايى: ٴۇرىمجى قالاسى، وڭتۇستىك ازاتتىق كوشەسى، 348 ـ اۋلا

پوچتا ٴنومىرى: 830001

بەت جاساۋشى: ٴۇرىمجى جيەشۇن ٴتۇستى باسپا جاۋاپكەرلىگى شەكتەۋلى سەرىكتەستىگى

باسۋشى: ٴۇرىمجى قالالىق يلۇڭشياڭرۇي باسپا ـ قوراپتاۋ ىستەرى شەكتەۋلى سەرىكتىگى

تاراتۋشى: شينجياڭ شينحۋا كىتاپ دۇكەنى تاراتۋ جاۋاپكەرلىگى شەكتەۋلى سەرىكتىگى

ٴپىشىمى: 1092 ميلليمەتر × 787 ميلليمەتر، 1/16

باسپا تاباعى: 32.75

باسپاسى: 2021 ـ جىل، 4 ـ اي، 1 ـ باسپاسى

باسىلۋى: 2021 ـ جىل، 12 ـ اي، 3 ـ باسىلۋى

كىتاپ ٴنومىرى: ISBN 978-7-228-20661-2

باعاسى: 62.40 يۋان